日本外交文書

日中戦争　第四冊

外務省

序

外務省では、明治維新以降のわが国外交の経緯を明らかにし、あわせて外交交渉上の先例ともなりうる基本的史料を提供する目的で、昭和十一年『日本外交文書』第一巻を公刊した。以来、既に明治・大正期の刊行を終え、昭和期についても、満州事変、海軍軍縮問題、および日米交渉（昭和十六年）等の特集とともに、昭和期Ⅰ（昭和二―六年）および昭和期Ⅱ（昭和六―十二年）の外務省記録の編纂・刊行を終えた。そして現在は、戦前期の最後となる昭和期Ⅲ（昭和十二―二十年）を鋭意刊行中である。

本巻は、日中戦争の発生から太平洋戦争開戦に至るまでの時期における日中戦争関係外務省記録を特集方式により編纂し、四冊に分けて刊行するものである。本巻の刊行により『日本外交文書』の通算刊行冊数は二〇九冊となる。

激動の時代といわれる昭和期を顧みるにあたって、本巻が正確な史実を提供し、外交問題の歴史的研究に資するとともに、現在の国際関係を考察する上でも貢献できれば幸いである。

平成二十三年三月

外務省外交史料館長

例言

一　太平洋戦争終結に至るまでの昭和期（昭和二—二十年）の外交文書は、次の三期に分けて編纂・刊行している。

昭和期Ⅰ　昭和二—六年　（一九二七—一九三一）

昭和期Ⅱ　昭和六—十二年　（一九三一—一九三七）

昭和期Ⅲ　昭和十二—二十年（一九三七—一九四五）

二　昭和期Ⅲについては、「日中戦争」、「太平洋戦争」および「第二次欧州大戦と日本」（仮題）の三つの特集を中心に構成する。

三　本巻は『日本外交文書　日中戦争』として、日中戦争発生から太平洋戦争開戦に至るまでの日中戦争関係文書を特集方式により収録した。

1　本巻に収録した文書は、基本的に外務省所蔵記録によった。

なお、収録文書の冒頭に※印のあるものは、外務省所蔵「松本記録」（松本忠雄元衆議院議員が、外務参与官および外務政務次官時代に、外務省記録のうち、特に政治、外交等の主要記録を筆写したもの）に依拠した。

2　本巻では、これら外務省所蔵記録に加え、防衛省防衛研究所図書館所蔵史料、東京大学社会科学研究所所蔵「島田（俊彦）文書」、大東文化大学東洋研究所所蔵「海軍省資料」、首都大学東京図書情報センター所蔵「松本文庫　文書の部」、陽明文庫所蔵「近衛文麿関係文書」、財務省財務総合政策研究所情報システム部財政史室所蔵「野田文書」、国立公文書館所蔵「公文類聚」ならびに「公文別録」、国立国会図書館憲政資料室所蔵「来栖三郎関係文書」、国立歴史民俗博物館所蔵「木戸家史料」、東京大学近代日本法政史料センター原資料部所蔵「阿部信行関係文書」および「極東国際軍事裁判関係文書（米国議会図書館作成マイクロフィルム）」より文書を補填した。

なお、防衛省防衛研究所図書館所蔵史料より補填した文書については冒頭に◉印を、東京大学社会科学研究所所蔵史料より補填した文書については冒頭に◎印を、大東文化大学東洋研究所所蔵史料より補填した文書については冒頭に☆印を、首都大学東京図書情報センター所蔵史料より補填した文書については冒頭に※※印を、陽明文庫所蔵史料より補填した文書については冒頭に†印をそれぞれ付し、その他については末尾にその旨を記した。

3 収録文書は、原則として原文のままとした。

4 収録文書には、一連文書番号および件名を付し、各事項ごとに日付順に配列した。

5 収録文書中発電月日不明の電報は、着電の日付を記し、1月⒂日のように丸括弧を付して区別した。また、原文には発電月日が記されていないが、他の外務省所蔵記録から特定される場合は、その発電月日を採用し、2月[18]日のように角括弧を付して区別した。

6 収録文書中右肩に付した⑴⑵⑶等の記号は、同一番号の電報が分割されて発電されたことを示す。なお、本巻への収録にあたっては、文章の区切りではなくとも分割された箇所をもって改行した。

7 収録文書中来信については、公信番号の下に接受日を明記し、接受日不明のものについては当該箇所にその旨を記した。

8 収録した陸軍電報の中、発着日は記されていないが外務省への移牒日が記入されているものについては、当該日付移牒とした。
9　発受信者名については、初出の場合のみ姓名を表示し、以後は姓のみにとどめた。また発受信者名に付す国名・地名は、原則として辞令に基づく在勤地とした。
10　本巻に採録するにあたって加えた注記は、（編注）として当該箇所に明記し、その文面は各文書の末尾に記載した。
11　原文書に欄外記入や付箋がある場合は、（欄外記入）として当該箇所に明記し、その文面は各文書の末尾に記載した。
12　収録文書中（省略）（ママ）等の括弧を付したルビは、収録にあたって記したものである。
13　原文書で印字不鮮明等の理由により判読不明な文字は□とし、（一字不明）のようにルビを付した。
14　押印については、公印と私印をそれぞれ〔印〕と（印）に区別して記した。
15　巻末に全収録文書の日付順索引を付した。

目次

七 天津英仏租界封鎖問題……2457
1 封鎖実施に至る経緯……2459
2 封鎖措置に対する英国の抗議……2510
3 日英東京会談㈠ 会談開催から一般的原則に関する協定の合意まで……2542
4 日英東京会談㈡ 具体的問題に関する協議と会談の決裂……2582
5 英国の交渉再開要請……2637
6 日英公文交換と封鎖の解除……2684
八 上海租界をめぐる諸問題……2713
九 援蔣ルート遮断問題……2805
1 仏印ルート……2807
(1) 仏印ルート禁絶に至る経緯……2807
(2) 北部仏印進駐に関する東京交渉……2882
(3) 北部仏印進駐に関する現地交渉と進駐の実施……2933

(4) 北部仏印問題をめぐる英米の対日抗議……2979
2 ビルマ・香港ルート……3004
(1) ビルマルート三か月間閉鎖に至る経緯……3004
(2) 閉鎖の実効性をめぐる日英交渉……3037
(3) ビルマルートの再開……3073

日本外交文書　日中戦争　日付索引

(以上　第四冊)

一 日本の対処方針
1 盧溝橋事件の発生から全面戦争への拡大
2 邦人引揚げ問題
(1) 華　北
(2) 華　中
(3) 華　南

3　トラウトマン工作と「対手トセズ」声明の発出
4　宇垣外相就任から第一次近衛内閣退陣まで
5　平沼・阿部・米内三内閣期
6　第二次近衛内閣の成立から太平洋戦争開戦まで
（以上　第一冊）
二　汪兆銘工作と日華基本条約の締結
1　汪兆銘の重慶離脱
2　汪兆銘のハノイ脱出から訪日まで
3　新中央政府樹立に向けた動静
4　内約交渉と南京国民政府の成立
5　日華基本条約の締結
6　汪兆銘再訪日と枢軸諸国の汪政権承認
三　占領地域における諸問題
1　一般問題
2　中国海関接収問題

3 興亜院の設置
4 経済問題

（以上　第二冊）

四　国際連盟の動向と九国条約関係国会議
1 中国の連盟提訴と日中紛争報告書の総会採択
2 九国条約関係国会議
3 連盟規約第十六条適用問題と日本の連盟協力終止
五　事変をめぐる第三国との関係
1 一般問題
2 英国との関係
3 ソ連邦の動向
4 わが国空爆による列国の被害
5 揚子江開放問題
6 列国の対中財政援助策

六　事変をめぐる米国との関係
1　外交原則尊重に関する米国の諸声明
2　日米通商航海条約廃棄通告
3　野村・グルー会談
4　有田・グルー会談
5　米国による対日制裁措置の強化

（以上　第三冊）

七　天津英仏租界封鎖問題

1　封鎖実施に至る経緯

1462　昭和13年12月10日　在天津田中総領事代理より有田外務大臣宛(電報)

天津英仏租界内の抗日策動を阻止するため現地日本軍が租界を包囲する鉄条網の構築準備を開始について

付　記　昭和十三年十二月三日付在本邦クレーギー英国大使より沢田外務次官宛半公信
日本軍が天津英仏租界より日本人撤退を命じた理由に関し注意喚起

天　津　12月10日後発
本　省　12月10日後着

第一一三一號(極祕)

往電第一〇七三號ニ關シ

最近英佛租界内抗日分子ノ策動再ヒ活潑ヲ加ヘ來レルニ鑑ミ當地軍側ニ於テハ愈實效的租界包圍ノ必要アリト爲シ之カ準備トシテ先ツ日佛租界境界線秋山街佛側歩道上ニ鐵條網用「セメント」棒杭ヲ建立シ始メ居タルカ今直ニ鐵條網ヲ張リテ交通ヲ制限スル等ノコトナク暫ク様子ヲ見ル積リナル由右不取敢

(付　記)

天津英佛租界問題

十二月三日附在京英國大使發次官宛半公信要譯

(昭和一三、一二、五　亞一)

拝啓陳者閣下ノ御記憶相成ル通リ日本陸軍當局ハ九月一日附ヲ以テ日本臣民ハ在天津英佛租界ヨリ撤退スヘキ旨ノ命令ヲ發スルト共ニ其ノ理由トシ租界當局ハ「日本側カ友好的關係ヲ維持スル爲接近スルニ對シ何等誠意アル態度ヲ」示サスト稱シタリ是等手段ニ鑑ミ本使ハ九月二日附書翰ヲ堀内次官ニ提出シ本使トシテハ日本陸軍官憲カ其ノ適當ト思考スル此ノ種命令ヲ自國臣民ニ對シ發出スル權利ヲ有スルヤ否ヤヲ云爲セサルモ誤解ヲ誘發シ根據ニ乏シキ言明ヲ

公表スルコトハ英國當局カ租界內ニ於ケル「テロ」犯人及其ノ他ノ不當ナル行爲ヲ抑制セントスル努力ヲ益々困難ナラシムルノミナルコトヲ申述ヘタリ本使ハ又堀內次官ニ於テ此ノ種報道カ事實ニ非サルコトヲ通報セラレンコトヲ希望シ次テ九月十五日附書翰ヲ以テ右要請ヲ繰返シ述ヘ申候本使ノ知リ得タル所ニ依レハ英國大使館財務官（ホール・パッチ）カ北京ニ滯在中日本大使館參事官ハ同財務官ニ對シ英國官憲カ「事態ヲ一層能ク了解」セサル限リ日本居留民ニ對シ天津英佛兩租界ヨリ撤退方命令スルト共ニ臨時政府ニ於テモ支那人ニ關シ同樣ノ措置ヲ講スル樣手配セサルヲ得サルヘシトノ趣旨ヲ述ヘタリ更ニ又本使ノ承知スル所ニ依レハ本使ノ申出ニ拘ラス且在天津英國當局カ兩租界ノ中立性ヲ保持セントスル引續キノ努力ニ拘ハラス日本居留民ノ撤退ハ愈强化セラレ其ノ結果租界內日本居留民ハ八月一日一千名以上ナリシニ比較シ現在ハ唯五十名ヲ殘スノミトナリタリ此ノ如キ强硬手段ヲ執ルニ對シ何等ノ說明ヲ與ヘラレタルコト無ク又何故一時京奉鐵道支那人從業員ニ對シ英國租界ヲ撤退スヘキ旨ヲ强要シタルヤ將又稅關長ニ對シ稅關建物ヲ租界外ニ移轉スルコトカ必要トナルヤモ知レストノ示唆アリタルヤニ對シテモ何等ノ說明アリタルコト無シ本使ハ反對ノ證據存在セサル限リ是等ノ手段ハ在天津英國權益目標トスルモノニシテ且是等ノ手段ハ友好關係ノ存在ヲ最必要トスル場所及時期ニ於テ惡感情ヲ一層誘發セントスル目的ヲ有スルコト確カナリト推斷セサルヲ得ス本件ハ今ヤ焦眉ノ問題トナリツツアルモノト認メラルルニ付何等カノ御說明ヲ與ヘラルニ於テハ甚タ幸甚ト存候

敬具

編注 本文書の原文（英文）は省略。

1463

昭和13年12月13日 在天津田中総領事代理より有田外務大臣宛（電報）

天津租界の境界におけるわが方検問の開始について

天津 12月13日後発
本省 12月13日夜着

第一一三七號

往電第一一三一號ニ關シ

軍側ニ於テハ十四日ヨリ日佛租界交通路トシテ殘サレタル山口、旭、芙蓉街及萬國橋北側ノ四箇所ニ於テ通行人ヲ檢束檢問スルコトトナレリ但シ右ハ主トシテ支那人ヲ目標トスルモノニシテ日本、第三國人ハ此ノ限リニアラス又支那人モ現在市政府ヨリ發給シツツアル寫眞入身分證明書ヲ携帶スル場合ハ右ニ準スル由尚老西開方面英佛租界出入路ハ當分閉鎖特一區方面ト英租界トノ通路ハ當分其ノ儘ト為シ置ク趣ナリ

北京、上海ヘ轉電セリ

1464　昭和13年12月16日　在天津田代総領事より有田外務大臣宛

天津租界に対するわが方特別警備計画につき報告

機密第一九一五號　（接受日不明）

昭和十三年十二月十六日

在天津日本總領事館

總領事　田代　重德

外務大臣　有田　八郎殿

對英佛租界特別警備計畫ニ關スル件

當地駐屯軍ニ於テハ英佛租界內ニ根據ヲ構ヘ頻リニ我租界ニ潛入テロ行為ヲ敢行シツツアル抗日テロ分子租界侵入防遏ノタメ租界境界線一帶ニ亘リ檢問檢索實施計畫中ナリシ處去ル十四日午前六時ヨリ一齊ニ施行シ當館警察官三十五名巡捕百名モ之ニ協力中ナルハ曩ニ電報ノ通リナル處右ニ對シ軍側ヨリ當館宛送付越タル「對英佛租界特別警備計畫」「關所竝ニ監視（所カ）衛兵服務規定（編注一）」竝ニ「檢問檢索實施要領（省略）」左記ノ如クナルニ付何等御參考迄此段報告申進ス

追而本規定ハ軍參謀長ヨリ特ニ極祕扱方申出アリタルモノナルニ付御含ミ迄

左記

對英佛租界特別警備計畫

第一、總則

一、本計畫ハ北支那方面軍司令部ニ於テ企畫セル「支那人及支那貨ノ英佛租界出入取締計畫」ニ準據シ第百十師團長ノ擔任スヘキ事項ヲ規定ス

二、本計畫實施ニ方リ師團長ハ所要ニ應シ防衛上ノ區處部隊ヲ使用ス又左記機關ハ師團ニ協力ス

天津特務機關、天津憲兵隊、茂川、多喜兩機關、日本

總領事館、支那側諸機關

三、本計畫ヲ實行スルニ方リ英佛軍若シ挑戰的態度ニ出ツルコトアラハ師團ハ斷乎之ニ應戰スルノ決意ト準備トヲ保有ス

四、本計畫ヲ實行スルニ方リ生スル外交交渉ハ方面軍司令部ニ於テ之ヲ處理シ師團ハ之ニ干與セス

第二、方　針

五、英佛租界內ニ蟠踞スル抗日共產分子ノ活動ヲ封止スル目的ヲ以テ英佛租界ト外部トノ交通ヲ制限シ關所ヲ設ケテ通行人及出入貨物ノ檢問檢索ヲ實施ス

第三、要　領

六、英佛租界ヲ包繞スル障碍物ヲ設置シ所要ノ個所ニ關所ヲ設ケ關所以外ハ交通シ得サラシム

七、英佛租界ニ通スル白河上ノ渡船場ハ全部閉鎖セシム

八、白河ヲ航行スル船舶ハ英佛租界外ニ停止セシメ所要ノ檢問、檢索ヲ實施ス

九、各關所及停船碼頭ニ於テ檢問檢索ヲ實施ス

十、檢問檢索ノ實施ヲ確實且容易ナラシムル目的ヲ以テ特定ノモノニ對シ寫眞附證明書ヲ交付ス

第四、陸上交通制限

十一、障碍物及關所竝ニ監視所ノ設置要領附圖第一ノ如シ(編注二)

十二、關所及監視所衞兵ノ編成竝ニ其差出擔任附表第一ノ如シ

十三、交通制限ヲ嚴守セシムル爲所要ニ應シ密偵ヲ使用シ又ハ住民ヲシテ密告セシメ違反者ノ檢擧ニ努ム

第五、水上交通制限

十四、英佛租界ニ通スル白河上ノ渡船ハ總テ英佛租界對岸ニ抑留シ渡船場ハ全部閉鎖セシム

十五、外洋船舶ハ入港ノ際總テ大連碼頭第一關所若ハ日本租界碼頭第一關所ニ停船シ支那人乘船又ハ陸揚ハ該岸ニ於テ實施セシメ當該關所ニ於テ檢問檢索ヲ實施ス

十六、英佛租界ニ出入スル河用船舶ハ總テ大連碼頭第二關所若ハ日本租界碼頭第二關所ニ一旦繋留セシメ所定ノ檢問檢索ヲ實施ス

十七、十四乃至十六項ノ實施ヲ監督スル爲水上警備隊ヲ置ク其編成ハ附表第二ノ如シ

第六、檢問檢索

十八、檢問檢索ノ目的ハ抗日分子共產黨員間諜等ヲ發見逮捕

スルト共ニ武器彈藥爆發物抗日共產圖書等ヲ發見押收スルニ在リ
十九、檢問檢索ハ各關所ニ於テ行ヒ關所衛兵ハ憲兵ト協力シ支那側警務機關ヲ指導シテ之ヲ實施ス其實施要領ハ別冊關所衛兵服務規定ニ據ル
二十、佛租界ニ通スル電車ハ往復共日本租界又ハ特三區內ニ停車セシメ乘客（貨物）ハ全部下車（卸下）シ檢問（檢索）終了後乘車（搭載）セシム
二十一、自動車ハ英佛租界外ニ停メ檢査ス
二十二、電車自動車及自轉車以外ノ車馬ハ英佛租界ニ出入スルヲ禁止ス
二十三、各關所ニ於テ檢問檢索ヲ實施スル外憲兵隊長ハ支那側警務機關ヲ指導シテ北站、東站、西站ニ於テ之ヲ實施ス左記地點ニハ臨機檢問所ヲ設置スルコトアリ
　土城、八里臺、楊柳青、楊村
二十四、留置者及押收物件ノ取扱及留置所ノ設備ハ憲兵隊之ヲ擔任ス（以下省略）

編注一　本文書は原本の写しであり、末尾に「關所竝監視所衛兵服務規程省略」と書かれていて、同規定は見当らない。
二　本文書の附図、附表はすべて見当らない。

1465　昭和13年12月16日　在天津田代総領事より有田外務大臣宛（電報）

天津租界でのわが方検問に対し領事団が方面軍司令部参謀との懇談希望について

天　津　12月16日後発
本　省　12月16日夜着

第一一四二號

本官發北京宛電報
第三二八號

本官發大臣宛電報第一一三七號ニ關シ
本十六日米總領事館ニ於テ領事團會議開催（田中領事出席英、米、佛、伊各司令官同席）主トシテ英佛總領事ヨリ今回ノ措置ノ目的、實施期間、檢問所ニ於ケル外國人ノ取扱振（詳細郵報）等ニ付質問シタルニ付英佛當局ノ租界內抗日共產分子取締不徹底ナル結果最近其ノ活動著シク活潑トナ

リタル爲自衛上已ムヲ得サル次第及實施期間ハ結果ノ如何ニ懸リ今ヨリ豫斷シ得サル旨然ルヘク説明シ置キタルカ結局滿場一致ヲ以テ㈠天津ノ實情ニ付軍ヨリ definite statement ヲ發表セラレ度キコト㈡領事竝ニ司令官ノ連席會議ヲ開催シ自由討議ヲ行フコト萬事圓滿ニ行クヘキニ付北京司令部ヨリ重安參謀ノ出席可能ナリヤ否ヤ照會方希望シタルニ付㈠ニ付テハ早速軍側ニ聯絡ノ上然ルヘク取計フヘキ旨㈡ニ付テハ主トシテ何ヲ討議セントスルモノナリヤト尋ネ見タルニ英總領事及司令官ハ㈦今回ノ措置ノ目的㈹實施期間㈧特三區出入ニ關シ外國人ニ對スル制限(特三區ハ兵站基地ニシテ最近頻々タル放火ノ爲一般人ノ出入制限特ニ嚴重ヲ極メ居レリ)ノ三點カ主タルモノナリト答ヘタルニ付然ラハ特ニ連席會議ヲ開ク必要モナカルヘク今直ニ各司令官一緒ニ桑木兵團參謀部ヲ訪問シ意見ヲ交換セラレテハ如何ト勸メタル處兎ニ角北京司令部ノ意嚮ヲ照會願度シトノコトナリシニ付之ヲ承諾シ置キタリ

就テハ前顯㈠及㈡ニ付至急貴地司令部ニ御聯絡ノ上然ルヘク御取計相煩度ク何分ノ儀御回電アリ度シ(當地軍側トモ聯絡濟)

尙明十七日ヨリ英租界及特一區境界線ニ於テモ檢閲檢索開始ノ筈

大臣、上海へ轉電セリ

1466　昭和13年12月19日　在北京堀内大使館参事官より有田外務大臣宛(電報)

天津領事団の懇談希望に対する方面軍司令部の対応振りについて

北　京　12月19日後発
本　省　12月19日夜着

第一八三〇號

本官發天津宛電報

第二二三號

貴電第三二八號ニ關シ

領事團會議ノ希望ニ對シテハ既ニ田中領事會議出席前重安參謀ト打合セ同領事カ會議ニ於テ充分當方ノ意嚮ヲ説明シ居ル次第ニ付軍側トシテハ「デフイニツト、ステートメント」ノ發表ハ言質ヲ取ラレ爾後差支モ出ツル惧アリ(尤モ檢問時間等ノ布告ヲ出スコトハ差支ナシトノコトナリ)又

今更列席會議ヲ行フノ要モナカルヘク旁一應事態ヲ見送ルコト然ルヘシトノ意嚮ナルニ付右含ニテ然ルヘク折衝アリタシ

大臣、上海へ轉電セリ

1467　昭和13年12月21日　在天津田代総領事より有田外務大臣宛(電報)

天津租界問題に関連して英仏総領事に対し中国の新事態を認識し対日協力の積極的態度を示すよう要望について

付　記　昭和十三年十二月二十日付在本邦クレーギー英国大使より沢田外務次官宛半公信
天津租界での検問措置緩和方要請

天　津　12月21日後発
本　省　12月21日夜着

第一一五四號

本官發北京宛電報第三三〇號英佛總領事ト會談ノ際豫期ノ如ク先方ヨリ租界問題ニ言及セルニ付本官ヨリ廣東、漢口陷落シ支那ノ事態ニ一大變化ヲ來シタル今日英佛側カ依然トシテ舊套ヲ脱セサルハ極メテ遺憾ニシテ此ノ際新事態ニ對シ積極的協力ノ態度ニ出ツルニアラサレハ到底空氣ハ緩和セサルヘシト告ケタルニ佛總領事ハ例ニ依リ佛國側カ新政府ヲ未タ承認シ居ラサルコトヲ楯ニ取リ議論ヲ始メタルヲ以テ今ヤ從來幾度カ繰返シタル此ノ種論議ヲ重ヌルノ要ヲ認メス要ハ實際的見地ヨリ新事態ニ協力スルカ否ヤニ在リ現ニ本官歸朝中耳ニシタル所ニ依レハ上海ニ於ケル英國官憲ハ工部局問題等ニ關シ新事態ニ卽應スヘク大分態度ヲ改メ出シタルヤノ趣(在京中次官ヨリ御話アリタルニ付持出シタリ)ナルカ北支ニ於テハ尙更其ノ要ヲ認ムヘキナリト述ヘタルニ英總領事ハ御話ノ如キ上海ニ於ケル事情ハ承知セスト述ヘ佛總領事ハ出來得ル限リ協力ニ努メ居ル次第ニシテ本日御話シセル現銀ノ問題又永ラク懸案トナレル電話局問題モ天津市長トノ間ニ話合略成立シ唯字句ノ問題カ殘レルノミ斯ク折角努力シ居レルニ拘ラス日本軍カ今回ノ擧ニ出テタルハ甚タ遺憾ニシテ右報道ハ既ニ歐米方面ニモ逸早ク傳ヘラレ結果ニ於テ日本ノ爲ニ決シテ利益ニアラス何時モ中スコト乍ラ焦ラスニ藉スニ時ヲ以テスレハ萬事日本側ノ希望スルカ如クナルコトト愚痴交リニ零シ居レリ依テ本官ヨリ要ハ貴方ノ誠意カ實績ニ依リテ示サルルヤ否ヤニシテ日本側トシテハ遺憾乍ラ其ノ實績ヲ認メ得ス抗日分子取締ニ付テモ充分ナル協力ノ實ヲ認ムル能ハス現ニ最近放火等ノ「テロ」行爲ノ頻發セルアリ軍側トシテモ遂ニ非常措置ヲ執ルノ已ムナキニ至レルナリ其ノ結果「テロ」行爲モ一時收マレリト述ヘタルニ兩總領事共事態緩和ニ付本官ノ盡力斡旋ヲ切望シ引取レリ

北京、上海ニ轉電セリ

(付　記)

天津英租界問題

十二月二十日在京英國大使發次官宛半公信要譯

(昭和一三、一二、二二、亞一)

拜啓陳者本使ハ日本陸軍官憲ノ行爲ニ依リ在天津英佛租界カ嘗メツツアル困難ニ付テノ十二月三日附拙信ニ對シ閣下ノ注意ヲ喚起致シ度存候本件カ焦眉ノ問題ナルニ鑑ミ右拙信ニ對シ御回答ヲ接受スルコトヲ期待致シ居リ候處茲ニ再ヒ書面ヲ差上クルハ單ニ英佛兩租界カ包圍セラレ英國臣民ニ對シテハ旅券ノ提示ヲ要求セラレ居ルノミナラス租界ニ入ルヘキ食糧品ノ供給ニ對シテ迄現ニ干渉行ハレ居ル爲ニ有之候是等ノ得手勝手ナル手段ニ對シ日本陸軍當局ノ擧クル理由ハ甚タ不充分ナリト認メラレ候處本使ハ是等ノ手段カ日本政府ノ承認ヲ得居ルモノト信スルコト能ハス仍テ現ニ行ハレ居ル峻嚴ナル措置ヲ緩和スル様訓令ヲ發セラレンコトヲ期待致スモノニ有之候本書翰ニ對シ成ヘク速カニ回答ヲ賜ハラハ幸甚ニ存候　敬　具

編注　本文書の原文(英文)は省略。

1468　昭和13年12月23日　在天津田代総領事より有田外務大臣宛(電報)

天津租界での検問の打切り時期に関し桑木師団長らと意見交換について

天　津　12月23日後発
本　省　12月23日夜着

第一一六二號(部外祕)

本二十三日桑木中將司會ノ許ニ參謀長、特務機關長、憲兵隊長等各機關幹部小人數會合シ租界問題ニ關スル情報交換竝ニ對策等ニ付協議會開催セラレタル席上本官ヨリ檢問開始ノ直接動機ニ付質問シタルニ桑木中將ハ最近放火等ノ「テロ」行爲頻出セル上十二月中旬ニハ臨時政府成立一周年等種々記念日ニ際シ抗日分子ノ不穩計畫等ノ情報入手シタルニ付抗日分子取締ノ爲ノ一時的措置（本月十八日頃ニハ打切ル考ナリシト言フ）トシテ急遽檢問ヲ開始シタル處其ノ後北京司令部方面ニ於テ租界問題諸懸案ノ解決促進ニ利用スヘキ旨ノ意嚮ヲ有シタル爲引續キ實施ノコトトナレリト述ヘタルニ付本官ハ租界問題諸懸案ノ經緯竝ニ歸任以來ノ對外折衝ヲ説明シタル上今ヤ內外共ニ檢問カ何日迄續行セラルルヤニ付多大ノ關心ヲ有シ居ル處右打切時期ニ付若シ諸懸案ノ徹底的解決迄トナレハ中ニハ現銀引渡ノ如キ到底短時日ニ解決シ得サル問題モアリ相當長期間ニ亘ルコトヲ覺悟セサルヘカラサル處當初ノ目的カ抗日分子ノ取締ニアリトセハ右ノ點ニ關スル英佛側ノ態度改善ヲ切懸ニ打切ル時期モアルヘシト述ヘタルニ列席者モ同樣ノ意見ニテ檢問開始以來「テロ」行爲モ終熄シ相當ノ效果アリタルヲ以テ豫テ反日的色彩アル英工部局巡捕長ノ更迭、英佛警察ニ日本人（已ムヲ得サレハ支那人）ノ聯絡員ヲ常駐セシムル等主トシテ支那側ヲシテ內面的工作ヲ爲サシメ其ノ結果ヲ見テ適當ノ時機ニ檢問ヲ打切リ（餘リ檢問制度長引クニ於テハ惰性トナリ效果薄トナルヘシトノ意見モ出テタリ）將來更ニ必要ニ應シ何時ニテモ再開スルノ態度ヲ示シ置クコト必要ナリトノ意見ニ一致ヲ見タリ

北京、上海へ轉電セリ

1469　昭和13年12月26日　在北京堀內大使館參事官より有田外務大臣宛（電報）

天津租界の検問解除に向け軍側が設定した目途について

北　京　12月26日後発
本　省　12月26日夜着

第一八五九號（部外祕）

本官發天津宛電報

第二二五號

大臣宛貴電第一一六二號ニ關シ

軍側トシテハ本件檢問ハ適當ノ時機ニ於テ打切ル意嚮ヲ有スルモ少クトモ此ノ際㈠排日抗日分子取締ニ關シ英佛側カ

一定ノ讓歩ヲ爲スコト㈡排日抗日犯人引渡ノ完了㈢中國交通兩銀行ノ檢査竝ニ聯合準備銀行員ノ立會ニ依ル現銀檢査ヲ爲サシムルコト等ヲ目途トシテ打切ルコトト致度キ趣ナルニ付右御含ノ上此ノ上トモ御盡力願度シ

大臣、上海ヘ轉電セリ

1470　昭和13年12月30日　沢田外務次官より在本邦クレーギー英国大使宛（半公信）

天津租界英国当局が抗日策動の徹底取締と華北の新事態に即応した対日協力を実行しないかぎり検問緩和の理由なき旨通報

付記　昭和十四年一月二十三日付在本邦クレーギー英国大使より沢田外務次官宛半公信
天津租界英国当局に対する日本側非難は根拠なき旨反駁

（欄外記入）

拝啓陳者本月三日附貴翰ヲ以テ在天津英國租界ニ對シ帝國官憲ノ取リタリト謂ハルル措置ニ關シ御申越相成更ニ本月二十日附貴翰ヲ以テ御追申相成閲悉致候

本件ニ關シ帝國政府ノ有スル情報ニ依レハ在天津帝國官憲ニ於テ英國租界及佛國租界トノ交通ニ對シ一定ノ手段ヲ講シタルハ事實ナルカ右ハ最近再燃セル抗日犯罪行爲ノ頻發ヲ豫防センカ爲執リタル緊急且已ムヲ得サル措置ニ有之、主トシテ日本租界及各特別區等ノ地域ニ不逞分子ノ潛入ヲ阻止スルコトヲ目的トシ居リ從テ例ヘハ貴翰ニ謂ハルル英佛租界ヘノ食料品ニ對スル干渉等ハ事實ニ非スト認メラレ候

抑々從來不逞支那人カ英佛租界ヲ濫用シテ單ニ治安ノ破壞ノミナラス一般的後方攪亂ノ策動ニ耽リ居ルニ對シ租界當局ノ取締徹底セス且又租界當局カ地方的官憲トシテ北支ノ新事態ニ卽應スルノ態度ニ出ツルヲ拒否シ來リシコトハ帝國官憲ノ不滿且遺憾トシタル所ニシテ、是等ノ點ニ付テハ在天津帝國總領事ヨリ貴國官憲ニ對シ其ノ都度所要ノ申入ヲ爲シタルノミナラス去ル九月十九日堀內次官ヨリ貴大使ノ注意ヲ喚起シ次テ九月二十二日宇垣大臣ヨリモ詳細ナル說明アリタル次第ハ御記憶相成居ル通ニ有之候然ルニ其ノ後貴國官憲ノ態度ニハ殆ント改善ノ徵無ク却テ例ヘハ抗日犯人ノ巨魁ノ引渡ヲ拒否シテ實際上租界ニ依リ此ノ種不逞分子ニ庇護ヲ與ヘツツアルカ如キハ決シテ貴我官憲間ノ友

好的關係ヲ維持スル所以ニ非ス此ノ如キ事態ノ存續スル限リ之カ對策ノ一部トシテ現ニ帝國官憲カ已ムヲ得ス採リツツアル手段ハ緩和セラルヘキ理由無シト被存候

御承知ノ通リ帝國官憲カ貴國官憲ニ要望スル所ハ租界内ニ於ケル一切ノ抗日策動ノ徹底的取締ハ勿論、北支ノ復興及建設ニ對シ好意アル協力ヲ爲サルルニ在リ、其ノ具体的事項ニ關シテハ現地貴國官憲ニ於テ承知セラレ居ル筈ナルニ付今後是等ノ問題ヲ處理スルニ當リテハ一層ノ友好的態度ヲ以テ臨ムコト可然旨適當ノ訓令發出方御配慮相煩度此段回答申進候　敬具

昭和拾參年十二月卅日

外務次官　澤田　廉三

大不列顚國特命全權大使

「サー・ロバート・クレーギー」閣下

（欄外記入）

陸海軍ト協議スミ

（付　記）

天津英租界問題

一月二十三日附澤田次官宛在京英國大使半公信要譯文

（昭和一四、二、一、亞一）

拜啓陳者本使ハ在天津英國租界ノ狀態ニ關シ十二月三十日附閣下御書翰ヲ受領シ殊ニ英國官憲ハ從來租界内ノ「不逞支那人」ニ對シ適切ナル取締ヲ爲サザリシトスル非難ニ依リ驚キヲ禁シ得ザリシ次第ニ候日本軍官憲ノ日本臣民ニ對スル租界地域ヲ撤去スベキ旨ノ命令ニ關シ右命令發出當時九月二日附及九月十五日附堀内閣下宛申述ベタル次第及日本政府ハ本使ニ對シ英國官憲ノ所謂協力缺如ノ證據トナルベキ關係當局ニ通報セラルベキ何等カノ情報ヲ供與セラルベキ充分ナル機會アリタルモノナル旨閣下ニ申述ブル次第ニ候本使往翰ニ對シ何等回答無キ次第ニモ鑑ミ本使ハ日本政府ハ通報スベキ何等ノ情報モ有シ居ラズト推定スル外無ク從テ本使ハ日本軍官憲ガ妥當ナリト認メラレタル將來ノ措置ヲ了解スルニ苦シムモノニ候

閣下ハ「反日犯人ノ首魁引渡」ヲ英國官憲ガ拒否セリト述ベラレ候右ハ似警吾ニ關スルモノト被存候本人ガ刑事犯罪人タルコト又ハ刑事犯罪的活動ニ從事シタル的確ナル證據

ノ提出無キモ英國官憲ハ右ヲ留置シ外界トノ連絡ヲ斷チタル次第ハ御承知ノコトト存シ候本使ハ右ニ關シ十月十日既ニ堀內閣下ニ説明ヲ爲シ且十二月二十四日閣下ニ對シ日本領事館警察官ハ右ノ留置及隔離ガ嚴重ニ施行セラレ居ルコトヲ認定スベキ機會ヲ與ヘラレタルコトヲ示ス書類ヲ手交致候

故ニ英國租界當局ノ取締缺如ニ關スル非難ハ日本軍側ノ「テロリズム」ヲ防遏スル爲租界當局ノ協力缺如ガ現行措置ヲ必要ナラシメタリトスル主張ト共ニ根據無キモノニ候閣下ハ租界當局ノ「一層友好的態度」ヲ要請セラレ候日本政府ハ英國政府ガ日支兩國政府ニ對シ完全ナル友好關係ヲ有シ居ルヲ以テ日本官憲ハ租界當局ニ對シ一方ニ友好的ニシテ他方ニ非友好的ナルガ如キコトヲ爲ス樣理論上要求シ得ズ且日本官憲ノ要求シ得ベキ限度ハ租界當局ガ公正ナル態度ヲ執ルベキコトニシテ之ハ英國官憲ガ出來得ル限リヲ盡シ居ルコト御了解相成ルモノト存シ候

右狀態ノ説明ニ依リ閣下ハ天津英國官憲ニ對スル非難ハ根據無ク且右説明ニ依リ在天津諸團體ト日本軍側間ノ關係ニ惡影響ヲ與ヘタル取締措置ヲ除去セラレル樣日本軍當局ニ對シ訓令發出セラレルモノト本使ハ信ズルモノニ候

敬　具

編注　本文書の原文(英文)は省略。

1471　昭和14年1月28日　在天津田代総領事より有田外務大臣宛(電報)

天津租界の検問打切りを現地軍検討中について

天　津　1月28日後発
本　省　1月28日夜着

第三六號(部外祕)

一月中旬桑木部隊ニ代リテ當地ニ駐屯セル本間部隊ニ於テハ引續キ檢問ヲ實施シ來レル處今回同問題再檢討ノ爲本間中將主宰ノ下ニ廿七日(民間代表招致)、二十八日(參謀長、特務機關長、憲兵隊長竝ニ本官、民團長參集)兩日會議ノ結果現在程度ノ檢問ニテハ所期ノ效果ヲ擧ケ難キノミナラス開始以來既ニ一箇月半ニ近ク些カ惰性トナレル感アリ他方支那商民ヨリハ舊正月ノ繁忙期ニ臨ミ一時的ニモ撤廢方切ナル要望アリ旁本間部隊トシテハ二月上旬自主的ニ檢問ヲ一應打切リ將來必要ニ應シテ何時ニテモ再ヒ實施スルノ態勢ヲ示シ其ノ際ニハ今回ノ經驗ニ鑑ミ所期ノ目的ヲ達成シ得ヘキ最モ效果的ノ方法ヲ講スヘク研究準備スルコトトナレリ尤モ右ハ北京司令部ノ指示ヲ待ツテ最終的ニ決定スルコトトシ若シ北京ノ意嚮ニ依リ續行スルコトトナルモ實施方法ニ付テハ再檢討スルコトトセリ

北京、上海ヘ轉電セリ

1472　昭和14年2月4日　在天津田代総領事より有田外務大臣宛(電報)

天津租界の日英間諸問題に関する駐華英国大使との意見交換について

天　津　2月4日後発
本　省　2月4日夜着

第五〇號

滞[1]津中ノ英國大使ノ求メニ應シ四日同大使ヲ往訪天津ニ於ケル日英間諸問題ニ關シ忌憚ナキ所見ノ交換ヲ致度シト前提ノ上對坐時餘ニ亘リ會談セシ要領左ノ通リ

一、先ツ抗日共產分子取締ニ關スル從來ノ經緯ヲ述ヘタル上似警吾問題ニ言及シ同人ノ引渡未タニ實現セサル爲頗ル氣マツキ關係ニ在リ議論ハ兎ニ角トシテ當地日英間ノ空氣ヲ一新スル爲ニモ大局的見地ヨリ速ニ引渡方盡力アリタキ旨日本側一般ノ不滿ノ實情ヲ訴フルト共ニ依頼シタル處英國大使ハ本件ノ經緯ハ能ク承知シ居ルモ本國政府カ主義上ノ問題トシテ引渡ニ同意セス唯同人ノ策動ヲ封スル爲引續キ拘禁スルノ他ナキ次第ナリ現ニ自分モ過日拘禁中ノ似警吾ヲ實見シタルカ同人ノ問題ノ爲日英間ニ氣マツキ關係ヲ持續スルコトハ面白カラサルニ付自分一己ノ所見ナルカ同人ヲ天津ヨリ他ニ移シ拘禁シ熱リヲ冷スコトハ如何ト持出シタルニ付日本側ニ於テハ既ニ斯ル情報ニ接シ神經ヲ尖ラシ居ル矢先ナルニ付若シ右カ實現スルカ如キコトアレハ由々シキ大事ナリ

似[2]警吾問題ニ對シテハ日本側トシテ大イニ不滿ナル隱忍自重英國側カ態度ヲ更メ引渡ニ應スルコトヲ期待シツツアル狀況ナルニ付他地ヘノ移送ハ斷シテ不可ナリト強ク反對シ置ケリ

二、次テ本官ヨリ英國警察職制問題ニ言及シ英人警察官ニ付テ兎角ノ疑惑ヲ有スル次第ニアラサルモ支那人警察官中

ニハ抗日共産分子ト通謀ノ疑アル者アリトノ情報ニ接シ居リ殊ニ警察副署長李漢元ニ付テハ疑頗ル濃厚ニシテ日本側一般ノ間ニ不愉快ナル印象ヲ有シ居ルニ付日英關係改善ノ爲同人更迭方要望シタルニ大使ハ疑惑ノミニテハ何トモ措置シ難キニ付實證提供セラレタク若シ事實ナルニ於テハ善處スヘキ旨答ヘタリ

三、(3)轉シテ現銀引渡問題ニ關スル日本側主張ノ根據ヲ説明シ租界內現銀封印ノ件ニ付テハ英佛側ト多少ノ歩寄リヲ見タルモ其ノ條件中ニハ當方ノ要望ニ副ハサルモノアリ結局日本側トシテハ現銀ノ引渡ヲ飽迄求ムルノ他ナキ次第ナリト述ヘタルニ大使ハ日本側ノ主張ハ頗ル巧妙ニ作ラレ居ルモ當方ニモ當方ノ主張アル譯ナルニ付目下ノ所如何トモシ難キ旨述ヘタリ進ンテ本官ヨリ不法「ラヂオ」取締問題、排日教科書修正問題等ニ關スル從來ノ經緯ヲ説明シ善處方希望シタルニ大使ハ是等ノ問題ニ付テハ然ルヘキ方法ヲ見出スヘシト思考セラルルニ付「ヂエミソン」總領事トモ能ク打合セ置クヘキ旨述ヘタリ

四、最後ニ英國大使ハ本官ノ忌憚ナキ所見ノ開陳ヲ謝シタル上英國側トシテモ出來得ル限リ平和裡ニ問題ヲ處理シタキ方針ナルニ付日本側ノ要望ニ對シテモ事情ノ許ス限リ之ニ應シタキ意嚮ナリト述ヘ明日北京ヘ赴クヘキ處最近迄北京方面ニ於ケル情報ニ依レハ自分ノ北京滯在中自分ニ對スル暗殺計畫アリトノコトナルカ別段氣ニ留メ居ル次第ニアラサルモ「ヂエ」總領事ヨリ貴官宛書面ヲ以テ不祥事ノ豫防方依賴シ置キタル筈ナリト語レリ

尚大使ハ午後十二時五十分天津發北京ニ赴キ十一日迄滯在北京ヨリ唐山ニ赴キ十四日迄同地滯在ノ上秦皇島ヲ經テ歸滬ノ豫定ナル由

北京、上海ヘ轉電セリ

1473 昭和14年2月5日 在北京堀内大使館参事官より有田外務大臣宛(電報)

天津租界の検問打切りを軍側決定について

北京 2月5日後発
本省 2月5日夜着

第一二七號(部外極祕)

本官發天津宛電報
第一六號

貴官發大臣宛電報第三六號ニ關シ

當地軍司令部ニ於テモ先般本間部隊長、柴山機關長其ノ他關係者ヲ召集シ討議ヲ重ネタル趣ナルカ結局一應軍ノ威力ヲ示シタル次第ニテモアリ又機關ニ於テモ再考スルコト今後ノ交渉ニハ寧ロ便ナリトノ意見アリ且目下舊正モ迫リ居リ金融其ノ他ノ關係ヨリ一般支那人ノ便宜ヲモ考慮シ來ル八日頃一應本件檢査ヲ打切リ租界問題交渉ノ模樣ニ應シ更ニ有效ナル措置ヲ執ルコトニ相成リタル趣ニテ軍側係官ヨリ右ニ關シ大使館側ノ了解ヲ求ムルト共ニ今後外務官憲ニ於テモ此ノ機ニ然ルヘク善處アリタキ旨申出ノ次第アリタリ尚本件ニ關シ本日山下參謀長赴津ノ上英佛側ニ對スル今後ノ措置及打切ニ對スル說明其ノ他詳細ニ付現地關係當局ト打合ヲ爲スコトトナリ居レリ本件ハ右打合濟ム迄部外極祕トセラレタシ

大臣、上海ヘ轉電セリ

1474　昭和14年2月15日　在天津田代総領事より有田外務大臣宛

天津租界検問実施の効果と交通制限の解除につき報告

機密第二〇六號　（2月28日接受）

昭和十四年二月十五日

在天津
總領事　田代　重德［印］

外務大臣　有田　八郎殿

英佛租界境界線ニ於ケル檢問檢索一時緩和ニ關スル件

本件ニ關シテハ本月八日附電報ノ次第アル處客年十二月十四日以來我カ軍部ニ於テハ英佛租界內ニ潛居暗躍シツツアル抗日共產份子ノ策動ニ對スル意味ニ於テ日佛境界線ニ半永久的ノ鐵條網ヲ張廻ラシ日本租界側ノ旭街、芙蓉街、山口街ノ三個所及特三區側ノ萬國橋竝ニ英租界特一區間ノ中街及泰安道、英國競馬場ノ七個所ヲ午前六時ヨリ午後十二時迄開放シ軍警協力シ嚴重檢問檢索ヲ實施シツツアリタルカ該地域ノ交通制限以來英佛租界內ニ居住セル邦人及同商社ハ續々兩租界外ニ移轉シ一般邦人ノ殘留スルモノ一月末ニ於テ僅々四十三戶百六十名ニ過キサル減少振ヲ示シ爲之兩租界內ニハ日本側ノ英佛租界內抗日份子ニ對スル積極的肅清工作行ハルルモノトシテ種々謠言續出シ英佛側ニ於テ

ハ義勇隊ヲ組織スル外軍ノ增强、軍艦ノ派遣等アリ之カ爲一般外人方面ニ於テモ之ニ衝動ヲ受ケ婦女子ノ他地ヘノ避難者續出シタル模樣ニテ兩租界內ノ居住者ハ交通制限ニ因リ極度ノ不便ヲ來シ兩租界內ノ諸物價ハ急騰シ華人商店娯樂場等ノ客足ハ急ニ減少シ左ナキタニ不況ニ在リタル昨今ノ市況ニ加ヘ舊年關ヲ控ヘ華商筋ニ於テハ頓ニ恐慌ヲ來シ華人有力者ハ寄々協議ノ上英佛租界當局ニ對シ良民保護ノ見地ヨリ抗日分子ノ策動取締ニ關シ日本側ニ協力方ヲ慫慂シ外人團体ニ於テモ善後策ヲ協議スル等相當波紋ヲ起シツツアリタルカ他方抗日分子ノ策動ハ兩租界外ニ於テ極メテ消極的トナリ小規模ノ放火事件ヲ發生シツツアル程度ニ過キス從ツテ損害モ極少額ニシテ大体交通制限ノ效果ヲ認メツツアリタル次第ナル處本間部隊ニ於テハ昨（ママ）八日午前零時ヲ期シ別添第一號佈告ノ通一齊ニ交通制限解除ヲ行ヒ從來配置セル軍隊及警察官ハ其儘引續キ配置ヲ爲シ容疑者ノミニ對シ隨時檢問檢索ヲ行フコトトシ別添第二號（省略）軍當局談ヲ發表セルカ軍部ニ於テハ交通制限解除ニヨリテ再ヒ抗日分子ノ活躍行ハルルニ至ラハ何時ニ於テモ從前ヨリモ一層嚴重ナル制限ヲ行フ豫定ナリ

尚英佛租界內居住一般市民ハ右制限解除ニヨリ一先ツ愁眉ヲ開キタルモノノ如ク市況ハ急ニ活況ヲ呈スルニ至レリ

右何等御參考迄報告ス

本信寫送付先　在支大使　北京　上海　南京　漢口　青島
濟南　張家口

第一號

佈　告

一、天津ニ於ケル抗日共產分子ノ策動ハ我檢問及交通制限ニ依リ一時小康ヲ見ルニ至レリ依テ二月八日十二時以降英佛租界ニ通スル左記道路ニ限リ交通制限ヲ解除ス、但シ必要ニ應シ臨時檢問檢索ヲ行フ

左　記

萬國橋、旭街、中街、山口街、芙蓉街、英國競馬場道、泰安道

二、右ノ如ク制限解除スト雖情勢ニ應シテハ隨時之ヲ復活スルノミナラス更ニ之ヲ强化シ或ハ他ノ有效ナル手段ヲ執ル

三、二月七日以前發行セル通行證ハ爾今無效トス

昭和十四年二月八日

大日本軍　天津防衛司令官

1475　日本軍による天津英仏租界周囲への高圧線付き鉄条網架設を英仏側抗議について

昭和14年2月28日　在天津田代総領事より有田外務大臣宛（電報）

天　津　2月28日後発
本　省　2月28日夜着

第一〇三號

本二十八日佛總領事及英首席領事本官來訪今般日本軍ニ於テ英佛租界周圍ニ高壓線附鐵條網ヲ架設セル件ニ關シ嚴重ナル抗議文ヲ提出スルト共ニ右架設ノ理由如何ヲ問ヘルニ依リ本官ヨリ前回ノ檢問解除ニ關スル布告ニモ示サレタル如ク英佛當局ノ抗日分子取締ニ誠意ヲ缺キ徹底セサル限リ何時ニテモ更ニ嚴重ナル包圍ヲ實施シ抗日分子ノ策動ニ備ヘ得ル樣準備シ居ルニ過キサル旨ヲ答ヘ日本側トシテモ決シテ事ヲ好ンテ爲シ居ル次第ニアラサルニ付從來ノ當方ノ申入ニ對シ積極的ニ協力ノ誠意ヲ示スニ於テハ問題ノ緩和ヲ計リ得ヘシト述ヘタル處英佛租界側ニ向ツテハ高壓線カ危險防止ノ設備ナク非人道問題ナリ等ト頻リニ「コンプレーン」シ居リタリ

北京、上海、漢口ヘ轉電セリ

1476　四月末までに天津英仏租界当局が抗日活動家の取締に誠意を示さなければ厳重な検問検索を実行するとの軍側意向について

昭和14年3月14日　在天津田代総領事より有田外務大臣宛（電報）

天　津　3月14日後発
本　省　3月14日夜着

第一六〇號（部外祕）

軍側ニ於テ英佛租界周圍ノ鐵條網ヲ一層强化スルト共ニ從來ノ一時的檢問檢索所ヲ煉瓦造ノ半永久的設備ニ改造シタル次第ハ往電第一〇三號及第一〇八號ノ通リナル處軍側目標ハ一ニ英佛租界內抗日共產分子ノ徹底的取締ニ在リテ最近ノ空氣ハ右目的達成ノ爲英佛租界當局ニ對シ飽迄是等反日分子ノ逮捕引渡ヲ要求スルモ似警吾問題ノ如ク引渡ヲ肯

セサルニ於テハ租界外追放（似警吾ノ場合當初英總領事ハ追放シ日時場所ノ內報ハ絶對ニセスト主張シタル爲我方ノ嚴重ナル抗議トナリ遂ニ倫敦ニ請訓ノ結果追放セサル代リニ引渡モセス工部局警察署內ニ事態終了迄留置シ置クコトトナレリ客年往電御參照）モ已ムヲ得ス但シ極力日時場所等ヲ內報セシムル樣工作ストノ建前ニテ英佛當局ノ誠意アル協力ヲ要求シ四月末迄（軍側ニテハ五月迄ニ北支治安工作ニ目鼻ヲ付ケタキ希望ヲ有ス）效果ノ有無ヲ驗シタル上遂ニ效果ナシト認メタル場合ハ已ムヲ得サルニ付租界內抗日分子ノ逮捕引渡、工部局警察ニ若干名ノ邦人顧問乃至親日支那人傭聘方書面ヲ以テ要求シ聽カサル場合ハ直ニ租界周圍ノ鐵條網ヲ電化シ人及物ニ及フ極メテ嚴重ナル檢問檢索ヲ開始セントスル意嚮ナルカ如シ御參考迄

北京、上海、漢口ヘ轉電セリ

1477 昭和14年3月16日 在上海三浦総領事より有田外務大臣宛（電報）

天津租界問題に関する仏国側対日態度の軟化を窺わせる同国代理大使の内話について

上海 3月16日後発
本省 3月16日夜着

第六九三號

森島參事官ヨリ

佛代理大使北支旅行ヨリ歸來セルニ付十五日懇談セル處同代理大使ハ特ニ北支方面ノ日佛關係ニ關シ種々苦情ヲ述ヘ居タルカ日本側ニ對スル佛當局ノ協力ノ點ニ關シ

佛トシテハ主義原則ノ問題ニ觸レス且先般漢口佛租界手入ノ際日本憲兵カ佛官憲ト協力シタル場合佛領事ハ日本憲兵ノ關與ヲ祕シタルニモ拘ラス日本側通信カ露骨ニ之ヲ報道シタルコトアリタルカ右ノ如ク表沙汰ナラサル限リ出來得ル限リ日本側ト協力スル方針ニシテ天津租界內銀封印問題（北京發天津宛電報第二一七號御參照）ニ付曩ニ田代總領事ヨリ日本總領事館代表者ノ立會方申入アリ其ノ後更ニ同總領事ヨリ陸軍側代表者ノ立會方希望アリタルカ自分トシテハ前者ハ勿論差支ナク後者ハ平服ニテ立會ハルルナラハ默認スル樣致度キ方針ナリト內話セルニ付本官ヨリ天津ニ於ケル日佛間ノ協力ヲ更ニ一層具體化センカ爲佛租界ノ抗日分子乃至共產分子等ノ引渡ヲ實行シテハ如何左スレハ天津

方面ノ日佛關係改善ニ資スルコト大ナルヘシト誘ヒタル處同大使ハ日本側限リノ獨立ノ行動ハ認メ得サルモ日本側ヨリ確證ヲ御提示アラハ租界側ニ於テ捜査及其ノ他適宜ノ措置ヲ執ルヘク其ノ際犯罪ニ付確證ヲ得レハ佛租界ノ治安ヲ害スル者トシテ引渡シ又ハ追放スルモ可ナリト內話シ從來屢次ノ會談ニ於テ佛租界ノ中立性ヲ盾ニ取リ引渡又ハ追放ヲ主義上拒否シ來レル佛從前ノ態度ニ比シ著シキ變化ヲ來シ居レリト認メラレタリ

次テ同代理大使ハ先般漢口佛領事ヨリ同地佛租界內ノ交通銀行ノ建物ニ關シ日本側ニテ使用シタキ旨申入アリタル趣ニテ請訓越シタルニ付自分トシテ主義上ノ問題トスルコトヲ避ケ大使館側ニ對シ何事モナカリシ建前ノ下ニ同地限リニテ措置方指圖シ置ケリト述ヘタリ

右青天白日旗掲揚禁止等ニモ關聯シ御參考迄

北京、天津、漢口へ轉電セリ

1478　昭和14年4月4日　在天津田代総領事より有田外務大臣宛(電報)

天津租界取締問題で英国側が誠意ある対応をとるようピゴット少将へ要請について

天　津　4月4日後発
本　省　4月4日夜着

第二二三號

貴電合第五八八號ニ關シ

「ピゴット」少將ハ三日來津四日本官來訪現地ノ困難ナル日英關係ノ眞ノ原因ヲ探究スル爲來津シタル旨ヲ述ヘ本官ノ忌憚無キ意見ヲ求メタルニ付英國側カ北支ノ實情ヲ認識セス常ニ租界ノ中立乃至臨時政府不承認等ノ理論ニ拘泥シ租界內抗日共產分子ノ取締ニ效果アル協力ヲ爲ササル爲遂ニ今日ノ如キ事態ニ立至リタル次第ヲ似警吾問題等ノ例ヲ擧ケ詳細說明シタル上英國側ニシテ似ノ引渡ヲ手始メニ租界內抗日共產分子ノ逮捕引渡(引渡不能ノ場合租界外ニ追放シ日時場所等ヲ內報スルコト)ヲ承諾シ英租界工部局警察ニ日本人顧問若クハ聯絡員及日本側ノ推薦スル支那人幹部警察官ヲ採用スル等充分協力ノ誠意ヲ示スニ於テハ租界境界線ニ於テ檢問檢策(索カ)ヲ行フノ必要モ無カルヘキ旨述ヘタル處「ピ」ハ自分ハ武官タル地位以上ニ或程度ノ「インフルエンス」ヲ持チ居ルニ付英國總領事トモ打合ノ上出來得

ル限リ日本側ノ要望ニ副フ様盡力スヘク尙之カ爲ニハ日本側ニヨリ英國ノ輿論ヲ幾分ニテモ緩和スルカ如キ「ゼスチユア」(例ヘハ太古洋行ノ白河渡船復活、P、T「タイムス」ノ解禁等)アラハ工作上極メテ好都合ニテ然ル時ハ日本側ノ要望モ何トカシテ實現セシメ得ルヤノ口吻ヲ漏ラシタリ尙「ピ」ハ明五日本間部隊長ヲ訪問ノ筈
北京、上海へ轉電セリ

1479 昭和14年4月5日

天津英租界内での捜査協力に関する本間師団長とピゴット少将との会談内容報告

在天津田代総領事より
有田外務大臣宛(電報)

天　津　4月5日後発
本　省　4月5日夜着

第二二四號

往電第二二三號ニ關シ
本五日「ピゴット」少將ハ本間中將往訪租界問題ニ關シ意見ノ交換ヲ爲シタル際同中將ヨリ英界內不逞分子ノ搜査逮捕ノ實績ヲ擧クル爲隨時私服ノ日本警察官若ハ憲兵ヲ同租界內ニ入レ英側警察ニ協力スルコトトシ不逞分子逮捕ノ場合英側ニテ引渡不能ナルニ於テハ日時場所等ヲ日本側ニ內報シ租界外ニ追放スルコトトシテハ如何ト提示シタルニ「ピ」ハ日本側ニ於テハ何ノ位ノ人員ヲ英界內ニ入レタキ希望ナリヤト尋ネタルニ付同中將ハ夫ハ個々ノ場合ニ依リテ異ルヘク細目ハ憲兵隊長ニ就キ承知セラレタキ旨答ヘタル趣ナリ
本間中將ト會談後「ピ」ハ本官ヲ來訪シ會談ノ內容ヲ通報スルト共ニ昨夜「ハーバート」首席領事ヲ初メ英工部局關係者ト晩餐ヲ共ニシ懇談シタル結果本官所見ノ內英工部局ニ日本人連絡員ヲ設置スル件ニ付テハ各方面共異議ナキ模樣ニテ租界問題解決ニ第一歩ヲ踏出シ得タル次第ナリト語レリ
尙「ピ」ハ明六日朝北京ニ赴キ杉山大將ニ敬意ヲ表シタル上同夜歸任(津カ)引續キ當地滯在ノ上八日カ九日頃歸京(朝カ)シタキ旨述ヘタリ
北京、上海へ轉電セリ

1480　昭和14年4月10日　在天津田代総領事より有田外務大臣宛（電報）

天津海関監督に任命された程錫庚が天津英租界内で殺害された旨報告

天　津　4月10日後発
本　省　4月10日夜着

第二二八號

前當地聯銀支店長程錫庚（往電第一九九號溫世珍ノ後任トシテ天津海關監督ニ任命セラレタルモ未タ就任セス）昨九日夜英租界映畫館「グランド」ニ於テ映畫觀覽中兇漢ニ狙撃セラレ卽死シ隣席ニ居合シタル露國人及瑞西人之ヲ抑ヘントシ兩名共又狙撃セラレ一名ハ卽死一名ハ重傷ヲ負ヒタリ犯人ハ逸早ク逃走セル趣ニテ目下行衛嚴探中

北京、上海へ轉電セリ

1481　昭和14年4月10日　在天津田代総領事より有田外務大臣宛（電報）

天津租界工部局への日本人顧問採用決定など対日協力に関するピゴットの言明について

天　津　4月10日後発
本　省　4月10日夜着

第二三〇號

往電[1]第二二三號ニ關シ

六日「ピゴット」ハ北京ニ赴キ杉山司令官ト約四十分ニ亘リ租界問題等ニ付會談ノ後憲兵司令部幕僚ニ面會挨拶ヲ交ハシテ歸津七日柴山特務機關長及村野憲兵隊長ヲ訪問租界問題ニ付意見ヲ交換セルカ憲兵隊ニ於テハ英租界內抗日共產分子ノ活動狀況ニ付其ノ組織系統竝ニ犯行ニ使用セル時計仕掛爆彈等證據物件ヲ示シテ詳細說明ヲ與ヘタル結果「ピゴット」ハ我方カ租界內不逞分子ノ逮捕引渡方要求スルハ決シテ無理ナラサル所以ヲ良ク了解シ英國側ノ善處方極力斡旋スヘキ旨述ヘ居タル趣ナリ次テ八日本官ニ於テ本間中將及「ピゴット」「ジエミソン」竝ニ「ハーバート」ヲ茶會ニ招待セル際本間中將ヨリ主トシテ「ジエ」ニ對シ時餘ニ亘リ英工部局ニ於ケル日本人顧問採用及抗日共產分子ノ共同調查、逮捕竝ニ引渡方等ニ付縷々我方意嚮ヲ說述セルニ對シ「ジエ」ハ充分考慮シ置クヘキ旨答ヘテ引取リタルカ同日(2)「ハーバート」宅ニ於ケル晩（餐?）ノ席上「ピゴット」ハ本官ニ對シ顧問ノ件ハ既ニ工部局ニ於テ採用ノコトニ決定シ（候補者トシテ我方ヨリ前駐屯軍通譯官中澤コウ助ヲ推薦ノ豫定同人ハ目下 Adviser of the Associated British Committee on the Japanese Affairs（天津英國各機關聯合委員會顧問）ナル名目ニテ英租界內ニ事務所ヲ持チ活躍中）タルニ付近々ノ內ニ實現ノ運ヒトナルヘキ旨及抗日共產分子ノ逮捕引渡ハ兎モ角是等不逞分子ノ租界外追放（日時竝ニ場所等豫メ我方ニ內報ノ上）ハ何トカシテ實現シ得ルニアラスヤト思考セラルル旨內話スル所アリタリ「ピゴット」ハ九日夜行ニテ朝鮮經由歸朝ノ途ニ就ケルカ在津中寸刻ヲ惜ミテ各方面ト接觸シ日英間困難ナル諸問題ノ原因除去方ニ付眞摯熱誠ナル努力ヲ續ケタルハ我方齊シク之ヲ認メ居ル所ナリ（此ノ點「ピ」ハ十二日澤田次官晩餐ニ招待セラレ居ル由ナルニ付次官ヨリ同人ニ然ルヘク御傳ヘアリタシ）

北京、天津ヘ轉電セリ

1482　昭和14年4月14日　在天津田代総領事より有田外務大臣宛（電報）

程殺害事件における日英共同捜査を英国側承諾について

天津　4月14日後発
本省　4月14日後着

第二三七號

往電第二三〇號ニ關シ

英工部局ニ於ケル日本人顧問採用ノ件ハ我方ヨリ私信ノ形式ヲ以テ「ジエミソン」ニ採用方申入レ先方ヨリ應諾ノ回答ヲ寄越スコトニ打合セ昨十三日申入ヲ了セリ（往復文書郵送）

一、抗日共產分子ノ共同捜査逮捕ノ件ハ十日英國側ヲ說得ノ結果程暗殺事件ニ付テハ先方ヨリ我憲兵隊ノ協力援助ヲ求ムルコトトナリ十一日右依頼ノ公文（原文郵送）ヲ送付越セリ

尚右犯人竝ニ關係者ハ逮捕次第我方ニ引渡スコトニ了解濟

一、其ノ他ノ抗日共產分子ニ付テハ引渡モ租界外追放ノ際ノ

内報モ不可能ナルカ逮捕ノ際武器等發見シタル時ハ引渡ス建前ニテ倫敦ニ請訓スヘク倫敦ハヨモヤ引渡ヲ拒絶スルカ如キコトナカルヘシトテ我方ノ入手セル情報ニ基キ兎ニ角共同捜査逮捕ヲ現實ニ進メ引渡等ノ點ニ付テハ個々ノ場合ニ付更ニ協議スル方實際的ナラスヤトノ口吻ヲ洩ラシ居レリ此ノ點我方要求貫徹方一層努力スヘキモ

右不取敢

北京、上海へ轉電セリ

1483　昭和14年4月19日　在天津田代総領事より有田外務大臣宛(電報)

天津英租界での日英共同捜査により程殺害事件の容疑者検挙について

天　津　4月19日後発
本　省　4月19日夜着

第二四四號

往電第二三七號ニ關シ

十四日我憲兵隊ハ英國側ト打合ノ結果十五日午前六時將校以下憲兵七名通譯三名英國側ノ捜査ニ共同セルカ英國側ハ署長以下巡捕七十名指導官十二名探偵三十名ヲ以テ英界十四號路恆裕里地區其ノ他三箇所(以上三箇所ハ憲兵隊側ノ情報ニ基ク)ヲ約二時間半ニ亘リ一齊檢索シタルカ具體的ノ收穫ナカリキ次テ十七日第二回共同捜査ヲ實施我方ヨリ將校以下憲兵四名通譯四名英國側署長以下六十名(五小隊)參加其ノ結果英界張莊大橋六號ニテ王文科ナル者ヲ逮捕目下工部局ニテ取調中同人ハ「モーゼル」三號拳銃一及彈藥百發ヲ所持シ居タル由尚當日憲兵隊側ノ情報ニ基キ共產第八路軍系「テロ」團容疑者二名ヲ取抑へ目下工部局ニテ取調中ナルカ物的證據ナキ爲之カ引渡方ニ付對策考究中ナリ第三回共同捜査ハ不日實施ノ豫定以上二回ニ亘ル共同捜査ニ於テハ英國側ノ態度ハ極メテ熱心且好意的ニ見受ケラルル趣ナリ

右不取敢御參考迄

上海、北京へ轉電セリ

1484　昭和14年4月26日　在天津田代総領事より有田外務大臣宛(電報)

程殺害事件の容疑者に対する日本側取調べを

在天津英国総領事が独断で容認について

天　津　4月26日後発
本　省　4月26日後着

第二六〇號

往電第二四四號ニ關シ

憲兵隊ニ於テハ二十二日更ニ第三回共同捜査ヲ行ヒタル結果程暗殺事件容疑者支那人數名ヲ逮捕シタルカ英國側ハ何等證據ナキヲ理由トシ之カ引渡ハ勿論訊問其ノ他調査ノ爲日限ヲ附シ我方ニ貸與スルコトヲモ拒否ノ態度ニ出テタルヲ以テ二十四日午後四時ヨリ我方最後的態度決定ノ爲各關係機關會合ノ手筈ヲ定メタル上英國側ニ對シ容疑者ヲ貸與シ得ルヤ否ヤ三時迄ニ回答方强硬ニ申入置キタル處漸ク五時過(既ニ會議中)英國側ヨリ明日正午迄待タレタシト電話越シタリ次テ二十五日正午英總領事本官ヲ來訪熟慮ノ結果「カー」大使ニモ請訓セス獨斷ニテ容疑者一同ヲ一時憲兵隊ニ貸與スルコトニ決シタルカ四十八時間以內ニ返還ノコト、拷問ニ掛ケサルコト、之ヲ以テ先例ト爲ササルコトノ三條件ヲ附シタシト述ヘタルニ付軍側トモ協議ノ上英國側ト折衝ノ結果我方ヨリ五日以內ニ返還ノコト拷問ニ掛ケサルコト將來ニ關シテハ個々ノ場合ニ付協議スヘク英國側ハ京津地方治安確《維カ》持ノ見地ヨリ今回ト同樣凡ユル考慮ヲ拂フヘシトノ趣旨ノ公文(郵送ス)ヲ發出シ直ニ容疑者ヲ憲兵隊ニ引取リ來レリ尚英國側ヨリ右ハ現地限リノ取計ナルニ付新聞ニ發表セサル樣依賴アリタルニ付御含置キアリタシ

北京、上海ヘ轉電セリ

1485

昭和14年5月5日　在天津田代総領事より有田外務大臣宛(電報)

臨時政府警察当局への程殺害事件容疑者の引渡しを英国側拒絶について

天　津　5月5日前発
本　省　5月5日前着

第二八〇號

往電第二六〇號ニ關シ

當方ニ於テハ本件犯人ノ返還期日タル三十日朝英國側ニ引渡前犯行場所タル「グランドシアター」前ニ於テ英國側「ハーバード」首席領事、「デニス」署長及「グリンスレー」特察長、日本側田中領事及太田憲兵隊特高課長立會ノ

下ニ實地檢證ヲ爲サシメタル處犯人ハ自供通リ議場前ニ見張リシ居タル犯行模様ヲ再現スルニ依リ英國側ニ於テモ本件犯人カ程暗殺事件關係者ナルコトヲ確認シ憲兵隊ヨリ本件聽取書ヲ送付アリ次第直ニ支那側ヘ引渡スヘキ旨言明セルカ夫レニモ拘ラス支那側ヲシテ引渡ヲ要求セシメルヤ本件犯人等カ其ノ後英國工部局ニ於テ憲兵隊ニ於ケル自供ヲ全部覆ヘシタルコト及憲兵隊ニ於ケル自供中ニ信スヘカラサル僞虚ノ點二箇所アルヲ理由トシテ殆ト引渡ヲ肯セサル態度ニ出テ來レルヲ以テ當方ニ於テハ再三其ノ不當ヲ指摘シ至急無條件引渡方折衝ニ努メタルモ英國側ニハ何等反省ノ色ナシ仍テ五日午前軍側各機關ト共ニ之カ對策協議ノ筈

右不取敢

上海、北京ヘ轉電セリ

1486　昭和14年5月8日　在天津田代総領事より有田外務大臣宛(電報)

容疑者引渡し問題に関し英国の対応次第では検問検索の実施など有効手段を講じることを軍側と協議決定について

天　津　5月8日後発

本　省　5月8日夜着

第二八四號

往電第二八〇號ニ關シ

五日軍側ト合同會議ヲ開キタルカ最惡ノ場合採ルヘキ強力手段ニ付軍中央側ノ意嚮モ未タ判明セス旁或程度迄交渉ノ餘地ヲ殘シ置ク方總テニ好都合ナル點ヲモ考慮シ先ツ言論機關ヲ動員シテ英國側ノ常(非カ)ヲ鳴ラサシムルト共ニ其ノ出様如何ニ依リテハ我方ハ斷乎强行手段ニ出ルノ決意アルヲ仄カシ英國總領事ノ反省ヲ求メ尚效果ナキ場合ハ人及物ニ及フ檢問檢索ヲ實施スル等有效適切ナル手段ヲ採ルコトニ意見ノ一致ヲ見タリ

八日英國總領事ハ本件ニ關スル新聞記事ヲ見テ本官ヲ來訪種々辯明ニ努メタルカ就中四日同人ヲ往訪セル溫天津市長祕書トノ會談ヲ引用シ電話局問題解決ノ遲延ハ寧ロ日本側ニ其ノ責アリ李漢元ノ免職ニ付テハ李カ抗日分子ヲ庇護セル實證ナキ限リ不可能ナル旨及程暗殺犯人ト認メラレ居ル本件藍向隆外三名ノ引渡ニ付テハ何等之ヲ拒否スル次第ニアラス唯彼等カ果シテ程暗殺事件ニ關係アリヤ否ヤ疑問ナ

ルヲ以テ何等カ提示ヲ希望シ居ル次第ナリ等ト陳辯シ藍以下ノ引渡方ニ付テハ大使及倫敦ニ請訓シタルモ未タ回訓ニ接セサル旨述ヘ居リタリ

右ニ對シ本官ヨリ逐一當方ノ前回主張ヲ述ヘタル上殊ニ程暗殺犯人一同カ日本軍人狙撃事件ニ關係アル點ヲ强調シ軍ハ勿論一般輿論モ度重ナル英側ノ抗日分子庇護的態度ニ憤激シ居リ日本内地輿論ノ動向ニモ知ラルル通リ租界問題ヲ重大視シ居ル折柄英側ノ出方如何ハ頗ル機微ナル影響ヲ與フヘキ旨ヲ述ヘ猛省ヲ促シ置ケリ

1487 昭和14年5月25日 在天津田代総領事より有田外務大臣宛（電報）

容疑者引渡し問題の円満解決に向け在本邦英国大使らと折衝方意見具申

天　津　5月25日後発
本　省　5月25日夜着

第三一九號

往電第三〇四號ニ關シ

十九日英國軍參謀「デラメン」少佐急遽北京出張ノ本間司令官ヲ往訪東京「ピゴット」少將ヨリノ「アージエント、メッセージ」ヲ傳達セル趣ノ處右「メッセージ」ハ本間中將ノ私信ニ答ヘ「ピ」カ東京ニ於テ本件圓滿解決方努力中ナルヲ傳ヘタルモノナル由ナルカ其ノ際「デラメン」少佐ハ「カー」大使ヨリ「ジユミソン」總領事ニ對シ本件犯人不引渡ノ訓令アリタルニ付「ジユ」ハ改メテ本國政府ニ之カ引渡方請訓シ又在東京英當局ニ於テモ側面ヨリ本國政府ニ對シ之カ引渡方極力盡力中ナル旨内話シタル趣ナリシニ依リ二十二日本官英總領事ヲ往訪右ニ關シ質問セルニ「カー」大使カ倫敦ニ具申セル意見ハ轉電越セルモ何等回訓ニ接シ居ラス而シテ右意見ノ内容ハ今申上ケ兼ヌル旨答ヘタルト共ニ本件ハ何レ圓滿解決ヲ見ルモノト自分ハ樂觀シ居ル旨述ヘ居タリ就テハ英側ノ回訓延引ノ爲當地ノ空氣惡化シツツアル折柄東京ニ於テモ「クレーギー」大使及「ピゴット」少將ヲ通シ本件圓滿解決方本國政府ニ勸説セシムル樣御取計相成度ク當方トシテハ假令本件カ希望通リ解決スルトモ將來此ノ種ノ問題ヲ繰返ササル樣此ノ際何等根本的解決ヲ講スルノ要アリト認メ居ル處此ノ點改メテ電報スヘキモ右不取敢

北京、上海へ（轉電セリ）

1488　昭和14年5月27日　有田外務大臣より在天津田代総領事宛（電報）

容疑者引渡しにカー駐華英国大使が反対しているとの情報通報

本　省　5月27日後9時0分発

第一六四號

貴電第三一九號ニ關シ

二十六日「クレーギー」ノ島ニ内話スル所ニ依レハ「カー」ハ英國警察當局カ證據不十分ト認メ居ル本件容疑者ヲ支那側（卽チ日本側）ニ引渡スコトハ人道上能クスル所ニアラストノ理由ニテ「ジェーミソン」ノ請訓ヲ斥ケタル由ニテ「ク」及「ピゴット」ハ引渡承認方夫々本國外務省及陸軍省ニ電報セルモ何分ニモ「カー」ノ管轄ニ屬スル事項ナレハ本件ニ關スル限リ現地英國警察カ犯罪事實ニ付滿足スルニアラサレハ引渡實現ハ困難ナルヘシ（「ク」ハ「ジェーミソン」ノ報告ニ依レハ「デニス」ハ本件容疑者ヲ犯人ト斷定スルニハ證據不十分ト認メ居ル旨述ヘタリ）但シ若シ日本側カ引渡後ノ容疑者ノ生命ヲ保障セラルルニ於テハ解決容易ト成ルニアラスヤト思考ス尤モ「カー」カ二十八日上海ニ歸任セハ「ジェ」ヨリ「今後租界內ニ於テアラユル反日行爲ヲ實施シ又ハ計画シタル者ハ權限アル當局（支那人ニ付テハ支那側）ニ引渡サルカ又ハ英國租界ヨリ放逐セラルヘシ」トノ趣旨ノ布告ヲ出スコトト成リ居ルニ付將來類似事件發生ノ際ニハ問題ナカルヘシトノコトナリ（右出所ハ貴官限リノ御含トセラレタシ）

北大及上海へ轉電セリ

1489　昭和14年6月1日　在天津田代総領事より有田外務大臣宛（電報）

容疑者引渡しに関し英国側に六月七日正午までに回答方要求について

天　津　6月1日後発
本　省　6月1日夜着

第三二七號

往電第三一九號ニ關シ

「カー」大使歸滬後モ何等音沙汰ナキヲ以テ本間司令官ハ

二十九日英軍參謀「デラメン」少佐ヲ招致、本官ハ三十日「ヂエミソン」ヲ徴シテ督促シタル處双方共前言ヲ繰返スノミニテ何等事態ノ進展ノ期待シ得ル模様ナカリシ爲本間中將ヨリノ依頼モアリ三十一日田中領事ヲシテ口頭ヲ以テ六月七日正午迄本件犯人引渡ノ有無回答方、若シ回答ナキ場合ハ引渡ヲ拒否セルモノト認ムル旨申入レシメタルカ英側ニテハ當方申入ヲ直ニ本國政府ニ電報セル由
北京、上海ヘ轉電セリ

1490 昭和14年6月6日 有田外務大臣より在天津田代総領事宛(電報)

容疑者引渡しの拒絶および将来におけるテロ犯人は在天津英国総領事の判断で引渡しに応じるなどクレーギー英国大使通報について

付　記　昭和十四年六月六日付
右通報に際しクレーギー大使が有田外相に手交した覚書要訳

本　省　6月6日後10時20分発

第一六八號

貴電第三二七號ニ關シ
本六日英國大使本大臣ヲ來訪シ本國政府ヨリノ訓令ニ依ル趣ヲ以テ程錫庚暗殺被疑者ニ付テハ英國側ニ於テ十分ノ證據ナキ爲之ヲ引渡スコトヲ得ス然レトモ將來ニ關シテハ通常ノ逮捕狀發給ノ上ハ英國總領事ハ自己ノ認定ニ於テ「テロ」行爲ニ關係アリト認ムル者ハ凡テ之ヲ支那側地方官憲ニ引渡スヘク又比較的輕微ナル政治的犯人ハ之ヲ租界外ニ追放スヘク之カ爲所要ノ布告ヲ發スルコトトナルヘキニ依リ前記程事件被疑者引渡問題ハ穩カニ收メタシト申出テタルニ付本大臣ヨリ我方トシテハ右被疑者ニ付テハ憲兵隊ニ於テ愼重之ヲ取調ヘ眞犯人タル心證ヲ十分得居リ又英國側立合ノ下ニ實地檢證モ濟マセ居ル次第ナルニ付至急其ノ引渡ヲ要望スル旨竝ニ若シ之ヲ引渡ササルニ於テハ從來モ良好ト言ヒ得サル天津ニ於ケル日英間空氣ヲ一層惡化スル惧アリ貴方ノ不引渡決定カ最後的ノモノニ非サルヲ希望スル旨述ヘタル處大使ハ別ニ新タナル證據ナキ限リ最後的ノモノト認メサルヲ得スト述ヘ更ニ前言ヲ繰返シ殊ニ將來ノ問題ハ前述ノ通リ取計フ次第ナル點ヲ强調シテ穩カニ本件ヲ解決スル様願ヒ度キモノナリト述ヘタリ仍テ本大臣ヨリ右

ニ依リ穏カニ収マルモノト約束ハ出來サルモ兎モ角御申出ノ次第ハ現地ニ通報スヘシト答ヘ置キタリ尚英國大使ハ貴地英國總領事ヨリモ同様貴官ニ申出テタル筈ナル旨述ヘ居タリ

北京上海ヘ轉電セリ

（付　記）

天津英國租界問題ニ關スル件（程暗殺犯人引渡問題）

（昭和一四、六、三、　亞一）

六月六日在京英國大使ノ有田大臣ニ手交セル書キ物要譯

本國外務省ヨリノ訓令

將來ノ取扱ニ關シ英國總領事ハ本國政府ヨリ日本現地官憲ニ對シ「テロ」行動ニ關與シタリト英國總領事ニ於テ確認シタル者ハ通常ノ逮捕狀發給ト同時ニ地方支那官憲ニ引渡シ得ルコト及輕微ノ政治犯人ニ關シテハ租界ヨリ追放シ得ル旨通報スル許可ヲ得

「テロ」團員ナリトノ日本側證據ニ基キ抑留セラレ居ル四名ニ關シテハ英國政府ハ彼等カ日本官憲ニ引渡サルヘキ攪亂罪ニ關與シタリトノ十分ノ證據ヲ未タ受領シ居ラサルモノト認メ居レリ英國政府ハ（將來ニ於ケル政治犯人ノ引渡又ハ追放ヲ命令スルコトニ依リ）既ニ日本側要望ヲ十分受諮（諾カ）シ居ルモ主張サレ居ル犯罪ノ證據ヲ未タ受領セサル者ヲ處刑ノ爲引渡スコトハ英國的正義ノ觀念ニ甚タシク悖ルモノナリ

編　注　本文書の原文（英文）は省略。

なお、右原本には「程暗殺犯人ノ如ク犯行明白ナルモノニ付テスラ「證據無シ」ト言フ英國側ナレハ將來「證據アリト思フモノハ引渡ス」ト言フコトハ實行上何程ノコトヲモ意味セス（means almost nothing）」との東亜局第一課曽禰益書記官の書き込みがある付箋あり。

1491　昭和14年6月6日　在天津田代総領事より有田外務大臣宛（電報）

程殺害事件の容疑者引渡しは物的証拠なく不可能との英国側回答について

天　津　6月6日後発
本　省　6月7日前着

第三三二號

往電第三二七號ニ關シ

本六日本國政府ヨリ回訓到着セル趣ニテ「ゼ」總領事本官ヲ來訪語ル所左ノ如シ

(イ)日本側ニテハ藍以下三名ヲ以テ程其ノ他ノ「テロ」犯人ト主張セラルルモ右ハ單ナル自供ニ過キス他ニ何等物的其ノ他有力ナル證據ノ提示ナキヲ以テ其ノ引渡ハ英國法ニ照シ不可能ナリ

(ロ)之ニ反シ程暗殺事件前英租界内ニ於テ爆彈携帶ノ廉ニヨリ英側ニテ逮捕監禁セラルル元第九路軍參謀長崔外一名ハ之ヲ引渡スヘシ而シテ之等二名ハ前記外三名ノ上官ナレハ右引渡ハ其ノ取調ニ於テ藍等ニ關スル更ニ有力ナル證據ヲ發見シ得ル可能性アリ

(ハ)英工部局ニハ外ニ十數名ノ抗日分子逮捕監禁セラレ居ル處之等分子ハ此ノ機會ニ情狀ニ依リ租界外ニ追放スル等適當ノ措置ヲ執ルヘシ(但シ例ノ似警吾ハ別問題ナル旨述ヘタリ)

(ニ)將來ノ租界内抗日分子取締ニ關シテハ今回ノ訓令ニ依リ本官ハ抗日分子ニシテ確實ナル證據アル者ノ引渡シニ付テハ其ノ都度訓令ヲ仰ク事ナク自己ノ裁量ニ依リ之ヲ支那側ニ引渡ス權限ヲ得タルニ付先ツ近日中ニ嚴重ナル布告ヲ發スルト共ニ租界内ノ警備ヲ一層嚴ニシ不穩分子ヲ徹底的ニ彈壓スル意嚮ナリ

1492

昭和14年6月8日　在天津田代総領事より有田外務大臣宛(電報)

天津英仏租界封鎖措置の決定に至る軍側との協議経緯について

天　津　6月8日前発
本　省　6月8日前着

第三三三號(至急、部外祕)

往電第三三二號ニ關シ

(欄外記入一)

英國側カ我要求ニ應セサル場合如何ニ對處スヘキカニ付テハ從來軍側トモ密接ナル聯絡ノ下ニ愼重考究シ來レル處豫テ軍側ニテ計畫中ノ嚴重ナル交通制限(檢問檢索)ニ付テハ

(イ)佛租界ハ總領事交代後全般的ニ我方ニ好意的協力ノ態度

ヲ示シ來レルニモ拘ラス地理上之モ同時ニ包圍セサルヘカラス

(ロ)獨伊ヲ初メ直接無關係ナル米國人等ニ對シ多大ノ不自由不便ヲ與フルコトトナルヘク又

(ハ)例ヘハ食料品搬入ヲ阻止セサル建前ナリトスルモ運搬遲延等ノ爲動モスレハ人道問題ナリ等ノ思ハシカラサル批判ヲ生スル惧アリ

(ニ)第三國人及其ノ所有物ニ對シ通行證發給等適當緩和策ヲ執ルトセハ支那人ニ對シ同樣措置ヲ執リ得サル關係上外支人ノ間ニ差別待遇ヲ與フルコトトナリ宣撫工作上甚タ面白カラス

(ホ)今回ノ目的ハ英側ヲ反省セシメ眞摯我方ニ協力セシメルニ在ル處其ノ目的達成ノ爲ニハ交通制限自然長期ニ亘ルヘキヲ以テ此ノ間我方ニ倦怠ノ氣分ヲ生セシメ結局龍頭蛇尾ニ終ルノ惧アリ

トノ理由ニ依リ當館トシテハ寧ロ事茲ニ至レル以上何等拔本的措置ニ出ツルヲ要シ之カ爲ニハ英租界當局カ抗日分子取締ノ能力ナキノミナラス寧ロ之ヲ庇護スルカ如キ態度ナルヲ理由トシ自衞上已ムヲ得ス一時英工部局ヲ專掌管理スルコト前述ノ如キ悪影響ナキノミナラス其ノ效果ハ最モ直接且顯著ナリ但シ或程度ノ兵力衝突ヲ覺悟スルノ要アルモ我方ニ於テ眞ニ右決意ヲ固ムルニ於テハ事前ニ堂々英側ニ通報シ實行ニ移ル場合先方ハ案外折レルヤモ知レストノ見解ノ下ニ意見ノ交換ヲ重ネ來レルモ軍側ニ於テハ中央ヨリ(欄外記入二)租界ニ對シ直接强力ヲ用フルヘカラサル旨嚴重ナル訓令ヲ受ケ居ル趣ヲ以テ中央ノ方針ニ變更ナキ限リ現狀ニ於テハ不滿足乍ラモ交通制限以外ニ方法ナキ由ニテ今般英側カ我方ノ最後的要求ヲ拒否セルニ依リ約一週間ノ諸準備完了次第卽チ本月中旬頃愈々之ヲ實施スルコトニ決定セリ

北京、上海ヘ轉電セリ

(欄外記入一)

課長

軍側ノ意向ヲ確メオクコト(栗原東亜局長サイン)

(欄外記入二)

永井中佐ニ連絡セル處軍中央トシテハ

一、武力ノ行使ハ認メストノ方針ナリ

一、交通制限措置ハ差支ナシトノ意見ナリ

トノコトナリ　六月九日

1493　昭和14年6月8日　在天津田代総領事より有田外務大臣宛（電報）

天津英仏租界封鎖措置の余儀なき旨を米仏独伊各国へ事前説明について

天　津　6月8日後発
本　省　6月8日夜着

第三三七號

往電第三三二號ニ關シ

近ク實施ニ決定セル檢問檢査カ第三國側ニ對シ鮮カラス不便ヲ招來スヘキヲ以テ豫メ通告シ之カ諒解ヲ取付ケ置ク必要アリト認メラレタルヲ以テ米佛側ニ對シテハ本官自ラ獨伊側ニ對シテハ館員カ各總領事領事ヲ夫々往訪當方措置ノ餘儀無キ次第ヲ説明シ其ノ諒解ヲ求メ置キタルカ其ノ際ノ先方談話要領左ノ通御參考迄

一、米總領事ハ日本側ノ措置ハ已ムヲ得サル所ナルヘキモ米商ノ大部分カ英租界ニ居住シ且ツ米人所有ノ工場カ英租界内ニモ分散シ居リ英租界外トノ往復極メテ多キ現狀ニ於テ其ノ被ムル不便ハ甚大ナルニ付一應本國政府ニ報告セサルヘカラサルモ其ノ際本國政府ニ對シ英國政府ヲシテ犯人引渡問題ヲ至急解決セシムル様慫慂シ見ル積リナリト内話セリ

二、佛領事ハ本官カ貴國側從來ノ協調的態度ニ鑑ミ今回ノ包圍工作ヨリ除外シタキモ貴租界ノ地理的關係上甚タ氣ノ毒乍ラ除外シ得サル次第ヲ諒トセラレタシト述ヘタルニ對シ此ノ事アルハ既ニ覺悟シ居タル所ニシテ日本側ノ目標カ英國ニ在ル限リ諦メサルヲ得スト述ヘタリ依テ本官ハ更ニ極祕ノ含トシテ米總領事ノ言ヲ内話シタル處自分モ之ヲ大使ニ報告スルト共ニ佛蘭西ノ「インフルエンス」ヲ以テ成ルヘク英國側ノ態度ヲ變更セシムル様具申スヘシト述ヘタリ

三、獨伊兩總領事ハ孰レモ當方ノ豫告ヲ諒トシ唯出來得ル限リ自國人ニ便宜ヲ與ヘラレタキ旨希望セリ

北京、上海へ轉電セリ

1494　昭和14年6月10日　有田外務大臣より在天津田代総領事宛（電報）

程殺害事件の容疑者引渡し実現のため英国側に提出すべき証拠につき軍側と協議方訓令

本　省　6月10日後9時40分発

第一七六號

本大臣發北京宛電報第四四九號（見当ラズ）會談ノ際英國大使ハ程暗殺犯被疑者四名ノ引渡問題ニ言及シ本件解決ノ途ハ該被疑者等ノ否認シ居レル自白ノ問題ト離レ日本側ニ於テ有セラルル證據ヲ提供スルニアリト述ヘタルヲ以テ本大臣ヨリ英國側ニ於テハ日本官憲ノ言明ト本件容疑者等ノ所言ト何レヲ信用セラルルヤト述ヘ日本官憲ノ言明ヲ信シ速ニ引渡アリタキ旨重ネテ要望シ置キタリ

本件ニ關シテハ英國側トシテ自白以外ニ何等カノ證據事實ノ提供ニ依リ引渡ノ名目ヲ得タシト考ヘ居ルヤニ看取セラルルニ就テハ證據事實ノ提供ニ付軍側ト連絡シ適宜考案ノ上可然措置セラレ度

尚後刻英大使ヨリ今朝ノ會談ニ於テ言落シタルカ追加シ度キコトアリトテ英國側ハ威嚇的措置ニ屈スルモノニ非ス從テ租界ニ對スル壓迫的措置ハ却テ逆效果ヲ齎スニ過キサルモノト思考スル旨非公式書面ヲ以テ申越セリ

北京、上海ニ轉電セリ

1495　昭和14年6月10日　有田外務大臣より在天津田代総領事宛（電報）

天津租界への実力行使に関する中央の方針は現地へ派遣される土田東亜局第一課長より詳細聴取方訓令

別　電　昭和十四年六月十日発有田外務大臣より在天津田代総領事宛第一七五号

参考として上海租界対策処理方針回示について

本　省　6月10日後10時50分発

第一七四號（極祕、部外祕）

貴電第三三三號ニ關シ

强力行使問題ニ關スル中央ノ方針ニ關シテハ土田課長ヨリ詳細聽取アリ度ク尚上海租界對策ニ關シテハ曩ニ外、陸、海協議ノ結果別電第一七五號ノ通リ處理方針ヲ決定シ現地ニ指示シアル次第ナルニ付御參照アリ度

別電ト共ニ北京ニ轉電シ本電ノミ上海ニ轉電セリ

（別　電）

本　省　6月10日後10時50分発

第一七五號（極祕）

一、上海租界今後ノ對策ニ關シテハ事變處理ノ根本精神ニ基キ合理的手段ニヨリ之カ解決ヲ期ス之レカ爲漸次左記㈠㈡ノ實現ヲ圖ルモノトス

㈠新情勢ニ應スル帝國勢力ノ發展ニ伴ヒ當然更改セラルヘキ諸般ノ租界ニ關スル案件ヲ公正妥當ナル手段ヲ以テ處理ス

㈡租界内ニ現存スル重慶政府ノ勢力ヲ芟除シ維新政府（又ハ上海市政府）ノ勢力ヲ以テ之ニ代フ

之レカ爲特ニ第三國ヲシテ維新政府（又ハ上海市政府）ヲ事實上承認セシムル如ク施策ス

二、本施策ノ實施ニ際シテハ特ニ外國權益ニ留意シ極力我對列國國際關係ノ惡化ヲ防止スルモノトス右ニ關聯シ我方ヨリモ進ンテ對第三國懸案ノ解決ヲ計ル如ク努ムルモノトス

三、本件施策ニ方リテハ現地及中央關係各機關ニ於テ密ニ連繫ヲ保持シ一途ノ方針ノ下ニ處理セラルルコト緊要ナルニ鑑ミ中央ハ現地各機關ヲシテ施策ノ統制ヲ期スル如ク指導スルト共ニ現地各機關ニ於テモ之レ等ノ施策ノ重要ナルモノニ關シテハ豫メ中央ニ連絡スルモノトス

1496

昭和14年6月10日　有田外務大臣より在天津田代総領事、在厦門岡本（久吉）総領事代理宛（電報）

天津租界問題および鼓浪嶼問題に関するわが方意向を在本邦米国代理大使が照会について

本　省　6月10日発

合第一二三〇號

本十日在京米國代理大使次官ヲ來訪シ本國政府ノ訓令ニ依ル趣ヲ以テ天津及鼓浪嶼問題ニ關スル日本側ノ意向承知シ度旨述ヘタルヲ以テ次官ヨリ天津ノ問題ニ付テハ英國側カ我方ノ要求ニ屬（應カ）シ十分「コンシリエートリー」ノ態度ヲ採リサヘスレハ事態ハ收マルモノト考ヘ居ル次第ナリト答ヘタル處代理大使ハ米國側カ仲ニ入リテ英國側ヲ誘フヤウ仕向クルコトニ付如何ニ考ヘラルルヤト問ヘルヲ以テ次官ヨ

リ我方トシテハ米國側ニ頼ミハセサルモ在天津米國總領事ニ於テ英國側カ一層「コンシリエートリー」ナル態度ヲ採ルヤウ誘導セラルレハ「ヘルプフル」ナルヘシト述ヘ置キタリ

鼓浪嶼問題ニ關シテハ我方トシテハ現地交渉ニ任セ居ル處目下厦門總領事ハ打合ノ爲歸朝ノ途ニアリ詳細事情聽取シ打合ヲ爲スコトトナリ居レルカ同官歸任ノ上交渉ヲ繼續セシムルコトトナルヘシト述ヘタル處代理大使ハ其ノ間ニ何等情勢ノ變化ハアルマシキヤト問ヒタルヲ以テ格別ノ變化アリトハ思考セスト答ヘ置キタリ

本電宛先　天津、厦門

北京、上海、臺灣外務部長、香港ニ轉電セリ

1497　昭和14年6月10日　在英国重光大使より有田外務大臣宛(電報)

天津租界問題に関し英国外務省極東部長が事態緩和方要望について

ロンドン　6月10日後発

本　　省　6月11日前着

第六一八號

九日「ハウ」極東部長ハ岡本ニ對シ最近上海、厦門、天津、張家口ニ於テ發生セル事件ハ日英關係ノ危機ヲ生セシメ英政府トシテハ極メテ重大視シ居ル處就中天津ニ於ケル事態ハ最モ危險ト認ム元來英國トシテハ日支双方ニ對シ嚴正不偏ノ態度ヲ執ラサルヘカラサル立場ニ在ルカ天津英國租界内ニ於ケル犯人引渡問題ニ關シテハ犯罪ノ證據擧カレハ之ヲ特別裁判所ニ引渡スヘク又治安ヲ害スル惧アルモノハ之ヲ租界外ニ追放スル方針ヲ執リ居ル次第ニシテ右ハ公正妥當ナル態度ナリト確信シ居ル處日本側ハ過般租界内ニ於テ發生セル「テロ」事件ニ對シ單ニ犯人引渡ヲ要求スルモ英國租界側ノ希望スル何等カノ證據ヲ提出セサル爲遣リ方無キ次第ナリ然ルニ日本側ハ實力ヲ以テ英國側ヲ壓迫セントスルノ擧ニ出テツツアルハ遺憾ニシテ此ノ儘ニ推移セハ衝突ノ外無ク形勢憂慮ニ堪ヘス最近ノ諸事件ニ依リ英國各方面ノ對日感情ハ著シク刺戟セラレ來週月曜(十二日)ヨリ再開ノ議會ニ於テ極東問題ニ關スル質問通告ハ頗ル多數ニ上リ「バトラー」次官ハ之等應酬振リニ當惑シ居ル如キ實情ナリ議員中ニハ日本側ノ態度ニ顧ミ英國側モ報復手段トシ

テ通商壓迫等ノ擧ニ出ツヘシトノ强硬意見ヲ主張シ居ル者アリ事態改善ヲ見サル際ニハ政府モ之ヲ押ヘ兼ヌル羽目ニ至ルヲ惧レ居レリ就テハ東京及現地ニ於テモ交渉セシメ居レルモ何トカ日英兩國ノ修交上ヨリ觀テ形勢ヲ緩和スル樣日本政府ニ於テ御盡力ヲ願度シト熱心ニ述ヘタルニ依リ岡本ヨリ英國側カ從來ノ援蔣態度ヲ改メ日本側ニ進ンテ協力スルノ態度ニ出テサル限リ今日ノ行詰リニ逢着スヘキハ豫々憂慮セラレ居リタル次第ナルカ何ヨリモ先ツ出先英國官憲ニ於テ事毎ニ日本側ヲ敵視シ日本側ノ行動ヲ阻碍スル態度ヲ改ムル事カ肝要ナリ此ノ點篤ト考慮セラレタク御申出ノ趣ハ報告スヘシト答ヘ置キタル趣ナリ

1498 昭和14年6月12日 有田外務大臣より在天津田代総領事宛(電報)

天津租界問題に関する声明発出は慎重措置方訓令

本省　6月12日後6時40分発

第一七七號(極祕、大至急)

(欄外記入)

英租界問題ニ關シ十一日貴地發同盟ハ近ク何等ノ「重大聲明」發セラルル旨報シ居リ右ハ貴官、天津市長ノ布告等ヲ指スモノト認メラルル處固ヨリ此ノ種布告ニ相當ノ決意ヲ表明スルノ要ハアルヘキモ今後英國側トノ話合ニ依リ犯人引渡問題解決ヲ圖ル途ヲ封スルカ如キ退ツ引キナラヌ字句表現等ハ之ヲ避ケラルルコト可然御如才無キコトト存スルモ爲念

尙政治犯人ハ別トシ刑事犯人ニ付テハ支那側ノ逮捕狀アレハ(新政權ヲ認ムルヤ否ヤノ議論ハ別トシ)英國側トシテハ證據ノ完否ヲ詮議立テスルコト無ク引渡サザルヲ得サルモノナルヤニ認メラルル處此ノ點現在如何ニ取扱ハレ居ルヤ承知致度又米佛側ニモ適當斡旋セシメ此ノ方法ニ依リ穩便ニ犯人ヲ引渡サシムル途ナキヤ考慮アリ度

北京、上海ヘ轉電セリ

(欄外記入)

大臣、次官ノ下命ニ依ル　曾禰

1499 昭和14年6月13日 在天津田代総領事より有田外務大臣宛(電報)

天津租界封鎖実施に際して軍側が英国の援蔣

態度に猛省を求めるとの談話発表について

付　記　昭和十四年六月十四日付
有田外務大臣と在本邦クレーギー英国大使との会談要領

天　津　6月13日後発
本　省　6月13日夜着

第三五一號

貴電第一七七號ニ關シ（天津英租界問題ノ件）

一、本官トシテハ何等聲明等ヲ發スル意圖ナク單ニ在留民ニ對シ英佛租界出入ニ付愼重ヲ期スヘキ旨告諭スル筈

二、軍側ニ於テハ本十三日記者團トノ「インタービユー」ニ於テ左記ノ要旨ノ談話ヲ發表セリ

英側カ罪狀明白ナル犯人ヲ證據不充分ナリト强辯シ其ノ引渡ヲ拒絶セル事實竝ニ斯ル不誠意ナル態度コソ總ユル抗日策謀ノ溫床トナルモノナルヲ以テ軍ハ北支治安確保及軍自體ノ自衞ノ爲現情勢ニ於テ絕對必要且最少限度ノ方法トシテ英租界ヲ他ノ地區ヨリ隔絕スル爲必要ナル處置ヲ執ルモノナルコト更ニ本問題ハ犯人引渡ヲ契機トシテ惹起セラレタルモノナルモ右ハ單ニ直接的原因ニ過キス從來ニ於ケル英國ノ援蔣政策ニ對スル日本朝野ノ憤激カ此ノ形式ニ於テ爆發セルモノナレハ既ニ情勢ハ單ナル犯人引渡ヲ以テ治ルヘキ性質ノモノニアラス軍ハ之ニテ英國ノ援蔣態度ニ猛省ヲ求ムルト共ニ政治經濟金融思想各方面ニ於ケル其ノ攪亂工作ノ根絕ヲ要求スルモノトシテ英租界當局カ百九十度ノ轉向ニ北支ノ新情勢ヲ認識シ衷心ヨリ日本ト協調シ東亞ノ新秩序建設ニ協力スルニ到ル迄矛ヲ納メサルヘシ

三、尙從來當方ニテ逮捕セル犯人ハ政治的タルト共ニ刑事犯人タル者多ク其ノ都度證據ノ有無ニ關シ問題ヲ惹起セル次第ナルカ曩ニ英總領事本官來訪ノ際此ノ點再三確メタルニ「ジエ」ハ英側ヲ納得セシムルニ足ル證據ハ之ヲ必要トスルモノニシテ唯從來ハ證據充分ナル場合ニモ之カ引渡ノ爲ニハ倫敦ニ請訓ノ要アリタルモ今後ハ倫敦ニ請訓ノ要ナクナリタル次第ナリト答ヘ又田中「ハーバート」會談ノ際ニモ後時證據有無ノ問題ニ付意見ヲ交換シタルカ「ハ」ハ此ノ點ハ明瞭ナラサルニ付「カー」大使ニ請訓スヘシト述ヘタル次第モアリ（回答未着）旁從來ノ例ニ徵シ英側ニテハ右根本方針ヲ確定シ居ル譯ニアラサ

ル様推察セラレ遽ニ先方ノ言ニ信ヲ措ク能ハサルノミナラス前項軍聲明後半ノ如ク軍ニ於テ既ニ事態ハ犯人引渡問題ヲ離レ英側ノ援蔣方針轉換ニ係ルモノト爲シ居ル以上引渡ニ關スル主義上ノ話合ノ成否ハ最早問題トナラサル次第ナリ

北支、上海ヘ轉電セリ

(付　記)

おぼえ　(昭十四、六、十四)

六月十四日在京英國大使有田大臣ヲ來訪會談。英大使ヨリ十三日ノ天津軍聲明ハ政府ノ意見ト看做シ差支無キヤヲ執拗ニ訊ネタルニ依リ大臣ハ然ラハ申スカ强ヒテ自分ノ明答ヲ求メラルレハ夫レハ却ツテ英國政府ヲ困ラスコトトナルヘシト應酬セル處英大使ハソレ以上訊ネサリキ

(澤田大使談、奥村記)

1500　昭和14年6月13日　有田外務大臣より　在天津田代総領事宛(電報)

在本邦米国代理大使が天津租界問題での日英斡旋のため容疑者引渡しを審査する混合委員会の設立案をわが方へ打診について

本　省　6月13日後8時30分発

第一八〇號(至急)

往電合第一二三〇號ニ關シ

本十三日在京米國代理大使次官ヲ來訪英國側ニ當リ見タル處天津英國總領事ハ本國政府ヨリ新タナル訓令ヲ受ケタル模樣ニテ其ノ內容ハ例ノ四名ノ容疑者引渡ニ付英日及第三國人ノ三名ヨリ成ル混合委員會ヲ組織シテ本件證據事實ヲ審査シ其ノ結果日本側ニ引渡スヘキモノナラハ引渡スコトトスルニアル趣ナリ就テハ右考案ハ日本政府ニ於テ取上ケ得ラルヘキモノナリヤ承知致度シト述ヘタルニ付次官ヨリ先ツ第三國人ヲ交ヘタル混合委員會ノ「アイデア」ナルモノカ元來「アクセプタブル」トハ思ハレス且現地ニ於テハ既ニ次ノ措置ヲ執ル最後ノ瞬間ニ至リ居リ其ノ準備ニ忙殺サレ居ル狀況ナレハ右ノ如キ提案カ現地ノ事態ニ副フモノナリヤ疑問ナリト述ヘ尙英國總領事カ右ノ如キ訓令ヲ受ケ居ルナラハ何故ソレヲ執行セサルヤ米國側ニ於テ斡旋セントナラハ米國總領事ニ於テ右執行ヲ爲サシムル樣仕向クル

コトカ斡旋ノ一トモナル次第ナラスヤト突込ミタル上何レニスルモ今日ノ事態ニ於テハ東京ニ於テ之ヲ取上ケ現地ニ指圖スルコトハ出來スト答ヘタル處代理大使ハ「イニシアティーヴ」ハ勿論英國側カ取ルヘキモノナルニ付英國大使館側ニモ其ノ旨話スヘキモ右申出ノ次第ヲ田代總領事ニ傳達願ハレマシキヤト述ヘタルニ付「インフォーメイション」トシテ傳達スルコトニハ異存ナシト答ヘ置キタリ

北京、上海、厦門、香港ニ轉電セリ

1501　昭和14年6月13日　在英国重光大使より有田外務大臣宛（電報）

容疑者引渡しに関し再検討を行うので天津租界の封鎖実施を延期方英国政府要請について

ロンドン　6月13日後発
本　省　6月13日夜着

第六二八號（大至急）

十三日朝英國政府ヨリ天津ニ於ケル犯人引渡問題ニ付英國側ノ從來知ラサリシ犯人ニ關スル新事實發見セラレタル爲再考スヘキニ依リ不取敢明十四日ヨリ實施ノ租界封鎖ハ見合セラレタキ旨本使ヘ申入アリタリ（午後一時二十分）

天津、北京、上海ヘ轉電セリ

1502　昭和14年6月13日　在英国重光大使より有田外務大臣宛（電報）

英国政府による天津租界封鎖延期要請の詳細につき報告

ロンドン　6月13日後発
本　省　6月14日前着

第六二九號（至急）

往電第六二八號約報

十三日午前求ニ依リ岡本「ハウ」極東部長ヲ往訪シタル處同部長ハ「ハリフアクス」外相ノ命ニ依リ至急御傳ヘスル次第ナリト前置キシ天津ニ於テ愈英國租界封鎖强行セラルルコトトナラハ日英關係ニ重大ナル衝撃ヲ與フルコトトナルヲ憂慮スル處今回ノ犯人引渡要求ニ付テハ日本側ニテ確タル證據ヲ提示セラレサル爲英國側トシテ引渡ヲ爲シ得サル立場ニアリタルモノナル處昨十二日在天津英國總領事ヨリノ報告中ニ從來英外務省ニ知レ居ラサリシ一點アリ右ハ

新タナル事實ニ付之ヲ至急取調ノ上事實分明スルニ於テハ引渡問題ヲ再考スヘキニ付夫レ迄數日間ノ餘裕ヲ與フル様不取敢明十四日ヨリ封鎖實施ヲ延期スル様本使ヲ通シテ日本政府ノ考慮ヲ希望スト述ヘタリ依テ岡本ヨリ元來斯ル事件ニ關シ確タル證據ノ提示ヲ求ムルコトハ無理ナル場合アルヘキハ既ニ指摘シタル通リナルカ今回ノ新事實トハ如何ナルコトナリヤト反問セル處右ハ目下日本側ヨリ引渡ヲ要求セラレアル容疑者カ劇場ノ前ニテ武装シ居リテ犯人ノ逃走ヲ掩護セルコト分明セリトノ情報ナリ右カ明白トナラハ勿論日本側ニ引渡シ得ヘシト思考スト答ヘタリ

1503 昭和14年6月13日 在英国重光大使より有田外務大臣宛(電報)

英国外務省が天津租界問題の対応に苦慮している模様につき報告

ロンドン 6月13日後発
本　　省 6月14日前着

第六三一號(至急、極祕)

往電第六二八號ニ關シ

當地外國新聞記者カ外務省筋ヨリ得タル印象ニ依レハ英國ハ犯人引渡ニ結局同意スル意嚮ナルモ何トカシテ體面ヲ保タントスルニ苦心シ居ル模様ニシテ之カ爲中立國ヲ加ヘタル委員會ノ斡旋ニ依ル形式トシタキ意嚮ヲ有スルカ如キ印象ヲ受ケタル趣ナリ尚岡本ニ對スル「ハウ」ノ談話中ニモ「クレーギー」ハ日本政府筋ヨリ在天津米國總領事ノ斡旋ヲ求メテハ如何ト示唆セラレタルカ英國政府ハ右ノ如キコトカ出來レハ歡迎スル所ナリト述ヘ居タル由ナリ本使ハ斯ルコトハ事態ヲ複雜ニスルモノナルニ付一切不適切ナルニ付直接日本側ト接觸ヲ保チテ問題ヲ解決セシムルコト然ルヘシト岡本ヲシテ「ハウ」ニ對シ强ク注意セシメ置キタリ

1504 昭和14年6月14日 在北京堀内大使館参事官より有田外務大臣宛(電報)

天津租界封鎖の目標に軍側が経済的要求を含めた事情について

付　記　昭和十四年六月十三日付
北支那方面軍命令方軍作命戊第一一号

北京　6月14日後発
本省　6月14日夜着

第七〇四號（部外極祕、館長符號扱）

往電第六九七號ニ關シ
軍側ニ於テハ今回ノ檢問ヲ抗日「テロ」犯人ノ引渡ニノミ關聯セシムル時ハ英國側カアッサリ引渡ニ應スル場合檢問ノ理由ナクナリ租界工作トシテノ效果乏シトシ此ノ際更ニ經濟的目標ヲ織込ミ英佛兩租界當局ニ對シ法幣流通禁止及聯銀券流通、租界内銀行檢査、竝ニ租界内現銀ノ引渡特ニ交通、中國兩銀行ノ出資部分タル千二百五十萬圓（元カ）ノ現銀引渡等ニ對スル協力ヲ要求シ若シ應セサルニ於テハ更ニ強度ノ經濟封鎖ヲ行ヒ且何等カノ切掛ヲ促（捉カ）ヘ實力ニ依ル現銀引渡ヲ斷行セントノ意嚮ナリシヲ以テ當方係官ヨリ今回ノ檢問實施前ヨリ佛國側ノ態度相當好轉ノ徴アリ或意味ニ於テ英佛ノ共同戰線ノ歩調合ハストモ見得ヘキ際大部分カ佛租界ニ在ル現銀引渡ヲ要求セハ假令佛國側態度好轉セリトハ言ヘ本件ニ關スル從來ノ經緯ニ鑑ミ我方要求ヲ直ニ容ルヘシトモ想像セラレス却テ英佛ヲシテ共同戰線ヲ猶強化セシムルコトトナルヘシ更ニ現銀ノ實力接收ハ短時間ニ爲シ得サル所ニシテ少クトモ五十臺ノ「トラック」數百人ノ苦力ニテ約三日ヲ要スル趣ナルカ其ノ間英佛側トノ衝突ハ當然豫想スヘク右ニ關シテハ中央ノ意圖必スシモ玆ニ在ラサルヤニ思考セラレ旁々經濟的要求受諾ヲ檢問廢止ノ條件ト爲スコトハ愼重考慮ノ要アル旨說キタルモ軍側ニテハ此ノ機ヲ逸シテハ到底經濟的要求ヲ滿タス機會ナカルヘク今回ノ檢問ニ經濟的要素ヲ織込ムコトハ軍司令官ノ強キ希望ニテ實力行使ニ至ル迄ノ段階ハ當然之ヲ履ムヘキカ其ノ間ニ英佛側ハ當方要求ヲ容ルル可能性アリ何レニスルモ最後ノ肚ハ充分ニ定メ居リ先般武藤少將上京ノ際斯ル手段ニ出ツルノ餘儀ナキニ至ル場合アルヘキ旨述ヘタルニ對シ軍中央部
（欄外記入）
ニテハ左シテ反對ナカリシ由ナルニ付前記趣旨ニテ近ク司令官ノ決裁ヲ經軍命令ヲ發スル意嚮ナル旨述ヘ居リタル趣ナリ

上海、天津ヘ轉電セリ

（欄外記入）
六月十五日永井中佐ハ此ノ點ノ如キ事實ナシト內話セリ

（付　記）

方軍作命戌第一一號

北支那方面軍命令

六月十三日十七時　北京方面軍司令部

一、方面軍ハ天津英佛租界當局ヲシテ反省飜意ノ上抗日共產活動ノ彈壓、對日經濟攪亂行爲ノ停止等ヲ實現シ明朗北支ノ建設ニ協力セシムル如ク對租界積極工作ヲ强化セントス

二、第二十七師團長ハ豫メ準備セル積極工作ヲ速カニ再開シテ租界內抗日共產分子ノ活動ヲ封止スルト共ニ關係機關ヲ指導シテ租界內ノ反日經濟活動ヲ阻止スルニ努ムヘシ

第二十七師團長ハ租界ニ對スル具體的工作ノ實施ニ關シ天津憲兵隊ヲ指揮スヘシ

三、支那駐屯憲兵隊ハ前項第二十七師團ノ積極工作ニ協力スヘシ

支那駐屯憲兵隊司令官ハ天津憲兵隊ヲシテ租界ニ對スル具體的工作ノ實施ニ關シ第二十七師團長ノ指揮ヲ受ケシムヘシ

四、航空兵團ハ天津ニ於ケル飛行場施設ノ一部ヲ又北支那方面軍兵站部ハ天津ニ於ケル兵站施設ヲ成ルヘク廣ク夫々開放シテ第二十七師團ノ積極工作ニ協力スヘシ

五、細部ニ關シテハ參謀長ヲシテ指示セシム

北支那方面軍司令官　杉山　元

下達法

第二十七師團ヘ要旨ヲ電報セル後一括シテ印刷送付ス

指　示

方軍作命戌第一一號ニ基キ左ノ如ク指示ス

一、今次工作ノ目標トシテ英佛租界當局ヲシテ實現セシムヘキ事項概ネ左ノ如ク之カ要求提示ハ方面軍ニ於テ統一シ關係機關ヲシテ實施セシム

1、租界內ニテ逮捕セラレタル抗日共產分子ヲ速カニ臨時政府側ニ引渡スコト

2、李漢元等著名ナル抗日的職員ヲ工部局ヨリ驅逐スルコト

3、臨時政府ノ通貨政策ニ協力シ特ニ聯銀券ノ流通普及竝舊法幣ノ流通禁止ニ協力スルコト

4、租界內支那側銀行ノ內容檢査取締ニ協力スルコト

5、租界内ノ現銀検査特ニ中國、交通兩銀行ノ聯銀出資額タル千二百五十萬元ノ租界外搬出ニ協力スルコト
6、日本側及臨時政府側ニ對シ治安警察ノミナラス經濟警察ニ關スル租界内協同捜査ヲ認ムルコト
7、日本側及臨時政府側ノ政策ニ反スル施設、言動、刊行物、宣傳文書等ノ取締ヲ嚴ニスルコト
三、工作實施ハ概ネ左ノ要領ニ據リ第二十七師團主トシテ之ニ任シ憲兵隊、航空兵團及兵站部ハ密ニ之ニ協力スルモノトス
1、第二十七師團策定ノ對英佛租界特別警備計畫ニ基キ租界内外ノ交通制限、通行人ノ檢問、出入貨物ノ檢索ヲ實施ス
2、右ト併行シ租界ニ對スル積極的經濟工作準備ヲ促進ス
之カ爲關係機關ヲ指導シテ租界内ニ在ル日本系商社ノ所有スル物資ヲ租界外ニ搬出セシムルハ勿論外國商社ノ所有スル物資ヲ吸引セシムルニ努メ且日本系銀行商社ノ租界外引上ヲ促進スルト共ニ租界外ニ於ケル碼頭倉庫等ノ諸施設利用ニ努ムル等積極的經濟工作發動後日本側ノ租界外ニ於ケル經濟活動ニ支障ナカラシム
3、租界當局ニシテ誠意ヲ示ササル時ハ追テ指示スル所ニ從ヒ積極的經濟工作ヲ發動シ租界ヲシテ困惑セシムル工作ヲ併用ス
4、本工作間租界内ノ協同捜査ヲ頻繁ニ續行シテ抗日共産分子ノ檢擧ニ努ムルト共ニ關係機關ヲ指導シテ外國商社ヲシテ我方ニ協力セシムル如ク誘引スルニ努ム
5、本工作實施ニ伴ヒ租界外ノ治安維持ニ萬全ノ注意ヲ拂フト共ニ租界内攪亂ヲ施策ス

昭和十四年六月十三日

北支那方面軍參謀長　山下　奉文

編注　昭和十四年六月二十七日付の東亜局第一課受領印あり。

1505

昭和14年6月14日　在英国重光大使より有田外務大臣宛(電報)

天津租界問題に関する英国内の論調は相当刺激的であり英国側宣伝振りには注意を要する旨意見具申

ロンドン　6月14日後発
本　　省　6月15日前着

第六三九號

往電第六二九號ニ關シ

一、「ハウ」ノ説明ニモ拘ラス外務省情報部ハ英國カ新ニ發見セル事實ニ基キ犯人引渡ヲ再考スル旨ヲ提案セルコトヲ何等外部ニ洩ラサスシテ中立國(米國)ヲ入レタル混合委員會ヲ設ケテ引渡ヲ決定シタキ意嚮ヲ宣傳ニ努メ居レリ事件ニ對スル英國側ノ宣傳振及新聞ノ調子ハ累次電報ノ通リ相當刺戟的ナリ

二、英國側ハ當方ニ對スル往電第六三一號申出及約束ニ拘ラス天津ニ於テハ何等此ノ種ノ申出ヲ爲サス却テ混合委員會ノ提案ヲ爲シ以テ益々事態ヲ惡化スル結果ヲ來シタル樣新聞電報ニテ觀取セラルル處右ハ英國側ノ重大責任ト考ヘラル

三、當方ニ於テハ元來本件ハ地方的問題ニシテ日英現地當局間ニ直接處理セシムヘキモノナルニ拘ラス當地ニ於テ事態ヲ擴大セントスルカ如キ宣傳ノ行ハレツツアルハ甚タ心外トスル所ナリ抑本事件ハ當方ヨリ英國政府ニモ豫々注意ヲ喚起セルカ如ク支那ニ於ケル英國官民ノ日本ニ對スル甚タシキ非友誼的態度ニ其ノ源ヲ發スルモノニシテ右態度ハ本國政府ノ公ニ執リタツ(ママ)ツアル政策ヲ反映スルモノナルヲ以テ此ノ不公正ナル態度ヲ改ムルコトカ先決問題ナリトノ從來ノ趣旨ヲ今回ノ機會ニ於テ繰返シ居レリ御參考迄

尚又英國側ニ於テハ前記ノ通リ極力宣傳ニ努メ居レルニ付我方ニ於テモ宣傳振ニ付テハ愼重注意ト努力トヲ拂フノ要アリ

1506

昭和14年6月14日　在米国堀内大使より有田外務大臣宛(電報)

天津租界封鎖に対する米国国務省の反応振り報告

ワシントン　6月14日後発
本　　省　6月15日後着

第五一四號

天津英佛租界交通制限ニ關シ十四日ノ各新聞ハ十三日ノU・P及A・Pノ現地電報ヲ第一面ニ大見出ニテ掲ケ租界ノ地圖迄入レ問題ノ解説ヲ試ミ居ルモノ鮮カラサル處概シ

テ我方聲明ノ要點ヲ其ノ儘傳ヘ我立場ノ理解ヲ容易ナラシムル結果ヲ呈シ居レリ
國務省ニ於テハ最大ノ關心ヲ以テ本件成行ヲ注視シ米國ノ權益ハ租界居住米人四百名（領事館管轄區域內總計千二百名）投資額百七十萬弗、土地會社、染物工場、織物工場、銀行及自動車會社夫々二ヲ算スル外貿易商相當多數アリ之等商社ノ昨年度取引總額二千六百萬弗（約半額ハChase及National City兩銀行ノ取引高）ニ達シ居ルニ鑑ミ日本官憲ヨリ米國領事ニ對シ米國權益ヲ尊重スヘキ旨通告アリタルモ恐ラク右權益ニモ累ヲ及ホスニ至ルヘシト觀居ルモノノ如シ尚十三日記者會見ニ於テ國務長官ハ一層明確ナル現地報告接到スル迄意見ヲ留保スルノ態度ヲ示シタル趣ナリ
紐育ニ暗送セリ

1507　昭和14年6月15日　在天津田代総領事より有田外務大臣宛（電報）

天津英仏租界における検問検索の実施状況報告

天　津　6月15日後発
本　省　6月15日夜着

第三五八號

十四日早朝ヨリ實施シタル檢問檢索ノ實施狀況及之カ反響左ノ通リ

一、實施狀況
檢檢所通行者ハ北堤ノ檢問所ヲ除キ大部分ハ華人ニシテ邦人及第三國人ハ僅少旭街檢問所ノ十四日ノ通行人員ハ概略三千人平時一日通行推定數五萬人ノ六分見當ナリ
物資ノ搬入ハ嚴重檢査ノ爲著シク制限セラレ檢問所筋ヨリノ搬入ハ殆ト不能ノ狀態ヲ呈シ居レリ

二、英佛租界內ノ華商ハ閉店?休業ノ狀態ヲ呈シ物資搬入不能及一部商人ノ賣惜ミ等ノ爲十五日ニ至リ主トシテ食料品ハ急騰シ生瓜一本二十仙卵一箇十仙ト言フ高値ヲ示シタルニ付英佛租界內ノ華商ハ聯合會ヲ開催シ代表者ヲ派シ租界當局ニ對シ速ニ日本側ノ要求ニ應シ圓滿解決ヲ要請シタル趣ニテ英佛當局ハ萬一ヲ慮リ警察官全部武裝總動員警備シツツアリ
十五日正午英國側ハ馬廠道檢問所ニ守備兵二十名及工部局巡捕十名ヲ派シ檢問ヲ行ヒ午後ニ至リ更ニ兵十名（脱）?警備兵ハ間モナク引揚ケタリ（脱）?工部局巡捕二十名ヲ增

員シ威嚇的態度ニ出テタリ然ルニ一方租界内ハ居住華人カ事態ノ悪化ヲ懸念シ外出ヲ差控ヘ居ル模様ニテ料理店飲食店劇場等人足附カス寂寥ノ感ヲ呈シタリ

北京、上海ヘ轉電セリ

1508 昭和14年6月15日　有田外務大臣より
在天津田代総領事宛（電報）

天津租界問題における現地軍の対英仏具体的要求事項につき査報方訓令

付記　昭和十四年五月二十九日、北支那方面軍司令部作成
「天津英佛租界ニ對スル工作要領案」

本　省　6月15日後9時30分発

第一八三號（極祕、部外祕）

往電第一七四號ニ關シ

本件處理ニ關シテハ關係方面トモ連絡シ中央ノ方針ヲ確定スル爲折角考究中ノ處今後ノ租界對策殊ニ英佛側ニ對シ提出スヘキ要求事項ノ具体案等ニ關シ貴地軍側ニ於テハ如何ナル意向ヲ有シ居ル次第ナリヤ貴見ト共ニ至急回電アリ度

尚十二日陸軍側ヨリ北支方面軍司令部作成（五月二十九日附）ノ天津英佛租界ニ對スル工作要領案ヲ送付越シ當方意見ヲ求メ來レルニ依リ之カ審議ノ必要上軍中央トシテハ如何ナル意向ヲ有スルヤ軍側ニ連絡シタル處軍中央トシテハ右案ハ今次ノ交通制限措置斷行前ノ作成ニ係ルモノニシテ今後ノ對策ニ關シテハ現地ヨリノ意見具申ヲ俟ッテ考慮スルコトトシ度キ考ナル模様ナリ

北京、上海ニ轉電セリ

（付　記）

天津英佛租界ニ對スル工作要領案

昭和一四、五、二九　北支軍司令部

第一、方　針

天津英租界ニ對シ成ルヘク速カニ積極工作ヲ開始シ以テ日本及臨時政府ニ協力スルノ實ヲ擧ケシム

第二、工作目的

一、治安粛正ノ見地ヨリ租界ヲシテ其内部ノ抗日共産運動ヲ取締ラシムルト共ニ政治的、經濟的ニ日本及臨時政府側ニ協力セシム

之カ為

1.日本憲兵ノ租界内協同揷(捜カ)査ヲ認ムルコト

2.日本憲兵ノ租界碼頭ニ於ケル監視檢査ヲ認ムルコト

3.逮捕セラレタル抗日共產分子ヲ臨時政府側ニ引渡スコト

4.李漢元ノ如キ著名ナル抗日的職員ヲ工部局ヨリ驅逐スルコト

5.工部局ニ日本人職員又ハ顧問ヲ入ルルコト

(以上既ニ要求中)

6.日本及臨時政府側ノ政策ニ反スル施設、言動、刊行物、宣傳文書等ノ取締ヲ嚴ニスルコト

7.中國、交通兩銀行ノ內容檢査ヲ認ムルコト

8.租界內ノ現銀檢査特ニ中國、交通兩銀行ノ聯銀出資額タル千二百五十萬元ノ租界外搬出ヲ認ムルコト

9.聯銀ノ通貨政策ニ協力シ少クモ之ヲ妨害セサルコト

等ヲ要求ス

二、兩租界ヲシテ政治的、經濟的ニ疲弊枯渇セシメ遂ニ之ヲ返還セシムルコト

第三、實施要領

一、關係機關ニテ從來ノ主張(前項目的ノ一)ヲ執拗ニ反覆スルト共ニ臨時政府ヲシテ强硬ナル抗議ヲ呈示セシム

二、此間租界ニ對スル經濟封鎖準備ヲ促進ス

租界外碼頭倉庫ノ增强、日本人引揚ノ徹底、租界內支那人ノ登錄、反日情報ノ的確ナル蒐集、關稅機關ノ移轉、謀略準備等

三、好機ヲ捉ヘ租界內支那人ヲ引揚ケシムルト共ニ交通制限ヲ開始シ逐次之ヲ强化シテ經濟封鎖ヲ實施シ又各種嫌カラセ工作ヲ併用ス

四、右實施ニ伴ヒ租界外ノ治安維持ニ萬全ノ注意ヲ拂フト共ニ租界內攪亂ヲ企圖ス

五、右各項ノ實施ニ方リ要スレハ兵力ヲ租界周邊ニ集結ス又現銀檢査ヲ租界當局ニ於テ妨害スルカ如キ場合ニ要スレハ一部兵力ヲ以テ之ヲ强行スルコトアリ

備考

國際情勢ノ變轉ニ際シテハ臨機之ニ對處ス

1509　昭和14年6月16日　在天津田代総領事より有田外務大臣宛(電報)

天津居留邦人が租界問題の全般的解決を強く要望している旨報告

天津　6月16日後発
本省　6月16日夜着

第三六四號

當地居留民各方面ハ六日英國側ヨリ我方要求ヲ全面的ニ拒否シ來ルヤ此ノ際斷乎租界問題ノ全般的解決ヲ計ルヘシトナシ殊ニ英佛租界居住邦人ハ客年九月以來殆ト全部租界引揚ヲ斷行シ多大ノ不便不利ヲ忍ヒツツ今日ニ及ヒ居ル次第ナレハ前回ノ如キ檢問檢索ニテハ無效有害ナルコト既ニ經驗濟ノコトニテモアリ旁今回ハ必スヤ有效適切ナル或種ノ强力行使セラレ極メテ短期間ニ一擧ニ租界問題ノ解決ヲ心私カニ期待シ居タルモノノ如ク再ヒ檢問檢索ノ實施ヲ見ルヤ大イニ失望ノ色ヲ示シタルモ前回ト異リ今回ノ實施ハ極メテ嚴重ニシテ目下ノ所效果ヲ擧ケツツアルヤニ見受ケラルニ付一般ニ落着キヲ見セ居レリ尚本官トシテハ引續キ輕擧妄動セサル樣指導ヲ與ヘ居レリ

北京、上海へ轉電セリ

1510　昭和14年6月20日　在北京堀内大使館参事官より　有田外務大臣宛（電報）

天津租界問題要求事項に関する臨時政府の英仏大使館宛通告案について

付記　昭和十四年六月十五日、興亜院華北連絡部作成
「在天津英佛租界當局ニ對スル臨時政府ノ通告ニ關スル件」

北京　6月20日後発
本省　6月20日夜着

第七二五號（館長符號扱）

本官[1]發天津宛電報

第八五號

臨時政府ノ英佛大使館宛公文

一、民國二十六年十二月十四日、本政府ノ成立以來臨時政府ニ於テハ北支民心ノ安定ト大衆ノ安居樂業トヲ以テ施政ノ根元ト爲シ友邦日本ト相提携シテ東亞新秩序建設ノ爲不斷ノ努力ヲ續ケ來レル處在天津英佛租界當局ニ於テハ今尚東亞ニ於ケル新事態ヲ認識セス天津租界ヲシテ重慶

政權ニ依ル北支治安破壞ノ前衞陣地、經濟謀略ノ策源地タラシメ之カ爲北支二億ノ民衆ニ對シ治安上、經濟上不當ノ苦痛ヲ招來セシメ居ルハ臨時政府ノ斷シテ默過シ得サル所ナリ

二、租界ハ元文物制度等ノ相違ニ基キ外國人ノ居住地域トシテ特定セラレ右外國人間ノ諸事項ヲ其ノ自治ニ委シタルニ止マリ絶對的行政ノ自由ヲ有スルモノニアラス卽チ外國租界ハ同租界ヲ包含スル地域ヲ支配スル行政權ト施策ニ順應シ一般ノ安寧秩序ノ保持ニ協力スヘキコトヲ租界存立ノ條件トス依テ

若[2]シ租界カ周圍地域ノ治安經濟其ノ他一般秩序攪亂ノ根據地トナリ又右攪亂者ニ庇護ヲ與フルニ至リテハ右ハ租界ノ本質ヲ逸脱スルモノナリ

三、今次日支事變ノ勃發以來既ニ二箇年ノ歳月ヲ閲シ蔣介石政權ハ四川ノ一隅ニ蕞爾タル地方政權ニ順落シ天津地方ハ素ヨリ北支ニ對シ何等實力ヲ及ホシ得ス北支ノ安寧秩序ハ一ニ本政府ニ依ツテ維持增進セラレ居ル現實ノ事態ヲ無視シ前陳ノ如キ態度ヲ繼續スルニ於テハ是卽チ本政府竝ニ二億民衆ニ對シ敵意ヲ有シ其ノ福祉ヲ破壞シテ顧ミサルモノト言ハサルヲ得ス本政府ハ北支ノ治安保持及大衆ノ福祉增進ノ爲茲ニ不取敢應急的措置トシテ英佛租界當局ニ對シ左記ノ項目ノ要求ヲ提出ス本政府ノ意ノ在ル所ヲ諒トセラレ速ニ本要求ヲ受諾シ以テ治安竝ニ民政ニ關スル臨時政府ノ施政ニ順應セラレン事ヲ要望ス

追[3]テ本件五項目ハ現下急迫セル事態ニ鑑ミ臨時政府トシテ要求スヘキ最小限度ノ條件ナル處租界當局ニ於テ右ヲシ(テ欠カ)モ受諾セス依然トシテ蔣介石政權ニ依ル北支攪亂行爲ヲ容認シ臨時政府ノ施政ニ背馳スル行動ヲ繼續スルニ於テハ本政府ハ問題ノ根本ニ遡リ所要ノ處置ヲ講スルノ已ムヲ得サルニ至ルヘキコトヲ附言ス

四、要求事項

㈠租界內「テロ」及共產分子ヲ速カニ臨時政府ニ引渡スコト

㈡臨時政府ノ通貨政策ニ對スル協力特ニ租界內ニ於ケル舊法幣ノ流通禁止竝ニ現銀ノ搬出ニ關シ臨時政府ニ協力スルコト

㈢臨時政府ニ依ル租界內支那側銀行、錢莊及商社ノ檢查取締ニ協力スルコト

(四)臨時政府ノ政策ニ違反スル施設、言行、出版物等ヲ嚴重取締ルコト

(五)以上四項目ノ履行ヲ確認シ且今後ニ於ケル取締ノ實效ヲ期スル爲租界內ニ於テ共同取締ヲ實施スルコト

編注　本電報第七二五号は別電となっているが、その本電は見当らない。

(付記)

在天津英佛租界當局ニ對スル臨時政府ノ通告ニ關スル件

(一四、六、一五、華北連絡部)

(欄外記入)

一、臨時政府ヲシテ英佛租界當局(英佛各總領事)ニ對シ大體別紙(編注)ノ如キ趣旨ノ通告ヲ發セシム(通告ノ內容ニ就イテハ臨時政府側ノ意向ヲモ斟酌シ更ニ調整ヲ加フ)

一、本件通告ハ從來ノ例ニ鑑ミ握潰シトナルヘキ公算多キニ付通告發出後適當ノ時期(一週間ト豫定ス)ヲ見計ヒ臨時政府ヲシテ通告ノ內容ヲ發表セシムルト共ニ政府ノ決意ヲ表明スル聲明ヲ出サシメ以テ租界封鎖工作ニ關スル我方今後ノ立場ヲ有利ナラシムルカ如ク措置スルモノトス

一、租界封鎖工作ハ右臨時政府ノ通告竝ニ聲明ト歩調ヲ併セ漸次其ノ內容ヲ强化シ行クモノトス、租界工部局ノ接收、行政權ノ囘收等第二段ノ工作ハ本件工作ト併行シ別ニ研究ス

(欄外記入)

六月十九日

土田課長携行

編注　別紙は在北京堀内大使館参事官より有田外務大臣宛電報第七二五号とほぼ同文のため省略。

1511　昭和14年6月24日　在北京堀内大使館参事官より有田外務大臣宛(電報)

天津租界問題要求事項を臨時政府より英仏側へ通告について

北京　6月24日後発
本省　6月24日夜着

第七四四號(館長符號扱)

本官發天津宛電報第八五號ニ關シ
英佛租界當局宛臨時政府ノ通告ハ廿一日附ニテ廿二日溫市長ヨリ交付シ一方廿三日臨時政府ヨリ當地英佛大使館ニ送附セル由
天津、上海へ轉電セリ

1512　昭和14年6月25日　在北京堀内大使館参事官より有田外務大臣宛（電報）

天津租界封鎖の実際措置に当たっては仏国側へは手加減を加える旨を通報して同国の協力を誘致するよう田代総領事へ要請について

北　京　6月25日後発
本　省　6月25日後着

第七四六號（極祕、館長符號扱）
本官發天津宛電報
第九〇號
本官發大臣宛電報第七四四號ニ關シ
本件申入ハ臨時政府ノ立場上英佛側ニ對シ文句其ノ他同樣ノ形式ヲ執リタル次第ハ往電第八四號ニ依リ御承知ノ通リナル處先方ニ對スル實際上ノ當リハ英佛ニ依リ手加減ヲ加フル要アリ軍側始メ當地關係各方面共貴官ニ於テ佛國側ニ對シ冒頭ノ事情篤ト御説明ノ上同國側ノ協力ヲ誘致スル樣御盡力相成度ク切望シ居ルニ付右然ルヘク御措置相煩度シ
大臣、上海へ轉電セリ

---

2 封鎖措置に対する英国の抗議

1513 昭和14年6月15日 在本邦クレーギー英国大使より有田外務大臣宛(半公信)

天津租界での検問時における英国人への差別待遇を即時停止方要請

付記一 右和訳文

二 昭和十四年六月十六日付有田外務大臣より在本邦クレーギー英国大使宛半公信

右要請へのわが方回答

BRITISH EMBASSY, TOKYO.

Immediate 15th June, 1939

My dear Minister,

With reference to our conversation yesterday I am sorry to say that I have now received news from His Majesty's Consul-General at Tientsin indicating that the military restrictions now being imposed on communications with the British Concession are being applied in such a way as to constitute definite and grave anti-British discrimination. According to this report all British subjects are being held up for from one-half to one hour and rigorously searched on entering and leaving the Concession in the same matter as, and together with, all Chinese. Other foreigners are being allowed to pass without stoppage or examination. It further appears that some British subjects, including military in uniform, have been refused exit.

By no process of reasoning can such discrimination against British subjects be justified by the Japanese authorities on the plea either of self-defense or in connexion with the case of the four Chinese which we discussed yesterday. I cannot believe that such action has the authority or even the approval of the Japanese Government and I must therefore ask Your Excellency to be good enough to arrange for instructions to be despatched to the proper Japanese authorities in Tientsin to ensure that every form of discrimination against British subjects is at once discontinued.

The matter being, as you will see, very urgent, I should be most grateful if Your Excellency would, if possible, let me have a reply to this letter today in order that I may give His Majesty's Government precise information as to the attitude of the Japanese Government in the matter.

Believe me
my dear Minisster,
Yours very sincerely,
R. L. Craigie

His Excellency
Mr. Hachiro Arita,
His Imperial Japanese Majesty's
Minister for Foreign Affairs.

（付記一）

天津租界問題ニ關シ英國大使ヨリ申入ノ件

（昭和一四、六、一七　亞一）

六月十五日附「クレイギー」大使發有田大臣宛

至急半公信要譯文

拝啓陳者昨日ノ會談ニ關シ本使ハ更ニ天津英國總領事ヨリ英國租界ニ對スル交通ニ對シ課セラレ居ル軍事的制限ハ決定的ニシテ且重大ナル反英差別待遇ナルカ如ク施行セラレ居ル旨ノ報告ヲ受領シタルコトヲ茲ニ通報セサルヲ得サルモノニ候右報告ニ依レハ英國臣民ハ總テ半時間ヨリ一時間ニ亘リ止メラレタル上租界ヲ出入スル際支那人ト同様ニ且支那人ト同列ニ嚴重ニ取調ヘラレル趣ニ候更ニ軍人ヲ含ム英國臣民ノ一部ハ租界ヲ出スルコトヲ拒絶セラレタルヤニ認メラレ候

如何ナル論理ヲ以テスルモ斯ノ如キ英國臣民ニ對スル差別待遇ハ自衛措置又ハ昨日會談シタル四名ノ支那人ニ關聯セシムルモ正當化スル能ハサルモノニ候本使ハ斯ノ如キ措置カ日本政府ノ權威ニ依リ又ハ其ノ許可ノ下ニ行ハレ居ルモノト信スル能ハサルモノニシテ仍テ本使ハ閣下ニ對シ英國臣民ニ對スル凡ユル形式ノ差別待遇カ直チニ停止セラルル

樣天津當該日本官憲ニ訓令ヲ發セラルヘク措置セラレ度キ旨要請スルモノニ候
御承知ノ如ク本件ハ緊急ナルヲ以テ本使カ本國政府ニ對シ本件ニ對スル日本政府ノ態度ニ關シ正確ナル情報ヲ通報シ得ル樣今日中ニ本翰ノ囘答ヲ得ハ幸甚ニ候　敬具

（付記二）

天津租界問題ニ關シ在京英國大使へ囘答ノ件

六月十六日附在京英國大使宛有田大臣

半公信要譯文

（原文英語）

拜啓陳者在天津貴國總領事ヨリ英國臣民ニ對シ差別待遇トナル樣英國租界ニ對スル交通制限カ施行サレ居ル旨報告アリタリトスル昨日附貴翰ニ對シ余ハ貴翰ニ述ヘラレ居ル情報ヲ未タ受領シ居ラサル旨不取敢申進シ候左レト現在天津外國租界ニ對スル交通ニ對シ軍事上ノ制限措置カ執ラレ居リ現地ノ必要及各個別的場合ノ性質ニ應スル樣種々ノ措置カ執ラレ居ルモノニ候唯斯ル措置ヲ執ルモ絶對ノ必要無キ限リ特定國民ニ對シ不當ノ不便ヲ與フルカ如キハ現地官憲ノ欲スル所ニアラサル旨玆ニ申添候　敬具

1514　昭和14年6月16日　在英国重光大使より有田外務大臣宛（電報）

英国政府が天津租界封鎖に対して経済的対抗手段を検討しているとの報道報告

付　記　昭和十四年六月十五日、通商局第一課作成「租界問題ニ對スル英國ノ對日報復策ニ關スル對策ニ就テ」

ロンドン　6月16日後発
本　省　6月17日前着

第六四九號

一、十六日「タイムス」外交記者ハ日本側カ天津問題ニ付依然高壓的態度ヲ持スルニ於テハ英國ハ報復手段ニ出ツヘク妥協ノ餘地ナシトノ見解ヲ持シ昨日來貿易省ヲ含ム政府各省專門家ニ於テ報復及警告ノ最善ノ方策ニ付テモ檢討ヲ重ネツツアリ尙政府ハ各自治領代表ニ對シテハ一切ノ情報及政府ノ執ラントスル方策ヲ通報シ居リ又米佛兩政府トモ緊密ナル聯絡ヲ執リツツアル旨ヲ報ス

尚又英國輿論ノ惡化ヲ反映シテカ暫ク中絶セル所謂平和團體及個人ヨリノ反日投書弗々當館ニ舞込ミ始メタリ

二、十六日ノ路透ニ依レハ月曜日閣員ノ會合行ハレ主トシテ經濟的ニ對抗手段ヲ執ルヘキヤ否ヤニ付各省特ニ貿易省研究ノ報告ヲ聽取スル筈ニシテ外相ハ週末ニモ拘ラス本問題ニ付終始緊密ナル聯絡ヲ持スルコトトナリ居ル旨報ス

三、十六日ノ本件ニ關スル政府聲明ハ同盟ヲシテ全文打電セシメ置キタリ

（一四、六、一五）

（付　記）

租界問題ニ對スル英國ノ對日報復策ニ關スル對策ニ就テ

（通商局第一課）

天津租界封鎖問題ニ關聯シ經濟的報復手段考究中ナル趣ナルヤニ傳ヘラルル處

一、英帝國自治領ハ何レモ廣汎ナル自治權ヲ有シ居リ又自治領中ニハ日本トノ親善關係增進ヲ重要視シ居ルモノアリ（例ヘハ濠洲ニ於テ「メンジス」首相最近ノ聲明等ニ於テ之ヲ見ル）直ニ英國ノ示唆ニ依リ動クモノトハ考ヘラレス

二、又印度ニ付テ之ヲ見ルモ同國ハ經濟問題ニ付テハ廣汎ナル自治權ヲ有シ居ルノミナラス日本トノ貿易關係重要ナルヲ以テ容易ニ英國ノ指圖ニ從ヒ對日經濟壓迫ニ乘出スモノトハ考ヘラレス

三、之ニ反シ直轄植民地及保護領ニ於テハ原則トシテ英本國ノ指令ニ依リ其ノ政策決定セラルルモノナルニ付キ英本國ノ覺悟次第ニテハ前記措置ヲ執ルニ至ルコトアルベシ（尤モ直轄植民地ニアリテモ錫蘭ハ相當大ナル自治權ヲ有ス）

然レトモ現下ノ國際狀勢ニ鑑ミルニ英國ニ餘程ノ覺悟ナキ限リ傳ヘラルル如キ前記報復手段ヲ採リ日本ノ對英感情ヲ此ノ上惡化セシムルコトハ英國ニ取リテモ不得策ナリト思考セラルルニ付キ右ハ一種ノ「ゼスチュア」ナリトノ觀ナキニシモ非ス

萬一英國ニ於テ報復手段ヲ採リタル場合我方ニ於テ右手段ニ對シ如何ナル報復方策ヲ實行シ得ヘキカノ問題ニ關シテ

ハ客年以來企畫院第二委員會ニ於テ考究ヲ遂ケタルカ經濟的ノ報復手段トシテ我方ニ於テ採用方考慮シ得ルモノハ本邦及滿洲ニ於テハ

(一)英系會社ノ爲替及輸出入ニ關スル許可ノ遲滯又ハ不許可

(二)配當金海外送金ノ遲滯又ハ不許可

(三)英國產品ノ輸入ニ付差別待遇ヲ爲スコト

(四)海運報復方策卽チ

(イ)本邦輸出入貨物ノ船積阻止

(ロ)荷役ノ禁止妨害

(ハ)炭水食糧等ノ補給禁止

(ニ)寄港ノ停止

支那ニ於テハ

(一)我勢力範圍內各地ニ於ケル輸出入管理ノ運用ニヨリ差別待遇ヲ爲スコト

(二)英國商社ノ奧地營業及奧地トノ通商妨害ヲ考慮スルコト

(三)揚子江及珠江開放後ニ於テ英國船舶ニ對スル航行權ノ制限又ハ停止

(四)我勢力範圍內ニ於ケル英國企業乃至利益ニ對スル壓迫等ヲ擧ケ得ルモ右報復方策ハ更ニ英國ノ本邦ニ對スル報復ヲ誘發スル惧アリ實行ニ際シテハ充分利害得失ト諸般ノ情勢ヲ考慮シ措置ヲ誤ラサルコト肝要ナリトノ結論ニ到達セリ

1515 昭和14年6月16日 在英国重光大使より有田外務大臣宛（電報）

天津租界問題に対し日英双方が慎重な対応をとるべきとの英国首相側近者よりの伝言について

ロンドン 6月16日後発
本　省 6月17日前着

第六五〇號

天津事件ニ關シ十六日首相側近者ヨリ本使ニ對スル傳言ヲ以テ今回ノ事件ハ世界的國際關係ノ動キニ敵味方共之ヲ利用セントスル氣配モ見ユルニ付日英關係全局ヨリ英國側ニ於テハ非常ニ愼重ニ取扱居レリ若シ現地ニテ衡《(衝カ)》突等此ノ上不慮ノ事件發生スルニ於テハ其ノ結果ハ豫想ヲ許サルヲ以テ斯ルコトナキ様注意シ居レルカ日本側ニ於テモ殊ニ現地ニ對シ充分ノ注意ヲ與ヘラルル樣切望ニ堪ヘスト申越シ來レリ依テ當方ニテハ右ノ點ハ勿論日本政府ノ考慮ニ上リ

居ルコトト思考スルモ御希望ノ點ハ了承セリ尚英國側ニ於テハ日本側ノ合理的主張ニ考慮ヲ拂ヒ速ニ直接交渉ニ依リ現地解決ヲ計ル樣此ノ上共努力セラレタシト回答シ置ケリ
右ハ英外相ヨリ直接ノ申出ニハ非サルモ御參考迄

1516　昭和14年6月17日　在米国堀内大使より有田外務大臣宛（電報）

米国国務省の天津租界問題への対応方針につき観測報告

ワシントン　6月17日後発
本　　省　6月18日前着

第五三三號（極祕）
天津租界紛爭ニ對スル當國一般ノ態度ニ關シテハ屢次ノ往電ニテ御承知ノ通リナル處諸般ノ情報ヲ綜合スルニ國務省方面ノ意嚮ハ
㈠單ナル抗議ハ極東ニ於テハ殆ト無價値ナルヲ知悉シ居ルヲ以テ米人及其ノ權益毀損ノ事件發生セサル限リ事態惡化スル場合ニ於テモ徒ニ抗議ヲ爲スノ愚ヲ避クヘキ處幸ヒ出先ヨリノ報告ニ依レハ今日迄ノ處權益毀損ノ事實ナキニ鑑ミ暫ク靜觀ノ態度ヲ變ヘサルヘク英カ非法（ママ）的解決ニ成功スルコトヲ望ム念依然强ク
㈡萬一事態米ニ不利ニ展開ノ場合適用スヘキ經濟報復措置ハ鮮カラス存スルモ此ノ際日本ノミヲ惱マスコトハ日本ニ一層激烈ナル行動ヲ執ル口實ヲ與フル結果トナルニ付不得策ト考ヘ居レリ
㈢米國ハ天津ニ租界關係ヲ有セス利害關係間接的ナルニモ鑑ミ差當リ上海廈門ノ事態惡化ノ兆ナキ限リ天津問題ノミニテ英ノ陣營ニ立チ愈々日本ヲ日獨伊樞軸ニ追込ムノ結果ヲ招クコトノ賢明ナラサルヲ知リ此ノ際天津事件ヲ在支外國租界全體ノ問題トシテ英ヲ鼓舞スルカ如キ印象ヲ與フルヲ避ケントシ
㈣且米總領事ヲ中立委員トスル紛爭處理委員案ニハ贊成ニテ右ハ事態ノ推移ニ應シ出先ノ裁量ニ委スノ方針ナルモ國務省カ積極的ニ調停者トシテ出馬方ヲ提議スルコトカ日英兩國ヨリ餘程明確ナル要請ナキ限リ之ヲ避クヘシト言フニアルヤニ觀察セラル
英へ轉電セリ

1517

昭和14年6月19日　在天津田代総領事より有田外務大臣宛（電報）

英国人への検問時の取扱振りなどをめぐる在天津英国総領事との会談内容報告

天津　6月19日後発
本省　6月19日夜着

第三八二號

十九日「ジエミソン」本官ヲ來訪シ

一、檢問所ニ於テ英國人ヲ差別的ニ取扱フハ不都合ナリ

二、食糧品特ニ野菜類ノ缺乏ニ惱ミ居ル處右ハ日本側ノ食糧品搬入阻止ニ起因スルモノナルニ付斯ルコトナキ様取計ハレタシ

三、北載河ニ避暑致度キ英國人婦女子百數十名アル處一纏メニシテ簡易通行方取計アリタシ

四、最近英工部局巡捕ニ對シ英國ノ走狗タルコトヲ止メテ速ニ辭職スヘシ云々トノ强迫狀ヲ廻シタル者アル處右ハ日本憲兵ノ仕業ト思フニ付中止セシメラレタシ

ト申出テタルニ付本官ヨリ一ニ對シテハ我方ハ英國人ニ對シ特ニ差別的取扱ヲ爲シ居ル次第ニアラス只英國人ノ中ニハ傲慢不遜ナル者多々アリ且今回ノ事件ノ原因ヨリ心理的ニ英國人ニ對シ面白カラサル感ヲ懷ク將兵モアルコトナレハ英國人ニ對スル取扱カ我方ニ對シ友好的ナル國民ニ比シ幾分差違ヲ生スルハ已ムヲ得サル次第ナルヘキ旨二ニ對シテハ食糧品ノ租界內搬入ヲ阻止スルノ意思ハ毛頭ナク只之カ搬入ニ際シ檢查ヲ行フ爲幾分遲延且減少ヲ來スコトアルヤモ知レサルカ萬已ムヲ得サル次第ナリ三ニ對シテハ遺憾乍ラ避暑ニ赴ク婦女子ナルノ故ヲ以テ特ニ便宜ヲ供與スル意思ハ全然之ナク是非檢問ヲ受ケテ通過スル様致サレタシ右ハ各國人トモ同様ナリ四ニ對シテハ憲兵ノ仕業ト主張セラルルハ如何ナル證據アリヤト尋ネタル處確證アル譯ニアラスト答ヘタルニ付證據ノ呈示ナクハ取上クル限リニアラスト突撥ネ置ケリ何等御參考迄

北京、上海ヘ轉電セリ

1518

昭和14年6月19日　在英国重光大使より有田外務大臣宛（電報）

天津租界問題についてのわが方非公式声明に関する英国報道振り報告

ロンドン　6月19日後発
本　　省　6月20日着

第◎六五四號
一般的情報
一、十八日東京發「タイムス」特電ハ東京ニ於ケル日本側ノ半公式聲明ニ依リ天津問題解決ノ希望復活ヲ見タルカ右聲明ハ天津問題及犯人引渡問題ニ局限シ日本ノ意嚮ハ今回ノ犯人引渡拒否ニ表レタルカ如キ北支英國當局ノ不當ナル政策ヲ匡正スルニ在リ而シテ右ハ他ノ列國ノ政策乃至在支權益問題ト何等關係ナシト述ヘ居レリ今之ヲ曩ノ天津軍發表ト比較スレハ甚タ穩健ニシテ事件ハ茲ニ元ニ戻リ犯人引渡問題ニ縮小セラレタリト見得ル譯ナリ今次事件ハ單ニ犯人引渡丈ケニテハ解決シ得サルヘキモ將來同樣事件ノ發生ヲ回避スル何等カノ方法ヲ執ルコトニ依リテ解決ヲ見得ヘシトモ思ハルト報ス
二、十九日同紙社説ハ本聲明ニ言及シ右ハ問題ヲ單純ナル警察事件ニ局限シ英國ノ新秩序ニ對スル協力ヲ强要シ居ラス事實本件カ地方的問題ナラハ簡單ナルカ之ヲ押シ擴メ一般的對支政策ニ關係セシムルコトニ依リ由由シキ問題トナル譯ナリ英國ノ對支政策ハ蔣政權承認及支那ニ於ケル條約上ノ權益ノ基礎ニ立脚ス此ノ基礎ニ於テハ米佛モ同シ立場ニ在リ但シ天津問題丈ケナラハ紛争解決ハ不可能ニアラス日本外務省カ本問題ヲ管掌スルニ至レルヤ未タ明白ナラサルモ若シ然リトセハ甚タ結構ナリ英國ハ事態ノ重大ナルヲ認識シ關係列國ト協議ヲ遂ケツツアリ極東權益擁護ニ當リテハ愼重ヲ期スルト共ニ何等ノ躊躇ヲモセサルヘシ云々
三、右「タイムス」以外ノ新聞ハ相變ラス天津ニ於ケル封鎖振等ヲ相當大袈裟ニ報道シ居レリ論調モ從來通リ

1519　昭和14年6月19日　在米国堀内大使より有田外務大臣宛（電報）

天津租界封鎖など中国の事態に関心を有するとの米国国務長官談話について

ワシントン　6月19日後発
本　　省　6月20日前着

第五四二號
國務長官ハ十九日記者會見ニ於テ天津問題ニ關シ米國政府

ハ犯人引渡要求ニ關聯スル天津ノ事件其ノモノニ付テハ關心ヲ有セサルモ其ノ後ノ事態ノ發展ノ性質及重要性竝ニ支那ノ他ノ部分ニ於ケル過去及現在ノ行動及發言ニ關聯スル一層廣汎ナル事態ニ關心ヲ有スルモノナル旨言明セリ
紐育ニ郵送セリ

1520 昭和14年6月19日 在英国重光大使より有田外務大臣宛(電報)

天津租界での英国人への侮辱的検査や食糧搬入制限に対する英国外相の抗議について

ロンドン　6月19日後発
本　　省　6月20日前着

第六五八號

「ハリファックス」外相ノ求メニ依リ十九日午後往訪シタル處同外相(「カドガン」次官同席)天津問題ノ一般事項ニ入ルニ先タチ最モ強ク(in the strongest possible term)日本政府ノ反省ヲ求メタキコトアリ右ハ天津ニ於テ英國人ニ加ヘラレ居ル侮辱ナリ、一ハ男子二人ヲ裸體トシテ検査セルコトニシテ他ハ婦人ニ對スル侮辱的検査ナリ斯ルコトカ續行セラルニ於テハ遂ニハ兩國ニ取リ取返シ付カサル重大事件起ルヘキニ付斯ルコトナキ様大局上是非トモ至急適當ノ措置ヲ執ラレタシト熱心ニ述ヘ次ニ英租界ニ對スル野菜、氷等ノ搬入制限セラレ困難シ居レリトノ情報ナルカ日本側モ斯ル人道的ノコトニ付テハ當初ヨリ充分考慮ヲ拂フコトナ(リ?)シニ依リ此ノ點ニ付テハ取扱ヲ充分寛大ニシテ貰ヒタシ以上ノ二點カ先ツ最初ニ自分ノ要求シタキ所ナリト述ヘタリ

依テ本使ハ右二ツノ事件ニ付テ詳細事實ヲ承知シタク新聞ハ常ニ針小棒大ニ傳ヘラルト述ヘタル處外相ハ天津總領事ヨリノ報告ヲ讀上ケタルニ付本使ハ是等ノコトニ付テハ「クレーギー」大使東京ニテ折衝シ居ルカ如シ本使ノ接受セル情報ニ依レハ英國人ノ檢査ニ付テハ東京ニ於テ「ク」大使ニ對シ總テ必要ノ程度ニ限ラレ居レリト說明シ居ルニ付右ヲ以テ御答ヘスルノ外ナシ尤モ御指摘ノ點ハ日曜日ニ起リシコトニテ本使ノ有スル情報以後ノ出來事ナルヤモ知レサルニ付右ノ御申入ハ第二ノ食料品ノ問題ト共ニ直ニ東京ニ電報スヘシト答ヘ置キタリ

天津其ノ他ヘハ貴方ヨリ轉電アリタシ

1521　昭和14年6月20日　在英国重光大使より有田外務大臣宛（電報）

天津租界問題を地方的に解決せんとの英国外相の提議に対し強く反駁について

ロンドン　6月20日前発
本　　省　6月20日前着

第六六一號（至急）

往電第六五八號[1]ニ關シ

次テ「ハ」外相ハ天津問題ニ移リ地方問題カ益々紛糾シテ日英ノ正面衝突トナルカ如キコトアラハ斯ル悲シムヘキコトハナシ右ハ何トカシテ避ケタキモノト考フト前提シ

一、元來犯人引渡ノ問題カ事件ノ發端ナルカ之ニ付テハ種々經緯アリシカ結局英國側ハ中立國ノ代表者ヲ入レタル三人委員會ニテ公平ニ審査シ犯人引渡ヲ行フカ良シト言フコトニ決定セハ之ニ同意スヘシトノ趣旨ニテ此ノ提議ヲナセル譯ナリ若シ日本側ニテ斯ル方法ニテ天津問題ヲ地方的ニ解決スルト言フ意嚮ナラハ自分ノ最モ歡迎スル所ナリ

二、日本側ノ表示セル目的ハ天津ノ封鎖ニ依リテ天津地方ノ「テロ」行爲ノ如キ其ノ撲滅ヲ期シ且兩國ノ一般政策ノ問題ニ對シ英國側ニ壓力ヲ加フル考ナルカ如シ若シ斯ル目的ノ爲ニ問題カ擴大セラレ收拾困難ナル事態ニ立到ルカ如キコトアラハ自分ノ甚タ遺憾トスル所ナリ元來英國側ハ天津ノ租界ヲ以テ日本側ノ行動ニ對シテ妨害行爲ノ根據トナスカ如キ意嚮毫モナシ此ノ點ニ付テハ充分妥協ノ用意アリ

三、自分等ノ終始希望スル所ハ日英間ノ全局面ノ國交ノ調整ニシテ之ニ對シテ望ヲ絶タシムルカ如キコトカ今囘ノ事態ノ進展ニ依リテ發生セサルコトヲ希望シテ熄マス

トテ前囘ノ會談ニ於テ述ヘタル友好ノ精神ヲ繰返シ述ヘタリ右ニ對シ本使ハ左ノ通リ應酬セリ

日英兩國ノ國交ヲ繫キ留メタシト言フ御精神ハ自分モ全然同感ナルコトハ申迄モナシ而シテ更ニ天津租界ヲ以テ支那ニ於ケル日本ノ活動ヲ阻害スル根據地トスル意嚮ナク充分妥協ノ精神ヲ發揮スル用意アリトノ證言ヲ得タルコトハ自分ノ多トスル所ナリ

然ルニ[2]不幸ニシテ今日迄ノ支那ニ於ケル英國側ノ態度ハ日本ノ行動ニ對シテ常ニ妨害ヲ加フルモノナリトノ印象ヲ日

本ニ與ヘ居レルノミナラス右日本ニ對スル英國側ノ行動ハ本國政府一般政策ノ反映ナリト遺憾乍ラ考ヘラレ居ルコトハ之迄度々本使ノ申上ケタル通リナリ現ニ天津問題ノ發端タル犯人引渡問題ニ付テモ主タル犯人二人ハ引渡サレ居リ其ノ自白其ノ他ノ擧證ニ依リテ他ノ四人ノ引渡ヲ要求セルモノニテ斯ル明瞭ナル證據ヲ提示セルニモ拘ラス英國側ハ物的證據ナシトテ之ヲ拒ミタルコトカ始リナリ支那ノ事態ヲ少シク承知スル者ヨリ見テ且又幾多ノ支那ニ於ケル先例ヨリ判斷シテ斯ル英國當局ノ態度カ日本ノ支那ニ於ケル行動ニ對スル妨害ト解セラルルハ當然ト考フ尚天津問題ニ關シテハ六月十三日岡本ヲ通スル傳言ニ依リ英國側ハ新證據ヲ發見セルニ付犯人引渡ヲ再考スルニ依リ封鎖ヲ見合サレタシトノコトニシテ時間ノ餘裕モナカリシニ付右ハ早速政府ニ取次クト共ニ天津ニ於テ日本官憲ト早速交渉ヲ開始セラレタキ旨回答シ置キタリ右ニモ拘ラス英國側ハ天津ニ於テ何等右樣ノ提案ヲ爲ササルノミナラス却テ中立國ヲ交ヘタル委員會ノ設定ヲ提議セラレタルハ極メテ不幸ト考フ

（此ノ際「カドガン」トノ間ニ種々問答アリ「カ」ハ日本側ニ於テ之迄提示セル以外ニモ猶證據アルモ英國側ニ提示セハ外ニ洩レル惧アリト爲シ斯ル證據ノ提示アラハ犯人引渡ノ如キハ故障ナクナルト思ハルト述ヘタリ

仍[3]テ本使ハ右樣ノ話ヲナスハ今日ノ時期ノ點ヨリ見テ有益ト思ハレス且當地ニ於テ斯ル點ヲ深ク論スルハ如何カト思ハル唯前述ノ如ク支部（那カ）ニ於ケル事態ヲ少シク承知セル者ノ目ヨリ見レハ日本側ノ提示セル證據ノ如キハ既ニ充分ニシテ之ヲ以テモ引渡ヲ拒ムカ如キハ强テ口實ヲ設ケテ政治的考慮ヲ其ノ間ニ入レタルモノト視ルノ他ナシ要スルニ天津ニ於ケル英國當局者カ今「ハ」外相ノ言ハレタルカ如キ極メテ妥協的態度ヲ以テ至急日本側官憲ニ折衝スルカ捷徑ナリト思考スト述ヘ置キタリ）更ニ外相ハ第一點ニ於テ中立國ヲ入レタル三人委員會ノ提案ヲ以テ英國側カ公平ノ態度ヲ採リ居レルモノナリト言ハレ且又天津ノ問題ハ一般的ノ兩國々交ノ問題ニ波及セシメサル樣希望ヲ述ヘラレタルカ自分ノ感想ヲ率直ニ述フレハ右ハ少クトモ日本側ニハ正反對ニ解釋セサルヲ得スト思考ス若シ外相ノ言ハレル如ク天津ニ於テ妥協的態度ヲ採ルナラハ何カ故ニ第三國ヲ入ルルノ必要アリヤ支那問題ニハ從來ノ經緯ヨリ観テモ公平ナル第三者ノ存在セシ例ナシ從テ此ノ提案ハ宣傳ヲ目的トセル

提案ニシテ且又天津問題ニ付テ第三者ヲ引入レ益々問題ヲ一般的ニ擴大シ行カントスル英國ノ趣旨ナリト解釋セラレタルハ英國側ノ聲明及新聞通信等ノ宣傳振ニ依リテモ其ノ感想ヲ深クセシメタリト思考ス「ハ」外相ハ右ニ對シ前記ノ所言ヲ繰返シ自分ノ趣旨ハ前述ノ通リ成ルヘク妥協的態度ヲ採ル用意アルヲ以テ日本側モ同様ノ精神ヲ以テ事件ノ終結ヲ圖ラレタシトノ希望ニシテ三人委員會ノ點ハ日本側ニ依リ拒絶セラレタルコトニモアリ更ニ天津ニ訓令ヲ發シテ日本官憲ト接觸シテ交渉ヲ進ムル様訓令ヲ發スヘシ又在東京「クレーギー」ニ對シテモ同様取計フヘシ日本側ニ於テモ之ニ應セラルル様希望スト述ヘタリ仍テ本使ハ右ノ趣早速東京ニ取次クヘシト答ヘ置キタリ

御裁量ニ依リ然ルヘク御轉電アリタシ

1522　昭和14年6月20日　有田外務大臣より　在天津田代総領事宛（電報）

天津租界での英国人への侮辱的検査や食糧搬入制限に対するクレーギー大使の抗議について

付記一　昭和十四年六月二十日付在本邦クレーギー大使より有田外務大臣宛覚書要訳

天津で日本軍が発表した談話に対する抗議

二　昭和十四年六月十九日付

右談話

本　省　6月20日後9時0分発

第一九九號（至急）

廿日「クレーギー」ハ本大臣ニ對シ別電第二〇〇號（省略）ノ如キ情報ヲ現地ヨリ接受セリトテ貴地ニ於ケル狀況ハ英國民ニ對スル差別待遇又ハ食料供給妨害ナルノミナラズ英國臣民ニ對スル重大ナル侮辱ナリト申入レタルヲ以テ本大臣ヨリ斯ル情報ハ承知シ居ラザルモ現地軍當局ハ交通制限ニ必要ト認ムル措置ヲ執リ居ルノミト信ズト應酬シ置キタリ

尚英國人ニ對スル取扱カ裸体ニスル等アマリニ過度ニ亘リ言ヒガカリヲツケラルルカ如キコトナキ様注意スヘキコトニ關シテハ中央ニ於テモ軍側ト連絡スベキモ貴官ニ於テモ此ノ上トモ軍側ヲ可然御指導相成度

別電ト共ニ北京上海ヘ轉電セリ

（付記一）

天津租界問題ニ關スル件

(昭和一四、六、二二、　亞一)

六月二十日在京英國大使ノ有田大臣ニ手交セル覺要譯

本日ノ新聞紙報道ニ依レハ天津日本陸軍發言人ハ英國租界ニ關スル現狀ニ關シ更ニ發表ヲナシタルモノト認メラル右發表ハ主トシテ支那ニ於テ權益ヲ有スル英國以外ノ國ノ輿論ヲ緩和セントシ居ルモノト認メラルル處右發表ノ一句ニ對シ特ニ强キ異議ヲ申立テサルヲ得ス右ハ第三節中ニアリ左ノ通リ

「日本官憲ハ凡ユル不便ヲ忍ヒ英國外ノ第三國人民カ受クヘキ不便ヲ最小化ナラシメントシツツアリ」

右ハ英國臣民ニ對スル差別待遇ノ明白ナル又公ノ確認ニシテ且英國臣民ニ對シ他ノ第三國人民カ逃カルヘキ不便ヲ課サントスル意思ヲ表明シタルモノナリ本發表中「不便」ナルトノ文字ニ代フルニ「缺乏ト侮辱」ナル文字ヲ置キ代フルトセハ一層眞實ニ近カルヘク何故ナラハ事實日本側措置カ今次紛爭ニ何等關係ナキ婦人子供ヲ含ム英國臣民ニ課シ居ル所ハ斯ノ如キモノナリ故ニ斯ル缺乏ヨリ生スル如何ナル騷動又ハ疾病ノ發生等ニ對シテハ日本陸軍官憲カ全責任ヲ負フヘキモノナリ

十六日附英國大使ニ對スル書翰ニ於テ外務大臣閣下ハ「現地日本官憲ハ絕對ノ必要ナキ限リ特定國民ニ不當ノ不便ヲ與フルコトノ意思全クナキ」旨述ヘラレタリ英國臣民ニ課セラレ居ル廣汎ナル缺乏ハ日本政府ニ於テ「絕對ニ必要」ナルモノト思考スル能ハサルモノナルヘク在京英國大使ハ直チニ現地官憲ニ前記措置ヲ停止スル樣指令ヲ發セラレンコトヲ信スルモノナリ

編　注　本文書の原文(英文)は省略。

(付記一)

同盟　東亞　第九號　　十四年六月十九日

「同報濟」

◎租界隔絕ノ目標ハ英國租界＝天津軍當局談發表＝

天津十九日發同盟　租界其後ノ經過ニツキ十九日午後一時三十分在天津軍當局談トシテ左ノ如ク發表サレタ

一、英國外務省ノ「コンミュニケ」ヲ見ルト本問題ヲ目シテ極東ニ權益ヲ有スル一切ノ國ニ關係ヲ有スルガ如ク牽强附會ノ宣傳ヲ以テ米國ヲシテ火中ノ栗ヲ拾ハシメント躍起トナツテヰルノデアル、吾人ハ茲ニ〝ハツキリ〟言フ、我ガ目標ハ天津ニ租界ヲ有シ蔣政權ノ出店ノ作用ヲ爲シテヰル英國租界當局デアツテ他ノ何レノ國デモナク特ニ米國ニ對シテハ儀禮ヲ盡シテ事前ニ諒解ヲ求メ又交通制限開始後ニ於テモ之ニヨツテ生ズル米國人ノ不便ト損害トヲ最少限ニ限定スベク凡ユル手段ヲ講ジテヰル

卽チ獨米其他租界ヲ有セザル第三國人ノ迷惑ヲ減ズル爲今後ニ於テモ可能ナ範圍ニ於テ犧牲ヲ拂フ用意ガアルコトヲ言明スル、之等ノ第三國ハ須ラク天津ニ於テ自國居留民ガ日本側カラドウイフ待遇ヲ受ケテヰルカ現地情勢ヲ聽取セラレタイ

二、英佛租界内ニ倚存シテ生活シテヰタ善良ナ支那人ノ職ヲ奪フハ決シテ吾人ノ素志デハナイ。故ニ其生活ヲ保證スル手段ニツイテハ十二分ノ考慮ヲ拂ヒ他ニ衣食ノ道ヲ得ル方法ヲ講ジツツアル

三、我ガ政府ハ屢々在支列國權益ノ尊重ヲ中外ニ聲明シタ第一線軍隊ハ甚大ナル作戰竝ニ警備上ノ不便ヲ忍ンデ帝國政府ノ聲明ヲ忠實ニ遵奉シテ來タ、然レドモ英國ガ對日經濟壓迫等ノ手段ニ出ヅル場合ニ於イテハ、現地當事者トシテハ英國ハ進ンデ權益尊重ノ義務カラ吾人ヲ解放シタモノト解釋シテ差支ヘナイモノト思フノデアル

1523

昭和14年6月20日　在天津田代総領事より有田外務大臣宛（電報）

天津英仏租界の食糧事情などにつき報告

天　津　6月20日後発
本　省　6月20日夜着

第三八四號（極祕）

往電第三六八號ニ關シ（天津租界問題對策ニ關スル件）

一、佛租界ハ鮮魚及少量ノ豚肉以外ノ肉類ハ供給ナク殘荷皆無ニ近ク生果實ハ檢問開始前ニ仕入レタル賣殘リアリ野菜及豚肉ハ我方ノ好意ニ依リ多少搬入ヲ許サレタルヲ以テ缺乏ヲ免カレ居レリ食料品ノ價格ハ品薄高ヲ唱ヘ居レルカ罐詰、食料品ハ在荷豐富ニシテ値上リモ顯著ナラサル樣子

英租界ノ日常食料品ノ缺乏ハ佛租界ニ比シ甚タシク英租界當局ハ十七日午後ヨリ十八日午前中ニ肉類二二〇封度、

野菜五〇〇封度、蝦三〇〇封度ヲ搬入セシ旨公表シ居レルカ十九日午後工部局市場ニ付取調ヘタル結果ハ鮮魚、生果實、野菜、肉類ハ數日來全ク供給ナク租界民ハ是等食料品ノ入手ニ奔命シ居レル様子ナルモ砂糖及小麥粉等ハ在庫豐富ノ爲値上リハ約一割程度ナリ（英當局カ小麥粉ノ租界外ヘノ搬出ヲ禁止シタル旨十七日附同盟天津電報ニテ報シ居レルカ英當局ハ禁止ノ事實ヲ否定シ十二日ヨリ十五日迄ノ間ニ一四一、九九〇袋ノ食料品ノ搬出アリタル旨新聞紙上ニ公表セリ）

二、租界内外商ノ貿易業務

民船及苦力極度ノ不足ノ爲外商ハ輸出入困難ニ陥リタル處輸出ハ英國系船會社カ「ライター」及苦力ノ手當出來ストテ船積ヲ拒否シ居リ英商以外ノ外商ハ輸出貨物ヲ租界外ニ搬出シ日本船或ハ英國船以外ニテ輸出セント希望シ居レルモ苦力極度ニ缺乏シ貨物ノ搬出事實上不可能トナリ輸出見合セノ狀態ナリ

三、苦力供給難

苦力ハ檢問實施直前食料品ノ缺乏ヲ惧レ租界外ニ逃避シ其ノ後供給杜絶シタルヲ以テ事前ニ苦力ヲ罐詰トシタル者以外ハ苦力ノ入手全ク不可能ニシテ租界内苦力ノ賃銀ハ一弗乃至一、五弗ニシテ益々昂騰ノ傾向ナリ

北京、青島、上海ヘ轉電セリ

1524 昭和14年6月20日 在上海三浦総領事より有田外務大臣宛（電報）

天津租界問題をカー大使排斥の好機と見る英国民間有力者の内話について

上海 6月20日後発
本省 6月20日夜着

第一六七六號（極祕、館長符號扱）

本官[1]當地着任以來第三國殊ニ英米ノ動向ニ付テハ特ニ注意ヲ加ヘ來リタルモ彼等ノ性格竝ニ現地ニ於ケル情勢ニ鑑ミ我方ヨリ進ンテ接觸ヲ求ムルコトナク態ト落着キテ靜觀スルノ方法ヲ機宜ニ適スト認メ此ノ方針ニテ進ミ來レル處最（欄外記入）近天津問題ノ進展ト共ニ日英關係ノ行詰リ狀態露骨化スルニ及ヒ心アル英國人中我方ニ接觸ヲ求メ來ルモノ漸ク多キヲ加フル傾向アリ現ニ「リークス」（支那生レ英國人辯護士元工部局參事會員ニシテ民間有力者ノ一人）ハ船津ヲ通

シ森島參事官及本官トノ私的會合ヲ求メ來レルニ付十九日夜會食セル處談話ハ期セスシテ「カー」大使ノ批判ニ終始シ「リ」ハ劈頭何等カノ方法ニテ日英間ニ極祕ノ話合ヲ遂ケ同大使ヲ現地ヨリ葬去ルコト刻下ノ急務ナリト喝破シ天津問題ノ如キモノヲ此處迄惡化セシメタルハ同大使其ノ人ニシテ當地英人社會ニ於テハ今ヤ彼ニ對シ激怒（「フユーリアス」）シ居ル次第ニテ英人間ノ現下時局ニ對スル感情竝ニ「トピック」ハ茲數日間ニ一變シタル次第ナリ

我々[2]ハ天津租界問題ニ關シ英國側ニ取リ良好ノ解決案ヲ得ルト否トヲ問ハス「カー」ヲ追出ス絶好ノ「チヤンス」ト思ヒ居ル次第ニテ此ノ點ニ關シ日本側ニ於テ租界內ニ於ケル銀資金ノ問題又ハ食料封鎖等ニ深入セス犯人引渡問題ヲ追及スルノ方針ヲ堅持セラルルニ於テハ結局ニ於テ「カー」大使ハ現地位ヨリ追出サルルコトトナリ日英關係ハ茲ニ局面ノ一大轉換ヲ來スコト疑ナシト內話シ尙同大使ハ宋子文竝ニ孔祥熙或ハ蔣介石等兎モ角支那一流ノ人士ト接觸シ之カ支那人ニシテ其ノ國カ支那ナリトノ謬見ヲ懷ケルニアラスヤトノ船津ノ質問ニ對シ「リ」ハ全然其ノ通リナリト之ヲ肯定シ又本官ヨリ今ヤ英國ハ「カー」大使ヲ教育スヘク極メテ高價ナル授業料ヲ支拂ヒツツアルニアラスヤト問ヘルニ對シ英國ハ現下難局ニ際シ「ベビー」ノ外交官ヲ抱ヘ其ノ取扱ニ窮シ居ル次第ナリト答ヘタルヲ以テ本官ヨリ去ル九日「フイリツプス」總領事ト日英關係ノ根本的調節方ニ關シ私的會談ヲ遂ケタル次第ヲ內話シ同總領事ハ良ク之ヲ了解シタルカ如ク見受ケタルモ

英國[3]現在ノ外交官及領事官ノ制度ニ鑑ミ右カ果シテ倫敦ニ到達シタルヤ或ハ「カー」大使ノ手許ニ於テ握潰サレタルヤ多大ノ疑問ナキ能ハスト述ヘタルニ「リ」ハ「フイ」總領事ハ多年支那ノ飯ヲ食ヒ良ク物ノ判リ居ル人物ニテ現下ノ事態ニ深憂ヲ抱キ居ルモノナルモ仰ノ如ク現在ノ制度上「フイ」ノ意見乃至貴總領事御申入ノ次第カ充分倫敦ニ通シ居ラサルヘキヲ憂ヒ居ル次第ナリ實ハ右ノ如キ事情ニテ我々英國在留民ノ意見ヲ官邊ヲ經テ倫敦政府ニ傳達スルコト場合ニ依リ極メテ困難ナルニ付我々トシテハ商工會議所及「チヤイナアソシエーシヨン」ヲ通シ直接倫敦ニ意見ヲ具陳スルヲ常トシ居ル次第ナリトテ本官ニ對シ先以テ民間ノ代表的人物タル「ジヨンス」「ケジツク」及「コルダー、マーシヤル」等ト至急懇談ノ機會ヲ作ラレタキ旨要望シタ

ルニ付承諾シ置キタリ
尚「ノース、チヤイナ、デイリー、ニユース」社長ヨリモ船津ヲ通シ本官トノ會談ヲ求メ來レルニ付二十一日會食スルコトトナレリ御見込ニ依リ往電第一六〇二號等ト共ニ英其ノ他ニ轉電アリタシ

北京、天津、南京、漢口、青島、廣東、厦門、香港ヘ轉電セリ

(欄外記入)

天津交渉ヲ北京トスレハ「カー」ノ問題ヲ惹起ス

我方ヨリ同大使ヲ回避セハ面白カラン

1525 昭和14年6月21日 在シドニー秋山総領事より有田外務大臣宛(電報)

天津租界問題をめぐるオーストラリア外務次官との意見交換について

キャンベラ 6月21日後発
本省 6月21日後着

第一三〇號(館長符號扱)

二十日「ヘラルド」紙ニ依レハ「ガレツト」外相ハ天津問題ニ關シ經濟制裁ヲ實行スヘキヤ否ヤニ付テハ英本國ヨリ何等ノ通牒ニ接セスト述ヘ又關税省側ノ意嚮トシテ通商交渉ニハ差支ヲ生セサルヘキ旨傳ヘ居レルカ二十日「モ」ハ右ニ關シ通商話合カ中斷ノ惧アリト言ヘルカ本官ヨリ國際政局ノ變化ヲ氣ニシテハ際限無キニ付至急濠洲側ノ意嚮ヲ取纏ムヘシト述ヘ順調ニ進ミ居ルカ廿一日外務次官ハ濠洲トシテハ最後ノ時ハイサ知ラス此ノ事件ニ關係スルコトヲ好マス唯「ミリタリスト」カ事件ヲ難シクスルモノニシテ現ニ有田外相モ「ク」ニ對シ自分トシテハ一應ノ考モアルモ(左様)參ラスト言ヘル旨ノ電報ニ接セリト申シタルニ付本官ヨリ英國トシテハ此ノ際蔣政權ノ代辨者ノ様ナコトハ言ハス問題ハ日本ノ北支支配ト言フ事實ヲ認ムルニ在リ又天津問題ハ其ノ問題ノ「メリツト」ニ直面シテ解決スヘキニ依リ事情ヲ知ル天津又ハ東京ニ委セ特ニ北支ヘノ小麥輸出三倍トモナレル濠洲トシテハ靜觀然ルヘシト述ヘ置キタリ

1526　昭和14年6月22日　在英国重光大使より有田外務大臣宛（電報）

天津租界問題に関する英国首相の下院答弁について

ロンドン　6月22日後発
本　　省　6月22日夜着

第六七〇號

一般的情報

一、天津封鎖ニ關シ「チエンバレン」首相ハ二十一日ノ下院ニ於テ大要左ノ通リ述ヘタリ

英人四名檢査ノ爲裸ニセラレタル事件以後ハ特ニ事故無キ模様ナリ尤モ鐵條網ニハ電流ヲ通シタル由小麥及米ハ補給潤澤ナルカ腐敗性食糧ハ激減セリ（野菜等ハ檢査ヲ要シ延着ス）船舶ハ狀況改善シ停船ヲ受ケス各種事故ニ付テハ在京英國大使ニ於テ交渉中ナルカ日本ハ差別待遇及不法取扱ヒノ諸件ニ付調査ヲ約シタリ本件ニ關スル日本政府ノ立場未タ明瞭ナラス交渉地ヲ東京トスルヤ天津トスルヤモ未定ナルカ今明中ニハ更ニ情報ニ接スヘシ北京英國駐屯軍ノ半數以上ハ天津ニ駐屯シ居レリ

二、尚本件ニ付蘇聯政府ト協議セリヤトノ質問ニ對シテハ否定的回答ヲ與ヘ

日本政府カ苦情ヲ明確ニ申出テサル限リ交渉ハ困難ニアラスヤトノ質問ニ對シテハ其ノ通リニシテ日本側カ苦情ヲ申出ツルコトヲ希望スト答ヘ

「クレーギー」大使ハ封鎖ヲ認ムル能ハス且英國政府ハ英國臣民ニ必需品ヲ供給スル爲必要ナル措置ヲ執ル用意アルコトヲ明確ニ申入レタリヤトノ質問ニ對シテハ封鎖ヲ認ムル能ハストノ趣旨ヲ申入レシメタリト答ヘタリ

1527　昭和14年6月22日　在天津田代総領事より有田外務大臣宛（電報）

天津租界での侮辱的検査や食糧搬入制限など英国の対日抗議は事実に合致していない旨報告

天　　津　6月22日後発
本　　省　6月22日夜着

第三八九號

英發貴大臣宛電報第六五八號ニ關シ

英國人ニ對スル檢問檢索カ侮辱的ナリトノ言分ハ當然當ラ

サル所ニシテ婦人ニ對シテハ特ニ愼重ヲ期シ女巡警ヲシテ單ニ外部ヨリ手ヲ觸レ必要アル場合ニ限リ稍々嚴重ナル檢索ヲ行フニ止メ居リ又男子ハ幾分嚴重ナル檢査ヲ行フモ裸體ニセル等ノ事實全然ナシ
食料品ニ關シテモ之カ搬入ヲ制限スルノ意圖ナキコト言ヲ俟タサル所ニシテ唯野菜類、氷等モ一應檢問所ニ於テ檢査ノ上通過セシメ居ル處運搬支那人中ニハ快ク檢査ヲ應諾セサルモノアリ又大部分ハ多數ノ支那人ニ依リ少量宛搬入セラルル關係上勢ヒ檢査ニ手間取リ多少遲延スルノ事實アルモ已ムヲ得サル次第ナリ
北京、上海、英ヘ轉電セリ

1528 昭和14年6月22日 在天津田代総領事より有田外務大臣宛(電報)

天津租界での検問検索強化のため鉄条網に通電開始について

天津 6月22日後発
本省 6月22日夜着

第三九二號

檢問檢索強化ノ爲(鐵條網ノ間ヨリ物品ノ受授等ヲナスモノアリ)二十日ヨリ豫テ英佛租界外新公路ニ設備シ置キタル鐵條網ニ電流ヲ通スルコトトセリ英ヲ含ム第三國側ニ對シテハ危險ニ付注意方通告シ置キタリ尙右鐵條網ニハ必要ナル箇所ニ危險豫防措置ヲ講シアリ
北京、上海、英ヘ轉電セリ

1529 昭和14年6月23日 在英国重光大使より有田外務大臣宛(電報)

天津租界問題の解決に向け英国外務省極東部長がわが方意向打診について

ロンドン 6月23日前発
本省 6月23日後着

第六七六號(親展、極祕、館長符號)
二十二日極東部長ノ求メニ依リ岡本往訪シタル處天津事件解決ニ關シ東京ヨリ何等カ報道ナキヤトテ情報ヲ求メタル後去十三日自分ノ述ヘタル處カ日本側ニ於テ多少誤解セラレタル模樣ナルニ付明瞭ニシ置キタシ自分ハ所謂犯人ニ付從來知レ居ラサリシ事實アルコト發見セラレタルニハ之ヲ

確メテ引渡シヲ再考スルニ付封鎖ヲ延期セラレタシト申出テタルカ不幸封鎖ハ右ニ拘ラス實施セラレタル爲再考スルニ至ラ《(ス欠カ)》シテ其ノ儘トナリ居ル次第ナリト説明セルニ付岡本ヨリ右申出テアリタルニ拘ラス英國側ハ天津ニテ混合委員會ニ關スル提議ヲ爲シタル處事態ヲ紛糾セシメタルハ遺憾ナリト指摘シ置ケリ

次ニ「ハウ」ハ天津事件ノ解決ニツキテハ日本側ノ意向判明セサル爲英國側トシテ苦慮シ居ル旨ヲ述ヘタルニ付岡本ハ日本ノ求ムルトコロハ明白ナリト考フ英國カ事毎ニ日本側ノ邪魔ヲセントスル其ノ從來ノ態度ヲ變更スルコト之レナリ元來天津ノ如キ苟クモ日本軍ノ占領地域ノ最中ニ於テ日本側ト協力セスシテ日本側ニ盾突キテ遣ツテ行ケルモノニアラス英國側カ其ノ權益ノ保護ヲ求ムルニ於テ特ニ然リ日本軍占領地域内ニ於テ治安ノ維持ニ付日本側ニ協力スヘキハ明白ノ事理ナラスヤト述ヘタルトコロ「ハウ」ハ治安ノ維持ニ協力スヘシトノ點ハ自分モ尤モナリト思考ス(實ハ英國租界内ニ數千人ノ支那人居住スル事實ヲ最近知レ《(リ欠カ)》ト述ブ)ト述ヘタルニ付岡本ヨリ不逞ノ支那人カ租界ヲ悪用シテ抗日運動ノ策源地トシ或ヒハ重慶政府等ト無線ヲ以テ聯絡シ我軍事行動等ヲ通報シ妨害ヲ爲ス等ノコトハ日本側トシテ齎《(看カ)》過シ得サルハ當然ナリト述ヘタル處「ハウ」ハ此等ノコトハ此ノ際事件解《(決欠カ)》ノ一般問題トナシテ論議シ得ヘク英國側トシテモ日本側ノ道理アル要求ニハ充分妥協ノ餘地アルヘシト述ヘ更ニ岡本ヨリ試ミニ銀塊問題ニ言及シ之レハ從來紛糾ヲ重ネタル問題ナルカ聯銀設立ノ際支那銀行側ハ本件銀ノ提供ヲ約シ居ル次第ナルニ付若シ英佛租界側ニテ妥協ノ意サヘアラハ解決ノ方式ハ何レトテモ發見シ得ラルヘク其ノ他北支ニ於ケル聯銀券ノ流通問題等モ解決困難ニアラサルヘシト述ヘタル處「ハウ」ハ聯銀券ノ流通ニツイテ既ニ租界ノ税金ニ之レカ使用ヲ認メ居レリト述ヘタル後取《(兎カ)》ニ角天津ニ於ニ《(ママ)》於ケル從來ノ繫《(懸カ)》案ハ此ノ際一般的ニ論議シテ以テ今回ノ天津事件ヲ解決スルコト望マシク此ノ目的ヲ以テ速カニ東京ニ於テ話ヲ爲サシムルコトトシタシトノ意向ヲ操《(繰カ)》返シ居リタル趣ナリ

1530　昭和14年6月23日　在英国重光大使より有田外務大臣宛(電報)

天津租界問題解決のため東京での日英会談開

催方意見具申

ロンドン　6月23日発
本　省　　　　着

第六七七號（極祕、館長符號）

今回ノ天津問題ニ對シ日本側ノ主張ハ漸次英國政府側ニテ諒解スルニ至レルコトハ最近「チエンバレン」首相ノ答辯「ハリハックス」外相ノ演說及往電第六七六號「ハウ」ノ談話等ニ依リ明瞭ト思考セラレ英國側ニ於テハ犯人引渡シ問題ノミナラス天津ニ於ケル諸懸案ヲ一併論議シ妥協的態度ヲ以テ事件ノ解決ヲ計ラントスルモノト觀測セラレ「クレーギー」ニ於テモ相當用意アルカ如キ印象ヲ有スルニ付貴方ニ於テ此ノ際天津ニ於ケル各種問題ヲ取リ上ケ論議セラレテハ如何カト存ス

1531　昭和14年6月24日　在英国重光大使より有田外務大臣宛（電報）

天津租界における英国人への侮辱的差別待遇を一括中止するよう英国外相要求について

ロンドン　6月24日前発
本　省　6月24日後着

第六八四號

外相ノ求メニ依リ二十三日午後往訪セリ

一、外相ハ前回貴大使ヲ通シテ日本政府ノ注意ヲ喚起シ置キタル天津ニ於ケル事件ニ付日本側ノ意嚮ヲ伺ヒ得ルヤト問ヘルニ付本使ハ右事件ハ英人二名カ裸體ニセラレタリトノ件及同シク婦人一名カ侮辱ヲ受ケタリトノ件ナルカ右ニ關シテハ天津總領事報告ニ依レハ之ヲ何レモ簡單ニ否定シ來レリ尚若シ後ヨリ詳細ノ公報ニ接スレハ御知セスヘシ

尚其ノ他ニ「スミス」事件アリ右ハ前回貴方ノ指摘セラレタル中ニハ含マレ居ラサル樣ナルカ其ノ內容ハ斯樣ナリトテ天津發大臣宛電報第三八七號ニ依リ大體ヲ說明セリ

二、外相ハ右說明ニ對シ英國政府トシテハ甚タ不滿足ニシテ其ノ後モ同樣ノ事件又復發生セルコトハ新聞記事ニ依リ御承知ノ通リナリ之ニ對シテ嚴肅ニシテ且强硬ナル抗議(solemn and strong protest)ヲ提出セサルヲ得ス卽チ事

件ハ天津租界境界線ニ於テ英人ニ對スル侮辱行爲(indignities)及差別待遇(discrimination)カ今尙續行(remains unabated)セラレ居ルコトナリト言ヘルニ依リ本使ハ右新聞記事ト言ハルルハ恐ラク今日ノ「タイムス」所載天津通信(往電第六八三號)ノコトト思ハルルカ自分ハ新聞報道ハ之ヲ信用セス貴外相ノ有スル公報ニ依リテ承リタシト述ヘタル處先方ハ公報ヲ取出シ之ヲ讀上ケタリ右ニ依レハ六月二十二日午前五名ノ英人境界線ニ於テ脫衣ヲ命セラレ「ズボン」靴下靴ヲ脫シメラレタリ是等五名ハ鐵道關係事務員ニシテ毎日四回仕事ノ爲ニ租界外ニ出テサルヘカラサル關係上封鎖境界ニ於ケル日本側檢査員ニ良ク知ラレ居ル者ナリ而シテ同樣ノ關係ニ在ル一下級瑞典人鐵道事務員ハ何等ノ檢査ヲ受クルコトナクシテ通行ヲ許可セラレタリト言フニ在リ外相ハ次テ斯ノ如キ侮辱的且差別的取扱ハ辯護ノ餘地ナキモノト言ハサルヘカラン是等事件續發ニ依ル英國內ニ於ケル輿論及感情ノ激昂ノ結果ハ既ニ極メテ危險ナルモノアリ(Extremely dangerous)日本政府若クハ日本出先官憲カ英國トノ間ニ特ニ喧嘩ヲ求ムルト言フニアラサル限リ此ノ種事件ノ續行ヲ理解スル能ハス卽チ自分トシテハ天津事件ノ解決ハ前回會談ノ精神ニ依リ飽迄解決センコトヲ希望スルモ先ツ斯ル英人ニ對スル侮辱的及差別的行爲ヲ一括中止シテ貰フコトヲ貴大使ヲ通シ日本政府ニ對シ最モ强硬ニ要求スルモノナリト述ヘタリ

三、本使ハ之ニ對シ右樣ノ事件發生セリヤ否ヤニ付テハ當方トシテ何等情報ヲ有セサルニ付其ノ旨オ答ヘスルノ外ナキカ同樣ノ要求ヲ從來ノ經緯ニ依リ東京ニ於テモ爲サルル意嚮ナリヤト問ヘル處勿論其ノ積リナルカ何分ニモ事急ヲ要シ重要ナルニ鑑ミ貴大使ヲモ煩ハス次第ナリト述ヘタリ依テ本使ハ英政府ノ御希望ハ之ヲ政府ヘ傳達方取計フヘシト答ヘ置キタリ

天津ヘ轉電セリ

1532　昭和14年6月24日　在英国重光大使より有田外務大臣宛(電報)

天津租界問題に関する英国抗議への回答振り請訓

ロンドン　6月24日前発
本　　省　6月24日後着

第六八五號
天津發貴大臣宛電報第三八九號ニ關シ
二十三日「ハ」外相ト會談ノ際本使ヨリ我方現地ヨリノ公報ニ依レハ同外相指摘ノ如キ事實ナキ旨述ヘタル處外相ハ英國側ノ公報ハ委曲ヲ盡シ問題ノ男子ノ裸ニセラレ口ニスルヲ憚ルカ如キ侮辱ヲ受ケタル詳細ノ模様ヨリ支那巡捕カ女子ニ浴ヒセタル侮辱ノ支那語迄記載シアリ（委細讀上ケタリ）其ノ事實ナシト言フカ如キ漠然タル打消ニテハ納得シ得ス新ナル問題ニ付納得シ得ル丈ケノ説明ヲ得度シト述ヘタリ就テハ往電第六五八號（往電第六五九號參照）及往電第六八四號（往電第六八三號參照）報道ノ種トナルカ如キ似通ヘル事實ニテモナキ次第ナリヤ眞相回答振ト共ニ詳細至急御回電相成度シ
往電第六五九號ト共ニ天津ヘ轉電セリ

1533 昭和14年6月24日 在天津田代総領事より有田外務大臣宛（電報）

米国人への検問時の取扱い振りに関する在天津米国総領事との会談内容報告

天津 6月24日後発
本省 6月24日夜着

第四〇〇號
本廿四日米國總領事本官ヲ來訪豫テ書面ヲ以テ依頼越シタル米人及米人荷物ノ簡易通過方ニ關シ重ネテ事情ヲ説明シ例ヘハ米國人ハ檢査所ヲ經スシテ通過セシムル様取計ハレタキ旨依頼シタルニ付本官ハ外國人ノ取扱殊ニ米國人ニ對スル取扱ニハ特ニ注意ヲ拂ヒ軍側ニ於テモ出來得ル限リ便宜ヲ供與シ居ル次第ナルカ今回ノ檢問檢索ハ御承知ノ通リ嚴重實施スル建前ニモアリ旁米國人ノミ檢査ヲ省略シテ通過セシムルニ於テハ其ノ他ノ諸國ヨリモ同様要求アルヘク斯テハ檢問ノ目的ヲ達セス結局無效ニ終ラシムルコトトモナル譯ニテ從テ貴意ニ副フコト困難ナルヘキモ目下折角軍側ト聯絡シ出來得ル限リ米國人ニ對シ便宜供與スル様考慮スル旨答ヘタルニ貴方ノ事情ハ一應諒トスルモ米總領事館モ毎日ノ如ク米人ノ陳情ニ接シ居ル有様ナルニ付此ノ上共好意的措置ヲ得度キ旨述ヘタリ
尚本官ヨリ其ノ後貴國政府ヨリ何等申越シタルコトアリヤト質問シタルニ米總領事ハ格別ノ事ナク只實情ヲ詳細ニ報

告スヘキ旨申來リ居ルノミト答ヘタルカ其ノ際同總領事ハ信スヘキ筋ノ情報ナリト前提シ日本軍ノ英國人ニ對スル非人道的取扱ノ情報カ米國ニ傳ハリ「センセイション」ヲ捲起シ居ル趣ナリト附言セリ

北京、上海、米へ轉電セリ

1534　昭和14年6月24日　在天津田代総領事より有田外務大臣宛(電報)

天津租界検問時における英国人取扱い事情につき報告

天　津　6月24日後発
本　省　6月24日後着

第四〇二號

本官發英(宛欠カ)電報

第三號

貴電第三號ニ關シ

御申越ノ如キ英國人虐待ノ事例ハ大部分ハ「ルーター」ノ宣傳的報道ナルモ二、三ノ實例アリタルハ事實ナリ前電ニテモ申進メタルカ如ク日本兵ハ租界問題從來ノ經緯ヨリ英國人ニ對シ頗ル惡感情ヲ抱クト共ニ英人側ニ於テモ甚タ不遜ナル態度ニ出ツル者鮮カラサルニ依ルモノニシテ假令司令部ノ一般的命令アリタリトスルモ個々ノ場合必スシモ履行不可能ナルヘシ

但シ斯ノ如キハ明カニ交通制限ノ目的ヲ逸脱シ其ノ影響スル所僅少ナラサルニ鑑ミ當方ニ於テハ一方軍側ニ對シ斯ノ如キ不必要ナル且人道問題ニ觸ルル如キ措置嚴禁方屢次嚴重申入ルルト共ニ地方(他カ)各國領事ニ對シ證明書ヲ携行セス或ハ不遜倣(傲カ)慢ナル態度ヲ執ル爲兎角面白カラサル事件ヲ惹起セルニ鑑ミ各自國民ニ對シ嚴重戒告方同交(文カ)通牒ヲ發シ置キタル次第ナリ

大臣、北京、上海へ轉電セリ

1535　昭和14年6月25日　在英国重光大使より有田外務大臣宛(電報)

天津租界問題に関する英国首相演説および英国新聞論調報告

ロンドン　6月25日後発
本　　省　6月26日前着

第六九二號

一般的情報

一、「チエンバレン」首相ハ二十四日「カーデイフ」ニ於テ演說シ天津問題ニ言及シ日本側出先官憲カ聲明ヲ發シ本件ヲ利用シテ英國其ノ他列國ノ對支政策變更ニ關スル法外ナル要求ヲ爲セル爲事態ハ紛糾ヲ來シタリ尤モ今日迄ノ所日本政府ヨリハ何等正式ニ此ノ種要求ノ呈示ナク問題カ當初ノ懸案ニ限局セラルルニ於テハ右ハ交涉ニ依リ解決可能ナル筈ナリ但シ如何ナル英國政府ト雖天津ニ於ケルカ如キ英國臣民ノ取扱ヲ默視スル能ハス又其ノ外交政策ニ付他國ノ指圖ヲ甘受スル能ハス余ハ日本政府ニ斯ル意圖ナク軍人ノ行爲ヲ默認スルモノニアラス且在支英人ノ權益ニ挑戰スル意圖ナシト想像シ差支ナキモノト考フトノ趣旨ヲ述ヘタリ（尙英國ハ平和擁立ヲ欲スルモノニシテ對獨包圍政策ヲ取ルモノニアラスト强調シ再軍備ノ進捗振ヲ力說セリ）

二、二十五日ノ各紙ハ天津ノ事態依然タルモノアリト報シ日本側カ北支各地特ニ芝罘方面ニ於テ排英示威運動ヲ指導シ居ル旨ヲ傳ヘタルカ「サンデータイムス」外交記者ハ天津ノ情勢ニハ左シタル變化ハ無キモ近ク東京ニ於テ交涉開カルルヤモ知レス

元來英國政府ハ天津問題ヲ地方的ニ解決セント欲シ日本側ノ苦情ニ付テハ協議ヲ囘避スル意嚮ナカリシニ拘ラス封鎖强行ニ依リ交涉不能ニ陷レル次第ナリ日本カ交涉ニ應セス現在ノ政策ヲ固執スル際ノ對策ハ尙決定ヲ見居ラス經濟報復ハ此ノ效果アラシムル爲ニハ大規模トセサルヘカラス却テ戰爭狀態誘發ノ惧アルニ鑑ミ各員ニ於テモ右カ果シテ最良策ナリヤニ付疑惑ヲ抱キ居レリ政府ハ英國ノ支那ニ於ケル地位ヲ放棄スル考ナク此ノ上威信ヲ傷ケラルルニ於テハ速ニ何等ノ行動ニ出ツル要アリト爲シ居ル處經濟報復ヨリハ極東ニ於ケル艦隊集中ヲ考慮スルコトトナル模樣ナリト報道セリ尙同紙ハ社說ニ於テ合理的解決ノ可能性アル限リハ進ンテ日本ト衝突ヲ求ムルハ不利ナリ蓋シ此ノ際ニ於ケル日英戰爭ノ突發ハ獨逸ノ思フ壺ニ嵌ル所以ニ過キス此ノ點ハ議會ニ於テ對日强硬論ヲ唱フル人士ノ銘記スヘキ所ナリト論シタリ

尙各紙ハ英米海軍當局カ汕頭ニ於テ强硬態度ヲ示シタル爲日本側ハ軟化シ外國船舶ノ同港出入ノ自由ヲ認ムルニ

至レリト報シ居レリ

1536　昭和14年6月26日　有田外務大臣より在英国重光大使、在天津田代総領事宛（電報）

天津租界での英国人への侮辱的検査に関するクレーギー大使の抗議について

別電一　昭和十四年六月二十六日発有田外務大臣より在英国重光大使、在天津田代総領事宛合第一四二五号

右抗議文

二　昭和十四年六月二十六日発有田外務大臣より在英国重光大使、在天津田代総領事宛合第一四二七号

右侮辱的検査に関する英国覚書要旨

本　省　6月26日後11時0分発

合第一四二三號

二十五日「クレイギー」大使澤田次官ヲ來訪シ要領別電第一四二五號ノ如キ公文ヲ手交ノ上斯ル英國人ニ對スル侮辱的差別待遇ヲ差止ムル様至急手配アリ度ト申入タル後斯ル取扱カ續行スルニ於テハ折角東京ニテ會談ヲ始ムルモ其ノ成功覺束ナク又英國政府トシテモ或ハ輿論ニ引摺ラレ日本側ノ侮辱的措置ヲ發表スルノ止ムナキニ至ルヘシト述ヘタルヲ以テ次官ヨリ英國側カ斯ル報道ヲ發表シ輿論ヲ刺戟センコトヲ目的トスルナラハ兎モ角會談開始ニ付速ニ同意セラルレハ自然現地ノ事態モ緩和セラルルコトトナルヘキヲ以テ英國側ハ抗議ヨリモ會談開始ヲ急ク方得策ナルヘシト答ヘタリ

右ニ對シ大使ヨリ重ネテ斯ル取扱カ繰返サルルニ於テハ會談續行ハ不可能ナル旨繰返シタルヲ以テ次官ヨリ會談開始ニ先立チ檢問手續ノ緩和ヲ約束スルコト能ハサルハ先般大臣ヨリ申聞ケタル通リナル旨明ニシタル處大使ハ少クモ裸ニスルコトタケハ止メラレ度旨依頼シ居リタリ

尚同日在京英國大使館陸軍武官「ピゴット」モ陸軍次官ヲ訪問シ同様ノ申出ヲ爲シタル趣ナリ

本電及別電宛先　英、天津

別電ト共ニ北京、上海、南京ニ轉電セリ

（別電一）

本　省　6月26日後11時0分発

合第一四二五號

一、本使ハ本國政府ノ訓令ニ基キ二十三日在天津「ニュージーランド」政府代表「セシル・デヴィス」ナル者カ日本軍ニ依リ重大ナル侮辱ヲ加ヘラレタルコトニ關シ閣下ノ注意ヲ喚起スルモノナリ右事實ハ別添覺書（別電第一四二七號）ニ明カナルカ斯ル行爲ハ五月十五日以來閣下ニ對シ注意ヲ喚起シ來リタル種々ノ事例ニ依ルモ現地日本官憲ニ依リ故意ノ挑發カ英國臣民ニ對シ與ヘラレ居ルヲ明カニセリ

二、二十一日外務省「スポークスマン」ハ檢問ニ際シ英國臣民ニ對シ傳ヘラルルカ如キ侮辱及差別待遇ヲ與ヘタルコト絶對ニナキ旨述ヘタル趣ナルモ右ハ事實ニ反スルモノナリ

三、閣下ハ英國臣民ニ對シ差別待遇ヲナシ其ノ食糧ヲ制限シ且彼等ヲ虐待シ侮辱スルカ如キハ日本政府ノ意思ニ非サル旨述ヘラレタルモ二十三日倫敦ニ於テ外務大臣ヨリ重光大使ニ話サレタルカ如ク重大ナル侮辱カ續行セラレ居リ右ハ英國ニ於ケル輿論ノ憤激ヲ惹起シツツアリ仍テ本使ハ本國政府ノ訓令ニ依リ支那ニ於テ平和的ニ居住シ通商シ得ル權利ヲ有スル英國臣民ニ對シ適當ノ尊敬ヲ拂フヘキ様至急措置セラレンコトヲ要請スルモノナリ

（別電二）

本　省　6月26日後11時0分発

合第一四二七號

一、「セシルディヴス」（天津「カンツリー」倶樂部會長「ニュージーランド」政府名譽代表）二十三日租界ヲ出テントシタル際脱衣スヘキ旨命セラレタルヲ以テ斯ル手續ニ從ハンヨリ租界ニ留マルヘシトシタル處監督將校ハ同人ノ顏ヲ打チタリ其ノ後日本人三名來リタルヲ以テ同人ハ檢問ヲ受クル外道ナキヲ悟リ檢問ニ從ヒタルカ十五分以上モ「パンツ」ノミニテ婦人ヲ含ム通行人ノ前ニ立タサレタリ

二、「ハウス」及「ロード」ハ通行人ノ視野ニアル小屋ニ立タシメラレタル上「ハウス」ハ五分間モ全裸体ニセラレ「ロード」ハ「パンツ」ノミニテ約十分間モ立タシメラ

レタリ尚其ノ折「ロード」ハ口ヲ開クコトヲ命セラレタルカ日本人ハ其ノ開キ方ニ不満足ナリシカ「パスポート」ヲ取リ「ロード」ノ口ニ押シ込ミタリ兩人ハ股ヲ開キテ立タシメラレ股間ヲ檢査セラレタリ右檢問ハ約二十分ヨリ二十五分ニ亘リタリ

三、食糧ニ關スル干渉

日本側ハ英國租界ニ對スル租界向ケ食糧ヲ積載シ居ル小船ヲ差止メタリ佛國租界當局ト日本トハ食糧ノ供給ニ關シ特別ノ取極出來タル趣ナルモ英國租界ニ於テハ日本側檢問措置ノ爲二十一日野菜類ハ通常ノ十分ノ一ノ量ノミシカ存在セス氷ハ全然入手シ能ハサリキ

1537　昭和14年6月27日　在天津田代総領事より
有田外務大臣宛(電報)

天津租界に関するロイター通信等の記事は捏造であり取締方英国側へ要求について

天　津　6月27日後発
本　省　6月27日夜着

第四一〇號

檢問檢束(索カ)實施以來英國人中ニハ尊大横柄ナル態度ヲ持シ故意ニ事ヲ構ヘルカ如キモノアリ一方英國側ニ於テハ路透通信等ニ依リ些細ノ事柄ヲ尨大ニ報シ居ルノミナラス毎日的「ニユース」ヲ捏造シ各方面ニ報送宣傳ヲナシツツアリト認メラレタルヲ以テ本官ハ廿五日附書面ヲ以テ右取締方嚴重要求シ置キタリ抗議書寫郵送ス

北京、上海、英ヘ轉電セリ

1538　昭和14年7月4日　有田外務大臣より
在天津田代総領事宛(電報)

天津英租界への牛乳供給が途絶した旨クレーギー大使抗議について

本　省　7月4日後9時40分発

第二三九號

貴電第四二八號ノ一ニ關シ

四日「クレーギー」ハ本大臣ニ對シ日本側ハ二日ノ豫告期間ノ後二日及三日ニハ遂ニ牛乳ハ全然租界ニ搬入セラレザリシトテ右ハ租界内ニ於ケル兒童ノ健康ニモ關係アリ非人道的ナレバ停止セラレ度旨要請越セリ

右申出デハ必ズシモ事實ニアラズト思考セラルルモ英側宣傳ノ惧レモアリ實情回電アリタシ
英、北京、上海ヘ轉電セリ

〰〰〰〰〰〰〰〰

1539 昭和14年7月7日 有田外務大臣より在天津田代総領事宛(電報)

天津英租界への牛乳搬入問題につき軍側へ自制要求方訓令

本　省　7月7日後4時発

第二四五號
貴電第四三七號ニ關シ
英租界ニ對スル「ミルク」供給ニ關シテハ依然問題アル様思ハルル處食糧供給ヲ差止メストノ建前モアリ斯ノ如キ些細ノ問題ニテ先方ニ刺戟ヲ與フルハ面白カラサルニ付貴官自身ノ發案ノ形ヲ以テ軍側ニ對シ自制方適當申入レ置カレ度
英、北京、上海ニ轉電セリ

〰〰〰〰〰〰〰〰

1540 昭和14年7月8日 在天津田代総領事より有田外務大臣宛(電報)

天津英租界への牛乳搬入を差止めた事実はない旨報告

天　津　7月8日後発
本　省　7月8日後着

第四五七號
貴電第二四五號ニ關シ(天津英租界「ミルク」搬入問題ノ件)
往電第四四九號ノ通リ生牛乳ハ現ニ搬入セラレ居リ差止ハ絶對ニ事實無根ニシテ檢問所ニ於テモ凡ユル物資ニ對シ檢査ヲ行ヒ居レルカ一時ニ多量ヲ持込マントスル場合ニハ自然時間ヲ要スル爲牛乳等ノ場合ニハ腐敗ヲ來スコトアリ得ヘシ然レトモ生牛乳ノミヲ特ニ寛大ニ取扱フ理由ナク(婦人用等ハ別問題ナルモ右ハ英國軍隊ニ依リ搬入セラレ居ルコト前電ノ通リ)從テ問題ハ檢問開始後租界內居住者ノ蒙ルニ至リタル各種不便ノ一例ニ過キスト認メラル
北京、上海、英ヘ轉電セリ

〰〰〰〰〰〰〰〰

1541

昭和14年7月12日　在北京堀内大使館参事官より有田外務大臣宛(電報)

天津租界封鎖を海上に延長し英国船舶を臨検せんとの軍側意向に対し自制方要請について

北　京　7月12日後発
本　省　7月12日夜着

第八二一號(極祕、館長符號扱)

往電第七八九號ニ關シ

軍司令部ニテハ租界封鎖ヲ更ニ嚴重ニスル意味ニテ檢問檢索ヲ海上ニ及ホシ英國船ヲ臨檢捜査セントノ意嚮ヲ有シ當方ノ意見ヲ求メ來レルニ付當方トシテハ斯ル措置實行ニ對シ理由ハ何トテモ附ケ得ヘク食料品等ノ運搬其ノ他通商阻止ニ依ル英國側ニ對スル嫌カラセ手段トシテ效果ナキニアラサルヘキモ他方本件實施方法カ陸上ト異リ目的物カ船舶ナル丈ケニ「スケール」モ大ニシテ「トラブル」發生及程度モ遙ニ大ナルヘク其レ丈ケニ之カ畫ク波紋モ甚大ナルヘキニ付大局上果シテ有利ナルヘキヤ俄ニ豫斷シ難ク而シテ東京交渉モ見透シ付カサル目下ノ情勢ニ於テハ直ニ贊成シ難キ旨述ヘ置キタリ

上海、天津、(英欠カ)へ轉電セリ

1542

昭和14年7月14日　在天津田代総領事より有田外務大臣宛(電報)

天津租界封鎖による米国人の不便に関しわが方立場に了解あるよう在天津米国総領事へ説明について

天　津　7月14日後発
本　省　7月14日夜着

第四八三號(極祕)

檢問開始以來米國人ニ對シテハ特別ノ便宜ヲ取計ヒ來レル次第ハ累次報告ノ通リニシテ獨逸人邊ニハ聯盟獨逸ヨリモ米國ニ厚シトテ嫌味ヲ述フル者スラアル處最近當地軍部ノ得タル情報ニ依レハ在當地米國總領事ハ本國政府ニ對シ米人個々ノ苦情ニ對シテハ日本側ヨリ相當ノ便宜ヲ得居ルモ之ヲ綜合スルニ檢問檢索ニ依リ米人ハ大損害ヲ蒙リ日々陳情殺到シ居ル有樣ナル旨報告セル趣ナリシヲ以テ十三日本官米總領事往訪ノ上今回ノ交通制限ニ當リ我方トシテハ米人ニ對シ出來得ル限リノ便宜ヲ供與シ居ルモ平常ノ事態ト

異リ多少ノ不便ハ免レ難キ所ニシテ此ノ上トモ米人ニハ特別ノ取計ヲ爲シタキ所存ナルモ我方ノ立場モ良ク諒解シ置カレタキ旨懇ニ説明シタル處米總領事ハ御話ノ次第ハ良ク承知シ居リ日本側ノ好意的取扱ニ對シテハ感謝シ居ル所ナルモ米國人ノ立場ニ付テモ充分御察シ願ヒタク現ニ米會社石油等積載ノ「トラック」ノ簡易通過乃至米會社使用ノ重要支那人ニ對スル「パッス」發給等ニ付米商人側ヨリ種々陳情ニ接シ居ルニ付特別ノ考慮ヲ拂ハレタキ旨ヲ述ヘ其ノ際米會社使用ノ支那人勞働者ハ夫々ノ會社ニテ寢所、食料ヲ供給シ英租界內ニ罐詰ニシ居ルモ此ノ狀態カ永ク續ケハ之等ニ對シテモ苦情生シ來ル可シトテ交通制限長期ニ亘ル場合ノ米國ノ苦情ヲ仄カシ居タリ別レ際ニ本官ヨリ貴總領事ノ平素日本側ニ對スル友好的態度ヨリ考ヘルモ貴官ノ本國政府ニ對スル現狀報告ハ日本ニ好意的ナルヲ信シ居レリト輕ク觸レタルニ米總領事ハ兎モ角「ヘヤー」ナ報告ヲ送リ居レリト答ヘタリ

北京、上海、米ヘ轉電セリ

1543 昭和14年7月16日 在天津田代総領事より有田外務大臣宛(電報)

将来における天津の経済活動は租界を度外視して遂行する旨を租界対策経済委員会で軍側が表明について

天津 7月16日後発
本省 7月16日夜着

第四八九號

當地軍側ニテハ租界問題ニ關聯シ我方トシテハ經濟的對策ヲ研究スル目的ヲ以テ租界對策經濟委員會ナルモノヲ組織シ(委員長本間部隊參謀長、委員關係部隊係官、當館館員、民團長、商工會議所會頭、專門委員各業者幹事特務機關委細郵報)十三日第一回會合ヲ催シタルカ十五日ノ第二回委員會席上ニ於テ參謀長ヨリ軍トシテハ東京交渉ノ成否如何ニ拘ラス將來當地ノ經濟活動ハ租界ヲ度外視シテ遂行セラルル如ク施設スル決心ニテ從テ日英會談ノ結果檢問ヲ停止スル場合ニモ日支人商社ノ租界復歸ヲ許サス租界ハ主トシテ住宅地域等ニ利用スルニ止マリ經濟活動ノ中心ヲ第三區ニ置クヘク都市計畫ノ遂行ヲ促進シツツアル旨披露シ相當

ノ衝動ヲ與ヘタル模様ナリ

建設總處ノ係官ノ說明ニ依レハ特三區中現在飛行場ニ使用シツツアル部分及其ノ下流ノ鐵道線路白河間ノ土地ハ埋立ノ上分讓スル豫定ナルモ右以外ノ特三區ハ其ノ儘利用シ得ヘキニ依リ(但「ニコライ」路白河間ノ土地ハ倉庫用地トシテ留保ス)約三ケ月後ニ豫定セラレ居ル軍需用品置場ノ解除カ實施次第各商社ノ移轉可能ノ由ナリ商社中現實ニ移轉ヲ計畫シ居ルモノ存在セサル模様ナルモ租界復歸不許可ノ聲明及特三區使用可能ノ時期ノ發表ニ依リ早晩右形勢ハ促進セラルヘシト認メラル尙當地都市計畫ハ前記埋立モ含ミ昭和十六年度テ以テ一應完成ノ豫定ナル趣ナリ

北京、上海、青島、濟南ヘ轉電セリ

1544　昭和14年7月22日　在シドニー秋山総領事より有田外務大臣宛(電報)

天津における侮辱的取扱いは英国民全部を排日に向かわせるおそれがあるとのオーストラリア外相の内話について

シドニー　7月22日後発
本　省　7月22日夜着

第一六二號(館長符號扱)

往電第一六一號ニ關シ

「ガ」ハ天津ニテ婦人ヲ檢査上stripセルコトニ關シテハ英帝國各人ハ永久ニ忘ルル能ハサル點ナリト極言シタルカ當領有力者又ハ有志記者ハ何レモ此ノ點ニ付日本軍隊ノ遣方ヲ遺憾ト致シ居リ中ニハ天津租界占領セラルルモ親日家トシテハ辯明シ得ルモ右ノ點丈ハ辯明スル由ナク英國民全部ヲ驅リテ日本ノ度シ難ク强ヒテ排日ニ向ハシムルモノナルコトヲ痛感スルニ付日本當局トシテハ適法ニ行ヘルコトヲ適宜聲明セラルルコト一案ナリト言ヒ居ルモノアリ本件ハ今後ノ日英關係ヲ律スル上ニ於テ將又北支建設ニ當リ白人ヲ律スル上ニ於テ相當重視スヘキ點ト存セラル當領トシテ特ニ啓發上必要ナルニ付眞相竝ニ貴見承知致度ク何分ノ儀御囘電ヲ請フ

3 日英東京会談㈠ 会談開催から一般的原則に関する協定の合意まで

1545 昭和14年6月24日 有田外務大臣より 在英国重光大使、在天津田代総領事宛（電報）

天津租界問題解決に向けた日英交渉の東京開催を有田外相・クレーギー大使間で合意した経緯につき通報

別電一 昭和十四年六月二十四日発有田外務大臣より在英国重光大使、在天津田代総領事宛合第一三九四号

東京での日英交渉開催に関するクレーギー大使提議

二 昭和十四年六月二十四日発有田外務大臣より在英国重光大使、在天津田代総領事宛合第一三九五号

右提議に対する有田外相回答

三 昭和十四年六月二十四日発有田外務大臣より在英国重光大使、在天津田代総領事宛合第一三九六号

右有田外相回答に対するクレーギー大使の返答

付記一 右有田外相回答の和訳文

二 昭和十四年六月二十二日付、陸軍省作成「天津租界問題処理要領」

本　省　6月24日後6時10分発

合第一三九三號（館長符號扱、至急、極祕）

一、去ル十八日「クレーギー」英國大使本大臣ヲ來訪シ天津問題ニ關シ日本政府ハ十六日ノ閣議ニ於テ現地解決ノ方針ヲ決定セル旨新聞ニ傳ヘラルル處事實ハ其ノ通リナリ

ヤト尋ネタルニ付本大臣ヨリ未タ閣議ノ決定ヲ見タル次第ニアラス但シ自分トシテハ現地解決ヲ適當ト思考シ居レリト答ヘタル處「ク」大使ハ天津問題ノ速カナル解決ヲ希望スル旨ヲ述ヘタル後自分一個ノ考ナルカ本問題ノ圓滿ナル解決ヲ圖ル爲ニハ其ノ交渉ハ之ヲ東京ニ於テ行フヲ適當ト思考ス蓋シ之ヲ現地ニ於テ行フニ於テハ英國側トシテハ勢ヒ英支ノ關係ヲ無視スルヲ得ス然ルニ之ヲ東京ニ於テ行フニ於テハ自ラ日英關係ノ考慮カ主トナルヲ以テ問題ノ解決ヲ容易ナラシムル所以ナリト思考ス若シ日本側ニ於テ右案ニ同意ナルニ於テハ天津ヨリ英國總領事館代表ヲ東京ニ呼寄セルコトト致度考ヘ居ル次第ナリ尤モ右考案ハ全然自分一個ノ思ヒ付キナルニ付其ノ點含ミノ上右案ニ付何分ノ考慮ヲ得度シト申入レタルカ續イテ二十日再ヒ本大臣ヲ來訪シ一昨日申入レタル自分ノ試案ノ内容ニ付誤解ナキ爲書物ヲ持參シタリトテ別電合第一三九四號ノ覺書ヲ手交シタリ

二、右「ク」大使ノ申入ニ付政府ニ於テ愼重考量ヲ加ヘタル結果二十三日晩「ク」大使ヲ招致シ本大臣ヨリ大要別電合第一三九五號ノ趣旨ヲ以テ話シタル處「ク」大使ハ之ヲ傾聽シタル後大要別電合第一三九六號ノ通リ答ヘ辭去シタリ

本件ニ關シテハ陸軍中央ヨリ未ダ出先軍部ニハ電報シ居ラザルニ付當方ヨリ追テ電報スル迄軍側ハ勿論外部ヘ一切連絡セラレザル樣致度シ

本電及別電宛先　天津、英

別電ト共ニ北京、上海、南京、香港、厦門、米ヘ轉電セリ

（別電一）

本　省　6月24日後8時0分発

合第一三九四號（至急）

Suggested method of handling Tientsin dispute.

(1) Measures interfering with the livelihood, personal liberty and food supplies of British Subjects in Tientsin to be discontinued and all discrimination against British Subjects in measures taken by Japanese authorities for defence against terrorist activities to be removed.

(2) His Majesty's Government to be prepared to discuss at once with Japanese Government all outstanding

Anglo-Japanese questions relating to Tientsin on the basis that:

(a) British authority in the Concession is to be maintained intact and

(b) All possible steps consistent with the maintenance of neutrality are to be taken by British authorities to ensure that the Concession is not used for any purpose demonstrably prejudicial to the local military or political interests of the occupying Power.

(3) Negotiations to be pursued vigorously with a view to a very early settlement, Representatives of the British Consulate-General and of the Japanese authorities in China to come to Tokyo for the purpose.

（別電二）

本　省　6月24日後9時10分発

合第一三九五號

Your Excellency was good enough to submit to me on Tuesday last a proposal for negotiations between your Government and mine for the settlement of the Tientsin question. I am glad to tell you that my Government have given a most careful consideration to your proposal.

In regard to military restrictions imposed on communications with the British Concession in Tientsin, I wish to tell you that these measures have been adopted entirely in response to the military needs on the spot. In taking these measures, I can assure you that care has been taken by our local authorities not to interfere purposely with the livelihood, personal liberty and food supplies of any particular nationals in the Concession, and I have no doubt that the commencement of negotiations now contemplated will bring about by itself the moderation of those measures.

In the second paragraph of your memorandum Your Excellency proposed that negotiations be pursued on the basis of the two points mentioned in that paragraph. In order to arrive at an early solution of the Tientsin question, it would be advisable to avoid fixing the basis of the negotiations beforehand. With this idea in view, I am going to submit to Your Excellency our concrete proposition in a few days and I wish the settlement could be reached practically out of the discussion of that proposition.

As to the point raised in the third paragraph of your memorandum, I am most pleased to concur in your proposal. Negotiations will be begun by Your Excellency and myself, and they will be pursued under our supervision by the representatives of both parties to be chosen respectively out of those who have come up from China for the purpose.

There is another point which I wish to be clearly understood by Your Excellency in entering into the negotiations. As you are aware, the present situation in Tientsin has been brought about immediately by the question of the surrender of some acknowledged members of the terrorist gang there, but as a matter of fact, it has its origin in the various complicated circumstances prevailing on the spot. The settlement of the dispute has therefore to be sought in Tientsin itself and the proposition to be made by my Government will naturally refer to military, political and economic requirements pertaining to the security of our military forces on the spot. Your Excellency now proposed to enter into negotiations on the subject in Tokyo by inviting here the representative of the British Consulate-General in Tientsin and under your supervision. Abiding by the spirit in which this proposal has been made, my Government are prepared to let their representatives pursue these negotiations here under their guidance. In this connexion I wish to point out as I have done before that it is generally believed in my country that the present China affair could have been brought to an end long before this but for the continued assistance given by your country to Chiang Kai-shek, and it is an unanimous desire of my country that in appreciation of our case, your country will bring herself to abandon in due course its policy of assisting Chiang and to adjust it so as to be in line with our policy in China. In handling all outstanding questions in Tientsin, I hope that Your Excellency will bear in mind the existence of this sentiment in my country.

（別電三）

本省　6月24日後7時20分発

合第一三九六號（至急）

I am glad to learn from Your Excellency that the Japanese Government agree to my suggestion that the discussion of these Tientsin questions should now be undertaken in Tokyo and I will at once refer the whole matter to my Government. As regards the enquiry made by Your Excellency at the end of your statement, I shall certainly bear in mind the existence in Japan of the sentiment to which you refer.

（付記一）

天津英國租界問題ノ件

六月二十三日有田大臣ヨリ在京英國大使ニ對シテ爲シタル口頭陳述假譯

貴大使ハ去ル六月二十日天津問題解決ノ為日英兩國政府間ニ行ハルヘキ交渉ニ關シ一ノ提案ヲセラレタルカ帝國政府ハ右ニ對シ最モ愼重ナル考慮ヲ加ヘタリ

在天津英國租界ノ交通ニ對シ加ヘラレ居ル軍事的制限ニ付テハ右ハ全ク現地ノ軍事的必要ニ基キ行ハレ居ルモノナリ右措置ヲ行フニ當リ現地帝國官憲ハ故意ニ租界ニ於ケル如何ナル特定ノ國民ニ對シテモ其ノ生計、身体ノ自由及食糧ノ供給ヲ妨害セサル様注意ヲ加ヘ居ルモノナルコトヲ確言ス且上記ノ交渉ヲ開始スレハ右措置ハ自ラ緩和セラルヘキコト疑ヲ容レス

貴大使覺書第二項ニ於テ貴大使ハ同項ノ二點ヲ基礎トシ交渉ヲ行フヘキコトヲ提案セラレタルカ天津問題ノ早期解決ヲ圖ル爲ニハ豫メ右交渉ノ基礎ヲ固定スルハ面白カラス此ノ見地ニ基キ本大臣ハ茲數日ノ間ニ我方ノ具体的提案ヲ示スヘク右提案ヲ討議スルコトニ依リ實際的ニ解決ヲ圖ランコトヲ希望ス

貴大使覺書ノ第三項ニ關シテハ提案ニ同意見ナリ交渉ハ貴大使ト本大臣トノ間ニ開始セラルヘク此ノ目的ノ為現地ヨリ來ルヘキ者ヨリ撰定セラルル雙方ノ代表ニ依リ貴大使及

本大臣監督ノ下ニ交渉ヲ行ハシムルコトト致度本交渉ニ入ルニ當リ貴大使ノ明確ニ諒解セラルルコトヲ希望スル一點アリ御承知ノ通リ天津ニ於ケル現在ノ事態ハ直接ニハ同地ニ於ケル「テロ」團員引渡問題ニ依リ惹起セラレタルモノナルモ現實ノ問題トシテハ現地ニ於ケル諸種ノ複雜ナル狀況ニ其ノ根源ヲ有スルモノナリ隨ッテ問題ノ解決ハ天津ニ於テ之ヲ圖ルコトトスヘク且日本政府ノ行フ提案ハ現地ニ於ケル帝國軍隊ノ存立ニ關スル軍事的、政治的及經濟的要求ニ關係ヲ有スヘキコト勿論ナリ貴大使ハ在天津英國總領事館ノ代表者ヲ東京ニ招致シ本問題ノ交渉ニ入ルヘキコトヲ申出テラレタルカ右申出ノ精神ヲ諒トシ日本政府ハ其ノ代表者ヲシテ政府監督ノ下ニ東京ニ於テ該交渉ヲ行ハシムル用意アリ右ニ關シ本大臣ノ指摘シ度キハ前ニモ申述ヘタル通リ日本ニ於テハ若シ英國ノ蔣介石ニ對スル援助ナカリセハ現支那事變ハ疾クニ終結ヲ見タルナラントノ一般的ニ信セラレ居ル點ニシテ英國側カ日本ノ主張ヲ諒解シ速ニ其ノ援蔣政策ヲ捨テ我カ對支政策ニ協調センコトハ我國ニ於ケル一致ノ要望ナリ天津ニ於ケル諸懸案ヲ處理スルニ當リ本大臣ハ貴大使ニ於テ我國ニ於ケル斯ノ如キ感情ノ存スルコトヲ留意セラレンコトヲ冀望スルモノナリ

（付記二）

昭和一四、六、二三

天津租界問題處理要領

（欄外記入）
第一、英國側ニ對スル措置

一、第一段

1、左記趣旨ノ回答ヲ爲ス

今回ノ天津租界問題ハ「テロ」犯人引渡シニ端ヲ發スルモ其ノ根本ハ現地ノ複雜ナル事情ニ胚胎スルモノナルカ故ニ帝國トシテハ現地解決ノ方針ヲ決定シ居ル次第ナリ、今事件解決ノ條件ハ軍ノ治安維持竝軍生存ノ爲必須ノ事項ニシテ其ノ性質局地的ノモノナルモ貴大使カ在天津英國外交機關ヲ招致シ貴大使ノ統制ニ依リ本事件ヲ解決セラルルノ誠意ヲ有セラルルナラハ帝國トシテ中央斡旋ノ下ニ之ヲ解決スル理由アルヲ以テ考慮スヘシ而シテ帝國一般トシテハ英國カ援蔣態度ヲ放棄シ我對支處理方針ニ同調センコトヲ要望シテ已マサル趨勢ニアルヲ以テ本事件發生ノ原因タリシ如キ各般

ノ問題ニ就テモ豫メ篤ト御考慮ヲ煩ハシ度
2、右回答ニ英國同意スルニ於テハ天津租界問題ヲ中央ニ於テ取扱フ

（附　記）

英申出ノ「天津租界問題處理方案」ニ關スル應酬要領左ノ如シ

㈠第一項ハ全ク現地ニ於ケル軍事上ノ必要ニ基ク行動ニ關スルモノニシテ天津ニ於ケル英國側ノ態度改マラサル限リ英國居留民ニ對スル差別待遇モ亦已ムヲ得サル所ナリ

又現地ヨリノ報告ニ依レハ英國居留民ノ生計、身體ノ自由及食糧ノ供給ヲ妨害スルカ如キ措置ハ特ニ執リアルモノニアラス

㈡第二項ニ關シ左記基礎ノ下ニ討議ヲ開始スルニ異存ナシ

(イ)「租界ニ於ケル英國ノ權力不變更」ハ今後ニ於ケル英國ノ態度ト日英折衡（衝カ）ノ狀況ニ依ルモ目下ノ處帝國ハ租界ヲ回收シ又其ノ機能ヲ喪失セシムル等ノコトハ考ヘ非サルコト

第二項(ロ)ハ英國カ從來中立ノ名ノ下ニ支那側ニ對スル一方的好意ノ措置多カリシ態度ヲ改メ英國租界ヲ占領國タル日本ノ現地ノ軍事的、政治的及經濟的利益ニ對シ害アルカ如キ如何ナル目的ノ爲ニモ利用セラルルコトヲ防止シ且可成我ニ同調ノ態度ヲ執ルコト

㈢第三項ハ其ノ趣旨異存ナシ

三、第二段以後ノ處理ニ關シテハ第一段ノ交渉ノ結果ニ基キ更ニ研究ノ上決定ス

第二、國內措置ハ對英第二段措置ト共ニ研究決定スルモ特ニ考慮シアル事項左ノ如シ

1.本件カ軍事行動ヲ基礎トシアルニ鑑ミ折衝ノ全般ニ亙リ外務、陸軍一体トナリ進ムコトハ特ニ緊要トス
2.中央ニ於ケル折衝ニハ現地ノモノヲ參加セシム或ハ狀況ニ依リ一部ノ交渉ヲ現地ニテ行フコトアリ
3.解決ニ伴フ協定ノ締結ハ中央斡旋ノ下ニ現地日、英ノ間ニ行ハシムルヲ本則トス

（欄外記入）

六月二十三日閣議ノ後板垣陸相ヨリ首相、外相ニ手交セル陸軍

側意見ナリ
後刻澤田次官ヨリ山脇次官ノ説明ヲ聴取セリ

1546　昭和14年6月26日　有田外務大臣より在英国重光大使、在天津田代総領事宛（電報）

日英東京会談開催に関する六月二十三日付有田外相回答中の日本側提案を受諾する旨クレーギー大使回答について

本　省　6月26日後10時15分発

合第一四二九號（極祕、至急）
往電合第一三九三號ニ關シ
二十六日午後「クレーギー」大使本大臣ヲ來訪シ二十三日貴大臣ヨリ御話アリタル日本政府ノ提案ハ英國政府ニ於テ英國人ニ對スル侮辱的取扱カ停止セラルトノ「アッサンプション」ノ下ニ之ヲ受諾スル旨申出タリ
追テ軍側ニ於テ冒頭往電ノ事情現地ニ電報セル趣ナルニ付同電末段ノ點ハ解除セルモノト御承知アリタシ
本電宛先　英、天津
北京、上海、南京、厦門、香港、米へ轉電セリ

1547　昭和14年6月27日　有田外務大臣より在英国重光大使、在天津田代総領事宛（電報）

天津租界問題解決に向けた日英東京会談開催に関する発表振りについて

別　電　昭和十四年六月二十七日発有田外務大臣より在英国重光大使、在天津田代総領事宛合第一四五〇号

右発表文

本　省　6月27日発

合第一四四九號（至急）
往電合第一三九三號ニ關シ
「クレイギー」大使ト打合ノ結果二十八日午后五時別電合第一四五〇號ノ趣旨ヲ發表スルコトトナレリ
陸軍側ト打合セ濟
本電別電ト共ニ北京、上海、南京、香港、厦門、米ニ轉電セリ

本電及別電宛先　英、天津

（別　電）

本　省　6月27日発

合第一四五〇號

帝國政府ハ英國政府ノ申出ニ基キ天津ニ於ケル現下ノ事態ニ關聯スル各種問題ノ解決ヲ圖ル爲現地ヨリ關係官ヲ招致シ東京ニ於テ交渉ヲ行フコトトセリ

1548　昭和14年6月27日　在北京堀内大使館参事官より有田外務大臣宛（電報）

日英東京会談では英国の対中態度是正など一般原則に重点を置き具体的事項は現地で協定すべきとの方面軍司令部の意向について

北　京　6月27日後発
本　省　6月27日夜着

第七五四號（部外祕、館長符號扱）

英及天津宛貴電合第一三九三號ニ關シ

（欄外記入）

一、東京ニ於ケル天津租界問題協議ニ關シテハ當地軍司令部トシテ特別反對ニハアラサルモ東京ニ於ケル話合ハ天津租界問題處理ノ具體的事項ヨリハ主トシテ英國ノ對日及對支態度ノ是正ナル一般原則ニ重點ヲ置キ檢問檢索廢止ノ具體的事項ハ寧ロ現地ニ於テ協定スルヲ可ナリトスル意嚮ヲ有シ居レリ

二、軍ヨリハ二十五日右趣旨ニテ中央ニ意見具申ヲ爲セルカ東京ニテ取扱フヘキ一般原則トシテハ

㈠英國カ援蔣態度ヲ拋棄シ嚴正中立ヲ守ルコト

㈡英國カ北支ノ新事態ヲ認識シ治安ノ囘復竝ニ其ノ維持ニ努メツツアル日本軍ノ努力ヲ妨害スルカ如キ一切ノ行爲ヲ中止スルコト

㈢右ヲ實行スルニ於テハ帝國政府トシテ在支英國權益ヲ尊重スルコト

ノ三點ヲ擧ケ天津租界問題モ右ノ基本方針ニ準據シ細目決定ハ現地ニ於テ之ヲ爲スヲ適當ナリトシ其ノ理由トシテ要領

(イ)今次租界ノ檢問檢索實施ハ軍ノ治安維持竝ニ自衞上ノ必要ニ基キ執リタル事實行爲ニシテ實害除去ニ關スル現地兵團ノ認定ノ重要ナルコト

(ロ)従テ根本的原則ニ關スル了解成立スルモ實害ノ除去ニ關スル認定如何ニ依リテハ實際問題トシテ檢問ヲ繼續スル必要アルヘキコト

ノ二點ヲ擧ケ居レリ

三、東京ニ於ケル話合カ如何ナル程度ニ細目事項ニ亘ルヤ知レサルモ假ニ相當程度具體的ニ亘ルトスルモ現地軍側トシテハ之カ實行ニ關スル英國側ノ誠意ヲ認ムル迄ハ檢問ヲ廢止セスト主張スヘク(例ヘハ東京ニ於テ英國側カ法幣流通禁止ヲ約スルモ現地トシテハ其ノ實行カ問題ナル一方實行ニ關スル先方ノ誠意ヲ認ムレハ其ノ徹底的實行ハ檢問廢止後ニ亘ルモ之ヲ容認スヘシ)此ノ點ハ適當本件解決ノ重點タルヘキニ付右軍側トモ充分御聯絡ノ上方針御決定ノ要アリト存ス

天津、上海へ轉電セリ

(欄外記入)

要注意

二十七日山本中佐ガ土田ニ「東京ニテ交渉ヲ爲ス以上天津ノ問題ノミニ限定スルハ小ニ過グ」ト述ベタルハ現地意見ニ依ルモノト思ハル

1549　昭和14年6月27日　在香港田尻総領事より有田外務大臣宛(電報)

日英東京会談では占領地における英国の態度是正をわが方の目標とすべき旨意見具申

香　港　6月27日後発
本　省　6月28日前着

第八七〇號(極祕、館長符號扱)

貴[1]電合第一三九三號ニ關シ

一、天津租界問題交渉ノ最終目標ハ結局英ノ援助政策放棄ニ在ルヘキ處英カ重慶ニ對スル援助ノ打切ヲ聲明シ武器ノ賣込ヲ取止メ或ハ當分平衡基金ノ强化ヲ爲ササル旨ヲ約シ又ハ在英米在外正貨ノ現在高ヲ何等カノ形式ニテ發表スル等ノコトハ我方トシテハ最モ望ム所ナルモ先方ハ容易ニ之ニ應セサルヲ以テ順序トシテハ先ツ占領地ニ於ケル其ノ態度ヲ變更セシメ我國及新政權トノ協力ノ實ヲ擧ケシムルコトニ努力シ之ニ依リ占領地ヲ固メ重慶ノ分裂ヲ策スルト共ニ逐次前記重慶ニ對スル積極的援助ヲ取止

メサス外ナシト認メラルル

二、[2]天津交渉ノ內容カ如何ナル程度ノモノニアレ要ハ英國ヲシテ我軍事上ノ必要ヲ認メシムル一方從來回避シ來レル地方政權ト實質的ニ接觸ヲ保チ之ヲ交渉ノ相手トシテ「デファクト」ニ承認セシムルコトニ歸スヘク右カ成功スル以上ハ上海共同租界ニ於ケル土地臺帳又ハ法院（上級審判廳トシテ租界ニ於テノ維新政府法院ニ對スル訴訟系統ヲ承認スル形式ニテモ可ナルヘシ）問題ノ如キモ容易ニ解決シ得ルモノト認メラル

三、右ハ當然ノ歸結トシテ新中央政權ニ對スル英ノ態度ヲ拘束スルニ至ルヘク近ク成立スヘキ統一政權ニ對シ政治代表ヲ派遣スル迄此ノ際先方ノ態度ヲ決定セシムル要アルハ素ヨリノ次第ナルカ同時ニ經濟方面ニ於テモ必要ナル貿易及爲替管理ニ對シ全支ヲ通シ我方ニ協力スヘキ旨誓約セシムルコトモ等シク肝要ナルヘク今次ノ交渉ハ當然此處迄發展スル條件ノ下ニ天津ノ解決ヲ期スヘキモノト存ス

四、當地ノ一般空氣ハ天津問題等ヲ反映シ當テコスリノ反日的取扱ヲ爲ス英文記事アルモ當局トシテハ事態カ當領ニ波及スルコトヲ極力警戒シ居リ案外平靜ナリ

北京、上海、天津ヘ轉電アリタシ

1550 昭和14年6月30日 在英国重光大使より有田外務大臣宛（電報）

天津租界問題の解決に当たって英国側が重視している中立性の尊重に対しわが方反論振り意見具申

ロンドン 6月30日後発
本　省 7月1日後着

第七一六號

往[1]電第七一〇號ニ關シ

天津事件ノ解決ニ付テ英國政府ハ租界ノ權力（Authority）ニ付變更ナキコト（此ノ點ヨリ見レハ英國側ニ於テ日本側ヨリ相當ノ要求アルコトヲ豫期スルモノトモ見ラル）及中立性ヲ害セサルコトノ二ヲ要件トスル旨ヲ聲明シ居ル處右第一點ハ兎モ角第二點ニ關聯シテ當方ハ英國側ニ對シ左ノ通リ說明シ居レリ

一、英國カ支那問題ニ付テ今日迄日本ノ行動ヲ非議シ支那ヲ

援助スル立場ヲ執リ居ルハ英國政府ノ公然議會ニ於テ又國際聯盟其ノ他ノ機會ニ於テ聲明シ居ル所ニシテ今日云々スル中立ナルモノノ意議（義カ）ハ果シテ眞ニ中立ヲ意味スルヤ日本ハ英國カ速ニ支那援助ノ政策ヲ廢シ今日公言スル中立政策ヲ執ランコトヲ要望スルモノナリ

二、英國ハ今後支那ニ中立ノ態度ヲ執ルコトトナリタリトシテ右ハ日、支、英ノ三國關係全般ノ問題ナリ英國側ハ斯ル全般的問題（卽チ蔣介石援助政策等）ニ關シテハ天津問題ノ解決ニ當リテ議題トナスヲ好マスト聲明シツツ天津問題ノ解決ニ都合良ク考ヘラルル中立云々ノ主義ヲ局地的問題ニ適用セントスルハ根本的ニ矛盾アリ

三、(2)支那ニハ從來戰亂ノ度毎ニ各國ハ何レモ其ノ地方的權益ヲ擁護スル爲地方ノ實力有ル政府ト協力スルヲ恆トセリ右ハ政府ノ承認等ノ主義ノ問題トハ關係ナクシテ行ヒ來リタルモノニシテ右協力ノ範圍ハ極メテ廣汎ニシテ海關ノ如キスラ其ノ適用範圍ニ入リタル事アルハ周知ノ事實ナリ今日北支政權ナリ又ハ南京維新政府ナリノ實力政府ト協力スルコトハ權益擁護ノ基礎ナルノミナラス地方ノ平和秩序ノ攪亂ヲ欲セサル限リ當然ノ歸結ニシテ且又從來內亂等ノ場合ニ於テ既ニ樹立セラレ居ル傳統ナリ若シ實力政府トノ協力ヲ肯ンセサルニ於テハ當然權益擁護ノ基礎ヲ喪失スルモノニシテ又故意ニ當該地方ノ平和及秩序ヲ攪亂スルモノナリトノ責任ヲ負擔セサル可ラス右ハ日本ノ勢力範圍ニ歸シ居ル地方ノ政權（右カ占領地域ノ日本ノ官憲タルト又ハ地方政權タル支那ノ官憲タルトヲ問ハス）ニ付テ當然適用セラルヘキモノタルハ今日中立ヲ云々スル英國等カ重慶政府ノ勢力圈ニ在ル地方ニ對シテ採リタル態度ニ観テモ何等ノ疑問アルヘキ筈ナシ

以上ノ説明ハ大體之迄モ啓發運動ノ一部トシテ英國側ニ對シテ爲シ居ル所ナルカ當方ニ於ケル取扱振リトシテ右報告ス

在歐各大使、壽府、米ヘ轉電セリ

1551

昭和14年7月1日

外務省の日英東京会談交渉方針

昭和十四、七、一

一、今次交渉ハ天津ニ於ケル現下ノ事態ニ關聯スル各種問題

ニ關スル現地交渉ヲ東京ニ於テ行フ建前トス從テ現地代表（外務側ハ加藤公使及田中領事）ヲシテ直接英國側トノ交渉ニ當ラシム

二、外務大臣ハ正式ニ本交渉ヲ開始スル外必要ニ應シ本交渉自体トハ別ニ英國大使ト接觸シ側面ヨリ本交渉ヲ有利ニ導ク如ク施策スルコトアルヘシ

（欄外記入）

七月一日山本中佐ニ送付濟

編　注　有田外相、沢田外務次官、栗原東亜局長、土田東亜局第一課長、杉原東亜局第二課長の決裁あり。

1552　昭和14年7月1日　在天津田代総領事より有田外務大臣宛（電報）

天津租界問題の交渉順序および日英東京会談で要求すべき根本原則と具体的事項に関する天津現地軍の意向について

別電一　昭和十四年七月一日発在天津田代総領事より有田外務大臣宛第四二四号

右根本原則案

二　昭和十四年七月一日発在天津田代総領事より有田外務大臣宛第四二五号

右具体的事項案

天　津　7月1日後発

本　省　7月1日夜着

第四二三號（極祕、館長符號扱）

東京交渉ニ於ケル我方要求事項ニ付テハ北京軍側ニテ方面軍案作成ノ由ナルカ北京ト充分打合ノ餘裕ナキ由ニテ右ト別ニ當地軍側現地案審議ノ爲一日例ノ關係者會議開催（本官及島出席）セラレタル處軍ハ本件交渉ハ飽迄日英間ノ基本的問題ノ討議ヲ先決トシテ處理スヘキモノナリトノ見地ヨリ(イ)先ツ閣下「クレーギー」間ニ英國ノ援蔣政策放棄ヲ意味スル根本原則ニ付意見一致ヲ見タル後(ロ)東京ニ於テ現地係官間ニ天津英國租界問題解決ノ大綱ヲ議定シ(ハ)更ニ交渉ヲ天津ニ移シ(ロ)ノ實施細目ニ付日英間ニ交渉ヲ行フ順序ヲ經ヘキモノトシ右(イ)(ロ)ノ我方要求案トシテ夫々別電第一第二ヲ採擇セリ(ハ)ニ付テハ軍側原案ヲ更ニ具體的ニ練リ改

ムル爲決定ヲ延期シタルカ原案ニハ㈠抗日分子ノ引渡又ハ追放㈡工部局內抗日職員ノ肅清㈢秩序紊亂ノ施設、集會、刊行物ノ取締㈣聯銀券流通ニ對スル協力㈤法幣流通禁止㈥現銀持出㈦租界內金融業者ノ檢査協力等ヲ掲ケ居レリ

別電第一ノ一「特ニ一國ニ對シ其ノ抗戰力ヲ增加スル目的ヲ以テ援助」云々ハ主トシテ英國ノ對支經濟的援助ヲ指スモノナル由

尙(イ)ノ基本的問題ヲ嚴格ニ主張スル時ハ恐ラク交渉停頓トナル惧アリト思考セラルルモ軍側ニ於テモ右ハ我方要求ニシテ其ノ全部カ容認セラルヘシトハ期待シ居ラサル模樣ナリ

右現地案ハ當地司令部太田參謀四日飛行機東上ノ際携行ノ豫定

本電別電ト共ニ北京、上海へ轉電セリ

（別電一）

天　津　7月1日後発
本　省　7月1日夜着

第四二四號（極祕、館長符號扱）

東京交渉ニ於テ主張スヘキ根本原則

日英兩國ハ支那ニ於ケル兩國間ノ不幸ナル事態發生ノ根源ヲ防止シテ兩國國交ヲ調整スル爲左ノ了解ヲ爲ス

一、英國ハ日支事變ニ關シ嚴正ナル中立ヲ維持シ特ニ一國ニ對シ其ノ抗戰力ヲ增加スル目的ヲ以テ援助ヲ與フル意思ヲ有セサルコトヲ聲明ス

二、日本ハ英國カ事變間嚴正中立ヲ維持スト認ムル間其ノ在支權益ヲ尊重ス

三、北支ノ新事態竝ニ新秩序建設ニ關スル日本軍ノ努力ヲ認識シ治安秩序囘復及維持ノ妨害トナルヘキ行爲ヲ控制ス

四、右ノ三原則ヲ基調トシ天津英租界問題ニ關スル交渉ヲ現地當局者間ニ於テ實施ス

（別電二）

天　津　7月1日後発
本　省　7月1日夜着

第四二五號（極祕、館長符號扱）

東京ニ於ケル現地交渉ニ於テ現地當局トシテノ要求事項

日英兩國政府ニ於テ取極メラレタル根本的原則ニ則リ

一、英國ハ租界ヲ治安秩序紊亂工作ノ根據トナシ又ハ「テロ」分子ヲ擁護セサルコト

二、英國ハ金融攪亂工作ヲ爲ササルノミナラス租界內ニ在ル現銀ノ租界外搬出ヲ妨害セサルコト

三、英國ハ治安、經濟兩方面ニ於テ租界內ノ共同搜査又ハ調查ヲ認ムルコト

四、日本ハ右ノ三項目ノ實行ヲ確認セハ現下ノ交通制限ヲ解除ス

五、以上四項目ノ確約ノ下ニ細部ノ取極ハ現地ニ於ケル交涉ニ移ス

以上

1553

昭和14年7月1日　在上海三浦総領事より有田外務大臣宛(電報)

重慶政権の財政逼迫や対英不満などに鑑み天津租界問題を契機に英国の態度を是正する好機到来との田尻総領事意見具申

上海　7月1日後発
本省　7月1日夜着

第一八〇七號(極祕、館長符號扱)

田尻[1]總領事ヨリ

一、其ノ後ノ情報ニ依ルニ爲替賣止ニ始マル重慶ノ金融政策ニ付蔣介石ハ孔祥熙ヲコッピドク叱リ付ケタリト傳ヘラレ不取敢上海ノ人心收攬ノ手段トシテ二千二百萬弗程度ノ法幣ヲ以テ或期日迄ノ滙劃ヲ限リ買上クル外商品ヲ擔保トスル貸付證券卽チ倉荷證券類似ノ如キモノノ流通ヲ許ス案ヲ立テ近ク實行スル筈ノ由ナルカ右ハ上海ノ需要ニ不充分ナルノミナラス結果ハ總テ資本逃避少クトモ預金ノ外國銀行ヘノ流入トナリ假令一時ノ小康ヲ見ルトシテモ之ニ依リ終局ノ法幣安定ハ得ラレサルヘク殊ニ近來軍費ノ支給及軍需品ノ購入カ兎角圓滑ヲ缺キ居ルハ既報ノ通リニシテ重慶ノ財政ハ相當行詰リヲ來シツツアルヲ以テ何レハ第二ノ彌縫策ヲ必要トスルニ至リ六片ノ相場カ何時迄持チ耐ヘルヤ多大ノ疑問アリ

二、茲ニ於テ英米ヨリノ借款問題起ル譯ナルカ二千萬米弗新規借款モ容易ニ李白ノ同意ヲ得難ク未タ米ニ對シ正式ニ話ヲ持出スニ至ラス又英ニ對シテハ過般來宋美齡香港ニ於テ相當活躍シタル模樣ナルモ何等ノ收穫ナク引揚ケ目

下宋子文ノ渡英ニ最後ノ望ヲ繋キ居リ子文カ果シテ腰ヲ上ケルヤ又金カ出タトシテモ英カ此ノ上實質的援助ヲ與フヘキヤニ付テハ一般ニ悲觀的ニ見ル向多ク

其[(2)]ノ逆作用トシテ英ノ對支援助ノ微温的ナルヲ怨ム氣持ニ轉シツツアリ

三、香港ニ於ケル支那財界ノ對英感情カ兎角面白カラス新聞ニモ其ノ風潮現レ來レルハ累次電報ノ通リナルカ二十七日民政長官黄田ニ對シ半ハ冗談ナルモ目下支那人ハ排日ヨリハ排英ニ變リツツアル旨述ヘタル有様ニテ政廳トシテハ假令未タ微妙ナル階段ニ在ルニモセヨ斯ノ如キ支那人ノ内面的動キヲ既ニ看取シ新聞記事及論説ノ檢閲ニ當リ排英的ノモノヲ取締ルト共ニ支那人ノ對日感情ヲ煽動スルカ如キ論説ノ掲載ヲ許サス(當方ニテ態ト書カシメタルモノヲ禁止セル例アリ)日本ノ對英壓迫カ假令形式的ニモセヨ香港ニ及ヒ面目ヲ失フコトナキ樣注意シ居ルモノノ如ク又眞僞不明ナルモ上海ニ於ケル英國大使ニ對スル脅迫ハ日本側ト何等關係ナク同地支那財界人ノ間ニ擡頭シ來レル反英空氣ヲ工部局ニ於テ探知シ大袈裟ナル豫防警戒ヲナスニ至レルモノナリトノ噂香港ニ傳ヘラレ居リ右カ事實ナリトセハ英トシテハ日本ノ壓迫及支那財界人ノ反感ヲ天秤ニ掛ケ對支援助ヲ續クヘキヤ否ヤニ付再檢討ヲナササルヲ得ヌ立場ニ追込マレツツアリト觀テ差支ナカルヘシ

四、[(3)]一方重慶ハ財政收拾ノ爲最近頻リニ華僑ニ働キ掛ケントシ居ル處諜報ニ依レハ華僑ニ對シ重慶擁護ノ眞面目ナル勸説ヲ爲スモノノ外直接行動ヲ辭セサル「テロ」團員ヲ南洋、海峡植民地、暹羅等ニ派遣シ同方面ニ於ケル日英關係ノ惡化ヲ企圖シ居ル由ニテ重慶側ノ對英策動及同地其ノ他奥地ノ新聞カ一様ニ第三國就中蘇ヲ頼リトシ紙面ノ半ハ國際政局ノ動キ、英ノ對日强腰ノ宣傳ニ費シ居ル事實等ヨリ察スルニ右ハ必スシモ根據ナキコトトモ思ハレス我方及汪派ノ對華僑工作ハ此ノ意味ニ於テモ愈々重要ナル次第ナルカ華僑ノ動向如何ニ依リテハ重慶ニ對シ致命的打撃ヲ與フルコトトナルヘク而モ華僑間ノ重慶ニ對スル反感ハ强キモノアルニ拘ラス未タ之ヲ聲明セシメ得ル迄ニ纒マリ附クニ至ラサルハ遺憾至極ナリ

五、要スルニ我對支政策トシテハ今ヤ統一政府ノ出現及强化ニ邁進スヘキ場合ナルカ之カ爲ニハ英吉利カ從來ノ態度

ヲ改メ我ニ對スル協力的態度ニ出ツルニ如クハナク而モ香港ヨリノ局地的觀察ナルモ天津問題ヲ切掛トシ全面的對英交渉ヲ開始スルニ都合良ク事態ハ展開シツツアルト共ニ他面汪派ト協力シ對華僑工作ニ新生面ヲ開拓スヘキ時期ニ到達セルモノト認メラル生ノ儘ノ考ニテ恐縮ナルモ香港發往電第八七〇號補足旁電報ス

1554 昭和14年7月4日 在北京堀内大使館参事官より有田外務大臣宛(電報)

天津租界問題の交渉順序および要求事項に関する方面軍司令部の方針案について

北京 7月4日後発
本省 7月4日後着

第七七六號(部外極祕、館長符號扱)

往電第七五四號ニ關シ

當地軍司令部ニテハ今次交渉ヲ機會ニ英國側ノ對日態度ヲ根本的ニ改メシムルコトヲ目標トシ東京交渉ハ依然根本的原則ノ範圍ニ止メ細目ハ現地ニ於テ爲スヲ適當トスル見解ナルカ四日上京ノ豫定ナル武藤副長及川村大佐ノ携行スヘキ本件交渉ニ對スル軍側方針ハ概ネ左ノ如シ

一、本件日英交渉ハ(イ)東京ニ於ケル日本政府及英國大使館間ノ交渉(第一段)(ロ)東京ニ於ケル現地當事者間ノ交渉(第二段)(ハ)現地ニ於ケル兩當事者間ノ交渉(第三段)ノ三段階ヲ豫定ス但シ交渉ノ模樣ニ依リテハ第二段以下ヲ現地ニ於テ行フコトモアリ又第三段ヲ東京ニ於テ行フコトモアリ得ヘシ

二、第一段階ニ於ケル交渉事項ハ往電第七五四號ノ二ニ列擧ノ三點トシ英國側カ右ニ同意スルニ於テハ第二段ノ交渉ニ入ルモノトス

三、第二段ノ交渉ニ於テ英國側ヲシテ確認セシムヘキ事項左ノ如シ

(イ)反日抗日ノ阻止

(一)問題ノ犯人四名ノ引渡

(二)李漢元ヲ始メ工部局内反日職員ノ肅清

(三)反日的諸施設、言動、出版物等ノ取締

(ロ)經濟的攪亂行爲ノ取締(又ハ經濟的諸工作ニ對スル協力)

(一)法幣ノ流通禁止及現銀ノ引渡

(ハ)租界ニ於ケル共同取締ノ實施
(一)反日分子ノ取締
(二)法幣流通取締
四、第三段ノ交渉ニ於テ確認セシムヘキ事項左ノ如シ
(イ)法幣ノ租界内流通絶對禁止
(一)外國銀行ノ一切ノ取引ノ決濟ハ中聯券ヲ以テスルコト
(二)舊法幣及舊法幣建勘定ノ整理
(三)爲替相場ハ總テ聯銀券ニ改メ且對英一志二片基準トスルコト
(四)公租公課ヲ始メ一切ノ取引ニ聯銀券ノ强制通用力ヲ認ムルコト
(五)臨時政府ノ現ニ執リ又將來執ルコトアルヘキ一切ノ爲替政策ニ協力スルコト
(六)右各項實施ノ爲舊通貨流通禁止、經濟攪亂行爲等ニ關スル臨時政府ノ法令ト同趣旨ノ法令ヲ制定實施シ之カ違犯者ヲ處罰シ且右ニ關スル共同警察權ヲ行使スルコト
(ロ)現銀ノ搬出ニ對スル協力
但シ場合ニヨリ現在ノ保管場所ニ於テ臨時政府ノ手ニ依リ完全ナル檢査ヲ行ヒ然ル後同政府ノ手ニ依リ之ヲ保管スルコト
(ハ)支那側銀行錢莊及商社ノ檢査取締
(一)資產、負債、損益ノ內容、現金、有價證券、未發行?券等一切ノ內容檢査
(二)事務取扱上竝ニ經營上ノ(貸出、爲替操作、投機、買溜、賣惜ミ等)取締

天津、上海ヘ轉電セリ

1555　昭和14年7月5日　在北京堀内大使館参事官より有田外務大臣宛（電報）

日英東京会談で折衝すべき事項をまとめた天津租界問題日英折衝要領を方面軍司令部作成について

別　電　昭和十四年七月五日発在北京堀内大使館参事官より有田外務大臣宛第七九〇号

右折衝要領

北京　7月5日後発
本省　7月5日夜着

第七八九號（部外極祕、館長符號扱）

往電第七七六號ニ關シ

本件軍側方針ハ三日夜更ニ練リ直シタル結果相當ノ修正ヲ見（特ニ第二段以下ニ於テ）四日汽車ニテ東上ノ武藤副長及川村大佐携行セリ冒頭往電ト重複ノ惧アルモ全文別電第七九〇號ノ通リ電報ス

修正案主要點ハ冒頭往電ノ第三段ノ交渉實行カ全部第二段中ニ加ヘラレ第三段ノ交渉實行ハ規定シ居ラス右修正ニ對シテハ軍内部ニテモ相當議論アリタル趣ナリ

上海、天津ヘ轉電セリ

（別　電）

北京　7月5日後発
本省　7月5日夜着

第七九〇號（部外極祕、館長符號扱）

[1]天津租界問題日英折衝要領

第一方針

一、天津租界問題ノ解決ハ英國ノ事變ニ對スル根本的態度ヲ是正スルノ要アルニ鑑ミ今次英國側ノ申出ヲ利用シ全面的ニ其ノ態度ヲ是正セシメ然ル後現地ニ於ケル諸問題ノ解決ヲ期ス

二、現地問題ノ原則的事項ハ東京ニ於テ其ノ具體的實行ニ關スル事項ハ天津ニ於テ折衝ス

第二要領

一、折衝ヲ左ノ三段ニ分ツ

一、外務當局ト英國大使間ノ折衝
二、東京ニ於ケル現地當事者間ノ折衝
三、現地（天津）ニ於ケル當事者間ノ折衝

二、外務當局ト英國大使間ノ折衝（第一段）

一、本折衝ニ於テ左ノ根本原則ヲ確認セシム

(イ)英國ハ援蔣態度ヲ放棄シ其ノ嚴正中立ヲ守ルコト

(ロ)英國ハ支那ニ於ケル新事態ヲ認識シ治安恢復竝ニ維持ノ爲努力シアル日本軍ノ妨害トナルヘキ一切ノ行爲ヲ中止スルコト

(ハ)右三《ママ》項目カ實行セラルル限リ日本ハ英國ノ在支權益ヲ尊重スルコト

二、天津英租界問題ハ右根本原則ニ基キ處理セラルヘク其ノ原則的事項ハ東京ニ於ケル現地當事者間ニ於テ其ノ具體的實行ニ關スル事項ハ現地（天津）ニ於ケル當事者間ニ於テ折衝セラルヘキコトヲ承諾セシム

三、英國カ前二項ヲ受諾スルニ於テハ現地當事者間ノ折衝ニ移ルモ之カ受諾ヲ拒否スルニ於テハ交渉ノ決裂ヲモ敢テ辭セス

四、英國カ本折衝間租界隔絶ノ解除乃至緩和ヲ要求スルコトアルモ之ニ應スルコトナシ

三、東京ニ於ケル現地當事者間ノ折衝（第二段）

本折衝ニ於テハ天津租界問題解決ノ爲ノ原則的事項ヲ確認セシム

確認セシムヘキ事項左ノ如シ

一、[(2)]租界内ニ於ケル抗日共産活動ノ除去

イ、抗日共産分子ヲシテ租界ヲ利用セシメサルコト

ロ、抗日犯人ノ引渡

ハ、抗日職員ノ罷免

ニ、抗日共産的施設、言動、文書等ノ禁止

二、租界内ニ於ケル經濟攪亂行爲ノ停止竝ニ北支ノ金融經濟工作ニ對スル協力

A經濟攪亂ノ根源タル法幣ノ租界内流通禁止

イ、公租公課手數料始メ一切ノ取引ノ決濟ハ中聯券ノミヲ以テスルコト

ロ、舊法幣及舊法幣建勘定ヲ廢除スルコト

ハ、爲替相場ヲ聯銀建ニ改メ且對英一志二片基準トスルコト

ニ、右各項實施ノ爲必要ナル法令ヲ發布スルコト

B現銀ノ搬出

京津兩市現銀管理委員會保管現銀ノ租界外搬出ニ協力スルコト

C支那側銀行等ノ檢査監督支那側銀行、銀號及錢舗ノ内容檢査監督ヲ可能ナラシムルコト

D臨時政府ノ現ニ採リ又ハ將來採ルコトアルヘキ一切ノ爲替政策ニ協力スルコト

三、治安維持ノ爲租界内ニ於ケル共同取締

イ、抗日共産分子ノ取締

ロ、舊法幣流通取締

ハ、支那側銀行銀號錢舗及商社ノ取締

ニ、其ノ他經濟攪亂行爲防止ノ爲碼頭等必要ナル箇所ニ於ケル共同取締ヲ認ムルコト

四、右折衝間英國側ヨリ租界隔絶ノ解除ヲ要求シ來リタル場合ニハ「認定ノ準據」ト英國側誠意ノ度トヲ參酌シ自主的ニ租界隔絶ヲ緩和若クハ一時解除スルコトアリ

五《四、カ》、現地(天津)ニ於ケル當事者間ノ折衝(第三段)

一、現地ニ於テハ東京ニテ英國側ヲシテ確認セシメタル原則的事項ニ基キ具體的ニシテ直接實效ヲ生スヘキ事項ニ關シ折衝ス

二、折衝ノ上實行セシムヘキ事項左ノ如シ

(別ニ定ム)

1556

昭和14年7月6日　在英国重光大使より有田外務大臣宛(電報)

英国は列国に影響を及ぼさない地方的問題のみを東京会談で論議する方針との報道にも鑑み同国の対日態度改善方策につき意見具申

ロンドン　7月6日後発
本　省　7月7日前着

第七四八號

六日「タイムス」外交記者ハ天津問題ニ關シテハ政府ハ東京交渉中嚴格ナル地方的問題ノミヲ論議スルニ決定シ居リ夫レ以上ノ廣汎ナル問題ハ他ノ列强特ニ米佛ノ利害ニ直接影響ヲ及ホスヲ以テ論議シ得ストナシ居レリト報シ東京交渉ニ關スル英政府ノ意嚮ヲ反映セシメ居レルカ本使カ當地ニ於ケル中立國使臣トノ接觸ニ依リテ得タル印象ニ依レハ英國カ東亞ニ於テ日本ト良好ノ關係ニ非サルコトハ却テ他ノ大小國ノ利益ニ鮮カラス悪影響ヲ及ホシ居ルコトヲ說ク者多ク之等ニ對シテハ當方ニ於テハ支那ニ於ケル英國ノ從來ノ「オブストラクト、ポリシー」(日本ニ對スル)ハ遂ニ日英關係ヲシテ今日ノ如ク悪化セシメタル次第ナレハ英國ニ於テ政策ヲ改ムル必要アルコトヲ力說シ居レリ英國ノ態度ヲ改善セシムル爲ニハ他ノ大(特ニ佛國)小國ニ對シテモ機會アル毎ニ働キ掛クルコトハ相當效果アル樣觀察セラル

(右啓發資料トシテ曩ニ當館ニ於テ「ジャパン、イン、イーストエシア」ヲ編纂シ關係各館ニ配布シ居キタルカ更ニ英國ノ對支政策ニ關スル資料ヲ不取敢纒メ近ク同樣配布ノ豫定ナリ)

米、佛、瑞西、瑞典、白、蘭ニ轉電シ芬蘭、「ラトビア」ニ暗送セリ

1557　昭和14年7月8日　在英国重光大使より有田外務大臣宛(電報)

日英東京会談の実現自体が将来の両国関係好転に資するとのウィルソンの伝言について

ロンドン　7月8日後発
本　省　7月10日着(編注)

(館長符號、極祕)

天津事件交渉ハ將來日英關係ノ鍵ナリト傳ヘシメタルニ對シ「ウイルソン」ハ七月七日政府ノ意向ヲ反映スルモノトシテ東京ニ於ケル交渉ニ依リテ解決ヲ行フコトトナリタルコト夫レ自身既ニ好意的措置(日本政府ノ)ト感シ居レリ又天津事件自身ヲ解決シ得タル後ニ自ツカラ其ノ背後ニ横ハル兩國ノ關係ニ付テ話ヲ進ムルコトニ何等異議ナシ何レニシテモ先般申上ケタル英國政府ノ意向ニ變リナシト傳言シ來レリ何等御參考迄

編注　本電報の着電時間が午前・午後のいずれであるかは不明。

1558　昭和14年7月14日　有田外務大臣より在英国重光大使、在北京堀内大使館参事官、在天津田代総領事他宛(電報)

日英東京会談の交渉方針につき通報

付記一　昭和十四年七月九日、陸軍省作成
「天津租界問題ニ關スル日英交渉要領大綱」

二　昭和十四年七月十三日、東亜局第一課作成
「「天津租界問題ニ關スル日英交渉大綱」ニ關スル閣議等ノ模様」

本　省　7月14日後9時10分発

合第一六〇二號(極祕、部外祕)

天津租界問題ニ關スル日英交渉ハ十五日開始ノ筈ナル處我交渉方針ノ大要左ノ如シ

一、本交渉ノ範圍ハ天津ニ於ケル現下ノ事態ニ關聯スル各種問題トシ其ノ目的ハ英國ヲシテ對支那事變態度ヲ是正セシメ現地治安維持ノ强化竝ニ軍ノ生存上必須ノ事項ニ關

シ現地英國側ノ協力ヲ爲サシムルニ在リ尚右交渉ニ關聯シ特ニ一般問題處理ノ爲所要ノ對英政略施策ヲ併セ行フ

二、天津租界問題ノ具体的折衝ニ入ルニ先チ英國側ヲシテ「支那ニ於テ進行中ナル現實ノ事態ヲ確認シ事變中現地治安維持竝ニ軍生存上等ノ必要ヨリ當然ノ要求存在スルコト竝ニ此ノ間敵ヲ利シ我ヲ害スルノ行爲及原因ハ軍ニ於テ之カ排除ヲ要スルコトヲ認識シ之カ妨碍トナルヘキ一切ノ行爲ヲ控制スルコト」ヲ諒解セシメ公表スルコトトス

三、天津租界問題ノ具体的交渉ニ方ツテハ之ヲ局地問題トシ其ノ要求ヲ軍ノ治安竝其ノ生存上不可欠ノ範圍ニ止メ其ノ目的、限度ヲ堅持シ以テ交渉ノ短期解決ニ努力ス

四、要求事項ノ內容ニ就テハ或程度ノ彈力性ヲ有セシムルモ大体(イ)抗日分子ノ取締其ノ他治安維持ニ關シ英租界當局ハ現地日本軍ト協力スルコト(ロ)今次天津問題ノ直接原因タル程錫庚暗殺犯被疑者ノ引渡竝ニ英租界內支那人犯人ノ捜査逮捕引渡等ニ付英租界當局ハ現地支那官憲ト協力スルコト(ハ)英租界當局ハ英租界內支那銀行保有現銀ノ租界外搬出ニ干渉セサルコト(ニ)英租界當局ハ英租界內支那銀行其ノ他ノ金融機關ニ對スル臨時政府側ノ監督檢査ヲ妨害セス臨時政府ノ舊法幣使用禁止ニ關スル法令ノ英租界內支那人ニ對スル適用ニ付臨時政府側ト協力シ且英租界內支那人ノ經濟攪亂行爲ニ對スル取締ニ付臨時政府側ト協力スルコト等現地治安維持及經濟的安定ノ爲特ニ必要且合理的ナルモノトス

右要求ノ原則的事項ニ付テハ東京ニ於テ折衝シ其ノ具体的實行ニ關スル事項ニ付テハ天津ニ於テ折衝スルヲ本則トス

五、尚本交渉開始ノ爲天津租界隔絶緩和ヲ條件トスルコトハナキモ英國側カ我主要要求ヲ受諾スルニ於テハ我自主的認定ニ依リ適時隔絶解除ヲ行フコトトナルベシ

右不取敢

本電宛先、北京、天津、南京、上海、青島、香港、英、米英ヨリ獨佛伊蘇へ、米ヨリ紐育へ轉報アリ度

（付記一）

天津租界問題ニ關スル日英交渉要領大綱

昭和一四、七、九　陸軍省

第一、方　針

一、本交渉ノ範圍ハ天津ニ於ケル現下ノ事態ニ關聯スル各種問題トス、而シテ其ノ目的ハ英國ヲシテ對支那事變態度ヲ是正セシメ現地治安維持ノ强化竝軍ノ生存上必須ノ事項ニ關シ現地英國側ノ協力ヲ爲サシムルニ在リ
尚右交渉ニ關聯シ中央ニ於テ特ニ一般問題處理ノ爲所要ノ對英政略施策ヲ併セ行フ

第二、要　領

一、天津租界問題ノ具体的折衝ニ入ルニ先チ左記事項ヲ諒解セシム

左　記

英國側ハ支那ニ於テ進行中ナル現實ノ事態ヲ確認シ事變中現地治安維持竝軍生存上等ノ必要ヨリ特種ノ要求存在スルコト竝ニ此ノ間敵ヲ利シ我ヲ害スルノ行爲及原因ハ軍ノ自衛上之カ排除ヲ要スルコトヲ承認シ之レカ妨碍トナルヘキ一切ノ行爲ヲ控制スルコト

二、天津租界問題ノ交渉ニ方リテハ之ヲ局地問題トシ其ノ要求ヲ軍ノ治安竝其ノ生存上不可缺ノ範圍ニ止メ其ノ目的、限度ヲ堅持シ以テ交渉ノ短期解決ニ努力シ遷延ヲ避ク交渉ヲ短期且有利ニ解決スル爲萬般ノ措置ヲ講スルト共ニ先方ノ誠意認メ難キ場合ニハ適宜東京ニ於ケル交渉ヲ打チ切ルモノトス

三、具体的折衝開始ニ方リ日英間ニ諒解ヲ取リ附クヘキ我カ交渉基礎事項概ネ別紙第一ノ如シ

四、交渉開始ノ爲天津租界隔絶緩和ヲ條件トスルコトナシ我方ノ採ルヘキ手心ニ就テハ一ニ現地軍ノ自主的措置ニ待ツ

五、天津租界問題ニ關シテハ其ノ要求事項ノ本質ニ鑑ミ日英現地側間ノ交渉ニ委シ中央ハ所要ニ應シ必要ナル斡旋ヲ行フ
而シテ現地問題ノ原則的事項ハ東京ニ於テ其ノ具体的實行ニ關スル事項ハ天津ニ於テ折衝スルヲ本則トス

六、中央ハ前項現地側交渉ヲ推進スルト共ニ一般問題處理ノ爲所要ノ對英政略施策ヲ行フ

七、交渉ノ全般ニ亙リ外務、陸軍一体トナリ緊密ナル連絡協力ノ下ニ之ヲ進ム

八、中央ノ交渉分擔ノ概要左ノ如シ
1.要領第一項ノ諒解ノ取附
2.交渉基礎事項ノ概定

3.現地側交渉ノ側面的斡旋
4.其他全般ニ關スル事項
九、現地側ノ交渉分擔ノ概要左ノ如シ
天津租界ニ關聯スル現地治安維持ノ强化竝軍ノ生存上必須ノ要求ニ關シ現地英國側トノ交渉
但經濟問題ノ如キ中央トモ關係ヲ有スル事項ニ關シテハ要スレハ中央之ニ協力スルコトアリ
十、東京ニ於ケル日英現地側間折衝ノ際我方ノ要求スル原則的事項別紙第二ノ如シ
十一、東京ニ於テ日英間ニ決定シタル原則的事項ニ基キ現地(天津)ニ於テ其ノ具体的ニシテ直接實效ヲ生スヘキ事項ヲ折衝ス
其ノ内容ハ別ニ定ム
十二、英國カ別紙第三ノ「警戒及監視解除ノ爲認定ノ準據」ニ規定シアル事項ヲ受諾セハ我カ自主的認定ニ依リ適時隔絶解除ヲ行フ
十三、事態ノ遷延若クハ悪化ノ場合ニ處スル爲速ニ諸般ノ準備就中經濟對策等ヲ整フルト共ニ所要ノ措置ヲ講スルモノトス

別紙第一

日英交渉基礎事項

一、天津租界問題ニ關シテハ之ヲ局地問題トシ日英現地側間ニ於テ折衝ス其ノ原則的事項ハ東京ニ於テ其ノ具体的實行ニ關スル事項ハ天津ニ於テ折衝スルヲ本則トス
二、右會談ニ關聯シ大臣、大使ヲ中心トスル會談ヲ行ヒ天津問題ヲ惹起スルニ至リタル根源ヲ除去シ日英間ニ於ケル支那事變ニ關スル諒解ヲ深ムルニ必要ナル討議ヲモ行フ
三、現地側交渉基礎事項ニ關スル英提案ニ對スル應酬要領左記基礎ノ下ニ天津ニ關スル一切ノ日英間ノ懸案ヲ討議スルモノトス
(イ)天津英租界カ日本現地ノ軍事的、政治的及經濟的利益ニ對シ害アルカ如キ如何ナル目的ノ爲ニモ利用セラルルコトヲ防止シ且可成日本ノ對支政策ニ同調ノ態度ヲ採ルコト
(ロ)天津英租界ニ於ケル英國ノ權力ニ關シテハ本交渉間具体問題ニ付キ討議スルコトトスルモ事變間現地治安維持竝軍生存上等ノ必要ヨリ特種ノ要求存在スルコトヲ

認ムルコト

別紙第二

東京ニ於ケル日英現地側間折衝ノ際我方ノ要求スル原則的事項

一、英租界内ニ於ケル抗日共産活動ノ除去

(イ)抗日共産分子ヲシテ租界ヲ利用セシメサルコト

(ロ)抗日犯人ノ引渡

(ハ)抗日職員ノ罷免

(ニ)抗日共産的施設、言論及文書等ノ禁止

二、租界内ニ於ケル經濟攪亂行爲ノ停止竝ニ北支ノ金融、經濟工作ニ對スル協力

(A)經濟攪亂ノ根源タル舊法幣ノ租界内ニ於ケル實質的流通禁止

(イ)公租公課手數料ノ納付ヲ始メ一切ノ取引ノ決濟ハ中聯券ノミヲ以テスルコト

(ロ)舊法幣建勘定ヲ中聯券建ニ改ムルコト

(ハ)右各項實施ノ爲有效適切ナル措置ヲ英國側又ハ工部局ニ於テ採ルコト

(B)現銀ノ搬出

京津兩市現銀管理委員會保管現銀ノ租界外搬出ヲ認ムルコト

(C)支那側銀行等ノ檢査、監督

中國聯銀ヲシテ租界内ノ支那側銀行、銀號及錢舖ノ資產及營業ヲ檢査監督セシムルコトヲ認ムルコト

(D)中國聯銀ノ現ニ採リ又ハ將來採ルコトアルヘキ一切ノ爲替政策ニ協力スルコト

三、治安維持ノ爲租界内ニ於ケル協同取締及捜査

(イ)抗日共産活動ノ取締及捜査

(ロ)舊法幣流通取締及捜査

(ハ)支那側銀行、銀號、錢舖及商社ノ取締及捜査

(ニ)其他治安經濟攪亂行爲防止ノ爲碼頭等必要ナル箇所ニ於ケル取締

別紙第三

警戒及監視解除ノ爲認定ノ準據

英國側ニ於テ概ネ左記諸項ヲ受諾セハ之カ自主的認定ニ依リ警戒及監視解除ス

一、抗日犯人ノ引渡
(イ)程ニ關スル當面ノ犯人四名ノ速カナル引渡
二、治安攪亂原因ノ除去
(ロ)李漢元等抗日職員ノ罷免
(ハ)抗日的施設、言動、文書等ノ取締
三、治安維持竝軍生存上必須限度ニ於ケル經濟措置
(ニ)北支通貨政策ニ協力
本項ハ原則受諾ノ程度トシ其内容ハ差當リ舊法幣ノ流通禁止竝現銀搬出ニ關スル協力トス之カ具体案ノ細部折衝ハ解除後ニ亙ルヲ豫期ス
(本件ハ其ノ實質的效果ヲ收ムルヲ主トシ之カ實行ノ方法及程度ニ關シテハ斟酌ノ餘地ヲ存ス)
(ホ)經濟上ニ於ケル協同取締
本項亦原則受諾ノ程度トシ其ノ範圍ハ差當リ舊法幣流通取締竝支那側銀行、錢莊、商社、碼頭及支那側現銀ノ検査取締ノ程度トナス
具体案ノ細部折衝ハ解除後ニ亙ルヲ豫期ス
備　考
各具体的事項ノ取扱ニ方リテハ軍ノ治安維持竝生存上ノ見地ニ基キ處理スルモノトシ現情勢ニ於ケル天津ノ問題ニ局限ス

(付記二)

「天津租界問題ニ關スル日英交渉大綱」ニ關スル閣議等ノ模様

有田大臣御話

(昭和十四、七、一三、亞一)

一、閣議ニ於テハ別段ノ異存ナシ(陸相ヨリ租界封鎖ノ關係ヲ説明セリ)
一、我方條件ハ裕リノアルモノト諒解ス
一、條件内容ハ絶對極祕トスルコト(内相此ノ點ヲ强調シ場合ニ依リテハ新聞記事掲載禁止ノ要アルコトヲ指摘ス)
一、交渉ハ成ヘク纒メルコト而シテ右スルヤ左スルヤノ場面ニ立ツカ如キ事態ニ至ラハ閣議ニ於テ再考スルコト
一、松岡參議ヨリ此ノ案ヲ見ルト交渉ヲ纒メル方針ナリヤ否ヤハッキリシ居ラスト言ハレ大臣ヨリ然ルヘク答フ
一、條件ニ裕リアリ動カスヘカラサルモノニハ非ストノ趣旨ニテ御裁可アリタリ(特ニ祕トス)

1559　昭和14年7月15日　有田外務大臣より在英国重光大使、在天津田代総領事他宛（電報）

第一回有田・クレーギー会談において日本側が天津租界問題の背景となる中国の事態に関する一般原則の容認を要求について

付記一　英国側が提出した第一回有田・クレーギー会談議事録

二　昭和十四年七月十五日、東亜局第一課作成
右議事録の和文要約

本　省　7月15日後9時発

合第一六一八號（極祕）

（欄外記入）
往電合第一六〇二號ニ關シ

本十五日本大臣「クレイギー」トノ第一回會談ヲ行ヒタリ

先ツ本大臣ヨリ天津ニ於ケル現下ノ事態ニ關聯スル諸問題ヲ討議スルニ當リ一般問題ヨリ入リ度シトテ玆ニ一般問題ト云フハ天津ニ於ケル各種問題ノ「バック・グラウンド」ヲナス問題ノ意味ナリ元來支那ニ於テハ大規模ノ戰爭行ハレ居リ從テ支那ニ於ケル日本軍ハ占據地域ノ治安維持及軍ノ生存上ヨリ特殊ノ要求ヲ有スルコト當然ニシテ又我ヲ害シ敵ヲ利スル行爲及原因ハ之ヲ排除スル爲所要ノ措置ヲ執ルノ要アルコト當然ナリ然ルニ從來英國側カ右ニ對シ眼ヲ覆ヒタルコトカ今日ノ如キ種々ノ問題ヲ惹起シタル原因ナルカ故ニ此ノ點ニ付十分ノ了解ヲ取付ケ置クコトカ具体的問題ニ入ルニ必要ニシテ而シテソレヲ何等カノ形ニ於テ發表シタル後第二第三ノ問題ニ入ルコトトシ度シト述ヘ冒頭往電二ノ趣旨ヲ英文ニシタル案（編注）ヲ示シタル處大使ハ御話ノ如キ趣旨ナラハ先ツ初ニ夫等ノ點ニ付テ話合ヲ進ムルコトニ異議ナキモ御提示ノ案文ヲ見ルニ二ツノ點ニ於テ困難アリ第一ハ「全支那ニ亙ル」點ニシテ斯クテハ天津問題ノ「バックグランド」トシテ取扱フ主旨ト異リ第二ハ「我ヲ害シ敵ヲ利スル行爲及原因ハ軍ニ於テ排除ヲ要スルコト」云々ノ點ナリ若シ此ノ點ヲ認ムルニ於テハ「ブランク・チエック」ヲ出スト同シコトトナリ又第三國トノ關係モ考ヘ見ル必要アリト答ヘタリ仍テ本大臣ヨリ全支那ニ亙ルト言ハルルモソレハ事柄ノ性質上已ムヲ得サルコトナリ英國側カ天津乃至北支ニ於テ斯ルコトヲ認ムルト云フナラハ他ノ地方ニ於テ認メ得サル理由ナキ筈ナリ又第二ノ點モ軍トシ

テハ當然ノコトナル旨ヲ敷衍説明シタルモ此ノ點ニ付テハ特ニ最後迄難色ヲ示シタルカ結局本國政府ニ請訓スルコトトナリタルニ付本大臣ヨリ案文ノ内容ニ付テハ我方トシテ讓歩シ難キモノナル點ヲ强ク印象セシメラレ度旨述ヘ置キタリ

尙來週月曜會談ヲ續行スルコトトセリ

本電宛先、北京、天津、南京、上海、青島、香港、英、米

英ヨリ獨佛伊蘇へ、米ヨリ紐育へ轉報アリ度

（欄外記入）

北京、南京、天津、上海、青島、英へハ至急電トセラレ度

編　注　本文書付記一の「ANNEX II」。

（付記一）

Mr. Arita having submitted an agenda (Annex I) and given a general explanation of Point 1 of the agenda, Sir Robert Craigie replied that he found himself in general agreement with Mr. Arita's representation of the subject, provided that there was no question of imposing conditions for the conduct of the Tientsin conversations. Mr. Arita, while agreeing that the word "conditions" was not applicable, considered that it was necessary to obtain agreement on Point 1 of the agenda before proceeding to discussion of Points 2 and 3. Sir R. Craigie suggested that the desiderata of both sides might be met if any formula agreed to were to be described as "Statement proposed as a means of facilitating progress of negotiations relating to Tientsin."

Mr. Arita then submitted the draft of a formula (Annex II) for the solution of Point 1. Sir R. Craigie objected to this formula on the grounds that:

(a) It related to China as a whole instead of to the Tientsin area which was the subject of discussion.

(b) It invited the British Government to agree in advance and without qualification to any measures which the Japanese military authorities might deem it necessary to take in what they held to be the interests of self-defense.

(c) The last sentence contained an implication that the British Government had hitherto countenanced acts and measures by the British authorities in China calculated to interfere with the maintenance of Japanese security and public order in the occupied area. This was far from being the case.

He felt that all three points presented serious difficulty. He offered to submit to his Government a counter-proposal if Mr. Arita would agree to modify his draft formula as shown in Annex III. He urged strongly that this was the most that the Japanese Government were entitled to ask His Majesty's Government to declare without raising general questions of policy which affected the exercise of belligerent rights and the interests of third Powers.

Mr. Arita regretted that he was unable to accept the counter-proposal and argued strongly for the acceptance of his original draft. As Sir Robert Craigie was convinced that his Government could not accept Mr. Arita's formula in its present shape, it was agreed that the interview should be adjourned for further consideration and in order that Sir R. Craigie should inform his Government of the position.

ANNEX I

The agenda of discussion on the Tientsin problem

1. General question
2. Problems relating to the maintenance of peace and order.
3. Problems relating to economic matters.

ANNEX II

The British Government fully recognise the actual situation in China, where hostilities on a large scale are in progress, and note that, as long as that state of affairs continues to exist, the Japanese Forces in China have special requirements for the purpose of safeguarding their own security and maintaining public order in the regions under their control, and they have to take the necessary steps in order to suppress or remove any such acts or causes as will obstruct them or benefit their enemy. The British Government, therefore, will refrain, and cause the British authorities in China to refrain, from all acts and measures which will interfere with the Japanese Forces in attaining their above-mentioned objects.

ANNEX III

The British Government fully recognise the situation created by the progress in China of hostilities on a large scale and note that, as long as that state of affairs continues to exist, the Japanese Forces in China have special requirements for the purpose of safeguarding their own security and maintaining public order in the regions under their control and are entitled to expect that the British authorities and British nationals will abstain from any such acts or measures as will obstruct the Japanese Forces or benefit their enemy. The British Government have no intention of countenancing such acts or measures and have already made it plain to the British authorities in China that this is their policy.

（付記二）

七月十五日在京英國大使ト有田大臣會談錄ヲ
在京英國大使ヨリ送付ノ件

（昭和一四、七、一五　亞一）

有田大臣ハ附屬書（編注）一ノ議題ヲ手交セラレ且議題一ノ一般的說明ヲ與ヘラレタルカ「クレーギー」大使ハ右ニ對シ有田大臣ノ本件ニ對スル申入ニ對シ大体同意ナルモ唯天津會談進行ニ對シ條件ヲ要求スルカ如キコトナカルヘキ旨留保セリ有田大臣ハ「條件」ナル言葉ハ適セサルヘキコトヲ同意セラレタルカ第二、第三ノ討議ニ先立チ第一點ノ議題ニ關シ合意ニ達スル必要アリト認メラレタリ「クレーギー」大使ハ雙方ノ要求ハ合意セラレタル形式カ「天津ニ關スル交涉ノ進行ヲ促進スル爲ニ提議セラレタル申入」ト名稱附ケラルコトニ依リ妥協シ得ル旨示唆セリ有田大臣ハ次ニ附屬書二ノ草案ヲ第一點ノ解決ノ爲提示セラレタルカ「クレー

ギー」大使ハ右「フォーミュラ」ヲ左ノ理由ニ依リ反對セリ

㈠右ハ支那全部ニ關スルモノニシテ本件交渉ノ目的タル天津地方ニ對スルモノニ非ス

㈡右ハ英國政府ニ對シ豫メ無條件ニ日本軍官憲カ必要ト認ムル場合ハ自衛上ノ必要ト認ムル如何ナル措置ヲモ同意スベキコトヲ勸奨シ居レリ

㈢最後ノ文章ハ英國政府カ過去ニ於テ支那ニ於ケル英國官憲カ日本軍ノ安全及日本軍占據地帶ノ治安維持ニ對シ妨害スルト認メラルルカ如キ行爲又ハ措置ヲ默認シタリトノ意味ヲ含ミ居レリ

「クレーギー」大使ハ右三點ハ重大ナル困難ヲ提起スルモノナルコトヲ認メタリ大使ハ有田大臣ガ其ノ「フォーミラ」草案ヲ別添三ニ示ス如ク修正スルコトヲ同意セラルルナラバ英國政府ニ對シ之ヲ對案トシテ提出スヘキ旨申入レタリ「クレーギー」大使ハ強ク右カ日本政府カ英國政府ニ對シ交戰國ノ權利ノ施行ニ關係シ且第三國ノ權益ニ關係スル一般的問題ヲ提起スルコトナク宣言スルヲ要求シ得ル最大限ナルコトヲ主張セリ

有田大臣ハ右對案ヲ受諾スルコト能ハサルヲ遺憾トシ且其ノ原案ヲ受諾セラルヘキ旨強ク主張セラレタリ「クレーギー」大使ハ有田大臣ノ「フォーミュラ」ハ其ノ原形ニ於テハ英國政府ノ容ルル能ハサルモノナルヲ信シタルヲ以テ會談ハ更ニ一層ノ考慮ヲ拂ヒ且「クレーギー」大使カ本國政府ニ對シ狀況ヲ報告シ得ル爲延期スルコトニ意見ノ一致ヲ見タリ

編注　付属書の和訳文は見当らない。

1560　昭和14年7月17日　在英国重光大使より有田外務大臣宛（電報）

日英東京会談に関連した英国下院質疑において英国は他国の要求により外交政策を変更しないと英国首相答弁について

ロンドン　7月17日後発
本　　省　7月18日前着

第八〇三號

往電第七九八號ニ關シ

首相ハ十七日下院ニ於テ東京會談ニ關スル質疑ニ對シ十五日東京ニ於テ發表ノ「コンミユニケ」ヲ引用シタル後左ノ趣旨ヲ答辨セリ

日英兩國ノ新聞ニハ日本政府カ交渉開始ノ條件トシテ英國ノ極東政策ノ根本的變更ヲ要求スヘシトノ報道多數アルモ余ハ英國政府ハ他國ノ要求ニ依リ其ノ外交政策ヲ變更シ得ルモノニアラサルコトヲ明カニセントス且日本政府ヨリ何等此ノ種ノ要求ニ接シ居ル譯ニハアラス日本政府ノ態度ハ駐日大使ノ意見ニテハ英國ハ今一層日本側ニ理解アル態度ヲ以テ日支事變ニ處スヘシトノ希望ヲ表明セルモノト見ルヲ以テ正シトス政府モ亦日本政府ノ有セサル意圖ヲ有ストト誣フルコトハ却ツテ交渉ヲ阻害スルモノナリトノ駐日大使ノ意見ニ同感ナリ云々

1561 昭和14年7月20日

有田外務大臣より
在英国重光大使、在天津田代総領事他宛(電報)

第二回有田・クレーギー会談において英国側が一般原則に関する日本案の修正を提議について

本省 7月20日前1時0分発

合第一六五九號(極祕)

往電合第一六一八號ニ關シ

本十九日第二回會談ヲ行ヒ先ツ「クレーギー」ヨリ本國政府ノ回訓ニ接シタルヲ以テ英國政府ノ見解ヲ申述フヘシトテ英國政府ニ於テハ今次東京會談ハ地方的問題ト思考シ居リシニソレカ一般問題迄擴ケラレシ爲聊カ「エムバラッス」セラレ居ル處天津問題ノ背景ヲナス一般問題ニ付話合フコトハ別ニ異議アル次第ニ非ス只先般閣下ヨリ提出セラレタル日本政府ノ「フォーミユラ」ニ付テハ意見アリ第一ニ「敵ヲ利シ我ヲ害スルノ行爲及原因ハ之ヲ排除スル爲軍ニ於テ所要ノ措置ヲ執ルヘキコト」トアル點ハ前回會談ニ於テモ指摘セル如ク「ブランク・チェック」ヲ出スコトトナリ此ノ儘受諾スルニ於テハ如何ナルコトヲサルルトモ英國政府トシテハ異議ヲ唱ヘ得サルコトトナル惧アリ第二ニ英國政府カ從來日本軍ノ行動等ヲ妨害スルカ如キ政策ヲ執リ居タリト思ハスルカ如キハ絶對ニ困ルコトニシテ第三ニ英國ノ正當ナル權利ヲ保持スルコトモ必要ニシテ又第四ニ日本軍占領地域下ニ於ケル排英運動ノ取締ニ付テモ考慮ヲ

求メサルヲ得ス斯カル英國政府ノ意見ニ基キ日本側ノ案ヲ修正致度シト述ヘタリ
之ニ對シ本大臣ヨリ先ツ第一ノ點ニ付我方案ノ趣旨ヲ詳細説明シタル處結局「ク」ハ若シ具体的ノ問題ニ付英國トシテ不當ナリト認ムル場合ニハ之ニ反對スル權利ヲ留保スルコトヲ明ニスルニ於テハ日本側原案通リニテ差支ナシト自分トシテハ思考スト述ヘ又第二點ニ付テハ本大臣ヨリ日本案ハ單ニ將來ノコトヲ言ヘルモノニシテ過去ノ問題ニ付テハ英國カ斯カル政策ヲ執リタリトカ執リ居ラストカ云フ問題ニハ言及シ居ラサルニ付凡テ日本案通リニテ差支ナキニ非スヤトノ趣旨ヲ以テ應酬シタルモ「ク」ハ日本案ニ依レハ今迄英國側カナシ居リタルコトハ間違ヒナリシト云フコトヲ表ハスモノナルカ故ニ絶對ニ英國トシテ同意出來ストテ此ノ點ヲ强ク主張セリ又本大臣ヨリ英側對案ノ排英運動ノ點モ斯カルコトヲ本案ニ挿入スルコトニハ反對ナル旨ヲ述ヘタル處「ク」ハ此處ニ之ヲ挿入スルコトニ異議アルニ於テハ天津問題ノ具体的折衝ニ入リタル際本問題ニ付話合フコトト致度シト述ヘ結局本大臣ヨリ個々ノ場合ニ反對スル權利ヲ留保スル旨ヲ此處ニ挿入スルコトハ同意出來ス又英國ノ政策ニ關スル部分ニ付テモ貴方ノ案ニハ同意出來兼ヌル旨ヲ述ヘ一應午前中ノ會談ヲ終リタリ
午後更ニ引續キ種々討議シタル結果大使ハ第一ノ問題ニ付テハ議事錄ニテ英國側ノ主張ヲ明白ニスルコトトスルカ又ハ日本軍ニ於テ往電第一六〇二《（合欠カ）》號ニノ軍事上ノ必要ヲ有ストノ「日本側見解」ヲ認識シ云々トスルコトトスルカ何レカナレハ差支ナシト思考ス
第二ニ英國側ニ於テ控制ス〻へキ事項ノ範圍ハ之ヲ軍ノ安全ト治安維持ニ害アルモノニ局限スルコトト致度又第三ニ英國側トシテハ其ノ政策ニ付日本側ヨリ「ディクテート」セラレタルカ如キ意味ノモノトスルコトハ絶對反對ナル旨ヲ繰返シ述ヘタルカ結局意見纏ラス更ニ「ク」ニ於テ請訓スルコトトナリ明後二十一日續行スルコトトシ會談ヲ終リタリ
本電宛先、北京、天津、南京、上海、青島、香港、英、米英ヨリ獨、佛、伊、蘇へ米ヨリ紐育へ轉報アリ度

1562

昭和14年7月22日　有田外務大臣より在英国重光大使、在天津田代総領事他宛（電報）

第三回有田・クレーギー会談において一般原則に関する字句修正を協議について

別電一　昭和十四年七月二十二日発有田外務大臣より在英国重光大使、在天津田代総領事他宛合第一六八七号

第一センテンスの解釈に関する有田外相口述案

二　昭和十四年七月二十二日発有田外務大臣より在英国重光大使、在天津田代総領事他宛合第一六八八号

合意した第一センテンス

三　昭和十四年七月二十二日発有田外務大臣より在英国重光大使、在天津田代総領事他宛合第一六八九号

第二センテンスの第一案

四　昭和十四年七月二十二日発有田外務大臣より在英国重光大使、在天津田代総領事他宛合第一六九〇号

第二センテンスの第二案

本　省　7月22日前1時発

2576

合第一六八六號（極祕）

往電合第一六五九號ニ關シ

二十一日午前本大臣「クレーギー」大使會談要領左ノ通リ

一、先ツ大使ハ十五日提案セル案文ニ付冒頭往電第一、第二及第三ノ議論ヲ繰返シ第一ノ點ニ付テハ案文ノ中ニ留保的字句ヲ挿入スルコトハ之ヲ「ドロップ」スルモ英國政府カ不當ト認ムル場合反對スル自由ヲ有ストノ趣旨ヲ共同記錄ノ中ニ殘スコトトシ度シト述ヘ第二及第三ノ點ニ付テモ修正意見ヲ提示セリ

之ニ對シ本大臣ヨリ第一ノ點ニ付テハ共同記錄案ハ好マシカラス只貴大使ニ本大臣ヨリ別電合第一六八七號ノ如キ意味ヲ口頭ヲ以テ述ヘタル旨英國政府ニ報告セラルルコトトセハ宜シキニ非スヤト述ヘ大使結局之ニ同意ス

（意見一致セル案文前半別電合第一六八八號ノ通）

次テ第二及第三ノ點ニ付本大臣ヨリ別電合第一六八九號

ノ案及其ノ「and they will」以下ヲ別電合第一六九〇號ノ通リトセル案ノ二ツヲ提示シタル處大使ハ其ノ孰レヲ可トスルヤニ付請訓スヘシト述フ

二、次ニ大使ヨリ本件案文(公表ノ予定)ハ支那ニ利害ヲ有スル他ノ國ノ地位及義務ニ影響ヲ及ホスモノニ非サル點ニ付貴大臣ノ言明ヲ得ヘキ旨本國政府ヨリ申越シ居レリト述ヘタルニ付本大臣ヨリ其ノ何ノ意味ナルカヲ尋ネタル處大使モ十分ナル説明ヲナス能ハサリシニ依リ本大臣ヨリ意味ノ不明確ナルコトニ對シ何分ノ返事ヲナス能ハサル旨述ヘタル處大使ハ一應本國政府ニ照會スヘキ旨ヲ述フ

三、最後ニ大使ヨリ支那ニ於ケル反英運動取締ノ問題ニ付テハ今後天津ニ關スル具体的事項ヲ論議スル際治安維持ノ問題ニ關聯シ之ヲ提議スルコトニ諒承アリ度シト申出テ本大臣之ヲ諒承セリ

本電及別電宛先冒頭往電ノ通リ

別電ト共ニ冒頭往電ノ通リ轉報アリ度

(別電一)

合第一六八七號　　本省　7月22日前0時発

The first sentence of the agreed formula is not intended to preclude the British Government from making representations to the Japanese Government in regard to any particular case, if unfortunately occasion arises of doing so.

(別電二)

合第一六八八號　　本省　7月22日前1時発

His Majesty's Government in the United Kingdom fully recognize the actual situation in China where hostilities on a large scale are in progress and note that, as long as that state of affairs continues to exist, the Japanese Forces in China have special requirements for the purpose of safeguarding their own security and maintaining public order in the regions under their control and that they have to suppress or remove any such acts or causes as will obstruct them or benefit their enemy. His Majesty's Government have no intention .....

（別電三）

合第一六八九號　　本　省　7月22日前1時発

His Majesty's Government have no intention of countenancing any acts or measures prejudicial to the attainment of the above mentioned objects by the Japanese Forces and they will again make it plain to the British authorities and British nationals in China that they should refrain from such acts and measures.

（別電四）

合第一六九〇號　　本　省　7月22日前0時発

and they will take this opportunity to confirm their policy in this respect by making it plain to the British ..... and measures.

1563　昭和14年7月23日　有田外務大臣より在英国重光大使、在天津田代総領事他宛（電報）　2578

第四回有田・クレーギー会談において一般原則に関する案文合意について

別電一　昭和十四年七月二十三日発有田外務大臣より在英国重光大使、在天津田代総領事他宛合第一六九八号
発表案日本文

二　昭和十四年七月二十三日発有田外務大臣より在英国重光大使、在天津田代総領事他宛合第一六九九号
発表案英文

合第一六九七號（極祕、至急）　　本　省　7月23日発

往電合第一六八六號ニ關シ

二十二日夜本大臣「クレーギー」大使ト會談ノ結果往電合第一六八八號及往電合第一六九〇號ノ案文ヲ採ルコトニ意見合致シタルニ付之ニ「イニシヤル」ヲ了シ右ヲ二十四日

(月曜日)午後十時東京及倫敦(午後三時)ニ於テ發表スルコトトナレリ(發表案文日本文別電合第一六九八號英文別電合第一六九九號ノ通リ爲念)

尚二十四日ヨリ具体的問題ニ關スル交渉ヲ開始スル筈

本電及別電宛先冒頭往電ノ通

別電ト共ニ冒頭往電ノ通リ轉報アリ度

(別電一)

本　省　7月23日発

合第一六九八號

英國政府ハ大規模ノ戰鬪行爲進行中ナル支那ニ於ケル現實ノ事態ヲ完全ニ承認シ又斯カル狀態ガ存續スル限リ支那ニ於ケル日本軍ガ自己ノ安全ヲ確保シ且其ノ勢力下ニ在ル地域ニ於ケル治安ヲ維持スル爲特殊ノ要求ヲ有スルコト竝ニ日本軍ヲ害シ又ハ其ノ敵ヲ利スルガ如キ行爲及原因ヲ排除スルノ要アルコトヲ認識ス英國政府ハ日本軍ニ於テ前記目的ヲ達成スルニ當リ之ガ妨碍トナルベキ何等ノ行爲又ハ措置ヲ是認スルノ意思ヲ有セス此ノ機會ニ於テ斯カル行爲及措置ヲ控制スベキ旨在支英國官憲及英國國民ニ明示シ以テ右政策ヲ確認スベシ

(別電二)

本　省　7月23日発

合第一六九九號

His Majesty's Government in the United Kingdom fully recognize the actual situation in China where hostilities on a large scale are in progress and note that, as long as that state of affairs continues to exist, the Japanese Forces in China have special requirements for the purpose of safeguarding their own security and maintaining public order in the regions under their control and that they have to suppress or remove any such acts or causes as will obstruct them or benefit their enemy. His Majesty's Government have no intention of countenancing any acts or measures prejudicial to the attainment of the above-mentioned objects by the Japanese Forces and they will take this opportunity to confirm their policy in this respect by making it plain to the British authorities and British nationals in China that they should refrain from such acts and measures.

1564 昭和14年7月24日 在英国重光大使より
有田外務大臣宛(電報)

日英東京会談において合意した一般原則に関する英国首相の議会説明につき報告

ロンドン　7月24日後発
本　　省　7月25日後着

第八五一號

一般的情報

一、二十四日首相ハ下院ニ於テ東京會談ニ關スル質問ニ答ヘ本月十五日以後豫備會談進捗中ナリシカ日本政府ハ兩國間ノ誤解ヲ排除シ其ノ關係ヲ改善センカ為ニハ天津事件ノ背景ヲ認識スルコト必須ナリトノ見解ヲ披瀝シタリ右ハ英國政府ノ對支政策トハ何等關係ナク事實ノ問題ナリ支那ニ於テハ大規模ノ戰闘行ハレ居リ日本軍ハ其ノ安全ヲ保持スルト共ニ占領地域ノ治安ヲ維持セサルヘカラス從テ右カ阻害セラレサル樣措置スル必要アリ依テ英國政府ハ天津問題討議ノ途ヲ開ク為ニ日本政府ト一ノ「フオーミユラー」ニ付到達セリトテ打合ノ通リ聲明セリ

次テ㈠來ルヘキ會談ニ於テ法幣ヲ破措《(壞カ)》シ又ハ對支信用供與ノ權利ヲ毀措《(損カ)》スルカ如キコトニハ同意セストノ保章《(障カ)》ヲ與ヘラレタシトノ質問ニ對シテハ然リ會談ハ天津ノ地方的問題ニ局限セラレ居レリト答ヘ㈡今次ノ讓歩ハ日本占領下ニ在ル支那各地ニ關シテ事實上日本ノ主權ヲ認ムルコトトナラサルヤトノ質問ニ對シテハ「ノー」ト答ヘ對支政策ニ變更アリタルモノナリヤトノ質問ニ對シ本宣言ハ對支政策變更ヲ意味セスト答ヘタリ

二、尙同日上院ニ於テ「ハリフアツクス」外相ハ右首相ト同一ノ聲明ヲ為シ(イ)日本側ニ於テハ將來ノ事件ニ付英國カ抗議スルノ權利ヲ封スルコトニアラサルコト(ロ)英國側ニ於テハ右カ第三國ノ地位乃至義務ニ何等影響ヲ與フルモノニアラストノ見解ヲ明ニセリ右ハ双方ニ於テ自明ノ理ナリト思考シ居ル次第ナリ(ハ)新聞紙カ相互ニ誹謗シ又ハ誇張的主張ヲ行フハ今後ノ交渉上有害ナルニ鑑ミ取締ノ必要ニ付「クレーギー」大使ヨリ日本政府ニ申入ヲ為シタリ(ニ)又反英運動ニ對シテハ强硬申入ヲ為シタルカ本協

定ノ結果右ハ終熄スヘシ等ノ點ニ付了解成リタルモノニテ平沼首相モ日本政府ハ國策ニ反スル運動ハ之ヲ取締ルヘシト述ヘタル趣ナリト説明セリ

1565　昭和14年7月25日　在英国重光大使より有田外務大臣宛（電報）

日英東京会談開始に際し中国問題に関する列国会議開催を説く論調が英国内に散見されたため英国首相側近者へ注意喚起について

ロンドン　7月25日後発
本　　省　7月26日前着

第八五八號

東京交渉開始ノ際米國ヨリ米國議會ニ於テ武府會議再招集ニ關スル提議アリタル旨ノ報道傳ヘラルルヤ（往電第八一六號ノ一）當國ニ於テモ支那問題ニ關聯シテ列國會議開催説新聞ニ散見スルニ至レルニ依リ當時首相側近者ニ對シテ注意ヲ喚起シ元來日本トシテハ支那問題ニ關シ英國若クハ其ノ他ノ國トノ間ニ各自利害關係アル問題ニ付個々ニ話合ヲ爲スコトハ辭スル所ニアラサルモ列國協同ニ依リ支那問題ヲ會議ニテ決定スル意嚮ハ全然ナク此ノ種提議ハ自分ノ承知スル限リ絶對受付ケ得ス而シテ又斯ル提案ヲ爲シテ日本ニ壓力ヲ加ヘントスル考ナラハ右ハ全然誤ニシテ日本ハ斯ルコトヲ日本ニ對スル挑發ト看做スヤモ知レサルカ何等ノ壓迫ヲモ感スルモノニアラス從テ東京交渉ヲ日英間ニ成功ニ導クコトカ差當リテノ必要事ナリト傳達セシメ置キタル處同側近者ヨリ列國會議開催ノ如キハ何等考慮ニ入レ居ラサル旨尙本使ノ意見ヲ能ク了解シタル旨返事ヲ傳ヘ來レルカ此ノ點ハ將來共注意スヘキ點ナリト思ハル尙諜報者ノ齎ス所ニ依レハ英國カ東京交渉ニ關シテ米國側ノ意見ヲ徵シタルニ對シ米國政府ハ右交渉ニ於テ米國ノ直接ノ利益ニ關係ナキ以上ハ日英間ニ交渉ヲ取極ムルコトニ對シ何等異存ナシト回答シタル趣ナリ何等御參考迄

米ヘ轉電セリ

4　日英東京会談(二)　具体的問題に関する協議と会談の決裂

1566　昭和14年7月24日　有田外務大臣より在天津田代総領事宛（電報）

天津租界問題の具体的事項に関する日英会談開始について

別　電　昭和十四年七月二十四日発有田外務大臣より在天津田代総領事宛第二六六号

日本側が提示した十二項目

本　省　7月24日後9時30分発

第二六五號

二十四日午前九時ヨリ加藤公使（現地軍側代表田中領事及係官同席）及「クレーギー」（「ハーバート」領事及「ピゴット」武官等出席）トノ間ニ天津問題ニ關シ討議シタルガ先ツ公使ヨリ別電第二六六號ノ提案ヲ提出シ之ヲ説明シタル處「クレーギー」ヨリ右ニ付テハ何レ意見ヲ申シ上クベキモ思ヒ付キトシ英國側トシテハ日本軍ノ責任及必要ハ充分了解シ居リ從テ誠意ヲ以テ協力スベキヲ以テ不必要ニ會談ヲ困難ナラシムルガ如キコトハ避ケラレ度且英國側トシテハ日本側ガ租界ニ對スル英國側「オソリチィー」ト利益ヲ破壊セラルルガ如キ意圖ヲ有セザルコトヲ希望スル旨述ベタリ會談ハ午後四時ヨリ續行セラルル豫定ナリ

別電ト共ニ英、北京、青島、上海、南京、廣東、香港ヘ轉電セリ

（別　電）

本　省　7月24日発

第二六六號

一、抗日共産分子ヲシテ英租界ヲ利用セシメサル爲抗日共産分子ノ取締及抗日犯人ノ捜査逮捕ニ付日本憲兵ハ英租界内ニ於テ英租界警察當局ト共同シテ所要ノ措置ヲ執リ且白河ヲ航行スル船舶ヲ臨檢スルヲ得ルコト

二、英租界内ニ於テ逮捕セラレタル抗日共産犯人及被疑者ハ直ニ日本軍憲又ハ現地支那官憲ニ引渡スコト

三、英租界工部局警察ニ日本軍連絡將校ヲ置クコト
四、英租界警察當局カ使用中ノ抗日的職員ヲ罷免スルコト
五、英租界内支那人犯人ノ捜査逮捕ニ付現地支那官憲ヨリ申出アリタル時ハ英租界警察當局ハ右支那官憲ノ派遣員ト共同シテ捜査逮捕ニ當ルコト
六、租界内ニ於テ逮捕セラレタル支那法令違犯ノ犯人ハ之ヲ現地支那官憲ニ引渡スコト
七、(イ)抗日共產分子ヲシテ租界ヲ利用セシメサルコト
(ロ)抗日共產的施設、言動及文書等ヲ禁止スルコト
八、英租界警察ニ留置セラレ居ル抗日犯人ハ日本軍官憲又ハ現地支那官憲ニ引渡スコト
九、英租界内ニ於ケル「法幣」ノ流通ヲ禁止スルコト
十、京津兩市現銀管理委員會保管ノ現銀ハ租界外ニ輸出セシムルコト
十一、現地支那官憲又ハ中國聯合銀行ニ依ル英國租界内ニアル支那銀行、銀號、錢舗ノ取締捜査ニ干渉セサルコト
十二、經濟的事項ニ關シ租界内ニ於ケル取締及捜査ニ付現地日本軍及支那官憲ト協力スルコト

1567　昭和14年7月24日　有田外務大臣より在天津田代総領事宛(電報)

天津租界問題日英会談における治安問題の協議状況について

本省　7月24日発

第二六七號

往電第二六五號ニ關シ

二十四日午后引續キ會談ヲ續行治安問題ニ關スル細目討議ニ移リタルガ具体的結論ニ到達スルコトナク一應散會、明二十五日ヨリ現地係官間ニ於テ治安關係問題ニ付(イ)天津英租界及支那當局間ニ現在實行セラレ居ル「プロセデユア」如何(ロ)右ヲ日本側ハ軍ノ必要ヨリ何ノ程度ニ變更シ度キ意向ナリヤノ二點ヲ具体的ニ檢討ノ上右結果ヲ日英兩代表ニ「リフアー」シ更ニ討議ヲ進ムルコトトナリ居レリ不取敢

英、北京、上海ヘ轉電セリ

1568　昭和14年7月26日　有田外務大臣より在天津田代総領事宛(電報)

天津租界問題日英会談で英国側が中国におけ

る反英運動の取締を申入れについて

付記一　昭和十四年七月二十六日発武藤（章）北支那方面軍参謀副長より北支那方面軍司令部宛電報
反英運動をめぐる対英交渉振り請訓
二　昭和十四年七月二十八日発北支那方面軍司令部より武藤北支那方面軍参謀副長宛電報
右回訓
三　昭和十四年八月三日付在本邦クレーギー英国大使より有田外務大臣宛半公信要訳
中国における反英運動停止方要請

本　省　7月26日発

第二七三號

往電第二六七號（ニ關シ欠カ）

二十五日行ヒタル日英双方係官研究ノ結果ニ基キ二十六日加藤公使ト「クレーギー」ヲ中心ニ治安維持ニ關スル事項ニ付討議ヲ續行シタルガ日本憲兵ヲ租界内ニ入ルルコトニ關スル説明ニ對シ英側ヨリ租界警察官ノ志氣ニ及ホス影響ヲモ考慮ニ入レラレ度キ旨述ベ又將來ノ犯罪人引渡手續ニ關シ討議スル所アリタリ、往電第二六六號一ノ白河ヲ航行スル船舶ノ臨検ノ問題ハ英側ヨリ英租界碼頭ニ於テ充分検査アリ度旨申出アリタルヲ容レ撤回セリ

尚會談ノ終リニ「クレーギー」ヨリ支那ニ於ケル排日（英カ）運動ニ關シ申入ルル所アリタルガ加藤公使ヨリ右問題ニ關シテハ會談ガ更ニ進行シタル上明白ニ御答ヘスル機會アルベキモ玆ニ帝國軍トシテモ治安維持ノ責任上之ガ直接行動ニ移ラザル様既ニ充分措置シ居ル次第ヲ明カニシ得ル旨應酬シ置キタリ

會談ハ引キ續キ二十七日續行ノ豫定

北京、上海、英ヘ轉電セリ

（付記一）

七月二十六日發電

武藤少將ヨリ

英國側ハ北支ノ治安維持ニ關シ當方申出ヲ殆ント承認シツツアルガ「クレーギー」大使ハ全幅ノ誠意ヲ以テ日本軍ノ治安維持ニ協力スヘキニ付日本軍ニ於テモ北支ノ反英運動ヲ取締ラレ度ト申出デタリ

之ニ對シ當方ハ北支ノ反英運動ハ英國ノ援蒋工作及北支建

設妨害ニ對スル抗議ナリ若シ英國ニシテ政策ヲ變更シ北支民衆ノ福祉増進ニ貢献センカ自ラ之ハ消滅スヘシ素ヨリ日本軍モ亦誠意ヲ以テ北支民衆ノ善導ニ就テハ十分努力スヘシト應酬スル意見ナルモ之ノミニテハ英國側ハ尚滿足セサルモノト予想セラルルニ付至急御意圖ヲ承ハリ度

（付記二）

右返電　七月二十八日

武藤少將へ

反英民衆運動ハ英國ノ政策變更ノ實現ニ伴ヒ逐次消滅スルモノト思考セラル百年骨髓ニ徹スル民族的排英思想ノ抑壓ハ到底不可能ナルモ方面軍トシテハ勿論鋭意英人ノ保護ニ努力スヘキヲ以テ「クレーギー」ノ申出ニ對シ貴見ノ通リ應酬セラレ且交渉進展ノ具ニ供セラルルコト差支ナシ若シ英國側ニシテ英人保護ヲ以テ滿足セサル場合ニハ交渉ノ決裂敢テ辭スル所ニアラス又英側カ排英運動ハ軍ノ指導スル附燒刃ナリトスルニ於テハ其重大ナル誤解ナルコトヲ强調シ反省ヲ促サレ度如何ナル場合ニ於テモ英國側ノ誠意具現ヲ先決條件トスル方針ニ變化ナシ

（付記三）

支那ニ於ケル排英運動ニ關シ在京英國大使ヨリ申出ノ件

八月三日附在京英國大使發有田大臣宛半公信要譯文

（昭和一四、八、四　亞一）

拜啓陳者本使ハ屢次ノ機會ニ閣下、加藤公使、澤田次官及武藤少將ニ對シ北支ニ於ケル反英運動及示威ニ關シ會談ヲ爲ス所アリ且此ノ種運動ヲ此ノ儘續行セシムルコトハ單ニ危險ナルノミナラス又英國ニ於ケル輿論ヲ硬化セシムルコトニ依リ今次會談ニ對シ困難ヲ形成スルモノナル旨指摘致置候閣下ハ本件騷擾行爲ニ對シ日本官憲ノ示唆アリタルコトヲ否定セラレタルカ本使ハ總テノ事件ニ關シ之ニ日本側カ干與シ居ルコト及日本人私人「エーヂエント」ノ敎唆アリタル多クノ證據ヲ有スル旨申述候本使ノ申入ノ主タル點ハ日本軍官憲カ北支ニ於ケル都市ニ於テ完全ナル權力ヲ有スルコト且是等騷擾行爲ハ右地域ニ於テ發生シ居ル事實ニ鑑ミ本使ハ右ヲ停止セシムル爲何故更ニ決定的措置カ爲サレサルヤ了解ニ苦シムモノニ有之候本使ハ今般英國外務大臣ヨリ閣下ニ對シ英國政府ハ支那ニ於ケル日本官憲ハ現在斯ル騷擾行爲ヲ停止セシメ得ヘキ地位ニアルコトニモ鑑ミ右ニ對シ日本政府ヲ以テ責任アリト爲ササルヲ得サル旨強ク申入ヲ爲ス様訓令ヲ受領致候斯ル騷擾行爲ノ繼續ハ右カ其ノ指導者ニ依リ今次會談ニ於テ英國政府ヲシテ不合理ナル譲歩ヲ爲サシムルヘク强制スル意思ヲ以テ企圖セラレ居ルモノト認メラレルヲ以テ本件會談ヲシテ不可能且效果ナキニ至ラシムルモノヤニ認メラルルモノニ候閣下ハ七月二十二日ノ覺ニ於テ日本軍ノ權力下ニアル地域ニ於テ日本軍カ治安ヲ維持スルノ責任ヲ有スルコトヲ承認スル様英國政府カ要請セラレタルコトヲ想起セラルヘク候現存反英騷擾行爲及宣傳ハ日本軍權力下ニアル支那ノ如何ナル地點ニ於テモ治安ヲ維持スル爲有益ナルモノニ非サルコトハ明白ニ候而シテ英國政府ノ見解ニ依レハ日本軍ハ其ノ約定ニ基キ斯ル行動ヲ停止セシムル義務ヲ有スルモノト存候

本使ハ前記訓令ヲ書物ニシテ申進スル次第ナルカ右ハ閣下ヲ自ラ訪問スルコトカ過度ニ世間ニ於テ騷ルルコトヲ慮リタルモノニ有之、左レハ本使ハ閣下カ本信ノ重要性ヲ了解セラレ且本件ニ關シ本國政府ニ對シ滿足ナル保障ヲ本使カ報告シ得ル様閣下ノ御權限内ノ措置ヲ執ラルルモノト信シ候

本件ニ關シ本使ハ本大使館ニ於テ用意シタル是等反英運動ニ關シ英國側ノ所有スル情報ノ要領ヲ覺トシ別添（省略）送付申進候　敬具

編注　本文書の原文（英文）は省略。

1569　昭和14年7月27日　有田外務大臣より在天津田代総領事宛（電報）

天津租界問題日英会談において英国側が法幣流通禁止の容認は絶対不可能の旨回答について

本省　7月27日後9時40分発

第二七六號

往電第二七三號ニ關シ

二十七日午前引續キ治安問題ヲ討議シタルガ英國側ヨリ明二十八日貴地英租界警察署長「デニス」來朝スル豫定ニ付其ノ上細目ニ關シ更ニ論議スベシト提議シタルヲ以テ之ヲ容レ午後ヨリ經濟問題ノ討議ニ入リタルガ法幣流通禁止問

題ニ關シ英國側ヨリ其ノ蔣政權ニ對スル關係及既ニ本件ニ關シ米佛兩國政府ヨリ事前ニ連絡アル様申出アリタル次第モアリ建前上之ヲ認ムルコトハ絶對ニ不可能ナル旨縷々述ブル所アリ我方ヨリ建前上之ヲ禁止スルコトコソ絶對ニ必要ナル旨強ク申入レ二十八日ノ會談迄議ヲ持チ越セリ

英、北京、上海、青島、南京、漢口、厦門、廣東、香港ヘ轉電セリ

1570　昭和14年7月28日　有田外務大臣より在天津田代総領事宛(電報)

天津租界問題日英会談での現銀引渡し問題に関する協議状況について

本　省　7月28日後11時30分発

第二七八號

往電第二七六號ニ關シ

二十八日午前引キ續キ現銀引渡問題ニ關シ討議シタルガ英國側ヨリイ、本件銀ハ蔣政權ノ所有スル所ノモノナレバ此ノ際日本側又ハ新政權側ニ引渡スコトハ不可能ニシテロ、本件ニ關シテハ第三國殊ニ佛國側ト充分意見ノ交換ヲ爲スコト必要ニシテ又ハ、治安ニ關係アリトスルモ斯ル小額ノ銀ノ爲問題アルトハ思ハレズ日本側ハ本件銀ヲ其ノ量ニ於テ且政治的意味ニ於テ誇張セラレ居ルハ遺憾ナリト縷々反對ヲ陳べタルガ加藤公使ヨリ種々我方主張ノ根據及英國側ガ本件銀ノ引渡ヲ妨害スル場合ノ重大ナル影響ヲ説明シタルニ對シ英國側トシテハ本件銀ノ保管者タル交通銀行支店ガ自己ノ意思ニ依リ且合法的ニ之ヲ搬出スルヲ妨害スル意思無キモ此ノ場合利害關係ヲ有スル第三者ノ法律上ノ權利ヲ侵害セザルヲ要スル旨述べ居タリ

我方トシテハ臨時政府ガ交通銀行ニ對シ本件銀ノ搬出ヲ命シタル場合英國側ガ之ヲ阻止スル權限無キ旨強ク主張シタルガ英國側ハ天津交通銀行支店ハ本店ヨリ搬出ヲ禁止スル命令ヲ受ケ居ル筈ナリト述べ居リタリ

次同會談ハ三十一日トセリ

英、北京、上海、青島、漢口、厦門、廣東、南京、香港ヘ轉電セリ

1571　昭和14年7月29日　有田外務大臣より在天津田代総領事宛(電報)

天津英租界における検問検索の停止をクレーギー大使要請について

本省　7月29日後10時0分発

第二八一號

往電第二六〇號ニ關シ

二十八日「クレーギー」ヨリ本大臣宛半公信ヲ以テ今ヤ會談モ進捗シ居ルヲ以テ英國民及食料品搬入ニ對スル煩鎖(瑣カ)ナル検問検索手續ヲ停止セシメラレ度旨在支英國人及本國ニ於ケル輿論ヘノ影響ヲ引用シ要請越セリ御參考迄

英、上海、北京ヘ轉電セリ

1572　昭和14年7月29日　在英国重光大使より　有田外務大臣宛(電報)

米国の日米通商航海条約廃棄通告が日英東京会談に及ぼす影響につき観測報告

ロンドン　7月29日後発
本省　7月30日前着

第八八一號

米國政府ノ日米通商條約廢棄通告ハ當國政府ニモ突然ノ處置ナリシ由ニシテ東京交渉反對方面ハ益々政府攻撃ノ材料ト為ス形勢ニ在ルヲ以テ旁々政府ハ往電第八七九號三ノ聲明ヲ發シタリ然シ英國政府モ米國政府ノ對日强硬態度ニハ直ニ追隨セストモ之ヲ利用シ又ハ之ニ氣兼スルコト當然ニシテ東京交渉ノ貨幣問題ハ列强共同ノ問題トシテ恐ラク直ニ讓歩セサルヘク極メテ厄介ノ問題トナルヘシ本使ハ英國側ニ對シ貨幣問題ニ對スル英國側ノ態度ハ所謂中立觀念ニ反スル次第ニ付讓歩スヘキモノナル所以ヲ力説シ居レルカ我方ニ於テハ屢次電報ノ通リ支那ノ貨幣問題ニ付テ將來英國(米國)ノ協力ヲ必要トスルヤモ(脱?)點ニ立ツモノトモ思ハル若シ然ラハ此ノ問題ハ體好ク日英間ノ將來ノ問題ニ殘スモ一策ナラン或ハ又將來英ヲ通シテ米國ヲモ引入レ對米關係全體ノ形勢ヲ緩和スルニ資スル様ニ仕向クルニ考慮ノ餘地アル様思ハル

米ヘ轉電セリ

1573　昭和14年7月31日　有田外務大臣より　在天津田代総領事宛(電報)

天津租界問題日英会談における治安問題の細

目協議について

本省 7月31日後11時30分発

第二八四號

往電第二七八號ニ關シ

三十一日午後四時ヨリノ治安問題ニ關スル討議ニ於テ「デニス」天津英租界警察署長ノ意見ヲ聞キタルガ犯人引渡及憲兵ヲ英租界内ニ常置セシムル件ノ細目ニ關シ更ニ檢討ヲ要スルコトヲ認メ本會議ニ引續キ田中「ハーバート」ヲ中心トスル小委員會ヲ開キ具体的事項ニ關シ意見ノ交換ヲ爲セリ

經濟問題ニ關シテハ日英兩代表間ニ於テ特ニ新タナル意見ノ提出無ク結局經濟問題ニ關スル小委員會ヲ明一日午前開催スルコトトナレリ(三十一日午前開催ノ豫定ナリシ本件小委員會ハ都合ニ依リ延期セラレタリ)

英、北京、上海、青島、漢口、厦門、廣東、南京、香港へ轉電セリ

1574 昭和14年8月1日 在天津田代総領事より有田外務大臣宛(電報)

天津租界問題に関して現地軍が作成した対仏要求要領案について

別電 昭和十四年八月一日発在天津田代総領事より有田外務大臣宛第五四〇号

右要領案

付記 昭和十四年八月五日発町尻(量基)陸軍省軍務局長より山下北支那方面軍参謀長宛電報

天津租界問題に関する対仏折衝方針について

天津 8月1日後発

本省 8月1日夜着

第五三九號(極祕)

川村大佐歸任ニ際シ三十一日本間中將司會ノ下ニ現地關係機關ノ會議ヲ催シタルカ同中將ヨリ日英交渉進捗ニ伴ヒ日佛關係ヲ調整スル要アリトノ見地ヨリ別電第五四〇號要領案ヲ提示セリ右ニ對シ川村大佐ヨリ内容ハ兎モ角トシテ少クトモ日佛間ニ租界問題ニ關スル了解成立セリト言フ程度ノ發表ヲ行フコト然ルヘキ旨希望開陳アリ何レ本件ハ軍側ヨリ中央ニ意見具申ノ運トナルヘキカ本件實施ノ場合別電二、ハ結局當地ニテハ話合ヲ遂クルコト無理ナルヘキニ依リ

東京ニ於テ了解ヲ取付クル外ナシト存セラル
北京、上海へ轉電セリ

（別　電）

天　津　8月1日後発
本　省　8月1日夜着

第五四〇號（極祕）

一、東京交渉第一會談タル有田「クレーギー」會談ノ結果ハ東京ニ於テ佛國大使ニモ佛國政府ニモ之ヲ認メシムルヲ要ス
但シ英佛共同正面ノ結成ヲ避クル爲日佛交渉ノ形式ヲ排シ單ニ佛國政府ニ通牒シテ暗默ノ了解ヲ得ル程度ニテ可ナリ
二、東京交渉第二會談ニ於テ天津租界ニ直接關係アル原則問題進捗セハ田代總領事ヨリ「コーラン」佛國總領事ニ日本側要求ノ内容ヲ提示シ佛國側ノ自由意思ニ於テ先方ヨリ進ンテ協調スル形式ニ依リ之ヲ承認セシム
三、日英間現地細目協定開始ニ先立チ田代總領事「コーラン」總領事間ニ於テ了解ヲ進メ將來實行上ニ關スル細部ヲ協定シ之ヲ覺書トシテ交換ス但シ公表スルコトナシ
斯ク日佛細目協定ノ成立ハ日英細目協定ノ交渉ヲ容易ナラシムヘシ
四、現銀問題其ノ他英佛租界共通事項ニシテ佛國一存ニテ回答シ能ハサルモノハ佛國側ノ意嚮ヲ叩キ其ノ言質ヲ得ル程度ニテ可ナリ
北京、上海へ轉電セリ

（付　記）

八月五日夜發電

北支軍參謀長宛　　軍務局長

東京第二次會談成立ノ機ヲ利用シ佛國トノ間ニ何等カノ取極メヲ行フコトハ異存ナシ
然レトモ右折衝ハ本次會談ノ形式ニ依ルコトナク東京ニ於テハ日英間ノ協定内容ヲ佛國ニ通達シ同趣旨ニ依リ今後現地諸問題ヲ處理スルコトニ同意セシムル程度トシ、爾後現地ニ於テ折衝ヲ行フヲ可トス、尙右日佛間折衝ハ日英第二次會談ノ一段落ヲ見タル時機ニ於テ開始シ度キ意向ニ付更ニ連絡アリ度シ

武藤少將ト連絡濟

〰〰〰〰〰〰〰〰

1575　昭和14年8月1日　有田外務大臣より在天津田代総領事宛（電報）

天津租界現銀問題および治安問題に関する小委員会の開催について

本　省　8月1日後9時発

第二八五號

往電第二八四號ニ關シ

八月一日午前午後ニ亘リ現銀引渡問題ニ關スル小委員會ヲ開催シ本件ニ關スル事實及我方ノ説明ニ關シ更ニ双方ノ見解ヲ明カニシ其ノ結果ヲ夫々報告スルコトトセリ

治安問題ニ關シテモ午後小委員會ヲ開催シタルガ冒頭往電前段ノ事項ニ關シ一應最後的検討ヲ遂ゲ之ヲ報告スルコトトセリ

英、北京、上海、青島、漢口、厦門、廣東、南京、香港ヘ轉電セリ

〰〰〰〰〰〰〰〰

1576　昭和14年8月3日　有田外務大臣より在天津田代総領事宛（電報）

天津租界現銀問題および法幣流通禁止問題に関する在本邦仏国大使よりの申し出について

本　省　8月3日後7時50分発

第二八九號

一、一日在京佛國大使本大臣ヲ來訪シ佛國政府トシテハ天津租界內現銀ハ支那銀行ノモノニシテ從テ支那銀行ノ同意ナクンハ之カ引渡ヲ認ムルヲ得ス又法幣ハ蔣政權ノ通貨ニシテ同政權ト正常關係ニアル佛國トシテハ之ヲ禁止スル能ハスト述ヘタリ仍テ本大臣ヨリ右申出ハ單ニ佛國政府ノ見解ヲ通報セラルルニ止マルモノナリヤ又ハ目下進行中ノ日英會談ニ「インターフィアー」セントスル趣旨ナリヤト反問シタル處佛國大使ハ單ニ佛國政府トシテノ見解ヲ通報スルモノナリト答ヘタルニ付本大臣ヨリ然ラハ單ニ佛國政府ノ見解トシテ聽キ置クヘキカ何レ本件ニ付テハ佛國側ト話合ヲナスコトトナルヤモ知レスト應酬シ置キタリ

二、二日加藤公使會議外ニ於テ「クレーギー」大使ト會談ノ

際右佛國大使申出ノ件ニ言及シ目下日英間ニ話合中ノ銀問題及法幣問題ニ關シ佛國等ヲ加ヘテ討議スルカ如キコトハ絶對ニ之ヲ行ハサルコトニ我方方針既ニ確定シ居ル次第ナル旨ヲ告ケ若シ英國側ニ於テ佛國等ヲ參加セシメ共同審議ヲ期待シ居ルニ於テハ見當外レナルコトヲ明カニシ置キタル趣ナリ

北京、上海、青島、漢口、厦門、廣東、香港、南京、英、佛ニ轉電セリ

1577 昭和14年8月3日 有田外務大臣より 在天津田代総領事宛（電報）

天津租界法幣流通禁止問題に関する在本邦米国代理大使よりの申し出について

本省 8月3日発

第二九〇號

三日在京米國代理大使「ドーマン」次官ヲ來訪シ本國政府ヨリ口頭申入方ノ訓令ヲ受ケタル趣ヲ以テ目下日英間ニ法幣問題ニ關シ話合進行中ノ趣ナル處米國政府ノ見解ハ The Government of the United States could not be expected to give assent to any measures arranged by third states which would purport to make illegal the use in any part of a sovereign state of the currency of the recognized government of that state. ナル旨述ヘタルニ付次官ヨリ右申出ハ日英間ノ話合ニ關係セントスル趣旨ニハ非スト思考スル旨述ヘタル處「ドーマン」ハ日英間ノ話合カ單ニ「ローカル」ノ問題ヲ議シ居ル間ハ何等米國トシテモ口ヲ入ルル積リハナク唯法幣ノ流通カ禁止セラルルコトトナリ外貨ニ轉換シ得ラレサル聯銀券ノミヲ使用スヘシトノコトトモナラハ米國ノ利害ニモ關係スルコトトナリ其ノ意味ニ於テ問題カ一般的トナルガ故ニ前述ノ見解ヲ申入置ク次第ナル旨答タリ尚次官ヨリ倫敦邊リヨリノ新聞報道ニ依レハ英國カ米國ニ「アプローチ」シ居ル旨報道セラレ居ル處其ノ結果斯ル申入ヲセラレタリヤト尋ネタル處「ドーマン」ハ全然非公式ニ貴官限リニ申上クル次第ナルカ右申入ノ內容ハ英國側ヨリ提議シタルモノトハ全然異ナル旨內話セリ

北京、上海、青島、廣東、香港、南京、英、米ヘ轉電セリ

英ヨリ佛ニ轉電アリ度

1578　昭和14年8月5日　在天津田代総領事より　有田外務大臣宛(電報)

天津租界牛乳供給問題に対する現地軍の対応措置について

天　津　8月5日後発
本　省　8月5日夜着

第五五八號

加藤公使ヨリ電話御依頼ノ牛乳ノ件ニ關シ五日本間中將ヲ往訪御申越ノ趣旨ヲ説明シ善處方申入レタル處同中將ハ軍側トシテハ御承知ノ通リ牛乳搬入ヲ特ニ制限シ居ル次第ニアラサルモ最近檢問所ニ於ケル「トラック」等輻輳シ牛乳ノ搬入モ自然遲延勝トナリ爲ニ配給業者等ニ於テ搬入ヲ手控ヘタル結果カト思考セラル統計ニ依レハ客月十日ヨリ急激ニ牛乳ノ搬入減少シタル爲英國側ニテ問題トシタルモノナランカ本件ニ關シテハ武藤少將ヨリモ申越ノ次第アリ折角緩和方考慮中ナリシ次第ナリトテ直ニ主任參謀ヲ招致シ此ノ處暫クノ間本件牛乳積載ノ「トラック」ヲ優先的ニ通過セシムヘキ旨命令セリ尚同中將ノ希望トシテ今後ノ事態ノ推移ニ應シ更ニ嚴重ナル手加減ヲ加フル必要アルヘキニ付英國側ニ對シテハ緩和方措置取計フヘキ旨通報スルコトハ差控ヘタキ旨述ヘタリ

北京、上海、英ヘ轉電セリ

1579　昭和14年8月10日　有田外務大臣より　在天津田代総領事宛(電報)

天津租界問題日英会談の英国側遷延態度に対しこれ以上回答を引き延ばす場合わが方軍代表は現地へ帰任する旨通告について

付　記　昭和十四年八月九日　加藤公使・クレーギー大使会談要旨

本　省　8月10日発

第二九六號(極祕、至急扱)

往電第二八五號ニ關シ

八月四日加藤「クレーギー」私的會談ニ於テ我方ノ會談進捗方督促ニ對シ「ク」ハ治安問題ニ關シテハ先月末經濟問題ニ關シテハ二日請訓セルヲ以テ暫ク猶餘(豫カ)アリタシトセルガ八日ノ私的會談ニ於テハ治安問題ニ關シテハ一應ノ回訓到着セルモ經濟問題ニ關シテハ米佛モ利害關係ヲ有スルヲ

以テ本國政府トシテモ兩國政府ト商議中ナルベク從テ回訓ノ時期モ不明ナリトセリ
仍テ九日加藤公使ヨリ重テ「ク」ニ對シ本會談ヲ遷延セシムルコトハ其ノ成功ヲ益々困難ナラシムル所以ヲ强調シ併セテ經濟問題ニ關スル我方ノ眞意及決意ヲ傳達セル處「ク」ハ種々英國側立場ヲ說明セルモ結局要領ヲ得ザリシヲ以テ公使ヨリ現地軍代表ハ夫々現地ニ於テ重要ナル任務ヲ有スルヲ以テ英國側回答時期ニ關シ明白ナル期待無ク此ノ上東京ニ滯留スルハ事實上不可能ナルヘキ旨內話シ置キタルガ十日朝重ネテ英國側ヨリ回答無キ限リ武藤少將以下軍側代表ハ十三、四日頃ノ飛行機ニテ現地ニ歸還スル豫定ナル旨正式ニ通報セリ(「ク」ハ右ニ對シ期日ノ發表ハ倫敦ヲ無用ニ刺激スベキニ付發表セザル樣依賴セリ)
冒頭往電通轉電セリ

(付　記)

天津會談ニ關シ加藤公使、「クレーギー」大使會談ノ件

(昭和一四、八、九　亞一)

八月九日加藤公使ヨリ「クレーギー」大使ノ來訪ヲ求メ次官官邸ニ於テ十一時半ヨリ午后一時十五分迄面談セルカ要旨左ノ通リ

加藤公使

昨日ノ御話ニアリシ治安問題中ノ若干ニ關スル英國側ノ決定的意思ヲ表明スル爲ノ會議開催ハ昨日私見トシテ申述ヘシ通リ政府ニ於テモ適當ナラストノ見解故右樣ニ御了知願度シ問題ハ依然トシテ經濟問題ニ關スル英國側ノ回答振リニ繫リ居ル譯ニテ其ノ後何等本國ヨリ通報ニ接シ居ラレサルヤ

「クレーギー」大使

自分トシテハ一日モ早ク回答ヲ發スルヤウ能フ限リノ力ヲ盡シ居ル次第ナリ併シ何分ニモ第三國政府ト協議ヲナシ居ルコトニテ自國政府ノミニテ決定スルコトナレハ期日ヲ劃シテ回訓ヲ求ムルコトモ不可能ニ非サルモ第三國政府カ介在スル爲ニ此ノ事モナラス洵ニ遺憾ト存シ居ル次第ニテ今迄繰返シ申上ケタル通リ自分トシテモ亦倫敦政府トシテモ決シテ此ノ問題ヲ故意ニ引延シ居ル譯ニ非ス其ノ點ハ何卒日本側ニ於テ誤解ナキヤウ願ヒ度シ

加藤公使
昨日モ御話セル通リ日本側ニテハ今回ノ東京會談ハ會談全体トシテ一体ヲナスモノナリト云フ考ヲ堅持シ居ルモノニテ本會談カ全体トシテ満足ナル終結ヲ一日モ早ク遂クルヨウ望ミ居ルモノナリ經濟問題ニ關スル英國側回訓ノ遲レ居ル事情ノ一トシテ米、佛兩國政府ト協議中ナリトノコトナルカ在京佛國大使カ有田大臣ニ面會ノ際佛國政府ハ支那銀行ノ同意アルニ非サレハ天津佛國租界ヨリノ現銀ノ搬出ニ對シ同意シ得サルコト又支那政府ノ法貨タル法幣ノ流通ヲ同國租界内ニ於テ禁止スルコトハ不可能ナリトノ趣旨ヲ申入レラレシコトハ先般貴大使ニ不取敢御通報申上ケタル通リナルカ其ノ後米國代理大使澤田次官ヲ訪問シ米國政府ニ於テハ法幣問題ニ付重大關心ヲ持チ居ル次第ナルカ故ニ今回日英會談ノ結果本問題ニ付テ何等カ決定セラルルコトアリトスルモ此ノ決定ニ依リ米國政府及市民ノ權利ヲ害スルカ如キコトハ認ムル能ハスト云フ趣旨ノ申入レアリタルカ佛國大使竝ニ米國代理大使ノ我方ニ對スル申入振リハ比較的輕キ性質ノモノニテ英國側ニ於テ之等兩國政府トノ協議ヲ恰モ極メテ重要ナルカ如ク解セラレ居ル樣子ナルモ我方ノ受ケ居ル印象ハ多少之ト相違スル所アリト認メラル故ニ此ノ點ニ付英國側ノ注意ヲ喚起致度シ

「クレーギー」大使
先般モ一寸御注意申上ケタルカ佛國大使カ有田大臣ニ申入レラレシ趣旨ハ支那銀行ノ同意ナクシテハ銀ノ搬出ニ反對ナリト云フコトテハナク問題ノ銀ノ預入者ノ同意ナクンハ銀ノ租界外搬出ニ同意スル能ハストノコトナリト「アンリー」大使ヨリ直接承リタルカ此ノ點ハ極メテ重要ナルモノ故重ネテ御注意申上ケ置キ度シ

加藤公使
預入者トハ此ノ場合重慶政府ヲ指スモノナリヤ

「クレーギー」大使
其ノ點ハ殊更ニ明白ニシ居ラス重慶政府ナリヤ又ハ其ノ他ノ者ニアリヤノ問題ニ觸ルルコトナク預主ノ承認サヘアレハ租界外ヘノ搬出ニ異議ナシトノ趣旨ト諒解シ居レリ尚米佛兩國政府ト現ニ英國側カ協議中ナルカ此ノコトハ日本側ニ如何ナル反應ヲ與ヘタルヤハ別トシテ英國政府トシテハ非常ニ重要ニ考ヘ居ル所ニシテ殊ニ米國側ニ對シ英國カ東洋ニ於テ採ラントスル處置ニ付豫メ十分ナル諒解ヲ與ヘ置

クコトカ天津ニ關スル現實ノ問題處理上大切ナルノミナラス今日以後ノ各種問題ノ處理ニ付テモ亦極メテ重要ナリト考ヘ居レリ先般モ一寸附言セシコトナルカ今後支那關係諸問題ノ處理ニ當ツテ日英間ニ如何ナル話合カ出來ルトシテモ米國ノ理解アル支持ヲ得ナイ限リ到底其ノ效果ヲ擧ケ得サル次第ニモアリ此ノ點ハ日本側ニ於テモ十分ニ理解セラレンコトヲ希望スルモノナリ

加藤公使

先般自分一個ノ印象ナリトシテ貴大使ニ申述ヘ置キシコトアルモ今日ハ明白ニ經濟問題ニ關スル政府ノ所懷ヲ申上ケ度シ第一銀ノ問題ニ付テハ其ノ實際的ノ方法ハ如何ニモアレ兎ニ角之ヲ引取ルト云フコト丈ハ堅ク決意シ居ル處ニテ又第二ニ若シ銀ノ問題カ日本側ノ主張通リ決定セル場合ニハ法幣ノ租界內流通ヲ正式ニ禁止セシメルコトニ對スル主張ハ之ヲ改ムルモ通貨金融等ノ問題ニ關シ租界內居住支那人ニ對シ臨時政府又ハ日本軍カ或種ノ取締ヲ實行セネハナラヌト云フコトニ付テハ之亦堅キ決心ヲナシ居ル次第ナリ之等二點ニ關シ十分滿足ナル協議ノ出來上ラサル限リ此ノ會談ハ遺憾乍ラ決裂ノ外途ナカルヘシト信シ居ルモノナレハ貴大使ニ於テモ此ノ點ニ付テ十分考慮ヲ加ヘラレタル上本國政府ニ對シテ日本側ノ抱懷シ居ル決心ヲ明白ニ示サレテ之ニ對スル回答ヲ速ニ寄セラレル樣致サレ度シ

「クレーギー」大使

銀問題ニ付テハ英國側ニ於テ決シテ妨害的ナ態度ヲ取リ居ルモノニ非ス唯筋道ノ通リシ方法サヘアラハ搬出ニ贊成シ居ルコトハ先日來申述ヘシ通リナルカ此ノ問題ニ關シテ自分ハ本國政府ニ對シ二ツノ實際的方法ヲ暗示シテ其ノ決定ヲ待チ居ル譯ナルカ自分ノ提議シタ實際的方法ト云フハ第一案トシテ交通銀行支配人又ハ其ノ代理者ヲシテ臨時政府側ノ命令ニ對シテ同意ノ旨ヲ表示セシメルコト又第二ノ方法ハ天津地方裁判所ヲシテ銀搬出ニ關スル命令ヲ出サシムルコトナルカ前者ノ方法ニ付テ其ノ後日本側ニテ何等カノ方法手段ヲ講セラレシヤ否ヤヲ承知シ度シ

加藤公使

其ノ事ニ付テハ先般來天津ト連絡シ研究ヲ加ヘタルモ御承知ノ通リ交通銀行ノ支配人ハ現ニ天津ニ歸リ居ラサル狀況ニテ殘リ居ル第二番目ノ人ハ中央ヨリノ同意ナキ限リ如何ニスルモ之ニ同意ヲ表スル能ハスト言ヒ居ル有樣ニテ此ノ

方法ハ交通銀行カ重慶政府ノ一機關銀行ナルカ如キ形ヲナシ居ル關係上到底不可能ナリト認メラル結局貴大使ノ言ハルル第二ノ方法ニ依ル外ナシト考フルカ若シ英國政府ニ於テ日本側ヨリ第二ノ方法ヲ提示スルコトカ本件ニ對シ速ニ決定ヲ與フルニ好都合ナリトセラルルカ如キ事情アルニ於テハ此ノ際日本側ヨリ之ヲ提議スルコトモ考慮スヘシ

「クレーギー」大使

其ノ事ニ付テハ自分ヨリ十分申送リアリ之ヲ日本側ヨリ改メテ申出テラルルコトハ却テ問題ヲ困難ニスルモノナリト考ヘラルルカ故ニ其ノ必要ナカルヘシ尚通貨ノ問題ニ關シテ租界內居住支那人ニ對シ取締ヲセラルルコトハ當然ノ申出ニシテ之ヲ拒ムヘキ理由ハ英國側トシテハナキ次第ナレト何分ニモ取締ノ根據タル法律命令ハ北支ニ於テハ臨時政府ノ命令テアリ而モ英國ト正常ナル外交關係ヲ持シ居ル重慶政府ノ貨幣法ト正面的ニ衝突スヘキ貨幣法其ノ他金融關係ノ諸方策カ其ノ儘租界內ニ於テ適用セラルルコトヲ正式ナル文書テ認メルト云フコトハ不可能ニシテ唯事實上取締ニ協力スルト云フコトハ治安問題ニ對スル英國側ノ新タナル方針ニモ照シ可能ノ範圍內ニ於テ十分ナシ得ルト考フルモ之ヲ一々詳細ナル書キ物ニシテ協定事項トスルコトハ形式上殆ト超ヘ難キ困難アルモノト考ヘ居リ從テ例ヘハ文書ニ依ル協定ノ中ニハ通貨金融等ノ事項ニ關シテ賭博的ナル取引、投機的ナル取引又ハ密搬出入等ニ關スル取締ニ協力スルト云フコトニシ而モ日本側ニテ希望シ居ラルル錢舗、銀號、銀行等ノ檢査其ノ他必要トセラルル各種ノ取締事項ヲ現地ニ於テ協定スルト云フヤウニシタナラハ此ノ方ノ問題ハ餘リ多クノ困難ナシニ出來上ルニ非スヤト考ヘ居レリ

加藤公使

日本側ニ於テハ相當詳細ナル事項ニ亘リ協定ヲ遂ケ度キ意向ナルカ此ノ席上之ヲ詳細ニ申述フルコトハ差控フルモ要スルニ現銀搬出ノ問題ト支那人ニ對スル金融通貨ニ關スル取締ノ勵行ノ二點ハ日本側ニ於テハ絕對ニ必要ナリト認メ居ルモノナルカ故ニ其ノ邊ノ事情ヲ十分本國政府ニ高調セラルル様希望ス

又英國側ノ回訓到達セサル爲會議モ長々休會狀態トナリ居リ交渉ノ實質一向進展セサル爲現地ヨリ出京セル陸軍側代表者ハ無爲ニ東京ニ長ク滯在スルコトハ其ノ職務ノ關係上非常ニ困難トスル所ニテ特ニ武藤少將ノ如キハ野戰軍ノ參

謀副長トシテ極メテ責任ノ重大ナル地位ニアルカ爲ニ今日ノ如ク會談ノ前途ニ付何等確定的ノ目安モ立タサル狀態ニ於テ何時迄モ東京ニ滯在スルコトハ不可能ナリトテ尙一兩日今日同樣ノ事態繼續スルニ於テハ如何ニシテモ現地ニ歸ラネハナラヌト云フコトヲ言ヒ居ルカ同少將ノ立場トシテハ洵ニ無理カラヌ次第ナリト考ヘラレ吾々トシテモ强ヒテ之ヲ引留ムルコト能ハサルカ如キ狀態ナルニ付繰返シ申上ケ度キハ一日モ速ニ囘訓ノ發セラルル樣此ノ上トモ御盡力願ヒ度シ

「クレーギー」大使

自分トシテモ出來得ル限リノコトヲナシ居リ又之カラモナスヘキハ先程モ申セシ通リナリ何卒武藤少將ニ於テモ此ノ會談カ將來支那ニ關スル日英間ノ各種問題ヲ處理スルニ付極メテ重要ナル意義ヲ持チ居ルコトニ十分留意セラレ現地ニ於ケル職務上ノ立場モ去ルコト乍ラ此ノ會談ノ重要性ニ鑑ミ繰合セノ上今暫ラク東京ニ滯在セラルルヤウ自分ヨリモ切望シ居ル旨御傳ヘ願ヒ度シ又日本政府側ニ於テモ其ノ趣旨ニテ成ヘク同少將ノ退京ヲ延期セラルル樣御盡力願ヒ度シ

時ニ昨今新聞等ヲ通シテ日本側テハ三國同盟問題ヲ取上ケ審議セラレツツアリトノコトヲ承知シ居ルモ若シモ此ノ同盟カ成立スルト云フコトナレハ吾々ノ此ノ會談ハ却テ初メカラヤラサル方宜シカリシナラント思フ其ノ邊ノコトニ付テ如何ニ考ヘラルルヤ

加藤公使

三國同盟ノ問題ハ自分ハ直接關係シ居ラス現在政府ノ問題ニナリ居ルコトハ承知シ居ルモ此ノ問題ハ天津ニ關スル日英會談トハ全然關係ナキ問題ニシテ兩者ノ間ニ强ヒテ關聯性ヲ附クルカ如キコトハ考ヘ居ラスト承知シ居レリ唯自分ノ私見ナルカ今囘ノ會談カ成立シ日英間ニ新シキ友好的空氣カ釀成セラルルコトトモナラハ輿論ノ三國問題ニ對スル見方ニモ多少ノ變化ヲ來シ得ルコトハアリ得ルコトト考ヘ居レリ

「クレーギー」大使

尙米國ノ條約廢棄問題ヲ通シ日米間ノ關係險惡ニナルト云フカ如キコトアラハ假ニ日英間ニ今囘ノ會談等ヲ通シ良好ナル空氣生シ來ルトモ之ハ互ニ相殺シ合フカ如キ結果ニナルコトヲ惧ルルニ付キ亞米利加問題ニ對スル日本側ノ見解

ヲ伺ヒ度シ

加藤公使

條約ノ廢棄通告ハ主トシテ米國ノ國内政治ノ動キヨリナサレシモノト思フ從テ之ニ依リ急激ニ日米ノ關係カ悪化スルト云フカ如キハ必スシモ當ラヌト考フ

「クレーギー」大使

實ハ自分ノ竊カニ確信シテ居ル所ナルカ先ツ支那ニ關スル日英間ノ諸問題ニ付日英兩國ノ間ニ話合ヲセネハナラヌコトハ當然ナルモソレト共ニ日英カ話ヲナシ居ル筋合ヲ米國ヲシテ十分諒解セシメ而シテ之ニ協力的ナ態度ヲ取ラシメルト云フニ非スンハ太平洋ニ關スル各種ノ問題ノ處理ハ到底滿足ニ成功出來ヌモノト考フ差當リ次ニ起ルヘキ問題ハ支那ニ於ケル幣制ノ問題ナルカ此ノ事ニ付テハ前回モ簡單ニ自分ノ考ヲ述ヘ置キタルカ成程現ニ戰爭行爲カ行ハレ居リ之等ノ問題ヲ急激ニ採上ケ見ルモ實效アル成案ニ達スルコトノ困難ナルハ重々承知シ居ルモ尠クモ日、英、米、支四國ノ關係者間ニ豫メ本問題ヲ十分檢討シ日支間ニ和平成立ノ直後直チニ之ヲ實施ニ移シ得ルカ如キ案ヲ豫メ用意シ置クト云フ樣ニシテ置クコトハ他面日支間ノ平和ヲ促進セシムル意味ニ於テモ極メテ有效ナル措置ナルヘシト思惟スル處此種ノ問題ニ付テハ米國ノ協力的態度ハ絶對ノ必要條件ニシテ之等ノコトヲモ十分考慮ニ入レ英國側トシテハ天津關係ノ經濟問題ニ付テモ豫メ遺漏ナク米國側ト協議ヲ遂ケ居ル次第ナリ故ニ日本側ニ於テモ米國トノ關係ニ付十分考慮ヲ加ヘラレ適當ノ措置ニ出テラレンコトヲ希望セサルヲ得サル次第ナリ又蘇聯ト英國トノ間ニハ現ニ一種ノ協議カ行ハレツツアリ之ハ自分ノ考テハ恐ラク成功セサルヘシト思ヒ居ルモ假ニ之カ成立スルトシテモ英國側ノ此ノ問題ニ對スル考ハ御承知ノ通リ獨逸ニ對應スルカ爲ニ一面波蘭、羅馬尼ニ對シ一種ノ援助ノ協約ヲ作ツタ關係上之等兩國ニ接壤スル蘇聯ノ態度カ如何アルヘキカト云フコトニ付キ英國側トシテハ重大ナル關心ヲ有スル次第ニテ此ノ兩國ニ對スル英國ノ支援政策ノ見地カラ蘇聯トノ間ニ或種ノ話合ヲスルト云フ實際ノ必要ニ驅ラレ居ル譯ナリ吾々英國人ハ國民感情ノ上カラ言フモ蘇聯ト同盟關係ニ入ルカ如キハ不可能ナレトモ獨逸ノ今日ノ政策ニ對應スル爲ニハ眞ニ已ムヲ得サル措置ニシテ而モ此ノ話合ニ關シ東洋殊ニ對日本ノ問題ハ全然除外セラレ居ル譯ナリ又假ニ此ノ英蘇協定成立スルトスルモ日本ノ對蘇政策ニ對シ何等障碍トナラヌノミナラス實ハ却テ好都合ニナルニ非スヤトモ思ハルルノハ此ノ協定カ若シ成立スルトスレハ蘇聯ハ極東ニ於ケル兵力ヲ或ル程度迄西部ニ移動セネハナラヌコトトナリ東ニ對スル蘇聯ノ壓力カソレタケ減殺セラルル譯ナルヲ以テナリ又英國政府ハ今回日英ノ間ニ或種ノ聲明ヲセシニ拘ラス依然トシテ重慶政府ニ對スル關係ヲ改メサルニ非スヤト云フカ如キ非難カ相當日本側ヨリ出テ居ルヤウナルモ此ノ問題ニ付テモ篤ト日本側ニ於テ考ヘテ戴キ度キハ重慶政府ヲ英國カ急ニ見放スト云フ如キ態度ヲ取ルコトハ同政府ヲ驅ツテ窮ナル餘リ蘇聯ノ手許ニ走ラシムルコトニナリ之ハ英國ノ欲セサル所ナルト共ニ又日本側ニ於テモ固ヨリ欲セサル所ナルヘシト考フ斯カル點ヨリ對重慶態度ニ付テモ或ル程度日本側ヨリ見レハ生温キ感ハアルナランモ英國側トシテハ之亦已ムヲ得サル處置ニシテ重慶側ニ對シテハ日本ト關係アル問題ニ付テハ從來ト異レル手段ヲ用ヒテ對處セサルヲ得サル必要ニ迫ラレ居レリト説明シ居ル譯ナルヲ以テ餘リ日本側ヨリ此ノ點深ク追窮セラレサルヤウ願ヒ度キモノナリ

1580

昭和14年8月11日　有田外務大臣より在天津田代総領事宛（電報）

程暗殺事件容疑者の引渡しに応じる旨をロンドンで発表するとクレーギー大使通報について

付記　昭和十四年八月十二日
加藤公使・クレーギー大使会談要旨

本省　8月11日後6時0分発

第二九七號（至急）

往電第二八五號ニ關シ

十一日午前九時求ニ依リ加藤公使「クレーギー」ト會談シタル際「ク」ヨリ問題ノ四人ノ被疑者ニ關シ大法官等(The Lord Chancellor and the Law Officers of the Crown)ニ於テ一應ノ證據アリトシテ滿足シタルヲ以テ之等ヲ支那側地方法院ニ引渡スベシトノコトヲ十一日午後八時（日本時間）倫敦ニ於テ發表スベシト述ベタルヲ以テ公使ヨリ會議カ現在ノ如ク停頓シ居ル際右ヲ發表スルハ却テ英國側ノ術策ナルヤノ感ヲ與ヘ日本側與論ニ對シ面白カラザル影響ヲ與フルコトトナルヘキ旨ヲ述ヘ中止方要望シタル處「ク」ハ本件ニ關シテハ嚮ニ「チェンバレン」首相モ演説ニ

於テ言及セル經緯アリ英國輿論モ大イニ氣ニシ居ル問題ナレバ之ガ發表中止ハ今トナリテハ事實上困難ナルベシト思料スルモ兎モ角我方意嚮ハ本國政府ヘ通報スベシト述ベタル趣ナリ

冒頭往電通リ轉電セリ

（付　記）

天津問題ニ關スル加藤公使「クレーギー」大使會談要旨

（昭和一四、八、一二、亞一）

八月十二日「クレーギー」大使ノ求メニ依リ外務次官官邸ニ於テ午前十一時ヨリ加藤公使會談セルカ要旨左ノ通リ

「クレーギー」大使

治安問題ニ關スル當方ヨリノ請訓ニ對シ本國政府ヨリ大体殆ト全部請訓通リ承認ヲ與ヘ來リシカ一二字句ノ修正ヲ除キ實質的ニ異議ヲ申越シ來リタル點ハ租界內ニ日本憲兵駐屯ノ問題ニシテ此ノ點ハ本國ニ於テモ相當困難ヲ感シ居ル模樣ニテ何等カノ機會ニ於テ此ノ點ニ對スル本國政府異論ノ趣旨ヲ自分ヨリ日本側ニ通シ諒解ヲ求メナケレハナラヌト考ヘ居ル次第ナルカ差當リノ思付キトシテ本日午後全体會議ヲ開キ其ノ機會ニ本國ヨリノ回訓ニ基ク治安問題英國側決定案ヲ披露シ其ノ際憲兵屯所ノ問題ニ關スル本國ノ意見ヲ開陳シ度シト考フルカ日本側ノ此ノ事ニ關スル意見承リ度シ

加藤公使

治安問題タケヲ此ノ際採上ケテ圓卓會議ニテ論議スルコトハソレ自体何等異議アルヘキ筈ナシ唯經濟問題ニ關シ英國側ノ確定的意向ヲ待機シ居ル今日其ノコトニ觸ルルコトナクシテ單ニ治安問題ノミニ付會議ヲ開クコトハ先般來屢々申述ヘシ通リ世間ニ誤解ヲ與フル惧アルニ付日本側トシテハ直ニ同意ヲ表スルコト能ハス或ハ又他ニ何等カ本日午後會議ヲ開ク意味合ニテモアルモノナリヤ

「クレーギー」大使

之ハ單ニ附タリノコトナルカ現地ノ軍側代表モ月曜日（八月十四日）離京セラルルト云フコトニテモアリ其ノ以前ニ一應顔合ヲナシ置クコトモ意味アラント考ヘシ譯ナルカ勿論會議ヲ開クヤ否ヤノ問題ハ日本側ノ意見ニ依リ決定シ度シト存スルモノ故必スシモ之ヲ固執スルモノニ非ス

加藤公使
經濟問題ニ關スル回訓到着ノ見込ハ未タニ全然ナキヤ
「クレーギー」大使
此ノ事ニ付最近本國ヨリ通報アリシカソレニ依レハ回訓ニハ今少シ時間ヲ要スルトノコトニテ實ハ竊カニ失望シ居ル譯ナリ回訓ノ遲ルル理由ハ先般來モ申上ケタル通リ勿論ソレ自体ノ複雜且關聯事項ノ廣汎多岐ナル事柄ニ因ル次第ナルモ他方自分ノ察知スル所ニ依レハ回訓遲延ノ原因又ハ理由ニハ非サルモ本國ヲシテ本件促進ヲ躊躇セシメ居ル一ノ重大ナル事情アルハ明白ニシテソレハ支那ニ於ケル反英運動カ日一日增々惡性化シツツアルコトナリ本日モ參考ノ爲ニ二三ノ事實ヲ書キ物ニシテ持參セシヤウノ有樣ニテ河南省、山東、北京ノ各地ニ於テ現ニ英國人ノ財產カ反英運動ノ犧牲トナリ居ル事實アリ支那各地ニ於ケル領事等ヨリ極メテ憤慨ニ充チタル又調子ノ頗ル高キ報告カ本國ニ齎ラサルル爲倫敦政府トシテハ之等ニ付非常ニ憂慮シ居ルト共ニ斯カル事態ノ續キ居ルコトカ當方ニ於テ待チ居ル本國政府ノ決意ヲ相當鈍ラセツツアルコトハ十分ニ察セラルル所ニシテ自分カ誠心誠意此ノ會談ノ成功ノ爲努力シ居ルコトハ御承知ノ通リナルカ自分ノ本國ニ對スル進言ニ重キヲ置カシムルカ爲ニハ何カ此ノ問題ニ關シテ日本側ニ於テ一ノ意思表示ヲナシ戴クコト極メテ有利ナリト考フルモノナリ勿論此ノ種運動ハ卽時ニ終熄セシムルコトハ困難ナランモ日本政府ニ於テ之等ノ運動ヲ是認スルモノニ非スト云フコトヲ何等カノ形ニ於テ表示シ戴クヲ得ハ自分ノ立場トシテ洵ニ幸ニシテ若シ日本側カ右ノ意思表示ヲ公表セラルルヲ好マサル場合ハ單ニ自分ノミニ對スル含ミトシテ何等カノ表示ヲ戴キ得ルニ於テハ其ノ通リニ取計ヒ自分ニ於テ之ヲ會談ノ促進ニ最モ有利ニ利用シ得ヘシト考フルモノナルカ此ノ事ハ今回ノ會談ニ勿論關係アルモ又見方ニ依リテハ日英關係ノ全般的問題ニテモアリ更ニ廣キ見地ヨリ有田大臣ニ申入レヲセンカトモ考ヘシ次第ナルカ今日ノ際ニ大臣ニ直接自分カ會フコトハ餘リ世間ノ注意ヲ惹キ過キテ面白カラサル影響ヲ與フルヤモ知レス右ヲ慮リテ之ヲ貴官迄申入レ十分日本側ノ考慮ヲ求メ度シト思フ次第ニテ此ノ問題ハ非常ニ自分トシテハ重要ナル問題ト考ヘ居ルモノ故切ニ日本側ノ愼重ナル考慮ヲ煩シ度シ
加藤公使

支那ニ於ケル反英運動ハ英國側ニ於テハ恰モ日本官憲ノ使嗾ニ基クモノナルカ如ク解釋セラレ居ルモソレハ誤解ニシテ支那民衆ノ今ヤ戰争ニ厭キ一日モ速ニ平和ノ將來《(招カ)》ヲ待望シ居ルモノナルカ平和回復ノ障碍ヲナシ居ルハ勿論蔣政權テハアルカ其ノ背後ニ英國ノ援助アリトノ考ヨリ此處ニ英國ニ對スル不平不滿カ勃發シ今日ノ如キ排英運動トナリタルモノニテ其基因ハ全ク此點ニ存スル譯ナルカ官憲ノ現地ニ於ケル從來ノ遣方カ不幸ニシテ支那民衆ノ右ノ如キ不平ニ油ヲ注クカ如キ有様ニテ此ノ民衆ノ自發的ナル運動ヲ無理ニ取締ルコトハ不可能ナルノミナラス其ノ反動タルヤ亦必ス面白カラサルモノアルヘク唯日本軍占領地内ニ於テハ之等ノ運動カ軌道ヲ越ヘ現地英人ノ身体財産ニ對スル直接ノ危害ヲ與フルコトナキヤウ又全般ノ治安カ之ニ依リ擾亂セラルル如キコトナキ樣嚴ニ取締ヲ行ヒ居リ又其ノ方針ハ將來トモ變ルヘキ筈モナシ今回ノ會談カ圓滿ニ行ハレ日英間全般ノ空氣カ改善セラルルコトトモナラハ支那ニ於ケル反英運動モ次第ニ自然消滅ヲ遂クルニ至ルヘキハ極メテ明白ナル事態ニシテ貴方ニ於テハ會談ヲ促進スルカ爲ニ反英運動ヲ取締レト言ハルルモ日本側ニ於テハ會談ノ完結カ反英運動ノ自然消滅ナリト考フルモノニテ兩國ノ見解ハ恰モ遇合セサル環ヲ繞リ居ル如キモノナルカ御申出ノ點ニ付更ニ政府トシテモ十分考慮セラルルヤウ自分ヨリ可然話ヲナシ置クヘシ

1581　昭和14年8月14日　有田外務大臣より在天津田代総領事宛（電報）

容疑者を引渡すとの英国側申し出に対し現地軍の意向照会方訓令

本　省　8月14日後8時発

第二九九號（極祕）

十四日加藤公使求ニ依リ「クレーギー」ト私的會談ヲ爲シタル際「ク」ヨリ問題ノ四名ノ犯人ヲ現地ニ於テ出來得ル限リ速カニ引渡シタシトシ實ハ本國ニ於テ種々本件ニ關シ反對運動アリ且人身保護令等ヲ援用シ引渡決定ヲ覆サントスル策謀モアルヤニ認メラルルヲ以テ英國政府トシテハ一日モ早ク本件ヲ終結シ度キ意嚮ヲ有シ居ルモノニシテ日本新聞等ノ憶測スルガ如ク右措置ヲ會談ノ掛ケ引キニ利用セシメントスルガ如キ意毛頭無キ旨釋明セリ

本件引渡ハ其ノ時期必ズシモ會談全体ノ進行ト歩調ヲ合セサル嫌ナキニアラサルモ建前上問題ノ四人ハ引キトルベキモノナレバ此ノ際淡白ニ英側申出ヲ受諾シ差支ヘ無シト認メラルル處右軍側トモ御打合ノ上貴見至急回電アリタシ
北京、上海へ轉電セリ

1582 昭和14年8月14日　有田外務大臣より在北京堀内大使館参事官、在天津田代総領事他宛(電報)

武藤参謀副長ら現地軍代表帰任について

本　省　8月14日後8時30分発

合第一九一七號
十四日武藤少將以下軍側現地代表ハ豫定通飛行機ニテ歸任ノ途ニ著ケリ尚一行ハ十五日北京着ノ豫定ナル趣ナリ
本電宛先、北京、上海、天津、英

1583 昭和14年8月15日　有田外務大臣より在北京堀内大使館参事官、在天津田代総領事宛(電報)

加藤・クレーギー会談において英国側が天津租界問題に関する回答期日を言明について

本　省　8月15日後9時10分発

合第一九三二號
十四日ノ加藤「クレーギー」私的會談ノ際公使ヨリ武藤少將一行ハ豫定ノ通歸任ノ途ニ著キタルガ會議ノ情勢ニ依リ必要ナル場合ハ又出京スベキコトヲ説明シタル後經濟問題ニ關スル回訓ニ關シ「ク」ノ意見ヲ敲キタル處「ク」ハ本國政府ニ於テハ今般右問題ニ關シ佛國側ヨリノ回答ヲ受領シ改メテ米國側ト協議ヲ爲シ居ル趣ニ付多少裕ヲトルモ十七日迄ニハ受領スルモノト想像セラルト答ヘ更ニ十二日「ハーバート」ヨリ田中ニ提出シタル治安問題ニ關スル英國側案ニ對スル我方意見ヲ尋ネタルヲ以テ公使ヨリ目下研究中ナル旨答ヘ置キタリ
尚「クレーギー」ヨリ支那ニ於ケル反英運動ニ關シ更ニ現地ヨリ種々ノ情報ヲ接到セルガ右ノ中ニハ確實ニ軍報道部等ヨリノ指示ニ基キ支那側警察ガ中心トナリ居ルトノ報道モアリト述ベタルヲ以テ公使ヨリ支那民衆ノ反英感情ハ現地ニ於ケル英國側官民從來ノ行動ニ由來スルコトヲ説明シ

日英關係ガ全般的ニ改善セラルレバ右ハ自然消滅スベキ旨及帝國軍ハ從來トモ治安攪亂トナルガ如キ行動又ハ第三國人ノ生命財產ニ直接危害ヲ與フルガ如キ行動ニ付テハ嚴重取締ヲ行ヒ居リ日本官憲カ反英運動ヲ使嗾シ居ルカ如キコトハ全然アリ得ザルコトナルガ今般更ニ日英關係ノ大局的見地ヨリ關係諸機關ニ可然訓令アリタル次第ヲ説明シタル處「ク」ハ非常ニ喜ヒ早速之ヲ本國政府ニ傳ヘ會談ノ促進ニ供シタシトテ感謝ノ意ヲ表シ居タル趣ナリ

本電宛先、北京、天津

上海ヘ轉電セリ

1584　昭和14年8月15日　在北京堀内大使館参事官より有田外務大臣宛(電報)

武藤参謀副長らの東京引揚げに対し過激な反英運動が起きぬよう指導方各地部隊へ方面軍司令部より命令について

北　京　8月15日後発
本　省　8月15日夜着

第九二八號(極祕)

當地軍司令部ニテハ武藤少將ノ東京引揚ヲ機會ニ各地ニ於ケル排英運動等カ急ニ盛トナルヘキコトヲ豫想シ居ルモ目下ハ其ノ時機ニアラストノ見解ヨリ十四日軍司令部ヨリ各現地部隊ニ對シ要旨左ノ通リ通報セリ

「軍事的性質ヲ有スル東京會談カ速ニ解決セラルヘキモノナルニモ拘ラス英國側ハ國際情勢竝ニ我國內情勢カ有利ニ展開スルヲ待ツ爲故意ニ遷延策ヲ執リ居ル態度ナルヲ以テ軍代表トシテハ此ノ際更ニ英國側ノ反省ヲ促シ我方要求ヲ承認セシメントノ考慮ヨリ引揚ニ決セル次第ニシテ右引揚ハ直ニ會談ノ決裂ヲ意味セス而シテ今回ノ交渉ヲ成功セシムルハ依然我方ニ有利ト思考セラルルニ付英國側ニシテ反省シテ誠意ヲ披瀝シ交渉ノ成功確實ナリトノ見透付カハ軍ハ更ニ會談ヲ續行スル計畫ナリ從テ反英運動及租界隔絶ハ右引揚ヲ契機トシ直ニ急激ナル强化ニ移ルコトナカラシムル如ク指導セラレタシ」

本件其ノ儘外部ニ發表ナキ樣取計度シ

在支各總領事、芝罘、石家莊、太原ヘ轉電セリ

1585　昭和14年8月15日　在北京堀内大使館参事官より有田外務大臣宛（電報）

中国における反英運動への対処方針に関し軍側と意見一致について

北　京　8月15日後発
本　省　8月15日夜着

◎第九二九號（極祕）

貴電合第一九〇五號ニ關シ（支那ニ於ケル排英運動ニ關スル件）

今次反英運動ニ關シ當館ニ於テハ特ニ左記ノ諸點ニ重點ヲ置キ軍側トモ連絡シ之カ徹底ニ努メ居ル處軍側ニテモ左記諸點ニハ全ク同感ニテ司令部ヨリ各現地部隊ニ對スル訓令ニモ英國人ニ對スル直接行動差控方訓令シ居レリ又當館ニ於テハ支那官憲又ハ個人ノ英國人使用支那人ニ對スル脅迫又ハ加害行爲ニ關シテモ單ナル脅迫程度ナラハ兎モ角甚シキ加害殊ニ右使用支那人ノ家族又ハ財産ニ對スル加害行爲ハ少クトモ現在ノ段階ニ於テハ其ノ時期ニアラスシテ此ノ點充分支那側指導ノ要アリト存スル處軍側ニ於テモ大體同意見ナリ

記

㈠日本人ノ反英運動ハ英國人ノ身體財産ニ危害ヲ及ホスカ如キ直接行動ヲ嚴ニ戒ムルコト

右直接行動ハ我方立場ヲ不利ナラシメ運動ノ効果ヲ著シク減殺ス運動ハ飽迄紳士的且合法的ニ行ヒ我方不退轉ノ隱然タル決意ヲ表明スルヲ以テ得策トス

㈡支那人ノ反英運動モ能フ限リ㈠ノ如キ直接行動ヲ爲ササル様指導スルコト

支那人ノ直接行動ト雖運動ノ効果ヲ「ミニマイズ」スル點ニ於テ略㈠ト同様ニシテ且東京會談中英國側神經ヲ無闇ニ刺戟スルコトハ策ノ得タルモノニアラス殊ニ蔣政權竝ニ共産黨側ハ日本ノ國際關係惡化（特ニ對米關係）ヲ目的トシ支那人ノ反英運動ヲ利用スル惧多分ニアリ此ノ種不逞分子ノ陷穽ニ陷ラサル様戒心シ支那側指導ノ要アリ

㈢支那側反英運動實行者ニ對シ充分注意スルコト

前記㈡ノ點ヨリ運動實行者ノ指導的地位ニ在ル者ハ素ヨリ不和雷同ノ徒ニ至ル迄能フ限リ注意シ前記不逞分子ヲ交ヘサルヲ要ス直接行動ヲ爲シタル者ニ關シテハ其ノ思想的傾向ヲ取調ノ要アリ

㈣反米運動ハ日本側又ハ支那側ノ何レニ依ルヲ問ハス嚴ニ之ヲ取締ルコト

刻下ノ國際情勢上日米關係調整ハ最緊要事タリ聖戰目的達成ノ大ナル目標ヨリセハ何等重要性ナキ小事件ノ勃發ハ之ヲ避クルト共ニ實行者及形式ノ如何ヲ問ハス反米運動ハ嚴ニ取締リ特ニ㈡ノ不逞分子ノ策動ヲ徹底的ニ彈壓ス

右前電ト重複ノ點アルモ御參考迄

在支各總領事、芝罘ヘ轉電セリ

1586　英国側の容疑者引渡しに現地軍異存なき旨報告

昭和14年8月16日　在北京堀内大使館参事官より有田外務大臣宛（電報）

北　京　8月16日後発
本　省　8月16日夜着

第九三二號（極祕）

貴大臣發天津宛電報第二九九號ニ關シ（程錫庚暗殺犯人引渡ノ件）

本件犯人引取ニ關シ當方ニ於テモ本省ト同意見ニテ當地軍司令部ニ連絡セル處司令部ニテモ何等異存ナク天津本間部隊モ異存ナキ筈ナリトノ回答アリタリ

尙本件ノ發表ニ關スル取扱ハ相當注意ヲ要スヘク寧ロ極メテ事務的ニ取扱ヒ餘リニ積極的ナル宣傳又ハ辯解ニ亘ラサル方可ナルヤニ存セラル

天津、上海ヘ轉電セリ

1587　天津租界問題に関する回答を遅滞なく発するよう英国側関係筋へ申入れ方訓令

昭和14年8月17日　有田外務大臣より在英国重光大使宛（電報）

本　省　8月17日後8時30分発

第二四五號（極祕）

天津租界具体問題ニ關スル東京會談ハ主トシテ經濟關係事項ニ關シ英國側ニ難色アリタルガ右ニ關スル客月二十八日ノ會談以來引キ續キ加藤公使ト「クレーギー」トノ間ノ私的會談ニ於テ我方ノ最後的要求ヲ明示シ英國側ノ回答ヲ求メタルニモ拘ハラズ英國側ハ時ニ第三國トノ協議ヲ又時ニ現銀問題ニ關シ法律上ノ手續ノ困難ヲ云々シ以後二週間ヲ

越ユルモ回訓無ク爲ニ會談ハ全ク停頓ノ狀況ニ陷リ十七日ノ加藤「ク」會談ニ於テモ何等事態展開ノ曙光ヲ發見シ得ザリシ次第ナリ

然ルニ一方現地軍代表ハ會談再開ノ見透シツカザリシ爲既ニ引キ擧ゲ居リ此ノ上事態ヲ遷延セシムル時ハ勢ヒ現地ノ空氣ヲ惡化セシメ支那ニ於ケル排英運動ノ激化及天津ニ於ケル檢問措置ノ强化ヲ來タス惧アリ右事態ニ移行スルコトハ政府トシテモ出來得ル限リ避ケ度キ希望ヲ有シ種々措置シ居ル次第ナルモ勢ノ赴ク所憂フベキ事態ヲ惹起スル惧モ有之ニ付右御含ノ上貴大使ヨリ適當筋ニ對シ大局的見地ヨリ英國政府ニ於テ本件回訓ヲ遲滯ナク發スル樣至急御申入相成結果回電アリタシ

北京、天津、上海ニ轉電セリ

1588 昭和14年8月18日　有田外務大臣より 在北京堀内大使館参事官、在天津田代総領事宛(電報)

クレーギー大使が種々理由を述べて天津租界問題の回答遅延を弁明について

本省　8月18日後3時発

合第一九四九號（大至急）

往電合第一九三二號ニ關シ

八月十七日加藤公使求メニ依リ「クレーギー」ト會談シタルガ先ツ「ク」ヨリ先般多分十七日迄ニハ回訓アルベシトセルモ今尙之ヲ受領セザルノミナラズ差當リ其ノ見込モ立タザル次第ナリトシ經濟問題ニ關シテハ第三國トノ協議モサルコト乍ラ問題ソレ自体カ複雜ナル爲停頓シ居ル譯ナリトシ銀問題ニ關シ先般本國ニ請訓セシ手續ニ依ルモ本國政府ニ於テハ法律上瑕瑾アルヤニ思考シ居ルトモ想像セラレ右ニ關シ英國政府トシテハ重慶側ガ本件ヲ海牙ノ司法裁判所ニ訴ヘ出ルコトノ可能性モ考慮ニ入レルヲ要スベク且其ノ外政治的ニハ此ノ際重慶側ニ不利ナル措置ヲ英國側カ執ルハ公平ナル政策ニ反スルコトトナルベク又間接ニ臨時政府ヲ承認スルカ如キ結果トモナリ英國政府トシテモ種々ノ非難ヲ蒙ルベク從テ會談ヲ成功セシメ度シトノ精神ニハ變リ無キモ簡單ニ決定シ得ザル次第ナルベシト陳辯セリ仍テ公使ヨリ所有權問題ト謂フモ結局支那人間ノ問題ニシテ之ヲ決定スルモノガ租界當局若クハ英國政府ニアラザルコト

ハ問題ノ四人ノ犯人ト同様ナル所以ヲ述ベ重テ事實上ノ困難ナル點ハ何トカ之ヲ乘越ヘ大局的見地ヨリ本件ノ處理ヲ圖ルコト必要ナルベシトシ會談ノ遷延ハ其ノ成果ヲ減少セシムル所以ヲ指摘セリ

右ニ對シ「ク」ハ自分トシテハ此ノ上トモ出來得ル限リノコトハ爲スベキモ此ノ上政府ヲ督促スルモ效果無キヤニ考慮シ居ル次第ナリトシ嚮ニ治安經濟兩問題ノ分離ヲ申出タルガ右ハ既ニ撤回シ一括妥結ニ達シ度シトシ居ルモノニ付治安問題ニ關スル取極案ニ付意見ヲ交換シ置クコト好都合ナルベシトシ右ニ關シ曩ニ日本側ヨリ提出セラレタル「フォーミュラ」ハ如何ニモ英國側カ强要ヲ受ケ居ルガ如キ形ナレバ出來得ル限リ非公式ナ形式ニテ且英國側ノ面子ヲ損傷セザルガ如クスルヲ希望スル旨述ベタリ

宛先轉電先冒頭往電通

~~~~~~~~~~~~~~~~~~~~~~~~~~~~~~

1589　昭和14年8月18日　有田外務大臣より在北京堀内大使館参事官、在天津田代総領事宛(電報)

天津租界問題の回答を英国側が更に遷延する場合現地軍は検問検索続行以外いかなる措置を考慮しているか確認方訓令

本　省　8月18日後8時30発

合第一九五九號(極祕)

往電合第一九四九號ニ關シ

英國側カ從來ノ態度ヲ變更シ種々ノ口實ヲ設ケ遷延シ來リタルハ帝國政府ノ「對歐策」ニ對スル牽制及自國ノ對歐洲政策トノ關聯ニ因ルヤニモ想像セラルル處當方トシテハ此ノ上トモ英國側ヲ督促スベキハ勿論ナルモ(英宛電報第二四五號參照)萬一英國側ガ今後トモ誠意ヲ示サザル場合現地軍側ニ於テハ檢問措置ヲ續行スル外他ニ如何ナルコトヲ考慮シ居ルヤ右貴官自身ノ發意ニ依ル形ニテ一應御確メノ上結果回電アリタシ(部外祕)

本電宛先、北京、天津

~~~~~~~~~~~~~~~~~~~~~~~~~~~~~~

1590　昭和14年8月18日　有田外務大臣より在北京堀内大使館参事官、在天津田代総領事宛(電報)

治安問題での協定締結には応じるが現銀およ

び通貨問題は英国単独での協議不可能との英国側回答をクレーギー大使提出について

付記一　右回答

二　右回答和訳文

三　昭和十四年八月十八日(午後二時開始)加藤公使・クレーギー大使会談要旨

四　昭和十四年八月十八日(午後六時開始)加藤公使・クレーギー大使会談要旨

本　省　8月18日後11時発

合第一九六一號

往電合第一九四九號ニ關シ

十八日加藤公使求ニ依リ「クレーギー」ト會談シタル處「ク」ハ本國政府ヨリノ訓令ニ基ク趣ヲ以テ別電合第一九六二號(編注)ノ書物ヲ提示シタルヲ以テ加藤ヨリ當方ヨリモ追テ右ニ對スル我方ノ意見ヲ正式ニ述ブベキモ前記英國側書物末段ノ治安問題ト經濟問題トヲ引キ離サントスル英國側提案ハ我方ニ於テハ既ニ屢々明カニシタル如ク到底受諾スル能ハザル所ニシテ又第三國トノ協議ノ件ニ關シテモ今次會談ハ最初ヨリ英國ヲ對手トシ商議シ來リタルモノニシテ第三國ヲ含ム國際會議ノ如キ考ハ問題トモナラザル旨爲念ニ申聞ケタル上我方トシテハ英國側ノ經濟問題ニ關スル回答ガ至急到着スルヲ期待スルモノナルモ右ノ遅延ハ現地ノ事態ヲ愈々悪化セシムルノミナラス會談全体ノ成果ヲ著減セシムルニ至ル所以ヲ重テ强調シ置キタリ

尚別電ノ内容ハ更ニ取極ニ達スル迄發表セザルコトニ打合セタリ

本電宛先、北京、天津、轉電上海

編　注　別電合第一九六二号は、本文書付記一の英国回答を若干削除して発電したものであるため省略。

(付記一)

His Majesty's Government have now examined with great care all the proposals put forward by the Japanese Representatives. As the latter are aware, His Majesty's Government entered into the conversations on the understanding that they would concern local Tientsin issues only.

They have in the first place sympathetically considered all police matters covered by Points 1–8 in the Agenda submitted by the Japanese Government and, having regard to the spirit of the formula of July 22nd and their genuine desire to facilitate cooperation in questions affecting the maintenance of public order, they have now made considerable progress towards the conclusion of an agreement on these points, subject for final settlement of the points of detail explained in the memorandum communicated on Saturday, 12th August.

As regards Points 9 and 10 (currency and silver) it was immediately apparent that their scope exceeded what might properly be termed local Tientsin issues and that they related to other economic and financial features of the present situation in North China on which not only His Majesty's Government but certain other Governments have expressed to the Japanese Government their views. (Points 11 and 12, in that they are concerned with implementation and supervision of any measures agreed to under 9 and 10, must be classified with the latter two points). Nevertheless His Majesty's Government in their earnest desire to meet the Japanese point of view have had under close consideration what could be done to meet the Japanese proposals.

After the preliminary sounding which they have taken His Majesty's Government have, however, found that in questions of currency and silver, apart from the natural Chinese interest in this question, other foreign interests are concerned to an extent which renders agreement as between His Majesty's Government and the Japanese Government alone impossible. For this reason His Majesty's Government cannot by themselves properly put forward or accept any proposals on these matters which might prejudice the interests of Third Parties.

In these circumstances it seems to His Majesty's Government that no discussions of these economic issues on a purely Anglo-Japanese basis are likely to lead to a useful result. Should the Japanese Government, however, wish to proceed further with these proposals His Majesty's Government would be willing to examine them afresh, provided that arrangements can be made by which the interests of all parties can be safeguarded. For this purpose they would be obliged to consult with and have regard to the views of the Third Parties concerned.

His Majesty's Government do not wish the Japanese Government to suppose from this indication of their attitude that they desire to shelve the questions which the Japanese Government have raised. Indeed His Majesty's Government recognise that in any ultimate settlement of the present dispute in China these matters will need to be fully discussed in relation to the conditions existing throughout China. His Majesty's Government have already made it clear in their note to the Japanese Minister for Foreign Affairs dated January 14th, 1939, that they do not contend that treaties are eternal and that they are prepared to consider any constructive suggestions which the Japanese Government may have to make regarding the modification of the existing agreement. It is in their view, however, essential that all parties to the Nine Power Treaty and other treaties which govern the situation in China shall be enabled to express their views and make a contribution to a settlement equitable to all concerned.

His Majesty's Government hope that the Japanese Government will not feel it necessary to delay the conclusion of the agreement on local issues which they for their part would be prepared to conclude now (subject to adjustment of points of detail) and in return would anticipate the cessation of any Japanese support for anti-British agitation in North China and the raising of the blockade to put the agreement into immediate execution.

(付記二)

昭和十四年八月十八日(亞一)

天津租界問題ニ關シ八月十八日在京英國大使カ
加藤公使ニ手交シタル書物要譯文

英國政府ハ日本側代表ヨリ提出セラレタル提案ヲ最モ注意

深ク検討シ來レリ英國政府ハ日本側代表カ了知シ居ル如ク今次會談カ單ニ天津局地的問題ニ關スルトノ了解ノ下ニ參加シタルモノナリ

英國政府ハ先ツ日本政府ヨリ提出セラレタル議題一ヨリ八ニ亘ル凡テノ警察事項ヲ好意ヲ以テ考慮シ且七月二十二日ノ原則ノ精神及治安維持關係問題ニ關スル協力ヲ便宜ナラシメントスル其ノ信實ノ冀求ニモ鑑ミ八月十二日土曜通達シタル覺書ニ説明シアル細目ノ諸點ノ最後的取極ヲ條件トシ前記問題ニ關スル協定締結ニ向ヒ相當ノ進捗ヲ爲シ來リタルモノナリ

議案九及十（通貨及銀）ニ關シテハ其ノ範圍ハ天津局地問題ト正確ニ稱シ得ル所ヲ逸脱シ居リ且右ハ北支ニ於ケル他ノ經濟金融狀況ノ現實ノ事態ニ關聯スルモノナルコトハ直ニ明白トナリシモノニシテ右ニ關シテハ英國政府ノミナラス或ル他ノ政府モ其ノ意見ヲ日本政府ニ表示シタルモノナリ

（議題十一及十二ハ議題九及十ニ關シ取極ラレタル措置ノ履行及取締ニ關スルモノナルヲ以テ後者ト共ニ類別セラルヘキモノナリ）右次第ニモ拘ハラス英國政府ハ日本側主張ヲ滿足セシメントスル熱心ナル冀求ノ下ニ如何ニシテ日本側提案ニ接近シ得サルヤ愼重ナル考慮ヲ爲シ來レリ然ルニ英國政府ハ其ノ豫備的探求ノ後通貨ト銀ニ關スル問題ニ付テハ右ニ關スル支那側當然ノ利害關係ヲ別トスルモ他ノ第三國ノ權益カ之ヲ日英兩國政府間ノミニテ協定スルヲ不可能トスル程度迄關係アルヲ發見セリ右理由ニ依リ英國政府ハ第三國ノ權益ニ害ヲ與フルヤモ計ラレサル本件ニ關スル如何ナル提案ヲモ單獨ニ提示シ又ハ受諾スル能ハサルモノナリ

斯ル狀況ノ下ニ英國政府ハ右經濟問題ヲ單純ナル日英兩國間ノ基礎ノ上ニ論議スルハ有益ナル結果ニ到達スル可能性無キヤニ認ムルモノナリ左レト日本政府カ右提案ヲ以テ會談ヲ續行セントスル場合ニハ英國政府ハ凡テノ關係當事者ノ權益カ保障セラルルカ如キ取極カ爲シ得ル條件ノ下ニ之ヲ新タニ審議スル用意アルモノナリ右目的ノ爲英國政府ハ關係第三國ト協議シ其ノ見解ヲ顧慮スル必要アルモノナリ

英國政府ハ右態度ノ表明ニ依リ日本政府ノ提起シタル問題ヲ英國政府カ放置セント望ミツツアリト日本政府カ想像セラルルコトヲ欲スルモノニアラス英國政府ハ支那ニ於ケル現在ノ紛爭ノ終局的解決ノ爲之等事項ヲ支那全般ニ亘ル現

存狀況ト關聯セシメ充分論議スルノ必要ヲ認識スルモノナリ英國政府ハ一九三九年一月十四日ノ帝國外務大臣ニ對スル書翰ニ於テ既ニ條約カ永久的ノモノナルコトヲ主張セス且現存協定ノ改正ニ關シ日本政府カ執ルヘキ凡テノ建設的提案ヲ考慮スル用意アル旨明カニセリ然レトモ英國政府ノ見解ニ依レハ九國條約及支那ノ狀態ヲ規定スル他ノ條約ノ凡テノ關係國カ其ノ見解ヲ表示シ且關係當事者凡テニ對シ公平ナル解決ニ寄與セシムルコト必要ナリトスルモノナリ
英國政府ハ英國側カ現在締結スル用意アル局地問題ニ關スル協定ノ締結（細目ノ點ニ關スル訂正ノ條件ノ下ニ）ヲ日本政府カ遲滯スルヲ必要ナリト認メサランコトヲ希望スルモノニシテ右ニ對應シ北支ニ於ケル反英示威運動ニ對スル日本側支持ヲ中止シ且檢問措置ヲ解除シ取極ヲ直チニ實施ニ移シ得ルコトヲ期待スルモノナリ

（付記三）

天津問題ニ關スル加藤公使、「クレーギー」大使
會談要旨

（昭和一四、八、一八　亞一）

八月十八日午後二時先方ノ求メニヨリ次官官邸ニ於テ加藤公使「クレーギー」大使ト會談セリ要旨左ノ通
「クレーギー」大使ヨリ本國政府ヨリ訓令カ到着シタケレトモ先般來吾々カ申合ハセテ居タモノト大分違ツタモノテアツテ失望シテ居ル次第テアルカ是ハ英國政府ノ訓令ニ基イテ正式ニ日本代表タル貴官ニ御渡シタイノテアルト述ヘ別紙(編注)ノ書物ヲ手交シタ仍テ詳細ニ熟讀シタル後
加藤公使ヨリ此ノ書物ニ現ハサレタル英國政府ノ見解ハ曩ニ貴大使カ會議ノ席上ニ於テ述ヘラレタルモノヲ殆ト其ノ儘繰返シタルニ過キナイ事柄ヲ非常ニ高イ調子テ述ヘタモノト思考セラルルカ是テハ吾々カ過去數週間ニ亘ツテ屢々意見ノ交換ヲシタ處トハ全然調子カ違ツテ來タト見ル外ナク英國政府ハ恰モ時計ヲ一ケ月後(前カ)ニ戻シタヤウナモノト考ヘラレルカ一二ノ點ニ付テ所見ヲ述ヘレハ此ノ書面ニ依ルト經濟問題ハ天津ノ局地問題トハ違フカラ今回ノ會談ニ於ケル討議ノ題目トスルニハ不適當テアルト云フコトヲ述ヘラレテアルカ此ノ問題ハ貴大使モ御承知ノ通リ會談ノ當初ニ於テ貴大使ト有田大臣トノ間ニ充分意見ヲ交換セラレタ結果經濟問題モ本會談ニ於テ討議スルニ決定シタ譯テアツ

テ今更之ニ文句ヲ付ケラレルコトハ日本側トシテハ了解ニ苦シム處テアル旨述ヘタル處

「クレーギー」大使ハ經濟問題ヲ論議ノ外ニ置クト云フコトヲ此ノ書面ニ於テ明白ニ言ツテ居ルノテハナイト理解スル唯經濟ノ問題ハ會談開始ノ際有田大臣ニ自分カラモ充分述ヘテ置イタ通リ本來ノ天津地方問題トハ考ヘラレナイノミナラス問題自身カ非常ニ複雜テアルカ故ニ會談ニ於テ討議スルコトハ必シモ適當ト考ヘラレナイケレトモ日本側ニ於テ是非トモ經濟問題ヲ討議シナケレハナラナイト云フ强イ希望カアツタノテ之ニ同意ヲ表シタヤウナ次第テアリ元々此ノ種複雜ナ問題ハ他ノ機會ニ於テヤルコトカ相應シイノ《（トカ）》云フコトハ何人モ考ヘテ居ル處テアツテ政府ハ唯其ノ意味ノコトヲ此ノ書面ニ表シタニ過キナイノテアリ此ノ問題ヲ全然會談ノ外ニ置カウトハ考ヘテ居ナイコトハ此ノ書面ノ後段ニ於テモ明瞭テアルト考ヘル旨ヲ述ヘタ

加藤公使カラソレハソレトシ英國側ハ第三國ト利害關係ノ深イ問題テアルカ故ニ經濟問題ニ關シテハ第三國ト協議ヲシナケレハナラナイト考ヘラレルコトニ付テハ日本側トシテモ異存ノ申ヤウカナイ處テアルカ先般來屢々述ヘタル通リ今回ノ會談ハ經濟問題ヲモ含ミ單ニ日英兩國間ノ會談トシテ兩國間ニ合意ヲ得タイト云フノカ日本側ノ强イ主張テアリ只今渡サレタル文書ノ語調カラ察スルト英國政府ハ日英會談ニ他ノ關係第三國ヲモ加ヘテ共ニ協議ヲシヨウト云フ心持カアル樣ニ思ハレルカ此ノ事ハ是レ迄屢々申述ヘタ通リ日本側ニ於テ絕對ニ同意ヲ表スルコトノ出來ナイ點テアルカラ其ノ由本國政府ニ明白ニ御傳ヘヲ戴キタイト述ヘタル處

「クレーギー」大使ハ第三國トノ協議ノ問題ニ關シテハ英國側ニ於テハ絕對ニ必要テアツテ單ニ日英兩國政府タケテ決定シ得ナイモノテアルコトハ屢々申述ヘタ處テアリ唯日本側ニ於テ他ノ關係國ヲ介入セシムルコトヲ反對セラルルカ故ニ英國トシテハ自己ノ立場上日本政府ノ希望ニ應センカ爲會議トハ獨立ニ關係諸國ト協議ヲ遂ケ居ル次第テアツテ此ノ文面ニ依ルモ必シモ第三國ヲ此ノ問題ノ討議ニ介入セシメヨウト云フ明白ナル意思表示トハ自分ニ於テモ解釋スルコトハ出來ナイ

次ニ加藤公使カラ尚此ノ中ニ九國條約ニ關スルコトヲ述ヘラレテアルカ此ノコトハ自分トシテハ初耳テアリ未タ曾テ

吾々ノ會談ニ於テ九國條約カ如何ニ關係スルカト云フ様ナコトニ付意見ヲ戰ハシタコトハナイノテアリ何故今日ニ至ツテ突然斯ノ如キ問題ヲ英國政府カ今回ノ書面ノ上ニ持チ出サレタカト云フコトハ自分トシテモ了解シ難イ處テアリ斯様ナモノヲ今頃持チ出サレル様テハ英國政府ニ於テ果シテ此ノ會談ヲ從來ノ「スコープ」ニ於テ續ケテ行カウト云フ意思ヲ持ツテ居ラレルノカトウカヲ疑ハサルヲ得ナイ九國條約ニ關シ日本政府カ如何ナル見解ト態度ヲ持ツテ居ルカハ貴大使ニ於テモ從來ノ交渉ニ於テ充分御承知ノ筈テアルト述ヘタ

「クレーギー」大使ヨリ何故茲ニ九國條約ノコトヲ持チ出シテ來タカ自分ニ於テモハツキリ判ラナイノテアルカ察スルニ通貨ノ問題ノ如キハ單ニ天津地方ノミナラス支那全般ニ關係ノアル問題テアリ此ノ問題ヲ最後的ニ決定スルカ爲ニハ自ラ九國條約トノ關係ニ付テモ考慮ヲ拂ハナケレハナラナイト云フ極メテ間接的ナル意味ト自分ハ解シテ居ルト述ヘ

加藤公使ハ此ノ中ニ九國條約ノ關係各國カラノ意見ヲ聽取シナケレハナラナイト云フコトカ書イテアルカ現銀及通貨ノ問題ニ關シテ從來英國政府ハ米佛兩關係國政府ニ協議シテ居ルモノト了解シテ居ツタカ今ヤ英國側ニ於テハ獨リ米佛二國ノミナラス他ノ諸國ニ對シテモ同様ノ協議ヲ爲ス意味テアルカトウカト尋ネタル處

「クレーギー」大使ハ其ノ點ハ自分モ確言ハ出來ナイケレトモ其ノ意味テナイト云フコトヲ強ク信シテ居ル現銀及法幣ノ問題ニ關シテ協議シテ居ルノハ米佛二國タケテアツテ其ノ他ノ國ニ對シテハ此ノ際何等話合サレテ居ナイモノト了解シテ居ルト述ヘタ

加藤公使ヨリ末段ノ治安問題ノ完結ノミヲ以テ本會談ヲ打切リ天津ノ隔離問題等モ終熄セシムル様トノ英國側ノ希望ハ數週間前カラ貴大使ヲ通シテ度々述ヘラレタ處テアルカソレハ日本側トシテハ絶對ニ同意スルコトカ出來ナイコトヲ其都度申述ヘテ置イタノテアルカ此ノ際更ニ此問題ヲ蒸返シテ英國側カラ申出ラレタル理由ヲ了解スルニ苦シム處テアルト述ヘタ

「クレーギー」大使ハ此ノコトニ關スル日本側ノ意見ハ本國ニモ充分知ラセテ居ル譯テアルカ自分ノ見ル處ニ依レハ英國内ニ於テ此ノ希望カ相當強ク表明セラレテ居リ關係ノ

筋カラ政府ニ對シテ警察問題ノ完了ヲ以テ天津事件ヲ終結セシムル様日本側ニ正式ニ提議セヨト云フ聲カ非常ニ強ク政府トシテハ其ノ意味ノ申出ヲ一應シテ置カナケレハナラヌト考ヘタカ故ニ今回ノ文書ノ中ニ特ニ書イタモノテアルト思ハレル尚「クレーギー」大使カラ此ノ文書ハ英國政府ニ於テ近ク公表シタイト云フ希望ノ様テアルト説明シタノテ

加藤公使カラ此ノ種ノ文書ヲ公表セラルルコトハ會議ヲ成功ニ終ラス爲ニハ非常ニ有害ナルコトテアツテソレハ會議決裂ノ一歩手前テアルト云フ印象ヲ世間ニ與ヘルモノテアリ英國側ニ於テ之ヲ公表セラルル場合ニハ日本側ニ於テモ亦之ニ對應シタル聲明ヲ發セナケレハナラナクナリ結局會議ハ收拾シ難キ事態トナル惧レアリト述ヘタカ其點「クレーギー」大使モ同意テアリ其ノコトヲ本國政府ニ至急ニ通報シヨウト考ヘテ居ル旨ヲ述ヘタ後此ノ様子テハ暫ク會談ヲ中止シ事態ノ推移ヲ見ル外ニ方法カナイト思考セラルト申出タノテ加藤公使カラ此ノ點ニ關シテハ政府ト一應相談ヲ爲シ會議ノ今後ノ進メ方ヲ如何ニスヘキカニ關シ改メテ日本側ノ意見ヲ述ヘ度旨述ヘ後刻再會ヲ約シテ別レタ

編注 本文書付記一として採録。

（付記四）

八月十八日午後六時當方ノ求メニ依リ加藤公使「クレーギー」大使ト次官邸ニ於テ再會

加藤公使カラ先刻手交セラレタル英國政府ノ書面ヲ詳細ニ檢討シタカ從來貴大使トノ間ニ進メ來ツタ協議振リト此ノ書面ノ調子トノ間ニハ相當大キナ開キカアリ日本側ニ於テ英國政府ノ意圖カ何レニアリヤ了解ニ苦シム處テアツテ其ノ調子ノ高イコト其ノ內容ノ明瞭ヲ欠クコト等ヲ合セテ非常ニ悪イ印象ヲ以テ之ニ接シタ譯テアリ自分カ先程指摘シタ第一ノ經濟問題ト治安問題トヲ切リ離シテ治安問題タケテ本會談ヲ打切リ天津事件ヲ終熄セシメヤウト云フ英國側ノ主張ニ對シテハ全然同意スルコトカ出來ナイ第二ニ英國側ニ於テ第三國ト協議セラルルコトハ止メ様モナイケレトモ第三國ヲ會談ニ加ヘルカ如キコトヲ目圖（途カ）トスルコトハ日本側ニ於テ同意スルコトハ出來ナイト云フコトヲ正式ニ政府ノ名ニ於テ通告シタイト思フ尚英國側文書ノ中ニ九國條

約ヲ引用セラレテ居ル部分ハ其ノ眞意カ奈邊ニアルヤ了解スルコトカ出來ナイカ此ノ點ニ關シテ英國政府ノ意圖ヲ知ルコトカ出來レハ幸ヒテアルト附加ヘタ

「ク」大使ハ此ノ點ハ本國政府ノ意向ヲ確メテ置ク積リテアルカ自分ノ解釋スル所ニ依レハ是ハ英國内ニ於テ通貨問題ノ如キハ支那全般ニ關係アル事項テアツテ其終局的解決ニ關シ日本側トノミ論議スルコトハ間違テアツテ九國條約ノ規定ニモ關係ノアルコト故同條約ノ關係國ニモ協議スルコトカ至當テアルト云フ論者カ相當ニアリ是等ノ人々ニ對スル政府トシテノ所懷ヲ玆ニ述ヘタニ過キナイノテアツテ自分ハ是ハ一種ノ國内消費ノ目的ノ爲挿入セラレタモノト思ツテ居ル

加藤公使カラ現銀及通貨問題ニ關シテモ米佛以外ノ九國條約ノ他ノ關係國ニ協議サルル意味ナリヤカト尋ネタニ對シ

「ク」大使ハ其ノ意味デハナイト信スル旨ヲ答ヘ尙「ク」大使ハ自分ハ此ノ際暫ク會談ヲ休會トスルコトトシ其旨共同「コンムユニケー」テモ發表シテハドウテアルカト思フカ此ノ點ニ關シ日本側テハ何ウ云フ風ニ考ヘテ居ラレルカト尋ネタルニ對シ

加藤公使ヨリ改メテ休會トスルト云フコトヲ世間ニ公表スルヤウナコトハ誤解ヲ與フル因トナルノテ其ノコトハ止メタイ考ヘテアル旨ヲ述ヘタ

尙「ク」大使ハ銀ノ引渡ノ問題ニ關聯シテ先般申述タ自分ノ私案卽チ天津法院ヲシテ臨時政府ノ命令ヲ强制執行セシメルト云フ點ニ對シテ本國政府ニ於テハ同意シ難イト云フコトヲ申送ツテ來タカ其ノ理由ハ右私案ニ依ル場合銀ノ所有權カ臨時政府ニ屬スルモノテアルト云フコトヲ正式ニ承認スル様ナコトトナリ問題ノ銀カ國民政府ニ屬スルモノテアルト云フ見解ト獨立シナイノミナラス之ヲ認メルコトニ依ツテ臨時政府及其ノ機關ヲ承認スルヤウナ形トナルノテ法律上ニモ瑕瑾カアリ又政治的ニモ願ハシクナイ結果トナルト云フノテアル、自分ハ何トカシテ他ノ方法ヲ以テ此ノ困難ナル點ヲ囘避スル道モナイカト密カニ考ヲ繞シテ居ルノテアルカ結局自分一個ノ考トシテ先般申入レテ置イタ管理ヲ準備銀行側ニ引移スニ止メ所有權ノ問題ニ關シテハ此際一切觸レス從テ現銀ノ引渡後ニ於ケル處分ハ事變處理ノ後適當ナル支那側裁判所ニ依ツテ決定セラレルト云フ樣ナコトニスル外他ニ方法ハナカラウカト考ヘルノテアルカ此

ノコトニ付日本側開係者トノ間ニ何カ協議ヲ遂ケテ見ラレタコトカアルカト尋ネタノテ
加藤公使カラ此ノ點ハ先日來自分一人テ色々考ヘテ居ルノミテマタ關係ノ筋トハ充分ナル協議ヲ遂ケテ居ナイ日本側トシテモ其ノ案テハ解決カ相當困難テアラウト考ヘテ居ルノテアルカ尚充分考ヘテ見タイト述ヘテ置イタ

1591　昭和14年8月⒅日　在英国重光大使より有田外務大臣宛（電報）

日英東京会談で天津租界現銀問題および通貨問題を協議不可能な理由に関し英国政府声明について

ロンドン　発
本　　省　8月18日夜着

特情倫敦第八九號
英國政府ハ十八日「クレーギー」大使ニ對シ日英會談ノ經濟問題ハ日英兩國間ノミテハ討議シ得ヌモノト思惟スル旨ノ訓令ヲ發シタカ英政府官邊テハ十八日午後新訓令ノ内容ヲ説明シ左ノ如ク聲明シタ

「東京テ進行中ノ日英會談ノ議題中治安問題ニ關シテハ可成リ折衝カ進メラレテ居ル然シ現銀及通貨問題ニ付テハ英國政府ハ是等ノ問題カ支那ノ現情勢ニ關スル如何ナル討議カラモ除外スヘキテハナイコトハ常ニ認メテ居ルトハ言ヘ結局兩問題ハ純粋ニ局地的ナ問題ト看做スコトハ不可能テアリ從ツテ純粋ニ日英間ノミノ基礎ニ於テ兩問題ニ關シ討議ヲ進メテモ何等有益ナ成果ヲ擧ケ得ナイトノ結論ニ到達シタノテアル若シ今後現銀及通貨問題カ更ニ討議サレル様ナ場合ハ英國政府トシテハ九國條約其ノ他ノ關係條約ニ加盟シテ居ル總テノ國カ自己ノ見解ヲ表示スル機會ヲ與ヘラルヘキテアルト主張スルテアラウ」
尚英政府官邊テハ英國政府カ東京會談ニ關シ關係諸國特ニ英佛《(米カ)》兩國政府ト緊密ナ連絡ヲ執ツテ來タコトハ認メテ居ルカ今次ノ訓令發送ハ獨立ニ決定サレタモノテアル旨ヲ强調シテ居ル、更ニ官邊テハ英國政府ハ現在訓令ノ内容ヲ關係諸國ニ通牒スル手續ヲ執ツテ居ル旨ヲ洩ラシタ
「クレーギー」大使ハ十八日午後加藤公使ト會談ノ際訓令ノ要旨ヲ傳達シタモノト見ラレテ居ル、今次ノ訓令ニ示サレタ英國政府ノ態度ニ鑑ミ東京會談ハ決裂トナルノテハナ

イカトノ問題ニ對シ官邊テハ治安問題ニ關シテハ折衝カ滿足スヘキ進行ヲ示シテ居ル點ヲ强調シ他ノ問題ハ別ニシテ治安問題丈ケテモ協定ヲ纏メルコトカ出來ルノテハナイカトノ見解ヲ表明シテ居ル、尙英國政府カ九國條約會議ノ召集ヲ考慮シテ居ルカ否カノ問題ニ付テハ官邊テハ關係諸國ノ見解ハ會議ニ依ラストモ個別的協議ニ依ツテ諒知スルコトカ出來ルコトヲ指摘スル一方政府ノ今後ノ方針ハ未タ何等確定サレテ居ナイト述ヘテ居ル

東京テ進行中ノ日英會談カ經濟問題テ難關ニ逢着シタノニ對シ英國政府ハ久シク訓命(令カ)ヲ出シ澁リ遷延策ニ出テテ居タカ十八日遂ニ「クレーギー」大使ニ對シ現銀及法幣ノ兩問題ニ關スル訓令ヲ發シタ訓令ノ內容ハ英國政府ハ現銀及通貨ノ兩問題カ日英兩國外ノ國家ノ利害トモ關係アルト思惟スル故ニ兩問題ハ日英兩國間ノミノ間テハ討議シ得スモノト看做ス旨日本政府ニ通告スルヤウ指令シタモノト言ハレル

1592　昭和14年8月19日　有田外務大臣より在北京堀内大使館参事官、在天津田代総領事宛（電報）

天津租界問題に関する対日回答の内容を英本国で公表する旨クレーギー大使通報について

付記一　右英国側公表案和訳文

　　二　昭和十四年八月十九日

　　　　加藤公使・クレーギー大使会談要旨

本　省　8月19日後8時30分発　2620

合第一九七〇號

往電合第一九六一號ニ關シ

十九日求メニ依リ加藤公使「クレーギー」ト會談シタル際「ク」ヨリ往電合第一九六二號ノ訓令ノ內容ヲ二十日本國ニ於テ發表スベキ旨述べ居リタルニ付右關係方面トモ御連絡置キアリタシ

本電宛先、北京、天津

上海へ轉電セリ

（付記一）

天津租界問題ニ關スル件

八月二十日英國政府ノ發表案要譯文

昭和十四年八月十九日(亜一)

一、日本政府ト英國政府トノ間ノ意見ノ交換ノ結果六月二十七日天津ニ於ケル現下ノ狀態ニ關聯セル各種ノ問題ノ解決ヲ計ル爲東京ニ於テ會談ヲ開催スルコトニ合意ニ到達セリ

二、七月二十四日下院ニ於テ首相ガ宣明シタル如ク日本外務大臣ト在京英國大使トノ間ニ七月十五日ヨリ豫備的會談開始セラレタリ會談ノ開始ニ當リ日本政府ハ誤解ヲ除去シヨリ良好ナル關係ヲ樹立セシメントセバ天津ニ於ケル情勢ヲ觀察スルニ必要ナル背景ヲ承認スルヲ要スルノ意見ヲ表示セリ右見解ヲ滿足セシムル爲英國政府ハ日本政府ト共ニ左ノ原則ニ關シ意見ノ一致ヲ見タリ

三、英國政府ハ大規模ノ戰鬪行爲進行中ナル支那ニ於ケル現實ノ事態ヲ完全ニ承認シ又斯カル狀態ガ存續スル限リ支那ニ於ケル日本軍ガ自己ノ安全ヲ確保シ且其ノ勢力下ニ在ル地域ニ於ケル治安ヲ維持スル爲特殊ノ要求ヲ有スルコト竝ニ日本軍ヲ害シ又ハ其ノ敵ヲ利スルガ如キ一切ノ行爲及原因ヲ排除スルノ要アルコトヲ認識ス英國政府ハ日本軍ニ於テ前記目的ヲ達成スルニ當リ之ガ妨碍トナルベキ何等ノ行爲又ハ措置ヲ是認スルノ意思ヲ有セズ此ノ機會ニ於テ斯カル行爲及措置ヲ控制スベキ旨在支英國官憲及英國國民ニ明示シ以テ右政策ヲ確認スベシ

四、同日東京ニ於テ兩國政府ノ代表間ニ會談開催セラレ日本政府ヨリ討議ノ基礎トシ提案提出セラレタリ右提案ノ大部分ハ警察事項ニ關シ天津英國租界當局ト北支駐屯日本軍トノ間ニ「テロ」行動ヲ抑壓シ治安ヲ維持スル目的ノ爲ノ一層緊密ナル協力ヲ規定シタルモノニシテ右提案ハ租界ノ行政保全ヲ害スルコト無ク一般ニ上海ニ於テ既ニ施行セラレ居ル慣行トモ合致スルモノナルヲ以テ英國政府ハ若干ノ細目ノ最後的取極ヲ條件トシ協定成立ニ向ヒ相當ノ進捗ヲ爲シタルモノナリ

五、警察事項ニ關スル提案ノ外日本政府ハ英國官憲ヲシテ租界内ニ於ケル法幣ノ使用禁止ノ規則ヲ强行セシメ及天津租界ヨリ若干ノ準備銀ノ搬出ヲ包含スル諸提案ヲ提出セリ英國政府ハ之等提案ノ範圍ガ純然タル天津局地問題ノ範圍ヲ逸脫シ居リ且英國政府ノミナラズ或ル他ノ政府モ

其ノ見解ヲ既ニ日本政府ニ通報シタル爲替貿易ニ對スル取締措置ヲモ包含スル北支ニ於ケル他ノ經濟金融狀況ノ現實ノ事態ニ關聯スルモノナルコトヲ直チニ觀取シタルモノナリ狀況ノ愼重ナル研究ノ結果英國政府ハ自ラ望ムトスルモ第三國ノ地位ニ影響ヲ與フヤモ計ラレザル二國間ノ協定ヲ其ノ承諾無シニ締結スル能ハザルコト明白トナレリ右理由ニ基キ英國政府ハ第三國ノ權益ヲ害スルガ如キ斯ル性質ノ事項ニ關スル如何ナル提案ヲモ單獨ニ提示シ又ハ受諾スル能ハズトノ結論ニ達シ日本政府ニ對シ其ノ提出シタル經濟關係提案ニ關スル討議ハ英國政府ノ見解ニ依レハ純然タル日英兩國間ノ基礎ノ上ニ爲スモ何等有益ナル結果ニ到達スル可能性無キヤニ認メラルル旨通報セリ然レドモ英國政府ハ日本政府ガ希望スル場合ニハ凡テノ關係當事者ノ權益ガ保障セラルル條件ノ下ニ之ヲ新タニ審議スル用意アルコトヲ表示セリ右目的ノ爲英國政府ハ關係第三國ト協議シ其ノ見解ヲ顧慮スル必要アルモノナリ

六、英國政府ハ提起セラレタル問題ヲ放置セントスル希望ヲ有スルモノニアラズ且支那ニ於ケル現在ノ紛爭ノ終局的解決ノ爲充分討議スルヲ要スルヲ認識シ居ル旨日本政府ニ對シ通報セリ英國政府ハ既ニ日本政府宛一月十四日附ノ書翰ニ於テ條約ヲ永久的ノモノト認メ居ラズ且現存條約ノ改正ニ關シ日本政府ガ執ルベキ凡テノ建設的提案ヲ考慮スル用意アル旨明カニセリ然レドモ英國政府ハ九國條約及支那ノ狀態ヲ規定スル他ノ諸條約ノ凡テノ關係國ガ其ノ見解ヲ表示シ且關係當事者凡テニ對シ公正ナル解決ニ寄與スルコトヲ得シムルコト必要ナリト思考スルモノナリ

編　注　本文書の原文（英文）は省略。

（付記二）

天津問題ニ關スル加藤公使、「クレーギー」大使會談要旨

（昭和一四、八、一九　亞一）

八月十九日午後二時先方ノ求メニ依リ外務次官官邸ニ於テ加藤公使「クレーギー」大使ト會談セリ要旨左ノ通

「クレーギー」大使

昨日手交セル英國政府ノ文書ニ依ル申入ハ英國側ニ於テ公表スルコトヲ希望シ居ルコトハ昨日申上ケシ通リナルカ日本側ニ於テハ此ノ際公表ハ面白カラストノ御意見ナリシ故其ノ旨本國ニ電報シ置キタルカ本國ニ於テハ國内ノ情勢上如何ニシテモ該文書申入ノ主要點タケニテモ之ヲ公表スルコト絶對ニ必要ナリトノ意見ニテ結局別紙（編注）ノ如キモノヲ明日公表スルコトニナリ居レリ

トテ單ニ參考ノ爲ニ公表文ノ寫ヲ手交セリ

加藤公使

昨日モ申述ヘシ通リ英國側ニ於テ是非共此ノ種公表ヲナサルル以上日本側ニ於テモ此ノ内容ニ付テ意見ヲ異ニスル點ハ之ヲ公表シナケレハナラス英國側ノ公表ト相對應スルカ如ク當方ニ於テモ公表スルコトトナルヘシ

「クレーギー」大使

日本側公表文ノ「アドヴァンス・コピー」ヲ戴ケサルヤ

加藤公使

其ノ様ニ手順整ハハ御送付致スコトニ何等異存アルモノニ非ス

又昨日御話アリタル會議休會ニ關スル共同「コンミュニケ」ノ件ハ政府ニ於テ協議ノ結果此ノ際此ノ種「コンミュニケ」ヲ出ササル方適當ナルヘシト決定シタルヲ以テ其ノ旨御承知願度シ當方ニ於テハ若シ新聞等ヨリ質問アル場合ハ會合ハ暫時開キ得サルヘシトノ趣旨ヲ單ニ話スニ止メ置ク考ナリ

尚昨日ノ會談中ニ申傳ヘ置キタル日本側主張卽チ經濟問題ヲ切離シ治安ノ問題ノミヲ以テ天津事件ヲ終結セシメントノ英國政府ノ主張ニハ全然同意出來サルコト經濟問題ニ關シ單ニ日英兩國政府間ノ話合ノミナラス關係第三國トノ協議ヲ恰モ日英兩國會談ノ前提條件トスルカ如キ英國側ノ考方ニ對シテモ亦全然贊成出來ス日本側トシテハ何處迄モ當初ノ方針タル日英兩國間ニ於テ兩國ノミニ關係アル事項ニ付先ツ協議ヲ遂クヘシトノ方針ハ絶對ニ變更スル能ハス又兩國間ニ於テ協定セラレシコトカ直ニ第三國ヲ拘束スルモノニ非サルハ自明ノ理ニシテ日本側ニ於テ別途第三國ト協議スル必要アルモノニ付テハ適當ノ時期方法ニ於テ當該第三國ト協議スルノミテアリ今日ノ際ハ英國側ニ於テ其ノ權内ニ屬スル事項ニ付日本側ノ申出ニ對スル英國政府ノ回答ヲ發セラルルヲ求メ居ルニ過キス此ノ方針ハ如何ナル場合

ニ於テモ變更シ得ルモノニ非ス
トノ趣旨ヲ繰返シ説明シ置キタリ
「クレーギー」大使
本日參考ノ爲御渡シセル公表文中九國條約ニ關スル部分ハ此ノ際公表セサル方可ナルヘシ又公表文中段ニアル第三國トノ協議ノ必要ヲ論シ居ル部分中 Should the Japanese Government 云々ナル一句ハ之ヲ削除スル方適當ナルヘシトノ趣旨ヲ申送リヤル積リナリ
尚明日曜日出發日光ニ出向ク豫定ナリ

編注 省略。本文書付記一の和訳文参照。

1593 昭和14年8月19日 在英国重光大使より有田外務大臣宛（電報）

日英東京会談における英国側態度硬化の理由につき観測報告

ロンドン 8月19日発
本　　省 8月20日着

第九五九號（極祕）

東京交渉ニ關シ英國ノ態度ハ米國ノ條約廢棄通告ニ依リ重要ナル影響ヲ受ケタルハ勿論ナルカ其ノ他
一、日本及支那ニ於ケル極端ナル排英運動及所謂侮辱行爲ニ付テハ英國人ノ自尊心ヲ傷ケ想像以上ニ日本ニ對スル反感ヲ高メ右カ輿論ニ反響シテ政府ニ於ケル日英親善政策ヲ牽制シ居ルコト
二、日本ニ對スル讓歩（東京取極及犯人引渡等）カ之又豫想以上ニ世界特ニ東洋ニ反響ヲ與ヘ之カ樞軸國ノ宣傳ニ依リ英國ノ權威ノ毀損ニ利用セラレ居ルコト
三、英國ノ讓歩ニ對シ日本ノ好意期待薄ナルコト
等ヨリ影響セラレ居ルハ事實ナリ然レトモ英國政府筋ハ何トカシテ東京交渉ヲ成功セシメンコトヲ希望シ居ルハ又事實ニシテ銀問題ニ付テハ讓歩ノ意アル旨間接ニ聞込居レル次第アリ本電ハ貴電第二四五號接到前ノ起草ナルモ何等御參考迄

1594 昭和14年8月20日 有田外務大臣より在英国重光大使宛（電報）

日英東京会談におけるわが方の最後的態度決

定のため天津租界問題に関する英国側意向確認方訓令

付　記　昭和十四年八月二十日、東亜局第一課作成

「天津問題ニ關シ加藤公使「ドッヅ」在京英國大使館參事官會談ノ件」

本　省　8月20日後4時発

第二四八號(至急)

往電第二四七號(北京天津宛合第一九六二號)ニ關シ

右往電英國政府ノ見解ニ對スル我方最後的態度決定ノ爲左記諸點ニ付直接英國政府當局ノ眞意ヲ確カムルト共ニ之ニ關聯シ英國政府ノ本問題ニ關スル一般見解ヲ適確ニ突止メ度ニ付至急接觸セラレ結果回電アリ度

一、從來「クレーギー」大使ノ説明ニ依リ我方ハ經濟問題ニ關スル我方提案ニ基キ英國ハ第三國ト意見交換ヲナシ居リ右終了次第我方提案ニ付英國政府ヨリ何分ノ意見回示シ來ルモノト豫期シ居タル次第ナルカ今次冒頭往電英國政府見解ニ依レハ右トハ全然異ナルヤニ解セラルル處

(イ)英國政府ハ我方提案ノ經濟問題ニ關シテハ今次日英會談ニ於テ天津問題ノ一部トシテ之ヲ取上クル意思ナキモノナリヤ

(ロ)假令之レヲ取上クルモ第三國ヲ加ヘタル會議ニ於テノミ之ヲ討議セントスルモノナリヤ

二、クレーギー大使説明ノ如ク目下我方ノ經濟問題提案ニ付英國政府ニ於テ米佛諸國ト協議中ニテ其內右提案ニ對スル何分ノ意見回示アルモノトスルモ第三國トノ協議ノ爲メニ長日月ヲ要スルカ如キコトトナラハ其間双方ノ希望セサルカ如キ事態發生スルコトナキヲ保セサルノミナラス日本國內事情(國內與論及現地情勢等)モ遷延ヲ許ササルモノアルニツイテハクレーギー大使説明ノ如シトスレハ英國政府ニ於テ第三國トノ協議ヲ終ヘ我方トノ交渉再開ニ至ルハ凡ソ何日頃ト期待シウルヤ

三、尙英國政府見解中「英國政府ハ一切ノ關係當事者ノ利益カ保障セラルルカ如キ取極カ爲サレ得ル條件ノ下ニ經濟問題ヲ新ニ審議スル用意アリ」ト述ヘアルハ具体的ニ如何ナルコトヲ豫想シ居ルモノナリヤ

尙冒頭往電末段ノ治安問題ト經濟問題トヲ引離サントスル英國側提案ハ我方ニ於テハ既ニ屢々加藤公使ヨリ「クレーギー」大使ニ對シ明カニシタルカ如ク到底受諾スル能ハサ

ルモノナリ
北京、天津、上海ニ轉電セリ

(付　記)

天津問題ニ關シ加藤公使「ドッヅ」在京英國大使館參事官會談ノ件

(昭和一四、八、二〇　亞一)

八月二十日午後四時「ドッヅ」在京英國大使館參事官加藤公使ヲ來訪シ一昨日ノ英國側提案ニ對シ日本側ニ於テ明瞭ヲ缺ク點アリト申出ラレタル數點ニ關シ本國政府ノ眞意ヲ質セシ處本日別紙ノ如キ回訓到達セシニ依リ「クレーギー」大使ヨリ直ニ御渡シスルヤウ命セラレシヲ以テ持參セリトテ別紙(甲)號ヲ手交シタリ加藤公使ニ於テ一讀ノ上別ニ改メテ說明ヲ求ムルコトモナカリシヲ以テ其ノ儘受取リ置キタルカ其ノ際加藤公使ヨリ實ハ本日當方ヨリモ重光大使ニ對シ英國側申出ノ眞意不明ナル點若干ニ付直接英國政府ノ意向ヲ問合スヤウ電報ヲ發シ置キタルカ其ノ問合要目ヲ一ツ書キシテ「クレーギー」大使ニ參考迄ニ御送付致シ度シト考フルヲ以テ今晩若クハ明早朝右ヲ御屆ケスヘキニ依リ可然大使ニ傳達セラレ度シト述ヘ置キタルカ八月二十一日午前別紙(乙)號《(省略)》ヲ英國大使館ニ送付シ置キタリ

別紙甲號

昭和十四年八月二十日(亞一)

天津租界問題ニ關シ八月二十日在京英國大使館「ドッヅ」參事官ノ加藤公使ニ手交シタル書物要譯文

英國政府ハ若シ日本政府カ經濟金融問題ヲ第三國ト共同シテ又ハ個別的ニ討議スルヲ承諾スルニ於テハ右問題ヲ再ヒ審議スル用意アルヲ明カニセリ
英國政府ハ現在討議セラレ居ル通貨及銀ノ問題ニ關シ必スシモ凡テノ九國條約國ト協議スルコトヲ提議スルモノニアラス但シ日支事件ノ最終的解決ハ九國條約及支那ニ對スル關係諸國ノ態度ヲ規定スル他ノ諸條約ノ締約國ノ受諾シ得ヘキモノナルコトヲ要ストスルモノナリ
英國政府ノ目的ハ日本政府ニ對シ經濟問題ノ討議ハ單純ナル日英兩國間ノ基礎ノ上ニ繼續セラレハ到底有益ナル結果ヲ齎ラササルモノニシテ且英國政府ノ決定ニ照シ之等ノ問題ヲ將來討議スル爲最モ適當ト思考スル手續ヲ指示スルコ

トヲ日本政府ニ委ネタルモノナルコトヲ表示セントスルモノナリ

1595 昭和14年8月21日

日英東京会談の経緯および日本政府見解に関する外務省発表

天津事件（日英會談ノ經緯ト帝國政府ノ見解）

昭和十四年八月二十一日帝國外務省發表

一、今次日英會談ハ元來英國側ノ希望ニ基キ開催セラレタルモノナル處帝國政府ハ先ツ天津問題ノ背景ヲ爲ス一般問題ニ付英國政府ノ了解ヲ取付クルノ要アリト認メ會談ノ當初ニ於テ右ニ關シ交渉ノ結果客月二十二日一般原則ニ關スル協定ノ成立ヲ見ルニ至リタルコト曩ニ發表セラレタル通リナリ。

二、右一般原則ニ關スル協定ノ成立ニ次テ會談ハ天津ニ於ケル具體的諸問題ノ折衝ニ入リタリ而シテ右折衝ニ於テ帝國政府ノ要求セル所ハ警察及經濟ニ關スルモノナルモ要スルニ何レモ現地治安維持ノ強化竝ニ軍ノ生存上必須ノ事項ニ屬スルモノニシテ又英國側ノ協力ヲ要請スル點ハ何レモ素ヨリ其ノ權限内ニ於テ爲シ能フ所ニ屬スルコト言ヲ俟タス從テ右要求事項ノ性質カ恰モ本件會談ノ範圍外ナルカ如ク解スル事ノ不當ナルハ勿論日英兩國間限リノ取極ノ對象ト爲シ得ストスルカ如キモ何等理由ナキ所ナリ例ヘハ通貨及現銀問題ニ關スル要求ニ付テ言ヘハ帝國政府ノ英國政府ニ要求シ來レル所ハ法幣カ依然在天津英租界内ニ流通シ居ル結果不逞分子カ之ヲ利用シ租界ノ内外ニ於テ經濟攪亂行爲ヲ行ヒ治安ヲ亂シ居ル現狀ナルニ付之カ防止ノ爲英國側ニ於テ出來得ル限リノ措置ヲ講セラレ度シト言フニ止マル一方現銀問題ニ關シテモ之カ搬出ニ付キ英租界當局ニ於テ何等干渉セサルヘキ旨英國政府ニ要求シ居ルニ過キス何レモ日英間話合ノ對象トナリ又天津關係地方問題ナルコトハ論議ノ餘地ナク右カ日英間ニテ取極メ得ストシ又ハ局地的性質ヲ有セストスルハ理由ナシ。蓋シ今次會談開催ニ付テノ英國側申出ヲ受諾スルニ當リ帝國政府ハ其ノ提案カ當然現地軍ノ存立ニ關スル軍事的、政治的及經濟的要求ニ關係ヲ有スヘキコトヲ明示シ置キタル次第ナリ。英國政府モ右了解ノ下ニ會談ニ入リタルモノナルノミナラス客月二十七日經濟問題カ始メテ具體的ニ日英代表間ニ討議セラレタル際日本代表ヨリ右趣旨ヲ重ネテ英國代表ニ傳達セルニ英國代表モ異論ナク進ンテ八月一日經濟問題小委員會ノ開催ニ應シ具體的審議ニ入レル次第ナレハ右ニ徵スルモ英國政府ニ於テ最初ヨリ所謂經濟問題ヲ除外スルノ意向ナカリシハ明白ナリ。

三、尙英國政府カ本問題ヲ拋置シ之カ解決ヲ遷延セントスルモノニハ非スト述ヘ乍ラ問題ノ解決ヲ日支事變ノ最終的措置ニ關聯セシメムト主張シ居ルハ明カニ前後矛盾セル ノ言辭ナリト言フヘシ又其ノ發表ノ末段ニ於テ九國條約ヲ援用シ居ルモ同條約ニ關スル帝國政府ノ見解ハ既ニ機會アル每ニ明示セル所ニシテ帝國政府トシテハ九國條約ニ關スル論議カ如何ニシテ天津問題ノ處理ニ役立チ得ヘキ次第ナリヤ了解ニ苦シム所ナリ英國政府ノ眞意カ本件會談ニ第三國ヲ介入セシメ交涉ノ有利ナル妥結ヲ圖ラントスルモノナルニ於テハ右ハ徒ラニ本問題ノ解決ヲ遷延且複雜化セシムルニ役立ツノミニシテ帝國政府ノ到底容認シ得サル所ナル點ヲ指摘セサルヘカラス。

1596 昭和14年8月21日 在英国重光大使より有田外務大臣宛(電報)

日英東京会談に関するわが方発表を英国各紙掲載について

ロンドン 8月21日後発
本 省 8月22日前着

第九六八號

一般的情報

東京會談ニ關スル日本政府ノ聲明ハ二十日夕同盟ニ入電アリタルニ依リ直ニ當地新聞ニ發表方取計置キタル處二十一日ノ各紙ハ英國側聲明ト共ニ我方聲明ノ要領ヲ揭載シ居レリ

1597 昭和14年8月23日 有田外務大臣より在英国重光大使、在天津田代総領事他宛(電報)

日英東京会談の善後措置方針について

本 省 8月23日発

合第一九九七號(極祕、至急)

北京、天津宛往電合第一九六二號及英宛往電第二四七號ニ關シ

二十二日陸軍側ト協議ノ上天津租界問題ニ關スル日英交渉處置要領左ノ通申合セタリ

一、今次英國政府申出ニ對シ帝國政府トシテハ所謂治安問題ト經濟問題トヲ切離シ此ノ際治安問題ノミニ付日英間ニ協定ヲ締結シ經濟問題ニ關シテハ第三國ト共同ニ又ハ各別ニ協議ヲ行フヘシトスルコトニハ不同意ナル旨ヲ正式ニ文書ヲ以テ囘答スルモノトス

二、前項ノ措置ヲ執リタル後英國側カ既定方針ニ基ク我方主張ニ對シ同調シ來リ我方要求ヲ容ルルコトヲ認定シ得タル場合ノ外東京ニ於ケル現地側交渉ハ之ヲ再開セサルモノトス

三、帝國ノ對英態度ハ獨自ノ見地ニ基キ英國ノ動向ニ牽制セラルルコトナキハ勿論ニシテ例ヘハ天津ニ於ケル檢問檢索及支那ニ於ケル排英運動等ニ對スル帝國政府現在ノ方針ハ今次英國政府ノ執リタル措置ニ依リ特ニ變更セラルルコトナキモノトス

尚前記處置要領一、ノ英國政府ニ對スル帝國政府ノ囘答交付ヲ期トシ外務側現地代表者ハ何レモ夫々ノ任地ニ歸還セシムルモノトシ又處置要領二、ノ東京ニ於ケル現地側交渉ノ再開カ適當ト認メラルルニ至リタル場合ニ於テハ改メテ現地代表者ヲ東京ニ招致スルコトトナルヘシ

追而前記帝國政府ノ同答ハ英宛往電第二四八號ニ對スル同電ヲ俟ツテ發送スル筈ナリ

在支各總領事及香港ヘ轉電セリ

〰〰〰〰〰〰〰〰〰〰〰〰〰〰〰〰

1598　昭和14年8月23日　在英国重光大使より有田外務大臣宛（電報）

天津租界問題英国側意向に関する同国外務省極東部長代理内話について

ロンドン　8月23日後発

本　　省　8月24日前着

第九七九號（極祕）

貴電第二四八號ニ關シ（英ノ最後的見解問合ノ件）

二十二日岡本ヲシテ極東部長代理ヲ往訪（部長ハ病氣缺勤中）セシメ貴電ノ趣旨ニ基キ打解ケテ英國政府ノ意嚮ヲ篤ト質サシメタル所左ノ通リ

一、英國政府ノ眞意ハ經濟問題ニ關シテモ出來得レハ何等カノ解決ニ到達シタキ希望ヲ以テ「ハ」外相自ラ事態ノ內容ヲ研究シ總ユル努力考慮ヲ爲シタルモ遺憾乍ラ米佛トノ關係ニ於テ此ノ際英國カ日本ト單獨ニ本問題ニ付解決ヲ圖ルヲ得ストノ結論ニ到達シタル次第ナリ

旣ニ米佛兩政府ヨリハ日本政府ニ對シ經濟問題ニ關シテハ關心ヲ有スル旨ヲ申入レ居リ今囘ノ會談當初ニ於テ有田外相ヨリ「クレーギー」大使ニ對シ日英間ニ先ツ話合ヲ爲セハ米佛モ之ニ追隨スルコトトナルヘシト語ラレタルカ不幸ニシテ其ノ後ノ事情ハ右ノ通リニハナラサリシ次第ナリ

二、第三國ヲ加ヘタル會議ニ於テノミ右問題ヲ討議セントスルモノナリヤトノ質問ニ對シテハ確答シ得ス英國政府ノ見解トシテハ旣ニ事態以上ノ如クナル上ハ米佛ヲ納得セシムルコトヲ要シ日本側ニ於テ個別的ニ話合ヲ爲サルルコトモ考ヘラルヘク英國政府トシテハ何等之ニ異議無シ

三、「クレーギー」大使カ十七日加藤公使ニ對シ經濟問題ヲ治安問題ヨリ分離セントスル曩ノ申出ヲ撤囘シ一括妥結ニ達シタキ旨ヲ述ヘタリト言フ件ハ英國政府トシテハ了解シ難シ蓋シ經濟問題ニ付多大ノ困難アル事情ハ前以テ同大使ニ充分理解セシメ置キタル次第ナレハナリ經濟問題ニ關スル日本側提案ニ付英國政府ニ於テ第三國トノ協議ヲ終ヘタル上ハ何分ノ意見ヲ囘示スヘシト「クレーギー」大使カ說明セリトノ點モ以上ノ說明ニテ御察シノ通リ最早事態異ルコトトナレル次第ナリ英國政府ハ米佛ト今尙本問題ニ付協議中ナル次第ニアラス（米國ハ「コンサルト」セラルルコトヲ喜ハスト答フ）

四、貴電第二四八號ノ三ノ點ニ關シテハ英國政府トシテハ特定セル意嚮ナシ（no fixed idea）一切ノ關係當事者トハ日英（米）佛四國ヲ意味シ其ノ他ノ國ハ何等ノ申出ヲ爲シ居ラス英國政府トシテハ條約上ノ義務及 impartiality ニ反セサル解決方法アラハ解決ニ到達スルコトヲ衷心希望シ居ル次第ニシテ必スシモ四國會議ヲ豫想セス非公式個別的會談ニ依ルモ可ナルヘク此ノ際日本側ヨリ何等カノ考案アラハ寧ロ之ヲ歡迎スル次第ナリ

1599　昭和14年8月26日　有田外務大臣より在英国重光大使、在天津田代総領事他宛（電報）

天津租界問題に関する八月十八日付英国回答に対しわが方見解をクレーギー大使へ手交について

付記一　右わが方見解
　　二　右わが方見解和訳文

本　省　8月26日発

合第二〇四二號（極祕）

往電合第一九九七號ニ關シ

二十五日加藤公使ヨリ「クレーギー」大使ニ對シ帝國政府ノ正式見解トシテ冒頭往電ノ趣旨ヲ書物ヲ以テ回答セリ

（原文郵送ス）

本電宛先北京、天津、英

上海ヘ轉電セリ

（付記一）

1. The Japanese Government have carefully examined the view of the British Government towards the present Anglo-Japanese conversations expressed in the note which Sir Robert Craigie handed to Mr. Kato on August 18th.

2. Before acceding to the British proposal of starting negotiation in Tokyo with a view to settling various problems connected with the present situation in Tientsin, the Japanese Government pointed out, inter alia, to the British side that the existing state of affairs in Tientsin has its origin in the various complicated circumstances and that the proposal to be made by the Japanese Government would naturally have close bearing on military, political and economic requirements pertaining to the security of the Japanese military forces on the spot. As the British Government are well aware, the British side entered into the present conversations, fully knowing the above attitude on the part of the Japanese Government.

3. The Japanese Government, considering it as an essential condition for the settlement of the Tientsin

problem to reach first of all an understanding with the British Government regarding the general question which form the background of the Tientsin situation, made a proposal regarding the general principle at the outset of the present Anglo-Japanese conversations, which was accepted by the British Government with the result of an agreement of July 22nd. There leaves no room for doubt, therefore, that the Tientsin problem was expected to be solved in the light of the letter and spirit contained in that agreement.

4. In the course of detailed discussion of the Tientsin problem, the Japanese Government made proposals on the so-called police and economic matters, requesting the cooperation on the part of the British authorities. They all relate to more efficient maintenance of peace and order on the spot and to the existence and security of the Japanese forces in China. It would also be futile to add that British co-operation which the Japanese Government asked for was confined to that on matters which fell entirely within the British competence.

5. In view of the above, the Japanese Government fail to concur with the British contention that some of the proposals made by the Japanese Government such as those relating to silver and currency in the British Concession in Tientsin are entirely beyond the scope of the present Anglo-Japanese conversations and that they could not, by nature, be made the subject of any bilateral agreement purely on Anglo-Japanese basis. The communications which the Japanese Government received from the Governments of the United States and France on these matters are of a different purport from what was indicated by the British side. The Japanese Government can in these circumstances see no necessity of entering into negotiations with the United States and French Governments.

6. While contending on one hand that they are not attempting to delay the settlement of the issues by shelving the Japanese proposals, the British Government persist on

the other that the Tientsin problem must necessarily be solved in a final settlement of the present China Incident. This seems to the Japanese Government to be somewhat contradictory. The British Government have also referred to the question of modification of the Nine-Power Treaty etc., which treaties, in the opinion of the Japanese Government, have no bearing on the present conversations and are clearly outside the purview of discussions. The Japanese Government are unable to see of what use any discussions conducted on the basis of the Nine-Power Treaty could be for the settlement of the Tientsin issues.

7. The British Government have proposed to conclude an agreement only upon the so-called police matters separately from economic matters. But as has repeatedly been explained by the Japanese delegate, the Japanese proposals regarding economic matters are of such nature as is indispensable to the stabilization of the life of the people in North China and to the prevention of anti-Japanese activities to disturb the economic structure of the region. The proposals on economic matters, being so important for the maintenance of public order, are inseparable from the proposals on police matters.

8. For these reasons, the Japanese Government are unable to agree to the British proposal that third Powers should be invited to take part, jointly or separately, in the discussion of the Japanese proposal for British cooperation in the so-called economic questions which form part of the agenda of the present conversations, namely, questions regarding the currency and silver reserve in the British Concession in Tientsin. Nor are the Japanese Government unable to see their way to agree to the British proposal to set aside the so-called economic questions and conclude an agreement on the police matters only.

9. It must have been immediately clear that the aforesaid contention of the Japanese Government is nothing but a logical conclusion to be reached from the object of the present conversations and the nature of the Japanese proposals. It is therefore to a profound regret of

the Japanese Government that the British Government should have proposed the participation of third Powers or the separation of the so-called police matters.

（付記二）

八月二十五日加藤公使ヨリ「クレーギー」大使ニ手交セル書物

一、帝國政府ハ八月十八日「クレーギー」大使ヨリ加藤公使へ手交アリタル文書ニ依リ表明セラレタル日英會談ニ關スル英國政府ノ見解ニ對シ愼重審議ヲ加へタリ

二、帝國政府ハ曩ニ天津ニ於ケル現下ノ事態ニ關聯スル各種問題ノ解決ヲ計ル爲東京ニ於テ交渉ヲ行フコトト致度キ旨ノ英國側申出ヲ受諾スルニ方リ豫メ英國側ニ對シ右ニ關スル帝國政府ノ態度ヲ明カニシタルカ其ノ中ニ於テ天津ニ於ケル現下ノ事態ハ其ノ根源ニ於テ諸種ノ複雜ナル事情ニ胚胎スルモノナルコトヲ特ニ指摘シ且帝國政府ノ行フ提案ハ當然現地帝國軍ノ存立ニ關スル軍事的、政治的及經濟的要求ニ關係ヲ有スヘキコトヲ明白ニシ置キタル次第ニシテ英國側ハ之ヲ了承ノ上今次會談ニ入リタルモノナルコト英國政府ノ了知セラルル通ナリ

三、帝國政府ハ今次日英會談ノ當初ニ於テ先ツ天津問題ノ背景ヲ爲ス一般問題ニ付一定ノ了解ニ到達スルコトカ天津問題自体ノ解決上ヨリスルモ不可缺ノ要件ナリト認メ一般原則ニ關スル提案ヲ爲シタル處右ニ關シテハ七月二十二日協定ノ妥結ヲ見タリ而シテ右一般原則ニ關スル協定ノ文言及精神ハ當然ニ天津問題自体ノ解決ニ付テモ其ノ指導原理ト爲ルヘキモノナルコト疑ヲ容ルルノ餘地ナキ所ナリ

四、帝國政府ハ天津問題ノ具體的折衝ニ於テ所謂警察的事項及經濟的事項ニ關シ英國側ノ協力ヲ要請セル提案ヲ爲シタル處右事項ハ孰レモ現地治安維持ノ强化及軍ノ生存上必須ノ事項ニ關スルモノニシテ又右ニ關シ英國側ノ協力ヲ期待セル所ハ素ヨリ英國側ノ權限內ニ於テ執リ得ヘキ措置ノ範圍ヲ出テサルコト言ヲ俟タサル所ナリ

五、前述ノ次第ニ鑑ミ英國政府カ我方提案中ノ或ルモノ例へハ天津英租界內ニ於ケル通貨及現銀ニ關シ英國側ノ協力ヲ要請セル提案ヲ以テ恰モ今次日英會談ノ範圍外ノ問題ナルカ如ク解シ又ハ日英兩國間限リノ取極ノ對象ト爲シ

得サルカ如キ性質ノモノナリト主張セラルルコトハ帝國政府ノ到底納得シ得サル所ナリ尙帝國政府カ本件問題ニ關シ米佛兩國政府ヨリ受ケタル申出ハ英國側ニ於テ指摘セラルルカ如キ趣旨トハ異ナルモノニシテ帝國政府トシテハ此ノ際特ニ右兩國政府ヲ相手トシテ交涉ヲ爲スノ必要ヲ認メサルモノナリ

六、英國政府カ一方ニ於テ日本側提案ノ問題ヲ放置シ之カ解決ヲ遷延セントスルモノニハ非スト稱シ乍ラ他方ニ於テ右問題ノ解決ヲ日支事變ノ終局的處理ニ關聯セシムルノ必要アリト主張セラルルコトハ前後矛盾ノ感ナキ能ハス且英國政府カ今次日英會談ノ討議ノ目的ト何等關係ナク從テ明白ニ今次會談ノ範圍外ナル九國條約等ノ改訂問題ノ如キヲ取上ケ論及セラレタルハ不可解ニシテ又帝國政府トシテハ九國條約ヲ基礎トスル論議カ如何ニシテ現下ノ天津問題ノ處理ニ役立チ得ヘキ次第ナリヤ了解ニ苦シム所ナリ

七、英國政府ハ日本側提案中所謂警察的事項ニ關スルモノト經濟的事項ニ關スルモノトヲ切離シ前者ニ付テノミ此ノ際日英間ニ協定ヲ締結センコトヲ提言セラレタル處日本側提案ノ所謂經濟的事項ニ關スルモノハ何レモ北支民衆ノ生活ノ安定乃至經濟攪亂行爲ノ取締上必須ノ事項ニ屬シ畢竟現地治安維持ノ强化上警察的事項ニ關スルモノト不可分ノ關係アルモノナルヲ以テ兩者ノ分離處理ハ到底不可能ナルコトハ今日迄ノ會談ニ於テ我方代表ヨリ既ニ屢々言明シ置キタル通ナリ

八、叙上ノ理由ニ基キ帝國政府ハ今次日英會談ニ於ケル議題ノ一部タル所謂經濟的問題ニ關スル提案卽チ天津英租界內ニ於ケル通貨及現銀等ノ問題ニ關シ英國側ノ協力ヲ要請セル提案ノ討議ニ第三國ノ介入ヲ認メ第三國ト共同ニ又ハ各別ニ協議ヲ行フヘシトスルコトニハ到底同意スル能ハス又所謂經濟的問題ト警察的問題トヲ切離シ後者ニ付テノミ此ノ際日英間ニ協定ヲ締結スヘシトスルコトニ對シテモ遺憾ナカラ同意ヲ表スルヲ得サル次第ナリ

九、前項帝國政府ノ見解ハ今次日英會談ノ本來ノ主旨及我方提案ノ本質ヨリ見テ當然ノ歸結ニシテ今日ニ至リテ英國政府カ第三國ノ介入ヲ提言シ又ハ所謂警察的事項ノ切離ヲ主張セラルルカ如キハ帝國政府ニ於テ甚タ意ヲ得サル所ナルヲ附言セサルヘカラス

1600 昭和14年8月26日 有田外務大臣より在天津田代総領事宛(電報)

程暗殺事件容疑者の引取り方訓令

本　省　8月26日後9時発

第三一四號(極祕)

往電第二九九號ニ關シ

二十五日加藤公使「クレーギー」ト面談ノ際「ク」ヨリ問題ノ四名ノ犯人ニ關シテハ其ノ後反對運動アリ上海英國領事裁判ニ出訴スルガ如キコトアリタルガ今般斯ル司法上ノ手續モ却下シ引渡方天津ニ訓令ヲ發シタル旨內話セリ就テハ右引取方御手配置キ相成度

北京、上海、英へ轉電セリ

〰〰〰〰〰〰〰〰

1601 昭和14年9月6日 在天津田代総領事より阿部外務大臣宛(電報)

程暗殺事件容疑者の引取り完了について

天　津　9月6日後発
本　省　9月6日夜着

第六七〇號

往電第六六一號ニ關シ

五日突然英工部局警察ヨリ地方法院ニ對シ午後五時工部局警察ニ於テ犯人四名ヲ引渡ス旨申越シタルニ付直ニ準備ヲ整ヘ地方法院係官外警官六名ニ憲兵隊太田少佐以下三名、當館員一名附添ヒ軍用「モーターボウト」ニ分乗引取ニ赴キタル處今次洪水ニ依ル交通困難ノ爲英租界ニ到着シタルハ約束ノ時間ヲ過クルコト二時間半ニ及ヒタルカ(佛ヲ除ク各國領事トノ電話不通從テ交渉ニハ一々往復スルノ要アル處浸水地ハ船ニテ行キ更ニ陸行スル等長時間ヲ要ス)英工部局警察官二名該犯人ヲ引連レ特一區トノ境界ニ於テ我方ノ到着ヲ待チ受ケ居リ午後八時引渡ヲ了シタリ依テ直ニ支那側警察署ニ護送留置セルカ右犯人ハ更メテ支那側ヨリ憲兵隊ニ引渡シ軍法會議ニ掛クル筈ナリ

北京、上海、英へ轉電セリ

〰〰〰〰〰〰〰〰

5　英国の交渉再開要請

1602　昭和14年9月5日　阿部外務大臣より在北京堀内大使館参事官、在天津田代総領事宛（電報）

天津租界問題に関する日英交渉の再開をクレーギー大使が沢田外務次官へ打診について

本　省　9月5日後11時発

合第二一三五號

四日澤田次官ヲ來訪シ歐洲狀勢ニ關シ話ヲ交ヘタル「クレーギー」ハ天津問題ニ關スル日英交渉ニ言及シ「ク」トシテハ右交渉ガ中絶シタルコトヲ痛ク遺憾ニ思ヒ居ル次第ナルガ當時ノ英國政府ノ態度ハ結局一般原則及犯人引渡ニ關シ英國輿論カ不當ノ讓歩ヲ爲シタリトテ政府ヲ攻擊シタルニ基クモノニシテ政府トシテモ右カ一應鎭ルヲ待チタルモノト思考スル處自分トシテハ此ノ際交渉ヲ再開シ度希望ヲ有スルニ付先ツ次官ト私的會談ヲ爲シ其ノ成功ノ見込ヲツケ度旨申出デ且自分ハ本國政府ヨリ相當ノ權限ヲ與ヘラレ居ル旨述ベタルニ依リ次官ヨリ帝國政府ノ見解ハ既ニ加藤公使トノ會談及曩ニ同公使ヨリ手交ノ文書ニ於テ充分英國側ニ於テ承知シ居ル筈ナレバ我方トシテハ英國政府自身ノ的確ナル意見ヲ承知シタル上ナラデハ交渉再開ニ應シ難ク此ノ際漫然ト私的會談ナゾ行フコトハ無益ナリト思考セラルルニ付本件ハ要スルニ英國政府ニ於テ我方要求ニ對スル具体的意見ヲ明確ニスルコトカ第一ナル旨應酬シ置キタル趣ナリ

本電宛先北京、天津
上海、英へ轉電セリ

1603　昭和14年9月8日　阿部外務大臣より在天津田代総領事宛（電報）

天津租界問題に関する日英交渉の再開をクレーギー大使が阿部外相へ要望について

本　省　9月8日後10時30分発

第三四〇號

八日本大臣在京英國大使ト會談（編注）ノ際先方ヨリ種々ノ事情ニ依リ一時打切リトナリ居ル天津問題ニ關スル會談ノ再開ヲ考慮アリ度旨申出タルニ付本大臣ヨリ我方トシテモ之ヲ放。置。スル考ナキモ只漫然再開シタリトテ意味ナク英國側ニ於テ同會談最後ノ段階ヨリ一歩ヲ進メタル具体的提案ヲ考慮セラルルコト必要ナル旨述ヘタリ之ニ對シ「クレイギー」ヨリ何レ（二週間程靜養ノ筈）考ヲ纒メ申出ツルコトト致度必スヤ打開ノ方法アルコトヲ信スル旨述ヘタリ

北京、青島、上海、南京、漢口、厦門、廣東、香港、英、米ニ轉電セリ

編注 本書第1075文書付記参照。

1604 昭和14年9月13日 在天津田代総領事より阿部外務大臣宛（電報）

天津英租界に拘留中の中国人テロ容疑者を英国側が臨時政府の警察当局へ引渡しについて

天津 9月13日後発
本省 9月13日夜着

第七〇四號

英國總領事ヨリ六日附書翰ヲ以テ(イ)虐待セサルコト(ロ)隨時英國總領事館員カ訪問シ得ヘキコトノ二條件ニテ似警吾ヲ支那側ニ引渡スコトトセルニ付引取方手配アリタキ旨申越セルニ付十二日午前十一時支那係官ハ憲兵附添ノ上英國總領事館ニ於テ同人ノ引渡ヲ受ケ一應支那側警察署ニ留置セリ

北京、上海ヘ轉電セリ

英ヘ轉電アリタシ

1605 昭和14年9月14日 在英国重光大使より阿部外務大臣宛（電報）

天津租界問題の解決を英国外相要望について

ロンドン 9月14日後発
本省 9月15日前着

第一一〇九號

八月二十八日會見ノ際外務大臣ハ（「バトラー」次官同席）

歐洲ノ形勢ニ付往電第一〇一四號ノ談話ヲ爲セル後支那問題ニ言及シ東京交渉ハ不幸ニシテ充分ノ成果ヲ得ルニ至ラサリシハ遺憾ニシテ當初ハ順調ニ進捗シタルモ途中ヨリ種々經濟問題出テ來リ（自今《（分カ）》等ハ天津問題ノ交渉ニ依リ單ニ天津ノ地方的問題ヲ解決スル積リナリシ次第ナリト述ヘ）英國トシテハ問題カ他國ニモ影響ヲ及ホス爲自分一國トシテ決定シ兼ヌルコトトナリタル次第ナリ然ルニ最近世界ノ形勢カ激變スルニ至レル處日英ノ關係ハ親交ヲ回復シ之ヲ調節シ得サル筈ナク又之カ必要ナリト思考スルニ付此ノ際此ノ點ニ付努力シタシト考ヘ居レリト述ヘタルニ付本使ハ天津問題交渉ノ内容ニ付テ述ヘラレタル點ニ付テハ甚タシク意見ヲ異ニスルモノナルモ右交渉ニ關シテハ英國政府ハ既ニ文書ヲ以テ其ノ態度ヲ明カニセラルル所アリ日本政府モ之ニ答ヘ兩國政府ニ於テ其ノ立場ヲ明カニシタル次第ナルヲ以テ今日外務大臣ノ貴重ナル時間ヲ費シテ之ヲ論議セントハ思ハス日英國交改善ノ問題ニ付テハ本使モ從來同樣ノ考ヲ以テ努力シ來レル次第ニシテ御話ノ通リ國際關係ノ激變ヲ見タル際ノ兩國民ノ心理作用ヲ利用シテ日英關係大局ノ改善ニ努力スルコトニ付テハ自分トシテハ何等ノ異存ナシ從テ此ノ點ハ兩國ノ最高責任者ニ於テ忌憚ナキ意見交換ヲ行ヒ其ノ實現ヲ計ルニ努力スルコトハ頗ル機宜ニ適セルコトト考ヘ斯樣ニシテ大局ヲ改善スルコトトスレハ天津問題ノ如キ局地的問題ハ自然消滅ヲ見ルモノト思ハルト述ヘ置キタルカ其ノ後モ同趣旨間接ニ聯絡アリタリ

米ヘ轉電セリ

1606　昭和14年9月14日　在英国重光大使より阿部外務大臣宛（電報）

天津租界問題に関する日英交渉の再開を英国外務次官が要望について

ロンドン　9月14日後発
本　　省　9月15日夜着

第一一一〇號

往電[1]第一一〇九號外相トノ會談後別ニ「バトラー」次官ト會談セル處其ノ要旨左ノ通リ

「バ」ヨリ東京交渉ニ於テハ銀問題、法幣問題ノ如キ一般的ニシテ他國ニモ關係アル問題ヲ持出サレタルニ付遂ニ交渉停止ニ至リタルモ何トカ再開シテ適當ナル妥協案ヲ得度シト述ヘタルニ依リ本使ハ東京交渉ニ付テハ當初ヨリ地方的問題ノ處理ヲ爲スコトトナリ居リ日本側ハ之ニ同意シ其ノ地方的問題及之ニ關スル背景ニ付テ談ヲ進メ背景ニ付テハ一通リ了解ヲ取極メ得タリ銀引渡問題モ法幣問題モ共ニ北支ニ於ケル一小地點タル天津英租界ニ於ケル局地的問題ニシテ支那全般ノ問題ニアラサリシナリ若シ是等ノ問題ニシテ一般的問題ナリト言ハルレハ犯人引渡モ同様總ユル他國ノ立場ニ關係スヘシ然ルニモ拘ラス英國側ハ米國ノ通商條約廢棄通告後ニ於テハ東京會談ニ治安委員會ト經濟委員會トカ設ケラレタルヲ機トシ一方丈ケニテ問題ヲ終熄セシメントセルカ如シ右ノ如キハ日英關係改善ノ態度ト思考スル能ハス最後ノ貴方「ノート」ハ屬?僚ノ手ニ成リタリト思ハルル甚タ不幸ナル文書ナリト述ヘタル處「バ」ハ今後ノ日英關係處理ノ爲參考ニ供シタキニ付右ニ關シ忌憚ナキ御意見ヲ承リタシト言ヘルニ付更ニ本使ハ銀問題及法幣問題ニ付テ貴方ハ米佛ノ利益考慮ヲ要スト言ヒ九箇國條約迄モ引合ニ出サレタルカ

(2)元來問題ハ英國租界ノ問題ニシテ他國ニハ關係ナキニ拘ラス米佛ヲ引合ニ出スコトハ多數ノ力ニ依リテ日本ニ壓迫ヲ加ヘントスルモノト認メラレタリ日本ハ東亞ノ問題ニ付テハ如何ナル場合ニモ他ノ壓迫ニ屈スルモノニ非ス又九箇國條約ニ付テハ自分ノ私見ニ依レハ其ノ內容ハ兎モ角法律的ニ見テ東亞ノ其ノ後ノ形勢ノ變化例ヘハ蘇聯邦ノ蒙古新疆占領支那ノ混亂等ノミヨリ見ルモ其ノ存否ヲ疑フモノナリ假ニ存在ストシテ其ノ何レノ規定ニモ之ニ依リテ集團機構ヲ設定シ支那ノコトハ九國ノ會議ニ依リテ若ハ同意ニ依リテ決定スルコトヲ要求シ居ラス利害關係アルコトヲ通報スルコトハ素ヨリ日本ノ歡迎スル所ナルモ英國等カ常ニ九箇國條約ヲ引用シ恰モ支那ノコトハ多數列國ノ討議ニ依リテ決定スヘキモノナルカノ如ク取扱ヒ日本壓迫ノ具ニ使用スルハ東亞ノ事態ニ甚タシク不適當ニシテ且九箇國條約ノ要求スル所ニ非ス元來集團機構カ支那問題解決ニ不適當ナルハ北京關稅會議後英國ハ單獨ニテ上海ニ出兵シ問題ヲ解決セントセシコトニ依ルモ先ツ英國ノ承知シ居ル所ナリ東亞ノ運命ヲ左右スル解決ハ東亞以外ノ國ニ依リテ爲シ得サルヘシト思考ス日本ト米國トノ關係ハ米ト佛トノ利害關係ハ佛ト交渉スルヲ辭セス乍併英トノ關係ヲ英米佛ト共同シテ交渉スルコトハ不可能ナリト述ヘ置キタリ

米へ轉電セリ

1607　昭和14年9月18日　在天津田代総領事より阿部外務大臣宛(電報)

英国側の応諾により天津英租界内での共同捜査実施について

天　津　9月18日後発
本　省　9月18日夜着

第七一六號(極祕)

十六日太田憲兵少佐當館功力ト共ニ「ハーバート」ヲ往訪現在英租界内ニ國民黨及藍衣社ノ有力「メンバー」在住シ居ルニ付近ク共同捜査ヲ爲シタキモ差支ナキヤト東京會談中絶後ニ於テ先方カ治安問題ニ對シ如何ナル態度ヲ有シ居ルヤ採《(探カ)》リヲ入レタル處「ハーバート」ハ現在英租界ニ有力「メンバー」在リトハ考ヘサルモ右ハ東京會談ニ於テ既ニ應諾セル所ニシテ何時タリトモ差支ナシ之ハ他ヘ洩ラササル様願度キモ近ク「ジエミソン」休暇ヲ取リ自分カ一時館長代理ノ地位ニ立ツ筈ニシテ自分ハ出來得ル限リ日本側ノ希望ニ副ヒ充分協力シ天津ニ於ケル日英關係ヲ好轉セシムルコトヲ期待シ居ル次第ナリ(過日「ハ」ハ本官來訪ノ際モ右趣旨ヲ熱心ニ述ヘ居タリ)既ニ程暗殺犯人及似警吾ハ引渡濟ナルカ近ク李漢元モ解職シ英國ニ送ルヘク同人ハ最早當地ニ歸還セサルヘシト内話セル趣ナリ

北京、上海へ轉電セリ

英へ轉電アリタシ

1608　昭和14年9月30日　在英国重光大使より野村外務大臣宛(電報)

天津租界問題の解決方につき意見具申

ロンドン　9月30日後発
本　　省　10月1日前着

第一二三九號(極祕)

東京交渉ニ於テ殘サレタル銀塊引渡問題及法幣禁止問題ノ中法幣問題ハ汪中央政權成立ト共ニ幾分事情ヲ異ニスルニ至ルヘシトハ思ハルルカ銀引渡問題ヲ大體我方ノ希望通リニ解決セハ法幣問題ハ或ハ日英ノ專門家ニ研究セシムルコトトシテ天津問題ヲ解決(封鎖モ解消)スルコトトシテハ如何カト思考ス往電第一二〇八號等御參照ノ上若シ右ノ筋ニ

テ當地ニ於テ工作スルヲ適當トセラルルニ於テハ右御申越ヲ請フ東京ニテ正式ノ交渉ニ依リ決スルハ勿論ナルモ此ノ際東京會談再開等ノ鳴物入ハ考ヘモノト思考ス

1609　昭和14年10月5日　在北京堀内大使館参事官より野村外務大臣宛（電報）

天津租界通貨問題におけるわが方の要求緩和に関し現地軍の意向報告

北　京　10月5日後発
本　省　10月5日夜着

第一〇九六號（部外祕）

五日當地軍司令部河村大佐ノ內話ニ依レハ日英會談再開ニ關聯シ軍中央部ヨリ現銀引渡ハ飽迄要求スルモ法幣問題ハ聯銀券强化ニ對スル協力ヲ求ムル程度ニ形式ヲ緩和スルコトニ付當地軍側意嚮ヲ求メ來レルヲ以テ軍トシテハ右ニ異存ナキモ聯銀券ニ對スル協力ノ內容トシテハ依然法幣流通禁止ヲ目標トスヘキモノナル旨回電セル趣ナリ御參考迄
、（二字アキ）天津ヘ轉電セリ

1610　昭和14年10月9日　在天津武藤（義雄）総領事より野村外務大臣宛（電報）

天津英租界当局が中国連合準備銀行券で中国人職員への給与支払いについて

天　津　10月9日後発
本　省　10月9日夜着

第七五七號

最近ノ舊法幣慘落物價暴騰ヲ理由ニ英租界工部局華人局員及巡捕間ニ客月中旬ヨリ密ニ增給運動起リ居タル處工部局當局ニ於テハ遂ニ九月分ノ給料ヲ聯銀券ニテ支給セリ
北京、濟南、青島、上海ニ轉電セリ

1611　昭和14年10月13日　在英国重光大使より野村外務大臣宛（電報）

天津租界現銀問題に関する英国外務次官との意見交換について

付　記　昭和十四年十月十一日付
野村外務大臣・在本邦クレーギー英国大使会談要旨

ロンドン　10月13日後発
本　　省　10月14日後着

第一三一八號

十三日「バトラー」ト會談セル處「バ」ハ最近「クレイギー」大使貴大臣ト會見ノ際東京會談ノ件ニ付言及シ天津ニ於ケル銀塊及法幣ノ問題ニ關スル英國政府ノ意見ヲ開陳セシメ置ケリ、尙之等ノ問題ニ付テハ英國政府トシテハ話合ニ依リ話ヲ纒メタキ意向ニテ必スシモ會議ヲ再開スル積リハナキ次第ナリト語レルニ依リ本使ハ英國側ハ最近國際情勢ニモ顧テ日本トノ關係ヲ重ンセラレ居ル模様ナルカ果シテ然ラハ天津銀塊及法幣問題位ノコトニ付テ日本ノ希望ヲ容レラレサル理由ナシト思考ス

特ニ銀塊ノ如キハ英國ノ政府又ハ民間ノ所有ニ非スシテ他人ノ物ナリ之ヲ其ノ所有主ニ返還スルコトハ當然ノコトナリト思フト述ヘタル處「バ」ハ「リースロス」ノ研究ニ依レハ本件銀塊ハ支那政府ノ所有物ナリ從テ支那ニ樹立セラルル中央政府トノ關係解決スル迄双方合意ニ依リ之ニ手ヲ着ケスニ保管シ置クコト然ルヘシト考ヘ居ル次第ナリト說明セリ、依テ本使ハ「リ」ノ支那ニ居リタル時代ト事態ハ全然異ナリ居レリ本件銀塊カ政府ニ屬スルモノトセハ北支ニ於テハ臨時政府カ事實上ノ政府ナルヲ以テ之ニ引渡スカ當然ナリ何レニシテモ英國政府カ自國ニ關係ナキ財産ニ付政治上ノ理由ニ基ク故障ヲ入ルルコトハ理由ナシト言ハサルヲ得ス既ニ英國政府ハ支那ニ於テハ政治上ノ目的ヲ有セスト言明セラレ居ル次第ニモ顧ミ日本政府ノ希望通リニ之ヲ解決セラレテ差支ナキ筈ナリト述ヘ置キタリ

御參考迄

（付　記）

野村外務大臣、「クレーギー」在京英國大使
會談要旨（其ノ二）

（昭和、一四、一〇、一一、亞、一）

天津租界問題

「クレーギー」大使ヨリ本件交渉中未解決ノ問題ハ銀ノ引渡ノミト思考セラル既ニ警察治安事項ハ意見一致シ法幣問題ニ付テハ加藤公使トモ話合ヒタルコトアリ然ルニ銀問題ニ付テハ現地日本軍當局カ强ク主張シ居ルラシキモ英國側トシテハ目下銀保管中ノ支那側銀行ノ責任者ニ於テ之カ引

渡ヲ承諾シ居ラス斯クテハ簡單ニ引渡ヲ默過スルコト能ハサル狀態ニアリ但シ何等カノ話合ヲナスコト必スシモ不可能ナラサルヘク例ヘハ右銀ヲ支那住民ノ水害、饑饉ノ資金トスル諒解ヲ遂ケルトカ又ハ一策トシテハ一先ツ和蘭銀行邊リヘ移シ其ノ後日本側ノ希望ニ副フヤウ解決スル方法モ考ヘラル要スルニ銀ノ問題カ片付ケハ次第ニ日英間國交調整ノ話モ出來得ルニ至ルヘシト述ヘタリ

之ニ對シ外務大臣ハ會談ノ再會(開カ)ハ諸般ノ準備的打合セ濟ミ會談ノ形ニ於テハ一、二回ニテ纒マル見透シ付クニ至ル迄ハ之カ再開ハ差控フルヲ要ストノ日本側態度ニハ何等變更ナシトノ趣旨ヲ述ヘ置キタリ

1612 昭和14年10月16日 在英国重光大使より 野村外務大臣宛(電報)

英国外務省首脳部は天津租界問題が解決すれば華北駐屯英国軍隊を撤退する意図があると推測される旨報告

ロンドン 10月16日後発
本　省 10月17日前着

第一三三三號(館長符號扱)

英國外務首脳部ト直接間接接觸セル所ニ依レハ米國(英カ)側ハ日英關係改善ノ實際的手段トシテ具體的問題ヨリ解決セントシ天津問題ノ處理ヲ急キ居リ右ニシテ適當解決シ天津ノ事態當(舊カ)時ニ復スルヲ俟ツテ北支ヨリ撤兵スルノ意圖アルコトヲ推測セラルル次第ナリ本件ニ關シ天津事件ノ銀問題、法幣問題ニ付テ我方ノ承認シ得ル限度ニ付テ往電第一二三九及第一三一八號等御參照ノ上御洩シ願度シ

1613 昭和14年10月18日 在北京門脇大使館二等書記官より 野村外務大臣宛

天津英租界工部局警務処副処長李漢元の天津退去に至る経緯報告

機密第一一六三號 (接受日不明)
(北大警二機密第一二三六號)

昭和十四年十月十八日

在中華民國(北京)
大使館二等書記官 門脇 季光[印]

外務大臣 野村 吉三郎殿

英工部局警務處副處長李漢元ノ離津狀況ニ關スル件

今次事變勃發以來蔣政權ト密接ナル連絡下ニ抗日分子ヲ庇護之カ抗日工作ヲ支援シ來レル天津英國租界工部局警務處副處長李漢元ノ離津ニ關シテハ既ニ天津ヨリノ報告ニテ御了知ノコトト被存ル、處今般當地駐屯憲兵隊司令官ヨリ警務部長宛別紙寫ノ通リ通報アリタルニ付右何等御參考迄報告申進ス

本信寫送付先　天津總領事、上海參事官

（別　紙）

支憲高第七六五號

英工部局警務處副處長李漢元ノ離津狀況ニ關スル件報告「通牒」

昭和十四年十月十一日

支那駐屯憲兵隊司令官　北野　憲造

日本大使館警務部長殿

要　旨

天津英工部局警務副處長李漢元ハ事變勃發以來蔣政權ノ連絡機關トシテ英租界內ニ派遣セラレタル抗日共產分子竝抗日不逞團体ヲ裏面ヨリ支持策動ノ疑アリテ視察中ノ處十月三日公務出張ヲ事由トシ英當局ノ保護裡ニ英船ニテ上海ニ向ケ離津セリ

狀況別紙報告「通牒」ス

發送先　方軍司、憲司、關憲司、中憲司、大使館

隷下各隊長、淺井參謀

本　文

一、離津ノ經緯

曩ニ東京會談席上我方ヨリ要求セル李漢元以下ノ罷免問題ニ關シ之カ處理ノ必要ニ迫マラレ居タル折柄去ル九月二十八日實施セラレタル協同搜査ノ結果本人ヲシテ窮境ニ陷レ且ツ身邊ノ不安ヲ感セシムルニ至リ本人ノ辭意ト相俟ツテ表面公務出張ニ名ヲ藉リ問題ノ解決ヲ計リ以テ爾後會談ノ再開ニ資シタルニ非スヤト觀察セラル

而シテ右ノ離津ニ先立チ英當局ヨリ我方領事ニ對シ李漢元ニ對スル公務旅行證明書發給方要請アリタルヲ以テ我總領事ハ軍ト連絡ノ上旅行證明書ヲ發給セルモノナリ

二、離津狀況

十月三日十一時十分英租界四號碼頭ヨリ英領事ヂヤミソン英董事長チツバ其他官民五十餘名ノ盛大ナル見送裡ニ上海轉出ノ英領事エイッチ、シー、ラベット同道大古洋行所屬塘沽、天津間連絡船「萬通號」ニテ塘沽上海經由英國(ロンドンノ如シ)ニ向ケ離津セルカ英工部局ニ於テハ本人ニ對シ金五百磅ヲ贈リ在任中ノ勞ヲ慰謝セリ

三、言　動

離津途次大連碼頭水上檢問所ニ於テ取締リ官憲ニ對シ次ノ言動ヲ爲シタリ

◎私ハ日英東京會談ノ結果退去處分トナリタルヲ以テ塘沽ヨリ「利生號」ニ乘船英領事ト同道上海ニ到リ同地ニ二、三泊ノ上英本國ニ到リ警察學ヲ勉學ノ豫定ナリ天津ハ英工部局警務處副處長ニ就任以來八ケ年ヲ閲シ寔ニ惜別ノ情ニ堪ヘサルモ時勢ノ推移上已ムヲ得ス

四、反　響

未タ具体的反響ヲ把握スルニ至ラサルモ一般ハ離津狀況竝ニ言動ヨリ推シ公務出張ハ單ニ英側カ體面ヲ保持セントスル表面ノ事由ニ過キス

李漢元ノ天津退散ハ黨政府派遣分子及抗日不逞團體ノ策動ヲ根底ヨリ閉止セシムルモノトシテ之等分子ノ動向ニ多大ノ興味ヲ拂ヒツヽアリ

五、憲兵ノ處置

前記離津經緯ニ鑑ミ視察ニ止メタリ

六、所　見

去ル九月七日付英バトラー外務次官ノ日英會談再開希望聲明ト相俟ツテ歐洲戰ニ伴フ英ノ東亞政策ノ軟化ヲ表現セルモノト思料セラル

（了）

1614

昭和14年10月24日　在英国重光大使より野村外務大臣宛（電報）

天津租界問題の解決に向けた英国外相との意見交換について

ロンドン　10月24日後発
本　省　10月25日前着

第一三七一號（極祕、館長符號扱）

往電[1]第一三五六號會談ノ際「ハ」外相ハ天津問題ニ關シ話ヲ切リ出シ左ノ通リ談話ヲ交換セリ御參考迄

外相、天津封鎖ニ付テ最近二三不滿足ナル報告アリ何トカナラサルモノニヤ

本使、天津事件ニ付テハ御承知ノ通リ猶未解決ノ問題アリ主トシテ銀引渡及貨幣ノ問題ナリ之等問題ハ東京交涉ノトキト今日トハ大分事情ヲ異ニシ英國側ニ於テ日本ノ要望ヲ容レラルルニ餘リ困難ナキコトト思考ス銀問題ニ付テ言ヘハ元來英國ノ所有ニアラサルモノヲ政治上ノ理由ヲ以テ引渡ヲ拒絶シ居ルハ英國カ支那ニ於テハ單ニ貿易經濟上ノ利益ヲ有スルニ過キスト言明シ居ル建前ニ合セサルモノナリ貨幣問題ニ付テモ一小地點タル天津租界ニ於テ其ノ地方ノ行政ニ反スル態度ヲ執ルハ治安ノ問題ニ關スル次第ナリ前述ノ通リ兩問題ニシテ解決スレハ封鎖等ハ自然ニ解カルル問題ナリ斯ル事件ニ付テハ英國ニ於テ理解ヲ示サルルコト困難ニアラサルヘシ

外相、自分モ銀問題等ニ付テハ出來ル丈ケ妥協ヲ希望ス「クレーギー」カ野村大臣ニ對シ解決方ニ付テ意見ヲ提示シタルカ如キモ餘リ反響無ク其ノ儘トナリ居レリ無論東京交涉ト云フカ如キ會議ヲ再開スルノ意味ニハアラス

本使[2]、自分ハ「クレーギー」ノ提案ニ付テハ何等報告ニ接セサルモ右ハ野村大臣ニ於テ「之テハ妥協ノ仕様無シ」ト考ヘラレ其ノ儘トナリ居ルニアラスヤト思フ自分ハ此ノ問題ハ實ハ極メテ明瞭ナル問題ニシテ前述ノ通リ若シ英國側ニシテ言ハルル如ク政治的考慮ヲ容レサルニ於テハ日本側ノ希望ヲ容レラルルニ困難無シト考フ

外相、政治上ノ考慮ハセサル積リナリ唯銀ノ問題ハ持主タル支那側ニ返ス譯ナルモ其ノ持主ニ付テハ相當議論アリ簡單ニ行カサル次第ナリ

本使、其ノ持主ハ支那側ニシテ若シ之ニ付テ明確ヲ缺クニ於テハ天津ニハ管轄ノ支那裁判所モアリ何時ニテモ明カニシ得ヘシ英國側ハ右ノ銀カ其ノ地方ニ統治權無キ重慶政府ノ物ナリトシテ卽チ重慶政府ヲ事實上援助スルノ政治上ノ考慮ヨリ日本側ノ希望ニ應セス斯ノ如クシテ此ノ問題ニ付テモ支那問題ニ關スル根本問題カ日英間ニ橫ハル譯ニテ英國ハ日支間紛爭ニ付テハ中立ヲ維持スト言ハルルモ重慶政府ヲ援助スルモノナリト日本人ニ映スルハ當然ノコトナリ

外相、自分ハ素ヨリ其ノ積リニテ問題ノ解決ニ當リ居リ銀問題等モ尙硏究シテ如何ナル提案モ考慮スルニ吝カナラ

ス但シ此ノ問題ニハ政治的考慮ハ入レ居ラサル積リナリトテ同席ノ「ハウ」極東部長ニ向フ

「ハウ」[3]、銀ハ實ハ支那政府ニ於テ法律ヲ出シ全部政府ノ所有トナリ居ルニ付天津ノ銀モ支那政府ノ所有トナリ居リ之ヲ聯銀ニ引渡スコト能ハサル次第ニテ政治的考慮ハ加ヘ居ラス又英國ノ態度ハ東京交渉ノ初メニ成立シタル取極ニモ明カナリ

本使、支那政府トハ今日何處ノ政府ヲ謂フヤ重慶政府ノコトカ

「ハウ」、然リ英國ハ之ヲ支那政府トシテ承認シ之ヲ取消シタルコトナシ

本使、貴下ハ重慶政府ハ日本ト敵對關係ニ在ルヲ知レリヤ日本軍ノ占領地域内ニ於テ事實上ノ支那政府樹立セラレ天津租界ハ其ノ内ニ在ル一地點ナリ其ノ地點ニ存スル銀ヲ其ノ地域ニ於ケル政府ノ要望ヲ拒絶シテ之ト敵對關係ニ在ル數千哩隔タル他ノ政府ノ要求ニ依ラサレハ引出シ得スト云フハ卽チ政治的考慮ニアラスシテ何ソヤ支那ノ歷史ニ於テハ由來地方問題ニ付テハ其ノ地方ノ事實上ノ政府ヲ實際相手トスルコトカ殆ト慣例トナリ居ルニアラスヤ是斯クシテコソ其ノ權益ヲ守リ得ヘキヲ以テナリ又東京ノ取極アリト言ハルルカ此ノ取極ノ趣旨ニ依リ英國カ此ノ問題ヲ處理スレハ直ニ解決セラルヘキコトト思フ

「ハウ」、日本政府モ北京政府ヲ承認シタルニアラス英國モ重慶政府ノ承認ヲ取消シタルニアラス

本使[4]、右表面的ノ法律論ヲ楯トシテ日本ノ敵對關係ニ在ル重慶政府ヲ援助スルハ政治上ノ考慮ニ出ツル次第ニアラスヤ日本ハ現ニ重慶政府ト敵對關係ニ在リ北京政府ニ對シテハ之ヲ支持シ居レリ何故ニ實際的ニ事態ヲ直視シテ英國ノ立場ヲ定メラレサルヤ

(次ニ外相ニ向ヒ)日本ニ於テ多クノ人々カ歐洲ノ戰爭ニ對シテハ日本ハ中立ヲ守リ英國ノ立場ヲ理解シ居ルニ拘ハラス何故ニ英國ハ支那問題ニ付テ日本ノ敵ヲ援助シ事每ニ日本ニ對シ故障ヲ持出スヤヲ反問シ居リ此ノ感情ハ根本的ニ理由有ルコトナリ自分等ハ英國側カ日本トノ親交ヲ希望セラレ居ルコトヲ常ニ日本ニ知ラセ理解ニ努メ居レルカ天津ノ問題位ニ付テ英國ニ斯ル根本ノ無理解アルハ遺憾ニ感スル所ナリ

外相、御議論ノ點ハ極メテ有益ニ拜聽セリ自分ハ兩國關係

改善ヲ常ニ念頭ニ有スルモノニシテ天津問題ノ如キハ前述ノ通リ如何ナル妥協案モ考慮スルニ吝カナラス各種ノ問題ニ付テ右ノ趣旨ヲ着々實行ニ移スコトハ固ヨリ贊成ナリ尚本日ノ會談ノ初メニ出タル蘇聯邦ノ問題ニ付テ考フルニ英國ハ日本トノ友情ニ重キヲ置ク次第ナリ云々

右ニテ會談ヲ了リ本使ハ別ニ「バトラー」次官ト會見シ以上會談ノ要點ヲ語リ且特ニ新嘉坡問題ニ關シ英國側ニテ日本側要望ヲ容レテ至急解決スル様斡旋方重ネテ申入置キタリ

1615　昭和14年11月1日　在英国重光大使より 野村外務大臣宛(電報)

天津租界問題の解決に向けてクレーギー大使との折衝再開方意見具申

ロンドン　11月1日後発
本　　省　11月2日前着

第一四一八號(極祕)

往電第一三九八號ニ關シ

其ノ後「バトラー」ニ就テ様子ヲ探リ見ルニ大體同様ニテ英國政府部内ノ日本ニ對スル空氣ノ變化ハ確定的ト見テ差支ナカルヘク(此ノ點ニ付キテハ本使ノ「ハ」外相及次官トノ過去ノ應酬御研究ヲ願度シ尚往電第一三七一號「ハウ」ノ態度ハ上司ニ於テ承認ヲ得サリシ模様ナリ)汪政權ノ成立其ノ他建設工作ノ進ムニ連レ英國側ノ協調ハ益々現ハルルモノト見ラル北支排英ノ取締ニ付テ日本ノ執リタル處置ハ一日各紙ニ掲載セラレ多大ノ好感ヲ與ヘタリ

尚「バトラー」ハ天津問題ニ付テモ何等解決ヲ延ハス意嚮ハ無シ全部「クレーギー」ニ於テ日本側ノ承諾シ得ル適當ノ考案ヲ立ツルコトヲ政府ハ希望シ居リ最近ノ「ク」ト大臣次官トノ接觸及加藤公使トノ會談ハ有益ニ感シ居レリト述ヘ居レリ

時期モ漸次熟セル様ニ思ハルルニ付テハ「クレーギー」ト御接觸ノ場合ニハ我方ヨリモ忌憚ナク話シ込ミ主張ヲ貫徹セラルル様ニセラレンコトヲ希望ス(之迄問合セノ天津問題ニ關係スル件ニ付テハ何等御回訓無キ處貴方ニ於ケル英國大使トノ應酬ハ其ノ都度承知致度シ)

1616　昭和14年11月11日

野村外務大臣より
在英国重光大使、在北京門脇大使館二等書記官、在天津武藤総領事宛(電報)

天津租界問題に関するわが方解決案を谷次官よりクレーギー大使へ提議について

別　電　昭和十四年十一月十一日発野村外務大臣より在英国重光大使、在北京門脇大使館二等書記官、在天津武藤総領事宛合第二六三一号

天津租界問題に関するわが方の対英交渉処置要領

本　省　11月11日後8時10分発

合第二六三三號(極祕)

十日他用ヲ以テ谷次官ヲ來訪シタル「クレイギー」大使トノ間ニ天津問題ニ關シ豫テ軍側ト協議ノ結果タル別電合第二六三一號要領ヲ含ミ大要左ノ通意見交換ヲ爲セリ

一、先ツ次官ヨリ天津問題ノ後片付トシテ我方トシテハ(イ)治安問題ニ關シテハ犯人引渡等既ニ實際上解決濟ミノ諸件ヲ除キ大体今夏ノ會談ノ結果ノ筋ニ依リ妥結ヲ圖ルコト(ロ)現銀問題ニ關シテハ從來ノ日本側主張通リ右銀ハ臨時政府ニ歸屬スルモノナレハ同政府側ノ搬出措置ヲ認メラレ度ク尤モ右銀ハ主トシテ同地方支那住民ノ水害及饑饉救濟ノ資金トナスモ差支ナカルヘシ(ハ)通貨問題ニ關シテハ英國側ニ於テ現銀問題ニ關スル我要求ヲ容ルレハ法幣流通禁止ト云フコトハ「プレス」セサルモ英國側ニ於テ聯銀券ノ使用流通ニ協力スルコトヲ以テ妥協シ得ヘク右協力ノ具体的措置ハ現地ニ於テ折衝スルコト可ナルヘシ(ニ)租界内支那側銀行等ノ取締ニ關シテハ何等カノ形式例ヘハ警察的措置ニテ實際上目的ヲ達シ得ヘシト思考シ居ル旨ヲ述ヘ右ノ中特ニ問題トナルハ現銀ノ問題ナルヘキモ今日日英關係ハ將ニ新タナル展開ヲナサントシツツアリ而シテ天津問題ノ解決ハ兩國ノ更ニ廣キ且重要ナル意見交換ノ鍵トモナルモノナレハ此ノ際御互ニ國際政局ノ分野ヲ分ツ大局ニ着眼シ天津問題ノ如キ謂ハハ枝葉末節ノ爲ニ之カ阻害サルルハ遺憾ナリトテ英來電第一三七一號在英大使ト英外相トノ會談ヲ披露シテ說得ニ努メ更ニ現銀問題ニ關スル前記我方提案ハ嚴寒カ近付キツツアルコトニモアリ北支民衆ノ感情ニ良好ナル結果ヲ作ルコトトナルヘク右ニ對シテハ重慶政府ト雖モ反對スル能ハサ

ルヘシト我方立場ヲ縷々説明セリ

二、右ニ對シ「ク」大使ハ現銀ノ所有權ノ問題其ノ他ニ關シ異論ヲ述ヘ種々押問答ヲナシタルカ「ク」大使ハ英國側ノ提案シ得ル所ハ現銀ヲ封印ノ儘第三國ノ銀行ニ預ケ更ニ狀況ノ變化ヲ見テ之ヲ臨時政府側ニ引渡ス外ニ方法ナク救濟カ必要トアラハ例ヘハ日、英、臨時政府ノ代表等ヨリ成ル委員會ニ行ハシムル方對外的ノ影響殊ニ米國ニ對スル聞エモ良カルヘク英國トシテハ日本トノ友好關係ヲ重視スルト同時ニ米國ノ輿論ニ付テモ大イニ留意セサルヲ得サル立場ニアル旨述ヘ居タリ

本電宛先英、北京、天津

別電ト共ニ上海、米ヘ轉電セリ

（別　電）　本　省　11月11日後8時30分発

合第二六三一號（極祕）

天津租界問題ニ關スル對英交涉處置要領

天津租界問題ニ關シテハ此ノ際左記要領ニ依リ之カ解決ヲ圖ルモノトス

第一　治安問題

所謂治安問題ニ關シテハ犯人引渡等既ニ實際上解決濟ノ諸件ヲ除キ大体今夏日英會談ノ結果ノ筋ニ依リ妥結ヲ圖ルコト

第二　現銀問題

現銀問題ニ關シテハ

第一段ノ措置トシテ從來ノ主張（本件現銀ハ臨時政府ニ歸屬ストノ建前ヨリ同政府側ノ搬出措置ヲ認ムヘシトノ主張）ヲ更ニ强ク突張ルコト但シ本件現銀ハ主トシテ支那住民ノ水害及饑饉救濟ノ資金トスヘキ旨ノ諒解ヲ與フルヲ妨ケサルコト

右第一段ノ措置ヲ盡シタル上前記主張ヲ貫徹スルコト到底見込ナキコト確認セラレタル場合ニハ第二段ノ措置トシテ本件現銀ノ所有權歸屬ノ問題ニ觸レスシテ正金銀行カ關稅ノ「カストディアン・バンク」タル立場ニ鑑ミ同銀行ニ保管ヲ移スコトヲ認メシムルコト

第三　通貨問題

英國側ニ於テ現銀問題ニ關スル前記我方要求ヲ容ルルニ於テハ通貨問題ニ關シテハ法幣ノ流通禁止ナル本來ノ主

張ヲ多少緩和シ英國側ニ於テ聯銀券ノ使用流通ニ對シ協力スルコトヲ認メシムル程度ヲ以テ我慢スルコト而シテ中央ニ於ケル交渉ニ依リ右協力ノ原則的諒解ヲ取付ケ協力ノ具体的措置ニ付テハ現地ニ於ケル折衝ニ讓ルコト

第四　租界内支那側銀行其ノ他金融機關ニ對スル臨時政府側ノ檢査及監督竝ニ租界內經濟攪亂行爲取締ニ對スル協力

右ニ關シテハ何等カノ形式例ヘハ警察的措置トシテ實際上目的ヲ達シ得ル樣英國側ノ諒解ヲ取付クルコト

備　考

本件天津問題交渉ハ更ニ一般的日英國交調整交渉ニ迄展開セシムル如ク誘導スル着意ヲ以テ之ヲ行フモノトス

〰〰〰〰〰〰〰〰〰〰〰〰〰〰〰〰〰

1617　昭和14年11月14日　野村外務大臣より在英国重光大使宛（電報）

天津租界現銀問題に関しわが方が提示した横浜正金銀行保管案を受諾するよう英国外相らに説示方訓令

本　省　11月14日後9時0分発

第四三五號（極祕）

往電合第二六三三號ニ關シ

一、十三日「クレーギー」大使本大臣來訪ノ序ニ谷次官ト會談ノ際「ク」ハ現銀問題ハ十日次官ヨリ話ノ筋ニテハ英國側トシテ同意シ難ク斯クテハ天津問題ノ解決モ困難ナルベシト述ヘタルニ付次官ヨリ實ハ未タ全然自分一個ノ思付ノ私案ニテ政府ノ承認ヲ得ルヤ疑問ナルカト前提シ往電合第二六三一號正金銀行保管案ヲ持出シ正金ハ關稅收入ニ付既ニ保管銀行トナリ居ル位ナレハ此ノ案ニハ反對ナキ筈ナリト述ベタル處「ク」ハ右ノ如キ案ニ付重慶側ヲ說得シ得ヘキヤ分ラサルモ兎ニ角研究シテ見ルヘシト述ヘタル趣ナリ

二、天津問題就中現銀問題ニ關シ「ク」大使カ本國政府ヨリ受ケ居ル訓令ノ範圍ハ結局冒頭往電二ノ「ク」ノ提案ヲ越ヘサルモノト想像セラレ而シテ右ハ多分ニ事務當局ノ意見ニ拘束セラレ居ルモノトモ推測セラルルニ付前記一、及往電合第二六三一號御含ミノ上貴使ニ於テ「ハリファックス」邊リニ對シ日英關係打開上ニ於ケル本件天津問題ノ意義ニ鑑ミ銀問題ニ關スル我方要望ヲ認ムルノ必要

ヲ强調セラレセメテ正金保管案ニハ是非トモ「ミート」シ來ル樣御說得相成リ結果囘電アリタシ

北京、天津ヘ轉電セリ

1618　昭和14年11月15日　在天津武藤総領事より野村外務大臣宛（電報）

天津租界現銀問題に関し水害救済資金に充当するとの理由ならば搬出を容認できるとの在天津仏国総領事内話について

天　津　11月15日後発
本　省　11月15日夜着

第八一九號

當地佛租界當局ノ態度カ現「コーラン」領事ノ着任後對日妥協ニ一變セルハ御承知ノ通リナル處同租界內現銀問題ニ關シ過日同領事ハ若シ臨時政府ヨリ右現銀ヲ今次大水災ニ依ル損害ノ復舊費及罹災民ノ救濟資金ニ充ツルノ理由ニ依リ正式ニ其ノ引渡要求アルニ於テハ同北支民衆ノ福祉從テ人道問題ニ關スルヲ以テ佛國政府トシテモ無下ニ之ヲ拒絕シ得サルヘク從テ又引渡トシテモ何等面子ヲ失フ次第ニアラサルヲ以テ左程困難ナカルヘシ但シ日英會談再開セラレ銀問題解決セハ佛國ハ英國ニ追隨スルコトトナルヘキモ然ラサル限リ前記方法ニテ解決セハ成功ノ見込アルニアラサルヤトテ「コーラン」ノ個人的意見トシテ內話セル經緯アリ機會ヲ見テ更ニ先方ノ意嚮ヲ確ムヘキモ佛國現地當局ノ態度ヲ示スモノトシテ御參考迄不取敢

北京、上海ヘ轉電セリ

1619　昭和14年11月21日　在英国重光大使より野村外務大臣宛（電報）

天津租界現銀問題に関するわが方提案を受諾するよう英国外務次官へ説示について

ロンドン　11月21日後発
本　　省　11月22日前着

第一五四六號（極祕）

天津銀問題ニ付テハ之迄「バトラー」ト聯絡日本トノ間ニ屢議論ヲ鬪ハシ例ヘハ英國ノ面目ヲ保ツ爲ニ貴電合第二六三三號ノ案ノ如キ水害救濟資金ニ入レルトカ又貴電第四三五號ノ通リノ正金ニ保管スルトカノ案（ハ）寧ロ「バトラ

ー」ヨリ出テタルモノナルカ本使ハ其ノ都度孰レモ日本側ニ於テ承諾シ得サル所ニシテ本件ハ無條件ニ日本ノ要望ヲ容ルルノ外無キ旨聯絡者ニ傳ヘシメ置キタル經緯アリ爲ニ目下東京ニ於テハ右英國側ノ意見ヲ容レタル提案ヲ爲シ居ルニ拘ハラス「クレーギー」ハ之ニ反對シ居ルハ了解ニ苦シム次第ナルニ付速ニ日本ノ試提案ヲ容レテハ如何ト「バトラー」其ノ他ヲ通シテ迫リ居ル次第ナリ生憎往電第一五一五號ノ如キ事情ニブツツカリタル爲英國首腦部モ急ニ決定シ兼ネ居ルモノト認メラル今日迄返答無キモ日英關係ノ全局ヨリ觀テ事態ノ重要ナルハ先方モ充分承知シ居ルニ付當方ハ各方面ヨリ押シテ徐ロニ良好ナル返事ヲ待ツノ態度ヲ持シ居ル次第ナルカ其ノ內何トカ反響アルヘキ見込ナリ

1620 昭和14年11月22日 在英国重光大使より野村外務大臣宛(電報)

天津租界問題を要因とする米国の対日態度硬化が英国の対日態度に影響するおそれある旨注意方意見具申

2654

ロンドン 11月22日後発
本　　省 11月23日後着

第◎一五五二號

往電第一五四六號ニ關シ

二十一日聯絡者ヲシテ「バ」ニ督促セシメタル處右ハ考慮中ナルモ「ハリファックス」數日倫敦不在ノ爲遷延シ居ルコトヲ述ヘ且困難ナリシ北支撤兵ハ日本側ニ對スル「ヂエスチユアー」ナリシカ豫期ニ反シテ最近天津領事「ホワイト」ノ報告ニ依レハ(「ホワイト」ハ特ニ支那系統ノ反對ヲ押シテ日本系統ノ同人ヲ天津ニ遣リタリ)封鎖ハ増々嚴重トナリ居レリトノコトニテ右ハ甚タシク英國側ノ立場ヲ困難ナラシメ居レル旨ヲ語リシ趣ナリ累報ノ通リ米國ノ態度ニ依リ禍セラレ居ルコトハ他ノ政府有力筋ヨリノ聞込モ一致シ居リ米國ノ「ウエールズ」ノ所言(新聞所報)等ニ見ルニ天津問題ハ米國ニテ對日空氣惡化ノ材料ニ使用セラレ右ハ當地ニ於テハ「タイムス」等ノ米國系新聞ニ反響シ居ル樣ニテ英國カ戰爭ニ關シ漸次自信ヲ得來ルト共ニ米國ノ對日態度硬化ニ道連レニナル虞アリ用心ノ要アリト思考ス

冒頭往電ト共ニ米ニ轉電セリ

1621　昭和14年11月23日　在英国重光大使より野村外務大臣宛(電報)

天津現銀問題に関し横浜正金と香港上海の両銀行による共同管理案を英国外務次官との間で検討について

ロンドン　11月23日後発
本　　省　11月24日前着

第一五八三號(極祕)

天津問題ニ付テハ往電第一五六〇號ノ通リ引續キ當方ヨリ英側ニ對シ押シ居レル處二十三日先方ノ求メニ依リ「バトラー」ト私的會談ヲ遂ケタルニ先方ハ問題ノ銀ヲ中立ノ機關ニ引渡スナラハ議會ニ於ケル答辯又ハ輿論ニ對シ説明シ得ルモ全部日本側ニ引渡スコトニテハ政府ノ立場ヲ維持シ得ス輿論モ喧シク此ノ點越ヘ難キ難點トナリ來レリ例ヘハ中立國ヲ加ヘタル救濟委員會ヲ設ケテ之ニ引渡スナラハ一案ナルヘシト述ヘタリ依テ本使ハ一體救濟資金ニ使用スルトカ又ハ正金ニ保管セシムル案ハ貴方ノ思付ト承知シ居リ日本側トシテハ妥協ノ精神ニ依リ此ノ提案ヲ爲シタル次第ニシテ英側ニ反對アルヲ豫期セサリシト繰返シタル處「バ」ハ自分ハ此ノ點ニ付テハ種々努力シ又外相トモ相談シタルカ日本トノ關係ヲ改善シ度キ自分等ノ熱意ハ勿論何等變リナキモ銀ヲ假令銀行ニ保管セシムルトノ名義ニテモ事實上日本ニ引渡スコトハ從來ノ議會ニ對スル立場等ヲ全然失フコトトナル爲何トカ拔道ヲ考ヘサルヘカラサル次第ナリト説明シ本使ハ中立ノ機關又ハ銀行ニ保管スルカ如キ案ハ絶對ニ不可ナリ東京ニ於テハ救濟資金ニ使用スルコト乃至ハ正金ニ保管案モ提議シ居レルカ右ハ我方最大ノ考慮ナルコトヲ繰返シ述ヘ置キタルカ結局正金ト香上トニ共同シテ銀ヲ移シ兩銀行管理ノ下ニ其使途ヲ救濟事業ニ充ツルコトトスルニ於テハ英側ニ於テモ考慮シ得ルカ如キ態度ヲ先方ハ示セリ尚「バ」ハ本日ノ私的會談ノ内容ハ「クレギー」ニモ電報シ置クヘキ旨述ヘタルニ依リ本使モ同樣電報スヘシト述ヘ置ケリ

1622　昭和14年11月23日　在天津武藤総領事より野村外務大臣宛(電報)

天津英仏租界への石炭搬入に関するわが方対処振り報告

天津　11月23日後発
本省　11月23日夜着

第八三三號

最近冬期ニ向ヒ英佛租界ヘノ石炭搬入カ問題トナリ居ル處兩租界ヘノ石炭供給ハ檢索ノ實施ニ依リ多少澁滯狀態ニ在リ最近兩租界ニ於ケル「ストック」ハ著シク減少シ居タル折柄茲數日寒氣頓ミニ加ハリ來レル爲同租界内ノ外國人俄ニ騷キ立テ遂ニ英佛米總領事ヨリ至急石炭搬入制限緩和方要請シ來レルニ付從來我方ニ於テハ特ニ石炭搬入ヲ禁止シ居ル譯ニハアラサルモ生活必需品タル石炭ノ供給等ニハ寛大ノ措置ヲ執ルコト然ルヘシト思考セラレタルヲ以テ軍側ト折衝ノ上本冬ニ於ケル英佛租界ノ全需要額ヲ査定シ各租界工部局カ其ノ範圍内ニ於テ之ヲ搬入スルコトトシ一兩日中ニ査定ヲ了スル見込ナルカ右査定ヲ終ル迄ノ需要ヲ考慮シ不取敢開灤鑛務局ヨリ英租界ニ對シテハ二千二百噸ヲ又佛租界ニ對シテハ二千噸ヲ供給セシムルコトトシ頗ル寛大ニ措置シ置キタリ石炭搬入問題ハ此ノ數日來英米側ニテ騷キ立テ居ル關係上何等誤報セラレ各方面ヲ刺戟スル惧ナキニアラサルニ付豫メ實情報告ス

北京、上海、香港ヘ轉電セリ
英、米ヘ轉電アリタシ

1623　昭和14年11月25日　野村外務大臣より在天津武藤総領事宛（電報）

天津租界問題に関する米国側の諸種苦情に鑑み事実関係査報方訓令

本省　11月25日後9時発

第四一九號

往電第四一八號ニ關シ

貴地ニ於ケル檢問措置ニ關シ最近米國側ヨリ種々苦情アル次第ハ御承知ノ通ナル處既ニ御報告ノ次第ハアルモ米國人及米國人關係貨物取扱ニ關シ此ノ上參考トモナルヘキ事項アラハ回電アリ度尚十一月十五日附機密第一七一〇號貴信中檢問所ニ於ケル支那人巡警カ賄賂ヲ强要シ居ルヤノ報道アル處眞否御取調ノ上御報告アリ度

北京、上海ヘ轉電セリ

1624 昭和14年11月26日 在天津武藤総領事より野村外務大臣宛（電報）

天津租界における米国人取扱い振りにつき本間師団長と協議について

天津 11月26日後発
本省 11月26日夜着

第八四五號

貴電第四一九號ニ關シ

米人竝ニ米人商社ノ使用人及米人關係貨物ノ檢問所通商（過カ）ニ對シテハ極力便宜ヲ供與シ居レルニモ拘ラス天津問題ハ最近日米關係惡化ノ有力ナル材料トナリツツアルニ鑑ミ之カ是正方ニ付テハ常ニ軍側トモ連絡ノ上折角努力中ナルカ二十四日本間部隊長ヨリ軍ニ於テモ出來得ル限リ米人ノ神經ヲ刺戟セサル樣努メタキ趣ヲ以テ米側ノ不滿竝ニ希望カ果シテ奈邊ニ存スルカ詳細ニ聽取方依賴アリ同日本官「ハドドウエル」總領事ヲ往訪懇談シタル處先方ノ不滿希望ハ檢問自體ニ反對スルモノニアラスシテ檢問所ニ於ケル將兵ノ態度其ノ他ノ取扱振リニ關スルモノナルコト明瞭トナリ本間部隊ニ於テハ右ハ軍ノ方針カ末梢ニ徹底セサルニ起因スル次第ナレハ早速之カ是正方ニ付最善ノ方法ヲ講スルコトトナレリ

北京、上海ニ轉電セリ

米、英ニ轉電アリタシ

1625 昭和14年11月28日 在英国重光大使より野村外務大臣宛（電報）

英国の対日態度は米国によって左右されることはなく天津租界問題の解決に最善を尽くすとの英国外相内話について

ロンドン 11月28日後発
本省 11月29日後着

第一六一五號

「ハ」外相ハ二十七日ノ會見ニ於テ

過日「バ」次官トノ御話ハ委細自分モ承知セリ右ノ內一般問題ニ關シ重大ナル點アリ自分ヨリ此ノ點改メテ申上ケタシ卽チ英國政府カ日本トノ關係ヲ改善シタキ希望ハ極メテ眞摯ナルモノニシテ此ノ方針カ最近新聞ニ傳ヘラレタルカ如ク米國ノ態度ニ依テ何等左右セラルルモノニ非ル點ナリ

尙「チエンバレン」總理カ朝日新聞ニ與ヘタル誓言モ當地ニ於テ問題トナリシカ總理ノ意嚮ハ右誓言ノ通リナルコトヲ玆ニ確言シタシ

右様ノ次第ニ付天津問題モ何トカ解決シタク自分モ努力中ナリ之ニ關スル困難ノ點ハアルモ自分ノ考ハ申上クル通リナリト述ヘタルニ付

大使ハ

右重要ナル言明ヲ得タルコトヲ多トス右ハ政府ニ報告スヘシ尙天津問題ノ解決ノ重要性ハ既ニ御承知ノ通リナリ日本側ハ大局的見地ヨリ鋭意其ノ解決ニ努力シ既ニ半ハ以上モ歩ミ寄レリ英國側ノ努力ヲ待チ居ル次第ナリ此ノ點ハ兩國ノ一般關係ヨリ篤ト考慮アリタシ尙天津ニ於ケル封鎖取扱ニ付テ(「バ」次官)ニ於テ苦情アリ自分ハ天津問題カ解決スレハ右苦情モ當然ナクナルヘキ譯ナル旨ヲ答ヘタルカ尙右ハ冬期石炭搬入ノ問題ラシク既ニ英佛?總領事ノ希望ハ完全ニ達セラレタルカ如シトテ天津ヨリノ情報ヲ披瀝シ英國側ノ努力ヲ促シタルニ

「ハ」外相ハ自分トシテ最善ノ努力ヲ爲スヘシト挨拶セリ

米ヘ轉電セリ

1626 昭和14年11月30日 野村外務大臣より在英国重光大使、在天津武藤総領事他宛(電報)

天津租界現銀問題に関するわが方提案を受諾できないとのクレーギー大使回答について

本省 11月30日後10時0分発

合第二七五一號

二十四日「クレーギー」他用ニテ谷次官ヲ來訪天津問題ニ關シ更ニ論議ヲ重ネタルカ要領左ノ通

先ツ谷次官ヨリ現銀搬出問題ニ關スル我方試案ニ付英國側ハ如何ナル意見ヲ有セラルルヤト質シタルニ「ク」ハ結局英國政府トシテハ第三國銀行ニ預入ヲナス案ヲ固執スル外ナキ旨答ヘ更ニ北支ニ於ケル反英運動ノ存續及天津ニ於ケル英人ノ差別待遇ヲ云々シタルニ付次官ヨリ天津問題ノ解決コソ斯ル事態ヲ終熄セシムル所以ナル旨説明シ自分ハ信用セザルモ新聞紙等ニ依レハ英國ハ本件ニ關シ我方ト妥結シ度キ希望ヲ有スルモ米國ノ壓迫ニ依リ其ノ意圖ヲ阻マレ居リ又英國政府ハ本件ニ關シ相當妥協的態度ヲ有セラルルモ問題ハ貴大使ノ決斷ニアルヤノ報道モアル旨指摘シタル

ニ「ク」ハ自分モ當然權限ヲ與ヘラレ居ルモ決定ヲナスハ本國政府ナル旨辯解シ居リタリ尙次官ヨリ本件ニ關シ東京、倫敦ニ於ケル日英當局間ニ斯クモ解決ニ關シ努力シ居リ我方モ難キヲ忍ンテ種々妥協案ヲ提出シ居ルニモ拘ラス英國政府カ今尙重慶政府ノ思惑ニ捉ハレ政治的解決ニ至ラサルハ全ク失望シタル次第ナリト述ヘ結局研究ヲ續ケルコトヲ約シタリ

本電宛先北京、天津、上海、英

1627　昭和14年12月2日　野村外務大臣より在英国重光大使、在天津武藤総領事他宛（電報）

天津現銀問題に関し横浜正金と香港上海の両銀行による共同管理案を谷・クレーギー間で討議について

本　省　12月2日後7時30分発

合第二七六七號

往電合第二七五一號ニ關シ

英發本大臣宛電報第一五八三號末段ノ正金ト香上トニ共同シテ銀ヲ移シ兩銀行管理ノ下ニ其ノ使途ヲ救濟事業ニ充ツルノ案ニ付關係方面トモ協議ノ結果右案ニ依リ解決ヲ計ルコト然ルヘシト認メ二日谷次官ト「クレーギー」ト話合ヲ開始セリ「ク」ハ未タ右案ニ付テハ何等本國政府ヨリ通報ヲ受ケ居ラスト稱シ「ク」ノ考トシテハ本件銀ハ之ヲ中立國銀行ノ「ヴォールト」ニ置キ正金香上ノ「ジョイント・シューパーヴィジョン」ノ下ニ右兩銀行ノ「テクニカル・アドヴァイズ」ヲ受ケ救濟事業ニ使用スルノ案ナラハ本國政府ニ申達シ得ヘク救濟物資ノ供給、銀ノ處分等ニ付テハ英國側ニ於テ十分斡旋シ得ヘシト述ヘ來週月曜ニ具体案ヲ作成スヘシト述ヘ居タル趣ナリ

本電宛先英、北京、天津、上海

1628　昭和14年12月9日　野村外務大臣より在英国重光大使、在天津武藤総領事他宛（電報）

天津租界現銀問題および通貨問題に関しクレーギー大使が試案提示について

別電一　昭和十四年十二月九日発野村外務大臣より在

英国重光大使、在天津武藤総領事他宛合第二八一四号

現銀問題に関するクレーギー試案

二　昭和十四年十二月九日発野村外務大臣より在英国重光大使、在天津武藤総領事他宛合第二八一五号

通貨問題に関するクレーギー試案

本省　12月9日発

合第二八一三號

往電合第二七六七號ニ關シ

四日在京英國大使谷次官ヲ來訪シ現銀問題ニ關シ要領別電合第二八一四號、通貨問題ニ關シ別電合第二八一五號ノ如キ試案ヲ提示セリ

本電及別電宛先　天津、英、上海(北京欠カ)

(別電一)

本省　12月9日発

合第二八一四號

㈠本件銀ハ(a)在天津白耳義銀行ニ又ハ(b)香上銀行及正金銀行半額マテ分割シテ或ハ(c)在天津香上銀行及正金銀行ノ共同管理ノ下ニ天津ニ保管スルコト

㈡後記㈢、㈥ノ場合ヲ除クノ外本件銀ハ日本及英國天津總領事館(ママ)ノ面前ニ於テ封印セラレタル上保管セルヘシ

㈢前記封印前十萬磅ニ該當スル銀ヲ分離シ北支ニ於ケル水害旱魃ノ救濟資金トス但シ斯ル救濟ハ治水關係、機械ノ供給モ含ムモノトス

㈣前記ノ如ク分離セラレタル銀ハ賣却セラルヘク其ノ賣上金ハ磅貨又ハ米貨金トシ食糧品其ノ他必要物資ノ購入ニ當テラルヘシ

㈤天津日英總領事ハ救濟事業ニ對スル專門家ヲ任命スヘク之等專門家ハ總領事監督ノ下ニ右資金ノ妥當ナル使用ニ對シ責任ヲ有スヘク且支那側現存委員會ト協力シ救濟物資ノ補給ニ乘(參カ)與スルモノトス

㈥前記專門家ハ現存救濟委員會ト協議ノ上饑饉狀態ノ程度及冬季ニ於ケル救濟事業ニ必要ト見做サレル費用ノ總額ヲ計算スルモノトス

右報告ニ基キ日英兩國政府ハ更ニ幾何ノ銀ヲ救濟目的ニ引出スヘキヤニ關シ協定スルモノトス

(別電二)

本　省　12月9日発

合第二八一五號

(一)工部局ハ租界内ニ於ケル聯銀券ノ使用ニ對シ何等妨害セサルモノトス卽チ右ハ個人ノ需要ニ基キ使用セラルルモノトス

(二)工部局ハ其ノ權限内ニ於テ通貨ニ關スル投機又ハ密輸ヲ防止スル爲凡ユル方法ヲ執ルモノトス右目的ノ爲ニ工部局警察自ラ又ハ日本官憲ヨリ證據ヲ得タル場合ハ立會ノ下ニ必要ナル檢査及捜査ヲ行フモノトス

1629　昭和14年12月9日　野村外務大臣より在英国重光大使、在天津武藤総領事他宛(電報)

天津租界問題クレーギー試案をめぐる谷・クレーギー間の討議内容について

本　省　12月9日発

合第二八一六號

往電合第二八一三號ニ關シ

冒頭電報「クレーギー」試案ニ付テノ請訓ニ對シ回訓アリタリトテ九日谷次官「クレーギー」ト會談ノ結果左ノ如シ

甲、銀問題

(一)(ママ)「クレーギー」試案(一)ニ付テハ本國政府ハ(a)ヲ承認セルモ(c)ハ承認シ居ラスト言ヒタルニ付次官ヨリ右ハ問題ヲ最初ニ逆轉セシムル次第ナレハ我方トシテハ絶對ニ認メ得ス飽迄(c)ヲ主張スト述ヘタルニ「ク」ハ實ハ第三國銀行ニシテ金庫(三字分アキ)ヲ有スルハ「ナショナル、シティー、バンク」ノミナレハ實際ハ同銀行ノ金庫ニ保管シ表面ハ天津ニ於ケル安全ノ場所ニ保管スルコトトシテ再請訓シテハ如何ト言ヘルニ付考慮方ヲ約セリ「ク」試案(四)ニ關シ次官ヨリ單ニ銀ヲ賣却シテ資金ヲ作ルノミナラス之ヲ見返リトシテ「クレヂット」ヲ設定スルコトノ修正ヲ提議シタルニ對シ「ク」ハ同試案(五)ニ對シ本國政府ヨリ同項ヲ英政府ハ食糧其ノ他ノ物資ノ購入ニ付凡ユル便宜ヲ與フト云フ趣旨ニ修正シ來リタレハ夫レニテ十分ナレハ「クレヂット」云々ヲ附加スル必要ナシト述ヘ次官ヨリ銀ノ賣却ニ時間ヲ要スル場合食糧等ノ購入ハ急ヲ要スルニ鑑ミ「クレヂツト」設定ハ必要アル旨ヲ述ヘ「ク」ハ右ニ付テハ改メテ請訓スヘシト述ヘタリ「ク」試案㈥ノ後年約束ノ部分ハ本國ヨリ否認シ來リタリト述ヘタルニ付次官ヨリ試案㈢ニ依ル十萬磅ニテハ何等救濟ノ目的ヲ達シ得ス英國側カ北支民衆ノ怨ミヲ購フカ如キ措置ヲ固執セラルルハ不可解ナリト其ノ復活ヲ強調セル結果之亦請訓スルコトトセリ

乙、聯銀券及銀行檢査問題

㈠聯銀券ノ使用問題ニ對シテハ「ク」試案㈠ニ對シ當方ヨリ「英國側ハ聯銀券ノ使用流通ニ對シ妨害ヲ加ヘス之ニ協力スルモノトス右協力ノ具体的措置ハ現地ニ於ケル日英當局ノ間ニ取極メラルヘシ」トノ案ヲ提議シタルニ「ク」ハ右前段ハ贊成ナルモ「協力ス」トハ如何ナル內容ヲ有スルヤ明示セラレ度シト述ヘ右ヲ考慮スルコトトセリ

㈡「ク」試案㈡ハ當方ニ於テ異存ナキ旨ヲ述フ

㈢我方ヨリ「租界內支那側銀行其ノ他金融機關ニ對シ日英間ニ合意セル專門家ヲシテ檢查及監督ヲ施行セシムルニ當テハ英國側ハ右租界內支那側銀行其ノ他ノ金融機關ニ對スル友好的勸告等ノ方法ヲ以テ右施行ニ協力ス」旨ヲ提議セルニ對シ本件ハ㈡ノ措置ヲ以テ「カバー」セラレ居リ又銀行檢查ノ如キハ英國側トシテハ天津ニ於テハナシ居ラサルモノナレハ之ヲ認メ難シト述ヘタルニ付次官ヨリ本件ハ東京會談ニ於テ我方ヨリ提議シ居ルモノナレハ是非考慮方ヲ希望スト述ヘ更ニ考慮スルコトトナレリ

丙、治安問題ニ付テハ大体異存ナク雙方係官ニ於テ案文整理ノコトニ話合ヒタリ

1630　昭和14年12月9日　在北京門脇大使館二等書記官より野村外務大臣宛（電報）

天津租界現銀の日英共同管理案に対する軍側意向報告

北京　12月9日後発
本省　12月9日後着

第一二五四號（館長符號扱、部外祕）

貴電合第二七六七號末段ニ關シ

四日「クレーギー」大使ヨリ試案ヲ提出セル趣ヲ以テ右ニ關シ軍中央部ヨリ當地軍側ノ意嚮ヲ徴シ來リ居ル處現地軍側トシテハ未タ意見上申ニハ至ラサルモ大體現銀ノ日英共同管理案竝ニ十萬磅ヲ救濟物資購入ニ充當スルコトニ異議ナキ模樣ナルカ係參謀ト右試案ニ付意見ヲ交換セル當館員ノ印象ニ依レハ軍側ハ或ハ左ノ點ニ付意見上申スルコトトナルヤモ知レサルモ特ニ强キ意見ニハアラサル樣見受ケラレタル趣ナリ

(イ)共同管理トスルモ保管場所ハ租界外ニ移スコト(實際問題トシテ適當ナル建物ナキ現狀ニシテ租界內舊正金建物等モ考慮セラルルモ租界外ヲ希望シ「バラック」急造等ノ擧ニ出ツルヤモ知レス)

(ロ)十萬磅ノ使途細目ニ付英國側ニ事後報告ヲ爲スハ差支ナキモ一々協議ノ上使用スルコトハ實際上困難ナリ一任ヲ希望スルコト

(ハ)封印保管セラルヘキ殘餘ノ現銀ニ付テモ將來使用ノ裕リヲ殘シ置クコト

以上不取敢御參考迄

尙軍側指導ノ點ヨリスルモ英國側試案內容ヲ當方カ承知シ居ラサル如キハ面白カラサルニ付今後トモ隨時御電報相成(欄外記入)度シ

天津ヘ轉電セリ

(欄外記入)行違

1631　昭和14年12月14日　在上海加藤公使より野村外務大臣宛(電報)

天津租界現銀問題での水害救済資金への充当応諾を契機に英国の対重慶態度を是正しうる可能性が強まった旨意見具申

上　海　12月14日後発
本　省　12月14日夜着

第六〇號(館長符號扱)

貴電合第二八一六號ニ關シ

東亞局長ヘ田尻ヨリ

英國カ重慶ノ所有ナリト主張シ來レル白銀ノ使用ヲ假令小額ナリトモ認メタルコトハ恐ラク重慶ノ同意ヲ得タル上テ

ハナカルヘキヲ以テ其ノ動機カ排英運動ノ再燃ヲ恐ルルニアリト否トニ拘ハラス英國自ラ從來ノ主張ヲ覆ヘス結果トナリ今後ハ支那民衆ノ福利ニ合スル以上右白銀ヲ救濟以外ノ目的ニモ搬出使用シ得ル先例開カレタル次第ナルカ斯ル解釋ニハ英ハ勿論反對ナルヘシ英國カ白銀搬出ニ反對スルハ日本ノ云フ救濟云々ハ口實ニシテ實際ニハ白銀ノ賣却ニ依リ聯銀ノ準備强化セラレ通貨制度上北支カ愈々特殊化セラルヘキ可能性及若シ中央政府樹立セハ右白銀ハ新中央銀行準備ノ一部トナリ之ニ支那銀行カ參加スル場合有力ナル新通貨カ發行セラルヘキ可能性ヲ懸念スル點ニアルヘク(汪派ニ於テハ右白銀ニモ目ヲ付ケ居レリ)又從來我方トシテハ少クトモ前者ノ場合ヲ狙ヒ來レルモノナルヘキ處既ニ日本ニ於テ新政權自體ノ中央銀行設立及新法幣ノ發行竝ニ聯銀カ結局右ニ合流スヘキコトヲ原則的ニ承認スルモノナル以上英ニ對シ之ヲ明カニスルト共ニ英ヲシテ右原則承認ノ結果トシテ現法幣ハ合理的ニ整理セラルルコトトナリ日本ハ之ニ付テモ支那ニ協力スル方針ニテ從テ法幣ヲ不當ニ壓迫スルモノニアラサル旨ヲモ了解セシメ得レハ(此ノ結果ハ法幣ノ騰貴及安定ヲ見ルヘキモ右ハ不都合ニアラス占領地ノ輸出增加シ之ヲ以テ重慶ニ對スル輸入ヲ決濟スル爲重慶ノ抗戰能力ヲ强フルモノトセハ前記法幣ニ對スル我カ協力ノ代償トシテ斯ル決濟ヲ取止メシメ得ヘシ)英ハ重慶ニ對スル遠慮ヲ捨テ(白銀ノ搬出ヲ澁ル一原因ナルヘシ)搬出ヲ承諾スルニ至ル見込ナシトセサルヘク汪派トノ會談カ近ク終結シ中央政府ノ成立カ確實トナルニ伴ヒ其ノ可能性ハ强マルモノト認メラル尤モ天津問題ハ曲リナリニモ解決ヲ急ク他ノ事情モアルコトナルヘク又今直ニ右樣ノ方針ニ入ルコトハ早過キル嫌アル處此ノ際貴電合第二八一四號末段ニ對スル英政府ノ反對ノ原因根據等ヲ突止メ行クコトハ豫テ貴局長ノ通貨政策案ニ對スル英ノ態度ヲ探リ將來ノ對英政策遂行ニ資スルコト大ナルヘシト存スルニ付此ノ點御考慮ヲ願度ク卑見御參考迄

〰〰〰〰〰〰〰〰

1632　昭和14年12月19日　野村外務大臣より在英国重光大使、在天津武藤総領事他宛(電報)

救済事業への現銀充当問題をめぐる谷・クレーギー間の討議内容について

本　省　12月19日発

合第二八七五號

往電合第二八一三號ニ關シ

十八日揚子江問題ニ關スル次官「クレーギー」會談ノ後次官ヨリ銀問題第六項ニ對スル英國側ノ意向ヲ質シタルニ「ク」ハ本國ヨリハ未タ承認シ來ラス又佛國側ニ於テモ英側ニ準シ十萬磅ノ賣却ニ同意スルコトト考ヘラルルニ付之ニテ銀問題ヲ解決シテハ如何ト述ヘタルニ付次官ヨリ右ノ如キ少額ニテハ三省ノ災害ヲ救濟スルニ足ラス北支民衆ヲシテ失望セシムルカ如キ取極ハ絶對ニ認メ難ク本問題ニ付自分トシテハ再三讓歩シ來リタル次第ナルカ元來第六項ハ貴大使ノ提案ニ係ルモノナルニモ鑑ミ之ニ對シ英國側ニ於テ好意的ニ考慮セラレサルニ於テハ天津問題ノ妥結ヲ圖ル見込絶對ニナシトシテ第六項承認方ヲ極力主張シ話ヲ打切リ「ク」ニ於テ更ニ考慮スルヤノ口吻ヲ洩ラシ居タリ

本電宛先冒頭往電ノ通

1633　昭和14年12月20日　野村外務大臣より在英国重光大使、在天津武藤総領事他宛（電報）

天津現銀問題に対する重慶政権の了解を得るため駐華カー英国大使が重慶に派遣される旨クレーギー大使通報について

本　省　12月20日後8時0分発

合第二八八七號

往電合第二八七五號ニ關シ

二十日「クレーギー」大使本大臣ヲ來訪シ元來本件現銀ハ國民政府ノモノナレハ英國側ニ於テ同政府ノ意向ヲ「サウンド」シタル處其ノ結果ハ「アンフェヴォラブル」ニシテ本問題ノ急速解決ハ困難ナルカ一昨日谷次官ニ會見ノ後本國政府ヨリ受ケタル通報ニ依レハ英國政府ハ重慶政府ノ反對ヲ撤回サセル爲强硬ナル申入ヲナスヘク「カー」大使ヲ重慶ニ遣ルコトニ極メ同大使ハ數日中ニ重慶ニ赴ク筈ニシテ之ニ依リ重慶側カ其ノ態度ヲ緩和シ日英間ノ本件交渉カ促進サレンコトヲ希望スル次第ナリト述ヘタルニ付本大臣ヨリ本件銀問題ニ對スル我方ノ立場及主張ヲ重ネテ强ク申

述ヘ置キタリ
本電宛先冒頭往電ノ通リ

1634 昭和14年12月22日 野村外務大臣より在英国重光大使宛（電報）

英国側が現銀問題に関するわが方主張を容認しなければ天津租界問題の解決等は期しがたく英国政府へ適当注意喚起方訓令

本省 12月22日後9時30分発

第五三六號

往電合第二八八七號等ニ關シ

一、我方ニ於テハ英國側ノ我カ事變處理ニ對スル同調的態度ト睨合セツツ英國ノ在支權益ニ付逐次出來得ル限リ好意的取扱ヲ爲スノ方針ナルコト往電合第二八五四號（編注）ノ通ニシテ又揚子江問題ニ付テモ折角往電合第二八六八號ノ如キ方針ヲ決定スルニ至リタル次第ナル處右方針ノ實行ヲ可能ナラシムル爲ニハ英國側ニ於テ之ニ「レシプロケート」スルノ態度（揚子江ノ開放ヲ效果的ナラシムル爲ニモ英國側ノ協力ヲ必要トスルコト往電合第二八七六號等ノ如シ）ヲ示スヲ必要トスルコト勿論ナリ

二、天津現銀問題ニ付英國側ニ於テ今更國民政府ノ意向ヲ云々スルカ如キハ我方トシテハ甚タ不愉快トスル所ナルモ若シ「カー」大使重慶行ノ結果英國側ニ於テ我方主張ヲ容レサルカ如キ決定ヲ見ルニ至ルトセハ右ハ正シク英國側ニ於テ單ナル重慶政府ノ形式的「タイトル」ヲ認メ北支民衆救濟ノ現實ノ必要ヲ無視スルモノニシテ結局政治的考慮ヨリ依然重慶側ヲ支持シ我方ニ同調セサルノ實證ヲ示ス次第ナルヲ以テ天津問題ノ解決ヲ期シ難キハ勿論前記第一項ノ我方方針ノ實行ノ如キモ實際上之ヲ困難ナラシムルモノナリ就テハ叙上ノ次第御含ミノ上英國側ニ對シ適當注意喚起方措置セラレタシ

三、尚英國側トシテハ前記一ノ次第及日米關係調整ニ關スル我方ノ施策ニモ鑑ミ此ノ際天津問題ノ解決ノ外一般的ニ我方ノ事變處理ニ同調的態度ヲ執ルヘキヤ或ハ從來ノ微温的態度ヲ維持スヘキヤヲ決定スル時期ニ達シタル爲其ノ後ニ於ケル重慶側ノ情勢ヲ確メル意味合ヲモ兼テ「カー」ヲ派遣スルモノトモ考ヘラルルニ付此ノ點ニ付テモ適宜英國側ノ善處ヲ促スコトトセラレタシ

北京、上海、天津ニ轉電セリ

編　注　本書第310文書。

1635　昭和15年1月13日　在天津武藤総領事より野村外務大臣宛（電報）

米国人に対する天津租界検問の簡易通行証発行について

天　津　1月13日後発
本　省　1月13日夜着

第一五號

検問検束(索カ)ニ關シ客年十二月十三日米國總領事ハ公文ヲ以テ米國人ノ検問線通過ニ當リテハ簡?易通行證(military pass)所持者同様検問家屋(searching shed)通過ヲ免セラレタキ旨要求シ且之カ速ナル回答ヲ求ムル旨申越シ其ノ文面ハ高壓的ニシテ不快ノ感ヲ與フルモノアリシカ右ニ關シ當地軍側ト協議ノ結果軍當局ニテハ日米國交調整ニ裨益セシムル見地ヨリ此ノ際難キヲ忍ンテ或程度其ノ希望ヲ容レルコトトシ左ノ方針ヲ決シ一月九日本官ヨリ米總領事ニ之ヲ通シタリ

㈠米國人婦人竝ニ子供ニ對シテハ検問家屋通過ヲ免除ス
（之カ爲寫眞添付ノ特別證明書ヲ作成ス）

㈡米國人男子ニ付テハ社會的地位等ヲ斟酌シ全?部ノ重要人物ニ對シ或程度迄簡易通行證ノ發給ヲ考慮ス（以上㈠及㈡ノ細目ニ付テハ別ニ日米總領事館間ニ打合セヲナスヘシ）

右ニ對シ十日附書翰ヲ以テ米總領事ハ謝意ヲ表シ來タリ㈠ニ付滿足ノ意ヲ表シ㈡ニ付テハ米國男子ニ差別ヲ付クルコトノ困難ヲ訴ヘ一律簡易通行證發給方ノ希望ヲ表明シ來レリ尤モ此ノ點ニ付テハ米總領事ハ副領事ヲシテ口頭ヲ以テ日本側ノ發給制限ノ餘儀ナキヲ諒承シ居ル旨申シ來レリ

米ヘ轉電アリタシ

北京、上海ヘ轉電セリ

1636　昭和15年1月14日　在天津武藤総領事より野村外務大臣宛（電報）

天津租界検問の簡易通行を米国人に許与した軍側の意向について

天津　1月14日後発
本省　1月14日後着

第一七號（部外極祕、館長符號扱）

往電第一五號ニ關シ

當地軍側ニ於テ斯ノ如キ措置ニ出テタルハ此ノ種友好的態度ヲ示スコトニ依リ日米國交調整ニ何等有益ナル影響ヲ與ヘントスル考慮ニ出テタルモノナル處（米國總領事ハ我方ノ措置ヲ多トシ早速國務省ヘ電報セル旨米國係官ヨリ當館係官ヘ電話アリタリ）近ク日英交渉ノ妥結ヲ見隔絶解除トナラハ問題ナキモ（當地軍側ハ此ノ點ニ付寧ロ樂觀的態度ナリ）然ラサル場合ニハ第三國ヨリモ本件措置ニ均霑方要求越スヘク一方米國側カ條約失效後何等對日制裁ノ措置ニ出ツルトキハ軍側ハ本件特別待遇ヲ廢止スル意嚮ナレハ更ニ米國側ト紛糾ヲ生スヘク何レニセヨ舊正月接近ノ折柄（客年舊正ニ際シ檢閲ヲ廢止シタル經緯ハ田中領事承知）軍側ニ於テハ此ノ上トモ英側ヲ啄キテ「カー」大使ノ重慶トノ話合ヲ促進セシメラレンコトヲ希望シ居レリ

右事情御含ノ上然ルヘク御配慮ヲ請フ

北京、上海ヘ轉電セリ

1637　昭和15年1月24日　在英国重光大使より有田外務大臣宛（電報）

天津問題などに関する英国外相との会談について

別電　昭和十五年一月二十四日発在英国重光大使より有田外務大臣宛第一一三号

天津現銀問題に関連した英国外相への注意喚起について

ロンドン　1月24日後発
本省　1月25日後着

第一一二號

二十二日本使「ハリハックス」外相ト會見日英間ノ諸問題及時局問題等ニ亘リ約一時間ニ亘リ意見ノ交換ヲナシタルカ其ノ内天津問題汪精衛問題及獨逸產品ノ積出問題ニ關スル會談要領別電第一一三號及第一一四號（省略）及第一一五號（見当ラズ）ノ通リ

（別　電）

ロンドン　1月24日後発
本省　1月25日後着

第一一三號

客年貴電第五三六號ニ關シ（天津銀問題ニ關聯シ英側ノ注意喚起方ノ件）

本使ヨリ「ハ」外相ニ對シ日英關係改前（善カ）ノ問題ニ關聯シ自分ノ甚タ遺憾ニ感シ居ルコトハ天津事件ノ發展ナリ自分ハ本件ノ解決カ殆ント日英關係改善ノ關門ト思ヒ居リ此ノ關門ヲ通過シテコソ始メテ將來ノ道カ開カルルモノト考ヘ居ル程ニテ日本側ニ於テハ本件解決ノ爲既ニ總ユル手段ヲ盡シ英國側ノ之ニ對スル反應ヲ待ツ許リナリト述ヘタル處「ハ」外相ハ本件ノ重要性ハ能ク了解スル所ナルカ實ハ支那側ノ承諾取付ノ爲「カ」大使ヲ重慶ニ派遣シタルモ蔣介石不在等ノ爲充分ニ接洽出來ス未タニ返事ヲ待チ居ル次第ナリ本件カ速ニ解決シ天津封鎖其ノ他ノ措置除カレ玆ニ將來ノ道開カレンコトハ自分ノ最モ期待スル所ニテ之カ爲自分モ充分努力スル積リナリト述ヘタリ

依テ本使ハ本件解決ノ爲英國側カ種々手續ヲ執ラルルコトハ我方ノ關スル所ニハアラサルモ我方トシテハ本問題ハ日英間限リニ於テ處理シ得ルモノナリト考ヘ居リ從テ速ニ兩國間ニ於テ本問題ノ解決ヲ決定スルヲ可トスト信シ居ル旨指摘シ置キタリ

尙「ハ」外相ヨリ本件交渉ニ付內容新聞ニ掲載セラレ困却セル旨話アリタルニ依リ本使ハＵＰ倫敦電報ニ付東京ニ於テ「クレーギー」大使ノ注意ヲ喚起セル經緯ヲ指摘シタル上斯カル問題ノ取扱ハ愼重ニスヘキコトニ付テハ全然同感ナリト述ヘ置キタリ

1638　昭和15年1月31日　在天津武藤総領事より有田外務大臣宛（電報）

食料品欠乏に関する英国側抗議に対し人道的見地に基づく搬入の円滑化を英国側と検討中の旨報告

天　津　1月31日後発
本　省　2月1日前着

第四八號

三十一日英國總領事本官ヲ來訪シ最近租界ノ檢問嚴重トナリ爲ニ英租界內ニ於ケル食料品（野菜、肉類、鷄卵等）缺乏シ居ル旨ヲ訴ヘ食料品ノ搬入ヲ阻止セサル樣要請セルニ付我方檢問方法ニハ何等變更ナキニ拘ラス最近外人記者等カ淺間丸事件、米國ノ對日態度、鐵條網ニ電流ヲ通シタルコト等ト故意ニ關聯セシメテ種々臆測ヲ逞シウセルハ我方ノ迷惑トスル所ニシテ特ニ食料品ト生活必需品ノ搬入ハ軍側ニテ何等阻止シ居ラサル旨說示シ置キタルカ唯實際問題トシテハ豫テヨリ檢問所ニ於ケル檢査ニ手間取ル爲搬入カ著シク遲延スルコトアルヲ以テ軍側ト協議ノ上人道的見地ヨリ本件搬入ノ圓滑ヲ圖ルコトニ決シ之カ具體的便法ハ當館ト英總領事館トノ間ニテ協議スルコトトナリ其ノ旨英總領事ニ通シタル處謝意ヲ表シ目下協議進行中ナリ

北京、上海、英、米へ轉電セリ

米ヨリ紐育へ轉電アリタシ

〰〰〰〰〰〰〰〰〰〰〰〰〰〰〰

1639 昭和15年2月19日 有田外務大臣より在北京藤井大使館参事官、在天津武藤総領事宛(電報)

天津現銀問題に関するわが方最後案について

本　省　2月19日後7時30分発

合第三二八號(極祕)

天津現銀問題ニ關シ其ノ後英國側ヨリ未ダ何等具体的ノ申出ナキ處當方ニ於テハ本件解決ニ關シ左記ノ通リ最後ノ肚ヲ決メルコトニ付軍側ト協議中ナルカ軍ニ於テハ現地部隊ノ意見ヲ求ムルコトトセル趣ニ付右御含ミ置キ相成度

記

(イ)十萬磅ノ銀ヲ分離シ支那難民救濟ニ充ツ

(ロ)右以外ノ銀ハ日英兩國總領事ニ於テ共同封印ノ上香上、正金兩銀行共同管理ノ下ニ現狀ノ儘又ハ花旗銀行ニ保管ス

(ハ)十萬磅ノ銀ハ之ヲ賣却シテ磅貨又ハ米貨トシ食糧品其ノ他救濟物資ノ購入ニ充ツ

(ニ)日英兩國總領事ハ其ノ監督下ニ前項資金調達ニ對シ責任ヲ有シ且支那側現存委員會ト協力シ救濟物資ノ購入ニ參與スヘキ專門家ヲ任命ス(專門家ノ任務ハ救濟事業ノ全般ニ亘ラズ嚴ニ此ノ程度ニ局限スル意ナリ)

(ホ)以上ヲ正式ノ協定トシ之ト不可分ノモノトシテ左ノ趣旨ノ紳士協定ヲ結フ

(1)英國ハ前記(ロ)ノ銀ハ重慶ニ對スル借款ノ擔保タラシメサル如ク協力ス

(2)將來緊急ノ必要生シタル場合ニハ更ニ保管銀ノ使用ニ

付協議ス
本電宛先　北京　天津
上海ニ轉電セリ

1640　昭和15年2月21日　在天津武藤総領事より有田外務大臣宛（電報）

米国人に許与した天津租界検問の簡易通行を独伊西三国の婦女子にも適用について

天　津　2月21日前発
本　省　2月21日後着

第八〇號

往電第一五號米國婦人及兒童ニ許與シタル檢問所ノ簡易通行ヲ自國婦人及兒童ニモ許與セラレタシトテ過般來獨、伊、西班牙各領事ヨリ要請アリ本間兵團ト協議中ノ處今般右三國ニ許與スルコトニ決シ二十日右三國領事ヘ通報セリ本件ハ自然一般ニ知レ渡ルヘキモ我方ヨリ進ンテハ發表セサル方針ナリ
北京、上海ヘ轉電セリ

1641　昭和15年3月15日　有田外務大臣より在英国重光大使宛（電報）

天津現銀問題に関する谷・クレーギー会談の協議内容について

本　省　3月15日発

第一九三號

客年往電合第二八一六號ニ關シ
現銀問題ニ關シ先般「クレイギー」大使谷次官ヲ來訪シ「カー」大使重慶側ト話合ノ結果トシテ客年往電合第二八一四號ノ案ニ關シ(イ)本件現銀ヲ支那側銀行ノ指定スル中立國銀行ニ右支那側銀行ノ受託者トシテノ英米佛銀行ノ名ニ於テ敵對行爲終了迄保管スルコト(ロ)十萬磅ノ現銀賣上高ハ國際支那飢饉救濟委員會ニ交付シ該委員會ハ右資金ノ受託者トシテ之ヲ北支ノ救濟ノ爲使用スルコト(ハ)日本政府ハ將來之以上ノ困難ヲ提起セサル保障ヲ與フルコト等ノ案ヲ提示シタルニ付次官ヨリ斯ル案ハ一顧ノ價値ナク英國側ニテ斯ル態度ヲ執ラルルニ於テハ本件ハ到底解決ノ見込ナク交渉ヲ打切リ從來ノ經緯ヲ公表スル外ナキ旨述ベ種々折衝ノ結果客年往電合第二八一四號ノ案ニ關シ(一)ヲ「香上、正金

共同管理ノ下ニ現在ノ場所ニ保管スルコト」ト修正シ㈤ニ「日英專門家ノ外日英兩總領事間ニテ同意スヘキ佛人支那人及他ノ一國（註、事實上米國トナルヘシ）ノ專門家各一名モ本件事業ニ協力スル樣招請セラルルコト」ヲ追加シ（前記客年往電ノ㈡㈢㈣ハ其ノ儘㈥ヲ削除ス）紳士協定トシテ

(イ)將來緊急ノ必要アル場合ハ更ニ保管銀ノ使用ニ付協議ス

(ロ)本協定ノ效力ハ日佛間ニ於ケル同趣旨ノ協定ノ成立及實施ニ繫ルモノトス

ノ二點ヲ協定スルコトニ一應話合ヲ纏メ「ク」大使ハ本國ニ請訓スルコトトナレリ

越ヘテ十五日「クレイギー」ニ會見ノ際（「ク」ハ未ダ前記請訓ニ對スル囘訓ニ接シ居ラス）次官ヨリ當方ニ於テハ日英總領事ノ任命スル專門家ノ任務タル資金ノ使用トハ銀ノ賣却及救濟物資等ノ購入ニ助力スル意味ナルコト（議事錄ニテ明ニシテ可ナリ）右專門家ハ物資ノ配給ニ關シ意見ヲ表示スルニ止マルコト及佛國人支那人ノ專門家ノ任務ハ資金ノ使用ニ助力スルニ止マルコトヲ條件トシ本案妥結ニ異議ナキ旨述ヘタル處「ク」ハ(a)專門家ノ任務中ニ救濟物資ノ船積ニ助力スルコトヲ含メルコト（次官ヨリ異議ナキ旨答フ）(b)日英專門家以外ノ專門家ガ物資配給ニ付キ意見ヲ表示出來ザルコトトスルハ面白カラサルニ付之ヲ日英專門家ト同樣ニ取扱ヒ例ヘハ一切ノ專門家ハ物資ノ配給ニ關シ現存救濟委員會ヨリ意見表示ヲ招請セラルヘク且配給ノ結果ノ通報ヲ受クヘシトスルコト（右ハ全クノ私案ナル趣）(c)更ニ紳士協定案ノ(イ)ニ關シ「本協定ニ準シ」ヲ削除シ末尾ヲ「日英兩國間ニ協議ス」トスルコトト致度キ旨且(ロ)ノ點ニ關シ日英間ニ妥結ニ至ラハ佛國側ハ同趣旨ノ協定締結ニ異存ナカルヘシト思考スル旨述ベタル趣ナリ次デ次官ヨリ天津租界關係ニテ現銀以外ノ問題ニ付英國側ニテ今後重慶ノ意向ニ左右セラルルカ如キコトナカルヘキヤト念ヲ押シタルニ「ク」ハ斯カルコトナキ旨囘答セル趣ナリ

尚前記「ク」ノ修正案ニ對シテハ(d)《ママ》ヲ除キ當方ニテ大体異存ナキ見込ナリ

北京、上海、天津ニ轉電セリ

1642　昭和15年3月31日

在天津武藤総領事より
有田外務大臣宛（電報）

天津租界問題日英交渉の迅速妥結と封鎖解除

の必要を本間師団長が力説について

天　津　3月31日後発
本　省　3月31日夜着

第一七九號（極祕、館長符號扱）

三十日本間司令官ト落合ヒタル際同司令官ハ最近北京司令部ヨリ天津問題ニ關スル日英取極案ノ通報ヲ受ケタルカ今日トナリテハ諸般ノ關係上速ニ租界隔絶ヲ撤廢スルコト必要ナルニ付早ク右案ニ依リ妥結ニ至ルコト希望ニ堪ヘスト熱心ニ語レリ右案トハ何ノ案ノコトナルカ不明ナルモ孰レニセヨ近來英佛租界内ノ抗日分子ハ殆ト一掃セラレ且英工部局モ治安問題ニ付テハ我憲兵隊等ニ對シ全面的協力ヲ爲シ隔絶本來ノ目的ハ達シ居リ他方本邦銀行商社方面ニテハ隔絶ニ依リ我方ノ蒙リツツアル不便ト經濟活動上ノ損失トヲ指摘シテ隔絶撤廢ヲ要望スル聲強ク又檢問所ニ於ケル第三國人トノ紛議ハ依然トシテ絶ヘス（就中米國總領事館ハ何カ苦情ヲ持込マサル日殆ト無シ）軍側ニテモ何等名目サヘ立タハ速ニ隔絶ヲ解キタキ意嚮ナリ從テ貴電合第五八九號ニ依ル解決ハ恐ラク現地軍側トシテモ別段異存無キ所カト推察セラル御參考迄

尙本電ハ機微ナル關係アルニ付部外絶對極祕ニ願ヒタシ

北京へ轉電セリ

1643　昭和15年4月4日　在英国重光大使より有田外務大臣宛（電報）

天津租界問題に関し英国側が将来の再封鎖がないよう保障を要望について

ロンドン　4月4日後発
本　省　4月5日後着

第五一一號（至急、館長符號扱）

往電第五〇六號四月三日外相ト會見ノ際先方ヨリ天津問題ハ未タ解決ナキヤトノコトナリシニ付本使ハ右質問ハ本使ヨリ致度キ次第ニテ「イースター」前「バ」次官ヨリ承知シタル所ニ依レハ日本側ヲ滿足セシメ得ト思考セラルル訓令ヲ發出シタリトノコトナルカ本件ニ付テ一層促進セラレテハ如何今日ノ交渉狀況ハ如何ニナリ居ルヤト言ヒタルニ外相ハ銀問題訓令ノ大要ヲ說明シ猶將來封鎖ノ如キ事態ノ再發セサルコトヲ希望シ之ニ付何等カノ取極ヲ致度キ次第ナリト言ヒタルニ付封鎖ハ今日唯一ノ殘リ居ル銀問題カ解

決セラルレハ排除セラルル次第ニアラスヤ之ニテ問題ハ解決セラルルコトト思フ是以上ニ種々日本側ノ受容レラレサル「フオーミユラ」ヲ提出セラルルハ望マシカラスト述ヘ置キタルカ四日「バ」次官ニ會見ノ際猶外相トノ話ニ付「バ」ノ説明ヲ要求シタル處「バ」ハ外相ノ意見ハ最近封鎖ノ一層嚴重ニナリタリトノ軍側ノ報告ニ基キ將來ノコトヲ心配セルモノニシテ將來困難起ル時ハ封鎖ノ如キ暴力(「フオース」)ニ依ラスシテ交渉ニ依リテ問題ヲ解決スヘキ旨ノ一札ヲ得度キ考ナリ尤モ右ニ就テハ「クレーギー」ト往復中ニテ日本側ニハ提出シ居ラサル樣ナリトノコトナリ依テ本使ハ我々ノ努力シ居ル點ハ封鎖ノ如キ事態ノ起ラサル樣ニ日英關係ヲ進メタク又之カ爲過去ノ問題ニ付解決ヲ急キ居ル次第ニアラス若シ事件ヲ招キタル根本問題ヲ再ヒ吹起スカ如キ要求ヲセラルレハ日本側ニモ根本問題ニ付英國側ニ要求ヲ提出セサルヲ得サルコトトナルヤモ知レス折角此處迄漕着ケタル交渉ヲ破壞スルコトトナルヤヲ虞ル斯ルコトハ双方ノ信頼(「トラスト」)ニ依リテノミ解決シ得ル問題ニアラスヤ右ノ如キハ又日本ノ心理狀態ニ合セサル遣方ト評スルノ外ナシト述ヘ置キタルカ「バ」ハ成程其ノ點ハ判明セルニ付充分ニ考慮スルコトトスヘシ英國側ハ天津問題ヲ可成速ニ解決シ兩國感情ヲ少シニテモ改善シタキ意思ナリ要スルニ將來斯ル事件カ再發セサルコトヲ希望スルモノナリト述ヘ居タリ御參考迄

1644 昭和15年4月6日 有田外務大臣より在天津武藤総領事宛(電報)

天津租界問題に関し谷・クレーギー間にほぼ意見の合致を見た旨通報

本省 4月6日後8時30分発

第一一六號(極祕)

天津英租界問題ニ付テハ五日次官「クレーギー」會談ノ結果殆ト最終的ニ意見ノ合致ヲ見陸軍側ノ同意アリ次第來週中ニ所要ノ取極ヲ爲ス豫定ナリ不取敢

英、米、北京、南京、上海ニ轉電セリ

1645 昭和15年4月9日 有田外務大臣より在北京藤井大使館参事官、在天津武藤総領事宛(電報)

天津英租界内での法幣取締に関して軍側に不安があり更に谷・クレーギー間に協議続行の見通しについて

本　省　4月9日発

合第七〇二號（極祕）

往電合第五八九號ニ關シ

一、其ノ後現地軍側係官ヲ交ヘ陸軍側ト協議シタルカ尚若干ノ問題ヲ殘シ居リ（其ノ主ナル點ハ英租界内ニ於ケル聯銀券ノ流通促進及法幣ノ取締ニ關スル現在ノ取極案ヲ以テシテハ英國側カ果シテ何程ノ誠意アル措置ヲ執ルヘキヤ疑問ナリトスル軍側ノ不安ナリ）右ニ付テハ場合ニ依リ次官「クレーギー」間ニ更ニ折衝ヲ行フコトトナルヘシ

二、尚現在迄ニ大體決定セル案文等一括シ十日空路歸任ノ豫定ナル宮本少佐ニ托送スルニ付御受領ノ上何分ノ意見アラハ折返シ御申出アリ度尚右案文ニ付テハ軍側ト所要ノ連絡ヲ行ハレ差支ナシ

本電宛先北京、天津

1646

昭和15年4月13日　在天津武藤総領事より有田外務大臣宛（電報）

天津租界問題に関する谷・クレーギー合意に現地軍は概ね異議はないがバリケードについては一部存置を要望について

天　津　4月13日前発
本　省　4月13日夜着

第二一三號（至急、極祕、部外極祕）

貴電合第七〇二號ニ關シ（天津租界問題一件）

御來示ノ案ニ對シ特ニ意見無シ

當地軍當局ニ於テハ本官竝ニ當館係官ヲ交ヘ協議ヲ行ヒタルカ現在ニ於テモ覺書第一乃至第三ニ付テハ概ネ異議無シ覺書第四ハ文書ヲ以テセス口頭ヲ以テ現在ニテハ障壁撤廢ノ意嚮ナル旨ヲ英側ヘ傳フルコトトシ度キ意嚮ニテ且障壁ノ一部ハ存置シ度キ意嚮ヲ有シ居レリ

北京へ轉電セリ

1647

昭和15年4月23日　在天津武藤総領事より有田外務大臣宛（電報）

天津租界の封鎖解除に関する現地軍の意向について

天津　4月23日後発
本省　4月23日夜着

第二三二號（極祕、至急）

往電第二一三號ニ關シ

租界ノ隔絶解除ニ關スル當地軍ノ意向ハ堀内局長ニ於テ御承知ノ通リナルモ其ノ後有末參謀當地ヲ來訪シ日佛協定ノ？點ニ多少ノ變化ヲ見大體左ノ通リナリ右ハ軍ニ於テモ外務省ヘ傳達方希望シ居ルニ付御承知アリタシ

(一)隔絶解除ト同時ニ檢問ヲ廢止スルモ障壁等ノ施設物ハ當分ノ間其ノ儘存置（冒頭往電末段ノ趣旨ト異ル點御注意アリタシ）シタキ處若シ右存置ニ依リ日英協定カ成立セスト言フカ如キ場合ハ撤去スルコトトシ差支ナシ

(二)隔絶解除ノ時期等ニ關シテハ

(イ)佛側トノ協定成立ヲ俟チテ實施スルコト之カ爲日佛交渉ノ至急進捗ヲ圖リ日英協定ト同時ニ日佛協定ヲ成立セシムル樣希望ス

(ロ)若シ日佛協定ノ成立カ遲延シ日英協定カ先ニ成立シタル場合ニ於テモ之カ發表ハ日佛協定成立ヲ待チ之ヲ行フ如クスル樣希望ス

(ハ)日佛協定ノ成立カ甚シク遲延シ長時日ヲ要スル場合ニ於テハ（不取敢）最小限度客年七月貴大臣「クレーギー」間ノ原則ト同程度ノ了解ヲ取極メタル後カ已ムヲ得サル場合ハ右取極ヲ爲シ得トノ充分ナル確信ヲ得タル後ニ於テ隔絶解除ヲ實施スルコト

本件ニ關スル軍側ノ意向ハ大體以上ノ通リナル處日佛間ニ目下如何ナル程度ノ折衝アル次第ナリヤ又此ノ點ニ關スル今後ノ方針等御電報ヲ請フ

北京ヘ轉電セリ

1648　昭和15年4月27日　有田外務大臣より在天津武藤総領事宛（電報）

天津検問所における米国人取扱いを米国政府抗議について

付　記　昭和十五年五月十日付外務省より在本邦米国大使館宛公信亜一普通第九五号

右抗議への回答

本　省　4月27日発

第一四四號

二十三日米國大使次官來訪當地英佛租界境界檢問所ニ於ケル米國人及ヒ米國商品ノ通過ニ對スル妨害ハ追《(過カ)》去一箇月間加重的ニ嚴重トナリ一米國婦人ハ特別「パス」ヲ所持セルニモ拘ラス自動車ヨリ降リルコトヲ拒ミタル爲萬國橋ニ於テ不愉快ナル論爭ニ捲込マレ檢問所指揮官ハソノ所持スル「パス」ヲ沒收セル後初メテ通過ヲ許シタリ又十七日舊白耳義租界「テキサス」會社ノ施設中ニ居住スル一米國婦人ハ「ニコライロード」檢問所ニ於テ自動車ヨリ降リ約百碼日本兵ノ一群ノ中ヲ彼等ノ娯樂ノ目的ノ爲歩行セシメラレタリ又哨兵カ屢々狹隘ナル檢問所ノ入口ニ直立スル爲米國總領事其他ノ自動車ノ通過ヲ困難ナラシメタリ更ニ一米國商社ニ依リテ所有セラルル反物ノ積荷ヲ租界內ニ搬入スルコトヲ拒否セラレタリ是等事件ニ關シ米國總領事カ日本總領事ニ對シテ爲シタル口頭及文書ニ依ル申出ニ對シテハ未タ文書ニ依ル回答ヲ受理シ居ラス

事情右ノ如クナルヲ以テ東京ヨリ更ニ現地軍隊ニ對シ訓令セラレンコトヲ要望スル旨ノ書物ヲ提出セリ(原文空送ス)尚實情回電アリ度

北京、上海、南京、米ニ轉電セリ

(付　記)

亞一普通第九五號

口上書

帝國外務省ハ天津ニ於ケル事態ニ關シ客月二十三日「グルー」大使閣下ヨリ谷外務次官ニ對シ手交セラレタル覺記載ノ諸事項ニ付左ノ通回答スルノ光榮ヲ有ス

一、「グルー」大使閣下ノ提出セラレタル覺ニ依レハ最近特別「パス」ヲ所持スル一米國婦人カ自動車ヨリ下車スルコトヲ拒ミタル爲萬國橋ニ於テ不愉快ナル論爭ニ捲込マレ檢問所指揮官カ其「パス」ヲ沒收シタル後初メテ通過ヲ許サレタル趣ナル處當方調査ニ依レハ最近天津ニ於テハ乘用車ノ坐席等ヲ改造シ物資其ノ他ヲ隱匿シテ搬入ヲ企ツル者アリ檢問所ニ於テハ時ニ乘用車ノ內部ヲ檢査シ居ル實情ナルカ本件米國婦人ハ歩哨カ一應下車ヲ要求シタルニ對シ之ヲ拒否シタルノミナラス頗ル傲慢ナル態度ヲ示シ且舌ヲ出シテ歩哨ヲ侮辱シタリ元來特別「パス」

ニハ通常検問ヲ受クルコトナク通過ヲ許可スト記載シアルモノニシテ時ニ自動車ヨリノ下車ヲ要請スルコトアルヘキハ既ニ關係國官憲ニモ通知濟ナル次第アルヲ以テ該歩哨ハ指揮官ニ諮リ「パス」ヲ沒收シタルモノナルカ後ニ米國副領事ヨリ直接検問ノ衝ニ當レル部隊ニ對シ「パス」ノ返還ヲ要求シ來リ又婦人モ同部隊ニ出頭シ遺憾ノ意ヲ表シタルヲ以テ「パス」ハ返還セラレタル趣ナリ

二、客月十七日「ニコライ、ロード」検問所ニ於テ一米國婦人カ下車歩行セシメラレタル件ニ付テハ當該部隊ニ就キ實情照會中ナルカ未タ報告ニ接セス尤モ同検問所ニ於テハ通行者中往々傲慢ナル態度ヲ示シ歩哨ヲ刺激シ事件ヲ惹起スルモノアルニ依リ一時原則トシテ歩哨勤務ノ地點ハ下車通行セシムルコトトシタルコトアリ（現在ハ右原則廢止セラレタリ）又同地附近ニハ多數ノ兵駐在シ居ルヲ以テ本件婦人ハ偶々此ノ如キ場所ニ際會シタルモノナル可ク殊更日本兵ノ一群中ヲ娯樂ノ爲ニ歩行セシメタルモノトハ信セラレス

三、「グルー」大使閣下提出ノ覺ニ依レハ通過許可カ與ヘラレタル後ニ於テモ歩哨ハ屢々狹隘ナル通路ニ直立シ自動車ノ通過ヲ困難ナラシムル趣ナル處検問所ニ於テハ取締ヲ容易ナラシムル爲通路ヲ狹隘ニシ歩哨ハ其ノ通路ニ立チテ總テノ通行者ヲ一旦停止セシムルモ通行者ニ於テ所定ノ手續ヲ了シタル時ニハ遲滯ナク通過セシメツツアル實情ナリ尤モ歩哨中ニ於テモ時ニ感情的ニ前顯ノ如キ態度ニ出ツル者ナキヲ保セサルヲ以テ軍側當局者ヨリモ篤ト注意シ置キタル趣ナルカ此ノ種事故ハ通行者ノ態度如何ニモ因ル所大ナルコトヲ想起セラレ度

四、尚反物ノ搬入ハ一般ニ禁止セラレ居リ右ノ次第ハ現地ニ於テ米國側ニ對シ既ニ通告濟ノ筈ナリ

要之天津ニ於ケル帝國軍憲カ過去一ケ月以來其ノ方針ヲ變更シ検問検索ヲ特ニ强化シタル如キ事實ナク米國人ヲ含ム善意ノ第三國人カ蒙ルコトアルヘキ不便ヲ出來得ル限リ輕減スルコトハ我方ノ一貫シテ努力シツツアル所ナリ

昭和十五年五月十日

1649　昭和15年4月27日　在英国重光大使より有田外務大臣宛（電報）

将来の日英関係を顧慮し天津租界の迅速なる

封鎖解除を英国外務次官要望について

ロンドン　4月27日後発
本　　省　4月28日前着

第六六七號

天津問題（二十六日「バ」次官トノ會談）ニ付テ先方ハ要スルニ封鎖解除ノ問題未解決ナルコトヲ述ヘ日本政府ハ堀內、武藤兩氏ヲ現地ニ派シ努力シ居ル如ク右ハ大イニ多トスルモ天津總領事ノ報告ニ依レハ「バリケード」ハ最近一層嚴重ニナリタリトノコトニテ弱リ居レリ新聞記事等ハ用心シ居ルモ何分此ノ種問題ニ付テ巧ク解決セサレハ將來日英關係改善ノ努力ニ力ヲ失フ結果トナルコトヲ恐ル日本政府ノ內部ノ御苦心ハ萬々了解スルモ日英關係ノ將來ヲ顧慮スル大局的見地ヨリ貴大使ヨリ更ニ政府ニ上申セラルル樣願度シトノコトナリシニ付本使ハ天津問題ノ交渉ノ經過ハ實ハ最近何等承知シ居ラサルモ右ノ御趣旨ハ充分了解セルニ付御希望ノ通リ取計フヘシト答ヘ置ケリ本問題ハ英國人ノ神經ヲ刺戟シ他ノ各種ノ交渉ニ自然波及スル機微ノ關係ヲ有スルコト御承知ノ通リナリ右御申添フ

佛米ヘ轉電セリ

1650　昭和15年5月2日　有田外務大臣より在天津武藤総領事宛（電報）

天津仏租界問題に関する対仏交渉の経緯通報

本　　省　5月2日後9時0分発

第一五二號（極祕）

貴電第二四七號ニ關シ

天津佛國租界ニ關スル佛國側トノ交渉ハ去ル二月ノ雲南鐵道爆撃問題ニ關聯スル日佛一般國交調整問題ノ一部トシテ取上ケラレタルモノニシテ二月末澤田大使ヨリ(イ)有田「クレーギー」原則協定ノ承認(ロ)治安及經濟問題ニ關シ日英間ニ到達スヘキ協定ト同趣旨ノ協定締結方提議シタルニ對シ佛國側ヨリ右ハ一般國交調整ノ範圍內ニ於テハ左シタル困難無カルヘキ旨ノ抽象的意思表示アリタル次第ナルカ其ノ後本件交渉ハ他ノ點ニ於テ行惱ミ結局三月末一應全部打切トナレリ

尚五月一日(編注)在京佛國大使ノ谷次官ニ對スル申出ニ付テハ別途電報ス

北京ニ轉電セリ

編　注　「二日ノ誤」との書き込みあり。

1651　昭和15年5月2日　有田外務大臣より在仏国沢田大使宛（電報）

天津租界問題に関し日英間に協定が成立すれば仏国は同様の協定締結に異議なき旨在本邦仏国大使言明について

本　省　5月2日後9時0分発

第二三〇號（極祕）

二日在京「アンリ」佛大使次官ヲ來訪シ過日有田大臣ノ蘭印ニ關シ聲明セラレタル所ハ佛國政府モ同感ナル旨述ベタル後天津問題ニ付テハ豫テ「クレーギー」大使ヨリ聯絡越シ居タルガ次官ハ直接自分（「アンリ」大使）ヨリ佛國側意向ヲ承知セラレタキ御希望ト聞キ及ベルニ付申シ上グルモ佛國ニ於テ天津問題ノ解決ヲ見ルニ至ラハ佛國トシテモ日英ノ取極ガ成立スレハ之ト同様ノ取極ヲ爲スニ異議無ク日英間取極ガ速カニ成立スルヲ希望シ居レリト述べ最後ニ最近行ハレタル雲南鐵道爆撃ハ交渉ノ打チコワシトナルニ付日本軍ニ於テ今後之カ中止方取計ハレ度キ旨附言セリ

次官ハ右天津問題ニ關スル佛國ノ好意的態度ヲ多トスル旨述べ尙爆撃問題ニ付テハ何分軍事行動ノ事ナレハ成否ノ約束ハ出來サルモ貴方ノ好意ニ報ユル意味ニテ全力ヲ盡スヘキ旨答へ置キタル趣ナリ

英、米、北京、天津、上海、廣東、南京、河內へ轉電セリ

廣東ヨリ香港へ轉報アリ度

1652　昭和15年5月6日　在天津武藤総領事より有田外務大臣宛

天津英仏租界封鎖解除の経済的影響につき予想報告

機密第六九六號　（5月10日接受）

昭和十五年五月六日

在天津

總領事　武藤　義雄〔印〕

外務大臣　有田　八郎殿

英佛租界隔絶解除ノ經濟的影響豫想概報ノ件

本件ニ關シテハ目下詳細ナル報告作成中ナルモ不取敢極メ

テ概括的ナル中間報告書ヲ作成シタルニ付右何等御參考迄
茲ニ送付ス

一、英佛租界隔絶解除ニ伴フ經濟的影響概觀

英佛租界ノ隔絶ハ之レヲ經濟的觀點ヨリ考察スルニ我方カ隔絶當初期待セルカ如キ英佛ノ經濟的勢力ノ衰退ヲ齎サス却テ本邦側業者ハ天津經濟界ノ中樞タル外國租界内ノ貿易上ノ各種機構及設備ノ利用停止ニ依リ多大ノ不利不便ヲ招キタルノミナラス相當ノ犧牲ヲ餘儀ナクセシメラルルニ至リ奥地方面ニ於テハ第三國人ニ比シ優勢ナル條件ニ惠マルルニ至レルニモ拘ラス猶彼等ノ後塵ニ甘ンセサルヘカラサル狀態ニアルヲ以テ今日ニ於テハ租界隔絶ノ解除ハ圓元「パー」ノ離脱ト共ニ本邦業者ノ内心最モ要望セル二大問題タルノ感アリ現下ノ經濟的客觀的情勢ニ鑑ミ亦止ムヲ得サル處ナルヤニ思考セラルル次第ナルカ租界隔絶ノ解除ハ人心ノ安定ニ依リ經濟界ノ人氣ヲ明朗化シ物資ノ交流容易トナリ物價ハ石炭食料品等ニ付テハ一時的ニ高騰スルモノアレトモ一般的ニハ落着クヘク貿易ハ促進セラルルコトトナルヘシ

二、貿易及商取引關係

(イ)貿易ニ關スル影響

昨年六月中旬第二次租界隔絶實施前後卽チ四、五月兩月ト七、八兩月ノ天津貿易ヲ見ルニ對第三國貿易ハ輸出一割減、輸入三割三分減對日本及圓域貿易ハ輸出二分減、輸入二割五分減ヲ示セリ右不振ノ原因ハ固リ租界隔絶ニノミ歸スヘキニ非サルモ隔絶後ノ天津貿易カ隔絶前ニ比シ相當ノ減少ヲ示シ其減少ノ原因トシテ隔絶カ有力材料タル事否定シ難ク然モ對第三國貿易ニ強ク影響セルヲ以テ隔絶解除カ天津貿易促進ニ資スル所アルハ過少視シ難キ處ナリト思考セラル

(ロ)對第三國貿易ニ與フル影響

十四年度天津港ノ對第三國貿易ハ輸入一億六千五百萬元、輸出七千六百萬元ニシテ十三年度ニ比スレハ輸入五割增輸出略同額ナル處爲替ノ下落ヲ考慮セハ數量ニ於テハ輸入大差ナク輸出相當減少セルコトトナル右輸出減少ノ原因ハ本質的ニハ輸出物資ノ不圓滑(事變天災ニ依ル特產物ノ生產及出廻リノ減少奥地ノ物資統制ニ依ル集荷難蘇聯中南支方面ヘノ物資ノ逃避)及聯銀

爲替集中制度ノ拘束ニ依ルモノナレドモ租界隔絶及蒙疆ノ貿易政策ニ對スル米國側ノ反感隔絶ニ依ル荷捌上ノ不利不便（隔絶中ト謂モ第三國向輸出物資ニ對シテハ外貨獲得ノ見地ヨリ租界內搬入ニ對スル簡易通過ノ便宜ヲ與ヘタルモ檢問所ニ於ケル貨物輻輳ノ爲搬入ノ遲延「トラック」ノ借賃ヲ初メトシ搬入費高增セリ）受渡ニ對スル不安及輸出價格ノ高騰ニ起因スル處アルヲ以テ隔絶解除ハ對第三國貿易促進ニ資スル處アルヘシ

(ハ)我方及第三國商社ニ與ヘル影響

租界隔絶中日本商社ハ英佛租界內碼頭倉庫及工場（壓搾梱包及仕上等）及事務所等ノ使用不能竝ニ海關トノ連絡上ノ不圓滑等ニ依リ第三國商社ニ比シ不利ナル立場ニ在ルモ隔絶解除ノ場合ハ斯ル障害除却セラレ邦商ノ對第三國貿易ヘノ進出ニ對シテモ多少ノ期待ヲ懸ケ得ヘク又目下對策考究中ノ邦人輸入ノ滯貨問題ニ付テモ其緩和ニ資スル處アルヘシ英米佛商社ハ租界隔絶ト共ニ租界外ニ輸出又ハ出店ヲ新設セルモノナキモ獨逸系及猶太系商社竝ニ支那人商社ハ多數租界外ニ轉出又ハ出店ヲ新設セルカ隔絶解除ト共ニ租界ニ復歸スルニ至リ再ヒ租界繁榮ノ要因トナルヘシ

三、物資ニ與フル影響

(イ)爲替集中制ニ依ラサル對第三國輸入物資ニ與フル影響

天津港ニ於ル對第三國貿易ハ聯銀ノ爲替集中制ニ依リ輸入ハ輸出ノ九割ニ止マルヘキヲ以テ貿易尻ハ入超トナルコト無キ筈ナルニ拘ラス十四年度ニ於テハ九千萬元ノ輸入超過ヲ示セリ右ハ主トシテ英佛租界ニ於ケル海路外國船ニ依ル交通ノ自由及法幣操作ニ起因スルモノナルカ北支ノ物資不足及本邦及圓域ヨリノ物資供給力ニ多クヲ期待シ得サル實情ニ鑑ミ必スシモ排撃スヘキモノニ非ラスト認メラルルニ付其利害得失ハ暫ラク別問題トスルモ隔絶解除ハ前記爲替集中制ニ依ラサル物資ノ出入增大ヲ促進スルコトトナルヘシ

(ロ)軍需調辨品ニ與フル影響

客年五月下旬以來現在ノ隔絶トハ別箇ニ實施中ナル軍需調辨品タル棉花綿糸布、人絹糸布、其他纖維製品、羊毛毛皮革等ノ英佛租界搬入禁止措置ヲ隔絶解除ニ際シ廢止スルコトトナラハ右貨物ノ租界內流入ハ相當量ニ登ルモノト豫想セラルル處右ハ軍側ノ公定買附ケ價格ノ安値ト相俟テ右貨物ノ軍側調辨ニ支障ヲ來ス惧アリ（但シ右貨物中綿糸布、人絹糸布其ノ他纖維製品ハ實際ハ軍需調辨品ニハ非ラサルモ當該品同業組合ヨリノ希望ニ依リ軍需調辨品トシテ租界搬入禁止ノ措置ヲ採リ居ル次第ナリ）（本項極祕）

四、金融通貨關係

現在輸出ハ聯銀ノ爲替集中制ニ依リ「リンクレート」十三弗八分ノ七以下ニテハ行ハレサルコトトナリ居ルモ外商及華商ハ舊法幣「ベーシス」ニテ輸出又ハ輸入シ、輸出爲替ヲ取組マサル輸入業者ニ對シテハ輸出爲替ヲ「リンクレート」トノ差額丈ノ「プレミアム」付ニテ賣却シ「カバー」ヲ取リ居ル實情ナルヲ以テ聯銀ノ爲替「レート」ハ殆ト名義ニ止マルノミナラス前記ノ通前年度ニ於ケル第三國ヨリノ輸入超過額九千萬元ハ租界ノ「オープン、フリー、マーケット」ニ於テ舊法幣建爲替相場ニ依ル操作ニテ賄ハレ居ルモノナルヲ以テ租界隔絶ノ解除ハ舊法幣ノ爲替通貨トシテノ價値及市價、錢鋪ノ復活ニ機會ヲ與ヘ思惑買換物人氣ヲ助長スルニ至ルヘシ

6　日英公文交換と封鎖の解除

1653　昭和15年5月11日　有田外務大臣より在英国重光大使宛（電報）

天津租界問題に関する日英交渉がほぼ合意に達し治安・現銀処理・通貨三問題の覚書案作成について

別電一　昭和十五年五月十一日発有田外務大臣より在英国重光大使宛第三三九号
封鎖解除の際のわが方口上書案

二　昭和十五年五月十一日発有田外務大臣より在英国重光大使宛第三四〇号
封鎖解除に当たりわが方が手交する覚書案

本　省　5月11日発

第三三八號（極祕、至急）

天津英租界問題ニ關シテハ其ノ後四月十三日十九日五月四日及十日次官「クレーギー」ト會談シタルガ其ノ結果左ノ通

(一)治安問題、現銀處理問題及通貨問題ニ關シテハ極メテ微細ノ點ヲ除キ意見一致シ夫々ノ問題ニ關シ「メモランダム」ヲ作成ス（尙別ニ議事錄アリ）

(二)右「メモランダム」三通ニ次官「クレーギー」ガ「イニシャル」ノ後約一週間ヲ經テ（軍側ノ隔絕解除準備ノ爲）、之ヲ添附シタル公文ヲ本大臣「クレーギー」間ニ交換スル際本大臣ヨリ別電第三四〇號ノ「エードメモアール」ヲ手交シタル上別電第三三九號ノ諸點ヲ口頭說明（爲念之ヲ書キ物トシテ手交）スルコトトシ度キ案ナルニ對シ「クレーギー」ハ別電ノ二案ヲ一括シ一ツノ文書トシ且之ヲ交換公文ニ添附スルコトヲ主張スルノミナラス英租界ヲ繞ル障壁ヲ全部撤去スル期限ヲ明示センコトヲ頑強ニ主張シ居リタルカ五月十日ノ會談ニ於テ極力說得ノ結果「クレーギー」漸ク我方案ニ同意シ、只別電第三三九號ノCノ末段ノ軍需品確保ノ爲ノ制限ノ點ヲ議事錄ニ入ル

ルコトトシ本省ニ請訓スヘキコトトナレリ

尙隔絶措置ノ解除ニ付我軍側ニ於テハ右ハ統師(帥カ)事項ナリトノ純理論ヲ突張リ居ル他障壁撤去期日ノ明示ハ内部ノ關係ニ於テ複雜困難ナル事情アリタル譯ナルカ現在ハ「クレーギー」ノ心配スルヨリハ存外早ク(大體一ケ月以內、但シ此ノ點極祕)全部撤去スル肚ヲ決メ居ル次第ナリ

就テハ右事情御了承ノ上適當ノ機會アラハ夫レト無ク英國側ニ對シ可然側面工作ヲ行ハレ度(「クレーギー」ハ貴大使ヨリ本件ニ付直接英國外務省ニ交渉セラルルコトハ困ルト言ヒ居タルニ付此ノ邊ノ事情ハ御斟酌アリ度)

尙別電ノ措辭ニ關シ左ノ點御含置相成度

(イ)別電第三四〇號ノ第二項中 continue to do ヲ挿入シタルハ客年七月ノ有田「クレーギー」原則協定ニ英國側ノ主張ヲ容レ to confirm their policy ナル言ヒ廻シヲ認メタルニ對應スルモノナリ

(ロ)別電第三三九號ノCノ末段ハ軍カ英租界隔絶措置トハ獨立ニ實施シ居ル物資ノ移動ニ對スル制限ニシテ其ノ對象ハ各種皮革及棉花棉糸各種纖維製品等ナリ

別電ト共ニ佛ニ轉電アリ度

北京、天津、南京、上海、香港ニ轉電セリ

(別電一)

本　省　5月11日後0時発

第三三九號(至急)

(a) All barriers round the British Municipal Area shall be removed as quickly as possible. This shall apply both to the general barriers erected round the Area and the special barriers maintained on the traffic roads leading into and out of the Area.

(b) All restrictions on the movement of persons into and out of the British Municipal Area shall be removed as from to-day except as explicitly provided in the memorandum on police matters.

(c) All restrictions on the movement of goods into and out of the British Municipal Area shall be removed as from to-day; this shall apply to the movement of goods both by land and by water, and, in respect of the latter, no restriction shall be placed on river traffic beyond the inspection at the wharf provided in the memorandum on police matters; this does not, however, apply to the restrictions imposed by the Japanese Military authorities for the purpose of securing their supplies.

（別電二）

本　省　5月11日発

第三四〇號（至急）

1. Mr. Arita informed Sir Robert Craigie on the　th of　, 1940, that the Japanese Military authorities in North China have expressed their intention of removing all restrictions imposed on the movements of persons and their merchandise and supplies into and out of the British Municipal Area in Tientsin.

2. The Japanese authorities in North China will continue to do everything in their power to suppress any anti-British action or agitation in the regions under their control.

1654　昭和15年5月12日　在天津武藤総領事より有田外務大臣宛（電報）

天津租界の封鎖解除後における軍需物資の移動制限措置には妙案なく実施困難な旨報告

天　津　5月12日後発
本　省　5月12日夜着

第二六七號（極祕）

租界隔絶解除後軍需調辦品ノ移動制限ヲ如何ナル方法ニテ實施スルヤハ目下軍ニ於テ研究中ニシテ未タ成案ヲ得ルニ至リ居ラス隔絶解除後現在ノ檢問所附近ニ於テ貨物ノ檢索ヲ續行スルトキハ日英協定ニ違反スル如ク誤解セラレ紛糾ヲ招ク惧アリ一方天津市ノ周圍ニ於テ檢索ヲ行フコトハ兵力其他ノ關係上不可能ナル事情モアリ本件ハ相當難カシキ問題ト認メラル尙軍需品調辦ハ淸水部隊ノ管轄ナルヲ以テ結局最後ノ決定ハ北京方面軍ニ於テ之ヲ行フコトトナルヘク從テ本問題ニ付テハ北京大使館ニ於テモ考慮アラハ好都合ナリ

北京ヘ轉電セリ

1655　昭和15年5月18日　有田外務大臣より在天津武藤総領事宛（電報）

天津租界問題に関する対仏交渉では中国の事態に関する一般原則の容認を優先すべきとの陸軍要望について

本省　5月18日後8時発

第一七四號（至急、極祕）

往電第一七〇號ニ關シ

對佛交渉方針ニ付テハ十八日陸軍側ヨリ先ツ原則協定ノ成立ニ努力セラレ度右カ成立セサル限リ治安、現銀、通貨等ノ協定ニ付テハ話合ニ入ラサル様セラレ度旨態度ヲ變更シ來レリ

當方ニ於テモ因（固カ）ヨリ交渉ノ手順トシテハ先ツ原則協定ヲ持出スベキモ佛側カ往電第一五二號ノ態度ヲ固執スレハ成ルヘク英佛同時ニ協定ヲ成立セシメントスルコトハ實現困難トナルヘク依テ斯カル場合ニハ原則協定ノ話合ハ續ケツツモ不取敢治安等ノ協定ヲ成立セシムル方針ナリシ次第ナル處歐洲情勢モアリ佛國カ態度ヲ變ヘ來ルコトモアリ得ヘキニ付一應原則協定ノミニ付話ヲ切出スコトトセリ貴官御含迄

北京（大）ニ轉電セリ

1656　昭和15年6月4日　有田外務大臣より在北京藤井大使館参事官、在天津武藤総領事宛（電報）

天津租界問題に関する日英交渉妥結について

本省　6月4日後9時10分発

合第一一八五號（極祕、館長符號扱）

天津英租界問題ニ關シテハ其ノ後次官「クレイギー」ノ間ニ五月二十五日、二十八日及六月一日ノ三回會談シタルカ二十五日ニハ「クレイギー」依然强硬ナル態度ヲ持シ居リタルモ二十八日ニ至リ多大ノ讓歩ヲ爲シ實質的ニ意見ノ一致ヲ見タリ詳細ハ三日空送シタル書類ニ依リ御承知アリ度細目ノ點（主トシテ議事錄ニ記載スヘキ字句）ニ付若干英國側ノ言分ヲ通シ遣リタル點ハアルモ實質的ナル點（例ヘハ制限撤去排英取締ノ點ハ我方ヨリ一方的ニ通告スルコト、又共同發表ノ内容ヲ限定シ英國側カ發表シ度ト主張シ居タル點ヲ切落スコト）ニ付テハ我主張ニ聽從セシメタル次第

ニモアリ此ノ邊ニテ妥決ヲ計ルヘキモノト認ム
就テハ貴地軍側ニ於テ區々タル異議アル場合ニハ可然之ヲ
抑フル様配慮アリ度
本電宛先　北京　天津

1657　昭和15年6月4日　有田外務大臣より在仏国沢田大使宛(電報)

天津租界問題に関する日英交渉の妥結に伴い仏国側へも同様の協定締結方提議について

本　省　6月4日発

第二九六號
往電第二三〇號ニ關シ
四日次官佛國大使「アンリ」ト會談ノ際天津佛國租界問題
ニ言及シ英國側トノ間ニハ殆ト意見ノ一致ヲ見タルニ付テ
ハ右ニ倣ヒ日佛間ニモ取極ヲ行フコトト致シ度トテ客年七
月ノ日英原則協定(客年往電合第一六九七號)ノ寫及治安、
現銀及通貨ニ關スル日英間取極ノ案文ヲ手交シ左ノ通申入
レタリ
イ、原則協定ニ付テハ佛國ハ極東ニ於テ英國ト同一ノ政策
ヲ執リ居ラルルニ依リ斯ノ如キ協定ヲ行フニ御異存ナシ
ト思考スルコト
ロ、治安問題ニ付テハ日英間ノ取極ヲ其ノ儘佛租界ニ移シ
用フルコトハ實情ニ反シ且現地日佛當局間ニハ圓滑ナル
連絡提携モ行ハレ居ル次第ニ付本件ニ關シテハ先ツ現地
日佛總領事ノ間ニ日英間ノ取極ヲ基礎トシ佛租界ノ實情
ニ適シタル取極案ヲ作成シ之ヲ東京ニ於テ確認スルコト
ト致シ度コト
ハ、現銀問題ニ付テハ分離セラルヘキ銀ヲ英貨二十萬磅ト
スル他日英間取極ト同一內容トスルコト
ニ、通貨問題ニ付テハ日英間取極ノ內容ヲ其ノ儘用ヒ度コ
ト
右ニ對シ「アンリ」ハ追テ何分ノ儀回示スヘキ旨述ヘタル
カ佛國側トシテ本件ヲ應諾スルニ左シテ困難ナカルヘキヤ
ノ口吻ナリキ
英ニ轉電アリ度
米、北京、天津、上海、南京(大)、香港ニ轉電セリ

1658 昭和15年6月12日 有田外務大臣より在英国重光大使、在北京藤井大使館参事官、在天津武藤総領事宛(電報)

天津英租界に関する治安・現銀処理・通貨三問題の覚書ならびに議事録に対し日英間で署名について

付　記　昭和十五年六月十二日署名
天津英租界の治安問題に関する日英覚書

本　省　6月12日後6時10分発

合第一二四四號(至急)

天津英國租界問題ニ付テハ殘余ノ諸點ニ付テモ意見合致シタルヲ以テ本十二日午後治安、現銀及通貨ノ各覺書竝ニ議事録ニ谷次官及「クレイギー」ノ「イニシャル」ヲ行フコトトナレリ

尚右ハ追テ大臣「クレイギー」間ニ確認(公文交換)スル手筈ナル處我方トシテハ其ノ間佛國側トノ間ニモ協定ノ成立ヲ見ル樣努力シ度キ意向ナリ

本電宛先北京、天津、英

英ヨリ佛ヘ轉電アリ度

米、滿、南京(大)、上海、香港ヘ轉電セリ

(付　記)

(昭十五、六、十二)

覺書第一(假譯)

天津英國租界内ニ於ケル安寧秩序ノ維持

天津ニ於ケル日英兩官憲ハ一切ノ「テロ」活動及安寧秩序ヲ紊亂スルノ虞アル一切ノ行爲又ハ自己ノ安全ヲ確保シ且其ノ支配スル地域ニ於ケル治安ヲ維持スル爲特殊ノ要求ヲ有スルコトヲ認メラレ居ル日本軍ノ安全ヲ害スルカ如キ一切ノ行爲ヲ英國租界内ニ於テ防遏スル爲一層有效ナル協力措置ヲ執ルコト望マシト思考ス

右目的達成ノ爲英國租界ニ關スル詳細左記ノ如キ一定措置取極メラレタリ

日本憲兵隊ニヨル協力ハ英國租界内ニ於ケル同租界工部局警察ニ對スル援助ニ關スル限リ單ニ一時的性質ヲ有スルモノニシテ右ハ事態ノ改善ニ伴ヒ漸次廢止セラルベキモノトス

本覺ノ如何ナル點モ治外法權ノ特權ヲ享有スル國民ノ有ス

ル確實ナル權利ニ影響ヲ及ボスコトナカルベシ

甲、日本憲兵隊ト英國租界工部局警察トノ協力ニ關聯スル諸措置

一、戶口調查

英國租界工部局警察ハ從來通リ一切ノ英國租界內居住者ノ嚴密ナル記錄簿ヲ保有スベシ右記錄簿ハ希望スルトキハ日本憲兵隊ニ於テ之ヲ領得シ得ヘク英國租界工部局警察ハ本記錄簿ヲ照合スル爲從來通リ一廓ノ家屋群及個々ノ家宅ニ對シ捜查ヲ施行スルモノトス

英國租界工部局警察ハ右捜查計畫ヲ豫メ英國租界工部局警察附日本連絡將校（七項ノ(イ)參照）ニ通報シ以テ日本憲兵隊ニ其ノ希望スル場合一名若ハ數名ノ立會人ヲ派遣スルノ機會ヲ與フルモノトス日本憲兵隊ハ其ノ連絡將校ヲ通ジ英國租界工部局警察カ右記錄簿ヲ照合スルニ當リ之ニ權限內ノ凡ユル援助ヲ與フベク他方家宅ニ關シ何等容疑ノ情報ヲ有スルトキハ之ヲ英國租界工部局警察ニ通報シ右ニ基キ必要アル場合捜查ヲ行ハシムルモノトス日本憲兵隊ノ立會人ナクシテ英國租界工部局警察ニ依リ捜查施行セラレタル場合ハ斯ル捜查ノ結果ヲ日本連絡將校ニ於テ領得シ得ルモノトス

二、武器及爆發物

武器及爆發物ノ輸入ハ支那海關ニ依リ管理セラレ居リ之等ハ其ノ輸入ニ先チ護照ヲ必要トス

英國租界內ニ於ケル武器及爆發物ノ取引及製造ニハ英國租界參事會ノ發行スル許可證アルヲ要スルモノナルガ斯ル許可證ハ未ダ發行セラレタルコトナシ

武器ノ所持ニモ亦許可證ヲ要シ右許可證ハ素行正シキ者ノ護身用武器ノ携帶ヲ許可スル爲英國租界參事會ニ於テ發行ス

英國租界工部局警察ハ前記要領ニ依リ發行セラレタル許可證ニ付其ノ有スル詳細ヲ日本憲兵隊ニ於テ檢查シ得ル樣スルモノトス許可セラレタル人及商社ニ對スル檢查ハ英國租界工部局警察ニ依リ其ノ發意ニ基キ又ハ日本憲兵隊ノ供給スル情報ニ基キ行ハルルモノトス日本憲兵隊立會人ハ斯ル檢查ニ出席方招請セラルベク若シ立會人ノ出席ナカリシ場合ニハ日本連絡將校ハ檢查ノ結果ニ付通報セラルルモノトス犯罪ノ意思ヲ以テ武器若ハ爆發物ヲ無許可ニ所持セル者發見セラレタルト

キハ右ハ裁判ノ爲天津地方法院若ハ天津高等法院ニ送致セラルベシ

三、劇場、映畫館及政治集會ノ視察

(イ)、英國租界内ニハ劇場無シ

(ロ)、映畫「フイルム」ニ關シテハ英國租界内ニ於テ上映セラルルモノノ殆ド凡テハ嚴重ナル檢閲行ハレ居ル上海共同租界ニ於テ既ニ上映セラレタルモノナリ仍テ天津ニ於テ更ニ檢閲ヲ行フノ要殆ト無キモ英國租界工部局警察ハ一切ノ映畫館ニ對シ當該月中ニ上映セラルヘキ映畫ノ表ヲ豫メ提出セシメ居レリ右表ハ日本連絡將校ヲ通ジ日本憲兵隊ニ於テ領得シ得ベク且日英兩官憲ニ於テ安寧ヲ紊ルノ惧アリ其ノ他面白カラズト認ムル「フイルム」ニ付テハ日本側立會人一名出席ノ上試寫ヲ行フ樣取計フモノトシ英國官憲ハ此ノ點ニ關シ日本官憲ノ提起スル異議ニ對シ充分ノ考慮ヲ拂フベシ本件ニ關聯シ一般ニ認メラレタル「ニュース」映畫取扱者ノ提供スル「ニュース」映畫ノ上映ニハ何等異議ナカルベク但日英關係ニ害アルガ如キ映畫ハ上映セザルモノト了解ス

(ハ)、英國租界ノ規則ニ依レバ英國租界内ニ於テハ政治的集會ノ開催ヲ許可セズ然レドモ將來斯ル集會ガ許可セラルルコトアリトスルモ英國租界工部局警察ハ右ニ臨場スベク且日本憲兵隊ニ於テ希望アラバ之ニ同行スベキ立會人ヲ派遣スルコトヲ得

四、出版

現存規則ノ下ニ於テハ英國租界内ニ於テハ許可證ナクシテ出版物ヲ印刷若ハ頒布スルコトヲ得ズ英國租界工部局警察ハ許可證ナクシテ英國租界内ニ於テ印刷頒布セラレタル出版物ヲ捜査沒收スルコト從來通リナルベシ

英國租界工部局警察ニ於テ其ノ頒布ガ日本軍ノ安全上若ハ天津方面ニ於ケル秩序ノ維持上有害ナルガ如キ無許可出版物ニ關シ捜索ヲ行ハントスルトキハ日本憲兵隊ニ於テ希望スル場合日本人立會人一名若ハ數名ヲ派遣シ得ル樣豫メ右捜索ノ計畫ヲ日本憲兵隊ニ通報スルモノトス且此種措置ノ結果得タル情報ヲ日本憲兵隊ニ領得セシムルモノトス

右ノ場合日本官憲ヨリ關係情報ヲ提示ノ上要請アルト

キ亦英國租界工部局警察ニ於テ措置ヲ採ルモノトス
將來出版許可證ノ申請アル場合ニハ許可證ノ與ヘラル
ベキ出版物ノ性質ニ關スル情報ヲ日本官憲ニ通報スル
旨取極メラレタリ

五、碼頭ニ於ケル檢査

英國租界內碼頭ニ到着前若ハ同碼頭ヲ離レタル後船舶ヲ檢査スルコトハ航運及船客ニ不便ヲ與フベキヲ以テ右ヲ避クル爲英國租界波止場ニ於テ乘降スル船客及船員ニ對シ英國租界工部局警察ガ檢査ヲ爲スコト望マシキ旨取極メラレタリ

右警察檢査ニハ日本憲兵隊ガ立會人トシテ出席シ得べク檢査ハ直チニ實施セラルベキ旨取極メラレタリ

六、抗日分子ノ逮捕及處分

英國租界工部局警察ハ日本軍ノ安全若ハ天津方面ニ於ケル治安ノ維持ニ有害ナル抗日活動ニ從事スル者ヲ逮捕スル爲今後モ自ラ凡ユル努力ヲ爲スベク且逮捕ノ爲サレタルコト又ハ斯ル際ニ得タル情報ヲ直チニ日本憲兵隊ニ通報スルモノトス時間ノ餘裕アル場合英國租界工部局警察ハ逮捕ノ計畫ヲ豫メ日本憲兵隊ニ通報シ以テ同隊ニ於テ希望スル場合ハ日本側立會人一名若ハ數名ヲ派遣スルヲ可能ナラシムルモノトス英國租界工部局警察ハ斯ル場合日本官憲ノ要請ニ基キ措置ヲ執ルベク右目的ノ爲ノ日本側ノ協力ヲ歡迎ス凡テ斯ル場合ニハ左記手續ヲ採ルモノトス

英國租界工部局警察ガ日本憲兵隊又ハ日本領事館警察ヨリ抗日活動ニ從事シ又ハ右ニ關係アリト認メラルル者ヲ逮捕シ度キ旨ノ要請ニ接シタルトキハ同租界警察ハ希望ニ依リ日本憲兵隊若ハ領事館警察ノ係官一名若ハ數名ヲモ立會人トシテ帶同ノ上指示ノ地點へ赴クモノトス

次デ被疑者及犯罪證據ノ搜査ヲ爲スモノトス逮捕セラレタル者ハ犯罪證據ト共ニ英國租界工部局警察本部ニ送置セラルルモノトス若シ其ノ際逮捕セラレタルモノカ刑事犯罪ヲ犯シタルカ又ハ其ノ行動カ「テロ」行爲ヲ目的トシ居リタル證據發見セラレタルトキハ右ノ者ハ直チニ天津地方法院若ハ天津高等法院へ裁判ノ爲引渡サルルモノトス若シ右搜査ニ於テ具体的ナル犯罪證據擧ラザリシ場合ニモ右ノ者カ抗日「テロ」行動ヲ爲

シタリトノ重大ナル嫌疑存在スルトキハ右ノ者ハ日本憲兵隊ノ要請ニ基キ審問ノ爲直チニ同隊ニ引渡サルルコトアルベシ右ノ場合英國租界工部局警察ハ充分ナル取調ヲ行フノ權利ヲ留保シ其ノ豫備的取調ヲ被疑者ノ氏名、住所、其他ノ事項ヲ記錄シ且指紋及寫眞ヲ取ルニ止ムルモノトス尤モ斯ル場合英國租界工部局警察ハ日本憲兵隊ニ依リ行ハルル取調ニ立會ハシムル爲職員一名ヲ派遣スルノ權利ヲ有スルモノトス「テロ」行爲ノ性質ヲ有セザル抗日行動ヲ爲セリトノ强キ嫌疑アル者モ同樣審問ノ爲引渡サルルコトアルベキモ此ノ場合ハ先ヅ英國租界工部局警察ニ依ル充分ナル取調ヲ行フベキモノトス

日本憲兵隊カ逮捕ノ要請ヲ爲ス場合ハ其ノ有スル情報ニ依リ逮捕セラレタルモノガ事實上抗日活動ヲ爲セリトノ重大ナル嫌疑ヲ有スルニ至リタル場合ノミニ限ラルベク、右ノ如キ情報ハ逮捕ノ申出前英國租界工部局警察ニ對シ（必要ノ場合ニハ機密ニ警察署ニ對シ）提示セラルベク右措置ニ依リ日本憲兵隊ニ引渡サレタル者ハ何等虐待セラルルコト無カルベク、英國總領事トノ事前ノ合意ニ依リ期間延長ノ取極メラルルコトアルベキ特別ノ場合ヲ除キ之等容疑者ハ五日間以內ニ英國租界工部局警察ニ返還セラルベク、且其ノ返還ニ當リ右ノ者カ天津地方法院若ハ天津高等法院ニ依ル裁判ヲ受クル爲引渡サルベキモノトスルカ又ハ英國租界ヨリ追放セラルベキモノトスルカハ日本憲兵隊ガ何レナリトモ要請シ得ベキ處ニシテ斯ル要請ニハ出來得ル限リ完全ナル證據ヲ附屬セシムベク且日本官憲ノ要請ニ基キ英國租界警察ノ爲セル逮捕若ハ其ノ採レル措置ヨリ生ズル一切ノ責任ハ日本官憲ニ於テ之ヲ負ヒ英國租界參事會ヲシテ負ハシメザルベシトノ諸點ニ付了解ヲ見タリ

英國租界工部局警察ハ日本憲兵隊ニ爲セル犯罪自白ガ虐待ノ結果爲サレタリトノ理由ニ依リ之ヲ取消スコトヲ認メザルベシ但シ斯ル虐待ノ肉体的證據アル場合ハ此ノ限ニ非ルモノトス

英國租界工部局警察ガ提出セラレタル情報ヲ審査セル結果當該者カ刑事犯罪ヲ犯セルカ又ハ其ノ活動カ抗日「テロ」行爲ヲ目的トセリトスル一應ノ證據存在スト

認メタル時ハ右ノ者ハ天津地方法院若ハ天津高等法院ニ裁判ノ爲引渡サルベキモノトス他方英國租界工部局警察ニ於テ右ノ者ガ輕微ナル政治的性質ノ違反ヲ犯シタリトノ證據ヲ發見セルニ止マル場合ニハ右ノ者ハ英國租界ヨリ追放セラルルモノトス追放セラレタル者英國租界ニ歸來セル場合ニハ直チニ支那地方官憲ニ引渡サレ其ノ處分ニ委セラルルモノトス

此等諸點ノ何レニ付テモ證據不充分ナル場合右ノ者ハ釋放セラルルモノトス

七、警察協力ヲ圓滑ナラシムル爲ノ其ノ他ノ措置

前記協力措置ヲ一層圓滑且有效ニ運用セシムル爲其ノ他左記諸點ニ關シ取極ラレタリ

(イ)、日本憲兵隊ト英國租界工部局警察トノ間ニ連絡將校ヲ交換スベシ選任セラレタル將校ノ氏名及資格ハ之ヲ日本將校ノ場合ニ在リテハ在天津英國總領事及英國租界參事會會長ニ又英國將校ノ場合ニ在リテハ在天津日本憲兵隊主任將校ニ夫々豫メ提示シテ其ノ承認ヲ求ムルモノトス連絡將校ハ雙方トモ執行的職能ヲ有スルコトナク其ノ職務ハ全ク英國租界工部局警察ト日本憲兵隊トノ連絡事務ニ限ラルルモノトス選任セラレタル將校カ困難ナク日英兩國語ヲ話シ得ルコト肝要ナリト認メラル

(ロ)、日本領事館警察事務所ヲ英國租界內舊日本總領事官邸ニ臨時ニ設置スベク十名ヲ超エザル日本憲兵隊員ノ右建物內ノ居住許可セラルベク以テ前記英國租界工部局警察トノ協力措置ヲ執行スル場合日本憲兵隊員ニ於テ常ニ迅速ニ參加シ得ルニ資スルモノトス其ノ職務ハ取極通リ嚴ニ立會人タルノ權限ニ限ラレ英國租界內ニ於テハ何等獨立ナル執行的權限ヲ行使スルコト無カルベシ本件憲兵ハ制服ヲ着用セザルベシ一定日時ニ於テ英國租界工部局警察トノ協力職務執行ノ關係上十名以上ノ日本憲兵ヲ英國租界內ニ所在セシムルコト必要ナルガ如キ場合ニハ其ノ日ニ限リ右人數ヲ二十五名ヲ限度トシテ增加シ得ルモノトス右增員憲兵ハ該任務ニ服スル際舊日本總領事官邸ヲ其ノ本部トシ同處ニ於テ食事ヲ爲スモノトス但シ如何ナル場合ニモ英國租界內ニ於テ二十五名以上ノ日本憲兵ガ服務スルコト無カルベク又如何ナル場合

ニモ十名以上居住スルコト無カルベシ

英國租界內ニ日本憲兵ノ居住方ヲ許可セラルル期間ハ出來得ル限リ短期間ナルベク且本覺ノ發效期日ヨリ三ケ月內ニ右憲兵ノ居住ニ付再考スルモノトス

乙、其ノ他ノ措置

一、學校

英國租界參事會ハ既ニ佈告ニ依リ英國租界內學校ニ對シ其ノ教科書ヨリ宣傳的性質ヲ有スル教材ヲ除去スルノ義務ヲ負擔セシメ居レリ英國租界參事會ハ定期的查閱ヲ行フベク右查閱ニハ前記命令カ名實共ニ實施セラレ居ル旨ヲ確メ且特定國民ヲ目標トスル如何ナル煽動モ許サレ居ラザルコトヲ確メシムル爲地方教育署ノ代表一名出席方招請セラルルモノトス英國租界參事會ハ本件ニ關シ英國租界參事會ノ命令ノ違反アリトスル責任官憲ヨリノ特別ノ申出ヲ受理スルモノトス宣傳的教育ノ排除ハ特定國民ニ有利ナル宣傳ノ招來ヲ意味スルモノニアラザルハ勿論ナリト了解セラル

二、無線電信送信所

英國租界參事會ハ其ノ認可ノ下ニ現在英國租界內ニ於テ運營セラレ居ル一切ノ無線電信送信所ヲ閉鎖スルコトニ同意ス但シ左ノモノヲ除ク

1、吳朔平カ單ニ船舶ヘノ通信送達ノ爲運營シ居ル長波無線臺

2、開灤鑛務局ノ運營シ居ル無線臺

此等無線臺ハ何レモ官設電信局ノ斡旋ニ依リ適當ナル官憲ヨリノ認可ヲ得テ運營セラルベキモノトス

以上ハ大沽艀會社、太古洋行及怡和洋行ニヨリ天津、塘沽及大沽間ニ運營セラレ居ル無線電話ニ付テハ適用ナカルベク本無線電話ハ是等三地點間ノ電話通信ガ復舊シ天津、塘沽及大沽ニ所在スル各船舶會社支店間ノ通信ニ對シ適當ナル便益供與セラルルニ至ル迄ハ依然使用セラルルモノトス又以上ハ大沽艀會社及太古洋行ガ天津、塘沽及大沽ト河川上ノ若ハ「バー」碇泊ノ船舶トノ間ニ無線電話連絡ヲ行フ場合ニモ適用ナカルベシ

某米國人ニ依リ運營セラレ居ル商業無線臺ハ本覺ノ發效期日ヨリ二箇月間運營ヲ許容セラルベキ旨竝ニ右無線臺ヲ閉鎖スル場合支那地方官憲ニヨリ運營セラルル

正式電信局ハ直チニ其ノ本店竝ニ英國租界內ノ支店ニ於ケル業務ヲ改善シ以テ英國租界內居住者ニ對シ合理的且無差別的料金ニテ適當ナル便益ヲ提供スベキ旨夫々了解ヲ見タリ日本官憲ハ支那電信局ノ提供スル便益ガ現在米國無線臺ノ提供シ居ルトコロト同樣ナルベキ樣斡旋ヲ爲スベキ旨約スルモノトス支那地方電信局ノ提供スル業務ニ關聯シ生ズルコトアルベキ諸問題ハ日英總領事間ニ地方的ニ討議セラルベシ

英國官憲ハ一切ノ前記無線臺ハ權利トシテ運營繼續方許容セラルルニ非ズシテ實際上ノ必要ヨリ許容セラルルモノナリトノ日本官憲ノ主張ヲ記錄ス

檢閱ニ關シテハ呉朔平ノ無電臺（線カ）ニハ既ニ檢閱官一名附屬セシメラレ居レリ善意ノ外國商社ヨリ發セラルル通信ニ對シテハ檢閱ナカルベキ旨了解ヲ見タリ信用アル商社ハ其ノ善意ニ付通常ノ場合疑ハルルコトナカルベク斯ル疑ヲ生ジタル場合ニハ關係領事ニ於テ發信ニ捺印スベク右ニ依リ發信者ノ善意證明セラレタルモノトス英國租界參事會ハ更ニ(若シアリトセハ)英國租界內ニ於ケル無許可無線臺ノ嚴重ナル捜査ヲ爲スコトヲ承諾シ且右ニ關聯シ日本憲兵隊ノ協力ヲ歡迎ス日本憲兵隊ハ此ノ點ニ付其ノ有スル一切ノ情報ヲ英國租界工部局警察ニ轉報スルモノトス

三、通常犯罪人ノ逮捕及處置

刑事犯罪ノ嫌疑ヲ有スル者ノ逮捕審問及裁判ノ爲ノ引渡ニ關スル英國租界當局ト支那地方官憲トノ間ノ協力ニ關シテハ從來英國租界ニ於テ遵守セラレタル手續ガ將來モ依然採用セラルベキコトニ同意ス右手續ハ左ノ如キモノナル旨同意ヲ見タリ

支那法權ニ服スルモノニシテ英國租界工部局警察ノ發意ニ依リ英國租界內ニ於テ逮捕セラレタル者ハ英國租界工部局警察ノ作成シタル告發狀ト其ノ提出シタル證據トヲ添ヘ天津地方法院又ハ天津高等法院ニ之ヲ引渡スモノトス告發狀ハ在天津英國總領事館館員ノ署名アルモノトス

天津地方法院又ハ天津高等法院ノ發スル逮捕狀召喚狀等ハ是等ガ正規ノ形式ヲ備フル場合卽チ一定刑事犯罪ヲ明示シ且當該者ガ法院ノ管轄下ニアル等ノ場合ニ於テ執行セラルルモノトス是等逮捕狀召喚狀等ハ執行ニ

當リ豫メ英國總領事館館員ノ署名ヲ得ルコトヲ要ス
英國租界規則及細則ノ違反ハ從來通英國租界工部局警察署長ニ依リ卽決セラルベシ更ニ重大ナル違反ニシテ一層嚴重ナル措置ヲ必要トスル場合ニハ違反被疑者ハ天津地方法院又ハ天津高等法院ノ裁判ニ附セラルルコト望マシトスルニ合意セラレタリ

1659　昭和15年6月13日　在仏国沢田大使より 有田外務大臣宛（電報）

天津租界問題に関する協定の締結に応じるよう仏国外務省亜細亜局長を説得について

ツール　6月13日後発
本　省　6月14日前着

第五一四號

十二日立退先ノ「ホテル」ニテ亞細亞局長ト出遇ヒタルヲ以テ

一、先般谷次官「アンリー」大使會談ノ件ニ關シ尋ネタルニ同局長ハ右報告ニハ接シ居ルモ天津問題ニ關シテハ英ハ常ニ重慶政府ト接觸ヲ保チ居ルモ佛側ハ一度モ同政府ニ聯絡シ居ラサルヲ以テ一應ノ渡リヲ附ケタク考ヘ居レリト語レルニ依リ本使ハ英カ御說ノ如ク重慶側ト接觸シタル上ニテ出來上リタル解決案ニ對シ佛側カ同意シタリトテ重慶側ニ異議アル筈ナシト考ヘラルル旨述ヘタルニ同局長ハ右ハ一種ノ手續ノ問題ニ過キサルニ付暫ク猶豫アリタク「イニシアル」ハ英ニ遲ルルコトアリトモ正式調印ハ英側ト同時ニ行フ樣致度シト考ヘ居ル旨語レリ

二、同局長ハ印度支那ニ關スル諸問題ニ付テモ事態平靜ニ歸シタル上考慮シタキ旨語レルニ付新任ノ事務及政務次官トモ本使ニ對シ極東問題ニ關シテハ好意ヲ以テ考慮シ行キタキ旨語リ居レルニ鑑ミ極東ニ關スル智識深キ局長ニ於カレテモ事ヲ進メル氣持ヲ以テ處セラレタク一段ノ期待ヲ囑シ居ル旨强調シ置キタリ

英ヘ轉電セリ

1660　昭和15年6月17日　有田外務大臣より 在北京藤井大使館参事官、在天津武藤総領事宛（電報）

天津租界問題に関する協定締結を仏国側が応

諾したところ封鎖解除の予定日時につき現地軍へ照会方訓令

本省　6月17日後7時30分発

合第一二八七號（大至急）

一、十七日午後「アンリー」佛國大使次官ヲ來訪シ天津佛國租界問題ニ關スル日本側申入ヲ全部受諾シ原則協定竝ニ治安、現銀及通貨ノ三協定ヲ取極ムル用意アル旨尤モ右ハ日英間公文交換ノ翌日ニ實行致度旨回示シ來レリ

二、一方英國側ヨリハ來ル十九日（水曜日）中ニ公文ノ交換ヲ了シ翌二十日ノ新聞ニ掲載スル樣共同發表ヲ行ヒ度旨本國政府ヨリ電報アリタル處日本側ノ都合ヲ承知シ度旨申出アリ

三、仍テ陸軍省ト連絡シタル處佛國側トノ間ニ原則協定ノミハ日英間ノ公文交換ト同日ニ取極メ且之ヲ其ノ翌日（卽チ日英共同發表及檢問檢索解除實施ノ日）發表スルコトヲ條件トシテ二十日ニ隔絶解除實施可能ナリヤ否ヤヲ現地ニ照會スヘシト述ヘタリ

就テハ貴官ニ於テモ至急軍側ト連絡シ二十日ヨリ隔絶解除實施可能ナリヤ否ヤ御確メ相成度若シ不可能ナリトセハ實施可能ノ日取確定ノ上至急回電アリ度

本電宛先北京、天津

1661　昭和15年6月18日　在北京藤井大使館参事官より有田外務大臣宛（電報）

天津英仏租界封鎖解除の予定日時や発表に関する要望など現地軍の意向につき報告

北京　6月18日後発
本省　6月18日後着

第四七二號（大至急）

貴電合第一二八七號ニ關シ（天津英佛租界問題）

十七日夜ハ軍側トノ連絡不可能ナリシヲ以テ十八日午前寺崎ヲ方面軍司令部ニ派遣シ有末高級參謀竝ニ係官宮本參謀ト折衝セシメタル處結果左ノ通リ

一、隔絶解除ハ二十日ノ午後六時ヲ豫定ス

二、佛國側トノ調印ハ二十日午前中ニ完了ヲ希望ス（至急通報アリタシ）

三、新聞發表ハ二十日（朝刊ニスルヤ夕刊ニスルヤニ對シテハ追電ス）佛國側ト協定成立セル旨ヲ發表セラレタシ右

新聞發表ニ當リテハ歐洲ノ新情勢ニ對應シ帝國ノ態度決定ヲ拘束シ或ハ帝國カ親英又ハ親佛方針ヲ執リ居ルヤノ印象ヲ與ヘサル樣充分注意セラレタシ

四、方面軍トシテハ租界ノ實質的囘收ヲ企圖シ差當リ輸入爲替管理ヲ二十五日ヨリ實施スヘキニ付了承セラレタシ

（此ノ點ハ連絡部ヨリ本院ニ請訓ノ筈）

五、尤モ方面軍トシテハ佛國ノ降伏セル矢先本取極ヲ調印シ且發表スルコトハ得策ナラサルヲ以テ出來得レハ調印ヲ一、二週間延期シタキ强キ希望アリ

六、陸軍電ハ冒頭ニ此ノ點（五）ヲ强調スヘシ（五、ハ寺崎歸館後宮本參謀ヨリ電話連絡アリタリ）

尙本電ハ十二時迄ノ經過ニシテ方面軍ハ重ネテ目下細目ノ點ニ付天津ト連絡中且軍側ヨリハ當方發電ハ暫ク待タレタキ旨希望越セルモ不取敢電報ス取扱上御注意請フ

天津ヘ轉電セリ

1662 昭和15年6月18日 在北京藤井大使館参事官より有田外務大臣宛（電報）

天津租界を経済的に回収する企図を方面軍司令部の有末参謀が力説について

北京 6月18日後発
本省 6月18日夜着

第四七六號（極祕、館長符號扱）

往電第四七二號ニ關シ

有末參謀ハ寺崎ニ對シ歐洲新情勢ニ鑑ミ不介入方針ハ訂正ヲ要スル時期ニ到達セリト思考スル處差當リ天津問題ヲ右新方針ト切離シテ解決スルコトニハ反對セ（サ）ルモ右トハ別個ニ天津租界囘收ノ希望ハ堅持スル次第ナリ而シテ外交的囘收竝ニ軍事的囘收ハ種々難點アルヘキヲ以テ經濟的囘收ヲ企圖シ昨十七日夜（不明、二字脱）サイト會見具體案ヲ練リタルカ右ハ更ニ今十八日係參謀ニ命シ推敲中ナル處自分ノ考ナルコトカ中央ニ知ルレハ獨伊參戰論ト邪推スヘキヲ以テ本日中ニ案ヲ練リ軍ノ意嚮トシテ出來得レハ明日東京ニ赴ク豫定ナル參謀副長ニ携行ヲ依賴スル積リナリ自分（有末）ノ考ノ大綱ハ磅ノ下落ハ法幣ノ下落トナリ右ハ必然的ニ聯銀券ノ下落トナルヘキヲ以テ聯銀ト法幣トヲ切離ス爲ニハ租界ノ實質的囘收（經濟的侵略）ヲ必要トスト言フニ在リ而シテ米國トノ關係上困難ナルヘキモ天津丈ケハ是非

共實行シタキ考ヲ有スト述ヘタリ右ハ當方面ノ空氣ヲ相當有力ニ反映シ居ルモノト認メラルルヲ以テ御參考迄

1663 昭和15年6月19日 有田外務大臣より 在英国重光大使、在北京藤井大使館参事官、在天津武藤総領事宛（電報）

日英間に天津英租界問題に関する公文交換を了し日仏間にも中国の事態に関する一般原則の署名完了について

付記一 昭和十五年六月十九日付有田外務大臣より在本邦クレーギー英国大使宛公信亜一普通第九五号
天津英租界に関する日英交換公文往翰

二 昭和十五年六月十九日付有田外務大臣より在本邦クレーギー英国大使宛公信亜一普通第九六号
天津英租界に関する日英交換公文返翰

三 昭和十五年六月十九日署名
右一般原則に関する日仏覚書

本省　6月19日後7時0分発

合第一三〇六號

十九日午後本大臣「クレイギー」間ニ天津英租界問題ニ關スル公文ノ交換ヲ了シ且「アンリ」トノ間ニモ所謂原則協定ニ「イニシヤル」ヲ了セリ

本電宛先英、北京、天津

上海、南京、香港、青島、米ニ轉電セリ

（付記一）

亞一普通第九五號

以書翰啓上致候陳者在天津英國租界ニ關スル諸般ノ問題ニ付過般來閣下ト谷外務次官トノ間ニ行ハレタル會談ノ結果別添覺書(編注)ノ如キ了解ニ到達シタル處日本國關係官憲ハ右了解ニ基キ必要ナル措置ヲ執ルヘキ旨閣下ニ通報スルノ光榮ヲ有シ候

右申進旁本大臣ハ茲ニ重テ閣下ニ向テ敬意ヲ表シ候

敬　具

昭和拾五年六月拾九日

外務大臣　有田　八郎

大不列顛國特命全權大使

「サー・ロバート・クレーギー」閣下

編　注　別添覚書のうち、治安問題覚書は本書第1658文書付記として採録。現銀処理問題および通貨問題覚書は見当らないが、内容については本書第1666文書の日英共同コミュニケ参照。

（付記二）

亞一普通第九六號

以書翰啓上致候陳者本日附貴翰ヲ以テ左ノ如ク御通報相成敬承致候

「在天津英國租界ニ關スル諸般ノ問題ニ付過般來本使ト谷外務次官トノ間ニ行ハレタル會談ノ結果別添覺書(編注)ノ如キ了解ニ到達シタル處英國關係官憲ハ右了解ニ基キ必要ナル措置ヲ執ルヘキ旨閣下ニ通報スルノ光榮ヲ有シ候」

右回答申進旁本大臣ハ茲ニ重テ閣下ニ向テ敬意ヲ表シ候　敬　具

昭和拾五年六月拾九日

外務大臣　有田　八郎

大不列顛國特命全權大使

「サー・ロバート・クレーギー」閣下

編　注　本文書付記一の編注に同じ。

（付記三）

佛國政府ハ大規模ノ戰鬪行爲進行中ナル支那ニ於ケル現實ノ事態ヲ完全ニ承認シ又斯カル狀態カ存續スル限リ支那ニ於ケル日本軍カ自己ノ安全ヲ確保シ且其ノ勢力下ニ在ル地域ニ於ケル治安ヲ維持スル爲特殊ノ要求ヲ有スルコト竝ニ日本軍ヲ害シ又ハ其ノ敵ヲ利スルカ如キ一切ノ行爲及原因ヲ排除スルノ要アルコトヲ認識ス佛國政府ハ日本軍ニ於テ前記目的ヲ達成スルニ當リ之カ妨碍トナルヘキ何等ノ行爲又ハ措置ヲ是認スルノ意思ヲ有セス此ノ機會ニ於テ斯カル行爲及措置ヲ控制スヘキ旨在支佛國官憲及佛國國民ニ明示シ以テ右政策ヲ確認スヘシ

昭和十五年六月十九日

外務大臣官邸ニ於テ

外務次官
佛國大使（イニシヤル）

1664　昭和15年6月19日　有田外務大臣より在英国重光大使、在独国来栖大使他宛（電報）

天津租界問題の解決に関し独伊両国へ説明について

本　省　6月19日後8時30分発

合第一三一一號（極祕）

天津英佛租界問題ノ解決ハ明二十日發表ノ筈ナルカ其ノ曉英國側ニテ之ヲ東亞ニ於ケル日英協調ノ端緒ナリト囃シ立ツル等一方的ノ宣傳ニ利用スルコトナキヲ保セス之カ英ニ反對ノ側ニモ我方ノ欲セサル影響ヲ及ホス虞モアルヤニ認メラレタルニ付（情報部長談モ此ノ點ハ充分考慮シ起案シタル次第ナリ）爲念十九日東亞局長ヲシテ在京獨乙及伊太利大使館參事官ノ來訪ヲ求メ英及佛トノ間ニ成立セル了解ノ内容ヲ内報スルト共ニ本件ハ我方ノ歐洲交戰國ニ對スル既定ノ態度ニ何等ノ變更ヲ及ホスモノニ非サルコト勿論ナル趣ヲ説明セシメ置ケリ

獨ヨリ伊ニ轉電アリ度

南京、上海、香港、米ニ轉電セリ

1665　昭和15年6月20日　有田外務大臣より在仏国沢田大使、在北京藤井大使館参事官、在天津武藤総領事宛（電報）

日仏間に天津仏租界問題に関する公文交換完了について

付記一　昭和十五年六月二十日付有田外務大臣より在本邦アンリ仏国大使宛公信亜一普通第二四号
天津仏租界に関する日仏交換公文往翰
二　昭和十五年六月二十日付有田外務大臣より在本邦アンリ仏国大使宛公信亜一普通第二五号
天津仏租界に関する日仏交換公文返翰

本　省　6月20日前10時発

合第一三一三號

二十日午前本大臣ト佛國大使トノ間ニ天津佛國租界問題ニ關スル公文ノ交換ヲ了セリ

本電宛先　北京、天津、佛

（付記一）

亞一普通第二四號

以書翰啓上致候陳者在天津佛國租界ニ關スル諸般ノ問題ニ付過般來閣下ト谷外務次官トノ間ニ行ハレタル會談ノ結果別添覺書ノ如キ了解ニ到達シタル處日本國關係官憲ハ右了解ニ基キ必要ナル措置ヲ執ルヘキ旨閣下ニ通報スルノ光榮ヲ有シ候

右申進旁本大臣ハ茲ニ重ネテ閣下ニ向テ敬意ヲ表シ候　敬具

昭和十五年六月二十日

外務大臣　有田　八郎

佛蘭西國特命全權大使

「シャルル、アルセーヌ、アンリー」閣下

（別　添）

覺書第一（假譯）　昭十五、六、二十

租界內ニ於ケル治安ノ維持

天津佛租界內ニ於ケル治安ノ維持ニ關シ取極ヲ行フモノトス右取極草案ハ在天津日佛兩國總領事ニ於テ日英兩國官憲間ニ成立セル了解及天津佛國租界ニ特殊ナル事情ヲ參酌シ之ヲ起草ス

右草案ハ在東京佛國大使及外務次官ニ提出セラルヘク其ノ承認ヲ經タルトキハ本覺書ニ代ルモノトス

覺書第二（假譯）　（昭十五、六、二十）

銀貨及銀塊

一、天津中國銀行、河北省銀行及天津市銀錢業公庫ニ現存スル銀貨及銀塊ハ在天津日佛兩國總領事共同封印ノ下ニ引續キ現在ノ場所ニ存置セラルヘシ

二、左記第三項規定ノモノヲ除キ本件現銀ハ其ノ保管ニ付日佛兩國政府カ別途協定ニ達スルニ至ル迄之ヲ封印シ置クモノトス本件現銀ハ在天津日佛兩國總領事ノ面前ニ於テ封印セラルヘシ

三、右ノ如ク現銀ヲ封印スルニ先チ英貨二十萬磅ノ額ニ相當スル量ヲ分離シ之ヲ北支ノ或ル地區ニ於ケル水害竝ニ他ノ地域ニ於ケル旱害ヨリ直接生シタル饑饉狀態ノ救濟ノ

基金ニ充ツルモノトス

右救濟ハ水害地域ヨリ排水シ疫病ノ危險ヲ減少セシムル爲外國ヨリ至急購入ノ要アル機械ノ供給ヲモ含ムモノトス

四、關係佛國官憲ハ前記ノ如ク分離セラレタル現銀ヲ救濟用途ニ充テ之ヲ賣却シ且救濟ニ必要ナル食糧品其ノ他ノ物資ノ購入ニ使用シ得ル樣一切ノ出來得ル限リノ便宜ヲ供與スルノ用意ヲ有ス

五、在天津日佛兩國總領事ハ專門家ヲ任命シ右專門家ハ兩國總領事監督ノ下ニ本件基金ノ管理ニ付兩國總領事ヲ輔佐シ且救濟ニ必要ナル食糧品其ノ他ノ物資ノ分配ニ關シ現存ノ在北京救災委員會ニ助言ヲ與フルモノトス日佛兩國專門家ノ外更ニ支那人英國人專門家及其ノ他ノ國籍ヲ有スル專門家一名ヲ招請シ本件事業ヲ輔佐セシムルモノトス

覺書第三(假譯)　(昭一五、六、二〇)

通　貨

佛國租界工部局參事會ハ英國租界內ニ於ケル中國聯合準備銀行券ノ使用ニ對シ何等障害ヲ爲サザルベシ

佛國租界工部局參事會ハ一九三九年前ニ設立セラレザリシ一切ノ兩替店ノ營業許可證ヲ撤回スルニ決定セリ今後營業許可證ハ支那銀行公會ノ保證アリ且適當ナル資本ヲ有スルモノニ非ザレバ新ニ之ヲ發給セザルベシ營業許可證ハ毎月之ヲ更新スルモノトス

上記措置ノ適用ニ關聯シ生ズルコトアルベキ諸問題ハ日佛兩國總領事間ニ現地ニ於テ論議セラルルモノトス

(付記二)

亞一普通第二五號

以書翰啓上致候陳者本日附貴翰ヲ以テ左ノ如ク御通報相成敬承致候

在天津佛國租界ニ關スル諸般ノ問題ニ付過般來本使ト谷外務次官トノ間ニ行ハレタル會談ノ結果別添覺書(省略)ノ如キ了解ニ到達シタル處佛國關係官憲ハ右了解ニ基キ必要ナル措置ヲ執ルヘキ旨閣下ニ通報スルノ光榮ヲ有シ候

右回答申進旁本大臣ハ茲ニ重ネテ閣下ニ向テ敬意ヲ表シ候

敬　具

昭和十五年六月二十日

外務大臣　有田　八郎

佛蘭西國特命全權大使

「シヤルル・アルセーヌ・アンリー」閣下

1666

昭和15年6月20日

天津英租界問題の解決に関する日英共同コミュニケ

外務省發表　（昭和十五年六月二十日）

天津英國租界ニ關スル諸問題ニ付客年七月以來日英兩當局間ニ行ハレタル話合ノ結果左ノ諸點ニ關シ意見ノ合致ヲ見タリ

一、天津英國租界內ニ於ケル治安ノ維持

治安ノ維持及日本軍ノ安全ニ害アル一切ノ「テロ」活動彈壓ノ爲天津英國租界當局及現地日本官憲間ノ一層緊密ナル協力ヲ行フコトニ付詳細ナル打合ヲ遂ケタリ

英國租界工部局警察カ日本官憲ノ關心ヲ有スル犯罪的活動ヲ行フ人物ニ對シ措置ヲ執ル場合日本憲兵カ情報ヲ供給シ且立會フコトニ付テモ特ニ打合ヲ遂ケタリ

尙右英國租界工部局當局ノ措置ハ武器及爆發物ノ取引ニ對スル取締、出版、映畫及政治的集會ニ對スル取締竝ニ前記ノ如キ活動ニ從事スル人物ノ逮捕及處分ヲ包含ス

不法無線通信ノ取締ニ付テモ亦打合ヲ遂ケタリ

二、銀貨及銀塊

天津交通銀行ニ現存スル銀貨及銀塊ハ在天津日英兩國總領事共同封印ノ下ニ引續キ同銀行ニ存置セラルヘシ

左記第三《（ママ）》項規定ノモノヲ除キ本件現銀ハ其ノ保管ニ付日英兩國政府カ別途協定ニ達スルニ至ル迄之ヲ封印シ置クモノトス本件現銀ハ在天津日英兩國總領事ノ面前ニ於テ封印セラルヘシ

右ノ如ク現銀ヲ封印スルニ先チ英貨十萬磅ノ額ニ相當スル量ヲ分離シ之ヲ北支ノ或ル地域ニ於ケル水害竝ニ他ノ地域ニ於ケル旱害ヨリ直接生シタル饑饉狀態ノ救濟ノ基金ニ充ツルモノトス

右救濟ハ水害地域ヨリ排水シ疫病ノ危険ヲ減少セシムル爲外國ヨリ至急購入ノ要アル機械ノ供給ヲモ含ムモノトス

關係英國官憲ハ前記ノ如ク分離セラレタル現銀ヲ救濟用途ニ充テ之ヲ賣却シ且救濟ニ必要ナル食料品其ノ他ノ物資ノ購入ニ使用シ得ル様一切ノ出來得ル限リノ便宜ヲ供與スルノ用意ヲ有ス

在天津日英兩國總領事ハ專門家ヲ任命シ右專門家ハ兩國總領事監督ノ下ニ本件基金ノ管理ニ付兩國總領事ヲ輔佐シ且救濟ニ必要ナル食料品其ノ他ノ物資ノ分配ニ關シ現存ノ在北京救濟委員會ニ助言ヲ與フルモノトス日英兩國專門家ノ外更ニ支那人佛國人專門家及其ノ他ノ國籍ヲ有スル專門家一名ヲ招請シ本件事業ヲ輔佐セシムルモノトス

三、通貨

英國租界工部局參事會ハ英國租界內ニ於ケル中國聯合準備銀行券ノ使用ニ對シ何等障害ヲ爲ササルヘシ

英國租界工部局參事會ハ一九三九年前ニ設立セラレサリシ一切ノ兩替店ノ營業許可證ヲ撤回スルニ決定セリ今後營業許可證ハ支那銀行公會ノ保證アリ且適當ナル資本ヲ有スルモノニ非サレハ新ニ之ヲ發給セサルヘシ營業許可證ハ每月之ヲ更新スルモノトス

上記措置ノ適用ニ關聯シ生スルコトアルヘキ諸問題ハ日英兩國總領事間ニ現地ニ於テ論議セラルルモノトス

1667 昭和15年6月20日

天津英仏租界問題の解決に関する情報部長談話

天津英佛租界問題解決に際する情報部長談

（昭和十五年六月二十日）

天津英國租界問題に付ては昨年七月有田外務大臣クレイギー英國大使間の原則的了解か成立して以來幾多の迂餘曲折ある交渉を重ねたる上最近日英間に意見の合致を見たので昨十九日有田外務大臣クレイギー英國大使との間に右意見の合致を確認する手續を了するに至つた且アンリ佛國大使との話合の結果同日佛國側との間にも日英間と同様な原則的了解の成立と共に治安、現銀及通貨の諸問題に付意見の一致を見るに至つたのてある。

今般成立した了解の結果天津英佛租界治安維持の爲租界當局か我か官憲と十分協力することに依り租界か抗日分子と策動に濫用されることは殆と跡を絶つに至るものと確信す

る又銀及通貨の兩問題解決の結果未た十分とは言へぬか北支難民の救濟か行はるるのみならす天津地方の經濟的安定にも寄與し得ることとなつたのである。

現下の事態に於て天津租界問題の解決は當然爲さるへきものか爲されたとの感を與ふるに過きぬか、此の問題あるか爲に、より廣汎な且より緊切なる問題の解決か阻まれて居つたことは見逃してはならない、日本か東亞に關する國民的要望を達成せんか爲英佛の同調を求むへき問題は多々あるのであるか天津問題解決に示された英佛の意嚮か他の諸問題に付てもより強く反映せられんことを期待するものである。

1668 昭和15年6月20日 在天津武藤総領事より有田外務大臣宛(電報)

天津英仏租界の封鎖解除につき報告

天　津　6月20日後発
本　省　6月20日夜着

第三四六號

天津防衛司令官ハ二十日午後六時以後英、佛租界ニ對スル交通制限ヲ解除スル旨ノ布告ヲ發シ同日同時刻全檢問所竝ニ水上ニ於ケル檢問檢索ヲ終止シテ右交通制限ヲ解除セリ解除ト共ニ租界ノ内外ヨリ數萬ノ人民陸續トシテ通行ヲ開始セリ

尚軍ニ於テハ今後約一週間從來ノ檢問所ニ於テ租界出入ノ交通量調査ノ爲若干ノ兵ヲ殘置スル趣ナリ(此ノ點當地英佛總領事ニ連絡濟)

北大、南大、在支各總領事及香港、山海關、塘沽、唐山ヘ轉電セリ

英、佛ヘ轉電アリタシ

1669 昭和15年6月20日 有田外務大臣より在北京藤井大使館参事官宛(電報)

興亜院華北連絡部が進めている天津租界内における金融機関の検査および法幣の流通禁止措置に中央は絶対反対の方針について

本　省　6月20日後9時20分発

第四二三號(極祕)

十八日華北連絡部ヨリ天津租界内金融機關ノ檢査竝ニ舊法

幣ノ絶對的流通禁止ヲ歐洲情勢急轉ノ此際斷行スルコトトシ諸般ノ準備ヲ進メツツアル旨興亞院ニ電報シ來リタル趣ニテ十九日興亞院主任者會議ノ際本件論議セラレタル處天津租界問題解決ノ直後斯ノ如キ措置ニ出ルコトハ絶對反對ニシテ大体各省共同様ノ意見ナリシカ尚充分檢討ノ上改メテ審議セラルルコトトナレリ尚興亞院ニ於テハ華北連絡部ニ對シ同部カ意圖シ居ル處ノ具体的內容ヲ更ニ電報方求ムル趣ナリ

天津へ轉電セリ

1670 昭和15年6月21日

在天津武藤総領事より
有田外務大臣宛(電報)

天津英仏租界の封鎖解除に関する英字紙論調報告

天　津　6月21日後発
本　省　6月21日夜着

第三四七號

二十一日Peking and Tientsin Times及「ノースチヤイナスター」ハ夫々全面及一面ノ大半ヲ割キテ檢問解除ニ關スル軍布告、聲明竝ニ日英當局發表共同公表文及本官ノ居留民ニ對スル告諭等全文ヲ掲載スルト共ニ各檢問所開放刹那ノ感激的光景竝ニ當夜英佛租界ニ於ケル夥シキ人出ノ狀況等ヲ報道セル外「カー」大使ヨリ英國居留民ニ宛テタル隔絶中ノ勞苦ヲ撈《ママ》フ「メッセージ」ヲ掲ケタリ尚同日Peking and Tientsin Timesノ論說大要左ノ通リ

天津事變ニ關スル「コンミユニケ」竝ニ日本軍聲明ノ發表ト共ニ英租界ニ對スル交通、物資ノ搬入ニ關スル一切ノ制限カ撤去セラレ長期ニ亘レル紛糾ノ解決セルハ滿足ニ堪ヘス

治安問題ハ夙ニ解決スヘカリシモノニテ實際ニ於テハ英國警察ハ全般協定ノ趣旨ニ從ヒ活動シ來レリ日本憲兵ノ駐屯ニ對シテハ疑念ヲ有スル論者ハ或ハ不必要ヲ唱ヘシモ駐屯ノ目的ハ協力ニ在リ且英租界ノ行政權ヲ侵害セサルコトトナリ居レリ又銀問題ニ付テハ一部分カ難民救濟ニ使用セラルルハ喜フヘシ

聯銀券ハ英佛兩租界ニ於テ法幣ト併用セラルルコトトナルヘキ處英租界當局ハ其ノ管轄內ニ於テノミ取締ヲ行フモノナルヲ以テ租界外ニ法幣ヲ搬出スルモノハ自己ノ危險ヲ以テ之ヲ爲スモノナリ又英租界ヲ法幣搬出入ノ根據地ト爲ス

ヲ得サルモノニシテ英租界當局ハ之ヲ保護セサルモノナリ
日本軍ノ聲明ニ依レハ尙今後ノ狀況注視シ必要アルニ於テハ隔絕ヲ再開スルコトアルヘキ旨留保シ居ル處右ハ豫テ漢字新聞ノ論調ニ於テ隔絕ハ北支全體ノ治安ノ問題ニシテ且租界ノ存在ハ新支那竝ニ新建設ノ障碍物ナルヲ以テ之カ囘收ヲ主張シ居タルニ鑑ミ敢テ驚クニ當ラサルモ新協定ハ治安ノ維持ニ付テハ廣範圍ノ權限ヲ認メ居ルヲ以テ右樣議論ノ種ハ解消スルモノト信セラル云々
北大、南大、上海、青島へ轉電セリ

1671　昭和15年6月29日　阿部中国派遣大使より有田外務大臣宛（電報）

重慶より帰滬したカー大使との天津租界問題などに関する意見交換について

南　京　6月29日夜発
本　省　6月29日夜着

第二一二號

重慶ヨリ歸滬セル英國大使カ二十五日往訪ノ日高參事官ニ爲セル談話要點左ノ通リ

一、天津租界ニ關スル日英取極ニ付テハ支那側ヲ承知セシムルニ骨折レ結局蔣介石自身ヲ說キ付ケ我ノ力ニ依リ漸ク決定ヲ見タル次第ナルカ十萬磅以上ノ現銀ノ使用ニ付テハ強キ反對アリ此ノ上日本側ニ於テ本件ヲ持出サレサル樣希望ス

二、重慶政府ノ現狀ニ付テハ(イ)蔣ヲ中心トスル重慶政府ノ結束ハ相當固ク蔣ハ依然トシテ各方面ニ睨ヲ利カシ(ロ)國共ノ軋轢モ傳ヘラルル程烈シカラス(ハ)蔣ハ要スレハ共產黨ヲ抑フル力アリトテ(A)日本ハ戰爭ノ相手タル蔣ヲ和平ノ相手トセス實力ナク奸漢《(漢奸カ)》視セラルル汪一派ヲ相手トシテ全面的和平ヲ圖ラントスルハ百年戰爭ニ外ナラス(B)重慶空爆ノ如キモ徒ニ市民ヲ苦シメ其ノ抗戰氣分ヲ煽リ結束ヲ強ムルノミニテ軍政要人ニ危害ヲ與ヘ其ノ士氣ヲ挫ク目的ニ反スル效果ヲ生ス(C)佛印「ルート」閉鎖ノ如キモ現在相當ノ援助ヲ與ヘツツアル蘇聯側ニ蔣ヲ走ラシムル結果トナルニ過キストテ相變ラスノ言說ヲ繰返シ頻リニ對蔣直接交涉ヲ說キタルニ付日高ヨリ一々實例ヲ擧ケ之ヲ反駁シ置キタルカ英大使ハ日本側カ汪ニ寛大ナル條件ヲ許サハ重慶陣營ニ相當ノ動搖ヲ與フルコトヲ認メ日本

ハ何時汪ヲ承認スヘキヤト氣ニ掛ケツツモ日本側ハ一向汪政權ニ花ヲ持タセル遣方ヲ爲シ居ラサルニアラスヤト
　反問シタリ
以上英大使ノ考方何等參考迄
尚同大使ハ歐洲ノ形勢ニ顧ミ當分上海ニ滯在スヘク重慶ニハ參事官ヲ留メ置ク心算ナル由
興亞院ニ轉報アリタシ
北京、在支各總領事ヘ轉電セリ

1672 昭和15年8月15日　松岡外務大臣より在本邦クレーギー英国大使宛(半公信)

華北での反英運動に関する英国側申入れへのわが方回答

拝啓陳者本大臣ハ八月十二日附閣下ノ本大臣宛書翰ヲ閲悉致候處當方ニ於テハ間モ無ク北京ニ於テ反英運動カ再ヒ行ハレントシツツアル旨ノ何等ノ情報ヲ有セス閣下カ前記書翰中ニ於テ「相當信頼スヘキ」モノトシテ引用セラレタル情報ノ根據ニ付疑ヒ無キ能ハサル次第ニ候ヘ共閣下御申出ノ次第ハ現地官憲ニ轉達致置候
尚閣下ハ有田前外務大臣ノ六月十九日附口上書ニ言及セラレタル處右口上書ヲ俟ツ迄モナク我方トシテハ排外運動ノ取締ニハ常ニ自主的ニ努力スルモノナルモ右口上書自身ハ客年七月ノ原則的諒解ニ豫見セラレ居ル英國側ノ對日態度ヲ不可分ノ前提トスルモノニシテ爾後英國カ如何ナル對日政策ヲ採用スル場合ニ於テモ常ニ我方ニ於テ既定方針ニ基キ民衆ノ反英運動ヲ禁壓スル意嚮ナル旨ヲ言明セルモノト解釋スヘカラサルコトヲ茲ニ附言スルヲ適當ト思考致候

敬　具

昭和十五年八月十五日

外務大臣　松岡　洋右

大不列顚國特命全權大使
「サー・ロバート・クレーギー」閣下

1673 昭和15年9月5日　在天津武藤総領事より松岡外務大臣宛(電報)

仏印への日本軍の行動開始に呼応して天津においても仏租界回収など何らかの措置を実施すべく現地軍が研究中の旨報告

天津　9月5日後発
本省　9月5日夜着

第四九五號（極祕、館長符號扱）

四日香港發路透電ハ日本軍ノ佛印上陸ヲ繞ル事態ノ急迫ヲ傳ヘ居ル處當地軍側ニテハ佛印ニ對シ我軍ノ行動開始セラルルコトトナラハ天津佛租界ニ對シテモ之ヲ我方ノ管理ニ移ス等何等カノ行動ニ出ツル必要起ルヘシトテ目下研究中ノ趣ナルカ軍トシテハ本問題ハ上海及漢口ノ佛租界トモ關聯アリ且中央ノ方針モ未タ承知シ居ラサルニ付充分愼重ヲ期シ居ル旨本官内密ノ含迄ニ聯絡アリタリ佛印問題ノ緊張竝ニ本件ニ關スル政府ノ御方針等承リ置クヘキ事項御回電ヲ請フ

北大、上海、漢口、廣東、南京（外信）へ轉電セリ

～～～～～～～～～～～～～

1674　昭和15年9月7日　松岡外務大臣より在天津武藤総領事宛（電報）

仏印問題に関連して天津仏租界回収などの措置は考慮していない旨通報

本省　9月7日後6時0分発

第三〇八號（極祕、館長符號扱）

貴電第四九五號ニ關シ

佛印問題ハ種々曲折アリタルモ日佛間ニ圓滿ニ合意成立シタル次第ニシテ從テ差當リ在支佛租界回收ノ如キコトハ考慮シ居ラス貴官御含迄

北京（大）、上海、漢口、廣東、南京（總）へ轉電セリ

～～～～～～～～～～～～～

1675　昭和15年9月24日　松岡外務大臣より在天津武藤総領事宛（電報）

天津仏租界内の現銀売却および物資購入につき大至急措置方訓令

本省　9月24日後8時30分発

第三二四號

貴電第五三一號ニ關シ

特殊ノ事情ニ依リ二、三日中ニモ銀ノ賣却及物資ノ購入ヲ確約シ置クコト必要ナリト認ムルニ付佛國側ノ回答ナキニ於テハ佛國側ニ依ラサル方法ニテ卽刻措置アリ度

北京へ轉電セリ

～～～～～～～～～～～～～

1676

昭和15年9月26日　松岡外務大臣より在天津武藤総領事宛(電報)

天津仏租界内の現銀処分引受けに関し英国側確約を大至急取付け方訓令

本　省　9月26日後7時0分発

第三三〇號(至急)

往電第三二四號ニ關シ

同電ニ所謂特殊ノ理由トハ往電合第二一五八號ニ依リ御察シノ通リナルニ付今明日中ニモ英國側ニ對シ本件銀ノ處分引受ヲ原則的ニ確約セシメ置カルルコト可然

北京(大)ニ轉電セリ

1677

昭和15年10月9日　在天津武藤総領事より松岡外務大臣宛(電報)

天津英租界当局が一切の納入金を中国連合準備銀行券のみに限定したため同銀行券の価値高騰について

天　津　10月9日後発
本　省　10月9日後着

第五六一號

日英天津協定ニ依リ所謂通貨問題及現銀問題解決シテ以來内外ノ諸情勢ハ益々聯銀券ニ有利ニ展開シ聯銀券ハ舊法幣ニ對シ高値ヲ保持シアリシ處往電第五四一號報告ノ通リ英租界工部局ニ於テハ十月一日ヨリ一切ノ勘定納付ハ聯銀券ノミヲ使用(舊法幣ノ納入ヲ拒絶)スルコトトナリタル爲英租界ニ於ケル聯銀券買舊法幣賣活潑トナリ聯銀券價値昂騰ニ一段ノ拍車ヲ掛クルコトトナリ聯銀券對舊法幣打歩ハ左ノ通リ逐日增大シ八日ニハ遂ニ二割ノ大幅ヲ生スルニ至レリ

聯銀券一、〇〇〇圓ニ對スル舊法幣打歩

九月三十日　一一八元
十月　一日　一七〇元
同シク八日　一九八元

北京、南京(大)、上海ヘ轉電セリ

八　上海租界をめぐる諸問題

1678　昭和12年10月4日　在本邦グルー米国大使より外務省宛

日本軍の上海共同租界軍事使用に対する米国政府抗議について

AIDE-MÉMOIRE

On several recent occasions and through different channels, the attention of the Japanese Government has been earnestly invited to the use of the International Settlement at Shanghai by the Japanese forces as a militaly base. On August 23, with the arrival at and near Shanghai of contingents of the Japanese Army, the operations which were conducted up to that time by the Japanese naval landing force as part of the defense forces of the International Settlement, became a campaign on a large scale against the Chinese military forces in an extensive area outside the International Settlement. Since the date above mentioned, the wharves of the Hongkew section have been the main base for unloading supplies and troops and evacuating the wounded. According to authoritative reports, fifteen Japanese transports used the docks on the three days September 22 to September 24, four thousand troops having been landed on one of these days.

On September 15 the Consular Body at Shanghai caused oral representations to be made on this subject to the Japanese Consul General, who replied that the Japanese landing party being stationed in Shanghai for the protection of Japanese interests has the right, equally with other foreign military units, to land supplies and reenforcements, and that the landing party or any other Japanese armed force was or would be acting only in self-defense.

In the opinion of the American Government, the present Japanese military operations at Shanghai—their extent, place, and seeming objectives—cannot with warrant be construed as a means of defense of the Settlement. The American Government, accordingly, feels strongly that the Japanese military forces should refrain from using any portion of the Settlement as a base for disembarking Japanese troops and unloading military supplies to be employed outside the Settlement in major operations against Chinese troops, and that the Settlement should not be used in any way as a base or channel for military operations of any character except such as are exclusively for the protection and defense of the Settlement.

It is the further opinion of the American Government that, as the Settlement is an area in which by treaties and agreement a number of countries, including Japan and the United States, have common rights and interests, its use as a base for military operations conducted outside the Settlement is not in keeping with the spirit of those agreements, and that it unwarrantably endangers the rights and interests of all those countries, including the United States, which possess in common those rights and interests.

Tokyo, October 4, 1937.

1679　昭和12年10月19日　外務省より在本邦米国大使館宛

上海共同租界の軍事使用に関する米国政府抗議へのわが方回答

口上書

帝國外務省ハ在京米國大使館ヨリ十月四日附覺ヲ以テ日本軍ノ上海共同租界使用ニ關シ申出ノ次第閱悉シ次ノ如ク回答スルノ光榮ヲ有ス

今次上海ニ於ケル日本ノ軍事行動ハ支那カ多數ノ軍隊ヲ租界ノ周圍ニ集結シテ同地在留日本人ノ保護ニ當レル陸戰隊ニ對シ挑戰シ來レルニ端ヲ發シ其後支那側カ上海背後ノ廣汎ナル地域ニ亘リ續々ト大軍ヲ動員シテ少數ノ日本軍ニ對抗シ來リタル爲日本軍ハ自衛ノ必要上增援隊ヲ派遣スルノ已ム無キニ至リ軍事行動區域モ自然擴大ヲ餘儀ナクセラレタル次第ニシテ從テ日本政府ハ日本軍カ共同租界防備ノ一般的義務ト在留日本人保護ノ固有的權利ニ基キ脅威ノ原因タル支那軍ニ對スル軍事行動遂行ノ爲日本ノ警備擔當區域トシテ認メラレタル上海北部地帶ニ於テ自衛上必要ナル兵員ノ上陸、軍需品ノ陸揚ヲ爲スハ當然許容セラレタル行爲

ナリト信スルモノナリ
日本ハ共同租界構成ノ一員トシテ列國ト均シク同地ニ莫大ナル權益ヲ有シ今次支那側ノ不法挑撥ニ依ル軍事行動ノ結果多大ノ犧牲ヲ拂ヒツツアル處固ヨリ日本政府ハ外國ノ權益保全ニ付テハ深甚ノ關心ヲ有スルカ故ニ今次軍事行動ニ關聯シ租界ノ一部ヲ使用スルノ餘儀無キニ至リテモ之等外國ノ權益尊重方ニ付テハ出來得ル限リノ注意ヲ加ヘ居ル次第ナリ

昭和十二年十月十九日

1680　昭和12年11月11日　在米国斎藤大使より広田外務大臣宛(電報)

上海陥落に関する米国紙論調報告

ワシントン　11月11日後発
本　　省　11月12日前着

第五九六號

上海陷落ノ報ニ對シ各新聞ハ左記要領ノ論評ヲ加ヘ居レルカ概シテ今日迄ノ支那ノ善戰ヲ稱讃スルト共ニ今後ノ長期抵抗ヲ期待スルカ如キ口吻ヲ用ヒ居ルモノ多シ尙「スター」ハ十日社說ニ於テ本問題ト往電所報近衞首相ヨリ大統領ニ宛テタル書翰トヲ結ヒ付ケ書翰ノ內容如何ハ知ルニ由ナキモ文隆氏カ單ナル「スポーツ」ノ話ヲスル爲又ハ父君ヨリノ挨拶ヲ述フル爲大統領ヲ訪問セルモノトハ思ハレスト論シ居レリ

㈠「スター」十日支那ノ精神的及軍事的立場ヨリ見テ上海陷落カ重大性ヲ有スルモノナルコトハ否ミ難キモ之ヲ以テ南京政府カ再起シ得サル打擊ヲ受ケタルモノトシ又ハ蔣介石ノ抵抗力ノ崩壞ト斷定スルコトハ早計ナリ例ヘハ紐育ヤ桑港カ侵略者ニ占領セラレタリトスルモ米國ノ死命ヲ制スルニ足ラサルカ如ク支那ハ未タ「ノックアウト」セラレタルモノニアラス

㈡「ポスト」支那軍カ上海ニ於テ過去三箇月間日本軍ヲ喰止メタルハ「モダーンチヤイナ」ニ橫溢シツツアル「ファイテングスピリット」ノ顯著ナル現レニシテ若シモ勝利カ士氣ノミニ依リ贏チ得ラルルモノトセハ蔣介石ノ軍隊ハ退却シツツアルモノニアラス日本ノ顏ヲ立ツル爲ニモ支那ヲシテ戰爭ヲ斷念セシムル爲ニモ今日程絕好ナル媾和提議ノ機會ハナク九國條約ニ背馳セサル「リーゾナ

ブルプラン」カ樹テラルルトセハ武府會議參加國多數ノ支持ヲ得ルコトハ明瞭ナリ

(三)「ボルチモアサン」日本ハ上海ヲ其ノ支配下ニ置クコトニ依リ列國ヲシテ支那ヲ抑ヘ媾和ヲ餘儀ナクセシメンコトヲ期待シ居ルモノノ如キモ今回ノ戰捷カ果シテ此ノ目的達成ニ近ツキツツアルモノナリヤ否ヤヲ判斷スルコトハ尚早ナリ

英ニ轉電セリ

英ヨリ在歐各大使ニ轉報アリ度シ

〰〰〰〰〰〰〰〰

1681　昭和12年11月24日　在仏国杉村大使より広田外務大臣宛（電報）

上海租界における中国側の反日活動を禁圧すべしとの日本側要求に対する仏国新聞論調報告

付記　東亜局作成「昭和十二年度執務報告　第一冊（第一課關係）」より抜粋
「松井司令官ノ「インタヴュー」問題」

パ　リ　発
本　省　11月24日後着

特情巴里第一〇九號

日支紛爭ニ對スル諸紙ノ關心ハ引續キ低調タカ割合ニ注目サレテ居ル問題ハ上海ノ外國租界當局ニ對スル日本側要求（支那ノ反日政治運動禁止外數項）ト「ブリユツセル」會議ノ無期延期テアル前者ニ付テハ約二週間以前ニ日本軍ハ必要措置ヲ執ル旨ノ松井司令官談カ傳ヘラレテ以後段々注目サレテ來タカ二十一日附上海電カ日本ノ租界當局ニ對スル要求ヲ報シテカラハ俄ニ注意ヲ惹キ一般ニ之ヲ以テ日本ノ在支歐洲勢力驅逐ノ第一歩ナリトノ誤解ヲ與ヘテ居ル此ノ問題ニ關スル論評ノ主ナルモノニハ次ノ如キモノカアル

「ウーヴル」（「タブイ」）

租界テハ主權ハ支那ニ、統治權ハ租借權所有國ニ屬スルカラ租界内軍隊通過及支那銀行停止等ヲ要求スル權利ハ支那モ之ヲ有シナイ況ンヤ日本ニ於テヲヤテアル反日運動ノ禁壓ニシテモ支那カ日本人、殊ニ日本新聞ノ反支宣傳ノ禁止方ヲ要請シタコトカ嘗テアツタカドウカ結局理窟カラ言ツテモ歷史的ニ見テモ日本ノ要求ハ不合理タ從テ英佛兩國テハ右要求ヲ以テ日本カ事後提出スヘキヨリ大キナ、ヨリ一聯ノ要請ノ第一矢タト觀測シテ居ル

「レピユブリーク」（「ゼラー」）

支那軍敗北ノ「フランス」ニ對スル影響トシテハ日本ノ支那市場獨占ノ可能性及日本ノ勢力ト佛領印度支那トノ接觸カアル「フランス」租界ノ問題ニ付テハ「フランス」ハ之ヲ手離スヘカラサルコトハ言フ迄モナイカ其ノ爲ニハ日本ノ要求ヲシテ理由ナカラシメル爲例ヘハ共產黨ノ策動等ヲ取締ルヘキテアル要スルニ右ノ如キ影響ニ處スル途トシテ「フランス」ハ極東ノ新事態ニ卽シタ新政策ヲ樹立スルト共ニ列國トノ協調ヲ計ルヘキテアル

尚「ブリユツセル」會議ノ無期休會ニ付テハ左翼各紙カ會議ハ其ノ任務ヲ果サス而モ聯盟ヘノ移牒モシナカツタコトヲ大イニ攻擊シテ居ル以外一般ニハ當然行キ着ヘキ所ニ至ツタト云フ印象カ强イ之ニ付テ米國ニ於ケル孤立主義ノ運動、殊ニ「デーヴイス」代表ヲ呼返セトノ主張及右ニ關スル「ピツトマン」上院外交委員長ノ聲明等ハ極東問題ニ關スル限リ一般ニ最良ノ途タト信シラレテ居ル樣ナ論調テアル

（付　記）

松井司令官ノ「インタヴュー」問題

南市ニ於ケル支那軍殘敵掃蕩一段落シ玆ニ殆ト全ク上海全部ヲ攻略シタルヲ機トシ十一月十一日松井軍司令官ハ有力外國通信社員ノ「インタヴュー」ヲ許シ租界問題、通信檢閱及稅關問題等ニ付始メテ其ノ所信ヲ披瀝シ通信員ノ質疑ニ應酬セリ卽チ

(イ)租界ニ對スル列國ノ態度ニ付上海ハ國際關係錯綜セル土地ナルニ鑑ミ出來得ル限リ列國側トモ協調ヲ圖リ行ク方針ナリシモ過去二ケ月半ニ於ケル英、米、佛、白等ノ態度著シク變化スルト共ニ上海ノ各國出先官憲ノ態度モ亦變化シ來レルヲ以テ現在ニ於テハ協調困難ノ樣認メラル

(ロ)列國ノ守備區域等ニ關シテハ全上海ヲ日本軍ニ依リ警備セシムルヤ否ヤハ將來ノ問題ニシテ帝國ハ第三國ノ權益ヲ尊重スルト共ニ各國居留民ノ保護ニ付テモ列國ヲシテ全カラシムルヲ欲スルモ便衣隊、共產黨分子等ノ反日分子租界內ニ在ル現狀ニ於テハ帝國トシテハ列國ノ態度意思如何ヲ問ハス獨自ノ行動ヲ執ラサルヲ得ス

(ハ)現ニ日本ハ租界ニ於テ軍事行動ヲ執リ居リ共同租界ニ對シテモ問題ハナク軍事行動上ニハ蘇州河以南トカ以北ト

カ云フ區別ハ認メラレス以上自分ノ述ヘタ考ハ佛租界ニ及フヤ否ヤト云フ問題ニ對シテモ然リト言フヘシ

英國側ニ於テハ同十一日在京「クレーギー」大使廣田大臣ヲ來訪シ右會見ニ關シ斯ノ如キ言辭ハ最モ不幸ナル印象ヲ與フルヤモ知レズ右ハ誤リ傳ヘラレタルモノニシテ同大將ノ言ハ決シテ英國權益ヲ尊重スヘシトノ日本政府ノ約束ヲ無效ナラシムルモノト解釋セラルヘキニ非サルコトヲ希望ス

更ニ租界內ニ於ケル反日策動及支那政府ノ行動ニ關シ日本官憲ニ於テ關心ヲ有セラルヘキ諸問題ニ付テハ平和的雰圍氣ノ中ニ討議及處理スルコトヲ許容セラレ日本軍ノ燥急ナル行動ニ因リテ問題ヲ複雜化シ其ノ結果關係者全部ノ不利益トナルカ如キコトナキヲ希望スル旨申出タリ

工部局ニ於テモ「フェツセンデン」ハ十二日上海「タイムス」記者ニ對シ工部局ハ中立ノ態度ヲ持スル爲出來得ル限リノコトヲ行ヒツツアリ抗日運動ノ取締ハ勿論必要ニ依リテハ新聞ノ取締ヲモ行フヘシ又避難民及軍兵ノ收容ニ依リ租界ノ治安維持問題ハ重大トナリタルモ善處ノ自信アリ而シテ租界當局ト日本側トノ關係カ圓滑ヲ缺キタルコト殆トナク又何等カ問題生セハ工部局トシテハ胸襟ヲ披キ「タクト」ヲ以テ處理シ居レリ云々ト日本側ノ意嚮ニ副フ如キ態度ヲ示シ來レリ

越エテ再ヒ同月十五日午前在京英國大使廣田大臣ヲ來訪シ上海ニ於テハ蘇州河航行問題其ノ他ノ諸問題發生シ又最近上海租界ノ將來ニ關スル松井司令官ノ言及等アリタルモ英國ハ固ヨリ其ノ他ノ關係諸國官憲ニ於テハ若シ租界內ニ於テ支那側カ策動スルカ如キ場合ニ於テハ日本ト關係當局間ノ懇談ニ依リ日本側ノ不便困難ヲ除去シタキ考ナルニ付此ノ際日本側ニ於テ餘リ高壓的態度ヲ執ラレサル樣致度右陸海軍中央ニモ御傳達ヲ希望スト述ヘタリ

仍テ陸海軍側ト打合セノ上十二月二日次官英國大使ニ對シ十一月十一日ノ松井大將ノ「インターヴィュー」ニ付テハ種々誤リテ報道セラレ居ル處同大將ハ右「インターヴィュー」當時迄上海ニ於テ諸般ノ事情ニ基キ關係各國側ノ協調必スシモ圓滑ナラサリシ事實ニ對シ强キ失望ヲ表明セラレタルモノニシテ故意ニ英國側ノ權益ヲ侵害シ若クハ租界ノ將來ニ付高壓的行動ヲ執ルヘキコトヲ言明セラレタル次第ニハ非ス右ハ同大將カ十一月十七日英國艦隊司令長官「リ

ツトル」提督竝ニ「スモーレット」少將ヲ答訪シタル際司令長官ニ對シ同大將ハ英國軍隊ニ災禍ノ及ハサルコトヲ希望シ豊田紡ヲ犠牲トシテ英兵ノ撤退ヲ申出テタル等出來得ル限リ英國側利益ノ尊重ニ努メタル事實ヲ强調シ今後モ上海ニ於テ英國軍ト最モ密接ナル關係ヲ維持シ東洋平和ノ爲ニ努力シ度キ意向ヲ表明セラレタルニ徴シテモ明ニシテ尚英國大使ハ英國側カ租界內ニ於ケル支那側ノ反日策動ニ付平和的懇談ニ依リ日本側ノ不便困難ヲ除去シ度キ考ナル旨ヲ述ヘラレタル處右ハ素ヨリ帝國政府ニ於テモ希望スル所ニシテ英國初メ關係列國ノ協力ニ依リ此ノ種支那側ノ行動ノ速ナル絕滅ヲ期待シ居ル次第ナリトノ趣旨ニテ說明シ置ケリ

1682　昭和12年11月27日　在英国吉田大使より広田外務大臣宛(電報)

上海租界における中国側の反日活動を抑圧すべしとの日本側要求に対する英国側反響報告

ロンドン　11月27日後発
本　省　11月28日前着

第九二七號

一、上海租界問題ニ付二十六日下院ニテ支那側活動ヲ抑壓スヘシトノ要求ニ租界當局ハ如何ニ答ヘタリヤ又租界ハ右要求ニ應スル權限アリヤノ質問ニ對シ「クランボン」ハ日本ハ右趣旨ノ申入ヲ以テ工部局ニ迫リ居ル如キモ自分ハ之ニ對シ回答ノ發セラレタルヲ聞カス又英政府ハ右ニ付相談ヲ受ケタル所ナシ工部局ノ權限ニ關シテハ同局ノ解釋ニ俟ツヘク目下ノ困難ナル情勢下ニ於テハ同局ニ先立チ自分カ右解釋ヲ云々スルハ不適當ト思考スト答ヘ更ニ政府ハ英人カ自己財產ニ接近ノ途ヲ與ヘラルル樣日本ニ對シ昨日再ヒ申入レタリト述ヘタリ又二十七日新聞ハ日本租界郵便電信事務及無電局接收ヲ報シ「ガーデイアン」ハ日本ハ十二月一日ヲ期シ同租界占領ノ意嚮ナリトノ噂ヲ書キ立ツル等擧ケテ租界ノ前途ニ付異常ノ關心ヲ示シ居レリ

二、「テレグラフ」社說ハ二週間前ノ松井司令官聲明ニ對シ東京「スポークスマン」ハ巧ミニ之ヲ釋明シ去リタルモ日本ノ政策カ戰地ノ意見ニ依リ指導セラレ居ル事實ハ今ヤ暴露セラレ同司令官ハ上海ノ合法的支配者ニ益々壓力

ヲ加重セルニ至レリ目下ノ所如何ナル抗議モ之ヲ抑フルニ由ナキカ如シト雖先ツ既成事實ヲ造リ上ケ之ヲ維持スルコトニ依リ非常事態ヲ恆久化スル遣口カ日本ノ常套手段ナレハ吾人ニシテ强硬抗議ヲ續ケサル以上日本ノ上海占領ハ確固不動ノモノト爲ルニ至ルヘシ一八〇、〇〇〇、〇〇〇磅ノ英資本投下セラレ居ル上海ノ權益ヲ喪失スルコトハ土耳古、埃及ノ治外法權撤廢等トハ趣ヲ異ニシ歐洲ノ對支貿易全滅ヲ結果スヘシ吾人ハ斯ル事態ノ本質ヲ正視セサルヘカラスト論シ

「ガーディアン」ハ上海租界ノ性質ヲ歴史的ニ解説シタル上右ハ結局ニ於テ支那ニ返還サルヘキ性質ノモノナルカ之ハ日本ノ手ヲ經テ實施サルヘキニアラス日本カ海關ヲ支配スルコトトモナラハ全收入ハ日本ノ利益ノ爲戰費捻出等ニ向ケラルルニ至リ又日本ノ租界接收ハ支那ノ門戸閉鎖ヲ結果スヘシ今ヤ英ノ利益ハ正義及法ト一致シ居レハ不名譽ナル屈服ノ如キハ一切之ヲ爲スヘカラスト論シタリ

在歐各大使、壽府ヘ郵送セリ

1683 昭和12年12月(6)日 在英国吉田大使より広田外務大臣宛（電報）

日本軍の上海租界通過問題に関する英国紙論調報告

付記 東亜局作成「昭和十二年度執務報告 第一冊（第一課関係）」より抜粋
「日本軍ノ租界通過問題」

ロンドン 発
本 省 12月6日前着

特情倫敦第七二號

三日夕刊ニ續キ四日各紙ハ日本軍ノ上海租界行進ヲ大々的ニ取扱ツテ居リ何レモ社説ヲ以テ日本攻撃ノ論陣ヲ張ツテ居ルカ其ノ主ナルモノ左ノ通リ

「デイリー・テレグラフ」「紛爭ノ挑發」

文明國間ノ關係カ國際禮讓及道德ニ立脚シテ居ル以上如何ナル日本贔屓モ上海租界ノ日本軍行進ヲ見テハ日本カ之等美德ヲ行ツテ居ルトハ言ヒ得マイ日本ノ遣口ハ日本カ故意ニ諸國ノ反日感情ヲ煽ツテ居ルト思ハサルヲ得ナイ樣ニ仕向ケツツアル右行進ハ工部局、列國領事館及列國駐屯軍司

令官一致ノ反對ヲ無視シ戰爭ノ直接被害者タル支那人及歐米人ノ面前テ行ハレタノタカラ椿事ノ起ツタノハ當然テアノ程度テ濟ンタノハ寧ロ不思議ナ位タ日本軍ハ忽チ租界ノ占領軍ト化シタカ日本カヨリ大キナ事件ヲ目論ンタノテハナイカトノ疑問カ起リ得ル租界ハ戰爭ノ當事者テナク從テ被征服地域テナイ以上右行進ハ全ク不必要ナ挑發行爲タト斷セサルヲ得ナイ日本ノ手ハ現ニ外國ニ迄延ヒ上海ノ稅關及運輸機關ハ其ノ支配下ニ置カレルニ至ツタカ此ノ事件ノ結果日本ノ侵略カ强化サレナケレハ意外ノ幸ト言フヘキタ蓋シ從來日本ノ侵略ハ必ス何カ椿事ノ勃發ヲ合圖ニ遂行サレタカラタ日本ハ常ニ反日行動鎭壓ヲ云々スルカ今回ノ行動程一般人ノ反日感情ヲ激化スルモノハナイ

軍國主義者ノ垂涎スル香港ニ於テモ日本領事ハ既ニ反日行動取締ノ要求ヲ提出シタカ日本ノ傳播シタ此ノ風潮ハ容易ニ收マルヘクモナカラウ

「タイムス」「上海ノ自惚」

昨三日倫敦ニ達シタ南京路事件ノ報道ハ稍々誇張サレテ居ルカ事實ハ日本人特有ノ熱中癖ト神經過敏ノ產物ニ過キナイ然シ此ノ事件ヲ以テ軍ノ外國權益ニ對スル態度ヲ反映シタモノト觀察スル時初メテ意義カ生スル日本側カ何ヲ意圖シタカハ明カテナイカ餘リ行過キタコトハ確カタ外國人ノ權益ヲ彼等カ現地ノ情勢カラ見テ諦メ得ル程度以上ニ侵害スルコトハ不得策タラウ目下日本ノ對列强反感就中對英反感ハ頗ル熾烈ナモノカアリ輿論カ此ノ種行動ヲ支持スルノハ不思議テナイカ事態ヲ荒立テナイ方カ有利ナ現在堂々上海租界ヲ行進シタコトハ日本軍當局カ偉大ナ帝國主義者ノ有スヘカラサル弱點ヲ如實ニ示シタモノト解シ得ヨウ

「マンチエスター・ガーディアン」「上海ノ愚劣行爲」

冷靜公平ナ觀察者モ日本今回ノ行爲ヲ見テハ其ノ態度ヲ改メサルヲ得マイ日本國旗ヲ侮辱シタ英國人モ愚劣タカ日本ノ遣口モ之ニ劣ラス愚カタ列國ノ眼前テ斯カル「デモ」ヲ敢行スル氣持ハ判ルトシテモ未タ他ニ遣方モアツタ筈テハナイカ此ノ様ナ亂暴ヲサレテハ彼等カ事件ヲ起シテ野心ヲ逞シクセントシタノテハナイカトノ疑問カ起ルノモ當然タ

「ニユース・クロニクル」

工部局警察ノ努力テ事件カ擴大シナカツタノハ幸タカ此ノ事件ヲ見テモ最早日本ノ野心ヲ否定スルコトハ不可能トナツタ日本ノ政策ハ征服テアリ支那及列國ノ權益國際道德ノ

蹂躪ニ他ナラナイ
「デイリー・ヘラルト」「上海ノ敎訓」
英國ノ權益カ危殆ニ陷ルコト現在ノ上海香港ノ如キハナイ
英國民ハ宜シク强硬手段ヲ取ルヨウ政府ニ要求スヘキタ
「デイリー・エクスプレス」
宣戰布告ヲ行ハヌ日本カ上海ノ外國人ニ命令スル權利ハナイ筈テ日本ノ上海支配ハ暴力的征服ニ他ナラヌ聯盟協會等ハ宜シク反省スヘキタ

（付　記）

日本軍ノ租界通過問題

第一、西部紡績工場地帶ヘノ派兵問題

一、租界內ノ秩序維持殊ニ邦人財產カ多大ニ存在シ居ル西部方面ノ治安狀況ニ關心ヲ有セル日本側ニ於テハ、十一月二十日岡本總領事及原田武官ヨリ夫々共同租界工部局及佛租界當局ヘ「軍ニ於テ必要ト認ムル時ハ租界通過ヲ爲シタキ意向アル」旨通告シ相當强硬ナル對租界態度ヲ示セリ

二、然ルニ同月二十三日開催セル非公式領事團會議ノ席上米國總領事ヨリ本件通過問題ニ關シ「英、米、伊三國司令官ニ於テ協議中ナルモ斯ノ如キ重大問題ハ事態更ニ平靜ヲ見ル迄此ノ際見合サレ度」旨述ヘタルニ依リ岡本總領事ヨリ「現在ノ共同防備計畫ハ五年以前協定セルモノニ係リ此ノ際現狀ニ卽シ各國司令官間ニ協議スルコト適當ニシテ日本側トシテハ特ニ西部紡績關係財產及日本人保護ノ爲軍ノ一部ヲ駐屯セシムルモ夫レニ因リ租界ノ平和ヲ攪亂スルコトハ思考セサル」旨岡本總領事ヨリ應酬シタリ

佛租界通過ニ付テモ二十二日日高參事官佛國大使ヲ訪問セル際同大使ハ「佛租界從來ノ建前トシテ武裝軍隊ノ通過ヲ認メサル」旨述ヘ居タリ

三、然ルニ其ノ後海軍側ニ於テハ前記西部紡績關係財產及日本人保護ノ爲十二月一日ヨリ西部日本側紡績工場ニ陸戰隊ヲ派遣シ度希望ヲ有シ、右區域ノ警備擔任者タル英、米、伊國及工部局ノ各責任者ノ意向ヲ確メタル處、米ハ文句ナク工部局義勇隊ニ於テハ工部局ノ命令アレハ差支ナキ旨回答越セリ

又英國軍側ニ於テハ「上海ノ秩序ハ未タ日本軍カ蘇州河

以南ニ來タルモ差支ナキ程度ニ改善セラレ居ラサルヲ以テ前記日本側ノ措置ハ見合サレ度」旨申出來レリ

一方在京米國大使館ニ於テモ參事官十一月三十日東亞局長ヲ來訪、「共同租界ハ一種ノ中立地帶ニシテ列國共同防備計畫ニ依レハ受持區域以外ノ部分ニ於ケル自國民保護ノ爲特別ノ措置ヲ執ラントスル場合ニハ該部分ノ守備軍司令官ノ同意ヲ得ルノ要アリ目下ノ狀態ニ於テ日本軍ヲ人口稠密ナル區域ニ入レルコトハ租界ノ安寧秩序ニ重大ナル危險ヲ及ホス次第ナルヲ以テ列國司令官ニ於テ斯カル同意ハ拒絶スルコトアリトスルモ無理ナラス又事實問題トシテモ避難民激增ノ折柄日本軍ノ蘇州河以南ニ入ルコトハ事端發生ノ因トナリ外國居留民ノ安全ヲ害スルカ如キ重大ナル事態ヲ發生セサルコトヲ保シ難キ次第ニシテ關係地域ニハ武裝支那軍隊存在シ居ラサルニモ鑑ミ此ノ際日本軍ニ於テ前記地域ニ進入セサル樣訓令アリ度」ト申出アリタルニ對シ東亞局長ヨリ「本件ニ付テハ現地ノ實狀ニ應シ在上海總領事ニ於テ直接關係當局ト協議中ト思考セラルル處兎モ角御申越ノ次第ハ上海ニ問合スコトト致スヘシ」ト應酬セリ

又同日在京英國大使館參事官モ歐亞局長ヲ來訪シ「日本側ニ於テハ米國及伊國守備區域內ノ紡績工場及豐田紡ヘ派兵ノ趣ナル處列國守備區域周邊ニ位置スル日本側紡績工場ヲ日本軍ニテ再占據スルコトハ日本軍ト外國軍隊トヲ餘リニ接近セシメ危險ナルニ付外國軍隊カ守備區域周邊地區ヨリ撤收スル迄ハ右措置ニ出テサルコトヲ希望ス」トノ趣旨ヲ申出テタリ

四、以上ノ如キ經緯ニモアリ、海軍側ニ於テハ本件不取敢見合スコトトナリタリ仍ツテ本件通過問題ハ一先ツ結著シタル次第ナリ

第二、租界示威行軍及南京路爆彈事件

一、陸軍司令部側ニ於テモ遇々時期ヲ同シウシテ上海周邊ノ新警備部隊ヲ配置ニ就カシムル際卽チ十一月三十日及十二月二日ノ兩日佛租界「アベニュー、ホッシ」ヨリ共同租界ヲ通過シ行進セシメントノ議アリタルカ陸軍武官室側ニテ右ハ租界內現下ノ狀況ニ於テハ時期尙早ナリトノ見地ヨリ一應取止ノコトニ決定シタル趣ナリ

然ルニ十二月一日軍司令部ハ突如上海警備軍ノ一部ニ對シ三日豐田紡附近ヨリ途中共同及佛租界境界路及南京路

ヲ通リ「ガーデン、ブリッチ」ニ至ル租界內通過行軍方命令ヲ下セリ仍テ一日聯絡將校ハ右ノ趣通過地ノ警備擔任者タル英佛軍側ニ通告シタルニ對シ先方ニ於テハ「右カ前項十一月二十日申入ノ節原田武官ニ對シ斯ルコトハ時期尙早ナルヲ以テ當分見合セラレ度シト申述ヘ大體了解ヲ得置キタル所ニ合セス依テ萬一事件發生スルモ責任ヲ取得サルモ强行セラルルナラハ工部局ト協力シ警戒ハスルヘシ」トノ趣旨回答越シタリ

然レトモ軍ハ右ニ不拘實行ニ決シ居ルニ依リ二日岡本總領事ヨリモ軍ノ要求ニ基キ工部局ニ對シ更メテ途中ノ警戒ニ遺漏ナキ樣申入レ置キタリ

二、次テ三日午前十一時(上海時間)豫定ノ如ク行軍ヲ開始セルカ南京路新新公司前ニ後半部隊ノ先頭ノ步兵部隊カ差懸リタル際一支那人江西路ヨリ警戒線ヲ突破シ走リ出テ隊列ニ向ヒ手榴彈ヲ投シ爲ニ兵三名、工部局外人、支那人、印度人巡査各一名及私服警戒中ノ總領事館吉岡巡査等ノ七名ノ重輕傷者(何レモ生命ニ別條ナシ)ヲ出シ犯人ハ其ノ場ニテ工部局支那人巡査ニ拳銃ニテ擊タレ(生命危篤)タル事件發生セリ之カ爲軍ニ於テハ行軍ヲ暫時停止シ工部局警察ト共ニ犯行調査及警戒ノ爲約一小隊ヲ現場ニ留メシメタル後他ニ故障ナク行軍ヲ終了セリ

事件當初軍一部ニ於テ極メテ强硬ナル意見ヲ有シ容易ニ撤兵ヲ肯セサリシモ現場ニ赴キタル楠本大佐及吉岡領事ヨリ軍司令部ニ於テハ此ノ際本事件ヲ速ニ解決スル方針ナルコトヲ告ケ警備部隊ヲ說得スルト共ニ、工部局「ゼラード」警視總監ヲ招致シ左記條件承認方强硬ニ要求シ「ゼ」總監遂ニ之ヲ諒トシ右ノ次第ヲ市參事會ニ通報スヘク工部局警察ニ關スル限リハ此ノ種事件ノ再發ヲ防止ノ爲凡ユル努力ヲ爲スヘキ旨文書ニ認メシメタル後我軍撤兵ヲナシ漸ク午後八時頃(上海時間)ニ至リ了シタリ

記

(一)日本軍ハ今後必要ト認ムル場合無警告ニテ共同租界ヲ自由ニ通行ス

(二)今後本日ノ如キ不祥事件絕對ニ起ラサル如ク工部局警察ハ充分ナル努力ヲ行フコトヲ約ス

(三)今若シ本日ノ如キ不祥事件起リタル場合ハ日本軍ハ工部局警察カ治安維持ノ實力ナキモノト認メ適當ト認ムル獨自ノ行動ヲ執ル

㈣工部局警察ノ取締ニ關シ遺憾ノ點アリト認ムル時ハ日本軍ニ於テハ捜査、檢察等適當ト認ムル獨自ノ處置ヲ執ル

尚右進行竝ニ南京路事件ニ關シ外人トノ間ニ派生シタル事件大要左ノ如シ

㈠英國人ノ我國旗侮辱事件（本款末尾參照（省略））

㈡我軍隊ノ切レ目ヲ横切ラントシタル外國人カ强ク制止セラレタル事件二、三アリ

㈢爆彈事件發生後我軍カ警戒線ヲ張リタル南京路ト虞洽卿路ノ交叉點附近ニテ米國人「レイド」ナル者及國籍不詳ノ「マーフイ」ナル者警戒線ヲ無視セル爲我兵ノ爲押除ケラレ尚英國軍隊ノ「トラツク」數臺モ通過ヲ阻止セラレタリ

㈣午後四時頃軍カ警戒線ヲ擴大シ馬霍路ニ兵ヲ出シタル際米國陸戰隊側ヨリ自國守備區域ニ付撤去セラレ度シト申出テ我兵ハ之ニ應シ虞洽卿路ニ戻リタリ

三、一方在京英國大使館側ニ於テモ十二月三日「クレイギー」大使堀內次官ヲ來訪シ

「三日日本側ニテハ英國側ノ意向ニ反シ租界內通過ヲ强行セラルルコトトナリタルハ甚タ不幸ト云フヘク或ハ英國議會ニ於テモ相當問題トナルヘキニ付日英關係ノ惡化ヲ防止スル點ヨリスルモ日本側ニ於テ何故ニ强行通過ヲ必要トセラレタルヤノ理由ヲ承知致度」

ト述ヘ又同日附半公信ヲ以テ

「我軍通過道筋カ出來得ル限リ米國守備區域ヲ避ケ英國守備區域內ニ限定セラレ居ルヤニ認メラルトテ此點ニ關スル說明ヲモ求ム」ナル趣旨ヲ申出來レリ

仍テ十二月八日左記ノ通回答セリ

記

拜啓陳者十二月三日上海ニ於ケル日本軍部隊ノ共同租界英國軍守備區域通過行進ニ關スル同日貴我會談竝ニ同日附貴信御申越ノ趣ニ關シ早速現地官憲ニ就キ事情照會致候處本件共同租界通過行進ハ全ク我方一部兵力移動ノ便宜ニ出テタルモノニ有之行軍部隊ハ楊樹浦以東地域ノ警備ヲ擔任致スヘキモノニシテ租界東部ヲ外國人ニ開放スヘキ時期相迫リタルヲ以テ速ニ配置ニ就カシムル必要アル處租界ヲ迂廻セハ遠路ナルノミナラス道路橋梁等破壞セラレタル箇所多々アリ移動ヲ遲延セシムル虞多カリシ

事情ニ依リタル趣ニ有之候

尚行軍部隊カ稍屈曲セル經路ヲ通過セルハ同部隊ハ將來租界附近ノ警備ヲ全ウスヘキモノナルヲ以テ佛國租界及共同租界ノ現狀及警備狀況ヲ見セ參考ト爲サシメントノ趣旨ニ出テタルモノニ有之仍テ其ノ間成ルヘク佛國及共同兩租界境界道路ヲ通過セシメタル次第ニシテ殊更米國防備區域ヲ避ケ英國ノ區域ノミヲ通過セシメントノ意向ハ毫モナカリシ趣回報有之候條右ニ御了知相成度此段得貴意候

敬　具

四、工部局ニ於テハ南京路爆彈事件ノ際取交シタル文書ニ付相當苦心シ居ル旨四日岡崎（本カ）總領事ニ話アリタルニ付楠本武官ニ諮リタル處楠本ヨリ事件ノ結末ヲ司令官ニ報告ノ爲文書トスルコト希望シタルモ軍トシテハ寧ロ行軍ハ滿足ニ行ハレタルモノニシテ右事件ノ如キハ何等意ニ解スルモノニ非ス從ツテ將來右文書ヲ利用セントスル意ナク又事件自體ノ結果ニ付テモ昨日ノ話合ニテ一切解決シタルモノトナシ此ノ上何等ノ措置ヲ執ル意向ナシ尚若シ工部局首腦部ニテ危惧シ居ラハ適宜話置カレ度トノ本文書ニ對スル軍ノ態度ヲ闡明ニセリ更ニ十二月六日工部局ヨリ領事團首席ニ對シ本件顛末ヲ覺書トナシ通報シ來レル結果領事團ニ於テハ七日岡本總領事ヲ除キ治外法權國領事ノ會合ヲ催シ審議ノ結果首席諾威總領事岡本總領事ヲ來訪シ一應ノ說明ヲ求ムルト共ニ八日朝右關係領事會合ノ席上ニテ岡本總領事ヨリ「日本軍通過ニ當リ工部局警察ニ於テ警戒ヲ嚴ニシ事端防止ニ努メタル努力ハ認ムルモ夫レニモ拘ラス不祥事ヲ防止シ得サリシハ遺憾ナリ軍ノ意向ハ本件發生ヲ見タルニ拘ラス之ヲ利用スル如キ意思ナク現場ニ殘セシ少數部隊ヲモ可級（及カ）的速ニ引揚ケシメタル程ニシテ又所謂文書ニ付テハ日本側ニ於テ本事件ハ既ニ解決ヲ見タルモノトシ取扱ヒ此ノ上措置ヲ執ラサル意向ナリ」ト說明シ置キタリ

五、右ニ關シ在京米國大使ハ十一日口上書ヲ以テ「三日ノ軍租界內行進ニ際シ發生シタル事件ニ付八日關係領事會合ニ於テ岡本總領事ノ爲シタル聲明ニ關シ日本政府ニ於テ共同租界內ノ秩序維持破壞ノ虞アル事件再發ノ懸念ナカラシムヘキヲ確信ス」ル旨念ヲ押シ來レリ仍テ十五日「工部局ノ行政ト權威ヲ毀損セシムルカ如キ何等意圖ナキコトハ勿論共同租界ノ治安維持ニ關シ租界當局ト協力

スヘキコトハ其ノ一貫セル方針ナル」旨回答セリ
尙十二月九日在京英國大使廣田大臣ヲ來訪シ、左記書物ヲ手交シタル上
日本軍隊ノ上海租界行進中ノ出來事ニ關聯シ、日本側カ「ゼラード」ニ約セシメタル條件ハ其ノ後撤回シタル由ナルモ世間ニ於テハ未タ之ヲ知ラサルニ付、右ハ既ニ撤回セラレタリトノ趣旨ヲ聲明スル樣取計ハレ度シ
ト述ヘタルヲ以テ、大臣ヨリ
右ハ當時日本軍隊カ事故ノ爲興奮シ居タル爲、之ヲ宥ムル爲ノ必要ヨリ取極メタルモノニシテ今之ヲ撤回セル旨公示セハ、軍隊ノ興奮ヲ新ニシ却テ面白クナカルヘシ
ト答ヘタルニ對シ英國大使ハ
或ハ然ランモ、セメテ「右ハ修正セラレタリ」位公示出來サルヤ
ト述ヘタリ。右ニ對シ大臣ハ
右ハ軍ニ關係アルコト故、自分一存ニテ兎角ノ返事ヲ致シ難キニ付、研究シ置クヘシ
ト答ヘタリ

記

在上海日本陸軍當局ニ對シ、十二月三日上海ニ於ケル日本軍總司令官代理楠本大佐ヨリ上海工部局警視總監「ゼラード」少佐ニ提出セラレタル要求ヲ撤回シ、且工部局ノ同意ナクシテ共同租界ニ於テ捜査逮捕ヲ差控フル樣訓令ヲ發セラルルコトヲ切望ス
工部局巡査ハ十二月三日日本軍隊ノ租界內行進中凡ソ人力ニテ爲シ得ル限リノ警戒ヲナシタルコト明白ニシテ又右行進ニ依リテ與ヘラレタル刺戟ヲ考慮セルトキハ此レ以上ノ事件ナカリシハ驚クヘキコトナリ
日本陸軍當局ノ干涉ハ租界內ノ法ト秩序トノ保全ニ努力シ居ル工部局ノ行政ト權威トヲ毀損スルニ似タリ
斯ル行動ニ依リ日本軍憲ハ何物ヲモ得サルノミナラス單ニ此ノ人口稠密ナル地域ニ混亂ヲ惹起シ日本人竝ニ外國人ノ多數價値アル利益ヲ危險ナラシムルニ成功スルノミナラン
佛租界通過ニ關シテハ十一月二十日及二十二日ノ會談ノ際交涉シタルモ佛側ハ外國軍隊ノ通過ハ一切許サストテ

容易ニ纒マラス其ノ間十二月一日在京佛國大使廣田大臣ヲ來訪シ「日本軍ハ上海租界ヲ通過シ南市方面ト交通セントシツツアリトノコトナルカ夫レハ佛租界ノ中立性ヲ侵害シ且又支那避難民カ多數入込ミ居ル際トテ事故發生ノ虞アリ南市トノ交通ナラハ浦東經由ノ方法モアルヘシトテ右通過見合セ方配慮アリ度」旨申出アリタリ其ノ後モ南市警備ノ任ニアル我軍隊ヘノ糧食補給ノ爲軍用「トラック」ノ「フレンチ、バンド」通過方交渉中ノ處佛國側ニテハ武裝セサル兵隊ヲ乘セ且通過ノ度毎ニ事前ニ佛國側ニ通告スルコトヲ條件トシテ二十八日之ヲ同意セリ仍テ右話合ニ基キ四日午前九時半頃佛國側ヘ豫告ノ上午前十時頃長谷部大尉指揮ノ下ニ「トラック」五臺(各「トラック」ニ兵四、五名分乘)「フレンチ・バンド」ヘ差懸リタル際突如佛兵及警官約五十名列ヲ作リ(「タンク」三臺出動)行手ヲ塞キ通行ヲ肯セス双方對峙シ形勢險惡トナリシモ吉岡領事現場ニ赴キ事情聽取ノ上佛國總領事ニ面會右佛國ノ措置ノ兩國間話合ニ反スル點ヲ詰リ事態頗ル切迫シ居レルニ付至急通過セシムル様取計ハレ度キ旨述ヘタル處同總領事ハ日本側ノ通告カ餘リニ「シヨート・ノーチス」ナリシコトカ斯ル事態ヲ惹起セルモノナリ今後ハ少クトモ二十四時間前ニ通告アリ度シト述ヘタル上「トラック」通過方同意セル結果午前十一時頃佛國側ハ守備陣ヲ解キ我「トラック」ハ佛國警察官先導ノ下ニ無事南市ニ入リタリ

1684 昭和13年1月(8)日　在英国吉田大使より広田外務大臣宛(電報)

上海共同租界工部局に対する日本の態度を非難する英国紙論調報告

ロンドン　発

本　省　1月8日後着

特情倫敦第二號

七日ノ「タイムス」ハ上海ノ事態ニ付次ノ如キ社說ヲ掲ケテ居ル

日本ハ歐米諸國ノ在支權益尊重ヲ繰返シ誓約シタカ其ノ上海工部局ニ對スル態度殊ニ電信檢閲ノ如キハ右誓約ノ內容及精神ニ反スルコトカ明カテアル又日本ハ共同租界ニ於ケル商業ニ關與スル何等ノ法的根據無ク租界ノ行政及警察ノ

方面ノ日本人增加ヲ企圖シ成功シナカツタカ之トテ何等正當ノ理由ハ無イ日本ハ事實上上海ヲ支配シテ居ルカ日本ノ侵略ニ依リ工部局及租界ノ地位ハ何等變更サルヘキモノテナク從テ日本ハ自ラ其ノ一員タル團體ニ對シテ交涉シテ居ルノテアルカ上海ノ事態ヲ變更スルニハ土地章程調印國ノ同意ヲ要スル今日不幸日本政府ハ軍部ニ對スル抑制力ヲ缺キ軍部モ亦青年將校ニ對スル制御ノ力ト意思トヲ持ツテ居ナイ其ノ上陸海軍ハ對立關係ニ在リ青年將校相互間ニハ政治的思想的不一致カアリ更ニ盲目的愛國ノ情ハ戰勝ニ依テ一層煽ラレ英國初メ歐米諸國及白色人種一般ニ對シテ絕エス宣傳ノ手ハ延ハサレテ居リ斯クテハ日本ノ外交政策ハ太平洋ニ利害關係ヲ有スル諸國ト衝突スルハ明カテアリ歐米トノ接觸點タル上海ノ事態カ惡化スルノハ當然テアル要スルニ今後日本ノ資源、支那ノ抵抗力及列國ノ忍耐ノ多大ノ試練ヲ經ルコトナクシテハ時局ハ纒マラヌダラウ

1685　昭和13年1月19日　在上海岡本総領事より広田外務大臣宛（電報）

上海共同租界内での中国側機関による一切の政治活動を容認できない旨工部局へ通報について

上　海　1月19日後発
本　省　1月19日夜着

第一九一號

最近大道市政府側ヨリ租界內支那法院カ中央ノ命ニ依リ同市政府職員ニ對シ逮捕狀ヲ出スヤノ聞込アルヲ以テ何トカセラレ度キ旨申出アリタルニ付本官ヨリ「フランクリン」ニ對シ口頭ニテ注意ヲ喚起シ更ニ「コンフイデンシヤル」ノ私信ヲ以テ右ノ趣ヲ指摘シ既ニ累次ノ申入ニ依リ明カナル通リ我方ハ租界內ノ支那側機關カ如何ナル形式ニ依ルヲ問ハス一切政治的活動ヲ爲スコトハ容認出來サルニ付法院關係者ニ對シ斯カル行爲ヲ愼ム樣然ルヘク說得アリ度シ尙大道市政府職員ト言ハス一般ニ我方ト協力シ當地ノ復興ニ努力シ居ル支那人ニシテ租界ニ居住來往スル者ノ保護ニ付テハ充分注意アリ度キ旨申入レ置キタル處「フ」ヨリ十八日附書面ヲ以テ能ク了承セル旨ノ返事アリタリ

尙大道市政府ニ於テハ軍側モ能ク知ラサル中ニ既ニ「ケントウエル」ヲ特一區法院院長ニ任命シ同法院ヲ接收セシムヘキニ付此ノ旨領事團ニ通報シ且何分ノ協力ヲ與ヘラレ度

ク申シ來リ「ケ」ヨリ支持ヲ得度キ旨伺出テタルニ付輕擧ヲ戒メ置キタリ(關係文書郵送)
北平、天津ニ轉電セリ

1686　昭和13年2月21日　在本邦クレーギー英国大使より外務省宛

上海共同租界の日本軍占領地域に対し軍事占領を終了し工部局警察による統制を完全に回復するよう要求について

☆上海日本軍占領地開放ニ關スル件

二月二十一日附英國大使覺書要領

(昭和一三、二、二一、東亜一)

覺　書

日本政府ニ於テ承知ノ如ク現在ニ於ケル上海共同租界ニ於ケル事態ハ經濟活動ノ見地ヨリ見ルニ最モ不滿足ニシテ去ル一月十日(日本外務大臣宛)貨物置場ヘノ出入及貨物ノ搬出ニ對シ日本陸海軍當局ノ附シ居ル制限カ維持セラルルコトノ極メテ適當ナラサルヲ指摘シタル文書ヲ發出セリ英國政府ハ平常狀態ノ恢復ハ日本政府ニ於テモ確保セラレ度キ所ト思料シ居レルカ右ハ共同租界東北部ニ於ケル軍事占領ヲ終止シ又ハ工部局警察ニヨル統制ヲ完全ニ回復シ得ル程度ニ緩和スルニ非サレハ期待シ得サルモノト思料ス右ニ關聯シ左記二點ニ付注意ヲ喚起スルコト時宜ニ適スト思料セラル

一、本件地域ハ國際地域ナリ日本側軍事占領ハ外國人ニ對スルト支那人ニ對スルトヲ問ハス通常ノ居住及營業ヲ制限スルモノナル限リ外國權益ニ對スル重大ナル侵犯ヲ構成ス

二、客年十月四日附英國大使ノ口上書ニ對シ外務次官ハ口頭ヲ以テ共同租界ハ防衛ノ必要上作戰基地ニ使用シ居レルモノナル旨說明セリ然レトモ軍事行動ハ今ヤ上海ヨリ遠隔ノ地ニ移動シタルヲ以テ最早同地ヲ軍事基地トシテ使用スル軍事上ノ必要ナシ

仍テ英國政府ハ遠カラス此ノ國際的地域ニ對スル軍事的管理ノ緩和セラレンコトヲ熱心ニ希望ス

編　注　本文書の原文は見当らない。

1687　昭和13年5月18日　在上海日高総領事より広田外務大臣宛（電報）

維新政府による上海特区法院実力接収説と工部局の対抗措置につき報告

上　海　5月18日後発
本　省　5月18日夜着

第一五六九號（極祕）

一、[(1)]英國租界内ニ在ル第一特區地方法院及高等法院第二分院ノ接收ニ付テハ客年末大道政府カ「ケントウエル」（英支混血ニシテ「チヤイナ、アウトルツク」編輯者）ヲ前者ノ院長ニ任シタルモ我方ニ於テ「ケ」ヲ相手トセサリシ爲一應立消トナリタルカ維新政府カ四月中旬凌啓鴻ヲ接收委員長ニ命シテ以來再ヒ問題トナリ最近漢字紙ニ盛ニ喧傳サレタルカ本月十六日英米側ハ警備區域ニ從ヒ各法院ニ派兵シ接收ニ對抗スル態度ヲ執ルニ至レリ當方ニ於テハ未タ愼重研究ノ範圍ヲ出テサル處十七日外人記者團ノ質問ニ對シテハ維新政府カ若シ法院ヲ平穏ニ接收スルモ同收章程ヲ遵守スル限リ問題ナカルヘキ筋合ナル旨ヲ應酬セシメ置キタリ

二、右ニ關シ十七日「ロング」カ「フエツセンデン」ヨリ得タル極祕情報ニ依レハ數日前第二分院長徐維震カ凌ノ部下ヨリ近ク接收ノ企圖アルヲ聞キ之ヲ英國總領事ニ傳ヘ英ハ工部局ニ對シ接收ニ抵抗スルコト然ルヘキ旨ヲ述ヘタル爲工部局ハ直ニ警察官ヲ增員派遣シタルカ次テ十六日「フ」カ政府側ニ於テ强力接收手段ニ付討議アリタル旨ノ諜報ヲ得（虚報ナリ）之ヲ英米及首席領事ニ囘付シ右ハ更ニ各自國守備軍側ニ廻サレタル結果英米内部ノ關係ハ判明セサルモ派兵保護トナリシ内情アル由

三、尚「フ」ハ曩ニ「ゴウス」在勤當時接收ノ際ノ對策トシテ革命當時ノ如ク領事團ニ於テ臨時ニ法院ヲ新設スヘキ案ヲ論議シタルモ「ゴ」ヨリ國民政府猶存在スルヲ以テ右先例ヲ踏襲シ得スト言ハレタル爲（「ゴ」ハ領事團會議ノ際モ本件ニ言及シ法院ノ現狀ヲ變更セス裁判ノ澁滯ヲ來ササルコト必要ナル旨度々力説シタルコトアリ）最近別案トシテ接收後ノ維新政府法院ニハ一切事件ヲ廻サス一九三〇年囘收章程前ノ土地章程ニ依リ工部局ノ罰金ヲ課ス權限ヲ復活シ輕微ナル犯罪ニハ罰金ヲ取立テ供託保管シ重キモノニシテ確證アル場合ニハ判決ヲ爲サス監獄

ニ入レ置クコトトシ本件ノ根本解決ヲ待ツコト然ルヘシトノ案ヲ起草シ英、米、佛及首席領事ニ見セタルニ何レモ反對ヲセサリシ由ナリ
四、我方トシテハ前述ノ通リ未タ本件研究中ニテ十七日三省側ニテ討議シタルニ止マルノミナラス極メテ愼重ナル態度ヲ以テ臨ム要アルコトニ意見合致シ居リ遽ニ不測ノ事件ヲ惹起スルコトナシ
五、前記三ノ工部局案ノ妥當性ニ付研究ノ結果回電アリタシ
北京へ轉電セリ

1688 昭和13年5月27日 在上海日高総領事より宇垣外務大臣宛(電報)

上海特区法院の実力接収は困難であるため法院職員に維新政府が辞令を交付する形式での接収工作を軍側進行中について

上海 5月27日後発
本省 5月27日夜着

第一六八八號(極祕)

往電第一五六九號ニ關シ

其ノ後淩啓鴻ハ法院接收問題ニ關シ英國總領事及首席領事ト非公式ニ意見ノ交換ヲ為シタル處英國側ハ右ニ關シテハ領事團ニ諮ル外本國政府ニ請訓ノ要アル次第ヲ述ヘ首席領事モ領事團會議開催ノ要アル旨述ヘタル趣ナルカ(二十七日ノ領事團會議席上首席及英國領事ヨリ非公式ニ會見ノ模樣ヲ披瀝シ淩ヨリ維新政府ハ法院ニ關スル協定ヲ尊重スル意思ナルト共ニ判事ハ多分其ノ儘留任スルナラント述ヘタルニ對シ兩總領事共本件ヲ議論スルコトハ出來サルモ法院カ圓滑ニ運用セラルルコトカ大切ナル旨ヲ答フルニ止メ置ケリト述ヘタリ)一方軍側ニ於テモ漸次問題ノ容易ナラサルコトヲ自覺シタル結果現法院ノ職員？ヲ變更セス其ノ儘接收スル案(卽チ維新政府ヨリ現判事等ニ對シ辭令ヲ交付スルモノナリ)ヲ樹テ行政院長梁鴻志カ第二分院長徐維震ノ友人タルヲ利用シ同人ヲシテ右方面ニ工作ヲ進メツツアリ尙淩ヲ接收委員長トシ置クコトハ右工作ノ障碍トナルニ依リ同人ヲ司法行政部ノ次長位ニ任命シ接收委員長ノ資格ヲ取消スコトトスル內意ナリ

事情右ノ如クナルヲ以テ此ノ際法院ノ急激ナル接收ハ困難ト認メラル

1689　昭和14年2月21日　在上海三浦総領事より有田外務大臣宛（電報）

旧正月における対日テロ多数発生に対して上海共同租界の治安維持方工部局へ要求につき請訓

上　海　2月21日後発
本　省　2月21日夜着

第◎四二五號（大至急）

往電[1]第四二〇號末段ニ關シ

二十一日午後陸海外三省熟議ノ上明二十二日午後工部局議長宛左ノ如キ要求ヲ提出スルコトニ決定シタリ就テハ陸海軍側ト大至急聯絡ノ上右ニ御異存アルニ於テハ二十二日正午迄ニ御垂示アリタシ

一、犯人ノ逮捕及追放ニ關スル一九三八年七月十九日附工部局緊急條令ノ規定ヲ嚴重勵行スルコト

二、共同租界ニ於ケル治安維持ハ帝國モ其ノ責任竝ニ義務ヲ有スルモノナルニモ鑑ミ邦人保護竝ニ對日「テロ」ノ禁遏ノ為

憲兵[2]領事館警察官等我方警備機關カ共同租界內ニ於テ右目的ノ爲ニ所要ニ應シ隨時必要ナル區域ニ其ノ警察權ヲ行使シ以テ工部局警察機關ニ協力スルコト

三、日本官憲ハ工部局ト協力シテ所要ニ應シ黃浦江及蘇州河ヨリ租界ニ出入スル支那人及其ノ搬出入スル物品ヲ檢査シ必要ニ應シ之ヲ日本官憲ニ於テ抑留スルコト

四、工部局警察ニ於ケル日本人警察官ノ増强

五、共同租界內要所ニ於ケル通行支那人ノ身體檢査ノ卽時勵行

在支各總領事及香港へ轉電セリ

1690　昭和14年2月22日　有田外務大臣より在上海三浦総領事宛（電報）

上海共同租界治安維持に関する工部局への要求につき回訓

本　省　2月22日発

第◎二七九號（大至急）

貴電第四二五號ニ關シ

本二十二日陸海外三省協議ノ結果左ノ通リ意見一致ヲ見タルニ付テハ右ニ基キ御來示ノ措置ヲ講セラルルコトト致度

貴電ノ第二項ヲ「共同租界ニ於ケル抗日「テロ」行爲橫行

ノ事實ニ鑑ミ邦人保護竝ニ對日「テロ」ノ禁遏ノ爲憲兵領事館警察等我方警備機關カ共同租界內ニ於テ右目的ノ爲ニ所要ニ應シ隨時必要ナル區域ニ於テ所要ノ措置ヲ執リ以テ工部局警察機關ニ協力スルコト」ト改ム

右ハ貴電ニ所謂「治安維持ハ帝國モ其ノ責任竝ニ義務ヲ有ス云々」トスル時ハ我方單獨ノ權力ヲ發動セントスルニ對シ理論上ノ妨ケトナルヘク又貴電ニ所謂「其ノ警察權ヲ行使シ」トスル時ハ工部局警察權トノ關係ニ於テ無用ノ法理的議論ニ踏込ム惧アルコトヲ考慮シタル爲ナリ

尙第二項及第三項實施ノ具体的方法ニ付テハ現地ニ於ケル折衝ニ俟ツコトトシ(例ヘハ憲兵及領警ノ活動スル場合ハ私服トスルヤ否ヤ等ノ點)且右要求貫徹ニ至ラサル場合ノ措置ニ付テハ改メテ審議スルコトト致度

且又本件ハ今後ノ交渉上ノ都合モアリ要求ノ具体的內容ニ付テハ此ノ際公表セサルコト然ルヘシト認ム爲念

在支各總領事、香港ニ轉電セリ

1691 昭和14年2月22日 在上海三浦総領事より フランクリン工部局参事会議長宛

上海共同租界治安維持に関するわが方要求事項について

付記一 昭和十四年二月二十五日付
右わが方要求への工部局回答

二 昭和十四年二月二十八日付
右工部局回答へのわが方返簡および同時に手交した諒解事項案

三 昭和十四年三月三日付
右諒解事項案に対する工部局回答

◎上海共同租界工部局參事會議長宛申入

昭和一四、二、二二

上海共同租界ニ於ケル反日不逞分子ノ暗躍ニ依ル治安ノ不安ヲ相協力シテ除去スルコトニ關シテハ貴方ニ對シ我方ヨリ數次要望シ最近舊正月ヲ前ニシテ帝國上海海軍特別陸戰隊司令官ノ要求ニ基キ二月十五日申入ヲ爲シタリ

然ルニ貴方ハ毎次誠意右ニ協力スルコトヲ約セラレタルモ租界蘇州河以南地區ニ於ケル對日「テロ」事件ハ其ノ跡ヲ絕タス特ニ舊正月ニ當ル二月十九日ニハ數件ノ「テロ」事件ノ發生ヲ見殊ニ日本陸軍ニ屬スルモノ及婦人カ其ノ對象

トナリタルコトハ我方ノ最モ遺憾トスルトコロナリ
舊正月前後ニ對日「テロ」事件ノ計畫アリタルノ情報ハ貴方ニ於テモ入手シ居ラレタルトコロナルヘク我方ノ要望ニモ鑑ミ舊正月前後ニ於ケル警戒ハ最モ嚴重ニセラルヘキトコロト信ス
然ルニ確實ナル情報ニ依レハ貴方ハ舊正月多數ノ警察官ヲ休養セシメ特ニ警戒ヲ嚴重ナラシムヘキトキニ當リ却ツテ警察力ヲ減少セシメラレタルハ我方ノ了解ニ苦シムトコロニシテ貴方誠意ヲ疑ハサルヲ得サル次第ナリ
而シテ我方陸軍ニ屬スルモノニ對シ行ハレタル南京路「テロ」事件ニ於テハ數名ノ日本人ニ非サル警官ハ犯行直後現場ニ到達シ犯人ヲ明カニ認メタルニ拘ハラス之ヲ逸シタルコトニ關シテハ我方トシテハ工部局警察官ノ能力ニ疑問ナキ能ハサルモノナリ
惟フニ上海ノ治安ハ我方トシテハ單ニ上海ノミノ問題ニ非スシテ我軍占據地域全般ノ治安竝ニ民心ノ安定ニ關スルモノニシテ右ニ重大ナル悪影響ヲ與フルモノナリトノ見解ヲ堅持スルモノニシテ又以テ東亞ニ於ケル新秩序ヲ建設センコトト努力シツツアル帝國ノ此ノ儘看過シ得サル重大事ニ屬ス
我方ハ今日迄工部局當局ノ誠意ニ信頼シテ其ノ處置ニ委任シ隱忍自重シツツアリシモ敍上ノ情勢ニ鑑ミ我方トシテ上海ノ治安維持ニ關シ有效適切ナル方法ヲ講スルノ必要ニ迫ラレタルモノニシテ茲ニ貴方ニ對シ次ノ要求ヲ提出スルコトヲ嚴肅ニ申入ルモノナリ
尙將來本件ニ關聯シ更ニ爲スコトアルヘキ一切ノ要求ニ付留保ス

要　求

一、犯人ノ逮捕及追放ニ關スル一九三八年七月十九日附工部局緊急條例ノ規定ヲ嚴重勵行スルコト
二、共同租界ニ於ケル抗日「テロ」行爲横行ノ事實ニ鑑ミ本邦人保護竝ニ對日「テロ」ノ禁遏ノ爲憲兵領事館警察官等我方警備機關カ共同租界内ニ於テ右目的ノ爲ニ所要ニ應シ隨時必要ナル區域ニ於テ所要ノ措置ヲ採リ以テ工部局警察機關ニ協力スルコト
三、日本官憲ハ工部局ト協力シテ所要ニ應シ黄浦江及蘇州河ヨリ租界ニ出入スル支那人及其ノ搬出入スル物品ヲ檢査シ必要ニ應シ之ヲ日本官憲ニ於テ抑留スルコト
四、工部局警察ニ於ケル日本人警察官ノ增强

五、共同租界內要所ニ於ケル通行支那人ノ身体檢査ノ卽時嚴行

（終）

（付記一）

上海共同租界工部局回答（要譯）

昭和十四年二月二十五日

本年二月二十二日手交セラレタル貴總領事ノ覺書ヲ閲悉セリ。申ス迄モ無ク工部局ハ舊正月ニ於ケル暴力行爲ノ再發ヲ深ク悲シムモノナリ。

工部局カ全力ヲ擧ケテ暴力行爲ノ再發ヲ防止シ且其ノ意思ヲ有スル旨繰返シ貴總領事ニ保障ヲ與ヘタルニ鑑ミ、貴總領事カ工部局ノ誠意ニ對シ疑ヲ抱カサルヲ得ストセラレタルコトハ余ノ遺憾トスルトコロナリ。

貴總領事ノ覺書ニ於テ舊正元旦當日多數ノ工部局警察官カ休暇ヲ與ヘラレタリトノ情報ヲ有スル旨述ヘラレタル處、警視總監ノ報告ニ依レハ（舊正月中支那人巡査ニ對シ常ニ與ヘラルル四時間ノ休暇ヲ除キ）室內事務ニ從事スル人員以外ニハ休暇ヲ與ヘラレタル警察官皆無ニシテ、又大多數ノ者ハ實際上平素ヨリ以上ノ任務ニ服シ居リタリ。右ニ申述ヘタル四時間ノ休暇ヲ與フルニ當ツテハ重要ナラサル地點ノミニ付テ行フヘキ樣手配セラレタルモノニシテ、南京路事件發生ノ場所ニ最モ近キ地點ヲ含ム幾多ノ地點ニハ實際上平素ノ二倍ノ人員ヲ配置シタルモノナリ。舊正元旦ニハ高級警察官ハ總テ午前五時四十五分勤務ニ就キ、警視總監自ラモ同樣ニシテ、一切ノ警察官ハ特別ノ警戒ヲ實施シタリ。御承知ノ通リ右特別警戒ノ若干ニ付テハ其ノ細目ヲ警察報告書寫ニ記載シ豫メ貴總領事ニ通報シタリ。御來示ノ南京路事件ニ關シテハ、現場ヲ去ル約八十碼ノ所ニ印度人巡査二名及支那人巡査二名居合セタリ。一名ノ印度人巡査ハ直隷路ヨリ九江路ニ向ツテ走リ是ニ併行セル路地ヨリ逃走セントスル犯人ヲ逮捕スルニ努メタリ。該巡査ハ發砲シタルモ不幸ニシテ犯人ニ命中セサリシカ、發砲當時該巡査ト犯人トノ間ニハ相當ノ距離アリシモノニシテ、犯人ハ平服ヲ着用シ居タル爲素早ク群集ニ紛レ込ミタリ。他ノ一名ノ印度人巡査ト二名ノ支那人巡査トハ犯人カ逃走シツツアリシ路地ヲ追跡シタルモ及ハス、又二名ノ外人警察官及二名ノ露西亞人義勇隊員ハ事件發生ノ當時直隷路附近ニ停

車シタル乗合自動車ヨリ飛下リ追跡シタルモ時既ニ遲カリキ。

次ニ貴總領事覺書末段ノ五點ノ要請ニ付テ述ヘン。

工部局ハ反日「テロ」事件ニ關スル一九三八年七月十九日ノ緊急布告ヲ既ニ實施シ居リ今後共之ヲ續行スヘシ。

工部局トシテハ上海工部局警察以外ノ如何ナル警察機關タルヲ問ハス是カ共同租界內ニ於テ獨立ノ行動ヲ採ラントスルカ如キ考ヲ受諾シ得サルモノナルコトハ貴總領事ノ勿論了解セラルル所ナルヘシ。

然レ共工部局ハ今後共日本憲兵隊及領事館警察カ「テロ」行爲ノ檢索ニ付上海工部局警察ト協力スルヲ歡迎ス。此ノ種協力ノ方法ニ付テハ日本憲兵隊及領事館警察ト警視總監トノ間ニ直接打合ヲ行ハルヘキモノトス。又工部局警察ニ協力スル警官ハ平服トセラレ度。

既ニ申述ヘタル通リ暴力行爲取締ノ方法ヲ講スル責任ハ工部局ニ在ルモノニシテ、現在ノ不安ナル狀況ノ下ニ於テハ水路ヨリ租界ニ入ル支那人ノ捜査ニ關スル現行ノ方法ヲ一層强化シツツアリ。御承知ノ通リ工部局警察ハ此ノ種捜査ニ平服ノ日本人「オブザーバー」ノ立會ヲ求ムルモノナリ。

工部局警察ノ日本隊ハ現在豫算定員ヨリ三十三名缺員ナリ、今年度ニ於テ四十五名ノ新規採用ヲ爲シタルカ、候補者ヲ得次第日本隊ヲ豫算定員ニ達セシムル措置ヲ採リツツアリ。

工部局ハ租界內ノ要所ニ於テ捜査ヲ行フコトノ必要ナルニハ同意見ニシテ、此ノ種捜査ヲ行フコトハ工部局警察ノ平常繼續シテ實施シ來レルトコロナルカ、現在之ヲ强化シ居レリ。

編　注　本文書の原文は見当らない。

(付記二)

◎工部局回答ニ對スル返翰

拜啓陳者二月二十二日附共同租界內治安維持ニ關スル我方申入ニ對スル二月二十五日附貴方回答ヲ受領候

貴回答ハ我方トシテ意ニ滿タサル點アルモ貴方カ我申入ニ對シ深甚ナル考慮ヲ加ヘラレ日本人ノ保護竝ニ「テロ」ノ禁遏ニ關シ我方ト協力セントスル意圖ヲ表明セラレタルハ本官ノ多トスルトコロニシテ究極ニ於テノ右目的ノ爲實效ヲ期シ得ル方法ヲ以テ我方カ工部局ニ協力スルコトヲ承認

セラレタルモノト了解致候

而シテ上海ニ於ケル治安ノ現狀ニ鑑ミ右了解ノ下ニ我方警察機關ハ工部局警察機關ヘノ協力ヲ實行ニ移スコトヲ通告致候

本官ハ此ノ機會ニ於テ本交涉ノ結果カ上海治安維持上有效ナル結果ヲ招來シ今後我方ニ於テ自衞手段ヲ講スルノ餘儀ナキニ至ルカ如キ望マシカラサル緊急事態ニ立到ルカ如キコト萬々無之ランコトヲ衷心切望致候　敬具

昭和十四年二月二十八日

在上海

總領事　三浦　義秋

上海共同租界工部局

市參事會議長　「シー、エス、フランクリン」　殿

上海共同租界治安維持ニ關シ

二月二十二日附日本側申入、二月二十五日附工部局回答、二月二十八日附日本側返翰ニ對スル諒解事項

一九三九年二月二十二日附日本側申入中

一、第二號要求ニ關シ

日本側ハ其ノ警察機關カ日本人保護及「テロ」事件禁遏ノ爲所要ニ應シ共同租界內ニ於テ隨時必要ナル區域ニ所要ノ措置ヲ執リ以テ工部局警察機關ニ協力スルコトヲ要求シタルモノニシテ敢テ此ノ際一般ニ「テロ」事件禁遏ノ旨工部局警察機關ト全然獨立シテ警察權ヲ行使セントスルモノニ非サルモ其ノ協力ノ實行ニ當リテハ從來ヨリモ一層有效適切ナル手段ヲ執ラントスルモノナリ

又日本側警察機關員ノ服裝ニ就テハ工部局警察ニ對シ協力ヲ圓滑ナラシムル見地ヨリ原則トシテ平服トスルニ異存ナシ

二、第三號第五號ノ要求ハ第二號要求中一部特別ナルモノヲ揭記セルモノニシテ當然第二號要求中ニ包含セラレアルモノナリ卽チ第三號第五號實施ニ當リテハ必要ニ應シ日本側警察機關ハ工部局警察機關ニ實質的ニ協力スルモノトス

三、第四號要求ハ上海治安維持上日本側トシテ工部局警察ニ協力スル上ニ於テ有效且重要ナルモノト考ヘ居ルモノニシテ之カ爲ニハ單ニ工部局日本人警察官ノ缺員補充ハ勿論更ニ其ノ員數ヲ增加スルニ止ラス日高總領事ヨリ昭和

十三年十一月四日附書翰ヲ以テ申入レ且十二月十日附書翰ヲ以テ再應申入レタル諸項ヲ共同租界蘇州河以北ノ開放問題ト切リ離シ此ノ際直ニ實行ニ向ヒ進ムト共ニ工部局警察日本人幹部ノ權限ヲ擴張シ就中一切ノ反日行爲ニ關スル事件ニ洩レナク關與シ且右ニ關シ必要ナル措置ヲ爲ス權限ヲ附與スルモノトス

(付記三)

一九三九年三月三日參事會議長ヨリ日本總領事ノ二月二十八日附覺書ニ對スル回答トシテ手交セラレタル覺書(假譯)

第一項

協力ヲ實現スル爲ノ日本總領事ノ要請ニ對シテハ參事會ハ既ニ一九三九年二月二十五日附書翰ヲ以テ回答セリ協力ヲ實現スル爲ノ卽時且有效ナル協定ニ到達スル目的ヲ以テ工部局警察ト日本警察當局トノ間ニ於テ既ニ討議カ行ハレ且三月二日日本總領事ヨリ議長ニ對シテ申述ヘラレタル如ク總テノ點ニ關シテ協定ニ到達スル見込ミニ見受ケラルルコトハ滿足スル所ナリ唯共同租界內ニ於テハ上海工部局警察以外ノ如何ナル警察機關ニ依ルト雖モ獨立ノ行動ハ參事會トシテ之ヲ容認シ得ザルコトヲ玆ニ强調スルコト必要ナリ參事會トシテハ一切ノ關係列國ノ承認無クシテハ土地章程ニ基キテ信任セラレタル警察權ト責任トヲ委託スル權限ヲ有セズ從テ一切ノ協力措置ハ警視總監ノ同意及總監トノ打合ニ基キ行ハルヘキモノナリ

第二項

此等ノ諸點ニ關シテハ前記二月二十五日附參事會回答中ニ包含セラレ居レリ

第三項

前記參事會回答中ニ掲ラレタル通日本隊ヲ定員ニ到達セシムル爲措置ハ既ニ執ラレツツアリ右措置ノ完了セラレタル時ニ於テ事態ハ再ヒ迅速ニ再檢討セラルヘシ但シ玆ニ留意スヘキハ工部局警察日本隊ノ人員ヲ必要且望マシキ程度ニ增强スルコトハ參事會カ蘇州河以北ノ地域ニ於テ其ノ統轄力ヲ有效ニ履行スル問題ト不可分的ニ關連セラレ居ルコトナリ

工部局警察ノ日本人幹部ハ既ニ抗日行爲事件ノ處理ニ當リ肝腎且重要ナル役割ヲ果シ居レリ警視總監ハ其ノ指揮下ニ

在ル日本人幹部ヲシテ出來得ル限リ其ノ機能ヲ發揮セシムルコトニ關シ最モ腐心シ居レリ
日高總領事ノ書翰中ニ含マレタル提案引用セラレ居ル所之ニ關シテハ別個ニ考慮スルコトヲ要シ且參事會ノ見解ニ於テハ是等ハ刻下ノ「テロ」事件ノ抑壓問題ト關聯セラレ得ヘキモノニ非ズ是等提案ヲ蘇州河以北租界地域ノ開放ニ對スル何等ノ措置トモ聯關セシムルコト無クシテ實行ニ移サントノ提案ヲ考慮センカ爲ニハ他ノ關係諸國領事トノ協議ヲ必要ナラシムルモノナリ
加之參事會トシテハE區ニ關スル參事會提案ニ對シ日本官憲ノ見解ヲ待望シツツアルモノナリ

（終）

編注　本文書の原文は見当らない。

1692　昭和14年2月28日　在本邦クレーギー英国大使より沢田外務次官宛

上海共同租界工部局へのわが方要求に対し租界行政権の一方的変更は黙過できないとの英国政府覚書

○上海共同租界工部局問題一件

（昭和十四年二月二十八日在京英國大使澤田次官ニ提出）

最近上海ニ於ケル政治的暗殺事件ノ結果同地日本官憲ハ二月二十二日共同租界工部局ニ對シ通牒ヲ發シテ一定ノ要求ヲ爲シタルカ右要求ハ所謂嚴格ニ之ヲ解釋スレバ共同租界内ニ於ケル工部局ノ權限ヲ甚シク剝奪スルモノト認メラル工部局ハ二月二十五日ノ囘答ニ於テ此ノ種暗殺事件ニ對シテハ一層嚴重ナル禁遏ノ手段ヲ執ル必要アルコトヲ認メ且日本官憲カ租界ノ安全ノ爲必要トナシ共同租界ノ地域ニ於テ之ヲ實行スル權利ヲ要求セル措置ヲ工部局自ラ實行センコトヲ申出タリ
工部局當局ハ租界内ニ於ケル治安維持ノ爲其ノ最善ヲ盡シ常ニ欣ンデ日本官憲ト協力スルノ用意ヲ示シ來レリ（右ハ二月十日工部局參事會議長ヨリ在上海日本總領事ニ説明セル通リナリ）而シテ工部局ノ嘗メタル困難ノ多クハ「テロ」團カ工部局道路ヲ去ル市政府地域卽チ工部局ノ管轄區域外ニ其ノ巢窟ヲ有シタル事實ニ基キタルモノナリ工部局ハ是等「テロ」團取締ノ爲日本側ノ協力ヲ要求シ且實際上凶惡

ナル一「テロ」團ノ首魁ヲ日本官憲ニ引渡シタルガ日本側ノ協力ハ政治的「バーゲン」ノ手段タリシモノノ如ク該首魁ハ逃走ヲ許サレタリ

右ニ鑑ミ二月二十一日衆議院ニ於テ陸軍大臣カ工部局ハ治安維持ノ能力ヨリモ寧ロ「誠意」ヲ欠キ現在ノ狀態ニ於テハ工部局警察當局ニ信頼スルコト不可能ニシテ此ノ如キ狀態ノ存續スル限リ有效適切ナル自衛ノ手段ヲ講セラレ得サル旨述ヘラレタルハ了解ニ苦シム所ナリ二月二十三日外務大臣ハ貴族院豫算總會ニ於テ上海ニ於ケル狀況ハ遺憾至極ニシテ或意味ニ於テ工部局ハ治安ヲ維持スル能力ナク誠意ニ欠クルモノト認メラレ從テ日本トシテハ工部局ヲ促シテ更ニ誠意ヲ示シ且其ノ警察組織ニ不滿ノ點アラバ之ヲ匡正スルニ努ムベク當面ノ措置ト恆久的手段トアルモ之ヲ公表スルコト能ハサル旨述ヘタル由報道セラレタリ

在上海日本官憲ノ態度ハ右ノ兩大臣ノ陳述ト照合スルトキハ日本當局ノ意向ガ强力手段ニ依リ共同租界ノ行政ニ對シ更ニ大ナル發言權ヲ獲得セントスルニアリトスル日本ノ新聞記事ヲ裏書スルモノナリ英國政府ハ從來常ニ租界ノ行政又ハ工部局參事會ニ於ケル各國別代表ハ只一切ノ利害關係者間ノ交渉及其ノ同意ヲ得テ實現シ得ヘキモノナルコトヲ主張シ來レリ英國政府トシテハ租界ノ地位ヲ强力ニ依リ變更スルヲ日本政府カ默許スルカ如キコトヲ信セサラントスルモノニシテ特ニ犯罪防止ノ爲ノ日本側協力ヲ工部局當局カ要求シ而モ協力ヲ與ヘラレサル狀況ニ於テ然リ日本政府ノ熟知スルカ如ク英國政府ハ日本側カ前記ノ如キ措置ヲ取ルニ於テハ之ヲ重大視スルモノナリ

（終）

編　注　本文書の原文は見当らない。

1693　昭和14年3月9日　在上海三浦総領事より有田外務大臣宛（電報）

上海仏租界当局に対し治安維持協力の即時実行および青天白日旗の掲揚禁止を要求すべき旨現地陸海外三省会議で決定について

付　記　昭和十四年三月一日付

「工部局警察機關ニ對スル日本警察機關協力方法ニ關スル諒解事項覺書」

上海　3月9日後発
本省　3月9日夜着

第五九二號（極祕）

九日午前陸海外主腦部會議ヲ開催シ佛租界ニ對スル「テロ」取締要求申入方ニ關シ意見ヲ交換シタルカ其ノ結果共同租界トノ間ニ協力ヲ行フコトニ付諒解ノ成立シタル今日佛租界ニ對シテモ成ルヘク速ニ何等カノ方法ニ依リ同樣ノ協力方要求スルコト可然トノ意見ニ一致シタリ依テ本官ヨリ往電第五八八號ノ次第ヲ披露シタル結果九日午後佛總領事ニ對シ

(一)共同租界ト我方トノ警察機關ノ間ニ成立シタル協力方法ニ關スル諒解事項（往電第五七〇號參照）ノ卽時實行

(二)青天白日旗ノ掲揚禁止

方要求シ更ニ相手方ノ空氣ヲ觀察シタル上若シ素直ニ受諾スルノ氣配看取セラルルニ於テハ「テロ」行爲防遏及取締ノ一方法トシテ我方ニ於テ招商局碼頭ヲ接收スル旨通告スルコトニ決定シタリ

尙青天白日旗ノ掲揚禁止方ニ關シテハ十日共同租界工部局ニ對シテモ申入ヲ爲スコトトセリ不取敢

在支各總領事へ轉電セリ
香港へ轉電アリタシ

（付　記）

工部局警察機關ニ對スル日本警察機關協力方法ニ關スル諒解事項覺書

（14—3—1）

共同租界ニ於ケル日本人保護竝ニ反日「テロ」事件禁壓ニ關シ工部局警察ト日本側憲兵及領事館警察トノ間ノ協力ヲ有效適切ナラシムル爲相互左記事項ヲ實行スルコトヲ諒解ス

一、黃浦江及蘇州河ヨリ租界ニ出入ノ支那人及搬出入物品ノ檢査ニ際シテハ必要ニ應シ日本憲兵及領事館警察ハ工部局警察ニ協力シテ行フ

工部局警察ハ前項ノ檢査ノ實施ヲ容易ナラシムル爲揚降場所及時間等ヲ制限スルモノトス

二、通行者ノ携行品檢査ヲ確實ナラシムル爲日本側ノ申入レアリタル時ハ工部局警察ハ所要ノ交通制限ヲ行フ

特ニ佛租界境界線ニ於ケル取締ニ留意ス

三、工部局ト日本憲兵及領事館警察トノ間ノ協力ヲ緊密敏活ナラシムル爲工部局警察ニ於テ有力ナル實行力ヲ有スル特別ノ係ヲ設クル等適宜ノ處置ヲ講ズ

四、工部局警察ハ反日「テロ」事件等ノ檢擧ヲ確實敏活ナラシムル爲警察隊員ノ監督奬勵等ニ就キ有效適切ナル處置ヲ講ズ

五、日本憲兵又ハ領事館警察ノ干與シテ檢擧シタル犯人又ハ容疑者ハ一應日本側ニ於テ之ヲ取調フルヲ原則トシ特ニ困難ナル事情アル時ハ兩者協議ス

但如何ナル場合ニ於テモ日本側ノ了解ナクシテ犯人又ハ容疑者ヲ釋放スルコトナシ

工部局警察ニ於テ檢擧シタル反日的行爲ニ關スル犯人及ヒ容疑者モ亦同ジ

六、工部局警察トノ協力ノ爲日本憲兵及領事館警察ノ必要トスル諸施設ニ對シ工部局警察ハ諸般ノ便宜ヲ供與ス

七、工部局警察ニ協力スル日本憲兵及領事館警察官ノ服装ハ私服ヲ原則トスルモ特別ノ場合ハ制服ヲ用フルコトアリ制服ヲ用フル場合ハ工部局警察ニ通知スルモノトス

（終）

編　注　本覚書は、三月一日の工部局警察と日本側憲兵および領事館警察との協議において日本側が提出し合意成立。

1694　昭和14年3月9日　在上海三浦総領事より有田外務大臣宛（電報）

上海仏租界における治安維持協力および青天白日旗の掲揚禁止に関する仏国総領事との会談内容報告

上　海　3月9日後発
本　省　3月9日夜着

第五九八號（大至急、極祕）

往電第五九二號ニ關シ[1]

九日午後佛總領事ヲ往訪

一、先般我方ト共同租界工部局トノ間ニ「テロ」行爲防遏ノ爲ノ協力方法ニ關シ協定ニ到達シタル次第ヲ説明シ工部局ニ對スル我方ノ現要求中佛租界ニモ關係アル部分及警察當局間ニ成立シタル了解事項ヲ示シ右共同租界トノ協力ヲ一層有效ナラシムル爲佛租界當局ニ於テモ右ト同様

ノ「ライン」ニテ我方ニ對シ協力ヲ得度キ旨申入レタル處「ボーデス」ハ鮮カラス興奮シツツ共同租界ニ於テハ日本モ其ノ一員ナルヲ以テ右ノ如キ協力モ可能ナルヘキカ佛租界ハ右ト全ク建前ヲ異ニシ居リ佛租界內ノ治安維持ニ付テハ佛租界ノミカ責任ヲ有スルモノナルヲ以テ右ト同様ノ協力ヲ行ハントスル申出ハ之ヲ應諾スルコトヲ得ス又之ヲ本國政府ニ請訓スルモ其ノ承諾ヲ得ラレサルヘキコト明白ナリ且佛側トシテハ事變勃發以來佛租界ノ「テロ」行爲取締ニ出來得ル限リノ努力ヲ盡シ來リ居リ又今後トモ必要ナル具體的御指示ヲ得ハ直ニ必要ナル措置ヲ執リ以テ充分ノ結果ヲ擧クルニ努ムヘキモ貴官御申出ノ如キ一般的要求ニハ應スルコトヲ得ストノ態度ヲ明白ニ表示セリ

二、[2]依テ本官ハ素ヨリ佛租界獨自ノ建前ハ充分之ヲ承知シ居リ從テ共同租界當局トノ協定モ參考迄ニ御示シタル次第ニシテ勿論之ト同様ノコトヲ佛租界ニ對シテ要請スル次第ニハアラス唯「テロ」行爲取締ニ關シ從來佛側ノ努力ニ拘ラス遺憾乍ラ殆ト實效ヲ擧ケ居ラサルニ付今少シク有效ナル結果ヲ擧ケンカ爲ニ我方ニ於テ協力ヲ「オフワー」セントスルモノニシテ我方警察當局カ獨自ノ行動ヲ爲サントスルモノニハアラス且漢口ニ於テハ佛租界當局モ進ンテ日本側ト協力シ居ル狀況ナルヲ以テ善意ニ基キテ之ヲ受入レテハ如何ト誘ヒタルニ「ボ」ハ佛警察當局ハ從來トモ日本側ニ對シ出來得ル限リノ協力ヲ爲シ來リタルモノニシテ具體的問題ニ付協力ヲ求メラレタル場合ニハ直ニ之ヲ實行シ居ル次第ナリ最近反日放送ヲ爲シタル「ラヂオ」局ヲ貴方御申入ニ依リ閉鎖シタルカ如キ(本件郵報濟)其ノ一例ニシテ今後此ノ種協調「コラボラシオン」ハ有效ニ致スヘキモ直接日本官憲カ參加スル如キ「コオペラシオン」ハ佛租界ノ建前上受諾ハ不可能ナリ從來トモ外國警察ニ對シ當該國人ノ逮捕ニ付キテノミハ共同行動ヲ認メ來リタルカ夫レ以外ノ場合ニハ總テ佛租界警察獨立シテ行動シ居リ外國警察ニハ單ニ現場ヘノ案內ニ止メ來リタル次第ナリ又漢口ト上海トハ多少事態ヲ異ニスルヲ以テ同様ニ行キ兼ネル次第ナリト述ヘタリ

三、[3]次テ本官ヨリ我方ノ有スル情報ニ依レハ佛租界ニハ反日「テロ」行爲ノ根據アルコト確實ナルヲ以テ佛側ニ於テ從來ニモ增シ我方ト協力スルノ態度ニ出テサル限リ折角

共同租界トノ間ニ成立シタル協力ノ協定モ實效ヲ擧ケ得サルヘキコトヲ指摘シタルニ對シ「ボ」ハ日本側ニシテ斯ル情報ヲ有セラルルナラハ之ヲ佛側ニ通報アリタク其ノ上ハ佛租界警察ニ於テ充分協力スヘシト述ヘタルヲ以テ本官ハ從來ノ經驗ニ徵シ此ノ種情報ヲ佛側ニ通報スルニ於テハ直ニ相手方ニ筒拔ケトナリ何等實效ヲ收メ得サル次第ナリト應酬シタル處「ボ」ハ佛側警察特別隊ハ出動命令後一分?ヲ要セスシテ出動シ得ル狀態ニ在ルヲ以テ斯ル情報ノ漏洩スルコト絕對ニ之ナシト信ス又佛租界自身トシテ情報ニ依リテ活動シタル結果何等ノ收穫ナキコトモアリ日本側ハ佛租界ニ對シ從來以上ノ協力ヲ要求セラルルモ何等情報ヲ提供セス又情報ヲ提供スルニ於テハ直ニ相手方ニ筒拔ケトナルカ如ク考ヘラレ居ルモ右ハ全ク佛租界警察ヲ信賴セサル態度ニシテ日本側ニ於テ斯ル對策ヲ持スル以上議論ヲ重ヌルハ無益ナリト述ヘタリ

四、依テ本官ヨリ今日ノ折衝ヲ貴總領事トノ間ニ行ヒタルコトハ或ハ多少「フオーマル」ニ過キタルヤニモ感セラルルニ付貴我兩警察官ノ打合ニ讓リテハ如何ト切出シタル處「ボ」ハ佛租界警察ハ共同租界警察ト異リ工部局ニ所屬セス佛總領事ニ直屬スルモノナルヲ以テ日本側ノ態度ニシテ以上ノ如キモノトセハ警察機關間ノ打合ニ移スモ結果ハ同一ナルヘシト答ヘタリ

五、[4]要スルニ「ボ」ハ本件會談ニ際シ終始佛租界ノ從來爲シ來レル取締ノ充分ナルコトヲ繰返シ述ヘ日本側ニ於テ佛租界ノ協力ヲ希望スル具體的問題ヲ指摘セサル限リ直ニ以上ノ協力ヲ行フノ途ナシトノ態度ナリシニ付本官トシテモ此ノ上一般的議論ヲ重ヌルモ無益ト認メタルヲ以テ何レ佛租界ニ對シ協力ヲ仰度キ個々ノ具體的問題ヲ申入ルヘキコトヲ述ヘ一般的議論ヲ一應打切リタリ

六、次テ本官ヨリ租界內靑天白日旗ノ掲揚ハ抗日思想ヲ煽リ不祥事ノ因トモナルモノナルヲ以テ右掲揚禁止方要求シタル處「ボ」ハ本件ニ關シテハ既ニ佛當局トシテ研究中ナルヲ以テ研究終了次第早速實行致度ク思考シ居ル旨ヲ述ヘタルヲ以テ本官ヨリ三月十二日孫文紀念日迄ニ研究終了スヘキヤヲ問ヒタルニ對シ多分間ニ合フヘシト答ヘ協力ノ方法ニ關シ斯クノ如ク具體的ニ指摘セラルルニ於テハ出來得ル限リノ協力ヲ行フヘシト述ヘタリ

七、會談要旨概略以上ノ通リニシテ招商局碼頭接收ノ問題ヲ

持出スモ其ノ結果ハ明瞭ナリシヲ以テ今日ノ會談ニ於テハ此ノ問題ニ觸レスシテ辭去シタリ

在支各總領事へ轉電セリ

1695 昭和14年3月11日 在上海三浦総領事より有田外務大臣宛（電報）

上海共同租界内での青天白日旗の掲揚禁止を工部局へ要請について

上　海　3月11日後発
本　省　3月11日夜着

第六〇七號（至急）

往電第五九二號末段ニ關シ

十日午後「フランクリン」往訪本日ハ極氣輕ニ友好的ノ氣持ニテ參上シタルモノニシテ決シテ無理押セントスルモノニアラサルカ共同租界内ニ支那祝日又ハ紀念日毎ニ國民政府ノ旗ノ掲揚セラルルハ抗日意識ヲ煽リ租界ノ治安紊亂ヲ使嗾スルニ等シキモノナリトテ之カ掲揚禁止取計方考慮ヲ求メタル處「フ」ハ本件ニ付テハ既ニ考慮シタルコトアルモ純理上ヨリスレハ各國人カ各自國ノ旗ヲ立ツルコトハ之ヲ禁シ難ク又實際的見地ヨリスレハ支那青年層ニ對シ青天白日旗ノ掲揚ヲ以テ一應愛國心ヲ滿足セシメタリトノ感觸ヲ與ヘ一種ノ安全辨ノ作用ヲ爲スモノニシテ若シ之ヲモ禁止スルニ於テハ他ニ何等カ愛國心ヲ滿足セシムルノ方法ヲ求ムルヤモ測ラレスト考ヘ居ル次第ナリト應酬シタルヲ以テ本官ヨリ一應ノ理窟トシテ斯ク考ヘラルルヤモ知レサレトモ實際問題トシテ數多キ祝日乃至各種ノ紀念日毎ニ戶毎ニ青天白日旗ノ「デイスクレー」ヲ爲スハ租界ノ治安ヲ維持スル所以ニアラサルモノト信スル旨ヲ敷衍説示シタルニ「フ」ハ貴意ノ存スル所ハ能ク了解シタルヲ以テ今後モ十分研究ノ上善處スヘシト答ヘタリ依テ本官ヨリ支那國旗ノ大部分ハ佛租界ニ掲ケラレ居ルニ鑑ミ昨日モ佛總領事ニ對シ同樣ノ申出ヲ爲シタルカ同總領事ハ十二日迄ニ間ニ合フ樣考究措置スヘキ旨約シタルコトヲ告ケタルニ「フ」ハ佛總領事ハ租界ノ總元締ニシテ何人トモ相談スルコトナク措置スルコトヲ得ルヲ以テ若シ佛租界カ率先本件禁止ヲ爲スニ於テハ共同租界トシテモ措置シ易カルヘシ何レニスルモ成ルヘク結果ヲ收ムル樣盡力致スヘク殊ニ此ノ種問題ニ付テハ健全ナル判斷ト常識トヲ以テ租界當局ト協力シ租界ノ

治安維持ニ貢獻ス少カラサル支那參事會員ニ篤ト相談シ其ノ善處ヲ求ムル積リナリト答ヘタリ
香港へ轉電アリタシ
在支各總領事へ轉電セリ

1696　昭和14年3月13日　在上海三浦総領事より有田外務大臣宛（電報）

上海特別市長より共同租界および仏租界両当局へ要求事項提出について

上　海　3月13日後発
本　省　3月13日夜着

第六三九號

「テロ」事件ニ關シ上海特別市長ヨリ共同租界及佛租界兩當局ニ對シ三月九日附ヲ以テ夫々抗議ヲ爲スト共ニ共同租界ニ對シテハ
㈠租界內暴徒ノ嚴重取締及市政府警察官ノ工部局警察ヘノ協力
㈡市政府所屬大西路警察出張所ノ卽時原狀囘後(復カ)
㈢上海第一特區法院ノ接收
㈣工部局保管中ノ舊上海市政府土地臺帳ノ卽時返還
㈤青天白日旗ノ掲揚禁止及五色旗ノ掲揚
ノ五項ノ要求事項ヲ提出シ又佛租界當局ニ對シテハ
㈠租界內暴徒ノ嚴重取締
㈡上海第二特區法院ノ接收
㈢（對共同租界要求ノ㈤ト同文）
ノ三項ノ要求ヲ爲シタリ（公文寫郵送ス）
在支各總領事へ轉電セリ

1697　昭和14年3月24日　在上海三浦総領事より有田外務大臣宛（電報）

上海共同租界内での青天白日旗掲揚問題に関する工部局の措置振り報告

上　海　3月24日後発
本　省　3月24日夜着

第七七三號

往電第六〇七號ニ關シ
其ノ後「フランクリン」ハ青天白日旗問題ニ付支那側參事會員ヲ各別說得ニ努メ居タル模樣ナル處（往電第七四九號

參照）廿三日岡本ノ内報スル所ニ依レハ同日參事會開催ニ先立チ「フ」ハ支那側參事會員五名ヲ招致シ租界ノ平和及秩序確保ノ爲租界內ノ支那人ニ青天白日旗ヲ掲揚セシメサル様盡力アリタキ旨依頼シタル處支那側參事會員一同ハ篤ト之ヲ了承シ右ノ趣旨ニ副フ様協力ヲ約セル趣ナリ

在支各總領事ヘ轉電セリ

香港ヘ轉電アリタシ

1698　昭和14年3月28日　在上海三浦総領事より有田外務大臣宛（電報）

上海租界内に青天白日旗は見られない旨報告

上　海　3月28日後発
本　省　3月28日夜着

第◎八二三號

廿八日ハ黄興等カ廣州ニテ事ヲ擧ケタル七二烈士記念日ニテ工部局ハ特別警戒ヲ行ヒタルカ例年ナレハ青天白日旗ノ掲揚ヲ見ルヘキ所ナルカ本日ハ共同租界ニテハ一本モ見當ラス赤木ヨリノ内報ニ依レハ右ハ往電第七七三號ノ結果ナリト尚佛租界ニモ掲揚無シ

北京、天津、南京、漢口ヘ轉電セリ

1699　昭和14年4月7日　在上海三浦総領事より有田外務大臣宛（電報）

上海特区法院問題に関する現地三省会議の協議内容報告

別　電　昭和十四年四月五日発在上海三浦総領事より有田外務大臣宛第九〇八号
上海特別市政府による特区法院接収容認方領事団への勧告案

上　海　4月7日前発（編注）
本　省　4月7日前着

第九〇六號（至急、極祕）

(1)四日午後租界對策ニ關シ現地三省會議ヲ開催セル處（當館ヨリ佐藤、寺崎ヲ連レ本官出席、陸軍側ヨリ中支司令部參謀副長鈴木少將、上海特務機關長竹下少將、廣田大佐、宇都宮中佐、海軍側ヨリ德永大佐、光延中佐、谷井少佐出席）陸軍側ヨリ本官ニ對シ傳（傅カ）宗耀ノ工部局竝ニ領事團ニ關スル五箇條ノ要求（往電第六三九號）特ニ法院問題ニ關シ貴總領事ヨリ別電第九〇八號ノ趣旨ニ（ヲカ）公文ヲ以テ至急兩租界工部局竝ニ領事團ニ申入レラレタシ右ハ市長ノ要求ヲ現地軍側ニ於テ支持シ居リ且重大ナル關心ヲ有スルコトヲ表明スル意味合トシテ喫緊事ト思考スル旨述ヘタルニ付本官ヨリ右ニ關シテハ客月二十四日以來貴方代表者タル廣田大佐竝ニ海軍光延中佐ト協議中ノモノナリシ處租界問題特ニ本問題ノ促進ヲ計ルニハ或程度ノ摩擦ヲ覺悟スルヲ要スヘキカ其ノ時機如何ハ歐洲ノ政局、帝國ノ國際的地位、新中央政權樹立工作等ニモ關聯考察スヘキ問題ナリト思考ス就テハ相手側カ當方申入ヲ承認セサル場合如何ナル程度ノ決意ヲ有セラルルヤ承知シタシト述ヘタルニ鈴木少將ハ武力行使ト言フカ如キコトハ考ヘ居ラサルモ新タナル法院ノ設立新シキ土地臺帳ノ作成（從來ノ無效ヲ宣言）竝ニ或程度ノ謀略等ヲ考慮シ得ヘシ極祕ノ含ヲ以テ打明ケレハ中支派遣軍ニ於テハ漢口陷落後ノ二大方針トシテ南昌攻略ト租界工作ヲ目標トシテ進ミ來リタル次第ナル處後者特ニ法院問題ニ關シ停頓狀態ニ在ルハ寔ニ遺憾ト言フヘク租界問題ノ解決ニハ相當程度ノ摩擦モ已ムヲ得スト考ヘ居ル旨述ヘタリ

依(2)ツテ本官ヨリ右軍ノ方針ナルモノハ初耳ナル處（中央ニ請訓シ居ラストノ説明ナリ）斯ル意味ニ於テ此ノ際摩擦ヲ覺悟ノ上ニテ租界工作ヲ推進セントスル以上軍ノ如ク廣汎ナル權限ヲ賦與シ居ラレサル本官トシテハ一應本省ニ請訓スル必要アリト述ヘ會議ヲ終了セリ就テハ陸海軍側トモ御連絡ノ上何分ノ儀至急御回電アリタシ

尚前記廣田、光延兩代表トノ協議ノ際ハ

一、相當ノ決意ヲ以テ臨ムナラハ兎モ角然ラサル限リ先方ニ於テ我方要求ニ聽從セサル場合軍トシテ引込ミ付カス又其ノ儘引込メハ却テ軍ノ威信ヲ害スヘキコト

二、新政府竝ニ市政府ノ行動ヲ全面的且表面ヨリ支持スルコトハ將來同政府ニ關スル一切ノ行動ニ付日本カ責任ヲ取ルコトトナリ却テ面白カラス矢張滿洲國ニ於テ然リシカ如ク別個ノ建前ニテ相呼應シテ進ムヲ得策トスヘキコト

三、五箇條ノ要求中法院問題以外ハ本官ニ於テ既ニ總領事トシテ取上ケ交渉ヲ進メ來リタル次第ニモアリ旁將來共ニ總領事ノ地位ニ權威アラシムル爲ニハ引續キ交渉ヲ繼續スル方然ルヘシ外國側ヨリ日本總領事ハ自ラ持出シタル問題ヲ自ラ推進スルノ信念ナク之ヲ別ニ市政府側ヨリ持出サシメ之ヲ再ヒ總領事トシテ支持スト言フカ如キ變ナ

遺（遣カ）口ヲ爲シ居レリト言フカ如キ觀察ヲ下サルルハ大局上不得策ナルコト

四、法院問題ヲ實質的ニ推進セントスルニハ寧ロ英國總領事邊リヲ目標ニ政治的ニ持出スコト得策ナルヘキコト

等ノ「ライン」ニテ相談ヲ進メ來リシモノニシテ鈴木少將ノ考トハ大分喰違ヒ居タルヲ發見セラレタル次第ナリ御參考迄

編　注　本電報は何らかの理由で発電が遅れたものと思われる。

（別　電）

上　海　4月5日後発
本　省　4月5日夜着

第九〇八號（極祕）

上海總領事[1]ハ日本陸海軍當局ノ要請ニ基キ左記覺書ヲ交付ス

上海ニ於ケル平和及治安ノ攪亂ハ日本占領區域全般ニ影響スルコト甚大ナルヲ以テ新東亞建設ニ努力中ナル日本官憲ハ無關心ニ見過スコト能ハサル旨ハ二月二十二日附工部局ニ對スル申入ニ於テ申述ヘタル所ナルカ去ル三月十日上海特別市長ヨリ工部局竝ニ領事團ニ對シ申入レタル五箇條ノ要求ハ上海ニ於ケル平和及治安ノ回復上有效適切ナル方法手段ノ一部トシテ現地ニ於ケル日本陸海軍當局ハ共ニ重大ナル關心ヲ以テ本要求ノ貫徹センコトヲ希望シアリ特ニ要求ノ第三項ノ上海特區法院ニ關シテハ租界內日本軍占據區內ニ於ケル支那人間ノ民事刑事兩事件支那人ヲ被告トシテ提訴スルコトアルヘキ日本人原告ノ民刑事事件カ重慶政府ノ管轄スル上海特區法院ニ於テ取扱ハルルコトハ我方ノ默過シ得サル所ナルカ元來上海特區法院ニ屬スル法權ハ租界當局ニナクシテ現重慶政府ニ在リタル以上當然上海租界ノ一部ヲ含ム一帶ノ地區ヲ完全ニ占領シタル日本軍ニ於テ接收スヘキコトハ國際法上當然ノ措置ナルモ日本軍ハ右接收ノ圓滑ヲ期シ且租界內外在住支那人ニ對スル刺戟ヲ局限スルノ愼重ナル考慮ニ基キ

特[2]ニ租界隣接地區ノ事實上ノ行政權行使者タル市政府ノ接收ヲ要望スルモノニシテ換言セハ法院協定ノ一方ノ當事國タル支那國政府トシテノ重慶政府ニ代フルニ新政權ヲ以テセントスルモノニシテ法理上何等ノ無理ナク公正妥當ナル

措置ト言ハサルヘカラス而シテ重慶政府ノ權力カ上海周邊ヨリ完全ニ驅逐セラレテヨリ既ニ十五箇月ヲ經過シ此ノ間新政權ハ順調ナル發展ヲ遂ケ充分ニ新政權トシテノ機能ヲ發揮シツツアルヲ以テ新政權カ特區法院ヲ接收スルコトカ。。過早ナリトスル論ハ當ラス

尚一九二六年蔣介石政權カ列國ノ承認ヲ受クル以前ニ事前ノ豫告ナク且租界當局ノ異議ヲ受クルコトナク接收セル事實ヲ回想セラレンコトヲ希望ス

其ノ他ノ要求事項モ亦市長ノ主張ハ公正妥當ト認メラルルモノニシテ日本軍ハ租界當局及領事團ニ於テ上海ノ平和及治安ノ回復ノ為是等實現ニ關シ有效適切ナル措置ヲ執ラレンコトヲ要望ス

1700　昭和14年4月12日　在上海三浦総領事より有田外務大臣宛(電報)

共同租界内の反日言論取締に関し工部局へ要求について

別　電　昭和十四年四月十二日発在上海三浦総領事より有田外務大臣宛第九六五号

右要求に関するわが方覚書

上　海　4月12日後発
本　省　4月12日夜着

第九六四號

共同租界內反日新聞雜誌取締ハ「テロ」行為防遏ノ一手段トシテ緊喫ナリト認メ當地陸海軍側ト數次協議ノ結果成案ヲ得タル矢先十一日往電第九五一號「テロ」事件發生セルヲ以テ十二日午後工部局市參事會議長「フランクリン」ヲ往訪別電第九六五號ノ如キ覺書ヲ手交ノ上累次ノ「テロ」事件ニ言及然ルヘク説明ヲ加ヘタル處「フ」ハ本件ニ關シテハ從來モ努力シ來レルモ將來一層努力スヘシ自分(「フ」)ハ公然タル戰爭ハ別トシ暗殺ニハ反對ニシテ從テ暗殺犯人ヲ愛國者扱スルコトニモ反對ナリト述ヘタリ次テ本官ヨリ反日言論ニ關スル取締ニハ工部局警察ト日本側警察機關トヲ一層緊密ナラシムル為其ノ具體的方法ニ付關係者間ニ於テ討議スル必要アル旨竝ニ反日記事資料ハ當方ニ於テ用意シアルヲ以テ隨時之ヲ提示スヘキ旨申入レタル處「フ」ハ之ヲ了承セリ最後ニ本官ヨリ往電第九五一號「テロ」事件ニ言及シ右ハ言フ迄モナク甚タ遺憾ナル出來事ナルカ事件

ノ調査ヲ俟チ再ヒ申入ヲ為スヘキ旨ヲ述ヘ會談ヲ終レリ
本電別電ト共ニ北京、南京、漢口、天津ヘ轉電セリ

（別　電）

上　海　4月12日後発
本　省　4月12日夜着

第◎九六五號

先[1]般共同租界內「テロ」行爲防遏ニ關シ工部局當局ト日本側官憲トノ間ニ成立セル諒解ハ租界內治安維持ナル共通ノ目的ト双方ノ協調的精神ヲ具体化セルモノト思考セラルル處本官ハ貴方ニ於テ左ノ申入ニ對シ積極的協力ヲ與ヘラレンコトヲ期待スルモノナリ

共同租界內ノ多數漢字新聞雜誌竝ニ圖書ハ恰モ重慶ニ存在スル新聞雜誌竝ニ圖書ト同様過激ナル反日記事論說ヲ掲ケ租界內民衆ノ抗戰的熱意ヲ煽動シ反日的意識ヲ鼓舞シ租界內治安維持ニ對シ根本的障害ヲ與ヘ來レルハ御承知ノ通リニシテ旁皇軍ヲ誹謗シ日本ノ名譽ヲ毀損シ又ハ日本ノ政治經濟狀況ニ關シ故意虛構ノ記事ヲ掲ケ居ルハ我々ノ最モ遺憾トスル所ナリ

斯[2]ル租界內言論機關ニ依ル反日行爲ヲ工部局當局カ嚴重取締ルヘキコトハ貴方ニ於ケル租界內治安維持ヲ目的トスル協力的精神ニ鑑ミ當然ノコトト思考サルル處之カ友好的實施ナキ限リ目下貴方ト協力彈壓シツツアル政治的「テロ」行爲ノ根滅モ重大ナル困難ニ逢着スルニ至ルヘシ而シテ右ハ單ニ租界內ノミニ止マラス延イテハ租界外ノ占領區域ニ於ケル支那民衆ニ惡影響ヲ及ホスヲ以テ之カ治安維持ニ當リ日本軍ニ取リテハ重大關心事タリ

租界內諸新聞雜誌竝ニ圖書カ反日記事乃至論說ヲ掲載セル實例ハ枚擧ノ遑ナキモ吾人ノ特ニ重視シ居ルハ「テロ」事件ニ付犯人ヲ「愛國分子」ナリトカ或ハ「壯士」ナリトカ稱シ「テロ」行爲ヲ使嗾シ又遊擊隊活動ニ付テハ誇大ノ報道ヲ為シ非占領地域ニ於ケル支那民衆ノ抗戰ヲ煽動シ居ルコト

竝[3]ニ舊正月或ハ七二列士殉國記念日ノ如キ場合市黨部ノ發スル指令ヲ掲載シ既ニ上海陷落後當地ニ於ケル活動ヲ停止スヘカリシ重慶政府側機關紙ヲシテ支那民衆ニ對スル指令指導ヲ可能ナラシメ居ルコト等ナリ

工部局警察ニ於テハ從來我軍管理下ニ在ル新聞檢查處ト協

(カ)セラレ治安ニ害アルカ如キ反日新聞ノ彈壓ニ盡力セラレタルハ本官ノ多トスル所ナルモ右協力ヲ更ニ擴大シ租界ニ於ケル反日新聞雜誌ノ發行竝ニ販賣ヲ一切根絶シ以テ明朗ナル租界ノ實現ノ爲一層ノ御努力ヲ要望スル次第ニシテ當方トシテモ右目的ノ爲貴方ト密接ナル協力ヲ爲スノ用意アルヲ確言スルモノナリ

尚租界内ニ於ケル反日新聞雜誌ニシテ外國籍殊ニ英米兩國籍ノモノ多數存在スルヲ以テ右取締ニ付本官ヨリ英米兩總領事ニ對シ夫々注意ヲ喚起スル筈ナリ

北京、天津、南京、漢口ヘ轉電セリ

1701　昭和14年4月20日　在上海三浦総領事より有田外務大臣宛（電報）

仏租界内の青天白日旗掲揚や政治的示威運動の禁止に関する仏国側当局の措置振りについて

上　海　4月20日後発
本　省　4月20日夜着

第◎一〇三〇號

十九日當地國民精神總動員宣傳週（十七日乃至二十三日）中農工商宣傳日ニ際シ蘇州河以南ノ共同及佛租界共各工場商店等ハ大半青天白日旗ヲ掲揚セルカ佛租界當局ハ早朝ヨリ警官ヲ派シ各家ニ對シ之カ引降シヲ命シタルモ中ニハ反抗的態度ヲ示ス者モアリテ多數支那人検束者ヲ出シ支那人巡捕一名負傷シタル程ナルカ當局ハ正午頃迄ニハ漸ク佛租界内ニ掲揚セラレタル國旗全部ノ引降シニ成功シタルモ一部商店ハ國旗掲揚許可アル迄開門セストテ休業セルモノアリ一時各所ニ於テ緊張セル場面ヲ現出セルカ夜ニ入ルヤ當局ハ更ニ多數ノ警官ヲ巡邏セシメテ萬一ノ警戒ニ努ムル所アリタリ尚佛當局ハ當日同租界内ニ於テハ如何ナル政治的示威運動モ之ヲ嚴禁シ此ノ種運動ハ事端ヲ開キ易ク公共ノ秩序及安全ヲ阻害スル「テロ」分子ノ煽動ニ便スルコト明カナルヲ以テ當局ハ一面各個ノ意思ヲ尊重スルト共ニ他面必要ノ措置ヲ講シ以テ租界内ノ絶對中立ト住民ノ安寧保持ノ責任ヲ全ウセル所以ナリ若シ必要ノ際ニハ當然「テロ」分子ヲ驅逐スヘシ集團的國旗掲揚ニ關シテハ國際日ヲ除ク外政治上ノ示威的性質ヲ帶ヒルモノハ一切禁止スヘシトノ佈告ヲ出タシタルカＡＭ情報ニ依レハ佛租界當局ハ既ニ同租界内ニ於ケル市黨部ノ活動停止方命シタル趣ニモアリ佛租

界當局カ相當我方ニ協力的態度ヲ示シ來レルハ注目ニ値ス
本件ニ關シ二十日各漢字紙ハ一齊ニ論説ヲ掲ケ何レモ關係複雑ナル公共租界内ニ於テ國旗ヲ掲ケ何等事端ノ發生ナキニ治安維持ニ藉口シテ單一租界タル佛租界ニ於テ國旗掲揚ヲ阻止セルハ不可解ナリ國旗ハ國民ノ國家愛護ノ熱誠ヲ表示スルモノニテ過去ノ例ニ徴スルモ右ハ租界ノ警察規則ニ反スルモノニアラストテ佛當局ノ再考ヲ促スト共ニ中央ヲシテ外交交渉ニ依リ佛政府ニ抗議セシメ以テ將來此ノ種事件ノ再發防止ヲ要求スル要アルヘシト論シ居レルカ對佛關係ヲ慮リ論調極メテ控目ナリ
北京、天津、漢口、南京、香港ヘ轉電セリ

1702　昭和14年4月21日　在上海三浦総領事より有田外務大臣宛（電報）

上海市各界の国民精神総動員運動につき共同租界内での取締方工部局へ要求について

上　海　4月21日後発
本　省　4月21日夜着

第◎一〇四三號

長期抗戰ニ於ケル支那民衆ノ抗戰的熱意ヲ昂揚セシメンカ為重慶政府カ國民精神總動員週間ヲ規定シ反日宣傳ニ躍起トナリ居ルコトハ累次往電ニ依リ御承知ノ通リナル處當地ニ於テモ上海市黨部ハ重慶ノ指示ニ基キ上海市各界國民精神總動員協會ヲ組織シ同協會ヲシテ宣傳辦法及告同胞書ヲ發表當地各漢字紙ヘ掲載セシメタルカ右運動ハ本質的ニ反日運動ナルノミナラス當方ノ入手セル右協會役員中ニハ多數ノ抗日分子特ニ共産黨員ヲ含ミ居レルヲ以テ抗日團體タルハ疑無キ所ナルニ付斯ル排日政治運動ハ租界内治安維持上特ニ重大ナル障害ヲ與フルニ鑑ミ二十一日附書翰ヲ以テ「フランクリン」市參事會議長ニ對シ右趣旨ヲ述フルト共ニ㈠國民精神總動員運動ノ禁止㈡上海市各界國民精神總動員協會ノ解散㈢本件運動ニ關スル支那側機關ノ發スル指令ノ新聞掲載禁止竝ニ右指令ヲ掲載セル新聞ノ販賣禁止及沒收㈣租界内青天白日旗ノ掲揚禁止等ニ關シ速カナル措置ヲ執ルヘキ旨ヲ要求セリ（委細郵報）
北京、天津、南京、漢口、香港ヘ轉電セリ

1703　昭和14年5月1日　在上海三浦総領事より有田外務大臣宛（電報）

共同租界内における政治的宣伝を目的とする結社および運動禁止に関し工部局参事会議長が告示公布を表明について

別　電　昭和十四年五月一日発在上海三浦総領事より有田外務大臣宛第一一四九号

右工部局告示

上　海　5月1日後発
本　省　5月1日夜着

第◎一一四八號

往電第一〇四三號（租界內ニ於ケル政治運動禁止方ニ關スル我方申入）ニ關シ

一日（四月二十九日附）「フランクリン」市參事會議長ヨリ㈠租界內政治運動ヲ禁止スヘシトノ日本側見解ニ對シ工部局ハ同感ナルヲ以テ近ク本件ニ關シ告示ヲ發スル意嚮ナルコト㈡工部局警察ハ政治的結社ノ所在地判明次第之ヲ解散スル用意アルニ付右ニ關スル如何ナル情報モ歡迎スルコト㈢政治□□□□（四字不明）禁スル□□□□□□□□□□（十字不明）止ニ付テモ同感ナリ工部局ハ新聞ノ取締及政治的宣傳ノ彈壓ハ治外法權ノ關係上困難ニ遭遇シツツアル事情ハ有之モ出來得ル限リノ努力ヲ爲シツツアルモノニシテ工部局トシテ租界內治安維持ニ害アル發刊物ノ取締ニ付最善ノ措置ヲ執ルヘキ旨ヲ茲ニ保障スヘキコト㈣租界內ニテ絕對ニ國旗ノ揭揚ヲ禁止スルコトハ工部局ノ權限外ナルノミナラス却テ擾亂ヲ惹起シ治安維持ノ目的ニ反スルニ到ルヘキヲ以テ工部局ニ於テ眞ニ國慶日ト認メラル祭日ヲ除キ政治的運動乃至宣傳ノ目的ヲ以テ國旗ヲ揭揚スルヲ禁スヘキコトノ趣旨ヲ以テ回答シ來レリ

尙一日工部局ハ別電第一一四九號ノ通リ政治的宣傳ヲ目的トスル結社及運動ノ禁止ニ關スル告示ヲ公布セリ

本電別電ト共ニ北京、天津、南京、漢口、香港ヘ轉電セリ

（別　電）

上　海　5月1日後発
本　省　5月1日夜着

第◎一一四九號

從來一部ノ間ニ於テ政治的宣傳ノ普及ヲ目的トスル諸結社

ヲ組織シ諸運動ヲ行ハントスル計畫アリ又現ニ計畫ノ行ハレツツアルハ工部局ノ重大關心事トスル所ナリ斯ル結社及運動ハ工部局ノ觀ル所ニ依レハ秩序ヲ紊亂スルノ惧アリ且又共同租界ノ治安及安全ヲ脅威ス依テ工部局ハ其ノ一般警察權ヲ發動シテ此ノ種ノ結社ヲ禁止シ其ノ解散ヲ命シ竝ニ此ノ種ノ運動ヲ禁止シ之ヲ防止スヘキコトヲ布告ス

尙右告示ハ邦字及英字ノ各紙ニ掲載セラレタルモ漢字紙ニハ全然掲載セラレ居ラス

北京、天津、南京、漢口、香港へ轉電セリ

1704 昭和14年5月1日 在上海三浦総領事より有田外務大臣宛(電報)

上海共同租界内の反日言論取締に関するわが方要求に対し工部局回答について

上海　5月1日後発
本省　5月1日夜着

第◦一一五一號

往電第九六四號及第一〇九一號(租界内新聞取締申入)ニ關シ

一日午前「フ」市參事會議長來訪左ノ要旨ノ覺書ヲ持參セリ

工部局ハ治安維持ニ害アル出版物取締ニ關スル日本側要望ニ對シ同感スルモノナルカ右取締ハ工部局警察ノ義務ニシテ從來共努力シ來レルモ更ニ嚴重取締ヲ實行スヘシ既ニ各新聞社ニ對シ直接警告ヲ發シタルニ付本件ニ關スル告示ノ發表ノ要ナカルヘシ工部局警察ハ租界内政治結社ノ彈壓ノ用意アルト共ニ治安ニ害アル出版物ノ發刊及搬出入ノ防止ニ付出來得ル限リノ措置ヲ爲ス意嚮アリ新聞取締ヲ專掌スル係ハ既ニ特高課内ニ存在スルヲ以テ之ニ對スル情報ノ提供ハ歡迎ス尙外國領事ニ對シテ既ニ工部局ヨリ協力ヲ求メタル結果外國籍新聞ニ對シ夫々警告發セラレタルヲ以テ其ノ結果ヲ眞ニ期待シ居ル次第ナリ

北京、天津、南京、漢口へ轉電セリ

1705 昭和14年5月3日

上海共同租界の機構および制度の改訂に関する沢田外務次官の在本邦英米両国大使への申入れ

付　記　昭和十四年五月二十三日付

有田外務大臣内奏資料中の「上海共同租界問題」

上海共同租界問題ニ關スル澤田次官ノ對英米大使申入要旨（五月三日）

(イ)舊キ歷史ヲ有スル上海共同租界ノ機構及諸制度カ今日ノ新シキ事態ニ適應セサル幾多ノ缺陷ヲ有スルコトハ一般ニ認メラルル所テアル共同租界ノ基本法タル土地章程ヲ見ルニ現行章程ノ規定ハ僅少ノ些細ナル點ヲ除ケハ一八六六年納稅者會議ニ於テ通過シ一八六九年北京外交團ニ依リ承認セラレタル章程ノ規定ノ儘ノモノテアル卽チ共同租界ハ今日ニ於テモ依然一八六六年ニ定メラレタル組織法ニ依リ支配セラレテ居ルノテアルカ當時ニ於ケル共同租界ハ其ノ面積現在ノ區域ノ三分ノ一ニ足ラス外國人居住者數ハ僅ニ二千二百人テアリ支那人居住者數ハ約九萬人ニ過キナカツタ、共同租界ノ現在ノ機構及諸制度ハ其ノ後七十有餘年間ニ發展シ來ツタモノテアルカ輓近著シク變化シ來リタル新タナル事態ノ下ニ事ヲ處理スルニ適當ナラサルモノノアルコトハ蓋シ怪シムニ足リナイ。

(ロ)東亞ニ於テ現ニ展開シツツアル新情勢ニ鑑ミ租界ノ將來ニ關スル根本問題カ如何ニ取扱ハルヘキヤハ暫ク之ヲ別ニスルトスルモ共同租界カ今日ノ現實ノ事態ニ適應シ眞ニ健全ナル機能ヲ發揮シ得ルカ爲ニハ其ノ機構及運用上ニ於テ改善ヲ加フルヲ要スル點ハ尠ナクナイト認メラレル數年前上海ノ諸新聞ニ於テ共同租界工部局改革問題カ盛ニ論議セラレタル際ニモ共同租界參事會員ノ選擧制度カ舊態依然トシテ非「デモクラチック」テアルコト、工部局主要職員ノ地位ハ殆ント英人ニ依リテ壟斷セラレ英人職員カ餘リニ壓倒的多數ヲ占メ且其ノ施政カ寡頭政治ニ流レテ居ルコト、行政費カ餘リニ高ク殊ニ俸給カ割高テアツテ義勇隊、教育、音樂隊其ノ他ニ於テ大ニ經費節減ヲ要スルモノノアルコト、工部局豫算殊ニ教育費カ各國人ノ「コムミユニチー」ニ公平ニ配分セラレテ居ラナイコト等ノ諸點ハ一般ニ理由アルモノトシテ取扱ハレ就中土地章程ヲ新時代ノ要求ニ適スルヤウ改訂スル必要アリトノ意見ハ一般輿論ノ强キ支持ヲ受ケタノテアル。

(ハ)共同租界行政ノ運用ヲ圓滑ナラシムルカ爲ニハ工部局ノ機構ヲ新時代ノ要求ニ適應スルヤウ改組スル必要ノアル

外利害關係國人ノ發言權カ工部局行政ノ上ニ公平ニ表現セラルルコトカ必要テアルカ日本人ノ「コムミユニチー」ノ發言權ハ其ノ利害關係ノ大ナルニ比シ種々ノ點ニ於テ租界行政ノ上ニ十分公平ニ表現セラレテ居ラナイ憾ノアルノハ事實テアル例ヘバ日本人參事會員ノ數ニ付テ見ルモ又工部局警察部ニ於ケル日本人警察官ノ地位ニ付テ見ルモ將又工部局一般行政部ニ於ケル日本人職員ノ現狀ニ付テ見ルモ其ノ間ノ消息ハ明瞭テアル右ノ如キ諸點ニ付テノ不滿足ナル現狀ヲ合理的ニ調整スルコトハ共同租界行政ニ對スル日本側ノ積極的協力ヲ可能ナラシメ租界行政ノ圓滿ナル運行ヲ計ルカ爲ニ絶對ニ必要テアル。

(ニ)今日共同租界ノ地位及其ノ施設ヲ論スルニ當テ看過スルコトノ出來ナイ重要ナル事實ハ日支事變發生以來ノ支那ニ於ケル一般情勢ノ變化殊ニ上海方面ニ於ケル現實ノ事態ノ激變テアル上海乃至中支方面ニ於テハ蔣介石政權トハ別個ノ新シキ政權タル上海特別市政府及維新政府カ既ニ成立シテ居リ殊ニ上海特別市政府ハ租界外周邊ニ於ケル上海ノ現實ノ統治體トシテ實際上施政ノ責ニ任シツツアツテ上海方面一般ノ治安維持其ノ他一般公共ノ福祉擁護ノ爲ニハ共同租界當局カ特ニ上海特別市政府ト緊密ナル協力ヲ爲スコトカ最モ望マシキコトト認メラレルノテアル此ノ見地カラ論スレハ例ヘハ共同租界内支那法院ノ地位ノ如キニ付テモ新事態ニ卽シ實際的考慮カ拂ハレナクテハナラス又工部局ニ於テ保管シテ居ル舊市政府ノ土地臺帳ノ返還問題ノ如キモ速ニ解決セラルヘキモノト認メル。

(ホ)現下ノ事態ノ下ニ看過シ得サル他ノ重大ナル事實ハ反日乃至反新政權分子カ租界ノ特別ナ地位ヲ利用シテ跳梁シツツアルコトテアル此ノ種分子ノ跳梁ヲ放任スルカ如キコトハ租界自體ノ存在及安寧ノ爲ニモ取ラサル所テアツテ右分子ノ「テロ」行爲及排日言論其他一切ノ有害行爲ニ對スル徹底的取締ニ付テハ租界當局及利害關係國ニ於テ切實ナル考慮ヲ拂ヒ善處スル必要カアルノテアツテ帝國政府ハ租界カ此ノ種分子ノ利用基地トナルコトニ對シテハ常ニ最大ノ關心ヲ以テ注視シツツアルモノテアル。

ORAL REPRESENTATION MADE BY VICE MINISTER FOR FOREIGN AFFAIRS, MR. RENZO SAWADA, TO

THE BRITISH AND AMERICAN AMBASSADORS AT TOKYO REGARDING THE QUESTION OF THE SETTLEMENT IN SHANGHAI.

May 3, 1939.

(a) The administrative structure and systems of the Settlement are defective in many respects rendering them wholly unsuitable to the present situation, including the Land Regulations, on which the administration of the Settlement is based. The provisions of the Land Regulations now in force, save on a few minor points, remain exactly the same as those of the Land Regulations of 1866. In other words, the Settlement is still governed by a set of basic regulations enacted seventy-three years ago when the Settlement was less than one-third of its present areas, and foreigners residing there numbered no more than 2,200 and there were only about 90,000 Chinese residents. Unquestionably the existing administrative structure and systems of the Settlement are in many respects inadequate to meet the new situation which has developed in the ensuing 70 odd years.

(b) To enable the Settlement to adapt itself to the actual conditions now obtaining and to discharge properly its functions, not a few improvements and innovations should be introduced into its administrative machinery and its operation. Several years ago the question of the reform of the Municipal Council was eagerly discussed in the presses of Shanghai. It was then pointed out that the system of election for the Municipal Council was undemocratic; that the British monopolized important offices in the Municipal Council, held an overwhelming majority in its other offices and tended to be oligarchical in administering its affairs. It further asserted that administrative expenses were excessive, and therefore, a considerable retrenchment of expenditure was required in regard to the Volunteer Corps, the Orchestra and education, and in other respects; and that the budgetary expenditure of the Municipal Council, especially that relating to education, was not fairly distributed among the different national communities. All those assertions were generally justified.

(c) To make smooth the working of the administrative machinery of the Settlement, it is imperative that the structure of the Municipal Council should be remodelled with a view to meeting the requirements of the present day. It is also necessary that the nationals of all the countries interested should have a fair and just voice in the affairs of the Municipal Council. The voice of the Japanese community, despite the enormous Japanese interests there, is not given a due and fair expression in the administration of the Settlement. This is evident from the small number of the Japanese Councillors, from the position of Japanese officers in the Municipal Police Department, or from how Japanese officials stand in the other departments of general administration. A reasonable adjustment of the present conditions, which are so unfair and unsatisfactory, is therefore, imperatively necessary.

(d) In considering the status and administration of the Settlement it should be borne in mind that a radical change has come over the general situation in China since the outbreak of the China Affair. Especially in Shanghai and its neighbourhood, the situation has completely changed. New régimes, distinct and separate from the Chiang Kai-shek Régime have come into existence and are functioning—the Special City Government in Shanghai and the Weihsin (new) Government in Central China. It is most desirable, therefore, that the Settlement authorities should closely cooperate with the Special City Government for the maintenance of peace and order, and for the safeguarding of general public welfare, in Shanghai and its vicinity. For that purpose some measures must be immediately taken. For instance, practical consideration should be given to the position of the Chinese Court of Justice existing within the Settlement, and the question of restitution of the old City Government's Land Registers held in custody by the Municipal Council must be speedily settled.

(e) Japanese Government cannot pass unnoticed the rampancy of anti-Japanese elements or those elements hostile to the new régimes in China, who are taking advantage of the special status of the Settlement in carry on their lawless activities. It is incumbent upon the Settlement authorities and upon all the interested countries to accord serious consideration to the necessity of effecting a thorough control of the terrorism, anti-Japanese propaganda and all other malignant acts of these elements, and to take the requisite steps accordingly.

編注　本文書は、昭和十四年十二月、情報部作成「支那事變關係公表集(第四號)」から抜粋。

(付　記)

上海共同租界問題

一昨年十一月上海地方カ陥落シ其ノ後蔣政權カ漢口、更ニハ重慶ニ逃避シマシタ後モ上海ノ共同租界ニ於キマシテハ抗日分子ノ暗殺行爲竝ニ反日運動カ引續キ行ハレ、一方同租界ノ行政機構及其ノ運用カ事變後ノ新事態殊ニ維新政府及上海特別市カ相當確乎タル地方的政權トシテ存立致シマスル事態ニ適合セサルモノ多々アリマシタ爲我現地各機關ニ於キマシテハ緊密ナル協力ノ下ニ昨年一月以來工部局當局及英米兩國トノ間ニ共同租界内ノ抗日取締竝ニ工部局行政機構及其ノ運用ノ改善ニ付テ引續キ複雜多岐ナル折衝ヲ續ケテ參ツタノテアリマス。

卽チ我カ現地當局ニ於キマシテハ機會アル毎ニ共同租界内ノ抗日取締ニ付キマシテ工部局當局ト折衝シ相當ノ效果ヲ擧ケテ參リマシタル一方、工部局ノ行政機構殊ニ其ノ警察ニ於ケル日本人警察官ノ地位ノ向上、權限ノ擴大等我カ勢力ノ擴充ニ努力シテ參リマシテ、此ノ點ニ付キマシテモ近ク一定ノ話合ニ達スル段階ニ進ンテ參ツタノテコサイマス。東京ニ於キマシテモ英米兩國ニ向ヒマシテ帝國政府ノ見解ト主張トヲ隨時闡明シテ參ツタノテコサイマスカ、去ル五月三日更ニ從來ノ主張ヲ一括シ我方ノ根本的ナル見解ヲモ交ヘマシテ英米兩國大使ニ對シ申入ヲナシタノテコサイマス。(中略)

右申入ニ對シマシテ米國側ヨリハ本月十七日、又英國側ヨリハ同十九日夫々其ノ見解ヲ回示シテ參リマシタ。兩者多少用語ヲ異ニスルノミデ其ノ趣旨ニ於テ全然同一デゴザイマスガ、要點ハ左ノ通リデゴザイマス。

一、英米政府ハ租界ノ土地章程ニ必要ナルベキ改正ニ付テハ友好的ナル交渉ニ參加スルニ吝デハアリマセヌガ、現在ノ上海ノ事態ハ決シテ平常ノモノデナク、複雜ナル諸問題ヲ論議シテ公正ナル解決ニ到達スルニ適シマセヌ。租界内ノ支那法院モ、多數國家間ノ協定ニ基クモノデアリマスカラ、其ノ地位ヲ改ムル爲話合ヲ爲スコトハ土地章程ノ改正ト同樣現在其ノ時機テハアリマセヌ。

二、租界行政ニ對スル參政權ニ付テハ各國人ノ間ニ何等差別待遇ハナク、日本人ハ寧ロ其ノ納付スル税金ニ比較シテ過大ナル投票權ヲ有シテ居ルノテアリマス。

三、行政機構ノ改善ニ付テハ租界當局者ハ事態ノ變轉ニ應シ善處シテ參ツタノテアリマシテ、今後モ日本側ノ公正ニシテ合理的ナル希望ニ應シ全力ヲ盡スモノト信スルノテアリマス。

四、租界當局ト新政權側トノ連絡協調ニ付テハ、租界當局側トシテハ其ノ隣接區域ニ承認セラレタル政府ナキ此ノ際、洵ニ困難ナル事態ノ現實ニ處シテ一切ノ努力ヲナシテ參ツタモノテアリマス。之ニ關シ注意スヘキ點ハ、租界ハ其ノ創始以來隣接區域ニ擾亂アル場合ニハ外部ヨリスル一切ノ紛爭ニ關ハラサルコトヲ其ノ政策トシテ參ツタコトテアリマス。

五、租界當局ハ上海ニ於ケル困難且緊張セル事態ニ拘ハラス、治安維持ニ付能ク有效ナル努力ヲ續ケテ來タノテアリマスカ、租界隣接地域ニ於ケル治安ノ惡化ト日本軍カ租界北部地域ヲ今猶租界當局ノ管理ニ復歸セシメサルコトハ、工部局側ノ努力ヲ困難ナラシメテ居ルノテアリマスカラ、日本側ニ於テ速ニ租界北部地域ノ返還ヲ圖ラレタイノテアリマス。

尚最近租界當局ニ於キマシテハ、一切ノ政治運動ヲ禁止シ、又從來外國籍ナルコトヲ盾ニ自由ナ抗日的言論ヲ弄シテ居リマシタ漢字新聞ニ對シテモ峻嚴ナル取締ヲ實施スル等、相當抗日分子ノ取締ニ努力シツツアル如クテコサイマスカ、政府ト致シマシテハ今後モ從來ノ方針通リ租界當局及關係國トノ間ニ折衝ヲ續ケ共同租界ヲシテ眞ニ新事態ニ適合シタルモノトナサシムル様努力スル考テコサイマス。

1706　昭和14年5月4日　在上海三浦総領事より有田外務大臣宛(電報)

上海共同租界の機構および制度の改訂に関連して英米両国総領事に上海特区法院問題への協力を要望について

上　海　5月4日後発
本　省　5月4日夜着

第一一九三號（編注）

貴電第五八八號及第五八九號ニ關シ（上海租界問題ニ關スル件）

(一)租界問題ニ關スル二日ノ現地陸海軍ノ共同聲明（聲明文ノ作成ニ當方モ參與セリ）三日ノ澤田次官ノ英米兩大使ニ對スル申入ニ呼應シ四日本官ハ「フイリップス」英國總領事竝ニ「ゴース」米國總領事ヲ歴訪シ右御申入ノ趣旨ヲ敷衍説明スルト共ニ共同租界內支那法院問題ヲ「ポイントアウト」シテ兩總領事ノ協力ヲ要望セルカ其ノ要旨左ノ如シ

一、租界ノ安寧ヲ保障シ且其ノ繁榮ヲ增進スル爲ニハ土地章程ノ徹底的改訂カ緊喫ニシテ同時ニ租界ノ行政機構竝ニ諸制度ヲ革新スルコトヲ要ス

一、租界ノ安寧ハ何人モ欲スル所ナルカ租界內支那法院ヲ現在ノ事態ニ適應シテ改變スルニアラサレハ租界ノ安寧ハ危殆ニ瀕スヘシ蔣介石政權ノ使嗾ニ係ル抗日「テロ」カ行ハレタル場合之ヲ審理スル者ハ蔣介石政權ノ任命及指令ニ係ル裁判官ナルコトハ不合理モ甚タシト言フヘク此ノ不合理ハ是正セシムル決意ヲ有ス

(二)右ニ對シ「フイリップス」總領事ハ土地章程ハ骨董的存在ニシテ自分ニ於テモ豫々完全ナルモノトハ思考シ居ラサルモノナルカ本件御申入ハ重大問題ナレハ篤ト研究ノ上大使及倫敦ニ電報ヲ以テ請訓スヘシト述ヘ「ゴース」總領事モ同様何等「コムミット」スル所ナク華府ニ請訓スヘシト答ヘタリ

(三)尚英米總領事歴訪後引續キ「フランクリン」市參事會議長ヲ往訪英米側ニ對スル申入ト同様ノ點ニ付我方ノ要求ヲ强ク印象セシメ置キタリ

北京、天津、漢口、南京、香港ヘ轉電セリ

編注 本文書は電報番号が欠落しているが、他の史料から第一一九三号と推測し補った。

1707 昭和14年5月11日 在上海佐藤総領事代理より有田外務大臣宛(電報)

工部局参事会議長が租界内外国籍漢字紙の関係者を招致し各紙に自重方要請について

上海 5月11日後発
本省 5月11日夜着

第◎一二八二號

十日「フランクリン」市參事會議長ハ外國籍漢字紙發行者及編輯人ヲ工部局ニ招致シタル事實アル處情報ニ依レハ席上「フ」ハ現下當地方情勢下ニ於ケル工部局側ノ苦衷ノ存スル所ニ對シ諒解ヲ求ムルト共ニ差當リ各紙ニ壓力ヲ加フル意ナキモ若シ租界内外國籍漢字紙ニテ何等事端ヲ發セシムルカ如キコトアラハ工部局トシテハ將來之カ保護ノ責ニ任セストテ各紙ノ自重ヲ促ス所アリタルカ其ノ後各社ハ之カ對策ニ付協議ノ結果工部局側ノ記事檢査等(往電第一二一六號參照)ニハ飽迄反對ナルカ工部局側ノ立場モアリ各自自肅自戒方申合セタル趣ナリ

北京、天津、南京、漢口、香港ヘ轉電セリ

1708 昭和14年5月13日 在上海佐藤総領事代理より有田外務大臣宛(電報)

仏租界における抗日犯人検挙に際し邦人警察官の立会いを仏国側容認について

上海 5月13日夜発
本省 5月13日夜着

第◎一三〇二號(極祕)

佛租界内抗日支那人ノ檢擧ハ從來共同租界警察ヲ通シ佛側ニ要求スルノ外ナク佛側ニ於テハ當方警察官ノ立合ヲ正面ヨリ拒否シ來レルノミナラス最近ハ政治的犯人ニ付テハ共同租界警察ノ立會ヲスラ拒否シ(日本人警察官アル爲ナルカ如シ)事實上佛租界ノ手入不可能ニ近キ有樣ナリシヲ以テ十日坂警察部長ヲシテ橋爪帶同佛總監「ファーブル」ニ會見セシメ警察官ノ立場トシテ租界ノ治安維持上相互協力

ノ必要アルヲカ説シ最近ニ於ケル佛側ノ擧措ヲ難詰シテ日本側警官ノ立會ヲ要求セシメタル處「フ」ハ初メ法規ヲ楯ニ肯セサリシモ最後ニ一應佛總領事トモ相談ノ上支那人檢擧ノ際ハ日本側警察ヨリ一名共同租界側ヨリ一名ヲ援助ノ意味ニテ立會方承認スヘキ旨答ヘタル趣ナルカ十二日正式ニ之ヲ確認スル旨回答アリタリ但シ右ハ友誼上非公式ニ協力スル意味ナルヲ以テ公表差控ヘラレタキ旨附言シ來レルニ付御含置キヲ請フ

天津、北京、漢口、南京ヘ轉電セリ

1709　昭和14年5月19日　在上海佐藤総領事代理より有田外務大臣宛（電報）

上海共同租界および仏租界の両当局が共同で夜間通行禁止措置の随時発令を決定について

上　海　5月19日後発
本　省　5月19日夜着

第◎一三七六號

共同佛兩租界當局ニ於テハ租界內ニ於テ政治的策動カ行ハレ警察命令（往電第一二八三號）ノ遵奉セラレサル場合ノ對策トシテ必要アラハ時間外通行禁止ニ關シ共同租界工部局及佛總領事ノ緊急共同布告ヲ公布スルコトニ決定シタル趣ナリ

右決定ニ基キ共同租界ニ於テハ十八日附警視總監回章ヲ以テ必要ノ場合ニハ左ノ趣旨ニ依ル緊急時間外通行禁止ヲ發令スヘキ旨通告ヲ發シ且右時間外通行禁止ニ關スル「ポスター」ヲ印刷シ外國警備軍及義勇隊ト聯絡ノ上何時ニテモ實施シ得ル準備ヲ了シ度キ趣ナリ

一、通行禁止ハ當初ハ二日乃至四日トス
二、時間ハ午後八時ヨリ翌朝五時ニ至ル迄トス
三、通行禁止ハ自動車搭乘者ニモ及フモノトス
四、外國人ニハ適用ナシ
五、浮浪者ハ之ヲ拘引シ釋放セス
六、街路ノ取締ヲ嚴ニシ命令ニ違反シタル者ハ外國人ヲ除キ檢束セラルヘシ

尙佛租界ニ於テモ同樣ノ措置ヲ講スヘキ豫定ナル由

北京、天津、南京、漢口ヘ轉電セリ

1710 昭和14年5月19日 在上海佐藤総領事代理より有田外務大臣宛（電報）

上海共同租界の機構・制度改訂に関する日本側要求を米国政府が全面拒否したことなど列国の対日強硬姿勢を歓迎する漢字紙論調報告

上海 5月19日後発
本省 5月19日夜着

第◎一三八二號

十九日當地漢字紙ハ何レモ土地章程修正ニ關スル日本側要求ニ對スル米國政府ノ全面的拒否、蘇州河以北地區ノ工部局返還要求又ハ英米佛三國海軍ノ鼓浪嶼上陸ニ依リ日本軍ノ大部分ハ撤退シ人心初メテ安定セリ等ノ大見出ノ下ニ華府及香港電等ヲ掲ケ列强ノ强硬態度ニ依リ日本ハ遂ニ屈服スルモノナリヤノ印象ヲ一般ニ植付ケントスルカ如キ宣傳的書振リヲナシタルカ十八日重慶發路透電モ同地ニ於テハ特ニ英米佛海軍ノ鼓浪嶼上陸ヲ歡迎シ右ハ列强ノ强硬態度トシテ今後ノ對日交渉上ニモ一進歩ヲ劃スヘシト論シ極メテ好印象ヲ與ヘ居ル旨報シ居レリ

北京、天津、南京、漢口、厦門、香港ヘ轉電セリ

1711 昭和14年8月8日 在上海三浦総領事より有田外務大臣宛（電報）

上海租界内の重慶側機関の接収に関する対策要綱を現地三省会議で決定について

上海 8月8日後発
本省 8月8日夜着

第二二〇五號（極祕）

往電第一八?八七號及第二〇三五號ニ關シ

㈠上海獨自ノ立場ヨリ推進中ナル租界問題解決ノ二方針中特ニ租界内重慶政府機關ノ接收工作ニ付テハ租界三省幹事會ニ於テ篤ト研究中ナリシ處偶原則問題ニ關スル東京會談成立シタルヲ以テ右ヲモ併セテ考慮ノ上一案ヲ得タルニ付八月七日租界三省委員會（三委員、三幹事出席）ニ附議ノ結果東京會談開始後ニ於ケル上海租界對策要網（綱カ）トシテ左ノ通可決決定セリ

一、共同租界、佛租界ニ存在スル重慶政府機關ヲ接收ス右ニ對シテハ先ツ外交交渉ニ依リ特區法院ノ接收ヲ圖ルモ之ニ依リ速ナル實現ヲ期シ得サルトキハ佛租界ニ在ル第二特區法院次テ其ノ他重要ナル重慶政府機關ヲ接

收ス

二、右接收ノ側面工作トシテ特區法院官ノ懷柔等ヲ行フ

三、租界當局竝ニ第三國人ニ對シ重慶政府機關ノ接收カ當然ノ措置ナルコトヲ認識セシムル如ク宣傳竝ニ裏面工作ヲ行フ

四、右ト竝行シ共同租界工部局ヲ終局ノ目的トシテ市參事會選擧 vote 增加工作ヲ行フ

(二)右對策要網(綱カ)ハ先ツ以テ外交交渉ト懷柔工作ニ重キヲ置ク次第ニシテ實力行使ハ最後ノ手段トシテ行フヘク尚其ノ必要アル場合ハ豫メ中央エ請訓シ許可ヲ取付ケタル上ニテ行フコトニ話合濟ナリ

本官ハ九日法院問題ニ關シ佛總領事ト會談佛側ノ囘答ヲ督促スル(往電第二〇四二號御參照)豫定ナル處右會談ニ關聯シ佛側ニ或程度ノ壓力ヲ加フル爲陸軍ハ佛租界周圍附近ノ警備軍ヲ增強シ又海軍ハ黃浦江上ニ示威ヲ行ヒツツアリ爲念

天津、北京、漢口、南京、廣東ヘ轉電セリ

1712

昭和14年9月30日　在上海三浦総領事より野村外務大臣宛(電報)

上海共同租界工部局参事会議長と汪兆銘との意見交換について

上海　9月30日前発
本省　9月30日後着

第二八〇三號(館長符號扱)

二十五日夜市參事會議長「フランクリン」ハ竹內ト會見セルカ其ノ內容ニ關シ竹內カ清水ニ內話セル所左ノ通リ

「フ」ハ汪ノ和平運動ノ速カナル成功ヲ希望スル旨ノ挨拶ヲ述ヘタル後滬西越界路問題ニ言及シ新中央政府成立ノ上ハ同地警察權ヲ新政府ニ移行スルコトハ問題ナキモ同地區ニ對シテハ工部局ノ投資モ相當多額ニ上リ居ルヲ以テ收稅問題ハ別途ニ之ヲ考慮スル必要アリト思考ス而シテ米國側ハ當方面ノ狀態ヲ充分了解シ居ルヲ以テ特ニ日本側ヲ不必要ニ刺戟セシメサル爲既ニ米國駐屯兵ノ滬西行ヲ內密禁止シタル程ナルカ英國側ハ新中央政府ノ成立ニ餘リ期待シ居ラス特ニ工部局カ英人ノ實權下ニ在ル爲貴方ニ對シテモ種々不滿足ノ點アルヘキモ何等意見アラハ遠慮ナク申出テ

ラレタク出來得ル限リ善處スヘシト語リタルニ對シ竹內ハ其ノ好意ヲ謝スルト共ニ工部局側カ滬西方面ニ裝甲自動車等ヲ持出シ示威運動ヲ為スノ愚ナルコトヲ指摘シ置キタル趣ナリ

北京、南京、漢口へ轉電シ香港へ暗送セリ

1713 工部局警察の蘇州河以北地域への復帰に関する海軍側試案について

昭和15年1月20日　在上海三浦総領事より有田外務大臣宛(電報)

上海　1月20日後発
本省　1月20日夜着

第一二〇號

[1]工部局警察ノ蘇州河以北地域ヘノ復歸ニ關シ

(一)二十日租界對策委員幹事會ニ海軍側ヨリ別電第一二一號(省略)ノ試案提出セラレタルカ其ノ理由左ノ通リナル趣ナリ

一、海軍側ニ於テハ工部局警察ノ蘇州河以北地域ヘノ復歸ヲ至急實現スルコトニ付テハ主義上全然異存ナキモＥ區中越界路地域ニ關シテハ將來滬西ト同樣特殊ノ考慮ヲ加フルノ必要アルニ至ルヤモ計ラレサルヲ以テ此ノ際同地域ノ警察權迄モ工部局ニ返還スルニ於テハ將來右必要發生ノ場合支障アリ唯市政府警察ノ不滿足ナル現狀ニ於テ邦人ノ多數居住スル同地域ヲ滬西同樣ノ特殊警察區トスルコト不可能ナルヲ以テ同地域ノ警察權ニ付テハ此ノ際何等ノ決定モナサス當分ノ間從前通リ陸戰隊ニ於テ擔當シ將來必要ナル措置ハ執リ得ル餘地ヲ殘シ置カントスルニ在リ唯海軍ニ於テモ實際上ハ工部局警察ニ相當廣範圍ノ活動ヲ認メ差支ナシトノ考ニテ交通警察ハ當然工部局ヲシテ行ハシムル外犯罪ノ搜查犯人ノ逮捕等モ陸戰隊ノ承認ヲ得テ行ハシムルモ差支ナキ趣ニテ(別電ノ一但書ハ此ノ意味ナル由)唯將來ニ對スル留保ヲ目的トスルモノナル趣ナリ

二、[2]工部局警察カ蘇州河以北地區ニ復歸スルモ同地區ニ於テ逮捕セラレタル犯人カ重慶政府ノ機關タル第一特區法院ニ於テ裁判セラレ又同地區ニ於ケル支那人間ノ民事事件及日本人カ原告タル民事事件カ同法院ニ於テ裁判セラルルハ不合理ナルヲ以テ蘇州河以北地域ニ於ケル民事刑事事件ハ重慶政府ノ機關タル法院以外ノ法院

ニ依リ裁判セラレサルヘカラス之カ為ニハ現特區法院ヲ新政權ニ接收スルコト最モ適當ナルカ（別電二ノ(イ)）右ニハ相當ノ時日ヲ要スヘキヲ以テ不取敢別ニ日本軍管理特區法院又ハ重慶政府ト絶縁シタル第一特區法院分院（名目ノミハ重慶政府機關トスルモ裁判官ノ任命其ノ他ノ實質ハ總テ日本側又ハ維新機關ノ定ムル所ニ依ル）ヲ設立セントスルニ在リ右ノ點ニ付テハ法理上種々ノ疑問アルヘキモ右主張ノ根據ハ同地區カ日本軍ノ支配下ニ在ルノ事實ヲ以テ説明スヘキモノトス

(二)[3]右ニ對シ當館幹事ヨリ一、二付テハサシタル問題ナカルヘキモ二、ハ法理上種々議論ノ餘地アルヘク工部局及領事團ニ於テモ（一字アキ）ニ贊成セサルヘキヲ以テ同案實現ノ必要性ハ充分之ヲ認ムルモ之カ實現ニハ相當ノ困難アルヘキ旨述ヘタルニ對シ陸海軍側幹事ヨリ右ノ困難ナル事情ハ充分承知シ居ルモ右カ實現セサルニ於テハ工部局警察ノ復歸ヲ認ムル眞ノ目的ヲ達シ得サル次第ニ付形ハ何レニテモ結構ナルカ前記事件カ重慶政府ノ機關以外ノモノニ依リ裁判セラルル樣極力努力アリタキ旨要請シタル趣ナリ

(三)本案ハ二十四日ノ最高連絡會議ニ於テ更ニ審議セラルル豫定ナル趣ナルカ其ノ際ハ本官トシテ左ノ通リ意見ヲ開陳シタキ所存ナリ

兩件共主義上異存ナキモ之ヲ交換公文ニ記載シ又ハ之ヲ條件トシテ工部局警察ノ復歸ヲ認ムルコトトスルニ於テハ問題全體ヲ不成立ニ終ラシムル惧アルヲ以テ工部局警察復歸ニ關スル公文交換ノ際口頭ニテ「フランクリン」議長宛申入レ（場合ニ依リテハ簡單ナル覺書ヲ交付スルコトアルヘシ）詳細ニ付テハ復歸ノ順序方法等ニ付更ニ決定ノ為設置セラルヘキ刑務連絡會議ニ於テ研究シ實現方取計ハシムルコト適當ナルヘシ

1714

昭和15年2月19日　在上海三浦総領事より
有田外務大臣宛（電報）

工部局警察の蘇州河以北地域への復帰に関連した措置案を租界幹事会で決定について

別　電　昭和十五年二月十九日発在上海三浦総領事より有田外務大臣宛第三二五号

右措置案

第三二四號

上海　2月19日後発
本省　2月19日夜着

往電第二三一號ニ關シ

租界幹事會ニ於テ研究ノ結果十九日ノ同幹事會ニ於テ別電第三二五號ノ通リ決定ヲ見タルカ二十一日ノ最高首腦部會議ニ附議ノ上正式決定ノ筈

（別　電）

上海　2月19日後発
本省　2月19日夜着

第三二五號

一、工部局警察ノ蘇州河以北共同租界地域ヘノ復歸ニ關スル件

工部局警察ノ蘇州河以北共同租界地域ヘノ復歸ハ漸進的ニ之ヲ行フモノトス之カ爲工部局警察ヲ不取敢C、D兩區及租界外道路ヲ除キタルE區ニ復歸セシム但シE區內租界外道路ニ於テモ交通警察及陸戰隊ノ承認ヲ得タル事項ニ關スル警察ハ之ヲ行フコトヲ認ム

二、蘇州河以北共同租界地域ニ於ケル民事事件ノ繫屬裁判所ニ關スル件

特區法院ノ接收ヲ最終ノ目標トシテ進ムヘキモ之カ實現ノ爲差當リ左ノ方法ニ依ル

㈠(イ)上海地區一帶ハ日本軍ノ占據スル所ニシテ重慶機關カ同地區內ニ存在活動スルコトハ日本側トシテ承認シ得ス

(ロ)日本ノ勢力下ニ在ル支那人ノ民刑事事件及日本人カ原告タル民刑事事件カ重慶政府管理ノ法院ニ於テ取扱ハルルハ不合理ナリ

トノ二點ヲ理由トシテ共同租界工部局ニ對シ現實ノ事態ニ卽應スル方途ヲ考慮方要求ス

㈡右ニ對シ工部局カ我方ノ腹案ヲ要求シ來ル場合ニハ

(イ)法院ノ接收

(ロ)日本軍管理法院ノ新設

(ハ)重慶ト絶緣シタル第一特區法院分院ノ新設

(ニ)二枚鑑札

等ヲ提案ス

（註、我方ノ考ヘ居ル法院ヲ我方ノ要求トシテ提出ス

ルコトナク工部局側ノ要求ニ依リ我方ニ於テ智慧ヲ貸シ以テ其ノ何レカヲ實行セサルヲ得サルカ如キ工作スルヲ主眼トス）

1715　昭和15年4月10日　在上海三浦総領事より有田外務大臣宛（電報）

租界回収を強く求める南京国民政府系新聞の論説について

上　海　4月10日後発
本　省　4月10日夜着

第六九一號

九日中華日報ハ租界回收運動ト題スル社説ヲ掲ケ國民政府ハ既ニ改組還都セルカ租界ノ存在ハ支那ノ領土主權ノ完整ヲ毀損シ第三國ヲシテ支那ノ內政外交ニ干渉セシメ且全面的和平建國運動ノ障害タル重慶側抗戰ノ根源ヲ爲ス旨强調シ吾人ハ支那カ永年ニ亘リ第三國ニ對シ遵守スヘキ義務ハ之ヲ嚴守セル旨闡明セルカ更ニ吾人ハ支那カ第三國ニ對シ文明國家トシテ當然享有スヘキ權利ヲ確保スヘキ旨聲明スル要アル處問題トナルハ現在租界ヲ回收スヘキ時機ナリヤ又其ノ力量アリヤ否ヤニ在ルモ前者ニ關シテハ第三國ニ其ノ裁決權無ク國際關係ノ現狀ニ依リ決定スヘキモノナリト爲シ歐洲戰ノ現狀ニ顧ミル時英佛兩國ノ極東ニ於ケル地位縮減シ米國ハ對蘇關係ノ未決定ニ基因シ更ニ對日關係ノ不調整ニ依リ現在支那ニ對シ具體的行動ニ出ツルコト不可能ナル立場ニ在ル等目下租界回收ノ阻害力ハ最モ小ナル現狀ニ在リト斷シ後者ニ關シテハ吾人カ統一國家建設ノ固キ決意ノ下ニ全面的和平ヲ招來スル爲ニハ淪陷區同樣租界回收カ現下ノ最モ緊密ナル任務ナルコトヲ力說シ置レリ（全文郵送ス）

支、天津、南京、漢口ヘ轉電シ香港ヘ暗送セリ

1716　昭和15年4月11日　在上海三浦総領事より有田外務大臣宛（電報）

租界の実力回収も辞せずとの南京国民政府系新聞の論説について

上　海　4月11日後発
本　省　4月11日夜着

第七〇〇號

十一日中華日報ハ社說ヲ掲ケテ租界囘收ノ方法順序ニ關シ言及シ其ノ方法ハ先ツ談判ノ様式ヲ執ルモ更ニ强行措置ニ出ツヘキヤ否ヤハ其ノ結果ニ依リ決定スヘシト爲シ其ノ順序トシテハ當初尠クトモ租界內ノ支那人金融機關及宣傳機關ヲ直接政府ノ統治管理下ニ置クト共ニ租界カ元來外人ノ商業經營ノ爲設立セラレタル以上租界自身ノ行政機構維持ノ外ハ其ノ如何ナル政治的活動モ政府ニ於テ干渉スル權利アルコトヲ主張スヘキモノナリト爲シ要ハ先ツ租界ノ政治特權ヲ消滅セシメ然ル後其ノ商業特權ヲ消滅セシムルニ在ル旨强調シ更ニ市參事會員選擧問題ニ論及シ租界ノ英米獨占ハ租界囘收ノ甚大ナル阻害力ナルヲ以テ支那ノ租界囘收ニ協力スル日本ノ地位ヲ向上セシメ租界囘收ヲ容易ナラシムル爲支那ハ日本側ノ勝利ヲ希望スルモノナルカ外國人モ今後租界ノ福利ヲ保障スル者ハ英米ニアラスシテ支那ニ在ル事實ヲ認識シ支那側ノ此ノ種希望ヲ重視スヘキナリト論シ居レリ

北京、天津、南京、漢口へ轉電シ香港へ暗送セリ

1717　昭和15年5月13日

阿部中国派遣大使より
有田外務大臣宛（電報）

上海特区法院問題をめぐる南京国民政府周隆庠外交部次長との意見交換について

南　京　5月13日後発
本　省　5月13日夜着

第八〇號

特第八號

十一日外交部周隆庠日高參事官來訪上海特區法院問題ニ付テハ維新政府時代委員會ヲ設ケ研究中ナリシカ新政府ニ於テモ外交部ヲ中心トスル委員會ヲ設クルコトトシ研究中ナルカ最近徐次長ヨリ當地英國領事ニ當リ見タル處裁判官自身市政府ニ寢返ルナラハ差支ナシト思ハルルモ米國側ノ意嚮ヲ確ムル必要アリ返答ハ三週間許待タレタシト答へ其ノ後赴滬セル模様ナリ最近上海ニテ法院裁判官ニ對スル護衞嚴重トナリタルハ右ニ基ク心配ノ爲カトモ思ハル本件ニ對スル日本側ノ主義上ノ御意見承リタシト述ヘタルニ付日高ヨリ日本ハ勿論法院接收ニハ贊成ニシテ從來トモ維新政府、上海市政府等ト協力シ來レリ只問題ノ要點ハ現在ノ法院ノ

機能ヲ停止スルコトカ目的ニアラス新政府ノ命ニ従フ裁判官カ裁判ヲ為ス如ク實效ヲ收ムル點ニアルヲ以テ之カ實行ニ當リテハ法律上充分考究ヲ要スル旨注意シタルニ周ハ若手ノ中ニハ實力接收論強キモ首脳部ハ先ツ現裁判官ヲ新政權ニ寢返ラシムルコトニ依リ目的ヲ達スルコト然ルヘク且佛租界ヨリ着手スルコト各般ノ關係上容易ニアラスヤト考ヘ居ル旨内話シタリ尚十三日褚民誼モ同様ノコトヲ内話シタルニ依リ本件ニ付テハ上海市政府ト歩調ヲ合ハス要アルニ付我方ト密接ニ聯絡スルコト必要ナリト注意シ褚之ヲ了承セリ

上海總領事ヨリ興亞院華中連絡部ニ轉交アリタシ

上海ヘ轉電セリ

1718　昭和15年5月20日　在上海三浦総領事より有田外務大臣宛（電報）

仏租界当局が欧州情勢緊迫に当たり万一の場合は租界の管理を米国に委任するなど対応方針を決定したとの情報について

上海　5月20日後発
本省　5月20日夜着

第九六七號

興建運動本部入手ノ情報ニ依レハ當地佛租界側ニ於テハ歐洲情勢ノ緊迫ニ對處スル爲十七日「コスム」大使「オウジエ」總領事「エサンテイア」警備司令官公董局要路者等十四名同局内ニ參集會議ノ結果左記要旨ノ決議ヲ爲シタル趣ナリ

一、駐屯軍ノ駐屯繼續ト佛租界ノ現狀維持
二、萬一ノ場合ハ佛租界ノ管理ヲ米國ニ委任ス
三、婦女子ノ佛印ヘノ避難準備ノ爲登記開始
四、其ノ他租界内獨逸人ニ關スル取□（締カ）方法租界□（撤カ）收方法等□□（二字不明）

北京、天津、南京大使、漢口、香港ヘ轉電セリ

1719　昭和15年5月21日　阿部中国派遣大使より有田外務大臣宛（電報）

上海特区法院接収のための秘密委員会設立を決定した旨周隆庠内話について

南　京　5月21日後発
本　省　5月21日夜着

第一〇九號（至急、極祕）

特[1]第一四號

往電特第八號ニ關シ

二十日周外交部次長日高ヲ來訪左ノ通リ內話セリ

一、本日上海特區法院接收問題ニ關シ關係各部長ノ會議ヲ開キタル結果法院接收ハ從來ノ經緯ヨリスルモ尋常ノ外交的手段ノミニテハ到底目的ヲ達シ難キニ付政府ハ表面ニ立タス上海市政府ヲ表ニ立テ一方特務工作竝ニ民衆運動ニ依リ所期ノ效果ヲ收ムルヲ可トスルニ意見一致シ差當リ行政院ノ祕密命令ヲ以テ「上海特區法院接收行動委員會」ヲ設ケ實行ニ移ルコトニ決定セリ

二、右委員會ハ上海ヲ本據トシ汪翰章（司法行政部次長）ヲ委員長李士群（警政部次長）顧繼武（社會部次長）傅上海市長等ヲ常務委員ニ任命スル豫定ニテ不日傅市長ヲ南京ニ召致シ汪主席ヨリ親シク命令スル手筈ナリ

三、[2]實行方法ハ先ツ相談ニ依リ場合ニ依リテハ民衆運動等多少威嚇的手段ニ訴フルコトアルモ強力ノ使用ハ避クル方針ナリ尙佛租界ヨリ始ムヘシトノ意見アリタルカ本件最強硬ノ相手ハ米國ナルヲ以テ共同租界ニ於テモ同時ニ實行ニ移ルコトニ決セリ尙本件ニ付テハ日本側トモ常ニ密接ナル聯絡ヲ保チ萬遺憾ナキヲ期シタキ意嚮ナリ

右ニ對シ日高ヨリ本件ハ再三申上ケタル通リ實效ヲ擧クルヲ主眼トシ愼重事ニ當ル要アリ又租界內ノ運動ハ租界外支那法院ノ完備等ト相俟ツテ始メテ效果アル次第ナルニ付上海市長竝ニ現地日本側ト密接ナル聯絡ヲ保チ着實ナル手段ニ依リ徐ニ目的ヲ達スル樣施策セラレタキ旨强調シ置ケリ

上海總領事ヨリ興亞院華中連絡部ニ轉交アリタシ

上海ヘ轉電セリ

1720　昭和15年5月22日　阿部中国派遣大使より有田外務大臣宛（電報）

上海特区法院問題に関する汪兆銘との意見交換について

南　京　5月22日後発
本　省　5月22日夜着

第一一八號（至急、極祕）

特第一五號
往電特第一四號ニ關シ
二十一日日高汪主席ト懇談ノ際本件ニ言及シタル處汪ハ言下ニ我々ノ考ハ簡明ナリ本件解決ニハ外交ハ無力ニテ武力モ亦效果ヲ擧ケ得サルニ付民衆運動ノ力ニテ我々ト協力セサレハ斯々ノ不便アリト言フコトヲ如實ニ示ス積リナリト述ヘ日高ヨリ上海市政府カ日本側ト充分連絡シ從來ノ經驗ヲ活用シ其ノ協力ヲ得ルコト必要ナリト言ヒタルニ汪ハ其ノ點ハ充分了解シ居ル積リナリ從テ傅市長ニ對シテモ特ニ人ヲ派シ今般來寧ヲ求メタル趣旨ヲ充分説明シ本人竝ニ世間ノ疑惑ヲ一掃スルニ意ヲ用ヒ居レリト述ヘタリ
上海總領事ヨリ華中連絡部ニ轉交アリタシ
上海ヘ轉電セリ

1721　昭和15年6月7日　在上海三浦総領事より有田外務大臣宛（電報）

上海仏租界の対米移管に関する報道を仏米双方が事実無根と回答した旨報告

上　海　6月7日後発
本　省　6月7日夜着

第一一一四號◎
貴電[(1)]第五九二號ニ關シ（上海佛租界問題）
一、七日朝佛國總領事「オージエ」ヲ往訪シ本件情報ノ眞疑ヲ確カメタル處「オ」ハ右ハ全然形跡ノナキ風説ニシテ斯ル報道ヲ生セシムルカ如キ「スライテストインデケーシヨン」モ無之コトヲ茲ニ率直ニ言明ス自分ハ上海總領事タルト同時ニ佛租界工部局次長ナルカ此ノ双方ノ資格及責任ニ於テ斯ク申上クル次第ナリ寧ロ自分トシテハ同盟通信カ如何ナル經路ニ於テ斯クノ如キ「ニユース」ヲ入手シタルカニ付疑義ナキ能ハサル次第ナリト述ヘタルニ付本官ヨリ現在ハ勿論將來ニ於テモアリ得ヘカラサルモノト了解シ其ノ旨本國政府ニ電報シ差支ヘナキヤト念ヲ押シタルニ「オ」ハ差支ナキコト勿論ナリ佛蘭西トシテハ租界ノ現狀ヨリ更ニ一歩ヲ進メントスルカ如キハ夢想タモセサルト同時ニ一歩タリトモ退カントスルカ如キハ全然考慮シ居ラサル次第ナリト答ヘタリ依テ本官ヨリ只今率直ナル言明ヲ得テ深ク多トスル次第ナルカ御承知ノ通リ上海附近一帯ヲ占領シ其ノ治安維持ニ重大ナル關心ヲ有スル日本側ニ對シ事前ニ何等ノ聯絡ナク他ノ第三國ト斯ル重大ナル話合ヲ進ムルカ如キコトアラハ日本政府トシテ看過シ得サル次第ナリト附言シタルニ「オ」ハ右ニ關スル日本政府ノ立場ハ自分ノ良ク了解シ得ル所ナリ寧ロ常識ノ問題ニシテ極メテ當然ノコトニ屬スト答ヘタリ

二、[2]次テ米國總領事代理「パトリツク」ヲ往訪シ同様ノ質問ヲナシタル處自分ノ關スル限リ全然根據ナキ風說ナリ尙本件ニ關シ「ハート」大將ニハ今日迄問合ヲナササリシモ自分トシテハ問合ス必要モ値打モナシトサヘ考ヘ居ル次第ナリ然ルニ同盟通信ハ最モ信スヘキ筋ヨリ得タル情報トシテ「ニユース」ヲ「キヤリー」シ居ルコトコソ寧ロ不思議ニシテ日本總領事トシテハ其ノ出所ヲ突止ムルコト必要ナルヘシト述ヘタリ依テ本官ヨリ右出所ハ目下取調中ナルカ日本政府トシテハ此ノ種ノ報道ニ重大關心ヲ有セサルヲ得サル次第ナリトテ前記ノ趣旨ヲ繰返シタルニ「パ」ハ其ノ點ハ自分モ良ク了解シ得ル所ニシテ極メテ當然ナリト答ヘ更ニ語ヲ轉シ數日前ヨリ日本ハ伊太利ノ參戰ヲ切掛ケニ獨伊ト聯絡シ共同及佛蘭西兩租界ヲ乘取ルヘシトノ風說行ハレ居ル處其ノ眞僞如何ト訊ネタルニ付本官ヨリ右ハ全然根據ナキ流說ニ過キサルコトヲ茲ニ率直ニ言明ス尙今朝ノ各英字紙ハ斯ル流說ヲ眞シヤカニ報道セル重慶發路透電ヲ掲示シ居ル處(往電第一一一三號參照)右ハ何レノ方面ヨリ來リタルモノト考ヘラルルヤト反問シタルニ「パ」ハ上海ニハ流說ヲ製造スル各種ノ「エーゼント」アリ恐ラク日本ト米國及佛蘭西トノ間ニ不愉快ナル感情ヲ激成シ以テ之ヲ離間セシメントスルモノノ仕業ナリト思考スト述ヘタリ

北京、天津、南京、漢口、廣東、香港ヘ轉電セリ

1722 昭和15年6月8日 在上海三浦総領事より有田外務大臣宛(電報)

蘇州河以北の租界内刑事事件を処理するため臨時警察裁判所の設置を工部局提議について

上　海　6月8日後発
本　省　6月8日夜着

第一一三八號

[1]往電第三九七號蘇州（河欠カ）以北ノ法院問題ニ關シ

一、「ケジツク」カ「フランクリン」ニ代リ工部局議長ニ就任シテ以來ノ遺口（遣カ）ハ從前ト稍趣ヲ異ニシ我方ニ好マシカラサルモノアリ現ニ滬西ニ於ケル武裝團體問題ニ關シ執リタル極メテ非妥協的態度（往電第九六三號）又本件法院問題ニ關シ極メテブツキラ棒ナル囘答ヲ爲シ來リタルカ如キ將又之ニ關聯シ日本側ヨリ明白ナル受諾ノ囘答ナキ限リ古屋領事ノ工部局入リノ手續ヲ公式ニ「テークアツプ」シ能ハサル旨申越シタルカ如キ（此ノ點未報告）之ニシテ斯ノ如キ調子ニテ進マシムルコトハ甚タ面白カラサルヲ以テ「上海ニ於ケル各種ノ問題ハ極メテ重要且困難ナルモノノミニ付之カ處理ハ愼重且巧ナルヲ要ス然ルニ「ケ」ハ年若ク且金持ノ坊チヤンナル爲カ租界問題ノ重要性竝ニ困難性ヲ認識セサルモノノ如シ同人ハ商賣ニハ經驗アルモ政治問題ヲ處理シタル經驗皆無ナルニ鑑ミ右ニ已ムヲ得サルコトカト思ハルルモ今後工部局ト日本側ト從來ノ如ク「ゲツト、オン」シ得ルヤ否ヤ疑問ナキ能ハス」トノ趣旨ヲ折ニ觸レ自然ノ形ニテ之ヲ洩シ又最近岡本ハ本官ノ趣旨ヲ帶シ「フイリツプス」事務總長ニ對シ相當強ク「インプレス」シタリ

二、[2]右ノ結果七日「ケ」ハ「フイ」總長ヲ同道本官ヲ來訪シ日本側ニ於テハ自分カ議長ニ就任以來工部局ノ政策ニ變化ヲ來タシタリトノ印象ヲ有ストノ噂ヲ一再ナラス耳ニスル處右ハ全然事實ニ反スルモノナルコトヲ諒解願度シ自分トシテハ蘇州河以北復歸協定ハ一日モ早ク實行ニ移シ度希望ナルカ何分ニモ法院問題ニ關シ英米側ニ「フエボラブル、リアクシヨン」ナキ爲困リ居ルモノナルカ唯此ノ問題ニ關スル日本側ノ立場ハ充分諒解シ居レリト述ヘタリ

三、次イテ「フイ」ヨリ未タ他ニ相談シタル次第ニハアラサルモ自分一個ノ思付トシテ蘇州河以北ノ刑事事件ヲ處理スル爲新ニ「テンポラリ、ポリス、コウト」（臨時警察裁判所）ヲ設ケ日本側ノ同意スル裁判官ヲ工部局ニ於テ任命スルコトトシテハ如何「ポリス、コウト」ハ英國ニ於ケル「ポリス、マジストレイト」ニ相當スルモノナルカ當分事態ノ安定スル迄此ノ辦法ニ依リ切拔クルコト出來間敷ヤト述ヘタリ

四、[3]依テ本官ヨリ從來日本政府ハ工部局カ司法權ヲモ獲得ス

ルコトニハ根本的ニ反對ナルカ警察裁判所ノコトニモアルニ付現下ノ難關ヲ突破スル一辦法トシテ一應研究ヲ試ムヘキ處裁判官ハ何レノ國籍ノモノヲ任命セントスルモノナルヤト尋ネタルニ「フイ」ハ其ノ點ハ具體的ニハ考慮シ居ラス日本側ノ希望ニ依リ如何様ニモ考慮シ得ヘシト存スルモ若シ支那人、日本人及外國人（例ヘハ日本人ヲ原告トスル民事事件ハ日本人裁判官ニ又白系露人其ノ他非治外法權國人ノ民刑事事件ハ外國人裁判官ニ鞅掌セシムルカ如キ一案ナルヘシ）ヲ併セ任用スルコトトセハ一層通リ良カルヘシト答ヘタリ

五、右ニ對シ本官ヨリ早速研究ヲ進ムヘキモ其ノ間ニ於テ問題ノ英、米總領事ニモ充分地均ヲ爲シ置クコト可然キ旨說示シタルニ兩人ヨリ此ノ案ニ就テハ未タ相談セサルモ本問題ニ就テハ最近二回ニ亘リ兩總領事ト協議シタル次第ニ付兩總領事ハ問題解決促進ノ必要ハ充分痛感シ居ル次第ナリト說明セリ

六、[4]次テ試ミニ本官ヨリ曩ニ日本側ヨリ「サゼスト」シタル方法ノ一トシテ蘇州河以北ニ特區法院ノ分院ヲ作リ本院ヨリ裁判官ヲ派遣シ其ノ裁判官ニ二枚鑑札ヲ持タシムル案アリタルハ御承知ノ通リナル處合議機關タル工部局ニ公然二枚鑑札ヲ認メシムルコトハ或ハ困難ナランモ工部局トシテハ單ニ分院ヲ蘇州河以北ニ開設シ之ニ裁判官ヲシテ檢察ニ止メ此ノ裁判官カ二枚鑑札ヲ受クルヤ否ヤノ問題ハ全然眼及耳ヲ蔽フコトトスルモ一案ナラスヤト述ヘタルニ兩人共英米總領事カ同意スルニ於テハ工部局トシテハ異存ナシト答ヘタリ

七、最近租界幹事會ニ於テ研究ヲ進メツツアルコトハ累報ノ通リナル處前記ノ解決案モ相當考慮ノ餘地アリト認メラルルニ付之ヲ幹事會ノ議ニ計ルコトト致度キ所存ナルカ中央ニ於テモ至急御研究ノ上何分ノ御意見アラハ折返シ御回示相煩度シ

北京、南京、天津、漢口へ轉電セリ

1723 昭和15年6月22日 在上海三浦総領事より有田外務大臣宛（電報）

南京国民政府が上海租界の実力回収を行うならば米国軍は仏国軍と共同で防衛に当たるとの米国総領事代理の内話情報報告

第一二五五號

上　海　6月22日後発
本　省　6月22日後着

南京政府ノ內意ヲ受ケ先般來當地ニ在リテ個人的ニ英米側ト聯絡ニ努メ居ル外交部無任所公使張國輝カ租界問題ニ關スル米總領事代理「パトリック」ノ內話トシテ館員ニ內話セル所御參考迄(張ハ古キ外交畑ノ出身ニシテ「パ」トハ舊知ノ間柄ナル由)[1]

一、最近中華日報ハ租界回收論ヲ盛ニ掲ケ居ル處南京政府ハ各國ノ承認ヲ經居ラス又未タ獨立ノ形態ヲ具ヘ居ラス租界回收談判ノ如キ絕對不可能ナリ若シ又南京政府カ武力ヲ以テ租界回收ノ擧ニ出ツルカ如キ場合ハ米國軍ハ共同租界ニ付テハ佛軍ヲ援助シ防衛ニ當ルヘク上海ノ現狀維持ニ努ムルカ米國ノ政策ナリ

二、參戰國カ上海ヨリ撤兵スルヤ否ヤハ勿論各國獨自ノ權限ニ屬スルコトナルカ自分個人トシテ知ル所ニ依レハ英佛共撤兵ノ意無キモ(英國大使館情報部員「テレル」モ最近張ニ對シ英國ハ上海ニ重大ナル權益アリ撤兵不可能ナリ伊太利ト同日ニ論スヘカラスト言ヘル由)將來萬一兩國軍撤兵シ上海租界ノ防備空虛ナルニ至レハ[2]米國ハ上海ニ增兵シテ租界ノ安全ヲ保持スヘシト云ヒ張ヨリ若シ伊太利カ撤兵セハ各參戰國ハ當然同樣措置スヘキモノト思料スト云ヘルニ對シ「パ」ハ伊ノ撤兵ニ對シ吾人ハ勿論干涉ノ意ナシ但シ租界治安維持ニ付テハ既ニ便法アリト述ヘタリ

三、佛租界ノ米國移管「ニユース」ハ自分ハ同盟ノ放送ニ依リ始メテ之ヲ知レルカ右ハ明カニ日本人ノ爲ニセントスル策謀ナルヘシトシテ之ヲ否認セルカ「パ」ノ言ニ依レハ佛租界ノ米國移管ハ事實ニ非サルモ米國ハ其ノ防衛ニ付佛側ニ對シ密ニ協力ヲ許シ居リ共ニ目下移管ノ必要ヲ認メ居ラスト云フカ實情ナルヤノ印象ヲ得タリ

四、租界內ノ法院ハ英米等カ承認セル中國政府ト締結セル條約ニ依リ設立セラレタルモノナレハ米國ハ協定尊重上未承認ノ南京政府ノ接管ヲ認ムル能ハス又日本ノ軍事占領ハ行政機關ニ對シテハ爲シ得ヘキモ之ヲ司法機關ニ迄及ホスハ不可ナリ法院問題ハ南京政府カ獨立自由ノ形態ヲ備ヘ其ノ國際的地位確立後始メテ談判スヘキ問題ナリ云々

南京大使、北京ニ轉電セリ

1724　昭和15年6月25日　在上海三浦総領事より有田外務大臣宛（電報）

工部局提案の臨時警察裁判所設置案を採用すべき旨意見具申

上　海　6月25日前発
本　省　6月25日前着

第一二七二號

往電合第一一一八號ニ關シ[(1)]

(一)六月四日ノ租界幹事會ニ於テ一應決定シタル案ハ十一日ノ幹事會ニ於テ正式決定ヲ見タルモ工部局ヨリ往電第一一三八號ノ「ポリスコート」案提示セラレタルニ依リ同案ヲモ考慮ニ容レ今一應研究ヲ行フノ必要アリタルヲ以テ未タ租界委員會ニハ附議シ居ラサル處特區法院設立案ト「ポリスコート」案トヲ比較スルニ

(二)「ポリスコート」案ヲ適當トスル事由左ノ通リ

一、特區法院分院設立案ハ法院ノ裁判官カ新政權ノ任命ヲモ受クルコトヲ肯セサル場合ニハ實現性ナク又現情勢ニ於テハ重慶側ノ壓迫ヲ恐レ右ニ應スル見込甚タ鮮キコト

二、津師（律カ）公會ニ於テ新政權側ノ裁判所ニハ協力セサルヘキ旨決議シ居ルニ鑑ミ特區法院分院ヲ設立スルモ其ノ實際的ノ效果ヲ期待シ難キコト

三、本工作ノ目的ハ重慶ノ機關ト絶縁スルニ在ルヲ以テ特區法院ノ分院ヲ新設スルヨリモ「ポリスコート」ヲ新設シ以テ重慶機關ニ特區法院ヲ正式否認ノ態度ヲ明瞭ニスル方政治的ニ意義大ナルヘキコト

四、「ポリスコート」ノ裁判官ハ日本側ノ推薦スル者ヲ工部局カ任命スルコトトナルヲ以テ日本側ノ希望スル裁判ヲ行ヒ得ルコト

五、佛國側モ「ポリスコート」ニ相當スル裁判所ノ新設ニハ異存ナキヲ以テ（客年往電第一二一三號）將來佛租界法院ニ付同前ノ工作ヲ行ヒ得ヘキコト

六、「ケジツク」「フイリツプス」兩人カ公式ニ提案シ來レルニ徵シ英米側トハ二十二日前ニ何等カノ聯絡アルモノト推定セラレ從テ英米兩國領事モ承諾スヘキコト

[(2)]（三欠カ）右ニ對シ「ポリスコート」案ヲ不可トスル理由左ノ通リ

一、工部局カ支那人ニ對シ事實上司法權ヲ持ツコトヲ認ムルコトトナリ從來我方ノ執リ來リタル態度ト實質的ニ背馳スルコト

二、右ノ結果新政權側ニ對シ我方カ同政權ノ國權回復工作ト反對ノ態度ヲ執リ居ルヤノ印象ヲ與ヘ同政權側ヲシテ我方ヲ出シ拔キ實力ヲ以テ法院延イテハ租界ノ回復ヲ圖ラントスルカ如キ空氣ヲ釀成スルノ惧アルコト

(四)前記二項ノ利害ヲ比較考慮シ本官トシテハ主義上ノ問題ハ此ノ際暫ク措キ事變中ノ過渡的便法トシテ「ポリスコート」案ヲ採用スルコト然ルヘシト認メ居リ近ク領事館側意見トシテ之ヲ租界幹事會ニ披露致度キ所存ナルニ付テハ陸海軍側トモ協議ノ上何分ノ儀大至急御電示ヲ請フ

北大、天津、南大、漢口、厦門へ轉電セリ

1725　昭和15年6月26日　在上海三浦総領事より有田外務大臣宛(電報)

上海仏租界対策に関する方針および実施要領を租界幹事会決定について

上　海　6月26日後発
本　省　6月26日後着

第一二八四號(編注)

佛租界對策ニ關シ二十六日ノ租界委員會幹事會ニ於テ領事館側ノ提案ニ基キ方針及實施要領左ノ通リ決定シタリ不取敢

一、方針

佛租界ノ敵性ヲ解除(排カ)シ同租界ニ日本ノ實力ヲ扶植スルヲ目標トシ施策ス

二、實施要領

右方針實行ノ爲三浦總領事ヨリ佛國總領事ニ對シ左ノ諸項ヲ要求スルモノトス

イ、「テロ」行爲取締ニ對スル協力

三浦憲兵隊長ヨリノ六月二十一日附申入ヲ實行シ就中客年三月共同租界工部局ノ同意シタル左ノ諸點ヲ勵行スルコト

A、日本及南京政府側ニ對シ「テロ」行爲ヲ行ヒ又ハ行ハントスル者ニシテ佛租界當局ニ逮捕セラレタル者ハ直ニ日本側ニ引渡スヘキコト

B、佛租界內ニ於ケル對日「テロ」禁遏ノ爲憲兵領事館警察官等我警備機關カ佛租界內ニ於テ所要ニ應シ隨時必要ナル區域ニ於テ所要ノ措置ヲ執リ以テ佛租界警察機關ニ協力スルコト

C、日本官憲ハ佛租界工部局ト協力シテ黄浦江ヨリ租界ニ出入スル支那人及其ノ搬出入スル物品ヲ檢査シ必要ニ應シ之ヲ日本官憲ニ於テ留保スルコト

D、佛租界內要所ニ於ケル通行支那人ノ身體檢査ヲ即時勵行スルコト

ロ、法院ノ重慶側トノ絶縁

ハ、敵性不動產ノ日本側ヘノ引渡

ニ、重慶側ト關係ヲ有スル支那人董事會員ノ更迭

ホ、排日新聞雜誌記事ノ取締

ヘ、排日放送ノ取締

ト、排日映画ノ取締

チ、排日教科書ノ取締

北京、南京大使、天津、漢口、厦門、廣東、香港ヘ轉電セリ

編　注　本文書は電報番号が欠落しているが、他の史料から第一二八四号と推測し補った。

1726　昭和15年6月28日　阿部中国派遣大使より有田外務大臣宛（電報）

日本軍の軍事上の立場を認め上海においても日本側と協力する旨を在本邦仏国大使表明について

南　京　6月28日後発
本　省　6月28日夜着

第二〇七號

特第三七號

二十五日上海ニ於テ佛國大使ニ面會ノ節日高參事官ヨリ租界問題ニ付テハ租界ヲ支那ニ返還スヘシトノ支那側及日本側ノ主張ノ外汪政權ヲ助ケ重慶ヲ潰滅シツツアル日本側トシテ當面解決ヲ要スル要求アリ之ニ滿足ヲ與ヘサレハ日本及汪側ヲ憤激セシメ前記主義上ノ主張トカラ見テ不測ノ事態起ラストモ限ラスト言ヘルニ同大使ハ東京ニ於テ佛國大使カ正式ニ戰鬪行爲ノ行ハレ居ル事實及日本軍ノ立場ヲ認

メ且天津佛租界當局カ治安問題等ニ關シ日本側ト協力スル取極ヲ爲シタル以上上海ニ於テモ右ト同趣旨ノ取極ヲ爲スハ毫モ差支ナキ儀ト思考シ既ニ徐家滙地區ノ警備ヲ日本軍ニ引渡シタルノミナラス犯人引渡及犯人捜索逮捕ノ協力等ニ關スル日本側ノ要求（上海發貴大臣宛第一二六六號）ニ付テモ適當協議決定スヘキ旨租界警察當局ニ訓令セリ自分ハ出來ル丈現實ニ卽シ日本政府ノ聰明ニ信頼シ佛國旗ヲ辱カシメサル限リ之等ノ問題ニ付日本側ノ道理アル要求ニ應シ不測ノ事態勃發セサル樣努力シ居ル次第ナレハ日本側ニ於テモ諒トセラレタシト述ヘ上海發貴大臣宛第一一八八號記事ハ事實無根ナリト頻リニ辯解セリ

尚歐洲政局ニ關聯シ佛植民地（佛印ヲ含ム）ハ「ボルドー」政府ノ命ヲ聞カス獨逸ニ降ラサルヘキニ付獨英兩國トノ關係ハ何レモ極メテ困難トナルヘシト憂色ヲ示シ上海總領事及重慶駐在參事官ノ任命アリタル趣ノ新聞報道ニ付テハ本國政府ヨリ何等通知ナク多分人事上ノ必要ニ基ク假任地ナルヘシト答ヘタリ

上海ヨリ華中連絡部ヘ轉報アリタシ

北京、天津、上海、廣東、漢口、香港ヘ轉電セリ

1727　昭和15年6月28日　阿部中国派遣大使より有田外務大臣宛（電報）

臨時警察裁判所設置案の採用は新政府の指導上問題があり絶対反対の旨意見具申

南　京　6月28日後発
本　省　6月28日夜着

第二〇九號

上海發大臣宛電報第一二七二號「ポリスコート」案ノ思想ハ事變當初ヨリ工部局乃至英米佛側ニ於テ着想シ居リタルモノナルモ右ハ我事變處理ノ根本方針ニ背馳スルモノナルヲ以テ頭カラ問題トナラストノ態度ヲ以テ臨ミ來リタルコト御承知ノ通リナル處新中央政府ノ實現及歐洲情勢ノ激變ノ今日ニ於テ主義上ノ問題ハ暫ク別問題トスルモ從前ニ比シ一層前記態度ヲ堅持スヘキ實質的事由アリト認メサルヲ得ス蓋シ新政府側ニ於テハ成立當初ヨリ特區法院問題ニ對シテハ特別ノ關心ヲ有シ我方ノ盡力ニ期待ヲ寄セ居ル矢先若シ我方ニ於テ本件「ポリスコート」案ノ如キ新政府側ノ面子ヲ犧牲ニスル法案ヲ以テ外國側ト妥協センカ新政府側ハ我方ノ態度ニ對シ鮮カラサル失望ヲ感シ軈テ我方ノ根本

政策ノ眞意ノ奈邊ニ存スルヤニ付疑義ヲ抱クニ至リ我方ノ新政府ニ對スル威信ハ著シク傷ケラレ新政府指導上由々シキ事態ヲ招來スルノ惧アリ斯クテ本件ノ影響スル處單ニ一時的ニ限ラルル問題ニアラス加之歐洲情勢ノ急轉ニ基ク四圍ノ狀況ハ租界問題處理上ニモ新ナル構想ヲ加フルヲ要スル狀況トナリツツアリ旁主義上ノ問題トシテ見ル時ハ本件「ポリスコート」案ノ如キハ正シク新秩序建設ノ方向ニ逆行スルモノナルコト言ヲ俟タサルモノナルニ付假令一時的ノ便法ニセヨ本案採用ニ對シテハ我方トシテ同意シ能ハサルモノト思料セラル右ノ外本案ヲ不可トスル理由多々存スト認メラルルモ不取敢簡單ニ右私見申進ム尚法院問題其ノ他租界問題ニ關スル當方意見等ニ關シテハ主トシテ杉原ヲシテ上海ニ聯絡セシムヘシ

北京、上海、天津、漢口、厦門ヘ轉電セリ

1728 昭和15年7月1日 阿部中国派遣大使より有田外務大臣宛（電報）

臨時警察裁判所設置案の採用を不可とする理由について

2786

南　京　7月1日後発
本　省　7月1日夜着

第二一四號（至急）

貴[1]電第一二六號ニ關シ（上海租界法院問題ニ關スル件）

一、上海發閣下宛電報第一一三八號「フイ」ノ申出テタル「ポリスコート」案ナルモノハ専ラ蘇州（河欠カ）以北ノ部分ノミニ關スルモノニシテ蘇州河以南ニ關シテハ依然重慶側機關タル從來ノ法院ヲ其ノ儘認メントスルモノナリ從テ右案ノ受諾採用ハ貴電ノ如ク「租界當局ヲシテ重慶側機關タル現在ノ特區法院ト絶縁セシメ以テ重慶ニ與フヘキ政治的效果ヲ狙フ」目的ヲ達スルコトトハナラス却テ日本側乃至新政府側ハ重慶機關タル特區法院ノ本體ニハ齒カ立タス之ニ手ヲ染ムルコトヲ遂ニ斷念シテ僅ニ蘇州河以北ノ一小地區ニ退却シタリトノ觀ヲ與ヘ政治的ニハ寧ロ逆ノ效果ヲ與フルニ至ル

二、一度蘇州河以北ニ關シ我方ニテ妥協センカ蘇州河以南特區法院自體ニ對スル今後ノ施策ノ途ハ却テ塞ルコトトナリ問題ノ全面的解決ニ對シ自ラ障碍ヲ作ルコトトナルニ至ルヘシ

三、本件?「コート」ハ「テンポラリー」ノモノナリト言フモ一度本案ノ如キ制度採用サルルニ至ラハ之ヲ本筋ニ返スハ實際上容易ナラス(「テンポラリー」ナリトノ建前ニテ實際ハ恆久的制度ヲ作ルコト英國式ノ遣口ナルコト御承知ノ通リ)又本筋ニ返スニ付テハ種々面白カラサル條件ノ附隨スヘキハ租界內法院問題ニ關スル過去ノ事例ニ徵スルモ明瞭ナリ

四、[2]所謂上海シヤユーシ案ノ如キ思想ハ現實ニ上海歐米人ノ間ニ在リ殊ニ現下ノ歐洲情勢ノ急轉ニ伴ヒ上海ノ現狀維持ニ對スル不安カ高マルト共ニ右ノ如キ思想カ暗々裡ニ强クナリツツアルハ想像ニ難カラス斯ル際本件「ポリスコート」案ノ如キモノカ採用實施セラレンカ右ノ如キ空氣ノ情勢ニ油ヲ注クコトトナリ斯クテ我方乃至新政權側ノ今後ノ租界對策ヲ遂行スルコト不利ナル一般的空氣ヲ作ルニ至ルヘシ

五、?佛租界ニ對シテハ法院ノ重慶側トノ絶緣ヲ要求シ其ノ他ニ關シテモ從來ニ比シ一層積極的ナル要求ヲ爲スコトヲ決意シ更ニ佛印緬甸「ルート」等ノ問題ニ關シテモ重慶壓迫ノ爲相當手强キ要求ヲ提出スルノ態度ニ出テ乍ラ上海共同租界ニ於テノミ本件ノ如キモノヲ以テ妥協セントスルハ跛行的ノ行キ方ニシテ政策ノ一貫性ヲ缺クノ憾アルノミナラス折角今日迄頑張リ來リタルモノヲ今日ニ至テ而モ我方ニ有利ニ展開シツツアル情勢ノ下ニ於テ斯ノ如キ案ヲ以テ妥協ヲ急クノ要ナカルヘシ

就テハ往電第二〇九號ノ外以上ノ諸點ヲモ併セ御勘考ノ上冒頭貴電ノ考方ニ付テハ篤ト御再考ヲ得度シ

北京、上海、天津、漢口、濟南ヘ轉電セリ

1729　昭和15年7月4日　在上海三浦総領事より有田外務大臣宛(電報)

臨時警察裁判所案が実施不適当ならば特区法院問題の急速解決は不可能であり当分は欧州情勢の推移を静観すべき旨意見具申

上海　7月4日後発
本省　7月4日夜着

第一三四九號(極祕)

往電[1]第一二七二號ニ關シ

一、「ポリスコート」案ニ付南京大使發貴大臣宛電報第二〇

九號及第二一四號ノ如ク考慮ヲ拂フノ必要アルコトハ勿論ノ次第ニシテ本官トシテモ充分考慮ニ入レ居リタル所ナルカ現ニ日本スラ承認シ居ラサル新政府ノ法院ヲ租界ニ新設セシムルコトハ工部局側ヲ納得セシムルニハ多大ノ時日ヲ要スヘク又現在ノ狀勢ニ於テ特區法院裁判官ニ二枚鑑札ヲ受諾セシムルコトニ付テモ相當困難アリ仍而事變繼續中ノ權宜ノ措置トシテ冒頭往電ノ通リ「ポリスコート」案ノ採用ヲ適當ト認ムル旨具申シタル次第ナリ

二、工部局側ニ於テハ本件法院問題ノ解決ヲ見サル限リ工部局警察ノ蘇州河以北ヘノ復歸ヲ實行スルノ意思ナキコトヲ言明シ居リ從テ前記特區ノ設定等モ實現ノ見込ナキ次第ナルカ我方トシテモ法院問題解決前ニ工部局警察ヲ復歸セシムルコトハ適當ニアラスト認メ居レリ

三、我方カ工部局警察ノ蘇州河以北ヘノ復歸促進ヲ圖リ本年三月一日基本的協定ヲ成立セシメタル所以ハ事變以來不正常ノ狀態ニアリタル上海ノ狀態ヲ出來得ル限リ速ニ正常化シ以テ英米側ノ日本ニ對スル「プレッシユアー」ヲ幾分ニテモ緩和セントスルニ在リタルコト御承知ノ通ナルカ現在ノ歐洲ノ狀勢ニ鑑ミ我方トシテ其ノ當時トハ異リタル方針ヲ取ルコト必スシモ不合理ニハアラス又工部局警察ハ蘇州河以北ニハ正式ニ復歸シ居ラスト雖現ニ相當數ノ警察官ヲ入レ或程度ノ警察權ヲ行使シ居ル現狀ナルヲ以テ

[2]法院問題ニ付無理ナル解決ヲシテ迄我方ヨリ進ンテ正式ニ其ノ復歸ヲ促進スル要アリヤ否ヤハ再考ノ餘地ナキニアラス但シ之カ爲E區ノ設定遲延シ其ノ結果既ニ提案シ居ル古屋領事ノ工部局入リノ問題カ當分解決セサルコトトナルヘキモ右ニ對シテハ工部局ト折衝ノ上何等カノ臨時的措置ヲ講シ得ヘシト存ス

四、前記一ノ如キ情勢ニテ若シ「ポリスコート」案ノ實施不適當ナリトセハ法院問題ノ速急解決ハ不可能ノ狀態ナルカ刻々ニ變化スル現在ノ歐洲情勢ニ鑑ミ當分之カ推移ヲ見テ或時期ニ根本的解決ヲ計ルコトモ一方法ナルヘシト認メラレ現ニ三日ノ最高首腦部會議ニ於テモ本官ヨリ右ノ如キ趣旨ノ考案ヲ披露シ且右ニ付テハ卽座ニ各方面ノ意嚮ノ開陳ヲ求ムル次第ニアラサルモ篤ト考慮ヲ加ヘラレタキ旨述ヘ置キタリ（其ノ際イワカラ?海軍武官長ヨリ當分時局ノ推移觀望方可然ヤニ思ハルル旨「リマーク」

アリタリ）

五、本件ハ現下ノ變局ニ對處スヘキ我國策ノ根本問題ト睨合ハセ決定スヘキモノナルヤニ存セラルルニ付若シ貴大臣ニ於テ工部局警察ノ復歸ヲ當分延期スルモ支障ナシトノ見込ナルニ於テハ法院問題ヲ當分現狀ノ儘ニ放置シ置クモ一策ナラスヤト存ス右不取敢

北京、天津、支、漢口、厦門へ轉電セリ

1730　昭和15年7月18日　在上海三浦総領事より有田外務大臣宛（電報）

上海仏租界当局へ対日協力に関する要求事項申入れについて

上　海　7月18日後発
本　省　7月19日前着

第一四九二號（極祕）

往電第一二八四號ニ關シ

十八日ノ租界幹事會ニ於テ佛國總領事宛覺書案陸海軍側ノ主義上ノ同意ヲ得タルニ付準備整ヒ次第佛國總領事宛申入ルル豫定ナリ

右覺書ノ內容ハ租界ノ敵性ヲ排除スルノ必要及佛租界ノ我方ト協力スルノ必要ヲ述ヘ左ノ諸項ヲ要求スルニアリ

一、「テロ」策謀ノ取締
　六月二十一日附三浦憲兵隊長申入ノ諸項ノ嚴重勵行及領事館警察ニ對スル同樣ノ協力
二、法院ノ重慶側トノ絶緣
　第二特區法院ノ閉鎖新政府法院ノ新設
三、敵性不動產ノ日本側ヘノ引渡
四、重慶側ト關係ヲ有スル支那人董事ノ更迭
五、排日宣傳ノ取締
六、佛租界公董局及同警察ニ日本人幹部職員ノ採用

（以上各項トモ簡單ナル理由ヲ附ス）

北京、天津、南大、漢口、厦門、廣東、香港へ轉電セリ

1731　昭和15年7月29日　在上海三浦総領事より松岡外務大臣宛（電報）

上海第一特区法院主席判事への襲撃事件発生について

上海　7月29日後発
本省　7月29日夜着

第一六〇五號

二十九日正午頃佛租界ニ於テ第一特區法院主席判事錢鴻業ハ二名ノ支那人ヨリ兇彈四發ヲ見舞ハレ左胸部竝ニ腹部ニ重傷ヲ負ヒタルカ犯人ハ何レモ逃走セル趣ナリ

北京、南大、漢口、天津、香港ヘ轉電セリ

1732 昭和15年7月31日　在上海三浦総領事より松岡外務大臣宛（電報）

上海第一特区法院主席判事殺害事件の背景に関する情報報告

上海　7月31日後発
本省　7月31日夜着

第一六二五號（極祕）

往電第一六〇五號ニ關シ

錢鴻業ハ遂ニ絶命セルカ本件ニ關シ三十日李士群ハ鶴見ニ對シ豫テ錢ヲ汪側ニ引入ルヘク試ミタルコトアルモ同人ハ法院内ニ於ケル反汪排日ノ巨頭ニシテ到底轉向ノ見込ナキコト判明セルヲ以テ斯ル敵人ヲ其ノ儘放任スルコトヲ得サルニ至レリトテ李一派ノ所爲ナルコトヲ仄カセル趣ナリ

北京、南京大使ヘ轉電シ香港ニ暗送セリ

1733 昭和15年9月12日　在上海三浦総領事より松岡外務大臣宛（電報）

南京国民政府の外部機関が上海特区法院の判事および職員へ帰順を強要する脅迫状発出について

上海　9月12日後発
本省　9月12日夜着

第一九九七號

國民政府ノ別働隊タル「ゼスフイルド」路七六號防共救國國民黨特別勞働本部ヨリ八日附ヲ以テ第一、第二特區法院判事及職員ニ對シ東亞ノ現狀ヲ訴ヘ汪精衞ノ國民政府モ南京ニ復歸シタル今日徒ニ形勢ヲ觀望スルコトハ國ヲ救フ所以ニアラス國ヲ救ヒ己ヲ救フ爲ニ本信受領後七日以内ニ同本部ニ自身出頭又ハ書信ニ依ツテ態度ヲ明ニスヘシ若シ右擧ニ出テサルニ於テハ自發的ニ現職ヲ辭職スヘシ然ラスンハ貴下ノ態度ニ疑ヲ抱ク他ノ一派ノ連中ニ依リ貴下ニ對シテ直接行動ノ加ヘラルルコトアルヘシトノ趣旨ノ脅迫狀ヲ送リタリトノ趣ニテ十日工部局事務總長ハ右譯文ヲ兩法院協定ノ當事國タル英、米、佛、蘭、諾威、伯剌西爾各總領事ヘ送付シ工部局ハ法院協定ノ當事者ニハ非ス又判事及職員ノ政治的動向ニ關シ何等關心ヲ有スルモノニアラサルモ租界内ニ法院ノ現存シ公正ノ保タルヘキコトニ重大ナル關心ヲ有ス從テ工部局警視總監及法務官トモ協議ノ上本件ヲ前記各國總領事ニ通報スル必要ヲ感シタルモノナリトシ殊ニ七月二十九日第一特區法院判事暗殺セラレタルニ鑑ミ本件脅迫狀ノ送付ハ深刻ナル不安ヲ釀成スルモノナリトノ趣旨ヲ申送リ別ニ同日附ヲ以テ本官ニ對シ日本側カ法院問題ニ關心ヲ有スルニ鑑ミ本件各國總領事宛書面寫ヲ送付スルモノナリト前提シ本件脅迫狀ノ危險且不安ナル效果ニ鑑ミ本官ニ於テ何等カ處理ヲ執リ得ルニ於テハ然ルヘク善處アランコトヲ要請シ來レリ尙前記脅迫狀ノ發出ニ關シテハ十二日當地夕刊ニ報道セラレタリ

北京、南大ニ轉電セリ

1734　昭和15年10月3日　興亜院会議決定

「上海租界對策」

上海租界對策

昭和十五年十月三日

興亞院會議決定

一、上海租界ハ東亞新秩序建設ノ爲メ他ノ支那各地ノ租界ト同樣原則トシテ回收セラルヘキコト當然ナルモ其時機方法ハ世界政局ノ動向ト帝國國防力ノ充實トニ反照シ決定セラルヘキモノトス

二、上海共同租界ハ世界經濟上ニ於ケル同租界ノ地位ニ鑑ミ此際帝國ノ不足資源獲得ノ據點タラシムル目的ヲ以テ當分從來ノ國際的色彩ヲ失ハシムルコトナク且ツ其安靜ヲ保持セシムルモノトス

但シ其必要ニ當リテハ何時ニテモ之カ回收ヲ爲シ得ル如ク各般ノ準備ヲ進メ置クヲ要ス

三、上海佛租界ニ關シテモ前項ニ準シ取扱フモノトス

1735　昭和15年10月15日　在上海堀内総領事より松岡外務大臣宛（電報）

上海仏租界特区法院の接収をめぐる仏国当局との協議結果について

上　海　10月15日後発
本　省　10月15日夜着

第二一七一號

一、[(1)]上海租界法院問題ニ關シテハ最近上海特務機關ニ於テ佛租界法院支那人職員ノ寢返リ工作相當見透シ付キタル趣ヲ以テ一先ツ佛租界法院ノミノ接收ヲ實施セントスル意見出テタルカ當方、總軍及大使館ト聯絡ノ結果大使館及當方打合ノ上別途空送ノ接收實施要領案ヲ作製シ七日租界對策幹事會ニ附議シ且其ノ前後ニ於テモ日支關係各方面ト折衝ヲ試ミタル結果同案ニテ各方面ノ意見ヲ取纏メタリ同案ノ骨子ハ一面寢返リ工作ニ重キヲ置クト共ニ他面日佛間了解ノ成立ヲ絶對ノ條件トスル點ニアリ尙幹事會ニ於ケル陸海軍側ノ意見トシテ成ルヘク佛國側ヲシテ應諾シ易カラシムル爲接收ノ儀式等ニ重キヲ置カス又南京政府側ノ任命ヲ受諾スル限リニ於テハ職員各個人ノ重慶トノ繋リヲ公然ト斷絶セシムル企圖ヲ暫ク差控フルモ差支ナカルヘク斯クシテ共同租界ニ對スル先例ヲ造ルコトニ重點ヲ置カサルヘカラストナセルハ注目ニ値スヘシ

二、[(2)]依テ日佛交渉開始ニ先ンシ先方（大使、總領事トモ不在）ノ態度ヲ打診スルコト然ルヘシト認メ十四日曾根着《（編カ）》任挨拶ノ爲舊知ノ佛國總領事代理ヲ往訪ノ際本件ニ言及シ赴任前本件ヲ研究セル結果法院ノ重慶ト絶縁スルコト法院ノ閉鎖及新政府法院ノ新設ハ實際上同時且平穩裡ニ行ヒ得ヘシトシテ之ニハ三ノ前提條件アリトノ決論ヲ得タリ即チ

㈠南京政府ニ於テ法院協定ヲ廢止スル等法律問題ヲ起サス事實的解決ヲ旨トスルコト

㈡佛《（ママ）》當局カ好意的中立ヲ持シ先ツ接收ノ場合ニ於ケル保護警戒及接收後ニ於ケル寢返リ辯護士等ノ身體及財産ノ保護ニ任スルノミナラス工部局警察ニ於テモ司法警察トシテ新法院ニ協力ヲ爲スコト（先ノ㈡ハ㈢ナリ）

㈢支那人職員ノ過半數カ寢返リ南京ノ任命ヲ受諾スルコト之ナリ

而シテ着任後各方面ヲ打診セル結果㈠㈡ノ條件ハ大體滿

足シ得ヘキ狀態ニシテ殘ルハ㈢ノ條件卽チ佛國側ノ態度如何ニアル次第ナリトテ先方ノ意見ヲ求メタル處同總領事代理ハ打解ケタル態度ニテ本件解決ノ方法トシテハ法院長ヲ含メ高級職員ノ南京政府辞令ノ受諾カ最穩便ナルカ之カ爲ニハ佛國側トシテモ現實ノ事態ニ適應セサル如キ人物ハ保護出來サル旨ノ威嚇モ可能ナル譯ナレハ其ノ點ハ日本側ニ手助ケシテモ好キ意嚮ニシテ斯カル平穩ナル接收ナル限リ之ニ邪魔スル分子ヲ彈壓シ之ニ從フ者ヲ保護スルハ當然ナリ斯クシテ日佛間ノ暗默ノ了解ノ下ニ接收スルコト最モ望マシトノ私見ヲ述ヘタルモ唯同官ハ單ナル事務代理ニ過キサルヲ以テ新總領事着任(本月二十三日ノ豫定)迄ハ何等責任ヲ取ルヲ得ス尤モ自分トシテハ新總領事ニ對シ右ノ日佛了解案ヲ進言スヘキヲ以テ夫レ迄待タレタシトテ此ノ點ハ固執シテ讓ラサリシヲ以テ更ニ租界內最高法院ノ閉鎖接收儀式等ニモ言及シ考慮ヲ促シ置クト共ニ本件話合カ漏洩シ之カ爲重慶側ノ「テロ」カ寢返リ工作ヲ阻害スルコトナキ様ダメヲ押シタル趣ナリ

三、佛國側ノ態度前記ノ如クナルニ鑑ミ一應新總領事着任迄待チ其ノ間法院長ノ寢返リ等ノ工作ヲ進ムル様陸海軍幹事ト打合セタリ場合ニ依リ中央ニ於テ佛國政府ニ對シ御交渉願フコトトナルヘキモ以上ノ經緯不取敢

南大、北大、天津、漢口へ轉電セリ

1736　昭和15年11月7日　在上海堀内総領事より松岡外務大臣宛(電報)

上海仏租界特区法院接収を仏国側原則応諾について

上　海　11月7日後発
本　省　11月7日夜着

第二二七一號(大至急)

往電第二二五九號ニ關シ

七日午後支那側ノ對佛通告文ヲ提出セシメタル後本官ヨリ公文(委細郵報)ヲ以テ佛國總領事ニ對シ今般南京政府ヨリ佛租界內支那法院ヲ接收スヘキニ付協力アリタキ旨申出テタル趣ナルカ佛國政府カ曩ニ有田「アンリー」協定竝ニ佛印問題ニ於テ日本ノ支那事變處理方針ニ對シ理解アル態度ヲ表明セルニモ鑑ミ此ノ際法院問題ニ付テモ同様友好的態

度ヲ執リ㈠最高法院ノ閉鎖南京政府ニ依ル高等法院及特區法院ノ接收竝ニ佛支協定ニ依ル法院ノ運用㈡各法院ノ文書、印章及刑務所、其ノ他ノ財產ノ接收竝ニ上記處置ヲ阻害スルカ如キ策動ノ抑壓南京政府ノ任命セル法院職員ノ保護㈢接收後佛側ノ法院ニ對スル協力援助ノ三點ニ關シ協力ヲ求ムル旨申入レタル處午後四時同總領事本官ヲ來訪シ只今「コスム」大使ヨリ日本側ノ主張ニ協調スヘキ旨ノ電訓ニ接シタルニ付斷言シ得ル次第ナリト前置シタル上前記我方要求ノ各項ニ付逐一諒承セル旨ヲ表明シ且新法院ト佛側トノ關係ニ關シ若干ノ法律的技術的希望意見ヲ述ヘタルカ右ハ何レモ佛支協定尊重ノ建前ヨリスレハ問題ナキ所ナリシヲ以テ本官之ヲ諒承シ接收ノ細目ハ佛租界警察及日本憲兵隊代理者間ノ話合ニ委ヌルコトトシ茲ニ本件日佛間話合成立セリ

依テ明八日午前圓滿接收ヲ了スル豫定ニテ又新聞發表ニ付テモ事前ニ打合ノ上九日朝刊ニ發表スル筈

北京、天津、南京(大)、漢口へ轉電セリ

1737 昭和15年11月8日 在上海堀内総領事より松岡外務大臣宛(電報)

上海仏租界特区法院の接収完了について

上海 11月8日後発
本省 11月8日夜着

第二二七九號(大至急)

往電第二二七一號ニ關シ

八日午前十一時高等法院第三分院院長室ニ於テ日本側ヨリ林憲兵少佐以下憲兵四名佛國側ヨリ警察總監代理及佛租界法律顧問立會ノ下ニ新舊法院長司法行政部參事一名ケイセイリン代表一名書記通譯會合ノ上印章書類財產臟品等ノ引渡ヲ行ヒ二時接收ヲ終了シタルカ尚三時四十分ヨリ地方法院ヲ更ニ三十分ノ後刑務所ノ接收ヲ了シタルカ法院外部ニ於ケル佛國側ノ警戒ハ甚タ嚴重ニシテ諸事極メテ平穩裡ニ取運ヒタリ

1738 昭和15年11月11日 在南京日高大使館参事官より松岡外務大臣宛(電報)

上海仏租界の特区法院接収実現に関し汪兆銘

がわが方へ謝意表明について

南　京　11月11日後発
本　省　11月11日夜着

第四八〇號

特第九〇號（興亞院經由）

十日汪主席ハ影佐ニ對シ今回ノ佛租界法院ノ接收ハ國民政府强化ニ資スルコト大ナリトテ我カ方ノ協力ニ對シ深甚ナル謝意ヲ表シ關係各機關ニ傳達方特ニ依頼セリ

周佛海モ影佐ニ對シ法院接收及交通銀行家屋ノ返還（從來南京特務機關ニ於テ使用中ノ交通銀行ヲ新中央銀行ニ當ツル爲五日返還シ支那側ハ直ニ中央銀行籌備委員會ヲ置キタリ）ハ上海方面ニ於テ民心ニ極メテ良好ナル影響ヲ及ホシタリトテ衷心感謝シ居リ右關係方面ニ御傳ヘ請フ

宛本院政務部長　通報華中連絡部上海總領事　華中ヨリ總領事館ニ連絡アリ度

1739　昭和16年2月28日　在上海堀内総領事より松岡外務大臣宛（電報）

上海租界当局より日英米間に戦争勃発の場合の必需品輸送に関し考案方要請について

別　電　昭和十六年二月二十八日発在上海堀内総領事より松岡外務大臣宛第二七〇号

右要請内容

上　海　2月28日後発
本　省　2月28日夜着

第二六九號

共同[1]、佛兩租界當局ヨリ二十四日附ヲ以テ日、英、米間ニ戰爭勃發ノ場合ニ於ケル必需品ノ速急獲得方ニ關シ要旨別電ノ通リ申越タルカ（英、米側ニモ同文申レタル由）更デダニ戰爭ノ風說喧傳セラル當地ニ於テ租界當局カ輕々ニ風評ヲ裏書スルカ如キ措置ヲ執ルハ甚タ面白カラサルノミナラス關係三國間ニ戰爭ヲ豫定シ此ノ種協定ヲ結フ如キハ殆ト考慮ノ外ニシテ假ニ協定スルモ其ノ實施ハ至難ナルヘク何レニスルモ出過キタル遣方ナリト認メ本官トシテハ本件申入ハ取上サル所存ナルカ

不取敢[2]岡本ヲシテ本件通告發出ニ先ンシ市參事會ニ諮ラサリシ點ヲ質スト共ニ本件通告ニ關シ絕對外部漏洩ヲ避クヘキコト竝ニ前記本官ノ意嚮ヲ體シ市參事會側ヲ指導方措置

セシメ置ケリ
尚本件通告ハ首席領事ニ通報シ領事團同章ニ附セラレタリ
(二十五日來訪ノ英國總領事ハ本件ニ言及セス二十七日來訪ノ獨逸總領事ノ質問ニ應シ前記ノ趣旨ヲ述ヘタル處彼ハ首席領事ヨリ本件極祕ニスヘキ旨特ニ注意シ來タレリト述ヘ居タルカ右注意ハ領事團記者「ロング」ヨリ各領事ニ對シ爲シタル由)

(別電)

上海　2月28日後発
本省　2月28日夜着

第二七〇號

極東ニ於テ日、英、米三國ノ參與スル戰亂勃發ノ可能性ナシトセサル處目下上海ハ米、石炭、小麥及麥粉ハ殆ト全ク海路輸入ニ仰キ居リ是等ノ供給斷絶セハ當市民ハ飢餓及之ニ伴フ混亂ニ直面スヘキニ付戰亂勃發前ニ是等必需品供給確保ノ道ヲ講シ置カルル樣要請スルハ工部局ノ義務ナリ依テ日、英、米三國政府カ今ヨリ直ニ共同シテ戰亂勃發スルトモ當市「シヴイリアン、ポピユウレーシヨン」ニ充テラルヘキ必需品輸送船舶カ自由ニ上海ニ到來スル如キ工夫ヲ案スル樣貴官ニ慫慂セントス工部局ハ右三國間ノ豫備的協議ニ關シ又ハ協定ノ實行ニ關シ協力スル用意アリ

1740　昭和16年11月10日　在上海堀内総領事より東郷外務大臣宛(電報)

在華米国海兵隊の上海引揚げに関する報道の反響報告

上海　11月10日後発
本省　11月10日夜着

第二〇六四號

在支米國「マリン」引揚ニ關スル華府發各種通信ハ八、九兩日當地各紙ニ大々的ニ掲載セラレ一般ニ異常ノ「シヨツク」ヲ與ヘタルカ各外字紙ハ擧ツテ本件ニ對スル外支人側反響トシテ上海ノ唯一ノ安定勢力タリシ「マリン」ノ引揚ハ一切ノ安全感ヲ剝奪シ貿易ノ前途ニモ暗影ヲ投シ治安ノ惡化モ亦免レサルヘシトノ悲觀的觀測ヲ大キク報道シ居レリ尚八日上海UPハ權威筋ノ觀測トシテ「マリン」ノ引揚後ハ上海ノ支配權ハ完全ニ日本側ノ手ニ移ルコトトナルヘ

キ旨竝ニ當地米國當局ニテハ引揚米人ノ爲目下香港經由航行中ノ「プレジデント、ライン」二隻ノ當地寄港方手配中ナル旨發電シ居リ又七日重慶UPハ支那側官邊ニテハ一般ニ米國政府ノ態度ニ信頼ヲ置キ居ルモ一部ニハ右ハ對日緩和政策ノ現ハレニアラサルヤト遺憾ニ思ヒ居ル向アル旨報シ居レリ

南大、漢口、北大、天津、滿、青島、厦門、廣東、香港ヘ轉電セリ

1741　昭和16年11月17日　在上海堀内総領事より東郷外務大臣宛（電報）

在華米国海兵隊が上海撤退をわが方へ正式通報について

上　海　11月17日後発
本　省　11月17日夜着

第二一〇三號

往電第二〇八九號ニ關シ

一、十五日米「マリン」指揮官ヨリ共同防備委員長タル日本陸戰隊司令官ニ宛テ近キ將來米「マリン」ヲ撤退スル樣公式命令受理セル旨通報越シタリ

二、陸戰隊ニ於テハ豫テヨリノ打合（冒頭往電第二段）通リ「マリン」撤退後ニ於ケルC區ノ警備ハ工部局警察及上海義勇隊ヲ以テ擔當スルコトニ致度治安維持上必要ト認ムル場合ニハ隨時日本軍カ之ヲ援助スル用意アル旨二十日迄ニ工部局參事會議長及伊軍指揮官ニ通告スル豫定ナリ

1742　昭和16年11月21日　在上海堀内総領事より東郷外務大臣宛（電報）

在華米国海兵隊撤退後の対策通告について

上　海　11月21日後発
本　省　11月21日後着

第二一二六號

往電第二一一九號ニ關シ（米「マリン」撤退後諸般對策ノ件）

一、「マリン」ハ二十一日P「マジソン」二十五日P「ハリソン」ニテ全部引揚クル豫定ナル由

二、二十日共同防備委員會「シクレタリー」ヨリ陸戰隊司令

官ニ對シ往電第二一〇三號ノ通リ市參事會ヨリ本件ニ對スル申入アリタル趣ヲ以テ之ニ對スル意見ヲ問合セ來リタル處海軍側ニ於テハ右ニ對スル回答ノ形式ヲ取ラス獨自ノ見解トシテ十九日附ヲ以テ不取敢C區ハ工部局警察及義勇隊ノ擔當スルモ必要ニ應シテ我方ニ於テ警備ヲ擔當スルコトアルヘキ旨工部局參事會議長竝ニ伊軍司令官ニ對シ申入レ置キタル由

1743 昭和16年11月22日 在上海堀内総領事より東郷外務大臣宛(電報)

国際情勢急転の場合の上海租界に対するわが方対処方針につき根本原則設定方請訓

付　記　昭和十六年十一月十一日、東亜局第一課作成
「國際危機發生ノ際ノ上海租界措置要領(案)」

上　海　11月22日後発
本　省　11月22日後着

(館長符號)

貴電合第二三四二號ニ關シ

當地租界海關及第三國關係ニ付テハ豫テ非公式ニ御連絡致シ置キタル通リ陸、海、外、興亞ノ現地機關ニ於テ密接聯絡ノ下ニ目下右貴電御方針ニ卽シ準備立案中ナルカ(右進行ノ詳細ニ付テハ別途御報告致スヘシ)租界關係事項ニ關スル今日迄ノ審議ノ結果右貴電ノ方針ノ外更ニ中央ニ於テ根本準則ヲ定メラルル要アリト存セラルル諸點次ノ如クニシテ右ハ至急御取上ノ上中央ノ決定トシテ御訓令相成ル樣願度シ

㈠國民政府ノ日米戰爭ニ對スル態度ノ指導

國府ヲシテ直ニ宣戰セシムルヤ非交戰ノ儘同盟國ノ態度ヲ執ラシムルヤ等ハ租界(就中英租界)ニ對スル支那側發言權竝ニ敵性國外交官、人民財產ニ對スル支那側措置等ヲ左右スル次第ニ付是非共明確ニ定メ置ク要アリ(直ニ宣戰ノ要ナカルヘシ)

㈡兵力進駐

米國「マリン」撤退必スシモ豫想シ得サリシヲ以テ當地陸海軍協定案ニハ敵武力ヲ一掃スル爲ノ兵力進駐ヲ當然トナシ居ル處敵陸上兵力ハ皆無ノ曉ニ於テモ治安維持又ハ威壓ノ目的ヨリ憲兵隊以外ノ部隊ヲ進駐セシムル必要アリヤハ進駐ニ伴フ人心不安ノ如キ逆效果ト睨合セ政策

的見地ヨリ且ツ實情ニ卽シ(租界警察ノ把握ノ程度等)最モ愼重ニ考慮ノ要アリ(當地共同租界ニ對シテハ進駐ヲ思止マル様折角說得中ナルカ極メテ困難ナリ)

㈢佛租界ニ對スル態度就中進駐

當地佛租界ニ對シテモ統帥部案ハ進駐ヲ豫定シ居ル處右ハ「マリン」武裝解除ニ際スル萬一ノ事態ニ備フル爲竝ニ爾後佛側ヲシテ我方ニ協力セシムル爲ニシテ共同防禦ヲ名トシ最後通牒的外交交渉ニ依リ實現セントスルモノナルカ當方トシテハ佛租界對策ハ當地ノミ獨自ノ立場ニテ爲スヲ可トシ更ニ日佛印乃至ハ日佛關係ヨリ觀テ中央ニ於テ決定スヘキ筋合ナリ又當地佛租界ト佛印トノ通商維持ハ我方ノ負擔輕減上ヨリ必要ナリ更ニ「マリン」問題解消ノ上威力進駐ハ不要ニシテ我方ニ全面的ニ追隨セシムルコト容易ナリ唯佛側カ敵國人又ハ財産ニ對シ中立的庇護權ヲ租界ニ於テ行使セサルコトヲ約束セシムルヲ以テ足ル旨主張シ居レリ

㈣友好國中立國側ニ對スル態度

租界機構ヲ尊重スルト雖モ租界ハ従來ヨリ占領地ノ一部ニ過キサルヲ以テ(進駐ニ依リ改メテ占領セラルルニ非ス)軍律ヲ行使スヘク紛爭ヲ避クル爲進ンテ協力スル様要請スル態度ヲ以テ臨ムコト肝要ナリ(特ニ獨、伊ニ對シテ)

㈤敵國人ニ對スル態度

租界、海關等ニ對シテハ本邦ニ在ル敵國人ト同様ニ考フルコトナク寧ロ敵國ヲ占領セル場合ト同様ニ考ヘ有用ノ者ハ其ノ「サービス」ヲ積極的ニ用フルコトト致度シ

南京(大)、北京(大)へ轉電セリ

(付　記)

国際危機發生ノ際ノ上海租界措置要領(案)

(昭和十六年十一月十一日　亞一)

第一　方　針

日本對某國間開戰ノ場合ニ於テハ上海租界內ノ敵性分子ヲ芟除スルト共ニ我方ノ負擔ヲ最小限度ニ輕減スルコトヲ目標トシ之カタメ現存ノ政治及經濟的機構ノ實質的把握ヲ行フモ努メテ無益ノ破壞ヲ防止スル如ク措置ス

第二　要　領

一、列國駐屯軍ニ對スル措置

日本對某國間開戰ト共ニ上海地域ニ在ル各國軍隊ニ對シ夫々左ノ措置ヲ執ルモノトス

イ、敵國軍隊及艦艇ノ處理

開戰ト共ニ我軍司令官ヨリ期限附要求ヲ發シテ降伏ヲ要求シ右要求ニ應セサルトキハ實力ヲ用フルモノトス

(一)軍隊ニ付テハ其ノ將兵ヲ俘虜トシ其ノ武器彈藥及軍需品ヲ沒收ス

(二)艦艇ニ付テハ之ヲ拿捕シ其ノ載荷ト共ニ沒收シ乘員ヲ俘虜トス

ロ、同盟國軍隊ニ對スル措置

同盟國軍隊(卽伊太利軍)ニ付テハ格別ノ措置ヲ執ラサルモ必要ニ應シ租界警備ノ任務ヲ分擔セシム

ハ、中立國軍隊

中立國軍隊(卽佛蘭西軍)ニ付テハ引續キ中立ノ立場ヲ維持スルコトヲ條件トシテ之カ駐屯ヲ認ムルモ必要ニ應シ我軍トノ間ニヨリ强度ノ協力ヲ設定セシム

二、共同租界ニ對スル措置

共同租界ニ付テハソノ敵性ノ完全ナル芟除ヲ計ルモ我方ノ負擔ヲ出來得ル限リ輕減スルタメ租界行政ノ現存機構ハ成ル可ク之ヲ存置スル如ク留意シ左ノ如キ措置ヲ執ルモノトス

イ、領事團ニ對スル措置

領事團ハ敵性領事ノ排除ニ依リ其性格ヲ一變セシメ我方完全ナル指導ノ下ニ其ノ職務ヲ行ハシムルモノトス

ロ、臨時市參事會員中英米各三名ハ辭任セシメ後任ハ任命セサルモ場合ニ依リテハ伊太利人一名ヲ任命ス議長ハ日本人トス

ハ、工部局人事ニ對スル措置

(一)工部局總務部

事務總長「フイリツプス」事務次長「ガツプ」次長補「ナツシユ」ヲ罷免シ日本人ヲ事務總長ニ任命ス

(二)工部局警察部

總監ヲ初メ外人副總監(三名)外人總監補(六名)ヲ罷免シ其ノ他外人役員及支那警察官ニシテ我方ニ同調セサルモノニ對シ拔本的肅淸ヲ行フモノトス

之等人員ノ補充ニ當リテハ現存日本隊員ヲ基礎トシテ行フモ必要ニ應シ陸軍、內務、外務等ヨリ適任者ヲ入ルルモノトス

㈢工務部

工務部長「ギムソン」ヲ罷免シ日本人ヲ以テ之ニ代フ

㈣財政部

財政部長「モーチャー」次長「オリヴァー」次長補「ミドルトン」ヲ罷免シ日本人ヲ以テ部長及次長ニ任命ス

㈤義勇隊

上海義勇隊ハ之ヲ肅清シ敵性分子ヲ排除シタル上工部局警察ニ編入ス

㈥衞生部

衞生部長「ジョーダン」ハ之ヲ罷免シ日本人ヲ以テ之ニ代フ

ニ、特區法院ニ對スル措置

共同租界內特區法院ハ國民政府ヲシテ接收セシム

ホ、工部局財政ニ對スル措置

工部局財政ニ付テハ根本的建直ヲ必要トスル處稅制ノ改革新稅ノ徵收等ニ依リ收入ノ增加ヲ計ルト共ニ人件費、公用事業費等ノ節約ニ依リ支出ノ減少ヲ計リ以テ豫算ノ均衡ヲ計ル如ク措置スコレカ具體策ニ付テハ別途考究ス

ヘ、物資配給ニ關スル措置

米、薪炭等ノ生活必需品ノ供給不足ヲ來シ四百萬ノ支那人ノ生活問題起ルコトハ必然ナルヲ以テ右對策ヲ別途至急樹立ス

ト、租界指導ノ爲ノ我方ノ新機構

㈠租界指導委員會(假稱)ノ設置

我方租界指導ノ最高政策ヲ決定スル爲上海ニ陸、海、外、興亞院ノ係官ヲ以テ組織スル租界指導委員會(假稱)設置ス右委員會ハ上海總領事ヲ以テ委員長トス

㈡租界問題調査機關

現在ノ岡本事務所及上海市政研究會ノ活動ヲ積極的ニ助成シ租界對策ノ具體的諸問題ヲ調査セシメ租界指導委員會ノ政策樹立ノ補助タラシムルモノ

トス

三、佛國租界ニ對スル措置

佛國租界ニ付テハ差當リ現狀ヲ維持スルモ公董局及警察內ニ日本人ヲ入ルルヤウ積極的ニ工作ス

1744 昭和16年11月27日 在上海堀内総領事より東郷外務大臣宛(電報)

在華米国海兵隊が撤退予定繰上げについて

上　海　11月27日後発
本　省　11月27日夜着

第二一六九號

往電第二一三四號ニ關シ

米國側ヨリノ公式通報ニ依レハ「マリーン」第二次引揚部隊ハ三十日出發ノ豫定ナリシ處華府ヨリノ命令ニ依リ豫定ヲ繰上ケ隊長「ハワード」大佐引率ノ下ニ二十八日出發スルコトトナリタル趣ナリ

尙二十七日夕刊英字紙ニ依レハ第一次引揚部隊約三五〇名ハ同日午前中乘船ヲ完了セル趣ナリ

南大、北大、香港ヘ轉電セリ

1745 昭和16年12月2日 在上海堀内総領事より東郷外務大臣宛(電報)

国際情勢急転の場合に上海共同租界占領の建前を執るや否やにつき方針決定方請訓

上　海　12月2日後発
本　省　12月2日後着

第二一九八號(極祕、館長符號扱、部外祕)

曾禰領事ヘ

共同租界ニ付占領ノ建前ヲ執ルヤ否ヤハ第三國人ニ對スル我方要求强制(第三國人名儀物資ノ徵發其ノ他治外法權ノ爲工部局ニ於テ處理スル權限ナキ諸事項無線通信取締郵便新聞取締)竝ニ領事團ニ對スル態度決定上重要ナル點ナル處南京總軍ニ於テハ占領ノ建前ヲ採ルコトハ之ヲ避ケタキ希望ナルカ如ク察セラルル處現地ニ於テハ實際ノ適用ハ手加減スルモ建前トシテハ占領ヲ主張スル必要生シ來ルヘシト思考セラルルニ付本件出來得レハ中央ニ於テ速ニ御決定相成ル様願度シ

南總(外信)ヘ轉電セリ

1746　昭和16年12月4日　在上海堀内総領事より東郷外務大臣宛(電報)

国際情勢急転の場合に仏租界当局がわが方の敵性行動抑圧に協力するならば租界への進駐の必要はなき旨意見具申

付　記　昭和十七年二月二日発在上海堀内総領事より東郷外務大臣宛電報第二三八号
上海共同租界特区法院接収に関する経緯報告

上　海　12月4日後発
本　省　12月4日後着

(館長符號、極祕)

一、國際危局到來ノ曉佛租界ニ對スル措置如何ニ付テハ日佛間ノ全般的外交關係ヲ考慮シ決定セラルヘキ處當方トシテハ不取敢直ニ佛國總領事ニ對シ「日本側トシテハ佛租界内ニ於ケル敵性行動抑壓其ノ他軍事上必要ノ措置ヲ執ル要アルニ付テハ佛側ニ於テ敵性分子竝ニ敵性財產ニ對シ庇護權ヲ行使セサルコトヲ承認セラルルニ於テハ兵力ノ進駐ハ見合スヘシ尤モ此ノ場合ニ於テモ軍側ノ切望ニ依リ略漢口佛租界同樣(日本側制服憲兵派遣)ノ措置ハ是非共承認セラレタキ旨」申入ルルコトト致度キ意嚮ナリ尙當地トシテハ佛側ニ於テ右ヲ承認スルニ於テハ佛租界内ニ於テ直接我方ノ軍令、軍律等ヲ執行スル形式ヲ避ケツツ敵性行動抑壓及敵性分子竝ニ財產ノ處理ヲ或程度迄(佛租界内敵性人逮捕及猶、伊等第三國人名義財產ニ付テハ厄介ナル問題生スヘシ)有效ニ實施シ得ルカ然ラサル場合ニ於テハ憲兵ニ於テ直接執行スヘク何レニスルモ軍隊ノ進駐ハ必要ナラサル見込ナリ

二、佛側ニ於テ右申入ヲ卽座ニ承諾セサル場合ニハ眼前ニ好餌ヲ見逃スコトトナレハ現場ニ於テハ佛側ノ態度如何ニ拘ラス一方的ニ憲兵ヲ入ルルコトトナル惧極メテ大ナル處現地トシテハ之ヲ斷行スル方却テ大ナル紛爭ヲ避クル所以ト存セラル
就テハ進駐ハ中央ノ決定ヲ俟ツヘキモ右程度ノコトハ御諒承ノ上中央ニ於カレテモ適當ノ時機ニ佛側ニ申入相成樣致度シ

(付　記)

上　海　昭和17年2月2日後発
本　省　昭和17年2月2日夜着

第二三八號

本官發南京宛電報第二六號ニ關シ

法院接收式ハ二日午前同建物内ニ於テ擧行セラレタルカ今日迄ノ經過參考迄

一、今次大東亞戰勃發當初法院接收ニ付手配充分ナラサリシ爲建物ノ接收ト共ニ裁判官ハ逸早ク逃亡租界内ニ潛伏シ法院ノ機能停頓ヲ來シ租界内裁判事務山積スルニ至リタルヲ以テ工部局側(五島副總監)ヲ租界治安確保上放任シ難シト爲シ李思(士カ)群ノ手ニ於テ軟禁中ノ高等法院第二分院長徐維震ヲ首班トシテ法院判檢事ノ引出シ工作ニ着手シ大體客年十二月末ヨリ不完全ナカラ裁判ヲ再開スル運ヒトナリタルカ當初ハ裁判官引出シノ便宜上全然國府側ノ名ヲ出サス又裁判官ノ態度表明ヲモ强制セス單ニ租界民衆ノ利益ノ爲從來通リ裁判ヲ續行セヨトノ建前ヲ取リ來タレリ

二、一方國府側ニ於テハ司法行政部ハ客年末接收委員ヲ當地ニ派シ接收ニ對シ我方ノ協力ヲ求メタルカ當地日本側各機關ハ前記一、ノ經緯ニ鑑ミ形式的接收ハ裁判官ノ獲得工作ニ影響アルヲ以テ過早ニ行フヘカラストノ見解ヲ持シ國府側ニ自重ヲ求ムル處アリ結局兩者ノ意見接近シ可及的速ニ法院ヲ國府側ニ接收スルコトニ決シ特務機關長ヲ首班トシテ當館興亞院工部局之ニ協力シ國府側接收委員ト共ニ之カ促進ヲ計ルコトトナレリ

三、其ノ後本年ニ入リ大東亞戰ノ戰局竝ニ我方ノ對租界諸施策ノ進展ト相俟ツテ復職裁判官ノ數モ漸次增加シ來リ且一月中旬我方ニ於テ接收委員ヲシテ既ニ復職セル裁判官ニ對シテハ國府側歸屬誓約セシメ又未タ復職セサル裁判官ニ對シテハ最後的復職勸告狀ヲ發出セルカ略々裁判進行ニ充分ナル人數(判檢事約四〇書記七〇)ノ復職見込就キタルヲ以テ關係各機關協議ノ結果二日正式接收ヲ行ハシムルコトトナリタル次第ナリ

南大、北大ヘ轉電セリ

九　援蔣ルート遮断問題

1　仏印ルート

(1)　仏印ルート禁絶に至る経緯

1747　昭和13年10月18日　在ハノイ宗村(丑生)総領事より近衛外務大臣宛(電報)

仏印経由対中武器輸送問題などにおける仏国側の非友誼的な対日態度是正につき意見具申

ハノイ　10月18日後発
本　省　10月18日夜着

第二三七號(極祕)

佛本國竝ニ東印度支那政廳側ノ最近我方ニ對スル面從腹背的非友誼行爲ハ日佛兩國國交竝ニ日對佛印關係將來ノ爲此ノ際徹底的是正解決ノ對策ヲ講スルコト緊要ナリト思考ス

卽チ

一、鐵鑛輸出禁止問題

本年(件カ)ハ表面上ノ理由ハ兎ニ角明カニ排日ヲ目標トシテ佛國國防省派遣員等ノ示唆ニ基キ現地ヨリ本國ニ具申セラレタルモノニシテ昨夏當地滯在中ナリシ前總督(?)「バレンヌ」等ノ尻押モ手傳ヒ本令發布ノ前後ヨリ當地官憲ハ既ニ數箇月內ニ東印度支那人(ママ)領內ヨリ全日本人ヲ驅逐スヘシト公言シ居レル排日眞意ニ其ノ立案ノ根據ヲ有ス換言スレハ本問題ハ東佛印ノ排日經濟壓迫ヲ根底トスル一現象ナルコトハ今同小官カ本件ニ關シ總督以下七、八名ノ有力當局ト屢々面會ヲ遂ケタル際得タル印象ニ依リテモ明カナリ從テ早キニ及ヒテ之カ是正解決ヲ圖ルニアラサレハ從來通リ今後次々ニ對日通商上ノ諸問題ヲ生スル惧アリ

曩ニ矢田前公使當地ニ於テ總督ト會談ノ際佛國側ニ對日通商協定改訂ノ用意アリヤ否ヤ質シタルニ對シ之カ用意アル旨明言セルニ付テハ單ニ本問題解決ノミニ止マラス右言質ニ基キ本問題惹起ヲ契機トシテ現通商協定ノ改訂ヲ圖リ以テ兩國關係ノ改善ヲ期スルコト當面ノ急務ナリト思考ス

二、武器輸送問題

佛國側カ既約品輸連(送カ)ヲ肯定シ居レル點コソ卽チ本問題ノ證據ノ一ニシテ數字ノ如キハ我方ヨリ提示スルヨリモ既ニ佛國乃至佛印當局側ニ於テ明瞭ナルヘキヲ强調セラレ度ク且數量ノ多少其ノ他如何ナル佛側言分アルモ輸送シ居レル事實ト佛側ノ右ニ對スル肯定アル以上之ヨリ有力ナル證據ナキヲ主張セラレ度キコト屢次電稟ノ通リナリ

尙佛側ハ本問題等ニ關シ我方ヨリ徹底的解決案ノ申入ナキヲ見テ英佛聯合ノ前ニ我方ヲ弱腰ナリト誤認シ當方面佛人間ニハ內心ハ恐怖シ乍ラ少クモ表面ハ安南人ノ手前モアリ明カニ之ヲ放言シ居レリ

曩ニ矢田前公使當地ニ於テ總督ト會見ノ際將來ノ武器輸送ニ關シテ總督ニ質シタルニ對シ總督ハ日本ノ宣戰ヲ布告セサル今日之カ輸送ヲ禁止スルハ困難ナリト答ヘタルニモ鑑ミ佛本國竝ニ佛大使ニ於テ如何ナル言譯ヲ爲スモ右ハ明カニ面從服(腹カ)背的遁辭ニ過キス從テ之カ徹底的解決ノ對策ニハ愼重考慮ヲ加フヘキモノアリ若シ佛側ニシテ之カ輸送ヲ禁スル誠意ナキニ於テハ佛印ト支那間ノ輸送線(勞(老カ)開國境ノ橋、ナンカン國境、「モンカイ」國境ノ橋)ニ對シ自衞的手段ヲ加フルコトアルヘキヲ申入レ之カ徹底ヲ期スルコト當然ナルヤニ思考ス尙雲南爆擊ハ印度支那ニ對スル間接ノ「アベルチスマン」ト思惟シ居レル佛國側ニ對シ右ヲ申入ルルコトハ效果的ナリト存ス

三、支那兵通過問題

本問題ハ佛側ニ如何ナル言譯ヲ有スルモ第三國タル義務違反ナルコト明白ナリ武器輸送問題ニ關シ弱腰ナリトノ誤認ノ下ニ更ニ此ノ背信的非友誼行爲ヲ重ネタルニ至ツテハ我方ニ於テモ之カ對策ヲ施スヲ要ス卽チ斯ノ如キ第三國タル義務ニ反シ援蔣行爲ヲ爲スニ於テハ同國ノ在支權益ヲ擁護スルコト能ハサルヘキヲ明確ニ申入レ之カ將來ノ禍根ヲ一掃スルコト必要ナリト思考ス

個人ノ資格ニ於ケル佛國航空武官ノ支那側雇入ニ對シテ佛側ニ於テ取締不可能ナリト放言スル不誠意振ニ對シテモ亦同樣ナル對策ヲ以テ臨ムヲ得ヘシト思考ス

右御參考迄卑見具申ス

佛、北京、上海、滿、臺灣外務部長ヘ轉電アリタシ

香港、西貢ヘ暗送セリ

1748　昭和13年10月28日

仏印経由対中武器輸送問題に関する情報部長談話

佛國ノ印度支那經由支那向ケ武器輸送禁止問題ニ關スル情報部長談(十月二十八日)

昨年十月佛蘭西政府ハ自發的ニ印度支那ヲ經由シテ支那へ送ラレル武器ノ輸送禁止ヲ決定シタノテ其ノ好意的態度ハ日本政府ニ於テモ之ヲ諒トシ其ノ實行ニ付佛蘭西政府ノ誠意ヲ信頼シタノテアル。

然ルニ其ノ實行振リニ付兎角遺憾ノ點カアル様見受ケラレタノテ其ノ後屢々佛蘭西當局ノ注意ヲ喚起シ本年ニ入ツテモ二度ニ亘リ嚴重佛側ノ反省ヲ求ムル所カアツタノテアル。

右ニ對シ佛蘭西政府ハ其ノ都度禁止ノ勵行ヲ約シタカ我方ノ入手スル確實ナ情報ニ徵スレハ右佛蘭西政府ノ回答ト一致セサル情勢カ依然現地ニ於テ繼續セラレツツアル様認メラレル殊ニ廣東攻略後香港トノ連絡カ斷絶シタ結果印度支那ハ外國武器ノ最モ重要ナ輸送路トシテ殘ルコトトナリ支那側トシテハ既ニ此點ニ關シ活躍ヲ開始シタトノ情報モアリ、我方トシテハ今後ノ成行ニ付重大關心ヲ有スル次第テアル。

帝國政府トシテハ佛蘭西政府カ此際武器輸送禁止ヲ眞ニ有效ナラシムル如キ的確ナル手段ヲ執リ曩ニ確約セル禁止ノ實效ノ擧ルコトヲ要請シ若シ佛國政府ニシテ右様適切ナル措置ニ出テラレサル場合ニハ帝國政府トシテハ已ムヲ得ス自衛上必要ト思惟スル手段ヲ執ルカ如キ事態ニ立到ルヘキ旨ヲ佛國政府ニ申入ルル様杉村大使ニ電訓スルト共ニ本二十八日近衛兼攝外相ヨリ在京佛蘭西大使ニ對シ右ノ趣旨ヲ申シ入レタ。

編　注　本文書は、昭和十三年十二月、情報部作成「支那事變關係公表集(第三號)」から抜粋。

1749　昭和13年12月20日　在仏国宮崎臨時代理大使より有田外務大臣宛(電報)

仏印経由対中武器輸送問題に関する仏国外務次官内話について

付　記　昭和十六年一月、南洋局第二課作成「佛印經

由蔣政權向軍需品輸送禁絶方ニ關スル日佛交涉經緯」より抜粋

広東陥落以後欧州大戦勃発までの交渉経緯

パリ　12月20日前発
本　省　12月20日後着

第八〇八號（部外極祕、館長符號扱）

(1)十三日訣別ノ爲杉村大使來訪ノ際日佛關係ニ關シ「レジエ」ノ語リタル所（大使ニ於テ館員ニ筆錄セシメラレ參考トシテ殘シ置カレタルモノ）ハ佛側ノ僞ラサル感ヲ表ハシ居ルヤニ認メラルルニ付要領電報ス尤モ右ハ前顯ノ通リ大使ニ於テ參考ノ爲殘サレタルモノニテ特ニ電報ノ御考ハナカリシ模樣ナルニ付部外祕ニ御取扱相成樣致度シ

記

在支佛代理大使、總領事、領事等ノ報告ヲ綜合スルニ日本軍部ハ英國ヨリ以上ニ佛國ヲ慘ク扱フ模樣アリ右ハ單ニ佛國カ今日內外ノ難局ニ直面セルカ故ニシテ佛國カ英國ヨリ强ケレハ斯ルコトナカルヘシト思ハル

(2)然ルニ佛側トシテハ佛ニ好意ヲ有スル友人カ今尙日本國內ニ相當多シト確信スル故ニ理由ナキ慘キ取扱ヲ日本カ爲ストハ思ハサルモ軍部ノ連中ハ機會アル每ニ佛國ヲ極東ヨリ放逐セント焦慮シツツアルモノノ如ク印支問題ニ付テモ佛國ハ初メ日本ニモ支那ニモ武器ヲ賣ラサル方針ヲ執リタル處日本側ハ支那ニ賣ツテモ差支ナキニ付日本ニモ賣ツテ呉レ（海軍側「ホチキス」ノ件）ト言ヘルニ付不賣ノ原則ヲ棄テテ双方ニ賣ルコトニシタル處其ノ結果ハ封鎖次テ印支問題ナリ封鎖ニ付テハ過去ノコト故暫ク措キ印支問題ニ付テハ佛國ハ印支ノ中立從テ安全ヲ確保スル見地ヨリ自發的ニ武器彈藥ノ通過ヲ阻止スルコトヲ申入レタル處支那ハ既ニ代金ノ全額又ハ大部分ヲ支拂ヒ又佛側ノ製造能力不足ノ爲著シク期限ヨリ遲レタル武器彈藥引渡ヲ要求シテ已マス印支通過禁止ニ對シテハ「ボイコット」其ノ他ノ方法ヲ以テ對抗スルニ至リ他方英國ハ倫敦、巴里ニ於ケル首相、外相會談每ニ香港ノ立場ヲ擁護セン爲同樣印支ヨリ自由ニ武器ノ輸入サルルコトヲ求メテ已マス其ノ間多少ノ武器カ印支ヲ通リシコトハ勿論之ヲ認ムルモ佛政府トシテハ此ノ方針ヲ堅持シ來レル次第ナリ昨今緬甸、雲南ノ大道路既ニ成リ英國ハ此ノ方面ヨリ盛ニ武器ヲ供給スヘキニモ拘ラス佛ノミヲ攻擊スルコトハ佛政府ヲシテ徒ニ困難ノ立場ニ陥ラシ

ムルモノニシテ此ノ點日本側ノ反省ヲ求メテ已マス

之[3]ニ對シ本使ハ右ノ御話ハ何度モ聞キ能ク承知シ居ル所ナルカ此ノ際一言率直ニ言ヒ度キハ日佛ノ外交ヲ道徳的線ニテ行ヒ度キコトナリ若シ佛ノ仕打カ不都合ナラハ東京ニ軍事行動ヲ取ルコトサヘ勸告スヘシ然シ針小棒大ニ瑣事ヲ誇張シテ徒ニ兩國ノ關係ヲ惡化セシメントスル遣方ニハ不賛成ナリ唯茲ニ一言注意スヘキハ日本ハ徹底的ニ蔣介石ヲ叩カントシ居ルコトニシテ印支及緬甸カラスル武器ノ供給ハ是非共絶ツト言フ固キ決心ヲ有ス佛カ既ニ印支通過禁止ノ原則ヲ自發的ニ聲明セル以上支那ニ武器ヲ供給セストノ方針ヲ確立シテハ如何倒レ掛ル家ヲ小サキ木ニテ支フル如キ援助ノ仕方ハ何ノ效果モナシ佛ハ何故支那ニ爾ク未練ヲ持ツヤ歐米ノ支那通ハ數年前ノ支那ノミシカ知ラス今日支那ニ居ル歐米人モ租界内ニ籠城シテ外界ノ動キニ直接接觸セス從テ大局ヲ知ラス過去ノ政治原則ハ其ノ儘ニ繰返サルルト見ルハ誤ニシテ其ノ邊ハ達識ノ政治家カ能ク見透シ以テ絶エス東亞ノ新事態ヲ認識シテ行ク樣セサルヘカラストテ極力勸説ニ努メタルモ「レ」ハ現狀維持政策堅持ノ立場ヨリ少クモ本使ニ對シテハ承服ノ色ヲ示ササリキ

（付　記）

（前略）二、昭和十三年十月二十一日廣東陷落後ニ於ケル對佛交渉

斯ル間ニ十月二十一日廣東遂ニ陷落シ同二十七日武漢三鎭モ相次イデ我軍ノ掌中ニ歸シ斯クテ佛印ハ對支武器輸送ノ最モ重要ナル「ルート」トシテ殘ルニ至レリ卽チ從來ニ於ケル佛側ノ禁止方針言明ニモ拘ラズ依然佛印ヲ經由シテ相當量ノ武器輸送繼續セラレタルノミナラズ佛印「ルート」方面ノ支那側活動ハ益々活潑ヲ加ヘントスルノ情勢觀取セラレタルニ依リ蔣政權潰滅ヲ期スル我方ハ佛側ヲシテ從來ノ援蔣的態度乃至曖昧ナル態度ヲ清算セシムルコトノ緊要ナルヲ痛感シ新ニ佛側ニ對シ武器輸送禁止問題ニ付嚴重申入方在佛杉村大使ニ訓令セリ依テ右ニ基キ宮崎參事官ハ十月二十六日佛國外務省「マシグリ」次官補ヲ往訪、佛側ノ自發的輸送禁止ノ誓約ハ遺憾乍ラ完全ニ勵行セラレ居ラス帝國トシテハ最早證據如何ノ論議ニ時間ヲ空費スルヲ欲セズ佛國ガ其ノ言明ヲ如實ニ實行セラレンコトヲ要求スルモノナリ就テハ佛側ニ於テ我方提案ノ調査團派遣ヲ受諾セラルルカ又ハ我方ノ疑

惑ヲ氷解セシムルニ足ル有效措置ヲ執ラレ度ク右ノ何レニモ應諾セラレサルニ於テハ我方トシテハ獨自ノ立場ニテ必要措置ニ出ズルノ已ムナキニ至ルコトアルベキ旨申入レタルニ「マシグリ」次官補ハ佛側カ誠心誠意本件誓約履行ニ努メ居ル際斯ル申出ニ接スルハ意外ニシテ調査團ノ派遣乃至國境閉鎖ニハ應シ得ズト答ヘタルガ更ニ十一月四日「オプノー」亞細亞局長ハ右我方申入ノ諸點ヲ篤ト考慮シタル上ノ決定的囘答ナリトシテ、

㈠佛國ハ法律上ノ義務ナキニ拘ラズ日佛友好關係維持ノ爲佛印ニ於ケル支那向武器通過ヲ禁止シ一年來佛印當局ハ確實ニ之ヲ實施シ來レリ

㈡日本政府ガ確タル根據ナキ武器通過ヲ阻止スル爲日佛關係ニ面白カラサル影響ヲ與フベキ措置ヲ執リ得ト考ヘラルルハ了解ニ苦シム所ナリ

㈢佛印ヲ通過スル武器ハ所謂既約品ノミニシテ右以外ハ全然通過シ居ラズ從テ佛印當局カ今日迄實施シ來レル措置以外ノ措置ヲ採ルコトヲ考慮シ得ズ

㈣調査團派遣及國境閉鎖ニ關スル日本側提案ハ佛國ノ主權ニ牴觸シ又ハ支那トノ正當ナル交通ヲ阻害スルモノニシテ全然同意シ得ス

トノ趣旨ノ正式囘答文ヲ手交シ更ニ前記㈢ニ謂フ既約品ニ付我方ノ求メニ應シ十一月五日極祕トシテ左記ノ如キ引渡未濟契約品目表(省略)ヲ手交セリ

尚右巴里ニ於ケル申入ト竝行シテ十月二十八日近衞大臣ヨリ「アンリー」在京佛大使ニ對シ同樣佛側ノ反省ヲ促ガシタルモ大使ハ例ノ如ク輸送ノ事實ヲ否定シ日本輿論ノ佛國攻撃ニ對スル不滿ヲ述ベ結局水掛論ニ終レリ尚大使ハ我方ノ意圖スル自衞手段ノ説明ヲ求メタルカ大臣ハ佛側ノ好意的考慮ヲ信頼シ未タ具體的ニ考慮シ居ラズト答ヘタリ

右ノ如キ佛側囘答ニ關シ十一月十五日宮崎參事官ヨリ「オプノー」亞細亞局長ニ對シ佛國カ好意的ニ我方ニ通報シ來レル契約品以外武器輸送ノ事實ナシト言フノミニテ何等我方ヲ納得セシメ得ル如キ誠意アル措置ヲ執ラレサルハ甚タ遺憾ニシテ我方トシテハ今一應佛側ノ再考ヲ求ムル意味ニテ帝國總領事又ハ總領事館員或ハ總領事ノ指名スル者カ其ノ必要ト思惟スル場所ニ出入シ調査スルノ自由ヲ認メ佛印官憲ヲシテ之ニ協力セシメラレンコト

ヲ要望スル次第ナリト申入レタルニ總領事等カ國境地方ニ旅行滯在スルハ全ク自由ナルモ必要ト思惟スル場所ニ出入シ調査スルコトハ到底承諾シ得ズト我方申出ヲ拒否セリ

我方ニ於テハ其ノ後モ再三、既約品ノ名ノ下ニ依然多量ノ蔣向武器カ佛印經由輸送セラレ居ル事實、或ハ海防方面ニ於ケル軍需品滯貨狀況ヲ指摘シ我方トシテハ佛側カ既約品ナルト否トヲ問ハズ、凡テ對支武器輸送禁止ヲ誠實勵行セラレンコトヲ要求スルモノニシテ、佛側ニ於テ我方ノ疑惑ヲ氷解セシムル如キ適當措置ヲ講セラレ度キ旨申入レタルニ既約品ノ禁止ハ實行不可能ナリトシ又昭和十二年十月閣議決定ニ基ク措置カ效果ヲ擧ケ居ルニ付差當リテハ更ニ適當ナル措置ヲ考ヘ及バズトテ依然不誠意ナル態度ヲ示シタリ

尚「トラック」類ノ輸送ニ關シテハ十二月九日在河內帝國總領事ヨリ佛印當局ニ對シ「トラック」ガ餘リニ多數ナルハ我方ノ重要視スル所ナルガ佛印トシテハ之ヲ全部許可スル意向ナルヤト問ヘルニ佛印當局ハ本國政府ノ訓令ニ基キ(イ)病院車ハ無制限(ロ)郵便車及鹽運搬車ハ在支佛國大使ニテ證明セル範圍內(ハ)一般「トラック」ハ一ケ月一百臺ニ限リ通過ヲ許可スルコトトナリ居ル旨答ヘタリ

三、我方雲南鐵道爆擊方針決定

斯クノ如ク我方ニ於テハ本件ヲ佛側ノ自發的措置ニ依リ平和的ニ解決セントシテ隱忍自重再三再四佛側ノ反省ヲ促シ來レルモ佛側ハ口ニ支那事變ニ對スル嚴正中立及蔣向武器輸送禁止方針勵行ヲ唱ヘ乍ラ裏面ニ於テ既約品ノ輸送ヲ口實ニ蔣ノ抗戰力培養トナルヘキ多量ノ蔣向武器ノ佛印經由輸送ヲ默認シ前記ノ通十月二十六日我方ノ警告的申入ニ對シテモ武器輸送ノ事實ヲ否定スルト共ニ我方ノ要求スル措置ヲ採ルコトヲ拒否シ右ハ決定的回答ナル旨ヲ述ヘ結局我方トシテハ雲南鐵道爆擊ノ外ナキ情勢トナリ居リタル處昭和十三年十二月上旬海軍側ヨリ、豫テ雲南鐵道爆擊ノ作戰上必要ナルヲ認メ居タルガ近ク南支派遣軍首腦更迭ニ際シ本件ニ關スル海、外兩省ノ一致セル方針ヲ授ケ度シトシテ當省ノ意向ヲ求メ來レルニ依リ早速本件爆擊ヲ辯護シ得ベキ法律論、爆擊ノ效果、其ノ我國際關係ニ及ボスベキ影響殊ニ佛國ノ出方等諸般事情ヲ檢討シテ其ノ利害得失ヲ考察セル結果雲南鐵道ガ對支

援助ノ軍事目的ニ使用セラレツツアルノ事實ハ國際法上我方ノ爆撃ヲ正當化スルモノニシテ右破壞ニ對シテハ帝國ハ損害賠償ノ責ニ任ズルヲ要セズ、又爆撃ノ作戰上竝ニ政治上ノ效果頗ル大ナルモノアリ然モ其ノ佛竝ニ英米ニ與フル影響必スシモ憂フルヲ要セズトノ結論ニ達シ右ニ付大臣ノ決裁ヲ經タル上十二月九日石澤歐亞局第三課長ヨリ海軍省神中佐ニ對シ口頭ヲ以テ「外務省トシテハ陸軍、及海軍ガ作戰上必要トセラルル限リ支那領內ニ於テ雲南鐵道ヲ爆擊セラルルコト差支ナシト認ムル」旨回答スルト共ニ在佛杉村大使ニ右ノ旨ヲ電報シ、爆擊ガ實行サレタ場合佛側ガ我方ニ行フコトアルベキ抗議ニ對シ我軍ノ爆擊ガ正當ナル所以ヲ說明シテ適當應酬方訓令セリ

爾來海軍側ニ於テハ諸般準備ヲ進メ居タル處愈々爆擊ヲ實行スヘキ旨昭和十四年二月二十四日當方ニ通報シ來レルモ種々ノ事情ニ依リ實現セズシテ止ミ、更ニ其ノ後海軍側ヨリ三月下旬頃ヨリ雲南方面ガ雨季ニ入ルニ先チ是非爆擊ヲ實行シ度キ旨通報越セルモ是レ亦實現セラレザリキ

四、昭和十四年八月歐洲政局ノ緊迫化ニ伴フ日佛國交調整機運ノ擡頭

前記ノ如ク佛印經由武器輸送問題ニ關スル日佛交涉ハ停頓ノ形トナレルノミナラズ駐佛大使ニ對スル「アグレマン」拒否、我軍ノ海南島占領、新南群島ノ領有宣言、西沙島ノ領土權、佛印鐵鑛ノ輸出禁止等支那事變以來累積セル諸問題ヲ繞リ日佛關係圓滑ヲ缺キ居タルカ獨蘇不可侵條約ノ締結殊ニ歐洲戰爭ノ勃發以後佛國官民ノ對日態度著シク改善セラレ、右傾向ハ佛國新聞ノ論調ニ現ハレタルノミナラズ、八月末佛國政府ハ不取敢佛印鐵鑛ノ輸出、在「ヌメア」帝國領事館ノ設置、日「タイ」定期航空路ノ佛印通過ノ三懸案ニ付我方要求ヲ容レ來レルカ更ニ九月上旬佛國トシテハ其ノ傳統的平和政策ニ基キ兩國間ノ了解ノ成立スルコトヲ衷心ヨリ希望スルモノナリトテ各種懸案解決ノ爲ノ日佛間話合開始ニ關スル我方意向ヲ確メ來リ又佛領印度支那總督代理ハ在河內鈴木總領事ニ對シ日本カ歐洲戰爭不介入政策ヲ如實ニ實行スルニ於テハ佛本國トシテモ之ニ應ジ日本トノ妥協政策ヲ執ルベシト述ブル等佛國政府ハ日佛國交調整ニ付漸次積極的ニ

我方ニ働キ掛ケ來レリ（以下略）

1750　昭和14年8月30日　在ハノイ浦部（清治）総領事代理より阿部外務大臣宛（電報）

雲南（滇越）鉄道の輸送力強化に関する情報報告

ハノイ　8月30日後発
本　省　8月30日夜着

第一七七號

滇越鐵道ノ輸送量ハ客年十月頃ヨリ毎日三百噸見當ト推定セラレ最近海防鐵道書記ヲシテ七月分輸送表ヲ作成セシメタルヲ見ルモ毎日三百乃至四百噸トナリ居ル處最近三、四箇月來海防ニ於ケル滞貨累積シテ捌ケ切レサルニ鑑ミ同鐵道側ニ於テモ輸送力ヲ强化スルコトニ決シ同鐵道總監督ハ昆明ニ赴キ雲南側及蔣政權側ト協定ノ結果同鐵道側ニテ新タニ機關車五十及貨車六百五十ヲ購買增車スルト同時ニ支那側ニ於テモ貨車三百數十ヲ購入シ近ク一日六百噸以上ニ强化スヘシト雲南建設廳長ハ發表シ居レリ

關係ノ向ヘ轉電アリタシ

1751　昭和14年11月30日　野村外務大臣／在本邦アンリ仏国大使　会談

日仏国交調整や仏印経由援蔣物資輸送の停止などに関するわが方希望をアンリ大使へ提議について

日佛國交調整ノ件竝ニ外務省員及軍事專門家河內派遣方ノ件ニ關シ十一月三十日野村大臣在京佛國大使會談錄

大臣ヨリ先ツ國交調整ノ件ニ關シ別紙甲號ノ通リ申入ラレタル後、

「委細ハコノ書面ニ認メ置キタルニヨリ御覽願ヒ度シ尤モ之ハ口頭ヲ以テ詳シク申上クル代リニ自分ノ申述ヘント欲スルトコロヲ其ノ儘卒直ニ書キ卸シタ全然外交辭令拔キノモノデアルカラ左樣御諒承アツテ其ノ御積リニテ御讀ミ願ヒ度シ」

トテ前記口頭申入ノ趣旨ヲ敷衍セル別紙乙號高裁案中「記」以下ノ佛譯文ヲ手交セラレタル後更ニ本件竝ニ今般廣西ニ於ケル我軍事行動ニ關シ現地總領事及佛印當局ト連絡又ハ懇談ノ爲本省係官及軍事專門家河內派遣方ノ件ニ付

別紙丙號ノ一ノ通リ申入レラレタルニ佛大使ハ右ヲ聽キ了リタル後先ツ第一ノ申入ニ關シ

「本國政府へ電報ノ上何分ノ訓令アル迄御答申上グルコトヲ得ナイカ只今御話ヲ拜聽シテ居ル内ニ感シタル自分一個ノ印象ヲ申上クレハ本國政府ハ此ノ御申入レニ接シテ意外ノ感ヲ抱クテアラウト思フ本使ハ從來度々言明致シタル通リ支那向武器彈藥等カ佛印ヲ經由シテ輸送セラルルノ事實ハ絶對ニ無イト云フコトヲ重ネテ申上ケ度イ尙御話ノ内ニ食糧品「トラック」等輸送ノコトカアツタカ此ノ點ニ付テハ調査シタ上テナイト確カナコトハ申上ケラレナイカ自分ノ得テ居ル情報テハソノ事實モ無イヤウテアル過去ニ於テモ日本側ノ得ラレタ情報ナルモノハ所謂情報屋ノ情報テアツテ fantastique ナルモノテアル極端ナ例ヲ擧クレハ以前ニモ申上ケタコトガアル通リ「ダラット」（佛印ノ避暑地）カラ支那へ向ケ大砲カ運ハレルト云フカ如キコトハ有リ得ナイ次ニ只今ノ御話中佛側ノ援蔣政策ト云フ御言葉カアツタカ其ノ如キ事實ハ絶對ニ無イ功利的ニ考ヘテモ佛蘭西ガ今ヤ奧地ニ逃避シテ了ツタ蔣介石ヲ援助スルガ如キ政策ヲ採ツテ何ノ得ル所ガアラウカ」ト述ヘ更ニ第二ノ申入レニ關シ同大使ハ、

「此ノ御申出ハ第一ノ御申出ト關聯シテ居ル譯テアルカ此ノ方モ書キ物ニシテ至急屆ケテ頂キ度イ本件御申出ヲ本國政府へ申傳ヘルニ際シテ貴省員及軍事專門家ノ佛印派遣カ何ノ爲テアルカ其ノ目的ヲ明確ニ承知致シテ置カネハナラヌカラテアル」ト述ヘタルニ依リ

大臣ヨリ右派遣ノ目的カ廣西ニ於ケル我軍事行動ノ推移ニ付佛印當局ノ有スルヤニ察セラルル不安乃至疑念ヲ氷解セシメ且ツ今後本問題ニ關スル河内駐在帝國總領事ト佛印當局トノ連絡折衝ヲ充分ナラシメンカ爲南支ニ於ケル我軍事行動ノ實際情況ヲ同總領事及佛印當局ニ篤ト傳ヘ尙印支國境方面ノ情況ニ付印度支那當局ヨリモ説明ヲ聽キ意思ノ疎通ヲ計ルニ在ル次第ヲ繰返シ説明セラレタルニ佛大使ハ、

「只今印支國境方面ト云フ御言葉カアツタカ夫レハ支那側カ佛印側カ其ノ何レノ側ヲ意味セラルルカマサカ支那側ニ於ケル情報ノ蒐集等ニ付日本ト協力セヨト申サルルノテハ有ルマイト思フガ」

トテ「國境方面ノ情況云々」ニ付昨年我方ヨリ提案シ主權侵害ノ故ヲ以テ佛側ノ拒絶セル武器輸送情況視察團派遣ノ

件ヲ想起セル爲カ不安ノ色アリタルニ依リ大臣ヨリ
「國境線ニ不明確ナル點ガアル爲カ本邦飛行機ノ佛印領土內飛行等ノ事件モ起ツタヤウテアルカラ國境方面ノ情況ニ付佛印側ヨリ種々説明ヲ聽キ得レハ自然右ノヤウナ事件ノ發生モ無クナルテアラウト考ヘテキル次第テアル」
ト說明ヲ加ヘラレタ處同大使ハ
「御趣旨ハ結構テアルカ今其ノ必要アリヤ否ヤ疑ハシイ何レニセヨ本件派遣ノ目的ヲ明確ニシテ頂キ度イ」
ト更ニ前言ヲ繰返シタルニ依リ大臣ハ
「誤解無キヤウ願ヒ度イ其ノ目的ハ要スルニ相互ノ間ニ了解ヲ進メテ行カンカ爲ニ外ナラナイ」
ト述ヘラレタルニ佛大使モ
「夫レデハ要スルニ日本ト佛印トノ文武當局カ懇談シテ兩國ノ磨擦ヲ避ケントスル趣旨ナリヤ」
ト駄目ヲ押シタルニ對シ大臣ヨリ
「其ノ通リ」
ト答ヘラレ本件申入レモ後程書キ物トシテ送達スヘキ旨約セラレタリ。
次デ佛大使ハ

「從來此種問題ハ日本新聞ノ「センセーショナル」ナル「キャンペーン」ノ種トシテ利用セラレ出來上ルヘキ相談モ打壞サレタルニ鑑ミ本件モ其儘新聞ニ御發表ノコト無ク可然御取計願ヒ度イ」
ト申入レタルニ依リ大臣ヨリ
「南支方面ニ於ケル我軍事行動其ノ後ノ進展竝ニ其ノ佛印トノ關係ニ付話合ヒヲナス爲會見セルモノナリト致シテハ如何」
ト問ハレタルニ對シ同大使ハ
「夫レニテ結構ト存ス」
ト答ヘ之ニテ會談ヲ了レリ
「註」　本省係官及軍事專門家ノ河內派遣ニ關スル申入レニ付テハ我方ノ目的ヲ明確ナラシムルト共ニ佛側ノ危惧乃至誤解無カラシムルヤウ別紙丙號ノ一ニ多少修正ヲ加ヘタル別紙丙號ノ二ノ佛譯文ヲ十二月一日佛大使ニ送達シ置ケリ

別紙甲號

日佛國交調整ニ關シ在京佛蘭西大使ニ對スル

野村大臣談話要領（案）

支那事變發生以來種々ノ問題ノ爲日佛關係兎角圓滑ヲ缺キ居タル處先般貴方ニ於テ二、三ノ懸案ニ付我方要求ヲ容レラレタルハ本大臣ニ於テモ多トスル所テアリ更ニ又貴大使ハ阿部前大臣及本大臣ト會談ノ際日佛國交調整ノ望マシキ旨申述ヘラレタルカ本大臣ニ於テモ右御趣旨ニ全然同感テアル

乍併佛國ニ於テハ斯ノ如ク一方ニ於テ我國トノ國交調整ヲ希望セラレ乍ラ他方ニ於テ我國カ國力ヲ擧ケテ其ノ潰滅ノ爲戰ヒツツアル蔣政權ヲ今猶援助シテ居ラレルガ斯ノ如キハ我方ノ了解ニ苦シム所テアル卽チ佛國政府ハ從來屢々蔣政權援助ノ方針ニ非サルコトヲ言明セラレタケレトモ事實ハ之ト反對テアッテ依然多量ノ食糧品、「トラック」、石油、各種ノ機械類等ノミナラス純粹ナル武器彈藥スラ佛印ヲ經由シテ蔣政權向輸送セラレ居リ之等ハ直接間接蔣政權ノ抗日力ヲ維持培養シツツアル。佛國ニシテ此ノ際右ノ如キ曖昧ナ態度ヲ淸算シ蔣政權向一切ノ貨物輸送ヲ遮斷セラレ且何等カ適當ノ方法ニ依リ援蔣「ルート」遮斷ノ具体的結果ニ付我國民ヲ納得セシメ得ルコトトナラハ日佛友好關係ノ增進ニ資スル所大ナリト信スル今回我軍ノ廣西作戰モ從來ニ於ケル我方屢次ノ申入ニ拘ラズ依然佛印ヲ經由シテ廣西向軍需品其他ノ貨物輸送ガ繼續セラレ居ルニ鑑ミ遂ニ實力ヲ以テ之ヲ遮斷スルノ已ム無キニ至ツタ次第デアル尙若シ佛印經由支那向軍需品ノ輸送ガ停止セラレルコト、ナラバ最近數箇月間ニ屢々貴方ヨリ御抗議アリタル本邦軍用機ノ佛印領空飛行ノ問題ノ如キモ派生シナクナル譯デアル

又從來南洋及太洋洲方面ノ佛領ニ於ケル各種ノ反日的經濟障壁モ日佛友好關係ヲ妨ゲテ來タ他ノ有力原因デアッテ此等ガ現實ニ除去セラレナイ限リ國交調整ハ實現不可能デアルト思フ從テ現在佛印當局ガ現行通商協定ノ精神ヲ蹂躪シテ我商品ニ課シツツアル各種輸入制限措置ノ撤廢又ハ緩和方御考慮願度イ又佛印及「ニュカレドニア」ニ於テハ從來往々政治的理由ニ依テ我國ヘノ資源供給又ハ邦人ノ入國、企業經營等ヲ阻止スルノ態度ヲ示サレタガ將來ハ斯ルコトナク寧ロ進ンデ是等ノ問題ニ付積極的ニ便宜及支援ヲ與ヘラレンコトヲ希望スル

本大臣ハ貴大使ガ前記ノ諸點ヲ貴國政府ニ傳ヘラレタル上右ニ關スル貴方御意向御回示ヲ得バ幸甚ニ存ズ

別紙乙號

高裁案

昭和十四年十月二十七日起案
昭和十四年十一月　十　日決裁

對佛領特ニ佛印關係處理方ニ關スル件

支那事變勃發以來佛印經由支那向武器彈藥其他軍需品ノ輸送、駐佛大使ノ「アグレマン」拒否、我軍ノ海南島占領、新南群島ノ領有宣言、西沙島ノ領土權、佛印鐵鑛ノ輸出禁止等ノ諸問題ヲ繞リ日佛關係兎角圓滑ヲ缺キ居タルガ獨蘇不可侵條約ノ締結、及歐洲戰爭ノ勃發以後佛國官民ノ對日態度著シク改善セラレ、右傾向ハ佛國新聞ノ論調ニ現ハレタルノミナラズ、八月末佛國政府ハ不取敢佛印鐵鑛ノ輸出、在「ヌメア」帝國領事館ノ設置、日泰定期航空路ノ佛印通過ノ三懸案ニ付日本側ノ滿足セラルル樣解決スヘシトテ我方要求ヲ容レ來リタルガ九月七日阿部前大臣「アンリ」在京佛國大使接見ノ際同大使ヨリ自分ハ約十日前澤田次官ニ對シ佛國政府ハ東亞ニ於ケル各種懸案ヲ解決シ度キ希望ヲ有スル旨ヲ通報シ又斯ル解決ノ氣運釀成セラレタルモノト信ズル旨ヲ述ベタルガ自分ハ佛國ノ傳統的平和政策ニ基キ兩國間ノ了解ノ成立スルコトヲ衷心ヨリ希望スルモノナル處、本國政府ニ對シ本日ノ會談ノ結果日本政府ニ於テハ各種懸案解決ノ爲日佛間ニ話合開始ノ用意アル旨ヲ傳達シ差支ヘ無キヤト確メタルニ對シ阿部前大臣ヨリ斯カル話合開始ハ望マシト答ヘラレタル次第アリ又在河内鈴木總領事九月十五日新總督代理ニ挨拶ノ爲往訪ノ際ニモ同總督代理ハ日本カ歐洲戰爭不介入政策ヲ如實ニ實行スルニ於テハ佛本國トシテモ之ニ應ジ日本トノ妥協政策ヲ執ルベシト述ベタル趣ニテ佛國側ガ日佛國交調整ニ付漸次積極的トナリ我方ニ働キ掛ケントシツツアルハ明カナルヲ以テ我方トシテハ右氣運ニ乘ジ支那事變處理及東亞新秩序建設ニ至大ノ關係ヲ有スル佛領特ニ佛印關係諸問題ヲ一擧有利ニ解決スル爲野村大臣ヨリ在京佛國大使ニ對シ左記趣旨申入レラレ佛側意嚮「サウンド」セラル、コトト致度

記

支那事變發生以來日佛關係兎角圓滑ヲ缺キ居タル處先般佛國側ニ於テ二、三ノ懸案ニ付我方要求ヲ容レラレタルハ本大臣ニ於テモ多トスル所デアルガ更ニ其ノ後貴大使ハ阿部前大臣、澤田前次官及本大臣ト會談ノ際兩國々交調整ノ望マシキ旨申述ベラレ本大臣ニ於テモ右御趣旨ニ全然同感デ

アル。

乍併佛國ニ於テハ斯クノ如ク一方ニ於テ我國トノ國交調整ヲ希望セラレ乍ラ他方ニ於テ我國ガ國力ヲ擧ゲテ其ノ潰滅ノ爲戰ヒツツアル蔣政權ヲ援助シテ居ラレル。佛國政府ハ從來屢々蔣政權援助ノ方針ニ非ザルコトヲ言明セラレタケレドモ事實ハ之ト反對デアツテ斯クノ如キハ我方ノ了解ニ苦シム所デアル佛國ニシテ眞ニ我方トノ國交調整ヲ望マルルナラバ此ノ際右ノ如キ曖昧ナル態度ヲ清算シ今ヤ沒落シツツアル蔣政權ト手ヲ切ラルルト共ニ我支那事變處理ニ對シ寧ロ好意的態度ヲ執ラルルコト可然ト思考スル次第デアル。又現在南洋及太洋洲方面ノ佛領殊ニ佛印ニ於テハ我國ニ對シ各種ノ經濟的障壁ヲ設ケテ居ルコト御承知ノ通デアル斯ノ如キ兩國友好關係ヲ妨グル根本原因ガ現實ニ除去セラレナイ限リ國交ノ調整ハ實現不可能デアルト思フ。

佛印經由援蔣行爲ニ付テ言ヘバ從來我方ヨリ屢々之カ停止方ヲ求メタルニ拘ラズ今猶蔣政權向多量ノ軍需品ガ佛印經由輸送セラレテ居リ又佛印ニ於テハ軍事的若ハ政治的目的ヲ有スル反日的支那人ノ往來モ頻繁ヲ極メ居リ佛印ハ恰モ援蔣抗日行爲ノ源泉タルカノ如キ觀ヲ呈シテ居ル佛印當局ニ於テハ純粹ナル武器ノ通過ハ禁止シ居ルモ其ノ他ノ物資ニ付テハ假令其レガ軍用ニ供シ得ヘキモノタリトモ是レガ一般商品トシテ通過スル限リ之ヲ遮斷シ難シト辯明シ居ル處純粹ナル武器彈藥スラ依然輸送セラレ居ルハ疑ノ余地ナキ事實デアリ又食料品、「トラック」、石油、各種ノ機械類等假令純粹ナル武器彈藥ナラズトモ其レガ蔣政權ニ供給サルル限リ其ノ抗日戰鬪力ヲ維持培養スルモノデアツテ此ノ點ハ佛國ガ對獨戰爭ニ於テ發表セル戰時禁制品目ニ徵スルモ明カデアル宣戰布告ノ有無ノ如キハ此ノ關係ニ於テハ實際上問題トナラナイ我方トシテハ國ヲ擧ゲテ專念シツツアル支那事變ノ處理ヲ妨クル蔣政權向一切ノ貨物輸送ニ對シ佛國ガ法律的末節ノ議論ヲ離レ實際政治ノ見地ヨリ之レヲ遮斷スルノ英斷ニ出ラレンコトヲ切望シ且ツ何等カ適當ノ方法ニ依リ援蔣「ルート」遮斷ノ具體的結果ニ付我國民ヲ納得セシメ得ルコトトナラバ日佛友好關係ノ增進ニ資スル所大ナリト信スル今回我軍ノ廣西作戰モ從來ニ於ケル我方ノ屢次ノ申入ニ拘ラズ依然佛印ヲ經由シテ廣西向軍需品其ノ他ノ貨物輸送ガ繼續セラレ居ルニ鑑ミ遂ニ此方面ニ實力行動ニ出ヅルノ已ムナキニ至ツタ次第デアル尙最近數ケ月間ニ屢々貴方ヨリ本邦軍用機ノ佛印領土內飛行及爆彈投下ニ付御抗議アリタル處右ハ佛印國境近クニ在ル支那領鎭南關(Chen Nam Quan)ガ佛印ヲ經由シテ蔣政權向輸送セラルル軍需品ノ集散地ナルニ鑑ミ我軍トシテハ軍事上ノ必要ヨリ同方面ニ於テ爆擊ヲ行ハザルヲ得ザル事情ニアリ、其ノ際本邦軍用機中ニハ或ハ不可抗力ニ依リ或ハ過ツテ佛印領內ヲ飛行シ又ハ爆彈投下ヲナシタルモノモ若干ハアツタ様デアル。右ハ甚ダ遺憾ナル出來事デ之ニ付帝國政府ハ夫々適切ナル措置ヲ執ツタコト御承知ノ通デアルガ若シ佛國ニシテ援蔣行爲ヲ停止セラルルニ於テハ右ノ如キ不幸ナル事件モ起ラナクナル譯デアル

南洋及太洋洲方面佛領、殊ニ佛印ニ於ケル反日的經濟障壁ニ付テ言ヘバ

(イ)佛印當局ニ於テ現在我商品ニ對シ高率關稅、輸入割當等現行通商協定ノ精神ヲ蹂躪スルガ如キ輸入制限措置ヲ講ジテ居ルノハ我方ノ甚ダ不滿トスル所デアツテ之レガ撤廢又ハ緩和方御考慮願ヒ度イ

(ロ)又先般漸ク解決シタ佛印ノ鐵鑛輸出禁止問題ニ見ルが如ク佛印、「ニユーカレドニア」等ニ於テハ從來往々政治的理由ニ依テ我國ヘノ資源供給又ハ邦人ノ入國、企業經營等ヲ阻止スルノ態度ヲ示サレタガ將來ハ斯ルコトナク寧ロ進ンデ此等ノ問題ニ付積極的ニ便宜及支援ヲ與ヘラレンコトヲ希望スル。

佛國側ヨリ前記諸問題ニ關スル御意嚮御回示ヲ得バ幸甚ニ存ズ

別紙丙號ノ一

昭和十四、十一、三十

廣西作戰及佛印經由援蔣行爲停止方ニ關シ佛印當局ト懇談ノ爲本省係官及軍事專門家派遣ノ件ニ付在京佛大使ニ對スル野村大臣談話要領(案)

日佛國交調整ニ關スル我方ノ氣持ハ以上述ベタ通リデアルガ此際特ニ一言申添ヘ度キハ今回ノ廣西作戰ニ關シ我軍ノ行動範圍ガ佛領印度支那國境ニ近接セル爲印度支那當局ニ於テ右作戰ノ推移ニ付不安乃至疑念ヲ有セラルルヤニ察セラルルガ其ノ不安乃至疑念ヲ氷解セシメ且今後河內駐在帝國總領事ガ本問題ニ關聯シ充分印度支那當局ト連絡折衝スルニ資スル爲外務省ヨリ近日中係官一名ヲ數日滯在ノ予定

ヲ以テ河内ニ派遣セシメ度尚其ノ際南支ニ於ケル軍事行動ニ關シ印度支那軍當局ニモ篤ト實際情況ヲ傳ヘ尚印支國境方面ノ狀況ニ付印支側ヨリモ說明ヲ聽キ意思ノ疎通ヲ圖ル爲佐官級ノ軍事專門家一名ヲ隨伴セシメ度ク考ヘ居レリ就テハ貴大使モ右意嚮ヲ諒解ノ上前記二名ノ派遣ヲ現地佛當局ニ傳達セラルルト共ニ何分ノ便宜ヲ供與セラレンコトヲ希望ス

尚貴方ノ御都合ツカハ在京佛國陸軍武官ヲ同道派遣セラル、コトモ結構ト考ヘ居レリ

別紙丙號ノ二

昭和十四、十一、三十

廣西ニ於ケル我軍事行動及日佛國交調整(殊ニ佛印經由支那向軍需品輸送停止方)ニ關シ現地總領事及佛印當局ト連絡又ハ懇談ノ爲本省係官及軍事專門家派遣ノ件ニ付在京佛大使ニ對スル野村大臣談話要領

日佛國交調整ニ關スル我方ノ氣持ハ只今申述ベタ通リデアルガ本件ニ於テハ佛印關係ノ問題ガ重要部分ヲ占メル次第デアルカラ此際本省係官ヲ河内ニ派遣シテ其詳細ヲ同地駐在帝國總領事ニ篤ト說明セシメ置クコトハ今後本件ニ關スル同總領事ト印度支那當局トノ連絡折衝ヲ充分ナラシメル上ニ必要且ツ有益デアルト思フ

又今回ノ廣西ニ於ケル我軍事行動ハ其ノ範圍ガ佛印國境ニ近接シ居ルコトデモアリ、印度支那當局ニ於テハ右軍事行動ノ推移ニ付不安乃至疑念ヲ有セラレルモノ、如クデアルカラ其實際情況ヲ右外務省員ヨリ篤ト河內駐在帝國總領事及佛印當局ニ傳ヘシメ、以テ右不安乃至疑惑ヲ解カシムルト共ニ本省ニ於テ今後モ引續キ佛印關係ノ事務ヲ取扱フベキ右係官ヲシテ佛印當局ト意思ノ疏通ヲ圖リ置カシムルコトハ機宜ニ適スルモノト思フ

依テ右目的ノ爲近日中ニ本省係官一名ヲ河内ニ派遣致度イト考ヘテ居ルガ廣西ニ於ケル我軍事行動ニ關スル說明ハ何分軍事專門的智識ヲ要スル次第デアルカラ前記外務省員ヲ輔佐スル爲軍事專門家一名ヲ隨行セシメルコト、致度イト思フ右兩名ハ河內ニ數日間滯在ノ上東京ニ引返ス次第デアル

就テハ貴大使ニ於テモ本件趣旨ヲ御了解ノ上右二名ノ派遣ヲ佛印當局ニ傳達セラレルト共ニ何分ノ便宜供與方御取計

アランコトヲ御願ヒ致度イ
尙、貴方ノ御都合ツカバ貴大使館附陸軍武官ヲ同道派遣セラル、コトモ結構デアルト思ツテ居ル

1752　仏印経由援蔣物資輸送の事実はないなどわが方提議へのアンリ大使回答について

昭和14年12月12日　野村外務大臣／在本邦アンリ仏国大使　会談

日佛國交調整問題ニ關スル

十二月十二日野村大臣在京佛大使會談錄

(在京佛大使野村大臣ニ會見ヲ求メ十二月十二日午后五時十五分ヨリ大臣官邸ニ於テ會談行ハル)

先ツ大使ヨリ「口頭ニテ申上ゲントスル所ヲ便宜上其儘、先般貴大臣ヨリ頂キタルト同樣ノ形式ノ書キ物トシタルモノヲ讀上ゲ度キニ付御諒承アリ度シ」ト述べタルニ對シ大臣領カレタルニ依リ大使ハ別紙假譯文ノ如キ内容ノ書キ物ヲ一節ヅヽ讀上グ。

(別　紙)

日佛國交調整問題等ニ關スル野村大臣申入ニ對スル在京佛大使回答假譯

(昭和十四、十二、十二)

「佛國政府ハ去ル十一月三十日閣下ヨリ御申出アリタル件ニ關シ愼重ニ考究スヘク其ノ後ニ非サレハ閣下ニ對シ正式ノ回答ヲナシ得ナイ

然シ乍ラ不取敢本使ハ玆ニ本國政府ノ命ニ依リ帝國政府カ印度支那佛當局ニ對シ過去ニ於テモ全ク根據無キコト證明セラレタル不滿ヲ今回再ヒ繰返サレタルコトニ對シ佛國政府トシテハ誠ニ心外ニ堪エサル旨閣下ニ申述ヘネハナラヌ

佛國政府トシテハ帝國政府ノ諸要求ニ對シ滿足ヲ與エタル直後ニ於テ帝國政府カ所謂印度支那經由武器輸送ニ關スル非難ヲ持出シテ玆ニ新タナル要求ヲ提出セラレタルコトヲ意外ニ存スル次第テアル

佛國政府ニ於テハ各種ノ問題例ヘハ帝國軍隊ニ依ル海南島占領、「スプラットレー」群島(註新南群島)ノ併合ニ關スル決定、揚子江ノ自由航行ニ對スル妨碍、支那ニ於ケル帝國軍隊ノ占領地域内ニ於ケル通商自由ノ侵害及其他支那事變發生以來支那ニ於テ佛國權益ノ蒙リタル總テノ損害等ノ

問題ニ付卒直ニ意見ノ交換ヲ行フヘキ會談ヲ開始スルコトカ帝國政府ノ意嚮ナルニ於テハ右ニ異議アルモノテハナイ印度支那ニ日本外交官及將校ヲ派遣スルノ件ニ關シテハ其ノ實際的利益如何ハ疑ハシイ印度支那總督ニ對シ公式ノ使節ヲ派遣スルコトハ勿論問題トナラナイ蓋シ日本行政當局ト佛印總督トノ關係ハ既ニ河内駐在日本總領事ニ依リ正常ニ保タレテヰルカ故テアル然シ乍ラ若シ帝國政府ニ於テ同總領事トノ間ニ特別ノ連絡ヲ保タント欲セラルルニ於テハ信書使(Courriers de Cabinet)ヲ送ラルルコトハ素ヨリ可能テアル、右ニ對シ佛國大使館ニ於テ印度支那ヘノ入國及戰時個人ノ資格ニ於テ同領内旅行ノ外國人カ通常享有スル行動ノ自由ヲ保證スル査證ヲ拒否スヘキ何等ノ理由モナイ閣下ハ前回ニ於ケル御申出ノ際北海竝ニ南寧方面ノ軍事行動ニ付御説明アリタルニ依リ佛國政府ニ於テハ同地域ニ關スル原則ニ就テノ佛國トシテノ立場ヲ想起スルコトカ有益ナリト信スル

本使カ既ニ閣下ノ前任者ニ對シ屢々申上ケタル通リ佛國政府ニ於テハ日本軍カ東京灣ニ於テ行動ヲ差控エラレタルハ佛國政府カ印度支那經由軍用材料輸送ヲ禁止スルノ手段ヲ執リタルコトニ對スル代償ナリト了解シ居タル次第テアル、假ニ右ノ如キ輸送行ハレタリトスルモ國際法ノ見地ヨリ見テ何等非難ヲ招クヘキモノテナク寧ロソノ禁壓コソ國際聯盟ノ一員タル佛國ヲ道德的ニ拘束スル特別ノ規定アルニ鑑ミ佛國ヲ極メテ機微ナル立場ニ置クモノテアツタ

佛國政府ハ更ニ一般的見地ヨリ見テ目下兩國政府ニ依ル一九〇七年ノ日佛協約ノ尊重ヲ緊要ナラシメテヰル政治的均衡ノ不安ナルモノハ帝國軍隊カ同方面ニ於テ執ラレタル各種ノ軍事行動ニ起因スルモノト思考スル

仍ツテ本使ハ印度支那隣接地帶ニ於テ行ハレ居ル軍事行動ノ目的性質及其ノ繼續期間ニ付閣下ヨリ御説明ヲ得レハ幸甚ニ存スル」

右朗讀了リタル後、

大臣「當方ニモ申上ゲ度キコトガアル佛側ニ於テハ佛印經由軍需品輸送ノ事實無シト繰返シ述ベテ居ラレルガ、當省ノ得テ居ル情報ニ依レバ右輸送ノ事實アリト斷定セザルヲ得ナイ例ヘハ最近我方ガ支那ニ於テ得タル確實ナル情報ニ依レバ重慶政府ハ廣西ニ於ケル我軍事行

動ニ鑑ミ同方面ニ在ル軍用材料其ノ他ノ物資ガ日本軍ニ押收セラルヽヲ防グ爲之ヲ一時佛印領內ニ逆送スルコトニ付佛側ノ斡旋ヲ求メタル結果佛側ニ於テハ相當好意的ノ取計ヲ爲スベキ旨約セリトノコトデアルガ右ハ佛側ガ軍需品ノ輸送其ノ他ニ付重慶政府ニ種々ノ便宜ヲ供與シ之ヲ軍事的ニ幇助シテ居ルコトヲ示ス一材料デアル、

又佛側ニ於テハ從來往々支那向軍需品其他ノ物資輸送ヲ停止スル法律上ノ義務無キコトヲ主張シテ居ラレルガ、其點ニ關シテハ日支間ニハ宣戰布告ガ發セラレテ居ナイノデアルカラ佛側ニ法律上對支物資輸送停止ノ義務ナキコトハ我方モ勿論承知シ居ル所デアルガ日本ト重慶政府トノ間ニ大規模ノ戰鬪行爲ガ行ハレテ居ルコトハ明カナ事實デアル。而シテ佛印經由ノ對支物資輸送ハ日本ノ敵タル重慶政府ヲ直接間接援助スルノ結果トナツテ居リ、我方トシテ之ヲ默視シ得ナイコトハ貴大使モ容易ニ御了解ニナルデアラウ從テ佛側ガ形式的法律論ニ囚ハレラルヽコトナク實際的大局的見地ニ立ツテ右輸送停止ノ英斷ニ出デラレンコトヲ我方ハ切

望シテ居ル次第デアル」

大使「佛國政府ハ貴大臣ノ前任者數人ニ對シ繰返シ佛印經由軍需品輸送ノ事實無キコトヲ申上ゲタルニ帝國政府ニ於テ未ダ之ヲ信用セラレナイノハ誠ニ遺憾デアル、帝國政府ガ所謂情報屋ノ持參スル曖昧ナ情報ヲ根據ニシテ佛國政府ノ眞意ヲ疑フ如キ言辭ヲ繰返サレルノハ甚ダ殘念デアル、只今御話ノ前段ノ件ハ自分ハ既ニ香港新聞ニテ讀ンデ居ル斯カル情報ハ香港ニ於テ製造セラレル無責任極マル情報デアリ信用シ得ナイ、又調査スルニモ致シ樣ガ無イ、勿論佛國政府トシテハ帝國政府ヨリ具体的事例ヲ擧ゲラレルニ於テハ調査ヲ怠ルモノデハ無イ然シナガラ帝國政府ガ過去ニ於テ同樣ノ要求ヲ出サレタ際示サレタ情報ナルモノハ何レモ曖昧模糊タルモノデアツテ一トシテ實證的事例ガ無イ」

大臣「先程御朗讀相成ツタ御申出ノ詳細ニ付テハ直ニ御答ヘスルコトヲ得ナイガ、唯二、三質問ヲ許サレ度イ

印度支那ヘノ「クーリエ」ノ件ニ付テ

第一、佛國政府ハ查證ヲ與ヘラルヽヤ

第二、印度支那內ニ於テ外國人旅行者ガ個人ノ資格ニ於

テ有スル行動ノ自由トアリタルガ其レハ如何ナルモノナリヤ

第三、在京佛國陸軍武官ヲ同道セシムルコトハ可能ナリヤ」

ト尋ネラレタルニ對シ

大使「第一、勿論査證ヲ拒絶スル理由ハ無イ

第二、印度支那戰時下ノ法規ニ準據スル限リニ於ケル行動自由ヲ意味スル

第三、單ナル「クーリエ」トシテ出張セラル、ニ當リ、當方陸軍武官ヲ同道セシムルノ必要ハ考ヘラレナイ右旅行ニハ何等困難ナク日本ヨリ船ニテ海防ニ上陸セラレ自動車ニテ河內ニ向ハレルノニ何等面倒ノ起ル筈ハ無イ」ト答ヘ

大臣「兎ニ角能フ限リノ便宜供與方ヲ御願ヒスル」ト述ベラレタリ

次イデ更ニ大臣ヨリ「先程廣西作戰ノ目的、性質竝ニ繼續期間ニ就テノ御質問ガアツタガ右ハ統帥事項ニ屬スルモノデ茲ニ自分ヨリ確言シ得ナイガ自分ノ承知シテキル所ニ依レバ其ノ目的ハ蔣政權ニ對スル兵站路卽チ武器食糧品其他凡ユル物資ノ輸送路ヲ遮斷スルニ在ル、右ハ支那沿岸ニ對スル封鎖ト竝行シテ行ハルルモノデ根本ノ目標ハ蔣政權ヲ崩壞セシメントスルニ外ナラナイ、繼續期間ニ就テハ蔣政權ヲ崩壞セシメナイ內ハ何トモ申上ゲラレナイ」

ト述ベラレタルニ佛大使ハ沈默ノ儘頷キタリ

1753 昭和14年12月21日 野村外務大臣 在本邦アンリ仏国大使 会談

日仏国交調整に当たっては雲南鉄道への空爆容認発言の是正など両国間の感情融和が緊切の旨アンリ大使より注意喚起について

駐日「アンリー」佛大使・野村外務大臣會談錄

昭和十四年十二月二十一日

大使　揚子江開放問題ニ關シテハ昨日西歐亞局長ヨリ「ファン」參事官ニ對シ御說明アリタル處開放ノ條件乃至ハ制限等ニ關シ閣下ヨリ詳細承ルコト可能ナリヤ。尙佛國政府ニ於テハ日佛間國交調整ニ關シ種々會談ヲ開始スルコト両國親善關係ニ鑑ミ緊要ノ事ト存ズル處、日英間ニ

於テモ天津問題ヲ繞リボツボツ會談進捗シ居ル模様ナルヲ以テ、之ト併行的ニ是非共日佛間ノ會談ヲ開始致度シ
大臣　日佛國交調整ニ關スル貴大使御申入ハ前回貴大使トノ會談ノ際御提示相成リタル「エドメモアール」ニモ記載アリタル處、右ノ中揚子江問題ニ關シテハ既ニ御通知致シタル通リナリ、而シテ揚子江岸ニハ今尙敵軍或ハ敵匪出沒シ居ル情況ニシテ漢口ノ後方等ニ於テハ日本ノ兵站路其ノ他交通遮斷ノ行動ニ出ヅルコト多シ、斯ノ如ク占領地ニ於テモ戰鬪行爲激烈ニシテ揚子江開放ノ條件トシテハ
第一、敵ニ兵器彈藥ヲ直接タルト間接タルトヲ問ハズ供給セザルコト、右ハ軍ノ治安ノ見地ヨリ絕對必要ナリ
第二、揚子江ニ關シテハ英國最モ權益多ク、之ガ航行ニ關スル種々ノ條件等ニ付テモ英國側ト話合フコト必要ニシテ目下意見ノ交換中ナリ、從ツテ英側トノ打合セヲ爲シタル後ニ非ザレバ詳細御說明シ難シ
日佛國交調整ニ關スル佛國側御見解ニ對シテハ當方ニ於テモ關係當局ニ於テ種々檢討シ居ルニ付、近キ將來ニ公正ナル立場ニ於テ御話スルコト可能ナリト思考ス、但シ何月何日ト云フガ如ク的確ニ時日ヲ申上ゲ難シ、本大臣トシテハ兩國間ノ話合ヲ爲スニ當リテハ建設的立場ニ立チテ爲スコト肝要ナリト存ズルモノニシテ、貴國側ニ於テモ十二分御協力アランコトヲ希望ス
大使　兩國間ノ話合ヲ開始スルニ當リ兩國間ノ感情ノ融和ヲ圖ルコト緊切ト思考ス、而シテ貴大臣ノ述ベラレタル建設的立場ニ於テ爲スコトニハ全ク同感ナルモ、之ニ付テ若干貴大臣ノ御注意ヲ喚起致度シ、卽チ日本國內ニ於ケル新聞通信社其ノ他責任アル當局者ノ言明ニ於テ若干右國交調整ノ機運ト背馳スルガ如キモノアルハ遺憾ニ堪ヘズ、之等ヲ排除シ兩國間ノ空氣ノ緩和ヲ圖ルコト是非共必要ト存ズ、玆ニ氣付キタル儘ニ三ノ例ヲ申上ゲ度シ
一、十二月六日、上海情報部長ハ雲南鐵道ニ關シ同鐵道ヲ爆擊セザル事ニ關シ日佛間ニ何等協定ナシト言明セラレタリ、右ハ其ノ通リナルモ、續イテ同部長ハ雲南鐵道ヨリハ多數ノ武器、軍需品等輸送セラレ居ルヲ以テ、之ヲ停止セザレバ同鐵道ヲ無警告爆擊スルコトアルベシト述ベラレタリ、右ハ同盟通信社ニ依リ佛國竝ニ諸外國ニモ電報セラレタリ、然ルニ右軍需品ノ輸送ハ全

ク事實無根ニシテ斯カル報道佛國ニ達スル時ニハ佛國輿論ヲ刺戟スルコト必定ナリ

二、十二月十三日外務省情報部長ハ十二月十二日ニ於ケル貴大臣ト本使トノ會談ニ關シ帝國政府ニ於テハ印度支那經由武器輸送ノ事實ニ關シ佛國政府ノ注意ヲ喚起スル所アリタリ云々ト語ラレ右亦同盟ニ依リ海外ニ放送セラレタリ

三、廣東派遣軍參謀長土橋少將ノ「ハノイ」行ニ關シ佛國政府ニ査證發給方御依頼アリタル處同少將ハ全ク私的會談ノ爲メ赴カルル由申越サレタルヲ以テ佛國政府ニ於テハ出來得ル限リ便宜供與方取計ヒタル處十二月十三日同盟通信ハ土橋少將ハ印度支那經由武器輸送ニ關シ日本竝佛印當局間ノ正式交渉ノ爲メ赴任セリトノ記事ヲ掲ゲタリ右ハ全ク事實ヲ歪曲セルモノニシテ佛國政府トシテハ誠ニ遺憾ナリ

四、過日讀賣新聞ハ松尾特派員ノ電報ヲ掲載セル處右電報ニ於テ佛國ノ前線竝ニ銃後ノ模様ヲ記載シ誠ニ興味多キ記事ナリシ處同記事末尾ニ「佛國ニ於テハ失業者多ク最近支那ヨリ軍需品ノ注文アリタル爲メ失業救濟ノ見地ヨリ佛國政府ハ大イニ滿足シ居レリ」トノ記事アリタルヲ以テ本使ハ斯ノ如キ記事ガ佛國檢閲ヲ通過スルトハ考ヘラレズ直チニ佛國檢閲當局ニ照會シタル處右ノ如キ電報ハ全然巴里ヨリ發送セラレ居ラズ全ク東京ニ於テ捏造セラレタルモノニ過ギズト判明セラレタリ佛國政府トシテハ斯ノ如キ虚構ノ宣傳行ハルルコトハ堪ヘ難ク必要ニ應ジテハ否定記事ヲ發表スルノ已ムナキニ至ルベク佛國政府トシテハ斯ノ如キ繼續的新聞「キヤンペーン」ノ行ハルルニ於テハ佛國政府トシテモ甚ダ不愉快ニシテ又佛國輿論ヲ刺戟スルコト大ナリト思考ス勿論只今申上ゲタルハ日佛間ノ交渉ヲ繼續セザル意思ヲ有スル爲ニアラズ交渉ヲ圓滑ニ行ハンガ爲ニハ之等新聞通信社竝關係當局ニ對シテ十二分御注意アランコトヲ切ニ御願スル次第ナリ

大臣　帝國政府ハ御承知ノ通リ歐洲戰爭ニ不介入ノ方針ヲ決定シタルヲ以テ交戰國ノ双方ニ對シ親善關係ヲ維持シテ行キ度キ考ナリ而シテ新聞ニ於テモ出來得ル限リ公平ナル取扱ヲナスコト肝要ナリ不幸ニシテ現狀ニ於テハ交戰國ノ双方ヨリ度々申入レアリ政府トシテモ十分注意ヲ

致シ本日ノ如キモ內閣ニ於テ新聞社幹部ヲ招待シ注意ヲ喚起スル所アリタリ併シ乍ラ御承知ノ通リ本邦ニ於テハ言論ノ自由アル爲メ治安風俗竝國交上有害ナル記事ニ非ザレバ之ヲ取締ルヲ得ズ國交上有害ノ記事ト云フモ程度アリ必ズシモ總テノ記事ヲ統制スルコト不可能ナリ此ノ點十分御諒承アリ度シ

大使　日本新聞ノ自由ニ付テハ本使モ十分承知シ居レリ唯問題ハ同盟ノ如ク外國ニ於テ國策通信社ト考ヘラレ居ル通信社ガ以上ノ如キ記事ヲ掲載シ或ハ又帝國官憲ガ佛國ヲ誣ユルガ如キ言明ヲナサルルコトヲ差控ヘラレ度キコトヲ茲ニ申述ベタル迄ナリ

大臣　貴大使ノ御申入レハ十分了解セリ繰返シテ申上グルモ本邦ニ於ケル新聞ニハ統制ヲ加ヘラレザルヲ以テ或ル程度ノ記事現ハルルコトハ避ケ難シ但シ度ヲ越シテ有害ナルモノニ付テハ十分注意致スベシ

1754

昭和15年1月5日

雲南鉄道空爆に関する仏国側の対日抗議について

雲南鐵道爆撃ニ關シ佛國側ヨリ帝國政府ヘ
抗議申入レノ件

昭和十五年一月五日在京「アンリ」佛國大使野村大臣ヲ外務省ニ來訪本國政府ノ訓令ニ基ク趣ヲ以テ雲南鐵道ノ爆撃ニ關シ抗議申入レノ次第アリ之ニ對シ野村大臣ハ實情調査ノ上何分ノ囘答ヲ爲スヘキ旨應酬シ置キタルカ其ノ際「アンリ」大使ハ野村大臣ニ對シ左記趣旨ノ覺(假譯)ヲ手交セリ

記

在京佛國大使ハ本國政府ノ訓令ニ基キ日本軍飛行機カ引續キ三囘ニ亘リ雲南鐵道ヲ爆撃シタル事實ニ關シ貴外務大臣ノ深甚ナル注意ヲ喚起スルノ光榮ヲ有ス卽

去ル十二月三十日二十七機カ九十八粁及八十三粁ノ地點ニ爆彈ヲ投下セリ

去ル一月一日十八機カ八十三粁ノ地點ニ爆彈ヲ投下セリ

去ル一月二日多數飛行機カ七十四粁ノ地點ニ爆彈ヲ投下セリ

在京佛國大使ハ本件鐵道カ完全ニ佛蘭西資本ニ依リ建設セラレタルモノナルコト及ヒ同鐵道カ佛國會社ノ財產ニシテ

其ノ經營シ居ルモノナルコトニ關シ茲ニ注意ヲ喚起スルノ光榮ヲ有ス

佛蘭西共和國政府ハ如何ナル觀點ヨリモ正當化シ得サル本件爆撃カ出先ノ發意ニ基ク遺憾ナル出來事タリシヲ信スルモノナルカ本件攻撃ハ日本軍飛行機ノ「ドウゾン」不時着問題ニ關聯シ佛國ノ取リタル極メテ友好的ナル態度ニ對スル不可思議ナル囘答ノ如キ觀ヲ呈セリ

佛國政府ハ帝國政府カ東京ニ於テ外務大臣閣下ヲ通シ又巴里ニ於テ駐佛大使ヲ通シ友好的意圖ヲ表明セラレ居ル此ノ際軍最高司令部カ日佛兩國接近ノ爲ノ凡テノ努力ヲ無ニスルニ最モ適當ナル斯ル事件ヲ惹起セシメラレタルモノトハ解シ得ス

仍而佛國政府ハ帝國政府ヨリ事態右ノ如クナリシコトノ確認及ヒ將來斯ル事件ノ再發ヲ禁遏スル爲ニ有效ナル凡テノ措置ヲ取ラレタル旨ノ保障ヲ得ルヲ得ハ最モ幸甚トスル所ナリ

在京佛國大使ハ茲ニ本件鐵道會社カ其ノ蒙レル損害ノ賠償ヲ得ルノ權利ニ關シ有效ナル總テノ留保ヲ爲シ置クモノナリ

1755

昭和15年1月8日　在仏国沢田大使より野村外務大臣宛（電報）

仏印経由援蔣物資の輸送停止などわが方要求の承諾を仏国外務次官へ説示について

パリ　1月8日前発
本　省　1月8日後着

第一九號（極祕、至急、館長符號扱）

一、[1]「ダラデエ」首相ヨリ豫テ本使ヨリ會見ノ希望アリタリトノ理由ニテ本月二日會談方申越シアリ本使ヨリハ右ハ誤傳ニテ別ニ會見ヲ求メス又差當リ會見ヲ求ムル要件モナシトテ取消サシメタルニ先方ヨリ年頭ノ挨拶ノ意味ナラハ可ナラスヤトノコトナリシヲ以テ雜談ヲ交ヘタリ談話中本使ヨリ歐洲戰爭モ時ノ經過ト共ニ英佛側ニ有利ニ展開シツツアルヤニ聞クト言ヒタルニ「ダ」ハ未タ未タ幾多ノ困難ニ逢着スルヲ豫期セサルヘカラス只最近特ニ蘇聯邦ノ芬蘭ニ於ケル失敗以來獨逸ハ其ノ內政外交各方面ニ非常ナル焦燥氣分ヲ現シ居リ之ハ獨逸人ニモ似合ハサルコトニテ從テ特ニ注目スヘキ面白キ兆シナリト認メ居レリト語リ日佛關係ニ付テハ「ダ」ハ兩國ハ古キ親善ノ傳統ヲ有スルコト故益々之ヲ强化シタキモノナリト述ヘタルヲ以テ本使ハ最近稱ヘラルル國交調整モ結構ナルコト乍ラ之カ爲ニハ双方共ニ先ツ各個ノ特殊地位又ハ國家的運用ヲ充分諒解シ其ノ[2]根本的了解ヲ遂ケタル上ナラテハ恆久的ナル親善關係ヲ打樹ツルコト不可能ナリ故ニ急カス靜ニ而モ健實ニ右了解ヲ昂メ行クコト肝要ト認ムル旨答ヘタルニ「ダ」モ固ヨリ「アンプロビザシオン」ハ長續キセス徐々ニ健全ナル地盤ヲ作ルコトニ努力スヘシトテ同感ノ意ヲ表シタリ

二、翌三日外務省亞細亞局長ハ一應本使ニ「レゼー」次官ト會談ノ氣持ナキヤヲ尋ネタルヲ以テ固ヨリ着任ノ挨拶ニハ出掛ケル心算ナル旨答ヘ置キタリ其ノ取計ノ結果五日「レゼー」ト會見シタルニ「レ」ハ首相ト本使トノ會談模樣ヲ聞キ事務的ニモ本使トノ會見有益ナリト感シタル旨ヲ述ヘ人民戰線存在當時其ノ掣肘ヲ受ケテ「ケードルセイ」トシテモ遣リ難キコトアリシヲ陳辯シ但シ最近ニハ佛國側ヨリハ好意ヲ以テ各種懸案ノ讓歩解決ヲ計リ來リシニ日本側ヨリハ一向報ヒラレス之ニテハ妥協ヲ以テ臨ムモ無益ナリトノ非難ヲ受クル惧アリ何トカ色好キ態度ヲ示シ貰ヒタキモノナリト言ヒシニ依リ本[3]使ハ日本政府ノ要求スル所ハ佛國カ先ツ現在ノ極東ノ事態ヲ充分ニ認識シ呉レルコトニ在リ從テ客年十一月三十日野村大臣ヨリ「アンリー」大使ニ要求セラレタル點ノ如キハ先ツ率直ニ承諾セラルルコト必要ニテ然ラハ日本政府モ或ハ引續キテノ話ニモ乘リ得ルナラント思考セラレ然ル上ハ本使モ充分仲介ノ職ヲ盡スヘシト答ヘタルニ「レ」ハ客年貴電合第二八五五號「アンリー」大使ノ中間報告ト同樣理由ヲ繰返シテ右野村大臣ノ要求承諾困難ナルヲ述ヘタリ依テ本使ハ夫ハ理窟ナリ此ノ際ハ理窟ヲ離レ好意ヲ以テ考ヘラルルコトカ局面打開ノ第一歩ナリト認ムト言ヒタルニ「レ」ハ之ヲ「ノート」シ乍ラ別ニ約束ハセサリシモ再考スルカ如キ口吻ヲ洩シタリ

三、序ヲ以テ客年貴電第四六六號ノ件ニ言及シ日本ハ佛國側ノ誠意ニ信頼シテ其ノ了解基礎ノ下ニ「タイ」國トノ間ニ協定ヲ締結シタルニ佛國側最近ノ申立ハ該協定實施ヲ不可能ナラシムルモノニテ當惑シ居リ詳細ハ事務當局ニ申出サシメ置キタルニ依リ之モ好意ヲ以テ再考アリタキ

旨述ヘタルニ「レ」ハ之亦「ノート」スルト共ニ取調ヘシムヘキ旨答ヘタリ

1756 昭和15年1月12日 野村外務大臣 在本邦アンリ仏国大使 会談

雲南鉄道空爆に関する仏国抗議に対しわが方回答を野村外相通告について

付記 外務省作成、作成年月日不明

雲南鉄道空爆に関しわが方に損害賠償の義務なき理由

「アンリー」大使會談

雲南鐵道爆撃問題ニ關スル野村外務大臣在京佛國

昭和十五年一月十二日

自午後三時 至四時

於外務大臣室

野村大臣 雲南鐵道ノ爆撃ニ關スル佛國政府ノ抗議ニ對スル帝國政府ノ回答ヲ申シ上グベシトテ別紙ヲ讀ミ上グ

「アンリー」大使 御回答ノ趣旨ハ早速本國政府ニ傳達スベシ、只此處ニ再應閣下ニ申上ゲ度キハ何度モ本使ガ言明シ居ル通リ佛側ガ雲南鐵道ヲ通ジ武器ヲ輸送シ居ル事實全然無キコトナリ、御回答ニ武器以外ノ物資トハ如何ナル物ヲ云フヤ指摘セラレ度

大臣 軍ハ蔣政權ノ抗戰力ヲ撃破スル爲メニハ兵器彈藥其ノ他戰爭ニ必要ナル物資ノ之ニ到達スルヲ遮斷スル必要アリト考ヘ居ルモノナリ

大使 然ラバ米、乾果物等ヲモ之ニ含マシムル御考ナリヤ蔣政權ノ抗戰力ヲ强ムル物資トハ如何ナルモノナリヤ明示セラルレバ幸ナリ

大臣 蔣政權ノ機械化部隊ヲ動カシ又軍ノ移動ヲ助クル石油自動車ノ如キハ其ノ最タルモノナルベシ

大使 御要求ハ佛國側ガ佛印國境ヲ閉鎖セヨト云フニ在リト諒解シテ可ナリヤ

大臣 然ル意味ニハ非ズ

最近到達セル新聞報ニ依レバ在支佛大使「コスム」氏ハ重慶ニ於ケル或會合ニ於テ蔣介石ヲ激勵シ侵略ニ對シテ最後迄抗戰スベシトノ趣旨ヲ述ベタル由ナルガ、帝國ガ佛國トノ親善關係繼續ヲ企圖シ居ル此ノ際佛國政府ノ代表者ガ斯ル言ヲ弄セラル、ハ遺憾ナリ

日本ガ國力ヲ擧ゲテ蔣政權ト戰ヒ居ル此ノ際ナルニ付佛國ハ此ノ事態ヲ認識セラレ日支間ニ嚴正ナル中立態度ヲ執ラレ度キ次第ナリ

大使　佛國ハ國際法上何等ノ義務無キニモ拘ラズ早クヨリ自發的ニ支那ニ對スル武器彈藥ノ輸送ヲ禁止シタルニ見ルモ佛國ガ終始中立的態度ヲトリ居ルコトハ明ナリ、今若シ御要求ニ基キ佛印國境ヲ閉鎖スルノ措置ニ出ルコトコソ中立ノ觀念ニ反スルモノナリ、佛國ハ支那ト戰爭狀態ニアルニ非ズ

又重慶ニ於ケル「コスム」大使ノ演説云々ニ關シテハ本使ハ未ダ何等ノ情報ニ接シ居ラズ右ハ支那新聞ノ報道ナルニモ鑑ミ支那側ノ爲メニスル宣傳トモ認メラル

大臣　英ハ曩ニ支那ニ於テ日支間ニ大規模ナル戰爭アル事態ヲ認識セリ、自分ハ佛國ニ於テモ此ノ現實ノ事態ヲ認識セラレ居ルモノト思考ス、此ノ狀態ニ於テ雲南鐵道ガ敵ニ對スル戰爭物資ノ輸送路トシテ利用セラレ居ル事實ハ軍作戰上默視シ得ザル處ナリ、我ガ廣西作戰ノ目標ハ之ガ遮斷ニ在リ、先程本大臣ガ「蔣政權ノ抗戰力ヲ强ムル可キ一切ノ物資輸送ヲ自發的ニ停止シ且我軍當局ニ於テ其ノ事實ヲ確認シ得ル何等カ適當ナル具體的方法ヲ講ゼラレ度シ」ト云ヘル點ニ付御考慮アランコトヲ希望ス

大使　承知セリ、但シ先程貴大臣ハ雲南鐵道ノ爆撃ハ繼續セラル可ク場合ニ依リテハ强化セラル、コトアルベキ旨述ベラレタルガ佛國政府ハ本使ニ對スル訓令トシテ雲南鐵道ノ爆撃ハ佛政府ノ重視スル處ニシテ之ガ繼續ハ兩國關係ヲ惡化セシムルモノナル旨申越シ居ルニ付左樣御承知相成度

先程貴大臣ハ「日本ハ佛印向ケ船舶ノ臨檢其ノ他蔣政權向ケト見做サルベキ積載貨物ノ押收ヲ差控ヘ居レリ」ト云ハレシガ日支間ニハ宣戰ノ布告無ク國際法上斯ルコトヲ爲シ得ル筈無シ

又佛國ガ日本ノ獨逸トノ貿易ヲ停止スルコトヲ要求シタリトセバ日本政府ハ之ヲ容認セラルルヤ、

次ニ廣西作戰ニ於テ佛印製ナルコト明瞭ナル武器彈藥ヲ鹵獲セラレタリト云フモ佛印ニハ武器工場無シ（此ノ點誤解ヲ訂正シ置キタリ）獨乙製品コソ多量ニ鹵獲サレタルナルベシ

貴方回答ニハ幾多疑問アルモ兎モ角右ハ早速巴里ヘ取次

グベシ
大臣　最後ニ申上ゲ置キ度キコトハ日本ハ蔣政權ヲヤッツケルコトヲ目的トシ居ルモノニシテ佛國ニ對シ他意無ク之トノ國交調整ニハ熱意ヲ有シ居ルコトナリ
大使　佛國政府モ然ルコトヲ希望シ居ルモ軍出先モ同樣考ヘヲ持チ居ルヤ疑問ナリ
大臣　中央モ出先モ同樣ナル考ヘナルハ申上グル迄モ無シ之ニテ會談ヲ終レルガ「アンリー」大使ハ序ニ御願ヒ致シ置キタキコトアリトテ佛情報事務所ノ設置問題ニ關シ左ノ通リ述ベタリ
大使　大使館ニ於テハ最近事務增加シ增築ヲ必要トスル狀態トナリシガ急ノ間ニ合ハズ又其ノ余地モ無キニ付最近大使館ノ近傍ニ新ニ大使館事務所別館ヲ設置シ度キ意向ニテ外務省係官ニ右承認方要請シ置キタル處何カ意外ノ事ノ如ク考ヘラレ居ル樣子ナルニ付テハ貴大臣ニ於テ右事情御諒察相成リ許可方斡旋相成度
大臣　關係方面ニ傳達シ置クベシ

（歐一　金山記）

（別　紙）

雲南鐵道爆擊ニ關スル在京佛國大使抗議ニ對スル野村大臣囘答（案）

（昭和十五、一、十二、）

一、去ル五日貴大使ヨリ本大臣ニ御手交アリタル覺及六日附本大臣宛貴翰ヲ以テ我軍用機ニ依ル雲南鐵道爆擊ニ關シ御申越ノ次第アリタル處帝國政府ニ於テハ豫テヨリ日佛國交ノ大局ニ鑑ミ佛國財產タル雲南鐵道ノ爆擊ハ能フ限リ之ヲ避ケントノ見地ヨリ宇垣大臣在任當時ヨリ屢々貴方ニ對シ同鐵道其他佛印經路ニ依ル支那向ケ軍需品等蔣政權側ノ抗戰力ヲ强ム可キ物資ノ輸送ヲ停止セラレンコトヲ要求シ來リ又本大臣自ラモ就任以來既ニ二囘ニ亘リ貴大使ニ對シ同趣旨ノ申入ヲ行フト共ニ若シ佛側ニ於テ右輸送ヲ停止セラルルニ於テハ其他ノ兩國間懸案ニ付テモ其ノ合理的解決ヲ圖リ日佛國交ノ全般的調整ヲ爲スノ用意アル旨申出タル次第ナルカ貴方ヨリノ囘答ハ徹頭徹尾右輸送ノ事實ニ對スル否定ニ終始セリ。然ルニ實際ハ貴方ノ否定ニモ拘ラス我方ノ入手スル確實ナル情報ニ依レハ明カニ右輸送ノ事實アリタルニ依リ之ニ基キ再三再四貴方ノ再考ヲ促シタルニ拘ラス依然トシテ之カ停止方ニ付誠意アル態度ヲ示サレサリシ結果遂ニ我方ニ於テハ廣西方面ニ軍事行動ヲ起シ佛印ヨリスル同方面ヘノ軍需品其他ノ物資輸送ヲ實力ヲ以テ遮斷スルノ止ムナキニ至レル次第ナリ。果セル哉我軍ノ鹵獲品中ニハ佛印ヨリ輸送セラレ來リタルコト明カナル武器彈藥其ノ他ノ軍需品多量アリタルノミナラス、我軍ノ押收ヲ免カレンガ爲多量ノ同種貨物佛印ヘ逆送セラレタル事實アリ又右軍事行動以來雲南鐵道ニ依ル支那向輸送ハ俄然增加シ一日ノ輸送量ハ二倍以上ニ激增シ居レルコトヲ我方ノ得タル確實ナル情報及我軍用機數次ノ偵察ニ依リ充分推定シ得ルニ至レリ。

斯ノ如キ狀態ヲ放置スルニ於テハ廣西ニ於ケル我軍事行動夫レ自身ノ意義ヲ滅却スルコト、ナルノミナラス目下蔣介石ハ同方面ノ我軍ニ對シ反擊ヲ企圖シ居ルニ鑑ミ其ノ開始ニ先立チ之ニ使用サル可キ軍需品其他ノ物資輸送ヲ遮斷スルコトハ我作戰上緊急ノ必要ニシテ今次支那領內雲南鐵道爆擊ハ右作戰上ノ目的ヨリ決行セラルルニ至レルモノニシテ右ハ帝國政府トシテモ出先軍ノ自衞上當然ノ措置ナリト思考シ居ル次第ナリ。從テ我方トシテハ今後モ佛印經由蔣政權向ケ軍需品其他ノ物資輸送カ繼續セラル、限リ爆擊ヲ續行スルノミナラズ更ニ之ヲ强化スルノ外ナキ次第ハ佛國政府ニ於テモ充分諒解セラレンコトヲ希望ス。

二、日支間ニハ大規模ノ戰鬪行爲行ハレ居ルニモ拘ラズ我方ハ佛印向ケ船舶ノ臨檢其他蔣政權向ケト見做スヘキ積載貨物ノ押收ヲ差控ヘ居ル次第ナルニ佛側ハ自國カ交戰國タル歐洲戰爭ニ於テハ戰時禁制品目ヲ著シク擴張シ歐洲行ノ本邦船ヨリ各種ノ貨物ヲ押收セルノミナラス我國ノ必要トスル物資ヲ獨逸ヨリ邦船ニ依リ輸送スルコトスラ阻止セントシ我方ニ多大ノ損害ヲ與ヘ居レル事情ニ對シ此機會ニ貴大使ノ御注意ヲ喚起致度シ。

三、然シナガラ佛國政府ニシテ我方ノ眞ノ意圖ヲ理解セラル、ト共ニ日佛國交ノ大局ニ鑑ミ蔣政權ノ抗戰力ヲ强ムル可キ一切ノ物資輸送ヲ自發的ニ停止シ且ツ我軍當局ニ於テ其事實ヲ確認シ得ル何等カ適當ナル具体的方法ヲ講セラル、ニ於テハ我方トシテハ强テ爆擊其他實力ヲ以テスル遮斷行爲ヲ繼續スルノ必要無キニ至ル次第ナルノミナラス日佛國交ノ全般的調整ヲ圖ランカ爲友好的話合ヲ行ハムトスル用意アル點ニ於テハ何等從來ノ態度ヲ變更セル次意《(ママ)》ニ非ス。

四、雲南鐵道ハ支那事變勃發以來蔣政權ニ對スル軍需品其他ノ物資輸送ノ爲ニ利用セラレ明カニ其ノ軍事上ノ利益ニ供セラレタルモノナレハ之ニ對スル當然ノ戰鬪行爲トシテ行ハレタル我軍用機ニ依ル今次爆撃ノ爲同鐵道ノ線路及鐵橋ノ蒙レル損害ニ對シテハ我方トシテ何等損害賠償ノ責ヲ負フヘキモノニ非スト思考ス。

五、日本軍用機ノ「ドーゾン」(Doson)不時着問題ニ關シ佛國政府ノ執ラレタル友好的態度ニ付テハ帝國政府トシテハ之ヲ多トシ居リ我海軍當局ヨリモ在河内帝國總領事ヲ通シ佛印當局ニ對シ感謝ノ意ヲ表明セル次第ナルカ本件ト雲南鐵道ノ爆撃トハ自ラ別個ノ問題ナリト思考セラル。

（付　記）

一、滇越鐵道ハ佛國會社タル滇越鐵道會社ノ所有及經營ニ係ルモ我方ノ右ニ對スル爆撃ハ不法ニ非サルヲ以テ爆撃ニ基ク損害ニ付原則トシテ我方ニ賠償ノ義務ナシ

二、蓋シ我方ハ支那軍擊滅ノ爲又我軍ノ存立ヲ確保スル爲支那ノ領土ニ於テ必要ナル軍事行動ヲ採リ得ヘキハ言ヲ俟タサル次第ナル處滇越鐵道ハ佛國會社ナリト雖一九〇三年佛清間ニ締結セラレタル雲南鐵道ノ敷設及經營ニ關スル協定ニ依レハ「清國カ外國ト交戰スル場合ニ於テハ該鐵道ハ中立ノ規則ニ從フコトヲ得ス全然清國ノ權内ニ在ル」ヘキ旨規定セラレ居リ（同協定第二十四條第二項）又「清國政府カ各種ノ軍隊、其ノ武器軍需品ノ輸送ヲ必要トスルトキハ之ヲ他ノ如何ナル運送ニモ優先セシムヘク且料金ハ通常料金率ノ半額タル」ヘキ旨規定セラレ居ルニ顧ルモ（同協定第二十三條第四項）同鐵道カ戰爭ノ際軍隊輸送ニ將又軍需品供給ニ支那軍ノ輸送機關タルヘキコトハ佛支協定締結當時ニ於テモ既ニ豫見セラレ居タル處ナルノミナラス今次事變ニ於テモ本鐵道ハ現在支那軍ニ殘サレタル重要補給路トシテ利用セラレ居レリト認メラルルヲ以テ我方カ自衞上支那領域内ニ於テ本鐵道ニ對シ必要ト認ムル軍事的措置ヲ講スルモ右ハ適法ニシテ何等損害賠償ノ問題ヲ生セサルモノト解ス

1757　昭和15年1月19日　在仏国沢田大使より有田外務大臣宛（電報）

雲南鉄道空爆に関するわが方回答に対し仏国外務次官が強い不満を表明し軍需品輸送に関する共同調査を要請について

パリ　1月19日後発
本　省　1月20日後着

第五五號

貴電[1]第二〇號ニ關シ（日佛航空連絡交渉ニ關スル件）十九日「レジエー」次官ヲ往訪シ過日モ依頼シタル日「タイ」定期航空ノ件ニ付實施期日二月一日モ差迫ルニ鑑ミ差當リ問題トシテ佛印上空飛行竝ニ河内着陸ニ對シ同意ヲ與ヘラレ度キ旨申入タル處「レ」ハ昨夜「アンリー」大使宛發シタル雲南鐵道爆撃問題ニ關スル訓電ヲ朗讀シタル後「佛印國境ヲ閉鎖シテ一切ノ物資ノ輸送ヲ停止セヨ然ラハ國交調整モ考ヘ遣ルヘシ然ラサレハ爆撃ハ續行ス」トノ日本政府回答ハ一ノ脅迫ニ異ラス一方ニ斯ル脅迫ヲ加ヘ乍ラ他方ノ問題ヲ好意ヲ以テ考慮セヨトハ面目ヲ潰サレタル話ト謂ハサルヲ得ス且又南寧附近支那軍ヨリノ鹵獲品中佛印輸送ノモノ多數アリ（「レ」ハ米國邊ヨリ來リシ「カミオン」ヲ送リタル事實アルハ既ニ日本側ニモ話濟ノ所ナリト附言ス）トノコトナルヲ以テ調査員ヲ派シテ共同取調ヲ行フコトモ一策ト思ヒ其ノ提議方ヲモ別ニ訓令シタル次第ナリ從テ之等申入ニ對シ日本政府ニ於テモ少シハ軟ラカナル態度ヲ以テ臨ミ來ラサルニ於テハ話合ニナラス仍テ夫レ迄ハ航空ノ問題其ノ他一切之ヲ懸案ノ儘トナシ置カサルヲ得サル次第ナリト答ヘタリ仍テ本使ハ今日ニ於テハ雲南鐵道ハ蔣ノ抗日勢力培養ノ唯一ノ途ニシテ之ヲ遮斷セサレハ廣西作戰ノ意義ヲ爲サス從テ支那領土内ニテモ鐵道ヲ爆撃スルハ純然タル作戰ノ必要ニ基クモノニシテ出先軍ノ當然ノ措置ナリト反駁スルト共ニ日[2]「タイ」航空ノ問題ハ之トハ別ニ考慮ヲ求メサルヲ得ス元來佛國政府ニ於テ去ル九月佛印上空飛行ノ同意ヲ與ヘタルカ故ニ其ノ好意ニ信頼シ其ノ諒解ノ下ニ「タイ」國ト協定ヲ結ヒタル次第ニシテ今之カ實施ニ當リテ右諒解ヲ覆スハ餘リニ誠意無キ遣方ナリ故ニ鐵道爆撃問題トハ離レテ至急同意ヲ與ヘラレ度キ旨ヲ求メタルニ「レ」ハ爆撃問題ニ付テモ同盟通信等ハ佛印ノ物資輸送ヲ大キク報道シ居ルニ

拘ラス佛國側ニテハ一般人心ヲ激昂セシメサル爲新聞ニモ成ルヘク報道セシメサル樣手心ヲ加ヘサセ居ル次第ナルカ其ノ他過般來佛國側ニ於テ種々好意ノ手ヲ差延フルモ日本側ニ於テハ之ハ當然ノコトトスルノミニテ之ニ酬ユル所ナク而モ自分ノ要求ハ之ヲ押通サントシ最後ニハ脅迫ヲ以テ臨ムニ至テハ甚タ心外ト言ハサルヲ得ス航空問題ハ別ナリト言ハルルモ最早理窟ニアラスシテ「サイコロジー」ノ問題ナリ一切ノ問題ハ此點ニ懸ルニ依リ日本側ニ於テモ好意ヲ示サレサルニ於テハ如何ナル問題モ考慮ノ餘地無シト言ハサルヲ得スト答ヘ更ニ應酬シテ別途考慮方ヲ求メタルモ「レ」ハ右諸問題懸案ノ儘ト爲シ置ク點日本政府ニ申入方ヲモ訓令濟ノコトナルヲ以テ東京ヨリ回答ヲ待ツ外無シト言フノミニテ會談ヲ終レリ

1758 昭和15年1月22日 在仏国沢田大使より有田外務大臣宛(電報)

仏国提案の共同調査を受諾しその間雲南鉄道の空爆中止方ピラ前駐日大使提案について

パリ 1月22日後発
本省 1月23日前着

2838

第六〇號

二十二日「ピラ」前駐日大使(現在情報總局極東部長)來訪印支武器輸送問題暫クノ間下火トナリ佛國側モ其ノ他ノ懸案解決ヲ圖ラントシ居リタル矢先雲南鐵道爆擊トナリ殊ニ今回ハ一切ノ物資ノ輸送ヲ禁止セヨトノ要求ニテ相當無理ナル註文ト認メラレ爲ニ佛國官邊ニ於テハ又復氣ヲ腐ラシテ遂ニ日佛間ノ問題ヲ懸案ノ儘トセントシ居ル趣ナルカ別ニ佛國側ハ共同調査委員設置ヲ提議シ居ル趣ニモアリ日本側ニテモ之ヲ承諾シ調査執行中爆擊ヲ中止セシメ置カルレハ其ノ間ニ誤解ノ解ケル點モアリテ氣分モ柔ラキ以テ懸案解決ト謂フ實益ヲ收メ得ルニ至ルヘク爆擊ニ依リテ佛國側ヲ硬クナラセルノミニ勝ルコト萬々ニテ何トカ兩國間ノ空氣ノ惡化セサル樣工夫シテ貰ヒタシト存スト語リタルカ右ハ多分ニ「ケードルセー」ノ意ヲ受ケテ來リシ言葉ト認メラレタルヲ以テ鐵道爆擊ノ軍ノ作戰ノ必要ニ出テタル所以ヲ説明シ共同調査ノ問題ハ「アンリー」大使ヨリ日本政府ニ申入レ居ルコトト認メラレ如何ニナルヤ何トモ言ヘスト

答フルト共ニ佛國側ニテモ雲南鐵道問題ト關係ナキ一切ノ問題ヲ懸案トシ特ニ一旦同意シタル印支上空飛行ヲ取消ス等ハ相當横車ヲ押スモノト謂ハサルヲ得スト述ヘ置キタリ
尚「ピラ」ハ汪精衛ニ對スル日本側ノ相當苛酷ナル條件ナルモノヲ汪一派ニテ香港ニ脱出シテ發表シタルモノアル趣ナルカ斯ルコトニテ中央政府運動挫折スルコトナカルヘキヤヲ訊ネタルヲ以テ汪ノ運動ハ中傷ヤ妨害ニ拘ラス進行シ中央政府出現モ遠カラスト信スル旨(又)伊太利ノ如キハ汪宛祝電ヲ發シタリトノ新聞情報モアリ出現ノ上ハ逸早ク承認スルニアラスヤトモ想像セラルル旨ヲモ述ヘ置キタリ

1759　昭和15年1月26日　有田外務大臣より　在仏国沢田大使宛(電報)

仏印経由援蔣物資輸送停止問題および日タイ航空路の仏印領空通過問題に関する対仏交渉上の留意点について

本　省　1月26日後発

第四一號

貴電第五五號及第五七號ニ關シ共同調査員派遣等ノ件ニ關シテハ「アンリー」大使ヨリノ申出ヲ見タル上局面打開ノ爲之カ利用方ヲ考究スベキモ貴使ハ不取敢左記諸點御含ミノ上可然「レジエー」ノ誤解ヲ解クト共ニ佛印經由蔣向物資輸送ノ停止方及日泰飛行ノ佛印通過許可方ニ付此上共御努力アリ度

一、我方ニ於テハ雲南鐵道ノ爆撃ヲ避ケンガ爲過去一年以上ニ亘リ「アンリー」大使ヲ通ジ右輸送ノ停止方求メ來レルニ拘ラズ同大使ハ法律論及事實ノ否定ヲ繰返スノミニテ、政治的解決ヲ圖ラントスル我方意嚮ニ一顧ダモ與ヘザリシ結果遂ニ我方ニ於テハ作戰上緊急ノ必要アル場合同鐵道爆撃ヲ行フモ已ムヲ得ズトノ方針ヲ決定シ之ヲ出先軍ニ訓令スルト共ニ實行ノ時期等ニ付テハ司令官ノ判斷ニ任セタルモノナリ唯本件會談ノ當日ニハ爆撃ニ關スル軍當局ノ通報未ダ當省ニ接到シ居ラザリシニ依リ野村大臣ハ調査ノ上回答スベキ旨應酬セル次第ナリ

二、佛側ニ於テハ三懸案ノ解決ニ依ル好意ノ表示ニ對シ我方ガ何等報ユル所無シトノ不滿ヲ洩ラシ居ル處我方ノ言分ヲ卒直ニ述ブレバ在留邦人一千名ヲ越ユル「ヌメア」領事館設置ニ對スル同意ハ寧ロ當然ト言フベク、日泰飛行

ノ佛印通過ハ相互主義ニ基ク日佛航空協定ノ一部タルベキモノナリ、又佛印鐵鑛輸出ニ付テハ往々政治的理由ニ依リ之ヲ禁止セントスル佛側態度コソ不當ニシテ殊ニ右禁止ハ佛國ノ認可シ居ル日佛合辨鐵山會社ノ事業ニ支障ヲ生ゼシムルモノナルヲ以テ輸出許可コソ寧ロ當然ナリト思考シ居レリ然レドモ我方ニ於テモ右佛側ノ友好的「ジエスチユア」ハ之ヲ多トスル建前ヲ執リテ、佛側希望ノ國交調整ニ付テモ佛側ニシテ蔣向物資輸送ヲ停止スルノ用意アルニ於テハ他ノ諸懸案ヲモ含メテ右話合ニ應ズベキ旨ヲ申入レ、以テ佛側意嚮ノ回示ヲ待チ居タル次第ニシテ、一方的ニ我方要求ノミヲ押付ケントスルモノニ非ズ

三、前記我方態度ハ今猶變リ無キ處日泰飛行ガ二月中ニ開始ノ手筈ナルコトハ既ニ國内ニ發表シ居リ若シ之ガ佛印通過拒否ニ依リ不可能トナラバ我國民ノ對佛感情ヲ惡化シ、國交調整ノ努力モ水泡ニ歸セシムル虞アリ、加之日佛航空協定ニ基キ東京巴里間定期航空ガ開始セラルルコトトモナラバ航空機ニ依ル佛側情報ノ我國ヘノ速報ヲ可能ナラシメ戰爭關係宣傳上佛側ニトリテ有利ナル外、佛國機ガ東京ヘ最初ニ乘入ヲナス外國定期航空機タルコトハ日佛友好關係ヲ世界ニ印象付クル等佛側ニ有利ナル結果ヲ齎スベシ

四、客年十一月下旬在上海米國總領事ヨリ帝國總領事ニ對シ重慶ニ在ル米國軍艦ヘノ補給品運送用「トラック」二臺ノ佛印南寧・重慶間運行方ニ付通報越セル次第ハアルモ米國製「トラック」其ノモノノ佛印經由輸送ニ對シ一般的ニ了解ヲ與ヘタル事實無シ

1760

昭和15年1月31日　在仏国沢田大使より有田外務大臣宛（電報）

日本側が雲南鉄道空爆を停止せず仏印国境閉鎖を強要する限り他の日仏懸案の解決は困難との仏国外務次官回答について

パリ　1月31日後発
本　省　2月1日前着

第八一號

一月三十日[1]「レジエー」次官ヲ往訪シ「アンリー」大使ヨリ未タ共同調査委員派遣等ノ件申出無キ趣ナルカ日「タ

イ」飛行ハ實施期日モ切迫シ居リ國內ニ於テハ既ニ之ヲ發表シテ諸般ノ準備ヲ進メ居ル關係上佛印通過拒否ニ依リ實施不可能トナラハ我方關係方面ニ於テ困難ヲ來スハ勿論我國民ノ對佛感情ヲ悪化セシムル惧アリ加之之ヲ許可セリトテ佛國側ニ於テ何等失フ所無キノミナラス佛國側情報ヲ速達セシメ戰爭關係宣傳上佛側ニ大ナル利益アルヘク旁々本問題ハ佛印ノ物資輸送ノ問題トハ切離シテ承諾方重ネテ申入ルル次第ナリト述ヘタル處「レ」ハ去ル十二日ノ野村大臣ノ「ウルテイマートム」ニ等シキ日本側回答ヲ固執セラルル以上到底他ノ問題ヲ考慮スル能ハス元來佛國側ニテハ佛印經由武器輸送ノ事實無シト言明シ居ルニモ拘ラス日本側ニテハ此ノ言明ヲ信セス而モ別ニ物的證據ヲ擧ケスシテ又シテモ輸送ノ事實ヲ强ヒラルル處右ハ全ク佛國ノ名譽ニ係ル所ナルヲ以テ之ヲ傷ケラルル以上他ノ問題ヲ好意ヲ以テ考慮ノ餘地無シト答ヘタル時東京ヨリノ電報接到セリトテ西歐亞局長ト「フアン」參事官トノ會談報告ヲ一讀シタル後更ニ語ヲ次キ日本側懸案ナルモノハ過去ノ佛國側善意（佛印通過ノ武器無キ事實）ヲ立證セシメントスルモノニアラスシテ今後ノ監督ノ爲委員ヲ派遣セントスルモノナルト共ニ佛印領土上ニテ右監督權ヲ行使スルカ如キハ到底承諾出來ス

兎[(2)]モ角脅迫ノ下ニ佛印國境閉鎖ヲ强ヒラルル事實ハ過日會談ノトキト何等變化無ク斯クテハ他ノ問題ノ話合ニ應スルヲ得スト答ヘタリ依テ本使ハ雲南鐵道カ蔣ノ軍事的利益ニ供セラレ又ハ其ノ抗日勢力ノ培養ニ利用セラルル以上我方ニ於テ支那領土內ニテ之ヲ爆擊スルコトハ事變ノ目的遂行ノ爲當然ノ行爲ニシテ從テ佛側ニ對シ同鐵道カ蔣側ノ利益トナラサルコトヲ要求スルハ脅迫ニモアラス最後通牒ニモアラス極メテ當然ノコトナル所以ヲ說キタルモ「レ」ハ佛國ノ名譽傷ケラレタル以上他ノ問題ハ考慮シ得ストノ感情論ヲ繰返スノミ本使ヨリ更ニ直接關係ナキ問題迄モ一括話合ニ應セスト言フカ如キハ全ク國交ヲ絕ツニ等シク穩當ナラス寧ロ航空聯絡ノ如キ相互ニ利益アル問題ハ之ヲ逐次解決シテ始メテ大ナル問題ノ調整ニモ資スルモノナリ序乍ラ日本民間會社ニ於テ佛國ノ爲武器製造ヲ引受クル件ヲ我カ大使館トシテ邪魔セサル態度ニ出テ居ル點等ヲモ考慮ニ容レラレタキ旨附言シタルニ「レ」ハ其ノ點ハ多トスル旨ヲ述フルト共ニ佛印問題ニ付テハ前揭西局長ノ所言ハ其ノ個

人的意見ナリトノコトナルヲ以テ日本政府トシテノ回答ヲ待ツコトトスヘシト答ヘタリ

1761　昭和15年2月2日　在ハノイ鈴木総領事より有田外務大臣宛（電報）

日本が仏印経由対中石油輸送の禁止を求めるならば代償として海南島撤兵や新南群島の占拠取消しを求めると仏国武官内話について

ハノイ　2月2日後発
本　省　2月3日前着

第一八號

三十一日在東京佛蘭西武官ト面會ノ節談偶々當領經由ノ「カミオン」石油等ニ及ヒタル處同武官ハ私見トシテ貴電合第六一號土橋少將トノ會談ニモ有之佛トシテ右品目ノ支那向通過ヲ禁止スルトセハ佛蘭西ハ中立ヲ破ルコトトナリ支那ニ對シ非友誼的行動ニ出ツコトトナルヘキニ付日本ヨリモ何等カノ代償ヲ要求セサルヲ得ス例ヘハ日本側ニ於テハ海南島撤兵新南群島ノ占據取消等ノ行爲ニ出テラルルヲ要スヘシト内話セルヲ以テ本官ヨリ右日本軍ノ行動ハ對支作戰上絶對必要ナルコトニモ鑑ミ右ハ到底本邦トシテ受諾シ能ハサル理由ナルカ貴方ニ於テ之ヲ以テ印支ノ脅威タルカノ如ク想像セラルルハ誤解ナリ帝國トシテハ日佛國交調節ニ乘出シ居ルコトハ貴官モ御承知ノ通リニシテ斯ノ如キハ單ナル杞憂ニ過キスト應酬シ置キタル處同武官ハ英佛ハ最モ緊密ナル歩調ヲ取リツツアルヲ以テ支那問題ニ於テ英國ト協調セラルルニ至ラハ佛蘭西トシテモ容易ニ日本ノ右諸要求ニ應シ得ルニ至ルヘシト思考シ居レリト答ヘタリ爲念

軍側ヘ通報アリタシ

1762　昭和15年2月3日　在ハノイ鈴木総領事より有田外務大臣宛（電報）

日本軍の雲南鉄道空爆によって仏国人を含む多数死傷者発生に対し仏印当局が事件重大視について

ハノイ　2月3日後発
本　省　2月4日前着

第二〇號

三[1]日ノ當地新聞ニ依レハ本邦機ノ二月一日雲南線爆撃事件アリ佛人五名、安南人六十名ノ死者アル旨(其ノ他傷者ニアリテハ目下取調中)報シ居ル處在東京佛國武官「チエボー」少佐ハ殊更ニ本官ヲ來訪シ余ハ日佛國交調整ノ爲日本側意見開陳ノ目的ヲ以テ來印シタル次第ナル處總督トノ三時間ニ渉ル談合ノ結果佛印トシテハ日本ニ不利益ナルカ如キ行動ヲ執ラサルコトナ《(トヽカ)》リタル矢先右事件起リタルハ誠ニ遺憾トスル所ニシテ若シ右カ日本ノ作戰上橋梁破壞ノ如キ行動ニ出ツルニ於テハ表面的ニハ兎モ角何トカ泣寢入リモ出來得ヘキモ列車ヲ襲撃シ佛人ヲ殺害スルカ如キニ對シテハ佛國トシテモ之ヲ重大視セサルヲ得ス從來通リノ日本側回答ニハ滿足出來サルコトトナルヘク從テ今回ハ右事件ニ對シ日本側ノ責任アル回答ヲ要求スルコトトナルヘシト內話セリ

次イテ西浦中佐出發挨拶ノ爲同官同道總督ト面會シタル際ニモ總督ヨリモ同樣ノ意見ヲ開陳セルカ頗ル本件ヲ重要視シ居ル旨强調セリ同日西浦午餐會ノ席上ニ於ケル「マルタン」軍司令官及空軍司令官モ繰返シ鐵道鐵橋破壞ノ如キハ日本ノ作戰上必要ナラハ之ヲ是認シ得サルニアラサルモ事一度列車ヲ襲撃シ佛人ヲ殺害スルカ如キ(例ヘハ今回ノ如キ殊ニ婦人二名、小兒二名ヲモ殺傷シタルカ如キ)コトニ對シテハ佛國トシテ何等カノ手段ニ出ツルノ已ムヲ得サルニ至ルヘク斯クテハ折角土橋少將カ來印シタル趣旨ヲモ沒却スルニ至ルヘキコトヲ憂フル次第ナリトノ趣旨ヲ縷々陳述セリ

思[2]フニ小官嘗テ當地有力者ヨリ聞込ミタル處ニ依ルモ日本ノ作戰上ニ依ル雲南鐵道ノ攻撃ニ對シテハ表面的ノ抗議ハ兎モ角何トカ目ヲツムルコトモ出來得ヘキモ今回ノ如キ人道上ノ問題ニ對シテハ沈默スル能ハスト述ヘタルコトアリシカ今回ノ事件ニ對スル官憲ノ意嚮ヲ察知スルニ本件ヲ相當重要視シ居ルヤニ觀測セラル

就テハ日佛國交調整カ緒ニ就カントシツツアル折柄本件突發ハ實ニ遺憾ナルコトニ付彼是法理論ノ餘地ハ存スヘキモ之ヲ迅速且友誼的ニ解決スルコトカ雨降ツテ地固マル例ニ依リ却テ根本問題タル日佛關係ノ增進ニ寄與スル處アルヘシト思考セラルルニ付テハ當領官民ニ一大衝撃ヲ與ヘタル本事件ノ解決策トシテ出來得レハ本件ハ獨立事件トシテ取扱ヒ少クトモ佛人及安南人死傷者ニ對シ速ニ慰問方法ヲ講

スルコト適當ナリト思考セラル
尚本件ニ關シテハ當地各新聞カ殆ト目ノ屆カサル程度ニ掲載シ居ル事實ハ前述ノ如ク當局カ本件ヲ極メテ重大視シ居ルニモ拘ラス日本ヲ「エキサイト」セサルカ爲ニ殊更ニ佛人ニ注意シ居ルカ爲ナリト察セラル
右ニ付テハ陸海軍側トモ打合セノ上結果至急御回電相成樣致度シ
西浦陸軍中佐トモ協議濟
佛、廣東、海口ヘ轉電セリ

1763 昭和15年2月3日 在仏国沢田大使より有田外務大臣宛（電報）

雲南鉄道空爆による仏国人被害に対し仏国首相が抗議申入れについて

パリ 2月3日後発
本省 2月4日後着

第九〇號
三日「ダラジエー」首相ノ求メニ依リ往訪シタルニ首相ヨリ雲南鐵道會社及植民省ニ達シタル電報ニ依レハ昨二《ママ》日日本飛行機二十七機第八三號鐵橋通過中ノ列車ニ對シ爆撃ヲ加ヘ多數ノ死傷者ヲ出シ佛人五名死亡セリトノコトナル處元來日本側ニ於テハ武器ノ佛印通過輸送ヲ口實トシテ屢同鐵道ノ爆撃ヲ行ハルルモ佛國政府トシテハ一九三七年以來其ノ名譽ニ掛ケテ斷シテ武器ヲ輸送シタルコトナシ然ルニ日本側ニテハ其ノ通過ノ實證ヲ擧ケスシテ斯クノ如ク屢爆撃ヲ行ヒ而モ佛人ノ生命迄損傷ヲ加ヘラルルニ至ルコトハ兩國ノ國交上眞ニ遺憾ナリト言ハサルヲ得ス此ノ點ニ對スル日本側ノ滿足ナル説明ヲ求メタキ次第ナリト述ヘタルヲ以テ本使ハ右二日ノ出來事ニ付テハ何等公報ニ接シ居ラス從テ説明ノ由ナキモ帝國トシテハ現在蔣政權潰滅ノ最後的段階トモ云フヘキ軍事行動ニ移リ居リ雲南鐵道ハ蔣ノ抗日勢力ヲ培養スル唯一ノ途トナリタルカ故ニ單ニ武器彈藥ノミナラス敵ヲ利スルカ如キ物資ノ輸送ニ對シテモ之ヲ阻止セサルヘカラサル作戰上ノ必要ニ迫ラレ居ルモノナリ今回ノ爆撃ノ如キモ恐ラク右必要ニ基キ行ハレタルモノト考ヘラル故ニ佛側ニ於テ該鐵道ニ依ル一切ノ物資輸送ヲ停止セラルルコトカ事態平靜ヲ來ス第一歩ナリト信スト應酬シ置ケリ首相ハ更ニ日本ハ支那ニ對シテ宣戰ヲ布告シ居ル次第

ニアラス從テ武器輸送ノ阻止スラ佛國トシテハ自發的ニ之ヲ行ヒ居ルモノニシテ更ニ物資ノ輸送ヲモ阻止セヨトハ卽チ佛印國境ヲ閉鎖セヨトノ要求ニシテ何等法的根據ナキコトナリト述ヘタルニ依リ（米國等モ國際法ノ見地ヨリ不滿ヲ抱クコトト思考スル旨附言セリ）本使ハ法律論ハ別ナルカ日本ニ對スル政治的「ゼスチユアー」ヲ佛側カ其處迄考慮スルコト望マシト言ヘル處首相ハ現在佛政府トシテハ國境閉鎖迄モ考フルコトハ不可能ナリト述ヘ居タリ就テハ本件ニ關スル詳細ナル事情折返シ御電報相成リタシ

英、米ヘ轉電セリ

1764　昭和15年2月5日　谷外務次官／在本邦アンリ仏国大使　会談

雲南鉄道空爆被害に対する抗議文をアンリ大使提出およびわが方応酬振りについて

付　記　昭和十五年二月五日付　右抗議文仮訳

谷次官「アンリー」佛大使會談要旨

（昭和一五、二、六　歐二）

二月五日午後五時半在京「アンリー」佛國大使外務省ニ谷次官ヲ來訪去ル二月二（ママ）日ノ雲南鐵道爆撃ニ關スル別紙（編注）抗議文ヲ手交スルト共ニ本件ガ米國ノ對日輿論ニ非常ナル惡影響ヲ及ボスベキ旨及佛國輿論ハ極度ニ憤激シ居ル旨ヲ述ブル處アリタルガ右ニ對シ谷次官ノ應酬セル處要領左ノ通リ

一、本件列車爆撃事件ニ關シテハ目下取急ギ眞相調査中ナル處帝國政府トシテハ詳細ノ事情判明次第公正妥當ナル措置ヲ執ル積リナルニ付貴大使提出ノ公文ハ我方調査ノ際ノ參考トシテ考慮致スベシ但シ我方ノ入手セル情報ニ依レバ本件列車ガ軍事的目的ニ利用セラレタル形跡アリトノコトナリ

二、雲南鐵道ノ爆撃自体ニ關シテハ佛ガ本件鐵道ニ依ル軍需品其他ノ輸送ヲ繼續セラレ蔣介石ノ抗戰ヲ强ムルノ結果トナル以上帝國トシテ之ヲ阻止スル爲メ必要ノ措置ヲトルハ作戰上及自衞上當然且止ムヲ得ザルコトナルニ付現狀ニ於テハ我方トシテ之ヲ中止スルコトハ御約束出來ズ

三、佛側ハ日本ガ支那ニ對シ宣戰布告ヲ爲シ居ラザルコトニ拘泥シ居ラルル如キモ宣戰布告無キ戰爭ハ歷史上幾多ノ例アリ特ニ南米ニ於ケル戰爭ニ其ノ例多キ處米ノ「シユ

アード」國務卿ノ如キ明白ニ宣戰布告無キ戰爭ヲ認メ居レリ
現ニ日支間ニ大規模ノ戰鬪行ハレ居ル事實ハ何人モ否定シ得ザル處ニシテ曩ニ英國ハ正式ニ此ノ事態ヲ承認スル旨意思表示セルコトハ御承知ノ通ナリ仍而佛側ニ於テモ此ノ事實ヲ認識シ其ノ基礎ノ上ニ總テノ行動ヲ考ヘ且執ラレ度コトヲ茲ニ力説致シ度シ
四、佛側ハ日支間ニ中立的態度ヲ取リ居レリト云ハルルモ國際聯盟其他ニ於ケル佛側當局ノ公式ノ言動、蔣政權ニ對スル「クレディット」ノ設定、鐵道施設ニ對スル援助對蔣軍需品其他物資ノ輸送等々ノ事實ニ依リ佛國ガ援蔣政策ヲトリ居レルコトハ我國民ノ信セサラントスルモ能ハサル所ナリ
從而日佛國交調整ノ先決問題ハ佛側ガ先ヅ此ノ態度ヲ改ムルコトニ在リ、我方トシテハ佛側ガ誠意ヲ以テ之ガ停止ノ措置ヲトラルル事希望ニ堪ヘズ
我方トシテハ一切ノ物資ノ輸送ヲ停止セラルルコトヲ希望シ來レル次第ナルモ右困難ナルニ於テハ少クトモ既ニ佛側ニ於テモ戰時禁制品トセラレ居ル左ノ如キ品目ノ輸送停止方ヲ希望シ度キ次第ナリ
一、武器及彈藥類
二、飛行機及同部分品
三、「トラック」其他自働車及同部分品
四、「ガソリン」其他ノ油類
五、金屬類及機械其他金屬製品
六、機關車、貨車及鐵道材料
七、化學藥品類
五、雲南鐵道ノ爆擊ハ甚ダ不幸ナル事件ナルモ現在トナリテハ此ノ禍ヲ轉ジテ福トナスコトコソ必要ナリ、我方トシテハ佛側ニ於テ右樣物資ノ對蔣輸送ヲ停止スル爲メ有效適切ナル措置ヲ執ラルルニ於テハ軍當局トモ協議ノ上雲南鐵道ノ爆擊中止方ニ付我方態度ヲ表明スヘク更ニ進ンデ日佛國交ノ全面的調整ノ爲メ建設的話合ニ應ズル用意アル次第ナリ
汪政權ト日本トノ和平條件ニ關シテハ今此處ニ詳細申上グル限リニ非ザルモ香港ニ於テ公表セラレタルガ如キモノニ非ザルコトハ明言シ得、兎モ角帝國トシテハ如何ナル犧牲ヲモ排除シテ之ヲ守リ立テ行ク確固不動ノ決意ヲ

有ス
仍而佛側ガ若シ援蔣ノ結果トナルヘキ一切ノ行爲ヲ停止セラルルニ於テハ我方ニ於テモ將來新支那ニ於ケル佛側權益ノ維持ハ勿論其ノ增進ニ付充分考慮ノ余地アルベキコトヲ玆ニ申上ゲ置キ度キ次第ナリ

六、對蔣物資輸送ノ停止方ニ關シテハ佛側ニ於テ或ハ第三國關係、對內關係等ヨリ之ガ公表ヲ困難ナリトスル事情モアルベキ處我方トシテハ佛側ガ事實上一切ノ援蔣行爲ヲ停止セラルレバ滿足スル次第ニ付之ガ公表ハ要求セズ、例ヘバ消極的措置ノ一ツヲ示セハ當分ノ間雲南鐵道ノ修理ヲ爲サズ外部ニ對シテハ修理不可能ト云フコトニシ置クコトモ一案カト存ゼラル

七、今日ノ日佛關係ハ個々ノ問題ノ論議ニ時日ヲ費シ居ル時期ニアラズ根本的ニ日佛關係ヲ如何ニ打開スベキヤヲ考慮スルコトコソ重要ナリ

廣西ニ於ケル日本軍鹵獲品ノ共同調査ノ如キハ大局的ニ見テ何等根本的解決ニ資スル所以ニ非ズト思考ス

「アンリー」大使ハ右谷次官ノ說明ヲ熱心ニ傾聽シキタルカ日本政府ハ軍人ノヤルコトヲ後カラ後カラ容認シ行ク傾向ニアル如ク見ラルル處斯ノ如キハ特ニ米國ノ輿論ニ對シ惡影響ヲ及ホスヘキ旨及ヒ日本側ハ佛政府ノ否定ニ不拘佛側カ蔣政權ニ對シ武器軍需品ヲ輸送シ居ル如ク主張シ居ラルルモ其ノ證據ヲ積極的ニ示サレサルハ遺憾ナリト述ヘタルヲ以テ次官ヨリ前段ニ關シテハ斯ル事實無キ旨後段ニ關シテハ我方ノ情報ハ信據スヘキモノニシテ各方面ヨリノ報告ニ基キ佛支間ニハ物資供給ニ關スル「アンタント」サヘ存在スルコトヲ承知シ居レリト應酬セリ

尙「アンリー」大使ハ谷次官ノ說明中重要ナル點ヲ書キ物トシテ送ラレ度キ旨依賴セリ

編注　別紙は見当らないが、本文書付記の仮訳参照。

（付記）

二月一日我海軍機ニ依ル雲南鐵道列車爆擊ニ關スル二月五日附在京佛大使「エードメモアール」假譯

佛蘭西國大使ハ曩ニ日本飛行機ノ雲南鐵道爆擊ニ關シ外務大臣閣下ノ前任者ニ對シ累次申入ノ光榮ヲ有シタル處今般更ニ二回ニ亘リ右佛蘭西國財產ニ加ヘラレタル侵害行爲ニ

對シ抗議ヲ提出スルノ光榮ヲ有ス
本月一日二十七機ヨリ成ル日本飛行機ノ一隊ハ八十三粁及九十五粁ノ兩地點ニ於テ爆彈ヲ投下セリ第二回ノ爆撃ハ物的損害ヲ惹起セルモ第一回ノ爆撃中一彈ハ午後二時四十五分八十三粁ノ地點ニ於テ旅客列車上ニ投下セラレ多數ノ犧牲者ヲ出セリ既チ《ママ》現在迄ニ崩壞物中ヨリ救出セラレタル死体四十二達シ其ノ中佛蘭西人五名アリ既ニ判明セル安南人及支那人ノ負傷者ハ百八十四名ニ達ス
右今回ノ攻撃ハ日本飛行機カ往復共佛領印度支那領空ヲ飛翔セル事實ニ依リ一層重大化サレタリ
零時四十五分及一時四十分ノ間ニハ「タ・ルン」(Ta-Lung)「トラン・カン・プー」(Trung-Khang-Phu)「トラ・リン」(Tra-Ling)「ハ・ギアン」(Ha-Giang)「ドン・ヴァン」(Dong-Van)「マン・メー」(Man-Mei)「ムオン・クー・オン」(Muong-Khu-Ong)ノ各所ニ又三時五十四分及四時七分ノ間ニハ「ポー・バン」(Pho-Bang)「ドン・ヴァン」(Dong-Van)及「シヤン・プーン」(Chau-Poung)ノ各所ニ於テ右飛行機飛來ノ警報發セラレタリ
佛蘭西國大使ハ被害狀況判明次第損害賠償ノ爲之ヲ帝國外務大臣ニ通報スルノ權利ヲ留保スルモノナリ

1765 昭和15年2月5日 在仏国沢田大使より有田外務大臣宛(電報)

雲南鉄道空爆被害に対する仏国側対応の背後事情につき観測報告

パリ 2月5日後発
本省 2月6日後着

第九八號

雲南鐵道爆撃ニ關シ左記御參考迄
㈠從來ノ爆撃ハ鐵道自體ノ損害大ナリシモ佛國人死傷者ナカリシト日本ニ對シ言論ヲ愼シム數ケ月來ノ方針ヲ維持シ居タルトニ依リ當方面ニテ殆ト公然ノ問題トハナラサリシ次第累次往電ノ通ナル處今回遂ニ公然ノ言論(往電第九八《ママ》號御參照)ヲ許スニ至レルハ佛人殊ニ婦女子ノ死者アリシコト大國タル手前モアリ泣寢入リモ出來サルノミナラス何時迄モ隱シ終セサルコト日本カ大ニ恐レ居ルヤニ見受ケラルル米國ノ同情力添ヲ得ルニ本件カ格好ナルコト等ノ爲ナルヘシ

㈡佛當局カ公然言論ヲ許スニ當リ其ノ取扱方針トシテ「プレス」方面關係ニ內示セル所ハ第一佛國ノミナラス米國モ日本當局ト本件話合中ナリシニ爆撃繰返サレタルハ驚クヘキコト第二爆擊ハ恐ラク現地軍限リニテ行ヒシモノナルヘク中央ノ知ラヌ間ニ行ハルル様子ナルコトハ東京ニ於テ得タル印象ニ依リ「コンフアーム」サレ居ルコト第三日佛間過去ノ親善關係ハ維持シタキモノナルコト等ナル趣ニシテ本件論評ハ總テ大體之ヲ骨子トセルモノナリ

㈢右第二點ハ事實「アンリー」ノ報告ニモアルコト往電第五七號ノ通リニ付誤解無キ様此ノ上共御説示願度キモ他方佛國トシテハ事件ヲ「ミニマイス」スル爲ノ逃道トシテ出先限リ云々ノ説明ヲ用ヒ居ルコト又米國ヲシテ關心ヲ懷カシムル爲ニハ多年米國上下ニ信セラレ居ル日本中央出先不一致云々ヲ説明ニ用ヒルコト適當トノ考モアリ得ヘシト想像セラル

㈣當地軍部及植民省ニ關係アル當館出入者ハ三日首相本使會見及「アンリー」申入ハ半ハ對內的必要ニ出テタル措置ト解スヘキコト勿論故之ニ對シ餘リムキニナルハ如何カト思ハルト內話セル由

㈤爆撃ノ必要ナル限リ續行スルハ素ヨリ當然ナルモ之ニ關シ議論紛爭ヲ激シクスルハ實益ナク却テ問題ヲ感情的ニ惡化スルノミナラス米國其ノ他國際輿論ニモ佛國ノ希望スル如キ影響ナキヲ保シ得サルヘキニ付可成ク口喧嘩ノ相手ニハナラサルコト適當ト存ス

英、米ヘ轉電セリ

1766　昭和15年2月10日　在仏国沢田大使より有田外務大臣宛（電報）

雲南鉄道空爆に関するわが方立場を説明し仏印経由援蔣物資輸送の停止を仏国外務次官へ要請について

パ　リ　2月10日後発
本　省　2月11日前着

第一一四號

九日[1]「レヂエ」次官ヲ往訪シ

㈠貴電第六一號及第六三號ニ依リ雲南鐵道爆撃ニ關スル説明ヲ與ヘタル處「レ」ハ右ハ五日ノ佛國政府申入ニ對ス

ル回答ナリヤヲ尋ネタルニ依リ本使ハ本日ノ來訪ハ過日「ダラヂエ」首相トノ會談ニ顧ミ我方情報ヲ傳ヘ立場ヲ說明スヘキ義理アリタルカ故ナリ帝國政府ノ回答トシテハ何レ「アンリー」大使ニ對シ爲サルヘキモノト認ムル旨答ヘ置キタリ

(二)貴電第六四號谷次官「アンリー」大使會談ニ付テハ既ニ同大使ノ電報ニテ承知ノ模様ナリシニ依リ本使ハ軍需品其ノ他ノ輸送行ハルル限リ雲南鐵道爆擊ハ已ムヲ得ストスル點ハ帝國政府ノ讓リ得サル所ナリ故ニ嘗テ御話シシタル通リ佛國トシテモ英國同樣率直ニ日支間戰爭狀態存在ノ事實ヲ認メ(往電第一九號一月五日「レ」トノ會見ノ際貴電第六四號(ロ)ト略同樣ノ理由ヲ述ヘテ「クレーギー」署名ノ「テキスト」ヲ佛譯シタルモノヲ渡シ置キタルコトアリ)問題ノ物資輸送ヲ停止セラレ度ク少クトモ谷次官指摘ノ品目ノ輸送停止方希望ニ堪ヘスト述ヘタル處「レ」ハ日本側ニテハ宣戰布告ナキ以上武器ノ輸送停止スラ要求セラルル權利ナシ

而(2)モ佛國ハ自發的ニ之ヲ停止セントスルハ既ニ英國以上ノ措置ヲ執リ居ルモノト考ヘ居リ其ノ上ニ鐵道ノ運行停止ニ等シキコトヲ要求セラルルコトハ全ク無理ノ註文ト言ハサルヘカラストテ從來ノ論議ヲ繰返スニ過キス依テ本使ハ最早今日ハ法律論ニ拘泥シ居ル時ニアラス蔣介石ヲ援クルコトカ佛國ノ極東ニ於ケル利益ヲ擁護スル所以ナルカ夫レトモ日本ト協力スルコトカ此ノ目的ヲ達スル途ナルカヲ考慮シテ政治的決心ヲ付クヘキ時期ニ到達シ居ルト思ハレスヤト言ヒタルニ「レ」ハ從來如何ニ隱忍スルモ日本側ヨリ頭ヲ叩カルノミナリシニ鑑ミ國論ニ對スル手前モアリ此ノ上右ノ如キ決心ヲナスコト困難ナリ何レ過日ノ申入ニ對スル日本政府ノ正式回答ヲ待ツテ更ニ考フルコトトスヘシ但シ日本側ニテ爆擊ヲ續行セラルニ於テハ從來ノ新聞ニ對スル抑制モ困難トナルヘク國論沸騰スルニ至ルヲ惧ルト言ヘルニ依リ本使ハ國論ヲ沸騰セシムルコトカ佛國ノ利益ト思ハルルナラハ致方ナカルヘシ但シ之ニ依リテ日本ノ輿論ヲモ刺戟シ爲ニ佛國カヨリ大ナルモノヲ失フコトトナリ得ヘキヲ思ハハ右新聞政策ハ愼重考慮ノ要アルヘシト答ヘ置ケリ

英、米ヘ轉電セリ

1767　昭和15年2月17日　有田外務大臣より在仏国沢田大使宛（電報）

日仏国交調整交渉に当たり意見回示方訓令

本　省　2月17日後9時30分発

第七八號（至急、極祕）

貴電第二一號ニ關シ

最近我方ノ雲南鐵道爆撃等ノ問題ニ關聯シ日佛兩國間ノ空氣頓ニ惡化シ來レルニ付之ガ打開ノ途ヲ講シ進ンテ一般的問題ノ話合ヲモ開始スルコト兩國ノ爲望マシキ次第ナル處「アンリ」大使トノ會談ノ經過ニモ鑑ミ主トシテ貴地ニ於テ之ヲ行フコトヨリ效果的ナル樣思考シ居レリ本件話合ノ具体案ハ別ニ電報スヘキモ冒頭貴電末段ノ次第モアリ貴大使着任以來佛國側各方面トノ接觸ノ模樣貴方ヨリ見タル右具体案ニ關スル御意見其ノ他本件話合ノ持チ出シ方ニ關スル御氣付ノ點等參考トシ度キニ付折返ヘシ回電アリ度シ

1768　昭和15年2月17日　有田外務大臣より在仏国沢田大使宛（電報）

日仏国交調整に関する具体的交渉方針案につき通報

本　省　2月17日後9時30分発

第七九號（極祕）

往電第七八號ニ關シ

本件交渉ノ具体的大筋トシテ當方ノ考ヘ居ル所左ノ通リ

一、本件交渉ハ佛國側ヲシテ其ノ援蔣態度ヲ放棄セシメ結局帝國ノ支那ニ於ケル政策ニ同調セシムルコトヲ以テ根本方針トスルモ交渉ニ當リテハ我方トシテモ讓ルヘキハ讓リ先方ヲシテ我方ノ公正妥當ナル態度ヲ了解セシムル樣仕向クルモノトス

二、右方針ニ基キ左ノ通リ措置ス

㈠最近ノ雲南鐵道爆撃ニ依ル佛人及安南人ノ被害ニ對シテハ遺憾ノ意ヲ表シ被害者ニ弔慰金ノ支拂ヲナスヘキ旨申入ル（近日中ニ東京ニテ實行ノ筈）

㈡右實行ノ上ニテ元來本件ノ如キ不祥事ノ發生ハ豫テ我方ヨリ佛側ノ注意ヲ喚起シ居ル通リ佛印ヨリ雲南鐵道ニ依ル蔣政權ヘノ物資輸送絶エザル事實ヨリ發生セルモノニシテ帝國トシテハ斯ル事態ノ發生ヲ好ムモノニ非サルハ言フ迄モナク又我廣西作戰自体ニ關シテモ其

ノ目的トスル所ハ同方面ヨリスル蔣政權向物資輸送阻止ヲ主眼トスルコトニアルニモ鑑ミ斯カル事實消滅セバ右軍事行動モ自然考慮セラルルコトト察セラルル次第ナリ反之事態此ノ儘ニ推移セバ我方トシテハ此種事件再發防止ヲ約束出來サルハ勿論尚一層佛印國境ニ近接セル地方ニ軍事行動ヲ擴大スルノ必要ニ迫ラルルヤモ知レズ斯クノ如キハ將來永キニ亘リ日佛關係ノ調整ヲ不可能ナラシムルコトトナルベキニ付此ノ際日佛國交ノ大乘的見地ヨリ兩國相互ニ相手ノ立場ヲ理解シテ適當ナル措置ヲ講ズルコト必要ナルベシトノ趣旨ヲ説示シ左記㈢及㈣ヲ主眼トスル話合ヒノ開始方ヲ提議ス

㈢我方ノ要求

(イ)昨夏日英會談ニ於テ到達セル有田「クレーギー」原則ノ承認

(ロ)天津租界ニ於ケル治安問題及經濟問題ニ關シ日英間ニ到達スベキ協定ト同趣旨ノ原則承認

(ハ)右ノ結果トシテ援蔣行爲ヲ中止シ特ニ武器彈藥其他蔣政權ノ抗戰力ヲ强ムルガ如キ物資、不取敢少クトモ「ガソリン」及「トラック」ノ佛印經由輸送ヲ中止スル爲メ適當措置ヲ講ズルコト

㈣佛側ヘノ對價

(イ)在支佛國權益ノ尊重特ニ雲南鐵道爆擊ノ中止

(ロ)支那ニ於ケル佛國人關係諸懸案ノ迅速解決

(ハ)佛側ニ於テ海南島、西沙群島、新南群島問題等ヲ持出シ之ガ解決ヲ要求シ來ル場合右各個ノ問題ニ一々應接スルコトハ話合ヲ複雜困難ナラシムヘキヲ以テ此際ハ之ヲ避クルコトトシ先方ヨリ佛印領土權ノ尊重約束等ヲ希望シ來ル場合ニハ我方トシテ新事態ニ卽應シテ之ヲ約スル爲メ商議ヲ開始スルノ用意アル旨ヲ表明スル程度ニ止メ度キ考ナリ

㈤尚右政治交渉ガ圓滑進捗ノ見透シツク頃合ヲ見計ラヒ之ト併行シテ兩國經濟關係ノ緊密化ヲ計ル爲メ別途交渉ヲ開始ス

1769

昭和15年2月20日　在仏国沢田大使より有田外務大臣宛（電報）

現在はわが方から仏国に対し一般的国交調整を求める時期ではない旨意見具申

パリ　2月20日後発
本省　2月21日後着

第一二八號（極祕）

貴電[1]第七八號ニ關シ（日佛國交調整ニ關スル件）

本使着任以來外務省側ヲ初メ上下兩院議長及言論界ノ人々トノ接觸ニ依リ得タル印象ニ依レハ何レモ日佛關係改善ヲ要望シ居ルハ事實ナルモ概シテ極東時局ニ對スル認識薄ク本使來任ニ際シ何等カ兩國國交調整ノ使命ヲ帶ヒ來リタルモノト推察シ右ニ關スル日本側ヨリノ提議ナキヤヲ期待シ居リタルモノノ如ク對日關係改善モ實ハ極東新事態認識ノ基礎ノ上ニ我方ト協力セントスルモノニアラスシテ寧ロ本邦カ支那事變處理ニ困窮シ佛ニ接近ヲ求ムルヲ待チ其ノ極東權益ノ維持ヲ計ラントスル考ニ出テ居タルモノノ如ク見受ケラレタリ從テ本使着任ニモ拘ラス何等日本側ヨリ具體的提議ナク好意ヲ示ス積リニテ差伸ヘタル手ハ日本側ニテハ當然ノコトトシテ何等酬ヒラレス（少クトモ斯ク解シ）聊カ失望シ居タル矢先雲南鐵道爆擊ノコトアリ日佛接近ノ希望ハ一時影ヲ潛メ佛國ノ對日空氣ハ極度ニ惡化シ遂ニ一切ノ問題ヲ懸案ノ儘ニ置クコトサヘ主張スルニ至レリ之ニ對シ我方トシテハ右鐵道爆擊カ作戰上ノ必要ニ基クモノニシテ佛印經由物資輸送止マサル限リ續行セラルヘシトノ立場ヲ堅持シテ佛國側ト睨合ヲ續ケ居ル現在雲南鐵道爆擊中止等ヲ持出シ一般的國交調整ヲ切出スコトハ自ラ折レテ出テタル印象ヲ與ヘ徒ニ先方ヲシテ附上カラシムル惧アリテ策ノ得タルモノトハ存セラレサル次第ナリ

而[2]シテ一般的國交調整ハ相互ノ根本的理解ナクシテ行ハレ得サルモノナレハ現在ハ寧ロ極東ニ於ケル日本ノ立場ヲ充分ニ了解セシムルコトニ努力ヲ集中シ以テ一般的話合ノ基礎タル地盤ヲ固ムルコト適切緊要ト存シ當方ニテハ右心構ヘニテ先ツ出來得ル限リ逐次懸案ヲ解決セシムル樣ニシ以テ徐々ニ兩國間ノ縺レヲ解クニ努メツツアル次第ナレハ本省ニ於テモ成ルヘク先方ノ熱意ヲ唆《マヽ》リ出ス樣努メラレ例ヘハ近ク行ハルル趣ナル雲南鐵道爆擊ニ依ル佛人及安南人ノ被害賠償問題ニ關スル交渉等ヲ通シ一般國交調整ニ對スル先方ノ熱意ヲ打診セラレタク斯クシテ双方ノ氣合熟スルヲ見テ話ヲ切出スモ遲カラスト考ヘ居レリ殊ニ佛國トシテハ目下國力ヲ擧ケテ戰爭ニ沒頭シ居リ其ノ推移ハ固ヨリ豫斷ヲ許ササルモ戰爭永引カハ極東權益ノ維持ハ本邦トノ協力

ニ俟タサルヘカラサル運命ニ在ルモノナレハ開談ノ時期ハ徐々ニ熟シ來タルヘキヤニ思考セラルルニ付テハ貴電第三號御示唆ノ如ク茲暫ク歐洲及支那ニ於ケル一般情勢ノ推移殊ニ新中央政權ノ成立等ト睨合セ好機ノ到來ヲ俟ツ方賢明ナラスヤト存セラル當方事情ト共ニ卑見申進ス

1770 昭和15年2月21日 有田外務大臣より在仏国沢田大使宛(電報)

雲南鉄道空爆被害に関する谷・アンリ会談の内容通報

本省 2月21日後9時発

第八四號(至急)

往電第六四號ニ關シ

二十日次官ヨリ「アンリ」大使ノ來訪ヲ求メ、調査ノ結果二月一日ノ爆撃ハ第七番鐵橋ヲ主要目標トシテ行ハレ、列車ノ爆撃ハ帝國軍用機ノ最初ヨリ企圖セシ所ニ非ズ本件爆撃ハ帝國軍用機ガ敵戰鬪機ノ來襲及附近防空砲臺ヨリノ砲火ヲ受ケツツ氣流極メテ不良ナリシ情況ニ於テ三千八百米ノ高度ヨリ行ヒタルモノナルガ當時本件列車ハ右鐵橋上ニ停車中ニシテ鐵橋其他ノ構造物及其ノ蔭影等ノ爲軍用機搭乘者中何人モ列車ヲ識別シ得ザリシ趣ニテ軍用機ヨリ投下セラレタル爆彈ガ右列車上ニ落下セルハ全ク偶然ノ出來事ナリ然レドモ帝國政府ハ右ノ結果佛國人及安南人ニ死傷者ヲ生ジタルコトヲ深ク遺憾トシ之ニ對シテハ被害狀況判明ノ上合理的ナル金額ノ弔慰金支拂ノ用意アル旨ノ覺書ヲ手交セリ

尙、次官ヨリ佛側ハ日本飛行機ガ佛印ニ越境セリトテ屢々抗議越セル處今迄ニ判明セル我方調査ノ結果ニ依レバ佛側抗議ノ內ニハ事實無根ノモノモアル次第ナルガ調査完了ノ上一括回答スベシト申述ベ置キタリ

右ニ對シ大使ハ佛側ニ於テハ佛印經由武器彈藥ヲ輸送シ居ラザルニ拘ラズ日本軍ガ雲南鐵道爆擊ヲ行ヒ今次ノ如キ事件ヲ惹起セルハ佛側トシテ憤慨ニ堪エズト云ヘルニ依リ、次官ハ佛側ニ於テハ純粹ナル武器彈藥ノ輸送サヘ停止セバ其レヲ以テ足リ、他ノ物資ハ如何ニ輸送スルモ可ナリトノ見解ヲ執リ居ラルルモ近代戰ニ於テハ「ガソリン」、「トラツク」等ノ物資モ武器彈藥ト同樣不可缺ノ軍需品ナルハ現ニ佛國側ニ於テモ其ノ戰時禁制品ノ「リスト」ヲ恣ニ擴大

シ居ラルルニテモ明ニシテ前記物資ガ蔣政權ニ向ケ輸送セラルル限リ、我軍トシテ右遮斷ノ爲メ輸送路ヲ爆擊スルハ自衞上已ムヲ得ズ又佛國民ニ死傷者ヲ生ズルガ如キ不幸ナル事件ノ再發ヲ避クル爲メ佛側ニ於テモ我軍事行動ノ行ハルル地域ニ於テ能フ限リ佛國民又ハ其財產ニ對スル戰禍ノ波及ヲ避クル樣最善ヲ盡サルルハ常識上當然ナルベシト應酬セリ

冒頭往電通リ轉電セリ

河内ヨリ西貢ヘ轉電アリ度シ、廣東ヨリ香港ヘ轉報アリ度

1771　昭和15年2月21日　有田外務大臣より在仏国沢田大使宛（電報）

谷・アンリ会談において日仏国交調整交渉をパリで開始したき旨わが方提議について

本　省　2月21日発

第八五號（至急）

往電第八四號ニ關シ

更ニ引續キ佛大使ハ佛側トシテハ天津問題其他日佛間ノ一般的懸案ニ付話合ヲ開始セントシ居タル矢先本件爆擊ハ之ヲ不可能ナラシメタリト云ヘルニ對シ次官ヨリ今ヤ我方トシテハ爆擊ヲ以テ右話合ニ進マントスルニアラス今次ノ不幸ナル事件ニ對シ遺憾ノ意ヲ表スルト共ニ之ヲ弔慰シテ國交調整ノ爲新ニ出發セムトシ居リ此ノ趣旨ニテ近ク澤田大使ヨリ巴里當局ト開談ノ予定ナリ斯クシテ兩國間ノ一般的懸案ヲ解決スルコトヲ得バ雲南鐵道爆擊等ノ必要モ自然ニ解消スヘク少クトモ右ノ如ク澤田大使ニ於テ開談ノ運ニ至ラハ爆擊中止等ニ付キ我軍當局ト協議スル事モ可能ナルヘシト思考ス而シテ支那事變ハ漸次終局ニ近ヅキツツアル一方歐洲ノ狀勢ハ漸ク險惡ナラムトスル今日速ニ日佛國交調整ヲ圖ルコトハ佛側トシテ最モ時宜ニ適セル措置ニ非ズヤト述ベタルニ大使ハ其ノ點ハ自分モ全然同感ナリ又帝國政府ノ今次事件ノ犧牲者ニ對スル處置ニ對シテハ謝意ヲ表スル旨竝ニ本會談ノ模樣ハ早速本國政府ヘ電報スベキ旨答ヘタリ

尚弔慰金ノ點ニ關スル發表振及時機ニ付テハ必要ノ際双方打合ノ上行フコトニ話合置タリ

冒頭往電通リ轉電セリ

河内ヨリ西貢ヘ轉電アリ度、廣東ヨリ香港ヘ轉報アリ度

1772　昭和15年2月27日　有田外務大臣より在仏国沢田大使宛（電報）

事変処理における仏国側の対日同調を引出すため日仏国交調整交渉至急開始方訓令

本　省　2月27日後9時20分発

第八九號（極祕）

貴電第一二八號ニ關シ

本件交渉開始ノ目的ハ雲南鐵道爆撃以來打開困難トナリ居ル兩國關係ニ我方ヨリ進ンデ疎通ノ道ヲ開キヤルコトニアル處右ハ我方從來ノ主張ヲ變更セントスルモノニハ非ザルニ付話ノ持チ出シ樣如何ニ依リテハ先方ヲシテ附ケ上ラシムルノ懸念モ無カルヘシト思考セラル他方佛國ガ英國ト歩調ヲ合セ極東ニ於テ我ト妥協セントノ希望ハ一時ノ感情ノ縺レニ不拘現在ニ於テモ變リ無キモノト認メラレ「アンリ」大使最近ノ態度モ相當和協的ナルコトハ往電第八五號會談ノ際ニモ看取セラレタル處我方トシテモ新政權樹立モ間近ニアル今日佛國トノ關係モ出來得ル限リ友好的ニ調整シ先方ヲシテ支那事變處理ニ同調的態度ニ出デシメ度意向ニテ之ガ爲我方ヨリ相當具体的提案ヲ爲シテ交渉ヲ進捗セシムルコト緊要ト考ヘ居ル次第ナリ

就テハ貴見ノ次第ハアルモ此ノ際往電第七十九號ノ趣旨ニテ至急佛國側トノ話合ヒヲ開始セラルルコトト致度結果電報アリ度

1773　昭和15年2月27日　有田外務大臣より在仏国沢田大使宛（電報）

日仏国交調整のためのパリ交渉開始を仏国側応諾について

本　省　2月27日後9時20分発

第九〇號（極祕）

往電第八九號ニ關シ

二十七日「アンリ」大使谷次官ヲ來訪政府ノ訓令ニ依ル趣ヲ以テ過般次官ヨリ申出デラレタル日佛間ノ一般的問題ニ付巴里ニ於テ話合ヲ開始シ度シトノ提議（往電第八五號參照）ハ佛政府ノ快諾スル處ナル旨述ベタリ

1774　昭和15年2月29日　在仏国沢田大使より有田外務大臣宛（電報）

日仏国交調整に関するわが方提議に対し仏国外務次官が援蔣物資輸送停止に難色表明について

パリ　2月29日後発
本　省　3月2日前着

第一四六號

往電第一四一號ニ關シ[1]

二十九日「レヂエ」次官ヲ往訪先ツ本使ヨリ二月一日ノ雲南鐵道爆撃事件ニ關スル我方回答ニ關スル先方ノ印象ヲ訊ネタルニ「レ」ハ遺憾ノ意ノ表明及被害者ニ對スル賠償ノ二點ニ付テハ滿足シ居ルモ爆撃中止ヲ約シ得ストノ點ハ不滿ニ感シ居レリト述ヘタルニ依リ本使ハ帝國政府ニ於テハ鐵道爆撃ニ依リ兩國間ノ關係カ根本的ニ行詰リニ達セルヲ何トカ打開センカ爲本使ニ對シ開談方希望シ來レリトテ貴電第七九號ニノ(二)ノ趣旨ヲ述ヘ(三)及(四)(イ)(ロ)ノ日本側ノ要求及代償ヲ提示シ東京ニテハ成ルヘク本會談カ妥結ニ達センコトノ希望ヨリ佛印通過阻止方ヲ求メタル物資ニ關シテモ不取敢「トラック」及「ガソリン」ニ限リタルモノニテ又佛國側ニ於テ極東ニ於ケル認識ノ根本トシテ昨夏日英間ノ話合ニ依リ英國カ承認セルト同樣ナル原則ヲ承認セラルルコト望マシキ旨述ヘタリ之ニ對シ「レ」ハ日本側ノ要求ニ對シ前顯貴電(三)ノ(ロ)ニ付テハ未タ知悉シ居ラサルモノナルモ交渉中ニ英國ヨリ情報ヲ得ルコトモ可能ナルヘク(イ)ノ點ト共ニ承認ニハ大シタ困難ハ無カルヘキモ(ハ)ニ付テハ武器彈藥ハ從來ヨリ輸送ヲ阻止シ來レルニ鑑ミ問題無キモ其他ノ物資ハ同鐵道カ國際輸送ノ通路トナリ居ルコトニモアリ旁々[2]「トラック」「ガソリン」等「シビル」ノ生活ニ不可缺ノモノノ輸送ヲ止メヨトノ要求ハ無理ナラスヤト思ハル（此ノ點ニ付テハ本使ヨリ現代戰ニ於テハ双方共戰爭遂行ノ重要ナル手段ヲ爲スモノニテ武器彈藥ト大差無キ旨反駁スルト共ニ帝國政府ニ於テハ難キヲ忍ンテ當初要求セシ品目ヲ更ニ減シ差當リ二トシタル次第ナルヲ以テ佛國側トシテモ大局的見地ヨリ右輸送ヲ阻止セラレンコト希望ニ堪ヘサル旨述ヘ置キタリ）次テ日本側代償ノ點ニ關シ「レ」ハ何等新シキ約束無ク殊ニ新南群島問題ニ全然觸レ居ラサルハ失望セサルヲ得スト言ヘルニ付本使ハ今回ノ縺レハ主トシテ佛印ヲ繞リ起リタル問題ナルヲ以テ話合モ之ヲ中心トスルコト速ニ妥結ニ到達スル所以ト信ス事態此ノ儘ニ推移セハ更ニ印支ニ近ク戰線ノ擴張ノ必要生スルコトトモナリ

兩國關係ハ益々悪化スル許リナルヘキニ鑑ミ先ツ右ニ提示セル諸點ニ關シ諒解ニ達スレハ之ヲ切掛トシテ兩國關係改善ニ資スルコト大ナルヘク兎モ角「ダラヂエ」首相ニモ取次ノ上速ニ妥結ニ達スル様考慮アリ度キ旨述ヘタルニ「レ」ハ谷次官ノ「アンリー」大使ニ語ラレタル點ハ一般問題ノ調整ト謂フコトナリシヲ以テ今少シク廣汎ナル問題ニ付話合アルモノト期待シ居リタルヲ以テ首相モ爆撃中止丈ノ問題ナラハ失望スルコトト思フモ一應之ヲ傳ヘタル上何分ノ回答スヘキ旨答ヘタリ

1775 昭和15年3月2日 在仏国沢田大使より有田外務大臣宛(電報)

日仏国交調整に関するわが方提議への仏国側意向につき観測報告

パリ 3月2日後発
本省 3月3日前着

第一五二號

往電第一四六號及第一五一號ニ關シ

「レヂエ」「クーロンドル」共ニ日英間ノ協定承認ナル我方要求ノ第一及第二ノ點ニ付テハ承諾困難ナラサルカ如キ態度ヲ示シ只第三石油「トラック」輸送阻止ノ點ニ付「レヂエ」ハ從來ノ理窟ヲ繰返シ難色ヲ示シタルノミナルカ我方代償ニ關シテハ權益尊重ハ從來屢々聞キタル所ニシテ又懸案解決モ支那事變終熄セハ急キ貰ハサルヘカラサル所ナリ從テ結局日本側代償トシテハ鐵道爆撃中止ノミナリトテ兩人共ニ之ニテハ内容貧弱ナリトノ意嚮ヲ洩シ特ニ「レヂエ」ハ海南島ハ日本側ニテ事變中作戰上ノ占領ト言フコトナルヲ以テ致方無ク「パラセル」島ハ支那トノ間ノ問題ナルカ他方新南群島ニ至リテハ日本トノ間ニ解決スヘキ重大問題ニテ之ヲ除キテハ一般的國交調整ト謂フ意味ヲ爲サストテ從來佛國側カ踏付ケニ遭ヒタリト稱スル歴史ヲ淳々ト述ヘ立テタリ之ニ對シ本使ハ聞流スノミニテ一言モ應酬ヲセス今次我方提示ノ要點ヲ基礎トシテ速ニ何等カノ協定ニ達スルコト驗テ通商問題其ノ他ノ問題ノ解決ニ乘出ス第一歩ナリトノ趣旨ヲ繰返シ强調スルニ留メ置キタリ

右ニテ大體先方ノ意嚮ハ察シ得ル次第ニテ此ノ上ハ首相ト「レヂエ」「クーロンドル」共ニ日英間ノ協定承認ナル我方シテノ先方ノ回答ヲ俟ツ積リナリ

1776　昭和15年3月6日　在ハノイ鈴木総領事より有田外務大臣宛（電報）

雲南鉄道の修理完了について

ハノイ　3月6日後発
本　省　3月7日前着

第四五號

修理中ノ雲南鐵道ハ工事完了シタルニ付五日ヨリ全線各驛宛乗車券ヲ發賣スヘキ旨五日、六日ノ各紙ニ發表セラレ居レリ

御見込ニ依リ關係公館ヘ轉電アリタシ

1777　昭和15年3月［12］日　有田外務大臣より在仏国沢田大使宛（電報）

日仏国交調整交渉中は雲南鉄道による援蔣物資輸送を事実上停止するよう仏国側へ申入れ方訓令

本　省　3月12日発

第一三六號（大至急）

河內來電第四五號ニ關シ

佛側ニ對シ至急左記趣旨ヲ申入レラレ御交渉ノ結果ハ出來得ル限リ十五日中ニ同電到着スル様御措置アリ度

雲南鐵道輸送再開セル處再ビ武器彈藥類及「ガソリン」、「トラック」等ガ輸送セラル、コト、ナラバ我軍トシテハ之ヲ默視シ得ザル次第ニ付少クトモ目下ノ日佛間交渉進行中ハ佛側ニ於テ武器彈藥類ノミナラズ「ガソリン」及「トラック」ノ輸送ヲ事實上停止セラレ度ク、右ガ實行セラル、ニ於テハ同鐵道ノ爆撃等モ自然其ノ必要無キニ至ルベシ　以上

1778　昭和15年3月13日　在仏国沢田大使より有田外務大臣宛（電報）

日仏交渉中の援蔣物資輸送を事実上停止するよう仏国外務省亜細亜局長へ申入れについて

パ　リ　3月13日後発
本　省　3月14日前着

第一七九號（至急）

貴電第一三六號ニ關シ（佛印經由軍需品輸送停止ノ件）

十三日午前原田ヲシテ亞細亞局長ヲ往訪セシメ御來示ノ趣

旨ヲ申入レシムルト共ニ本件ハ日佛間一般交渉トハ別途ニ至急解決ノ要アル點ヲ强調セシメタル處同局長ハ早速右ノ次第ヲ「レヂエ」次官ニ傳達スヘク何レ次官ハ先日貴方申入レノ次第ニモ關係アリ恐ラク十四日中ニ大臣又ハ次官カ貴方大使ト會見スル段取トナルヘシト語レル趣ナリ尚同局長ハ自分限リノ感想トシテハ何分ニモ「ガソリン」及「トラック」ハ主トシテ米國品ナルヲ以テ米側トノ關係モ考慮スルノ要アリ早急決定シ兼ヌル問題ニアラスヤトノ懸念ヲ洩シ居リタル由右不取敢

1779　昭和15年3月15日　有田外務大臣より在仏国沢田大使宛（電報）

日仏交渉中は現状以上に雲南鉄道の修理を行わず修理未完成を口実としてわが方の禁輸要求に応じるよう仏国側へ申入れ方訓令

本　省　3月15日後4時発

第一四四號（大至急、館長符號扱）

貴電第一八三號ニ關シ

十五日中ニ佛側回答接到セサル場合ハ我軍ニ於テハ更ニ徹底的爆撃ヲ開始スベキ情勢ニ在リ（以上絶對ニ貴使限リ御含ノコト）就而一九〇三年雲南鐵道建設協定第二十三條第四項第二十四條第二項ノ規定ノ外河內來電第五一號ノ次第モアリ此際佛側ニ於テ少クトモ日佛交渉進行中現狀以上ニ鐵道ノ修理ヲ行ハザルコト、シ外部ニ對シテモ右修理ノ困難ヲ理由トシテ「ガソリン」「トラツク」類ノ輸送ヲ拒絶スルコトニ依リ事實上我方要求ヲ充スコトモ一方法ナルベキ旨貴使ノ思付トシテ申入ラレ大至急結果回電アリ度

1780　昭和15年3月15日　在仏国沢田大使より有田外務大臣宛（電報）

日仏交渉中の援蔣物資禁輸に関し仏国外務次官が非公式承諾について

パ　リ　3月15日後発
本　省　3月16日夜着

第一九一號（大至急、館長符號扱）

貴電[1]第一四四號ニ關シ

十五日午後「レジエ」次官ニ面會ヲ求メ御來示ノ趣旨ヲ自分限リノ思付ナルカトテ日佛一般交渉進行中佛政府ヨリ鐵

道會社ニ指令ヲ發セラレ現狀以上ノ大修繕ヲ一時中止セシメラルルト共ニ一般外界ニハ修理不充分ヲ理由トシ武器「ガソリン」及「トラック」類ノ輸送引受ヲ暫ク行ハサルコトトセラレテ事實上ニ我方要求ニ滿足ヲ與ヘラレテハ如何ト切出シタルニ「レ」ハ交渉繼續中トハ極メテ漠然ナリトテ嫌味ヲ述ヘ一般國交調整問題ニ觸レ來リ日本側對案㈠及㈡ハ左シタル困難ナキモ㈢ノ點ニ關シテハ結局國境ヲ閉鎖スルコトトナル處佛ハ支那トノ政治關係ヲ決シテ絶チ居ルニアラサルヲ以テ同國トノ間ニ問題生スル一方輸送品ハ主トシテ英米品多キ關係上兩國トノ關係ヲモ惡化セシムル惧アルニ付考量方不可能ナリ

[2]尤モ日本側ニ於テ更ニ廣汎ナル問題ニ付佛ニ希望ヲ持タシ呉レレハ別問題ナルモ之トテ無キ今日話合ハ急ニ纒ルモノトモ思ハレストテ佛側ノ遷延的態度ヲ是認スルカ如キ口吻ヲ示シタルニ依リ本使ヨリ先日ノ提議ニ對シテハ佛側ノ正式回答ヲ待チ居ル次第ナルヲ以テ之ヲ俟チテ討議ニ入ルコトトシタク右ハ別トシ今日ノ自分ノ思付ニ對シテハ至急御回答ヲ得タク若シ回答ヲ得ス此ノ上事態ノ惡化ヲ見ルカ如キコトハ御互ニ避クル必要アル旨ヲ述ヘタルニ「レ」ハ「ダラジエ」首相ハ議會關係ニテ多忙ヲ極メ本日ハ語ル機會モナキ旨答ヘタルニ依リ首相トノ相談ハ別トシ貴官限リノ取計トシテ受諾アリタルコトヲ本國政府ニ打電シ差支ナキヤ否ヤト質シタルニ「レ」ハ默考ノ後遂ニ佛國トシテ非公式(「オフイシユーズマン」)ニ貴官提案ヲ受諾スル旨貴國政府ニ傳ヘラレ差支ナキ旨確言セリ

1781　昭和15年3月16日　有田外務大臣より
在仏国沢田大使宛(電報)

日仏交渉中の援蔣物資禁輸措置への仏国側回答を待って三月十八日まで雲南鉄道空爆を延期するとの軍側意向について

本　省　3月16日後8時発

第一四九號(大至急、館長符號扱)

往電第一四四號ニ關シ

未ダ御返電無キ處事態重大ト認メラルルニ付今暫ク爆撃延期方極力軍側ト折衝セル處軍側ヨリ十八日迄ハ待ツコトトスベキモ、夫レ以上ハ不可能ナルヲ以テ、佛側ニ於テ我方要求ヲ容レ、之ガ實行方ニ付言質ヲ與ヘタル旨ノ回電十八日中ニ接到セザル場合ハ爆撃ヲ開始スルノ外無シト回答越セリ(以上絶對ニ貴使限リ御含ミノコト)就テハ大至急佛側意向御確メノ上御回電アリ度

〰〰〰〰〰〰〰〰〰〰〰〰〰

1782 昭和15年3月17日 在仏国沢田大使より有田外務大臣宛(電報)

雲南鉄道対中禁輸措置は仏国の利害に関する諸問題を日仏交渉で取上げなければ検討できないとの覚書を仏国政府提出について

付記 右覚書仮訳

パリ 3月17日前発
本省 3月17日夜着

第一九四號(大至急、館長符號扱)

往電第一九一號ニ關シ

十六日午後亞細亞局長ヨリ本使及「レジエー」次官ノ十五日ノ會談ニ關シ別電第一九五號(編注)ノ通リ覺書ヲ送付越シタルニ付早速原田ヲシテ同局長ヲ往訪セシメ原田ヨリ右覺書ハ十五日「レジエー」次官ノ本使ニ與ヘタル確言トハ其ノ趣ヲ全然異ニスル様思考セラルル處果シテ次官ノ本使提言受諾後現地ニ對シ「ガソリン」及「トラック」ノ輸送拒絶方ヲ訓電セラレタリヤト質シタルニ未タ何等ノ措置ヲ執リ居ラス現ニ佛側ノ情報ニ依レハ鐵道修理モ完了シタル趣ナルヲ以テ貴方申入通リ破損ヲ現狀ノ儘放置スルカ如キハ問題トナラスト述ヘ(右ニ對シ原田ヨリ往電第一八〇號ノ説明ニ反スル旨ヲ指摘シタルニ對シ事實問題ニ付テハ更メテ調査ヲナスコトモ得ヘシト答ヘ)要ハ該覺書ニ依テ明カナル如ク一ニ貴政府ヨリ一般的交渉ニ關シ何等カノ意思表示アルニアラサレハ措置シ難キコトニ屬スト答ヘタリ仍テ原田ハ十五日午後「レジエー」次官ハ假令非公式(「オフイシユーズマン」)ナリトモ我方申入ヲ受諾セラレタリト了解スルカ右ハ事實ニアラスヤト訊ネタルニ同局長ハ急ニ言葉ヲ濁シ右ノ點ハ自分ニモ判然セサルカ事ハ極メテ重大ナルヲ以テ首相ハ勿論關係各省トモ協議ノ要アルハ御推察ノ通リナリ而モ佛側ニ於テハ本件ト一般交渉トハ何處迄モ關聯性アリト思考スルニ付一般問題ト切離シテ本件ヲ考慮スルノ餘地ナシト答ヘタル趣ナリ

右ノ次第ニテ往電第一九一號ニ反シ未タ我方申入通リ措置シ居ラサル次第ナルヲ以テ此ノ點「レジエー」次官ニ問ヒ

質ス爲至急面會ヲ求メタルモ週末不在ニテ十八日午前ニアラサレハ歸京セサル趣ナルカ右不取敢

編　注　別電第一九五号は省略。本文書付記の仮訳参照。

(付　記)

三月十七日附在佛澤田大使發有田大臣宛電報

佛側提出ノ覺書(佛文ヨリ假譯)

雲南鐵道ニ依ル「トラック」及「ガソリン」輸送ヲ停止スルノ案ハ、假令右停止ガ總テノ主義上ノ見解ヲ留保シタル上ニテ更ニ廣汎ナル意見交換ノ遂行ヲ容易ナラシムル事ヲ目的トスル暫定的ノモノナリトスルモ、日本政府ニ於テ佛國政府ニ對シ同時ニ右意見交換ノ範圍ヲ明示シ又日本政府ニ於テ佛國側ガ利害ヲ感ジ居ル諸問題ヲ取リ上ゲルノ意向ヲ明瞭ナラシムルニ於テ始メテ佛國政府ノ檢討ニ附セラルルヲ得ベキモノナリトス。

二月二十九日澤田大使ニ依リ爲サレタル通報ハ佛國政府ニ對シ極メテ明確ナル且ツ佛國ノ對英、米關係ニ影響ヲ及ボスガ如キ性質ノ政治的立場ヲトラシムル代償トシテ日本政府ガ佛國政府ニ提供セントスルモノハ如何ナル事態ニ於テモ日本ガ佛國ニ保障スルコトヲ要スルモノニ過ギズトノ印象ヲ佛國當局ニ與ヘタリ

佛國側ヨリノ見地ヨリスレバ日佛兩國關係ノ再檢討ノ提議ハ右ガ單ニ支那ニ於ケル佛國及佛國人ノ物質的權益ノ尊重ニ止マラズ一九〇七年ノ日佛協約ガ其ノ目的トシ居ル權利及政治的地歩ノ一般問題ヲ包含スルニ非ザレバ何等考慮ニ値セザルモノナリ、此ノ故ニ佛國政府ハ日佛交渉ノ「プログラム」中ニ新南群島問題、西沙島問題ヲ包含セシムルコト竝ビニ海南島、東京灣及ビ印度支那ニ近接セル諸地方ニ對スル日本ノ無關心ト不干渉ニ關スル特別ノ保障及ビ日本ガ支那ノ獨立ト領土保全ヲ尊重スルコトニ關スル再確認ヲ要求スルコトヲ强ク主張スルニ至ル次第ナリ

尚佛國政府ハ歐洲紛争ニ對スル日本政府ノ立場ヲ承知センコトヲ欲シ又日本ト蘇聯トノ關係ニ關聯スル如何ナル指示ニモ興味ヲ有スルモノナリ

最後ニ佛英同盟及右同盟國ガ米國トノ間ニ有スル友好關係ニ鑑ミ日本ト佛國トノ間ニハ米國及ビ英國ニ諒知セシムルコト無クシテハ如何ナル政治的取引ヲモ行フコトヲ得ズ又

佛國政府ハ米政府及英政府トノ事前ノ合意無クシテハ英米ノ權益ニ影響ヲ及ボスガ如キ性質ノ如何ナル取極ヲモ受諾スルコトヲ拒否スベキモノナルコトハ之ヲ看過セザルノ要アルベシ

1783 昭和15年3月17日 在仏国沢田大使より有田外務大臣宛(電報)

仏国政府覚書への対処振り請訓

パリ 3月17日後発
本省 3月18日前着

第二〇〇號(極祕、館長符號扱、大至急)

往電第一九四號ニ關シ

佛國政府カ覺書ニ依リテ前言ヲ翻シ且附ケ上リタル數々ノ條件ヲ附シ來リタルハ甚タ不都合ノ次第ニテ「レヂエ」次官ニ對シテハ次回會見ニ於テ之ヲ詰ル積リナルモ詰ルノミニテハ目的ヲ達セス依テ「過日本使提案ノ趣旨ニ依リ鐵道當局ニ對シ訓令ヲ發セシムル樣今カラニテモ措置ヲ執ラレンコトヲ要望ス」ル旨ヲ新ニ申入レテ諾否ノ確答ヲ求ムヘク再ヒ覺書所載ノ如キ條件附ニ非レハ承諾セストスルニ於テハ右新ナル申入モ拒否シタルモノトシテ我方本來ノ建前卽チ物資輸送繼續スルニ於テハ適時爆擊ノ必要生スヘキ旨ヲ再ヒ明確ニ言ヒ殘シ置クコトトスヘシ從テ貴電第一四九號御內報ノ十八日ヨリノ爆擊モ右次官ノ確答ヲ得ル迄實行ニ移ラサル樣致度シ(十七時午後二時半)

1784 昭和15年3月18日 在仏国沢田大使より有田外務大臣宛(電報)

仏国外務次官に口約撤回を詰問し援蔣物資の禁輸を至急措置方説得について

パリ 3月18日後発
本省 3月19日前着

第二〇二號(大至急、極祕、館長符號扱)

往電第二〇〇號ニ關シ

十八日午前本使「レヂエ」次官ヲ往訪シ十五日午後會談ノ結果ニ基キ早速貴方ヨリ鐵道會社ニ指令アリタルモノト諒?(解)シ實ハ本國政府ニ其ノ趣旨打電シタルニ土曜日「ノート」ニ接スルト共ニ現實ニ右指令無カリシコトヲ知リ驚キタル次第ナリト述ヘタルニ「レ」ハ本件ハ日佛一般交渉ト

ルニ付直ニ御來示ノ趣旨ヲ傳ヘ何分ノ儀午後御回答スヘシト約セリ右ノ結果ハ速ニ電報スヘキモ不取敢

~~~~~~~~~~~~~~~~~~~~

1785　昭和15年3月18日　在仏国沢田大使より有田外務大臣宛（電報）

仏国政府が修正覚書を提出し雲南鉄道対中禁輸措置を三月一杯まで実施するなど新提案提示について

付　記　右修正覚書仮訳

パ　リ　3月18日後発
本　省　3月19日前着

第二〇五號（極祕、大至急、館長符號扱）

往電第二〇二號ニ關シ

十八日午後六時三十分亞細亞局長原田ノ來訪ヲ求メ回答ノ遲延ヲ謝シタル後往電第一九五號覺書ニ替ヘ別電第二〇六號〔編注〕ノ如キ覺書ヲ作成シタリトテ手交ノ上現地鐵道當局ニ對シ「ガソリン」「トラック」ノ輸送中止方指令シタルコトヲ告ケ唯特ニ御願ヒ致度キコトハ本件措置ヲ絶對極祕ニ附セラレタク萬一外部ニ洩ルルカ如キコトアランカ政府始

關聯性アルヲ以テ今少シク廣汎ナル問題ニ付佛側ニ希望ヲ持タシテ戴ケルコトヲ豫期シ應諾シタル次第ニテ其ノ間ニ誤解ノアリタルハ遺憾ナリト逃ケヲ張リタルニ付右ノ如ク條件付ナラハ結局本使申入ヲ實質的ニ拒絶セラレタルト等シキニアラスヤ現ニ自分ハ辭去ニ際シ貴方受諾ヲ本國政府ニ打電シ差支無キヤ念ヲ押シタルニ貴官ハ非公式ニ受諾シタル旨傳ヘラレ差支無キ旨確言セラレタルニアラスヤト詰リタルカ結局水掛論ニ陷ルヲ以テ本使ヨリ本件ヲ實際的ニ解決スル爲今カラニテモ遲カラサルニ付鐵道當局ニ對シ指令發電考慮方示唆シタルニ「レ」ハ「會談ノ續ク限リ」ト言フカ如キ不定期ニ亘ル約束ハ爲シ得スト頻リニ難色ヲ示シタルニ依リ御訓令ノ範圍ヲ逸脱スルモ然ラハ「當分ノ內」トセラレテハ如何ト述ヘタルニ「レ」ハ更ニ「ノート」ノ取扱振ニ付關心ヲ示セルニ付佛側ニテ至急輸送阻止ノ措置ヲ採ラルレハ「ノート」ハ二月二十九日申入レニ對スル貴方ノ新タナル提案トシテ東京ニ傳ヘ本國政府ノ意嚮ヲ尋ネルコトトスレハ貴方ノ「ノート」ト二月二十九日ノ申入レトカ意味ヲ生シ來ルヘキ旨説明シタルニ「レ」ハ右ハ實際的解決方法ナリ早速「ダラヂエ」首相ニ正午面會ス
~~~~~~~~~~~~~~~~~~~~

メ鐵道當局側モ立場ヲ失フコトトナルニ付細心ノ注意ヲ拂ハレタシト述ヘタル上右覺書ハ今朝大使ヨリ次官ニ御注意ノ次第モアリ特ニ有田「クレーギー」協定及今後取極メラルルコトアルヘキ日英了解受諾方ニ關スル佛側ノ用意ヲ附加シタル外佛側ノ諸要望列擧ヲ改メ一九〇七年ノ日佛協定ヲ單ニ引用スルコトニ止メ改稿シタル次第ヲ説明セリ尙其ノ際今朝大使ハ妥協案トシテ「當分ノ中」トスルコトヲ提議セラレタルモ右トテモ依然不定期ノコトトテ政府トシテハ鐵道當局側ニ與フル指令ノ關係上本月末トセル次第ナリト釋明シタルニ依リ原田ヨリ右期限經過後ハ如何ナルヘキヤト問ヘルニ萬事ハ今後ノ推移ニ待ツモ其ノ時ハ改メテ協議シタク考ヘ居レリト答ヘタル趣ナリ

編　注　別電第二〇六号は省略。本文書付記の仮訳参照。

（付　記）

三月十九日在佛澤田大使發有田大臣宛電報

佛側ヨリ提出セル書改メラレタル覺書（佛文ヨリ假譯）

雲南鐵道ニ依ル「トラック」及ビ「ガソリン」ノ輸送ハ今月末迄停止ノ儘トスルノ措置執ラレタリ

然レドモ此ノ狀態ヲ其ノ後ニモ維持スルコトヲ佛國政府ニ要求セラルルガ爲ニハ、假令之ガ暫定的ノ措置ニシテ且凡テノ主義上ノ問題ハ之ヲ留保スルトスルモ、日本政府ハ其ノ提案セル意見交換ノ範圍及ビ日本政府ガ佛國側ノ利害ヲ感ジ居ル諸問題ヲ取上グルノ意嚮ニ關シ之ヲ明確ナラシムルノ措置ヲ執ラルルコト不可缺ナリ

去ル二月二十九日澤田大使ニ依リナサレタル通報ハ要スルニ佛國政府側ニ廣汎ナル約束ヲ期待シ居ルモノナリ卽チ有田「クレーギー」協定ノ方式ヘノ參加ハ一般的國交調整ノ範圍內ニ於テ特別ノ困難ヲ惹起スルコト無カルベク、又天津問題ニ關スル將來ノ日英間協定ノ條件ノ受諾モ可能ナルベキモ、此ノ外ニ佛蘭西政府ハ目下支那ニ於テ行ハレツツアル敵對行爲ト直接ニ關聯シ極メテ明瞭ナル政治的立場ヲ取ラサルルニ至ルコトトナルベク右ハ其ノ對英米關係ニ影響ヲ及ボスベキ性質ノモノナルベシ、然ル處佛蘭西側見解ニヨレバ日本政府ガ之ニ對價トシテ提供セラレントスルモノハ如何ナル事態ニ於テモ日本ガ佛蘭西ニ對シ保障ヲ義務付ケラレ居ルモノニ過ギズ

佛蘭西側ノ見地ヨリスレバ日佛關係ノ再檢討ニ關スル提案ハ若シ之ガ支那ニ於ケル佛蘭西及佛蘭西人ノ物質的權益ノ尊重ノミナラズ一九〇七年ノ日佛協約ガ其ノ目的トシ居ル權利及ビ政治的地歩ニ關スル一般問題ヲモ包含スルニ非ザレバ何等考慮ニ値セズ

尙佛國政府ハ日本政府ノ歐羅巴紛爭ニ對スル立場ヲ承知センコトヲ希望スルモノニシテ又日本ト蘇聯ノ關係ニ關スル凡テノ指示ニ興味ヲ有スルモノナリ

1786　昭和15年3月20日

有田外務大臣より
在仏国沢田大使宛(電報)

仏国政府の新提案は受諾不可能な旨回答方訓令

本　省　3月20日後4時0分発

第一五七號(大至急、館長符號扱)

貴電第一九四號ニ關シ

雲南鐵道修繕完了シ物資輸送可能トナリタル限リ軍トシテ輸送遮斷ノ爲更ニ實力ヲ行使スベキコトハ當然ノ儀ナルモ折角一般的交渉ヲ開始セル矢先ナルニ付何トカ實力ヲ用フルコト無ク、話合ニ依リ不取敢右交渉進行中佛側ヲシテ自發的ニ輸送停止ヲ行ハシメントシ他方軍側ニ對シテハ實力行使差控方ヲ交渉シ來レル次第ナリ、然ルニ貴電第一九五號佛側回答ハ我方苦心ヲ汲ムコトナク不必要ニ問題ヲ廣範ナラシメ何等建設的性質ヲ帶ヒス不都合千萬ナルコト御來示ノ通リニシテ軍側トテモ實力行使ヲ之以上差控フルコト能ハサル狀態ニ立至リ所要ノ措置ヲ執ルコト、ナレリ(此點御含迄)其ノ後貴電第二〇二號乃至第二〇六號接到、貴使ノ御努力ニ依リ佛側態度ニ多少ノ緩和ヲ見タルモ輸送停止ハ單ニ本月末迄トナリ居リ(四月以降ハ長期間雨季ニ入リ爆擊不可能トナル惧アリ此ノ點ニ遷延策トモ見ラレ困難存スル次第ナリ)軍需品ノ輸送停止ト爆擊停止トハ他問題ト切リ離シ處理シ得ヘキモノナルニ拘ラス爾後ノ輸送停止ヲ依然廣範圍且重要ナル諸問題ト關聯セシメ居リ佛側提案ハ少クトモ差當リノ措置トシテ受諾不可能ナル次第ナリ就テハ貴使ハ不取敢佛側ニ對シ右ノ次第至急然ルヘク申入レ置カレ度シ

1787　昭和15年3月20日

在仏国沢田大使より
有田外務大臣宛(電報)

仏国政府の新提案は受諾不可能な旨同国外務当局へ申入れについて

パリ　3月20日後発
本　省　3月21日前着

第二一四號（大至急、極祕、館長符號扱）

貴電第一五七號ニ關シ（日佛國交調整ノ件）

二十日午後原田ヲシテ亞細亞局長ヲ往訪セシメ帝國政府トシテハ本件輸送停止ヲ廣汎且重要ナル諸問題ニ關聯セシメントスル佛側提案ハ差當リノ措置トシテ受諾不可能ナル旨申入レシメタリ

1788　昭和15年3月20日　在ニューヨーク若杉総領事より有田外務大臣宛（電報）

仏印経由の援蔣物資輸送量が激減しハイフォンに滞貨が山積しているとの新聞報道報告

ニューヨーク　3月20日後発
本　省　3月21日前着

第一八〇號

二十日「タイムス」ハ海防十九日發「アベンド」特電トシ従來滇越鐵道ニ依ル重慶向軍需品ノ毎月輸送能力ハ最高一萬八千噸ニ達セシカ日本軍ノ南寧占領以來累次ノ爆撃ニ依リ現在ハ其ノ四分ノ一ニ激減シ又雲南路往復ノ「トラック」數モ從來一日平均百臺ニ近カリシカ雨期及爆撃ニ依リ僅ニ二十臺ニ過キサルニ至レル處海防ニハ目下十五萬ニ達スト謂ハルル軍需品及二千二百臺以上ノ「トラック」山積シ居リ右ヲ重慶方面ニ輸送スルニハ蘭貢緬甸經由ノ外ナキモ同街道ノ現在輸送能力ハ毎月僅ニ七千噸ニ過キサルヲ以テ支那側ノ軍需品供給ニ重大ナル支障ヲ來シタルト共ニ海防停滯中ノ「トラック」及機雷類等ノ立腐レニ依ル損害巨額ニ及ヒ居ルニモ拘ラス同地入港船ハ殆ト皆支那向軍需品ヲ積載シ來ル有樣ナル旨ヲ述ヘ更ニ日本軍カ其ノ軍需品ノ海防經由南寧向輸送許可ヲ佛印側ニ要求セリトノ噂ハ事實無根ナル旨ノ佛印當局側ノ否定ヲ報シ居レリ

上海へ轉電アリタシ

米へ郵送ス

1789　昭和15年4月27日　在仏国沢田大使より有田外務大臣宛（電報）

雲南鉄道空爆を行わない旨の声明をわが方が発出すれば日仏国交改善に資するとの仏国植民地大臣内話について

パリ　4月27日後発
本　省　4月28日後着

第三〇四號

[1]二十六日機會アリテ植民大臣「マンデル」ト會談シタルカ討議要旨御參考迄左ノ通リ

一、「マ」ヨリ二十五日ノ下院外交委員會ニ於ケル極東問題質疑應答ニ觸レ首相「レーノー」ハ同委員會ニ於テ對日關係改善ニ關スル希望ヲ開陳シ居リタル旨ヲ内話シタル上佛國現下ノ對外政策ハ米國ノ態度ニ影響セラルルコト多ク極東問題ニ關スル同外交委員會ノ空氣モ此ノ傾向ヲ示シ居リタルニ付日本側ニ於テモ此ノ點ヲ考慮ニ入レ日米關係好轉ヲ佛側ニ反響セシムル樣努メラルルコト得策ナルヘシト述ヘタリ仍テ本使ハ近時英國側ノ對日懸案解決熱意ヲ説明シ佛國トシテハ米ノ意嚮ヲ考慮スル要ハアルヘケレ共先ツ個々ノ問題解決ニ付テハ獨自ノ立場ヲ執ラルルコト困難ナラサルヘシト應酬シタルニ「マ」ハ英國ノ熱意ナルモノヲ疑フカ如キ口吻ヲ洩ラシ居リタリ

二、次テ日佛一般國交問題ニ付本使ヨリ双方ニ關係改善眞摯ナル希望アルハ之ヲ認ムルモ未タ何等カノ協定ニ到達スル迄ニハ氣合熟シ居ラサル樣感セラルル處事前ノ地固メヲ爲シ置ク爲ニハ小サキ懸案ノ如キハ理窟ニ囚ハレスシテ解決シ行クコト得策ト考ヘ居リ例ヘハ日「タイ」航空聯絡ノ爲佛印上空航行ノ如キハ佛側ニ寧ロ利益多シト言ハサルヘカラスト述ヘタルニ「マ」ハ本件ニ關シテハ自分モ斯ル意味合ニテ客年既ニ主義上ノ同意ヲ與ヘタル次第ナルカ其ノ後雲南鐵道爆撃問題起リタル爲國論ノ手前其ノ儘トナリ來レルモノナリ左レト此ノ際日本側ヨリ何等カ右ヲ緩和スルニ足ル口實

例[2]ヘハ今日迄一箇月以上モ爆撃無キ事實ニ鑑ミ日本側ヨリ今後之ヲ行ハスト云フカ如キ保障ニテモ與ヘラルレハ問題ハ容易ニ解決シ得ヘキニアラスヤト思考スト述ヘタルニ付本使ハ蔣政權ノ抗日勢力ヲ培養スルカ如キ物資ノ輸送アル間ハ何日ニテモ之ヲ爆撃スル我方ノ態度ハ作戰上ノ必要上之ヲ放棄スルヲ得スト應酬シタルニ「マ」ハ爆撃中止ヲ約束セラレストモ何等カノ一般的保障ニ依リ

事實上今日迄爆擊無キ事態ヲ其ノ儘繼續セラルルコト可能ナラスヤト思フモ尚自分ニ於テモ充分考慮スヘシト答ヘ更ニ「トラツク」及「ガソリン」ヲ軍需品ト看做ス日本側ノ見解ニハ同意シ難キ旨ヲ附言シタルニ依リ本使ヨリ右カ蔣政權側ニ於テ軍用ニ供セラレ居ル以上之カ輸送ハ容認シ得サル所ナリト答ヘ置キタリ

三、更ニ横濱印支銀行支店開設問題ニ關シ本使ヨリ意嚮ヲ訊ネタルニ「マ」ハ印支銀行ニ付テハ自分ハ現在ノ資本金一億二千萬法ヲ少ク共差當リ倍額ニ增資方主張シ居レルカ之ニ依リテ道路及「タイ」國ト聯絡スル鐵道開設等ノ爲ノ投資ニ便セシメ併テ印支ノ貿易發展ニモ働カセタキ積リナルカ現在日本ニ輸出シ居ル鐵鑛石炭ハ佛國ニトリテモ戰爭ニ不可缺ノ物質ナルニ鑑ミ右カ蘇聯邦ニ渡ル惧アルニ於テハ對敵封鎖强化ノ趣旨ヨリ之カ供給繼續ハ困難トナルヘシト考フト答ヘタルニ依リ本使ハ何レ夫等ノ問題ハ日佛一般通商問題商議ノ際檢討ヲ加フルコト一策ナルヘシト答ヘ置キタリ

英、米ヘ轉電セリ

1790 昭和15年4月30日 在仏国沢田大使より有田外務大臣宛(電報)

日本軍の雲南鉄道空爆再開に関し仏国外務省亜細亜局長がわが方の説明要求について

パリ 4月30日前発
本省 4月30日後着

第三一一號

二十九日求メニ依リ往訪シタル原田ニ對シ亞細亞局長ハ日本海軍機カ二十六日雲南鐵道第八三橋梁ヲ爆擊シタル顚末ノ植民大臣報告ヲ讀上ケタル上本件ハ既ニ在京佛國大使ヨリ日本外務省ニ抗議セル筈ナルカ爆擊問題ニ關スル日佛折衝カ三月中絕セラレテ以來問題ナカリシ折柄今回突如日本側ニ於テ斯ル措置ニ出テラレタルハ何等カ特ニ理由アリヤト尋ネタルヲ以テ原田ハ我方ノ建前ヲ說明シ佛側ニ於テ先般ノ交涉前ノ狀態ヲ維持セラルル以上我方モ已ムナク必要措置ヲ執リタルモノニシテ特ニ何等新ラシキ理由アリトハ思考セラレスト應酬シ置ケル趣

尚同局長ハ今回ノ事件ハ必スヤ日佛通商交涉ニモ惡影響ヲ與フヘシト悲觀的口吻ヲ洩ラシタルヲ以テ原田ヨリ通商問

題ハ一般政治問題ト切離シ處理シ得ヘキ技術問題ナル旨強調シタルニ同局長ハ右ニハ自分モ同感ナルモ何分ニモ關係官廳モ多キコトトテ種々議論モ起ルヤヲ惧ルルトテ重ネテ今次爆撃遂行ニ特別ノ理由アラハ自分限リニテモ伺ヒ置キタシト述ヘ居リタル趣ナリ

英、米ヘ轉電セリ

1791　昭和15年5月5日　在仏国沢田大使より有田外務大臣宛（電報）

日仏交渉行詰まりおよび仏国の対日経済圧迫の態度に鑑みわが方も対仏経済圧迫が必要の旨意見具申

パリ　5月5日後発
本省　5月6日前着

第三二六號

往電第三〇四號ニ關シ

佛國當路者カ會見ノ都度雲南鐵道爆撃ニ言及シ頭ヲ撲ラレ乍ラ他面個々ノ問題ニ關シテハ大局的見地ヨリ同意ヲ示セト言ハレ居ルモ右ハ如何ニモ無理ナル註文ナリト申シ居ルハ屢次往電ニテ御承知ノ通リニシテ右ニ對シ當方トシテハ非ハ援蔣行爲（少クモ「トラック」「ガソリン」ノ輸送）ヲ繼續スル佛國側ニ在リトシ爆撃ハ當然ナリトノ主張ヲ捨ス之ニ反シ先方ハ自動車等ハ商業上ノモノナルニ付宣戰布告モセサル日本側ヨリ輸送停止ヲ要求サルルモ無理ナリトノ理論ヲ繰返スノミニテ本使着任以來數ケ月ニ亘リ常ニ同シ議論ヲ追驅ケ居リ未タ先方ヲ説得シ得サルハ遺憾ニ存シ居ル處其ノ間先方ハ戰時下緊急措置ノ理由ノ下ニ或ハ一時本使發受ノ電報ヲ制限シ「ニツケル」等ノ輸出許可ヲ與ヘス又或種本邦品ニ對シ輸入割當ヲ拒否スル等次カラ次ニ我方利益壓迫ノ態度ニ出テツツアリ本使トシテハ今後ト雖飽迄我爆撃ノ建前ヲ持スル積リナルモ他ノ通商問題等ニ付常ニ要求者ノ立場ニ於テ折衝スルモ只々弱味多ク又單ニ先方ノ不都合ヲ詰リ或ハ抗議スルノミニテハ徒ニ議論別レトナリテ實際上ノ目的ヲ達シ得サルニ鑑ミ寧ロ此ノ際我方ヨリ積極的ニ先方ノ利益壓迫ノ態度措置ヲ執ルコト必要ト存ス

1792　昭和15年6月4日　谷外務次官 在本邦アンリ仏国大使 会談

仏印経由援蔣物資輸送の停止を谷次官がアンリ大使へ再度要求について

付　記　昭和十五年六月六日

西(春彦)欧亜局長・在本邦ファン仏国大使館参事官会談録

日佛間諸問題ニ關スル六月四日谷次官「アンリー」大使會談録

大使　本國政府ノ訓令ニ依リ御通報スル次第ナルガ、先般佛國ニ於テハ「ニツケル」其ノ他戰爭遂行上利用シ得ル物資ノ數量ヲ全面的ニ調査スル必要上「ニユー、カレドニア」「ニツケル」鑛ノ輸出ヲ禁止セル次第ナルガ右調査モ終了セルニ依リ輸出解禁方關係省ヲ說得中ナル處、此ノ際及今後日本飛行機ニ依ル雲南鐵道ノ爆擊行ハレザレバ、右關係省說得上佛外務省ノ立場容易トナル點ニ御留意願度シ

次官　本邦關係省ニ於テハ「ニツケル」ノ輸出問題ヲ日佛通商ニ關スル諒解ノ效力延長ノ問題ト關聯シテ考へ居リ、從ツテ「ニツケル」ノ輸出解禁セラルレバ通商ニ關スル諒解延長方ニ付當省ヨリ本邦關係省ヲ說得スルコトモ容易トナル次第ナリ

自分ハ日佛關係ヲ全般的ニ改善スル爲ニハ懸案ヲ一ツ一ツ解決スルコト必要ナリト思考シ居レリ

雲南鐵道爆擊問題ニ付テ言ヘバ、同鐵道ハ今猶支那向軍需品ヲ輸送シ居ルガ……

大使　軍需品ハ絶對ニ輸送シ居ラズ

次官　……軍需品ナル語ニ付テハ暫ク問題外トシ「ガソリン」、「トラツク」等ノ輸送ガ行ハレ居ルコトハ事實ナリ

而シテ雲南鐵道ガ此ノ種物資ノ輸送ヲ繼續シ居ル限リ、日本軍トシテハ軍事的必要ヨリ之ガ爆擊ヲ行ハザルヲ得ザル次第ナリ、然レドモ本件ノ實際的解決方法ニ付テ考フルニ、佛側ノ考次第ニテハ、歐洲戰爭ノ激化ニ伴ヒ佛自身軍需品其ノ他ノ物資ヲ必要トストノ理由ノ下ニ、事實上蔣向輸送量ヲ無クスルコトモ出來得ル筈ナリ、斯クナレバ自然同鐵道爆擊ノ必要モ無クナル次第ナリ、

要スルニ蔣政權ノ抗戰力ヲ增加スルガ如キ物資ヲ一切輸送セラレヌ樣措置サルルコトガ最モ大切ナリ

日「タイ」飛行佛印通過ノ問題ニ付テハ佛ガ雲南鐵道爆撃ニ對スル報復手段トシテ、一旦右飛行ニ對シ與ヘタル承認ヲ取止メニシタルモノナリトノ印象ヲ我方ニ與ヘ居レリ、本問題モ遲滯無ク解決セラル、コトガ雙方ノ利益ナリト思フ

歐洲戰爭ノ激化スルニ伴ヒ、佛國ニ於テハ益々軍需品ヲ必要トセラレ、我方ヨリノ右必要品供給ヲ希望セラルルコトモ起リ得ベキ處右樣ノ場合我方ガ佛ノ希望ニ對シ好意的考慮ヲ拂ヒ得ル爲ニハ佛側ニ於テ前述ノ如キ我方要求ヲ容レ着々懸案ヲ解決サレルコトガ必要ナリト思考シ居レリ

天津ノ租界問題ニ付英國トノ間ニハ話合成立セルニ付テハ佛トノ間ニモ速ニ解決ヲ圖リ度ク、本件ニ關シ日英及日佛間ニ解決ヲ見タリト云フコトニナレバ凡ユル點ニ於テ雙方ニ對シ良キ「モーラル、エフエクツ」ヲ齎ラスコトト思フ

大使　御話ノ御趣旨ハ本國政府ヘ傳達致スベシ

（了）

（付　記）

「ニユー・カレドニア」官憲ノ邦船不法射撃事件其ノ他日佛間諸問題ニ關スル西歐亞局長・「フアン」佛大使館參事官會談錄

六月六日午後四時西歐亞局長ヨリ「フアン」佛參事官ノ來訪ヲ求メ「ニユー・カレドニア」官憲ニ依ル本邦漁船不法射撃事件ニ關スル別紙(省略)公文ヲ手交スルト共ニ口頭ヲ以テ其ノ内容ノ要點、特ニ乘員ニ向テ實彈ヲ發射セルノ事實ニ付日佛雙方ノ調査ノ結果ハ一致シ居ル點及佛監視船ハ停船ヲ命ズル爲先ヅ空砲ヲ發スベカリシニ最初ヨリ實彈ヲ發射セル點ヲ指摘シ、賠償金ノ支拂方要求セリ、本件及其ノ他ノ日佛間諸問題ニ關スル會談要領左ノ通

佛參事官　自分ハ本件ヲ當初ヨリ取扱ヒ居ル關係上良ク記憶シ居ル處、右一致シ居レリト云ハルル點ハ佛側調査ニ依レバ相違シ居タリト思フ

兎モ角御申出ノ次第ハ委細本國政府ヘ報告致スベキモ、右ハ郵便ノ往復ヲ必要トスルニ依リ相當ノ時日ヲ要スベシ

歐亞局長　佛監視船ガ本邦漁船ノ乘員ニ向テ實彈ヲ發射セ

ル點ハ貴方調査ニ依ルモ明白ナレバ賠償金ヲ要求スル次第ナリ

本件ハ至急解決シ度キニ付貴國政府ガ「エマージェンシイ」ノ狀態ニ在ル此ノ際「アンリー」大使ノ裁量ニ依リ決定セラレテハ如何。萬一右ガ不可能ナラバ、要點ヲ電報ニ依リ本國政府ヘ「レコメンド」セラルレバ、可ナルベシ

佛參事官　本國政府ヘハ郵便ニ依リ全部報告ノ要アルニ依リ、相當ノ時日ヲ要スベシ

抑々本件ハ日本漁船ノ密漁ニ端ヲ發シ居ル次第ナリ

歐亞局長　我方ニ於テハ密漁ハ嚴ニ取締リ居ルニ付此ノ點ハ問題トナラズ、停船ノ方法ガ國際ノ慣例ニ違反シ居ルニ依リ賠償金ヲ要求スル次第ナリ

自分ノ青島在勤當時、支那海關監視船ニ依ル日本船停船ニ關シ本件ト同様ノ事件發生セルガ、海關側ト種々交渉ノ結果、賠償金支拂其ノ他ニ依リ圓滿解決セシメタルコトアリ

尙、序デ乍ラ雲南鐵道爆撃ニ依ル死傷者ニ對スル賠償金ニ付テハ目下關係方面ニ於テ貴方要求額ヲ檢討中ナルガ、此ノ問題ハ本件「ニユー・カレドニア」不法射撃事件ト同時ニ友好的ニ解決致度キニ付貴方ニ於テモ右様御努力アリ度シ

尙、「ニユー・カレドニア」「ニツケル」鑛ノ禁輸ニ付テハ、本邦向輸出ハ少量ノコトニモアリ、是非共解禁セラレ度シ

佛參事官　目下佛國ハ戰爭ヲ爲シ居ルニ依リ各種ノ鑛物ヲ全部欲スル次第ナリ依テ「ニツケル」ノ日本向輸出解禁ニハ佛トシテ何等カノ代償ヲ得ザルベカラズ

歐亞局長　「ニツケル」ノ日本向輸出ハ少量ナルノミナラズ、最近佛國ハ彈藥其ノ他ノ軍需品及佛印軍夫用裝具、被服類ノ多量供給方ヲ本邦商社ヘ求メ來リ居ラルル處、若シ佛國ガ「ニユー・カレドニア」「ニツケル」ノ全部ヲ佛本國ヘ取ラズシテ、我國ノ必要トスル分量ノ對日輸出ヲ許可セラルレバ右ハ佛ガ我方ヨリノ供給ヲ希望セラルル前述軍需品ノ原料トモナル次第ナリ（佛參事

官ハ佛ヨリノ我國ニ對スル軍需品註文ノ件ハ初耳ニテ其ノ內容ヲ承知シ度キ希望ノ如ク見受ケラレタルニ依リ、歐亞局長ヨリ本件ニ付適宜說明シ置ケリ）

自分ハ歐亞局長就任以來約一年ニ亘リ努力セルニ拘ラズ日佛間ノ懸案一向解決セザルヲ不滿足ニ思フ（トテ雲南鐵道問題、日「タイ」飛行佛印通過問題、「ニッケル」問題、日佛通商取極問題ヲ列擧ス、天津問題ニハ言及セス）先日「アンリー」大使ハ谷次官ニ對シ日「タイ」飛行佛印通過ニ對スル不許可ハ雲南鐵道爆擊ニ關聯スルモノニ非ズシテ佛ノ戰時措置ナリト言ハレタル趣ナルガ當方ノ明確ニ承知シ居ル所ニテハ「イムピーリアル・エアウエイ」及「エア・フランス」ノミナラズ、昆明、河內間ニハ米支合辦タル中國航空公司ノ飛行機モ就航シ居レリ、依テ佛側措置ハ明カニ日本ニ對スル差別待遇ニシテ戰時措置ナリト言フコトヲ得ズ、寧ロ援蔣行爲ナリ

佛參事官
（右ニ對シ種々辯解ヲ試ミ）一國內ニ於テモ或地帶ノ飛行ハ禁止シ、他ノ地帶ニ於テハ之ヲ禁止セザルヲ例トス佛印ノ現總督ハ軍人ナレバ如何ナル地帶ガ重要ナルカヲ悉知シ居レリ

歐亞局長
軍人ガ海ヨリノ侵入ノミヲ防グヲ以テ足ルト云フガ如キ計畫ヲ建ツル筈無シ本件ハ日本ニ對シ故意ニ執ラレタル惡意的措置ナリト解スルノ外無シ

雲南鐵道ノ問題ハ其レ自体デ日佛相互的ニ解決シ得ル問題ニシテ、現ニ本年三月下旬一應話合付キカケタルガ、其ノ期間ガ一年間位ナラバ兎モ角僅カ一週間位ニテハ無益ナルニ依リ、我方ハ之ヲ斷念セル次第ナリ斯クノ如ク解決スルノ意思サヘアラバ解決シ得ル問題ヲ佛側ニ於テ遷延シ居ラルルハ我方ノ了解ニ苦シム所ナリ

佛參事官
此ノ問題ハ「ギヴ・アンド・テーク」ニ依リ解決シ度シ（ト頻リニ力說シ）而シテ日佛間ノ諸懸案ヲ全般的ニ一括解決致度シト思考シ居レリ尤モ雲南鐵道ノ問題ハ米國ノ利害ニ關スルコト多

ク、殊ニ目下戰時下ノ佛國トシテハ米國ニ負フ所大ナルニ依リ此ノ點ヲ充分考慮スル必要ニ迫ラル、次第ナリ

歐亞局長

雲南鐵道ニ依ル蔣向物資輸送停止ト同鐵道ノ爆撃中止トガ「ギヴ・アンド・テーク」トナル譯ナリ總括的ノ懸案解決ノ方法モ一案ナルベキモ、之ニハ相當長時日ヲ要スベキニ付、解決シ易キモノヨリ解決シ、更ニ他ノ問題ノ解決ヲ容易ナラシムル道ヲ開ク方可ナルベシ

雲南鐵道爆撃ニ關シテハ米國ヨリモ我方ニ對シ抗議シ來リタルモ、一九〇三年ノ雲南鐵道敷設協定ノ規定ヲ引用シテ、支那ガ交戰國タル場合ニ於ケル同鐵道ノ非中立性ヲ指摘シ、米ノ抗議ヲ反駁シ置キタルニ付今更米ニ反對ハ無キ筈ナリ佛國ガ自己ノ權益ニ關スル取極ヲ單獨ニ日本ト遣リ切レヌト云フガ如キハ佛國ノ權威ニ係ハルベシ又雲南鐵道ノ問題ヲ日佛間ニ於テ解決セリトテ米ガ歐洲戰爭ニ關スル對佛援助的態度ヲ變更スルガ如キコトハ考へ得ラレズ要スルニ佛國政府ガ本件ヲ解決スベシトノ意思ヲ確立シテ、之ヲ斷行シ、米國ニ對シテハ可然適當ノ説明ヲ與へ若シ米國ガ之ニ對シ文句ヲ言ヘバ、其レハ日本ニ對シテ言ハレ度シト撥ネ付クレバ宜シカルベシ

右ノ如ク佛ガ硬キ決意ヲ以テ本件ヲ解決セラルルコソ佛ノ權威ヲ高メラルル所以ナルベシ

佛參事官

（沈痛ナル面持ヲナシ局長ノ談話ヲ相當了解シタルガ如キ樣子ニテ）本日ノ會談ノ模樣ハ早速「アンリー」大使ニモ報告スベシ（ト答へ辭去セリ）

（了）

1793 昭和15年6月20日

仏印経由援蔣物資の禁絶に関する情報部長談話

佛印の援蔣物資輸送禁絶に關する情報部長談

（昭和十五年六月廿日午后五時）

昨十九日午前在京アンリー佛國大使の來省を求め、谷次官

より佛領印度支那を通して行はれつつある援蔣物資の輸送禁絶方に付嚴重申入れを爲すと共に現地實情檢査の爲め我方檢査員の派遣容認方要請し置きたるに對しアンリー佛國大使は本廿日午后三時卅分谷次官を來訪、佛印の對支物資輸送に付佛國側は既に十七日よりガソリン、トラック等の對支輸送を禁止して來たか日本政府再應の申出もあり本日より極めて廣範圍に亘る物資の輸送を禁絶することとなりたる旨竝に日本側より現地調査員を派遣することに異議なき旨回答し同四十五分辭去した

1794　昭和15年6月25日

仏印へ援蔣物資輸送監視員派遣に関する情報部長談話

佛印ニ援蔣物資輸送監視員派遣ニ關スル
須磨情報部長談（六月二十五日）

曩ニ佛國側ハ佛印經由重慶政權向ケ物資ノ輸送停止狀況視察ノ爲メノ我軍事專門家ノ佛印派遣ヲ承認シタルニ依リ我方ハ軍事專門家若干名及柳澤公使館一等書記官、宗村元在河内總領事等ヲ佛印へ派遣スルコトトナリ。外務省ヨリハ在河内帝國總領事館員數名ヲシテ之ニ協力セシムルコトトセリ。右派遣員ノ一部ハ近日中出發ノ筈。

尚右派遣員ノ佛印到着迄ノ間不取敢前記物資輸送停止狀況視察ノ爲メ廣東ヨリ陸海軍將校及下士官若干名ヲ帝國海軍艦艇ノ一部ニ搭乘セシメテ河内ニ派遣セラルルコトトナリ右ハ近日中海防着ノ筈。

尚佛印ヨリ支那向輸送ヲ禁絶スヘキ物資ノ正確ナル品目ハ前記軍事專門家ノ現地調査後ニ決定セラルへキ處昨二十四日佛參事官ハ西歐亞局長ニ對シ佛印總督ハ右決定ニ至ル迄佛印國境ノ全面的封鎖ヲ繼續スルコトニ決定セル旨申越セリ。

編注　本文書は、昭和十五年十二月、情報部作成「支那事變關係公表集（第五號）」から抜粋。

1795　昭和15年6月26日

欧亜局第三課作成の「佛印經由蔣政權向軍需

品輸送禁絶方交渉經緯概要」

佛印經由蔣政權向軍需品輸送禁絶方交渉經緯概要

（自昭和十二年九月至昭和十五年六月）

昭和十二年十月佛國政府ハ佛印經由支那向武器輸送ヲ禁止スベシトノ決定ヲ我方へ通報越セルニ拘ラズ、我方ノ入手セル情報ニ依レバ其ノ後モ右輸送繼續セラレ居タルニ依リ屢々佛側ニ對シテ抗議シタルガ、其ノ都度佛側ハ我方情報ヲ否認シ、右佛側決定ノ輸送禁止方針ニハ何等變更ナク、武器輸送ノ行ハレ居ルハ唯昭和十二年七月十五日以前ノ支那側トノ契約履行ニ係ルモノノミナリトテ常ニ我方ヲ瞞着スル如キ回答ヲナシ來レルヲ以テ我軍ニ於テハ遂ニ昭和十四年初頭一旦ハ自力ヲ以テ武器輸送遮斷ヲ行ハント決意セルコトモアリタリ

然ルニ昭和十四年夏歐洲戰爭勃發ノ前後ヨリ佛ノ對日態度好轉シ、日佛間諸懸案解決ニ依ル國交調整方ノ希望ヲ佛側ヨリ表明シ來レルニ依リ、我方ハ佛側ガ武器彈藥、「ガソリン」、「トラック」其他蔣政權ノ抗戰力ヲ增强スベキ一切ノ物資ノ佛印經由輸送ヲ停止スルノ用意アルニ於テハ國交調整ノ爲ノ交渉開始ニ應ジ得ベシトノ趣旨ニ依リ應答セル處佛側ハ(イ)法律上ノ義務無キニ拘ラズ純粹ナル武器彈藥ノ輸送ヲ禁止シ居リ且ツ實際上モ右輸送ノ事實無シトテ我方情報ヲ否認シ、(ロ)日支間ニハ宣戰スラ無キニ、武器彈藥ニ非ザル「ガソリン」、「トラック」等一般商品ノ輸送停止迄モ要求セラルルハ心外ナリトテ之ニ應ゼズ

右ニ對シ我方ハ(イ)我方ノ入手スル情報ハ確實ナル「ソース」ヲ有スルモノニシテ之ニ依レバ武器彈藥スラ時々佛印經由蔣政權向ケ輸送セラルルノ事實アリ「ガソリン」、「トラック」、飛行機等純粹ナル武器彈藥以外ノ軍需品ニ至リテハ多量輸送セラレ居ルコト(ロ)現ニ廣西作戰ノ際我軍ハ佛印ヨリ入リ來レルコト明カナル武器彈藥、「ガソリン」等多量ノ軍需品ヲ押收セルコト(ハ)廣西作戰ニ依リ南寧「ルート」遮斷後雲南鐵道ノ輸送量ハ約倍加セルコト(ニ)近代戰ニ於テハ「ガソリン」、「トラック」、飛行機等モ武器彈藥ト同樣戰鬪力ヲ增加スル軍需品ナルコト(ホ)支那事變ニ於テ我方ハ日佛友好關係ノ見地ヨリ佛印向船舶及積載貨物ニ對スル措置ヲ差控ヘ居ル次第ナルニ佛側ハ自國ガ交戰國タル歐洲戰爭ニ於テハ戰時禁制品目ヲ著シク擴張シ歐洲航路ノ本邦船ニ對スル各種ノ措置ニ依リ我方ニ多大ノ損害ヲ與ヘ居

ルコト(ヘ)佛當局ハ蔣政權ヲ援助スベキ旨聯盟ノ會議其ノ他ノ機會ニ於テ公言シ且實際上モ軍需品輸送、鐵道借款等ニ依リ援蔣行爲ヲ行ヒ、我國民ヲ憤激セシメ居ル處我方トシテハ佛ガ日支間ニ大規模ノ戰鬪行爲行ハレ居ル現實ノ事態ヲ認識シ宣戰ノ有無、又ハ軍需品輸送禁止義務ノ有無等ノ法律的議論ニ拘泥セズ日佛國交ノ大局的政治的見地ヨリ自發的ニ輸送停止ノ英斷ニ出デンコトヲ望ム旨屢次申入レタリ然ルニ佛側ハ徒ニ從來ノ議論ヲ繰返スノミニテ政治的解決ヲ圖ラントスルノ誠意ヲ示サザリシ爲遂ニ昭和十四年末以來我軍ハ作戰上ノ必要ヨリ已ムヲ得ズ支那領內ニ於テ雲南鐵道爆擊ヲ敢行スルニ至レリ右爆擊ニ對シテハ佛側ヨリ屢次抗議越スト共ニ損害賠償ヲ要求シ來レルモ我方ハ右ハ我軍ノ自衞的措置ニシテ、又一九〇三年ノ雲南鐵道ノ敷設經營ニ關スル協定第二十四條第二項モ支那ガ交戰國タル場合同鐵道ハ中立性ヲ失フ旨規定シ居リ、我方ニ於テ賠償スベキ筋合ニ非ズトノ趣旨ニ依リ應酬セリ

然ルニ其ノ後間モ無ク雲南鐵道ノ修理完了シ貨物ノ輸送可能トナリタルヲ以テ我軍ニ於テハ更ニ實力ヲ行使スルヲ要スルニ至レルモ他方日佛間一般的國交調整交涉漸ク緒ニ着キタル矢先ナルニ依リ何トカシテ實力行使ニ依ラズ話合ニ依リ佛側ヲシテ自發的ニ蔣政權向軍需品輸送ヲ停止セシメンガ爲昭和十五年三月中旬我方ヨリ佛側ニ於テ不取敢右一般國交調整交涉進行中ハ蔣政權向武器彈藥及「ガソリン」、「トラック」類ノ輸送停止ヲ行ヒ、他方我軍ニ於テハ其ノ間實力行使ヲ差控フルコトトシテハ如何ト提案シ佛側ト交涉ヲ重ネタルガ佛側ハ我方苦心ヲ酌ムコトナク三月中ハ「ガソリン」、「トラック」類ノ輸送ヲ停止スルモ爾後ノ取扱ハ他ノ重要諸問題ト關聯セシムト言フガ如キ不都合ナルモノニシテ我方ニ於テハ斯ル佛側態度ニテハ暫定的措置トシテモ交涉ヲ進ムルコト不可能ナリトノ結論ニ達シ右ノ趣旨佛側ヘ申入方在佛大使ヘ訓電セリ

爾來蔣政權向軍需品輸送ハ依然繼續セラレ我軍ニ於テモ昭和十五年四月下旬再ビ雲南鐵道ノ爆擊ヲ行ヒ軍需品輸送停止問題ニ關スル日佛交涉ハ中絕ノ形トナリ居タル處獨ノ對佛攻擊ノ進展ニ伴ヒ佛國政府ハ五月下旬頃ヨリ本邦商社ニ對シ飛行機竝ニ莫大ナル數量ノ各種彈丸ノ供給ヲ求メ來レルニ依リ、佛側ガ日佛間諸懸案殊ニ佛印經由蔣政權向物資輸送停止方ニ關スル我方要求ヲ容ルルニ於テハ我方ニ於テ

モ出來得ル限リ右佛側ノ希望ニ副フ様考慮シ得ベキ旨佛側ニ申入レタリ其ノ後佛本國ニ於ケル戰局ハ急激ニ進展シ、遂ニ六月十六日佛國ハ對獨降服スルニ至レルヲ以テ我方ニ於テハ更ニ在京「アンリー」佛大使ヲ通シ佛印經由援蔣物資輸送ハ依然行ハレ居ル處我方ハ佛側ノ自發的措置ニ依リ問題ノ解決ヲ圖ラントシ過去二年以上ニ亘リ我方ノ意ノ存スル所ヲ言ヒ盡シタルモ佛側ニ於テハ我方ノ納得シ得サル議論ヲ繰返スノミニテ問題ノ解決ヲ遷延シ來リ他方日本國内ニ於テハ佛側態度ニ對スル不滿ノ念昂リ居リ我方トシテハ最早此レ以上右輸送繼續ヲ默過シ得サル旨「アンリー」大使ヲ通ジ申入レントシ居タル矢先、十八日同大使ヨリ佛印總督ハ六月十七日自己ノ權限ヲ以テ蔣政權向武器彈薬ノミナラズ「トラック」及「ガソリン」ノ輸送ヲモ停止スルニ決定セル旨電話ヲ以テ谷外務次官ニ通報越シタリ谷次官ハ十九日大使ヲ招致シ佛印ガ右決定ヲ爲セリトモ其ノ具体的結果如何カ重要ナリトテ之ガ實證方法卽チ我軍事専門家派遣ノ承認方ヲ要求セリ翌二十日「アンリー」大使ハ自分ノ發意ニテ印支國境ノ全面的閉鎖方佛印總督ニ進言セル處總督ハ之ヲ實行スルコトニ決定セル旨竝佛印經由物資輸送狀況視察ノ爲軍事専門家派遣ノ件モ承認スルコトトセル旨回答セリ依テ我方ヨリ佛側ニ對シ支那側ニ於テハ六月十七日ノ佛印總督ノ決定ニ伴ヒ既ニ佛印ニ於ケル滞貨ノ隱匿密輸ヲ策シ居ル模様ナルニ鑑ミ佛側ノ嚴重取締方竝ニ右支那側策動ヲ監視シ旁々追テ派遣スベキ軍事専門家到着前ノ應急措置トシテ在河内尾花少佐ヲシテ至急支那向輸送停止狀況ヲ視察セシメ度キニ付同人ニ對シ便宜供與アリ度キ旨申入レ、更ニ六月二十二日「アンリー」大使ヲ通ジ

(イ)支那向物資輸送停止狀況視察ノ爲軍事専門家三十名、外務省員十名(内三名ハ河内總領事館員)及通譯等若干名ヲ佛印ニ派遣シ度キニ付右派遣員竝ニ内地或ハ支那現地ヨリ隨時派遣スルコトアルベキ連絡員ニ對シ簡易入國竝任務遂行上必要ナル一切ノ便宜供與アリ度キ旨

(ロ)右一行ノ先發隊トシテ陸海軍士官及下士官約七名ヲ支那現地ヨリ掃海艇ニテ派遣シ度キニ付右ニ對シテモ同様一切ノ便宜供與アリ度キ旨

(ハ)我方ヨリ佛印當局ニ對シ支那向輸送禁絶方要望スヘキ物資ノ品目ハ右一行ノ現地事情視察ノ結果ニ依リ決定スベキニ付其レ迄佛印當局ニ於テ印支國境ノ全面的閉鎖ノ繼

續アリ度キ旨
ヲ申入レタルニ、佛側ハ之ヲ承認シ來リ右監視員派遣ハ計畫通リ順調ニ進行シ夫々現地ニ赴キタリ
次デ更ニ我方ヨリ佛側ニ對シ
(イ)廣州灣租借地經由支那向物資輸送カ行ハルル限リ今般佛側ノ執レル支那向物資輸送禁絶措置ハ其ノ效果ヲ甚ダシク減殺セラルベキニ依リ過般右廣州灣經由輸送禁絶方ヲ佛側ニ申入レタル次第ニシテ、我方ニ於テハ右禁絶措置ガ執ラレ居ルコトト期待シ居ル處右禁絶措置視察ノ爲支那現地ヨリ二、三名ノ帝國海軍士官及下士官ヲ同地ニ派遣シ度ク且隨時支那現地ヨリ小艦艇ニヨリ連絡員ヲ派遣シ度キニ付右ニ對シ簡易入國及任務遂行上必要ナル一切ノ便宜供與アリ度キ旨
(ロ)七月七日ヨリ向フ一ケ月間凡ユル物資ノ支那ヨリ佛印ヘノ輸入モ禁止セラレ度キ旨
ヲ申入レタルニ佛側ハ右ニ付テモ我方要求ヲ容認シ來リタル次第ナリ

（完）

(2) 北部仏印進駐に関する東京交渉

1796 昭和15年6月26日 在仏国沢田大使より有田外務大臣宛（電報）

仏印総督更迭は援蔣物資禁輸問題や監視員派遣問題に影響しないとの仏国外務次官内話について

ボルドー　6月26日後発
本　省　6月27日後着

第五七六號

二十六日外務次官ト會談ノ機會ニ往電第五七五號佛領印度總督更迭ノ事情ヲ尋ネタルニ同次官ハ右ハ内政上ノ理由ニ依リ行ハレタルモノニテ對外政策ニ何等變更無ク從テ印支經由武器輸送禁止問題及監視員派遣問題ニ關シ過日本邦側ニ與ヘタル約束ニハ何等變更無キ次第ナリ本件ニ關シテハ「アンリー」大使ニモ其ノ趣旨日本政府ニ通報方訓令シ度ク考ヘ居レリト語リ居リタリ（午後八時）

西ニ轉電セリ

西ヨリ英ニ轉電アリタシ

1797 昭和15年6月27日 在ハノイ鈴木総領事より有田外務大臣宛（電報）

カトルー仏印総督の対日態度につき観測報告

ハノイ　6月27日後発
本　省　6月28日前着

第一〇三號

最近當領ニ於テ支那國境ノ防備ヲ嚴重ニスルト共ニ總督ヨリ當市海防等ノ住民ニ對シ事務營業等ノ爲居住ヲ必要トスル者以外ノ者ハ成ルヘク田舎ニ撤退スヘキ旨ノ布告ヲ發シタルカ（同布告ニ基キ田舎又ハ西貢方面ニ撤退スル者相當數ニ達セルカ如シ）右ハ我方ノ對支攻撃ノ積極化ニ伴ヒ支那避難民又ハ逃亡兵等ニ備フルモノナルカ他方安南人ノ日本襲來ノ輿論ニモ鑑ミ或ル程度帝國ニ對シ備ヘ居ルニハアラサルカト思ハルル節アリ卽チ往電第九九號總督ト本官トノ會見ノ節總督ヨリ自分ハ日本トノ經濟的接近ヲ計リ日本軍ト紛糾ヲ見ルカ如キコトハ出來得ル限リ避ケタキモ日本カ無理强ヒスルカ如キ態度ニ出ツルコトアラハ武人トシテ泣寢入リスルコト能ハストノ趣旨ヲ言葉ハ婉曲ナレトモ言明シタルコトアルモ右ハ本邦ニ於ケル近衞公ノ一政黨組織

說ヤ極右論者ノ言論ニ鑑ミ本邦カ果シテ歐洲戰爭不介入ヲ固執スヘキヤ佛印ニ對シ何等領土的野心ヲ有セサルヤニ多少ノ疑問ヲ挾ミ萬一ノ場合ニ備フル爲ナリト推察セラル尤モ其ノ際本官ヨリ本邦トシテハ思ヒモ寄ラサルコトニシテ極右論者ノ言ノ如キハ信スヘキモノニアラサル旨篤ト說明シ置ケリ

往電第一〇一號ノ如ク先方トシテハ出來得ル丈ケ好意ヲ示サントシ居ルヤニ思考セラルルニ付近ク到着ノ調査員一行トモ協議シ圓滿ニ事務ヲ遂行スル樣善處スヘシ

軍側ヘ轉報シ關係公館ヘ然ルヘク轉電アリタシ

1798　昭和15年7月2日　在ハノイ鈴木総領事より有田外務大臣宛（電報）

新仏印総督の就任時期に関するカトルー総督の内話について

ハノイ　7月2日後発
本　省　7月2日夜着

第一〇八號

一日總督官邸ニ於ケル西原少將歡迎晩餐會ニ於テ本官ヨリ總督ニ對シ總督ノ更迭問題ニ言及シ折角御昵懇ヲ願ヒタル貴總督カ殊ニ調査員到着ノ際更迭セラルルコトハ誠ニ遺憾トスル所ナルカ其ノ更迭時期ハ何時頃ナルヘキヤト尋ネタルニ總督ハ未タ判然分明シ居ラス實ヲ云ヘハ後任「ドグー」司令官ニ於テ總督トシテ佛領印度ヲ統治シ得ルト確信シタル時カ更迭ノ時期ナルヘシト答ヘタルカ右ニ依レハ玆一月間位ハ現總督カ相變ラス就任シ居ルモノト思ハル「ドグー」司令官カ總督トナルコトヲ夢想ダモセサリシコトニモアリ他方海軍トシテ「ボルドー」政府トノ關係ヲ考慮シ居ルカ爲ナリト思考セラル假令右更迭アリトスルモ對本邦關係ニハ影響無キモノノ如ク觀測セラル

尙其ノ際本官ヨリ夫レトナク本邦盤谷間航空路ノ佛印通過ニ付話シタルニ總督ハ何等躊躇スル所ナク本官ヨリ書面ニテ申入ルルニ於テハ直ニ許可スヘシト明言セリ就テハ右樣取計ヒタキニ付差支ヘ無キヤ折返シ御回電相成度シ

「タイ」、西貢ニ轉電セリ

佛ニ轉電アリタシ

1799　昭和15年7月5日在ハノイ鈴木総領事より
有田外務大臣宛（電報）

仏印官民の対日態度につき観測報告

ハノイ　7月5日後発
本　省　7月6日前着

第一一五號（極祕）

佛[1]軍敗戰以來佛領印度總督カ對日政策ヲ變更シタルコトハ十七日以來ノ國境封鎖ニテモ明カナルカ右動向ヲ明確ニ把握スル爲ニハ何等カノ便宜ト思考セラルルニ付當國ニ於ケル官邊筋及民間ノ輿論ヲ左ノ通リ申進ス

一、先ツ總督ハ本官ニ對シ此ノ親日政策ハ余カ決定シ强要シタルモノニシテ（T'ai ngumng et uslily cette politique）余カ離任スル迄ニハ何トカ目鼻ヲ作ルヘク後任ト雖此ノ政策ヲ踏襲スヘキコト勿論ナリト言明シタルコトアルモ右ハ單ナルオ座ナリノ言トハ受取レス現在ノ狀況ニ於テ帝國カ佛領印度ノ現狀維持ヲ重ンスルニ於テハ總督トシテハ誠意ヲ以テ本邦トノ接近ヲ計ラント企圖シ居ルモノト觀測セラル

二、官邊筋ニテハ今回佛軍敗戰ノ原因ハ遠クハ人民戰線ニ在ルハ勿論ナルカ近因ハ英國ノ援助ノ足ラサリシニアリトテ漸ク英國非難ノ聲起リツツアル處本五日英佛艦隊衝突ノ報傳ヘラルルヤ調査員一行ト同行シ來レル「テイエボー」少佐ノ如キハ本官ニ對シ冗談トハ云ヒ乍ラ斯テハ佛國ハ獨逸ト同盟セサルヲ得サルヘシトサヘ言明セル位ナリ斯ノ如ク英國非難ノ聲起ルト共ニ佛領印度ノ獨立ヲ保全スル爲ニハ結局日本ト手ヲ握ル外ナシト信スルニ至レルモノ漸ク多カラントス從テ調査員一行ノ便宜供與ニ遺漏ナカランコトヲ期シ居ルヤニ見受ケラル

三、[2]佛人民間ニ於テモ右傾向ハ著シク曾テハ支那向ケ武器「カミオン」輸出等ニ從事シ居リタリト思ハルル人物スラ日本トノ聯絡接近ヲ希望シ來レルカ如ク支那ニ關係ナキ一商人ノ如キハ本官ニ對シ右ノ如キ二、三ノ支那關係商側ノ爲全體カ國境閉鎖ノ悪影響ヲ蒙ルコトハ忍ヒ得サル所ニシテ若シ日本カ佛印ト眞ニ經濟接近ヲ希望スルニ於テハ吾人ハ喜ンテ之ニ應スヘシト云ヘリ

四、安南人ハ元來無氣力ニシテ獨立シ得サル國民ナルモ日本贔屓ナルコトニ付テハ屢次報告ノ通リニシテ最近ノ如キ知識階級ニ於テハ蔣政權カ漸ク佛印ヨリ閉メ出サレント

シ之ニ反感ヲ持ツニ至レリト云ヒ居レリ
以上ノ如キ次第ナルヲ以テ西原少将ニ於テモ調査員一行ニ對シ輕擧妄動ヲ避クヘク篤ト訓戒シ居ル有様ナルカ本官ノ意見モ全ク同様ニシテ折角先方ニテ誠意ヲ示シツツアル今日徒ニ佛印ト事ヲ構ヘルカ如キコトハ少クトモ目下ノ所機宜ヲ得タルモノトハ信シ得ス

1800 昭和15年7月5日 在英国重光大使より有田外務大臣宛(電報)

中国および仏印における仏国権益の処分につき迅速かつ周密なる措置を要すべき旨意見具申

ロンドン 7月5日後発
本 省 7月6日夜着

第一一八〇號(至急、館長符號扱)

一、佛國ハ英國ニ對シ外交關係ヲ斷絶シ進ンテ獨伊ト同調シ對英宣戰ニモ及ヒ兼ネマシキ氣勢ナルカ(要スルニ現「ペタン」政府ハ「フアツシヨ」勢力ニシテ佛國ニ於テハ革命進行中ト認メ得ヘシ)此ノ際佛國ノ支那、印度支那等ニ於ケル權益ノ處分ニ付テハ帝國トシテ迅速且周密ノ措置ヲ要スヘシ

二、支那及印度支那ニ於テハ佛國軍隊及艦隊アリ特ニ艦隊ニ對シテハ佛國政府ハ英國軍艦及商船ニ對シ敵對行爲ヲ命シ居ル次第ニ付東亞方面ノ形勢ニモ直ニ反映スヘク(新嘉坡電報ハ日本ノ態度ヲ顧慮シテ印度支那及艦隊ハ現狀維持ノ方針ト報シ居ルモ右ハ何等根本ノ形勢ヲ左右スルヲ得サルハ言フ迄モナシ)茲ニ帝國政府トシテハ至急左ノ措置ヲ執ラレテハ如何

(一)東亞、南洋ニ戰火ノ及フコトヲ避クル爲日本ハ必要アラハ實力ヲ以テ之ヲ阻止スルコトヲ宣言シ之ニ關シ必要ノ措置ヲ執ルコト

(二)支那方面ニアル武力ノ撤退ヲ再ヒ要求シ特ニ軍艦ハ是等ノ海面ニ於テ敵對行爲ヲ執ラシメサルコトヲ宣言又ハ通告シ

(三)日本ハ東亞方面平和ノ受任者「トラセイイー」安定勢力トシテ何時ニテモ必要ナル行動ヲ執ルコトヲ政治的ニ更ニ一般ニ明カニスルコト

1801　昭和15年7月5日　在英国重光大使より有田外務大臣宛（電報）

欧州情勢に鑑み英米との対立を避け中国や仏印における仏国権益処理を優先方意見具申

ロンドン　7月5日後発
本　　省　7月6日夜着

（館長符號、極祕）

昨今ノ形勢ニ依レハ佛國ノ向背ハ逆睹スヘカラス若シ對英宣戰迄行ケハ支那ニ於ケル佛國ノ權益及印度支那ノ地位ハ非常ニ複雜トナルヘク先ツ之ヲ防止スルノ手段必要ナルニ付往電第一一八〇號ノ手段ヲ執ルノ要アリト思考スル處更ニ印度支那自體モ適當ノ名目（或ハ將來ノ獨立等モ考ヘ）ヲ以テ日本ニ於テ「保護預リ」ヲ爲スノ已ムヲ得サル破目トナルヘク或ハ遲滯無ク何等カノ手段ヲ講スルノ要アルヘシ。次ニ帝國ノ行動ハ對米關係（及對蘇關係）ヲモ考慮シ各個處分ノ外交作戰ヲ要スヘシ目下ノ機微ナル形勢ニ於テ一時ニ英、米及其ノ他ヲ敵ニスルカ如キ危險ヲ極力避ケ香港ノ壓迫ノ如キハ次ニ廻シ先ツ支那及印度支那ニ於ケル佛國ノ勢力ヲ驅逐スルコトニ集中シ其ノ間ハ對英米關係ニ付テハ餘リ火花ヲ散ラサス少シ歐洲ニ於ケル戰局及一般ノ形勢ノ推移ヲ見送ルコト得策ト思ハル尤モ英國ニ對スル機會モ來ルヘク外務省トシテハ英國トノ關係ハ勿論蘭印問題モ徹底的ニ考ヘ置クノ要アルハ申迄モナシ

1802　昭和15年7月9日　在ハノイ鈴木総領事より有田外務大臣宛（電報）

西原監視団と仏印当局との交渉状況につき報告

ハノイ　7月9日後発
本　　省　7月9日夜着

第一二二三號（館長符號扱、部外極祕）

與謝野ヨリ[1]

調査員一行當地着以來ノ佛印側トノ交涉狀況、當地ノ空氣乃至西原委員長ノ意嚮等大本營電ニテハ簡ニ過キ御諒解ニ難カルヘキ點モアルヘキカト存シ補修旁御參考迄左ノ通リ（軍側ニテ未報告ノ點モアリ本電取扱ヒ御留意願度シ）

一、佛印側ハ總督、軍司令官等ヨリ繰返シ誠意ヲ以テ對支輸出遮斷ヲ實行スヘキ旨ヲ確言シ各監視所ヘノ監視員派遣ニ當リテモ總ユル便宜ヲ供シ（Tien Yen ノ如キハ支那人

周知ナレハ經營上困難多ク先方ニ多大ノ難色アリタリ）タル外鎭南關國境ニ到達セル我方部隊ト當方トノ聯絡ニハ難キヲ忍ヒテ參謀將校ノ國境横斷來往、當地南寧間飛行機往復慰問品名義ニ依ル國境部隊ヘノ物資補給等ヲ許容シ只管誠意ヲ示スニ努メ居ル爲委員長ニ於テモ先方好意ニ打タレタル感アリ此ノ際先方ノ嫌フコトヲ押付クルハ可成避ケントスル意嚮ト認メラル

二、又監視所ヨリノ報告ハ何レモ輸送遮斷ノ實施セラレ居ル旨ヲ傳ヘ居ル一方委員長ヨリ各員ニ對シ行動ノ愼重ナルヲ期スヘキ旨嚴重ニ訓達シ居リ不慮ノ事態ヲ惹起スルノ惧ハ調査團ニ關スル限リ大體ナキモノト斷シ得ル狀況ナリ

三、御承知ノ通リ佛印側ハ不取敢今後一箇月間支那ヨリノ輸入ニ付テモ國境ヲ閉鎖スヘキ旨ヲ申出テタル處右ハ必スシモ額面通リニ受取リ得ルヤ疑問ナルカ佛印側カ支那側所有ノ「タングステン」、「アンチモニー」ノ滯荷カ米國側ニ賣却セラルルヲ防ク爲ニ代償トシテ我方ニ示シタル「ヂエスチユア」ナルヘク又佛印側カ輸入ヲ止メストモ支那側カ何等カノ措置ニ出ツル形勢ニ在リタルヤモ計ラレサルモ右申出ニ當リ總督ハ本官ニ對シ一應一箇月ト期限ヲ附スル理由ヲ頻リニ說明スルト共ニ日、佛印間ニ同盟關係設定セラルレハ永久的閉鎖ヲ爲スヘキハ勿論ナリト述ヘ居タリ

其ノ他目下先方ト交渉中ナルモノノ內(イ)廣東ト當地トノ軍用機ニ依ル聯絡ハ日佛機交互使用(西原少將ノ部下カ廣東ニ赴ク際ハ佛國機ヲ使用ス)ニ依リ異議ナキ旨(ロ)廣東、海防間ノ海底電線敷設モ主義上又(ハ)日「タイ」聯絡航空機ノ當地通過モ夫々異議ナキ旨ノ聲明アリ結局今後ノ重要問題ハ佛印內ニ在ル支那向荷物ノ買上問題ナルヘシ

佛印側カ對蔣介石防守同盟ヲ提議シ來リタルハ御承知ノコトト存スル處更ニ六日總督ハ本官等ニ對シ支那側貨物ヲ徵發シ日本側ニ賣却スルカ爲ニハ日本側ヨリモ佛印側カ安心スル樣保障ヲ與ヘラレタク右協定ハ素ヨリ兩國政府間ノ外交的折衝ニ依ルヘキモノナルモ日本側ヨリ佛印ノ領土保全ヲ保障セラルルニ於テハ自分トシテモ總テニ日本側ニ援助ヲ與ヘ易クナル點ヲ了解アリタシト述ヘ右ヲ覺書トシテ委員長ニ手交方依賴セリ

抑々佛印側ノ眞意ハ日本側ノ申出ニ對シ出來得ル限リ之

ヲ實行セントスルモ日本側ヨリ何等ノ保障ナク不安ナル狀況ニ變ナキヲ以テ日本側ヨリ如何ナル形式ニモセヨ佛印ノ領土權ヲ侵ス意嚮ナキ旨ノ言質ヲ得タキ所ニ存シ右ノ場合ニハ蔣介石側ニ對スル防守同盟（我方ノ軍隊通過ヲモ實現シ得ヘシ）トナスモ可ナリト考ヘ居ルモノナリト認メラル

右佛印側ノ申出ニ對シ西原委員長ハ中央ヨリ色良キ回訓來ルヘキヲ期待シ居ラルル模様ナルカ從來ノ對獨伊申入ノ經緯最近ノ國際情勢竝ニ客月二十九日ノ貴大臣聲明將來ノ我南方政策等ニ鑑ミ今日佛印ノ領土尊重ヲ約スルカ如キハ面白カラサルノミナラス事實上モ國內强硬論等ノ爲多大ノ困難アルヘシト愚考スル次第ナリ然シ乍ラ一方當地ノ狀況ハ先方ヨリ「出來得ル限リノコトハ致スヘキモ日本側モ領土ヲ得ラレントスルニハ非サルヘシ」ト切口上ニテ申出テラレ居ル狀態ニ在ルヲ以テ一應先方ヲ納得セシムルト共ニ對蔣援助打切リニ軍事的便宜供與ニ止マラス我方トノ經濟提携增進ニモ貢獻シ他方我方將來ノ進出ヲ拘束セサル言ハハ蟲ノ良キ「フオウミユラ」アラハ必スシモ不可ナカルヘシトモ考ヘラル

御考究中ノコトト在スルモ爲念

1803 昭和15年7月10日 在ハノイ鈴木総領事より有田外務大臣宛（電報）

防守同盟に関するカトルー総督の意向報告

ハノイ　7月10日後発
本　省　7月10日夜着

與謝野ヨリ

第一二四號（館長符號扱、部外極祕）

往電第一二三號ニ關シ

一、九日委員長ト共ニ總督ニ會見シ防守同盟ニ關スル先方意嚮ヲ確メ得タルカ先方ハ軍隊ノ佛印內通過ノ如キハ半永久的占領ノ形式トナルトテ絕對ニ承諾セサルモノト認メラレタルニ付冒頭往電四《ママ》、括弧內ノ點訂正ス

二、抑々同盟問題カ何レノ側ヨリ出テタルヤハ不明ニテ或ハ例ノ手ナランカトモ思考セラルル處本官歸朝ノ上面陳致度キコト多々アリ後任御物色中ノ趣ナルカ成可ク速ニ御決定方御配慮ヲ請フ

1804　昭和15年7月10日　在ハノイ鈴木総領事より有田外務大臣宛（電報）

中国向け滞貨処分への協力に関するカトルー総督の好意的発言振りについて

ハノイ　7月10日後発
本　省　7月11日前着

第一二七號（極祕）

往電第一一九號ニ關シ

九日總督ニ面會貴電第九〇號ノ趣旨ヲ篤ト申入レタル處總督ハ滯荷處理ノ爲ニ來レル宋子良等六名ノ支那要人ニ立退方要求シタル程ニテ佛印トシテハ日本ニ對シ總ユル好意ヲ示シ居ル積リナリ若シ日本ニ於テ佛印攻略ノ如キ措置ニ出テス現狀維持ヲ守ルニ於テハ尚一層協力スルニ吝ナラスト累々説明スル所アリ

思フニ總督トシテハ本邦ト提携スルニ非スンハ佛印ノ獨立ヲ保チ得スト思考シ居リ其ノ現ハレカ今同ノ調査員ニ對スル衷心ヨリノ歡迎トナリ居ルモノト察セラルル次第ナルヲ以テ此ノ際ハ本邦ニ於テモ極端論ヲ避ケ佛印ト經濟的提携ヲ爲ス方針ニテ進マレンコト適當ナリト愚考セラル

1805　昭和15年7月13日　有田外務大臣より在ハノイ鈴木総領事宛（電報）

防守同盟に関するカトルー総督提議の経緯につき詳細報告方訓令

本　省　7月13日後10時30分発

第一二三號（極祕、至急、館長符號扱）

最近數次ニ亘リ西原少將ヨリ參謀本部ニ對シ佛印領土保全及防守同盟問題等ニ關スル總督トノ會談ノ結果ヲ電報越タル處當方ニ於テハ其ノ實情克ク判明セザルニ付右會談ニ立會ハレタル貴官又ハ與謝野ヨリ本件當初ヨリノ經緯、殊ニ佛印側ノ表示セル意向貴方觀測等御遠慮ナク詳細大至急回電アリ度シ（軍側ト協議濟）

1806　昭和15年7月14日　在ハノイ鈴木総領事より有田外務大臣宛（電報）

防守同盟に関するカトルー総督提議の経緯につき報告

ハノイ　7月14日後発
本　省　7月15日前着

第一三四號（至急、極祕、館長符號扱）

貴電[1]第一二三號ニ關シ（佛印問題ニ關スル件）

與謝野ヨリ

一、本件同盟問題ノ當初ノ經緯ニ付本官ニ於テモ承知セス連絡將校トシテ西原少將ニ附添ヒ居ル有力佛國武官「チエボウ」少佐ト少將トノ間ニ意見交換ノ結果カ總督ヨリ提案トナリタルモノニアラスヤト察セラルルモ佛印側カ領土保障ヲ熱望シ居ルニ鑑ミ總督側ヨリ提案反對《（マヽ）》シタルモノナルヤモ知レス五日少將ヨリ佛側提案ノ次第ヲ承知シタル本官ハ日本側カ領土尊重ヲ約シ佛印側カ軍事的協力ヲ與フル趣旨ノ防守同盟ト解シ日本ノ佛印通過モ問題無キヤニ了解セリ

二、六日柳澤、小池及（一字不明）ニ依リ總督ヲ訪問セルニ支那ヨリノ佛印向ケ輸送停止問題其ノ他ニ觸レタル後總督ハ滯貨問題ニ關シ日本カ佛印ニ對シ何等カノ保障ヲ與ヘラルルレハ出來得ル限リ協力スヘキ旨ヲ豫メ覺書ヲ提出セルカ本官ハ右防守同盟問題アリタルニ依リ右保障トハ同盟協定ニ依ル保障ト反駁シ置キタリ

三、九日西原少將及本官總督ト會談ノ結果先方ノ意嚮ハ稍明確トナリ對蔣防守同盟トハ

(イ)日本側ハ佛印及附屬島嶼ノ領土尊重ヲ約シ

(ロ)佛印側ハ國境外ニアル日本軍ニ對スル佛印領土内ヨリスル補給負傷兵ノ通過送還國境ニ佛印軍ヲ集結シテ日本軍ノ側面ヲ援護スル等ノ方法ニ依リ日本側ニ協力スヘキコト

等ヲ骨子トスルモノニテ總督ハ右(イ)附屬島嶼中ニハ西沙島新南群島ヲ含ムコト佛側ハ支那事變終了後ハ日本軍ノ海南島撤退ヲ希望スル旨ヲ附言シ且日本軍ノ領土內通過及空軍基地提供ハ總督トシテナシ得サル旨ヲ明カニシ且本件ハ雙方意見一致スル場合正式ニハ兩國政府間ノ正式交渉ニ俟ツヘキモノナルコトヲ述ヘタリ

四、[2]十一日廣東軍參謀長佐藤大佐來着本官同道シテ總督ヲ訪問シ軍司令官ヨリノ軍刀ヲ贈呈シ翌十二日總督ハ午餐會ヲ催シ食後佐藤大佐ノ希望ニ依リ西原少將、佐藤大佐及本官ノ三名總督ト懇談シタリ右席上佐藤大佐ヨリ軍ノ作戰ノ必要上佛印內軍隊通過ノ必要ナル旨及空軍基地ノ提供ヲ希望スル旨ヲ縷々說明セルモ總督遂ニ納得セス但シ右席上總督ヨリ日本ノ《（ニカ）》希望スル保障トハ同盟交涉ノ結果

ハ別トシテ不取敢日本政府カ外務大臣聲明ニ依リ佛印ノ領土ノ現状維持ヲ尊重スル旨ヲ明カニセラルルコトヲ指シ前述四、《(一カ)》ノ滯貨問題ニ關聯シ目下海防ニ萬國丸入港シ居リ佛印側カ「タングステン」ヲ提供シ同船ニ積込ム計畫ニハ(不明)ニ於テ右聲明ヲ必要トスル旨ヲ繰返シ居タルカ結局聲明ヨリモ寧ロ「アンリー」大使ニ對シ有田大臣ヨリ署名セル祕密書翰ヲ與ヘラルレハ結構ナリト述ヘ軍側ニテ政府ニ取次クヘキ旨ヲ約シ佛側ノ意嚮モ(先方モ同シ提案ヲ有シ居タルニ非ス)略明瞭トナレリ

五、十三日佐藤大佐ハ佛側提供ノ飛行機ニテ國境方面視察後暇乞ヒノ爲本官ト共ニ總督ヲ往訪ノ上視察ノ結果領內通過カ許容セラルレハ作戰可能ノ確信ヲ得タリトテ總督說得ニ努メタルモ總督ハ自己ノ權限ニテハ承諾シ得ストナシ雙方ノ意嚮ヲ明瞭ニナシ得タル效果ヲ殘シ別レタリ尙總督ハ雲南攻擊ノ困難ナルヲ說キ龍雲ニ對スル工作ニハ援助スヘキ旨ヲ述ヘタリ

六、以上ニテ御了察ノ如ク防守同盟ト云フモ軍隊ノ通過等ハ殆ト望ミナキモノト思考セラルル處本官トシテハ本件同盟云々ニハ相當ノ疑問ナキ能ハサルモ國際情勢ニハ殆ト聾座敷トイフヘキ佛印ニアリテ諸般ノ見地ヨリ意見ヲ具申スルコト困難ニ付テハ大局ヨリ御判斷相成ルコト肝要ト存ス

七、尙佐藤大佐本日出發近日上京ノ筈ナルカ陸海軍トモ中央ヨリ連絡ニ部員出張中ニテ外務側ノミ連絡ナキニ付場合ニ依リテハ本官一應歸朝致度ト考ヘ居レリ

1807　昭和15年7月15日　在仏国沢田大使より有田外務大臣宛(電報)

日仏間の政治・経済問題に関する大局的協議はヴィシーで行いたいと仏国外相要望について

ヴィシー　7月15日後発
本　省　7月17日夜着

第六四〇號(極祕)

十五日外務大臣ノ求メニ依リ往訪セル處同大臣ハ過般西原少將「カトルー」總督訪問ノ際談論ハスミ日佛政治同盟關係迄ニ及ヒタル趣ナルカ同少將ハ物資輸送禁絕監督ノ爲ニ派遣セラレタル者ト了解シ居レリ佛印總督モ右ノ如キ政治問題ヲ討議スル權限ハ有シ居ラサルヲ以テ雙方トモ行キ過

ノ感アリ尤モ自分ハ右ニ對シ不滿ヲ云フ意思ハ全然無ク寧ロ其ノ程度迄兩者カ胸襟ヲ開キテ語リ合ヒタルコトヲ喜ヒ居ル次第ナルカ元々斯ル話合ヲ外交交渉ニ依リテ致度シト存スル處御承知ノ通リ自分ハ過去十五年以來理屈ヲ超越シタル實際ノ仕事ニ從事シ來リ特ニ印支銀行ノ關係ヨリ極東ニ關シテハ日本ト相提携スルノ外無シトノ說ヲ持シ屢々外務省、植民省ト爭ヒシ程ナリ然ルニ日佛ノ交渉ハ此ノ兩三年來實際ヲ離レタル理論鬪爭ノ爲徒ニ紛糾ヲ重ネ來レリ今日ハ將ニ此ノ紛糾ヲホコス爲虛心擔(坦カ)懷ニ語リ合フヘキ時機ニ到達セリト考ヘ居レリ先ツ其ノ一ハ佛印ト日本トノ間ノ有無相通スルノ經濟關係ヲ益々密接ニスルコトニシテ其ノ二ハ政治關係ノ緊密化例ヘハ先般約束セル雲南鐵道ニ依ル武器輸送禁絕モ之カ爲ニ支那側ヨリ怨ヲ買ヒ鐵道會社トシテモ損失ヲ忍ヘル次第ニテ一大英斷ヲ以テ實行セリ素ヨリ支那ノ怨ミヲ買フコトハ敢テ之ヲ意トセス極東ニ於テハ日本ノミト話合ヒ得ヘシトノ自分ノ信念ヲ貫キタキ希望ナルカ何時迄モ無制限ニ鐵道側ニ其ノ損失ヲ繼續セシムル譯ニハ行カサル故ニ實ハ日本側ニテモ之カ代償ノ考慮ヲ願度キ次第ナリ就テハ右自分ノ忌憚無キ氣持ヲ日本政府ニ傳ヘラレ日本側ニ於テ之ニ應セラルル用意アリヤ確メラレタキ旨申述ヘタリ

依テ本使ハ西原「カトルー」會談ニ關シテハ何等公報ニ接シ居ラス又經濟問題ニ付テハ先般谷次官ト「アンリー」大使トノ間ニ現地ニ於テ交渉ヲ進ムル趣旨ノ話合アリタルニ鑑ミ本邦ヨリ代表團ヲ送ル積ナラント了解シ居ル處右ニ拘ラス當方ニ於テ話合ヲ進メントセラルルモノヤト尋ネタルニ同大臣ハ細目ノ問題ハ現地ニ委セテ可ナルモ經濟、政治ノ雙方ニ關聯アル大筋ニ付テハ當地ニ於テ話合ヲ進メタキ旨答ヘタリ

就テハ右佛外相ノ申出ニ對スル挨拶振至急何分ノ儀御回電相成度シ

1808　昭和15年7月23日　西欧亜局長より 在ハノイ鈴木総領事宛

仏印をめぐる政治軍事協定および経済協定の交渉に関する訓令案と説明案について

拝啓陳者佛印トノ政治軍事協定及經濟協定交渉ニ關シ不取敢訓令案(別紙(甲)號)及說明案(別紙(乙)號)各二部別添送付致

候處右取扱方ニ付テハ追テ訓電セラル可ニ付之ヲ俟テ措置セラレ度候　　敬具

昭和十五年七月二十三日

西外務省歐亞局長

在河内

鈴木總領事殿

別紙(甲)號

佛印トノ政治、軍事協定及經濟協定ニ關スル件(訓令)(案)

一、佛印トノ政治軍事協定及經濟協定ニ關スル方針

陸海軍當局ト協議ノ結果我方ヨリ佛側ニ對シ左記內容ノ政治軍事協定及經濟協定締結方ヲ提議スルコト、シ政治軍事協定ニ付テハ當地ニ於テ「アンリー」大使トノ間ニ交渉ヲ行ヒ經濟協定ニ付テハ貴官ト佛印總督トノ間ニ交渉ヲ行フベキコトニ決定セリ、依テ貴官ハ委細別紙(乙)號說明ニ依リ御含ミノ上經濟協定ニ付テハ直接總督ト交渉ヲ開始セラレ度ク政治軍事協定ニ付テハ西原少將ヲ輔佐シ佛印總督ニ對シ我方意向ヲ徹底セシメラル、ト共ニ總督ヨリ本國政府ニ我方要求受諾方ヲ進言セシムル樣極力御努力アリ度

二、協定ノ內容

(一)政治軍事協定

(イ)佛印ハ東亞新秩序建設竝ニ支那事變處理ニ付帝國ト協力スベク、特ニ差當リ對支作戰ノ爲派遣セラルベキ日本軍隊ノ佛印通過及佛印內飛行場ノ使用(之ニ伴フ地上警備兵力ノ駐屯ヲ含ム)ヲ認メ右日本軍隊用武器彈藥其ノ他ノ物資輸送ニ必要ナル各種便宜ヲ供與ス

(ロ)日本ハ佛印ノ領土保全ヲ尊重ス

(二)經濟協定

芳賀事務官携行ノ「對佛印經濟通商交涉方針ニ關スル件」ノ別紙甲號ノ通(右別紙一、中ノ「營業」ニハ銀行業ヲ含ムモノトス)

以　上

別紙(乙)號

佛印トノ政治軍事協定及經濟協定ニ

關スル件（說明）（案）

一、帝國ハ現下ノ佛國ノ地位及日佛關係ニ鑑ミ此ノ際佛印ヲシテ東亞新秩序建設竝ニ支那事變處理ニ對スル協力ヲ約セシムルト共ニ右目的ノ爲差當リ本件政治軍事協定及經濟協定ノ內容タル帝國ノ要求ヲ容レ、軍事、經濟兩方面ニ於テ帝國ヲ支持セシメンコトヲ期スル次第ナリ而シテ軍事的ニハ重慶政權ヲ壞滅セシムル爲單ニ佛印ヲシテ蔣向物資輸送ヲ停止セシムルニ止マラズ、更ニ重慶政權ニ對スル作戰ノ必要上別紙㈲號二、㈠㈠ノ要求ヲ提示スル次第ナリ

二、佛印ニ於テハ其ノ領土ノ安全ニ付危惧ノ念ヲ有シ、我方ヨリ領土保全ノ尊重ニ關スル言明ヲ取付ケンコトヲ切望シ居ルニ鑑ミ、何等カ適當ノ形式ニ依リ右趣旨ノ言明ヲ與ヘ我方ノ公明ナル態度ヲ表示セントスル次第ナルガ右ハ我方ガ佛印ノ領土ヲ侵略スルノ意圖ナキコトヲ表明スルモノニシテ第三國ノ侵略ニ對シテ迄モ佛印ノ安全ヲ保護スベキ義務ヲ負フモノニ非ズ、尤モ右第三國ノ佛印侵略ハ東亞新秩序建設ノ障碍タルニ依リ我方トシテハ之ヲ默視シ得ザルコト勿論ナルモ、右ニ對シ執ルベキ措置ハ我方獨自ノ立場ヨリ決定スルモノナリ

三、佛側ガ海南島、新南群島、西沙島等ノ問題ヲ持出ス場合ニハ右ハ佛印ニ關スル本件協定ト直接關係無キコトヲ指摘シ一蹴スベキコト勿論ナリ

四、萬一佛側ガ政治軍事協定ノ內容タルベキ我方要求ヲ全面的ニ拒否スル場合ニハ我方トシテハ佛印領土保全ノ尊重ヲ言明スベキ限リニ非ザルコト勿論ナルガ我方ノ執ルベキ態度ハ先方ノ出方及國際情勢等ヲ見タル上之ヲ考究決定スベシ

五、經濟協定ハ我方ト佛印トノ經濟提携ヲ圖ルコトヲ目的トスルモノニシテ我方ニ於テ佛國及其ノ他ノ國ノ利益ヲ全然無視シ佛印ニ關スル經濟的利益ヲ獨占セントスルガ如キコトヲ意圖スルモノニ非ズ。然レドモ我方ハ通商、企業、入國等ニ關スル事項ニ付佛國、佛國人及佛國物資ト同樣ノ待遇ヲ要求スル次第ニシテ右ハ普通ノ通商條約ノ內容ヲ超越スルモノナルニ依リ佛印側ガ難色ヲ示スコトハ豫想セラル、所ナルモ我方トシテハ政治軍事協定ニ依リ佛印領土保全ノ尊重迄モ言明スル次第ナルヲ以テ右我方經濟的要求ハ最大限度ニ貫徹スルヲ要スルコト勿論ナ

リ尤モ經濟協定ニ關スル交渉ハ其ノ性質上政治軍事協定トハ別個ニ之ヲ行フモノトス

六、(イ)政治軍事協定ノ交渉當事者ノ問題ニ付テハ、佛印總督ノ言モアリ且本件協定ハ領土保全ノ如キ重要ナル政治問題ヲ含ムモノナレバ當地ニ於テ帝國政府ト「アンリー」大使トノ間ニ交渉ヲ行ヒ、協定ヲ締結スルコト、ス但シ其ノ形式ハ追テ考慮スルモノトス

(ロ)經濟協定ニ關スル交渉ハ貴官ト佛印總督トノ間ニ於テ之ヲ行ヒ交渉成立ノ上ハ、樞密院ノ關係モアルニ付佛印總督ヨリ貴官宛書翰ヲ以テ佛印側措置ヲ一方的ニ通告シ貴官ハ之ヲ「テーク・ノート」スル形式ニ依リ、爾後ノ手續ハ當地ニ之ヲ移シ然ルベク措置スベシ

以上

別紙(乙)號ノ二

企業及入國等ニ關スル我方提案ニ關スル訓令

一、印度支那ハ土地廣大、各種天然資源豐富ナルニ不拘企業心ノ缺如竝ニ本國トノ遠隔關係ニ影響セラレ佛蘭西トシテハ從來是等資源ノ開發、利用ニ努力セス、一方外國ニ對シテハ門戶閉鎖的ニシテ殊ニ地理的ニ近接シ、有無相通ノ自然的竝ニ經濟的關係ニアル本邦ニ對シテハ極メテ制限的ナリ、從ツテ資源ヲ廣ク開發、利用シ人類福祉ノ增進ニ貢獻スヘシトノ大局的見地竝ニ帝國トシテハ其ノ資源ヲ獲得シ東亞自給經濟圈ヲ確立ストノ自主的見地ヨリ今後印度支那ニ對シ企業上積極的ニ進出ヲ試ミサルヘカラスソレカ爲ニハ現今ノ門戶閉鎖的ナル態度、政策ヲ變更セシムルコト肝要ナリ

尙右ニ關聯シ邦人ノ入國、居住、就業竝ニ營業ニ關シテモ現存ノ制限ヲ撤廢シ且ツ將來ニ於ケル其ノ自由ヲ確保セサルヘカラス

二、前記目標ノ下ニ提出スヘキ提案ハ企業問題ニ關スル限リ我方ニ對シ資源開放ノ實ヲ擧ケシメントスルモノナルヲ以テ概ネ原則的ナル要求ナルト共ニ右ハ同時ニ具体的ナル意義ヲ具備スルコトトナル

佛印側カ我方要求ニ應シタル場合ハ是ヲ適當ノ形式ニテ文書ニ於テ確認セシメ具体的ナル企業的進出ハ是ヲ其後ノ交渉、發展ニ俟ツモノトス

三、企業及入國問題ニ關スル我方申入案ノ趣旨竝ニ內容ハ別

紙ノ通リトス

四、尚印度支那トノ間ニ政治協定成立スル場合ニハ前記申入案以上ニ進ミタル案卽通商、企業及入國ニ關スル佛國人ト同等ノ待遇及全般的資源開放ヲ要求スヘキヲ以テ本案提出ハ暫ク見合スヘク提出時期ハ更ニ訓令ヲ俟ツモノトス

五、尚査證相互免除制度ノ復活ハ最近ノ邦人入國者增加ノ傾向ニ鑑ミ至急實現セシメ度又從業員使用ニ關スル制限モ最近西貢方面ニ於テハ嚴重實施セラレ邦人商社ハ多大ノ不便ヲ蒙リ居ルニ付至急撤廢セシメ度更ニ從來印度支那ニ於テハ邦人ニ對スル壓迫强ク多年同地ニ居住、從業セル邦人ニシテ追放若ハ入國禁止ノ處分ニ附セラレタルモノ尠カラス此點モ佛印側ノ態度ヲ變更セシメ度ニ付以上三點ハ從來ノ懸案トシテ政治協定乃至ハ一般的企業、入國交涉トハ別個ノ問題トシテ至急交涉セラレ度

（別　紙）

申入案

一、企業問題

帝國ト印度支那間ノ經濟的關係ノ緊密化ヲ圖ランガ爲ニハ單ニ通商貿易ノ增進ノミヲ以テシテハ不充分ニシテ更ニ資源ノ開發、企業的活動ニ關スル兩者ノ協力最モ緊要ナリト思考ス印度支那ハ土地廣大、各種天然資源豐富ニシテ是ヲ廣ク開發、利用スルコトハ人類福祉ノ增進ニ貢獻スベキト共ニ日、佛印兩者ノ地理的近接竝ニ有無相通ノ關係ニ鑑ミ是等資源ノ開發ニ日、佛兩國ガ協力スルコトハ啻ニ佛國ノ利益ニ合致スルノミナラズ兩者ノ經濟關係ヲ緊密化シ日、佛親善ニ寄與スベキコト多大ナルベシト認メラル、仍テ帝國政府トシテハ佛國側ガ本邦人ノ資源開發參加竝ニ右ニ關スル企業的諸活動ニ對シ出來得ル限リノ便宜ノ供與竝ニ協力的態度ニ出デラレンコトヲ希望シ左記諸提案ヲ提出ス

(イ)邦人企業新設ノ許可

(ロ)營業ニ關スル制限ノ撤廢

(ハ)合辦事業ニ關スル便宜供與

二、入國關係

通商竝ニ企業關係ノ緊密化ハ必然ニ邦人入國者ノ增加ヲ豫想セラルル處邦人ノ入國ヲ容易ナラシムルコトハ兩國

經濟關係ノ緊密化ニ極メテ必要ナリト思考スルニ付テハ
左記諸點ニ關スル措置實行方ヲ希望ス
(イ)將來邦人ノ入國竝ニ入國數ニ關シ制限ヲ設ケザルコト
(ロ)査證双（相カ）互免除制度ノ復活
(ハ)入國ニ際シテノ課税、賦課金其他寄託金制度ノ撤廢
(ニ)從業員使用ニ關スル制限ノ撤廢

三、企業及入國問題ニ關スル更ニ具体的要求事項ハ左記ノ通リニシテ前記原則的申入ノ後狀勢ニ應ジ一括シテ又ハ個々ニ提出スルモノトス

(一)企業及營業
(イ)邦人ノ土地所有許可、官有地租借ノ許可
(ロ)農業經營ニ關スル內國人待遇
(ハ)鑛業權ノ獲得
(ニ)林業權ノ獲得
(ホ)水產業ニ關シ沿岸及內水漁業ノ許可及根據地ノ設定
(ヘ)工業經營ニ關スル內國人待遇
(ト)商業　〃　〃
(チ)營業制限ノ撤廢(內國人待遇)
(リ)資源ノ調査ニ關スル便宜供與
(ヌ)實際上ノ「コンセッシヨン」許與ニ對シテ便宜供與

(二)合辦事業
(イ)邦人關係既存合辦事業ノ維持、擴張ニ關スル便宜供與
(ロ)新規合辦事業ニ對スル便宜供與
前記(イ)(ロ)ハ左ヲ含ムモノトス
(A)新「コンセッシヨン」ノ許與
(B)既設佛法人ノ買收及資本參加
(C)日、佛官立合辦會社

(三)入　國
(イ)入國ノ自由(將來邦人ノ入國及入國數ニ關シ制限ヲ設ケザルコトヲ含ム)
(ロ)査證双（相カ）互免除制度ノ復活(現行臨時査證事前許可制度ハ撤廢スルコト)
(ハ)入國ニ際シテノ課税其他ノ賦課金ニ關スル內國民竝ニ最惠國待遇
(ニ)歸國旅費積立金及之ニ關スル寄託金制度ノ撤廢

(四)居住及就業
(イ)居住及旅行ノ自由(內國民及最惠國待遇)

(ロ)身分證明書手數料輕減竝ニ最惠國待遇
(ハ)勞働許可證ノ撤廢
(ニ)外國人雇傭ニ關スル制限ノ撤廢

註（芳賀事務官携行訓令別紙甲號）

在河内鈴木總領事ヨリ佛印總督宛申入要領

元來日本帝國ト印度支那トハ其ノ地理的地位竝ニ自然的及經濟的條件ヨリ當然密接ナル關係ヲ保持强化スヘク殊ニ印度支那ノ資源ヲ開發シ帝國トノ間ニ共存共榮ノ實ヲ擧ケ以テ東亞ノ安定及繁榮ニ貢獻スヘキハ自然ノ理ニシテ帝國ハ夙ニ思ヲ此處ニ致シ過去ニ於テ屢々印度支那ノ反省ヲ求メ來レル次第ナリ然ルニ印度支那ニ於テハ經濟通商其他ノ全分野ニ亘リ專ラ佛蘭西及佛蘭西人ノ利益考慮セラレ外國人ノ經濟活動及通商ニ對シテ極端ナル門戸閉鎖政策カ適用セラレ居リ之カ爲東亞ノ安寧福祉竝ニ印度支那ノ利益モ犧牲ニ供セラレ以テ今日ニ至レルハ帝國ノ最モ遺憾トスル所ナリ

依テ此ノ際印度支那ニ於テモ帝國ノ意圖ニ對應シ從來ノ不自然ナル各種制限ヲ撤廢シテ帝國トノ經濟提携ヲ促進シ相互ノ關係ヲ明朗且安定ナラシムル爲左記帝國ノ要望ニ同意セラレンコトヲ希望ス

一、日本國ノ自然人及法人ハ印度支那ニ於テ入國、居住、旅行、身体財産ノ保護、動産不動産ノ取得、生業、職業及營業竝ニ企業ノ經營、通商、航海及航空、其他ノ諸活動ニ關スル一切ノ事項ニ付佛蘭西國又ハ其ノ植民地若ハ保護領ノ自然人及法人カ從來享受シ來レル特權的待遇ト同一ノ待遇ヲ享受スヘシ

二、日本國ノ船舶及航空機ハ印度支那ニ於テ佛蘭西國又ハ其ノ植民地若ハ保護領ノ船舶及航空機カ從來享受シ來レル特權的待遇ト同一ノ待遇ヲ享受スヘシ

三、日本國ノ原産ニ係ル生産品及製造品ハ印度支那ニ於テ輸入、通過、關税及其他ノ課税、税關手續、禁止若ハ制限等ニ關スル一切ノ事項ニ付佛蘭西國又ハ其ノ植民地若ハ保護領ノ原産ニ係ル生産品及製造品カ從來享受シ來レル特權的待遇ト同一ノ待遇ヲ享受スヘシ

1809 昭和15年7月24日 在ハノイ鈴木総領事より松岡外務大臣宛（電報）

新任のドクー仏印総督との初会談につき報告

ハノイ 7月24日後発
本 省 7月25日前着

第一五一號

本二十四日新總督「ドクー」ヘ挨拶ノ爲西原少將ト共ニ往訪セル處同總督ハ「カトルー」總督同樣日、佛印關係調節ニ努力スヘキモ政治又ハ軍事問題ニ付テハ權限無キニ付外交交渉ニ依リ度キ旨强調シ居レリ尤モ關税改正其ノ他經濟問題ニ付テハ重大ナラサル限リ總督限リニテ處理スヘシト語レリ

惟フニ新總督ノ態度ハ「カトルー」ヨリモ成ルヘク先方ニ不利ナル局地的交渉ヲ避ケ佛印問題ヲ日佛本國間ノ交渉ニ遷サントシ居ルヤニ見受ケラレタリ

尚「カトルー」前總督ハ本邦經由歸國ノ途ニ上ルヘシトノコトナルカ其ノ日程ニ付テハ確定次第追電スヘキモ同總督カ眞面目ニ本邦トノ提携ヲ考ヘ居タル事實モアリ本邦立寄リノ節ハ然ルヘク御執成シ相煩度シ

1810 昭和15年8月1日 在ハノイ鈴木総領事より松岡外務大臣宛(電報)

ドクー総督はわが方の経済的要求を過小に予測しているため経済交渉は難航が予想される旨報告

ハノイ 8月1日後発
本 省 8月2日前着

第一六二號

本官一日總督ニ面會一時間餘ニ亘リ種々懇談シタル處同總督ハ政治軍事等重要問題ニ付テハ兩本國政府間ノ交渉ニ依ラレ度ク經濟事項ニ付テハ成ルヘク速ニ當地ニテ折衝シ度キ旨語レルカ右ハ一方政治問題ニ付テハ「カトルー」前總督ノ過度ノ讓歩ヲ是正セントスル佛國政府ノ意ヲ體シ現地交渉ヲ回避セントスルモノナルト同時ニ他方我方ノ經濟的要求ヲ過少ニ豫側シ此ノ方面ニ於テ我方ヲ滿足セシムルコトニ依リ軍事的要求ヲ緩和セントスル魂膽ヲ有スルヤニ見受ケラルル處相當强キ內容ノ訓令ノ經濟的要求ニ鑑ミ先方ハ或程度迄ハ現地交渉ニ應スヘキモ純政治問題ハ之ヲ本國政府ノ交渉ニ移サントスルコト無キヤヲ保シ難シ當方トシ

テハ出來得ル限リ現地解決ヲ圖ルヘキモ爲念

1811　昭和15年8月2日

松岡外務大臣より
在ハノイ鈴木総領事宛（電報）

仏印に関する経済問題の現地交渉開始方訓令

本　省　8月2日後9時50分発

第一五九號（極祕、館長符號扱、至急）

往電第一五四號ニ關シ

一、八月一日本大臣ヨリ佛大使ノ來訪ヲ求メ先ヅ政治問題ニ關シ七月二十三日附西局長發機密信別紙甲號二、(一)(イ)ノ我方要求ヲ申入ルルト共ニ右要求ハ支那事變處理ヲ目的トシ蔣政權打倒ノ爲必要ナル地域ニ限ル次第ニシテ佛印ノ領土ヲ侵略セントスル意圖ニ基クモノニ非ズト申添ヘタルニ大使ハ種々苦情ヲ述ヘタル後本國政府へ傳達スベキ旨答ヘタリ

本件問題ニ關スル貴方措置振ニ就テハ當地ニ於ケル話合ノ成行ヲ相當見極メタル上追テ何分ノ儀訓電スベシ（軍側ト打合濟）

二、經濟問題ニ付テハ本大臣ヨリ我方ノ要望ハ要スルニ佛印ガ通商竝ニ邦人ノ入國及企業等ニ關スル事項ニ付佛國ニ對スルト同一ノ待遇ヲ許與スルコトニアル處右經濟交渉ハ在河內帝國總領事ヲシテ佛印當局トノ間ニ行ハシムル意向ナリト述ベタルニ大使ハ日本側ニ於テハ右內國民待遇ニ付相互主義ヲ承認セラルルヤト反問セルニ依リ本大臣ハ今次交渉ハ佛印ニ關スルモノニシテ日本ノコトハ問題トナラズト應酬シ置ケリ

依テ貴官ハ前記機密信ノ經濟交渉ニ關スル部分ノ趣旨ニ依リ至急佛印總督ニ對シ經濟問題ニ關スル我方要求ヲ申入レ交渉ヲ開始セラレ度シ

尚佛印側ガ相互主義ヲ持出ス場合ニハ我國ニ於テハ既ニ佛印側ニ對シ公正ナル好意的取計ヲ爲シ居ルノミナラズ今次ノ我方要求ハ共存共榮、有無相通ノ理想ニ基キ通商ノ增進及資源ノ共同開發等ヲ目的トスルモノナルヲ以テ現下ノ佛印ノ地位（經濟的ニモ本國ヨリ孤立シ我方ニ倚存セザルヲ得ザル立場ニ在ルモノト觀察シ居レリ御含迄）ニ鑑ミ佛印ニ關スル事項ノミニテ既ニ佛印側ニモ利益ヲ齎スベキ性質ノモノナル點ヲ指摘シ相互主義ノ要求ヲ一蹴セラレ度

1812　昭和15年8月2日　松岡外務大臣より在米国堀内大使、在ジュネーブ(編注)藤井総領事代理他宛(電報)

仏印に関する政治軍事上および経済上のわが方要求をアンリ大使へ申入れについて

別　電　昭和十五年八月二日発松岡外務大臣より在米国堀内大使、在ジュネーブ藤井総領事代理他宛合第一七〇六号

右わが方要求事項

本　省　8月2日発

合第一七〇五號(極祕、館長符號扱、至急)

往電合第一六〇七號ノ二、ニ關シ

八月一日佛大使ノ來訪ヲ求メ本大臣ヨリ我方ニ於テハ先般來ノ佛印ニ於ケル蔣向物資輸送禁絶措置ヲ多トシ居ル處佛印ガ東亞新秩序建設及支那事變處理促進ノ爲政治的、軍事的竝ニ經濟的ニ更ニ廣汎ナル範圍ニ於テ我方ト協力セラレンコトヲ要望ス卽我方トシテハ佛印國境ニ近接スル方面ヨリ對支作戰行動ヲ起スコト甚ダ緊要ナリトテ別電第一七〇六號ノ一、ノ趣旨ヲ申入ルルト共ニ軍隊通過等ニ關スル要求ハ支那事變處理ヲ目的トシ蔣政權打倒ノ爲必要ナル地域ニ限ル次第ニシテ右ハ佛印ノ領土ヲ侵略セントスル意圖ニ基クモノニ非ズト申添ヘ更ニ經濟問題ニ關シ別電ノ二、ノ申入ヲ爲シタルニ大使ハ政治問題ニ關スル要求ハ日本スラ支那ニ對シ宣戰ヲ布告シ居ラザルニ中立的立場ニ在ル佛ニ對シ對支宣戰布告ヲ要求スルニ等シト述ベ經濟問題ニ關シテハ日本側ハ內國民待遇ニ付相互主義ヲ承認スルヤト反問セリ依テ本大臣ハ宣戰布告ノ有無ノ如キハ問題トナラズ佛ガ支那ニ於テ大規模ノ戰鬪行爲行ハレ居ル現實ノ事態ヲ直視セムコトヲ求ムルモノナリ我方ヨリ進ミテ佛ノ中立的地位ヲ侵スノ意思ハ無キモ今次ノ我方要求ハ軍事上ノ絕對的必要ニ基クモノナルニ依リ若シ佛側ガ之ヲ容レザル場合ニハ或ハ形式ニ於テモ中立ヲ犯スコトトナルヤモ知レズ然レドモ斯クノ如ク形ノ上ニ於テモ中立ヲ犯スコトハ我方ノ最モ好マザル所ナルニ依リ今次申入ヲ爲ス次第ナリ又一九〇七年ノ日佛協定ハ之ニ依テ受ケタル佛印ノ利益ニ對比シ我方ニハ殆ント對償ナキニ不拘日本ガ之ヲ應諾シタルト同様ノ精神ヲ以テ今回ハ佛側ニ於テ我方要望ヲ容レラレ度ク斯ル要望ハ日本ガ好ンデ爲スモノニ非ズ情勢ガ日本ヲシテ要求セ

シムルモノナリト説明シ且方今ハ何トモ得體ノ知レヌ事態頻發スル世ノ中ニテ日本ノ要求ニ應シタリトテ必スシモ宣戰布告ヲナスモノトモ解スルノ要ナカルヘシト說キタルニ大使ハ御說明ニハ一應納得セラルル點モアルモ佛印ニ關スル日本側要求ハ次々ニ增大スルノミニシテ今次ノ要求ヲ容ルレバ更ニ何ヲ要求セラルルヤ測リ難シト述ベ居タルガ兎モ角本國政府ニ取次グ可シトテ引取レリ

尙經濟問題ニ關スル相互主義云々ノ點ニ付テハ本大臣ハ今次ノ交渉ハ佛印ニ關スルモノニシテ直接日佛ノ間ノ事ハ問題トナシ居ラズト應酬シ置ケリ

本電及別電宛先　壽府(佛)、米、南京、廣東、上海、北京壽府ヨリ英、獨、伊、蘇ヘ轉電アリ度、廣東ヨリ香港ヘ轉電アリ度

編　注　在ジュネーブ藤井総領事代理を通じてヴィシーの在仏国沢田大使へ転報。

(別　電)

本　省　8月2日後10時30分発

合第一七〇六號(極祕、館長符號扱、至急)

一、帝國ハ佛印ガ東亞新秩序建設竝ニ支那事變處理ニ付帝國ト協力シ、特ニ差當リ對支作戰ノ爲派遣セラルベキ日本軍隊ノ佛印通過及佛印飛行場ノ使用(之ニ伴フ地上警備兵力ノ駐屯ヲ含ム)ヲ承認シ且右軍隊用武器彈藥其ノ他ノ物資輸送ニ必要ナル各種便宜ヲ供與センコトヲ要望ス

尙本件ハ重要ナル政治問題ナルニ依リ、主トシテ當地ニ於テ交渉ヲ進メ度、事ノ緊急性ニ鑑ミ至急貴國政府ノ回答ヲ得度シ

二、經濟提携ニ關シテハ要スルニ佛印ガ通商竝ニ邦人ノ入國及ビ企業等ニ關スル事項ニ付佛國、佛國人又ハ佛國物資ニ對スルト同一ノ待遇ヲ我方ニ許與センコトヲ要望ス、右交渉ハ在河內總領事ヲシテ行ハシムル意向ナリ

~~~~~~~~~~~~

1813　昭和15年8月3日　在仏国沢田大使より松岡外務大臣宛(電報)

仏印に関する交渉では仏国の面子を損なない形式での解決を仏国外相要望について
~~~~~~~~~~~~

ヴィシー　8月3日後発
本　省　8月4日夜着

第六六九號（至急、館長符號扱）

三日「ボードアン」外相ノ求メニ應シ往訪シタル處昨日閣下ヨリ「アンリー」大使ヲ通シ佛國政府ニ申入アリタル點ノ概要ヲ話シタル後本日之カ受諾ヲ困難トスル旨同大使宛回訓シタル旨ヲ告ケ但シ其ノ拒絶ノ趣旨ハ御申入ノ內容ノ問題ニアラスシテ形式ノ問題ニ過キス佛國トシテハ對獨戰爭ニ敗北ノ苦杯ヲ嘗メテ少カラス面子ヲ失ヒ居ル處此ノ上更ニ踏付ケラレタル形ニテ日本側ノ要求ヲ强ヒラルルコトハ國民ニ對シ又爾餘ノ多數植民地統治ノ上ニ及ス影響ニ鑑ミ政府トシテ益々苦シキ立場ニ置カルルコト充分御諒解アリタク倒レタルモノヲ踏付クルコトハ日本精神ニモ反スル所ト信スルニ付何處迄モ佛國政府ノ面子ヲ傷付ケス其ノ主權ヲ尊重スル形式ニテ要求セラルレハ之ヲ協定スルニ決シテ手間取ラセス數日ニテモ仕上クルニ付兎モ角双方協議ノ上ノ措置ナリト發表シ得ル樣致度ク其ノ趣旨ノ徹底スル樣本使ヨリモ帝國政府ニ對シ充分說明アリタキ旨切ニ依賴スル所アリタリ

1814　昭和15年8月3日　在仏国沢田大使より松岡外務大臣宛（電報）

仏国の面子を損ねなければ仏印に関するわが方要求を仏国側は受諾するとの感触について

ヴィシー　8月3日後発
本　省　8月4日夜着

第六七〇號（至急、館長符號扱）

往電第六六九號ニ關シ

「ボ」外相ハ帝國政府申出ノ內容ニ付テハ大體異存ナク唯形式ヲ日本ヨリ押付ケラレタリト云フコトニセス相互話合ニ依リテ協定ニ達シタリト云フコトニシタシト屢々繰返シタルヲ以テ本使ヨリ政府ヨリ何等通報ニ接シ居ラサルヲ以テ何トモ言ヘサルモ假ニ協定ヲ成立セシムルトシテ日本側申出ニ對シ佛國側ハ「コントルパルテイ」トシテ要求セラルル所ニ付何等考アリヤト質ネタルニ外相ハ別ニ多クヲ期待セス例ヘハ「トンキン」ニ於ケル日本軍駐屯等ハ一時的措置ニ過キサル旨ヲ日本側ニ於テ約束シ呉レラルルトカ日佛ノ友好關係ハ日本モ顧念スル所ナルヲ以テ今後トモ日本佛印間ノ經濟的政治的善隣關係增進ヲ希望スル旨約束シ呉

レラルルトカ兎モ角佛國ノ主權ト面子トヲ尊重シタル形トスル趣旨ニ於テ何トテモ「フオウミユラ」ヲ發見シ得ヘク此ノ趣旨ナラハ速ニ協定ヲ成立セシメ得ヘシト述ヘ此ノ形式サヘ執レハ帝國政府申出ノ内容其ノモノニ付テハ大體之ヲ受諾シ得ルヤノ感觸ヲ與ヘタリ

1815 昭和15年8月4日 在ハノイ鈴木総領事より松岡外務大臣宛(電報)

ドクー総督は前総督の対日譲歩を回復せんとしつつあるところ対処振り請訓

ハノイ　8月4日後発
本　省　8月4日夜着

第一六六九號

總督ノ更迭ニ伴フ佛印側態度ノ變化ニ關シテハ累次電報ノ通リ新總督ハ總ユル機會ヲ利用シテ既往ノ讓歩ヲ囘復セントシツツアリ從テ監視員側トノ折合モ自然面白カラサルニ至リ昨二日委員長代理ヨリ總督ニ對シ先方ノ反省ヲ求メタル文書ヲ手交シタル經緯アル處本三日本官佛印首腦部ト共ニ總督ノ午餐ニ招待セラレタル際同席ノ政務局長、聯絡將校等ハ當地佛人間ニ信望厚キ西原少將サヘ歸來セハ問題ハ圓滿解決スヘシト述ヘ居タルカ右ハ勿論現狀維持ニ汲々タル念ヨリ出テタルモノナルカ或ハ先方ニ於テ同少將ノ協調的態度ヲ利用セントスルモノカトモ思ハルル處我方トシテハ之ニ對シ脅喝的態度ニテ臨ムヲ得策トスルヤ又ハ摩擦ヲ避ケツツ目的ヲ達スル方針ニテ進ムヲ有利トスルヤ御考慮相成度何等御參考迄申進ス

1816 昭和15年8月6日 松岡外務大臣より在米国堀内大使、在ジュネーブ藤井総領事代理他宛(電報)

アンリ大使が仏国政府回答を通告し仏国の体面を損ねないとの条件で仏印の政治軍事問題に関するわが方要求を原則応諾について

付　記　右仏国政府回答仮訳

本　省　8月6日後10時0分発

合第一七三六號(至急、極祕、館長符號扱)

往電合第一七〇五號ニ關シ

六日在京佛大使本大臣ヲ來訪、本國政府ヨリ回訓ニ接シタ

リトテ冒頭往電政治問題ニ付テハ日本側要求ヲ承諾スル旨、尤モ右ニ付テハ佛國側ノ体面ヲ損セザル形トセラレ度ク之ガ爲協定ノ形式ニ付テハ同大使ト次官トノ間ニ打合セヲ遂グルコトトシ度ク、要スレバ西原少將ヲ之ニ參加セシムルモ可ナリ、又經濟問題ニ付テハ現地ニ於テ交渉スルヤウ希望ス自分ハカカル問題ハ不慣ナレバト述べタリ(其實質ニ就テノ意義ニ解ス)依ツテ本大臣モ之ニ同意セリ其ノ際大使ハ今次日本側要求ハ佛國ノ体面ヲ蹂躪スルモノナリトカ或ハ最後通牒的ナリトカ繰返シタルニ依リ、本大臣ヨリ我方ニ於テハ佛國側ノ体面ヲ毀損スルガ如キ意向ハ毛頭無否特ニ之ヲ避ケント欲シタレバコソ形ノ上ニ於テモ右ノ如クキコト無キヲ期スル爲今次申入ヲ爲シタル次第ニシテコノ事ハ前回會談ノ際特ニ本大臣ヨリ反覆シタルコトハ貴大使御承知ノ通ナリト說明シ置ケリ(本件外部ニ洩レザル樣特ニ注意アリ度)右不取敢

本電宛先　冒頭往電ノ通

冒頭往電通轉電アリ度

(付　記)

佛印問題ニ關スル在京佛大使館「メモ」假譯

(昭和十五年八月七日　次官宛送付越)

佛國政府ハ帝國政府ヨリ駐日佛國大使ヲ通ジ申越サレタル諸要求ニ付キ最大ノ注意ヲ以テ檢討セリ。

佛國政府ハ右最後通牒ヲ受容レ得ズト思考ス蓋シ佛國ニ於テハ是等要求ノ形式及底意ガ右ノ如キ性質ヲ有スルモノト思考スレバナリ。

佛國政府ハ最モ熱烈ニ其ノ面目ヲ尊重セラルル帝國政府ガ戰敗ノ後ニ於テモ猶佛國政府ガ其ノ面目ヲ尊重シ居レルコトヲ了解セラルルコトヲ期待ス。

佛國政府ハ帝國政府ガ本件要求ヲ提起セラルルコトニ依リ佛國ガ既ニ多大ノ好意ヲ示シ來レル本件會談ノ當初ニ障碍ヲ投ゼラレタリト思考スルモノナリ。

佛國政府ニ對シ斯ル重大ナル軍事的要求ヲ提出セラレ且猶豫ナク之ガ受諾ヲ要求セラルルコトハ帝國政府ニ於テ曩ニ松岡氏ガ「アルセーヌ、アンリー」氏ニ手交セラレタル覺書ノ最後ノ部分タル經濟問題ノ研究ヲ更ニ困難ナラシムルモノト信ズ、而シテ本件經濟問題ニ付テハ佛側ハ眞ノ日佛經濟協力ノ基礎タラシムヘク日本ニ對シ「コンセツシヨ

ン」ヲ附與スベク決意シ且現在モ其ノ決意ニ變リ無キモノナリ。

佛國政府ハ本件日佛協力關係ガ實現ヲ見且一般的ニ日本ト佛國トノ間ニ相互信頼ト政治的良好關係ノ築カルルニ至ランコトヲ希望スルノ餘リ東京《トンキン》ニ於ケル或種ノ特別ノ便宜ヲ日本ニ對シ原則トシテ供與スルコトヲ拒絶スルモノニハ非ズ。

乍併本件便宜ハ自由ニシテ通常ノ狀態ニ於テ行ハレタル商議卽チ餘リニ急激ニ非ズ又表面ニ現ハルル如キ壓迫無キ商議ニ依テノミ到達セラルベキモノナリ、本件商議ハ日本ガ印度支那ニ何等ノ領土的野心無シトノ單ナル口約ニ止マラズ更ニ正確ニシテ廣範圍ノ保障ヲ作成スベク進捗スベキモノナルベシ。

佛國政府ハ松岡氏ガ此ノ餘リニモ性急ナル手續ニ對スル佛側ノ難色ガ正當ナルモノナルコトヲ認メラルベキコトヲ疑ハズ。

斯ル重大ナル問題ニ於テ餘リニ性急ナル手續ハ單ニ印度支那ニ對シテノミナラズ他ノ列強ニ對スル關係ニ於テ佛國政府ノ責任問題ヲ惹起スルノ倶アリ、右ハ佛國ガ休戰制度下ニアル故ニ最モ注意ヲ要スベキ點ナリ。

編注 本文書の原文(仏文)は省略。
なお、右原文には「昭和十五年八月六日松岡大臣ニ「アンリー」大使ヨリ讀上ゲタル佛印ニ關スル我申入ニ對スル回答、八月七日、本文松宮次官宛送付越セリ」との書き込みあり。

1817 昭和15年8月8日 在ハノイ鈴木総領事より松岡外務大臣宛(電報)

経済交渉を現地仏印で行うことにドクー総督が難色表明について

ハノイ 8月8日後発
本　省 8月9日前着

第一七六號(至急、極祕、館長符號扱)

貴電[1]第一五九號ニ關シ

一、本八日午後總督ニ面會訓令ノ内容ヲ記載セル書翰ヲ手交シ日印支間經濟提携ノ必要ヲ説述シ我提案ニ同意サレタキ旨述ヘタル處總督ハ自分ハ日佛間ノ重要問題ニ付テハ總テ兩國政府間ノ交渉ニ委ネラルヘシトノ命令ヲ受ケ居リ本件ノ如キ重大ナル案件ニ關シテハ勿論「ビッシー」政府ニ申出アリタルコトナルヘシト言ヒタルニ付本官ヨリ政府ヨリ經濟問題ニ關シ貴總督トノ間ニ交渉ヲ爲スヘキ旨ノ命令ニ接シ參上シタルモノニシテ在京佛國大使モ外相ト會見ノ際經濟問題ニ關シテハ現地ニ於テ交渉ヲ爲スヘシト提案セラレタリト言ヒタル處同總督ハ自分モ經濟[2]交渉開始ヲ待チ侘(佗カ)ヒ前回御面會ノ節モ催促致シタル程ニテ關稅等ノ事項ニ付テハ欣然交渉ニ應スルモ經濟問題ニテモ斯ル重大ナル申出ニ關シテハ自分ノ權限外ニテ本國政府ニ御申入アツテ然ルヘシト思考スト答ヘタリ依テ本官ハ本申入レハ政府ノ訓令ニ基クモノニシテ我方ノ決意ハ極メテ固ク其ノ內容ハ取引ニ非サルヲ以テ變更シ得サル性質ノモノナルコトヲ說キタル處同總督ハ兎ニ角早速本國政府ニ傳達シ自分モ此ノ問題ヲ研究スヘシ只本書翰中佛印側カ從來門戶閉鎖主義ヲ採リシ如ク記サレアルモ佛印ハ日本ノ必要ナル米、玉蜀黍、石炭等ヲ提供シ日本ヨリモ多量ノ物資ヲ輸[3]入シ居レルヲ以テ右ハ事實ニ反ス又右政策カ東洋ノ平和及繁榮ニ害ヲ及ホセリト爲スハ途方モナキコトナリト反駁シ來レルニ付本官ヨリ右ノ語ハ多少穩當ヲ缺ク嫌アリ又實際ノ狀態ハ右ニ近キニ非スト言ヒタルニ同總督ハ右ニ關スル議論ハ御提案ノ本質ニ關スルモノニ非サルヲ以テ打切リ本書翰ハ自分ニ宛テラレタルモノナルヲ以テ自分ヨリ何分ノ返答ヲ爲スヘシト答ヘタリ

二、[4]右會談中同總督ハ先日懇談ノ機會（往電第一六二一號）ニ貴官ヨリ兩國ハ相互理解ノ精神ニ立脚シ話合ハサルヘカラサル旨述ヘラレ自分モ全ク同感ナルカ抑モ佐藤大佐ノ要求ノ如キハ僞裝セル恐喝（menace deguisee）ニシテ斯ルコトハ右精神ニ背馳スルモノニシテ之ニ對シ自分個人トシテハ不可能ト御答ヘスル外無シト言ヒタルヲ以テ本官ヨリ日佛間ニ既ニ政治問題ニ關スル協定成立シタルニアラスヤト述ヘタル處同總督ハ右ハ全然初耳ナリトテ驚キタル樣子ヲ示シ居タリ

1818　昭和15年8月8日

在仏国沢田大使より
松岡外務大臣宛（電報）

仏印に関するわが方要求に対し可能な限り広い理解をもって応じるようアンリ大使へ訓令した旨仏国外相内話について

ヴィシー　8月8日後発
本　　省　8月9日後着

第六七四號

八日「ボウドアン」外相ノ求メニ應シ往訪シタル處外相ハ六日閣下ト「アンリー」大使トノ會談報告ニ接シタルコトヲ告ケ閣下ニ於テ佛國側提議ニ同意セラレタルコト特ニ佛國ニ於テ目下氣ニ掛居ル體面ヲ毀損スル如キ意圖毛頭ナキコトヲ確言セラレタルコトハ佛國政府ノ最モ多トスル所ナル旨閣下ニ傳達方依頼スル旨ヲ述ヘ同時ニ早速「アンリー」大使ニ對シテハ出來ル丈ケ廣キ理解ヲ以テ日本ノ要求ニ應スルコトニ努メラレ日本側ヨリモ今次要求ハ一時的措置ニ過キサル旨ノ約束ヲ得タル上速ニ協定成立ニ當ルヘキ旨訓令シタルニ付之又併セテ貴大使ヨリモ東京ニ御傳ヘアリタキ旨依頼アリタリ尤モ經濟問題ニ付テハ佛印ニ於テ實際上ノ調査商議ニ當ラシムルモ其ノ結果ハ之ヲ政府ニ報告セシメ兩國政府間ノ協定トシタキ意ナル旨附言シ居リタリ

1819　昭和15年8月10日　在上海三浦総領事より松岡外務大臣宛(電報)

仏印に関する日仏交渉への重慶政権反応振りにつき報道情報報告

上　　海　8月10日後発
本　　省　8月10日後着

第一七二三號

最近當地漢字紙ハ連日日本カ對支作戰基地トシテ佛印利用方ニ關シ佛印當局ト折衝中ナル旨竝ニ支那ハ佛印國境ニ大軍ヲ集中シ待機ノ姿勢ニ在ル旨大々的ニ報シ一般ノ注視ヲ集メ居ル處九日重慶發UP電ニ依レハ中央日報ハ若シ日本カ佛印ノ政治及領土ノカンセイヲ毀損スルカ如キ行動ヲ執リタル際ハ支那ハ自國ノ獨立保全ノ爲必要ノ措置ヲ採ル用意アル旨竝ニ米蘇兩國カ日本ノ野心防遏ノ爲積極的措置ヲ講スルコトヲ期待スル旨力說シ居ル趣ナルカ六日重慶發中央社電ニ依レハ支那側當局ハ既ニ佛印國境ヲ封鎖スル一方佛蘭西側ニ對シ本件折衝停止方要求シ若シ支那側カ不幸ニシテ自衛措置ヲ講スルノ止ムナキニ至リタル際ハ之ニ依リ生スヘキ一切ノ結果ハ一切佛國側ニテ責任ヲ負フヘキ旨嚴

重警告ヲ發シタル趣ナリ
支、北京、天津、漢口ニ轉電シ香港ニ郵送セリ

1820　昭和15年8月11日　松岡外務大臣より在仏国沢田大使宛(電報)

わが方提案の仏印に関する交換公文案を受諾するよう仏国政府説得方訓令

付記一　昭和十五年八月九日提案
政治軍事問題に関する交換公文来簡案
二　昭和十五年八月九日提案
経済問題に関する交換公文往簡案

本　省　8月11日前4時0分発

第三七二號(極祕、至急、館長符號扱)

一、九日松宮次官ヨリ佛大使ニ我方要求(壽府宛電報濟ノ趣旨)ヲ記載セル往翰案及先方之ヲ承諾スル旨ノ來翰案ヲ提示シ、本件要求ハ軍ノ必要上絶對的ニシテ急ヲ要スルニ付速ニ承諾アリ度シト述ベタルニ、大使ハ要求ノ内容漠然タル爲若シ之ヲ應諾セバ實際運用ニ當リ、日本軍ヨリ如何ナル要求ヲ提出セラレテモ拒絶スル譯ニハ行カズ斯クテハ佛印全土ヲ日本軍ノ手ニ委スルニ等シトテ要求地點ノ具体的明示方要望シ、次官ヨリ軍事行動ノ範圍ハ對支作戰ト云フ點ヨリ自ラ限局セラレ居リ何等不安アル筈無シ、細目ハ現地交渉ニ讓リ差支ナキ旨力説シタルモ、大使ハ白紙手形ヲ振出スニ等シトノ自説ヲ繰返シ、強ヒテ之ヲ本國政府ニ取次グモ、其ノ儘同意セザルハ明カナリトテ再考ヲ懇請セリ(尙、其ノ際次官ヨリ貴方ノ不滿ハ案文中ニ我方ニ侵略ノ意圖無キ旨ノ記載無キ爲ナリヤト問ヘルニ、大使ハ之ヲ否定シ通過地點其ノ他具体的事項ノ明示ヲ頻リニ要望セリ)

依テ翌十日地域ヲ「トンキン」州ニ限ル案ヲ提示シタルニ大使ハ右ニ對シテモ前日同様危惧ノ念ヲ反覆シ具体的事項ノ明示ヲ主張シタルモ、次官ヨリ是レ以上明示スルコトハ軍ノ機密保持上不可能ナリトテ其ノ儘同意方要望シ大使ヨリ請訓スルコトトナレリ尙其ノ際東亞新秩序ニ關シ次官ヨリ佛國政府ニ於テ銘記セラレタキコトハ今次ノ我方要求ハ東亞ニ於ケル恆久的平和確立ノ妨碍ヲナス蔣政權打倒ノ爲已ムヲ得ザル必要ニ出デタルモノナルコトナリ。右平和確立ニハ佛側ニ於テモ異存無カルベク、

従テ其ノ前提トシテ必要ナル蔣打倒ニ協力ヲ求ムルモノニシテ何等他意アルニアラズ、若シ蔣政權ニシテ崩壞シ居レバ、今回ノ如キ要求ヲ爲スヲ要セザリシナル可シ本件考量ノ際此ノ點特ニ念記スル樣本國政府ニ傳達アリ度シト述べタルニ大使之ヲ承諾セリ

就テハ貴使ヨリモ佛國政府ニ對シ、大局的見地ヨリ是レ以上詳細ノ要求ヲ爲サズ其ノ儘同意スルノ得策ナルコトヲ說キ、大至急同案受諾ノ旨回訓スル樣御說得アリ度

二、經濟問題ニ付テハ九日次官ヨリ通商、入國、企業、船舶、飛行機等ノ佛本國待遇ニ關スル我方要求ニ付交涉方鈴木總領事へ訓令濟ニ付右應諾方總督ニ訓令アリ度キ旨ノ公文案ヲ提示シタルニ、大使ハ斯カル廣汎ナル問題ハ總督ノ權限外ナレバ中央ニテ交涉スベキモノナリト述べ、尙日本側ハ相互主義ヲ承諾スルヤト問ヘルニ依リ、次官ヨリ我方ハ各國人ニ對シ「フェア」ナル待遇ヲ與ヘ居ルニ拘ラズ佛國ハ佛印ニ於テ一般ニ外國側ニ對シ排他、獨占的政策ヲ取リ居リ、爲ニ本邦、佛印間ノ自然的經濟關係ノ發達ヲ著シク阻碍シ居ルニ依リ、今回ノ交涉ニ於テ之ヲ是正セントスルモノニテ、相互主義ハ問題トナラザルコトヲ力說シタルニ大使ハ此ノ點相當納得セル模樣ナリキ

尙、十日會談ノ際、經濟問題ハ既ニ鈴木總領事ヨリ申入濟ト考フルニ付速ニ同意スル樣本國政府ニ傳達方要望シタルニ、大使ハ要求ノ內容ノ通報ヲ得タル上取次グ可キ旨約シタリ

河內へ轉電セリ

（付記一）

交換公文（案）（來翰）

以書翰啓上致候陳者本日附貴翰ヲ以テ左ノ通御申越相成敬承致候

以書翰啓上致候陳者本大臣ハ日本國政府ハ日本國佛領印度支那間ノ友好善隣關係ノ增進ヲ希望シ右ノ爲其ノ最善ヲ盡スベキ處佛國政府ニ於テモ東亞ニ於ケル平和ノ速カナル克復及新秩序ノ建設ニ付協力スルノ精神ヲ以テ對支作戰ノ爲派遣セラルベキ日本國軍ガ佛領印度支那領域ヲ通過シ、同領域內ノ飛行場ヲ使用（之ニ伴フ地上警備兵力ノ駐屯ヲ含ム）スベキコトヲ承認セラレ且右日本國軍

ノ武器彈藥其ノ他ノ物資輸送ニ付充分ナル便宜ヲ提供セラレンコトヲ要望スル旨申進スルノ光榮ヲ有シ候

本使ハ本國政府ノ訓令ニ基キ佛國政府ハ右貴翰中ニ述ヘラレタル日本國政府ノ友好的精神ノ表示ヲ了承シ前記日本國政府ノ要望ヲ承諾スル旨回答スルノ光榮ヲ有シ候

右回答申進旁本使ハ玆ニ重ネテ閣下ニ向テ敬意ヲ表シ候

敬　具

松岡　外務大臣

編　注　本文書の往簡案は省略。

（付記二）

在京
佛國大使

（日佛印經濟通商交渉ニ關スル件）

以書翰啓上致候陳者日本國政府ハ日本國及印度支那間ノ經濟的善隣關係ノ增進ハ相互ノ友好關係維持ノ基礎タルニ鑑ミ之カ爲日本國、日本國臣民及法人、日本國ノ船舶及航空機竝ニ日本國原產品ハ印度支那ニ於テ凡テノ點ニ付佛本國、佛本國臣民及法人、佛本國ノ船舶及航空機竝ニ佛本國ノ原產品カ同地ニ於テ從來享受シ居タルト同一ノ特權的待遇ヲ許與セラルル樣印度支那總督ニ對シ申入方在河內帝國總領事ニ訓令濟ナル旨閣下ニ通報スルノ光榮ヲ有シ候

日本國政府ハ佛國政府ニ於テ右日本國政府ノ要望カ日本國及印度支那ノ相互利益增進上最モ必要且適切ナルモノナルコトヲ諒トセラレ印度支那總督ニ對シ之カ受諾方訓令セラレンコトヲ希望致候

本大臣ハ玆ニ重ネテ閣下ニ向テ敬意ヲ表シ候　敬　具

編　注　本文書の来簡案は見当らない。

1821　昭和15年8月12日　在仏国沢田大使より松岡外務大臣宛（電報）

仏印に関する交換公文案の受諾を仏国外相へ要請について

ヴィシー　8月12日後発
本　省　8月13日前着

第六八〇號（館長符號扱）

十二日午後「ボードアン」外相ヲ往訪シ貴電第三七二號御訓令ノ御趣旨ニ依リ大乘的ニ我方提案ヲ至急受諾スル樣申入レタル處同外相ハ實ハ「アンリー」大使ヨリ電報接到セルモ相當長文ニテモアリ本朝十一時漸ク解讀ヲ了シタル次第ナルカ電文中ニハ不明ノ個所モアルヲ以テ整理ヲ爲シタル上ニテ今夕植民大臣ト會合シ明朝「ペタン」元帥ノ下ニ會議ヲ開キタル上ニテ回訓ヲ發スル手筈ニ致シ居ルヲ以テ只今回答トシテハ何トモ申上ケ得サルカ自分ノミノ感想ヲ率直ニ云ヘハ先般來貴大使ヲ通シテ佛國ノ體面ヲ顧慮セラレタキ旨ヲ申入レタル點ハ全然考慮セラレ居ラス而モ軍隊ノ通過地點、軍隊數等ヲ明示セスシテ諸般ノ便宜供與ヲ要求セラルルコトハ何ト云フテモ佛國領土占領ノ感ヲ與ヘ國民ニ對スル手前佛國政府ヲ最モ困難ナル地位ニ陷レルモノナルニ鑑ミ日本政府現在ノ提案其ノ儘ニテハ受諾困難ナリト云ハサルヲ得スト述ヘタリ依テ本使ハ東亞ニ於ケル平和確立ノ爲蔣政權倒壞ノ必要ナルコト右平和確立ハ佛國ノ爲ニモ得策ナルコトヲ述ヘ同時ニ軍隊ノ通過地點、軍隊數ノ明示等ハ軍ノ機密保持ノ必要上不可能ナル點ヲ篤ト説明シ明朝ノ會議ニ當リテハ貴大臣ヨリ右諸點ヲ充分説明セラレ我方提案受諾方斡旋アリ度キ旨申述ヘ置キタリ

1822 昭和15年8月13日 松岡外務大臣より在本邦アンリ仏国大使宛

ドクー仏印総督に手交した経済問題に関するわが方提案につき通報

通六機密第三五號

以書翰啓上致候陳者本大臣ハ帝國ト印度支那トノ經濟通商關係緊密化ノ件ニ關シ既ニ在河内帝國總領事ヨリ印度支那總督ニ對シ別紙書翰要旨ノ通帝國政府ノ見解及提案ヲ申入濟ナル旨閣下ニ通報スルノ光榮ヲ有シ候

帝國政府ハ佛國政府カ前記帝國政府ノ提案カ帝國及印度支那ノ相互利益增進上最モ必要且適切ナル次第ヲ篤ト諒解セラレ速カニ之カ受諾方ニ付御配慮アランコトヲ希望致候

右通報申進旁本大臣ハ茲ニ重ネテ閣下ニ向テ敬意ヲ表シ候

敬具

昭和十五年八月十三日

外務大臣 松岡 洋右

佛蘭西國特命全權大使

「シャルル、アルセーヌ、アンリー」閣下

別　紙

昭和十五年八月八日在河内鈴木總領事ヨリ「ドクー」佛印總督ニ手交セラレタル書翰要旨

以書翰啓上致候陳者元來日本帝國ト印度支那トハ其ノ地理的地位竝ニ自然的及經濟的條件ヨリ當然密接ナル關係ヲ保持强化スヘク殊ニ印度支那ノ資源ヲ開發シ帝國トノ間ニ共存共榮ノ實ヲ擧ケ以テ東亞ノ安定及繁榮ニ貢獻スヘキハ自然ノ理ニシテ帝國ハ夙ニ思ヲ此處ニ致シ過去ニ於テ屢々印度支那ノ反省ヲ求メ來レル次第ニ有之候然ルニ印度支那ニ於テハ經濟通商其他ノ全分野ニ亘リ專ラ佛蘭西及佛蘭西人ノ利益考慮セラレ外國人ノ經濟活動及通商ニ對シテ極端ナル門戸閉鎖政策カ適用セラレ居リ之カ爲東亞ノ安寧福祉竝ニ印度支那ノ利益モ犧牲ニ供セラレ以テ今日ニ至レルハ帝國ノ最モ遺憾トスル所ニ有之候

依テ此ノ際印度支那ニ於テモ帝國ノ意圖ニ對應シ從來ノ不自然ナル各種制限ヲ撤廢シテ帝國トノ經濟提携ヲ促進シ相互ノ關係ヲ明朗且安定ナラシムル爲左記帝國ノ要望ニ同意セラレンコトヲ希望致候

一、日本國ノ自然人及法人ハ印度支那ニ於テ入國、居住、旅行、身体財產ノ保護、動產不動產ノ取得、生業、職業及營業竝ニ企業ノ經營、通商、航海及航空、其他ノ諸活動ニ關スル一切ノ事項ニ付佛蘭西國又ハ其ノ植民地若ハ保護領ノ自然人及法人カ從來享受シ來レル特權的待遇ト同一ノ待遇ヲ享受スヘシ

二、日本國ノ船舶及航空機ハ印度支那ニ於テ佛蘭西國又ハ其ノ植民地若ハ保護領ノ船舶及航空機カ從來享受シ來レル特權的待遇ト同一ノ待遇ヲ享受スヘシ

三、日本國ノ原產ニ係ル生產品及製造品ハ印度支那ニ於テ輸入、通過關稅及其他ノ課稅、稅關手續、禁止若ハ制限等ニ關スル一切ノ事項ニ付佛蘭西國又ハ其ノ植民地若ハ保護領ノ原產ニ係ル生產品及製造品カ從來享受シ來レル特權的待遇ト同一ノ待遇ヲ享受スヘシ

本官ハ茲ニ重ネテ閣下ニ向テ敬意ヲ表シ候　敬具

〰〰〰〰〰〰〰〰〰〰〰〰〰

1823　昭和15年8月13日　在ハノイ鈴木総領事より松岡外務大臣宛(電報)

経済問題に関するわが方提案を受諾するようドクー総督説得について

ハノイ　8月13日後発
本　省　8月14日前着

第一八三號

一、佛印側ニテハ西原少將ノ歸河ニ依リ帝國ノ對佛印政策カ多少穩健ニナリタルヤニ思ヒタルモノノ如ク一般ニ安堵ノ色見受ケラルル處十三日同少將招待ノ總督午餐會ニ於テ本官ヨリ往電第一七六號ノ二補足旁政治協定成立スルト言ヒタルハ行過キナルモ根本問題ニ付妥協ニ達セルコトハ事實ナリト述ヘタルニ總督ハ痛ク感動ノ面持ナリシカ次テ本官ヨリ政治交渉モ斯ク進行中ナルニ付經濟問題ノ方モ速ニ進メラレ度シト督促シタルニ同總督ハ前回門戸閉鎖ノ字句ニ付反駁シタルカ日本ヘノ輸出ニ關シテハ當ラサルモ日本ヨリノ輸入ハ少額ナレハ其ノ意味ニ解ス趣旨ハ能ク諒解セルニ付出來得ル限リ本國政府ヲシテ貴方提案ヲ受諾セシムヘク努力スヘシト約セリ

二、食後總務長官ト語リタル際本官ヨリ帝國ハ佛印ト經濟的提携ヲ緊密ニシ以テ益々日、佛印政治關係ヲ促進スル要アリト云ヒタルニ同長官ハ之ニ同意シ尚佛國ハ目下獨逸ノ監督下ニ在リ獨逸ノ驥尾ニ附シテ行動セサルヲ得サル情況ニ在リ從テ英國ノ利益ニ反スルカ如キ態度ニ出ツルコトアルモ已ムヲ得サル次第ニテ如何ナルヤモ知レスト語リタリ

1824

昭和15年8月13日　在仏国沢田大使より松岡外務大臣宛（電報）

仏印に関する交換公文案に対し軍事上白紙委任に等しい内容には応じがたい旨仏国外相回答について

ヴィシー　8月13日後発
本　省　8月14日夜着

第六八五號（極祕、館長符號扱）

往電第六八〇號ニ關シ

十三日求メニ應シ「ボードアン」外相ヲ往訪シタルニ同外相ハ只今「アンリ」大使宛回訓ヲ發シタル許リナリトテ佛國カ特ニ六月以來日本ノ要求ニ應シ好意ヲ表示シ來リタル點ヲ擧ケ之ニ對シ日本側ニ於テモ今少シク歩ミ寄リノ態度

ヲ示サレンコトヲ切望スト前提シ第一ニハ佛印ノ現狀維持尊重ノ約束第二ニハ軍隊通過地域及使用飛行場ノ指定竝ニ兵力概數ノ明示ヲ得タシト述ヘタルニ依リ本使ハ日本側提案ノ速カナル承諾無キハ甚タ遺憾ナリ殊ニ第二ノ點ハ昨日モ御話セシ通リ軍ノ機密保持上明示スルコト絶對ニ不可能ナルニモ拘ラス此ノ點ニ付尙說明ヲ求メラルルコトハ只交涉ヲ永引カセルノミニテ大局上面白カラサル次第ヲ告ケタルニ外相ハ佛國トシテハ如何ナル大軍上陸スルヤ不明ナルニ對シ白紙委任ヲ發給スルコトハ如何ニシテモ困難ナリ況ヤ支那側モ國境ニ軍隊ヲ集中セルヤノ情報アルニモ鑑ミ日本軍カ海防方面ニ上陸スルコトトモナレハ支那軍モ越境シテ東京カ戰場ト化シ延テハ全領土ノ動搖ヲ來ス虞モアル次第ナリ右ノ危險ヲ忍ヒテ迄モ日本側ノ要求ニ應セントスル氣持ニナリ居ル次第ナレハ佛側這般ノ苦衷ヲモ察セラレ大體ノ兵力位ハ何等カノ方法ヲ以テ承知シ得ル樣致度ク全ク無力ノ佛領印度支那ノコト故ニ日本トシテハ自由ニ行動シ得ル次第ナルモ左リトテ弱リ目ニアル佛政府ニ對シテ飽迄押附ケノ態度ヲ以テ臨マルルハ武士ノ情ニモ反スルコトト思ハルルヲ以テ此ノ點佛國政府ノ立場ニモ立タレ國民ニ對シテ其ノ面目ヲ失ハシメサル爲佛國側ノ言分モ充分御考慮ヲ願フ樣特ニ松岡大臣ニ取次アリタシト懇請シ居リタリ

1825　昭和15年8月17日　松岡外務大臣より　在ジュネーブ小林(亀久雄)総領事宛(電報)

アンリ大使が仏印に関する交換公文は日本側軍事要求を全面承諾ではなく検討する趣旨としたいと提議し松岡外相強く反駁について

本　省　8月17日後9時30分発

第六九號(至急、極祕、館長符號扱)

本電往電第六六號ノ方法ニ依リ在佛大使ニ電報アリタシ

第三七八號

往電第三七二號ニ關シ

十五日佛大使本大臣ヲ來訪、政府ノ訓令ニ基クトテ、佛國側ハ先ヅ日本政府ガ他ノ一切ノ交涉ニ先立チ佛印ノ現狀及領土保全等ノ尊重ヲ約スベキコトヲ要求スト爲ス點及右約束ヲ取付ケタル後ニ於テモ日本側軍事的要求ノ全部ヲ承諾スベシトハ云ハズシテ之ヲ檢討スベシト爲ス點ニ於テ從來ト異ル態度ヲ表示セル書キ物ヲ手交セルニ依リ、本大臣ハ先日貴使ハ原則トシテ我方要求ヲ應諾ス、唯、佛國ノ体面ノ立ツ如キ形式ヲ考慮セラレ度シト回答セラレタルニ非ズヤト云ヒタルニ、大使ハ佛國側トシテ承諾シ得ル限度ニ於テ日本側軍事的要求ヲ應諾スベシト云フ趣旨ヲ述ベタル積ナリ佛國側トシテハ日本側要求ノ內容ヲ豫メ明確ニシ且領土ノ安全ニ關スル保障ヲ得度キ旨述ベタルニ依リ、冒頭往電次官會談ノ際ト同樣ノ問答ヲ繰返シタル後、本大臣ヨリ佛國側ガ本大臣ノ確言ヲ信ゼズ此ノ上遷延的態度ヲ續クル限リ、是レ以上話合フモ無益ニシテ、且我方軍事的要求ハ急ヲ要スルモノナレバ、話合ヲ打切リ我方トシテ必要ナル軍事行動ヲ取ルノ外無キニ至ルヤモ測ラレズ右ハ日本政府モ日本軍モ欲セザル所ナルニ依リ、大局的見地ヨリ速ニ我方要求ヲ其儘受諾セラルル樣本國政府ニ傳達アリ度シト述ベタルニ、大使ハ右傳達方約セリ

本電及貴電第六八五號等ニ依リ看取セラルル如ク佛側態度ハ其ノ後硬化シ居リ、右ニハ種々ノ原因アルベキ處其ノ何レタルニ拘ラズ、我方要求ハ貫徹セザルベカラザルモノナルニ付佛側ヲシテ右ヲ其ノ儘應諾セシムル樣貴使ヨリモ此上共極力御說得アリ度

〰〰〰〰〰〰〰〰〰〰〰〰〰〰

1826 昭和15年8月17日 在仏国沢田大使より松岡外務大臣宛(電報)

仏印問題に関する東京交渉の合意に向けた基礎案を仏国外相提示について

ヴィシー　8月17日後発

本　　省　8月18日夜着

第六九〇號(至急、館長符號扱)

十七日「ボードアン」外相ノ求メニ應シ往訪シタル處同外相ハ十五日閣下ト「アンリー」トノ會談ニ關スル電報ニ接シタルコトヲ告ケ玆ニ協定ノ基礎ヲ見出シ得ル感ヲ得テ喜ヒ居ル次第ニテ早速昨日閣議ニ諮リタル結果大體左ノ如キ「ライン」ニ於テ是非共之ヲ纏ムル樣今朝「ア」大使宛訓令ヲ發シタリ

一、日本側ニ於テ佛印ノ領土主權ヲ尊重ス

右ニ對シ佛側ハ極東ニ於ケル日本側ノ優越地位ヲ承認ス

二、右ノ結果トシテ佛國側ハ軍隊「トンキン」州通過ニ關スル日本側今回ノ要求ヲ承認ス

但シ其ノ詳細ハ現地ニ於テ佛印軍憲ト日本軍憲トノ間ニ協定セシム

三、經濟問題ニ付テハ佛印ニ於テ日本ニ對シ何レノ第三國ヨリモ「ファボラブル」ナル地位ヲ認ム

但シ發表ノ際ニハ目下對獨敗戰ノ後ヲ受ケ大イニ弱リ居ル佛國ノ面子ヲ立ツルト共ニ政府トシテ國民ニモ納得セシメ得ル形式トスルコト是非共必要ニシテ右見地ヨリ先般松岡大臣カ「ア」大使トノ會談ノ內ニ述ヘラレタル點（壽府宛貴電合第一七〇五號ヲ指シ居ル如シ）卽チ日本側ニ於テ領土的意圖ヲ藏セラレサルコトヲ何等カノ形ニ於テ表明セラレタク右趣旨ニテ松岡大臣ニ於テ是非之ヲ納レラレ速ニ協定成立スル様貴使ヨリ斡旋アリタシキ《トカ》述ヘタルニ依リ本使十五日會談ノ電報ニ接シ居ラサルヲ以テ何トモ應答出來兼ヌルモ御話ノ次第ハ早速之ヲ取次クヘシト答ヘ置キタリ

1827　昭和15年8月21日　松岡外務大臣より在ジュネーブ小林総領事宛（電報）

仏印問題に関する合意基礎案と右に基づく交換公文案をアンリ大使が提議し松岡外相もわが方交換公文案の修正案提議について

別電　昭和十五年八月二十一日発松岡外務大臣より在ジュネーブ小林総領事宛第七二号
右仏国側基礎案の要旨

本省　8月21日前1時0分発

第七一號（至急、館長符號扱、極祕）

左記往電第六六號ノ方法ニ依リ至急在佛大使ヘ轉電アリタシ

第三八二號

貴電第六九〇號ニ關シ

二十日佛大使本大臣ヲ來訪、政府ノ訓令ニ依ル趣ヲ以テ要旨別電第七二號ノ書キ物及之ヲ基礎トセル交換公文案ヲ提示セルニ依リ、本大臣ハ右ニ付佛大使及政府ノ努力ヲ謝スルト共ニ佛側申出ニ付キテハ右書キ物及案文ヲ檢討ノ上意見ヲ述ブベキガ、唯一言シ度キハ、右ニ經濟問題モ含マセアルモ軍事問題ハ急ヲ要スルニ依リ之ガ解決ヲ先ト致シ度シ軍事問題ノ細目ハ現地ニ於テ討議セシメテ可ナリ尚本件協定方式ノ詳細ニ付キテハ次官等ヲシテ貴使ト本日中ニモ交渉セシメ度シト述べ尚、我方ニ於テ用意セル軍事問題ニ

關スル交換公文案（我方軍事的要求及我方ハ佛印ノ領土ニ對シ侵略的意圖ヲ有セザル旨記載セル往翰案竝ニ先方右要求ヲ承諾スル旨及東亞ニ於ケル我方ノ優越的地位ヲ承認スル旨記載セル來翰案）ヲ提示セルニ、大使ハ佛側提案ガ佛國ノ面子ヲ害セズ「フェア」ナル取極メナルコトヲ述べ居タルガ、更ニ本大臣ハ時間ヲ「セーヴ」スル爲、經濟問題ヲ切リ離スノ要ヲ力說シ佛案ニ依レバ經濟問題ニ付テハ單ニ日本ノ極東ニ於ケル優越的利益又ハ日本ニ對シ佛印ニ於テ第三國ニ比シ優越セル地位ヲ承認ス云々トアルノミニテ我方ノ佛本國待遇要求トハ大ナル距タリアリ若シ貴方ガ斯カル案ヲ固執セラルレバ交渉ハ再ビ「デッドロック」ニ陷ルベシ經濟問題ニ付キテハ佛側ニ於テ我方ノ佛本國待遇要求ニ出來得ル限リ應ズル樣現地交渉方訓令スベキ旨貴方ヨリ回答セラルルノ途モアルベキガ、何レニスルモ軍事問題先決ノ要アル旨主張セリ

（別　電）

本　省　8月21日前1時0分発

第七二號（至急、館長符號扱、極祕）

左記往電第六六號ノ方法ニ依リ至急在佛大使へ轉電アリタシ

第三八三號

一、從來ノ會談ニ於テ松岡大臣ハ日本ハ一九〇七年ノ日佛協定ノ精神タル亞細亞大陸ニ於ケル日佛各自ノ地位及領土權ノ維持ニ基礎ヲ置ク政策ヲ忠實ニ遵奉シ來レル旨言明セラレ又今次ノ軍事的要求ハ支那事變處理上ノ必要ニ基クモノナリト述へラレタリ仍チ本件便宜供與ハ事變解決ト共ニ其ノ必要ヲ失フベキモノニシテ又佛印ト支那間國境地帶ニ限定セラルヘキモノナリ

從テ前記協定ノ精神ニ基ク諸々ノ保障、殊ニ印度支那ニ對スル佛國主權ノ承認（佛側提示ノ交換公文案ニハ佛印ノ領土保全及印度支那聯邦ノ全構成分子ニ對スル佛國主權ノ尊重トアリ）ヲ確認セラルルコトハ困難ニ非ザルベシ

二、右確認ガ與ヘラルレバ佛側ハ極東ニ於ケル日本ノ政治上及經濟上ノ優越的利益ヲ承認スルノ用意アリ

三、經濟事項ニ關シ佛側ハ一九〇七年ノ宣言ノ精神ニ依リ佛印ニ於テ日本及日本人ニ對シ他國及他國人ニ優越スル地

位ヲ保障スルノ方法ヲ遅滞無ク考究スルノ用意アリ尤モ右地位ハ六十年來佛印ノ繁榮ノ爲努力シ來レル佛國人ノ地位ト全然同等タルコトヲ得ザルベシ

四、軍事問題ニ關シテハ佛側ハ日佛政府ヨリ各々出先軍司令官ニ對シ左記訓令ヲ發シ話合ヲ遂ゲシムルコトニ同意ス

(イ)日本軍ノ要望及之ヲ充スベキ方法ニ關スル正確ナル判斷ニ資スル爲兩國司令官ハ必要ナル情報ヲ極祕交換スベシ但シ「トンキン」州ト支那間國境地帶ニ於ケル作戰ノ遂行ニ關スルモノニ限ル

(ロ)兩國司令官ハ右ノ結果、日本軍ニ必要ト判斷セラレタル便宜供與方ニ付卒直ナル話合ヲ行フベシ

(ハ)日本軍ハ友好國ヨリ受クル「オスピタリテ」ニ關スル規則ヲ尊重スベシ但シ費用ハ日本側ノ負擔タルベシ又移動及運輸ハ嚴ニ軍事行動ノ必要ニ限ラルベキト共ニ佛國軍憲ニ依リ保障セラレ、其ノ管理下ニ置カルベシ

1828

昭和15年8月21日　松岡外務大臣より在ジュネーブ小林総領事宛(電報)

仏印問題に関する交換公文案をめぐる大橋外務次官とアンリ大使の意見交換について

本省　8月21日後2時10分発

第七三號(至急、館長符號、極祕)

左記往電第六六號ノ方法ニ依リ至急在佛大使ヘ轉電アリタシ

第三八四號

往電第三八二號ニ關シ

一、二十日夜更ニ大橋次官佛大使ト會談ス(西局長同席)

次官　佛案ニハ日佛協定等迄モ持出シ居ルガ其ノ締結當時トハ事態一變セル今日斯カルモノヲ持出スコトハ本件ノ解決ヲ紛糾セシムルニ過ギズ

大使　右ハ寧ロ大臣ヨリ言出サレタルニ依リ之ヲ基礎トシテ起案セルナリ

次官　大臣ハ議論ノ途中ニ於テ日本ガ佛印ノ領土ニ對シ侵略的意圖ヲ有セザルコトハ過去ニ於テ斯カル協定ヲ締結セル精神ニ鑑ルモ明カナリトノ點ヲ示ス爲觸レラレタルニ過ギズ

佛案ニ於テハ軍事問題ハ一切現地交渉ニ讓リ軍隊通過外二項目ニ付原則上ノ承認ヲ與ヘオラズ此點不都

合ナリ又便宜供與ヲ國境地帶ニ限定シ居ル意味如何

大使　東京州ト云フ如キ廣汎ナル地域ニ付便宜供與ヲ約スルコトハ不可能ナリ依テ國境ニ沿フ左程狹カラザル地帶ニ限定セル次第ナリ

日本軍ガ利用スベキ飛行基地ニ於ケル警備部隊ノ駐屯ハ之ヲ承認シ得ズ

次官　斯クテハ佛側ニ依ル便宜供與ハ殆ンド意味無キコトトナル旁々我方案ニ依ルコトトシタシ又經濟問題ハ別途處理シ度シ

大使　佛案ハ日本側言分ヲ參酌シテ作成セルモノナレバ（日佛協定ヲ引用スルノ要アリ又經濟問題モ佛案ニ多少ハ文句ヲ追加シ妥結ノ途アリト述ブ）之ニモ異議ヲ唱ヘラルルハ結局日本政府部內ニ佛印問題ニ付佛側ト話合ヲ纏ムルコトニ反對スル分子アリ徒ニ遷延策ヲ講ゼントセラルルコトヲ示スモノナリ

次官　右ハ大ナル誤解ナリ却テ佛側ニ於テ遷延策ヲ執ラントシツツアルニ非ズヤトノ疑惑ヲ懷カシム

我方ハ更ニ佛側ノ希望ヲ汲ミ本件軍事的要求ハ臨時例外的性質ノモノナルコト、軍事行動ニ伴フ費用ハ我方負擔スベキコト、右軍事行動及費用ニ關スル細目ニ付テハ現地日佛官憲間ニ極祕打合ヲ行ハシムベキコト等ノ諸點ヲ今朝ノ我方案文中ニ追加シ本件ヲ解決スル外ナシト考ヘ居レルニ付至急右案ヲ本國政府ニ取次ガレ、政府說得方御努力アリ度シ

佛側ニ於テ此ノ上解決ヲ遷延スルニ於テハ佛印ニ於テ不測ノ事件ヲ生ズルガ如キコトアルトモ責ハ佛側ニ在リ

大使　兎ニ角御申出ノ次第ハ本國政府ヘ傳達スベシ

二、就テハ貴使ハ佛側ヲシテ右我方修正案ヲ速ニ受諾セシムル樣極力御努アリ度ク尙佛外相ノ氣分ハ屢次ノ貴電ニ依レバ常ニ協調的ナルニ拘ラズ「アンリー」大使ヨリ正式ニ持出シ來ル回答文中ニハ問題ノ解決ヲ逆轉セシムルガ如キ部分アルコトハ當方ニ於テ不可解トナシ居ル所ナル旨可然指摘シ置カレ度シ

三、「アンリー」大使トノ會談ニ依リ得タル印象ニ依レバ佛側ニ於テハ若シ日本側要求ヲ容認セバ佛印ハ侵略セラルヘシトノ危惧ノ念相當深キガ如シ依テ佛側ニ安心ヲ與フル爲軍側トモ協議ノ上、若シ佛側ガ我方要求ヲ其ノ儘受

諾セバ軍隊通過地點、使用飛行場數、右飛行場警備兵數等我方要求ノ具体的內容ノ輪廓ヲ極祕ノ含ミヲ以テ佛側ニ內示スルコトガ本件解決ヲ促進スルノ途ナルベキカト思考シ居レリ右貴使限リ御含ミ迄

1829　昭和15年8月22日　松岡外務大臣より在ジュネーブ小林総領事宛（電報）

仏国側疑念払拭のため西欧亜局長よりアンリ大使に対しわが方軍事要求の具体的概要を極秘内示について

付　記　右軍事要求の具体的概要

本　省　8月22日後8時0分発

第七五號（至急、館長符號扱、極祕）

左記往電第六六號ノ方法ニ依リ至急在佛大使へ轉電アリ度

第三八五號

往電第三八四號ノ三、ニ關シ

二十一日夜歐亞局長佛大使ヲ往訪、軍事上ノ機密事項ヲ通報スルコトハ本來我方ノ欲セザル所ナルモ佛側ガ我軍事的要求ニ付想像以上ノ疑惑ヲ有セラルルコトガ二十日夜ノ會談ニ於テ觀察セラレタルニ依リ更ニ軍當局ト協議ノ結果佛側ノ右疑惑ヲ解キ本件ノ迅速解決ヲ圖ル爲我要求內容ノ輪廓ヲ特ニ佛側ヘ極祕內示スルコトトナレリトテ「トンキン」州ニ於ケル使用飛行場數、右ヲ使用スル飛行部隊及警備スル部隊竝ニ右部隊等ニ對スル補給品輸送ニ當ル部隊等同州內ニ配置セラルベキ日本軍兵數及軍隊通過經路（通過部隊及之ニ附隨シテ必要ナル部隊ノ兵數ハ當時ノ事情ニ依ルベク目下之ヲ限定シ得ザルベキ旨附記ス）ノ概略ヲ記載セル書キ物ヲ手交シ之ニテ本件ニ關シ我方トシテ爲シ得ルコトハ凡テヲ爲シ盡セルニ依リ此ノ上ハ貴使ヨリ右ヲ本國政府へ御傳達相成リ速ニ我方要求ガ其ノ儘受諾セラレンコトヲ希望スルノミナリト述ベタルニ大使ハ右傳達方ヲ約セリ

（付　記）

八月二十一日夜歐亞局長ヨリ「アンリー」大使ニ提示

（昭和十五、八、二十起草歐三）

我方軍事的要求ニ關スル具体的事項

(イ)日本陸海軍ノ使用スベキ「トンキン」州內飛行場ノ數

差當リ「ハノイ」(Hanoi)「フランチヨン」(Phulang Thuong)及「フトウ」(Phutho)附近各一箇所ヲ常駐飛行場トシテ使用ス但シ状況ニ依リテハ印支國境ニ近接セル他ノ飛行場ヲ使用スルコトアルヘシ

(ロ)「トンキン」州内ニ配置セラルヘキ日本軍兵力ノ概數

前記飛行場ノ警備ニ要スル部隊、右飛行場ヲ使用スル飛行部隊竝ニ右部隊及現ニ印支國境附近支那領内ニ在ル日本部隊ニ對スル補給品等ノ輸送ニ關スル任務(右輸送ノ警備ヲ含ム)ニ從事スル部隊陸海軍計五、六千ヲ越ヘス

(ハ)日本軍隊ノ「トンキン」州内通過經路

對支作戰ノ必要ニ應シ「ハイフオン」(Haiphong)—「ハノイ」(Hanoi)—「ラオカイ」(Lao Kay)ノ線ニ沿フ地帶竝ニ「ハノイ」(Hanoi)—「ランソン」(Langson)ノ線ニ沿フ地帶ヲ日本軍隊通過ノ爲使用スルコトアルベシ

右通過部隊ノ兵力(右部隊及之ニ對スル補給品等ノ輸送竝ニ右輸送ノ警衛ニ要スル部隊ノ兵力ヲ含ム)ハ前項(ロ)以外トシ目下之ヲ限定シ得ス

註一、日本軍隊又ハ補給品輸送ノ爲若シクハ輸送船警備ノ爲帝國海軍艦艇若干隻ヲ「ハイフオン」(Haiphong)ニ出入セシムルコトアルヘシ

註二、專用電信施設(無線ヲ主トス)ハ當然右日本陸海軍ニ伴フモノトス

1830　昭和15年8月23日　松岡外務大臣より在ジュネーブ小林総領事宛(電報)

経済問題に関するわが方提案を通報した八月十三日付公信に対し回答を得たき旨アンリ大使へ要請について

付記　わが方よりアンリ大使へ提示した回答案

本省　8月23日後10時30分発

第七六號(極祕、至急)

往電第六六號ノ方法ニ依リ本電及別電第七七號至急在佛大使へ轉電アリ度

第三八八號

佛印經濟問題ニ關シ往電第三七二號ノ二、末段ノ次第アリタルニ依リ本大臣ヨリ八月十三日附書翰ヲ以テ「アンリー」大使ニ對シ同月六日ノ鈴木總領事ヨリ佛印總督ヘノ申入レ

内容（入國及企業等、船舶及航空機、竝ニ通商ニ關スル佛本國待遇要求）ヲ通報スルト共ニ本件我方要望ガ速ニ達成セラルル様佛國政府ニ於テ配慮アリ度キ旨申入レ置キタルガ其ノ後佛側ヨリ往電第三八三號ノ二、及三、ノ如キ提議アリタルニモ鑑ミ二十三日夜歐亞局長ヲシテ前記十三日附往翰ニ對シ「アンリー」大使ヨリ別電第三八九號（編注）要領ノ回答ヲ得タキ旨同大使ニ申入レシメタルニ大使ハ本國政府へ右傳達方約セリ

編　注　別電第三八九号は見当らないが、回答案については本文書付記参照。

（付　記）

以書翰啓上致候陳者八月十三日附貴翰通六機密第三五號ヲ以テ印度支那ト日本國トノ經濟通商關係緊密化ノ件ニ關シ御申越相成リ敬承致候

佛國政府ハ東亞ニ於ケル日本國ノ政治上及經濟上ノ卓絶ナル地位ヲ承認スルト共ニ前記貴翰ヲ以テ御通報相成タル各種事項ニ關スル日本國政府ノ要望ノ趣旨ハ之ヲ尊重シ其ノ具体的實現ニ付テハ好意的精神ヲ以テ前記方針ニ基キ努力スベク之カ爲速ニ印度支那總督ヲシテ日本側當局トノ間ニ交渉セシムベキ旨閣下ニ通報スルノ光榮ヲ有シ候

右回答申進旁本使ハ茲ニ重ネテ閣下ニ向テ敬意ヲ表シ候

敬　具

1831　昭和15年8月24日　松岡外務大臣より在ジュネーブ小林総領事宛（電報）

八月十三日付公信に対する回答案をめぐる西欧亜局長とアンリ大使の応酬について

本　省　8月24日後9時0分発

第七八號（至急、極祕）

往電第六六號ノ方法ニ依リ左記至急在佛大使へ轉電アリ度

第三九一號

往電第三八八號會談ノ際歐亞局長ヨリ提議セル佛大使回答案ニ付大使ハ本案ニ依レバ佛側ハ日本側要求ヲ其ノ儘受諾スルコトトナリ之ニ同意シ得ズト述ベタルニ依リ局長ハ我方要求ヲ全部受諾セヨトノ趣旨ニ非ズ今後ノ交渉ノ指導精神ヲ示シタルモノナレバ佛側ニ於テ受諾シ得ザル筈ハ無カ

ルベシト應酬シタリ
次デ大使ハ最モ重要ナル點ハ、佛側トシテハ極東ニ於ケル日本ノ優越的地位ヲ承認シ差支無キモ、右ハ日本側ガ政治軍事問題ニ關スル先般ノ佛側提案（日佛協約ヲ引用シ佛印ノ領土尊重等ノ點ヲ含ム）ニ同意セラルル場合ノ代償トシテナリト述ベタルニ依リ、局長ハ我方ガ佛印ノ領土ニ對シ侵略的意圖ヲ有セザル旨ハ既ニ右問題ニ關スル我方案文中ニモ謳ヒ、佛側希望ヲ容レアルニ付右ニテ充分ナリト應酬シタルニ、大使ハ日本案ハ現在侵略ノ意圖無シト云フニ過ギズ協定成立後ハ侵略セラルルヤモ知レズト云ヒタリ依テ局長ハ日本政府ガ一旦言明セル以上御懸念ノ如キコトハアリ得ズ然ルニモ拘ラズ右樣ノコトヲ言ハルルハ我方ヲ信用セザルモノト言ハザルベカラズ協定文ノ書キ方ハ如何樣ニモアレ、相互信頼ガ肝要ニシテ之無クシテハ如何ナル協定ヲ結ブモ無意味ナリト述ベ置キタリ

1832 昭和15年8月24日 在ジュネーブ小林総領事より松岡外務大臣宛（電報）

わが方提案を承諾し仏印問題に関する東京交渉を妥結するよう沢田大使から仏国外相へ要請について

ジュネーブ　8月24日後発
本　省　8月25日前着

第二〇一號（至急、極祕、館長符號扱）

佛發貴大臣宛電報
第六九八號

二十三日「ボードカン」外相ノ求メニ應シ往訪シタル處同外相ハ東京ニ於ケル日佛會談ニ關聯シ右ハ決シテ行詰リトナリタリトハ解シ居ラサルモ未タ軌道ニ乘リ居ラサルコトヲ遺憾トストテ從來屢々繰返シタル佛國政府ノ面目ヲ立ツルコトヲモ顧慮スル協定ニ達センコトヲ切望シ出發點トシテ佛國政府ノ面子ヲ立テラルルコトヲ考ヘ呉ルレハ他ノ點ハ之ヲ軌道ニ乘スルハ難カラスト考フル旨ヲ述ヘタルニ依リ本使ハ會談ノ電報ニ接シ居ラサルヲ以テ何トモ應酬出來サル旨答ヘ置キタリ然ルニ右會談直後「クーリエ」便ニ依ル壽府經由關係電報ヲ接受シタルニ依リ本使ハ再ヒ同外相ヲ往訪シ貴電第三八五號ニ言及シ當初貴方ノ要求セラレタル我方所要ノ飛行場數、兵數竝ニ軍隊通過經路等ヲ內示シ

タル趣ナルカ右軍事上ノ機密事項ニ屬スルコト迄通報シテ貴方ニ信頼ヲ示ス以上之ニテ速ニ成立セシメラルルコト諸般ノ情勢ヨリ見テ切望ニ堪エス貴方ニ於テハ妥協的精神ニ依リ協定ノ成立スルコトヲ切望スル旨屢々本使ニ御話アリタルニ拘ラス東京ニ於テ提示ノ貴方提案中ニハ問題ノ解決ヲ紛糾セシムルカ如キ部分アルコトハ帝國政府ニ對シ不可解ナル印象ヲ與ヘ居ルカノ如ク考ヘラル殊ニ話合開始以來三週間ヲ經テ未夕妥結ニ達セサルコトハ面白カラサル關係ヲモ招來スト考ヘルニ依リ是非共速ニ我方提案ヲ承諾セラレンコトヲ切望スルモノナリト述ヘタルニ外相ハ右極祕內報ノ點ハ多トスル所ニシテ曩ニ問題ヲ軌道ニ乘セ得ル希望ヲ失ハスト言ヒタルハ斯ル點ヲ指シタルモノナリ其ノ他ノ點ハ斷シテ問題解決ヲ遷延セシムルトカ固執スル意思ハ毛頭有セサルモ唯佛國トシテハ慘メナル對獨休戰ヲ爲シタル後輿論ノ手前屈服ニ屈服ヲ重ネ佛印迄モ占領セラルト言ハルルコトハ政府トシテ苦シキ立場ニ立ツコトハ充分松岡大臣ノ御同情ヲ得度ク右ニ付輿論ノ攻撃ニ對シテ本件ハ決シテ佛印ノ占領ニアラス友好精神ニ依ル合意成立ノ結果日本軍ニ便宜ヲ供與スルモノナリト說明シ得ル爲領土侵略ヲ意圖セラレサル趣旨ノ確認ヲ得度キコトハ貴大使トノ會談ノ當初ヨリ熱望シタル所ニシテ決シテ途中ヨリ新ナルコトヲ提案シタル次第ニアラス右出發點サヘ明カニナレハ他ノ點ハ自ラ話合モ附クモノト思考シ居ル故今一應右東京ニ取次方懇請スル旨ヲ述ヘタリ依テ本使ハ斯クテ事ノ遷延スルハ面白カラス貴方ニ於テモ速ニ協定(ヲ)成立セシムル樣政府部內ノ意見ヲ纒メラレンコトヲ希望スル旨答ヘ置キタリ

1833　昭和15年8月28日

松岡外務大臣より
在ハノイ鈴木総領事宛(電報)

仏印問題に関する東京交渉妥結について

別電一　昭和十五年八月二十九日発松岡外務大臣より
在ハノイ鈴木総領事宛第一九七号
仏印問題に関する往復書簡来簡案要領

二　昭和十五年八月二十八日発松岡外務大臣より
在ハノイ鈴木総領事宛第一九八号
仏印問題に関する往復書簡往簡案要領

本　省　8月28日後10時20分発

第一九六號（至急、極祕、館長符號扱）

二十五日「アンリー」大使大橋次官ヲ來訪訓令ニ依ルトテ佛印ノ政治軍事問題及經濟問題ニ關スル別電第一九七號要領ノ來翰案ヲ示シ承諾ヲ求メタルニ依リ次官ヨリ右案ニハ軍隊通過外二項目ニ關スル我軍事的要求㈠東京《トンキン》州ニ於テ日本軍ノ使用スベキ飛行場數㈡之ヲ使用スル飛行部隊及警備スル部隊竝ニ右諸部隊及現ニ國境附近支那領內ニアル日本部隊ニ對スル補給ニ當ル部隊等東京州內ニ配置セラルベキ日本軍兵數㈢軍隊通過經路㈢ニ付テハ通過部隊及之ガ警衛、補給等ニ必要ナル部隊ノ兵數ハ當時ノ情況ニ依ルベク目下之ヲ限定シ得ザル旨附記ス）ノ輪廓ハ軍當局ト協議ノ上曩ニ佛側ヘ極祕內示濟ナリ）ヲ受諾スル旨ノ明記ナキ點ヲ追及シ右明記方極力主張シタルモ、大使ハ右ヲ公文ニ明記スルコトハ佛ノ體面上不可能ナルモ事實上現地交渉ニ於テ右要求ハ何レモ之ヲ承認スルコトトナリ居ル旨明言シ右ニテ妥結方固執セリ（尚大使ハ交渉成立ノ際モ取極ハ極祕トシ發表セザルコトトシ度キ旨述ベ我方モ之ニ同意セリ）

依テ軍側トモ協議ノ結果本件ノ迅速解決ヲ圖ル爲我方ヨリ要旨別電第一九八號ノ囘答ヲ發スルコトニヨリ之ヲ應諾スルニ決シ同日夜歐亞局長ヲシテ大使ニ右囘答案ヲ提示セシメタルニ大使ハ之ニ異議無ク念ノ爲政府ニ請訓セリ

右來往翰ハ一兩日中ニ署名ノ上交換ヲ了スヘキ見込ミナルニ付軍事問題ニ付テハ西原少將ヘ右御傳達ノ上可然下準備ニ取掛ラルル樣致シ度

（委細ハ三十日貴地着ノ日航秋元社員ニ托送ノ機密信（飛行場ニ館員ヲ派シ受取ラレ度シ）ニ依リ承知セラレ度シ）

尚我方トシテハ本件取極ノ內容ノミナラス差當リハ右取極成立ノ事實モ發表ヲ差控エ度キニ付貴地通信員等ヨリ本件報道ヲ爲ササル樣此上共嚴重御配意相成度

佛ヘ轉電セリ

（別電一）

本省　8月29日前0時0分発

第一九七號（極祕、至急、館長符號扱）

佛國ハ極東ニ於ケル日本ノ政治及經濟上ノ優越的利益ヲ認ム

依テ佛國ハ日本ガ極東ニ於ケル佛國權益特ニ佛印ノ領土保

全竝ニ佛印聯邦ノ凡テノ部分ニ對スル佛國ノ主權ヲ尊重スルノ意向ヲ有スル旨ノ保障ヲ佛國ニ與フベキコトヲ期待ス
經濟問題ニ付テハ佛國ハ日本國及其ノ臣民ニ對シ出來得ル限リ最モ有利ニシテ且如何ナル場合ニモ他ノ外國ニ比シ優越スル地位ヲ保障スルノ方法ニ付速ニ商議スベシ
佛國ハ日本側軍事要求ハ專ラ支那事變解決上ノ必要ニ基クコト、從テ臨時的ニシテ事變解決ノ上ハ消滅スヘキコト竝ニ支那ニ面スル佛印ノ邊境州ニ限ラルルコトヲ了承ス右條件ノ下ニ佛國ハ佛印ニ於ケル佛司令官ニ對シ日本司令官トノ間ニ右軍事問題處理方命スルノ用意アリ日本側要求何レモ豫メ右合意ヨリ除外セラレス且佛側軍當局ニ對スル訓令ハ右ニ付權限ヲ制限セサルヘシ
右交渉ハ左記條件ニ依リ行フコトトス
一、兩司令官ハ日本軍ノ必要トスル所ノモノ及之ヲ滿足セシメ得ヘキ方法ヲ正確ニ知ラシムヘキ情報ヲ交換スヘシ右必要トスル所ノモノハ前記佛印支邊境州ニ於ケル作戰行動ニ關スルモノニ限ラルヘシ
一、右情報交換ニ次キ軍事的便宜供與ノ爲日佛軍當局間ニ相互信賴的接觸行ハルヘシ
一、佛國ハ右各種便宜供與ニ關スル費用ヲ一切負擔セズ本件便宜供與ハ嚴ニ作戰上ノ必要ニ限ラレ且佛側軍當局ノ仲介ニ依リ其ノ「コントロール」ノ下ニ行ハルヘシ
一、日本ハ自己ノ戰爭行爲ニ依リ竝ニ日本軍隊ノ存在自体ガ佛印內ニ誘致スルコトアルヘキ敵ノ戰爭行爲ニ依リ佛印ノ蒙ルヘキ損害ヲ賠償スベシ

以上

(別電二)

本　省　8月28日後10時20分発

第一九八號（極祕、館長符號扱、至急）

（前半ニ於テ佛側來翰ノ全文ヲ記載シ之ヲ受領セル旨ヲ述ブ）

日本政府ハ佛側書翰ニ豫見セラレタル交渉ニ於テ日本側要望カ速ニ達成セラルヘキコトヲ期待シ前記佛側申出ノ次第ヲ受諾スルト共ニ佛國政府ヨリ至急現地官憲ニ對シ所要ノ訓令ヲ發セラレンコトヲ要請ス

1834　昭和15年8月30日　松岡外務大臣より在ハノイ鈴木総領事、在ジュネーブ小林総領事他宛(電報)

仏印問題に関する松岡・アンリ往復書簡の交換完了について

付　記　昭和十五年八月三十日付松岡外務大臣より在本邦アンリ仏国大使宛公信欧三機密第三八号
仏印問題に関する交換公文わが方往簡

本　省　8月30日後8時30分発

合第一九三六號(大至急、館長符號扱、極祕)

八月三十日午後一時本大臣ト在京佛國大使トノ間ニ佛印問題ニ關スル書翰(既電ノ趣旨ノ案文ニ其ノ後多少修正ヲ加ヘ本件ハ軍事占領ノ性質ヲ有スルモノニ非サルコトヲモ明カニセリ)ノ交換ヲ了セリ既電ノ通右極祕御含ミ迄

本電宛先　英、米、南京、河內、廣東、上海、北京、壽府

壽府ヨリ獨、伊、蘇、佛ヘ轉電アリ度

廣東ヨリ香港ヘ轉電アリ度

(付　記)

歐三機密第三八號

以書翰啓上致候陳者昭和十五年八月三十日附貴翰ヲ以テ左ノ通御申越相成敬承致候

本使ハ佛蘭西國政府ハ極東ノ經濟的及政治的分野ニ於ケル日本國ノ優越的利益ヲ認ムル旨閣下ニ通報スルノ光榮ヲ有シ候

依テ佛蘭西國政府ハ帝國政府ニ於テ日本國ガ極東ニ於ケル佛蘭西國ノ權利及利益特ニ印度支那ノ領土保全竝ニ印度支那聯邦ノ全部ニ對スル佛蘭西國ノ主權ヲ尊重スルノ意向ヲ有スル旨ノ保障ヲ佛蘭西國政府ニ與ヘラレンコトヲ期待スルモノニ有之候

經濟的分野ニ關シテハ佛蘭西國ハ印度支那及日本國間ノ交易ヲ增進スルト共ニ印度支那ニ於テ日本國及其ノ臣民ニ對シ出來得ル限リ最モ有利ニシテ且如何ナル場合ニモ他ノ第三國ノ地位ニ比シ優越スル地位ヲ保障スルノ方法ニ付速ニ商議スルノ用意有之候

日本國ニ於テ佛蘭西國ニ要求セラレタル軍事上ノ特殊ノ便宜供與ニ付テハ佛蘭西國ハ右便宜供與ハ帝國政府ノ趣旨トスル所ハ專ラ蔣介石將軍トノ紛爭解決ヲ圖ラントス

ルニ在ルコト從テ右ハ臨時的ニシテ該紛爭解決セラレタルトキハ消滅スヘキモノナルコト竝ニ右ハ支那ニ境スル印度支那ノ州ニ限リ適用セラルルモノナルコトヲ了承致候右條件ノ下ニ佛蘭西國政府ハ印度支那ニ於ケル佛蘭西國軍司令官ニ對シ日本國軍司令官トノ間ニ右軍事的問題ヲ處理スベキ旨命ズルノ用意有之候帝國政府ニ於テ提出セラレタル要求ハ其ノ何レモ豫メ除外セラルルコトナカルベク且佛蘭西國軍當局ニ發セラルル訓令ハ右ノ點ニ付其ノ權限ヲ制限スルコトナカルヘキモノニ有之候

前記交渉ハ左記條件ニ依リ行ハルへク候

兩國軍司令官ハ軍人ノ名譽ニ掛ケ日本國軍ノ必要トスル所ノモノ及之ヲ滿足セシメ得ベキ方法ヲ正確ニ知ラシムベキ情報ヲ交換スルモノトス右日本國軍ノ必要トスル所ノモノハ印度支那ニ境スル支那諸州ニ於ケル作戰行動ニ關スルモノニ限ラルルモノトス

右情報交換アリタル後日本國軍ニ對スル所要ノ軍事的便宜供與ノ爲日本國及佛蘭西國軍當局間ニ相互信賴的接觸行ハルルモノトス

佛蘭西國政府ハ日本國軍ニ提供セラルベキ各種便宜供與ニ伴フ財政的負擔ハ何等之ヲ負ハザルベキモノトス右便宜供與ハ軍事占領ノ性質ヲ有スルモノニ非ズシテ嚴ニ作戰上ノ必要ニ限ラルルモノトシ佛蘭西國軍當局ノ仲介ニ依リ且其ノ監理ノ下ニ行ハルルモノトス

最後ニ帝國政府ハ自己ノ戰爭行爲ニ依リ竝ニ日本國軍隊ノ存在自体ガ印度支那ニ誘致スルコトアルベキ敵部隊ノ行爲ニ依リ印度支那ノ蒙ルコトアルベキ損害ニ付賠償ノ責ニ任ズルコトヲ約スルモノトス

右貴翰ニ對スル回答トシテ本大臣ハ日本國政府ハ極東ニ於ケル佛蘭西國ノ權利及利益特ニ印度支那ノ領土保全及印度支那聯邦ノ全部ニ對スル佛蘭西國ノ主權ヲ尊重スルノ意向ヲ有スル旨竝ニ佛蘭西國政府ヨリ申越サレタル提議ハ之ヲ受諾シ且日本國ノ要望ニ滿足ヲ與フルコトヲ目的トスル交渉カ遲滯ナク開始セラレ速ニ所期ノ目的カ達成セラルルコトヲ期待スルト共ニ佛蘭西國政府ヨリ爾今印度支那官憲ニ對シ右ノ爲必要ナル訓令ヲ發セラレンコトヲ希望スル旨閣下ニ通報スルノ光榮ヲ有シ候

本大臣ハ茲ニ重ネテ閣下ニ向テ敬意ヲ表シ候　　敬　具

昭和十五年八月三十日

外務大臣　松岡　洋右

佛蘭西國特命全權大使
「シャルル、アルセーヌ、アンリー」閣下

1835　昭和15年8月30日　松岡外務大臣より在ハノイ鈴木総領事、在ジュネーブ小林総領事他宛(電報)

仏印問題に関する往復書簡の交換後に行った松岡外相口頭申入れをめぐるアンリ大使との応酬振りについて

付　記　右松岡外相口頭申入れ

本　省　8月30日後11時0分発

合第一九三七號(極祕、至急)

往電合第一九三六號ニ關シ
書翰交換後本大臣ヨリ口頭ヲ以テ要旨別電合第一九三九號(編注)ノ通「アンリー」大使ニ申入レ置ケリ
尚其ノ際右一、ノ點ニ付大使ハ日本側要求ハ凡テ現地交渉事項中ニ包含サレ居レリト言ヒタルニ依リ本大臣ハ右二、ノ點ハ今次ノ往復文書ニ依リ凡テ「カヴァ」サレ居ルモノナリト應酬シ置ケリ又三、ノ點ニ付テハ大使ハ書翰交換ノ次第ヲ本國政府ニ電報シ政府ヨリ現地ニ指令スル等ノ關係ヨリ三十一日迄ニ現地取極ヲ成立セシムルコトハ不可能ナリト述ベタルニ依リ、本大臣ハ大使ヨリモ取極成立等ノ次第ヲ直接佛印總督ニ電報アリ度ク實ハ取極成立ノ事實ガ蔣側ニ洩レ蔣ガ何等對抗措置ヲ執ルノ懸念無シトセザルニ付現地交渉急速妥結ノ要アル旨力說シタルニ大使モ之ニ同感ノ意ヲ表シタリ
尚大使ハ佛側モ本件取極成立ニ付テハ何等發表セザルコトトシ度キ旨述ベタルニ依リ本大臣之ニ同意セリ
現地交渉ニ付テハ軍側ヨリ西原少將ニ指令アル筈
本電及別電宛先　河内、廣東、南京、壽府
壽府ヨリ佛ニ轉電アリ度

編　注　別電合第一九三九号は見当らないが、口頭申入れについては本文書付記参照。

(付　記)

八月三十日松岡大臣ヨリ「アンリー」大使ニ對シ

口頭ヲ以テ申入濟（後佛大使館參事官ヘ送達）

一、本貴翰中ニハ佛側ハ八月二十一日西歐亞局長ヨリ貴使ニ具体的內容ノ概略ヲ內示セル我方軍事的要求ヲ受諾スヘキ旨ノ明記ナキ處貴使ハ去ル二十五日大橋次官ニ對シ佛國トシテハ体面上右ノ旨ヲ文章ニ明記シ得サルモ實際上右要求ノ何レヲモ受諾スルコトニナリ居ル旨明言セラレシ趣ナルカ帝國政府トシテハ佛國政府ノ右言明ニ信頼シ本貴翰ヲ以テ御申越ノ次第ヲ受諾スルモノナリ

二、帝國政府ハ之ニテ我軍事的要望ハ佛印ニ於テ直ニ實現セラルヘキモノト思考スルモノナルカ日本軍ハ諸般ノ情勢上右要望ノ實現ヲ急キ居ル次第ニシテ軍中央ニ於テハ佛印經由蔣政權向物資輸送停止狀況視察委員長タル西原少將ヲシテ出先陸海軍最高指揮官代表ヲ兼ネシムルコト、シ同少將ニ對シ河內ニ於テ佛國側軍司令官トノ間ニ右我方要望實現ノ爲ノ現地取極ヲ成ルヘク速カニ、出來得レハ明日中ニ成立セシムル樣訓令セリ依テ佛國側ニ於テモ佛印總督ニ對シ西歐亞局長ヨリ貴使ニ內示セル我方軍事的要求ハ實質的ニ受諾濟ノモノナルコトヲ通報シ大至急右取極ヲ成立セシムル樣訓令方取計ハレ度シ

昭和十五年八月三十日

1836　昭和15年8月31日　在仏国沢田大使より松岡外務大臣宛（電報）

仏印における軍事行動実施は現地での軍事協定成立後を希望する旨など仏国政府意向を同国外相表明について

ヴィシー　8月31日後発
本　　省　9月2日前着

第七一〇號（極祕、館長符號扱）

八月三十一日[1]「ツトエッチヤ」外務大臣ノ求メニ應シ往訪シタル處同外務大臣ハ昨日佛印問題ニ關シ書翰ノ交換アリタルコトヲ告ケ只今「ペタン」元首ニモ之ヲ報告シタルカ同元首ヨリ同慶ニ堪エサルコト竝ニ之ヲ基礎トシテ日本側ニ於テモ佛印ヲ擁護シヤルノ立場ヲ取ラレ以テ新タナル日佛親善ノ出發點トシタキ旨特ニ依頼アリタリト語レリ

尙同外務大臣ヨリ佛國政府ノ希望トシテ左記三點傳達方併セ依頼セリ

一、軍事行動ニ付テハ當初ヨリ「シヨツク」ヲ與ヘサル爲事

ヲ穏カニ運ハシメラレタシ
二、軍事行動ハ現地ニ於テ軍事協定成立ノ後開始セラレタキコト
三、支那大使ノ屢申入レ來タル所ニ依レハ支那軍隊ハCaobang 前面ノ國境ニ集中シ居リ若シ日本軍佛印ニ足ヲ染ムルコトアラハ支那軍ハ直ニ國境ヲ突破スル意嚮ナル趣ニ付テハ日本軍側ニ於テ之ニ先ンシテ飛行機ニ依リテ前進ヲ阻止セラレタキコト
右ニ對シ本使ヨリ第一ニ付テハ我方要求ハ既ニ極祕ニ内示濟ニシテ現地官憲ノ驚クコトモナカルヘシト述ヘタルニ外務大臣ハ右ハ承知ノ所ナルカ[2]行動ノ進行ニ連レテハ右内示ノ點以上ノコト迄モ協力セシムル積ナルニ依リ先ツ出發點ニ於テ事ノ穩ニ運フコトヲ希望スルナリト答ヘ第二點ニ關シ事急ヲ要スルニ鑑ミ軍事協定成立迄行動ヲ開始セサルコトハ約束困難ナリト認ムル旨ヲ述ヘタルニ外務大臣ハ現地軍憲ニ對シテハ本日午後中ニモ訓令ヲ發スル積リニテ協定成立ノ爲決シテ手間取ラセサル積リニ付(明日中ニモ調印スル様訓令スル積リナリ)第三者ニ口實ヲ與ヘサル爲是非共行動ハ協定成立ノ上ニテ開始セラレンコトヲ希望スル次第ナリト説明シ
第三點ニ關シ支那側ニ如何ナル回答ヲ與ヘラレタルヤヲ尋ネタルニ外相ハ日本側トハ豫テ佛印ニ關スル協定ヲ遂クル爲話合中ナルモ未タ何等話シ得ル事態ニ達シ居ラストテ其ノ言分ヲ斥ケ居レリ斯クテ自分トシテハ日支事變ニ對シテハ表面ハ中立ノ立場ヲ裝ヒツツモ事實日本ノ「アリエ」ニ外ナラスト考ヘ居ル次第ニテ從テ支那軍ノ前進阻止ノ爲日本軍飛行機カ出動スル場合ニハ佛側飛行機モ之ニ協力セシメル積リナリト答ヘタリ

(3) 北部仏印進駐に関する現地交渉と進駐の実施

1837　昭和15年9月1日　在ハノイ鈴木総領事より松岡外務大臣宛(電報)

仏印軍事協定の交渉開始を西原少将提議に対しドクー総督は未だ本国政府の訓令なしとして交渉開始に難色表明について

ハノイ　9月1日後発
本　省　9月2日前着

第一九六號(至急、極祕、館長符號扱)

客[1]月三十日午後四時西原少將ハ總督ニ面會富永少將携行ノ軍事協定案ヲ提示シテ之ニ同意ヲ求メタル處總督ハ東京ニ於ケル交換公文成立ノコトモ知ラス又右軍事協定調印ニ對スル佛本國政府ノ訓令モ無キニ付前記協定案ニ調印スルコト能ハサルノミナラス之ヲ審議スルコトモ差控ヘタシ尤モ右ニ付テハ早速「ビシー」政府ニ請訓スヘキヲ以テ本月二日夕刻迄本件協定案調印方猶豫セラレタシト述ヘタル由ナリ右ニ對シ監視團側ニ於テハ總督カ本件交換公文成立ヲ知ラストテ云フカ如キハ不誠意ノ態度ナリトテ若シ二日夕刻迄ニ我方要求ニ應セサルニ於テハ監視團ノミナラス在佛印居留民ノ引揚ヲ斷行セサルヘカラスト決定シ直ニ國境ニ在ル監視員ニ對シテハ交渉ノ模様如何ニ依リテハ引揚クルノ餘儀無キニ至ルヘク其ノ心構ヘヲ爲スヘシトノ命令ヲ與フルト共ニ同日午後五時本官ノ來訪ヲ求メ右事情説明スルト共ニ居留民ノ引揚ニ付本官ノ同意ヲ求メタリ然ルニ六時頃ニ至リ前記交換公文成立カ同三十日午後二時?ニ行ハレタリトノ大本營發監視團宛電報到着セルヲ以テ事實總督カ右成立ノ事情ヲ知ラサリシコトモ可能ナルヘシトシテ幾分和ラキタル氣分トナレリ

次[2]テ翌三十一日正午西原少將ハ再ヒ總督ヲ往訪シタルヲ以テ本官ヨリ其ノ結果ニ付質問シタルニ同少將ハ大體ニ於テ本件協定調印ノ運ヒニ至ルヘシトハ信スルモ萬一ノ場合ヲ慮リ善處セラレタシト答ヘタリ

又監視團側ニテハ右ノ如キ萬一ノ場合ニ備ヘ明二日海防出港ノ盤谷丸ニ對シ暫ク停船方本一日附ヲ以テ命令セリ

要スルニ前述ノ如キ萬一ノ場合ハ起ラサルヘシトハ思考スルモ若シ監視團一同カ退去スルカ如キ場合ニハ本官トシテハ是ニ從ヒ居留民ノ引揚ヲ斷行スル外途無シト存セラル不

取敢
要領西貢へ轉電セリ

1838　昭和15年9月2日　松岡外務大臣より　在仏国沢田大使宛(電報)

仏印現地交渉を至急開始するよう仏国政府へ督促方訓令

本　省　9月2日後3時40分発

第四〇一號(大至急、館長符號扱)

西原少將ハ八月三十日及三十一日佛印總督ニ對シ軍事交渉開始方提議シタルモ未ダ本國政府ヨリ訓令無シトテ之ニ應ゼザリシ趣ノ處我方トシテハ交渉卽時開始(現地軍ハ本二日中ニ交渉開始セラレザル場合ハ獨立行動ヲ執ルコトアルヤモ知レズト云ヒ居ルモ軍中央ハ之ヲ抑ヘ居レリ)ヲ必要トスル作戰上及外交上諸般ノ事情アルニ付貴使ハ右御含ノ上佛國政府ヨリ佛印總督ニ對シ至急現地交渉開始スベキ旨ノ訓令ヲ發スル様極力御努力相成リ結果回電アリ度
尚我軍事的要求ハ事實上佛側ニ於テ凡テ受諾濟ナルニ付右ニ關スル現地取極ノ權限ヲ豫メ佛國政府ヨリ佛印總督ニ與ヘ現地交渉開始後ハ個々ノ問題ニ付總督ヨリ本國政府ニ請訓シ我方要求ノ實現ヲ遷延スルガ如キコト無キ様佛側ニ充分念ヲ押サレ度
河内ニ轉電セリ

1839　昭和15年9月2日　在仏国沢田大使より　松岡外務大臣宛(電報)

仏国外相へ仏印現地交渉至急開始方要請したところ既に訓令済みであり協定成立前に軍事行動なきよう回答について

ヴィシー　9月2日後発
本　省　9月4日前着

第七一四號(大至急、館長符號扱)

貴電[1]第四〇一號ニ關シ
二日直ニ「ボウデアン」外相ヲ往訪同電ノ趣旨ヲ申入レタル處其ノ前段ニ關シテハ八月三十一日本使トノ會談後午後六時ニハ訓令ヲ發シタルヲ以テ遲クモ本二日ニハ現地ニ於テ交渉開始セラレ居ルモノト確信スル旨ヲ答ヘ貴電前(後カ)段ニ付テハ現地取極ノ全權ヲ與ヘタルヲ以テ實現ヲ遷延スルカ

如キコトナキ旨且右ニ付テハ實ハ「ウエイガン」國防大臣ヨリハ相當詳細ニ亘ル訓令ヲ發スルコトヲ主張シタルニ對シ自分(外相)ハ何處迄モ日本軍ト共同作戰ヲ爲ス趣旨[(2)]ヲ貫徹シ例ヘハ日本軍受持ノ「セクトウル」ニ對シテハ佛印軍ハ全然手ヲ拔キ之ヲ他ノ地域守備ニ當ラシメ以テ國境地帶秩序維持ノ萬全ヲ期セシメル等兎モ角モ互讓妥協ノ精神ヲ以テ速ニ取極ヲ成立セシムル様國防省側ヲ說得シ其ノ趣旨ニ於テ訓令シタルモノナルヲ以テ若シ日本軍側ニ於テ直ニ行動ヲ開始セラルルカ如キコトアラハ國防省側ヲ硬化セシメ取極成立ニ困難ヲ生スル惧多キニ付右國防省側ニ對スル自分(外相)ノ立場ヲモ斟酌セラレ現地取極成立前ニ行動開始セラレサル様重ネテ(往電第七一〇號)懇請スト述ヘタリ

1840　昭和15年9月3日　在ハノイ鈴木総領事より松岡外務大臣宛(電報)

仏印側に交渉遷延の態度が見えたため在留邦人の引揚げと九月五日以降の進駐開始を西原少将よりドクー総督へ通告について

ハノイ　9月3日前10時45分発
本　省　9月3日後5時40分着

第一九七號(極祕、大至急)

往電第一九六號ニ關シ

二日午後八時西原少將ハ富永少將以下同伴總督ヲ往訪シ三十日提出ノ協定案ニ署名方要求シタル處同總督ハ本國政府ヨリ只今訓令接到シタルモ右訓令ハ長文ニテ且解讀不能ノ箇處多數アリ今少シク研究ノ要アルヲ以テ今直ニ囘答ヲ爲シ得ス右ニ關シ明三日午前九時ヨリ貴我間ニ交渉ヲ開始シタシト述ヘタルニ依リ同少將ヨリ卽時右開始方ヲ求メタルモ之ニ應セサルヲ以テ豫テ決裂ノ場合ヲ豫想シ用意セル書翰(佛印在住邦人引揚ヲ行ヒ五日以後軍隊ノ進駐ヲ開始スヘキ趣旨ヲ記セルモノ)ヲ手交シタルニ同總督ハ一時間以內ニ或種回答ヲ爲スヘキニ付暫時待タレタキ旨要請シタル趣ニテ同少將一行ハ一旦監視團本部ニ歸還シタリ本官モ同本部ニ赴キ右提案ヲ待チ居タル處十時半ニ至リ同總督ヨリ本國政府ヨリ受ケタル訓令ノ內容ハ協定案中ノ或種條項ト兩立セサルカ如ク見ユルモノアルヲ以テ之ニ關シ協議ヲ開始シタキニ付其ノ時期ヲ示サレタク又本國政府ヨリ正式協

定調印前ハ日本軍隊ノ佛印領内侵入及日本軍艦又ハ運送船ノ佛印港灣入港ヲ許容スヘカラサル旨命令ヲ受ケ居ル旨ヲ記載セル書翰ヲ送付越セリ依テ對策ヲ協議シタル結果即刻交渉開始ヲ要求シ先方修正案ヲ一應検討シ修正カ微細ニテ現地ニ於テ妥協シ得ル程度ナルニ於テハ可ナルモ更ニ佛本國政府ノ指令ヲ仰ク様必要アルニ於テハ交渉ヲ斷然打切リ引揚ヲ開始スルコトニ決シ諸般ノ準備ヲ進メツツアリ

（二）（ママ）當館ニ於テハ四日海防入港ノ盤谷丸ニ管内在住者ヲ乘船セシムル様手配スルト共ニ在西貢領事館ニ對シテモ四日西貢入港ノ西貢丸ニテ引揚ヲ行ハシムル様聯絡シ置ケリ

（二日午後十二時）

1841　昭和15年9月3日　松岡外務大臣より 在仏国沢田大使宛（電報）

仏印軍事協定案は既に仏国が受諾した内容であり至急現地交渉を妥結するよう仏国政府説得方訓令

本　省　9月3日後7時40分発

第四〇五號（大至急、館長符號扱）

本三日西原少將ヨリ軍側ヘノ入電ニ依レバ同少將ハ二日夜佛印總督ト會見セル處總督ハ同日夕本國政府ヨリ訓令接到セルガ右ハ同少將ノ提案セル現地協定案（河内宛往電第一九六號ノ通佛側ニ於テ事實上受諾ノ旨明言セル我方要求ト其ノ內容同様ノモノ）ト相當相違シ居レリトテ右提案ノ修正ヲ主張シ三日ヨリ交渉ヲ開始シ度キ旨述ベタルニ依リ同少將ハ右ノ如キ情況ニ於テ交渉ヲ開始セバ到底短時日ノ間ニ妥結ニ達シ得ズト判斷シ直ニ總督ニ對シ南支派遣日本陸海軍最高指揮官ハ八月三十日東京ニ於テ成立セル日佛兩國政府間ノ取極ニ基キ日本陸海軍ヲ九月五日（電文崩レ或ハ三日ナルヤモ知レズ）以降佛印內ニ進駐スルコトニ決定セル旨ヲ通告セル趣ナルニ付テハ貴使ハ至急佛國政府ニ右ノ次第ヲ傳ヘ佛側ガ此ノ上遷延策ニ出ヅルトキハ我軍ハ既定ノ方針ニ依リ五日（或ハ三日）以降獨立ノ行動ヲ執ルベク斯クテハ交渉ニ依リ本件ノ解決ヲ圖リ來レル兩國政府ノ努力モ水泡ニ歸スベキニ依リ佛國政府ヨリ佛印總督ニ對シ西原少將提出ノ要求內容ハ既ニ佛側ニ於テ受諾濟ノモノナルニ付右ニ基キ直チニ我軍ニ便宜ヲ供スル様訓令方極力御說得相成リ結果回電アリ度

河内ニ轉電セリ

1842　昭和15年9月3日　松岡外務大臣より在仏国沢田大使宛（電報）

仏印現地交渉に関し日本軍の性急な行動を抑制し平和的に解決方アンリ大使要望について

本　省　9月3日後10時40分発

第四〇六號（館長符號扱、大至急）

往電第四〇五號ニ關シ

「アンリー」大使ハ三日大橋次官ヲ來訪現地日本軍代表者ハ佛印總督ニ對シ三日夜半迄ニ滿足ナル回答ナキ場合ハ五日以降兵ヲ進駐セシムヘシトテ最後通牒ノ如キ要求ヲナシタル趣ニテ自分トシテハ心配シ居ル處若シ日本側カ軍隊ノ早急ナル行動ヲ差控ヘシムルコトヲ約セラルルニ於テハ自分モ直ニ本國政府ニ對シ現地交渉ヲ急速妥結セシムル樣進言スヘシト述ヘタルニ依リ次官ハ現地軍トシテハ東京ノ交渉手間取リタル爲痺《シビレ》ヲ切ラシ斯ル態度ニ出タルモノト思考スルモ本件ヲ平和的ニ處理スル意味ニ於テ自分トシテ最善ノ努力ヲナスヘキニ付貴使ニ於テモ至急現地取極ヲ成立セシムル樣本國政府ヲシテ佛印總督ニ訓令方取計ハレ度ト要求セル所大使ハ之ヲ諾シ急キ辭去セリ

1843　昭和15年9月4日　在ハノイ鈴木総領事より松岡外務大臣宛（電報）

仏印当局が軍事協定に関する対案提示について

ハノイ　9月4日前発
本　省　9月4日後着

第一九九號（大至急、極祕、館長符號扱）

往電第一九八號ニ關シ

一、西原少將ハ富永少將同伴前日ノ打合ニ基キ本三日午前九時司令官ト會見ノ筈ナリシ處二日夜ノ「コンミユニケ」ノ次第アリタル趣（往電第一九八號後段參照）最早會見ノ要無キモノト認メ其ノ旨ヲ先方ニ通報シタルニ司令官ヨリ對案ノ用意整ヒタリトテ午前十時來訪方要請アリタルヲ以テ指定ノ時刻ニ（脫?）肝腎ノ本問ニ觸レス前記「コンミユニケ」カ多大ノ動搖ヲ惹起シタルニ付右ハ雙方ノ誤解ニ基キタル旨ノ共同ノ聲明ヲ發表シタク又昨夜「ヴイシー」政府ニ交渉決裂ヲ電報シタルニ付自分ハ最早全權ヲ有セス更ニ交渉ヲ行フ爲ニハ改メテ本國政府ヨリ授權セラルルノ要アリト述ヘタルニ付同少將ハ右共同聲明申出ヲ拒絶セリ然ルニ先方ハ對案作成中ニテ至急提出シ得ル用意アリ且本件ニ關シ總督ト面會セラレタキ旨附言シタルニ依リ同少將ハ午前十一時總督ト會見シ一先ツ先方對案ヲ待ツコトニ打合セタル處右對案ハ夕刻漸ク送付シ越シタルニ依リ改メテ會見ヲ司令官ニ申込ミタル處疲勞ヲ理由トシテ明四日午前九時迄右延期方返答アリタル趣ナリ

二、西原少將本官限リノ含ミトシテ右對案ハ大體我方提案ヲ容認シ居レルカ未タ河内附近ニ於ケル飛行場ノ使用及進駐開始ノ時期ニ關シ一致セサル點アルモ大體妥結ニ至ルヘキ見込ナリト語レリ爲念先方トノ驅引上依然引揚準備ヲ其ノ儘繼續シ協定成立ヲ待チ一齊ニ之ヲ中止シタキニ付各方面ヲ其ノ含ミニテ指導アリタキ旨呉々モ依頼アリタルヲ以テ在留民ノ問合ニ對シテハ其ノ趣旨ニテ應酬シ居レリ

三、在留民收容ノ爲監視團海軍部ヨリ運送船二隻廻航方手配シタル處四日夜武洋丸海防ニ、五日朝東洋丸西貢ニ入港ノ豫定ナリ

1844 昭和15年9月4日 在仏国沢田大使より松岡外務大臣宛（電報）

仏印現地交渉を至急妥結するよう仏国外相説得について

ヴィシー　9月4日後発
本　　省　9月5日前着

第七一五號（大至急）

貴電[1]第四〇六號ニ關シ（佛印問題）

四日早朝「ボードアン」外相ヲ往訪シ現地取極交渉ニ關スル貴方電報ハ八月三十一日晩發セラレタリトノコトナルニ拘ラス九月三日ニ至ルモ現地ニ於テ交渉開始セラレサルハ其ノ意ヲ解セスト詰リタルニ同外相ハ實ハ右訓令ハ遲着シ漸ク二日晩ニ至ツテ到着シタル趣ニテ佛印總督ニ於テハ「ゼネラル、マルタン」ヲ委員ニ任命シ日本軍側ニ對シ三日朝ヨリ交渉ヲ開始センコトヲ申入レタルニ對シ西原少將ヨリ交渉ノ必要ヲ認メストテ書物ヲ提示シテ十二時間ノ期限ヲ以テ之ニ調印センコトヲ求メラレ應セサルニ於テハ五

日ヨリ軍事行動ヲ開始スヘキ旨ノ通告アリタル趣
昨[2]三日夜電報ニ接シ驚キタル次第ニテ斯クテハ折角東京ニ於テ友好ノ精神ヲ以テ成立シタル取極ヲ最後ノ瞬間ニ打毀シ豫テ度々御願シ置キタル佛國ノ面子丸潰レトナル次第ニテ佛印トシテモ面目上息リ立ツカ如キコトアリテハ兩國ノ爲面白カラサル結果ヲ誘致セサルヤ甚タ懸念シ居ル次第ナリ依テ本使ハ（貴電第四〇五號ハ前半ノミシカ接到シ居ラス）日本軍トシテハ東京交渉遅延ノ爲行動ヲ起サントシテヨリ一箇月ヲ待ツコトヲ餘儀ナクセラレ其ノ取極成立後四日ヲ經ルモ貴地現地官憲ニ於テ交渉ニ應セサル爲今回ノ措置ニ出テタルモノト目セラレ責ハ佛印官憲側ニ在リト言ハサルヲ得スト述ヘタルニ
同[3]外相ハ右ハ全ク昨今通信關係不便ノ爲訓令遅着シタルニ依ルモノナルヲ以テ之ヲ諒トセラレタク折角今日迄友好（一語不明）裡ニ話合ヲ續ケ來リシモノナルヲ以テ日本軍側ニ於テモ今少シノ忍耐ヲ示サレ最後通牒トカ踏付ケトカ云フ形ニナラス何所迄モ表面ハ双方合意ニ依リテ取極メラレ以テ行動開始セラレタリト云フ形ニナル様東京ニ於テノ御斡旋ヲ希望スル旨ヲ繰返シタルニ依リ本使ハ右ハ本國政府ニ取次クヘキモ貴方現地官憲ニ於テモ此ノ際些末ノ文句ヲ云ハス速ニ取極ヲ成立セシムル様重ネテ訓令セラレンコト希望ニ堪ヘスト述ヘ置キタリ

1845 昭和15年9月4日 在仏国沢田大使より松岡外務大臣宛（電報）

仏印軍事協定案は既に仏国が受諾済みのものであり至急現地交渉妥結方仏印当局へ命令あるよう仏国外相説得について

ヴィシー 9月4日後発
本 省 9月5日後着

第七一七號（大至急、館長符號扱）

四[1]日正午貴電第四〇五號全部接到ト共ニ再ヒ外相ヲ往訪シ先刻ハ現地交渉ニ關スル貴方訓令發送ノ遅延ヲ詰問シタル次第ナルカ只今接到セル東京ヨリノ電報ニ依レハ問題ハ貴方訓令ノ内容ニ係ルモノナルコト明カニナレリ卽チ貴方ニ於テ事實上受諾シタル我方要求ト貴方訓令トノ間ニ相當ノ相違點アリテ斯ル狀況ニ於テハ交渉ヲ開始スルモ到底短時日ノ間ニ妥結ニ達スルヲ得ス然ルニ軍トシテハ既ニ一ケ月

以上忍耐ヲ重ネ八月三十日東京ニ於ケル取極成立以後ニ於テモ既ニ數日ヲ經過シ居ルニ鑑ミ最早猶豫スルヲ許ササル事態ニ立到リタルヲ以テ

我方[2]トシテ東京取極ニ基キ九月五日以降佛印ニ進駐スヘキ旨通告スルニ至リタルモノニシテ右ノ如ク隱忍ニ隱忍ヲ重ネテ到達シタル決定ナルヲ以テ最早之ニ依リテ行動スル外ナキ次第ナリ他方今回西原少將提出ノ要求內容ハ既ニ貴方ニ於テ承知濟ノモノナルニ付テハ旁今日迄ノ兩國政府ノ努力ヲ土壇場ニ至リテ水泡ニ歸セシメサル爲折返シ佛印總督ニ對シ速ニ我方要求ニ從テ我軍ニ便宜ヲ供與スル樣訓令セラレンコトヲ切望スト述ヘタルニ同外相ハ折角今日迄友好精神裡ニ進ミ來リタル話合ヲ最後ノ場面ニ於テ打チ壞スコトノ殘念ナルカ

全[3]ク同感ニシテ此ノ際遷延策ヲ採ルカ如キハ毫末モ考ヘ居ラサル次第ハ貴大使ニモ屢々御話シタル通リナルニ付日本側ニ於テモ更ニ切メテ玆二十四時間ノ忍耐ヲ示サレ最後迄話合ニ依リテ纒マリタリトノ形ヲ整ヘシメラルル樣御取計方切望ニ耐ヘス幸ヒニ三日夜河內發只今一時間前ニ到達シ目下解讀中ナル佛印總督ヨリノ電報ニ依レハ話合本朝ヨリ再開ノ見込ミナル趣ナリ右話合サヘ開始セラルレハ必ス何等カ妥結ニ達シ得ルモノト信シ居ル旨ヲ答ヘタルヲ以テ本使ヨリ右ハ誠ニ結構ナル報道ナルカ然ラハ尚更右交渉ヲ速ニ纒メシムル樣直ニ重ネテ佛印總督ニ訓令等發セラレンコトヲ望ムト述ヘ再度念ヲ押シタルニ外相モ然スヘキ旨ヲ約シタリ

1846 昭和15年9月4日 在ハノイ鈴木総領事より松岡外務大臣宛（電報）

西原少将とマルタン仏印軍司令官の間に軍事協定成立のための基礎事項調印について

付記 昭和十五年九月四日調印

右基礎事項

ハノイ 9月4日後発
本省 9月5日前着

第二〇一號（大至急、館長符號扱）

往電第二〇〇號ニ關シ

本日午後[編注]八時四十五分西原少將ト「マルタン」司令官トノ間ニ協定調印ヲ了シタリ

尤モ先方ハ支那側ニ洩レ支那側カ敵對行爲ニ出ツルコトヲ極度ニ懸念シ居リ若シ本協定カ漏洩シタル場合ニハ之ヲ無效ニスル條件ニテ署名シタリ

編　注　「日本（東京）時間午后十一時」との書き込みあり。

（**付　記**）

在「ハノイ」南支派遣日本陸海軍最高指揮官代表ト印度支那軍最高指揮官トノ間ノ軍事協定成立ノ爲ノ基礎事項

本基礎事項ハ佛國政府ノ訓令ニ基キタルモノニシテ此訓令ハ昭和十五年九月三日日本陸海軍代表ニ通告セラレタルモノナリ

㈠總論

開始スヘキ交渉ハ相互ノ友誼及ビ信頼ノ表現ノ下ニ行ハルヘキモノナリ

特ニ佛國陸軍當局カ日本軍ノ諸部隊或ハ施設ヲ保護スルコトヲ承諾スル度毎ニ日本當局ハ約束ヲ履行セントスル佛國側ノ意志ヲ納得スルヲ要ス

佛國政府カ日本ニ對シ與ヘントスル特種ノ便宜供與ハ如何ナル場合ニ於テモ軍事的占領ノ性質ヲ有セス尚其便宜供與ハ作戰上ノ必要ニ嚴ニ制限セラルルモノトシ且佛國陸軍官憲ノ仲介ト其監理ノ下ニ行ハルルモノナリ

上陸地點トシテ選定セル海岸地點ト作戰地帶トノ間ニ於ケル通過ハ自由ナルモ如何ナル場合ニ於テモ出發地點ト此ノ作戰地帶トノ間ニ於テ部隊ハ永駐セサルモノトス

㈡基礎原則

日本軍ハ兵種ノ如何ヲ問ハス佛軍最高指揮官ノ特別ノ許可アル場合ノ外、「ハノイ」ニ進入セサルモノトス

日本軍ノ行動ハ「ルージュ」河北側ノ地域ニ限定ス

作戰地帶内ニ於テハ佛國ノ行政軍事諸機關ハ其位置ニ留リ又其ノ總テノ權限ヲ保有ス、土着民トノ關係（接觸）ヲ生スル場合ニ於テハ必ス前記諸機關仲介ニヨリ行ハルルモノトス

日本軍地上部隊ニシテ東京地方ニ同時ニ存在スル兵力ハ戰鬪員及ヒ非戰鬪員ヲ通シ如何ナル場合ニ於テモ現在東京地方ニ於ケル動員兵力ノ三分ノ二、卽チ二萬五千ヲ超ユルコトナシ

日本軍ハ左ノ事ヲ約ス
一、其人員及資材ノ輸送、宿營、施設ニヨリ生スル總テノ經費ヲ擔《(負カ)》ス
二、日本部隊ノ存在及施設竝ニ其レニ依リ起ルコトアル支那側或ハ日本側ノ總テ戰爭行爲ニヨリ印度支那領土內ニ生スル損害ヲ印度支那政府及個人ニ賠償ス

(三)作戰基地

日本軍當局ハ右ニ述ヘタル作戰地帶內ニ於テ一或ハ數箇ノ作戰基地ヲ選定スルモノトス
作戰諸基地ノ位置左ノ如シ
イエヌ、バイ《Yen Bay》—チュイエヌ、カン《Tuyen Quang》—
タイヌ、クイエヌ《Thai Nguyen》—ケプ《Kep》ヲ連ヌル線(此等ノ住民地ヲ含ム)ヨリ北及ヒ北東ニ亘ル地域
日本軍當局ハ次ノ條件ノ下ニ其選定セル一或ハ數箇ノ作戰基地ヲ選定スル爲完全ナル自由ヲ有スルモノナリ卽チ佛國當局ハ基地ノ監理ヲ行ヒ個人ノ蒙ルヘキ損害ヲ嚴重ニ制限シ其損害ノ賠償ヲ直チニ請求スルモノトス
選定上陸地點ハ「ハイフオン《Haiphong》」トス此港ハ作戰基地タルヲ得ス、上陸地點ハ一地點トシ軍隊及ヒ資材ノ揚陸後ハ最短期間內ニ解放セラルヘシ

(四)交通線

作戰ノ爲日本當局ハ左ノ線ヲ利用シ得ヘシ
鐵道 ハイフォン《Haiphong》—ジアラム《Gialam》
ジアラム《Gialam》—ランソン《Langson》
ジアラム《Gialam》—ラオカイ《Lao Kay》
道路 ハイフォン《Haiphong》—ジヤラム《Gialam》
ジヤラム《Gialam》—ランソン《Langson》
ジヤラム《Gialam》—エンバイ《Yen Bay》
時宜ニ依リ佛軍最高指揮官ノ特別諒解ヲ求メタル上、左ノ線ヲ利用シ得ヘシ
ヂヤラム《Gialam》—タイングエン《Tainguyen》—カオバン《Caobang》—チュエンカング《Tuyen Quang》—
ハヂャン《Hagiang》道
然レドモ作戰ノ要求ニ從ヒテノミ又輸送隊ノ行動ニ必要ナル期間中ノミ右ノ諸道路ヲ利用シ得ルモノトス
此ノ輸送ノ實施方法ハ日佛陸軍當局ノ合意ニ依リ規定セラルルモノトス右經路ノ決定及ヒ一或ハ數箇ノ作戰基地ニ到ル爲ノ許可賦與ノ資格アルモノハ佛軍最高指揮官ノミトス
交通路ノ警戒ハ決定セラルヘキ地區ニ從ヒ佛國若クハ日本

國ノ兵員ニ依リテ確保セラルヘシ
「ハイフォン」ヨリ選定作戰基地ニ到ル部分ノ監視ハ佛軍部隊ニヨリ行ハルルヲ原則トス

㈤空軍兵力

「ルージユ」《Rouge》河北方ニ位置シアル三飛行場（卽チ「フウトー」《Phutho》「ヴィヌ、イエヌ」《Vinh Yen》「ラオカイ」《Lao Kay》）ハ日本空軍之ヲ使用シ設備スルヲ得此等飛行場ノ警備ノ爲、充當スル兵力ハ嚴密ニ最少限度ニ減セラレ且ツ此ノ兵力ハ日佛兩軍當局間ノ双方合意ニヨリ決定セラルヘシ
佛國當局ハ飛行禁止地域及領空ニ於ケル飛行規則ヲ決定スルモノトス
佛軍當局ハ作戰地帶外ニ於ケル飛行機ノ行動ニツキ二十四時間前ニ通告ヲ受クルモノトス

㈥軍艦及輸送

日本陸軍部隊ノ人員及資材ノ揚陸ハ運送船ニ依リテノミ實施セラルヘシ
此等ノ運送船ヲ護衛スル軍艦ハ「ドソン」《Doson》—「アッポワヌ」ヲ連ヌル線ヨリ六浬以內ニ接近シ得サルヘシ
然レトモ水雷艇級ヲ超エサル日本軍艦一隻ハ「ハイフオン」ニ入港シ前記諸條件ニテ同港ニ留マルコトヲ得
佛國當局ハ日本軍輸送船團ノ到着及上陸スヘキ兵員ニツキ少クトモ二十四時間以前ニ通告ヲ受クルモノトス
岸壁ニ横付セラルヘキ船舶ノ數ハ日本當局トノ合意ノ上制限セラルルモノトス、使用セラルル港灣施設ノ數モ亦同様ニ制限セラルヘク又此等ノ施設ノ使用カ永久的ニ亘ラサルコト勿論ナリ
日本輸送船ノ碇泊位置ハ双方合意ノ上規定セラルヘシ
印度支那沿岸ニ於ケル船舶ノ補給ハ嚴密ニ制限シ且雙方ノ合意ニ依リ限定セラレタル碇泊港灣ニ於テノミ實施セラルヘシ

㈦無線電信

野戰用無線ノ外、强力ナル固定無線ノ印度支那領土ニ於ケル設置ヲ行ハス
船舶用無線ハ此ノ限リニ非ス東京州海岸ト海南トノ間ノ海底電線ノ敷設問題ハ別個ノ研究問題トス

㈧重要注意事項

最後的協定カ双方ニヨリ署名セラレザル限リ又本協定ノ効力發生期日カ決定セラレサル限リ日本地上、海上及空中兵

力ハ印度支那ノ領土ニモ領空ニモ進入スルヲ得ス日本陸海軍代表ニ依リ與ヘラレタル同意ニヨリ威壓的性質ヲ呈スル何等ノ行爲モ行フヲ得ス

左ノ事ヲ威壓的行爲ト見做ス

國境ヲ超ユル爲ノ總テノ企圖

印度支那領土ノ近クニ於ケル部隊ノ總テノ集合

(註)佛印侵入ノ目的ヲ以テ現在以上ニ兵力ヲ集結セサルノ意ナリ

沖合ニ於ケル軍艦或ハ輸送船ノ行動

領空飛行、但特別ノ許可アル時ハ此ノ限リニ非ス

前記諸條件カ日本軍ニヨリ遵守サレサル場合ニハ佛軍最高司令官ハ開始シタル交渉ヲ斷チ且再ヒ行動ノ自由ヲ取ルニ至ルヘシ

本注意中ニ定メタル基礎諸事項ヲ最後的協定ノ署名ノ時迄嚴祕ニ附スル事ヲ要スルコトモ勿論ナリ

日本當局カ此ノ祕密ヲ破ルコトハ佛國當局ニヨリ一ツノ威壓方法ト見做サレ且、前記諸結果ヲ惹起スルナラン

昭和十五年九月四日

於「ハノイ」

署名

南支派遣日本陸海軍最高指揮官代表

西原少將

佛領印度支那軍最高指揮官

マルタン將官

1847

昭和15年9月7日 在ハノイ鈴木総領事より松岡外務大臣宛(電報)

仏印軍事協定に関する基礎事項調印に次いで現地細目協定の交渉を開始したところ日本軍の越境事件発生し交渉中断について

付記 昭和十五年九月九日付移牒、南支那方面軍発信電報

右越境事件詳報

ハノイ 9月7日後発

本省 9月8日前着

第二〇五號(大至急、極祕)

蓑田[1]ヨリ

一、四日調印ノ軍事協定ニ關スル細目協定ハ大體六日中ニモ

成立ノ見込ナリシ趣ノ處同日朝「ランソン」前面ニテ一小部隊ノ越境事件發生シタル爲總督ハ七日午前西原委員長ニ對シ軍事協定第八項（細目協定成立迄一切ノ威嚇的行爲ヲ差控ヘ右違反ノ場合ハ協定自身ヲ無效トス）ヲ援用シ今後執ルヘキ態度ニ付本國政府ニ請訓シタルニ付同訓アル迄一應交渉ヲ中止シ度シト述ヘタリ

二、右ニ對シ委員長ハ右越境事件カ未タ軍事協定ノ成立ヲ知ラサル一前線部隊ノ獨斷ニ基クモノニシテ決シテ日本軍憲ノ意思ニアラスト釋明シタルモ先方ノ態度ニ變化ナカリシニ依リ委員長ハ然ラハ自分トシテハ最早事態匡救不可能ナリト應酬シタル趣ナリ（尙富永少將一行ハ右會見後當地ヲ引揚ケタリ）

三、右事情及從來ノ交渉經過ニ鑑レハ先方ハ交渉遷延ニ之努メ居ルモノト斷セサルヲ得ス而シテ先方カ斯ノ如キ態度ヲ執ルハ第三國關係ヲ始メトシテ他ノ諸原因ハ之アルヘキモ大體ハ日本軍佛印進駐ニ依リ必ス支那軍ノ侵入ヲ招クヘキカ右ノ場合何等日本ヨリノ保障ナキ現狀ニ於テハ馬鹿ヲ見ルハ佛印ノミナルヘシト思料シアルニ依ルモノト思料セラルルニ付テハ右ノ點ニ關シ何等先方ヲ安堵セシメ得ハ兎モ角右ニ觸レスシテ交渉ヲ進ムル爲ニハ此ノ際最悪ノ場合ニ處スル決意ヲ固メ中央ニ於テハ佛國大使ニ通達スルト共ニ現地ニ於テハ政府ノ名ニ於テ居留民引揚ヲ命令スル等斷乎タル措置ヲ採ル以外打ツ手之ナシト存セラル

四、委員團ニ於テ內々引揚ノ準備ヲ進ムルト共ニ先方カ交渉再開ヲ通報越ス場合ニモ先ツ以テ日本軍進入ノ時日ヲ確定シ細目協定ハ右時日迄ニ必ス成立セシムヘキ確約ヲ取付クルニ非サレハ之ニ應セサル意嚮ナリ

右不取敢

（付　記）

電　報　昭和一五、九、九

南支軍

鎭南關附近越境ノ件詳報

一、越境部隊

歩兵約一大隊

二、行動ノ概要

大隊長ハ五日二十時獨斷ヲ以テ命令ヲ下達シ六日十時部

隊ヲ鎮南關ニ集合セシメ同時出發主力ヲ以テ南部鳳。杯村。ヲ一部ヲ以テ同地東方國境ヲ十一時三十分越境ス十二時頃主力ヲ以テ「ドンダン」西方高地(國境ヨリ約八百米)一部ヲ以テ「ドンダン」北方高地(國境ヨリ三、四百米)ニ進出中食ヲ行ヒ十三時頃佛國側守備隊長某中佐、某少佐、通譯一トノ會見ニ依リ後退ニ決ス、十三時三十分頃後退ヲ開始シ同時頃「メヌラー」少將及全會見者ト會見十四時過ギ部隊ハ完全ニ國境内ニ後退シ十五時三十分鎮南關ニ集結ヲ終リ十八時頃佐藤大佐ト會見ス

編　注　本電報は受信者が記されていない。

1848

昭和15年9月10日　松岡外務大臣より在仏国沢田大使宛(電報)

日本軍仏印進駐開始の際の発表振りにつきアンリ大使と合意成立について

別　電　昭和十五年九月十日発松岡外務大臣より在仏国沢田大使宛第四一八号

右発表案

本　省　9月10日後9時10分発

第四一七號(至急、極祕)

一、佛印問題ニ關スル取極ニ關シ何等ノ發表ヲモ行ハサルトキハ我軍佛印進駐ノ場合蔣又ハ第三國ヨリ日本ノ侵略云々宣傳スヘキニ付適當ノ機會ニ或程度實情ヲ發表スルコト可然ト思考シ先般「アンリー」大使ヲ通シ佛側ヘ提示シ置キタル發表案ニ付佛側ニ於テハ東亞新秩序建設及支那事變解決云々ノ字句ヲ避ケ度シ領土保全及主權尊重ノ點ヲ明記セラレ度シ(日本側カ之ヲ承諾セハ佛側ハ軍事的便宜供與ノ點ヲ明記スルコトニ同意スヘシ)等主張シ種々折衝セルカ「アンリー」大使ハ九日本大臣ニ對シ領土及主權尊重ノ明示ヲ肯ンセラレサルトキハ日本ノ意圖ニ關シ疑惑ヲ懷カシムヘシトテ是非共右承諾方懇請セルニ依リ本大臣モ之ニ同意シ我軍進駐開始ノ直後要領別電第四一八號ノ發表ヲ日佛双方ニ於テ行フコトトナレリ

二、尚其ノ際本大臣ヨリ我方ハ現地交渉ノ速ナル妥結ヲ期待シ右發表文ニ付テモ讓歩ヲ敢テセルニ拘ラス現地佛側ハ種々辭ヲ設ケテ遷延ヲ策シ居ル如キ印象ヲ受ケ居ルニ付速ニ交渉ヲ最終的ニ妥結セシムル樣佛印總督ヲ督促セラ

レ度シト云ヒタルニ大使ハ迅速妥結ノ要アル點ニ付テハ全然同感ナリト述ヘ居タリ

三、本件解決是レ以上遷延スルトキハ不測ノ事態ヲ惹起スルノ虞アルニ付貴使ハ佛印總督ヘ急速妥結方訓令アル様至急佛側ニ申入レラレ度シ尚若シ先方六日ノ越境事件ニ言及シタル場合ニハ右ハ事情ヲ知ラサル一小部隊ノ誤解ニ基クニ過キス既ニ現場ニテ圓滿解決セル次第ナルニ付之ヲ口實トシテ現地交渉ヲ遷延セシムル理由ナキ旨應酬セラレ度

別電ト共ニ河内ニ轉電セリ

（別　電）

本　省　9月10日後8時30分発

第四一八號（至急）

支那事變解決及東亞新秩序建設ニ資スル目的ヲ以テ佛印ニ關スル基礎的話合ハ去ル八月中東京ニ於テ松岡大臣「アンリー」大使間ニ友好的精神ヲ以テ行ハレタルカ日本ハ極東ニ於ケル佛國ノ權益特ニ佛印ノ領土保全竝ニ同聯邦ノ全部ニ對スル佛國主權ヲ尊重スル意嚮ヲ有スル旨ノ保障ヲ佛國ニ與ヘ佛國ハ佛印ニ於テ日本陸海軍ニ對シ作戰行動遂行上必要ナル特殊ノ諸便宜ヲ供與スヘキコトヲ承諾セリ右軍事上ノ便宜供與ニ關スル具體的決定ヲ行フ爲河内ニ於テ行ハレ居タル日佛軍當局間ノ話合ハ何月何日圓滿妥結セリ

1849　昭和15年9月11日　松岡外務大臣より在ハノイ鈴木総領事、在タイ浅田（俊介）臨時代理公使宛（電報）

仏印に対するタイの失地回復要求を抑制方アンリ大使がわが方へ要請について

本　省　9月11日後9時0分発

合第二〇一八號（極祕）

十一日佛國大使次官ヲ來訪最近「タイ」國軍事「ミツシヨン」河内ニ至リ日佛印交渉ノ模様ヲ尋ネタルニヨリ佛印側ヨリ交渉ノ一部ヲ話シタルニ「タイ」側ハ日本軍佛印進駐ノ場合「タイ」國軍モ佛印ニ進入スベキ旨述べ其ノ後盤谷ニ於テハ失地回復ノ「アジ」ヲ行ヒ支那側モ亦佛印進入ノ模様アリ斯テハ收拾出來ザル事態トナルニ付日本政府ヨリ

「タイ」側ニ對シ右企圖ヲ思ヒ止ル様斡旋方申出タリ依ッテ次官ヨリ我方ハ佛印側ガ現地交渉ヲ遷延シツツアリトノ印象深キ處我方ガカカル勸告ヲ爲サバ佛側ハ現地交渉ヲ促進スルヤト問ヘルニ大使ハ佛側遷延ノ意思ヲ否定シ「タイ」側ガ思止マラバ現地交渉ハ促進スルモノト考フルモ保障ハ出來ザル旨述ベタルニヨリ次官ヨリ此點政府ニ確メラレ度キ旨述ベタルモ大使ハカカル時間ノ餘裕モ無シトテ頻リニ「タイ」ヘ勸告アリ度キ旨繰返ヘセリ

本電宛先　河内、バンコク

1850

昭和15年9月11日　在仏国沢田大使より松岡外務大臣宛（電報）

仏印現地細目協定の妥結を仏国外相へ要請について

ヴィシー　9月11日後発
本　省　9月12日夜着

第七三六號（至急）

貴電[1]第四一七號ニ關シ（佛印問題ニ關スル件）

十一日午後原田ヲシテ「ボウドアン」外相ヲ往訪セシメ御訓令ノ趣旨ヲ申入レシメタル處「ボ」ハ昨十日正午迄ニ現地ヨリ到達シタル電報ニ依レハ西原少將ト總督側ノ話合ハ友好的ニ進行シ居ル趣ナリシヲ以テ安心シ居リタル次第ナリ本件妥結ノ急ヲ要スルコトニ付テハ全然同感ナルヲ以テ豫テ右ニ關シテハ佛印當局ニ訓令シアリ然モ如何ニ急速ヲ尊フトハ言フモ遮二無二何テモ彼テモ調印スルト言フ譯ニハ行カサルハ申述フル迄モナク殊ニ五箇師ノ支那軍カ待機中ノコトナレハ日佛軍事當局ニ於テモ充分是等ノ點ヲモ考慮ノ内ニ入ルル必要モアルヘク

何[2]分遠隔ノコトニモアリ自分ニモ詳細ノコトハ判ラサルニ付出來ル丈現地交渉ニ委シタク旁暫ク交渉ノ經過ヲ待ツコトト致度シト述ヘタルヲ以テ原田ヨリ東京ニ於テ今次日佛交渉ノ發表ニ關シ合意ニ達シタル此ノ際現地ニ於テモ急速妥結ヲ急キ以テ無用ノ誤解又ハ事件等ノ發生等ヲ避クルコト緊要ナル旨重ネテ强調シタルニ「ボ」ハ自分ノ承知シ居ル限リニテハ現地ニ於テ種々ノ「プロジエ」論議セラレ居ルモ未タニ兩國代表ヲ滿足セシムルニ至ラサル由ナルカ御申入ノ次第ハ全ク同感ナレハ

此[3]ノ上共努力シ見ルヘシト述ヘ越境事件ニ關シテハ何等觸

レサリシ趣ナリ
次テ「ボ」ヨリ今日夕刻顧維鈞來訪スル豫定ナルカ自分ハ支那側ニ對シテハ先般ハ事件迄發生セルヲ以テ率直ニ日佛間ノ交渉ハ友好的ニ進行中ニシテ近日何等カノ發表ヲ見ルニ至ルヘキ旨説明スル積ナリト述へ又先般「タイ」側カ印度支那領土内ニ日本軍進駐ノ場合ニハ自國モ亦軍ヲ進ムへキ旨ノ「ビラ」ヲ撒布シタル事件アリタルカ「タイ」國ニ對シテハ日本側ヨリ可然ク抑制シ頂ク様「アンリー」大使ニ訓令濟ナル旨述へ居リタリ

1851　昭和15年9月12日　松岡外務大臣より在タイ浅田臨時代理公使宛（電報）

仏印に対するタイの失地回復要求に関し日本軍の関与をアンリ大使指摘につき事実関係査報方訓令

本　省　9月12日後9時20分発

第一九四號（極祕、館長符號扱）

往電合第二〇一八號ニ關シ

十三日（編注）次官ヨリ佛大使ノ來訪ヲ求メ(一)「タイ」ノ態度ノ問題ト日本對佛印ノ問題トハ何等關係無シ(二)佛印總督ハ殊更ニ遷延策ヲ弄シ居ル處「ヴィシー」政府ハ果シテ總督ヲ完全ニ統制シ其ノ行動ニ對シ責任ヲ負ヒ得ルヤ直ニ政府ニ問合ハサレ度シト述ベタルニ大使ハ十二日「バンコック」ヨリノ電報ニ依レバ「タイ」駐在日本陸軍武官ハ頻リニ「タイ」人ヲ使嗾シテ失地回復運動ヲ起サセ居ル由ニテ「タイ」ノ態度ト本件トハ關係アリト答ヘタルニ付次官ハ當方調査ニテハ右様ノコト絶對無シト應酬シ置ケリ

就テハ右様ノ事實無キヤ爲念承知シ置度ニ付御査報アリ度

（部外極祕）

佛、河内へ轉電セリ

編　注　「十二日ノ誤リ」との書き込みあり。

1852　昭和15年9月13日　総理・外務・陸軍・海軍四大臣決定

「佛印問題爾後ノ措置ニ關スル件」

佛印問題爾後ノ措置ニ關スル件

（昭和一五、九、一三　首、外、陸、海四相會議決定）

一、九月六日ノ日本軍隊越境ノ事實ニ關シテハ遺憾ノ意ヲ表スルト共ニ責任者ニ對シテハ自主的ニ必要ノ處置ヲトレル旨ヲ表明ス
然レトモ本件ハ其根本、佛印側ノ遷延策ニ原因スルモノナルコトヲ强ク抗議シ日本軍ハ八月三十日ノ東京ニ於ケル取極メ及同二十五日ノ東京ニ於ケル大橋、「アンリー」ノ約言ニ基キ九月二十二日零時(東京時間)以降隨時進駐ヲ實施スル旨竝本進駐ハ友好的ニ行フモノナル旨ヲ駐日佛大使及佛印總督ニ通告スルト共ニ現地ニ於テ速ニ前述ノ取極メ、約言及九月四日ノ現地取極メニ基キ其細部協定ノ締結ヲ促進センコトヲ要求ス
二、帝國軍隊ハ九月二十二日零時(東京時間)以降平和的ニ進駐ヲ實施ス
本進駐ハ細目協定ノ成否又ハ交渉實施中ト否トニ拘ラサルモノトス
在佛印居留民ハ進駐日時前ニ之ヲ海防及西貢附近ニ集結シ隨時引揚ケ得ル如ク準備スルモノトス
三、前項ノ場合萬一佛印軍抵抗セハ武力ヲ行使シ其目的ノ貫徹ヲ圖ル

1853

昭和15年9月13日　在ハノイ鈴木総領事より松岡外務大臣宛(電報)

仏印現地細目協定の交渉に対するドクー総督対応振りにつき報告

ハノイ　9月13日後発
本　省　9月14日前着

第二一二號(極祕)

往電第二〇五號ニ關シ

蓑田ヨリ

先方ノ要請ニ依リ十三日午前西原委員長總督ト會見セラル(本官及總務長官同席)
總督ハ二日ノ最後通牒事件及六日ノ越境ニ依リ交渉停頓シタルハ全ク自分ノ本意ニ反スルモノナルカ「ヴイシー」政府ヨリモ交渉ヲ繼續スヘシトノ訓令アリ佛印軍司令部ニ於テモ鋭意細目條件ノ研究ヲ續ケ居ルヲ以テ軍司令官ヨリ右細目確定ノ爲何等問合等ヲ致ス筈ナレハ御諒承願度シト申出アリ委員長ヨリ軍司令官ノ照會ハ何時頃ナサルヘキヤト反問セラレタルニ即刻聯絡スヘシト答ヘタリ(委員長ノ宿所歸還ヲ俟チ軍司令官ヨリ直ニ聯絡將校ヲ派シ來リ專門的

申出アリタリ）

右會見ニ於ケル總督ノ態度及語調等ヨリシテモ本官ハ先方ハ益々以テ遷延策ヲ弄シ居ルモノトノ印象ヲ强メタリ（此ノ點部外祕ニ願度シ）右不取敢

1854　昭和15年9月16日　松岡外務大臣より在仏国沢田大使、在ハノイ鈴木総領事宛（電報）

仏印現地細目協定を速やかに締結するようアンリ大使へ大橋外務次官要請について

本　省　9月16日後10時0分発

合第二〇五七號（極祕、大至急）

十六日佛大使次官ヲ來訪在「タイ」公使宛往電第一九四號ノ(二)ノ件ニ關シ回答ストテ佛印官憲ノ「ディスシプリン」ハ以前ト變リ無ク完全ニ「ヴィシー」政府ノ監督ニ服シ居レリト述べタル上本件交涉ガ遲滯セルハ日本側ガ最後通牒ヲ送リ飛行機ヲ無斷ニテ乘入レ日本軍ガ越境スル等ノ事件アリシ爲ナルガ其ノ後再ビ細目協定ノ交涉ヲ進行シ始メタル旨竝ニ「タイ」ノ首相ハ日本ガ佛印へ兵ヲ入ルル以上「タイ」トシテモ失地回復ヲ要求スト佛ニ申出デタルガ其ノ背後ニ日本側ガ存在スル樣子ナルニ付テハ日本側ニ於テ「タイ」ヲ抑ヘラレ度キ旨述べタルニ依リ次官ハ國境地方ニ於テ種々ノ事件起リタルハ要スルニ解決遷延シタル爲ニシテ而モ佛印當局ハ是等事實ヲ利用シテ更ニ遷延ヲ策シ居リ本件トハ全然別個ノ問題タル「タイ」ノ要求迄モ持出シタルハ遺憾ナリ然ルニ現地ノ情況ハ最早猶豫ナリ難キ事態トナリ此ノ儘ニテハ數日中ニ我軍ハ東京取極ニ基キ細目協定ヲ俟タズ隨時進駐ヲ實施スルヤモ知レズト思フ但シ右進駐ハ既ニ雙方ノ間ニ成立セル話合ニ基クモノナルニ依リ友好的ニ行ハルルモノト思フ右現地事情ニ顧ミ佛國政府ハ直ニ佛印當局ニ對シ細目協定ヲ速ニ締結スル樣嚴重訓令アリ度シト述べタルニ大使ハ案外驚キタル色モ無ク先般合意セル發表文ハ日本軍進駐ノ日ノ午後發表シ差支無キヤト問ヒタルニ依リ次官ハ差支無シト答へタリ

本電宛先　佛、河内

1855　昭和15年9月17日　在ハノイ鈴木総領事より松岡外務大臣宛（電報）

仏印進駐に関するわが方要求をドクー総督およびマルタン司令官が概ね承諾について

ハノイ　9月17日後発
本　省　9月18日前着

第二一五號（至急）

往電第二一二號ニ關シ

蓑田ヨリ

十七日午前西原、富永兩少將佛印軍司令官ニ對シ我方要求ヲ口頭ニテ申入レタル處同司令官ハ自分トシテハ大體之ニ同意ナリト答ヘ午後更ニ總督モ亦同意ナリトノ通知アリタルニ付前記要求ヲ書物トシテ軍司令官ニ傳達シタルニ司令官ハ委細研究ノ上明十八日中ニハ何トカ話合ヲナス運ヒトナルヘシト申越セル趣ナリ

尚當監視團ハ從來ノ經緯ニ鑑ミ前途猶極メテ多難ナリトシテ充分警戒シ居レリ

1856　昭和15年9月17日　在ハノイ鈴木総領事より　松岡外務大臣宛（電報）

日本軍進駐の際の不測事態に備え仏印在留邦人の海口引揚げ措置につき請訓

ハノイ　9月17日後発
本　省　9月18日前着

第二一六號（至急）

往電第二一四號ニ關シ

蓑田發電報ノ如ク佛印側ニ於テハ我方要求ニ大體同意ヲ示シ居ルモ前回ノ例モアリ前途必スシモ樂觀シ難ク監視團ニ於テハ假令要求ヲ貫徹シ得タル曉ニ於テモ日本軍進駐ノ際當領軍隊トノ間ニ衝突ヲ生スルヤモ測ラレス如何ナル場合ニ於テモ引揚實行ヲ希望シ居レルニ付明十八日中ニ本官ヨリ在留民全部ニ對シ引揚命令ヲ發シ二十日正午海防ヨリ三井傭船八海丸及御用船ニ分乘シ一旦海口ニ赴キテ形勢ヲ見ルコトト致度ク就テハ右措置御承認相仰度シ何等カ心得ヘキコトモアラハ至急御回示アリタシ

尚西貢管内邦人ハ二十日早朝「アリゾナ」丸ニテ出港海口ニテ落合フ豫定ナリ

1857　昭和15年9月18日　松岡外務大臣より　在ハノイ鈴木総領事宛（電報）

仏印在留邦人の海口引揚げ措置につき回訓

本　省　9月18日後8時30分発

第二二三三號（大至急、極祕）

往電第二二九號ニ關シ

一、軍進駐ノ期日以前ニ細目交渉妥結スル場合ハ云フニ及ハス假令妥結ヲ見スシテ進駐スル場合ニ於テモ往電合第二〇五七號末尾ノ次第ニ依リテモ推察セラルル如ク佛側ハ右ヲ默認シ、佛印軍モ必スシモ抵抗スルモノトハ限ラサルヘシト觀測セラルルニ付在留民引揚準備ヲ進ムルコトハ差支無キモ其ノ集結及引揚ハ二十日ニ之ヲ行フノ要無シト思考ス集結ニ付テハ西原少將ト充分連絡ノ上機宜ノ措置ヲ執ラレ度シ海口ヘノ引揚ハ訓電アル迄之ヲ差控ヘラレ度ク萬一特ニ事態急迫スル場合ニハ事情ヲ具シテ請訓セラレ度シ（軍側ト協議濟）

二、在留民引揚ニ付テハ政府ニ其ノ費用負擔乃至損害賠償義務ノ問題ヲ生セサル樣形式上ハ引揚命令トセス强硬ナル勸告ノ形式ニ依ラレ度

三、在留民引揚ノ際救護等應急措置ノ爲必要アラハ其ノ金額ニ付軍側及邦人商社トモ協議ノ上至急回電アリ度

四、愈々在留民引揚トナル場合貴館員ノ內數名ハ右指導保護ノ職責上當然之ト行動ヲ共ニスルコトヲ要スルモ貴官及他ノ館員ハ情況ノ許ス限リ留ツテ折衝等ニ當ラレ度シ

五、電信符號、機密文書等ノ處置方ニ付テハ追電スヘシ　以上

本電及冒頭往電ノ趣旨大至急西貢ヘ轉達アリ度シ

1858

昭和15年9月19日　松岡外務大臣より在ハノイ鈴木総領事宛（電報）

仏印進駐を九月二十三日に実施する旨大橋外務次官よりアンリ大使へ通告について

付　記　昭和十五年九月十九日発松岡外務大臣より在仏国沢田大使宛電報第四三二号

右通告要旨

本　省　9月19日後8時5分発

第二二三六號（極祕、大至急）

本十九日午后五時次官ヨリ「アンリー」大使ヲ招致シ去ル十三日ノ四相會議決定（但シ實施期日ハ二十三日ニ變更）ニ依ル申入ヲ爲シタル處大使ハ佛印總督ヨリノ電報ニ依レバ

總督ハ現地交渉進行シ居ルニ拘ラズ日本側ガ二十日中ニ在留民ヲ引揚グベシトテ集結ノ準備ヲ爲シ居ルコトニ驚キ居レリ又西原少將ハ飛行場警備ノ爲二萬五千ノ駐兵ヲ要求シ居ル趣ノ處先般ノ日本側内示ニハ五、六千トアリ甚ダ不可解ナリト云ヘルニ依リ次官ハ自分ハ何等右様ノコトヲ聞キ居ラズ併シ萬一事實アリトセバ佛印側ノ遷延ニ依リ事態變化セル爲カト思フ兎ニ角佛ハ英米支ト策謀シ一刻ニテモ遷延セント努力ヲ集中シ來リ我方トシテハ是レ以上待ツコトヲ得ザルニ依リ本日ノ申入ノ如キ措置ヲ執ルニ至レル次第ナリト應酬シタルニ大使ハ斯クナリタルハ日本側ガ種々ノ事件ヲ惹起シテ交渉ノ進行ヲ妨ゲタル爲ニシテ科《トガ》ハ日本側ニ在リト述べ我方申入ノ次第ハ本國政府ヘ傳達スベシトテ辭去セリ

（付　記）

本　省　9月19日後10時0分発

第四三二號（極祕、至急）

河内宛往電第二三六號佛大使ヘノ申入要旨左ノ通

(一)九月六日ノ越境事件ハ九月四日ノ現地軍事協定成立ヲ知ラサリシ我一部隊ノ誤解ニ依ル處帝國政府ハ本事件ノ發生ヲ遺憾トス責任者ニ付テハ軍側ニ於テ必要ノ措置ヲ執リタリ

然シ乍ラ此ノ種事件惹起ノ根本原因ハ佛印當局カ現地交渉ノ迅速妥結ヲ圖ラサルコトニ存スルヲ以テ佛側ニ於テ右ニ付深甚ノ考慮ヲ拂ハレ度シ

(二)現地細目交渉ハ東京交渉ノ成立後三週間ヲ經過セル今日未タ妥結ヲ見サル處我軍事的要求ハ一日モ速ナル實現ヲ必要トスルニ付我軍ハ八月三十日ノ東京取極及同二十五日佛大使ノ次官ニ與ヘタル約言ニ基キ九月二十三日零時（東京時間）以降細目協定ノ成否又ハ交渉繼續中ナルト否トヲ問ハズ隨時進駐ヲ實施スルコトトセリ尤モ右進駐ハ日佛間ニ成立セル話合ニ基クモノニシテ友好的精神ヲ以テ之ヲ行ハントスルモノナリ

右ニ鑑ミ佛國政府ハ至急佛印當局ニ對シ前述ノ取極、約言及九月四日ノ軍事協定ニ基キ速ニ細目協定ヲ妥結スル様嚴訓セラレ度シ

1859　昭和15年9月19日　在ハノイ鈴木総領事より松岡外務大臣宛(電報)

仏印進駐に関するわが方要求を全面承諾しなければ九月二十日にハノイを離れる旨西原少将がマルタン司令官へ通告について

付　記　昭和十五年九月二十日発西原機関発信電報
　　仏印進駐に関するわが方要求条項

ハノイ　9月19日後発
本　省　9月20日前着

第二二〇號(至急、極祕)

往電[(1)]第二一五號ニ關シ

蓑田ヨリ

十八日午前軍司令官ヨリ我方覺書ニ對スル回答ヲ傳達シ來リタルカ双方ノ言分ニ相當ノ開キアリシヲ以テ同日午後西原委員長ヨリ「我方ハ八月二十五日ノ「アンリ」大使大橋次官間ノ約束ニ基キ現地協定ヲ成立セシメント希望シ居ル處本日ノ回答ト前記約束トノ間ニハ尙相當ノ距離アリ又九月上旬協定交渉當時トハ情勢モ全ク變化シ居ル次第ニテ萬一前記約束ノ趣旨ニ依リ協定成立シ難シト豫見セラルルニ至リタルトキハ九月二十日河内ヲ離ルヘキ旨ノ本國政府ノ訓令ヲ受ケ居レリ此等ノ事情ヲ通知致スカ迅速圓滿ナル解決ヲ期シ居ル以外何等ノ考ナシ」トノ趣旨ノ書翰ヲ送リタリ

續[(2)]イテ夕刻先方ノ要請ニ依リ西原富永兩少將軍司令官ト會見先方ハ双方ノ意見ハ實質的ニハ大差ナシト述ヘツツモ我方要求ヲ全面的ニハ容認セス且日本軍進駐ノ場合ニハ其ノ兵員及順路等豫メ通報アリタシ等ト申出テ未タ結論ニ達セス先方カ我方要求ヲ鵜呑ミニスル可能性ハ極メテ少シト觀測セラレ居レリ

尙彼我主張ノ重要ナル差異ハ左ノ三點ニ關スルモノナリ

㈠細目協定ノ交渉ヲ日本軍進駐後トスル點
㈡進駐軍ノ宿營地區殊ニ河内ヲ入ルルヤ否ヤノ點
㈢進駐ハ友好的ニ行ハルルモ抵抗アラハ武力ヲ行使シ爾後日本軍ハ行動ノ自由ヲ留保ストスル點(十八日夜)

(付　記)

電報　九、二〇、一三、一五發　　　西原機關

十九日夕ニ於ケル我カ方ヨリノ要求條項ノ要旨左ノ如シ

一、日本軍ノ使用スヘキ飛行場　差當リ「ジヤラム」「フウトウ」「フランチヨン」老開「ホアラツク」トシ狀況ニ依リ佛印、支那國境ニ近接セル他ノ飛行場ヲ使用ス

二、日本軍駐屯兵力

(1)飛行場使用部隊及同警備部隊

(2)支那領內日本軍部隊ニ對スル後方部隊

(3)兵力ハ總計當初約二萬五千以內トスルモ成ルヘク速カニ減少シ約五、六千以內ニ至ラシム

右ハ決シテ東京州占領ノ目的ヲ有セサルコトヲ確言ス

尚當初ノ兵力配置豫定

河內地方　約二萬

海防地方　約五千

ト豫定シ逐次ニ之ヲ減少ス

三、駐屯地

(1)飛行場及其附近ノ市街及村落トシ市街內最少限トス

(2)右ノ外海防ハ上陸地トシテ使用シ水雷艇級ヲ超ヘサル軍艦(復《複カ》數)常時在泊スル外所要ノ部隊

四、通過經路

1.海防—河內—老開

2.河內—諒山

3.河內—高平

4.河內—「ハジヤン」

右通過部隊ノ兵力ハ第二項ノ兵力外トス

日次其ノ他ノ作業

1.日本軍進駐日時ハ二十三日零時(日本時間)以降トス

2.本軍事協定ニ伴フ細部ハ日本軍進駐後協議ス

3.日本軍ノ進駐ハ友好的ニ行フ但シ佛印側抵抗セハ武力ヲ行使ス

編注　本電報は受信者が記されていない。

1860　昭和15年9月20日　在上海三浦総領事より松岡外務大臣宛(電報)

重慶政権による仏印国境鉄橋の爆破および昆明・河口間の雲南鉄道接収に関する同政権の発表振り報告

上海　9月20日後発
本省　9月20日夜着

第二〇三四號

支那側ノ河口鐵橋爆破及昆明河口間ノ雲南鐵道接收ニ關シ十九日重慶發ＵＰ電ニ依レハ同日外交部發言人ハ右ハ日本軍カ佛印ヲ對支作戰根據地トシテ使用方要求中ナル現下ノ情勢ニ於テハ當然ノ自衛手段タルノミナラス一九〇三年佛支間ニ締結セラレタル雲南鐵道ノ敷設及經營ニ關スル協定第二十四條ニ依ルモ當然ノ措置ナルカ日本軍カ佛印ニ上陸シ支那ニ對シ移動ヲ開始セサル以上支那軍ハ佛印ニ侵入セサル旨聲明セル趣ナリ

北大、天津、南大、河内ヘ轉電セリ

香港ヘ暗送セリ

1861　昭和15年9月21日　松岡外務大臣より在ハノイ鈴木総領事宛（電報）

仏印在留邦人の引揚げ実行時期につき訓令

本省　9月21日後4時発

第二四〇號（極祕、大至急）

在留民引揚實行時期ニ關シ當方ニ於テハ細目協定妥結シテ進駐スル場合ニモ或ハ多少ノ事故ハ發生スルコトアルヤモ知レサルモ局部的解決不可能ナラサルヘキニ依リ必スシモ引揚實行ノ要無カルヘシト觀測シ居ルモ右ハ結局現地情況ニ依ル次第ナレハ克ク情勢ヲ洞察シ西原少將トモ緊密連絡ノ上貴官ノ裁量ニ依リ機宜ノ措置ヲ執ラレ差支無シ（軍側ト協議濟）

1862　昭和15年9月21日　松岡外務大臣より在南京日高大使館参事官、在北京土田大使館参事官、在上海三浦総領事他宛（電報）

仏印問題は租界その他の在華仏国権益に波及させない方針について

本省　9月21日後9時10分発

合第二一〇九號（至急、極祕、館長符號扱）

往電合第二〇八〇號ニ關シ

萬一現地細目交渉妥結ヲ見ス所定ノ期日（二十三日）進駐ヲ開始スル場合ニ於テモ佛國側ニ於テ我軍ニ對シ本氣ニテ抵抗スルコトハ萬ナカルヘク帝國トシテ佛印ニ對シ全面的ニ

攻撃ヲ開始スル場合卽チ日佛開戰ヲ決意セル場合ハ兎モ角（此ノ場合ノ措置ハ別ニ研究中）ソレ迄ハ假令若干ノ小競合等行ハルルコトアリトスルモ我方トシテ租界其ノ他ノ佛國ノ在支權益ニ對シ進テ何等ノ措置ヲナササル方針ナリ尤モ小競合等行ハレタル場合ハ佛國側ニ於テ多少神經的ニナルコトアリ得ヘキニ付差當リ上海等ニ於ケル佛國軍隊ヲ監視シ其ノ艦船ノ出港ヲ阻止スルニ止ムルコトニ決定シ陸海軍ヨリ夫々出先ニ訓令濟ミナルカ貴官ニ於テモ以上御含ミノ上現地陸海軍ト所要ノ連絡ヲ取ラレ度
本電宛先、南京（大）、上海、北京、天津、青島、濟南、漢口、廣東、香港

1863　昭和15年9月22日　在北京土田大使館参事官より松岡外務大臣宛（電報）

仏印現地交渉が不調の場合の対策として総軍が在華仏国軍隊の武装解除や仏租界の占領に関する準備を指示した旨報告

北　京　9月22日後発
本　省　9月22日夜着

第七三九號（館長符號扱）
本官發天津宛電報
第八八號
大臣來電合第二一〇九號ニ關シ
二十二日當地軍側ヨリ現地交渉不調ノ場合ニ處スル對策トシテ總軍ヨリ一、勸告ニ依ル在支佛國軍隊ノ武装解除二、武力ニ依ル佛國軍武装解除三、佛租界ノ軍占領等ニ關シ豫メ諸般ノ準備ヲ進ムル様指示アリタル旨內報スルト共ニ第一項ノ場合ニ於テハ當館ニ於テ適當措置アリ度キ旨申入アリタリ
右貴官御含ミ迄
大臣へ轉電セリ

1864　昭和15年9月22日　在ハノイ鈴木総領事より松岡外務大臣宛（電報）

西原・マルタン間に現地細目協定調印について

付記一　昭和十五年九月二十一日発西原（一策）仏印監視団長発信電報
西原少将のハイフォン引揚げについて
二　昭和十五年九月二十二日発西原機関発信電報

現地細目協定交渉決裂の見込みについて

三　昭和十五年九月二十二日発西原仏印監視団長より沢田(茂)参謀次長他宛電報河内電第四四九号

現地細目協定交渉妥結について

ハノイ　9月22日後発
本　省　9月23日後着

(海《編注》軍省經由)

蓑田ヨリ大臣へ

二十二日朝以來先方ニ?急轉妥協的態度ニ出テ來リ午後二時半協定調印セラレタリ

編　注　本電報には電報番号が付されていない。

(付記一)

一五、九、二一　一六、一〇

發　西原少將

二十日夜晩ク軍司令官ト會見二十三日ヨリスル「中村」兵團ノ進駐及日本軍隊ノ河內市街內駐屯ヲ要求セシ所彼ハ激怒ノ上旣ニ歸來セシ「西村」部隊進駐竝ニ飛行場ノ使用ヲ拒絶スト啖呵ヲ切リシヲ以テ小官又彼トノ會談ヲ打切リ威嚇ノ目的ヲ以テ二十一日朝河內ヲ引揚ケ海防ニ移レリ

編　注　本電報は受信者が記されていない。

(付記二)

電報　昭和一五、九、二二

西原機關

中央ノ指示ニヨリ直チニ中村兵團ノ進駐及河內市內駐屯ノ要求ヲ撤回シ軍司令官ノ署名ヲ求メタルトコロ佛印側ハ「ホアラック」飛行場ノ削除竝ニ進駐日次《時カ》一日繰下ケヲ更ニ提議シ來リタリ依テ飛行場ノ件ハ之ヲユズルモ進駐日次《時カ》ノ變更ハ絶對同意スル能ハスト答ヘタルニ軍司令官ハ頑トシテ應セス交渉ハ遂ニ本二十二日〇三、〇〇(東京時間)殆ント絶望ノ狀態ニ陷レリ

編　注　本電報は受信者が記されていない。

（付記二）

ハノイ　9月22日　発
参謀本部　9月22日後2時35分着

河内電第四四九號

左記協定ニ對シ軍司令官ハ二十二日一三時署名セリ
右協定ヲ「ハノイ」ヨリ持參スルヲ以テ小官ハ約二時間後「ハイフオン」ニ於テ之ニ署名スル筈

左　記

一、西村部隊ノ「ハイフオン」ヨリスル友好的進駐（二十三日〇〇時以降）
二、飛行場四個
三、中村兵團ノ佛領印度支那通過差支ナシ
實行ノ細部ハ速ニ協議決定ス
通電先　兩次長　兩次官　南支方面軍　第二十二軍　二遣支艦隊　三聯合航空隊。

~~~~~~~~

1865　昭和15年9月22日　松岡外務大臣より在仏国沢田大使宛（電報）

現地細目協定の調印完了および情報部長談話の発表予定につき通報

付　記　昭和十五年九月二十二日調印
現地細目協定

本　省　9月22日後7時50分発

第四三九號（大至急）

往電合第二一一五號ニ關シ
本二十二日午后四時半（東京時間）現地細目協定調印ヲ了セリ
豫テ佛側トノ打合ノ次第モアルニ付我軍進駐開始後（多分二十三日中ニ）情報部長談トシテ往電第四一八號ノ發表ヲ行フコトトセリ

（付　記）

印度支那軍司令官ト在印度支那日本陸海軍代表トノ間ニ於テ締結サレタル協定

本協定ハ左ノ件ニ關ス
㈠東京州ニ於ケル數個ノ飛行場ノ使用
㈡日本軍若干兵力ノ駐屯
㈢場合ニ依ル日本軍ノ東京州通過
~~~~~~~~

㈣日本先頭部隊ノ入國
㈠數個ノ飛行場ノ使用
日本空軍ハ左ノ飛行場ヲ使用スルコトヲ得
「ジヤラム」
「ラオカイ」或ハ「フーランチヨン」
「フートウ」
日本空軍ハ九月四日ノ協定ニ依リ定メラレタル諸條件ニ從ヒ右諸飛行場ノ設備ヲ行フコトヲ得
右諸飛行場ノ警備ニ任ズル兵力ハ日佛當局者間ノ合意ニ依リ決定セラルベク右兵力ハ其ノ任務達成上必要ナル最少限度ニ限定セラルルモノトス
㈡日本軍若干兵力ノ駐屯
左ノ任務ヲ有スル日本諸部隊ノ兵力ハ日佛軍事當局者間ニ於ケル共同合意ノ後決定セラルベキモノトス
(イ)第一項記載ノ諸飛行場ノ警備
(ロ)右諸飛行場ノ使用(日本飛行隊ニ屬スル飛行人員及整備人員)
(ハ)左ノモノニ對スル補給品ノ輸送及護衛
第一項記載ノ諸飛行基地及支那印支國境附近ノ支那領土内ニ於テ目下作戰中ノ日本部隊
㈡海防港ノ通過輸送及ビ同地方ニ施設セラルル病院ノ運營
右ノ兵力ハ前記諸任務達成上必要限度ニ制限セラルルモノニシテ如何ナル場合ニ於テモ六千人ヲ超ヘザルモノトス
右ノ兵力ノ駐屯地區ハ日佛軍事當局者間ノ共同合意ニヨリ決定セラルルモノトス
日佛兩參謀部間ノ合意ニ依リ定メラレタル最小限度ニ限定セラレタル前記兵力中ノ一部ハ諸飛行場ニ直接隣接スル部落ヲ利用スルコトヲ得
但シ「ハノイ」市ハ此ノ限リニ非ズ
日本軍ノ司令部又ハ部隊ハ「ハノイ」ニ定著シ又ハ同市ヲ通過セザルモノトス但シ兩參謀部間ノ連絡ヲ計ル爲ニ必要ナル將校ハ此ノ限リニ非ズ
諸飛行場内ニ於ケル日本飛行部隊及其ノ警備部隊ノ施設ハ日本軍當局ニ於テ負擔スルモノトス
海防市ハ日佛兩參謀部間ノ合意ニ依リ定メラルル條件ニ依リ上陸地點トシテ利用セラルルモノトス

如何ナル場合ニ於テモ軍艦ハ「ドーソン」―「アポワン」ヲ連ヌル線ヨリ六海里以内ニ近接セザルモノトス
水雷艇級ヲ超ヘザル軍艦一隻ハ海防港内ニ碇泊スルコトヲ得

㈢日本軍ノ東京州通過
日本軍司令官ガ東京州北方國境ヨリ發足シテ地上兵力ニヨリ攻擊作戰ヲ行ハントスル場合（該司令官ハ目下之ヲ考慮シアラズ）若クハ海防港ヨリノ乘船ヲ必要トスベキ部隊ノ交代行動ヲ爲サントスル場合ニハ佛軍司令官ノ決定セル數條ノ交通路ハ作戰ノ必要ニ從ヒ日本軍ニ依リ利用セラレ得ルモノトス
右ノ輸送ノ實施方法ハ千九百四十年九月四日署名ノ協定基礎事項中ニ定メアル條件ニヨリ規定セラルルモノトス
日本通過部隊ノ兵力ハ必要度ニ應ジ追テ決定セラルベキモノトス然レドモ通過部隊及ビ第二項記述ノ部隊ノ全兵力ハ千九百四十年九月四日調印ノ協定基礎事項ニ依リ定メラレタル數ヲ超ユルヲ得ザルモノトス

㈣日本先頭部隊ノ入國
九月二十二日二十二時ハ日本當局ニ依リ嚴守セラルベキモノナルニ鑑ミ部隊搭載ノ第一船ハ右期日ニ海防ニ入港スルコトヲ得
然レドモ上陸部隊ノ上陸條件及ビ駐屯地點ヘノ移動條件ニ關スル特別協定ガ成立セザル限リ部隊ハ其ノ船舶ヨリ下船セズ又其他ノ輸送船ハ港內ニ入ラザルモノトス

㈤日本軍ノ東京州通過輸送
目下支那印支國境附近ニ在ル日本部隊ハ日本當局ノ要求ニ基キ海防港乘船ノ爲印度支那領土ヲ通過シテ輸送セラレ得ルモノトス
此部隊ノ輸送ニハ詳細ナル研究ヲ必要トスルヲ以テ兩參謀部間ニ於ケル特別協定ヲ要ス
此協定ガ成立セザル限リ何レノ日本軍隊モ印度支那國境ヲ超ヘザルモノトス

㈥一般事項
本協定ニ揭ケアル諸規定事項ヲ除キ千九百四十年九月四日署名ノ協定基礎事項ハ全部效力ヲ有スルコト勿論ナリ
兩參謀部ハ本協定ノ實施方法ヲ定ムル爲ニ爾今常時相連絡スルモノトス

千九百四十年九月二十二日

在「ハノイ」西　原　少　將
「マルタン」將官

1866

昭和15年9月23日　松岡外務大臣より
在仏国沢田大使宛(電報)

仏印北部国境で日本軍と仏印軍に軍事衝突発生のため仏印交渉妥結に関する外務省発表をわが方単独で実施した旨通報

付記一　昭和十五年九月二十三日
仏印交渉妥結に関する外務省発表

二　昭和十五年九月二十三日
仏印国境付近における紛争に関する情報部長談話

三　昭和十五年九月二十三日
仏印紛争問題に関する情報部長談話要領

本　省　9月23日後3時5分発

第四四〇號(大至急)

往電第四三九號ニ關シ

一、本件協定ニ基キ且佛印當局ヘ通報ノ上二十三日早朝北部國境ヨリ我部隊進駐ヲ開始セル處「ドンダン」附近ニ於テ佛印軍ノ抵抗ニ依リ衝突惹起セラレタリ右事情ニ鑑ミ佛印交渉ニ關スル發表方法ヲ變更シ我方限リニテ二十三日午前十一時別電第四四一號(編注)ノ一ノ通外務省發表ヲ行ヒ「アンリー」大使ヘハ右ノ次第ヲ通報シ了解ヲ求メ置キタリ尚右ト同時ニ同電ノ二ノ通情報部長談ヲ發表セリ

二、前記衝突ハ佛印當局ノ命令ガ佛印軍ノ前線部隊ヘ迅速ニ徹底セザリシ結果ナルベキニ依リ右徹底ト共ニ局地的解決ヲ見ルベク我方ニ於テハ不擴大ニ努メ居レリ

編注　別電第四四一号は省略。外務省発表および情報部長談話は本文書付記一および二参照。

(付記一)

佛印問題交渉妥結ニ關スル外務省發表

昭和十五年九月二十三日

支那事變ヲ解決シ東亞新秩序建設ニ資スル目的ヲ以テ佛領印度支那問題ニ關シ松岡外務大臣ハ去ル八月中東京ニ於テ「アンリー」在京佛國大使トノ間ニ友好的精神ヲ以テ基礎

的話合ヲ行ヒタリ
右話合ニ於テ佛國側ハ支那事變完遂上帝國陸海軍カ印度支那ニ於テ必要トスル軍事上ノ便宜供與ヲ凡テ承諾セリ
尚右ニ基キ現地ニ於テ具體的決定ヲ行フ爲爾來在河內日佛軍當局間ニ交渉行ハレ居タル處漸ク九月二十二日午后妥結ニ到達セリ

（付記二）

佛領印度支那國境附近ニ於ケル紛爭ニ關スル
須磨情報部長談

昭和十五年九月二十三日

永イ間隱忍自重ノ態度ヲ以テ漸ク妥結ニ達シタ日佛間ノ佛領印度支那ニ關スル諒解ニモ拘ラス國境地方ニ於テ紛爭ヲ生スルニ到ツタノハ全ク佛印側ノ誤解ニ依ル事テアリ自然コノ誤解ハ近ク去リ妥結ヲ見タ話合通リ圓滿平和的ナ實行カ見ラレル事テアラウ
日佛兩國間ノ平和的ナ話合ニ基ク事テアツテ見レハ如何ナル外國カラモ文句カアラウ筈ハ毛頭ナイ。

（付記三）

佛印紛爭問題ニ關スル須磨情報部長談話要領

昭和十五年九月二十三日

問、二十三日早朝我部隊カ北部「トンキン」州ニ進駐ヲ開始シタ處「ドンダン」方面ニ於テ佛印軍カ抵抗シタトノ報道カアルカ眞相及見透シ如何
答、我軍ノ進駐ハ日佛政府間ノ話合及現地協定ニ基キ且ツ佛印當局ヘノ通報ノ上行ハレタモノテアルカ、現地細目協定ノ調印ヲ了シタノハ二十二日午后遲クテアリ、右ニ基キ北部國境カラ我部隊カ進駐ヲ開始シタノハ二十三日早朝テアルカラ、右國境附近ノ事件ハ佛印政府ノ命令カ國境地方佛印軍ニ徹底スルノカ遲レタ爲テアルト思フ
元々今回ノ我軍進駐ハ支那事變完遂ノ必要ヨリ佛本國政府及佛印當局トノ話合ニ基キ行ハルルモノテアツテ、右ハ何等佛印ノ領土其ノモノヲ侵略セントスル意圖ニ基クモノテハナイ
右ノ次第テアルカラ我方ニ於テハ事ヲ構フル意思ハ無ク、從テ佛印ノ側ニ於テ同當局ノ命令カ佛印軍隊ニ徹

底スレハ國境附近ノ事件モ迅速ニ局地的解決ヲ見ルコトト思フ

1867　昭和15年9月23日

松岡外務大臣より
在米国堀内大使、在タイ浅田臨時代理公使他宛(電報)

仏印現地細目協定調印直前における松岡外相とアンリ大使との応酬振りにつき通報

本　省　9月23日後8時20分発

合第二一三一號

佛印現地細目協定未ダ成立セザリシ二十二日午後一時二十分佛大使本大臣ヲ來訪本國政府ヨリ最後通牒ノ日限延期方ヲ特ニ外務大臣ニ御願ヒスヘシトノ至急電訓ニ接シタリト述べ佛印總督モ誠意ナキニ非ズ現ニ二十日細目協定調印ノ意向ナリシニ日本側ヨリ新規要求ヲ提出セル爲延期ノ已ムナキニ至レリト苦衷ヲ訴ヘタルニ付本大臣ハ右樣ノ事實ハ何等承知セサルモ各地ニ於テ入手セル確實ナル情報ニ依リ我方ハ總督ガ英、米、支官憲ト策謀シテ取極ノ實行遷延ニ努メ居ルコトヲ承知シ居ルガ而モ猶細目交渉妥結後軍事行動ヲ開始スル樣取運ブコトニ最善ヲ盡シ對支作戰上急迫セル事態ニモ拘ラズ三週間隱忍シ來レリ然レドモ此ノ上ハ故意ニ遷延策ヲ弄スル相手ト交渉スル譯ニ行カザルニ付期限付申入ヲ爲スノ已ムナキニ至リタル次第ニシテ最早延期不可能トハ思惟スルモ三日間延長可能ナリヤ否ヤ一應軍當局ニ交渉スベシ但シ成否ハ請負ヒ得ズ右ノ次第ヲ至急本國政府へ電報アリ度シト答へ置キタリ

仍テ次官ヲシテ軍側ト交渉セシメタル處直ニ電報シテモ到底出先軍ニハ間ニ合ハサルヘキノミナラズ奉勅命令事項ニ付一度延期セル關係モアリ此ノ上延期ハ不可能ノコトナリシニ付直ニ次官ヲシテ佛大使ニ對シ延期不可能ノ旨ヲ告クルト共ニ我軍ノ行動ハ兩國間取極ノ精神ニ基クモノニシテ我方ハ衝突等ノ事故發生ヲ好マザルニ付佛印側ニ於テモ右ノ爲必要ノ措置ヲ採ル樣至急指令方要求セシメ置キタリ

右御參考迄

本電宛先　米、「タイ」、南京、上海、香港、漢口、北京、天津、壽府、マニラ、バタヴィア

米ヨリ紐育へ、「タイ」ヨリ新嘉坡へ、香港ヨリ廣東へ、壽府ヨリ英、佛、獨、伊、蘇へ轉電アリ度シ

1868　昭和15年9月23日　松岡外務大臣より在仏国沢田大使宛（電報）

仏印での軍事紛争が解決すれば仏印交渉妥結に関し改めて日仏共同コミュニケを発表する旨アンリ大使と合意について

本省　9月23日後9時35分発

第四四二號（至急）

二十三日午後「アンリー」大使次官ヲ來訪佛印交渉ニ關スル我方發表ヲ不滿トシ豫テ日佛間打合濟ノ發表ヲ至急行ヒ度シト主張(註)セルニ依リ次官ハ右ハ日本軍ノ平和的進駐後ニ發表セラルベキモノナリ然ルニ佛印軍ハ抵抗ニ依リ右ヲ不可能ナラシメ居レリ佛側ガ飽迄前記發表ヲ欲スルナラバ速ニ佛印軍ノ抵抗ヲ止メシムル様措置セラレ度シ我方ニ於テハ現地我軍側ヨリ右抵抗止ミ我軍ノ平和的進駐可能トナリタリトノ確報接到セバ其ノ後日佛政府共同「コムミユニケ」トシテ東京及「ヴィツシー」ニ於テ同時ニ發表スルコトニハ同意スト言ヒタルニ漸ク大使モ之ヲ諒承セリ

（欄外記入）

（欄外記入）

註　佛大使ハ若シ日本ガ本件發表ヲ肯ンゼザル時ハ日本ヲ侵略者ト呼ブベシト云ヘル趣ナリ

1869　昭和15年9月24日　大橋（忠一）外務次官／在本邦アンリ仏国大使　会談

仏印北部国境付近における日本軍と仏印軍との軍事衝突に関し事態拡大防止をアンリ大使要請について

北部佛印進駐ノ日本軍ト佛軍トノ衝突ニ關スル昭和十五年九月二十四日大橋次官「アンリー」佛國大使會談要領

九月二十四日午後三時半「アンリー」大使大橋次官ヲ來訪、會談要領左ノ通リ

大使　今回ノ日佛軍衝突ニ付同盟通信ハ非ハ佛側ニアリト言ヒ居ルモ之ハ逆ニシテ日本軍ガ協定ヲ無視シ、細目交渉ノ解決ガ尚少シ殘リ居ルニ拘ラズ兵ヲ入レタルニ原因スル次第ナリ卽チ二十二日午後現地細目協定調印後西原少將ガ部下ノ軍人一名ヲ佛國飛行機ニテ北部國境ニ派遣シ國境ニアリタル日本部隊ニ對シ協定成立セ

ルヲ以テ右ニ基キ更ニ話合ノツク迄國境ヲ横切ルコトナキ様告ゲタルニ拘ラズ右部隊ハ夜半ヨリ佛印領ニ進入セリ仍テ西原少將ハ更ニ二十三日早朝小池大佐ヲ飛行機ニ依リ派遣シタルモ日本軍ハ猶戰鬪ヲ止ムルニ至ラズ同日午後ニハ爆撃サヘ始メタリ

就テハ日本側ニ於テ西原「マルタン」協定(本協定ニ於テハ北部國境外支那領ニ待機シ居タル日本部隊ニ付如何ニ措置スルカハ更ニ日佛打合セノ上決定スルコトトナシ居レリ)通リ實行セラレタシ佛國政府ハ本件ガ大事件ニナルコトヲ防止スル爲有ラユル方法ヲ執ルベキニ依リ日本政府モ同様廣東軍ガ事件ヲ擴大セザルヤウ措置セラレムコトヲ期待ス

次官　同盟通信ノ報道ニ付テハ承知セザルモ我方ニ於テハ現地細目協定成立セルニ拘ラズ佛側ガ猶種々言懸リヲ附ケ遷延策ヲ弄シ居ルコトニ對シ多大ノ不滿ヲ有シ居レリ併シナガラ互ニ悪口ヲ言ヒ合フモ事態ノ改善ニハナラザルベシ

大使　何レニセヨ今回ノ衝突ハ日本軍ガ話合ノツクヲ待タズシテ侵入セルニ端ヲ發スル次第ナルヲ以テ日本兵ヲ元通リ國境外ニ戻サレタシ

次官　其レハ不合理ナリ佛側ニ於テハ北部ノミナラズ海防ヨリノ日本軍進駐迄モ遷延セシメント策シ居レリ佛側ガ斯ノ如キ態度ヲ改メザルニ於テハ憂慮スベキ事態ヲ誘發スルノ虞アリ

大使　海防ヨリノ進駐ハ之ヲ認ムルヤウ本使ヨリ申送ルベシ併シ國境地方ニ於テ衝突ガ續ク限リ佛側トシテハ右ヲ認ムルコト不可能ナルベキヲ以テ速ニ本件衝突ヲ止メシムル様致度

1870

昭和15年9月24日　在海口栗本（秀顕）総領事代理より松岡外務大臣宛（電報）

仏印北部国境方面の軍事紛争継続中との情報および海口引揚げ中の仏印在留邦人への措置につき報告

海　口　9月24日後発
本　省　9月24日夜着

第一五六號（大至急、館長符號扱）

往電第一五〇號ニ關シ

鈴木總領事ヨリ

一、南支派遣軍佐藤參謀副長及當地海軍司令部トナザリ《（渡名喜カ）》參謀ヨリ得タル情報ニ依レハ「ドンダン」ニ於テハ佛印軍ヲ武装解除シタルモ同地方以外ノ北部國境方面ニ於テハ今尙戰鬪繼續中ニテ一方本日（不明）海防入港ノ豫定ナリシ西村部隊ハ上陸ヲ一日延期シタルモ或ハ「ドーソン」沖ヨリ敵前上陸ヲ敢行スルヤモ知レサル趣ナルヲ以テ其ノ場合ニハ佛印側ニテモ抵抗アルヘシト豫想セラル

二、在留民ニ對スル處置及殘留省員ノ行動ニ付テハ本日午後ノ情勢ヲ見極メタル上判斷スル外ナキモ八海丸（在留民中主トシテ婦女子、老人ヲ收容シ居レリ）及本日午後四時西貢ヨリ入港ノ豫定ナルありぞな丸ハ何レニスルモ內地ヘ向ケ航行セシムル要アルト共ニ兩船ノ行先ニ關シテハ在留民ノ希望ヲモ斟酌シ長崎ヲ指定スル方針ナリすらばや丸（首腦部ヲ除ク監視團一行及在留民中軍ノ通譯トシテ內定セル者乘船）ハ形勢如何ニ依リ直ニ海防ニ歸航スルコトトナルヘク然ル時ハ本官ハ上京ヲ中止シ殘留省員ヲ帶同シテ乘船スルコトト致度シ

前電第一五五號中三百名トアルヲ約百八十名ト御訂正相成度シ

1871 昭和15年9月24日

在ハノイ鈴木総領事より
松岡外務大臣宛（電報）

仏印現地細目協定の未決部分につき合意成立し軍事協定の最終取極め成立について

ハノイ　9月24日後発
本　省　9月25日前着

（海軍省經由、極祕）

蓑田總領事ヨリ

二十四日午後新?ニ軍艦川內艦上ニ於テ西原委員長及佛印軍司令官代表者間ニ軍事協定ニ關スル最終的取極メ成立シ（欄外記入）（西村部隊同?意ノモノ?）派遣部隊ノ大部ハ明二十五日海防ニ入港二十六日上?陸ノコトトナレリ

尙西原機關一同ハ運送船ヲ先導シテ二十五日海防ニ歸還ノ筈

（欄外記入）

其ノ後先方ハ「ランソン」方面戰鬪繼續中ナルニ鑑ミ本件取極

ノ實施延期ヲ求メ來レル趣ナリ

1872　昭和15年9月24日　在仏国沢田大使より 松岡外務大臣宛（電報）

仏印現地協定成立に関する仏国報道振りについて

別電　昭和十五年九月二十四日発在仏国沢田大使より松岡外務大臣宛第七五八号

右協定成立に関する仏国外相の説明

ヴィシー　9月24日後発
本　省　9月26日前着

第七五七號

二十四日各紙ハ一齊ニ往電所報ノ佛印取極ニ關スル佛外務省「コンミユニケ」ヲ掲載シタルカ何レモ「日本ハ佛印ノ領土保全ヲ約ス」トノ見出ヲ附シ居レリ

尚二、三ノ新聞ハ二十三日ノ須磨情報部長談及河内發電トシテ「ドクー」提督ノ佛印住民ニ對スル布告ノ外大要別電第七五八號ノ如キ「ボードアン」外相ノ説明ヲ掲載セリ

本電別電ト共ニ米ヘ轉電セリ

（別　電）

ヴィシー　9月24日後発
本　省　9月26日前着

第七五八號

[1]今次交渉ハ六月開始セラレタルカ日本政府ハ駐日佛國大使ニ對シ八月二日軍隊通過及飛行場ノ使用ニ關スル要求ヲ提出セリ右要求ニハ期限附セラレ居ラサリシヲ以テ最後通牒トハ云ヒ得サルモ受諾セラレサルニ於テハ進駐ヲ强行スルノ已ムナキ旨附言シタル强制的性質ノモノニシテ佛國政府ハ審議ノ結果之ヲ拒否セリ然レトモ現下ノ情勢ニ於テ日本軍ノ攻擊ヲ受クルトキハ佛印ヲ失フ危險アルヲ以テ考慮ノ結果端的ニ日本側要求ヲ拒否セス中間ノ措置トシテ妥結ノ爲商議ヲ續クルコトトセリ

其ノ後種々交渉ノ結果八月三十日東京ニ於テ原則協定成立シタルモ日本軍ニ對スル便宜供與ハ一時的例外的ニシテ日支事件存續中ノミ有效ナルモノナルカ經濟問題ニ關シテハ今後締結セラルヘキ通商協定ニ依リ日本ニ對シ佛印ニ於テ他ノ第三國ヨリ優先的地位ヲ與ヘントスルモノナリ

[2]現地軍取極ハ軍側カ佛印ニ於ケル佛國軍隊ヲ危殆ニ陥レサ

ル爲日本軍ノ數ヲ最小ニ止メントシタル爲困難アリタルカ九月二十二日遂ニ成立セリ右取極實施ニ當リ日本部隊ノ焦燥ノ爲カ又ハ佛側命令ノ遲滯ノ爲カ衝突事件發生シ双方ニ損害アリ佛側ハ中佐一名死亡セリ

佛國政府ハ關係國殊ニ米國ニ對シ極東ノ狀況ヲ通報シ來リタルカ原則協定成立後國務省ハ駐米佛國大使ニ對シ佛國政府ノ困難ナル立場ヲ了解シ居リ日本軍ニ對スル便宜供與ニ對シテモ非難スルヲ得サルヘシトセリ

英國ノ極東ニ於ケル兵力ノ減少モ此ノ際想起スルヲ要スヘク吾人ハ日本政府ト協定ニ達スルヲ希望シ居リ且米國カ佛印ニ關シ吾人ノ爲何等爲スコトナキヲ明カニシタルヲ以テ吾人ハ當初ヨリ米國ニ對シ何事モ要求セサリキ

佛[3]印ノ地位ヲ保持スル爲ニハ日本政府ト協力スルヲ要スル處今回ノ困難ナル交渉ニ當リ佛國政府ハ如何ナル外國政府ニモ强制サレタルコトナク佛國權益ヲ出來得ル限リ保持セントシタルモノナリ尙取極ノ大要ハ次ノ如シ

(イ)日本軍ハ數千ノ小部隊ニ限リ進駐シ得ルモノトス

(ロ)東京ニ於ケル三飛行場ヲ日本側ニ供與ス但シ日本側ハ東京ニ於テ對支作戰ノ爲ノ部隊ヲ置クヲ得ス

仍而佛國ハ支那ニ對シ支那軍カ東京ニ於テ交戰スル爲越境スルヲ容認シ得サル旨通報セリ

吾人ハ日本カ佛國主權ハ尊重セラルルヘシトセル八月三十日ノ約定ニ信頼スルモノナリ

佛印ニ進駐セル日本軍ハ友好國ニ於ケルカ如ク行動スヘキモノニシテ吾人ハ今後重大事件發生セサルヲ希望スルモノナリ佛國政府ハ今次取極ヲ以テ英米勢力減少ニモ拘ハラス佛印カ生存シ繁榮シ得ル爲ノ誠實ナル協力ノ第一歩ト思考スルモノナリ

1873 昭和15年9月25日 在仏国沢田大使より松岡外務大臣宛(電報)

仏印での軍事衝突および米国への仏印問題説明振りに関する仏国外相内話について

ヴィシー 9月25日後発
本　省 9月27日前着

第七六一號(極祕)

二十五日本使離任ノ挨拶旁「ボードアン」外相ヲ往訪シタル處同外相ハ今次日佛取極カ幾多ノ曲折ヲ經タルモ兎ニ角

實施セラルルニ至リタルハ同慶ノ至リナル旨述ヘタル後佛側ノ有スル日佛協調ノ精神ハ御承知ノ通リニシテ今回現地交渉ニ於テモ西原少將ノ理解アル態度ハ深ク之ヲ多トシ居ル次第ナリト述ヘタル後東京地方ノ衝突事件ニ言及シ同少將モ昨二十四日既ニ空路海南島ニ赴カシ《（レカ）》タル由ニテ自分モ近ク圓滿解決セラルヘキヲ期待シ居ルモ何セヨ昨日モ佛側ハ六十名餘ノ死傷者ヲ出シタル趣ニテ心痛シ居レリト述ヘ居リタリ

次テ本使ヨリ二十三日外相ノ聲明ニ依レハ（往電第七五八號參照）佛國政府ハ米國政府ニ對シ今次交渉ノ內容ヲ通報セラレ居リタル趣ナルカ右ハ如何ナル意味及如何ナル程度ニ爲サレタルモノナリヤト質シタル處「ボ」ハ實ハ米國側ヨリ屢交渉ノ內容ニ關シ質問シ來リタルヲ以テ自分モ大要ニ關シテハ時々說明ヲ與ヘタルモ本件ニ米國ヲ介入セシムル意ハ毛頭ナク先般モ在米佛國大使ニ對シ佛國政府トシテハ本件ニ關スル英國又ハ米國ノ干渉ハ日佛妥結ニ至ル上ニ單ニ無用ナルノミナラス有害ナリト認ムルニ付右ニ含ミ置クヘシト思考シ居ル旨嚴訓シ置キタリト內話セリ

英、米、伊、蘇ヘ轉電セリ

1874

昭和15年9月25日　在仏国沢田大使より松岡外務大臣宛（電報）

仏印進駐が日仏間の友好的合意により実行されたとの仏国政府立場は日米関係に利用し得る観点からわが方も強調すべき旨意見具申

ヴィシー　9月25日後発
本　省　9月27日前着

第七六二號（極祕）

[1]往電第七六一號ニ關シ

當國政府筋ニ於テハ屢次電報ノ通リ我方ヨリ取付ケタル佛印領土保全ノ保障ヲ百％利用シテ內外ニ對スル面子ノ保持ニ資セントシ新聞等ニ於テモ本件ヲ成ルヘク目立タサル樣取扱ハシメ努メテ國論ヲ刺戟セサランコトニ腐心シ居ル樣見受ケラル而シテ佛側カ飽迄日本軍隊ノ進駐ヲ以テ合意ニ依リ實行セラレタルモノト宣傳スル態度ハ我方ニ於テモ本件ニ關スル日米關係ニ是ヲ利用シ得ヘキハ申ス迄モ無キ所ナルヲ以テ右佛側ノ立場ハ我方ニ於テモ充分是ヲ諒解シ內外ノ宣傳ニ關シテモ努メテ日佛間ノ友交《（好カ）》的合意ヲ強調セラルルコト然ルヘシト存ス佛國側ハ或ハ佛印全領土ヲモ喪失

センカト懸念シタルニモ拘ラス領土保全ノ保障ヲ得ルヲ以テ多少安心シタルモノノ如キモ將來ニ對シ尚一抹ノ不安ヲ抱キ居ル樣子ハ各方面ニ於テ感知セラレ從テ今後引繼キ行ハルヘキ經濟交涉ノ前途ニ關シテモ相當ノ困難ヲ豫想セシメラル

現(2)佛印各種產業ノ大部分ハ本國資金ニ依テ賄ハレ居リ其ノ實權者ハ本國ニ在住スル者多キ現狀ニ於テハ今後ノ交涉ハ事每ニ本國ノ指令ニ俟タントスルニアラスヤトノ傾向既ニ當地ニ於テ現レ居ルヲ以テ豫メ警戒ノ要アリト思考セラル又佛國人ノ常トシテ此ノ際最後迄既得權益ニ對スル執着ヲ捨テサルヘキモ我公正妥當ナル要求ハ現下ノ佛國ノ地位ニモ鑑ミ結局是ヲ受諾スヘク要ハ我方カ豫メ眞ニ必要トスル限度ヲ定メ是ヲ端的ニ佛側ニ容認セシムルニアリト信セラル

尚當國ニ於ケル獨伊兩國占領軍ノ態度極メテ友好的ナルハ當國民ノ寧ロ意想外ト爲ス所ニシテ從テ各種占領施設等モ圓滿ニ進捗シツツアル事實ニモ徵シ佛印ニ於テモ今後出來得ル限リ事端ヲ釀ササルコトニ努メ平隱(穩カ)裡ニ協定ノ實行ヲ計ルコト肝要ニ存セラレ右ハ單ニ今後ノ日佛交涉又ハ協力ヲ我方ニ有利ニ誘導スル上必要ナルノミナラス米國其ノ他ヨリノ容喙ヲ豫メ封スル上ヨリモ適當ト存セラル

冒頭往電ノ通リ轉電セリ

1875 昭和15年9月26日 在海口栗本総領事代理より 松岡外務大臣宛(電報)

ハイフォン方面への日本軍の進駐実施について

海口 9月26日後発
本省 9月26日夜着

第一六六號(至急、極祕、館長符號扱)

往電第一六五號ニ關シ

鈴木總領事ヨリ

佐藤參謀副長カ飛行機ニ依ル情報トシテ本官ニ語レル所ニ依レハ西村兵團ハ「ドーソン」附近ニ又?主力ハ海防ニ平和裡ニ進駐セル由ナリ尚本官ハ殘留省員ヲ伴ヒ海防ニ赴ク豫定

1876 昭和15年9月27日 松岡外務大臣より ハイフォン碇泊軍艦子ノ日宛(電報)

日本軍仏印領内進駐に関する日仏両国政府共同コミュニケの発表について

付記　右共同コミュニケ

本省　9月27日前6時0分発

（海軍省經由、極祕、至急）

蓑田總領事ニ左記御傳ヘヲ請フ

國境地方紛爭モ解決シ我軍ノ進駐平和裡ニ行ハルルコトトナリタルニ付テハ豫テ佛側希望アルノミナラズ我方トシテモ諸外國ニ對シ(イ)我軍進駐ハ日佛話合ニ基キ完全ナル諒解ノ下ニ行ハルルモノナルコト及(ロ)我軍事的要求ハ佛印ノ領土ニ對スル侵略的意圖ニ基クモノニ非ザルコトヲ闡明シ「デマ」中傷ヲ封ズルコト機宜ニ適スト認メ、佛側ト協議ノ上本二十七日午后五時（東京時間）東京及「ヴィシー」ニ於テ豫テ打合濟ノ日佛政府共同「コムミュニケ」ヲ發表スルコトトセリ

（付　記）

昭和十五年九月二十七日日本軍佛印領內進駐ニ關スル日佛兩國政府共同「コンミユニケ」

東亞新秩序建設及支那事變解決ニ資スル目的ヲ以テスル佛領印度支那ニ關スル基礎的話合ハ去ル八月中東京ニ於テ松岡外務大臣トアンリー在京佛國大使トノ間ニ友好的精神ヲ以テ行ハレタリ

日本政府ハ東亞ニ於ケル佛國ノ權利及利益特ニ印度支那ノ領土保全竝ニ同聯邦ノ全部ニ對スル佛國ノ主權ヲ尊重スル意嚮ヲ有スル旨ノ保障ヲ佛國政府ニ與ヘ佛國政府ハ日本政府ニ對シ印度支那ニ於テ帝國陸海軍ノ爲其ノ作戰行動遂行上必要ナル特殊ノ諸便宜ヲ供與スヘキコトヲ承諾セリ

尙右軍事上ノ便宜供與ニ付具體的決定ヲ行フ爲河內ニ於テ日佛軍當局間ニ話合行ハレタル處九月二十二日圓滿妥結ニ到達セリ

1877　昭和15年9月28日　大橋外務次官／在本邦アンリ仏国大使　会談

日本軍によるハイフォン空爆をアンリ大使抗議について

佛印進駐ノ日本軍ニ關スル昭和十五年九月二十八日大橋次官「アンリー」大使會談要領

午後四時「アンリー」大使大橋次官ヲ來訪シ海防上陸日本軍ニ關シ左ノ通抗議セリ

日本軍ハ二十六日「ハイホン」港近クノ「ドーソン」ニ上陸シタルガ戰鬪行爲無ク極メテ圓滑ニ上陸ヲ完了セリ然ルニ數臺ノ日本軍飛行機ハ海防上空ヨリ爆彈ヲ投下シ死者十五名、傷者十八名ヲ出サシメタリ佛印官憲ハ事態ヲ擴大セザラシメンガ爲部下ニ對シ日本機射擊ヲ禁止セリ

本使ハ政府ノ命ニ依リ右飛行機ノ暴擧ニ對シ抗議シ責任者ノ處罰及被害者家族ノ損害賠償ヲ要求ス

尙「ドーソン」上陸ノ日本部隊ハ占領軍ノ行動ヲ執リ佛軍ノ武裝解除ヲナセリ斯ノ如キコトガ續クトキハ如何ナル事態ヲ惹起スルヤモ知レザルニ付軍出先ニ對シ注意セラレンコトヲ要求ス

大使館附武官ヨリモ土橋參謀本部第二部長ニ對シ非公式ニ右ノ旨傳ヘタルガ外務省ニ於テモ然ルベク措置セラレ度

尙前述ノ飛行機ハ潿洲島飛行隊ノモノラシク此ノ飛行隊ハ以前ニモ佛國飛行機ヲ擊チ墜シタルコトアリ

1878　昭和15年9月30日　在ハノイ鈴木総領事より松岡外務大臣宛（電報）

不幸にして軍事衝突の発生を見たが今後は友好的に協調したいとの希望をドクー総督が西原少将らに表明について

ハノイ　9月30日後発
本　省　9月30日夜着

第二二七號

三十日朝西原、鈴木兩少將ト共ニ單ニ挨拶ノ目的ヲ以テ總督ヲ往訪シタル處同總督ハ「ランソン」ニ於テ不幸ナル事件ノ發生ヲ見タルモ今後ハ友好的ニ協調シタク協定ノ內容ヲ其ノ儘實行シタシト述ヘタルカ右ハ駐屯軍ノ壓力ヲ以テ新ナル要求ヲ爲スヲ前以テ封セントノ伏線ナルヤニ見受ラレタリ（因ミニ中央ヨリ西原機關ニ對シ西村部隊（少クトモ其ノ一部）ノ河內駐屯申入レ方訓令アリタリ）

尙鈴木少將ハ鎭撫ノ爲本日午後「ランソン」ノ中村部隊本部ニ明朝「ドウソン」西村部隊司令部ニ赴ク筈ナリ

1879

昭和15年10月7日　在ハノイ鈴木総領事より松岡外務大臣宛

仏印軍事協定の締結経緯につき気付きの諸点報告

公機密第一八〇號　（10月22日接受）

昭和十五年十月七日

在河内帝國總領事　鈴木　六郎

外務大臣　松岡　洋右殿

（部外極祕）

日佛印軍事協定締結經緯ニ關スル件

日佛印軍事協定ハ約三ケ月ニ亘ル交渉ノ結果漸ク九月二十二日成立シ翌二十三日ヨリ其ノ實行ニ着手セリ尤モ「ランソン」方面ニ於テハ一時日、佛印軍間ニ衝突ヲ惹起シタルモ「ハイホン」方面ニテハ二十六日先方ノ抵抗ナカリシヲ以テ概シテ平穩裡ニ進駐ヲ見タルハ日佛兩國ニトリ先ヅ欣幸トスベキ所ナルベシト雖モ該協定締結ニ至ル迄ノ經緯ヲ見ルニ我方ノ取リタル態度ニ付聊カ遺憾ノ點ナキヤ疑ハザルヲ得ズ茲ニ潛《（僭カ）》越ナガラ心付キタル諸點ヲ御參考迄ニ具申セントス

一、我方トシテ果シテ一致團結シテ交渉ニ當リタルヤ？

(イ)西原機關ガ中央ノ命令ニ服シ忠實ニ訓令ヲ奉ジタルコトハ彼我均シク認ムルトコロニシテ又小官ニ對シ最上策ハ平和的進駐ニ在リト繰返シタルコトニテモ明カナルガ中央ノ趣旨ガ廣東軍ニ撤《（徹カ）》底セリト云ヒ得ベキヤ否寧ロ同軍ノ一部ニテハ此ノ絕好ノ機會ニ佛印攻略ヲ斷行スベシト企圖シ居ラザリシヤ小官ノ推察ニ依レバ右企圖ノ存在ハ疑フ余地ナク茲ニ西原機關ト廣東軍トノ間ニ根本的ノ意見ノ對立アリ佛印當局ヲシテ我方ノ友好的進駐ノ誠意ヲ疑ハシメタリ

(ロ)右ノ如キ西原機關ト廣東軍トノ間ニ主義上ノ差異アリタルノミナラズ西原機關內ニ於テモ意思ノ疎通ヲ欽ク嫌ヒナカリシヤ卽チ「ティエボー」少佐ガ連絡將校トシテ活躍當時西原少將ガ同少佐ヲ通ジ連絡ヲ取リ交渉スルコトハ當然ノコトナルモ同少佐ノミヲ利用シタル結果事務總長格タル小池大佐スラモ聞知セザルコト屢々アリ又海軍側ニテハ事后ノ通知ヲ受クルニ過ギザリシ場合モアリ從ッテ海軍側ニテハ委員長ノ態度ニ相當不平アリタリ況ンヤ當總領事館ニ對シテハ當方ヨリ進ンデ質ネザル限リ交渉經緯ヲ洩シ呉レルコトナキ有

様ナリキ

(ハ)聞ク所ニ依レバ西原少將七月末一時上京ノ折中央ニ於テ西原機關ノ名ニ於テ意見ヲ具申シタル電報中同少將ガ毫モ關知セザルモノヲ發見シタル趣ナルガ此ノ如キハ西原機關内部ノ不統一ト言フニ止ラズ全ク言語同(道カ)斷ノ行爲ナリト言フベシ此ノ如クンバ名儀ハ軍事協定ナルモ本質ハ南方進出ノ帝國ノ重大國策タル佛印問題ヲ有利ニ解決スルコトヲ得ベキヤ

二、我方交渉方法ハ機宜ヲ得タルモノナリシヤ？

(イ)東京ニ於テ貴大臣ト「アンリー」トノ間ニ原則協定調印後直ニ八月三十一日迄ニ現地協定ヲ成立セシムベシトノ御訓令アリタル處西原少將モ夫レハ無理ナリト小官ニ洩シタル通リ當地佛印軍司令官ニ於テハ我方ガ繰返シ主張スルガ如ク佛印側トシテハ强チ遷延策ニハ非ザルモノノ如ク「アンリー」大使又ハ佛本國政府トノ間ノ聯絡悪シキ爲八月三十一日ノ調印ヲ拒ミタルモノナリト推察セラル卽チ前記御訓令ハ當地ノ事情ヲ篤ト考慮ニ入レズシテ爲サレタルモノナラザルヤト想像セラル

(ロ)又現地ニ於ケル交渉ニ際シテモ一旦提出セル案文ヲ日ナラズシテ訂正要求スル等殊ニ九月四日成立セル協定ヲ殆ド無視セルガ如キ新提案ヲ富永少將再度ノ來佛印ト共ニ提出スルガ如キハ先方ヲシテ帝國ガ朧(隴カ)ヲ得テ蜀ヲ望ミツツアルノ感ヲ抱カシメタリ寧ロ最初ヨリ堂々ト主張スル所ヲ定メ之ガ貫徹ニ邁進スルニ如カズ

要スルニ今回ノ交渉ニテハ中央ト現地トノ間ニ意思疎通ヲ欽キタル嫌ナキカ勿論中央トシテハ此ノ點ニ付萬遺憾ナキヲ期セラレタルモノナルベキモ現地ニテ得タル印象ニ依レバ斯ク思ハザルヲ得ザル次第ナリ

三、中央ノ精神ガ協定成立后ノ平和的進駐ニ在ルコトハ想像ニ難カラザルモ前述ノ如ク廣東軍ノ一部ニ在リテハブ、チコ、ハ、シ政策ヲ取リ居ルガ如キ形勢歴然タルモノアリ蓋シ九月二十二日協定成立後ノ「ランソン」事件ノ如キハ最前線ニ命令ガ屆カズシテ惹起セルモノトモ考ヘラルルモ監視團有力者ノ言ニ依ルモ空陸兩軍呼應シテ進駐ヲ開始シタルモノニシテ全ク計画的ノモノナリトノコトナレバナリ西原機關ノ苦心モ茲ニ存スルモノト見受ケラレタリ

四、右ニ對シ佛印當局トシテハ或ハ八月三十一日迄ノ調印ニ

關スル我方要求ヲ佛本國政府ヨリ現地交渉ニ關スル訓令未着ヲ理由トシ或ハ九月四日成立セル協定ノ細目協定ヲ六日ノ我軍ノ越境事件ヲ理由トシ拒絶シタルガ如キハ或ハ遷延策トモ看取セラルルモ我方ガ事毎ニ責任ヲ先方ニ歸スルコトハ如何カト思ハルル筋アリ此ノ事情ヲ幾分ナリトモ明カニスル爲先方ノ云ヒ分ナルモノヲ檢討スルニ左ノ如シ

(イ)前述ノ如ク我方ガ足並揃ハザルノミナラズ佛側ガ譲レバ譲ル程我方ヨリ新要求提出セラレ停止スル所ヲ知ラザル有様ナレバ(尠クトモ先方ハ斯ク思惟シ居レリ)受諾ノ途ナシト云フニ在リ

(ロ)又廣東軍ノブチコハシ政策ヲ信ジ居ル先方トシテハ何ノ途我方ヨリ攻撃スルニ於テハ名譽ノ爲一戦ヲ辭セズトノ硬論ヲ主張スルモノモアリタリ尤モ窮局ニ於テ佛印軍ガ我軍ニ敵對シ來ルトハ想像シ得ザルモ多少ノ小競合ハアルヤモ知レズトノ感想ヲ抱カシメタリ

元來佛印當局トシテハ將來永久ニ佛印ヲ保持シ得ベキヤニ付頗ル疑問ヲ抱キ居ルモノノ如シ即チ佛印ハ今次大戰ノ結果結局佛本國ノ支配ヨリ離ルルニ至ルベシト觀測シ居レリ

右見地ヨリ佛印ガ日本ノ要求ニ抵抗シテ一戦スルモ敗退スルノミニテ何等ノ意義ナク從ッテ帝國ガ妥當ナル要求ヲ爲スニ於テハ之ヲ受諾スルニ吝カナラズトノ意見ヲ有スル者アリ

(ハ)尚具体的問題トシテ交通機關ノ不備、軍隊宿營設備ノ不完全ナル佛印ニ急速ニ日本軍隊ヲ入ルルコトハ事實上不可能ニシテ日本ハ事毎ニ佛印ガ遷延策ヲ取リッツアリトスルハ當ラズト佛印側ガ洩シタルコトアリ

五、由是觀之我方ニシテ此ノ際明瞭ニナシ置クベカリシ點又將來モ必要ノ點ハ左ノ如シト愚考ス

(イ)中央ガ飽迄平和進駐ニテ進ムベキヤ又ハ場合ニ依リテハ武力行使ヲモ辭セザルヤノ點ヲ確定シ之ヲ交渉機關ニ撤《(徹カ)》底セシムルコト

蓋シ九月四日ノ協定ハ調印セラレタリト雖モ我方ノ要求ニ當篏ルモノニ非ズ中央ノ腹ガ明瞭ニ現地ニ分ラザリシ關係上我方トシテハ居留民引揚ノ準備ヲ爲シタルモ佛印ハ之ヲ單ナル「ヂェステュア」ト解シ我方希望通リ譲歩セザリシ事情アレバナリ

(ロ)今回ノ協定ハ名儀ハ軍事協定ナルモ前述ノ通リ實ハ南方進出上ノ重要國策ナルヲ以テ中央ニ於テハ勿論ノコト現地ニ於テモ軍ニ於テ外交官ト協議ノ上交渉スベキモノトス然ルニ西原機關ガ獨リ大袈裟ニ言ヘバ中央ト廣東軍トニ板挾ミサレ乍ラ交渉シタルモノニシテ斯クテハ先方ニ我方ノ內兜ヲ見透カサルル虞アリ須ラク帝國ハ軍ノミノ要求ニ依リ行動スルモノニアラズ國家一丸トナリテ邁進スルモノナリトノ印象ヲ與ヘザルベカラズ

六、以上ハ今次二十二日ノ協定成立經緯ニ關スル感想ナルガ將來之ガ協定實現ニ際シテモ必ズシモ樂觀ヲ許サザル點アリ蓋シ鈴木少將ガ十月二日聯絡ノ爲「ドーソン」ニ西村部隊ヲ往訪セル際ハ圓滿ナル了解ヲ得西村部隊ニテハ捕虜トセル佛士官七八名ヲ釋放シ武裝解除ヲ行ヘル砲壘等ヲ返還スルコトトナレルガ是ヨリ先キ一日ノ鈴木少將ト中村部隊長トノ會見ハ斯ク圓滿ナラザリシガ如ク或ハ中村部隊撤收ニ際シ何等カ紛爭ノ如キモノヲ見ルヤモ知レズ玆ニ一抹ノ不安アレバナリ尤モ同少將ハ紛爭ヲ繰返スガ如キコトハナカルベシト明言シ居ルモ早キニ及ンデ用意ノ程肝要ナルハ勿論ナリ

就テハ前記五、ノ通リ中央ノ腹ヲ決定シ出先軍憲ノ間ニ分裂ヲ來サザル樣御配慮ノ程望マシキ次第ナリ

七、以上佛印側ノ云ヒ分ヲ述ベ聊カ先方ノ提燈持ノ感ナキニ非ズ且我方ニ對シ非難ヲ加フルノ嫌ナキニ非ザルモ敵ヲ圖ルニハ先ヅ自ラヲ知ルノ方寸ニ出デタルモノナルヲ以テ小官ノ微意ノ存スル所ヲ御諒察下サレ度玆ニ卑見申進ズ

(4)　北部仏印問題をめぐる英米の対日抗議

1880　昭和15年2月23日　有田外務大臣より在英国重光大使宛(電報)

クレーギー英国大使が雲南鉄道空爆は英中間の正当な貿易を阻害し英国人の生命に危険を及ぼすとして注意喚起について

本　省　2月23日発

第一四七號

二十一日「クレーギー」大使谷次官ヲ來訪雲南鐵道爆撃問題ニ關シ覺書ヲ手交シタルガ其ノ要旨ハ英支間ノ正當ナル貿易ノ相當量ガ雲南鐵道ヲ通ジ行ハレ居ル事實ニ鑑ミ本件爆撃ノ續行ハ英支間通商ヲ阻害スルノミナラズ英國臣民ノ生命ヲ危險ナラシムルモノナルコトニ帝國政府ノ深甚ナル注意ヲ喚起スル旨ヲ述ベタルモノナリ

尚去ル一月三十一日米國側ヨリモ略々同様ノ趣旨ヲ申入レ來リ居レリ

米、佛、北京、上海、香港、廣東ニ轉電セリ

1881　昭和15年3月6日　有田外務大臣より在米国堀内大使宛(電報)

一九〇三年の中仏協定に鑑み雲南鉄道空爆が米国人の生命・通商に危険を及ぼしても日本に責任は生じない旨米国側へ通報について

別　電　昭和十五年三月六日発有田外務大臣より在米国堀内大使宛第九五号

右通報要旨

付　記　昭和十五年三月十一日付在本邦米国大使館より外務省宛覚書

右わが方通報に対する米国政府回答

本　省　3月6日発

第九四號

往電第六二號竝第六三號ニ關シ

六日吉澤局長「ドウマン」參事官ノ來訪ヲ求メ大要別電第九五號ノ通リ口頭ヲ以テ回答シタル上右ノ趣旨ヲ認メタル非公式書キ物ヲ手交シ置タリ

別電ト共ニ紐育ニ暗送アリ度

別電ト共ニ佛、上海、北京ニ轉電セリ

（別　電）

本　省　3月6日発

第九五號

一、滇越鐵道ハ外國ト支那カ交戰スル場合中立ヲ主張シ得サル次第ハ一九〇三年佛支間ニ本鐵道ノ敷設及經營ニ關スル協定締結セラレタル當時既ニ規定セラレ居レルカ本鐵道ハ蔣政權ノ重要ナル軍事補給路ナルヲ以テ帝國軍ガ右ニ對シテ必要ナル軍事的措置ヲ執リ得ベキコトハ當然ナリ

二、其結果米國々民ノ生命及通商ニ危險ヲ及ホスコトアルハ遺憾ナルモ右ハ已ヲ得ザル次第ニシテ且右ノ如キ本鐵道ノ法律的地位ニ鑑ミ帝國政府カ之ニ對スル責任ヲ執ルノ問題ヲ生スルモノニ非ルコトハ了解セラルヘシ

三、支那ニ於ケル第三國人ノ權益ヲ尊重スヘシトノ帝國政府ノ方針ハ不變ナルモ此ノ如キ第三國權益尊重ノ保障ハ帝國軍ノ正當ナル軍事行動ニ對スル如何ナル制限ヲモ意味スルモノニ非ス

（付　記）

昭和十五年三月十一日附在京米國大使館「プロ・メモリア」假譯（米、一）

米國政府ハ滇越鐵道爆擊ニ關シ昭和十五年一月三十一日附米國大使館ヨリ日本外務省ニ送付セル「プロ・メモリア」ニ對スル日本外務省ノ回答ヲ了承セリ

日本政府ガ支那ニ於テ軍事行動遂行中ノ事情ニ於テハ米國政府ハ本件ニ關シ日本外務省ニ依リ一九〇三年ノ佛支間鐵道敷設協定ニ言及セラレタル其ノ妥當性ヲ承認セス尙亦支那ニ於ケル日本側現在ノ軍事行動ニ依リ生起スルコトアルベキ米國人生命ノ喪失乃至ハ米國財產ニ對スル損害ニ關シ日本政府ニ於テ責任無キコトヲ認ムルヲ得ズ米國政府ハ仍テ本件ニ關シ米國政府及米國市民ノ權利ヲ完全ニ留保ス

編　注　本文書の原文（英文）は省略。

2980

1882　昭和15年8月8日　松岡外務大臣より在米国堀内大使、在ジュネーブ藤井総領事代理他宛（電報）

仏印の現状維持に強い関心を有する旨の米国政府覚書をグルー大使が松岡外相へ提出について

別　電　昭和十五年八月八日発松岡外務大臣より在米国堀内大使、在ジュネーブ藤井総領事代理他宛合第一七五五号

右米国政府覚書要旨

付記一　昭和十五年八月七日付

右覚書原文

二　欧亜局第三課作成、作成日不明

「佛印問題ニ關スル米申入ニ對スル反駁ノ件」

本　省　8月8日後11時30分発

合第一七五四號（極祕、館長符號扱）

七日米國大使本大臣ヲ來訪佛印問題ニ關シ本國政府ノ訓令ニ依リ御傳ヘスル次第ナリトテ別電合第一七五五號要領ノ書キ物ニ添ヘ四月十七日及五月十一日ノ國務長官「ステートメント」寫ヲ手交セリ之ニ對シ本大臣ハ右申出ニ對スル「コメント」乃至「オヴザヴェイション」ハ留保スルモ唯次ノコトダケハ御話シスベシト前提シ米國ノ新聞等ニ本件對佛申入ニ關シ種々ノ報道アルコトハ本大臣モ承知シ居ルモ其ノ或ルモノハ誇張セラレ居リ或ルモノハ根據ナシ本大臣ハ右申入カ如何ナル性質ノモノナルヤハ今日猶一言モ御話シ得ル地位ニ在ラザルガ米國政府ノ絶對内密ノ「インフオーメイシヨン」トシテ右申入ハ既ニ主義上佛國政府ガ承認セルコトダケハ申上ゲ置クベシト述ベ此ノ點絶對嚴祕ニ付セラレ度シト念ヲ押シ置キタリ

本電及別電宛先米、壽府（佛）、南京、上海、廣東、北京

米ヨリ紐育、桑港ヘ轉報アリ度、壽府ヨリ英、獨、伊、蘇ヘ轉電アリ度、廣東ヨリ香港ヘ轉電アリ度

（別　電）

本　省　8月8日後11時20分発

合第一七五五號（極祕）

諸新聞ハ日本政府ガ佛印ニ關スル祕密要求（日本軍ニ依ル佛印內飛行場ノ使用權及日本軍隊ノ佛印通過權ヲ含ム）ヲ提出セル旨ノ種々ナル報道ヲ揭ゲ居レリ

四月十七日及五月十一日ノ國務長官「ステートメント」ニ於テ蘭印ノ內政干渉又ハ平和的手續ニ依ラザル其ノ現狀變更ハ蘭印方面ノミナラズ全太平洋方面ニ於ケル平和、安全

及安定ヲ害スベシトノ米國政府ノ信念竝ニ右信念ハ普遍的ニ適用アリ且米國ガ明確ニ支持スル主義ニ其ノ基礎ヲ置クモノナリトノ米國政府ノ見解ヲ表明セリ右信念及見解ハ斯クテ佛印ニモ自然適用アル次第ナリ傳ヘラルル日本政府ノ今次申入ハ前述ノ事情下ニ於テ米國政府ヲ痛ク困惑セシメタリ

（付記一）

Oral

News Agencies are carrying various reports in effect that the Japanese Government has put forward to the French authorities secret demands concerning French Indochina. It is reported that the demands under reference include, among others, the right for Japanese military forces to make use of air bases at certain places in French Indochina, and the right for Japanese armed forces to be transported through French Indochina.

There was set forth in the statements issued by the Secretary of State on April 17 and May 11 the belief held by the United States Government that any intervention in the internal affairs of the Netherlands Indies or the change of their status quo except by peaceful processes would prejudice the cause of peace, security and stability in the entire Pacific area as well as in that of the Netherlands Indies. The observation of the American Government was likewise set forth that this belief had its basis in a doctrine which possesses universal validity and in support of which the United States stands unequivocally. The foregoing belief and observation have thus a natural application also to French Indochina. The demarche reported to have been made by the Government of Japan to the French authorities has, under these circumstances, seriously perturbed the Government of the United States.

August 7, 1940.

（別　紙）

Public Statement by the American Secretary of State on April 17, 1940.

I have noted with interest the statement by the Japanese Minister for Foreign Affairs expressing concern on the part of the Japanese Government for the maintenance of the status quo of the Netherlands Indies.

Any change in the status of the Netherlands Indies would directly affect the interests of many countries.

The Netherlands Indies are very important in the international relationships of the whole Pacific Ocean. The islands themselves extend for a distance of approximately 3,200 miles east and west astride of the equator, from the Indian Ocean on the west far into the Pacific Ocean on the east. They also are an important factor in the commerce of the whole world. They produce considerable portions of the world's supplies of important essential commodities such as rubber, tin, quinine, copra, et cetera. Many countries, including the United States, depend substantially upon them for some of these commodities.

Intervention in the domestic affairs of the Netherlands Indies or any alteration of their status quo by other than peaceful processes would be prejudicial to the cause of stability, peace and security not only in the region of the Netherlands Indies but in the entire Pacific area.

This conclusion, based on a doctrine which has universal application and for which the United States unequivocally stands, is embodied in notes exchanged on November 30, 1908, between the United States and Japan in which each of the two governments stated that its policy was directed to the maintenance of the existing status quo in the region of the Pacific Ocean. It is reaffirmed in the notes which the United States, the British Empire, France and Japan — as parties to the treaty signed at Washington on December 13, 1921, relating to their insular possessions and their insular dominions in the region of the Pacific Ocean — sent to the Netherlands Government on February 4, 1922, in which each of those governments declared that "it is firmly resolved to respect the rights of the Netherlands in relation to their insular possessions in the region of the Pacific Ocean."

All peaceful nations have during recent years been earnestly urging that policies of force be abandoned and that peace be maintained on the basis of fundamental principles, among which are respect by every nation for the rights of other nations and non-intervention in their domestic affairs, the according of equality of fair and just treatment, and the faithful observance of treaty pledges, with modification thereof, when needful, by orderly processes.

It is the constant hope of the Government of the United States — as it is no doubt that of all peacefully inclined governments — that the attitudes and policies of all governments will be based upon these principles and that these principles will be applied not only in every part of the Pacific area, but also in every part of the world.

Public Statement by the American Secretary of State on May 11, 1940.

I have no full report about the matter referred to in the press despatches from Tokyo. During recent weeks a number of governments, including Great Britain, Japan, and the United States, have made clear in official public utterances their attitude of continued respect for the status quo of the Netherlands East Indies. This was in harmony with definite commitments formally made in writing in 1922. This Government assumes that each of the Governments which has made commitments will continue to abide by those commitments. On April 17, 1940, in a public statement, I said: "Intervention in the domestic affairs of the Netherlands Indies or any alteration of their status quo by other than peaceful processes would be prejudicial to the cause of stability, peace and security, not only in the region of the Netherlands Indies but in the entire Pacific area." In view of these facts, commitments and expressions of interest to respect the status quo of the Netherlands East Indies cannot be too often reiterated.

（付記二）

佛印問題ニ關スル米申入ニ對スル反駁ノ件

米側ノ申入ハ太平洋ノ現状維持ニ關スル其ノ信念及見解ガ普遍的ニ適用アリトノ議論ヨリ出發シ其ノ自然ノ歸結トシテ右ガ佛印ニモ適用アリト爲シ居ルニ鑑ミ若シ之ヲ反駁スルトセバ米ノ一般的根本的主張ヲ反駁セザレバ無意義ナリ。佛印ニ關スル部分ノミヲ問題トスル時ハ蘭印等太平洋ノ他ノ部分ニ關スル米ノ主張ヲ是認スルカノ印象ヲ與フベシ。寧ロ此ノ際ハ斯カル理論闘争ヲセザル方可ナルベキカト思考セラル（且ツ先方ノ申入ハoralニシテ之ニ對スル我方應答ハ先日ノ會談ノ際一應濟ミ居レリ）

1883　昭和15年8月12日　松岡外務大臣より　在英国重光大使、在米国堀内大使他宛（電報）

仏印の現状維持に関し英国政府がわが方へ注意喚起について

本　省　8月12日後10時0分発

合第一七八七號（極祕）

十日「ドッヅ」英參事官松宮次官ヲ來訪日本政府ガ佛印政府ニ對シ要求ヲ提出セリトノ報道ハ英國政府ノ注意ヲ惹キ居レリ日本政府ハ四月二十六日英政務次官ヨリ日本大使ニ對シ英國政府ハ蘭領東印度ノ現状維持ニ關シ日本政府ト全然見解ヲ一ニスル旨表明セル次第ヲ想起セラルベシ英國政府ハ印度支那及極東ニ於ケル其ノ他諸國ノ現状維持ニモ右ト同様ノ重要性ヲ置クモノナリトノ趣旨ノ書キ物ヲ手交シタルニ依リ次官ハ佛印ニ關スル交渉ノ行ハレ居ルコトハ事實ナルモ其ノ内容等ハ御話シ得ズト應酬シ置キタリ

本電宛先　英、佛、獨、米、香港、廣東（但シ暗送）

獨ヨリ伊、蘇ヘ轉電アリ度シ

1884　昭和15年9月4日　在米国堀内大使より　松岡外務大臣宛（電報）

日本が仏印当局に対し最後通牒をもって軍事的要求を行ったとの報道を重視するとのハル米国国務長官声明について

ワシントン　9月4日後発

本　省　9月5日後着

第一四一五號

四日「ハル」長官ハ新聞會見ニ於テ質問ニ答ヘ左ノ聲明ヲ爲シタリ
日本官憲カ佛印當局ニ對シ日本軍ノ佛印通過竝ニ對支軍事行動ノ爲佛印根據地使用ヲ要求スル最後通牒ヲ發シタリトノ新聞報ハ讀ミタルカ過去數ケ月間ニ米國日本其ノ他ノ國ノ政府ハ太平洋殊ニ蘭印及佛印ニ關シ現狀ノ尊重維持セラルルヲ希望スル旨表明セリ本件最後通牒ニ關シテハ之ヲ確認スル方法ナキ爲米政府ハ本報道ヲ信スルヲ欲セサルモ其ノ報スル事態竝ニ問題ハ米政府ノ重視スル所ニシテ若シ右報道事實ナリトセハ米輿論ニ與フル反響ノ面白カラサルヘキハ當然ナリ
壽府ニ轉電シ壽府ヨリ英、獨ニ轉電セシム

1885 昭和15年9月7日 在米国堀内大使より松岡外務大臣宛(電報)

仏印問題に関するハル国務長官の記者会見談話について

ワシントン 9月7日後発
本　　省 9月8日前着

第一四三九號
六日「ハル」長官ハ新聞會見ニ於テ米國政府ハ佛印ニ關シ四日ノ長官ノ聲明ノ「ライン」ニテ日本ニ申入ヲ爲シタリヤトノ質問ニ對シ直接ニハ答ヘサリシモ平和ヲ望ム米國政府カ現狀維持尊重ノ政策ニ則リ申入ヲ行フモ驚クニ足ラスト述ヘ更ニ他ノ質問ニ答ヘ列國政府ノ本件ニ關スル見解ヲ質ス必要ナク英ハ既ニ申入ヲ行ヒ佛カ現狀侵害ニ贊成スル筈ナシ又米ノ態度ハ四日ノ日本聲明直後ニ明カニシタル通リナリ日本カ佛印ニ對シ米政府ニ何等約言ヲ爲シタリヤ否ヤハ今ノ處言明ヲ避ケ度シト述タル趣ナリ
尙米加、米濠及米「ニユジーランド」ノ新條約ニ關シ長官ハ右ハ英自治領ニ調停委員選任權ヲ與ヘタル外ニ特別ノ意味ナク米濠間ニ米加間ニ於ケルカ如キ共同防衛協定ノ結ハルル可能性アルヲ聞カスト述ヘタル趣ナリ
紐育へ轉電セリ

1886 昭和15年9月7日 松岡外務大臣より在米国堀内大使、在ジュネーブ藤井総領事代理他宛(電報)

仏印問題に関するわが方の事情説明を米英両大使が要請について

本　省　9月7日後8時0分発

合第一九九三號（至急）

一、四日米大使大橋次官ヲ來訪本國政府ノ訓令ニ依ルトテ日本ハ佛印ニ對シ各種軍事的要求ヲ爲シ最後通牒ヲ提出セラレタリトノコトナルカ事情聽取シ度シト述ヘタルニ付次官ヨリ最後通牒ヲ提出シタルコトナシ但シ目下佛印ニ關シ交渉行ハレ居ルハ事實ナルカ如シト答ヘタル處大使ハ右ハ日本ノ東亞現狀維持ノ聲明ニ反セスヤト言ヘルニ依リ次官ヨリ其ノ聲明ノコトハ良ク知ラサルモ本件ハ要スルニ一時的性質ノモノナリ米國カ之ヲ問題トセラルルト言フハ次第ニ依リテハ何等カ「アクション」ヲ採ラルル次第ナリヤト言ヘルニ大使ハ然ル次第ニハ非サルモ米國ハ佛印ニ對シテハ種々利害關係ヲ有シ日本ノ遣リ方ニヨリテハ輿論ヲ刺戟スル虞アルニ付出來得レハ本件ノ事情ヲ明ニシ度トノ趣旨ナリト答ヘ引取レリ

二、尚英大使モ同日次官ヲ來訪同樣趣旨ノ質問ヲ爲セルモ次官ヨリ本件ニ深ク觸ルルヲ欲セズト答ヘテ引取ラシメタル趣ナリ

本電宛先　米、壽府、南京、上海、廣東、北京

米ヨリ紐育、桑港ヘ轉報アリ度

壽府ヨリ英、佛、獨、伊、蘇ヘ轉電アリ度

廣東ヨリ香港ヘ轉電アリ度

1887

昭和15年9月11日　在米国堀内大使より松岡外務大臣宛（電報）

仏印問題に関する米国世論の動向報告

ワシントン　9月11日後発

本　省　9月12日後着

第一四五七號（極祕）

往電第一四〇〇號ニ關シ

一、日本ノ佛印ニ對スル要求ニ關シ四日ノ「ハル」聲明發出前後ヨリ當國輿論ハ佛印問題ニ甚大ノ注意ヲ拂ヒ當方面諸新聞ハ本件ニ關スル各地ヨリノ報道ヲ逐一掲載スルト共ニ社説ヲ揚ケ居ル處之ヲ綜合スルニ

(イ)日本ノ意圖ハ英佛ノ窮狀ニ乘シ資源豐富ニシテ軍事上ノ價値アル佛印ヲ掌中ニ收メ以テ西南支那ニ踏込ム足

場ヲ得ルト共ニ其ノ自給自足經濟圈ヲ擴大セントスルニアリ之カ爲米ノ反感ヲ挑發スルモ介意セス

(ロ)日本カ之ニ成功セハ南太平洋ハ日本ノ制覇スル所トナリ比島蘭印ハ勿論新嘉坡印度「タイ」國等ヲモ脅カシ米ノ必要ナル護謨及錫ノ輸送ヲ遮斷スル惧アルニ付米ハ早キニ及ンテ日本ノ佛印進出ヲ防止セサルヘカラス

(ハ)之カ爲ニハ日支事變ヲ永引カシメ日本ノ進出力ヲ滅殺スルコト必要ニシテ右ノ方法トシテハ借款供與等ノ對支援助ト屑鐵「ガソリン」等ノ對日禁輸等ノ壓迫手段アル處他方米艦隊ヲ太平洋ニ駐メテ日本ニ對シ睨ミヲ利カスコト有效ニシテ過般ノ驅逐艦ノ對英讓渡及如何ナル場合モ海軍ヲ保全スヘキ旨ノ英ノ確言等ハ此ノ見地ヨリ有意義ナリト爲シ居レリ

二、論說中特ニ目立チタルハ對日妥協論ヲ戒メ日支事變ヲ永引カス爲支那ヲ援助スヘシト爲セル九月三日ノ紐育「タイムス」社說「ハル」聲明ヲ支持セル五日ノ華盛頓「ポスト」社說驅逐艦ノ對英移讓カ日本ヲ抑制スル效果アルヘシト爲セル七日ノ華盛頓「ポスト」社說獨逸ノ戰勝速ニ實現セサレハ日本對佛印政策モ緩和スヘシト爲セル八日「ボルチモアサン」社說日本ハ英米ノ申入ヲ無視シ斷然對佛印政策ヲ强行スヘキモ米ハ國際間ノ暴力ヲ否定スル立場ヨリ日本ヲ制肘スヘシト論シタル十日紐育「ヘラルド、トリビユーン」等ナリ(特情御參照)

三、「ハル」長官カ其ノ聲明中日本ノ對佛印要求カ事實ナリトセハ米ノ輿論ニ對シ不幸ナル影響ヲ與フヘシト言ヘルハ含蓄アル言辭ト認メ得ヘク其ノ後政府筋ニ於テ屑鐵及「ガソリン」ノ輸出特許制ノ强化ヲ考慮中トノ報道(往電第一四三八號及第一四四六號)ハ從來政府筋ノ新聞指導振ニ鑑ミ恐ラク日本側ニ警告ヲ與ヘントノ政府ノ意圖ニ出ツルモノナルヘク今後右特許制强化ノ可能性大ナリト認メラル

壽府へ轉電セリ

壽府ヨリ英、獨、伊、蘇へ轉電アリタシ

1888 昭和15年9月15日 松岡外務大臣より在米国堀内大使宛(電報)

仏印問題に関するわが方立場を大橋外務次官よりグルー大使へ回答について

本　省　9月15日後6時0分発

第四七一號（至急、極祕）

十四日「グルー」米國大使ヲ招致シ次官ヨリ口頭ヲ以テ左ノ通リ回答セル趣ナリ

八月七日會談ノ際貴大使ハ當時帝國政府カ佛印ニ對シ佛國側ニ或ル種ノ要求ヲ提出シタリトノ新聞報道ニ言及シ米國政府ハ本件ニ關心ヲ有スル趣ヲ述ヘラレタリ

帝國政府ハ曩ニ東亞ニ於ケル新秩序建設ノ爲ノ必要ヨリ佛印ニ關シ交渉ヲ爲シ右ニ基キ引續キ現地交渉圓滿ニ進捗シツツアリ

日本ハ支那事變ノ解決ト最少限ノ生活圏ノ確保ヲ欲スルモ其ノ遂行ニ當リテハ征服ト搾取ヲ排シ同胞愛ト共存共榮ヲ以テ指導原理トナシ且右目的遂行ニ妨ナキ限リ現狀ニ不幸ナル變更ヲ加ヘサル様努メ居レリ

然レトモ變轉極マリナキ今日ノ變局ニ於テ過去ノ準。繩。カ急速ニ現實ノ事態ニ適セサルニ至リ之ヲ墨守スルコトノミカ世界平和ヲ確保スル所以ニ非サルコトハ明白ニシテ現ニ西半球ニ於テモ現狀ニ劃期的變更カ加ヘラレツツアルニモ拘ハラス日本ハ之ニ對シ未タ曾テ何等ノ表明ヲ行ヒタルコトナシ

尚米國側カ本件ノ如ク其ノ本國ヨリ甚タ遠距離ニアル地域ニ關シ容喙スルコトノ我カ國論ニ及ホス影響ハ米國カ西半球ニ於ケル第三國ノ領域ニ對スル政策ニ對シ他ノ第三國カ干渉ガマシキ態度ニ出ヅルコトノ米國民輿論ニ及ホスヘキ影響ト同様ナルヘキコトヲ指摘致シ度シ

佛、河内ヘ轉電セリ

1889　昭和15年9月16日

松岡・クレーギー会談においてクレーギー大使が読み上げた仏印問題に関する口上書

付　記　昭和十五年九月十六日付「松岡大臣在京英國大使會談要領」より抜粋

仏印問題に関する会談要旨

Oral

Reliable information has now reached His Majesty's Government regarding recent events in Indo-China, and they cannot but be gravely disquieted by the news that an ultimatum should have been delivered to the French authorities by the Japanese military authorities on the spot without the knowledge and therefore presumably the consent of the Japanese Government. It is difficult to escape the impression that advantage is being taken of the difficulties in which France and Indo-China find themselves, to put pressure upon them to agree to measures of profound political and strategic importance affecting not only Indo-China and China proper but all countries who have interests in the Far East.

It is hoped that the Minister for Foreign Affairs will be able to give a reassuring reply for conveyance to His Majesty's Government.

（付　記）

佛印問題

佛印問題ニ關シ別紙乙號(編注)ノ如キ「オーラル、ステートメント」ヲ口頭說明ノ代リトシテ提示シ本件ニ關シテハ英國政府トシテ憂慮シ居ル次第ヲ述ヘタリ

右ニ對シ大臣ヨリ自分トシテハ內容ハ申上ケラレサルモ日佛兩國政府間ニハ既ニ協定カ成立シ居リ日本カ佛國側トノ友好的諒解ノ下ニ一切カ進メラレ居ル次第ニテ第三國カ兎ヤ角云フヘキ筋合ニ非スト應酬シ「クレーギー」大使ハ英國トシテハ其ノ利益ヲ害セラルルヲ惧ルルモノニテ又例ヘハ支那側カ佛印內ニ侵入スルカ如キ事態ヲ憂慮スルモノナリト述ヘタルニ付大臣ヨリ斯ル事態ヲ妨クタメニコソ我方トシテハ現地官憲間ノ細目協定カ速ニ成立スルコトヲ希望シ居ルモノナリ然ルニ佛印官憲ハ「ヴイシー」政府ノ意ニ反シ本國ノ命ニ從ハサルノミカ現地英米及重慶政府ノ官吏ヲ通シ之等政府ノ助力ヲ期待シ事態ヲ極力遷延セントシツツアリ右佛印官憲ノ態度コソ事態ヲ惡化セシムルモノニシテ日本側トシテハ兩國政府間ノ諒解ニ基キ友好裡ニ解決スル希望ニ何等變リナキ次第ナリ

右ニ對シ「クレーギー」ハ第三國官憲カ佛印官憲ト通謀シ遷延策ヲ講シ居ルカ如キ事實ナシト否定シタルニ付大臣ヨリ自分ハ斯ル事實アリト確信スルノ根據ヲ有ス自分ハ無キコトヲ在ルカ如ク云フコトハ出來ヌ性質ナリト述ヘ又「クレーギー」ハ佛印軍隊通過ハ佛印ノ主權侵害ナルヤノ如キ

口吻ヲ減（洩カ）シタルニ依リ大臣ヨリ斯ル理屈ナシ假リニ日英間ニ印度又ハ緬甸等ニ關シ軍隊通過等ニ關スル協定成立セリトシ第三國ヨリ右カ英國ノ主權侵害ナリトノ申出アリタリトセハ右ハ理由アリト思考セラルルヤト反駁シ置キタリ

編　注　本書第1889文書として採録。

1890

昭和15年9月19日　在米国堀内大使より松岡外務大臣宛（電報）

仏印問題に関する米国世論に鑑み交渉妥結せず日本軍が一方的に進駐する場合の対外説明振りは前広に統一方意見具申

ワシントン　9月19日後発
本　　省　9月20日後着

第一五〇一號（極祕）

貴電（不明）號ニ關シ

先日來當方面諸新聞ニハ我軍一部ノ越境ニ伴フ交渉ノ頓挫及我方ハ交渉決裂ニ備ヘテ居留民引揚ヲ用意セル旨竝ニ十八日「ヴイーシー」佛政府「スポークスマン」ハ日本軍ノ佛印占領ニ同意ヲ與ヘタルコトナシト否定セル旨報道セラレ注目ヲ惹キ居ル處今般細目ニ關スル合意ノ成否ニ拘ラス兵ヲ進メラルルコトトナリタルニ付テハ外國輿論啓發ノ見地ヨリ彼我ノ間ニ原則的了解成立セルモ些細ノ間違ヨリ細目ニ關スル交渉破レタル經緯ヲ中外ニ宣明セラレ我方ハ誠意ヲ以テ平和裡ニ事ヲ進メントシ公平ナル手續ヲ履ミタルモ佛側ノ態度急變セル爲已ムヲ得ス曩ニ到達セル原則的了解ニ基キ兵ヲ進ムルモノナルコト及右ハ軍事的必要ニ基クモノニシテ荏苒交渉ニ日ヲ費スコト能ハサルニ至リタル次第ヲ納得セシメラルルコト然ルヘシト思考セラル當方ニ於テモ必要ニ應シ右ノ「ライン」ニテ國務省及新聞方面ノ啓發ニ當リタキ意嚮ナル處素ヨリ本省ニ於テモ佛印進兵ノ場合ニハ何等カノ形式ニテ聲明發出ノ儀トハ存スルモ對外的說明振ハ前廣ニ統一シ置クコト適當ト認メラルルニ付右ニ關スル貴見至急御回電相煩度シ

壽府へ轉電セリ

壽府ヨリ英、佛、獨、伊へ轉電アリタシ

1891 昭和15年9月20日 松岡外務大臣より在ハノイ鈴木総領事宛（電報）

仏印問題への米国などの対応に関する仏国外相の記者談話について

本省 9月20日後8時0分発

第二三八號（至急）

十九日「ヴイシイ」發同盟ニ依レバ佛外相ハ同日午后記者團ノ質問ニ答ヘ左ノ如ク言明セリ御參考迄

佛蘭西ハ現在極東ニ於テ全ク孤立ニ陷ツタガ佛蘭西ガ斯ル情勢ニアル以上印度支那現下ノ問題ニ對シ現實的態度ヲトルコトハ已ムヲ得ナイ從ツテ佛蘭西ノ決定ガ歐米諸國ニ不愉快ナモノニシロ佛蘭西ハ之ニ對シ苛酷ナル批評ヲ受クル筋合ハナイ何トナレバ萬一佛印ガ攻撃ヲ受クルコトアリトスルモ米國カラハ抗議以上ノ約束ハ得テ居ナイシ斯ノ如キ單ナル口頭ノ抗議デハ佛印ノ事態ニハ何等寄與シナイカラデアル現在ノ佛蘭西ハ極東ニハ弱力ノ空陸海軍ヲ有スルニ過ギズ且コレモ英國ガ在支駐屯軍ヲ撤退シ又佛印ノ現狀維持尊重ノタメノ實質的援助ヲ拒否セルコトニ依リ一層其ノ地位ヲ弱化セラレテ居ル

1892 昭和15年9月21日 松岡外務大臣より在米国堀内大使宛（電報）

仏印現地交渉に関する日本政府の立場説明方グルー大使要求に対し松岡外相の回答振り通報

別電一 昭和十五年九月二十一日発松岡外務大臣より在米国堀内大使宛第四八三号
わが方説明を求めるグルー大使口上書

二 昭和十五年九月二十二日発松岡外務大臣より在米国堀内大使宛第四八四号
九月十四日の大橋外務次官口頭説明に対するグルー大使回答

付記一 右グルー大使口上書原文

二 右大橋次官口頭説明に対するグルー大使回答原文

本省 9月21日後11時20分発

第四八二號（極祕）

二十日午後五時在京米國大使本大臣ヲ來訪シ別電第四八三號ノ書キ物ヲ讀ミ上ゲ說明セルニ付本大臣ヨリ日佛間ニハ八月三十日取極成立シ右ヲ實施スル爲現地細目協定ノ話合

ヲ開始シ本月六日(四カ)將ニ兩軍事當局之ニ調印スル迄ニ立到レリ然ルニ佛印當局ハ何故カ極力協定成立ヲ遲ラセ之ヲ無效ニ歸セシメントノ態度ニ出デ來レリ依テ我方トシテハ已ムナク最後通牒ヲ提出セリ右ハ佛印側ノ不誠意極マル遷延政策ノ結果已ムヲ得サルニ出デタル措置ニシテ責任ハ全ク佛印總督側ニ存ス日本トシテハ對支作戰上最早遲滯ヲ許サザル緊急ノ必要ニ基キタルモノナリト述ベ更ニ絶對極祕ノ含ミトシテ特ニ米國政府ニ對シ我方ノ公正ナル意圖ヲ明カニシ不必要ノ誤解ナカラシムル目的ヲ以テ申上グベシト前置シ日本側今次要求ノ眞ノ目的ハ對支作戰ヲ促進スル爲佛印ニ於テ右ニ必要ナル軍事上ノ便宜ヲ得ントスルニ過ギズ從テ其ノ便宜利用モ暫定的ノモノタル旨明カニセシノミナラズ特ニ佛側ノ希望ニ基キ佛印ノ領土ノ保全竝ニ佛印ニ對スル佛國ノ主權ヲ尊重スル意向ヲ有スル旨言明セリ斯ル次第ナルヲ以テ米國ガ佛印問題ニ付兎ヤ角申出ヲ爲サルルハ我方ノ了解ニ苦シム所ナリ佛印ニ關スル日本ノ要求モ要スルニ支那事變解決ヲ促進シ日支間ニ平和ヲ齎サントノ大目的ノ爲ナリ從テ若シ米國ガ日支ノ平和ヲ妨ゲント言フナラバ格別日支ノ平和ハ東亞全局ノ平和延イテハ世界平和ニ貢獻スルモノナルヲ以テ米國ハ寧ロ今回ノ日佛間協定成立ヲ促進スベク協力セラレ可然キモノト思考スル旨述ベ置キタリ

尚最後ニ大使ハ往電第四七一號次官回答ニ對スル返事ナリトテ別電第四八四號ノ書キ物ヲ手交シ引取リタリ

紐育、桑港ヘ轉報アリタシ

南京、上海、廣東、北京、蘇ヘ轉電セリ

蘇ヨリ英、佛、獨、伊ヘ轉電アリタシ

廣東ヨリ香港ヘ轉報アリタシ

(別電一)

本省　9月21日後8時30分発

第四八三號

米國政府ガ權威アル筋ヨリ得タル情報ニ依レバ西原少將ハ佛印總督ニ對シ河內、海防及五飛行場ノ日本軍ニ依ル占領ヲ要求スルト共ニ右要求ガ容レラレザルニ於テハ日本軍ハ九月二十二日佛印ニ侵入スヘキ旨ヲ通告セル由ナルガ米國政府ニ於テハ諸般ノ情勢竝ニ日本ノ現狀維持聲明ニ鑑ミ日本軍憲ガ斯ノ如キ行動ニ出デタルヲ大イニ意外トスル處右ハ在河內日本軍憲及日本政府ノ意思ヲ代表スルモノニ非ザ

ルコトノ日本政府ノ保障ヲ得度シ

（別電二）

本省　9月22日前0時0分発

第四八四號

米國政府ノ見解ニテハ戰鬪行爲ニ從事中ノ一國ガ相手國ヲ攻撃セン爲第三國ノ飛行場ノ使用竝ニ軍隊通過ノ權利ヲ主張スル場合第三國ノ現狀ハ著シク影響セラルル處太平洋ノ現狀維持ニ關スル日本政府ノ希望表明ニ鑑ミ日本政府ガ佛印當局ニ爲サレツツアル前記要求トノ間ニ矛盾アルガ如シ米國政府ハ總テノ政府ニ對シ他政府及他地方ニ對スル關係ニ於テ平和的手段ノ採用ヲ慫慂スベク國際關係ニ於テ理由ナキ壓力ノ使用ニ對スル米政府ノ態度ハ全世界ニ適用アルモノナリ

（付記一）

Oral

My Government has received from an authoritative source information to the effect that the Governor General of French Indo-China has been presented by General Nishihara at Hanoi with demands that Japanese military forces occupy Hanoi, Haiphong, and five airports. My Government is further informed by the same source that General Nishihara has stipulated that Japanese armed forces intend to invade Indo-China on September 22 unless the Japanese demands are accepted.

I am instructed by my Government to convey this report to you. The American Government is greatly surprised that the Japanese military authorities in French Indo-China should have taken action giving rise to this report in the light of all circumstances, as well as the voluntary Japanese pledge, previously expressed, to preserve and keep the status quo in the Pacific area. My Government assumes that this report, provided it is based on facts, reflects action taken locally and in excess of instructions from the Japanese Government, as was reportedly true when a previous ultimatum was presented by the Japanese military authorities. The Government of the United States would appreciate receiving assurances from the Japanese Government that this report is not warranted and that it does not represent the intentions of the Japanese military authorities at Hanoi nor the intentions of the Japanese Government.

September 20, 1940.

（付記二）

Oral

My Government has instructed me to make the following observations in reply to the oral statement which was handed to me by the Vice Minister for Foreign Affairs on September 14:

It is the opinion of my Government that the status quo of a third country is seriously affected when one of two countries which is engaged in hostilities with another insists, in order to attack the other, upon the right of the use of airdromes and the right of passage for troops through the third country. In the light of the Japanese Government's announced desire that the status quo be maintained in the Pacific area there appears to be an inconsistency in connection with the stipulations of this nature which are being made upon the authorities in Indo-China by the Japanese Government.

The American Government urges upon all governments the employment of peaceful means only in their relations with all other governments and with all other regions. The attitude of my Government toward the unwarranted use of pressure in international relations is global.

September 19, 1940.

1893　昭和15年9月21日　在米国堀内大使より松岡外務大臣宛（電報）

仏印に対する日本の軍事的要求は侵略と言うほかなく米国政府は必要措置を考慮するに至るべしとの米国国務次官内話について

ワシントン　9月21日前発
本　省　9月21日夜着

第一五一三號（至急、極祕）

[1]二十二《ママ》日「ウエルズ」次官ト會見ノ際在支米權益問題ニ關スル談話ノ後同次官ハ嚴肅ナル態度ニテ貴大使ノ近日出發ヲ控ヘ極メテ重大ナル問題ニ關シオ話セサルヲ得サルハ自分ノ甚タ遺憾トスル所ナリト前提シ實ハ佛印ニ關スル問題ナルカ今春來蘭印ニ關シ日本政府ニ於テ屢々現狀維持ノ言明ヲ與ヘラレタルコト御承知ノ通リナリトテ前內閣以來ノ外務大臣及情報部長ノ聲明本使國務長官間ノ談話等ノ要領ヲ摘記シタルモノヲ讀ミ上ケ米國政府ハ日本側ノ是等言明ヲ信頼シ居タルニ昨夜東京ニ於テ松岡外相ハ「グルー」大使ニ對シ佛印政府ニ最後通牒ヲ與ヘ然モ其ノ要求事項ハ日本軍ニ依ル河內市及飛行場ノ占領ヲ始メ多クノ重大ナル事項ヲ含ミ二十三日以後進駐ヲ實施セラルヘキ旨ヲ告ケラレタル趣ニテ米國政府トシテハ頗ル意外ノ感ニ打タレ居リ米國政府ノ所見ニ依レハ右ハ佛印ニ對スル侵略ト言フノ外ナク過去三年以上ニ亘ル日米間ノ諸問題ノ最高調ニ達シタルモノト見ルヘク右ノ事實明カトナル場合ニハ米國輿論ハ必然日本ニ對シ惡化スルニ至ルヘク輿論ヲ尊重シテ政策ヲ決定セサルヘカラサル米國政府トシテハ何等カ必要ナル措置ヲ考慮スルノ已ムナキニ立至ルヘシ

[2]米國政府ノ對英援助政策ハ御承知ノ通リ獨逸ノ英ニ對スル侵略ハ單ニ同國ヲ對象トスルモノニアラスシテ全世界ノ平和及我々ノ信スル國際道義及國際原則ニ對スル侵害ニ外ナラサルモノナルヲ以テ米國トシテハ之ニ反抗スル英國ヲ飽迄モ援助スルノ必要ヲ感スルモノナルカ佛印ノ場合ニ於テモ日本ノ斯ル要求ニ對シ反抗セントスル場合ニハ米國國民ハ同樣佛印ヲ援助セサルヲ得サルコトヲ感スヘク斯シテ日米兩國ノ關係ハ極メテ不幸ナル展開ヲ見ルヤモ知リ難ク斯ノ如キハ往年日本ニ三年餘在勤セル緣故モアリ今日迄何トカ日米國交ヲ調整セント苦心シ來レル自分トシテ極メテ痛心ニ堪ヘサル所ナリト言ヘルニ付本使ハ昨夜東京ニ於ケル會談ニ付テハ未タ何等報道ニ接シ居ラサルニ付其ノ內容ニ關シ論議スルコトヲ得サルモ只今御話ノ內先ツ承知シタキハ米國政府ノ關心ナルモノハ如何ナル基礎ニ立ツモノナリヤト反問セル處同次官ハ米國政府トシテハ從來屢々聲明セル如ク太平洋ノ現狀維持ニ關シ重大ナル利害ヲ有シ居ルコ

ト御承知ノ通リナリト答ヘタルニ付本使ノ承知スル所ニテハ日本ハ蘭印ニ關シテハ或ル種物資ノ輸出、日本人ニ對スル入國事業ノ制限緩和等専ラ經濟問題ニ關シ要求ヲ爲シ居ルモノニシテ現ニ商工大臣等ノ經濟使節ニ於テ蘭印當局ト交渉中ナルコト御承知ノ通リナリ佛印ニ對シテハ對支物資輸入差止及是等實施ノ監視等ニ關シ既ニ日佛間ニ了解成立シ

最近[3]ハ支那西南方面ニ對スル軍事行動ニ必要ナル要求ヲ爲シ既ニ佛本國及佛印當局トノ間ニ原則的了解成立シ只細目ニ關シ現地交渉行ハレ居タルモ最近停頓ノ爲已ムナク今回ノ措置ニ出テタルモノナルヘク日本政府トシテハ今猶何等合意ノ成立スルコトヲ希望シ居ルコトト思考ス要スルニ日本政府トシテハ支那事變ヲ成ルヘク速ニ解決シ且將來歐洲戰爭ノ東亞ニ及ホス不利ナル影響ニ豫メ備ヘントスルニ外ナラスト述ヘタル處「ウエルズ」ハ自分ハ勿論今日ニ於テモ日本ト佛印間ニ了解成立シ危機ヲ避ケンコトヲ望ムモノナルモ然ラスシテ日本カ佛印ノ意ニ反シ兵ヲ入レラルル場合ニハ侵略ト認ムルノ外ナキ次第ナリト答ヘ次ニ本使ヨリ日本ハ東亞ニ於テ歐洲戰爭ノ影響ニ善處スル爲適當ナル措置ヲ講セサルヘカラサルコトハ米國政府カ例ヘハ「カリビアン」海方面ニ於テ歐洲諸國ノ屬領ニ對シ必要ニ應シ兵力管理ノ如キ措置ヲ講セラレントスルト同様ナリト述ヘタル處米國ハ未タ侵略ノ脅威迫リ居ラサル爲斯ル措置ヲ執リ居ラス且他ノ利害關係國ト協議ノ上共同利益ヲ擁護セントスルモノニシテ日本カ單獨ニ佛印ニ對シ執ラントスル措置トハ同一視スルヲ得ス兎モ角自分トシテハ日米國交ノ障碍ヲ憂慮スルノ餘リ率直ニ所見ヲ披瀝セル次第ナリト言ヘリ

壽府ヘ轉電セリ

壽府ヨリ英、佛、獨、伊ヘ轉電アリタシ

1894　昭和15年9月22日　在米国堀内大使より松岡外務大臣宛（電報）

仏印問題に対して米国が取り得る措置およびその対策につき意見具申

ワシントン　9月22日前発
本　　省　9月22日夜着

第一五一六號（極祕、至急）

往電[1]第一五一三號ニ關シ

佛印問題ノ進展ニ對シ當國朝野カ異常ノ關心ヲ示シ居ルコトハ累次電報ノ通リナル處冒頭往電國務次官ノ言ハ先般「ハル」長官カ新聞會見ニ於テ暗示シタル米政府ノ態度ヲ直接我方ニ警告シタルモノニシテ米國政府カ本件ニ關シテ加ヘツツアル眞劍ナル考慮ヲ端的ニ表示シタルモノト見ラレ今次佛側トノ交渉妥結ニ達セス我方カ一方的ニ佛印進駐ヲ斷行スル場合米側ハ我ニ對シ相當ノ壓迫手段ヲ執リ來ルモノト覺悟セサルヘカラス此ノ點中央ニ於テモ篤ト研究セラレ居リ假令如何ナル場合ニ當面スルトモ萬遺漏ナキ手當ヲ盡サレタル上今次方針ヲ決定セラレタルモノトハ存スルモ最近當地ノ空氣ヨリ見タル所ニ基キ差當リ米側ノ執ルコトアルヘキ措置及之ニ對スル對策ニ付卑見申進ス

第一米側ニ於テハ今次我カ軍ノ進駐ヲ以テ我方カ累次口約セル所アルニ拘ラス佛ノ弱目ニ突込ミ侵略行爲ヲ爲スモノトナシ言論機關ニ對スル内面指導等ニ依リテ輿論ノ反日感情ヲ激成スルト共ニ蘇ノ芬蘭侵入及獨ノ白蘭侵入當時ノ如キ聲明ヲ發シ我方ニ對シテ强硬ナル非難ヲ加フルモノト豫期セラルル處右ニ對シテハ我方ニ於テモ往電第一五〇一號稟中ノ通リ我カ進軍ノ無理カラヌ所以ヲ納得セシムルニ足ル交渉經緯ノ詳細ナル發表ヲ爲ス（米側輿論カ斯ル發表ヲ素直ニ受ケサルヘキハ想像ニ難カラサルモ現ニ獨側ノ爲シツツアル效果等ニ鑑ミ詳細ナル事實ノ發表ハ相當有效ナルヘシト信ス）ト共ニ

米[2]ノ現ニ執リツツアル利己的ニシテ傍若無人ナル對「カリビア」政策ヲ「タクトフル」ニ指摘批判シ米側ヲシテ反省セシムル樣措置スルコト肝要ナリ（尤モ我方新聞ニ對シテハ適切ナル統制指導ヲ爲スノ要アルコト勿論ナリ）

第二ニ米側ノ直ニ執リ得ヘキ手段トシテ考ヘラルルハ輸出許可制ノ運用ナリ米側ハ累次往電所報ノ通リ我カ弱點ハ經濟方面ニ在リ之ヲ締メ上ケルコトヲ以テ對日牽制ノ最モ有效ナル方法ナリト考ヘ居ルヲ以テ先般來國防上ノ必要ヲ理由トシ輸出許可制ノ實施ヲ爲シツツアル處今次佛印進駐ヲ機會ニ從來相當程度加減シ來リタル（不明）適用範圍ヲ擴張シ且之カ運用ヲ嚴格ニシ事實上我方ノ必要トスル重要軍需資材ノ一切ノ禁輸ニ類スル措置ニ出ツヘキモノト覺悟セサルヘカラス然レ共目下ノ狀勢ニ於テハ米側カ右ヨリ更ニ進ンテ經濟斷交ノ擧ニ出ツル迄飛躍スルモノトハ考フルコトヲ得ス蓋シ米側トシテハ我方ノ最モ痛シトスル所ヲ押フレ

ハ足リ自國モ亦之ニ依リテ不利ヲ蒙ムリ場合ニ依リテハ戰爭ニ迄發展スル危險ヲ藏スル經濟斷交ハ歐洲情勢ノ現狀及軍備ノ現狀ニ顧ミ之ヲ執ラサルヘシト認メラル右ノ如キ壓迫手段トシテ輸出許可制實施ニ當リ委細申進シ置キタル通リ(往電第一一七八號後段御參照)之カ代品ヲ他ニ求ムルコトニ依リ我方ノ蒙ムルコトアルヘキ打擊ヲ緩和スルノ方途ヲ講スルト共ニ米ノ最モ痛シトスル錫護謨等ノ出口ヲ扼シ米側カ斯ル手段ニ出ツルコトハ却テ我方ヲシテ報復手段ヲ執ラシムルニ至ルノミナラス米側ノ最モ避ケント焦慮スル蘭印進出ヲ餘儀ナクセシムルモノニシテ我方ニ對シテハ何等壓迫トナラサルノミナラス却テ逆效果トナルノ虞アルヲ悟ラシムルコトヲ要ス

第三[(3)]ニ米側カ米加共同防衛協定ノ例ニ倣ヒ太平洋ニ於ケル英米共同防衛ノ措置ニ出ツルモノトハ既ニ消息通間ニ常識化シ居ル處(往電第一五一〇號御參照)我軍ノ佛印入リハ右機運ヲ促進シ新嘉坡ノ利用ヲ始メ相當廣汎ニ亘ル實質的ニハ太平洋ニ於ケル英米軍事同盟トモ言フヘキ了解成立ヲ招來セシムルト共ニ他方米蘇關係ノ調整ヲ計リ(國務省ノ有力分子中蘇聯トノ關係改善ヲ主張シ居ル者少ナカラサルハ往電第一四九〇號所報ノ通リ)進ンテ日蘇國交調整交渉ニ邪魔ヲ入ルルカ如キ手ヲ打ツヤモ知ルヘカラス英米關係ノ緊密化ハ目下ノ情勢上不可避ノ感アルモ米カ太平洋防備ノ現狀ヲ變更スルカ如キ手段ニ出テタル場合ニハ我方トシテモ到底之ノ默過シ得ルモノニアラストノ我カ嚴然タル態度ヲ適宜表明シ右ノ如キ措置ハ却テ毛ヲ吹イテ傷ヲ求ムルノ結果ニ終ルコトヲ警告スルト共ニ我方トシテモ日蘇國交調整ノ妥結ヲ促進シ米ヲシテ水ヲ注クノ餘地ナカラシムル樣至急措置セラルルコト絶對ニ必要ナリト思考ス

壽府ヘ轉電セリ

壽府ヨリ英、佛、獨、伊ヘ轉電アリタシ

紐育ヘ暗送アリタシ

1895　昭和15年9月23日　在ニューヨーク井口(貞夫)総領事代理より松岡外務大臣宛(電報)

仏印国境での日仏軍事衝突を日本軍の仏印侵略との見出しで米国各紙が大々的報道について

ニューヨーク　9月23日後発
本　　省　9月24日前着

第六〇七號

佛印國境「ドンダン」附近ニ於ケル日佛軍衝突ニ關シ當地二十三日朝刊紙ハ何レモ日軍佛印ヲ侵略ストノ一面大見出シノ下ニ右ハ南支派遣軍ノ日佛交渉ヲ決裂セシメントスル獨斷的行動ナリトカ(河内ＡＰ)或ハ過激ナル反米派少壮士官ノ血氣ノ行動ニ依ルモノニシテ米國ニトリテ重大問題(上海「アベンド」電)等大袈裟ニ報スルト共ニ須磨情報部長及松村陸軍報道部長談ヲ掲載シ居レルカ同日夕刊紙ハ東京諸電報ニ依リ右ハ日佛現地交渉成立ノ報徹底セサリシ爲ノ誤解ニ基クモノナリトノ須磨情報部長談ヲ比較的詳細ニ掲ケ居レリ

米ニ郵送セリ

~~~~~~~~~~~~~~~~~~~~~~~~~~~~

1896　昭和15年9月23日

日本軍の仏印進駐に対し米国国務長官が表明した米国政府見解

昭和十五年九月二十三日日本軍ノ佛印進駐ニ對スル「ハル」ノ見解表明

DEVELOPMENTS IN FRENCH INDOCHINA

(Released to the press September 23)

In response to inquiries at the press conference today, the Secretary of State said:

"Events are transpiring so rapidly in the Indochina situation that it is impossible to get a clear picture of the minute-to-minute developments. It seems obvious, however, that the status quo is being upset and that this is being achieved under duress. The position of the United States in disapproval and in deprecation of such procedures has repeatedly been stated."

(Released to the press September 23)

This Government has not at any time or in any way approved the French concessions to Japan. The attitude of this Government toward developments in French Indochina is as expressed by the Secretary of State this morning and in previous public statements.

~~~~~~~~~~~~~~~~~~~~~~~~~~~~

1897　昭和15年9月(24)日　在米国堀内大使より松岡外務大臣宛（電報）

仏印問題での対日譲歩を米国は事前承認していたとの仏国外相声明を米国務省が全面否定について

付　記　欧亜局第三課作成、作成年月日不明
仏印問題での米国援助を求める仏国軍事使節の策動につき対仏抗議申入れ要領

ワシントン　発
本　省　9月24日前着

特情華府第四一號

「ボードアン」佛外相ハ二十三日「フランス」ノ佛印問題ニ關スル對日讓歩ハ米國ノ既ニ承認シタトコロテアル旨聲明シタカ米國務省ハ同日午後五時半佛側聲明ヲ全的否定スル左ノ如キ「ステートメント」ヲ發表シタ

米國政府ハ何時又如何ナル方法ニ於テモ「フランス」ノ對日讓歩ヲ承認シタコトハナイ佛印問題ノ進展ニ對スル米國政府ノ態度ハ二十三日午前ノ「ハル」國務長官言明中ニ於テ述ヘラレテヲリ又コレ迄ノ屢次ニ亘ル政府聲明ニ於テモ明記サレテイル

（付　記）

佛印當局ノ反日的策動ニ關シ佛側ヘノ抗議申入要領

（欄外記入）
米國諸新聞（九月十六日河内發「エー・ピー」、九月二十五日ノ「メリーゴーラウンド」、九月二十六日ノ華府「タイムス」及「ヘラルド」等）ハ佛印當局ヨリ去ル七月上旬米國ニ派遣セラレタルJacomy大佐ヲ首班トスル軍事使節ハ多數ノ飛行機、高射砲、小銃等入手ノ爲種々米側ト交渉セルモ成功セサリシトカ或ハ米國務省ハ右使節ニ對シ佛印カ別個ノ政府ヲ樹立シ日本ト交戰ヲ決意シ且ツ降伏セサルヘキ見込アラハ武器ヲ供給スヘキ旨ヲ通シタリトカ或ハ又右使節ハ米政府ハ佛印ニ對シ戰爭ニ至ラサル凡ユル援助ヲ爲スヘキコトヲ決定セリトノ情報ヲ携ヘテ歸國ノ途ニ就ケリトカ報道シ居ル處我方ニ於テモ各方面ニ於テ得タル確實ナル情報ニ依リ佛印カ日本ニ對スル抵抗ヲ目的トシテ米ヨリ援助ヲ得ンカ爲右軍事使節ヲ派遣シ種々策動セシメタルコトヲ承知シ居レリ

佛本國政府ハ我方トノ友好關係ノ維持增進ニ努メ居ラレ

（今般ハ日佛話合成立ニ付特ニ「ペタン」元帥ヨリ天皇陛下ニ「メッセージ」ヲ贈ラレタリ）我方ニ於テハ之ヲ多トシ居ル所ナルニ拘ラス佛本國ノ統制ノ下ニ在ル筈ノ佛印當局カ前述ノ如ク反日的工作ヲ爲スハ甚タ不都合ナリ佛印問題モ友好的解決ヲ見タルニ鑑ミ今後右様ノ非友誼的行爲ハ一切之ヲ差控ヘシメラレ度

（欄外記入）

十月三日石澤課長ヨリ佛參事官ニ口頭ヲ以テ申入濟。

尚其ノ際左記趣旨併セテ申入レラレタリ

一、西原少將ヘノ招待ハ好意ヲ多トスルモ歸朝命令スミ報告ヲ受ケル爲受諾出來ス

二、現地協定ニ付テハ之カ遂行上現實事態ニ即セサルモノモアルヘキニ付修正追加ノ要アル時ハ双方間ニ磨擦ナカラシムル爲佛側ニ於テモ協力アリ度

1898 昭和15年9月24日 在米国堀内大使より松岡外務大臣宛（電報）

仏印問題に対して米国政府は軍需品の日本向け輸出許可制強化や禁輸範囲の拡大を検討していると推測される旨報告

ワシントン　9月24日後発
本　　　省　9月25日後着

第一五三七號

佛印ニ關スル二十三日ノ「ハル」聲明ハ要スルニ佛印ニ於ケル事態ハ强制ニ依ル現狀ノ變更ナリト謂フニアルヲ以テ九月四日ノ聲明ニ示唆セラレタル通リ米輿論ハ不幸ナル影響ヲ受ケタリトテ之ニ應スル措置ニ出テ來ルヘキ處「ハル」ハ差當リテハ如何ナル措置ヲ取ルヘキカ言明ヲ避ケ居リ新聞方面ニ於テモ未タ具體的ニ此ノ點ニ關スル意見ノ表明無キモ二十四日紐育「タイムス」社說ハ日本今回ノ行動ハ米ヲシテ英トノ間ニ太平洋ノ海軍根據地共同使用協定ヲ結フコトヲ促進スヘク又日本ニシテ護謨及錫ノ對米供給ヲ遮斷セハ全面的經濟斷交及反日共同戰線ヲ生スヘシト論シ二十四日華府「スター」ハ對日非難ニ重ミヲ附ケル爲政府ハ石油、屑鐵等ノ禁輸ヲ爲スヘシト觀測スル向アル旨傳ヘ居リ彼此綜合スルニ目下ノ處米政府ニ於テハ軍需品ノ日本向輸出許可制ノ强化又ハ禁輸範圍ノ擴大ヲ考慮シ居ルニア

ラスヤト推察セラル
壽府へ轉電セリ
壽府ヨリ英、獨、伊へ轉電アリタシ

2　ビルマ・香港ルート

(1)　ビルマルート三か月間閉鎖に至る経緯

1899　昭和13年4月19日　在ラングーン金子領事代理より広田外務大臣宛

ビルマ・雲南間連絡道路の開設に関するビルマ政庁要路の回答振り報告

機密第九三號　（接受日不明）

昭和十三年四月十九日

在蘭貢
領事代理　金子　豊治

外務大臣　廣田　弘毅殿

緬甸雲南間道路開設ニ對スル緬甸政府ノ態度ニ關スル件

三月末緬甸議會閉會直後小官他用ヲ以テ總督參議「ブース、グレーヴリー」（國防部事務管掌）ヲ往訪ノ際「甚タ率直ナカラ」ト前提シ

一、噂ニ依レハ上緬甸某地ト雲南府トヲ連絡スル自動車路ハ雨季開始（五月末）前開通シ又兩地間ノ連絡鐵路ハ在倫敦英支「シンヂケート」ノ出資ニ依リ建設サルルコトニ決定シ近日工事ニ着手スル豫定ナル處右御聞込ミノ次第アリヤト質問シタルニ對シ自動車路ハ支那側ニ於テ鋭意國境マテノ延長工事ヲ進メッツアルニ付不遠開通スヘシ但シ鐵路ノ計畫ニ付テハ何等承知セスト答ヘ

二、道路又ハ鐵路開通ノ際右ニ依リ緬甸經由雲南方面ヘ武器彈藥等支那側軍需品ノ輸入サルヘキコト必然ナリト存スル處右ニ對スル緬甸政府ノ方針如何ト質問シタルニ對シ緬甸ハ恰モ香港ト同一立場ニ置カルヘキモノニシテ政府ハ軍需品タルト商品タルトヲ問ハス之カ陸揚ゲ又ハ國内若ハ國境ノ通過ニ對シ一切干渉セサル方針ナリト答ヘ且是等軍需品ト雖一種ノ商品ニ外ナラサルカ故ニ是等ノ輸入又ハ通過ニ依リ緬甸ノ關税收入ヲ增加スルコトハ反テ財務當局ノ喜フトコロナルヘシト述ヘ

三、最後ニ香港到着ノ軍需品ハ最近ノ情報ニ依レバ英國以外ノ外國製品反テ多量ヲ占メ居ルニ非ラスヤト反駁氣ニ附言シタルニ對シ小官ヨリ右ノ如キ情報ヲ聞込ミタルコトアルモ右ハ原産地國別數量指示シタルモノニシテ之カ實際ノ取扱者及運搬船ハ大部分英國商人及英國船ナリトノ噂ナリト應酬シ置キタリ

以上同參議ノ口吻ヨリ察スルニ緬甸政府ハ上記支那側ノ道路延長工事ニ好意的援助ヲ與ヘ之カ完成ヲ俟チ緬甸ヲ通シテ雲南、貴州乃至四川省方面ヘノ經濟的乃至政治的勢力ノ扶植ヲ企圖シツツアルモノノ如ク觀セラレ旁々其ノ第一歩トシテ右連絡道路開通後ノ緬甸政府側ノ動向ハ嚴ニ注視ノ要アル處右事前ノ措置トシテ緬甸政府ニ對シ小官ヨリ何等カ申入レ其他ノ方策ヲ講スル要アルニ於テハ御氣附ノ點ト併テ何分ノ儀折返シ御回示相成樣致度シ

追テ「ブース、グレーヴリー」以下ノ國防部（外交事務兼掌）部員ハ總督ニ隨伴シ恆例ニ依リ四月初上緬甸「メイミヨー」ニ避暑轉居シ大体五月末當地ニ歸還ノ筈ナリ爲念申添フ

本信寫送付先　在英大使　甲谷陀總領事　在暹公使

1900

昭和13年11月10日　在ラングーン金子領事より有田外務大臣宛（電報）

ビルマ経由雲南向け軍需品輸送に関する情報報告

ラングーン　11月10日後発
本　　省　11月11日前着

第六〇號（極祕）

往電第五八號ニ關シ

一、武器、爆彈、飛行機等約六〇〇〇噸ヲ滿載セル英國船 Stanhall 八日當地「ヘイスチング」沖着支那人官吏等乘込ミ居リ嚴重ナル警戒裡ニ支那總領事及緬甸官憲ノ往復頻繁ナルカ右ハ一兩日中「イラワジー」船會社ノ河船ニ積換ヘ「マンダレー」又ハ「バーモ」ヘ運ハルル筈ニテ此ノ種ノ運送船ハ年末迄ニ更ニ四隻到着ノ由

一、獨逸領事ノ談ニ依レハ雲南向軍需品ハ當地「スチール、ブラザー」商會ニテ一手ニ引受ケ支那總領事ヘ引渡ス取極ナル由

一、「ラシオ」ヨリ雲南國境ニ至ル緬甸側ノ新設道路（「ムセ」迄一一三哩）ハ本月一日以降日中一般交通ヲ鎖シ同地ヨリ國境向軍需品ヲ滿載シ三分間置キニ出發スル「ト

ラック」(平均二噸積)三二〇臺ノ專用通路ニ充テラレアル旨現地通信トシテ緬甸字新聞ニ掲載サレタリ(本間書記生目下現地附近ヘ出張中)

一、數日前R. Y. Chengト稱スル支那人其ノ妻外四名帯同當地着既報ノ支那人技師ト行動ヲ共ニシ居ル處右ハ香港發閣下宛電報第一四一四號所報ノ任務ヲ帯ヒ居ルモノト認メラル

英、甲谷陀、暹、河內、香港ヘ暗送セリ

1901 昭和13年11月15日 在ラングーン金子領事より有田外務大臣宛(電報)

中国向け軍需品のビルマ領内通過を事実上容認するビルマ政庁の態度について

ラングーン 11月15日後発
本　　省 11月15日夜着

第六三號

往電第六〇號ニ關シ

十五日「ブース、グレブリ」(國防部長官)ヲ往訪シ「スタンホール」號ノ支那向武器ト之ニ關聯スル支那側派遣員ノ活動等ニ付小官持合セノ情報ヲ傳ヘ之ニ對スル政府ノ意見ヲ質シタル處同汽船ノ出港ニ付テハ今朝聞込ミタリト前提シ該積荷カ武器タルト否トヲ問ハス政府ハ商品トシテ取扱ヒ之カ國內通過ヲ禁止スル理由モナシト述ヘ四月十九日附拙信第九三號所報ノ趣旨ヲ繰返シタルニ付小官ヨリ右政府ノ方針ハ我方ニ對スル非友誼的措置ナリト解スト突込ミタルニ斯ル抗議ハ外交機關ヲ通シ為サルヘキモノナラスヤト逃ケ暗ニ此ノ種武器ノ搬入ヲ看過スル外ナシトノ態度ヲ持スルカ如ク見受ケタリ

因ニ該汽船ハ倫敦J. A. Billmeir商會所屬(約六千噸)ニシテ坡西土ヨリ入港シ荷物ハ蘭貢西貢河內又ハ香港渡トナリ居ル由ナルモ未タ荷揚ニ着手セス

英、甲谷陀、暹、河內、新嘉坡、香港ヘ暗送セリ

1902 昭和13年11月21日 在ラングーン金子領事より有田外務大臣宛(電報)

雲南向け武器輸送に対するビルマ人の反対に鑑みビルマ政庁が発出した声明書について

ラングーン　11月21日後発
本　省　11月22日前着

第六六號

往電第六二號ニ關シ

「スタンホール」號ノ武器荷揚ハ二十一日正午ヨリ開始野砲六一門既ニ陸揚ケサレタルカ此ノ外機關銃及飛行機等ト共ニ鐵道ニ依リ「ラシヨ」へ爆發物ハ多分水路「マンダレー」へ送ラレ「ラシヨ」經由「トラック」ニテ雲南へ搬入セラルル筈

政府ハ武器搬入ニ對スル緬甸人ノ囂々タル反對ニ鑑ミ三回ニ亘リ聲明書ヲ發シ本件貨物ハ税關規則ニ違反セサル限リ緬甸通過ヲ禁止スル理由ナシト言ヒ又右軍需船碇泊ニ依リ緬甸カ空襲サルル惧ナシト述ヘタリ

英ヘ轉電セリ

甲谷陀、新嘉坡、暹、河内、香港、古倫母へ暗送セリ

1903　昭和13年11月29日　在英国重光大使より有田外務大臣宛（電報）

ビルマ経由対中軍需物資輸送を禁止するよう英国外務省極東部長へ申入れについて

付　記　昭和十三年十二月八日

右禁輸に関する有田外務大臣より在本邦クレーギー英国大使宛申入れ要旨

ロンドン　11月29日後発
本　省　11月30日前着

第九四二號

貴電第三八六號ニ關シ（緬甸經由對支武器輸送ニ關スル件）

二十八日岡本ヲシテ極東部長ヲ往訪在蘭貢領事ヨリノ累次來電ノ趣旨ヲ情報トシテ説明シ英國政府ニ於テ至急緬甸政府ヲシテ支那向武器、軍需品ノ緬甸通過輸送ヲ禁止セシムル様措置セラレ度キ旨申入レシメタル處同部長ハ一々書取リタル上本件ハ香港ニ於ケル従前ノ事態ト同様ニ法律的ニ相當面倒ナル問題ニシテ英國トシテハ日本向武器輸送ヲ禁止シ居ラサルノミナラス當國ニ於テハ支那ニ同情ヲ寄スル個人團体ヨリ政府ハ聯盟ニ於テ對支援助決議ニ參加セルニモ拘ラス何事モ爲サストテ頻リニ攻撃ヲ受ケ居ル際ナルニモ鑑ミ日本側申出アラハトテ禁止的措置ヲ執ルコトハ多大ノ困難アルヘキヲ惧ルト述ヘタルニ付岡本ヨリ斯ル説明ニ

テハ日本トシテ満足シ得ス英國側ハ從來蔣介石政府ヲ援助シ居ラスト繰返シ述ヘ來レルカ本件ノ如キハ明カニ英國ノ對支援助ノ實證ニシテ斯ル遣方ヲ斷然廢止セサル限リ日英關係ノ改善ハ至難ナルコトヲ指摘セサルヲ得ス本件ハ大局ニ着眼シ政治的ニ至急處理セラレンコトヲ切望スト述ヘタル處同部長ハ日本側ハ英國側ノ熱望ニモ拘ラス支那現地ニ於ケル諸懸案ヲ殆ト全部解決セントハセサルニアラスヤトテ種々不滿ヲ述ヘ兎モ角本件ハ植民省ヲ通シ緬甸政府ト協議（本件ニ付緬甸政府ヨリ協議アリタルヲ承知セスト答フ）シ如何ナル措置ヲ執リ得ルヤ研究ノ上更ニ回答スヘシト約セル趣ナリ不取敢

蘭貢ヘ轉電セリ

（付　記）

緬甸經由對支武器輸送ニ關シ次回會見ノ際「クレーギー」英國大使ニ對シ大臣ヨリ左ノ趣旨申入ルルコトト致度（編注）

先般支那向武器ヲ搭載セル英國船「スタンホール」號歐洲方面ヨリ蘭貢ニ到着シ此ト關聯シテ支那要人緬甸政府筋ニ働キカケ居ルトノ情報アリタルニ基キ在蘭貢金子領事ハ緬甸政府ニ「ブースグレーブリ」國防部長官ヲ往訪同長官ニ對シ右ノ情報ヲ傳ヘ緬甸政府ノ意見ヲ質シタル處同長官ハ右情報ヲ肯定スルト共ニ緬甸政府ハ支那向軍需品ノ同國通過ニ一切干渉セサル方針ナル趣旨ヲ述ヘタル趣ナリ

依而在倫敦岡本參事官ヲシテ英國外務省ニ極東部長ヲ往訪英國政府ニ於テ緬甸政府ヲシテ本件支那向軍需品ノ緬甸經由輸送ヲ禁止セシムル樣至急措置アリタキ旨申入レシメタル處極東部長ハ植民省ヲ通ジ緬甸政府ト協議ノ上何分ノ回答ヲナスヘキ旨約シタル趣ナリ然ルニ其後當方ノ接受セル情報ニ依レバ右「スタンホール」號積載軍需品ハ蘭貢ニテ陸揚ノ上「ラシオ」經由雲南向輸送セラレ最近又支那向軍需品ヲ滿載セル諾威船蘭貢ニ入港荷役ヲ開始セル趣ナリ

廣東及武漢ノ失陷ニ依リ蔣介石ハ主要武器輸送路ヲ失ヒタル今日緬甸政府ニシテ本件軍需品輸送ニ關シ右ノ如キ方針ヲ執ラルルニ於テハ右ハ我國民ニ對シ英國ノ對蔣援助ノ事實ヲ立證スルコトトナリ折角好轉シツツアル我國民ノ對英感情ヲ刺戟シ日英國交調整ニ對シ面白カラサル

影響ヲ及スヘキ惧アルニ付此際緬甸政府ヲシテ同國經由對支武器輸送ヲ禁止セシムルタメ英本國政府ニ於テ至急適當ナル措置ヲ執ラレタク右帝國政府ノ希望貴使ヨリ貴國政府ニ傳達アリタシ

編注　「一三、一二、八、申入スミ」との書き込みあり。

1904　昭和14年5月25日　在ニューヨーク若杉総領事より有田外務大臣宛（電報）

雲南・ビルマ間鉄道建設および雲南・ハイフォン間鉄道輸送増加に関する報道報告

ニューヨーク　5月25日後発
本　　省　5月26日前着

第二〇九號

二十五日紐育「タイムス」所報二十四日「ダーデイン」重慶電報ニ依レハ佛國印度支那銀行ハ重慶ニ支店ヲ設置セル處右ハ海防雲南間鐵道輸送増加ニ基ク支那及印度支那間ノ經濟關係密接化ヲ反映スルモノト看做サルル旨及國府ハ元廣東市長曾養甫ヲ雲南緬甸鐵道建設委員長（本鐵道ハ數箇月前ヨリ既ニ工事中）ニ任命セルカ其ノ任命ハ國府カ本鐵道ノ完成ニ躍起トナリ居ルコトヲ示スモノニテ本鐵道ノ大部分ハ英國ノ財政的援助ニ依リ建設セラルルモノノ如ク（英國ノ團匪賠償金基金ハ本鐵道建設ニ充當サレ居レリ）支那側ハ更ニ之カ爲英國ヨリ「クレヂット」獲得ノ確信スラ洩ラセル趣ナリ

尚同電ハ湖北省 Tassoyang 及 Suihsien 竝ニ浙江省杭州附近ニ於ケル支那側所報ヲ相當詳細ニ報道シ居レリ爲念

米ヘ郵送セリ

1905　昭和15年5月30日　在ラングーン久我（成美）領事より有田外務大臣宛（電報）

ビルマ経由雲南向けトラック搬入計画に関する情報について

ラングーン　5月30日前発
本　　省　5月30日夜着

第八七號

最近重慶側ニ於テ米國製武器及「トラック」類ヲ滇緬公路經由蘭貢ヨリノ搬入ニ懸命トナリ居レルコト機密第一三

五號往信及往電第七九號ニ依リ察知セラルル所ナルカ四月初蘭貢市東端ノ廣場ニ新設シタル「トラツク」組立工場（中國寫眞創造廠ノ看板ヲ掲ク）ハ支那軍政部員張セイコウ之カ監督ニ當リ既ニ「トラツク」（主トシテ「ダツヂ」）三噸積ミ）約一千臺完成シ居リ「モンスン」ノ盛リ以前ニ搬入ヲ終ル計畫ト考ヘラル又米國船ハ屢々之等ヲ持込ムヘシト考ヘラレ從テ滇緬公路ノ爆撃一層切要ト存セラル泰ヘ暗送セリ

1906　昭和15年6月25日　有田外務大臣より　在英国重光大使宛（電報）

ビルマルートによる援蔣物資の輸送禁止を要求する覚書をクレーギー大使へ谷外務次官手交について

別電一　昭和十五年六月二十五日発有田外務大臣より在英国重光大使宛第五一二号
右覚書

二　昭和十五年六月二十五日発有田外務大臣より在英国重光大使宛第五一三号
援蔣ルート封鎖に関する谷外務次官申入れ要旨

本省　6月25日後8時発

第五一一號

二十四日在京「クレギー」英大使ノ來訪ヲ求メ次官ヨリ別電第五一二號ノ覺書ヲ手交シタル後別電第五一三號ノ通リ申入レタルニ對シ同大使ハ緬甸經由重慶政權向軍需品ノ輸送ハ最近著シク減少シ（約三分ノ一トナレル由）居ル旨竝ニ重慶政權向武器其他軍需品ノ輸送停止ヲ求メラルルハ英國ニ對シ中立國以上ノモノヲ要求セラルルモノト考フ等述ヘタル後政府ノ訓令ヲ待チ何分ノ儀回答スヘキ旨答ヘタル趣ナリ

（別電一）

本省　6月25日後8時発

第五一二號

重慶政權ニ對スル緬甸經由武器、彈藥其他軍需品ノ輸送ハ今日尚盛ニ行ハレ居ル處帝國政府トシテハ重慶政權ニ對スル軍事行動遂行ノ必要上此ノ上前記物資ノ輸送繼續ヲ默過スルコト能ハス就テハ英國政府ニ於テ武器彈藥ノミナラス諸燃料殊ニ「ガソリン」其ノ他「トラック」鐵道材料ノ如キ運輸資材等重慶政權ノ抗戰力增加ニ資スル物資ノ緬甸經由輸送停止ノ爲必要ナル措置ヲ至急實施セラレンコトヲ要望ス

（別電二）

本　省　6月25日後8時発

第五一三號

重慶政府ニ對スル武器彈藥其他軍需品ハ從來主トシテ佛領印度支那及緬甸經由輸送セラレ居リタルコトハ御承知ノ通ニシテ緬甸經由ノ右輸送停止ニ關シテハ既ニ屢々英國側ノ善處ヲ要望シタル次第ナルカ今後佛國政府ハ佛印經由重慶政權向武器輸送停止方ニ關スル帝國政府申入ヲ受諾シ事實上佛印支國境ノ全面的閉鎖ヲ實施スルニ至レリ、然ルニ緬甸經由輸送ハ今日尙繼續セラレ居ル旨ノ確實ナル情報アリ殊ニ佛印方面ニ於ケル輸送停止ヨリ生スヘキ情勢ヲ察スルトキハ本地域經由ノ輸送ハ今後益々增加スヘク我方トシテ極メテ之ヲ重視セサルヲ得ス我國內ニ於テモ右援蔣行爲ニ對スル不滿ノ念漸次熾烈トナリツツアリ此ノ上問題ヲ未決ノ儘放置スル時ハ日英間ニ不滿ノ紛糾ヲ生スルコトナキヲ保セス就テハ英國政府ニ於テ武器彈藥ノミナラス諸燃料特ニ「ガソリン」其他「トラック」鐵道材料ノ如キ運輸資材等蔣政權ノ抗戰力ヲ增加スル物資ノ緬甸經由輸送停止ヲ至急實行セラルルト共ニ帝國政府ノ納得シ得ル方法ニ依リ其ノ結果ヲ實證セラルル樣措置方此ノ際強ク要望スル次第ニテ英國側ノ迅速ナル回答ヲ期待スル次第ナリ

尙香港等ヲ仲繼トシ溫州、福州、寧波其他ノ支那沿岸地方ヲ經テ多量ノ武器其他軍需品カ祕カニ重慶政府向輸送セラレ居ルニ鑑ミ之カ嚴重取締方要望ス

1907　昭和15年7月4日　有田外務大臣より在英国重光大使宛（電報）

援蔣ルート封鎖要求に対する英国政府の回答遅延をクレーギー大使弁明について

本　省　7月4日発

第五五〇號

一、四日「クレーギー」大使ハ次官ニ對シ緬甸「ルート」問

題ニ關スル本國政府ノ回答遲延シ居ルハ巷間噂サレルカ如ク米國ニ協議シ居ルカ爲ニ非ス米國ニハ委細「インフオーム」シ居ルモ協議シ居ル事實ナシ右遲延ノ原因ハ「ドミニオン」トノ聯絡ニ時日ヲ要スル爲ナリト陳辯シタル上信スヘキ情報ニ依レハ香港英支國境方面ニ於テ一兩日中日英軍間ノ衝突アルヘシトノコトナルモ萬一右カ事實トスレハ日本ノ意思ニ反シ日英間ニ「グレーブスチユエイシヨン」ヲ惹起スル次第ニ付英國側ニ於テハ既ニ出先ニ對シ極力自制方申送リアリ日本側ニ於テモ何等カ措置セラルルヲ得ハ幸甚ナリト述ヘタリ

二、右ニ對シ次官ヨリ英側回答カ此ノ上遲延ヲ重ネ而モ不滿足ナル内容ノモノナルカ如キ場合ハ折角天津問題ニ關スル協定等ニ依リ日英關係ヲ改善セントスル過去ノ一切ノ努力カ水泡ニ歸スル次第ナルニ付テハ速ニ而モ日本政府ニ於テ滿足シ得ル回答ヲ得ルコト望マシク本國政府ニ於テ日英關係ノ大局的見地ヨリ速ニ本件ヲ政治的ニ處理セラレ度キ旨強ク申入レ尚香港國境問題ニ付テハ何等斯ノ如キ事實有ルコトヲ承知セサル旨應酬シ置キタリ

米、香港、河内、「ラングーン」ヘ、南京、上海、北京ニ轉電セリ

1908　昭和15年7月9日　有田外務大臣より在英国重光大使宛（電報）

援蔣ルート封鎖要求に対する英国政府回答をクレーギー大使提出について

付記一　昭和十五年七月八日
右英国政府回答

二　昭和十五年七月九日付有田外務大臣より在本邦クレーギー英国大使宛公信
日中和平に関する英国政府の協力提議を拒絶する旨回答

本　省　7月9日発

第五六五號（極祕）

往電第五一一號ニ關シ

八日在京「クレーギー」英國大使本大臣ヲ來訪シ英國政府回答トシテ

一、香港ヲ通スル支那向軍需品輸送ハ昨年一月以來事實上禁止セラレ又現在如何ナル種類ノ軍需資材モ輸送セラレ居

ラサルニ付日本ノ要求ハ既ニ滿タサレヲルモノト認ム
(「ク」大使持參ノ書キ物ニハ crossing the frontier トアリタルカ問答ノ末右ハ海上輸送ヲ含ムコトヲ承諾セリ)
一、緬甸ヲ通シ若干ノ武器彈藥カ蔣政權向輸送セラレ居ルハ事實ナルモ數量僅少ニシテ同政權ノ抗戰力增大ニ寄與セリトハ認メ難シ
一、武器彈藥ノ外燃料、燃料油、石油、「トラック」鐵道材料等ノ輸送停止ヲ求メラルルハ了解ニ苦シム
一、輸送禁止ヲ要求セラルル物品中ニハ印度產「ビルマ」產品アリ之カ禁止ハ正當貿易ヲ阻害ス
一、第三國品ノ輸送停止ハ其ノ發送地點ニ於テ之ヲ爲スヲ適當トス
一、日本ノ要求ハ支那ニ對スル英國ノ中立地位ニ副ハス
其ノ他西比利亞經由對獨物資輸送停止ニ關スル我方態度等ヲ擧ケタル後日本政府カ本件要求ヲ强要セラルルニ於テハ日英關係ヲ重大危機ニ導クモノト言ハサルヘカラサル處右カ日本政府ノ眞意ナリトハ信セス要スルニ緬甸「ルート」閉鎖ハ支那事變解決ノ一助タリ得ルニ過キス兩當事國ノ受諾シ得ル公平ナル平和ニ依ツテノミ現在ノ紛爭ヲ終了セシメ極東恆久平和ヲ齎ス解決ニ進ミ得ヘシトノ見地ヨリ英國政府ハ帝國政府ト協力討議スルノ用意アル旨ヲ述ヘタルニ付本大臣ヨリ右英國政府回答ハ帝國政府ニ於テ極メテ不足ナリト認ムル處本問題ノ解決ヲ遷延スルニ於テハ國民感情ノ惡化ヲ來シ日英兩國ノ友好關係ニ重大ナル影響ヲ及ホス虞アルヲ以テ之カ解決ハ急ヲ要スルニ付英國政府ニ於テ速ニ我方要求ヲ容レ茲一週間乃至十日位ノ内ニ之カ解決ヲ計ルノ要アル次第ヲ强調シ置ケリ
米ニ轉電セリ

(付記一)

Stoppage of Supplies through Hongkong

The transit of munitions over the frontier of Hongkong has in fact been prohibited since January 1939 and no war materials of any kind are at present crossing the frontier. In these circumstances it would seem that the Japanese requirements have already been met.

Stoppage of Supplies through Burma

His Majesty's Government have taken note of the

views of the Japanese Government with regard to the transport of arms, ammunition and supplies via Burma to the National Government of China.

It is true that the passage of certain arms and munitions to the National Government of China does take place via Burma, but the total figures for 1939 and those for the first 5 months of 1940 lend no support to the view that this traffic affords any very material contribution to the armed strength of the Chinese National Government. For some time past the quantity of war material from the United Kingdom which was carried over the Burma route to China has been insignificant, and it is likely to remain so. His Majesty's Government therefore would find themselves unable to accept the view that the supply of war materials by Great Britain to the National Government of China is a direct cause of the prolongation of hostilities.

It is however noted that the Japanese Government in their communication refer not only to arms and ammunition but also to fuel, fuel-oil and petrol, trucks and railway materials. His Majesty's Government find difficulty in appreciating the basis on which the request is made to stop the passage of these materials, certain of which are products of Burma itself. In so far as this route is a legitimate trade route which contributes to the welfare of the people of Burma and India, His Majesty's Government feel that in making this request the Japanese Government are asking them to take action which is inconsistent with their obligations to these two countries. Moreover the goods which pass over this route to China emanate from third Powers and if serious dislocation is not to be caused to the trade of those Powers it would seem necessary that any stoppage of supplies should be made at the source. Compliance with the Japanese request would in effect involve His Majesty's Government in a departure from neutrality and would amount to discrimination against China. In strict neutrality a request to cut off materials in question from China should involve a similar stoppage of supplies to Japan, but this of course is in no way the intention of His Majesty's Government.

In connexion with the Japanese Government's request that the Burma route should be closed to traffic to China, it is not irrelevant to recall that His Majesty's Government have lately been endeavouring to secure the Japanese Government's assent to the stoppage of certain materials to Germany with whom the United Kingdom are explicitly at war. While the Japanese Government have indicated their willingness, under certain conditions, to arrange not to re-export to Germany goods which they have purchased from the British Empire, they have declined to give any assurances in respect of other Japanese imports, and have been unwilling even to discuss the limitation of exports via Siberia of goods produced in Japan and Manchukuo.

For all these reasons it will be evident to the Japanese Government that, were they to press their request, they would place His Majesty's Government in a position of great embarrassment. This could not but cause a serious crisis in Anglo-Japanese relations and His Majesty's Government are unwilling to believe that this is in fact the desire of the Japanese Government. His Majesty's Government fully appreciate the anxiety of the Japanese Government to bring to an end the hostilities which His Majesty's Government have themselves from the outset deplored. But the closing of the Burma Road could at the best furnish only a partial solution of the problem which the Japanese Government have set themselves. His Majesty's Government venture to express the view that only by a just and equitable peace acceptable to both parties will the present unfortunate dispute be terminated and thus pave the way to a general and constructive settlement which will bring lasting peace and prosperity to the Far East. His Majesty's Government for their part are ready and willing to afford their cooperation and to enter upon discussions to achieve this end.

(付記二)

Confidential

July 9th, 1940.

My dear Ambassador,

With regard to the suggestion which Your Excellency made toward the end of our yesterday's talk that the British Government would be willing to cooperate for the solution of the China incident and so on, I have since made careful consideration and come to a conclusion that the above suggestion would take a considerably long time to bear its fruit and consequently would not contribute to the speedy solution of the present problem. I request, therefore, that the above suggestion be regarded as unacceptable and that Your Excellency would be good enough to take immediate steps to cause Your Government to meet, by a means which I suggested yesterday as an example or by some other appropriate means, the request of the Japanese Government to close the Burma Road. As I told you on that occasion I am deeply concerned with the deplorable effects which further postponement of the solution of the present problem would possibly have on Anglo-Japanese relations.

Yours very sincerely,

His Excellency
Sir Robert L. Craigie,
British Ambassador.

1909　昭和15年7月9日　有田外務大臣より在英国重光大使宛（電報）

援蔣ルート封鎖要求への英国回答を不満として至急適当の理由を設けてビルマルート一時禁絶方クレーギー大使へ申入れについて

本省　7月9日発

第五六六號（館長符號扱、極祕）

往電第五六五號會談ノ際本大臣ヨリ「ク」大使ニ對シ本件ハ至急解決ヲ要スルヲ以テ英國政府ニ於テ不取敢曩ニ帝國政府ヨリ輸送禁遏方列擧セル重要品目中我方ノ重點ヲ置クモノヲ選ヒ適當ノ理由（例ヘハ公安ノ理由）ヲ設ケ一時禁輸トシ必要ニ應シ禁輸期間ヲ延長スル等ノ方法ニ依リ至急本問題ノ實際的解決ヲ計ルノ肝要ナル次第ヲ强調シ尚英側申

出ノ支那事變解決ニ關シ協力方ニ關シテハ研究ヲ約シ置キタルカ九日熟考ノ結果之ヲ「ドロップ」スル旨「ク」ニ申入レタリ
貴使ヨリモ前記趣旨英國政府ニ申入レ置カレ度
米ニ轉電セリ

1910 昭和15年7月11日 在英国重光大使より有田外務大臣宛(電報)

米ソのビルマ経由対中軍需品輸送は阻止困難との英国外務次官弁明を反駁しビルマルート封鎖を実施するよう説得について

付記 昭和十五年七月十三日発在英国重光大使より有田外務大臣宛電報第一二二一号
ビルマルート封鎖を実現するための対英措置振りにつき意見具申

ロンドン 7月11日後発
本　省 7月12日後着

第一二一一號(極祕)

貴電第五六五號ニ關シ八?日本使「バ」次官ニ面會緬甸問題解決ノ急務ヲ力説シ「バ」ノ過日説明セル支那問題ヲ中心トスル理解アル態度ハ東京ニ於テハ「クレギー」ヨリ表示セラレサリシヲ遺憾トスル旨ヲモ附加シ置キタルカ「バ」ハ緬甸問題ニ付テハ英國産品ヲ阻止スルコトハ容易ナルモ緬甸(石油等)及印度産品ノ國境通過ノ外米蘇ノ軍需品輸送ハ阻止スルノ困難ナルヲ繰返シ述ヘタルニ付本使ヨリ「元來緬甸通過ノ問題ハ重慶援助ノ宣傳ニ使ハレタルヲ以テ人目ヲ惹キタルモ英國トシテハ實際的ニ如何様トモナル問題ニアラスヤ尚又最近頻リニ情報省其ノ他ヨリ英國ハ米、蘇ト聯繫シテ日本其ノ他ヲ抑ヘサルヘカラストノ趣旨放送セラレ居ルモ右ハ何カノ感違ト思ハル蘇聯カ英國ノ自由ニナルヤ否ヤハ別問題トシテ米國モ何等具體的利權ナキ支那問題ニ付日本ノ欲スル平和秩序ノ恢復ニ反對シ恰モ他人ノ家ニ來リテ主人ノ如ク振舞フコトハナササルヘク日本ハ東亞問題ハ自ラ處置スル重大ナル決意ヲ有スル次第ニテ英國モ支那問題ニ付テハ政治的目的ナシト既ニ言ハレ居ル次第ナリ夫レニ拘ラス緬甸問題ノ如キ小問題ニ米蘇等ノ軍需品(右ハ他所ニ使用スルカ急務ナルヘシ)ヲ云々スルハ一應理論ノ如ク聞ユルモ日本人ハ英國カ米、蘇ヲ語ラヒテ日本ニ壓迫ヲ加ヘントノ考ナリト反映（ママ）シ而モ前述ノ如キ事實ハ何等壓迫ニハナラス唯惡感ノミ殘ス結果トナリ甚タ面白カラス尙路透新聞報道等モ此ノ邊ニ注意ヲ要スヘシ」ト述ヘタル處「バ」ハ其ノ邊ノコトハ成程了解セリ日本關係ハ是非共調節ヲ要スル次第ニ付明日迄ニハ外相ト相談ノ上緬甸問題モ進捗ヲ見得ヘシト述ヘ居リタリ尙東京會談「クレギー」報告ハ先方ヨリ傳ヘ來リ居リ前記英國政府再囘訓モ知ラセ越ス旨申シ居レリ

（付　記）

ロンドン　7月13日後発
本　　省　7月14日夜着

第一二二一號（館長符號扱）

往電第一二一一號ニ關シ

一、本件交渉ニ當リテハ我參謀本部カ英國ニ對シ脅迫的態度ヲ以テ開始セル經緯アリ九日外務省係官カ岡本ニ對シ貴地交渉內容ニ付説明セル際モ右ヲ指摘シ右カ本件措置ニ際シ英側ノ最モ困難ヲ感スル次第ナリト述ヘ居リ此ノ點ニ付テハ之迄一々報告ハセサリシモ先方ノ誤解ヲ解ク爲當方トシテハ最モ苦心スル次第ナリ御承知ノ通リ英國ニ對スル要求主張ハ飽迄强ク堅持スルコト之カ貫徹ノ素因ナルモ形式ハ充分考慮シ特ニ脅迫ニ亘ルカ如キ印象ヲ避クルコト交渉上必要ノコトト存ス

二、英國現政府ヲ構成スル各勢力ノ複雜ナル關係ニモ顧ミ本件解決促進ノ爲ニハ外務省筋ノ了解ハ勿論ノコト他ニモ手ヲ盡スコトカ必要ナリ特ニ首相ニ對シテハ其ノ昵懇者タル閣內有力者ヲシテ親シク之ヲ解セシムルト共ニ爾余ノ關係方面ヲモ啓發セルカ右ニ付テハ當館聯絡者ノ盡力大ナルコトヲ特記シタシ

三、日本ト英國トノ關係惡化ヲ企圖スル極左方面ハ蘇、支大使館ト聯絡シ凡ユル妨害ヲ試ミ右ハ內政問題トモ關聯シ左傾新聞ノ宣傳活動トナリタリ又英政府內ニ勢力ヲ有スル保守黨左傾分子ハ元來連帶保障派ニテ此ノ點勞働黨ト對支感情ヲ等シクシ極左勢力ノ策動ニ乘セラルル傾向アルハ注意ヲ要ス尤モ對獨戰遂行ノ大目的ノ爲ニハ對日關係ヲ顧慮改善スルコト必要ナリトノ點ニ於テハ大体異存ナキカ如シ「ハリファックス」「バトラー」等ノ穩健意見採用ヲ見ルニ至レルモノト思ハル尙情報ニ依レハ首相

ハ日本ト事ヲ構フヘカラストノ大体方針ヲ以テ當局ヲ指導セルカ勞働黨內ニ於テハ「アトレイ」ハ稍態度緩和シ來リ日英關係改善ニ異議ヲ挿マサルモ感情家タル「グリーンウツド」ハ未タニ在野當時ト同様反日援支態度ヲ固執シ居ル趣ナリ

四、英國從來ノ新聞論調ハ外務省乃至情報省邊ノ意ヲ受ケ居ル處英國ノ外交方針ハ米蘇ト連繫シテ東ニ於テハ日本ヲ抑ヘ西ニ於テハ獨逸ニ對抗スルニアリト言フ種類ノ宣傳主張專ラナリシカ當方諜報者カ米國大使館ヨリ聞知セル所ニ依レハ「ケネデー」カ英外務當局ト會談中本件ニ言及セル際米國トシテハ英國カ余リニ米國ヲ引合ヒニ出スコトハ寧ロ迷惑ナリトノ意味合ヲ應答セルヤニテ右ハ或ハ米大統領ノ祕書ノ「モンロー」主義ニ關スル發表ト幾分ノ符合アルヤニモ思ハレタリ由來支那問題ニ付テハ英米カ常ニ密接協力シ居ルヤニ想像セラレ勝ニテ又右樣ノ宣傳頻リニ行ハレルモ本使ノ見ル所ハ必スシモ然ラス米國ハ目下內政及歐洲問題ニ沒頭シ居ル際ニテ日本ノ行動又ハ主張ニシテ極端ニ亘ラサル限リハ必スシモ英國ノ自由ニ甘ンスルモノニアラス他方英國モ亦可成リ自主的ニ働キ居ル様認メラレ從テ本使ハ十日「バ」次官(往電第一二一一號)ニ對シテモ英國側ハ米蘇ト合作シ日本ヲ牽制スルヤニ宣傳シ居ルモ帝國ノ覺悟ハ之ニテ左右セラレス又米國トシテモ如斯ク愚ナル態度ニ出テサルヘキヲ確信ストノ趣旨ニテ英國側ノ反省ヲ促シ置キタル次第ナリ次ニ今次事件ニ關聯シ南京、重慶兩政府カ妥協シ平和克服ヲ見ハ日英問題ハ自ラ解消スヘシトノ見地ヨリ英國內ニモ右ヲ促進シ度トノ氣持働キツツアリ右ハ漸次米國ニモ波及セストモ限ラス何レニセヨ支那問題ニ對シ直接間接ノ勢力ヲ有スル英米ノ氣持ヲ漸次轉換セシメ支那ノ平和恢復ニ間接ニ好意ヲ持タシムル様啓發誘導スルコト有益ナルヘシト存セラル

1911 昭和15年7月13日　有田外務大臣より在英国重光大使宛(電報)

ビルマ経由軍需物資輸送を三か月間停止する旨クレーギー大使回答について

付記一　右クレーギー大使口上書
　　二　右発表案

本　省　7月13日発

第五七五號

十二日「クレーギー」大使本大臣ヲ來訪シ英政府從來ノ所見ヲ簡單ニ繰返シタル後緬甸「ルート」ノ問題ノ如キカ兩國間ニ存在スル間ハ更ニ大ナル問題ニ付冷靜且建設的ニ話ヲ進ムルコト不可能トナルヘキヲ顧慮シ英政府ハ三ケ月ノ期間緬甸ヲ通スル軍用材料（武器、彈藥、「ガソリン」「トラック」更ニ本大臣ノ要求ニ依リ鐵道材料ヲ附加ス）ノ輸送ヲ停止スルコトト致度但シ右期間ニ於テ八日會談ノ際申入レタル最後ノ點即チ東亞ニ公正ナル平和ヲ招來スル樣特ニ努力アリ度キ旨述ヘタルニ付本大臣ヨリ右禁輸カ完全ニ行ハルルコトニ付領事館員等ヲシテ之カ檢査ニ當ラシムヘキ必要ヲ主張シタルニ「ク」ハ强硬ニ反對シ種々論議ヲ重ネタルカ輸出ノ狀況、數字等ハ充分ニ領事ニ供給スヘシトノコトニテ又領事乃至領事館員ノ緬甸各地ヲ旅行スルコトハ自由ナリトノ了解ニ落着ケリ尙「ク」ヨリ日本ニ於ケル反英運動ハ之ヲ停止セラレ度旨述ヘタルニ付本大臣ハ反英運動ニ付テハ從來ノ英國側遣リ方カ適當ナラサリシモノト思考ス英國側ハ日本ノ友好關係的要求ヲ容レ居ラルルモ天津問題ノ如キ一年ヲ要シ本件ニ付テモ第一回ニテハ不滿足ナル回答ヲ爲シ今回モ部分的ニ當方要求ヲ滿スカ如キ態度ニ出テラレ折角日本ノ要求ヲ容レラルルモ其ノ效果ハ極メテ薄キコトトナルヘシトテ此ノ點ニ注意ヲ喚起シ置クト共ニ語ヲ繼キ日本國民ノ對英反感ハ强ク今直ク大ナル效果ヲ期待シ難キ處自分ハ日英關係ヲ好クスルコトハ現狀ニテハ困難ナル故尠クトモ惡クセサルコトカ肝要ナリト思考スル旨述ヘタリ

尙期間ヲ三ケ月トスルモ其ノ際再ヒ之ヲ延期セシムルコト可能ト認メタルヲ以テ之ヲ受諾シ置キタルカ本件ハ是ニテ一應妥結セルモノトシ發表ニ關シテハ目下審議中ニシテ多分十五日トナル豫定ナリ

米ニ轉電セリ

（付記一）

ORAL

His Majesty's Government have given careful consideration to the report which I submitted to them immediately after my interview with Your Excellency on the 8th instant. They still find difficulty in appreciating the basis on which the Japanese request for stopping the passage of war material through Burma has been made and no arguments have been adduced to shew《(showカ)》 either that the materials thus passing contribute substantially to the prolongation of hostilities or that there is any legal justification for a proposal which is inconsistent with the obligations of His Majesty's Government to Burma and India. They are nevertheless impressed with the importance of exploring the possibilities of bringing about peace in China and they realise that, so long as there exists between Great Britain and Japan so acute an issue as that raised by the transport of war material through Burma, the atmosphere is unlikely to improve sufficiently to permit of the wider problem being examined dispassionately and constructively.

His Majesty's Government would accordingly be prepared to suspend the transit of war material through Burma for a period of three months, on the understanding that during this time special efforts would be made to bring about that just and equitable peace in the Far East to which reference was made in the communication which I made to Your Excellency on the 8th instant. The materials the transport of which would be prohibited consist of arms, ammunition, petrol and trucks; His Majesty's Government are not prepared to consider inclusion in the list of goods which do not directly contribute to the prosecution of hostilities and which in some cases are products of Burma and India.

I would add that in agreeing to make this restriction on Burma's trade His Majesty's Government assume that the Japanese Government would utilise the interval to discuss the suspension of the export of munitions to China with the third Powers from which they emanate.

His Majesty's Government are making this really considerable concession to Japanese opinion in face of great opposition, but they do so in the confident hope that it will lead to a genuine improvement in Anglo-Japanese relations.

Their position would become very difficult if nevertheless there is to be a continuance of hostility on the part of the Japanese public and press. His Majesty's Government have never accepted the view that they are in any way responsible for the prolongation of hostilities between Japan and China and the gesture they are now making is evidence of their intentions in this respect. They accordingly look to the Japanese Government to take prompt action to put an end to an anti-British campaign for the suppression of which little official effort has hitherto been discernible.

（付記一）

Draft announcement

As a result of discussions which have been proceeding between the British and Japanese Governments in regard to the transport of war materials through British territory to China, agreement has now been reached as follows:

Hongkong

The export of arms and ammunition from Hongkong has been prohibited since January 1939 and, as none of the war materials to which the Japanese Government attach importance are being exported, the requirements of the Japanese Government are already being met so far as this Colony is concerned.

Burma

The British Government have agreed to suspend for a period of three months the transit of arms and ammunition as well as of the following articles: petrol, trucks and railway material. The British authorities in Burma will satisfy the Japanese Consul-General in Rangoon in regard to the steps which they are taking to give effect to this prohibition.

1912

昭和15年7月14日　在上海三浦総領事より有田外務大臣宛（電報）

援蒋ルート封鎖に関する日英協定の成立が重慶政権に与えた衝動につき報告

上　海　7月14日後発
本　省　7月14日後着

第一四三三號

緬甸香港通過援蔣物資輸送禁絶ニ關シ日英間ニ了解成立ノ報ハ重慶側ニ異常ナル衝動ヲ與ヘタルモノノ如ク十四日當地漢字紙ハ擧ツテ本件ニ關スル東京發「ルーター」電等ト共ニ十三日重慶發「ルーター」及中央社電等ヲ掲ケ重慶側ハ日本トシテハ勿論之ニ干渉スル權限ナキニ對シ支那側ハ緬甸「ルート」ハ國際「ルート」トシテ之カ繼續開放ヲ要求スル權利アリトナシ英國トシテモ大國タル名譽ノ爲又條約聯盟決議案ニ依リ當然日本ノ要求ヲ拒絶スル責任アリ其ノ極東政策ヲ變更シ再ヒ過去ノ錯誤ヲ繰返スヘキニ非ス日本ハ現在異常ノ困難ニ直面シ他國ト事ヲ構ヘス專ラ外交手段ヲ以テ其ノ目的達成ニ努メ居ルヲ以テ英國側ハ人心安定ト事態明朗化ノ爲正確ナル情報ヲ提供スルノ要アリ特ニ緬甸「ルート」ノ維持ハ英支友好關係ノ爲極メテ重視セラレ居レリトノ支那側各界ノ意見ヲ報シ居レリ

北京、天津、南京大使、漢口へ轉電セリ

香港へ暗送セリ

1913　昭和15年7月15日　有田外務大臣より在香港岡崎総領事宛（電報）

鉄道材料のラングーン向け積出しにつき香港政庁に注意喚起方訓令

付記一　昭和十五年七月十三日付有田外務大臣より在本邦クレーギー英国大使宛半公信
香港経由軍需物資禁輸に関する確認
二　右和訳文

本　省　7月15日発

第一七五號（至急）

貴電第三五九號後段ニ關シ

緬甸「ルート」ニ關シテハ本大臣發英宛電報第五七五號ノ通リ英國側ニ於テ三箇月間鐵道材料ヲ含ム軍用資材ノ國境通過ヲ差止ムヘキ旨同意シ居リ又香港ニ付テハ往電第一六九號ノ通リ鐵道材料ヲ含ム運輸資材カ海路蘭貢方面ニ輸送セラルルコトナキモノト諒解スル旨我方ヨリ申入レ居ル次第ニシテ（右ニ對シテハ英大使ヨリ直ニ本國ニ請訓セル旨竝ニ香港ニ於ケル輸出禁止軍需品ハ緬甸ニ於ケルト同樣「ガソリン」「トラック」及鐵道材料ヲ含ムモノト諒解スル

旨回答アリ）此ノ際御來示ノ如キ支那側ニ轉送セラルル疑少ナカラサル鐵道材料ヲ蘭貢方面ニ輸出スルコトハ假令援蔣「ルート」閉鎖ニ關スル現在迄ノ日英間了解ニ違反セストノ理窟ハ立テ得ヘケンモ少クトモ英國側ノ誠意ヲ疑ハシムルモノナルニ付テハ政廳側ニ對シ右ノ點ヲ指摘シ本件鐵道材料ノ性質ニ付更ニ詳細ナル説明ヲ求メラレ尙場合ニ依リ其ノ積出禁止ヲ勸告セラルルコトト致度

尙在京英國大使館ニ對シテモ善處ヲ求メ置キタリ

上海、南京（大）、廣東へ轉電セリ

（付記一）

13th July, 1940.

Dear Ambassador:

The written statement which you delivered to me at our conference on the 8th inst. as a statement of the views of the British Government contained the following passage:

> "The transit of munitions over the frontier of Hongkong has in fact been prohibited since January 1939 and no war materials of any kind are at present crossing the frontier. In these circumstances it would seem that the Japanese requirements have already been met."

Since the above statement referred to only the goods transported over the frontier of the British leased territory, I raised the question regarding the prohibition of the transportation of goods by sea, and you expressed your belief that quite naturally the necessary steps should have been taken to prohibit exportation by sea to the Chinese continent from Hongkong, and that the Japanese requirements had been fully met in reality by the British Government as far as Hongkong was concerned.

In view of this declaration on your part that the Japanese requirements have been fully met in reality by the British Government, it is understood by the Japanese Government that "war materials of kind" include naturally gasoline, trucks and other transportation materials, and that the measures for preventing their transit are being always enforced, and will continue to be enforced, regardless of whether or not Japanese forces remain at the frontier, while the prohibitory measures are being enforced regarding the transport by sea by means of not only junks but also vessels in general regardless of nationality, and that no possibility is afforded contraband commodities in stock at Hongkong to pass to Rangoon or adjacent ports.

It is the opinion of my Government that effecting of necessary arrangements through frank discussions between British and Japanese authorities on the spot concerning the strict enforcement of the above-mentioned prohibition would be useful, and believing the British Government will have no objection to it, I desire to request you to see that the necessary instructions in this respect are sent by the British Government to their authorities on the spot.

I am,

Yours faithfully,

His Excellency,
Sir Robert L. Craigie,
British Ambassador,
Tokyo.

（付記二）

◎昭和十五年七月十三日附有田外務大臣發
在京英國大使宛半公信譯文

拝啓陳者本月八日本大臣ニ於テ貴大使ト會談ノ際貴國政府ノ見解トシテ手交ヲ受ケタル文書ニ依レハ香港國境經由ノ軍需品輸送ハ客年一月以來事實上禁止セラレ居リ如何ナル種類ノ軍需品モ現在ノ處國境ヲ通過シ居ラス斯ノ如キ情況ナルヲ以テ日本ノ要求ハ既ニ充サレ居ルモノト見做サルヘキ旨ノ記述有之候右記述ニ關聯シ本大臣ヨリ右ハ香港租借地ヨリ國境ヲ越エテ輸出セラルル物資ニ付テノミ言及セラレ居ルモ海路ヨリスル物資輸送禁絶ノ問題ハ如何ナリ居ルヤト質問致シタル處貴大使ハ香港ヨリ海路支那大陸ニ向フ輸出ニ付キテモ禁止手段ノ執ラレ居ルヘキコトハ當然ナリト思考ス従テ香港ニ關スル限リ實際上總テ日本ノ要求セラルル所ヲ應諾シ居ルモノト認メラルル旨回答致サレ候

貴大使ニ於テ香港ノ關スル限リ實際上總テ日本ノ要求セラ

ルル所ヲ應諾シ居ルモノト認メラルル旨言明セラレタルニ鑑ミ前記「如何ナル種類ノ軍需品モ」ト云フ中ニハ當然「ガソリン」及「トラツク」其ノ他ノ運輸資材等モ包含セラレ居ルモノト諒解スルト共ニ右禁止ノ措置ハ國境ニ於テハ帝國軍隊カ國境方面ニ在ルト否トニ拘ラス常ニ同樣ノ禁止措置カ繼續實行セラレ又海上方面ニ於テハ獨リ戎克ノミナラス國籍ノ如何ヲ問ハス一般船舶ニ對シ一率ニ同樣ノ禁輸措置カ講セラレ尙又禁輸品ノ在香港「ストツク」カ蘭貢方面ニ輸送セラルルカ如キコトハ無之モノト諒解致候

更ニ又右輸送禁止カ確實ニ實行セラルルコトニ關シ日英兩國ノ現地官憲ニ於テ隔意ナキ協議ヲ遂ケタル上必要ナル取極ヲ爲スコト有益ナリト認メラレ貴方ニ於テモ此點御異存ナキモノト思考セラルル處貴國政府ニ於テ現地官憲ニ對シ此ノ點ニ關スル必要ナル指令ヲ與ヘラルル樣御取計相成度

此段得貴意候　敬具

昭和十五年七月十三日

外務大臣　有田八郎

在京英國大使

「サー・ロバート・クレーギー」閣下

1914

昭和15年7月15日　有田外務大臣／在本邦クレーギー英国大使　会談

援蔣ルート封鎖に関する発表振りをめぐりクレーギー大使が種々要望について

支那向物資ノ「ビルマ」又ハ香港經由輸送禁絶問題ニ關スル發表方ノ件

十五日英大使本大臣ヲ來訪、「ビルマ」、香港援蔣「ルート」遮斷ニ關スル日英共同「コミユニケ」ノ内容トシテ左ノ約《（ママ）》發表シ度シト申出デタリ

「香港ヨリノ武器彈藥ノ輸出ハ一九三九年一月以來禁止セラレ現在ハ日本政府ノ重視スル如何ナル軍需資材モ同地ヨリ輸出セラレ住《（居カ）》ラズ、又英國政府ハ爾今三ケ月間武器、彈藥竝ニ「ガソリン」、「トラツク」及鐵道材料ノ「ビルマ」通過輸送ヲ停止スルコトニ同意セリ」

尙、同大使ハ英國政府ハ本件「ビルマ」經由輸送ノ三ケ月間停止ハ此ノ期間内ニ極東ニ於ケル公正ナル和平ヲ齎ス爲特別ノ努力ガ爲サルベキ了解ノ下ニ之ヲ提議シタモノニシテ右期間内ニ平和到來セザル時ハ英國政府ハ爾後右停止ヲ續行セザルノ自由ヲ有スル旨一方的ニ聲明シ度シト申出デ

タリ
右ニ對シ本大臣ハ既ニ三ケ月ト期間ヲ切ルコトニモ我方ニ於テハ強キ不滿アリタル次第ナルガ其レヲ三ケ月ト其儘發表スル以上更ニ追加說明ノ必要ナシ、斯カル提案ハ「ハリフアツクス」外相ノ考ニハ非ズシテ下僚ガ訓令ヲ書キタルモノトシカ思ハレズトテ強ク反駁シタルモ英大使ハ右ハ「ハ」外相自身ノ訓令ト認メラルトテ訓令ノ內容ヲ讀上ゲ、英國側ノ此ノ點ニ關スル希望ハ極メテ強キモノナルコトヲ縷々說明セリ、之ニ對シ本大臣ハ右ノ如キ發表ヲ爲サバ蔣ハ三ケ月後ニハ再ビ英ヨリノ援助アルベシトテ却テ抗戰ヲ繼續スルコトトナリ英ノ期待ト反スル結果ニナルベキコトヲ說明シ、又三ケ月ノ期間內ト雖モ我方ガ平和ヲ齎ス爲努力スルコトハ勿論ナルモ此ノ種ノ約束ヲ英國側ニ與フルモノニ非ザルコトハ先ニ明言セシ通ナリトテ種々反省ヲ促セリ
其ノ結果、結局英國議會ニ於テ左記程度ノ說明ヲナスコトハ差支無カルヘシトノ結論ニ達セリ
「英國政府ハ三ケ月ノ期間內ニ極東ニ於ケル公正ナル平和ヲ齎ス爲特別ノ努力ガ爲サシ《ルカ》ベシトノ想定(assumption)ノ下ニ本件取極ヲ提議シタルモノナリ」
尙、右ニ關聯シ「ク」大使ハ日本政府カ極東ニ於ケル平和ヲ齎ラス爲從來凡ユル努力ヲ爲シ又將來モ之ヲ繼續スルノ意向アルコトヲ明カニシ度シト言ヒタルモ本大臣ハ此ノ種ノ聲明ヲ爲スコトハ日本側ガ恰モ本件「ルート」遮斷實行ノ代償トシテ斯カル義務ヲ負ヒタルガ如キ感ヲ外間ニ與フベキ處日本ハ實際斯カル義務ヲ負ヒタル事實無シトテ反對シ唯英國議會ニ於テ質問アリタル場合英外相ヨリ「日本政府ニ於テハ從來右ノ努力ヲ爲シ來リ又將來モナスベキヲ信ズ」(I believe)ト述ブル程度ナラバ反對セズト言ヒタルニ「ク」ハ「信ズ」ニテハ不充分ニテ「日本政府ガ斯カルコトヲ言明セリ」トカ、已ムヲ得ザレバ「余(英外相)ハ斯クノ如キ報道《告カ》ヲ受ケタリ」トカ云フ形式ニ改メテ貰ヒ度シト言ヒタルモ本大臣ハ強ク之ヲ拒絕セリ
尙、英大使ハ英國內政ノ都合上三ケ月經過後英政府ハ本件取極ヲ繼續セザルノ自由ヲ有スト云フ點ヲセメテ議會ニ於ケル質問ノ際明カニシ度シト更ニ反覆セルモ本大臣ハ之ニモ反對シ種々論議ノ結果結局右質問ノ際「三ケ月經過後英政府ハ時ノ情況ニ應ジ本件取極ヲ繼續シ又ハセザルノ自由

ヲ有ス」ト云フ程度ナラバ差支ヘ無カルベシトノコトニ落着ケルガ「ク」大使ハ本件會談ノ際右ノ點ハ内政上ノ必要ニ基ク次第ナルガ實際問題トシテハ恐ラク三ケ月後モ禁輸ヲ繼續スルコトトナルナラント述ベ居タリ

尙、「ビルマ」「ルート」遮斷ノ爲執ラルベキ措置ニ付、英當局ヨリ資料供給等ニ依リ在蘭貢日本領事ニ滿足ヲ與フベキ旨ノ發表ヲ爲シ度シトノ我方要求ヲ應諾セリ而シテ之ガ案文ニ付テハ種々商議ノ結果左記内容ニ纒マリタルガ外務當局ガ質問ニ應ジテ說明ヲ與フル形式ニ依リ發表スルコトトナレリ

「蘭貢及香港ニ於ケル日本領事官憲ハ本件禁輸ヲ有效ナラシムル爲取ラルベキ措置ニ關シテ英國官憲ト密接ナル連絡ヲ保持スベシ」

以　上

尙三ケ月經過後ノ問題ニ付テハ右期間經過前ヨリ更ニ英側ト話合ヲ爲スベキコトニ關シ谷次官ト「ク」大使間ニ電話申合セノ次第モアルニ付本件共同「コミュニケ」發表ノ際、情報部長ニ於テ「右期間經過後モ我方トシテハ必要ニ應ジ禁輸繼續ノ爲英國側ト交渉スベキハ當然ニシテ右ニ付テハ英國側ニ於テモ異議無キ旨」適當新聞記事トシテ掲載セシムル樣措置スル筈。

1915 ラシオに蓄積された軍需物資の雲南向け輸送を中国側が急ぎ実行しているとの情報について

昭和15年7月15日　在ラングーン久我領事より有田外務大臣宛（電報）

ラングーン　7月15日後発
本　省　7月16日前着

第一四六號

「ラシオ」諜報（十三日發）

最近數日連日武器「ペトロル」「トラック」積列車續々「ラシオ」ニ到着シ居リ同地武器倉庫蓄積ノ分ト共ニ直ニ雲南（「チエフアン」）向ケ「トラック」ニテ轉送シ居リ其ノ旺盛ナルコト未タ曾テナキ處ナリ同方面ノ總ユル「トラック」ヲ驅リ集メ數百臺ヲ以テ終日終夜殆ト每時雨中ニモ拘ラス間斷ナク運送シ居レリ之カ爲メ道路ハ各所ニ破綻ヲ來シ現ニ三千人ノ苦力十五臺ノ「スチームローラー」ヲ以テ破損個所ノ修理ニ當リ居レリ緬甸政府側ハ支那側ニ對シ玆

一週間以内ニ滞荷ヲ國境外ニ搬出スヘシト警告ストノコトナルモ「ラシオ」ニ堆積セル武器ノミニテモ二週間以内ニハ搬出シ得サルヘク恐ラク一月ハ要スヘシトノコトナリ

1916 昭和15年7月15日 在英国重光大使より 有田外務大臣宛(電報)

英国外相が重慶側に対し援蒋ルート封鎖問題を説明し対日和平実現を慫慂したとの情報について

ロンドン 7月15日後発
本　省 7月16日前着

第一二三〇號(至急)

往電第一二二九號ニ關シ

聞込ニ依レハ「ハリフアツクス」外相ハ兩三日前支那大使ヲ招致シ緬甸香港問題ニ關スル對日交渉經過ニ付英側態度ヲ説明セルカ其ノ際英國政府トシテハ支那ニ平和ヲ齎サント欲スル日本側ノ意嚮ニハ異議無キノミナラス寧ロ趣旨トシテ賛成ナルニ付重慶政府モ何等カノ形式ニ依リ速ニ和平實現方ニ努力スルコト可然ト勸奬セル模樣ナリ右英國側ノ態度ハ種々ノ形ニ於テ通信セラレ居ル樣子ナル處當地識者ノ間ニハ右ヲ以テ英國政府カ重慶政府ヲ見放シ居ル事實カ表面化セルモノナリトノ觀察スル向モアリ

米ヘ轉電セリ

1917 昭和15年7月16日 在ラングーン久我領事より 有田外務大臣宛(電報)

ビルマ政庁が重慶側にラシオの滞貨一掃を要求したとの情報は確実と認められる旨報告

ラングーン 7月16日前発
本　省 7月17日前着

第一四九號

往電第一四六號ニ關シ

緬甸政府カ支那側ニ對シ一週間以内ニ滞貨一掃方ヲ要求シタリトノ「ラシオ」諜報ノ眞僞ニ關シ諜者ヲシテ當地西南公司側ニ就キ探ラシメタルニ右カ確實ナルコトヲ確メタリ

尚蘭貢市外東部貨車驛ノ街路及廣場ニハ支那行「トラック」群(此ノ内ニハ「ペトロウル」入大樽ヲ積込中ノモノ多數アリ)ニテ充滿シアル外附近組立工場ニテハ盛ニ組立

ヲ急キ居レリ
英支側ニ於テハ出來得ル限リ禁輸實施ヲ引延シ其ノ間ニ滞貨ヲ一掃スヘク策謀シ居ルコト明瞭ナルニ付此ノ際英國側ヲシテ一刻モ速ニ禁輸ヲ實施セシムルコト緊要ト存セラル

1918　昭和15年7月16日　在米国堀内大使より有田外務大臣宛(電報)

ビルマルート封鎖問題に関する米国国務長官の記者談話について

ワシントン　7月16日後発
本　　　省　7月17日後着

第一一〇一號

「ハル」國務長官ハ十六日ノ記者會見ニ於テ緬甸通路禁絶問題ニ對スル見解ヲ質問セラレタルニ答ヘ米政府ハ世界ノ凡ユル部分ニ於テ通商路ノ開放セラレ居ルコトニ正當ナル利益ヲ有シ且最近佛印鐵道ニ關シ取ラレタル措置カ眞實ナリトセハ右ハ世界通商ヲ妨害スル是認シ難キ措置ナリト思考スト述ヘタル趣ナリ
英ニ轉電シ紐育ヘ郵送セリ

1919　昭和15年7月17日　署名

援蔣ルート封鎖に関する日英協定

CONFIDENTIAL MEMORANDUM

As a result of discussions which have been proceeding between His Majesty's Government in the United Kingdom and the Imperial Japanese Government in regard to the transport of war materials through British territory to China, agreement has now been reached as follows:

Hongkong

The export of arms and ammunition from Hongkong has been prohibited since January 1939 and none of the war materials to which Japanese Government attach importance are being exported. The categories of materials prohibited in Burma will also be prohibited in Hongkong.

Burma

At the instance of His Majesty's Government in the United Kingdom the Government of Burma agree to suspend the transit through Burma to China of the following material for a period of three months beginning Thursday, July 18th, 1940: arms, ammunition, petrol, trucks and railway material. This prohibition will not apply to petrol required (a) by lorries transporting non-prohibited goods on their journeys into China and back again: (b) by aircraft operating the Rangoon-Chungking Air Mail Service.

These arrangements have been offered by His Majesty's Government on the understanding that during the period of three months mentioned above special efforts will be made to bring about a just and equitable peace in the Far East; at the end of this period His Majesty's Government remain free either to continue or discontinue this arrangement, in accordance with the conditions existing at the time.

The Japanese Foreign Minister stated that the Japanese Government had made, and would continue to make, every effort to bring about a just and equitable peace.

The Governments of Burma and Hongkong will inform the local Japanese consular authorities of the steps which they are respectively taking to give effect to the above-mentioned prohibition as regards Burma and to the prohibition in force in Hongkong on the export of materials in question.

(Signed) Hachiro Arita

(Signed) R. L. Craigie

July 17th, 1940.

1920

昭和15年7月17日　有田外務大臣より在英国重光大使、在米国堀内大使、在独国来栖大使他宛（電報）

ビルマ・香港ルート封鎖に関する情報部長談話の発表について

本省　7月17日発

合第一五五九號

十七日情報部長談トシテ左ノ通リ發表セリ

『過般來英國領土經由支那向軍需資材輸送禁絶方ニ關シテ

日英兩國政府間ニ交渉中テアツタカ今般左ノ如ク妥結ヲ見ルニ至ツタ

一、香港ヨリノ支那向武器、彈藥ノ輸出ハ昭和十四年一月以降禁止セラレテ居ルカ日本政府ノ重視スル如何ナル軍需資材モ現在同地カラ輸出セラレテ居ナイシ將來モ輸出サレルコトハ無イ尚後述緬甸テ輸送ヲ禁止セラレル貨物ハ香港ニ於テモ輸出ヲ禁止セラレルコト勿論テアル

二、英國政府ハ七月十八日カラ向フ三ケ月間武器、彈藥竝ニ「ガソリン」、「トラック」及鐵道材料ノ緬甸通過輸送ヲ禁止スル

三、香港及蘭貢ニ於ケル日本領事官憲ハ本件禁輸ヲ有效ナラシムル爲取ラルヘキ措置ニ關シテ英國官憲ト密接ナル連絡ヲ保持スル』

(米ヨリ紐育、加奈陀、伯、亞ニ轉電アリ度)

(獨ヨリ伊、蘇ニ轉電アリ度)

(蘭貢ヨリ「シムラ」ヘ轉電アリ度)

1921 昭和15年7月17日 在英国重光大使より有田外務大臣宛(電報)

3032

英国政府は援蔣ルート封鎖に関する米国国務長官の談話を意外としながらも対日関係調整を急務と認識しつつある旨観測報告

ロンドン 7月17日後発

本　　省 7月18日後着

第一二四二號

往電第一二三九號ニ關シ[1]

一、「ハル」長官ハ緬甸道路閉鎖ヲ以テ世界通商ヲ不當ニ阻害スルモノナリト述ヘタルハ單ニ質問ニ應シテ通商一般ノ問題トシテ答ヘタルモノニシテ必スシモ英側ノ讓歩ニ反對シタルモノトハ解セラレサルモ十七日各紙ハ何レモ大見出シヲ附シ右ハ恰モ英國政府ノ措置ニ反對セルモノナルカノ印象ヲ與ヘタルカ「タイムス」外交記者ハ同長官ノ聲明ハ英政府當局ノ意外トスル處ニシテ本件ニ付テハ米政府ニモ經過ヲ通報シ居リ同政府ニ於テハ英側措置ヲ諒トシ居リタル筈ナリ本聲明ハ民主黨大會ニ於テ好評ヲ拍(博カ)スヘキハ勿論ナルカ同長官カ國內消費ノミヲ目的トシテ斯ル聲明ヲ行フ譯無ク何レニセヨ日本政府ハ英政府以上ニ驚キタルヘシト述ヘタリ尚爾余ノ新聞モ同樣本聲

明ヲ意外ナリトシ「ヘラルド」ノ如キハ英政府當局ノ見解ナリトシテ今次對日讓歩ハ軍需品ニ限定セラルル處英國ハ目下軍需品輸送ノ餘力無ク且日本ト事ヲ構フル意思無シ萬一日英衝突ノ際米國ニシテ英國ヲ支持スヘシト言フナラハ又格別ナルモ米國ニハ斯ル意嚮無シ依テ世界通商阻害云々ノ如キハ此ノ際第二次的問題ト見ルノ外無シ又支那大使ノ抗議ニ付テハ聯盟決議ニ基ク義務ハ多數國ノ協力ヲ前提トスルモノナルコトヲ指摘セラルヘカラストノ趣旨ヲ述ヘタリ尚「テレグラフ」ニ依レハ支那大使ハ英側措置ニ飽足ラス一時ハ辭意ヲ洩ラシタルモ思ヒ止マレル由

二、[2]英國各方面ニハ對日關係調整ノ急務ナルコト漸ク廣ク認識セラレツツアリ此ノ爲ニハ日支和平ヲ促進スルコト目下ノ窮狀ヨリ脫スル最善ノ方法ナリトノ議論力ヲ得居ル有樣ナルカ「スケツチ」誌上「キヤンデイダア」(「スクルーテータア」ノ死後（五字分アキ）執筆ス)カ日英同盟ヲ想起シ往時ノ盟邦ノ友誼ヲ囘復スル必要アリ支那ハ緬甸問題ニ付テ抗議シ又日本カ撤兵セサレハ講和セスト稱シ居ルモ右ハ眞面目ニ取ル必要ナク蔣介石ノ眞意ハ焦土抗戰ニアラス又日支双方共戰爭ニハ倦ミ居レリ蘇聯ハ日支戰爭繼續ヲ欲スヘキモ英國トシテハ特ニ蘇聯ノ都合ヲ考慮スルニ當ラス支那トシテモ蘇聯ノ傀儡トナルハ好マサル所ナルヘク寧ロ日本ト妥協スルニ如カス英國ハ日支双方ト友好關係ニアルニ付平和囘復ニ盡力シ得ヘシトノ趣旨ヲ論シタルハ其ノ一例ト認メラル

三、十六日外務省「スポークスマン」ハ日本ノ政變ハ夙ニ豫期セラレ居リタル次第ニモアリ右ハ日英交涉ニ何等影響セサルヘシ英國ノ日本ニ對スル調和政策ニ變更ナシト述ヘ居レリ

1922　昭和15年7月17日　在英国重光大使より有田外務大臣宛（電報）

援蔣ルート封鎖に関する米国国務長官談話への英国政府対応振りについて

ロンドン　7月17日後発
本　　省　7月18日後着

第一二四六號

情報

往電第一二四二號ニ關シ
外務省極東部員ハ一兩日前內外新聞會見ニ列席シ緬甸道路問題ニ關スル英側讓歩ニ付テハ米國政府モ之ヲ是認シ居レリトノ趣旨ヲ述ヘタルカ當地米國大使館ニ於テハ米國ハ本件ニハ深ク關知セス是認モ否認モセストテ無關心ノ態度ヲ示シ英國側カ頻リニ米國ヲ引合ニ出スヲ寧ロ迷惑トスルヤノ口吻ナリシ趣ナル處十七日「バトラー」次官ハ下院質問ニ對シ米國側ノ聲明ニハ關知セストノ態度ヲ示シタリ尙東京ニ於ケル「スポークスマン」カ本件ハ米國カ關與スヘキ問題ニアラスト言ヘルハ英國外交當局ニハ好感ヲ與ヘ居レル由ナリ「ハル」長官ノ聲明ト關聯シ御參考迄尙「バ」次官ノ聯絡者ニ對スル談話中「同氏ハ十七日ノ下院ニ於テ英國ノ對支態度ヲ表明シ英國政府ハ支那ニ於ケル平和ノ囘復ヲ希望スルモノニシテ英國ノ之迄有スル情報ニ依レハ日本ノ支那ニ對スル主張モ不條理(「アンリーゾナブル」)ニアラスト思ハルル旨說明スル筈ナリシモ日本政變ノ爲交渉モ或ハ停頓スヘキヲ以テ右ハ中止セリ」トノ趣旨アリ政府ノ方針ハ大體右ニテ窺ハルル處他方十七日上下兩院ニ於テ本件ニ關スル質疑アリ「セシル」卿一派ハ頻リニ支那ノ立場ヲ無視スル讓歩ニ反對ヲ唱ヘ居リ此ノ種極端派ノ運動ハ尙引續キ行ハルルヘキカ政府カ支那ニ於ケル平和囘復ヲ表面ノ政策トセルハ平和囘復ノ好名目ノ下ニ新政策ニ對シ勞働黨等ノ贊成ヲ獲得セントスル內政關係モアリトノコトナリ
米ヘ轉電セリ

1923　昭和15年7月18日　有田外務大臣より在本邦クレーギー英国大使宛

ラシオ発雲南向け軍需物資輸送激増の情勢にも鑑みビルマルートの有効的禁圧につき十分の措置を講ずるよう要請について

歐二普通第一一八號
以書翰啓上致候陳者帝國政府ノ接受セル情報ニ依レハ最近武器「ガソリン」貨物自動車ヲ積載セル列車續々「ラシオ」ニ到着シ之等ハ同地倉庫ニ堆積セル武器等ト共ニ雨天ニモ拘ラス殆ト終日終夜間斷無ク數百臺ノ「トラック」ヲ以テ雲南向輸送セラレ居ル由ニ有之候就テハ今般緬甸經由支那向軍用資材輸送禁絶方實施ニ當リテハ右樣ノ情勢ニモ鑑ミ之カ有效的禁遏ニ付キ特ニ充分ノ措置ヲ講セラレ度候

右申進旁本大臣ハ茲ニ重ネテ閣下ニ向テ敬意ヲ表シ候

敬　具

昭和十五年七月十八日

外務大臣　有田　八郎

大不列顚國特命全權大使
「ゼ、ライト、オノラブル、サー、ロバート、クレイギー」閣下

1924　昭和15年7月18日　在英国重光大使より有田外務大臣宛（電報）

ビルマルート封鎖に関する英国首相の下院での説明振りは対日非難を一切避け日本の立場了解の姿勢が認められる旨報告

ロンドン　7月18日後発
本　　省　7月19日後着

第一二五三號

一般的情報

十八日「チヤーチル」ノ下院ニ於テ爲シタル緬甸問題ニ關スル聲明（特情御參照）ハ之ヲ英政府當局過去ノ聲明ト比較スレハ其ノ用語ノ上ノミナラス實質ニ於テ格段ノ進歩ヲ示セルモノト言フヘク卽チ一方ニ於テ重慶政府支持論者（議會ニ於ケル聯盟主義者ノ多數ハ右ニ屬ス）ヲ刺戟セサル樣努ムルト共ニ他方輿論ノ現狀ニ於テ出來得ル限リ我方ニ對シ好意ヲ表シタルモノノ由ニテ日本ノ行動ヲ非難スルカ如キ言辭ヲ一切避ケ日本ノ立場ヲ了解シタル建前ノ下ニ公正ナル平和ノ可能性ヲ說述セルハ一般ニ注意ヲ惹キタリ

米ヘ轉電セリ

1925　昭和15年7月19日　在ニューヨーク若杉総領事より有田外務大臣宛（電報）

ビルマルート封鎖に関する英国首相の下院での説明振り報告

ニューヨーク　7月19日後発
本　　省　7月20日前着

第四六九號

十八、九日當地朝夕刊各紙ハ倫敦十八日發諸電ニヨリ英下院ニ於テ「チヤーチル」首相ハ緬甸路ノ閉鎖ハ對日緊張ヲ緩和シ又日支兩國カ和解ニ到達スル時間ヲ與ヘントスル意

圖ニ外ナラスト辯明シ尚英ハ日支和平成立ノ曉ニハ支那ニ於ケル治外法權撤廢英ノ在支權益引渡及條約改正ノ用意アリト述ヘタル旨ヲ報シ居レリ

米ヘ郵送セリ

(2) 閉鎖の実効性をめぐる日英交渉

1926 昭和15年7月18日 有田外務大臣より在ラングーン久我領事宛(電報)

ビルマルート封鎖を実証する資料の提出をビルマ政庁に要求方訓令

本省 7月18日後4時発

第三九號(至急)

往電合第一五五九號ニ關シ

緬甸「ルート」輸送禁絶ニ關シ交渉妥結ノ次第ハ大體冒頭往電ノ通リナル處右禁輸ヲ我方ノ納得シ得ル様實證スル方法ニ付テハ「クレーギー」大使ハ緬甸政府ハ右禁輸ヲ效果アラシムル爲同政府ノ取リツツアル措置ニ付在蘭貢日本總領事ニ通報スヘキ旨約束シタリ就テハ貴官ハ至急緬甸當局ニ右ノ次第ヲ告ケ不取敢本件禁輸ヲ實證スヘキ詳細、適確ナル資料(禁輸ニ關スル法令、各地税關ノ輸出入統計、關係貨物ノ現在高、國内消費高、奥地向移動状況等)ヲ提出スル様御交渉相成度シ

尚奥地ニ於ケル禁輸狀況視察ニ付特ニ明確ナル取極メハ無キモ「ク」大使ハ貴館員ノ國內旅行ハ自由ナル旨言明ノ次第モアリ不取敢貴館員ヲ「ラシオ」方面ニ旅行セシメラレタシ

尚貴館員ノ増員ニ付テモ考慮中ナリ

1927 昭和15年7月18日 有田外務大臣より在ラングーン久我領事宛(電報)

禁輸の対象外とするガソリンの数量をビルマ政庁と打合せ方訓令

本省 7月18日後7時発

第四一號

往電合第一五五九號ニ關シ

緬甸產「ガソリン」ニ付テ當初英國側ハ右ヲ禁輸ヨリ除外方主張シタルモ結局之カ禁輸ニ同意シタルカ

一、禁輸品以外ノ物資ヲ輸送シテ支那トノ間ヲ往復スル「トラック」及

二、蘭貢、重慶間往復郵便飛行機

ニ夫レ夫レ使用スル「ガソリン」ハ例外トシテ之カ輸送ヲ認ムルコトトナレリ

就テハ右ニ付現地ニ於テ適當取極メ置クコトト致度キニ付之カ數量輸送取締方法等至急先方ト打合ノ上回電アリタシ

1928 昭和15年7月19日 在ラングーン久我領事より有田外務大臣宛(電報)

実効あるビルマルート封鎖を実現するため重慶政権のビルマ現地機関たる西南運輸公司の閉鎖を英国側へ厳重交渉方意見具申

ラングーン 7月19日後発
本 省 7月20日前着

第一六二號

貴電第三九號ニ關シ(緬甸禁輸問題ニ關スル件)

本件禁輸ヲ實現セシメ且右ニ關スル英國側ノ誠意ヲ實證セシムヘキ最有效手段ノ一ハ支那政府ニ對シ本件輸送ヲ管掌シツツアル在當地及「ラシオ」ノ西南運輸公司ヲ緬甸政府ヲシテ速ニ閉鎖セシムルニ在リト存セラルルニ付テハ英大使ニ對シ嚴重交渉方切望ス尙老獪陰險ナル英支兩國側ヲ威嚇シ密輸入又ハ惡意アル協定ノ妥結ヲ防止スル爲國境近クノ支那側軍需品倉庫ヲ空爆スルコト必要ト存セラル爲念申添フ

1929 昭和15年7月20日 在香港岡崎総領事より有田外務大臣宛(電報)

香港経由軍需物資禁輸を実証する税関書類の提示と滞貨量の通報を香港政庁民政長官承諾について

香 港 7月20日後発
本 省 7月20日夜着

第三八〇號

貴電第一八〇號末段ニ關シ(香港經由軍需品禁輸ニ關スル件)

二十日民政長官ト交渉シタル處先方ハ倫敦ヨリノ物資ヲ記入スヘキ旨ノ訓令ハアルモ夫レ以上ノ措置ニ付指示無シトノコトナリシモ種々話合ノ結果差當リ本件物資ニ關スル税關書類ノ掲示及「ストック」ヲ調査シ通報スルコトニ付テハ主義上承諾シ實際方法ニ關シ月曜日本官ト輸出入局長「ハミルトン」ト協議スルコトトナレリ尙實地檢證ハ仲々困難ナルカ如ク又當館ノ手不足ナル現情ニテハ實際上充分

ナル効果ヲ期待シ難ク此方ハ差當リ諜報者等ヲ利用シ行クコト便利ナルヤニ存ス不取敢

1930　昭和15年7月20日　在ラングーン久我領事より有田外務大臣宛（電報）

援蔣物資禁絶に関するビルマ政庁の措置振り報告

別電　昭和十五年七月二十日発在ラングーン久我領事より有田外務大臣宛第一六七号
ビルマ政庁発表の中国向け輸出禁止物品

ラングーン　7月20日後発
本　　省　7月21日前着

第一六六號

貴電第三九號及第四一號御訓令ノ次第ハ十八日公文トシ緬甸政府へ申入濟ナル處十九日同政府ハ同日附官報號外ヲ以テ別電第一六七號所掲物品ノ支那向輸出ヲ禁止スル旨發表シ別ニ本官宛公信ヲ以テ之ヲ通知越スト同時ニ既ニ十八日行政命令トシテ全國税關官憲ニ對シ同趣旨ヲ傳ヘ之カ卽時實施方命令濟ナルコト竝ニ今後國境ヲ越ヘテ支那ヘ輸送セラレタル物品ニ關シテハ一箇月毎ニ其ノ情報ヲ本官ニ通報越スヘキコト及禁輸ノ有效的勵行ヲ期スル爲税關官憲ヲ増員スヘキコトヲ通知越セリ別電ノ品目ハ約定通リノ品目ナリヤ飛行機及部分品ニ關シ何等記載ナキカ右ニテ可ナリヤ又本官宛一箇月毎ニ情報送付ノコトハ本省ニ於テ滿足ナリヤ何分ノ儀御回電アリタシ

（別　電）

ラングーン　7月20日後発
本　　省　7月20日夜着

第一六七號

（A）Motor Spirit（B）Iron or steel Railway track Material（C）Rolling stock and Component parts（D）Motor Vans Motor lorries trailers chassis and parts thereof（E）Arms Ammunition and parts thereof and Military explosives

1931　昭和15年7月20日　在ラングーン久我領事より有田外務大臣宛（電報）

西南運輸公司が業務継続を表明しているところ同公司の急速閉鎖実現方意見具申

ラングーン　7月20日後発
本　　省　7月21日前着

第一六九號

往電第一六二號ニ關シ

二十日蘭貢「ガゼット」紙所報ニ依レハ當地西南公司支配人ハ同紙記者ニ對シ武器類カ禁輸トナレルモ西南公司トシテハ別ニ取扱フ貨物アルニ付公司ハ閉鎖セス業務ヲ繼續シ行クヘシト豪語シタル趣ナルカ右ノ別ニ取扱フヘキ貨物云々ニ關シテハ同人ハ沈默ヲ守レル由ナルカ右ハ飛行機及部分品竝ニ米國ヨリ來ル多量ノ機械類ヲ指スモノト思ハルルニ付テハ既電ノ飛行機及部分品ノ禁輸及西南公司（竝ニ支那品ノ輸出ヲ取扱フフクコウ公司）ノ閉鎖急速實現方配慮切望ス追テ從來印度緬甸税關ニ於テハ arms ammunition ト aeroplanes トハ別個ノモノトシテ取扱ヒ來レルニ付該慣行ニ從ヘハ單ニ「アームス、アンド、アンムニシヨン」ト記サレアル場合ハ「エロプレン」ハ含マストスルカ常識ナリ尚十九日「ラシオ」發「エーピー」ハ十八日夜十二時以降當該品ノ禁輸勵行セラレ居ル旨ヲ傳ヘ居レリ

1932

昭和15年7月23日　在香港岡崎総領事より松岡外務大臣宛（電報）

香港経由軍需物資禁輸を実証する具体的方法に関し香港政庁輸出入局長と協議について

香　港　7月23日後発
本　省　7月24日前着

第三八七號

往電第三八〇號ニ關シ

二十二日「ハミルトン」ニ面會シ具體的問題ニ付談合セルカ

一、密輸取締ニ關シテハ差當リ別電第三八八號（省略）ノ要領ニテ實行スルコトトナレリ（但シ人員及設備ノ增强ヲ必要トスル爲全部ノ實行ニハ尚時日ヲ要スヘシ）

二、税關書類ノ檢閲ニ付本官ヨリ輸入貨物ノ「マニフエスト」全部ヲ當館ニ提示アリタキ旨申入レタル處「ハ」ハ大イニ驚キ「マニフエスト」ハ商賣上ノ機密ニ屬シ之ヲ他ニ洩ラサハ政廳トシテモ内外商人ニ對シ言譯無シ右ハ不可能ナレハ禁止貨物ニ關スル税關報告ノ「アドバンスコピー」ヲ送附スルコトト致度シ（緬甸ニテモ右樣スル

積リナルカ如シ)ト答ヘタルニ付當館カ「マニフエスト」ヲ閲覧スルハ禁止貨物ノ輸入狀況ヲ正確ニ知ラントスルニ過キサレハ他ノ目的ニ之ヲ利用セサルコトヲ確約スルモ可ナリ日本ヲ信用セハ之位ノコトハ差支無キ筈ナル旨ヲ説キタルモ「ハ」ハ右ハ商業常識ニ反スルノミナラス日本側トノ約束モ特定貨物ノ取締ニ在ルヲ以テ輸入貨物ヲ知ラントスル必要無ク日本側コソ英國ヲ信用アリタシトテ承服セス但シ同日ノ會談ニテハ前記「アドバンスコピー」ノ代リニ「マニフエスト」接到後禁止貨物丈ヲ拔出シ政廳ニテ正確ナルコトヲ保證セル「サーチフアイドエキストラクト」位ハ寄越スコトヲ承諾スル見込ナリ

三、「ストツク」調査ニ關シテハ「ガソリン」ニ對シ軍部ニ强キ反對アリトノコトナリシカ本官ハ軍用ノ「ストツク」ハ軍事上ノ機密ナルヘキモ一般商業用ノ分ハ問題ナカルヘシト述ヘ置ケリ尙鐵道材料ニ付テモ先方ハ「レール」枕木等ハ明確ナルモ其ノ他何レニ屬スルヤ不明ノモノアリト述ヘタルニ付之等ハ更ニ協議スルコトトシ大體先方ハ禁止品目「ストツク」ノ調査ニ當ルコトヲ承諾セルカ(尤モ相當時日ヲ要スヘシ)當方カ調査ニ立合フコトニハ應セス右ハ政府間ニ決メラルヘキ事項ニテ政廳限リニテ措置シ難シト爲スカ如シ尙本件ハ未タ發表セラレサル樣致度ク必要ノ場合ハ發表ニ付英大使館側ト御協議相成度シ爲念

往電第三八〇號及別電第三八八號ト共ニ英ニ轉電セリ

支、上海、廣東ニ一括轉電アリタシ

1933　昭和15年7月25日　松岡外務大臣より在本邦クレーギー英国大使宛

香港経由ラングーン向け援蔣軍需物資の輸送禁絶方要請について

拜啓陳者香港經由支那向軍需品輸送ノ件ニ關シ本月十三日附往翰ヲ以テ照會申進置候處同十六日附貴翰ヲ以テ香港ニ於テハ國境方面ニ帝國軍隊カ存在スルト否トニ拘ハラス現在旣ニ特定軍用資材ノ支那向輸出ハ禁止セラレ居リ更ニ緬甸ニ關シテ同意セラレタル所ト同樣ノ範圍ノ資材ハ凡テ香港ニ於テモ之カ支那向輸出ヲ禁止スヘク又本件輸出禁止ハ陸路ニ依ルト海路ニ依ルトヲ問ハス適用セラレ居リ將來ニ於テモ適用セラルヘキ旨御通報相成了承致候

然ルニ右輸出禁止措置ハ香港ヨリ支那及支那諸港ヘノ輸出ニ適用セラルルモ英國港其ノ他支那ニ非サル仕向地ニ對スル輸出ハ之ヲ制限シ得サル旨御申越相成候處帝國政府トシテハ香港ヨリ蔣政策ノ抗戰力ヲ增大スルノ可能性アル物資カ蘭貢方面ニ輸送セラルルコトニ對シテハ深甚ナル關心ヲ有スルモノニ有之、卽チ緬甸ニ於ケル援蔣物資輸送禁絕措置ヲ實地ニ就キ確認スル爲所要ノ人員ヲ派遣セントスル我方要望ハ貴國政府ニ於テ未タ之ヲ容諾セラレサルノミナラス三ケ月後緬甸ニ於ケル輸送禁止措置カ解除セラルヤモ知レサルコトヲ僥倖シ現在香港ニ滯貨中ナル援蔣物資カ不取敢同地ヨリ蘭貢ニ輸送セラルルコトアルヘキハ想像ニ難カラサル所ニシテ此ノ如キハ香港ニ關シ既ニ英國政府カ欣然實行セラレ居ル輸送禁止措置ニ對シ看過スヘカラサル逋脫（ママ）行爲ヲ構成スルモノト言ハサルヘカラス依テ本大臣ハ英國政府ニ於テ武器、彈藥、「ガソリン」、貨物自動車及鐵道材料ニシテ將來絕對ニ援蔣ノ用途ニ充テラルルコト無キ旨ノ明白ナル保障無キモノハ之カ香港ヨリ緬甸ニ輸送セラルルコトヲモ禁止セラレンコトヲ重ネテ要望致度何分ノ儀至急御回示相煩度候

右申進旁得貴意候　敬具

昭和十五年七月二十五日

外務大臣　松岡　洋右

在本邦英國大使

「ゼ、ライト、オノラブル、サー、ロバート、クレイギー」閣下

1934

昭和15年7月26日　松岡外務大臣より在ラングーン久我領事宛（電報）

税関輸出入明細報告書の提出など実効ある禁輸実現のための措置をビルマ政庁へ要求方訓令

本省　7月26日後10時30分発

第四九號

貴電第一六〇號、第一六六號及第一六七號ニ關シ

一、本件輸送禁絕ノ效果ハ當時適確ナル資料ニ基キ之ヲ檢討スルノ要アルニ付支那向輸送セラルル物資ニ付毎月報告ヲ受クル程度ニテハ到底充分ナリト認メ難ク就テハ右ノ外蘭貢其他各地ニ於ケル税關ノ輸出入明細報告書ノ如キヲ隨時當方ノ要求ニ應シ提出セシムルコトニ先方ト打合

ハセラレ度且禁絶品目ニ付テハ其ノ在庫高（特ニ國境方面ニ於ケルモノヲ含ム）國内需要量及其輸送狀況等ヲ至急明確ニシ置クヲ要ス

二、本件輸送禁絶ノ趣旨ニ鑑ミ禁絶品ハ之ヲ廣義ニ解釋スヘク且部分品、粗製品ヲモ含ムコトトシ不取敢左記ニ付先方ノ了解ヲ取付ケラレタシ

(イ)鐵道材料ハ「レール」枕木等ノ建設材料ヲ含ム（英國側了解濟）

(ロ)商業用飛行機ハ軍用機ニ準ス

(ハ)燈油以外ノ石油ハ「ガソリン」ニ準ス

(ニ)武器製造機械ハ武器ニ準ス

三、禁絶品目外ノ物資輸送ニ從事スル「トラック」ハ國境ノ通過ヲ認メス國境ニテ支那側「トラック」ニ積ミ換ヘノコトニ交渉アリ度尤モ此ノ場合支那側「トラック」用トシテ「ガソリン」ノ補給ヲ認ムルコト往電第四一號ノ通リ

四、乘用自動車ハ禁絶外ナルモ同部分品（「シヤーシー」ヲ含ム）ハ「トラック」ニ轉用シ得ル限リ禁絶品タルコト勿論ナリ

五、禁止品目ニ該當スルモノハ緬甸產タルト再輸出タルトヲ不問禁絶セラルヘシ

六、貴官ヨリ緬甸政府宛ノ書簡中「禁輸狀況視察ノ爲領事館員ノ國內各地ヘノ旅行ハ自由ナル旨ノ了解アリ云々」ト記載アリトテ在京英國大使館ヨリ斯ル事實無キ旨注意越シタル處禁輸狀況視察ノ爲旅行ニ付取纒メヲ爲シ得サリシコト往電第三九號末段ノ通リナリ但館員ノ普通旅行トシテ便宜供與ヲ求ムルハ差支無クナルヘク頻繁ニ國境方面ニ旅行シ實情ヲ視察アリ度

七、東京ニ於ケル日英間取極ノ內容ハ往電合第一五五九號及往電第四一號程度ノモノナルニ付今後右取極ヲ成ルヘク我方ニ有利ニ實施セシムル樣隨時交渉ノ要アル次第ナルカ今後貴地ニ於ケル本件交渉ハ成ルヘク口頭ヲ以テ懇談的ニ行ハレ問題ノ圓滑ナル處理ヲ期セラレタシ

1935　昭和15年7月27日　在ラングーン久我領事より松岡外務大臣宛（電報）

禁輸措置の励行状況につきビルマ政庁担当官へ照会について

ラングーン　7月27日後発
本　　省　7月28日前着

第一八四號

往電第一六六號ニ關シ（緬甸禁輸問題ニ關スル件）

本朝當政府本件擔任官「コントロウラーオブサップライ」ヲ往訪シ本官發緬甸政府宛公文ニ對スル正式回答ハ何時受領セラルヘキヤ本件ニ關シ何等「ラシオ」及國境方面ヨリ耳新ラシキ情報ナキヤ禁輸滯リナク勵行セラレ居レリヤ支那正規兵平服ニテ潜入ノ噂アルカ如何（往電第一六三號）等ヲ質シタルニ緬甸側ノ正式回答ニ關シテハ目下總督ニ於テ審議中ナレハ總督ヨリ回付アリ次第御移牒スヘシ十九日附公信ニテ通知濟ノ通リ十八日税關官憲ニ對シ禁輸勵行ニ關シ訓令濟ニテ國境「ラシオ」方面ヨリ其ノ後別段ノ情報ナケレハ禁輸ハ滯リナク勵行セラレ居レリト確信ス

支那兵平服潜入說ニ付テハ緬字新聞ニ其ノ記事現ハレタル由自分モ聞込ミタルモ武器ナキ彼等ニ何事カ爲シ得ヘキヤト一笑ニ附シタルニ付本官ヨリ「ラシオ」倉庫ニ充滿シアル武器ヲ盗ミ出スカ如キハ奸猾ナル彼等ニ取リテハ何テモナキコトナルヘケレハ調査ヲ要スヘシト應酬シタルニ彼モ調査方同意セリ次テ本官ヨリ本件禁輸ノ勵行如何ハ帝國政府モ重視スル所ニシテ本官ニ於テモ嚴重注視ヲ怠ラサル考ヘナリト述ヘタルニ彼ハ日英協定ノ條項ニ準據シ本件嚴重勵行方本國政府ヨリ來訓ノ次第モアレハ當政府ニテモ勿論勵行ニ努メ居レルモ實施ノ細目ニ付テハ萬事尚折合協議等ヲ爲ス必要モアレハ右ヨリ左ヘト捌キ難キコトモアルヘケレハ其ノ邊諒トセラレタシ云々ト答ヘタルニ付此ノ上トモ勵行方切望スト述ヘ引取リタリ不取敢御參考迄

1936　昭和15年8月1日　在ラングーン久我領事より松岡外務大臣宛（電報）

税関資料の提出拒否やわが方領事館員の国境方面視察拒絶など非協力的な態度を示したビルマ政庁の対日回答振りについて

別　電　昭和十五年八月一日発在ラングーン久我領事より松岡外務大臣宛第一八七号

非禁絶品輸送トラックに許容されるガソリン量に関する回答部分

ラングーン　8月1日後発
本　　省　8月2日前着

第一八六號

往電第一八四號ニ關シ

七月三十一日緬甸政府ヨリ同日附公文ヲ以テ回答越セル處要領左ノ通リ

一、禁絶品ニ關スル法令ハ七月十八日發布セリ(往電第一六六號所報ノモノ)

二、禁絶品ノ各地税關輸出入統計關係貨物ノ現在高國內消費高其ノ他適確ナル資料提出方ニ付テハ日英協定ニ何等ノ規定ナキヲ以テ緬甸政府ハ右提出ノ義務ヲ有セス

三、禁絶品密輸入ノ防止ニハ緬甸政府トシテ全力ヲ盡ス

四、館員ノ國境方面視察ニ付テハ日本領事ノ權能ハ蘭貢市內ノミニ限ルモノナルヲ以テ蘭貢市以外ニ於ケル館員ノ權能行使ニ付便宜ヲ供與スルヲ得ス(註、當館ノ管轄區域ヲ蘭貢市內ニ限ルコトハ緬甸政府側カ終始主張シ來レル所ナリ)

五、往電第一六五號所報ノ香港ヨリ入港セル米國船「スサンナ」號積荷ハ日英協定成立以前ニ之カ貯藏ノ爲特別ニ「ラシオ」ニ建設シタル危險物倉庫ニ収容スル筈ナリ

六、香港ヨリ入港スヘキ「マリオンモラー」號(香港ヨリ大臣宛轉電濟ノモノ)積荷中禁絶品タル「ペトロル」ニハ禁輸ヲ適用スルモ「ディーゼル、オイル」「ルブリケーテング、オイル」ハ協定外ナルヲ以テ輸送ヲ許可スル筈ナリ

七、本件來信ノ末項ハ本官ヘノ「インフオメイション」トシテ通知越セルモノナルカ「ガソリン」ノ積替ニ關シテハ相當考慮ニ値スヘシト認メラルルニ付英文其ノ儘別電第一八七號ス(ト欠カ)

香港ヘ暗送セリ

(別　電)

ラングーン　8月1日後発
本　　省　8月2日前着

第一八七號

Immediately following news of conclusion of the agreement orders were issued for through traffic of lorries to China to be stopped because there was no means by which return to Burma of lorries permitted to enter China could at that time be ensured. Transshipment at the frontier of unprohibited goods together with the balance of motor spirit required to enable full lorryloads to reach their destination in China and to return was however to be permitted. These arrangements are to continue in force until satisfactory scheme providing so far as possible full guarantees against evasion of the agreement has been put into effect. It is hoped such scheme will be evolved very near future.

1937　昭和15年8月9日　在ラングーン久我領事より松岡外務大臣宛（電報）

ビルマ国境方面へのわが方領事館員の旅行に関しクレーギー大使へ便宜供与取付け方意見具申

ラングーン　8月9日後発
本　　省　8月10日前着

第一九八號（至急）

一、[1]援蔣物資ノ輸送狀況ヲ知ル爲ニハ單ニ諜報ニ依ルコトナク隨時館員等ヲ派遣シ國境ノ要地ヲ視察セシムルノ要アルコト貴電第五一號御來示ノ通リナル處往電第一八六號ノ四ノ通リ緬甸政府ヨリ援蔣物資輸送禁絶狀況監視ノ爲ノ館員ノ旅行ニハ便宜ヲ供與スルコト無意味ナリト拒絶シ來レル經緯モアリ今更メテ普通ノ旅行ノ建前トスルモ先方ニハ拘ハリアルヘク此ノ點ニ付テハ近ク政府側ト談合ヲ試ムル筈ナルカ當政府ノ對日態度ニハ香港政廳等ニ比シ著シキ懸隔アル關係モ手傳ヒ相當ノ困難ヲ豫想セラル

二、然ルニ七月十二日有田前大臣ト「クレーギー」トノ會談ニ於テ領事竝館員カ緬甸ノ各地ヲ旅行スルコトハ自由ナルコトヲ「クレーギー」カ諒承セル經緯モアリ此ノ際「クレーギー」ニ對シ右會談ニ「リファー」シ領事又ハ館員（奥村書記官ヲ含ム）ノ旅行ニ所要ノ便宜ヲ供與スヘキコトヲ應諾セシメ其ノ旨緬甸政府ニ通達セシムルコト最モ有效且早手廻ナルヘシト存スルニ付テハ右樣御取計ノ上何分ノ儀御回電アリタシ（緬甸政府側ニ於テハ七月十二日會談ノ經緯ニ付充分通報ヲ受ケ居ラサルモノノ如ク又此ノ種事項ハ日英兩政府ノ間ニ話合ハルヘキ彼等ノ

所謂「インペリアルクエッツシヨン」ニシテ日本領事ヲ相手トスヘキ筋合ニ非ストノ建前ヲ持スルカ如シ)
三、[2]尤モ右ニ付テハ實際問題トシテ左ノ諸點充分御諒解相煩度シ必要ノ點ハ「クレーギー」ニ呑込マシメラレタシ
(一)所謂援蔣「ルート」ヲ有效ニ視察スル爲ニハ「マンダレー」ヨリ「ラシオ」ニ出テ夫ヨリ陸路北行シ Namhkan ニ出テ西北ニ轉シテ「バーモ」ニ到リ「イラワジ」河ヲ下リテ Ktha ニ出テ鐵路北行シ州境?ノ Myitkyina ニ到ルカ又ハ「バーモ」ヨリ陸路同地ニ到リ蘭貢ニ歸還スルノ「ルート」ヲ先ツ一巡スルノ要アリ(二)右ノ中「マンダレー」「ラシオ」ノ中間ニ在ル Gokteik ハ大鐵橋ヲ保護スル爲一般ノ旅行ヲ禁止シ居レリ(大橋忠一氏ノ逮捕セラレタル地點ナリ)之カ通過ノ爲ニハ特別ノ許可ヲ要シ(三)「ラシオ」「ナム」「バーモ」間約二百哩ハ自動車又ハ「トラック」ニ依ルノ外峻険ナル道路ハ目下雨季ノ爲通過ニ多大ノ困難アリ但シ當館ノ有スル情報ニ依レハ通過不可能ニハ非ス(四)以上ノ旅行ニハ蘭貢以外ニ殆ト宿屋ヲ有セサル緬甸ノ特殊事情ニ鑑ミ一切ノ糧食寝具ヲ携行シ土人ノ從者二三名ヲ帯同スルヲ要ス所要日數ハ二週間位ナルヘシ

1938

昭和15年8月13日　在ラングーン久我領事より松岡外務大臣宛(電報)

実効ある禁輸措置をめぐる奥村書記官とビルマ国防部長官との意見交換について

ラングーン　8月13日後発
本　省　8月14日前着

第二一一號(至急)

十三日[1]奥村書記官緬甸政廳國防部長官「ワイズ」ト會見シ緬甸「ルート」閉鎖問題ニ付意見ヲ交換シタルカ其ノ要領左ノ通リ

一、先ツ緬甸政廳カ援蔣「ルート」遮斷ノ決意ヲ爲シタルヲ多トスル旨挨拶シ本日會談ノ目的ハ先般ノ日英了解ニ基キ本問題カ現地ニ於テ如何ニ取扱ヒツツアリヤニ付直接ノ智識ヲ得ル爲意見ヲ交フルニ在リ其ノ結果政廳ニ於テ更ニ何等カノ處置ヲ執ラルルコトトナルヘク又問題ヲ日英兩政府間ノ交渉ニ移ス要モアルヘシト述ヘタル處先方ハ仲々警戒的態度強ク情報ノ供給ハ日英了解ニ基ク限リ

御話ニ乘リ得ヘキモ新ナル措置ヲ執ルコトハ當地ニ於テ議論シ得ス此ノ區別ヲ判明リ致度シト述ヘタルモ之ニ頓着セス話ヲ進メタリ

二、第一ニ情報ヲ受ケタキ事項トシテ(イ)緬甸ニ到來スル禁輸品(ロ)緬甸内ノ禁輸品ノ「ストック」(ハ)支那ニ行クコトヲ認メラルル「トラック」及「ガソリン」ノ數量(ニ)支那ニ行ク非禁輸品ノ諸問題ヲ擧ケ(イ)及(ロ)ニ付テハ香港ノ例ヲ引用シテ當地ニ於テモ同樣ノ通報ヲ受クルコトト致度シ(ハ)[2]ニ付テハ「トラック」ニ對スル支那領ヘノ往復禁止ヲ解除(往電第一九一號)セラレタルコトハ我方ニ惡印象ヲ與ヘツツアリ元通リ之ヲ禁止アリタク兎ニ角現在日々支那領ヘ往復シ居ル「トラック」ノ數及積載「ガソリン」ノ量ヲ通報セラレタク又蘭貢重慶間ノ商業用飛行機ニ與フル「ガソリン」ノ量ニ付テモ通報ヲ得度ク

(ニ)ニ付テハ一ケ月毎ニ通報ヲ與ヘラルル樣ナリ居ルモ(往電第一六六號)モツト頻繁ニ例ヘハ一週間ニ一度位トセラレタシト述ヘタル處御話ノ點ニ付テハ充分研究ノ上何分ノ措置ヲ執ルコトトシタシト答ヘタリ

三、次テ arms and ammunition ノ意味ノ範圍ニ付我方ハ arms トハ近代的軍隊ノ裝備ニ並通（普カ）ニ用ヒラルル一切ノ攻擊用及防禦用機具(「ウエポン」)ト解釋シ「タンク」大砲迫擊砲機關銃手榴彈ハ勿論瓦斯「マスク」鐵兜等ヲモ含ムモノト考ヘ又武器製造機械モ之ニ入レタシト考ヘ居ルモ緬甸政廳ノ解釋カ之ニ異ナルトキハ不都合ヲ生スルニ付如何ト尋ネタル處瓦斯「マスク」鐵兜武器製造機械カ「アームス」ト言ヒ得ルヤ疑ハシト云ヒタルニ付兎ニ角此ノ字句カ狹ク解釋セラルルコトハ好マス充分研究アリタシト述ヘ先方之ヲ了承セリ

四、[3]次ニ左ノ諸點ハ禁絶措置ヲ更ニ效果的ナラシムル爲切實ニ御考慮アリタク之カ實行ハ我國ニ多大ノ好感ヲ與フルコトトナルヘシト前提シ

(イ)緬甸内ニ於ケル禁絶品ノ移動禁止

(ロ)西南運輸公司ノ閉鎖

ヲ提出シ(イ)ニ付テハ香港ノ例等ヲ引合ニ出シ(ロ)ニ付テハ種々ノ理由ヲ竝ヘ力說シタルカ先方ハ是等ノ問題ハ當地ニ於テ話合ヒ得ヘキ事項ニアラス外交ノ筋ヲ通シナサレタシト突張リ一旦約束シタル禁絶措置ハ誠心誠意實行シ居ルニ付緬甸內ニ於ケル禁絶品ノ移動ハ御心配ニ及ハス

ト述ヘ又西南公司ノ問題ニ付テハ全然話ヲナスコトヲ欲セサル態度ヲ示シタリ
五、最後ニ領事及館員ノ奥地旅行ニ付テハ監視トカ視察トカ言フニ非ス單ニ普通一般ノ旅行トシテ所要ノ許可及便宜供與アリタキ旨申入レタル處具體的ニ何處ニ行カルルヤ承知シタル上ニテ處理致度シト述ヘタルニ付追テ打合ヲ遂クルコトトセリ
更ニ會談ヲ重ヌル所存ナルモ不取敢

1939 非禁絶品輸送トラックに許容されるガソリン量およびわが方領事館員のビルマ領内旅行許可に関し在本邦英国大使館へ申入れについて

昭和15年8月14日　松岡外務大臣より在ラングーン久我領事宛（電報）

別　電　昭和十五年八月十四日発松岡外務大臣より在ラングーン久我領事宛第六五号

右ガソリン量は目的地往復分とは解さない旨のわが方申入れ要旨

本　省　8月14日発

第六六號

貴電第一九一號及第一九八號ニ關シ十三日西歐亞局長ヨリ「サンソム」英商務參事官ニ對シ大要別電第六五號ノ通リ申入レ有田「クレーギー」了解ニ依レハ非禁絶品輸送ノ「トラック」ニ對シ例外的ニ認ムル「ガソリン」量ハ其ノ載貨ノ仕向地迄ノ往復分ニ非ス若シ然ラストセハ重慶、昆明等遠隔ノ地ヘノ輸送ニ要スル莫大ナル「ガソリン」量ヲ認ムルコトトナルヘク斯ノ如キハ輸送禁絶ノ趣旨ニ反ス尚本件實際ノ運用ニ付緬甸側ニ於テ久我領事ヘノ一方的通告ノミニ依リ實施シタルハ遺憾ナリト述ヘタルニ「サ」ハ本件ニ對スル英國側解釋ハ日本側見解ト些カ異ナルヤニ思考セラルルモ御話ノ次第ハ直チニ本國及緬甸政府ニ電報スヘシト述ヘタリ
次イテ局長ヨリ「クレーギー」大使ハ監視旅行ヲ認メサリシモ在蘭貢領事館員ノ普通ノ國内旅行ハ自由ナリト述ヘタル次第アリ且右旅行ノ結果奥地ニ於ケル事態カ平靜ナリトノ印象ヲ我方ニ於テ確認スルヲ得ハ日英双方ノ空氣改善ニ資スルコト大ナルヘキ處緬甸内旅行ニハ種々困難アル由ニ付奥村書記官及領事館員ノ旅行ニ付緬甸政府ヨリ充分ノ便

宜供與方取計ハレ度キ旨述ヘタルニ「サ」ハ右ヲ政府ニ取次クヘキ旨答ヘ尙緬甸政府ハ充分好意的ニ本件輸送禁絶ニ當リ居ルモノト考ヘラレ過日貴官ヨリオ話アリタル飛行機ノ輸送禁絶モ自充《(分カ)》ヨリ電報シ置ケルニ其ノ後之ヲ實行シタルハ其ノ一例ナリト述ヘタル趣ナリ

(別　電)

本　省　8月14日発

第六五號

在蘭貢領事ノ報告ニ依レハ七日緬甸政府ハ非禁絶品ヲ運搬スル貨物自動車ノ為積荷ノ目的地往復ニ要スル「ガソリン」ノ輸出ヲ認ムル旨通達越シタル趣ナル處本件ニ關スル有田大臣「クレーギー」大使間了解ハ非禁絶品輸送ノ「トラック」ハ其ノ支那ヘノ往復旅行ニ必要ナル「ガソリン」ヲ禁絶外トシ居ルニ止マリ(This prohibition will not apply to petrol required by lorries transporting non-prohibited goods on their jouney《(journeyカ)》 into China and back again)斯クノ如キ廣汎ナル例外ヲ認ムル趣旨ニ非ス

支那ヘノ往復旅行云々ニ關シ帝國政府ハ右ヲ一應國境最寄リノ「ガソリン、ステーション」迄トシ其ノ積載貨物ノ目的地ハ問フ所ニ非サルモノト解ス

尙「トラック」ノ國境通過ハ支那側ノ之ヲ抑留シ軍用ニ徵用スル惧レアルニ付緬甸側「トラック」ハ國境ニテ其ノ載貨ヲ支那側「トラック」ニ積ミ換ヘ右支那側「トラック」カ最初ノ「ガソリン、ステーション」ト間ヲ往復スルニ要スル「ガソリン」ヲ例外的ニ輸出許可スルコトト致度就テハ先ツ從來緬甸ヨリ支那向輸送セラレタル非禁絶品一ケ月分概量ヲ承知シタク(右ハ尙雨期、乾期ニ依リ差異アル可シ)其ノ上ニテ右支那側「トラック」用「ガソリン」量ヲ至急協定スルコトト致度右協定成立迄ハ「ガソリン」ノ例外的輸出モ之ヲ禁止セラルルコトト致度

1940

昭和15年8月16日　在ラングーン久我領事より松岡外務大臣宛(電報)

禁輸品のビルマ領内移動禁止など禁輸措置徹底に関する奥村書記官とビルマ総督の意見交換について

第二一五號

ラングーン　8月16日後発
本　　省　8月17日前着

十六日奥村書記官[1]「コクレーン」總督ト會談セルカ先ツ奥村書記官ヨリ支那事變ニ關スル日英間ノ諸問題中緬甸「ルート」ノ問題ニ付テハ我國民ノ關心特ニ重大ナルモノアルヲ述ヘタル上緬甸領内ニ於ケル禁絶品ノ移動ニ言及シ日英間了解ノ文字ニ從ヒ禁絶品ノ國境通過ヲ防止スレハ足ルト云フハ英國側ノ議論ナルヘキモ我國民トシテハ國境通過禁止トナリタル今日猶禁絶品カ何故續々國境方面ニ輸送セラレ居ルヤヲ理解スル能ハス茲ニ誤解ト不信頼ノ起ル原因アリ、貴政府カ緬甸通過ヲ禁止シタル以上其ノ通過ノ一部分トモ見ルヘキ緬甸領内ノ移動ヲ禁止シテモ良シカラスヤトスルカ理窟抜キノ我國民ノ感情ナリト説キタル處總督ハ一旦日英間ニ約束成立シタル上ハ自分ハ之ヲ嚴重實行セシメ居リ之ニ對シテハ敢テ貴官ニ確言シ得ル所ナリ然ル以上ハ禁絶品カ緬甸領内ヲ移動スルコトニ付何故關心ヲ持タルルル必要アリヤ解シ兼ヌル次第ナリ例ヘハ火藥類ノ如キハ蘭貢ノ波止場ニ置クコトハ危險ニテ之ヲ政府指定ノ場所ニ保管セシムル爲輸送セシムル要アリ禁輸カ實行セラレアルコトニハ御信頼アリタシトノ趣旨ヲ述ヘタリ

之ニ[2]對シ奥村書記官ヨリ貴總督ノ「アッシユアランス」ハ之ヲ政府ニ傳フヘシ唯本官到着以來モ現ニ各種ノ船ニ依リ多量ノ禁絶品カ蘭貢ニ陸揚ケセラレ總テ西南運輸公司ノ手ニ依リ續々奥地ニ運搬セラレツツアリトテ實例ヲ列擧シタル上之等ノ事實ハ各方面ノ情報ニ依リ我方ニ充分判リ居ル以上之ニ對シ關心ヲ持タサルヲ得サル譯ナリト述ヘタル處總督ハ御話ノ如ク多量ノモノカ到着シ居ルコトハ承知セサリキ若シ事實トスレハ蘭貢ノ波止場ノ混雜ニモナルヘク一考ヲ要スルニ付係官ヨリ報告ヲ徴スヘク必要ニ應シ之等ノ到着品カ如何ニ扱ハレ居ルヤニ付日本領事ニ御知ラセスルコトトスヘシト述ヘタルニ付奥村書記官ヨリ禁絶品ノ緬甸領内輸送ノ問題ハ充分御考慮ヲ煩ス爲持出シタルモノニシテ貴政府ニ於テ何等カノ措置ヲ採ラルレハ我國ニ對シ極メテ良好ナル「ヂエスチユア」トナルヘシト繰返シタルニ總督ハ御申出ハ之ヲ承リ置クヘシ但シ日本領事ニ情報ヲ與フルコトハアルヘク御希望ニ添フ樣致度キモ禁絶論ヨリシテ新ナル措置ヲ執ルコトハ日英間了解以上ニ出ツル次第ニモ

アリ御約束ハ出來兼ヌルコト御了解アリタシト述ヘタリ
更ニ奥村書記官ヨリ華僑ノ排日取締ニ付深甚ナル考慮ヲ求メタル上約一時間ニシテ會談ヲ終リタルカ其ノ間總督ノ應酬ハ終始慇懃ナリシ趣ナリ

1941 西南運輸公司宛禁絶品搭載船舶のリストをビルマ国防部長官へ提出し実効ある禁輸措置の実行方奥村書記官督促について

昭和15年8月22日　在ラングーン久我領事より松岡外務大臣宛（電報）

ラングーン　8月22日後発
本　　　省　8月23日前着

第二二五號（至急）

往電[1]第二一一號ニ關シ
其ノ後先方ヨリ一向意思表示ナキニ付二十二日奥村書記官「ワイズ」長官ヲ往訪シ先日申入レタル諸點ニ付テハ御考慮ヲ煩シ得タルコトト思考スルカ如何ト催促シタル處「ワイズ」ハ實ハ其ノ後病氣ニテ一週間許リ休ミタル爲未タ研究ノ餘裕ナカリシ次第ナリト述ヘ其ノ態度相當瓢箪鯰ニテ不愉快ナリシカ奥村ヨリ研究ヲ督促スルト共ニ往電第二一九號第二二二號船舶ノ「リスト」ヲ渡シ
事實[2]ハ總テ日英間了解成立以來西南運輸公司宛ノ禁絶品ヲ積ミ到着セル船舶ナリト信スルカ故ニ調査ノ參考トシテ見ラレタク先日御願ヒシタル到來ノ禁絶品及其ノ「ストック」ノ調査（冒頭往電第二一一號ノ(イ)及(ロ)）ハ實際問題トシテハ西南公司ニ就キ取調ヲ行ヘハ直ク判ルコトニテ貴方カ一旦決心セラルレハ事ハ簡單ナリト附加シ置ケリ尚貴電第七二號ニ百臺ノ「トラック」云々ノ情報ニ付テモ「ワイズ」ノ注意ヲ喚起シタル處斯ルコトハ決シテ行ハレ得ヘキコトニアラス尤モ申出ニ基キ係官ヲシテ充分注意セシ(ムヘカ)ヘシト述ヘタリ

1942 奥村書記官の国境方面旅行を時宜に適せずとしてビルマ国防部長官難色表明について

昭和15年8月22日　在ラングーン久我領事より松岡外務大臣宛（電報）

ラングーン　8月22日後発
本　　　省　8月23日前着

第二二六號
往電第一九八號ニ關シ
奥村書記官及館員ヲシテ「ラシオ」「ナムカンパ」ヲモ含ム方面ヲ一巡セシメル爲國防部ノ了解ヲ得ヘク旅程ヲ二十一日係官ニ渡シ置キタルカ二十二日奥村「ワイズ」長官ト會談ノ際右ニ觸レタル處「ワ」ハ貴官御旅行ノ意圖ニ付決シテ兎ヤ角云フニハアラサルモ時節柄且場所柄ノ關係モアリ貴官ノ如キカ行カルレハ一般ノ人間ハ直ク日本側カ監視ニ來レリ等矢釜敷ク云フヘク斯クテハ日英協定カ折角圓滑ニ實施セラレ居ル際不必要ニ問題ヲ起スコトトナルヘシ御計畫ハ時宜ニ適セス(「インオポチユン」)ト認ムルニ付再考アリタシトテ永々ト不贊成ナル旨ヲ述ヘタリ先方ハ我方ノ旅行ヲ極端ニ煙タカリ居ルコト明カニ看取セラレタルカ奥村ヨリ先方ノ言分ヲ然ルヘク反駁シタル上七月谷「クレーギー」會談及八月十三日西局長「サンソン」參事官ノ會談ヲ引用シ後者ニ付テハ東京ヨリ通知ヲ受ケ居ラルルコトト思考ス大體我々ハ立入禁止區域ニ赴カサル限リ旅行ハ勝手ナリト考ヘ得タルモ何等ノ誤解ヲ避ケンカ爲豫メ了解ヲ求メタルモノナリ當地ニテ俄ニ同意ナキ様ナラハ東京ニテ問題蒸返シ事ハ面倒トナルヘシ兎ニ角我々ノ旅行ニ故障ヲ挾マレサランコトヲ希望スト述ヘ置キタリ

〜〜〜〜〜〜〜〜〜〜〜〜〜〜〜〜〜〜

1943　昭和15年8月24日　在ラングーン福井(淳)領事より松岡外務大臣宛(電報)

奥村書記官の旅行は承認できない旨ビルマ国防部が奥村宛書簡提出について

別　電　昭和十五年八月二十四日発在ラングーン福井領事より松岡外務大臣宛第二三三号

右書簡

ラングーン　8月24日前発
本　　省　8月24日前着

第二三三號(至急)
往電第二二六號ニ關シ
係官(國防部「セクレタリ」Phelips)ヨリ二十三日奥村宛書翰ヲ以テ別電第二三三號ノ通リ申越タリ當方ニ於テ更ニ交渉スヘキモ見透シトシテハ押問答ニ終ルヘク在京英國大使トノ間ニ更ニ交渉ヲ煩ハス外ナキヤニ存セラル

（別　電）

ラングーン　8月24日前発
本　　省　8月24日前着

第二三三號

While in ordinary circumstances we should be delighted to extend to you every facility and assistance in existing situation, which is one of some delicacy, we regret our inability, for time being, to approve your itinerary.

You will no doubt appreciate that just now your presence in frontier areas would inevitably give rise to popular misapprehension regarding the object of your visit which would be difficult to dispel and might have most undesirable repercussions.

1944　禁輸措置の確認を認めないビルマ政庁の対日態度や駐屯軍撤退後の上海英租界当局の対日態度につき英国政府へ注意喚起方訓令

昭和15年8月24日　松岡外務大臣より在英国重光大使宛（電報）

本　省　8月24日発

第六九〇號

貴電第一三八六號及第一三九四號等ニ於テ英國側ハ頻リニ對日同調性ヲ强調シ居レル處

㈠緬甸問題ニ付テハ「クレイギー」大使及緬甸當局ノ態度ハ極メテ冷淡且消極的ニシテ「協定ハ文字通リ實行シ居ルコトヲ信頼セラレ度ソレ以上日本側カ何等關與スヘキニ非ス」ト言フニ終始シ香港政廳カ禁輸ノ實行サレ居ルコトヲ確證サス爲日本側トノ協力ニ努メ居ルニ比シ著シキ相違アリ例ヘハ禁輸品ノ緬甸國內移動ヲ取締ル協定上ノ義務ナシト爲シ居ル處輸入及國內移動ニ付何等ノ監督サヘモ爲シ居ラサル爲今尙緬甸領內ニ於テ盛ニ國境方面ヘノ禁絶物資ノ移動行ハレ而モ右移動ハ支那政府機關タル西南運輸公司ノ手ニ依リ行ハレ居ル事實ニ鑑ミ右ハ結局支那領內ヘ持込マレ居ルモノト判斷セサルヲ得ス

㈡更ニ在上海英國駐屯軍撤退後ノ措置ニ關シテモ共同防備委員會ノ經緯ニ鑑ミ英國側ニ於テ米國ト通牒シ居ル形跡アルノミナラス十六日工部局ニ於テハ緊急會議ヲ開催シ本件ニ關スル工部局ノ態度ヲ決スルノ要アリトシテ日本

側參事會員ノ反對ニモ拘ラス多數決ヲ以テ防備委員會ノ多數決案ヲ支持スル旨ノ決議ヲ棧(ママ)決セリ本件ニ關シテハ固ヨリ米國ニ對シ主タル不滿存スル次第ナルモ他方英國ノ工部局ニ對スル實勢力ヲ考慮セハ英國側ニ於テ駐屯軍撤退ヲ對日「ジエスチア」ノ如ク稱シ居リ乍ラ其ノ實依然トシテ米國ト對日共同戰線ヲ張リ居ルコト顯著ナル事實ニシテ我方トシテハ英國ノ所謂對日同調政策ニ多大ノ疑問ト不滿ヲ懷カサルヲ得サル次第ナリ

就テハ右ノ如キ英國側出先各機關ノ態度ハ英國中央部ノ意圖ニ反シ行ハレ居ルヤモ圖ラレサルニ付適當ノ方法ニ依リ英國側ノ注意ヲ喚起シ置カレ度シ

米、南(大)、上海へ轉電セリ

1945　昭和15年8月24日　在ラングーン福井領事より松岡外務大臣宛(電報)

奥村書記官の旅行拒絶に関しビルマ国防部へ再考方要求について

ラングーン　8月24日後発
本　　省　8月24日夜着

第二三八號(至急)

二[1]十四日奥村「プンエリツプス」ヲ往訪シ再考ヲ促シタルカ先方ハ無意味ナル辯疏ヲ繰返スノミ依テ奥村ヨリ問題ヲ東京ニ報告スル前ニハツキリ致シ置キタシト確メタルニ本件拒絶ノ決定ハ總督ノ意見ニテ「デフイニツト」ナルモ？(尤モ當地ハ地方政府ナレハ本國政府ノ意見ハ異ルコトアリ得ヘシト言葉ヲ濁セリ)又勝手ニ旅行セラルレハ隨時逮捕セラルヘキコト(尤モ左樣ナコトハ決シテ行ヒタクハナク唯法律問題トシテ申上クルモノナリト附言ス)ヲ述ヘタルニ付奥村ヨリ我々ノ旅行ヲ何シテモ拒絶セラルルトナラハ右ハ我國ニ於テ最モ好マシカラサル推測ヲ爲スヲ(ノカ)有[2]力ナル根據トナルヘク其ノ反響ハ極メテ惡カルヘシ且又小官カ此ノ簡單且無害ナル旅行ヲスルトセサルトニ依リ日本ニ歸リ言フコトモ自ラ異ナルモノト承知アリタク兎ニ角飜意セラレンコト希望ニ堪エサルニ付二十六日迄ニ充分御再考ノ上御返事ヲ戴キタク夫レ迄東京ニ於テ措置スルコトハ差控フヘク又先日差上ケ置キタル旅程ハ一應取消トスヘシ蓋シ便宜ヲ供與セラレサルナラハ豫メ通報スルコトハ無意味ナリ但シ旅行ノ意思ハ拋棄セスト述ヘ置キタリ

1946　昭和15年8月27日　在ラングーン福井領事より松岡外務大臣宛（電報）

奥村書記官の旅行拒絶は再考しがたき旨ビルマ国防部回答について

付　記　昭和十五年九月三日

右旅行実現方大橋外務次官より在本邦ドッヅ英国大使館参事官宛申入れ

ラングーン　8月27日後発
本　　省　8月28日前着

第二四四號（至急）

往電第二三八號ニ關シ

二十七日「フエリツプス」ヨリ奥村ニ對シ電話ヲ以テ總督ノ決定ハ再考シ難キ旨通報越セリ之ニ對シ奥村ヨリ我方ハ東京ニ於ケル日英諒解ニ依リ領事及館員ノ旅行ハ自由ナリトノ建前ヲ堅持スルモノナルコトヲ承知置キアリタシ尤モ御通報ノ次第ハ一應政府ニ報告スヘシト應酬シ置キタリ政廳側ハ支那側トノ腐縁モアルヤニテ遷延策ニ出テ居ルモノト認メラルル處囑託一行ノ到着ヲ控ヘタル此ノ際本件ハ更ニ英國大使ト至急御交渉ヲ煩ハスコト無用ノ紛糾ヲ避クル爲ニモ必要ト存セラル

尚支那側ニ於テハ我方ノ國境地方ニ於ケル旅行ハ强力ヲ以テ妨害スル計畫ヲ有スルヤノ諜報モアルニ付右御交渉ニ當リテハ此ノ點ニ付テモ然ルヘク御配慮相煩度シ

（付　記）

昭和十五年九月三日次官ヨリ在京英國大使館「ドッツ」參事官宛申入レ

在蘭貢帝國領事館々員ノ緬甸内旅行ニ付テハ曩ニ有田大臣、「クレーギー」大使間ニ自由ナル旨ノ了解アリタルニ付、先ツ目下蘭貢ニ在ル奥村書記官ヲシテ領事館員ト共ニ國境方面ヲ旅行セシムルニ際シ右ニ對スル便宜供與方緬甸政廳ニ交渉セル處同政廳ハ右旅行カ時宜ニ適セサルノ故ヲ以テ便宜供與方ヲ拒絶シ來タレリ、之ヨリ先西歐亞局長ヨリモ在京英國大使館「サンソム」商務參事官ニ對シ奥村書記官旅行ニ付便宜供與ノ斡旋方申入レタル次第アリタルニ付、八月二十六日西歐亞局長ハ同商務參事官ノ來訪ヲ求メ重ネテ奥村書記官旅行實現方ニ付斡旋アリ度キ旨述ヘタル處同參事官ハ本件ニ付テ既ニ「クレーギー」大使ヨリ本國竝ニ緬甸政府ニ對シ申報ヲ以テ「レコメンド」シ置キタルカ緬甸政廳ハ奥村書記官ノ旅程ニ多少ノ變更ヲ加ヘ之ヲ許可スル意嚮ノ模様ナル旨答ヘタリ然ルニ緬甸政廳ハ其後本件拒絶ノ決定ハ再考シ難キ旨ヲ通告シ來レリ

奥村書記官（其他領事館々員）カ緬甸國境方面ヲ旅行シタル結果奥地ニ於ケル事態カ平靜ナリトノ印象ヲ我方ニ於テ確認スルヲ得ハ日英双方ノ空氣ノ改善ニ資スルコト大ナルヘシト認メラルル處緬甸政廳ニ於テ右旅行ニ反對ナルハ國境方面ニ於テ對支物資輸送禁絶カ充分履行セラレ居ラサル爲ナラサルヤノ印象ヲ與ヘ輸送禁絶問題ニ大ナル暗影ヲ投スルノミナラス牽イテ國民感情ノ激發ヲ見我方トシテモ何等措置ヲトルノ止ムヲ得サルニ至ルヤノ惧アルニ付是非共本件旅行實現方努力セラレ度

尙在蘭貢領事館ト緬甸政廳間ノ交渉ハ從來兎角圓滑ナル進捗ヲ見ラレス甚タ遺憾ニ不堪次第ニ付英國政府ヨリ同政廳ニ對シ今後輸送禁絶問題ニ關シテハ一層友好的態度ニテ交渉ニ應スル様訓令アリ度

1947　昭和15年9月4日　在上海三浦総領事より松岡外務大臣宛（電報）

ビルマルート再開に関し協議するためカー英国大使が重慶を訪問したとの情報について

上　海　9月4日後発
本　省　9月4日後着

第一九一七號

三日重慶發中央社電ニ依レハ「カー」大使ハ同日午前七時半飛行機ニテ重慶ニ到着セル趣ナルカ同地路透電ニ依レハ大使ノ上海出發カ若干早メラレタル原因ハ重慶政府ノ要請ニ基クモノニシテ支那側カ大使ノ歸渝ヲ切望シタル所以ハ十月ヲ以テ滿期トナルヘキ日英間ノ緬甸「ルート」協定ノ存廢如何ヲ知ラント欲スルニ在ル由ナル處右協定ノ存否ニ關シ樂悲兩様ノ見方對立シ居リ樂觀論者ハ次ノ七點ヲ擧ケ緬甸「ルート」ハ解放サルヘシト觀居レリ卽チ

一、英ノ對日讓歩ハ米國ノ對日强硬策採用ニ依リ放棄セラルヘシ

二、緬甸「ルート」ノ閉鎖ハ佛印ニ倣ヘルモノナルモ今ヤ英國ノ新嘉坡防衛及極東ノ利益擁護ノ爲英ハ佛印ヨリモ支

那ニ依存スルコト大ナリ
三、英ハ日本ノ對獨援助ノ力ヲ殺ク爲支那ノ强大ヲ欲ス
四、英ハ蘇聯トノ接近ヲ欲スル處蘇ハ對支援助政策ヲ採リ居レリ
五、獨ノ對英侵入ノ危機薄ラキ英ハ再ヒ極東ヲ注視シ居レリ
六、香港婦女子引揚、在英日本人ノ逮捕等ハ英ノ對日妥協政策放棄ヲ示ス
七、醫藥品等輸出ノ爲「ガソリン」ノ緬甸經由搬入許可ヲ企圖サレ居レリ
而シテ一方悲觀論者ハ歐洲ニ於テ生死ヲ賭スル鬪ヲ續ケ居ル英國ハ日本ト爭フ力ナク對日媚態ハ今後モ繼續セラルヘシト爲シ居レリ何レニセヨ協定滿了後緬甸「ルート」ノ閉鎖繼續セラルルニ於テハ支那側ノ對英反撥ヲ强クスルコト明カニシテ重大時期ニ於ケル大使ノ重慶滯在ハ特ニ注目セラレ居ル趣ナリ
北大、天津、南大、漢口ヘ轉電シ香港ヘ暗送セリ

1948 昭和15年9月5日 西欧亜局長 在本邦クレーギー英国大使 会談

奥村書記官の旅行は外国人旅行禁止区域への訪問のため便宜供与はできない旨クレーギー大使回答について

緬甸「ルート」問題ニ關スル英國大使ト西局長會談要旨

（十五、九、五 歐一）

㈠緬甸「ルート」ニ關スル件
九月五日「クレーギー」大使西局長ヲ來訪奥村書記官等ノ緬甸旅行ニ關スル九月三日大橋次官申入レニ關シ當時次官ヨリ「ドッヅ」參事官ニ手交セル「オーラル、ステートメント」ヲ示シ英側ノ態度ヲ説明スベシトテ左ノ通語レリ
「自分（大使）ハ有田大臣トノ交渉當時日本領事館員ノ監視旅行ニハ反對シ普通ノ旅行ニ付テモ通例以上ノ便宜供與ハ出來ザル旨述ベタリ
然ルニ今問題トナリ居ル地域ハ一般ニ旅行禁止トナリ居ル地方ニシテ之ニ付旅行ノ便宜ヲ日本側ガ要求スルハ無理ナルコトト考フ尤モ自分ハ奥村氏等ノ旅行ニ付便宜供與方本國ニ「レコメンド」シタルガ結局ハ緬甸官憲ノ判

斷ニテ決スルノ外ナシ而シテ事情前述ノ通リニ付致方ナキ次第ナリ

尙前記「オーラル、ステートメント」ノ末段ニ「本件旅行ヲ許サザレバ日本國民心ノ刺戟《ヲカ》スベク政府トシテモ何等措置ヲトルノ已ムナキニ至ルベシ」トアル點ハ脅迫ガマシク聞ユルニ付右文句ノ內ヨリ「措置云々」ノ點ハ削除出來ザルヤ尙末項本件ニ關スル緬甸官憲ノ態度非友好的ナリ云々ノ點モ自分トシテハ緬甸官憲ハ「ルート」問題ヲ友好的ニ處理シ居ルト考ヘ居ルニ付此ノ儘ニテハ緬甸官憲ヲ憤慨セシメ逆效果ヲ生ズルノミニ付此ノ點モ再考ヲ求ム」

右大使ノ所言ハ奥村氏ノ旅行ニ付尙斡旋スル意向トモ認メラレタルヲ以テ局長ヨリ

(イ)前記有田大臣トノ交渉ノ際大臣ハ領事館員ノ普通ノ旅行ニ付テハ禁止區域ハ致シ方ナキモ其ノ他ニ付テハ便宜許與サルト考フル旨述ベラレ貴大使ハ之ニ同意セラレタルモノト記憶ス（大使ハ其ノ通リナリト云ヘリ）

(ロ)奥村等ノ旅行地域ハ全部ガ禁止地域ニハ非ズ禁止區域ハ單ニ其ノ一部ナリ緬甸側モ禁止區域ヲ以テ拒絕ノ理由トシ居ラズ住民ニ疑惑ヲ與ヘ時宜ニ適セズトノ説明ヲ與ヘ居ルノミニテ此ノ點貴大使ノ説明ハ誤解ニ基クモノト認メラル自分ハ「サンソム」參事官ニ對シテモ監視ニ非ザル普通旅行ノ結果事態平靜ナリトノ印象ヲ得バ日本ニ好影響ヲ與フベシトノ趣旨ニテ斡旋ヲ求メタル次第ナリ（右ニ付大使ハ「禁止區域ノ問題ハ自分ハ然カク解シ居ラズ一應取調ブベシ」ト述ベタルガ前記當方ノ旅行ノ趣旨ニハ贊成ノ模樣ナリキ）

(ハ)前記「オーラル、ステートメント」ハ次官ノナシタルモノニテ相談ノ上ナラデハ修正モ出來ザル次第ナルガ本件ノタメ我國民心ヲ刺戟セバ政府トシテモ何等カ措置ヲ執ルノ已ムナキニ至ルコトハ貴大使モ諒解セラルベク別段脅迫ニハ非ズ而シテ右措置ノ中ニハ自分個人ノ考トシテハ例ヘバ貴我領事官ノ旅行ニ付相互主義ヲ適用スルコトモ問題トナリ得ベシ又緬甸官憲ノ態度前記ノ如シトセバ非友好的ト稱セラルルモ已ムヲ得ザルベシ等述ブ（大使ハ緬甸官憲ハ眞面目ニ禁輸措置ヲ實行シ居リ此ノ點日本側ガ信用セザルコトニ不滿ヲ感ジ居レリト述ベタルニ付局長ヨリ禁輸ガ眞面目ニ實行セラレ居ラザル旨ノ情報我方ニ多數集マリ居リ右ニ付時々貴方ニ照會スル次第ナリト言ヘルニ大使ハ右ハ何レモ支那側ノ宣傳ニシテ支那ノ言フコトハ信用出來ズト云ヘリ)

尙局長ヨリ「オーラル、ステートメント」ハ其儘直チニ電報セラレズトモ兎ニ角以上ノ次第ニ付奥村氏等ノ旅行急速實現方傳ヘラレタシト申入レ置キタリ

(二)和平問題ニ關スル件

最後ニ大使ハ緬甸禁輸ニ關スル有田大臣「ク」大使間諒解書キ物ヲ示シ英國側ハ三ケ月ノ禁輸期間中東亞平和招來ノタメノ努力ガ爲サルベキコトヲ期待スル旨尙日本側ハ之ガタメノ努力ヲナシツツアル旨右書キ物中ニ記載アル次第ニテ十月十七日ニ至ラバ右期限モ盡クル次第ナルガ此ノ點如何ナリ居ルヤト質問シタルニヨリ局長ヨリ我方ハ和平實現ヲ終始念頭ニ置キ努力シツツアルモノナルガ之ガ詳細ハ自分トシテ說明スル立場ニ在ラズト言ヘルニ大使ハ其ノ詳細ニ付テモ承リタキモノナリ自分ハ本日輕井澤ニ赴キ近ク歸來ノ上大臣又ハ次官ト此ノ點話合ヒタキ希望ナルニ付此ノ點大臣及次官ニ傳達ヲ乞フ旨述ベ局長之ヲ諒承セリ

1949 昭和15年9月12日 在ラングーン福井領事より松岡外務大臣宛(電報)

実効ある禁輸措置の実行方要求に対するビルマ国防部長官の不得要領な回答振りについて

ラングーン　9月12日後発
本　　省　　9月13日前着

第二六六號

往電第二二五號ニ關シ

十二日奥村書記官「ワイズ」長官ヲ往訪シ往電第二一一號ノ諸問題ニ對スル回答ヲ督促シタル處「ワ」ハ此ノ種問題ハ大部分緬甸政府限リニテ裁量シ難キモノナルヲ以テ本國政府ニ訓令ヲ仰キ置キタルカ未タ何等ノ指示ナキ次第ナリトテ相變ラス不得要領ノ態度ナリシヲ以テ奥村ヨリ所用ノ爲一旦歸朝スルコトトナリタルカ爾後ノ交渉ハ福井領事當然之ニ當ルヘキニ付充分折衝ヲ保タレ度キ旨ヲ述ヘ且支那人ノ排日取締ニ付テモ再ヒ嚴重注意ヲ喚起シタル上辭去セリ

1950　昭和15年9月20日　松岡外務大臣より在英国重光大使宛（電報）

日本の仏印に対する要求は援蔣ルート封鎖に関する日英協定中の和平努力の精神に反するとの認識をクレーギー大使表明について

付記一　昭和十五年九月十六日付「松岡大臣在京英國大使會談要領」より抜粋
援蔣ルート封鎖問題に関する会談要旨

二　昭和十五年九月十八日
大橋外務次官・在本邦クレーギー英国大使会談要旨

本　省　9月20日後10時30分発

第七五七號

一、十六日「ク」大使本大臣ヲ來訪シ佛印問題ハ佛國及佛印ノ窮境ニ乘シ佛印及支那ノミナラス極東ニ利害ヲ有スル諸國ニモ政治的軍事的重要性ヲ有スル問題ヲ押シ付ケントスルヤノ印象ヲ禁シ得ストテ英國政府ノ滿足スルカ如キ回答ヲ希望スル旨述ヘタリ（編注）

右ニ對シ本大臣ハ日佛兩國政府間ニ成立セル協定ニ基キ友好的諒解ノ下ニ一切カ進メラレ居ル次第ニシテ第三國カ兎角云フヘキ筋合ニ非スト應酬シ英米及重慶政府ノ各代表者カ佛本國政府ノ意ニ反シ佛印官憲ヲ唆シ事態ヲ遷延セシメ居ルハ遺憾ナリト反駁シ置ケリ

二、（ママ）右會見ノ際「ク」大使ハ滇緬路輸送禁絶問題ニ關シ日英間協定中ニハ日本側カ日支和平ニ努力スヘキ旨明記アリ右ニ關シ日本側ノ御考ヘ如何ト訊ネタルニ付本大臣ヨリ日本政府トシテ日支和平ニ努力シ居ル旨ヲ答ヘタルニ「ク」大使ハ重慶トノ和平ニ英國ノ斡旋ヲ希望セラレサルヤト問ヒタルニ付其ノ希望ナシト應酬シ置ケリ

二、次テ十八日「クレーギー」大使大橋次官ヲ來訪シ前記本大臣トノ會見後本國政府ノ見解ニ關シ電報ヲ受ケタリトテ日本ノ佛印ニ對スル要求ハ支那ニ對シ新ナル方面ヨリスル攻撃ヲ容易ナラシメントスルモノニテ緬甸ニ關スル協定ノ和平ニ關スル努力云々ノ規定ノ精神ニ反スルモノト認ムル旨述ヘ次官ヨリ右ハ日本カ佛印ニ對スル計畫ヲ斷行セハ緬甸「ルート」再回（開カ）ストノ主旨ナリヤト質問セル處必スシモ然ラス唯從來ノ話合ノ主旨ニ反スルモノト思考シ再考ヲ促スモノナリト述ヘ居タル趣ナリ

編　注　仏印問題に関するクレーギー大使口上書および会談要旨については本書第1889文書および同付記参照。

(付記一)

香港及緬甸問題

「クレーギー」大使ハ本國政府ノ訓令ニ依ル趣ヲ以テ香港緬甸輸送路禁絶問題ニ關シ本件ニ關スル協定ハ英國内ニ於テモ種々議問《(ママ)》アリタルモ難キヲ忍ヒテ受諾シタルモノナリ右協定中ニハ日本側ハ和平恢復ニ付努力スヘキ旨明記アリ日本側トシテハ右和平ニ關シ望ヲ絶シタル次第ナリヤト質問セルニ付大臣ヨリ日本政府トシテハ極力和平實現ニ努力シ居ル次第ナリ現ニ南京ニ於テ汪政府トノ間ニ條約交渉ヲナシ居ルモ右目的ノ爲ナリ

一方蔣政府ニ對シテモ條件等ハ申上ケ兼ヌルモ希望ヲ有シ居ルハ事實ナリ日支和平ノ日本國民ノ熱望スルトコロナル以上政府カ和平ニ努力シ居ルハ勿論ナリト述ヘタルニ「クレーギー」ハ汪政府トノ交渉ハ重慶トノ和平ヲ絶ツコトニナラサルヤト問ヒタルニ付大臣ヨリ世間テハ斯ル說ヲナスモノアルモ自分ハ長年支那ニ在リテ汪精衛トモ懇意ノ仲ナリ又蔣介石トモ曾テ南昌ニ於テ六時間モ懇談シタルコトアル位ノ仲ナリ自分ハ可能性アルモノト考ヘ居レリト述ヘタリ

「クレーギー」ハ更ニ蔣トノ和平ニ英國ノ斡旋ヲ希望セラレサルヤト問ヒタルニ付大臣ハ英國ノ斡旋ハ全ク其ノ必要ナシ自分トシテハ好ク知ツテ居ル仲ナリ自分カ無理ヲ云フ人間ニ非ス驅引ヲ云フ男ニ非サルコトハ先方モ承知シ居レリ今回外務大臣ニナリタル自分トシテ more than some hope アリト思考シ居ル次第ナリト答ヘタルニ「クレーギー」大使ハ緬甸問題ニ對シテハ英國側ノ滿期後ハ自由ニ決定シ得ルモノトナリ居ル處右ニ關シ滿期後如何ニナスヘキヤ御考ヘアリヤト述ヘタルニ付大臣ヨリ右ハ英帝國ノ御考ニ依リ勝手ニ決定セラルヘキ問題ナルカ右ニ付テハ又其ノ時ニ申シ述フルコトモアルヘシト答ヘ置ケリ

(付記二)

昭和十五年九月十八日次官英大使會談要旨

一、九月十八日「クレイギー」大使次官ヲ來訪シ「佛印ニ關スル日佛交渉ニ關シ去ル十六日大臣ト會談シタル後更ニ本國政府ノ本件ニ關スル見解ニ付電報ヲ受ケタリ英國政府ノ情報ニシテ誤ナクハ日本ノ目的ハ支那軍ニ對シ新ナル方面ヨリ攻撃ヲ加フルヲ容易ナラシメントスルモノナルカ緬甸ニ關スル協定ハ和平ニ關スル特別ノ努力爲サルヘシトノ了解ノ下ニ成立セルモノニシテ支那軍ニ對スル新攻撃ハ前記協定ノ精神ニ反スルモノト認メラル」トノ趣旨ヲ述ヘテ書物ヲ手交シタルニ付次官ヨリ日本カ佛印ニ對スル計畫ヲ斷行セハ緬甸「ルート」ヲ再開スト云フ趣旨ナリヤト質問セル處必スシモ然ラス唯從來ノ話合ノ趣旨ニ反スルモノト思考シ再考ヲ促スモノナリト述ヘタリ

二、尚左ノ通リ應答アリタリ

次官　元來佛印トカ支那事變等ノ責任ハ英米ニアリ、英米ハ滿洲ノ獨立ヲ妨ケ又ハ支那ヲ煽動スル爲今日ノ如キ結果トナリタリ

英大使　支那ヲ援ケタルコト無シ唯權益ヲ擁護セルノミ

次官　權益中心ニ眼カ眩ミ大局ヲ忘ルルカ故ニ如此コトトナル英國カ蔣中心主義ヲトルコトカ根本的ニ誤リナリ

英大使　ソレハ日本カ獨逸中心主義ヲトルト同樣ナリ日本ニハ排英氣勢事毎ニ顯著ナリ改善ヲ希望ス

日本ハ間違ツタ道ニ這入ツテハナラヌ二週間以內ニハ事態判明スヘシ（英國カ獨逸ニ勝ツ）

獨逸ハ支那ニ關シ別紙（見当ラズ）ノ如キ日本ニ不利ナル考ヲ持ス

1951

香港政庁は援蔣軍需物資禁輸措置をビルマ同様に期間三か月と認識している旨報告

昭和15年9月21日　在香港岡崎総領事より松岡外務大臣宛（電報）

香　港　9月21日後発
本　省　9月21日夜着

第五〇二號

當地禁輸問題ニハ期限ヲ附シ居ラサルモノト了解シ居リタル處政廳側ハ禁輸ハ武器彈藥ヲ除キ緬甸同樣三箇月後ハ一應解除セラルルモノト考ヘ居ルモノ多ク又期日ニ付テハ正確ナル算定ヲ爲シ居ラサルモ「ハミルトン」ハ十月十八日ヲ以テ終了ト了解スル旨述ヘタルコトアリ右ハ何レニスル

モ若シ緬甸禁輸カ更改セラレサル場合ハ香港ノミ禁輸ヲ繼續スルモ意味ヲ爲サス又緬甸カ更改サルレハ自然香港モ禁輸繼續ノコトトナルモノト存ス本件時機モ追々迫リ居ルニ付御交渉中ノコトト考フル處本官心得迄其ノ後ノ模様御回示アリタシ

1952 昭和15年9月23日 在ラングーン福井領事より松岡外務大臣宛（電報）

国境までの往復ガソリン量を許可した非禁絶品輸送トラックに対して昆明までの往復分も追加許可する旨のビルマ政庁通報について

ラングーン 9月23日後発
本　　省 9月24日夜着

第二八一號

「セイモア」ヨリ二十一日附公文ヲ以テ七月二十日ヨリ八月九日迄ノ間ニ非禁絶品ヲ積載シテ「ラシオ」ヲ出發セル貨物自動車一七一五臺アル處右自動車ニ對シテハ行政的措置ヲ決定スル必要上「ラシオ」「ワンテン」（國境）間ノ往復ニ要スル「ペトロル」ノミヲ許容セルカ今般日英協定第二條(A)ニ依リ税關長ニ對シ一臺ニ付百四十「ガロン」ノ定量（此ノ定量ハ貨物ヲ滿載シテ昆明ニ到達シタル上緬支國境ニ歸還スルニ要スル量ナリ）ヲ以テ右一七一五臺分ノ「ガソリン」ノ陸路支那向輸出ヲ許可スルノ權能ヲ與フルコトニ決定セル旨通報越セリ

1953 昭和15年9月24日 在ラングーン福井領事より松岡外務大臣宛（電報）

昆明までの往復ガソリン量を追加許可するとのビルマ政庁通報に対し取消し方要求について

ラングーン 9月24日後発
本　　省 9月25日前着

第二八二號

本官[1]二十三日「セイモア」ヲ往訪シ

(一)支那側ニ入ル「トラック」ハ支那側ヨリ徴用セラルル惧ナキニアラサルニ付八月九日迄ニ「ラシオ」ヲ出發セル一七一五臺中緬甸ニ着セル臺數ヲ承知致度シ又同月十日以後支那ニ入リタル臺數及緬甸ニ歸還セル臺數ニ付急報ヲ得タキ旨要求八月九日迄ニ「ラシオ」ヲ出發セル自動

車ニ對スル分トシ今日ニ至ル約二十四萬「ガロン」ノ輸出ヲ許可スルコトハ我方ニ於テハ之ヲ非禁絶品ノ輸送トハ關係ナキ新ナル輸出ト認メサルヲ得ス又緬甸當局カ斯ル莫大ナル量ノ輸出ヲ許可セハ日英協定實施ニ關スル緬甸當局ノ誠意ヲ疑ハサルヲ得サルニ付

右[2]輸出許可ノ決定ハ之ヲ取消サレ度キ旨要求セル處

(二欠カ)「セ」ハ日英協定ノ當初非禁絶品輸送用「トラック」取扱ヒ手續未決定ナリシ爲右「トラック」ニ對シ國境ヨリ奥ニ入ルコトヲ禁止シ其ノ後日英協定ノ條項ニ依リ八月十日ヨリ右禁止ヲ解除(往電第一九一號御參照)シタルカ支那側ヨリ右解除前ニ「ラシオ」ヲ出發セル「トラック」ハ當然日英協定ニ依リ積載貨物ノ仕向地迄ノ往復ニ要スル「ガソリン」ヲ許容セラルル權利アルモノトシテ右「ガソリン」ノ輸出許可方陳情越シ又緬甸側トシテモ當然許容スヘキモノヲ當時許容セサリシモノナルヲ以テ今般

右[3]「ガソリン」ノ輸出ヲ許可スルモ日英協定ニ抵觸スルモノニ非スト力說シ本官ヨリ種々ナル理由ヲ擧ケテ說得ニ努メ

(三)非禁絶品輸送ノ「トラック」用「ガソリン」ノ許容ニ付テハ我方ハ國境ト國境最寄ノ「ガソリンステイシヨン」間ノ往復ニ要スル「ガソリン」ト解釋シ居ルニ付貨物仕向地迄ノ往復ニ要スル「ガソリン」ノ許容ハ差止メ又緬甸側「トラック」ハ國境ニテ支那ノ「トラック」ト積換ユルコトトセラレタク兎モ角東京ニ於ケル本件交渉カ妥結ヲ見ル迄ハ緬甸カ英國ノ一方的解釋ニヨリ措置ヲ執ルコトヲ差控ヘラレタク然ラサレハ若シ英國政府カ日本ノ解釋ニ

同[4]意セル場合緬甸當局ニ於テハ發給セル許可等ヲ取消スノ要アル處右許可ニ依リ發生セル貨物輸送及「ガソリン」消費等ノ事實取消ノ方法ナカルヘク不都合ナル事態ヲ生スヘキコトヲ指摘シテ說得ニ努メ「セ」ハ右(一)(二)及(三)ノ本官申入ヲ總督ニ報告スヘシト述ヘタリ

(四)本官ヨリ空車ノ「トラック」カ日々蘭貢ヨリ「ラシオ」方面ニ輸送セラレツツアルヲ目撃シ居ルカ右ハ協定遵守ニ關スル緬甸當局ノ誠意ニ付懸念ヲ生スル原因トナルニ付右輸送ヲ禁止セラレタキ旨述ヘタル處「セ」ハ協定ハ禁絶品ノ緬甸內輸送ヲ禁止シ居ラス協定ニ規定ナキ事項

ハ當地ニ於テハ話合ヲ爲スヲ得ス日英兩政府間ノ交渉ニ待ツノ外ナシトテ話合ヲ爲サントセス

1954 昭和15年9月27日

在上海堀内総領事より
松岡外務大臣宛(電報)

米中借款の担保品たるタングステン輸出にはビルマルート再開が不可欠であり重慶側が英国に対し再開を要請したとの報道報告

上　海　9月27日後発
本　省　9月27日夜着

第二〇七五號

二十七日當地各漢字紙ハ米國ノ對日屑鐵禁輸ト對支借款二千五百萬弗許與聲明ニ關スル華府電ヲ大々的ニ報シ居レリ
二十六日重慶發「ユーピー」電ハ同地官邊筋ノ意嚮トシテ同借款成立發表ハ日本軍ノ佛印進駐ニ對スル米國ノ不滿ヲ表示スルト共ニ米國ノ對支援助ヲ表現セルモノナルカ其ノ擔保品タル「タングステン」鑛輸送ニハ滇緬「ルート」ノ再開ヲ絶對必要トスル旨報セリ
二十六日重慶發中央社電ハ國民參政會副議長張伯苓以下參政員數十名カ個人名義ニテ二十五日英國兩議員ニ對シ英國ノ極東權益ニ對スル重要性ヲ指摘シ滇緬「ルート」ノ無條件開放決定方電請セル旨報セリ二十六日重慶「ルーター」電ハ「カー」大使來榆(渝カ)以來滇緬「ルート」再開問題カ重慶政府トノ重要交渉問題トナリ居ル旨報シ居レリ
北大、天津、南大、漢口ニ轉電セリ
香港ニ暗送セリ

1955 昭和15年9月27日

在香港岡崎総領事より
松岡外務大臣宛(電報)

ビルマルート再開に重慶政権が躍起となっているとの情報等報告

香　港　9月27日後発
本　省　9月28日前着

第五一八號

KC情報

一、重慶ハ滇緬公路ノ開放ハ對英唯一ノ問題ナリトシ十五日英ニ「メモランダム」ヲ送付封鎖延長ニ對シテハ強硬策ヲ執ルヘシト警告セル趣ナルカ二十一日「カー」ヨリ王寵惠ニ對シ期限經過後ハ開放ノ意アル旨ヲ仄カシタル由ニテ開放ノ見込アリト期待シ居レリ尚チンジンユーノ連絡者ニ對スル內話ニ依レハ米ノ浦潮經由重慶向ケ貨物ハ第一回分ノ着荷アリタルノミニテ以後蘇聯邦ニテ運輸ヲ澁リ其ノ態度明確ヲ缺ケルト西北公路自體ノ運輸力貧弱ノ爲重慶側ハ頗ル苦悶シ滇緬輸送路ノ再開ニ躍起トナリ居ル趣ナリ

二、我軍ノ佛印進駐ハ雲南攻擊ヨリモ寧ロ南進基地ノ確得ト見做サレ二十二日龍雲ノ召集セル前線將領會議ハ雲南ノ補强策ヲ取リ又二十三日ノ國防最高委員會モ國際情勢ヲ見極メル迄差當リ佛印ノ要求アルカ日本軍ノ雲南進出ノ場合ヲ除キ積極的侵入ヲ差控フルコトトシ前線指揮官ノ派遣スヘキ偵察隊モ國境外ニ駐留セシムヘカラストノ方針ヲ決定セリ尚重慶側ハ當分何應欽ヲ昆明ニ止メ白ト共ニ龍雲ヲ援助セシメ佛印ニ對シテハ一面抗議シ一面軍事合作實現ニ最後的努力ヲ繼續中ナリ龍ハ行懸ヲ捨テ目下軍事ニ專念シ居レリ

南京(大)、上海、廣東ヘ轉電アリタシ

1956　昭和15年9月28日　松岡外務大臣より在香港岡崎総領事宛(電報)

香港経由援蔣軍需物資禁輸措置には期限は設定されておらず香港政庁の誤解訂正方訓令

本　省　9月28日後9時30分発

第二五八號

貴電第五〇二號ニ關シ

香港ニ付テハ禁輸ニ關シ期限ヲ附シ居ラズ緬甸「ルート」ノ推移如何ニ不拘依然繼續スルモノナリ政廳側ニ於テ此點ニ關シ誤解アルニ於テハ嚴重訂正シ置カレタシ尚緬甸「ルート」ノ繼續問題ニ付テハ別ニ電報ス

貴電要旨ト共ニ英、南大、上海、北京、廣東ヘ轉電セリ

1957　昭和15年10月1日　在米国堀内大使より松岡外務大臣宛(電報)

米国国務長官の発言振りからビルマルート再開を米国が英国に働きかけていると米国紙が報じている旨報告

付　記　昭和十五年十月二日起草、松岡外務大臣より

在英国重光大使宛電報案
ビルマルート封鎖継続を英国政府に説示方訓令

ワシントン　10月1日前発
本　　省　10月1日後着

特情華府第五四號

三十日午前「ロシアン」英大使ト會談ヲ遂ケタ「ハル」國務長官ハ會談終了後ノ記者團トノ定例會見ニ於テ會談内容ニ關スル記者團ノ質問ニ對シ會談中極東問題カ話題ニ上ツタカ否カ一切言明ヲ避ケ極メテ曖昧ニ次ノ如ク答ヘタ

「ロシアン」英大使トノ今日ノ會談テハ英米兩國内ノ經濟、商業、政治各方面ニ亘ル何時モノ様ナ小サイ諸問題ヲ話シ合ツタ

一部消息通ハ滇緬公路再開問題モ當然議題ニ上ツタモノトシテ居ルカ「ハル」長官ハ「英國ハ米國ト協議シタ上滇緬公路再開ヲ用意シテ居ルト報セラレルカ如何」トノ記者團カラノ質問ニ對シ

「既ニ本國ハ最初カラ同公路閉鎖ニ反對シテ來タノタト前ニ言ツテ置イタ以上余ハ何モ附ケ加ヘルコトハ出來ナイ」

ト答ヘ「コノ點ニ關シテハ米國ノ立場ハ依然變更ヲ見テ居ナイ」ト更メテ附ケ加ヘタコノ「ハル」長官ノ言明ハ米國カ英國ヲシテ滇緬公路ヲ再開セシメルヘク外交的ニ働キカケテ居ルコトヲ事實上確認シタモノテアルト解スルモノカ多イ尚記者團ト「ハル」長官トノ間ニ次ノ如キ質疑應答カ行ハレタ

問「上海テ米國兵ニ暴行カ加ヘラレタトノ情報カアルカ如何」

答「上海テモ佛印テモコノ種ノ事態カ發生シテ居ル様ナ何等ノ公電モ最近ハ受取ツテ居ナイ」

問「米艦隊カ近ク親善ノ爲濠洲ヲ訪問スル計畫カアルト云ハレルカ」

答「ハツキリシタ計畫カ進メラレテ居ルカドウカ余ハ聞イテ居ナイ」

（付　記）

緬甸「ルート」禁輸繼續ハ事變處理ヲ重點トスル我國策上極メテ重視スルモノナル處英國側トシテハ未タ確定的ニ再開ヲ決意シタルニハ非サルモ米國ノ要望モアリ大體再開ニ

傾キ居ル模様ナリ（先般來禁輸ノ條件タル和平問題ハ如何ニナリ居ルヤトカ佛印問題ハ右諒解ニ反ストカ申出テ居ルハ再開ノ場合ヲ考慮セル準備工作ト觀測ス）尤モ英國トシテハ米國ノ大西洋ニ於ケル對英援助能力ヲ減少セシメサランカ爲或程度迄米國ノ極東問題ニ深入リスルヲ止メントスル立場ニアリトモ考ヘラル

然ルニ我方トシテハ英國カ米國ヲ介入セシメス專ラ東亞ノ新事態ノ認識ニ合スル安定ヲ希望スル政策（斯ル政策ノ證左ハ差當リ緬甸禁輸問題ナリ）ヲ採ルニ於テハ三國條約ヲ英國ニ對シテハ進テ發動セントスルモノニ非ス然レトモ同條約ニモ明ナルカ如ク支那事變ノ處理ニ第三國カ不當ニ干涉スル場合ハ我方トシテ之ヲ排除スルニ斷乎タル決心ヲ有スルヲ以テ英米ノ緬甸問題處理ノ如何ニ依リテハ日英及日米關係ニ極メテ不幸ナル事態ヲ生セサルヲ保セス

緬甸問題ニ關シテハ期限前本大臣ヨリ正式ニ要求ヲ爲ス筈ナルモ貴大使ハ敍上ノ次第御含ノ上左記諸點特ニ再開ノ影響ノ重大ナルコトヲ指摘シ英國カ大局的見地ヨリ本件禁輸ノ繼續ニ同意スル樣豫メ說示シ置カレ度

㈠抑々期限ヲ切リタルコトカ本件ノ效果ヲナカラシメ居ルコト（往電第五九四號參照）

㈡今日迄英國側ノ禁輸ノ遣リ方カ極メテ不徹底ナリシコト（支那側ハ當初ヨリ期限滿了ノ際ヲ見越シ盛ニ武器彈藥ヲ緬甸ニ輸送シ國境地方ニ待機セシメツツアリ從テ事實上輸送困難ナル雨期三ケ月間ノ輸送ヲ禁絶シタルノミニテハ和平促進ノ效果ナカリシコト）

㈢日支和平ハ我方トシテ自主的ニ努力スル旨ヲ言明セルモノニシテ本件ノ對償ニハ非サルコト

㈣一旦閉鎖セル緬甸「ルート」ヲ再開スル如キコトアラバ英國ノ希望スル極東ノ和平ヲ夫レタケ遲ラスコトトナルノミナラス前記ノ如キ日英關係ニ極メテ憂慮スベキ影響ヲ與フベキコト

北京、上海、南大、香港、米へ轉電セリ

編注　本電報案は廃案となり発電されなかった。

1958　昭和15年10月1日　在香港岡崎総領事より松岡外務大臣宛（電報）

香港経由援蔣軍需物資禁輸措置には期限は設定

されていない旨を香港政庁へ注意喚起について

香　港　10月1日後発
本　省　10月1日夜着

第五二四號

貴電第二五八號ニ關シ（緬甸「ルート」交渉状況竝ニ香港禁絶期間ニ關スル件）

九月二十三日民政長官ニ對シ香港禁輸ニハ期限ナキ次第ヲ述ヘタル處長官ハ緬甸同様三ケ月ヲ以テ一應終ルモノト漠然ト思ヒ居タルモ貴説ノ如ク明確ナル期限ヲ限リタルコトハナキヤモ知レス何レニスルモ更ニ研究シタル上話合ヲ爲スコトト致度シト答ヘタルカ冒頭貴電ノ次第モアリ一日更ニ長官ニ會見シ日本政府ハ香港ニハ期限ナク從テ日英政府間ニ之カ取止メニ付合意成立スルニアラサレハ何時迄モ繼續スルモノト了解スル旨申入タリ

右ニ對シ長官ハ先般來研究ノ結果本件ハ元來日英政府間ニ取上ケラレタル問題ニモアリ倫敦ニ請訓セスンハ意見ヲ表示シ得ストノコトトナリタル處今更メテ御申入アリタルニ付本日ニモ發電スルコトトスヘシト答ヘタリ

御見込ニ依リ適宜轉電アリタシ

英ヘ轉電セリ

1959　昭和15年10月8日　在英国重光大使より松岡外務大臣宛（電報）

英国政府は三国同盟への対応を審議中でありビルマルートの処置を東京で急ぎ折衝すべき旨英国外務次官通報について

ロンドン　10月8日後発
本　　省　10月10日前着

第一六七一號

十[1]月七日「バ」次官トノ會談要領左ノ通リ

一、（先方ヨリ）今回ノ日獨伊「パクト」ハ日英關係ニ付テ凡ユル努力ヲ爲シタリト信スル（尤モ貴下ハ十年來ノ英國ノ政策ノ結果ナリト言ハルルモ）「ハ」外相及自分等ノ過大ナル打擊ナルモ英國政府トシテハ冷靜ニ判斷シ度ヲ失フコトハナシ而シ斯ル英國ニ關スル重大ナル出來事カ英國側ヨリ反響ナシトハ期待セラレサルヘク目下首相ノ手許ニテ審議中ナルニ付決裁ノ結果ハ直ニ御參考迄御通知致スヘシトテ今日特ニ豫報スル次第ナルコトヲ告ケ緬緬甸道路ノ問題ノ處分ヲ急クノ要アルヲ述ヘ多分「クレーギー」ハ一兩日中ニ東京ニ於テ折衝スヘシ英國側ノ執ラントスル措置ハ何レモ防禦的ニシテ挑發的性質ヲ有セス日獨伊「パクト」ノ施策カ日本側ニ於テ進ンテ事態ヲ惡化スルノ意アルニアラサレハ英國側ヨリ惡化スル考ナキ趣旨ヲ述ヘタリ

二、[2](當方ヨリ)日本側ノ意嚮ハ「パクト」成立ト同時ニ東京ニ於テ發表セラレタル報告ヲ初メ首相ノ聲明及外相ノ演說ニ依リ全部盡シ居リ右ヲ再閱アリタク端的ニ言ヘハ日本ノ生存要求タル其ノ東亞ニ於ケル地位ニ對スル英米側ノ了解ヲ十年間モ待チタルカ却テ反對ニ脅威的態度ヲ以テ酬イラレタル結果自然ニ生シタルモノニシテ純然タル防禦的ノモノナリ且何國ニ對シテモ脅威ヲ與フル目的ヲ有セス要スルニ無益ニ事態ヲ此ノ上惡化セシムルコトハ双方ノ欲セサル所ナルヘキニ依リ本使ハ此ノ際特ニ次ノ二點ニ關シ注意ヲ喚起シタシ

第一點ハ日英ノ關係ハ極メテ冷靜ニ現實的ニ處理スルコトニシテ餘リニ「センセーショナル」ナ取扱方ハ考物ト思フ

從來緬甸道路ノ問題ニ付テモ支那援助ニ關シ倫敦ハ新東亞ニ於テ餘リ不必要ニ「センセーショナル」ニ取扱ヒ過キタリシヤヲ疑フ

次ノ點ハ

英國ハ從樣(來カ)日本ノ敵タル支那(重慶)側ヲ援助スル建前ヲ取リ今同(回カ)日本カ英國ノ敵タル獨伊ニ對シ稍類似ノ地位トナリタリ英國側カ日本ト獨伊トノ關係ニ付テ心配セラルルコトハ御尤モナルカ更ニ東方ニ於ケル複雜機微ナル情勢竝ニ重慶側ニ對スル關係ニ付テハ英國側ニ於テ特別ノ注意ヲ拂ハレ形勢ノ惡化ヲ避クルノ必要アルヘシ

尙[3]米國ノ態度ハ如何ト質問シタルニ「英國ハ太平洋ニ於テ日米ノ間ニ事ヲ構フコトヲ決シテ欲スルモノニアラス」

ト言ヒ更ニ

米國ノ歐洲戰介入如何ノ問題ニ付テハ理想派ハ米國ノ參戰ヲ希望シ居ルモ之ニ對シテ寧ロ實質的援助ノ方ヲ重大視スルモノナリ

ト說明セリ依テ

(當方ヨリ)

若シ右實質派ノ意見通リトスレハ米國ノ戰爭參加ハナク又日本ノ地位ニモ從來ト何等變化ヲ來ササル理ナレハ此ノ兩國關係ノ惡化ヲ招來セサル爲各種懸案其ノ他ノ實際問題ニ注意ヲ加フルノ要アルヘシ

ト述ヘ置キタリ

三、尙本會談中戰況ヨリ一般ノ形勢日獨伊ノ「パクト」成立及英帝國ノ內情ニ觸レタル際先方ヨリ日本側ニ於テ英帝國ノ實力過小ニ見積ラサル樣注意ヲ爲シタルニ付本使ハ日本側ニ於テハ左樣ノコトハナシ今回三國「パクト」ノ成立モ英國ノ實力ヲ輕視シタル結果ニアラスシテ竟（畢カ）其ノ地位ノ自覺及實力ノ自信ヨリ來ルモノニシテ特ニ東方「オリエント」ニ對スル日本ノ責任ヲ深ク感シタル結果ナル旨答ヘ置ケリ

米ヘ轉電セリ

米ヨリ獨伊ヘ轉電アリタシ

(3) ビルマルートの再開

1960　昭和15年10月8日　松岡外務大臣より在英国重光大使宛(電報)

援蔣ルート封鎖に関する日英協定は期間満了後更新しない旨クレーギー大使通告について

別　電　昭和十五年十月八日発松岡外務大臣より在英国重光大使宛第八〇二号

右口上書

付　記　右口上書和訳文

本　省　10月8日後9時30分発

第八〇一號

八日午前在京英國大使本大臣ヲ來訪シ「ビルマ、ルート」ノ再開ニ付別電第八〇二號ノ如キ「オーラル、ステートメント」ヲ讀上ケタリ本大臣ハ之ニ對シ

㈠我政府ハ總ユル手段ヲ盡シテ支那ト和平ニ達セント努力シタルモ遺憾乍ラ今日迄ノ處完全ニハ成功シタリト云ヒ得サルモ

㈡本件英側措置ハ甚タ遺憾ニシテ斯ル態度ヲ英國ニ於テ執ラルルコトハ速ニ全支那ト和平ニ達セントスル我政府乃至本大臣ノ仕事ヲ困難ナラシムル旨

㈢竝ニ本大臣ハ從來ノ通排英運動取締リニ努力スル考ナルコト勿論ナルカ英國今回ノ處置ニ依リ右取締リハ相當困難トナルヘク其ノ責任ハ英國側ニ於テ負フヘキモノナル旨

ヲ述ヘ兎モ角本件ハ之ニテ終結シタルモノナリト述ヘ置ケリ

別電ト共ニ米、獨、北京、南京、香港、上海、天津、蘭貢、河內、「バタヴイア」ニ轉電セリ

獨ヨリ伊、蘇ヘ轉電アリタシ

(別　電)

本　省　10月8日後9時20分発

第八〇二號

The agreement of July 17th for the temporary closing of the Burma Road to the transport of certain materials to China was offered by His Majesty's Government on the understanding that, during the period of its validity, special efforts would be made to bring about a just and equitable peace in the Far East. The agreement provided that at the end of the period of three months, His Majesty's Government would remain free either to continue or discontinue the arrangement in accordance with conditions existing at the time.

Thus the purpose of this arrangement, so far as His Majesty's Government were concerned was to afford an interval during which a genuine effort might be made to reach an all-round settlement. This object has not been achieved. On the contrary the Japanese Government have obtained facilities for sending their troops into Indo-China in order to launch a fresh attack on China. Furthermore the Japanese Government have concluded a political, military and economic pact with the Axis Powers.

In the circumstances described His Majesty's Government regret that they do not see their way to renew this agreement when it expires on October 17th.

（付　記）

昭和十五年十月八日在京「クレーギー」英國大使ノ松岡外務大臣宛口頭通告

一定物資ノ支那向輸送ニ對スル「ビルマ」道路ノ一時的閉鎖ノ爲ノ七月十七日附協定ハ其ノ有效期間中極東ニ正當ニシテ衡平ナル平和ヲ招來センカ爲特殊ノ努力カ拂ハルヘシトノ了解ノ下ニ英國政府ヨリ供與セラレタルモノナリ。本協定ハ三ケ月ノ期間ノ終ニ於テ英國政府ハ右時期ニ存スル狀況ニ從ヒ自由ニ其取極ヲ繼續若クハ廢止シ得ル旨ヲ規定シタリ。

從テ本協定ノ目的ハ英國政府ノ關スル限リ完全ナル和平解決ニ到達スル爲眞摯ナル努力ヲ爲シ得ル爲ノ期間ヲ與フルニ在リタリ。右目的ハ實現セラレサリキ、日本政府ハ反テ支那ニ對シ新ナル攻擊ヲ開始センカ爲印度支那ヘ軍隊ヲ送ル便宜ヲ獲得セリ。加之日本政府ハ樞軸國ト政治的、軍事的、經濟的協約ヲ締結セリ。

上述ノ情勢ニ於テ英國政府ハ十月十七日本協定ノ失效スルニ關シ之ヲ更新スルヲ得サルコトヲ遺憾トス。

1961

昭和15年10月10日

ビルマルートを再開する旨の英国首相演説に対する松岡外相談話

英國首相ノ演説ニ對スル松岡外務大臣談話

昭和十五年十月十日午後七時半發表

所謂緬甸「ルート」ノ再開ニ關スル英國政府ノ決定ニ就テ本月八日「チヤーチル」英國首相カ下院ニ於テ爲シタ演説ニ對シテ、彼是批評カマシイコトヲ云フノハ好マナイ所テアルカ、此ノ問題竝ニ日獨伊三國條約ニ關連シテ茲ニ所信ヲ開陳スルハ事態ノ眞相ヲ明白ナラシムル上ニ敢テ徒爾テハナイト思フ。

第一ニハ、緬甸「ルート」ヲ三ケ月間閉鎖スルトイフ英國政府トノ取極ハ、此ノ期間内ニ、日本カ支那事變ヲ終熄セシメルト云フ條件ノ下ニ行ハレタノテハ決シテ無イ。勿論日本ハ當時モ今日同様日支間ニ全面的和平ノ到來スルコトカ、一日モ速ナルヲ熱望シテ居リ、自然其ノ趣旨ヲ當時駐日英國大使ニモ話シタコトハアル。

日本カ他ノ何レノ國ヨリモ、日支間ノ平和克復ヲ熱望スル處ナルハ疑ヲ容ルルノ餘地無ク日本ハ從來モ又現在ニ於テモ之カ爲全力ヲ傾倒シテ熄マナイノテアル。「チヤーチル」首相カ以テ遺憾ナリトシテ居ル日獨伊三國條約ソノモノモ實ハ右目的達成ノ一手段ニ他ナラナイノテアル。

第二ニハ、若シ英國政府カ、ソノ言フ如ク眞ニ東亞ニ平和ノ招來セラレンコトノ一日モ速ナルヲ欲スルナラハ、緬甸「ルート」ヲ再開シ、之ニ依テ抗日戰繼續ヲ支持シテ置キ乍ラ日支和平ヲ期待セントスルカ如キハ余ノ諒解シ難イ所テアル。英國政府カ不明ニモ爲シタル今次決定ハソノ意圖スル處カ那邊ニ在ルニモセヨ援蔣ノ結果トナルハ、何人ニモ明白ナル所テアリ自然「チヤーチル」首相ノ言説ハ少クトモ自家撞着ノ誠《(誹カ)》リヲ免レナイ。

最後ニ附言シタイコトハ、今囘ノ三國條約ハ何レノ特定國ヲモ目標トシテ居ルモノテハナイ。勿論米國ヲ向フニ廻スト云フノテハナク强テ言ヘハ米國ニモ好カレカシトノ考ヘテ締結セラレタルモノテアル。

卽チ、本條約ノ締約國ハ凡テノ中立國、特ニ米國ノ如キ强大ナル國家カ歐洲戰爭又ハ支那事變ニ捲キ込マルルコト無キヲ欲スルモノテアル。若シ米國等カ捲キ込マレルコトカアラウモノナラ、ソレコソ人類ノ一大兇變テアツテ、ソノ慘禍ハ考ヘルタニ戰慄ヲ禁シ得ナイモノカアル。

之ヲ要スルニ、今回ノ三國條約ハ、平和ノ盟約テアル。

1962 昭和15年10月11日 在香港岡崎総領事より松岡外務大臣宛（電報）

香港経由援蔣軍需物資禁輸措置の期限の有無をめぐる香港民政長官との会談について

香　港　10月11日後発
本　省　10月11日夜着

第五五〇號

[1]貴電第二五八號ニ關シ（緬甸「ルート」交渉狀況竝ニ香港禁絶期間ノ件）

其ノ後モ八日民政長官ニ會見シ我方見解ヲ繰返シ主張シタル處長官ハ香港ニ關シテハ當時日本側ノ反對スルカ如キ貨物ハ支那奥地ニ輸出サレ居ラストノ事實ヲ述ヘタルニ止マリ何等約束セルニアラス緬甸「ルート」カ再開サルレハ當然之ニ倣フモノト思フト答ヘタルニ付本官ヨリ香港ニ付テハ「クレイギ」大使ハ右ノ如キ事實ヲ述フルト共ニ禁止品目ハ緬甸ノ夫レト同樣ナルヘシト云ヘル點ニ於テ約束ナルコト明カニシテ而モ緬甸ニ對シテハ明確ニ期限ヲ定メ乍ラ香港ニ付テハ何等ノ期限ノ定メ無カリシ次第ナリト述ヘタルニ長官ハ本件ハ元來政府ノ決定スル事項ニシテ政廳ニ裁量ノ權限ナク本國政府ノ回訓モ其ノ內來ルヘキニ付暫ク待タレ度シトテ深ク議論スルヲ避ケタリ

[2]然ルニ往電第五四九號ノ「ロイター」倫敦電ハ前記民政長官ノ三《言カ》分ト符節ヲ合ハスカ如キ論調ナレハ恐ラク英國政府ノ見解ヲ傳ヘタルモノト察セラルル處右ハ英國側カ香港ニ付何等決定ヲ爲ス前ニ一應日本側ノ反響ヲ見ントシテ爲セル「バロンデツセイ」ナルヤモ知レサルニ付東京及廣東等ニテ直ニ强ク之ヲ反駁セラルル要アルヤニ存ス卑見御參考迄

英、廣東ニ轉電セリ

南大、上海ヘ轉電アリタシ

1963 昭和15年10月15日 在香港岡崎総領事より松岡外務大臣宛（電報）

香港経由援蔣軍需物資禁輸措置を十月十八日以

降は続行しない旨香港民政長官通報について

香　港　10月15日後発
本　省　10月15日夜着

第五五八號（大至急）

往電第五五〇號ニ關シ

十五日民政長官ハ只今本國政府ヨリ回訓到着セルカ右ニ依レハ本問題ハ一九三九年ノ狀態ニ立戻リ武器及彈藥ハ引續キ輸出ヲ禁止セラルルヘキモ其ノ他ノモノハ解禁サルヘシトアリ從テ七月以來ノ「アレンヂメント」ハ十八日以後ハ續行セラレサルモノト考フト述ヘタリ右ニ對シ本官ヨリ重ネテ香港ニ付テハ期限ナカリシ點ヲ强ク指摘セルモ長官ハ本件ハ元來兩國政府間ニ話合ハレタルモノニシテ政廳ハ倫敦ヨリ之ヲ通報サレ且其ノ訓令ニ依リ行動セルニ過キス從テ今回解禁ノ訓令アル以上是亦其ノ通リ實行スル外ナシト繰返スノミニテ訓令ノ當否等ニ付テハ議論ヲ避ケタリ尙本官ヨリ武器彈藥中ニハ「ガソリン」交通材料等ヲ含ムヤト質問セルニ對シ本年七月「クレーギ」大使ヨリ問合セアリタル際「ガソリン」ハ含マレサル旨ヲ明カニセリ「トラック」鐵道材料等ニ付テハ研究シ見サレハ明言出來サルモ自分トシテハ之モ當然含マレサルモノト解スヘ要スルニ純然タル武器及彈藥ノミカ引續キ禁輸セラルルノミナリト思フト答ヘタリ

英、廣東ニ轉電セリ

南（大）、上海ヘ轉電アリタシ

1964　昭和15年10月16日　外務省より在本邦英国大使館宛

援蔣ルート封鎖協定を期間満了後更新しないとの英国通告に対するわが方見解について

歐二普通第一六三號

口上書

帝國外務省ハ在京英國大使館ニ對シ「ビルマルート」輸送禁絶ニ關スル日英間取極ニ關シテハ本月八日在京英國大使ヨリ帝國外務大臣ニ對シ爲サレタル口頭通報ニ依リ英國政府ニ於テ右取極更新ノ意嚮ナキ旨ヲ明ニセラレ從テ帝國政府モ今後本件ニ關シ獨自ノ見解ニ依リ適切ナル措置ヲ執ルヘキコトトナリタル次第ナルカ右口頭通報ニ提示セラレタル諸點ニ對スル帝國政府ノ見解ヲ左ノ通爲念通報スルノ光

榮ヲ有ス

一、帝國政府ハ「ビルマルート」閉鎖ノ爲ノ七月十七日附協定ハ三ケ月ノ期間内ニ於テ東亞ニ和平ヲ招來センカ爲ノ努力カ行ハルヘシトノ了解ノ下ニ成立セルモノト考ヘ居ラス

乍然東亞ニ完全ナル和平ヲ招來セントスルハ帝國政府ノ熱望スル所ニシテ右目的達成ノ爲凡ユル努力カ行ハレ且現ニ行ハレツツアルコトハ事實ナリ右努力カ未タ完全ナル成果ヲ擧ケサルノ故ヲ以テ「ビルマルート」ヲ再開シ反テ東亞ノ和平招來ヲ妨害セントスルカ如キ英國政府ノ措置ハ帝國政府ノ了解ニ苦シム所ナリ

一、佛領印度支那ニ帝國軍隊ヲ進駐セシメタルハ佛國政府ノ完全ナル了解ノ下ニ行ハレタル合法的行動ニシテ右カ東亞ノ平和招來ノ促進ヲ目的トナスモノナルコトハ説明ヲ要セサルヘシ右ヲ以テ「ビルマルート」問題ト關聯セシムル理由ヲ了解シ得ス

一、帝國政府カ獨伊兩國ト政治的、軍事的、經濟的條約ヲ締結セルハ戰爭ノ擴大ヲ防止シ世界平和ヲ速ニ招來センコトヲ目的トスルモノニシテ「ビルマルート」問題ト何等ノ關聯ナシト云ハサル可ラス

昭和十五年十月十六日

1965 昭和15年10月16日 在香港岡崎総領事より松岡外務大臣宛(電報)

香港経由援蔣軍需物資禁輸措置を継続しないとの香港政庁通報に対し抗議申入れについて

別　電　昭和十五年十月十六日発在香港岡崎総領事より松岡外務大臣宛第五六一号

右抗議

香　港　10月16日後発

本　省　10月16日夜着

第五六〇號(至急)

往電第五五八號ニ關シ

十六日公文ヲ以テ我方見解ヲ詳述シ政廳ノ決定ニ對シ抗議シ置ケルカ更ニ當方ニ於テ爲スヘキ措置アラハ御回訓ヲ請フ

尚右公文論旨御參考迄別電第五六一號ノ通リ

御見込ニ依リ別電ト共ニ可然ク轉電アリタシ

（別　電）

香　港　10月16日後発
本　省　10月16日夜着

第五六一號

一、政廳ハ訓令ニ基キ武器彈藥ハ引續キ重慶側ヘノ輸出ヲ禁止スルモ「ガソリン」等ハ「ビルマ」ト同時ニ解禁セントスル處武器彈藥ニ關シテハ他ノ軍需品禁輸問題ヨリ遙カ以前ニ約束セラレタルモノニ付問題トナラス他ノ軍需品ニ關シテハ七月日本政府ノ要求ニ對シ英國政府カ承諾セルモノニシテ而カモ「ビルマ」ノ場合ト異ナリ香港ニ付テハ何等期限ノ明示無シ

二、英國大使ノ申入ハ事實ノ陳述ニシテ約束ニアラスト言ハルルモ同大使ノ日本政府ニ爲セル回答ノ辭句ハ約束ナリト解スル外無シ又事實問題トシテ日本政府ノ要求提出前ハ香港ニ於テ本件物資ノ輸出禁止ニ關シ何等公式ノ表示アリタルコト無ク且七月十七日警視總監ノ通告七月二十一日貿易統制官ノ條例竝ニ當時本官カ民政長官及貿易統制官ト爲シタル各種會談ハ何レモ其ノ以前ニ香港ニ斯カル禁輸カ實施シ居ラレサリシコトヲ證明ス又所謂禁止物資カ禁輸實行前ハ相當程度支那領ニ輸出セラレツツアリタルコトハ周知ノ事實ナリ

三、以上各點ヨリ判斷スレハ香港ニ於ケル禁輸ハ約束ニシテ且期限ノ定メ無キモノナルコト明瞭ナレハ「ビルマ」問題ノ解決如何ニ拘ハラス香港ニテハ禁輸ヲ續行スヘキモノト信ス從テ「ビルマ」ト同時ニ香港ニ於テモ禁輸物資ノ取引ヲ制限セサラントスル政廳ノ決定ニ對シテハ抗議セサルヲ得ス

1966　昭和15年10月17日　大橋外務次官／在本邦クレーギー英国大使　会談

香港政庁の援蔣軍需物資禁輸措置解除通報に対しわが方見解通告について

香港經由軍用資材輸出禁止ニ關シ大橋次官「クレーギ」英大使會談ノ件

（昭和十五年十月十七日午前十時　於次官々邸）

大橋次官ヨリ別添寫ノ如キ「オーラル」ヲ讀上ケ手交シタル處英大使ハ

㈠本件ニ付テハ未ダ承知セズ調査ノ上御答スベシ

㈡唯自分ハ本協定ノ當事者ナルヲ以テ左ノコトハ之ヲ云フコトヲ得卽チ本協定ハ決シテ無期限ナリトノ「アンダースタンディング」ハナカリシモノナリ

㈢書キ物ノ最後ニアル「今後ノ一切ノ責任ハ英國政府ニ在リ」トアルハ「スレット」ナリヤト問ヒタルニ付次官ヨリ其處ニ書カレアル通リノ意味ナリト答フ

大使ヨリ更ニソノ意味ヲ説明アリ度シト求メタルニヨリ次官ヨリ我方トシテハ香港ヨリ之等物資ノ輸出セラレザルヤウ有ユル適當ナル措置ヲ取ルノ必要アリ其ノ際ノ責任ハ英國側ニ在リト云フ意味ナリト述ベタル所大使ハ其ノ場合英國權益ニ損害アル際ハ日本ノ責任ナリト反駁セリ

（別　添）

The Japanese Consul-General at Hongkong reports that the Colonial Secretary of Hongkong informed him yesterday that according to the instruction received from London the question of prohibiting the export of war materials at Hongkong was to return to the situation of 1939 and although arms and ammunitions would be prohibited in future, other materials would be allowed to pass after October 18th.

The prohibition of transportation from Hongkong to China of arms and ammunition, gasoline, trucks, railway materials, etc., was promised by several letters and documents exchanged between Your Excellency and the Imperial Ministry for Foreign Affairs during June and July of this year, and in contrast with the case of Burma no date limit was affixed to the said prohibition. As to the categories of materials to be prohibited, Your Excellency's letter addressed to Mr. Arita dated July 16th stated that "regardless of whether or not Japanese troops are at any moment on the land frontier, the measures already in existence provide a prohibition of export to China of specific war material. The measures now to be taken will ensure that the export of additional categories will equally be prohibited. As regards the categories of materials, whatever is agreed in the case of Burma will be applied in Hongkong." In regard to the duration of the prohibition the same letter stated that "the measures taken in Hongkong prevent, and will continue to prevent, the export of war material from the Colony, whether by sea or by land, to China and Chinese ports." In short it is clear that the war materials of the categories prohibited in Burma at that time were also prohibited at Hongkong with no limit as to its duration.

In these circumstances I must inform Your Excellency that our Government cannot but view with most serious concern the above-mentioned report from our Consul-General in Hongkong and that if it is actually the intention of the British Government to cancel arbitrarily the agreement reached about Hongkong, the entire responsibility for the future will rest on the British Government.

1967　昭和15年10月18日　在香港岡崎総領事より松岡外務大臣宛(電報)

援蔣軍需物資禁輸措置の継続を検討中であるとの香港民政長官声明について

香　港　10月18日後発
本　省　10月19日前着

第五六七號(大至急)

十八日午後民政長官ハ左ノ新聞發表ヲ爲セリ

十七日(十五日ノ誤ナルヘシ)民政長官カ岡崎總領事ニ爲セル口頭ノ聲明ハ倫敦ヨリ受領セル電報ニ對スル長官ノ解釋ニ基キタルモノナリ長官ハ七月ノ協定中香港ニ關スル部分ハ主タル協定ノ期限タル三箇月ニ限定セラレ居ラスト爲ス提案(counter-suggestion)ニ對シ目下考慮カ加ヘラレツツアルモノト了解ス純粹ノ意味ニ於ケル武器彈藥ノミナラス他ノ物資ニ對スル香港ノ期限ハ未タ解禁サレサルカ右ハ外交交渉ノ結果カ判明スル迄ハ解カレサルヘシ

英ヘ轉電セリ

南京、上海、廣東ヘ轉電アリタシ

1968　昭和15年10月18日　在香港岡崎総領事より松岡外務大臣宛(電報)

援蔣軍需物資禁輸措置の継続検討中との香港民政長官声明の背後事情につき観測報告

香港　10月18日後発
本省　10月19日前着

第五六八號（大至急）

往電第五六七號ニ關シ

右民政長官聲明ノ眞意ニ付テハ本十八日ハ長官ト會見ノ暇無カリシ爲未タ判然セサルモ恐ラク我方ノ强キ態度ト香港ニ於ケル禁輸ニ期限アリトナス先方ノ主張ノ根據薄キコトニ依リ従前ノ態度ヲ稍變更セルモノト認メラル然ルニ元來政廳ハ本件交渉ハ兩國政府間ニ行ハルヘキモノナリト主張シ居リ「クレーギー」大使モ七月同様述ヘタルコトアル次第ニ付此ノ際東京ニ於テ更ニ本件交渉ヲ進メラルルコト可然シト存ス尤モ當地ニ於テモ明十九日長官ト會見シ我方主張ノ貫徹ニ努力スル積リナリ不取敢

1969　昭和15年10月18日　在ラングーン福井領事より松岡外務大臣宛(電報)

ビルマルート再開後最初の中国向けトラック群がラシオを出発したとの諜報について

ラングーン　10月18日後発
本省　10月19日前着

第三一三號

本十八日二時「ラシオ」諜者ヨリノ電信ニ依レハ軍需品ヲ積載セル支那側「トラック」三乃至四十臺ヨリ成ル第一群ハセウネ?國境ヲ出發セリ

日本軍ノ空襲ニ對シ特ニ警戒スル様一般ニ注意ヲ發シ「ラシオ」ニ於テモ同様ナリ第一「トラック」群カ爆撃ヲ免ルレハ引續キ更ニ多數ヲ出發セシムル筈ナリト

1970　昭和15年10月19日　在香港岡崎総領事より松岡外務大臣宛(電報)

援蔣軍需物資禁輸措置を継続する旨の覚書を香港民政長官提出について

香　港　10月19日前発
本　省　10月19日後着

第五六九號（大至急）

十八日附民政長官ヨリ左ノ公文ヲ接受セリ

Directed acknowledge receipt your letter of 16th October, 1940, which contains protest on the subject of Burma road Agreement.

2. Restrictions imposed by this Government in July, 1940, have not been removed or relaxed and will not be until full consideration has been given to similar protests which it is understood have been made in Tokyo and London.

3. It is requested that your Government be early informed in the above sense.

南京（大）、上海ヘ轉電アリタシ

英、廣東ヘ轉電セリ

~~~~~~~~~~~~~~~~~~~~~~

1971　昭和15年10月19日　在香港岡崎総領事より松岡外務大臣宛（電報）

援蒋軍需物資禁輸措置を継続することとなった経緯に関する香港民政長官内話について

香　港　10月19日後発
本　省　10月19日夜着

第五七〇號（大至急）

往電[1]第五六八號ニ關シ

一、十九日民政長官ニ對シ本件眞相ヲ質シタルニ極ク內證ノ話ナルカト斷リタル上十五日ノ訓電ノ意味ハ總督モ自分モ貴官ニオ話セルカ如キモノト解釋シタルカ其ノ後貴方ノ抗議ヲ倫敦ニ報告スル暇モナク「クレイギー」大使ヨリモ日本政府ノ抗議ヲ傳ヘ來リ右ハ非常ニ昂奮セル書振ナリシ處其ノ爲ニヤ倫敦ヨリ更ニ訓令アリ曩ノ電報ハ香港モ卽時解放スヘシトノ意味ニアラストノ趣旨ヲ申越セリ依テ已ムヲ得ス一切ヲ民政長官カ訓令ヲ誤解セルモノト云フコトニシ前ノ決定ヲ取消シ新聞ニモ其ノ趣旨ヲ發表セル次第ナリ

二、依テ本官ヨリ十八日倫敦發「ロイター」ハ香港ノ禁輸ヲ續行スルヤ否ヤハ總督ノ權限內ニアルカ如ク報シ居ル處果シテ然ラハ本件交渉ハ直ニ當地ニ於テ開始致度シト述ヘタルニ
~~~~~~~~~~~~~~~~~~~~~~

長官(2)ハ自分モ右報道ハ見タルカ何等カノ間違ナルヘシト思フ香港トシテハ本件交渉ハ東京又ハ倫敦ニテ兩政府間ニ行ハルルモノト諒解セシメラレ居レリ但シ御話ノ次第モアルニ付「ロイター」報道ノ件ト共ニ更ニ倫敦ニ問合スヘキカ反對ノ訓令ナキ限リ差當リテハ香港ニハ交渉ノ權限ナシト解釋スト答ヘタリ

三、尚長官ハ本件交渉ノ結果判明スル迄ハ武器彈藥ノミナラス他ノ禁止物資モ香港ヨリ重慶側支那領ニ輸出セラレサルヘキコト勿論ナリトテ此ノ點ヲ保障シ最後ニ往電第五六九號ノ趣旨ハ大至急東京及倫敦ニ電報アリタシトテ頻リニ氣ニシ居タリ

英、廣東へ轉電セリ

南京(大)、上海へ轉電アリタシ

1972 昭和15年10月20日 在上海堀内総領事より松岡外務大臣宛(電報)

ビルマルート再開に対する重慶側の熱狂振りにつき情報報告

上海 10月20日後発
本省 10月20日後着

第二一九四號

滇緬公路再開ニ關シ重慶發外電ヲ綜合スルニ同地各界ハ英國カ現在歐洲ニ於テ生死ノ問題ニ立チ居ル際斯ル決意ヲ示セルハ極メテ重視スヘキナリトテ異常ノ熱狂振ヲ示シ國民外交協會新聞界文化機關等ハ連名ヲ以テ倫敦及蘭貢關係機關ニ對シ夫々感謝電ヲ發シ又各紙トモ之ヲ大々的ニ報シ居レルカ特ニ十九日附新民報ハ米國ハ英支兩國援助ノ形式ヲ以テ兩太洋ヲ保護スヘキニシテ英米支三國同盟コソ最モ合理的措置ナルカ支那ハ既ニ對日抗戰ニ依リ事實上英米ト同盟國タル氣格ヲ具有スト論シ十八日宣傳部長王世杰ハ英國ニ感謝スル一方日本側空襲ノ活潑化ヲ期待シテ國民ニ警告スルト共ニ列國ノ對支援助ヲ要請シ又中央大學校長羅家倫。。ハ右ハ英國ノ對日「アピースメント」政策ノ打切リニシテ英支友好關係ノ强化ナリト放送シ更ニ交通部次長方覺慧ハ日本カ如何ナル行動ニ出ツルモ滇緬公路確保ノ自信アリ既ニ其ノ沿線ニハ防空壕勞働者宿舍資材倉庫道路修理所等諸般ノ準備モ完成シ「ラシオ」昆明間ハ「トラック」ニテ約

五日ニテ到着シ得ル旨ノ談話ヲ發表スル等之ニ依リ國際情勢カ有利ニ急轉セルカ如ク印象付クヘク躍起トナリテ宣傳ニ努メ居ル模様ナリ

北京、天津、南京、漢口ヘ轉電セリ

香港ヘ暗送セリ

1973　昭和15年10月21日　在本邦クレーギー英国大使より大橋外務次官宛

援蔣ルート封鎖協定は満期終了したが香港での援蔣軍需物資禁輸措置は続行される旨通報

香港經由軍用資材禁輸ニ關スル件

昭和十五年十月二十一日「クレーギー」大使ヨリ大橋次官ニ手交セル書物要領

「オラル」

本月十七日閣下ハ本使ニ對シ在香港日本總領事ヨリノ報告ニ依レハ香港ニ於ケル軍用資材輸出ハ一九三九年ノ狀態ニ還ル可ク武器、彈藥ハ將來ニ於テモ禁止サル可キモ其他ノ資材ハ十月十八日以後ハ輸出ヲ許可サル可キ旨通報セラレタリ

右ノ點ニ關シ本使ハ閣下ニ對シ本使ハ右カ本國政府ノ意思ナルコトヲ承知セス恐ラク何等カノ誤解有ルモノナル可ク本使ニ於テ問合ハス可キ旨申述ヘタリ本使ハ今ヤ本國政府ヨリ現在香港ニ於テ實施セラレ居ル制限ノ如何ナル部分ヲモ除去スルノ意思今ノ處無之從テ十月十八日以後ハ武器、彈藥以外ノ禁止品ノ輸出制限ヲ除去スルコトカ香港當局ノ意思ナリトノ日本總領事ノ報告ハ根據ナキモノナリトノ本使ノ見解ノ確認ヲ受領セリ

前記會見ニ於テ閣下ハ七月十七日ノ協定ハ香港ニ對スル制限ニ付特定期限ヲ附シ居ラサルヲ以テ之等制限ヲ當該協定終了後モ維持ス可キ我方ノ義務存續スト主張セラレタリ其ノ際本使ハ閣下ニ對シ協定ニ關スル右解釋ヲ承諾シ得サル旨申述ヘタルカ今ヤ本使ハ本國政府ニ依リ同政府モ亦斯ノ如キ解釋ニ同意シ得サル旨通報セラレタリ本使ハ又七月十七日協定ノ香港ニ關スル部分ト緬甸ニ關スル部分ノ用語カ異リ居ルコトハ前者ニ於テハ武器彈藥ノ輸出制限カ既ニ若干期間實施セラレ居ルニ對シ緬甸ニ於テハ然ラサルコトニ基由セルモノナル旨申添フ又協定ノ本文及ソレニ先立チタル會談ヨリシテ英國政府カ香港ヨリノ特定範圍物資ノ輸出

ヲ無期限ニ禁止スル義務ヲ負ヒ居ルモノニ非ス又事ノ性質ヨリシテ負ヒ得サルモノナルコト明カナリ
七月十七日協定ノ終了及ソレニ伴フ義務ノ終了ト共ニ英國政府ハ本件ニ關スル行動ノ自由ヲ囘復セリ然レ共前述セル如ク同政府ハ目下ノ處現在香港ニ於テ右協定ニ指定セラレタル物品ニ對シ課セラレ居ル制限ノ何レノ部分ヲモ除去スルノ意思ナキモノナリ

編注　本文書の原案(英文)は省略。

1974　昭和15年10月21日　在ラングーン福井領事より松岡外務大臣宛(電報)

メコン橋梁などビルマルートに対する日本軍空爆の効果につき情報報告

ラングーン　10月21日後発
本　　省　10月22日前着

第三一六號(極祕)

支那側ヨリノ報道トシテ當地新聞ノ掲載記事ニ依レハ「ホザン」及「メコン」橋梁ノ爆撃ハ相當ノ效果ヲ收メタルモノノ如シ蔣ハ總ユル努力ヲ盡シテ滇緬路交通ヲ保持スヘク廣九鐵道ニ從事セル技術及勞務者ヲ滇緬路ニ使用スル爲香港ヨリ蘭貢ニ輸送シツツアリト

諜報ニ依レハ二十日夜「ラシオ」ヲ出發セル自動車群ナカリシカ如シ「メコン」橋梁ノ破損ニ依ルト判斷ス「ラシオ」ニ集積シアル軍需品ハ主トシテ小銃同彈藥類及燃料ニ屬スルモノノ如ク其ノ數量ハ明カナラサルモ十九日夜日本短波放送ＵＰ電ノ如ク大ナラス多クモ其ノ一割以下ニアラサルカト思考ス

右關係方面ヘ通報アリタシ

1975　昭和15年11月4日　在ラングーン福井領事より松岡外務大臣宛(電報)

日本軍の空爆後もビルマルートによる軍需物資輸送は続行されているとの情報について

付記　昭和十五年十一月七日付在本邦クレーギー英国大使より松岡外務大臣宛半公信
日本軍用機の香港上空飛行およびビルマ領内爆撃に対する抗議

ラングーン　11月4日後発
本　　省　11月5日前着

第三二九號

十月二十七日雲南出發「トラック」群(三三臺)ニ加ハリ三十一日「ラシオ」ニ到着セル諜者報ニ依レハ滇緬路ハ四日間杜絶ノ後自動車ノ交通ヲ復活セルモノノ如ク「ラシオ」ヨリ自動車群出發ノ情報跡ヲ絶タス蘭貢ヨリ「ラシオ」ニ向ヒ糧秣軍需品ノ輸送モ行ハレアリ保山西方騰越街頭上ノ橋梁ハ爆破セラレタルモ雲南行ニハ差支ナシ委細後報

(付　記)

日本軍用機香港上空飛行ノ件竝日本軍用機ノ緬甸領爆撃ニ關スル件

昭和十五年十一月七日附在京英國大使發松岡大臣宛半公信要譯

(昭和十五、十一、九　亞一)

拜啓陳者本使ハ左記ノ如キ日本航空機ニ依ル英國領土侵害ニ對シ閣下ノ注意ヲ喚起致候

十一月四日月曜日午前八時二十五分(香港時間)日本爆撃機一機香港上空ヲ通過セリ兩翼ニ於ケル日本標識ハ明カニ看取セラレ本機ハ九一型若ハ九六型ナリト信セラル

十月二十六日午後零時十分日本爆撃(機欠カ)三十六機ハ緬甸領內「キューコク」(Kyuhkok)上空ヲ東方ヨリ西方向飛翔セリ暫クシテ後之等爆撃機ハ再ヒ「モンギュー」(Mongyu)(英國領土)ヨリ見ラレ更ニ又若干時後ニハ「ロイウォン」上空ヲ飛翔セリ一般ニ之等爆撃機ハ英國領上空ヨリ「ロイウォン」ニ接近セルモノト判斷セラレタリ「ロイウォン」爆撃後之等ハ東南方ニ向ケ「ナムカム」(Namknm)(英國領)上空ヲ通過シテ飛去レリ午後零時半爆撃機一機ハ「ナムカム」ノ南方四哩ニシテ國境六哩ノ英國領內ノ一村タル「ロイロイムマント」(Loi-Liom-Man-To)上空ニ於テ爆彈一箇ヲ落下セリ該爆彈ハ「ロイロイムマントー」ヨリ三「ファーロング」ノ地點ニ落下シ茶畑ノ中ニ穴ヲ穿チタリ他ノ飛行機ハ「モンギュー」南方國境ヨリ相當南方ノ英國領土上ヲ飛行シ居ルヲ「モンギュー」ヨリ見ラレタリ以上ノ證據ニ徵シ英國領土カ侵害セラレタルコトニ付テハ疑ヒナシ

本使ハ之等二箇ノ事例ヲ閣下カ日本航空機ニ依ル英國領土

ノ是以上ノ侵害ヲ防止スル爲措置ヲ執ル可ク直ニ希望セラルルコトヲ確信スルヲ以テ閣下ノオ耳ニ入レントスルモノニ有之候

敬具

ロバート・クレーギー

外務大臣　松岡洋右閣下

編　注　本文書の原文（英文）は省略。

1976　昭和16年3月8日　松岡外務大臣より在英国重光大使、在ラングーン福井総領事他宛（電報）

重慶側軍隊のビルマ進駐の情報に関し大橋外務次官よりクレーギー大使へ真偽照会について

付記一　昭和十六年三月三日、東亜局作成「重慶緬甸共同戰線牽制ニ關スル件」

二　昭和十六年三月十日付在本邦クレーギー英国大使より大橋外務次官宛公信

右照会に対する英国政府回答通報

本　省　3月8日後6時0分発

合第五一〇號

四日在京英大使ト會見ノ際次官ヨリ三日ノ香港發放送ニ依レバ蔣介石軍ハ緬甸ニ進入セリトノコトナルガ如何ト問ヒタル處英大使ハ右ハ絶對的ニ事實ニ非ズ又蔣軍ノ同國內進入ニ關シ英支間ニ何等カノ協定アリトノ報道モ事實ニ非ズト述ベタルニ依リ次官ヨリ若シ蔣軍ガ緬甸ニ進入セバ右ハ蔣ガ同國ヲ占領シタルモ同然ナリト見做シ措置セサルヲ得スト述ベ置キタリ

本電宛先南京（大）、上海、北京（大）、香港、廣東、河內、新嘉坡、蘭貢、カルカツタ、英、米

（付記一）

重慶緬甸共同戰線牽制ニ關スル件

昭和十六、三、三　東亞局

重慶緬甸間ニ於テ軍事協定ノ成立、蔣軍ノ緬甸進駐、重慶側飛行機組立工場ノ「ビルマ」移轉、援蔣輸送路ノ改修建設（滇緬公路ノ改修、新鐵道ノ建設）等種々ノ情報ニ接シ居ル處最近ノ適當機會ヲ利用シ次官ヨリ英國大使ニ對シ左記

趣旨ヲ説示セラルルト共ニ新聞ヲシテ本問題ヲ取上ケシメ以テ㈠兩者接近ノ積極化ヲ牽制シ㈡今後ニ於ケル帝國ノ對緬甸及泰施策ニ本件ノ推移ヲ引懸利用シ得ル素地ヲ作リ併セテ㈢本件諸情報ノ眞僞ヲ確ムルコト一策ト認ム

記

㈠前記ノ如キ諸情報ハ痛ク我方ノ輿論ヲ刺戟シ居ルコト

㈡右ニシテ眞實ナリトセハ我方ニ於テモ適當ノ對抗策ヲ講セサルヲ得サルコト

㈢「チヤーチル」首相ノ言明等ニ照シ矛盾アリ右ハ英國政府ノ如何ナル意圖ニ基クモノナリヤ説明ヲ得度キコト

㈣若シ事實ニ非ストセハ英國政府ニ於テ正式ニ之ヲ取消サルルコト日英國交上必要アリト認ムルコト

備考

本件不取敢新聞紙ヲシテ左ノ要領ニヨリ大キク取扱ハシムルモノトス

(1)各情報ヲ誇大ニ報道セシムルコト

(2)英國ハ日支紛争ニ對スル中立ノ假面ヲ積極的ニ拋棄シ事變ノ擴大ヲ圖ラントスルモノナルコト

(3)事變處理ヲ最重視シ居ル帝國トシテハ斯ル措置積極化シ來ラハ斷乎自主的防衛措置ヲ講スルノ要アルコト

（付記二）

British Embassy, Tokyo.

March 10th, 1941.

（366/74FR/41）

My dear Vice-Minister,

With reference to our conversation on the 3rd instant, regarding unfounded reports of Anglo-Chinese activities, I write to inform you that my Government fully approved the categorical denial I gave of the story that Chinese troops had entered Burma or that an Anglo-Chinese agreement providing for such entry had been concluded. The telegram I received continued as follows:

"We do not propose to issue denials of each such report as it appears, but in response to press enquiries we are taking the attitude that Japanese agencies are inundating the Far East with highly imaginative stories regarding British activities, for reasons which can only be conjectured. Since there stories are being faithfully reproduced by Transocean we cannot but feel suspicious as to the source from which they originated."

Believe me,
my dear Vice-Minister,
Yours very sincerely,
R. L. Craigie

His Excellency
Mr. Chuichi Ohashi,
His Imperial Japanese Majesty's
Vice-Minister for Foreign Affairs.

1977　昭和16年3月10日　在ラングーン福井総領事より松岡外務大臣宛（電報）

重慶軍のビルマ進駐に関する諜報報告

ラングーン　3月10日後発
本省　3月12日前着

第五三號

[1]支那軍ノ緬甸進入ニ關シ「ラシオ」諜者ノ報告左ノ通リ

一、支那軍夜間「ラシオ」ヨリ「シヤン」州「ケンタン」(Kengtang)ニ輸送セラレタルカ右支那軍ハ更ニ同地ヨリ支那及佛領印度支那間國境方面ニ派遣セラルルモノナリトノ聞込ミアリタル處「ラシオ」ニ於テハ晝間支那軍ヲ全然見受ケサルニ付

[2]「ワンテン」附近ニ駐屯中ノ支那軍ノ動靜ヲ監視スル爲三月三日同地到着五日夕刻迄滯在セル處二日間ニ支那兵ヲ滿載セル「バス」三〇臺中「ワンテン」出發「ラシオ」ニ向ヒタルヲ目撃セリ尠クモ四、五百名ノ支那兵既ニ「ラシオ」ヲ通過セルモノト思考セラル

二、[3]「ラシオ」ヨリ「ケンタン」方面ニ向フ唯一ノ道路「ロイレム」國道ニ於テ三月六日監視シ居リタル處二十三時頃覆ヲ被セタル「バス」二十臺通過セリ「バス」ノ燈火ニ依リ車內ノ人物カ軍服ヲ着セル支那人ナルコトヲ目撃セシ由ナルモ右ハ支那人ナリトノ諜者ノ斷定ハ夜間「バス」ノ燈火ニテ觀察セルモノニシテ疑問ノ餘地モアルヲ以テ目下諜者ヲ「ナスタン」方面ニ派遣手配中

1978　昭和16年3月13日

上海よりの軍需資材再輸出を防止するためビルマ・仏印等への援蔣物資輸移出禁止措置実施方関係機関で協議決定について

在上海堀内総領事より
近衛臨時外務大臣事務管理宛（電報）

上　海　3月13日後発
本　省　3月14日前着

第三五一號

本官發南大宛電報

第五九號

客年大臣宛往電第二三五五號ニ關シ
最近當地ヨリ軍需資材ノ再輸出盛ンナル趣ヲ以テ上海海關ニ於ケル南支、佛印、緬甸向援蔣物資輸送禁絶措置實施方軍側ヨリ希望アリタルヲ以テ「ビルマ、ルート」再開ノ對策トシテハ既ニ時期ヲ失シ從テ其ノ一ノ狙所ナリシ外交的意義ハ多分ニ失ハレタル次第ナルカ兎モ角關係各機關（陸、海、興亞院、財務官）係官ノ參集ヲ求メ客年大臣宛往信機密第三二七八號附屬ノ措置案ヲ再協議セル結果原案ニテ卽時實施方意見ノ一致ヲ見タルヲ以テ早速右要領及品目表英譯ノ上三月十日曾禰ヨリ張關務署長ニ之ヲ手交説明ノ上財政部ヨリ上海海關ニ對シ然ルヘク命令方申入レタル處張ハ大體諒承シ周部長ト相談ノ上措置スヘキ旨答ヘタル趣ナリ
就テハ右命令至急發出方御指導相成度尚張ニ對シ本件ニ付テハ既ニ貴館石黒書記官ト連絡濟ナル旨申聞ケ置キタルニ付爲念一件書類空送ス
大臣、北大、天津、青島、廣東、香港、海内（河カ）へ轉電セリ

1979　昭和16年3月17日

重慶軍のビルマ進駐に関する中英軍事協定成立の諜報報告

在上海堀内総領事より
近衛臨時外務大臣事務管理宛（電報）

上　海　3月17日後発
本　省　3月17日夜着

第三六九號

ＡＫ情報

二月十日重慶ニテ「カー」大使ト何應欽トノ間ニ英支軍事協定調印セラレタルカ主ナル條項左ノ通リ
一、支那軍精鋭部隊二萬ノ緬甸進駐必要ノ際ハ更ニ增加スル

コトヲ得

二、緬甸ニ支那派遣軍司令部ノ設置之カ移駐ニ要スル自動車「トラック」ハ英國ヨリ供給ス

三、英國軍事専門家ヲ支那軍顧問ニ招聘

四、英國ノ對支援助强化

五、英支兩國ノ滇緬公路共同防衛

尚別途情報ニ依レハ商震一行ハ蘭貢ニテ緬甸當局ト之カ技術的問題協議ノ結果杜津明ノ第五軍機械化部隊ヲ入滇セシメ雲南駐屯中ノ(一語不明)部隊ヲ入緬セシムルコトニ決定同部隊ハ既ニ出動準備中ノ由

北京、南大、天津、漢口、香港、蘭貢ヘ轉電セリ

1980 昭和16年3月20日 在上海堀内総領事より近衛臨時外務大臣事務管理宛(電報)

ビルマルートの輸送力増強を主眼とする英米中三国秘密協定成立に関する諜報報告

上海 3月20日後発
本省 3月20日夜着

第四〇〇號

AK情報(出所中共東方局)

往電第三六九號協定ハ英支協定ト云ハンヨリ寧ロ緬支協定ト稱スヘキモノニテ右ノ外更ニ二月十一日重慶ニテ英米支三國祕密協定成立セルカ署名者ハ王外交部長及英米兩大使ニシテ全文九條ヨリ成リ三國ノ軍事専問(門カ)家ヲ以テ極東聯合軍司令部ヲ緬甸ニ設置スルコト滇緬鐵道ノ建設、緬甸ニ於ケル飛行機製作工場及兵工廠ノ增設、重慶、蘭貢間航空路ノ新設、支那空軍ノ增强、緬甸、新嘉坡、香港共同防衛ニ關スル三國間ノ經濟的軍事的協力等ヲ約シ居ル由

上海公使、南京、漢口、天津、香港、蘭貢、新嘉坡ヘ轉電セリ

1981 昭和16年4月2日 在ラングーン福井総領事より近衛臨時外務大臣事務管理宛(電報)

滇緬鉄道建設計画が進捗しつつあることを窺わせる諸情報報告

別電 昭和十六年四月三日発在ラングーン福井総領事より近衛臨時外務大臣事務管理宛第八三号(編注)

右鉄道のラシオ・国境間延長につき財政的全

責任を英本国政府が引受けるとのビルマ政庁発表

ラングーン 4月2日後発
本 省 4月4日前着

第八三號

滇緬鐵道ノ豫定線路中約五十粁ハ緬支間國境未劃定地域ヲ通過シ居リ同鐵道ノ建設ニハ先ツ國境ノ劃定ヲ必要トシテ之カ爲任命セラレタル英支國境委員會ハ一九三七年四月中報告書ヲ作成セルモ英支兩國政府カ之ヲ正式ニ承認セサル中ニ支那事變勃發シテ其ノ後國境劃定問題モ進捗セサリシ模樣ナリシ處蔣政權ハ客年中前記未劃定地域ヲ英國ニ讓渡シ其ノ代償トシテ鐵道材料ノ對支供給方ヲ英國ニ申込ミタルモ英國政府ハ之ニ對シ何等ノ決定ヲ見居ラストノ諜報モアリ又本年一月緬甸政府使節ノ重慶訪問及先般蔣政權軍事使節ノ緬甸訪問ハ同鐵道ノ完成ニ役立チタリトノ諜報モアリタルカ客月二十三日重慶發「ルーター」電報ハ同鐵道ノ建設工事ニ當ルヘキ技師杜鎭遠ハ米國鐵道業者ト技術上及材料供給上問題商議ノ爲渡米ノ途ニアリ又國民參政會ニ出席中ノ在米蔣政權代表鄺炳舜ハ同鐵道建設資金トシテ金貨公債賣却ヲ監督ノ爲近ク歸米スヘシトノ報道ヲ爲セル處本月一日緬甸政府ハ別電ノ「コムミユニケ」ヲ發表セリ

尙緬甸ノ輿論ハ滇緬交通路（道路及鐵道）ノ開設カ齎スヘキ利益ハ英國資本家カ之ヲ吸收シ緬甸國民ハ何等右利益ニ均霑セサルヘク右開設ハ緬甸民族ヲ壓迫スル支那移民ノ流入ヲ來スニ過キストノ見地ヨリ右開設ニ反對シ來リタルカ最近ニ於テハ右開設ニハ反對セス專ラ本件鐵道ノ完成ト同時ニ移民法ノ制定及關稅法ノ修正ヲ政府ニ要求シ居レリ

別電ト共ニ英ヘ轉電セリ

編注 別電第八三号は本電報と電報番号が重複している。

（別 電）

ラングーン 4月3日後発
本 省 4月4日後着

第八三號

緬甸政府ノ「プレスコミユニケ」

「ラシオ」ヨリ緬支國境迄ノ鐵道延長ニ關シ緬甸政府ハ緬甸ハ相當年限内ニ收益ヲ生ム見越シ確實ナラサル線路ノ建

設右維持ニ依リ生スヘキ損失ノ危険ヲ負擔シ得ル程富裕ニアラストノ態度ヲ持シ來リタルカ當初ヨリ之ヲ知リ居リタル英國政府ハ緬甸政府ト協議ノ上緬甸鐵道ノ緬支國境迄ノ延長及之カ運營ニ付財政上全責任ヲ引受クルコトニ決定セリ緬甸政府ハ鐵道ノ延長ニ同意スル條件トシテ㈠緬甸ニ何等ノ財政的負擔ヲ掛ケサルコト㈡緬甸ハ鐵道買收ノ選擇權ヲ與ヘラルヘキコト㈢關税、旅券及ヒ移民ニ付必要ナル統制ヲ為スヘキコト㈣鐵道ノ安全ヲ確保スル為通常ノ措置適用サルヘキコトノ四ケ條ヲ英國政府ニ提示シ右條件實施ノ手段ハ英緬兩政府間ノ正式協定ニ於テ詳細規定スヘキコトニ合意セリ緬甸政府ハ本件鐵道ニ依リ流入スル移民ノ統制ニ必要ナル規則ヲ制定シ得ヘク斯クテ緬甸ハ通常新鐵道ノ開設ニ伴フ財政的責任ヲ負ハス又緬甸ノ利益ヲ害スルカ如キ危険ヲ負フコトナクシテ本件鐵道ノ齎ラス貿易量、運輸量ノ増加ニ依ル利益ヲ受クヘシ

1982 昭和16年4月7日 在上海堀内総領事より近衛臨時外務大臣事務管理宛（電報）

ビルマ・仏印等への援蔣物資輸移出禁止措置を上海海関実施について

別電 昭和十六年四月七日発在上海堀内総領事より近衛臨時外務大臣事務管理宛第五三九号

上海 4月7日後発
本省 4月7日夜着

右禁止品目

第五三八號

本官發南大宛電報第五九號ニ關シ

一、張關務署長等督促ノ結果李海關監督ヨリ「ローフオード」宛訓令ヲ發セシメタル結果三（四カ）月七日以降上海海關ヲシテ別電第五三九號㈠列記ノ品目ノ佛印緬甸香港九龍廣州灣租借地澳門及南支未占領地域向ケ輸移出禁止ヲ實施セシムルコトトセリ

二、本件發表ニ關シテハ「告示」ニ代リ國民政府財政部側ヨリ適宜新聞發表セシムルコトトシ今週中ニ右實行方張ト打合濟

三、尚昭和十四年十二月六日以降維新政府ノ命令ニ依リ上海海關ニ於テ實行中ノ南支未占領地域及香港向ケ輸移出禁止（一五品目前顯別電㈡參照）ハ前記新?部令ニモ拘ラス引

續キ之ヲ實施セシムルコトトナリ居ルニ付右爲念
南大、北京、天津、青島、廣東、香港、河内、蘭貢ヘ轉電セリ

（別　電）

上　海　4月7日後発
本　省　4月7日夜着

第五三九號

一、[1]四月七日ヨリ實施ノ佛印、緬甸、南支未占領地域等向ケ援蔣物資輸移出禁止品目（二九品目括弧内ハ税番）

一、銅及銅製品（家庭用品ヲ除ク）（一三六―一四六）
二、鐵及鋼竝ニ鋼《?》製品（家庭用品ヲ除ク）（一四七―一八八）
三、「ワイヤ」（一四四―一七一―一七七）
四、「ワイヤ、ロープ」（一四五―一八一―一八二）
五、發電及送電用機械竝ニ同部分品（二一七）
六、耕作《(エカ)》機械及同部分品（二一八）
七、發動機及同部分品（二二〇）
八、汽罐類及同部分品（二二一）
九、軍用ニ供セラルヘキ科學機械（二二五）
一〇、飛行機、飛行艇及其ノ他ノ航空機及同部分品（二二六）
一一、自動車「トラック」及同部分品（二二九）
一二、鐵道及軌道用品竝ニ同部分品（二三〇）
一三、電線及電纜（二三六乙）
一四、蓄電池、乾電池、充電器及同部分品（二三八）
一五、電話機、電信機及同部分品（二四四）
一六、鹽酸（三九六）
一七、硝酸（三九七）
一八、硫酸（三九九）
一九、「グリセリン」（四一六）
二〇、硝石（四二六）
二一、智利硝石（硝酸曹達）（四三五）
二二、硫黄（四四二）
二三、「ガソリン」揮發油及「ベンジン」（四八一）
二四、機械用「グリース」（四八三）
二五、重油（四九一）
二六、潤滑油（四九七）
二七、水硬性「セメント」（五八七）

二八、自動車「トラック」用「タイヤ」（六二一丙）

二九、現行税金規則ニ列記セラレ居ル禁制品

二[2]、昭和十四年十二月六日以降實施中ノ南米（支カ）未占領地域及香港向輸移出禁止品目（十五品目）

一、自動車

二、貨物自動車

三、自動車部分品

四、自動車用「タイヤ」

五、護謨底靴（大人用）

六、「ラヂオ」用蓄電池（大型）

七、電池（小型）

八、電球（小型）

九、懷中電燈

一〇、電信用器械及材料

一一、電話用器械及材料

一二、電線類一切

一三、鐵板

一四、木材

一五、「セメント」

1983　昭和16年4月23日　在上海堀内総領事より松岡外務大臣宛（電報）

上海海関が実施したビルマ・仏印等への援蔣物資輸移出禁止措置の対仏印例外規定につき請訓

上　海　4月23日後発
本　省　4月23日夜着

第六八〇號

往電第五三八號ニ關シ

當地海關ニ於ケル援蔣物資ノ南方向ケ輸出禁止措置ニ關シ當地佛國總領事ヨリ右ハ國際情勢ノ現狀ニ鑑ミ歐洲方面ヨリノ物資補給ノ杜絶セル佛印ニ取リテハ大打撃ニシテ單ニ正當ナル商取引ニ阻礙アルノミナラス佛印自體ヲ甚タシク困難ナル地位ニ陷ルルモノナル處現在佛印、支那間ノ國境ハ閉鎖セラレ援蔣「ルート」ハ日佛委員會ニ依リ嚴重監視サレ居ルノミナラス最近當地ヨリ佛印向ケ輸出物資中ニハ佛印總督府自身使用スル物品尠カラサルニ鑑ミ佛印自體ノ正當ナル需要物資ニ限リ特ニ例外的辨法ヲ設クル様取計アリタキ旨申出アリタルヲ以テ海關側トモ聯絡ノ上左記ニ據リ佛印自體ニ於テ使用スル物資ニシテ再輸出ノ惧ナキ物ニ

限リ特別ニ取扱ヲ致度キ所存ナル處（此ノ點當地陸海軍側モ同意見）本件ハ目下御交渉中ノ對佛印通商經濟交渉トモ何等關係アルヘキヲ以テ右例外的取扱ニ關スル御意見何分ノ儀御回示相煩度シ

記

一、佛印自體ノ鑛山、電燈、鐵道、水道、會社其ノ他公共團體及公共事業ニ使用スル機械類及藥品等ニシテ再輸出セサルコト明白ナルモノニ限リ佛國總領事館ニテ右證明ノ上海關監督ニ對シ護照ニ代ルヘキ「パーミツト」ノ發給ヲ請求セシムルコト

二、海關監督ヲシテ右「パーミツト」ノ發給ニ先タチ當館ニ聯絡セシメ當館ニ於テハ陸海軍ト聯絡シタル上孰レモ差支ナシト認メラレタル場合ニハ認印ヲ捺シ之ヲ海關監督ニ回附スルコト

三、海關ニ於テハ海關監督ノ發給スル「パーミツト」ニシテ當館竝ニ海軍當局ノ認印アルモノノミ之ヲ有效トシテ例外的取扱ヲ爲ス

南大、香港、河内へ轉電セリ

1984　昭和16年5月14日　在ラングーン磯野（勇三）総領事より松岡外務大臣宛（電報）

ビルマ人の英国および中国に対する反感や独立気運などに関する観測報告

ラングーン　5月14日後発
本　　　省　5月15日前着

第一一二九號（館長符號扱）

[1]本官著任以來觀得シタル當領緬甸人ノ情勢ニ關シ左ノ通リ參考迄

一、緬甸人ハ特ニ英國側宣傳ノ先棒ヲ擔ク一派ヲ除キ時機至ラハ強國ノ支持ヲ得テ獨立ヲ獲得セント期シ居ル旨ヲ言明スルコト殆ト常識的ニシテ内ニハ見榮ニモ右ヲ振廻スモノアリ從テ果シテ何レカ眞劍ニ獨立ノ爲ニ一切ヲ抛ツ覺悟ヲ有スルモノナリヤ識別ニ困難ナシトセサルモ一般ニ漠然乍ラ今ニ優ル好機無シト信シ居リ殊ニ奧地住民ハ近ク日本軍進駐スヘキニ付其ノ時コソハ英國ニ對シテ日頃ノ恨ヲ晴サント期待シ居ルモノノ如シ（最近蘭貢市内官衙、重要商店等カ空爆ノ彈丸破片防護裝置ト稱シテ外路ニ面シテ煉瓦ノ塀ヲ構築中ナルヲ目シテ緬甸人ハ緬甸

人暴動ニ備ヘ居ルモノナリト私語シ居レリ）而シテ緬甸人ノ英國ニ對スル憤懣ハ最近全國ニ支那人ノ流入甚タシク若シ此ノ上滇緬鐵路開通セハ支那兵ノ爲緬甸人ノ生活ハ抹殺セラレントスルトノ懸念ニモ尠カラス因由スルモノト認メラル

二、一方英國官憲ノ彈壓强化ノ爲

從[2]來多少ノ組織ヲ有シタル獨立黨各派領袖ハ悉ク監禁セラレ從テ運動ハ地下ニ潛行スルニ至レルモ監禁中モ外界ト全ク隔絶スルニモ非スシテ本官着任（脱？）當方ニ聯絡シ又ハ之ヲ爲サント努ムルコト稀ナラス之等各派ハ大同團結シテ全國的統一新黨ヲ組織スル意圖アリヤヲ忖度スルニ從來ノ觀察ニ依レハ其ノ機運無キノミナラス各派互ニ相剋排擠シテ他ノ弱點ヲ發クニ急ニシテ假ニ外部ヨリ統一機關形式ノ要ヲ强調スルモ緬甸人ノ性質上通常ノ情勢ニテハ見込無カル可シトノ論多シ之等各派カ別個ニ我方ニ接近シ又ハ黨員ヲ國外ニ脱セシメテ準備態勢ヲ整フルモ之ニ依リ各派間ニ自黨ノ勢ヲ張リ之ヲ誇示セントスル所以ニ過キサルヤニ認メラルル節アリ

從[3]テ當方ニ於テ或ル一派ト或ル程度ノ聯絡ヲ爲ス時ハ他ノ派モ筒拔ケニ此ヲ傳聞シテ我方ニ却テ中傷的聯絡ヲ爲シ來ルコトアリ

三、「タキン」黨ハ先年穩健派「コダマイレ」ト急進派（客年機密第五一號往信「タキン」黨ノ現狀御參照）分裂シテ以來前者ハ更ニ「タキン、ヌウ」「タキン、ミヤー」（現代議士）及ヒ「タキン、ラボウ」等ノ「グループ」ニ分裂シ互ニ嫉視スル事常ノ如シ急進派ハ「タキン」黨發生當時ノ氣魄ト實行力トヲ有スル如キモ領袖タル「タキン、トンオク」ハ逃避中又「タキン、バセン」ハ入獄中ニシテ積極性無ク財政ニモ窮迫シ居ルモ依然デンインニ相當ノ勢力ヲ有スル如シ

他[4]方「シンエダトウ」ハ「バーモ」入獄中ナル爲（一語不明）ハセサルモ同人ハ七月頃釋放セラルヘシトノ事ニテ比較的廣範圍ニ信望ヲ有スルコト同人ニ如クハ無ク且ハ從來ノ經歴ニ鑑ミ若シ將來有事ノ際統一的中心人物タリ得ルモノアリトセハ之ヲ（他ニ）求メ難カルヘシト認メラル

四、以上ノ情勢ニテ目下準備機關トシテハ各黨各派ノ一ニ偏スルコト無ク差當リ其ノ何？レヲシテモ落膽スルコトナカ

ラシメ且各派ヨリ心アル者ヲ一旦國外ニ招致シテ充分ナル實際的準備ヲ授クルト共ニ團結シテ將來ニ備フル樣指導スルコト少クトモ仲間割レヨリ破綻ノ生スルコトヲ防止スル上ニ於テ必要ト認メラル

尚聞ク所ニ依レハ當地英國官憲ハ日本側ノ或ル方面ニテ緬甸人獨立黨員四十名ヲ國外ニ脱出セシメントシ居レリトノ情報ヲ有スルモノノ如ク當方ニ接近シ來ル緬甸人ノ一ニ對シテ右四十名ノ一ナラスヤト探査シタル趣ナリ

「タイ」へ轉電アリタシ

1985　昭和16年7月7日　在ラングーン磯野総領事より松岡外務大臣宛（電報）

米国の援蔣軍需物資輸送がビルマルートを通じ近く飛躍的に増加するとの観測報道報告

ラングーン　7月7日後発
本　　省　7月8日前着

第二一一號

(一)當地漢字紙ハ重慶竝ニ「ラシオ」特電トシテ數ケ月中ニ米國ヨリノ援蔣物資ハ大量ニ增加スヘキコトトナリ特ニ兵器、高速度戰鬪機爆擊機及飛行人員續々輸送セラレへ（ルカ）ク之ニ依リ支那空軍ハ啻ニ優勢トナルノミナラス今次戰爭ニ大轉換ヲ來タスヘク卽チ日本ハ北進モ南進モ不可能トナリ日支戰爭ニ沒頭セサルヲ得サルニ至ルヘシト報ス

(二)右ハ二日紐育電トシテ當地ニ傳ヘラルル緬甸「ルート」援支物資ノ輸送ヲ容易ナラシムル爲「ロ」大統領ノ發表セル緬甸向ケ船舶及貨物ニ對スル噸税輸出税等ニ特惠ヲ與フル布告ト併セ米國カ近ク對支援助物資ヲ飛躍的ニ增加セントスルコトヲ指示（支持カ）スルモノカト認メラル

(三)更ニ四日電トシテ當地漢字紙ハ滇緬公路ノ輸送量カ增加ノ爲ノ第一報トシテ七月六日ヨリ從來各省ニ分屬シ居リタル全支各公路ノ技術部ヲ全國軍事委員會運輸管理部ノ直屬下ニ置クコトニ變更スルコトトナリタル旨報道ス

1986　昭和16年7月8日　在ラングーン磯野総領事より松岡外務大臣宛（電報）

ビルマルートにおける援蔣軍需物資の輸送準備が活況を呈しつつある旨報告

ラングーン　7月8日後発
本　　省　7月9日前着

第二一四號

支[1]那向ケ軍需品輸送準備ハ最近頓ニ活況ヲ呈シ來レルコト累次往電就中往電第二一一號ノ通リナル處右效果ハ數箇月後ニ非サレハ當地ニ於テ現認シ得サルヘキモ最近迄ノ事實ニ徵スルモ

一、堆積セル飛行機材料ノ支那ヘノ搬入ヲ急キ居ルコト往電第二〇六號ノ通リ

二、支那向ケ「トラック」ノ組立工場最近更ニ顯著ナル增加及繁榮(盛カ)ヲ來シ蘭貢市內外至ル所完成品充滿シ居リ又最近ハ車體ニ例ヘハ廣西公路ト大書シタルモノアリ又當地稅關ハ七日附ヲ以テ支那向ケ再輸出セラルル「トラック」ノ通過手續ヲ簡易化セリ

三、右ニ反シ當地ニ陸揚セラルル?毎月ノ米國ノ援蔣物資ハ六月迄ハ高級「ガソリン」ノ目立チタル大量到著ヲ除キ大體前月ト同樣ナル狀態ナリ

六月中米國船ノ比較的少カリシハ今後米國船ヲ他ニ移シ外國船ヲシテ援蔣物資ヲ運搬セシメ其ノ代リ斯ル外國船ニ米國船待遇ヲ與フルコトトナリタルモノノ如ク想像セラル

四[2]、米國ヨリノ材料ニ依ル蘭貢ノ支那向ケ飛行機組立工場ハ往電第四九號所報ノ位置ヨリ「ミンガラオク?」飛行場ニ接近セル地點ニ移轉シ最近組立工場一棟完成シ六日目擊シタル所ニ依ルモ構內屋外ニ組立完整セル偵察機ト思ハルルモノ一臺工場內ニ組立中ノモノ一臺其ノ他構內外各所ニ翼ヲ入レタル大ナル木箱散在セリ諜報ニ依レハ同工場ニハ支那人職工約三百ニ達シ何レモ支那ニ空輸シ蘭貢ヨリ「ラシヲ」迄ハ濠洲人「パイロット」操縱シ「ラシヲ」ヨリ雲南迄ハ同地ニ待機中ノ支那人「パイロット」ニ引渡シ居レリトノコトナリ

五、何レニセヨ最近著シク活潑トナレル援蔣國側ト共同セル此ノ種活動ノ結果ハ適度ニ消耗セラレサル限リ既ニ或ハ近ク當然支那奥地ニ蓄積セラレ居ルモノト認ムル要アルヘシト推測セラル

1987

昭和16年9月23日　在香港木村(四郎七)総領事代理より豊田外務大臣宛(電報)

ビルマルートの輸送力改善など重慶政権援助問題において米国が英中両国に対し主導的立場を強めつつあるとの情報報告

香　港　9月23日後発
本　省　9月23日夜着

第四六九號

往電[(1)]第三四三號ニ關シ

最近ノ英米支關係左ノ通リ

一、曩ニ日本軍ノ西貢進駐ニ際シ重慶ハ緬甸「ルート」ノ危機ヲ强調シ英米ヲ說キ日本軍カ緬甸「ルート」ヲ襲擊セル場合ハ重慶側ニ協力シ其ノ交通維持ニ當ルヘキ旨ノ了解取付ニ成功セルカ目下ノ所米ヨリ供給ノ飛行機ノ一部ヲ緬滇國境ニ留メ居ル程度ニテ右ニ必要ナル措置ハ別ニ講セラレ居ラス(ＰＡ)

二、米國ノ重慶援助ハ飛行機ノ供給操縦士ノ訓練輸送ノ改善及法幣維持ノ四者ニ重點ヲ置カレ居ル處其ノ遣口ハ最近特ニ自國本意トナレリ近況左ノ通リ

(イ)[(2)]重慶側ニ到着セル飛行機ハ精々百三四十臺ニシテ內組立ヲ了セルモノ三十臺足ラス其ノ他ハ部分品ノ儘日本機空襲ノ恐無キ地方ニ藏置セラレ又重慶側航空人員ハ專ラ成都ニ於テ米人ヨリ訓練ヲ受ケ居ル處重慶側ハ設備不充分ヲ理由ニ米國ニ於テ訓練方希望セルモ話纒マラス一通リノ訓練ヲ了スル迄ニ少クトモ尙三箇月ヲ要スル見込ナリ(十二日大公報ハ航空人員多數重慶及昆明ヨリ來香內一部ハ當地遠東航空學校ニ入學他ハ米國及馬尼剌ニ赴キ訓練ヲ受クル旨報道シ居ル處ＰＡニ依レハ本件人員ハ極メテ少數ノ由)尙米國ヨリ派遣ノ操縦士等ハ百六十名ニ達シ支那人五ニ對シ米人一ノ割合ニテ戰鬪ニ參加方了解成リ居ルカ目的ハ實戰ニ對スル經驗ヲ積マシメントスルニアリ又米國ヨリ隨時派遣ノ代表團乃至視察團等ノ多クハ諸般ノ內情調査ノ使命ヲ帶ヒ居リ既ニ八、九分通リ調査ヲ了セル模樣ナリ(ＰＡ)

(ロ)[(3)]重慶側ヨリ何應欽兪飛鵬米國側ヨリ「アンスチン」等參加ノ下ニ八月二十四日ヨリ五日間ニ亘リ昆明ニ於テ緬甸「ルート」輸送改善ニ關シ協議セラレタルカ其ノ際重慶側ヨリ現在ノ二十數箇ノ機關ヲ撤廢ノ上最高機關ハ英米支三箇國代表ヲ以テ組織シ且全線ヲ六區ニ分

ケ各區ニ米人顧問及技師ヲ配置方提案セルニ對シ「ア」ハ保山一切ノ輸送ハ緬甸國防部邊防總幹部ノ管理ニ歸セシムヘキ旨主張物別レトナリ折角僉ニ於テ考究中ナルカ一方鐵道敷設ノ爲(主トシテ滇緬鐵道)米ヨリ二千五百萬米弗ニ相當スル材料ヲ供給ノ事ニ決定既ニ輸送開始シ且右材料ノ用途指導監督ノ爲米ヨリ陸軍少佐「オースラン」ヲ派遣三日重慶ニ到着セリ(XYZ)

重慶緬甸ノ關係ハ最近特ニ複雜化シ隨時視察團等ヲ派遣シ居ル處(チユウソホーカ最近重慶ヨリ來香ノ孔祥熙夫人ヨリ聞込ミタル所ニ依レハ重慶及緬甸政府間ニ軍事同盟成立セル由ナルカ右ハ一ト符合スル節アリ)一方重慶側ノ對印度接近モ又見逃シ得サルモノアリ

1988

昭和16年11月27日　在サンフランシスコ武藤総領事より東郷外務大臣宛(電報)

滇緬鉄道の建設が米国の全面的援助により進められているとの報道報告

サンフランシスコ　11月27日後発
本　　省　11月28日後着

3102

第三〇六號

本月五日當地「クロニクル」特派員發昆明通信要領左ノ通リ

重慶側ハ河內昆明鐵道ニ代リ重要援蔣「ルート」トナルヘキ「ラシオ」昆明間三百哩鐵道建設ヲ急キ約百萬人就働シ居ル處「マラリヤ」等惡疫ノ爲斃ルルモノ數千人ニ達シ目下米支兩國衞生員(米側一七名支那側二一五名)ニ依リ防疫施設中ナルカ其ノ費用六十八萬八千弗(內五十萬弗ハ貸與法ニ依ル醫療品)ヲ要スル見込ナリ

本鐵道建設材料ハ貸與法(一千五百萬弗割當テラル)ニ依リ全部米國ヨリ供給シ居リ全線ヲ各小部分ニ分ツノ方法ヲ採リ居ル趣ニシテ日本軍ノ爆擊疫病等ノ障碍無ク豫定通リ進行セハ完成時期ハ來年十二月頃トナルヘシ

米、紐育、河內、蘭貢ヘ轉電セリ

日本外交文書　日中戦争　日付索引

日本外交文書　日中戦争　日付索引

事項番号	文書番号	日付	電信書番号	発・受信者	件名	頁
		昭和十二年七月				
一	1	昭和12年7月8日	四八二	在中国川越大使より広田外務大臣宛(電報)	盧溝橋事件の事態拡大回避に関する日高大使館参事官と中国外交部日本科長との会談について	3
一	2	昭和12年7月9日		閣議決定	臨時閣議で決定された盧溝橋事件処理方針	4
				付記　東亜局作成「昭和十二年度執務報告　第一冊(第一課關係)」より抜粋	七月九日までの盧溝橋事件現地経過概要	4
一	3	昭和12年7月9日			盧溝橋事件および日本軍の演習権に関する外務省発表	5
				付記　右英訳文		6
一	4	昭和12年7月9日	四八五	在中国川越大使より広田外務大臣宛(電報)	盧溝橋事件を日本側の計画的行動と非難する中国側新聞報道振りについて	8
一	5	昭和12年7月9日	四八七	在中国川越大使より広田外務大臣宛(電報)	盧溝橋事件の責任の所在をめぐる日高参事官と陳介外交部常務次長との会談内容報告	8
一	6	昭和12年7月10日	四八八	在中国川越大使より広田外務大臣宛(電報)	盧溝橋事件に関する中国側報道振りにつき報告	9
一	7	昭和12年7月10日	四九〇	在中国川越大使より広田外務大臣宛(電報)	盧溝橋事件の善後措置をめぐる日高参事官と王寵恵外交部長との会談内容報告	10

一　8　昭和12年7月11日　四九一　在中国川越大使より広田外務大臣宛（電報）　関東軍の山海関出動に憂慮を表明した中国側に対し現地における戦闘行為の停止が第一の急務とわが方回答について……11
一　9　昭和12年7月11日　四九三　在中国川越大使より広田外務大臣宛（電報）　盧溝橋事件における日本軍の行動は不法であるとの中国外交部覚書について……11
一　10　昭和12年7月11日　四九五　在中国川越大使より広田外務大臣宛（電報）　日中両軍再衝突後の動向に関する中国側報道振り報告……13
一　11　昭和12年7月11日　今次事件の事態悪化に対して重大決意をなし華北派兵のため所要措置を講ずる旨の日本政府声明……13
一　12　昭和12年7月11日　閣議決定　盧溝橋周辺における軍事衝突を事変と見なす旨の閣議決定……15
一　13　昭和12年7月11日　盧溝橋事件現地停戦交渉における協定事項……15
一　14　昭和12年7月12日　五〇〇　在中国川越大使より広田外務大臣宛（電報）　中国外交部に抗日態度是正を要求し中国側の出方如何では重大決意をなすとのわが方意向伝達について……15
一　15　昭和12年7月12日　中国外交部より在中国日本大使館宛　盧溝橋事件の解決交渉は中央政府と行うべきとの中国外交部覚書……17
一　16　昭和12年7月13日　五七三　在満州国植田大使より広田外務大臣宛（電報）　今次事変の解決にあたっては対中政策の大局的見地に基づき断固たる決意で臨むべき旨意見具申……17
一　66　昭和12年7月13日　一五二　在済南望月総領事代理より広田外務大臣宛（電報）　済南方面居留民保護策につき意見具申……99
一　67　昭和12年7月13日　一五五　在済南望月総領事代理より広田外務大臣宛（電報）　駐在武官および居留民代表者と協議決定した居留民保護方針につき報告……100
五　1006　昭和12年7月13日　四二四　在北平加藤大使館一等書記官より広田外務大臣宛（電報）　北寧鉄道の運行確保につき有効措置実施方仏国側より申入れについて……1791

一 17 昭和12年7月14日 外三五 在中国日本大使館より中国外交部宛 十日付外交部覚書を反駁し盧溝橋事件の発生は中国側の責任に帰すべき旨を通報したわが方覚書……18
付記一 昭和十二年七月十六日付中国外交部より在中国日本大使館宛覚書 事件発生の責任は日本側にありとする外交部覚書……19
二 昭和十二年七月二十八日付在中国日本大使館より中国外交部宛覚書 右中国側主張に反駁したわが方覚書……20
五 1007 昭和12年7月14日 四二五 在北平加藤大使館一等書記官より広田外務大臣宛(電報) 北寧鉄道復旧のための対応措置につき請訓……1791
五 1008 昭和12年7月14日 四三四 在北平加藤大使館一等書記官より広田外務大臣宛(電報) 北寧鉄道運行再開につき報告……1792
一 18 昭和12年7月17日 中国政府に対してあらゆる挑戦的言動を即時停止し現地解決を妨害しないよう求めたわが方口上書……20
三 758 昭和12年7月17日 六〇一 在満州国植田大使より広田外務大臣宛(電報) 華北地方で軍費支払いに使用すべき通貨につき意見具申……1399
六 1297 昭和12年7月17日 二六五 在米国斎藤大使より広田外務大臣宛(電報) 現下の国際情勢に対する米国政府の一般方針につき米国国務長官が声明書発表について……2165
別電 昭和十二年七月十七日発在米国斎藤大使より広田外務大臣宛第二六六号 右声明書……2166
付記 昭和十二年七月十六日付 右声明書原文……2167
五 1144 昭和12年7月18日 三二七 広田外務大臣より在ソ連邦重光大使宛(電報) ソ連が中国に軍事同盟締結を提議したとの情報に関しソ連側に軽挙妄動の不利益なることをほのめかし策動阻止方訓令……1988

五	1145	昭和12年7月18日	合五七三	広田外務大臣より在独国武者小路大使、在米国斎藤大使宛(電報)	ソ連の対中軍事同盟提議説に関し査報方訓令	1988
一	19	昭和12年7月19日			日中両軍同時撤退および中央交渉による事件解決などを提議した中国外交部覚書	21
一	20	昭和12年7月19日			最後の関頭に立ち至れば抗争あるのみとの蔣介石声明	21
一	21	昭和12年7月19日			盧溝橋事件現地停戦協定第三項の実行に関する第二十九軍代表の誓約	25
三	699	昭和12年7月19日	四七三	在天津堀内総領事より広田外務大臣宛(電報)	作戦行動開始により海関接収を行う必要が生じた場合にも邦人職員の接収協力は実施せぬよう軍側へ注意喚起について	1295
一	22	昭和12年7月20日			中国外交部の十九日付覚書はわが方要求に応えておらず中国側に反省が見られなければ時局収拾は困難との外務当局見解	26
一	23	昭和12年7月20日		石射東亜局長、上村東亜局第一課長より広田外務大臣宛	内地三師団動員の陸軍側請議に対して閣議で反対するよう切望した嘆願書	27
一	105	昭和12年7月20日	五五六	在中国川越大使より広田外務大臣宛(電報)	中国政府の対日態度硬化に鑑み揚子江沿岸在留民などに対し臨機引揚げを実行しうるよう関係方面へ至急準備を訓令方意見具申	128
一	106	昭和12年7月20日	一四〇	広田外務大臣より在中国川越大使宛(電報)	事変が拡大し揚子江沿岸居留民の引揚げを必要とする場合の措置振り訓令	128
一	141	昭和12年7月20日	合六〇四	広田外務大臣より在福州内田総領事、在広東中村総領事他宛(電報)	事変が拡大し華南地方居留民の引揚げを必要とする場合の措置振り訓令	154
一	107	昭和12年7月21日	二五一	在漢口松平総領事代理より広田外務大臣宛(電報)	揚子江流域の邦人婦女子および奥地全居留民の引揚げを中央へ具申したとの海軍第十一戦隊参謀の内報について	129

一 108 昭和12年7月21日 五八〇 在上海岡本総領事より広田外務大臣宛(電報) 海軍側要請の揚子江沿岸居留民引揚げに関し方針回示方請訓……129

六 1298 昭和12年7月21日 二七七 在米国斎藤大使より広田外務大臣宛(電報) 米国国務長官の求めに応じて会談したところ同長官は中国問題での日本の自制を求め和平仲介の意向を表明について……2168

一 24 昭和12年7月22日 在中国川越大使より広田外務大臣宛(電報) 現地停戦協定の順調な履行状況に鑑み増派部隊撤退の意向を声明方意見具申……28

一 109 昭和12年7月22日 二五七 在漢口松平総領事代理より広田外務大臣宛(電報) 漢口居留民の引揚げに関する対処方針請訓……130

一 110 昭和12年7月22日 合六二二 広田外務大臣より在中国川越大使、在上海岡本総領事、在漢口松平総領事代理他宛(電報) 揚子江上流居留民の引揚げについては海軍中央の指示があるまで見合わすよう第十一戦隊に指令が下った旨通報……132

五 1146 昭和12年7月22日 機密一四三五 在上海岡本総領事より広田外務大臣宛 ソ連の対中軍事同盟提議説は確証なく疑わしい旨報告……1988

一 25 昭和12年7月23日 外務・陸軍・海軍三省の担当局長において意見の一致を見た時局収拾方針……29

一 111 昭和12年7月23日 五七五 在中国川越大使より広田外務大臣宛(電報) 華北において一度戦端を開けば各地に戦乱波及のおそれがあり揚子江上流居留民の引揚げは前広に準備の要ある旨意見具申……132

一 112 昭和12年7月23日 五八五 在上海岡本総領事より広田外務大臣宛(電報) 揚子江流域居留民の引揚げ時期は中央で決定ありたき旨意見具申……134

一 26 昭和12年7月24日 関東軍司令部作成の情勢判断……29

付記 昭和十二年八月三日付在満州国沢田大使館参事官より石射東亜局長宛書簡 右情勢判断について……35

一 113 昭和12年7月24日 合六五六 広田外務大臣より在中国川越大使他宛(電報) 目下の華北情勢においては華中・華南方面の居留民は未だ引揚げを必要とする時期には至っていない旨通報……134

三 759 昭和12年7月24日 在満州国植田大使より広田外務大臣宛(電報) 六三三 事変に関連した政策遂行を容易にするため中国通貨の信用低下を目的とする宣伝工作の基本方針樹立方意見具申 …… 1399

五 1147 昭和12年7月25日 在中国川越大使より広田外務大臣宛(電報) 五八九 ソ連の対中軍事同盟提議説など同国策動の情報に関する日高参事官と英国大使との意見交換について …… 1991

一 27 昭和12年7月26日 廊坊事件に関する情報部長談話 …… 35

付記 東亜局作成「昭和十二年度執務報告 第一冊(第一課関係)」より抜粋 廊坊事件の経緯 …… 37

一 28 昭和12年7月27日 広安門事件に関する情報部長談話 …… 37

付記 東亜局作成「昭和十二年度執務報告 第一冊(第一課関係)」より抜粋 広安門事件の経緯 …… 38

一 29 昭和12年7月27日 在北平森島大使館参事官より広田外務大臣宛(電報) 五五一 居留民への避難命令発出について …… 39

一 30 昭和12年7月27日 在天津堀内総領事より広田外務大臣宛(電報) 五六八 北平居留民の避難に関する支那駐屯軍の要望について …… 40

一 31 昭和12年7月27日 在北平森島大使館参事官より広田外務大臣宛(電報) 五五三 避難居留民の残留財産保護を市政府に申入れについて …… 40

一 32 昭和12年7月27日 廊坊・広安門両事件の発生をみて日本軍は必要なる自衛行動をとるのやむなきに至った旨の内閣書記官長発表 …… 41

一 33 昭和12年7月28日 北平市内でやむなく自衛行動をとる場合一般非戦闘員に損害が及ばざるよう最善を尽くす旨の在北平日本大使館声明 …… 42

付記 昭和十二年七月二十八日付 支那駐屯軍声明 …… 42

五　1172　昭和12年7月28日　華北における米国人の生命財産保護を要請する米国政府覚書……2014
付記　東亜局作成「昭和十二年度執務報告　第一冊（第一課關係）」より抜粋　事変勃発時における列国からの生命財産保護要請の経緯……2015
一　34　昭和12年7月29日　六〇七　在天津堀内総領事より広田外務大臣宛（電報）　紡績工場方面の居留民避難措置について……45
一　114　昭和12年7月29日　二九五　在漢口松平総領事代理より広田外務大臣宛（電報）　宜昌居留民の引揚げを八月一日に実行すると決定について……135
一　115　昭和12年7月29日　六四七　在上海岡本総領事より広田外務大臣宛（電報）　海軍省より第三艦隊に対して揚子江上流各地居留民の引揚げ開始方指令があった旨報告……135
五　1258　昭和12年7月29日　六四八　在満州国植田大使より広田外務大臣宛（電報）　英国に対し中国への経済財政援助は事変不拡大方針に反する所以を強く明示方意見具申……2131
一　35　昭和12年7月30日　六一三　在天津堀内総領事より広田外務大臣宛（電報）　紡績工場方面の居留民避難措置に関する続報……45
一　36　昭和12年7月30日　時局収拾に関する外務当局作成の方針案……46
一　68　昭和12年7月30日　一九九　在済南有野総領事より広田外務大臣宛（電報）　時局急転に鑑み済南および膠済鉄道沿線の婦女子に対し青島への引揚げ勧告発出について……101
一　116　昭和12年7月31日　三一九　在漢口松平総領事代理より広田外務大臣宛（電報）　第十一戦隊司令官が居留民の全面的引揚げを強く求めているところ対応方針回示方請訓……136
一　117　昭和12年7月31日　三二〇　在漢口松平総領事代理より広田外務大臣宛（電報）　重慶全面引揚げを八月一日実施と決定について……137
三　629　昭和12年7月31日　六二四　在天津堀内総領事より広田外務大臣宛（電報）　戦線拡大に伴い占領地域治安維持のため警察官増派方請訓……1211

六	1299	昭和12年7月(31)日	三〇三	在米国斎藤大使より 広田外務大臣宛(電報)	日中紛争に対し米国大統領が戦争状態存在の宣言を行わない意味を米国上院外交委員長が声明について	2169
六	1300	昭和12年7月31日	三〇九	在米国斎藤大使より 広田外務大臣宛(電報)	米国中立法の日中紛争への適用問題に関する米国紙論調報告	2170

昭和十二年八月

一	69	昭和12年8月1日	二一一	在済南有野総領事より 広田外務大臣宛(電報)	残留居留民の多くが引揚げ命令発出を希望しているところ対応方針回示方請訓	101
一	70	昭和12年8月1日	二一二	在張家口中根領事代理より 広田外務大臣宛(電報)	張家口在留邦人全員の引揚げについて	102
一	71	昭和12年8月1日	二九七	在青島大鷹総領事より 広田外務大臣宛(電報)	済南などからの婦女子引揚げによって青島の人心動揺の旨報告	103
一	118	昭和12年8月1日	三一三	在漢口松平総領事代理より 広田外務大臣宛(電報)	海軍側の長沙居留民引揚げ要求に対する措置振り請訓	138
一	119	昭和12年8月1日	五六	広田外務大臣より 在漢口松平総領事代理宛(電報)	漢口居留民の全面引揚げは尚早と認める旨通報	140
一	120	昭和12年8月1日	六八四	在上海岡本総領事より 広田外務大臣宛(電報)	第三艦隊は揚子江上流居留民の引揚げは早目に実施すべきだが漢口居留民の引揚げは未だ時期にあらずと考えている旨報告	140
一	142	昭和12年8月1日	一六	在雲南川南領事より 広田外務大臣宛(電報)	抗日気勢高揚のため在留邦人にハノイへの引揚げ命令発出について	154
三	630	昭和12年8月1日	六三五	在天津堀内総領事より 広田外務大臣宛(電報)	天津方面の治安対策につき意見具申	1211
三	631	昭和12年8月1日	六〇四	在北平森島大使館参事官より 広田外務大臣宛(電報)	冀東保安隊の改編など北平方面における軍側措置につき報告	1212
一	37	昭和12年8月2日			通州事件に関する情報部長発表	48

付記　昭和十二年八月四日　右追加発表 ……49

一　72　昭和12年8月2日　五六　広田外務大臣より　在済南有野総領事宛(電報)　済南残留居留民の保護方針につき回訓 ……103

一　143　昭和12年8月2日　八二　坂本台湾総督府外事課長より　広田外務大臣宛(電報)　福建省主席を往訪し治安維持および居留民保護を申入れた旨福州総領事よりの報告 ……155

五　1148　昭和12年8月2日　六四〇　在中国川越大使より　広田外務大臣宛(電報)　中ソ軍事協定締結説に関する情報報告 ……1991

一　38　昭和12年8月3日　陸軍大臣へ示唆すべく外務当局が作成した停戦交渉の条件案 ……50

一　73　昭和12年8月3日　六〇　在芝罘田中領事代理より　広田外務大臣宛(電報)　芝罘周辺の中国軍動静に鑑み山東出兵の場合は居留民引揚げを事前に訓令方要請 ……104

一　39　昭和12年8月4日　館長符号　広田外務大臣より　在上海岡本総領事宛(電報)　船津辰一郎と高宗武との極秘会談手配方訓令 ……51

一　121　昭和12年8月4日　七〇一　在上海岡本総領事より　広田外務大臣宛(電報)　第三艦隊参謀長が漢口引揚計画の立案を要望し上流域から漢口へ引揚げた居留民の上海ないし内地引揚げを慫慂について ……140

一　144　昭和12年8月4日　八三　坂本台湾総督府外事課長より　広田外務大臣宛(電報)　有事の際の台湾籍民に対する保護措置に関し福州総領事より請訓 ……157

一　74　昭和12年8月5日　六九〇　在天津堀内総領事より　広田外務大臣宛(電報)　中国中央軍の北上に対しわが方の空爆も想定されるため至急引揚げ方然るべき旨済南総領事へ通報について ……105

一　122　昭和12年8月5日　三五一　在漢口松平総領事代理より　広田外務大臣宛(電報)　長沙居留民および領事館の引揚げ実施について ……141

三　632　昭和12年8月5日　二七八　広田外務大臣より　在天津堀内総領事宛(電報)　華北における警察官増援要請につき回訓 ……1213

五	1009	昭和12年8月5日	六三七	在北平森島大使館参事官より広田外務大臣宛（電報）	北平・海浜間における自由交通を阻害しないよう米仏両国が書面申入れについて	1792
一	40	昭和12年8月6日	七三六	在上海岡本総領事より広田外務大臣宛（電報）	中国保安隊の対日示威活動活発化に伴い閘北方面居留民の租界内避難措置実行について	51
一	75	昭和12年8月6日	三一六	在青島大鷹総領事より広田外務大臣宛（電報）	邦人の自発的引揚げは現地人心の動揺を考慮して目立たぬ方法で行うよう関係方面に注意喚起方要請	105
一	123	昭和12年8月6日	三五五	在漢口松平総領事代理より広田外務大臣宛（電報）	漢口からの全面的引揚げにつき承認方請訓	142
一	124	昭和12年8月6日	六五九	在中国川越大使より広田外務大臣宛（電報）	中国軍が漢口日本租界を包囲しつつあるため同地居留民の全面的引揚げを至急実行し陸戦隊や警備艦の撤退を進めるべき旨意見具申	143
一	125	昭和12年8月6日	六一	広田外務大臣より在漢口松平総領事代理宛（電報）	漢口の全面的引揚げにつき承認方回訓	144
一	126	昭和12年8月6日	六三	広田外務大臣より在漢口松平総領事代理宛（電報）	中国側当局に対し漢口居留民引揚げは無用の衝突を避けるためであり中国側も挑戦的行動に出て事態を拡大しないよう説示方訓令	144
三	633	昭和12年8月6日	六四二	在北平森島大使館参事官より広田外務大臣宛（電報）	北平市内平静に帰し避難命令解除を検討中の旨報告	1214
一	41	昭和12年8月7日	館長符号	広田外務大臣より在中国川越大使宛（電報）	船津工作の目的および停戦交渉の進め方について	52
				別電　昭和十二年八月七日発広田外務大臣より在中国川越大使宛館長符号電報	停戦交渉条件案の大要	53
一	76	昭和12年8月7日	一一三	広田外務大臣より在青島大鷹総領事宛（電報）	青島居留民の多数引揚げは政府の平和的解決への努力に支障を来すおそれがあるため関係方面に自重指導方訓令	106

一　127　昭和12年8月7日　一二　広田外務大臣より在鄭州佐々木領事代理宛（電報）　鄭州領事館引揚げ方訓令……145

一　128　昭和12年8月7日　三六四　在漢口松平総領事代理より広田外務大臣宛（電報）　漢口居留民に引揚げ命令発出について……145

一　129　昭和12年8月7日　六六　広田外務大臣より在漢口松平総領事代理宛（電報）　生命の危険がなければ松平総領事代理は居留民引揚げ後も少数の館員とともに漢口に残留し租界の監視および情勢報告に従事方訓令……145

一　42　昭和12年8月8日　一六九　広田外務大臣より在中国川越大使宛（電報）　中国側が誠意をもって停戦提議を行う場合は停戦交渉開始方訓令……54

別電一　昭和十二年八月八日発広田外務大臣より在中国川越大使宛第一七〇号　停戦交渉条件案……55

二　昭和十二年八月八日発広田外務大臣より在中国川越大使宛第一七一号　停戦交渉条件案の説明……56

三　昭和十二年八月八日発広田外務大臣より在中国川越大使宛第一七二号　全般的国交調整案要綱……57

一　43　昭和12年8月8日　一七三　広田外務大臣より在中国川越大使宛（電報）　陸軍内部に難色あるため停戦交渉条件案および全般的国交調整案要綱の保秘につき訓令……58

一　130　昭和12年8月8日　三七三　在漢口松平総領事代理より広田外務大臣宛（電報）　漢口に残留しても租界監視や情勢報告は不可能であり館員の総引揚げを承認方請訓……146

三　634　昭和12年8月8日　三八　在山海関藤井分館主任より広田外務大臣宛（電報）　冀東政府への軍側対応振りなど山海関特務機関長の内話報告……1214

一　77　昭和12年8月9日　六九〇　在満州国植田大使より広田外務大臣宛（電報）　張北・徳化方面の婦女子等に多倫への引揚げ命令発出について……107

一　131　昭和12年8月9日　七一　広田外務大臣より在漢口松平総領事代理宛（電報）　漢口総領事館の総引揚げ承認方回訓……147

六	1301	昭和12年8月9日	三三六	在米国斎藤大使より広田外務大臣宛(電報)	米国国務長官の七月十六日付声明に対し多数の国より賛意表示の回答がなされた旨米国政府公表について	2171
				別電 昭和十二年八月九日発在米国斎藤大使より広田外務大臣宛第三三七号	主要国回答要領	2171
三	635	昭和12年8月10日	七二三	在天津堀内総領事より広田外務大臣宛(電報)	華北占領地域での海関行政や塩務行政に対する軍の対応振り報告	1215
三	636	昭和12年8月10日	六七二	在北平森島大使館参事官より広田外務大臣宛(電報)	北平市内常態に復し商店一斉開店の旨報告	1217
一	44	昭和12年8月11日			上海での大山中尉殺害事件に関する情報部長説明	58
				付記 東亜局作成「昭和十二年度執務報告 第一冊(第一課關係)」より抜粋「大山事件竝上海ニ於ケル日支間折衝」		61
一	45	昭和12年8月11日			日中和平交渉のため好意的斡旋の用意があるとの英国政府意向を通報した覚書	63
一	46	昭和12年8月11日		在中国トラウトマン独国大使他より在中国川越大使宛	上海での日中交戦回避のため必要措置を要望する独米仏英伊五か国大使の共同提案	64
一	132	昭和12年8月11日	三八二	在漢口松平総領事代理より広田外務大臣宛(電報)	漢口総領事館の閉鎖につき報告	148
一	145	昭和12年8月11日	一二四	在汕頭山崎領事より広田外務大臣宛(電報)	数日中に汕頭居留民に引揚げ命令発出の予定について	158
一	146	昭和12年8月11日	三四四	在広東中村総領事より広田外務大臣宛(電報)	対日空気の悪化に伴う居留民保護方針請訓	158
三	637	昭和12年8月11日	七三三	在天津堀内総領事より広田外務大臣宛(電報)	日本軍による電報および郵便の検閲問題につき東京において英仏側と交渉ありたき旨請訓	1218

六　1302　昭和12年8月11日　二二五　広田外務大臣より在米国斎藤大使宛（電報）　米国国務長官の声明書に対する各国の賛意表明を米国政府が公表したことに関し事実関係および対処方針案回示方訓令……2172

六　1303　昭和12年8月11日　三四九　在米国斎藤大使より広田外務大臣宛（電報）　米国国務長官声明書への各国賛意表明を公表したことに関し国務省極東部長が事情内話について……2173

一　47　昭和12年8月12日　上海への日本軍増強に対して自衛措置実行のほかなき旨の中国外交部声明……65

一　78　昭和12年8月12日　二六四　在済南有野総領事より広田外務大臣宛（電報）　済南および膠済鉄道沿線からの居留民引揚げを軍が作戦上希望している旨報告……107

三　638　昭和12年8月12日　陸軍省作成の「北支政務指導要綱」……1219

五　1259　昭和12年8月12日　四三四　在仏国杉村大使より広田外務大臣宛（電報）　仏国銀行の対中融資に関する同国政府当局の説明振り報告……2131

一　48　昭和12年8月13日　在中国日高大使館参事官より在中国ペック米国大使館参事官宛　上海租界周辺の中国側軍隊および軍事施設の撤退が日本軍撤退の前提条件であり中国を説得ありたいとの五か国宛わが方回答通報……65

一　49　昭和12年8月13日　八三五　在上海岡本総領事より広田外務大臣宛（電報）　上海の事態緊迫に伴う居留民避難措置の実施につき報告……67

一　147　昭和12年8月13日　一二六　在汕頭山崎領事より広田外務大臣宛（電報）　汕頭居留民の引揚げ実施について……159

六　1304　昭和12年8月13日　二二八　広田外務大臣より在米国斎藤大使宛（電報）　米国国務長官声明書に対するわが方意向を米国政府に伝達方訓令……2174

別電　昭和十二年八月十三日発広田外務大臣より在米国斎藤大使宛第二二九号　右わが方意向……2175

六　1305　昭和12年8月13日　三五五　在米国斎藤大使より広田外務大臣宛（電報）　米国国務長官声明書に対するわが方回答を国務長官へ手交について……2175

別電　昭和十二年八月十三日発在米国斎藤大使より広田外務大臣宛第三五六号
右回答 ……2176

一　50　昭和12年8月14日　在本邦ドッヅ英国代理大使より
広田外務大臣宛
上海での軍事衝突を回避するため最大限の努力を要請する英国政府通報 ……67

一　51　昭和12年8月14日　広田外務大臣
在本邦許世英中国大使　会談
日中間の紛争収拾をめぐる広田・許会談 ……69

付記　東亜局作成「昭和十二年度執務報告　第一冊（第一課関係）」より抜粋
八月十三日の日高参事官・王外交部長会談要旨 ……74

一　52　昭和12年8月14日
上海での中国側空爆に関する情報部長談話 ……75

一　53　昭和12年8月14日　八八五　在上海岡本総領事より
広田外務大臣宛（電報）
上海東部における交戦状況激化により列国外交団の対日態度悪化について ……77

一　79　昭和12年8月14日　二六　広田外務大臣より
在芝罘田中領事代理宛（電報）
芝罘領事館および居留民の引揚げ準備方訓令 ……108

一　80　昭和12年8月14日　六四　広田外務大臣より
在済南有野総領事宛（電報）
済南および膠済鉄道沿線の居留民および在外公館に対し引揚げ準備方訓令 ……108

一　133　昭和12年8月14日　一九四　広田外務大臣より
在中国川越大使宛（電報）
揚子江流域居留民の最終引揚げ船の安全運行および南京残留邦人の保護を在本邦中国大使へ要求について ……148

一　134　昭和12年8月14日　七四五　在中国川越大使より
広田外務大臣宛（電報）
事態悪化に伴う南京大使館員の縮小につき請訓 ……148

一　135　昭和12年8月14日　一九八　広田外務大臣より
在中国川越大使宛（電報）
南京大使館員全員の引揚げ方訓令 ……149

一　148　昭和12年8月14日　五七　広田外務大臣より
在広東中村総領事宛（電報）
上海方面の情勢急迫に対し広東官民引揚げ方訓令 ……160

一　54　昭和12年8月15日
中国政府の反省を促すため断固たる措置をとるのやむなきに至った旨の日本政府声明 ……78

一　81　昭和12年8月15日　二八三　在済南有野総領事より広田外務大臣宛(電報)　済南および膠済鉄道沿線の居留民および在外公館の引揚げ実施について……108
一　82　昭和12年8月15日　八一　在芝罘田中領事代理より広田外務大臣宛(電報)　芝罘居留民に引揚げ命令発出について……109
一　136　昭和12年8月15日　七六〇　在中国川越大使より広田外務大臣宛(電報)　南京大使館残留館員の撤退準備には八月十五日一杯を要する見込みについて……150
一　137　昭和12年8月15日　二〇〇　広田外務大臣より在中国川越大使宛(電報)　撤退準備が完了次第大至急引揚げ方訓令……150
一　149　昭和12年8月15日　三五四　在広東中村総領事より広田外務大臣宛(電報)　広東居留民の引揚げ予定について……161
三　639　昭和12年8月15日　七五五　在天津堀内総領事より広田外務大臣宛(電報)　外国租界への戒厳・軍政適用につき方針回示方請訓……1219
三　640　昭和12年8月15日　七五六　在天津堀内総領事より広田外務大臣宛(電報)　外国租界への戒厳・軍政適用方針設定に当たっての留意点について……1221
一　55　昭和12年8月16日　上海で発生した事態は日本陸戦隊の存在に基因するので事態解決のため陸戦隊は撤退すべしとの英国政府覚書……79
一　83　昭和12年8月16日　三五四　在青島大鷹総領事より広田外務大臣宛(電報)　引揚げ邦人激増で内地への船腹不足のため大連に避難所設立方意見具申……109
一　84　昭和12年8月16日　三五五　在青島大鷹総領事より広田外務大臣宛(電報)　税警団の城陽方面集中による中国側抗日気運高揚のため不測事態発生の懸念につき報告……110
一　138　昭和12年8月16日　二八五　在済南有野総領事より広田外務大臣宛(電報)　南京からの津浦線による引揚げ者の済南到着について……151
一　150　昭和12年8月16日　一四四　在福州内田総領事より広田外務大臣宛(電報)　海軍側の福州総領事館引揚げ要請に対し事情の許す限り残留を希望する旨請訓……161

六	1306	昭和12年8月16日	三六四	在米国斎藤大使より 広田外務大臣宛(電報)	中立法適用問題など日中紛争への米国政府対応方針に関する国務長官および上院外交委員長の談話報道報告	2176
六	1307	昭和12年8月16日	三六五	在米国斎藤大使より 広田外務大臣宛(電報)	米国国務長官声明書に対する日独中などの回答を国務省が第二回分として公表した旨および中国政府の回答要旨につき報告	2177
一	85	昭和12年8月17日	一二七	広田外務大臣より 在青島大鷹総領事宛(電報)	海軍陸戦隊はすべて上海派遣となったため万一に備え婦女子は至急引揚げとし男子も任意引揚げの方針で措置方訓令	110
一	86	昭和12年8月17日	三六六	在青島大鷹総領事より 広田外務大臣宛(電報)	青島居留民への引揚げ命令発出は中国側を刺激するおそれあるため内面指導による引揚げ措置実行方請訓	111
一	151	昭和12年8月17日	四一	広田外務大臣より 在福州内田総領事宛(電報)	福州総領事館員は居留民とともに至急引揚げ方訓令	162
一	152	昭和12年8月17日	一五〇	在福州内田総領事より 広田外務大臣宛(電報)	福州居留民および総領事館員の引揚げ予定について	162
三	641	昭和12年8月17日	七六九	在天津堀内総領事より 広田外務大臣宛(電報)	天津治安維持会の活動状況報告	1221
三	760	昭和12年8月17日	七六八	在天津堀内総領事より 広田外務大臣宛(電報)	当座預金の引出し制限など中国側金融機関が実施した時局対策につき報告	1400
一	56	昭和12年8月18日			日中両国が上海撤兵に同意するならば列国とともに租界居住日本人の保護に当たる用意がある旨の英国政府通報	80
一	87	昭和12年8月18日	一三九	広田外務大臣より 在青島大鷹総領事宛(電報)	陸海軍が青島の現地保護方針を確認したが居留民の安全を考慮し内面指導による引揚げ措置推進方訓令	111
一	139	昭和12年8月18日	三六八	在青島大鷹総領事より 広田外務大臣宛(電報)	日高参事官以下南京大使館員の青島到着について	152

一　57　昭和12年8月19日　上海における戦闘は中国側軍事力の撤退によって終息しうるので右実現のため英国の尽力を要請するわが方覚書……80
付記　昭和十二年八月十九日付
右覚書に関する外務当局発表……83
三　700　昭和12年8月19日　一〇〇〇　在上海岡本総領事より
広田外務大臣宛(電報)　中国海関は日本軍の軍事行動を阻害する措置は執らないので海関行政の独立を尊重方総税務司署から非公式要請について……1295
六　1308　昭和12年8月19日　三七四　在米国斎藤大使より
広田外務大臣宛(電報)　米国政府が上海の事態に対して未だ中立法を適用すべき事態に達していないとの方針を決定した背景につき観測報告……2177
三　642　昭和12年8月20日　七八六　在天津堀内総領事より
広田外務大臣宛(電報)　華北占領地域での第三国人の治安攪乱や間諜行為に対する当面の対処方針請訓……1223
五　1149　昭和12年8月20日　四一七　広田外務大臣より
在ソ連邦重光大使宛(電報)　ソ連の対中軍事援助などを骨子とする密約が中ソ間に成立したとの情報について……1992
付記　昭和十二年八月二十三日付、欧亜局第一課作成覚書
中ソ密約成立説は事実とは思われないとドイツ側回答について……1992
一　58　昭和12年8月21日　在本邦ドッヅ英国代理大使より
広田外務大臣宛　上海における事態悪化が日本の行動に基づく事実を認め上海からの日本軍撤退案受諾を再考方英国政府要請……84
一　153　昭和12年8月21日　一三四　坂本台湾総督府外事課長より
広田外務大臣宛(電報)　海軍側勧告に従い厦門居留民に引揚げ準備を命令した旨厦門総領事代理よりの報告……163
三　643　昭和12年8月21日　七九八　在天津堀内総領事より
広田外務大臣宛(電報)　軍が新たに地方政権樹立を企図しつつある中で治安維持会の活動は警察・救済・宣撫事項などに限定すべき旨意見具申……1224
三　644　昭和12年8月21日　八〇四　在天津堀内総領事より
広田外務大臣宛(電報)　平津方面第三国人に対し前線周辺への移動自粛を求める旨領事団へ通報について……1226

別電 昭和十二年八月二十一日発在天津堀内総領事より広田外務大臣宛第八〇五号 右通報 …… 1226

五 1173 昭和12年8月21日 今次事変による生命財産被害の賠償請求権を留保するとの英国政府通告文 …… 2016

一 88 昭和12年8月22日 一五三 広田外務大臣より在青島大鷹総領事宛(電報) 青島派兵は当面行われない見通しについて …… 112

一 89 昭和12年8月22日 四三六 在青島大鷹総領事より広田外務大臣宛(電報) 任意引揚げ者は相当数に上る見込みのため特別の配船方請訓 …… 113

一 154 昭和12年8月22日 一三八 坂本台湾総督府外事課長より広田外務大臣宛(電報) 厦門居留民の全面引揚げ承認方厦門総領事代理より請訓 …… 164

三 701 昭和12年8月22日 八〇九 在天津堀内総領事より広田外務大臣宛(電報) 軍の要望に基づく海関管理案に関し海関側との内交渉開始方請訓 …… 1296

別電 昭和十二年八月二十二日発在天津堀内総領事より広田外務大臣宛第八一〇号 右海関管理案 …… 1297

三 702 昭和12年8月22日 八一一 在天津堀内総領事より広田外務大臣宛(電報) 海関側との内交渉開始の必要性について …… 1298

一 140 昭和12年8月23日 一〇六六 在上海岡本総領事より広田外務大臣宛(電報) 邦人の引揚げ状況および上海残留者数につき報告 …… 152

一 155 昭和12年8月23日 六七 広田外務大臣より坂本台湾総督府外事課長宛(電報) 厦門居留民の全面引揚げは承認するが引揚げ命令は総領事館より発出方厦門総領事代理へ訓令 …… 166

五 1174 昭和12年8月23日 南京における非空爆地帯の設定に関する英国政府提案 …… 2017

付記 東亜局作成「昭和十二年度執務報告 第一冊(第一課關係)」より抜粋 右提案に対するわが方回答振り …… 2018

六　1309　昭和12年8月23日　日中紛争を平和的に解決する上で米国政府が依拠する諸原則には九国条約や不戦条約が含まれるとの同国国務長官声明……2179
付記　右和文要約……2181

一　156　昭和12年8月24日　一五七　在福州内田総領事より広田外務大臣宛(電報)　厦門居留民の引揚げ問題に関する台湾総督ならびに陸海軍の意向について……166

三　645　昭和12年8月24日　一〇八八　在上海岡本総領事より広田外務大臣宛(電報)　虹口・楊樹浦方面における行政権は軍事的必要の許す限り工部局に任せるよう軍側へ説示について……1227

一　90　昭和12年8月25日　一六一　広田外務大臣より在青島大鷹総領事宛(電報)　青島全居留民引揚げの陸海外三大臣決定に伴いわが方権益および居留民の生命財産保護等につき青島市長の確約取付け方訓令……114
別電一　昭和十二年八月二十五日発広田外務大臣より在青島大鷹総領事宛第一六二号　右三大臣決定……115
二　昭和十二年八月二十五日発広田外務大臣より在青島大鷹総領事宛第一六三号　右引揚げ措置の留意点……115

一　91　昭和12年8月25日　一六四　広田外務大臣より在青島大鷹総領事宛(電報)　青島居留民引揚げに関する三大臣決定の理由について……116

一　92　昭和12年8月25日　一六五　広田外務大臣より在青島大鷹総領事宛(電報)　青島におけるわが方の戦闘回避措置につき米国領事へ説明方訓令……116

一　157　昭和12年8月25日　一五六　在香港水沢総領事より広田外務大臣宛(電報)　広東省ないし粤漢鉄道への空爆につき広東総領事より意見具申……167

一　158　昭和12年8月25日　一六一　坂本台湾総督府外事課長より広田外務大臣宛(電報)　厦門居留民の引揚げに対する中国軍の妨害行動に関し中国側へ抗議について……168

三 646 昭和12年8月25日 一一一五 在上海岡本総領事より広田外務大臣宛（電報） 蘇州河以北の租界内の治安維持工作に関し陸軍側が方針案提示について……1228
別電一 昭和十二年八月二十五日発在上海岡本総領事より広田外務大臣宛第一一一六号 右方針案……1228
二 昭和十二年八月二十五日発在上海岡本総領事より広田外務大臣宛第一一一七号 避難外国人の復帰取締に関するわが方布告案……1229
一 59 昭和12年8月26日 広田外務大臣より在本邦ドッヅ英国代理大使宛 上海における事態悪化の責任は中国側にあり日本はあらゆる平和的努力を行っている旨の日本政府回答……85
一 93 昭和12年8月26日 四六一 在青島大鷹総領事より広田外務大臣宛（電報） 青島市長の応答振りおよび引揚げに強硬に反対する居留民の存在を考慮した措置振り請訓……117
一 94 昭和12年8月26日 四六二 在青島大鷹総領事より広田外務大臣宛（電報） 青島全居留民の引揚げに至らざるよう米国を通じて青島戦闘回避の対中交渉を進めるべき旨意見具申……118
一 95 昭和12年8月26日 四六四 在青島大鷹総領事より広田外務大臣宛（電報） 臨時居留民会開催までに引揚げ方針回示方請訓……119
一 96 昭和12年8月26日 一六九 広田外務大臣より在青島大鷹総領事宛（電報） 青島全居留民への引揚げ命令発出までに行うべき措置振りにつき訓令……119
一 97 昭和12年8月26日 一七〇 広田外務大臣より在青島大鷹総領事宛（電報） 青島全居留民の引揚げは政府決定であり引揚げ命令発出を前提として対処方訓令……120
一 159 昭和12年8月26日 一六三 坂本台湾総督府外事課長より広田外務大臣宛（電報） 厦門居留民に対し引揚げ命令発出の旨厦門総領事代理より報告……168
五 1010 昭和12年8月26日 中国船舶の沿岸交通遮断に関する外務省声明……1793

付記一　昭和十二年八月三十日、広田外務大臣より関係公館長宛訓令
右声明に関する対列国応酬方針 …… 1794
二　昭和十二年九月五日
沿岸交通遮断地域の拡大に関する外務省声明 …… 1795

六	1310	昭和12年8月(26)日	特情紐育一五七	在ニューヨーク若杉総領事より広田外務大臣宛(電報)	米国国務長官の八月二十三日付声明に関する米国紙論説報告	2182
一	98	昭和12年8月27日	四七一	在青島大鷹総領事より広田外務大臣宛(電報)	必要措置を実行したのち青島居留民に対して引揚げ命令発出について	121
一	99	昭和12年8月27日	四七九	在青島大鷹総領事より広田外務大臣宛(電報)	現地保護方針の放棄にも鑑み青島居留民に対し特別救恤を考慮方意見具申	121
三	647	昭和12年8月27日	八二九	在天津堀内総領事より広田外務大臣宛(電報)	上海から来津した塩務総局ボードの長蘆塩管理局の現状をめぐる活動振り報告	1229
三	648	昭和12年8月27日	八三二	在天津堀内総領事より広田外務大臣宛(電報)	郵政業務の再開や邦人顧問の採用方針など天津市政の現状に関し報告	1231
三	761	昭和12年8月27日	八三三	在天津堀内総領事より広田外務大臣宛(電報)	銀資金の調達が困難な華北実情に鑑み軍費支払いには抜本的対策が必要の旨意見具申	1401
五	1175	昭和12年8月27日			ヒューゲッセン駐華英国大使負傷事件に関する情報部長談話	2018
五	1176	昭和12年8月27日	八二四	在天津堀内総領事より広田外務大臣宛(電報)	ヒューゲッセン大使負傷事件に関する報道振りについて	2019
一	60	昭和12年8月28日	八四〇	在天津堀内総領事より広田外務大臣宛(電報)	中国軍が抗日行動を停止しない限り追撃を継続するとの香月支那駐屯軍司令官の記者談話について	86
一	160	昭和12年8月28日	一七四	坂本台湾総督府外事課長より広田外務大臣宛(電報)	海軍側が作戦上の理由から厦門総領事館の引揚げを勧告について	170
三	703	昭和12年8月28日	八四二	在天津堀内総領事より広田外務大臣宛(電報)	わが方の海関管理案を天津税関長へ提示について	1299

三	762	昭和12年8月28日	八四三	在天津堀内総領事より 広田外務大臣宛(電報)	横浜正金銀行および朝鮮銀行の天津支店が銀資金調達のため所有現銀の処分を要望について	1403
五	1150	昭和12年8月28日	合一二三八	広田外務大臣より 在仏国杉村大使、在米国斎藤大使、在満州国植田大使他宛(電報)	中ソ不侵略条約成立の情報につき通報	1992
				付　記　昭和十二年八月二十六日発中国外交部より在本邦中国大使館宛電報写 中ソ不侵略条約締結に際し日中間にも同様の条約締結を歓迎するので日本側の意向打診方訓令		1993
一	61	昭和12年8月29日		船津在華日本紡績同業会総務理事より 堀内外務次官、石射東亜局長宛	平和工作の失敗に関する日記抜粋の送付について	87
一	100	昭和12年8月29日	四九〇	在青島大鷹総領事より 広田外務大臣宛(電報)	わが方権益ならびに邦人の生命財産の保護に尽力すべき旨の青島市長回答要領報告	122
一	101	昭和12年8月29日	四九八	在青島大鷹総領事より 広田外務大臣宛(電報)	総領事館を含む一切の邦人の徹底的引揚げを軍側慫慂につき対処振り請訓	123
一	161	昭和12年8月29日	一八一	坂本台湾総督府外事課長より 広田外務大臣宛(電報)	厦門総領事館の引揚げを決定した旨同総領事代理より報告	170
三	649	昭和12年8月29日	八四九	在天津堀内総領事より 広田外務大臣宛(電報)	日本軍による天津英租界内での英国人殴打事件発生のため日本軍の租界通過を自発的に中止する旨英仏両領事へ通報について	1232
五	1177	昭和12年8月29日		在本邦ドッヅ英国代理大使より 広田外務大臣宛	ヒューゲッセン大使負傷事件に対する英国政府の抗議文書	2020
一	102	昭和12年8月30日	一八六	広田外務大臣より 在青島大鷹総領事宛(電報)	総領事館を含む青島全居留民の引揚げ措置実施方訓令	124
五	1151	昭和12年8月30日	八〇七	在ソ連邦重光大使より 広田外務大臣宛(電報)	ソ連外務部が中ソ不侵略条約締結を発表について	1994
五	1152	昭和12年8月30日	八〇八	在ソ連邦重光大使より 広田外務大臣宛(電報)	ソ連が発表した中ソ不侵略条約の条文報告	1994

五　1153　昭和12年8月30日　一一九七　在上海岡本総領事より広田外務大臣宛(電報)　中国外交部が中ソ不侵略条約締結を公表し声明書発表について……1995
付　記　昭和十二年八月二十九日　中ソ不侵略条約締結に対して発表されたわが方外務当局の見解……1996

一　103　昭和12年8月31日　亜一普通一四八　広田外務大臣より在本邦ドッヅ英国代理大使宛　青島方面の平静保持のため多大の犠牲を忍びわが方は青島居留民の全面引揚げを実行する旨通報……125
付　記　昭和十二年八月二十五日付、在本邦ドッヅ英国代理大使より広田外務大臣宛公信第一二四号　青島戦闘回避のため一定条件の下に青島市を安全地帯と宣言する旨の英国提案……126

三　650　昭和12年8月31日　本邦人の中国渡航取締に関する外務省発表……1234

三　651　昭和12年8月31日　八五六　在天津堀内総領事より広田外務大臣宛(電報)　作戦地域における日本軍への敵対行為や間諜行為を厳罰に処する旨の布告発表について……1235
別電一　昭和十二年八月三十一日発在天津堀内総領事より広田外務大臣宛第八五七号　支那駐屯軍司令官の布告……1235
二　昭和十二年八月三十一日発在天津堀内総領事より広田外務大臣宛第八五八号　治安維持会および冀東防共自治政府の布告……1236
三　昭和十二年八月三十一日発在天津堀内総領事より広田外務大臣宛第八五九号　布告に際しての軍当局談……1236

昭和十二年九月

一　104　昭和12年9月1日　五一八　在青島大鷹総領事より広田外務大臣宛(電報)　総領事館閉鎖および残留居留民全員の引揚げ予定につき報告……127

一　162　昭和12年9月1日　二一〇　在香港水沢総領事より広田外務大臣宛(電報)　広東空爆により香港の対日空気悪化のため婦女子は内地引揚げについて……171
一　163　昭和12年9月1日　二一四　在香港水沢総領事より広田外務大臣宛(電報)　香港英当局が在留邦人に対して指定箇所に集結避難するよう通告発出について……172
三　652　昭和12年9月1日　八六三　在天津堀内総領事より広田外務大臣宛(電報)　日本軍の天津英仏租界通過を自発的に中止する旨のわが方通報に対する英仏両国の回答振りについて……1237
三　653　昭和12年9月1日　八六五　在天津堀内総領事より広田外務大臣宛(電報)　張家口は当分軍政に準じた統治を行う方針のため領事館復帰は当面延期方関東軍通報について……1238
三　763　昭和12年9月1日　八六〇　在天津堀内総領事より広田外務大臣宛(電報)　日本側銀行の所有現銀処分は金融・通貨安定の観点から最善の方策と思料する旨意見具申……1404
五　1154　昭和12年9月1日　合一三〇三　広田外務大臣より在仏国杉村大使、在米国斎藤大使宛(電報)　中ソ不侵略条約が東洋の植民地における列国利権排撃の風潮を激化させ政治的影響が多大である旨を任国政府に注意喚起方訓令……1997
五　1178　昭和12年9月1日　人道的見地より南京空爆の停止を要請する米国政府覚書……2022
付記　東亜局作成「昭和十二年度執務報告　第一冊(第一課關係)」より抜粋　右覚書に対するわが方回答振り……2024
一　62　昭和12年9月2日　閣議決定　今次事変を「支那事変」と呼称する旨の閣議決定……93
三　764　昭和12年9月2日　八六七　在天津堀内総領事より広田外務大臣宛(電報)　華北地方の経済安定策として棉花の輸入促進を図るため為替管理法上の輸入制限緩和方意見具申……1405
五　1155　昭和12年9月3日　合一三三九　広田外務大臣より在仏国杉村大使、在米国斎藤大使宛(電報)　中ソ不侵略条約をめぐる在本邦中国大使との会談内容通報……1998

五 1179 昭和12年9月3日 亜一普通一四九 広田外務大臣より在本邦ドッヅ英国代理大使宛 英国の被害賠償請求権留保に対するわが方回答……2025

一 63 昭和12年9月4日 第七十二回帝国議会開院に当たっての勅語……93

三 654 昭和12年9月4日 陸軍省作成の「察蒙処理要綱」……1238

一 64 昭和12年9月5日 第七十二回帝国議会における近衛総理演説……94

一 65 昭和12年9月5日 第七十二回帝国議会における広田外相演説……95

五 1011 昭和12年9月5日 八九〇 在天津堀内総領事より広田外務大臣宛(電報) 沿岸封鎖地域の拡大に際し天津方面の事情を踏まえた応酬振り策定のため政府中央の方針回示方請訓……1795

一 166 昭和12年9月6日 七九四 在満州国植田大使より広田外務大臣宛(電報) 中ソ不侵略条約の成立にも鑑み華北自治政権樹立と防共地帯設定が緊要の旨意見具申……179

三 655 昭和12年9月6日 七九五 在満州国植田大使より広田外務大臣宛(電報) 察南自治政府の管轄区域は作戦地域として関東軍が行政司法権を管掌する旨軍側内報について……1239

三 656 昭和12年9月6日 七九六 在満州国植田大使より広田外務大臣宛(電報) 察南自治政府への指導方針に関する吉岡大佐の内話について……1240

五 1180 昭和12年9月6日 広田外務大臣より在本邦クレーギー英国大使宛 ヒューゲッセン大使負傷事件につき慎重調査中である旨英国側へ通報……2025

五 1012 昭和12年9月8日 合一四三一 広田外務大臣より在独国武者小路大使、在満州国植田大使、在米国斎藤大使他宛(電報) 中ソ不侵略条約や中国沿岸封鎖問題などに関する広田外相と在本邦独国大使との意見交換につき通報……1797

三 657 昭和12年9月9日 八九九 在天津堀内総領事より広田外務大臣宛(電報) 北清事変議定書の関係から渉外事項に関しては支那駐屯軍の名称を建前上継続する方針について……1240

五　1111　昭和12年9月9日　六五三　在英国吉田大使より広田外務大臣宛(電報)　ヒューゲッセン大使負傷事件が英国人心に及ぼした対日感情の悪化とその経済的影響につき報告……1912

四　878　昭和12年9月10日　一四三　在ジュネーブ宇佐美国際会議事務局長代理兼総領事より広田外務大臣宛(電報)　第十八回国際連盟総会における極東問題の取扱い振りにつき観測報告……1561

付記一　昭和十二年八月三十日付、中国政府より国際連盟宛覚書　日本の行動は連盟規約、不戦条約および九国条約に違反しつつあるとの通牒……1562

二　昭和十二年九月十二日付、中国政府より国際連盟宛覚書　日本の行動を非難する補足通牒……1568

三　昭和十二年九月十二日付、中国政府より国際連盟宛提訴状　日本の行動に対する必要手段の採用方要請……1574

五　1156　昭和12年9月10日　三八五　在ウラジオストック杉下総領事より広田外務大臣宛(電報)　ソ連当局が極東ソ連領在住朝鮮人の強制移住に着手したとの風評につき報告……1999

五　1157　昭和12年9月10日　三八七　在ウラジオストック杉下総領事より広田外務大臣宛(電報)　極東ソ連領在住朝鮮人の強制移住に関するソ連側の意図観測について……1999

三　704　昭和12年9月11日　九一六　在天津堀内総領事より広田外務大臣宛(電報)　わが方の海関管理案に対する天津税関長の回答について……1300

五　1158　昭和12年9月12日　三九五　在ウラジオストック杉下総領事より広田外務大臣宛(電報)　ソ連による朝鮮人の強制移住の実施状況等に関する報告……2000

一　164　昭和12年9月13日　二八三　在香港水沢総領事より広田外務大臣宛(電報)　香港英当局の在留邦人集結措置に対し引揚げ者続出の旨報告……173

付記　昭和十三年三月十九日発在香港中村総領事より広田外務大臣宛電報第三三〇号　避難集結中の邦人の一時帰宅について……174

六　1311　昭和12年9月13日　商一六三　在ニューヨーク若杉総領事より広田外務大臣宛(電報)　日中紛争に関連して米国政府内で屑鉄の輸出制限問題が重大化しつつあるとの観測報告……2183
一　167　昭和12年9月14日　九三一　在天津堀内総領事より広田外務大臣宛(電報)　磯谷第十師団長が外国人記者団に対し日本軍の目的は抗日中国軍の膺懲であると力説した旨報告……179
三　765　昭和12年9月14日　九二七　在天津堀内総領事より広田外務大臣宛(電報)　河北省銀行券を中心とする華北金融対策の現地方針案策定について……1407
付記　昭和十二年九月二十五日「北支金融對策要綱」に関する青木企画院次長の説明要旨……1407
一　168　昭和12年9月15日　一四五六　在上海岡本総領事より広田外務大臣宛(電報)　日本が事変に何を求めているのか蔣介石が苦慮していた様子など南京情勢に関する伊国大使内話について……180
三　705　昭和12年9月15日　九三九　在天津堀内総領事より広田外務大臣宛(電報)　わが方海関管理案を天津税関長内諾について……1301
四　879　昭和12年9月15日　中国の連盟提訴に対する外務当局の見解……1575
付記　昭和十二年九月十五日付日中紛争に関する天羽国際会議事務局長の外国記者談話要旨……1577
五　1013　昭和12年9月15日　合一五一六　広田外務大臣より在天津堀内総領事、在上海岡本総領事、在香港水沢総領事宛(電報)　沿岸封鎖が中国貿易および海運に与える影響につき調査方訓令……1798
六　1312　昭和12年9月15日　四五九　在米国斎藤大使より広田外務大臣宛(電報)　米国政府所有船による日中双方への軍事物資輸送を禁止する旨米国政府声明について……2184
六　1313　昭和12年9月15日　四六三　在米国斎藤大使より広田外務大臣宛(電報)　日中紛争の局外に立つべしとの米国内の論調とその米国政府に及ぼすべき影響について……2185

五　1181　昭和12年9月16日　在天津堀内総領事より広田外務大臣宛(電報)　九四六　戦闘行為波及地域の拡大につき列国側へ警告について……2026

六　1314　昭和12年9月18日　在米国斎藤大使より広田外務大臣宛(電報)　四七一　政府所有船による日中両国向け武器輸出を禁じた米国政府の措置に対し中国が王正廷大使を通じて抗議した旨報告……2186

五　1182　昭和12年9月19日　南京空爆に際し南京周辺在留外国人の避難を要請する列国領事宛通告……2027

付記一　昭和十二年九月二十一日付　右通告に対する英国政府抗議……2027

二　昭和十二年九月二十九日付　右抗議に対する日本政府回答……2028

四　880　昭和12年9月21日　国際連盟アヴノール事務総長より広田外務大臣宛(電報)　日本政府に対する連盟諮問委員会参加招請……1578

五　1014　昭和12年9月21日　広田外務大臣より在英国吉田大使宛(電報)　三八一　事変の任国に対する経済的影響につき報告方訓令……1799

五　1183　昭和12年9月21日　広田外務大臣より在本邦クレーギー英国大使宛　ヒューゲッセン大使負傷事件に関するわが方最終回答……2029

付記　昭和十二年九月二十三日付在本邦クレーギー英国大使より広田外務大臣宛半公信　右最終回答に対する英国政府回答……2030

五　1184　昭和12年9月21日　広田外務大臣より在本邦クレーギー英国大使宛　被害事件の再発防止に関する対英協力要請……2031

付記　昭和十二年九月二十三日付在本邦クレーギー英国大使より広田外務大臣宛半公信　右要請に対する英国政府回答……2031

五　1015　昭和12年9月22日　在英国吉田大使より広田外務大臣宛(電報)　六八三　英国に対する事変の経済的影響につき報告……1799

三	766	昭和12年9月24日	一五八〇	在上海岡本総領事より広田外務大臣宛(電報)	事変が長期化すれば上海財界は苦境に陥って国民政府への影響力を失い共産勢力が台頭するだろうとのホール・パッチ内話報告	1415
五	1185	昭和12年9月24日	九八四	在天津堀内総領事より広田外務大臣宛(電報)	広東空爆に関するロイター通信報道について	2032
四	881	昭和12年9月25日		広田外務大臣より国際連盟アヴノール事務総長宛(電報)	連盟諮問委員会参加招請に対する日本政府回答	1578
三	658	昭和12年9月27日	一〇〇五	在天津堀内総領事より広田外務大臣宛(電報)	平津地方維持会連合会の成立について	1241
三	767	昭和12年9月27日	一〇〇七	在天津堀内総領事より広田外務大臣宛(電報)	河北省銀行券を中心とする華北金融対策の準備工作進捗について	1416
五	1186	昭和12年9月27日			南京および広東空爆に関する外務当局談	2033
四	882	昭和12年9月28日		国際連盟総会採択	日本軍の空爆に対する非難決議	1579
五	1016	昭和12年9月28日	一六二六	在上海岡本総領事より広田外務大臣宛(電報)	沿岸封鎖による上海方面の貿易海運への影響につき報告	1801
五	1017	昭和12年9月28日	商一七九	在ニューヨーク若杉総領事より広田外務大臣宛(電報)	米国に対する事変の経済的影響につき報告	1802
三	706	昭和12年9月29日	一六四一	在上海岡本総領事より広田外務大臣宛(電報)	海関収入を担保とする北清事変賠償金の対日支払いを中国側停止について	1302
三	707	昭和12年9月30日	一〇一六	在天津堀内総領事より広田外務大臣宛(電報)	関税収入を治安維持会の経費として融通する方法につき研究方請訓	1303
三	708	昭和12年9月30日	一六四六	在上海岡本総領事より広田外務大臣宛(電報)	事変終了までは北清事変賠償金の対日支払いを第三国銀行に預託する案をホール・パッチ提議について	1304

三　709　昭和12年9月30日　一六五三　在上海岡本総領事より広田外務大臣宛(電報)　北清事変賠償金の対日支払い停止に対する不承認および権利留保を中国側へ通告方請訓……1305

四　883　昭和12年9月30日　連盟総会の空爆非難決議に対するわが方声明……1579

付記　昭和十二年九月二十九日付右決議に対する情報部長談話……1581

昭和十二年十月

一　169　昭和12年10月1日　総理・外務・陸軍・海軍四大臣決定　「支那事變對處要綱」……182

一　170　昭和12年10月1日　総理・外務・陸軍・海軍四大臣決定　「事變對處要綱附屬具體的方策」……183

付記　右方策の別紙……185

一　171　昭和12年10月1日　総理・外務・陸軍・海軍四大臣決定　「國交調整ト同時ニ交渉スヘキ諸事項」……186

三　659　昭和12年10月2日　一〇二五　在天津堀内総領事より広田外務大臣宛(電報)　治安状況など天津近況につき報告……1241

五　1018　昭和12年10月2日　一〇三二　在天津堀内総領事より広田外務大臣宛(電報)　沿岸封鎖による天津方面の貿易海運への影響につき報告……1804

五　1019　昭和12年10月2日　一四〇　在シンガポール郡司総領事より広田外務大臣宛(電報)　シンガポールにおける排日貨運動の状況について……1806

三　710　昭和12年10月3日　一〇三五　在天津堀内総領事より広田外務大臣宛(電報)　わが方海関管理案の再検討を英国領事提議について……1305

五　1187　昭和12年10月3日　一〇三四　在天津堀内総領事より広田外務大臣宛(電報)　列国側による被害賠償要求への対処方針につき請訓……2034

八 1678 昭和12年10月4日 在本邦グルー米国大使より外務省宛 日本軍の上海共同租界軍事使用に対する米国政府抗議について …… 2715

一 172 昭和12年10月5日 亜一機密一二二 広田外務大臣より在中国川越大使宛 「支那事變對處要綱」など三文書の送付に際し留意点通報 …… 187

付記一 昭和十二年九月十六日、東亜局第一課作成「支那事變對處要綱ニ關スル次官會議議題ノ説明」 …… 188

二 昭和十二年十月一日、外務省作成「支那事變對處要綱」など三文書の四相決定に関する広田外相口述録 …… 190

三 768 昭和12年10月5日 一〇四六 在天津堀内総領事より広田外務大臣宛(電報) 華北地方の経済安定を図るため華北物資の購入奨励および為替管理法上の特例措置採用方意見具申 …… 1417

六 1315 昭和12年10月5日 米国大統領のシカゴにおける演説 …… 2186

四 884 昭和12年10月6日 国際連盟総会採択 連盟総会が採択した日中紛争に関する諮問委員会の十月五日付報告書 …… 1583

付記 右和訳文 …… 1586

四 885 昭和12年10月6日 国際連盟総会採択 日中紛争に関する連盟諮問委員会小委員会の第一報告書 …… 1587

付記 右和訳文 …… 1601

四 886 昭和12年10月6日 国際連盟総会採択 日中紛争に関する連盟諮問委員会小委員会の第二報告書 …… 1611

付記 右和訳文 …… 1614

六 1316 昭和12年10月6日 米国大統領のシカゴ演説に反駁した情報部長談話 …… 2192

六	1317	昭和12年10月6日			中国における日本の軍事行動を九国条約および不戦条約違反とする米国国務省の声明	2193
				付記　右和訳文		2194
四	887	昭和12年10月7日	五八九	在仏国杉村大使より広田外務大臣宛(電報)	日中紛争をめぐる連盟総会の動静に関する情報報告	1616
五	1020	昭和12年10月7日	一〇三	在シドニー若松総領事より広田外務大臣宛(電報)	オーストラリアにおける対日ボイコット激化の状況につき報告	1807
五	1021	昭和12年10月7日	四二〇	在独国武者小路大使より広田外務大臣宛(電報)	事変に関してヒトラー総統は日本に徹底的同情的立場をとるとのリッベントロップ大使の言明について	1808
五	1159	昭和12年10月7日	合一九七二	広田外務大臣より在ソ連邦重光大使、在独国武者小路大使他宛(電報)	ソ連の対中軍事支援など中ソ密約の存在に関する在本邦ポーランド大使の観察について	2001
五	1188	昭和12年10月7日	一〇五七	在天津堀内総領事より広田外務大臣宛(電報)	広東空爆報道等につきロイター通信極東支配人と意見交換について	2035
四	889	昭和12年10月8日	二八五	在ジュネーブ宇佐美国際会議事務局長代理兼総領事より広田外務大臣宛(電報)	九国条約関係国会議に対する独伊両国の動向など天羽国際会議事務局長の報告	1623
五	1022	昭和12年10月8日	一〇五	在シドニー若松総領事より広田外務大臣宛(電報)	対日ボイコットへのわが方注意喚起に対するオーストラリア側回答について	1809
六	1318	昭和12年10月8日	五二三	在米国斎藤大使より広田外務大臣宛(電報)	米国大統領のシカゴ演説および十月六日付国務省声明をめぐる国務長官との意見交換について	2195
六	1319	昭和12年10月8日	五二七	在米国斎藤大使より広田外務大臣宛(電報)	米国大統領のシカゴ演説および十月六日付国務省声明の背景に関する観測報告	2198
三	769	昭和12年10月9日	一〇六八	在天津堀内総領事より広田外務大臣宛(電報)	察南銀行の開業について	1419

四 888 昭和12年10月9日 今次事変における日本の行動は自衛であり現存条約に違反しない旨の外務省声明 …… 1617

付記一 右英文 …… 1618

二 昭和十二年十二月、条約局第三課作成「支那事變ト國際聯盟」より抜粋「概説 支那ノ聯盟提訴ヨリ十月六日總會ノ報告書及決議採擇ニ至ル經緯概略」 …… 1620

四 890 昭和12年10月9日 七五〇 在英国吉田大使より広田外務大臣宛(電報) 九国条約会議に向けて英米両国が事前協議を行っているとの情報報告 …… 1623

三 711 昭和12年10月10日 一〇七一 在天津堀内総領事より広田外務大臣宛(電報) 海関管理問題に関し英国側が対案提示について …… 1307

別 電 昭和十二年十月十日発在天津堀内総領事より広田外務大臣宛第一〇七二号 右対案 …… 1308

四 891 昭和12年10月11日 二九一 在ジュネーブ宇佐美国際会議事務局長代理兼総領事より広田外務大臣宛(電報) 九国条約の締約国たる連盟国の会議開催に関する連盟総会議長勧請への中国政府回答振りについて …… 1624

四 892 昭和12年10月11日 一九一 在ベルギー来栖大使より広田外務大臣宛(電報) 九国条約会議のブリュッセル開催案に対するベルギー外務省の応答振りについて …… 1624

四 893 昭和12年10月11日 五九六 在仏国杉村大使より広田外務大臣宛(電報) 九国条約会議に対する日本の態度に関し報道振り報告 …… 1626

三 712 昭和12年10月12日 一〇七八 在天津堀内総領事より広田外務大臣宛(電報) 海関管理問題に関する天津税関長との意見交換について …… 1308

別 電 昭和十二年十月十二日発在天津堀内総領事より広田外務大臣宛第一〇七九号 海関管理に関する英国側対案は日本案と大差なき旨意見具申 …… 1309

三 713 昭和12年10月12日 一〇八七 在天津堀内総領事より広田外務大臣宛(電報) 海関管理問題を軍と協議の結果わが方管理案の貫徹方針を決定について …… 1311

三	714	昭和12年10月12日	一〇八八	在天津堀内総領事より広田外務大臣宛(電報)	海関管理問題に対する軍の態度硬化と接収実行に向けた準備状況について	1313
四	894	昭和12年10月12日	二三〇	広田外務大臣より在独国武者小路大使宛(電報)	九国条約会議に関する在本邦独国大使館参事官よりの情報通報	1626
五	1112	昭和12年10月⑿日	特情倫敦五七	在英国吉田大使より広田外務大臣宛(電報)	十月九日の日本政府声明を非難する英国紙論説報告	1913
六	1320	昭和12年10月12日	六〇〇	在仏国杉村大使より広田外務大臣宛(電報)	英米の対日態度硬化に対しては上海共同防衛や海関制度の強化などにつき協定の用意を明示して安心感を与えるべき旨意見具申	2198
四	895	昭和12年10月13日	二三四	広田外務大臣より在独国武者小路大使宛(電報)	九国条約会議への独国不参加をわが方希望の旨堀内外務次官より在本邦独国参事官へ伝達について	1627
四	896	昭和12年10月13日			条約局第三課が作成した「九國條約國會議對策」	1628
六	1321	昭和12年10月⒀日	特情華府一二	在米国斎藤大使より広田外務大臣宛(電報)	対日経済制裁の方法や影響に関する米国紙論説報告	2199
六	1322	昭和12年10月⒀日	特情華府一三	在米国斎藤大使より広田外務大臣宛(電報)	九国条約締約国の協調や相互関係における基本原則の尊重を高唱した米国大統領のラジオ演説報告	2201
六	1323	昭和12年10月13日	一〇〇八	在ソ連邦重光大使より広田外務大臣宛(電報)	在ソ連邦米国大使に対して事変の経緯およびわが方立場を説明し意見交換について	2202
三	715	昭和12年10月14日	一一〇〇	在天津堀内総領事より広田外務大臣宛(電報)	海関問題に対する軍の態度硬化に鑑み交渉条件が第三国の利害に影響せず妥結の望みある旨を軍に説明方意見具申	1313
				付記	東亜局作成「昭和十二年度執務報告 第一冊(第一課關係)」より抜粋「天津秦皇島海關接收問題」中の「第二款 我方管理要求ト天津税關長ノ受諾」の「十」から「十二」	1314

四 897 昭和12年10月14日 二〇一 在ベルギー柳沢臨時代理大使より広田外務大臣宛(電報) 英国外交官が英国は九国条約違反問題には触れないと説明し日本の会議参加を希望する旨内話について …… 1629

四 898 昭和12年10月15日 三五〇 広田外務大臣より在米国斎藤大使宛(電報) 九国条約会議へのわが方参加を在本邦米国大使が打診について …… 1630

四 899 昭和12年10月15日 四四二 広田外務大臣より在英国吉田大使宛(電報) 九国条約会議へのわが方参加を在本邦英国大使が要望について …… 1631

付記 昭和十二年十月十六日起草、広田外務大臣より在英国吉田大使、在米国斎藤大使宛電報案 九国条約会議参加拒絶および列国の和平仲介に対する対処方針について …… 1632

四 900 昭和12年10月15日 二〇三 在ベルギー柳沢臨時代理大使より広田外務大臣宛(電報) 九国条約会議招請状発送の見通しについて …… 1633

五 1113 昭和12年10月15日 七七三 在英国吉田大使より広田外務大臣宛(電報) 英国金融界の対日警戒感は必ずしも対日悪感情ではないなど香港上海銀行アディスの時局談報告 …… 1914

四 901 昭和12年10月16日 一八五 広田外務大臣より在伊国堀田大使宛(電報) 九国条約会議への伊国対応振りに関して在本邦伊国大使がわが方希望を照会について …… 1633

四 902 昭和12年10月16日 二〇五 在ベルギー柳沢臨時代理大使より広田外務大臣宛(電報) ベルギー外務当局が九国条約会議の招請状内示について …… 1634

四 903 昭和12年10月17日 二〇九 在ベルギー来栖大使より広田外務大臣宛(電報) ベルギー外相が九国条約会議へのわが方参加を要望について …… 1635

四 904 昭和12年10月17日 二一〇 在ベルギー来栖大使より広田外務大臣宛(電報) 在ベルギー英国大使が九国条約会議へのわが方参加を慫慂について …… 1637

四 905 昭和12年10月19日 一八八 広田外務大臣より在伊国堀田大使宛(電報) 伊国の九国条約会議参加決定および同会議をめぐる対日協力方針に関し在本邦伊国大使が通報について …… 1638

四 906 昭和12年10月19日 二一二 在ベルギー来栖大使より広田外務大臣宛(電報) 九国条約会議不参加の場合のわが方対応振りにつき意見具申 …… 1638

四　907　昭和12年10月19日　二一四　在ベルギー来栖大使より広田外務大臣宛（電報）　九国条約会議招請状に対する各国回答について……1639

八　1679　昭和12年10月19日　外務省より在本邦米国大使館宛　上海共同租界の軍事使用に関する米国政府抗議へのわが方回答……2716

四　908　昭和12年10月20日　三二四　広田外務大臣より在仏国杉村大使宛（電報）　九国条約会議へのわが方参加を在本邦仏国大使が慫慂について……1640

四　909　昭和12年10月20日　四五一　広田外務大臣より在英国吉田大使宛（電報）　九国条約会議へのわが方参加を在本邦英国大使が勧説について……1640

四　910　昭和12年10月20日　五六四　在米国斎藤大使より広田外務大臣宛（電報）　九国条約会議に対する米国政府の態度に関し同国大統領声明について……1641

三　716　昭和12年10月21日　一一三八　在天津堀内総領事より広田外務大臣宛（電報）　総税務司六項目提案のわが方承諾を中国財政部長が強く要求しているとの海関側通報について……1317

付記一　東亜局作成「昭和十二年度執務報告　第一冊（第一課關係）」より抜粋「天津秦皇島海關接收問題」中の「第二款　我方管理要求ト天津稅關長ノ受諾」の「十三」から「十四」……1318

二　東亜局作成「昭和十二年度執務報告　第一冊（第一課關係）」より抜粋「天津秦皇島海關接收問題」中の「第三款　其後ノ交渉ト新政權ニ依ル接收」の「一」および「六」から「七」……1320

四　911　昭和12年10月21日　二二三　在伊国堀田大使より広田外務大臣宛（電報）　九国条約会議に関する対日協力を伊国外相言明について……1642

四　912　昭和12年10月21日　七六　広田外務大臣より在ベルギー来栖大使宛（電報）　在本邦ベルギー大使が九国条約会議への招請状を手交しわが方の参加要請について……1643

付記一　昭和十二年十月二十日付九国条約会議への対日招請状……1644

二　右和訳文……1644

四	913	昭和12年10月21日	二二四	在伊国堀田大使より広田外務大臣宛(電報)	九国条約会議に当たっては英米など関係諸国の和平斡旋を頑なに拒絶すべきではないなど会議への対応につき意見具申	1644
一	173	昭和12年10月22日		外務・陸軍・海軍三省決定	事変に対する第三国の斡旋・干渉へのわが方対応方針	191
四	914	昭和12年10月22日			九国条約会議に関する外務省首脳と外務長老との懇話会要旨	1646
四	915	昭和12年10月22日	二二四	在ベルギー好富臨時代理大使より広田外務大臣宛(電報)	九国条約会議招請状のわが方への手交遅延につきベルギー外務当局へ注意喚起について	1651
				別　電　昭和十二年十月二十二日発在ベルギー好富臨時代理大使より広田外務大臣宛第二二五号	ベルギー側が示した遅延理由	1652
四	916	昭和12年10月22日	一三九	在メキシコ越田公使より広田外務大臣宛(電報)	九国条約会議に関するメキシコ外務次官との意見交換について	1652
四	917	昭和12年10月23日	七七	広田外務大臣より在ベルギー来栖大使宛(電報)	招請状の遅延に鑑み九国条約会議の会期を日本の都合に応じて変更する用意がある旨在本邦ベルギー大使通報について	1654
四	918	昭和12年10月23日	一九五六	在上海岡本総領事より広田外務大臣宛(電報)	九国条約会議へのわが方不参加は諸般の状況から至当と考えるも対外啓発に一層考慮をめぐらすべき旨意見具申	1654
五	1260	昭和12年10月23日	六三二	在香港水沢総領事より広田外務大臣宛(電報)	仏国および英国の対中財政支援に関する情報報告	2132
三	770	昭和12年10月26日		閣議決定	「第三委員會規則」	1419
四	919	昭和12年10月26日	八〇	広田外務大臣より在ベルギー来栖大使宛(電報)	九国条約会議への独ソ両国参加の是非に関し英国が各国に対して招請回答の中で意見の開示を求めた旨通報	1655

920	四	昭和12年10月26日	四六一	広田外務大臣より在英国吉田大使宛(電報)	九国条約会議へのわが方参加を在本邦英国大使が再度要請について	1656
921	四	昭和12年10月26日	二三四	在ベルギー来栖大使より広田外務大臣宛(電報)	ベルギー内閣の総辞職によって九国条約会議開催延期について	1656
922	四	昭和12年10月26日	五六八	在米国斎藤大使より広田外務大臣宛(電報)	九国条約会議に関する英米事前協議の内容など情報報告	1657
923	四	昭和12年10月27日	八二	広田外務大臣より在ベルギー来栖大使宛(電報)	九国条約会議へのわが方不参加回答を在本邦ベルギー大使へ手交について	1658
				付記 昭和十二年十月二十七日付右わが方不参加回答		1658
924	四	昭和12年10月27日			九国条約会議不参加に関する日本政府声明	1660
				付記 右英訳文		1663
925	四	昭和12年10月27日	四六六	広田外務大臣より在英国吉田大使宛(電報)	九国条約会議不参加に関する在本邦英米白三国大使への広田外相説明振りについて	1669
926	四	昭和12年10月27日	二一九	広田外務大臣より在伊国堀田大使宛(電報)	九国条約会議不参加を在本邦独仏伊三国大使へ説明について	1670
927	四	昭和12年10月28日	二四二	在ベルギー来栖大使より広田外務大臣宛(電報)	独ソ両国に対して九国条約会議の追加招請状が発せられたとの情報について	1671
928	四	昭和12年10月28日	二三八	在ベルギー来栖大使より広田外務大臣宛(電報)	九国条約会議における伊国利用には一定の限度があり慎重対処方意見具申	1671
771	三	昭和12年10月29日	四九五	広田外務大臣より在天津堀内総領事宛(電報)	華北棉花等の輸入促進に関して企画院が華北経済工作の一環として方針検討中について	1420
929	四	昭和12年10月29日	二四九	在ベルギー来栖大使より広田外務大臣宛(電報)	九国条約会議不参加に関する日本政府声明をベルギー政府へ手交について	1672

五 1114 昭和12年10月29日 八三五 在英国吉田大使より広田外務大臣宛(電報) 英国一般の対日空気悪化に関する同国財界有力者キンダスレーの内話報告……1915
六 1324 昭和12年10月29日 五七一 在米国斎藤大使より広田外務大臣宛(電報) 日中直接交渉開始や休戦実施の可能性に関する前駐日大使キャッスルと須磨参事官との意見交換報告……2203
三 772 昭和12年10月30日 二〇六一 在上海岡本総領事より広田外務大臣宛(電報) 中国政府の財政金融政策に関するホール・パッチ内話報告……1421
四 930 昭和12年10月30日 四六〇 在独国武者小路大使より広田外務大臣宛(電報) 九国条約会議の招請に対して独国政府が拒絶回答をした旨同国外務次官内報について……1673
四 931 昭和12年10月30日 八三八 在英国吉田大使より広田外務大臣宛(電報) 九国条約会議は事態回復まで一旦閉会し裏面で英米が日中直接交渉を斡旋するよう英国外相へ提案について……1673
四 932 昭和12年10月31日 四六八 在独国武者小路大使より広田外務大臣宛(電報) 九国条約よりの離脱を内外に宣言すべきとの重光大使意見具申……1675
四 933 昭和12年10月31日 四六九 在独国武者小路大使より広田外務大臣宛(電報) 九国条約に関する重光大使気付きの点について……1676

昭和十二年十一月

四 934 昭和12年11月1日 九二 広田外務大臣より在ベルギー来栖大使宛(電報) 伊国代表と密接連絡を保ち九国条約会議を有名無実化すべく側面より工作方訓令……1677
四 935 昭和12年11月1日 八四九 在英国吉田大使より広田外務大臣宛(電報) 九国条約会議をめぐる駐英米国大使との意見交換について……1677
五 1023 昭和12年11月1日 三九 在ラングーン金子領事代理より広田外務大臣宛(電報) ビルマにおける排日貨運動の状況について……1809
五 1115 昭和12年11月1日 八四四 在英国吉田大使より広田外務大臣宛(電報) わが国民間の対英言動硬化は英国における対日世論の悪化傾向を増大させるおそれがあるため指導更正方意見具申……1916

四　936　昭和12年11月3日　四七七　広田外務大臣より在英国吉田大使宛(電報)　九国条約会議では将来の和平斡旋の途を閉塞しないよう措置すべき旨本国政府に上申したとの在本邦英国大使内話について……1678

四　937　昭和12年11月3日　条約局第三課が作成した「對支宣戰ト聯盟規約」……1679

四　938　昭和12年11月4日　八二六　広田外務大臣より在上海岡本総領事宛(電報)　現在直ちにではないが将来伊国が日中直接交渉実現のため中国を誘導することは希望する旨在本邦伊国大使へ説示について……1683

五　1116　昭和12年11月5日　二一五九　在上海岡本総領事より広田外務大臣宛(電報)　上海方面での日英間不祥事件の処理など日英関係改善に関する川越大使と英国代理大使との会談内容報告……1917

五　1117　昭和12年11月6日　二一六七　在上海岡本総領事より広田外務大臣宛(電報)　事変をめぐる日英関係の悪化や事変収拾方策などに関する英国代理大使との意見交換について……1918

一　174　昭和12年11月7日　二一八一　在上海岡本総領事より広田外務大臣宛(電報)　日本軍の杭州湾上陸に関する中国紙報道振り報告……192

一　175　昭和12年11月8日　二一九〇　在上海岡本総領事より広田外務大臣宛(電報)　九国条約会議に期待しつつ抗戦を継続するとの蔣介石のロイター会見談につき報告……193

一　176　昭和12年11月8日　外務省作成の「對支宣戰布告ノ得失」……193

四　939　昭和12年11月8日　九八　広田外務大臣より在ベルギー来栖大使宛(電報)　わが方に対する九国条約会議再招請状を在本邦ベルギー大使より受領について……1684

付記　昭和十二年十一月七日付右再招請状……1684

五　1024　昭和12年11月8日　二三九　在タイ村井公使より広田外務大臣宛(電報)　タイにおける華僑の日貨取扱い商人に対する暴行事件について……1810

五　1025　昭和12年11月8日　一七一　在ムンバイ石川領事より広田外務大臣宛(電報)　インドにおける華僑の排日貨運動は憂慮すべき状況ではない旨報告……1810

四　940　昭和12年11月9日　二五九　広田外務大臣より在伊国堀田大使宛(電報)　九国条約会議再招請へのわが方対応振りを在本邦伊国大使照会について……1686

四　941　昭和12年11月11日　二六二　広田外務大臣より在伊国堀田大使宛(電報)　再招請へのわが方拒絶方針にかかわらず伊国は九国条約会議から脱退なきよう希望する旨同国外相へ伝達方訓令……1686

八　1680　昭和12年11月11日　五九六　在米国斎藤大使より広田外務大臣宛(電報)　上海陥落に関する米国紙論調報告……2717

一　177　昭和12年11月12日　二二四〇　在上海岡本総領事より広田外務大臣宛(電報)　中国軍の上海撤退に関する中国紙報道振り報告……195

別　電　昭和十二年十一月十二日発在上海岡本総領事より広田外務大臣宛第二二三九号　軍事委員会政治訓練処の声明……196

四　942　昭和12年11月12日　一〇三　広田外務大臣より在ベルギー来栖大使宛(電報)　九国条約会議再招請に対するわが方不参加回答を在本邦ベルギー大使へ手交について……1687

付　記　昭和十二年十一月十二日付　右わが方不参加回答……1687

四　943　昭和12年11月12日　四九二　広田外務大臣より在英国吉田大使宛(電報)　九国条約会議再招請に対するわが方不参加回答は列国個別の和平斡旋を拒む趣旨ではない旨通報……1688

一　178　昭和12年11月13日　二二五〇　在上海岡本総領事より広田外務大臣宛(電報)　日本軍の上海全市占領を伝える中国紙報道振り報告……197

付　記　昭和十二年十一月二十日　中国国民政府の遷都宣言……197

四　944　昭和12年11月13日　一〇五　広田外務大臣より在ベルギー来栖大使宛(電報)　わが方が再招請を拒絶すれば列国は対日圧迫措置をとる可能性があるとのＵＰ報道にも鑑みブリュッセルにおける世論指導方訓令……1689

巻	文書番号	日付	電報番号	発受信者	件名	頁
四	945	昭和12年11月13日			日本政府の九国条約会議不参加回答に対する同会議での各国代表演説要旨	1689
四	946	昭和12年11月15日	一〇六	広田外務大臣より在ベルギー来栖大使宛(電報)	九国条約会議が何らかの対日共同措置を決議すれば時局収拾は遅延のおそれがある旨在本邦英国大使へ注意喚起について	1692
四	947	昭和12年11月15日			九国条約会議声明	1692
五	1189	昭和12年11月16日			日本軍による列国権益の尊重に関する情報部長談話	2035
三	660	昭和12年11月17日	二三〇〇	在上海岡本総領事より広田外務大臣宛(電報)	上海の戦線が租界を離れたことに伴う邦人の復帰方針について	1242
三	773	昭和12年11月17日	五二七	広田外務大臣より在天津岸総領事代理宛(電報)	第三委員会が作成した華北棉花輸入促進の方針案について	1422
三	774	昭和12年11月17日	八〇六	在香港水沢総領事より広田外務大臣宛(電報)	上海陥落後における中国側銀行の動向に関する関係筋の観測報告	1423
三	775	昭和12年11月18日		第三委員会決定	「北支應急金融工作實行要領」	1424
一	179	昭和12年11月19日		閣議決定	「大本營ト政府トノ連繫ニ關スル件」	198
四	948	昭和12年11月19日	一一五	広田外務大臣より在ベルギー来栖大使宛(電報)	九国条約会議声明に対しては反駁声明などは行わず事態を静観する方針決定について	1697
四	949	昭和12年11月20日	五〇八	広田外務大臣より在英国吉田大使宛(電報)	九国条約会議内の対日空気悪化を懸念する英国側が英米による和平斡旋を提案したがわが方は直ちには同意困難と回答について	1698
五	1118	昭和12年11月20日	九〇七	在英国吉田大使より広田外務大臣宛(電報)	英国の対日空気改善のため講演会等でわが方の立場を説明し得る人物として鶴見祐輔や高柳賢三などの英国派遣方請訓	1920

一　180　昭和12年11月21日　参謀本部第二課作成の「南京政權ノ將來ニ關スル判斷（案）」……199
付　記　昭和十二年十月三十日、陸軍省軍務局軍務課作成「事變長期ニ亙ル場合ノ處理要綱案」……200
三　661　昭和12年11月22日　蒙疆連合委員会設立に際しての関東軍司令官と蒙疆連合委員会との秘密交換公文……1243
四　950　昭和12年11月22日　一一七　広田外務大臣より在ベルギー来栖大使宛（電報）　九国条約会議の声明に反駁する意向はなく日中直接交渉実現に向けた列国の斡旋を希望する旨在本邦ベルギー大使へ説明について……1698
六　1325　昭和12年11月22日　六二一　在米国斎藤大使より広田外務大臣宛（電報）　米国上院外交委員長が九国条約関係国会議の失敗に言及し米国中立法との関連性はないと弁明について……2205
一　181　昭和12年11月24日　二五四　在張家口中根総領事代理より広田外務大臣宛（電報）　蒙疆連合委員会成立について……205
付　記　昭和十二年十一月二十二日　蒙疆連合委員会の設立宣言……206
四　951　昭和12年11月24日　九国条約会議報告書……1699
四　952　昭和12年11月24日　三七八　広田外務大臣より在仏国杉村大使宛（電報）　日中直接交渉に向けた第三国への斡旋要請に関し仏国を除外した理由について……1709
八　1681　昭和12年11月(24)日　特情巴里一〇九　在仏国杉村大使より広田外務大臣宛（電報）　上海租界における中国側の反日活動を禁圧すべしとの日本側要求に対する仏国新聞論調報告……2718
付　記　東亜局作成「昭和十二年度執務報告　第一冊（第一課關係）」より抜粋「松井司令官ノ「インタヴュー」問題」……2719
四　953　昭和12年11月25日　四〇〇　在ベルギー来栖大使より広田外務大臣宛（電報）　九国条約会議が成果なく閉幕した要因について……1709

三	776	昭和12年11月26日		閣議決定	「華北聯合銀行(假稱)設立要綱」	1426
四	954	昭和12年11月26日	二七八	広田外務大臣より在伊国堀田大使宛(電報)	九国条約会議における伊国代表の尽力に対し同国外相へ謝意伝達方訓令	1709
四	955	昭和12年11月26日	九二四	在英国吉田大使より広田外務大臣宛(電報)	九国条約会議の閉幕に関する新聞論調報告	1710
三	777	昭和12年11月27日	二四四〇	在上海岡本総領事より広田外務大臣宛(電報)	日本軍部は中国の通貨金融制度の崩壊を目指しているのではないかとホール・パッチが懸念表明について	1428
五	1190	昭和12年11月27日			外務省訓令「今後ニ於ケル第三國人ノ被害賠償要求ニ對スル我方応酬振ノ件」	2037
				付記 昭和十三年、外務・陸軍・海軍三省決定 「占領地域内ニ存在スル第三國人所有財産ニ關スル處理方針」		2038
八	1682	昭和12年11月27日	九二七	在英国吉田大使より広田外務大臣宛(電報)	上海租界における中国側の反日活動を抑圧すべしとの日本側要求に対する英国側反響報告	2721
四	956	昭和12年11月30日	三三七	在ジュネーブ宇佐美国際会議事務局長代理兼総領事より広田外務大臣宛(電報)	日中紛争に関する連盟諮問委員会再開の見込みにつき報告	1712

昭和十二年十二月

一	165	昭和12年12月			引揚げ居留民の善後措置に関する内田総領事の意見書	174
				付記 外務省作成、作成年月日不明 「引揚人員調」		177
三	717	昭和12年12月1日	二四八〇	在上海岡本総領事より広田外務大臣宛(電報)	上海方面の海関管理問題に関しわが方と上海税関長の協議に先立ち英国側と協議ありたき旨の覚書を英国総領事提出について	1322

別電　昭和十二年十二月一日発在上海岡本総領事より広田外務大臣宛第二四八一号　右覚書……1323
付記　東亜局作成「昭和十二年度執務報告　第一冊(第一課關係)」より抜粋「上海海關問題」……1324

五　1261　昭和12年12月2日　二四九五　在上海岡本総領事より広田外務大臣宛(電報)　英国銀行の対中借款成立説に関するホール・パッチの説明振り報告……2132

五　1026　昭和12年12月6日　三六〇　在伊国堀田大使より広田外務大臣宛(電報)　中国からの軍事教官引揚げなどに関する伊国外相の内話報告……1812

五　1160　昭和12年12月6日　極東ソ連領在住朝鮮人の強制移住問題に関する情報部長談話……2002

五　1262　昭和12年12月6日　七三八　在仏国杉村大使より広田外務大臣宛(電報)　ユダヤ系銀行団の対中クレジット供与に関する情報報告……2133

八　1683　昭和12年12月(6)日　特情倫敦七二　在英国吉田大使より広田外務大臣宛(電報)　日本軍の上海租界通過問題に関する英国紙論調報告……2722
付記　東亜局作成「昭和十二年度執務報告　第一冊(第一課關係)」より抜粋「日本軍ノ租界通過問題」……2724

一　182　昭和12年12月7日　在本邦ディルクセン独国大使より広田外務大臣宛　日本政府の和平条件に対する蔣介石回答を仲介伝達した独国覚書……206
付記　昭和十二年十二月三日、海軍軍令部が傍受した十二月二日発孔祥熙行政院副院長より在米国王正廷中国大使宛電報　在中国独国大使が提出した日本の講和条件について……209

一　183　昭和12年12月8日　官文九五九　大谷拓務大臣より広田外務大臣宛　事変解決方針に関する拓務省意見の送付について……210

五　1227　昭和12年12月9日　二五八〇　在上海岡本総領事より広田外務大臣宛(電報)　揚子江沿岸所在の各国船舶等に対する退避警告について……2088

別　電　昭和十二年十二月九日発在上海岡本総領事より広田外務大臣宛第二五八一号
右警告 …… 2088

一　184　昭和12年12月10日　二五八九　在上海岡本総領事より広田外務大臣宛(電報)　南京城内の中国軍に対する松井司令官の投降勧告を伝える中国紙報道振り報告 …… 213

五　1191　昭和12年12月13日　パネー号事件発生に関する情報部長談話 …… 2039

五　1192　昭和12年12月13日　レディバード号事件発生に関する情報部長談話 …… 2040

一　185　昭和12年12月14日　南京陥落に際しての近衛総理談話 …… 213

一　186　昭和12年12月14日　中華民国臨時政府の樹立宣言 …… 215

五　1193　昭和12年12月14日　広田外務大臣より在本邦グルー米国大使宛　パネー号事件に関する米国側への遺憾表明 …… 2040

五　1194　昭和12年12月14日　亜一機密二二七　広田外務大臣より在本邦クレーギー英国大使宛　レディバード号事件に関する英国側への遺憾表明 …… 2041

五　1195　昭和12年12月14日　パネー号およびレディバード号事件に関する外務省発表 …… 2041

五　1196　昭和12年12月14日　九八六　在英国吉田大使より広田外務大臣宛(電報)　レディバード号およびパネー号事件に関する英国論調およびイーデン英外相の議会答弁振り報告 …… 2042

三　718　昭和12年12月15日　一三二七　在天津堀内総領事より広田外務大臣宛(電報)　天津および秦皇島海関接収後における臨時政府の税関事務措置案について …… 1330

三　778　昭和12年12月16日　外務・陸軍・海軍・大蔵四大臣決定　「北支經濟開發方針」および「上海方面ニ於ケル帝國ノ經濟的權益設定策」 …… 1429

五	1197	昭和12年12月16日		在本邦クレーギー英国大使より広田外務大臣宛	レディバード号事件に関し再発防止と責任者の適切な処罰を求める英国政府抗議文書	2043
五	1161	昭和12年12月17日	一二九九	在ソ連邦重光大使より広田外務大臣宛(電報)	南京陥落後の事変に対するソ連の態度につき観測報告	2003
五	1027	昭和12年12月18日	二四四	在シンガポール郡司総領事より広田外務大臣宛(電報)	パネー号およびレディバード号事件の影響によるシンガポール方面の対日空気悪化の傾向につき報告	1813
五	1028	昭和12年12月18日	商二八四	在ニューヨーク若杉総領事より広田外務大臣宛(電報)	パネー号事件の影響による対日ボイコット気運拡大に関する米国紙報道について	1814
一	187	昭和12年12月19日			戦果に対する国民の過大な期待に鑑み対ソ作戦等に備えるため急速撤兵が必要と対内宣伝を行うべきとの岡崎総領事意見書	216
五	1198	昭和12年12月19日	二七七二	在上海岡本総領事より広田外務大臣宛(電報)	パネー号およびレディバード号事件への対応に関する現地米英協議の情報について	2046
五	1228	昭和12年12月19日	二八〇五	在上海岡本総領事より広田外務大臣宛(電報)	英国巡洋艦の揚子江航行に対する便宜供与について	2089
三	779	昭和12年12月20日	一三三九	在天津堀内総領事より広田外務大臣宛(電報)	華北地方の貿易収支調整に関し意見具申	1432
一	188	昭和12年12月21日		閣議決定	わが方の和平条件に関する在本邦独国大使への回答案	218
一	189	昭和12年12月22日		広田外務大臣 在本邦ディルクセン独国大使 } 会談	わが方和平条件に関する広田外相と在本邦独国大使との会談	219
				付記 昭和十二年十二月二十九日、陸軍省軍務局軍務課作成 「廣田外相ト獨逸大使會談要旨」		220
一	190	昭和12年12月24日		閣議決定	「事變對處要綱(甲)」	223

五　1199　昭和12年12月24日　パネー号事件の調査結果およびわが方措置振りの対米伝達に関する外務省発表 ……2047

五　1200　昭和12年12月26日　パネー号事件に対するわが方措置に満足の意を表明した米国政府の対日通牒に関する外務当局談 ……2048

五　1029　昭和12年12月27日　一九七　在ムンバイ石川領事より広田外務大臣宛(電報)　事変をめぐる英国およびソ連の動向に関するアフガニスタン総理大臣の内話について ……1814

五　1201　昭和12年12月28日　亜一機密二三四　広田外務大臣より在本邦クレーギー英国大使宛　レディバード号事件の調査結果およびわが方措置振りに関する対英通報 ……2052

五　1229　昭和12年12月28日　揚子江航行の自由を求める米国政府覚書 ……2089

付　記　昭和十二年十二月二十九日付、東亜局第一課作成　右覚書和文要領 ……2090

五　1230　昭和12年12月29日　二九二三　在上海岡本総領事より広田外務大臣宛(電報)　揚子江航行制限に関するわが方通報に対し自由航行権を留保する旨列国側回答について ……2090

別電一　昭和十二年十二月二十九日発在上海岡本総領事より広田外務大臣宛第二九二四号　右通報 ……2091

二　昭和十二年十二月二十九日発在上海岡本総領事より広田外務大臣宛第二九二五号　右回答 ……2092

三　662　昭和12年12月30日　駐蒙兵団設置に際しての関東軍司令官と蒙疆連合委員会との交換公文 ……1245

付記一　作成年月日不明　「蒙疆政務処理要綱」 ……1246

二　昭和十三年一月十四日　蒙古軍の統帥に関する駐蒙兵団と蒙古連盟自治政府との交換公文 ……1247

五　1030　昭和12年12月30日　四三七　在ベルギー来栖大使より広田外務大臣宛（電報）　独国は日本に東亜の防共を期待しつつも中国にも多大の経済利益を有するため事変には仲介程度で深入りせずとの独国参事官内話報告……1816

五　1202　昭和12年12月31日　在本邦クレーギー英国大使より広田外務大臣宛　レディバード号事件に対するわが方措置に満足の意を表明する英国政府回答……2054

昭和十三年一月

三　780　昭和13年1月2日　六　在上海岡本総領事より広田外務大臣宛（電報）　軍需物資運搬における食料品および日用雑貨類の無税通関を利用した本邦品の輸入増大傾向について……1434

五　1031　昭和13年1月7日　四　在コルカタ吉田総領事より広田外務大臣宛（電報）　インドにおける対日反感空気につき報告……1817

八　1684　昭和13年1月(8)日　特情倫敦二　在英国吉田大使より広田外務大臣宛（電報）　上海共同租界工部局に対する日本の態度を非難する英国紙論調報告……2730

五　1263　昭和13年1月10日　機密一八　在英国吉田大使より広田外務大臣宛　各国の対中借款または信用設定に関する横浜正金銀行ロンドン支店長の報告転送について……2134

一　191　昭和13年1月11日　御前会議決定　「支那事變處理根本方針」……227

一　192　昭和13年1月11日　「支那事變處理根本方針」の決定経緯……230

三　663　昭和13年1月11日　四　在青島大鷹総領事より広田外務大臣宛（電報）　青島への居留民復帰につき先発隊派遣方請訓……1247

五　1231　昭和13年1月11日　揚子江航行を希望する場合には事前に日本側了解を要する旨の列国宛通告文……2092

一	193	昭和13年1月12日	合一〇九	広田外務大臣より在英国吉田大使、在米国斎藤大使他宛（電報）	「支那事變處理根本方針」の保秘につき訓令	238
一	194	昭和13年1月12日	合一一三	広田外務大臣より在上海岡本総領事、在北平森島大使館参事官、在天津堀内総領事他宛（電報）	「支那事變處理根本方針」の軍側における伝達方法について	239
六	1326	昭和13年1月12日	二一	在米国斎藤大使より広田外務大臣宛（電報）	中国政府に提示したわが方和平条件を米国政府にも内報しわが方立場を明確化すべき旨意見具申	2205
一	195	昭和13年1月15日		閣議決定	和平交渉打切りに関する在本邦独国大使への通告案	239
				付記　昭和十三年六月、東亜局第一課作成「日支事變處理經過」より抜粋「五、獨逸ノ和平交渉斡旋」		240
三	664	昭和13年1月15日	二三	在青島大鷹総領事より広田外務大臣宛（電報）	青島邦人財産の被害状況報告	1248
三	665	昭和13年1月15日	二七	在青島大鷹総領事より広田外務大臣宛（電報）	青島の被害状況を踏まえた邦人復帰方針について	1249
一	196	昭和13年1月16日			「爾後國民政府ヲ對手トセズ」との日本政府声明	243
				付記一　昭和十三年一月十四日、東亜局第一課作成　右声明発出後の処理方針		244
				二　昭和十三年一月十七日、東亜局第一課作成　右声明発出に伴う諸問題に関する議会用擬問擬答		246
五	1162	昭和13年1月17日	一〇	在スイス天羽公使より広田外務大臣宛（電報）	新疆地方における中ソ関係の現状に関する英国新聞の報道報告	2004
五	1119	昭和13年1月⒅日	特情倫敦六	在英国吉田大使より広田外務大臣宛（電報）	一月十六日の「國民政府ヲ對手トセズ」声明に関する英国新聞の論調報告	1920

八 1685 昭和13年1月19日 一九一 在上海岡本総領事より広田外務大臣宛（電報） 上海共同租界内での中国側機関による一切の政治活動を容認できない旨工部局へ通報について……2731

一 197 昭和13年1月20日 閣議決定 「國策大綱」……248

一 198 昭和13年1月21日 一月十六日声明後の中国外交機関の地位に関する情報部長談話……249

三 666 昭和13年1月21日 五六 在青島大鷹総領事より広田外務大臣宛（電報） 陸軍作戦上の入域制限地域に青島も含まれているところ復興の観点から青島については再考方陸軍側へ交渉ありたき旨請訓……1249

三 781 昭和13年1月21日 脱 在北平森島大使館参事官より広田外務大臣宛（電報） 冀東密貿易の廃止に当たり関東庁へ密輸船厳重取締方要請について……1435

五 1232 昭和13年1月21日 二三〇 在上海岡本総領事より広田外務大臣宛（電報） 英国商船の揚子江航行要求へのわが方不同意に対し英国側抗議について……2093

六 1327 昭和13年1月㉑日 特情紐育二三 在ニューヨーク若杉総領事より広田外務大臣宛（電報） 「國民政府ヲ對手トセズ」声明に対する米国紙論説報告……2206

一 199 昭和13年1月22日 第七十三回帝国議会における広田外相演説……250

一 200 昭和13年1月23日 二五九 在上海岡本総領事より広田外務大臣宛（電報） 長期抗戦に向けて中国側が四川省や雲南省などの開発に着手したとの中国紙報道報告……256

三 667 昭和13年1月24日 一八 在済南有野総領事より広田外務大臣宛（電報） 済南邦人財産の被害状況甚大に鑑み救済方法につき意見具申……1251

六 1328 昭和13年1月24日 四〇 在米国斎藤大使より広田外務大臣宛（電報） 広田外相の議会演説を批判する米国紙論説報告……2207

五 1203 昭和13年1月26日 一一八 広田外務大臣より在上海岡本総領事宛（電報） 南京における独国人の被害事件解決促進方訓令……2055

一　201　昭和13年1月27日　「中支政務指導方案」……256
付記　昭和十三年一月二十七日付「中支新政権樹立方案」……257
四　957　昭和13年1月27日　一一　在ジュネーブ宇佐美国際会議事務局長代理兼総領事より広田外務大臣宛（電報）　連盟理事会における中国側策動に対しわが方対応振り請訓……1712
四　958　昭和13年1月27日　一二　在ジュネーブ宇佐美国際会議事務局長代理兼総領事より広田外務大臣宛（電報）　連盟理事会での制裁規約適用問題に関する各国代表の発言振りおよび中国代表の演説振りにつき報告……1713
五　1204　昭和13年1月27日　三〇二　在上海岡本総領事より広田外務大臣宛（電報）　南京における外国人被害事件への対処方針について……2055
一　202　昭和13年1月29日　事変収拾をめぐる外務・陸軍・海軍三省次官懇談記録（第一回）……259
六　1329　昭和13年1月29日　五〇　在米国斎藤大使より広田外務大臣宛（電報）　米国の対日感情はパネー号事件以来釈然としないものがあるため南京での米国外交官殴打事件の急速解決方意見具申……2207

昭和十三年二月

三　719　昭和13年2月2日　八四　在英国吉田大使より広田外務大臣宛（電報）　臨時政府の関税率改正等に関する英国外相の下院での答弁振り報告……1331
四　959　昭和13年2月2日　三一　在ジュネーブ宇佐美国際会議事務局長代理兼総領事より広田外務大臣宛（電報）　連盟理事会において中国問題に関する決議採択について……1714
付記一　昭和十三年二月二日採択右決議……1716
二　右決議採択に至る理事会討議議事録……1716

四 960 昭和13年2月2日 三二一 在ジュネーブ宇佐美国際会議事務局長代理兼総領事より広田外務大臣宛(電報) 中国問題に関する連盟決議の採択経緯について……1731

五 1032 昭和13年2月7日 四二一 広田外務大臣より在米国斎藤大使宛(電報) 米国における排日貨運動の深刻化と国内世論への悪影響に鑑み事態改善のため一層対処方訓令……1818

五 1033 昭和13年2月8日 四二三 在上海岡本総領事より広田外務大臣宛(電報) 独国の政変が中国に不利な影響を及ぼすとの中国紙の悲観的論調について……1818

三 720 昭和13年2月12日 二〇〇 在北京森島大使館参事官より広田外務大臣宛(電報) 中国関税収入中の外債負担部分の支払い問題に関する特務部の意向について……1332

付記 昭和十三年二月十日、陸軍・海軍・外務三省課長会議決定右支払い問題へのわが方処理方針に関する広田外務大臣より在上海岡本総領事宛電報案……1333

五 1205 昭和13年2月12日 南京および杭州方面等における日本の軍事行動への米国政府抗議に関する情報部長談話……2056

五 1034 昭和13年2月15日 六一 在シンガポール岡本総領事より広田外務大臣宛(電報) シンガポール華僑による排日貨運動深刻化の状況について……1819

一 203 昭和13年2月16日 中国での作戦行動の可否をめぐる大本営御前会議の討議状況について……264

三 782 昭和13年2月17日 五四八 在上海岡本総領事より広田外務大臣宛(電報) 華中への新国策会社設立要綱に対する現地三省の共同意見上申について……1435

別電一 昭和十三年二月十七日発在上海岡本総領事より広田外務大臣宛第五四九号 新会社への政府監督権に関する意見……1436

二 昭和十三年二月十七日発在上海岡本総領事より広田外務大臣宛第五五〇号 新会社設立に当たり考慮すべき点……1436

四　961　昭和13年2月17日　三一　在ポーランド酒勾大使より広田外務大臣宛(電報)　連盟理事会での中国問題決議の採択に当たりポーランドが投票を棄権したことに対し同国外相へ謝意伝達について……1733
三　721　昭和13年2月18日　中国海関の保全に関する米国大使館口上書について……1333
五　1206　昭和13年2月21日　米国人の生命財産の保護および損害に対する責任はあくまで日本側にあるとの米国政府公文……2059
八　1686　昭和13年2月21日　在本邦クレーギー英国大使より外務省宛　上海共同租界の日本軍占領地域に対し軍事占領を終了し工部局警察による統制を完全に回復するよう要求について……2732
三　783　昭和13年2月26日　六七七　在上海岡本総領事より広田外務大臣宛(電報)　華中新国策会社設立に関し総裁の人選および外債処分問題につき意見具申……1437
一　204　昭和13年2月28日　事変収拾をめぐる外務・陸軍・海軍三省次官懇談記録(第二回)……264

昭和十三年三月

一　205　昭和13年3月1日　在上海田尻大使館一等書記官より上村東亜局第一課長宛　華中新政府樹立工作の進捗状況について……268
三　722　昭和13年3月12日　二七〇　在天津堀内総領事より広田外務大臣宛(電報)　臨時政府が実施した関税率改訂に対する英米諸国の抗議に鑑み第二次改訂に当たっての外国向け説明振り請訓……1334
三　784　昭和13年3月15日　閣議決定　「北支那開發株式會社設立要綱」……1438
三　785　昭和13年3月15日　閣議決定　「中支那振興株式會社設立要綱」……1440
付　記　昭和十三年三月十二日、外務省事変企画委員会決定「支那經濟開發ニ關シ第三國資本導入要綱(案)」……1442

三 748 昭和13年3月17日 合八六一 広田外務大臣より在米国斎藤大使、在仏国杉村大使宛（電報） 対華中央機関設置問題に関する政府内の協議状況および中国経済開発に関する閣議決定について……1371

付記 昭和十三年四月二十日、米沢調査部長作成「對支中央機關問題經過（其ノ一）」……1372

六 1330 昭和13年3月⑰日 特情華府六 在米国斎藤大使より広田外務大臣宛（電報） 米国国務長官のナショナル・プレス・クラブでの演説につき報告……2208

五 1264 昭和13年3月19日 九一七 在上海岡本総領事より広田外務大臣宛（電報） 英蘭銀行が中国政府名義の公債発行を再開したとの情報報告……2136

六 1331 昭和13年3月21日 一六四 在米国斎藤大使より広田外務大臣宛（電報） 中立法を廃止し米国の外交政策上の制約を除去せんとする与野党議員の合同運動が具体化しつつあるとの報道報告……2210

五 1233 昭和13年3月22日 九四七 在上海日高総領事より広田外務大臣宛（電報） 華中占領地域における内河航行制限に関する陸軍・海軍・外務当局談の発表について……2094

別電 昭和十三年三月二十二日発在上海日高総領事より広田外務大臣宛第九四八号 右当局談概要……2094

一 206 昭和13年3月23日 九六四 在上海日高総領事より広田外務大臣宛（電報） 和平条件に関する蔣政権の意向を伊国大使内報について……270

一 207 昭和13年3月24日 閣議決定 「北支及中支政權關係調整要領」……271

付記一 昭和十三年三月二十二日、東亜局第一課作成「中支政權成立問題經緯」……272

二 昭和十三年三月二十二日、東亜局第一課作成「中、北支政權問題及稅率問題等ニ關シ喜多少將ノ談話要領」……279

五 1120 昭和13年3月25日 外務省作成の「「ホールパッチ」ニ對スル一般的應酬方針」……1921

付記 昭和十三年三月二十六日、東亜局第一課作成「「ホールパッチ」ニ對スル各種問題應酬振」 …… 1923

一 208 昭和13年3月28日 中華民国維新政府の成立宣言 …… 280

付記 外務省作成、作成年月日不明 中華民国臨時政府・維新政府の成立経緯概要 …… 281

昭和十三年四月

五 1234 昭和13年4月1日 一〇六七 在上海日高総領事より広田外務大臣宛(電報) 内河の自由航行権を留保する旨米国側より通告について …… 2095

一 209 昭和13年4月5日 四八二 在北京森島大使館参事官より広田外務大臣宛(電報) 「北支及中支政権關係調整要領」に関する外務・陸軍・海軍三省関係者の協議状況報告 …… 287

一 210 昭和13年4月5日 四八四 在北京森島大使館参事官より広田外務大臣宛(電報) 王克敏・梁鴻志会見による臨時・維新両政府の合流協議について …… 288

別電 昭和十三年四月五日発在北京森島大使館参事官より広田外務大臣宛第四八五号 王克敏が提出した合流試案 …… 289

三 723 昭和13年4月5日 一一〇二 在上海日高総領事より広田外務大臣宛(電報) 米国よりの米中棉麦借款の権利保全要求に対する回答振り請訓 …… 1335

別電 昭和十三年四月五日発在上海日高総領事より広田外務大臣宛第一一〇三号 右回答案 …… 1335

五 1163 昭和13年4月5日 ソ連の対中軍事援助を非難した情報部長談話 …… 2005

五 1235 昭和13年4月8日 一一四六 在上海日高総領事より広田外務大臣宛(電報) 内河航行制限は軍事上の理由に基づく暫定措置である旨英米側へ説示について …… 2096

三　786　昭和13年4月19日　一五二　在張家口森岡総領事より広田外務大臣宛(電報)　蒙疆方面の為替管理方針について……1443
九　1899　昭和13年4月19日　機密九三　在ラングーン金子領事代理より広田外務大臣宛　ビルマ・雲南間連絡道路の開設に関するビルマ政庁要路の回答振り報告……3004
三　787　昭和13年4月23日　第三委員会決定　「在支紡績應急對策」……1443
三　724　昭和13年4月25日　第三委員会決定　「中華民國新政權關税暫定改正ニ關スル處理方針」……1336
三　668　昭和13年4月27日　交通・通信・航空等に関する北支那方面軍司令官と中華民国臨時政府行政委員会委員長との間の覚書……1252
三　725　昭和13年4月27日　東亜局第一課が閣議説明資料として作成した中国関税収入外債負担部分の処理に関する日英交渉の経過概要……1337
一　211　昭和13年4月29日　近く訪日予定の王克敏に対する応酬方針骨子……290
付記　陸軍省作成、作成日不明　中華民国臨時政府への折衝・指導に関する陸海外三省間覚書案……291

昭和十三年五月

三　726　昭和13年5月2日　中国関税収入外債負担部分の処理に関する日英取極……1338
付記一　右取極の合意に関する日英往復書簡……1341
二　右取極の留意点に関する日英往復書簡……1343

三　右取極合意に当たっての堀内外務次官とクレーギー大使との会談記録……1345

三	727	昭和13年5月3日			中国海関問題に関する日本政府発表	1347
三	728	昭和13年5月3日	一四〇五	在上海日高総領事より広田外務大臣宛(電報)	日本軍占領地域における中国関税収入の横浜正金銀行保管を総税務司承諾について	1348
				別電　昭和十三年五月三日発在上海日高総領事より広田外務大臣宛第一四〇六号	右承諾の旨の上海税関長より横浜正金銀行宛書簡	1349
三	729	昭和13年5月3日	一四一一	在上海日高総領事より広田外務大臣宛(電報)	香港上海銀行に保管される関税収入残高の横浜正金銀行への移管要求について	1349
五	1164	昭和13年5月3日			ソ連の対中軍事援助は対日敵対行為と認めざるを得ないと重光大使より同国政府に厳重申入れた旨の情報部長談話	2006
三	730	昭和13年5月6日	一四四三	在上海日高総領事より広田外務大臣宛(電報)	維新政府による上海海関接収完了について	1350
三	731	昭和13年5月6日	一四四八	在上海日高総領事より広田外務大臣宛(電報)	中国関税収入処理に関する日英取極を非難する中国側要人の談話報道報告	1350
三	732	昭和13年5月6日	一四五一	在上海日高総領事より広田外務大臣宛(電報)	中国関税収入処理に関する日英取極の即時完全履行を英国側に要求すべき旨請訓	1351
三	788	昭和13年5月9日	六七八	在北京堀内大使館参事官より広田外務大臣宛(電報)	朝鮮銀行券の上海流出阻止を華北各公館へ注意喚起について	1445
三	733	昭和13年5月10日	三二五	在英国吉田大使より広田外務大臣宛(電報)	中国関税収入処理に関する日英取極の成立に満足を表する英国外務次官の吉田大使宛私信について	1351
三	789	昭和13年5月10日	六七八	在北京堀内大使館参事官より広田外務大臣宛(電報)	北支那開発会社の子会社設立案に関し敵産処理および軍の監督権などにつき意見具申	1445

四 962 昭和13年5月10日 九五 在ジュネーブ宇佐美国際会議事務局長代理兼総領事より広田外務大臣宛(電報) 連盟理事会における中国代表の演説要旨など報告 …… 1733

五 1207 昭和13年5月11日 江蘇省および安徽省等所在外国人への避難勧告に関する情報部長談話 …… 2061

三 790 昭和13年5月13日 第三委員会決定 「中支那通貨金融対策」 …… 1446

四 963 昭和13年5月14日 一一二 在ジュネーブ宇佐美国際会議事務局長代理兼総領事より広田外務大臣宛(電報) 連盟秘密理事会での中国問題決議案作成の経緯などに関するポーランド代表内話について …… 1735

四 964 昭和13年5月15日 一一三 在ジュネーブ宇佐美国際会議事務局長代理兼総領事より広田外務大臣宛(電報) 連盟理事会での中国問題決議採択の経緯などにつき報告 …… 1736

付記一 昭和十三年五月十四日採択右決議 …… 1738

二 右和訳文 …… 1739

四 965 昭和13年5月17日 一一四 在ジュネーブ宇佐美国際会議事務局長代理兼総領事より広田外務大臣宛(電報) 連盟理事会における中国問題への関心低下の状況につき報告 …… 1740

三 734 昭和13年5月18日 五四〇 在天津田代総領事より広田外務大臣宛(電報) 中国関税収入処理に関する日英取極の履行を天津税関長へ要求について …… 1352

四 966 昭和13年5月18日 六三九 在ソ連邦重光大使より広田外務大臣宛(電報) 連盟決議や九国条約に対してわが方立場を政府が明確に宣言すべき旨意見具申 …… 1740

八 1687 昭和13年5月18日 一五六九 在上海日高総領事より広田外務大臣宛(電報) 維新政府による上海特区法院実力接収説と工部局の対抗措置につき報告 …… 2733

五 1035 昭和13年5月19日 一〇九 在シンガポール岡本総領事より広田外務大臣宛（電報） シンガポールにおける抗日派の凋落傾向および徐州作戦を転機とする対日空気好転に関する観測について……1820

四 967 昭和13年5月21日 六五 在スイス天羽公使より広田外務大臣宛（電報） 連盟の中国問題決議は無視しても実害ないが列国の援蒋態度や九国条約の効力に対するわが方見解を表明する必要がある旨意見具申……1741

一 212 昭和13年5月27日 宇垣外相就任に当たり東亜局第一課が作成した「事變ニ關聯セル各種問題」……292

八 1688 昭和13年5月27日 一六八八 在上海日高総領事より宇垣外務大臣宛（電報） 上海特区法院の実力接収は困難であるため法院職員に維新政府が辞令を交付する形式での接収工作を軍側進行中について……2734

一 213 昭和13年5月28日 一六九七 在上海日高総領事より宇垣外務大臣宛（電報） 近衛内閣改造に対する上海の報道振り報告……293

付記 昭和十三年六月二十一日、情報部作成「支那事變ニ關スル各國新聞論調（148）」より抜粋 六月十七日の外国人記者会見での宇垣外相談話に関する各国論調……295

五 1208 昭和13年5月28日 一七五 宇垣外務大臣より在独国東郷大使宛（電報） 一般被害賠償要求に対するわが方処理方針を他の第三国と同様独国にも適用する旨通報……2061

三 791 昭和13年5月30日 四六四 在青島大鷹総領事より宇垣外務大臣宛（電報） 中国連合準備銀行券を使用する邦人輸出業者は外国商との競争力に乏しいため本邦輸入許可の緩和など救済策検討方意見具申……1448

三 735 昭和13年5月31日 臨時政府ならびに維新政府の関税改正に関する情報部長談話……1352

昭和十三年六月

五 1036 昭和13年6月1日 二九五 在独国東郷大使より宇垣外務大臣宛（電報） 華北での日独経済提携に関する協定の交渉状況につき報告……1821

				付記　昭和十三年七月十日、参謀本部第六課作成「北支ニ於ケル日獨經濟提携ニ關スル協定案」		1822
五	1209	昭和13年6月1日			広東空爆問題に関する情報部長談話	2062
五	1265	昭和13年6月2日	三〇一	在米国斎藤大使より宇垣外務大臣宛(電報)	米中銀協定に関する米国紙報道について	2137
五	1236	昭和13年6月3日	一七六五	在上海日高総領事より宇垣外務大臣宛(電報)	揚子江封鎖中におけるわが方水運事業拡張のための工作実現方意見具申	2097
一	214	昭和13年6月7日			駐日中国大使館引揚げに関する情報部長談話	296
三	736	昭和13年6月7日	五九九	在天津田代総領事より宇垣外務大臣宛(電報)	関税率改訂の経済的影響につき報告	1354
三	792	昭和13年6月8日	六〇五	在天津田代総領事より宇垣外務大臣宛(電報)	流通禁止紙幣を投機目的で売買する邦人を金融撹乱者として処罰するため処罰令公布につき請訓	1449
三	793	昭和13年6月9日	三九一	宇垣外務大臣より在天津田代総領事宛(電報)	金融撹乱取締に関する処罰令公布につき認可方回訓	1450
三	794	昭和13年6月9日	六〇九	在天津田代総領事より宇垣外務大臣宛(電報)	銀行券の移輸出禁止に関する領事館令告示について	1450
一	215	昭和13年6月17日	一五三	在ベルギー来栖大使より宇垣外務大臣宛(電報)	列国の動向に注意しつつ中国新政府の急速設立を図り蒋政権が抗日容共政策を放棄して新政府に参加するよう工作すべき旨意見具申	297
四	968	昭和13年6月19日	一九四六	在上海日高総領事より宇垣外務大臣宛(電報)	宇垣外相記者談話中の九国条約改訂をめぐる発言につき報道振り報告	1743
四	969	昭和13年6月20日	九五〇	宇垣外務大臣より在上海日高総領事宛(電報)	宇垣外相記者談話中の九国条約再検討をめぐる発言振りにつき通報	1744

一　216　昭和13年6月22日　王寵恵外交部長の和平論に関する情報部長談話 …… 298
六　1332　昭和13年6月22日　三三七　在米国斎藤大使より宇垣外務大臣宛（電報）　米国上院外交委員長が中立法修正に関する研究を開始する旨を発表し国務長官も賛意表明について …… 2211
三　795　昭和13年6月23日　第三委員会決定　「上海内河汽船株式會社設立要綱」 …… 1450
一　217　昭和13年6月24日　五相会議決定　「今後ノ支那事變指導方針」 …… 299
三　796　昭和13年6月24日　五二二　在青島大鷹総領事より宇垣外務大臣宛（電報）　華北方面の邦人業者による第三国との輸出入取引は貿易収支の均衡を得れば制限しないとの大蔵省方針について …… 1452
一　218　昭和13年6月28日　宇垣外務大臣／在本邦クレーギー英国大使　会談　日中間調停のためあらゆる努力を払う用意があるとのクレーギー大使提議について …… 299
一　219　昭和13年6月29日　蔣介石政権の動向に関する岩井副領事の香港視察報告 …… 301

昭和十三年七月

一　220　昭和13年7月　事変対策に関する石射東亜局長意見書 …… 304
一　221　昭和13年7月3日　陸軍省作成の「時局外交ニ關スル陸軍ノ希望」 …… 326
三　669　昭和13年7月4日　陸軍省作成の「蒙疆政務指導要綱」 …… 1252
三　797　昭和13年7月5日　五相会議決定　「中支那金融緊急對策」 …… 1453

五　1037　昭和13年7月5日　二四八　在張家口森岡総領事より宇垣外務大臣宛(電報)　蒙疆連合委員会の石油販売統制実施に当たりスタンダード石油など英米資本に出資を求める交渉は長期化する見込みについて……1823
付記　昭和十三年八月十日付、作成者不明「中支那金融緊急對策ニ付英國ト公式交渉開始ノ件」……1455
一　222　昭和13年7月6日　容共抗日政策を維持する国民政府との和平はあり得ないとの近衛総理記者談話……329
三　670　昭和13年7月6日　九八五　在北京堀内大使館参事官より宇垣外務大臣宛(電報)　日本軍による北寧鉄路局の改組・管理に際し外国権益処理に関する方針案請訓……1253
別電一　昭和十三年七月六日発在北京堀内大使館参事官より宇垣外務大臣宛第九八六号　右方針案……1255
二　昭和十三年七月五日発在北京堀内大使館参事官より宇垣外務大臣宛第九八七号　対英回答案……1257
五　1038　昭和13年7月6日　四四一　在仏国杉村大使より宇垣外務大臣宛(電報)　西沙群島の仏国兵占拠に対する仏国側説明振り報告……1823
五　1039　昭和13年7月6日　四四二　在仏国杉村大使より宇垣外務大臣宛(電報)　西沙群島占拠の背後に見られる仏国の対日態度に関し対応振り意見具申……1824
一　223　昭和13年7月7日　事変一周年に際しての宇垣外相声明……331
三　671　昭和13年7月7日　二一二九　在上海日高総領事より宇垣外務大臣宛(電報)　華北塩務行政の復旧を塩務総局ボードが要請について……1258
五　1040　昭和13年7月7日　堀内外務次官／在本邦アンリ仏国大使　会談　仏国の西沙群島占拠に対しわが方抗議申入れについて……1825
一　224　昭和13年7月8日　五相会議決定　「支那現中央政府屈伏ノ場合ノ對策」……333

一　225　昭和13年7月8日　五相会議決定　「支那現中央政府ニシテ屈伏セサル場合ノ對策」……333

五　1121　昭和13年7月8日　五相会議決定　「差當リノ對英外交方針」……1924

一　226　昭和13年7月12日　五相会議決定　「時局ニ伴フ對支謀略」……335

付記　昭和十三年七月二十二日、五相会議決定　「時局ニ伴フ對支謀略」等の訂正事項……335

一　227　昭和13年7月12日　五相会議決定　「英獨大使ノ和平斡旋申込ニ對スル態度」……336

五　1266　昭和13年7月12日　普通公三九二　在米国斎藤大使より宇垣外務大臣宛　米中銀協定の更新に関するＵＰ通信報告……2137

一　228　昭和13年7月14日　二一九八　在上海日高総領事より宇垣外務大臣宛(電報)　和平条件をめぐる汪兆銘言動につき伊国参事官からの情報報告……336

三　749　昭和13年7月14日　一〇三八　在北京堀内大使館参事官より宇垣外務大臣宛(電報)　対華中央機関設置問題に関する報道に臨時政府反発について……1377

一　229　昭和13年7月15日　五相会議決定　「支那新中央政府樹立指導方策」……337

三　798　昭和13年7月17日　二六七　在張家口森岡総領事より宇垣外務大臣宛(電報)　蒙疆連合委員会が管轄区域内の中国銀行四支店に閉鎖を命じた旨報告……1456

五　1210　昭和13年7月17日　上海および南京方面への米英人復帰問題等に関する情報部発表……2064

五　1041　昭和13年7月18日　九一六　在香港中村総領事より宇垣外務大臣宛(電報)　西沙群島の仏国占拠は中国の懇請に基づくものとの伊国総領事内話報告……1828

一　230　昭和13年7月19日　五相会議決定　「支那政権内面指導大綱」……339

一 231 昭和13年7月21日 胡霖との会談に関する神尾茂の石射東亜局長宛報告 …… 341
一 232 昭和13年7月23日 日中和平に関する在香港中村総領事と喬輔三との交渉経緯 …… 343
一 233 昭和13年7月25日 時局解決策に関する在香港中村総領事の意見書 …… 349
一 234 昭和13年7月26日 五相会議決定 「對支特別委員會」 …… 361
一 235 昭和13年7月29日 五相会議決定 「對支特別委員會ニ關スル解釋ノ件」 …… 362

昭和十三年八月

三 737 昭和13年8月3日 二三七一 在上海日高総領事より宇垣外務大臣宛(電報) 中国関税収入処理に関する日英取極の英国側履行遷延に対し根本的解決策回示方請訓 …… 1355
三 799 昭和13年8月4日 一一三九 在北京堀内大使館参事官より宇垣外務大臣宛(電報) 中国連合準備銀行券の流通速度や法幣への中国人の執着など華北金融状況につき報告 …… 1457
一 236 昭和13年8月6日 香港へ帰任する中村総領事に宇垣外相が示した日中和平交渉に関する方針概要 …… 362
一 237 昭和13年8月9・10日 張熾章との会談に関する神尾茂の報告 …… 368
三 800 昭和13年8月12日 二四六五 在上海日高総領事より宇垣外務大臣宛(電報) 中支那振興会社および同子会社への第三国資本参加に関し英国商ケズウィックへ説明について …… 1458
三 738 昭和13年8月15日 二四八六 在上海日高総領事より宇垣外務大臣宛(電報) 日英取極の履行遷延に対し英国側に厳重交渉方意見具申 …… 1356
三 739 昭和13年8月17日 二五〇二 在上海日高総領事より宇垣外務大臣宛(電報) 北清事変賠償金の対日支払い再開など日英取極の履行を総税務司に強く要求について …… 1357

五	1042	昭和13年8月17日	一六二	在シンガポール岡本総領事より 宇垣外務大臣宛(電報)	シンガポールにおける排日貨の風潮は漸次鎮静化の状況につき報告	1828
三	672	昭和13年8月18日	二五一四	在上海日高総領事より 宇垣外務大臣宛(電報)	塩務新会社設立報道に対する英国大使抗議への回答振り報告	1259
五	1237	昭和13年8月18日		宇垣外務大臣 在本邦グルー米国大使 } 会談	米国艦船の揚子江下航問題に関する宇垣外相とグルー大使との会談要旨	2098
五	1122	昭和13年8月20日		宇垣外務大臣 在本邦クレーギー英国大使 } 会談	日本国民の対英感情を和らげ日英関係を改善するには英国は中国問題で対日協調の態度を示す必要があると宇垣外相要請について	1924
				付記一 昭和十三年七月三十日 宇垣外相と外務省若手事務官八名との会談要旨		1929
				二 昭和十三年八月十八日起草 クレーギー大使への説明のため宇垣外相が起草した覚書		1934
三	801	昭和13年8月22日	六一	在北京堀内総領事より 宇垣外務大臣宛(電報)	華北物価高騰への対策として物価取締規則の制定につき請訓	1459
				別電 昭和十三年八月二十二日発在北京堀内総領事より宇垣外務大臣宛第六二号 右規則案		1460
五	1043	昭和13年8月26日	二五九五	在上海後藤総領事代理より 宇垣外務大臣宛(電報)	蒙疆における石油販売統制の新会社設立に対し独占会社は容認できないとのアジア石油など英米資本の態度について	1830
三	802	昭和13年8月27日	一二六八	在北京堀内大使館参事官より 宇垣外務大臣宛(電報)	華北物産の輸出を外国資材輸入の範囲内とする輸出入リンク制度の決定について	1461
				別電 昭和十三年八月二十七日発在北京堀内大使館参事官より宇垣外務大臣宛第一二六九号 右輸出入リンク制度実施要綱案		1461

五 1044 昭和13年8月28日 三三一 在張家口森岡総領事より宇垣外務大臣宛(電報) 蒙疆での石油販売統制に英米資本の協力を求める交渉は成功の見込みなく上海など現地交渉は当分中止の方針について……1831

三 803 昭和13年8月29日 一二八一 在北京堀内大使館参事官より宇垣外務大臣宛(電報) 外国為替基金制度実施要綱の決定について……1463

別電 昭和十三年八月二十九日発在北京堀内大使館参事官より宇垣外務大臣宛第一二八二号 右要綱……1464

昭和十三年九月

一 238 昭和13年9月2日 宇垣外務大臣 板垣陸軍大臣 会談 広東出兵に関する宇垣・板垣会談……373

付記 昭和十三年九月五日、外務省作成「廣東出兵ニ關スル外務當局ノ意見」……373

五 1045 昭和13年9月2日 三四二 在張家口森岡総領事より宇垣外務大臣宛(電報) 蒙疆での石油販売統制に関する軍司令部の陸軍省宛説明振りについて……1832

一 239 昭和13年9月4日 事変収拾方針に関する宇垣外相の石射東亜局長への内話要領……377

三 804 昭和13年9月6日 閣議決定 「上海都市建設基本要綱」……1464

五 1123 昭和13年9月8日 宇垣外務大臣 在本邦クレーギー英国大使 会談 英国側が迅速解決を要望して七月二十六日に提出した中国に関する日英懸案表に対し宇垣外相が日本側見解を披瀝について……1935

一 240 昭和13年9月9日 坂西・袁良会談要領……380

一 241 昭和13年9月9日 五相会議決定 「聯合委員會樹立要綱」……385

四　970　昭和13年9月10日　二二四　在ジュネーブ宇佐美国際会議事務局長代理兼総領事より宇垣外務大臣宛(電報)　中国が日中紛争に連盟規約第十七条の適用を要求するとの情報など連盟理事会の動向につき観測報告……1745
付　記　昭和十三年九月十一日付、中国政府代表部より国際連盟宛覚書　連盟規約第十七条の日中紛争への適用方要請……1745
一　242　昭和13年9月13日　対中工作の現状に関する坂西中将の谷公使に対する内話要領……387
一　243　昭和13年9月15日　対支特別委員会の上海における会議要領……388
一　244　昭和13年9月16日　東亜局第一課作成の「新中央政府組織ニ關スル一考察」……390
四　971　昭和13年9月16日　二三六　在ジュネーブ宇佐美国際会議事務局長代理兼総領事より宇垣外務大臣宛(電報)　連盟規約第十六条の制裁規定をめぐる各国代表の総会演説振り報告……1746
四　972　昭和13年9月19日　二四六　在ジュネーブ宇佐美国際会議事務局長代理兼総領事より宇垣外務大臣宛(電報)　連盟理事会が規約第十七条に基づく対日招請状発出を決定した旨報告……1747
付記一　昭和十三年九月十九日発、国際連盟アヴノール事務総長より宇垣外務大臣宛電報　右招請状……1748
二　右和訳文……1749
四　973　昭和13年9月20日　二五三　在ジュネーブ宇佐美国際会議事務局長代理兼総領事より宇垣外務大臣宛(電報)　連盟理事会が規約第十七条に基づく対日招請状発出を決定した内情について……1749
四　974　昭和13年9月20日　二五四　在ジュネーブ宇佐美国際会議事務局長代理兼総領事より宇垣外務大臣宛(電報)　空爆問題に関する連盟の討議状況報告……1750

四 975 昭和13年9月20日 二五五 在ジュネーブ宇佐美国際会議事務局長代理兼総領事より宇垣外務大臣宛(電報) わが方空爆の合法性説明について……1751

五 1046 昭和13年9月20日 三六六 在張家口森岡総領事より宇垣外務大臣宛(電報) 関係国の抗議を避け蒙疆石油販売統制の方針を転換するに当たってのわが方措置振りについて……1833

五 1267 昭和13年9月21日 三五八 在ニューヨーク若杉総領事より宇垣外務大臣宛(電報) 米国の銀購入政策継続に関する米中協議開始の報道報告……2138

一 245 昭和13年9月22日 中華民国政府連合委員会の成立宣言……392

三 805 昭和13年9月22日 一四二五 在北京堀内大使館参事官より宇垣外務大臣宛(電報) 物価の漸次低下傾向に鑑み物価取締規則の公布は暫く見合わせについて……1466

四 976 昭和13年9月22日 一一八 宇垣外務大臣より在ジュネーブ宇佐美国際会議事務局長代理兼総領事宛(電報) わが方空爆の合法性を説明するに当たっての留意点について……1751

四 977 昭和13年9月22日 宇垣外務大臣より国際連盟アヴノール事務総長宛(電報) 連盟規約第十七条に基づく対日招請状に対するわが方拒絶回答……1753

三 806 昭和13年9月23日 第三委員会決定 「中支那方面物資配給組織ニ關スル暫定處理要綱」……1467

五 1268 昭和13年9月23日 三六四 在ニューヨーク若杉総領事より宇垣外務大臣宛(電報) 銀購入継続問題を中心に米中協議は相当広汎にわたり米国の態度は中国に好意的との報道報告……2139

四 978 昭和13年9月24日 二六〇 在ジュネーブ宇佐美国際会議事務局長代理兼総領事より宇垣外務大臣宛(電報) 連盟規約第十六条の解釈に関する各国意見について……1754

四 979 昭和13年9月25日 二六二 在ジュネーブ宇佐美国際会議事務局長代理兼総領事より宇垣外務大臣宛(電報) 日本軍占領地域における阿片問題の悪化を注意喚起する連盟決議案について……1756

四	980	昭和13年9月26日	二六六	在ジュネーブ宇佐美国際会議事務局長代理兼総領事より宇垣外務大臣宛(電報)	阿片問題に関する連盟総会宛委員会報告の採択について	1756
五	1047	昭和13年9月26日	七四六	在青島大鷹総領事より宇垣外務大臣宛(電報)	華北経済提携に関する日独政府間交渉を受けて独国よりボイドが天津へ派遣される旨同国領事通報について	1834
四	981	昭和13年9月28日	二六八	在ジュネーブ宇佐美国際会議事務局長代理兼総領事より宇垣外務大臣宛(電報)	阿片問題に関する連盟での対日非難につき対応振り意見具申	1757
四	982	昭和13年9月28日	二七一	在ジュネーブ宇佐美国際会議事務局長代理兼総領事より宇垣外務大臣宛(電報)	連盟規約第十六条の対日適用に関する決議案の討議状況報告	1758
四	983	昭和13年9月29日	二七三	在ジュネーブ宇佐美国際会議事務局長代理兼総領事より宇垣外務大臣宛(電報)	連盟規約第十六条の対日適用に関する決議案をめぐる天羽事務局長と英国代表との会談内容につき報告	1759
四	984	昭和13年9月29日	二七七	在ジュネーブ宇佐美国際会議事務局長代理兼総領事より宇垣外務大臣宛(電報)	連盟規約第十六条の対日適用に関する議長報告案の内容につき情報報告	1760
四	985	昭和13年9月29日	二七八	在ジュネーブ宇佐美国際会議事務局長代理兼総領事より宇垣外務大臣宛(電報)	連盟との協力断絶に当たってのわが方立場表明および制裁措置を実行する国に対するわが方態度表明につき天羽事務局長意見具申	1761
四	986	昭和13年9月30日	二七九	在ジュネーブ宇佐美国際会議事務局長代理兼総領事より近衛外務大臣宛(電報)	連盟規約第十六条の対日適用に関する議長報告案発表について	1762
四	987	昭和13年9月30日	二八三	在ジュネーブ宇佐美国際会議事務局長代理兼総領事より近衛外務大臣宛(電報)	連盟規約第十六条の対日適用に関する議長報告の理事会採択について	1762
				付記一　右議長報告		1763

二　右和訳文 …… 1764

昭和十三年十月

一　246　昭和13年10月(1)日　一二二六　在香港中村総領事より近衛外務大臣宛(電報)　宇垣外相辞任に関する報道振り報告 …… 393

三　750　昭和13年10月1日　閣議決定　「對支院設置ニ關スル件」 …… 1377

付記一　昭和十三年十月一日「閣議了解事項」 …… 1378

二　昭和十三年十月一日「右ノ外五相會議ニ於テ決定セル事項」 …… 1379

三　昭和十三年十月二十日、米沢調査部長作成「對支中央機關問題經過(其ノ二)」 …… 1379

四　988　昭和13年10月1日　二八六　在ジュネーブ宇佐美国際会議事務局長代理兼総領事より近衛外務大臣宛(電報)　中国での毒ガス使用問題に関する連盟理事会決議の採択について …… 1766

四　989　昭和13年10月1日　二八七　在ジュネーブ宇佐美国際会議事務局長代理兼総領事より近衛外務大臣宛(電報)　連盟規約第十六条の対日適用に関する議長報告採択につき天羽事務局長気付きの点意見具申 …… 1766

四　990　昭和13年10月1日　二九〇　在ジュネーブ宇佐美国際会議事務局長代理兼総領事より近衛外務大臣宛(電報)　連盟規約第十六条の対日適用に関する議長報告の採択経緯報告 …… 1768

四　991　昭和13年10月2日　六一一　在仏国杉村大使より近衛外務大臣宛(電報)　今次の議長報告採択を好機として連盟機関との協力関係を即時断絶すべき旨意見具申 …… 1769

四　992　昭和13年10月3日　連盟規約第十六条の対日適用に関する情報部長談話 …… 1770

六 1333 昭和13年10月4日 四六五 在米国斎藤大使より近衛外務大臣宛(電報) 欧州政情の影響に鑑み米国中立法が緩和される見込みは乏しく日中紛争に適用されることもほぼないとの観測報告 …… 2211

一 247 昭和13年10月5日 機密三四二 在北京堀内総領事より近衛外務大臣宛 汪兆銘の密使と王克敏との会見内容に関する情報報告 …… 394

一 248 昭和13年10月6日 九六四 在天津田代総領事より近衛外務大臣宛(電報) 唐紹儀暗殺後の新政権樹立工作および漢口陥落の場合の和平見通しに関する陳中孚内話について …… 395

付記一 昭和十三年九月三十日発在上海後藤総領事代理より近衛外務大臣宛電報第二九三七号 唐紹儀遭難の第一報 …… 396

二 昭和十三年九月三十日発在上海日高総領事より近衛外務大臣宛電報第二九四三号 唐紹儀死亡について …… 396

三 昭和十三年十月五日発在上海日高総領事より近衛外務大臣宛電報第二九七七号 唐紹儀襲撃事件の犯人に関する情報報告 …… 396

六 1334 昭和13年10月6日 在本邦グルー米国大使より近衛外務大臣宛 中国における米国権益の擁護に関する米国政府の対日通牒 …… 2212

付記 右和訳文 …… 2220

一 249 昭和13年10月7日 五相会議決定 「土肥原中將ニ與フル指示」 …… 397

五 1269 昭和13年10月7日 四九八 在マニラ木原総領事代理より近衛外務大臣宛(電報) 軍需物資購入のためのクレジット設定や米国政府保管の棉麦購入に関し米中両国が協議中との報道報告 …… 2139

一 250 昭和13年10月8日 三九八 近衛外務大臣より在香港中村総領事宛(電報) 岩井副領事の香港出張について …… 398

五　1211　昭和13年10月12日　近衛外務大臣より在本邦グルー米国大使他宛　華南作戦地域における権益保護措置の必要に関する各国大使への通報文……2066
　付記一　昭和十三年十月十六日付在本邦グルー米国大使より近衛外務大臣宛公信　右通報に対する米国回答……2068
　　二　昭和十三年十月二十四日付在本邦クレーギー英国大使より近衛外務大臣宛公信　右通報に対する英国回答……2069

四　993　昭和13年10月14日　一二九　近衛外務大臣より在ジュネーブ宇佐美国際会議事務局長代理兼総領事宛(電報)　連盟協力終止に伴う対連盟処理方針の閣議決定について……1771
　付記　昭和十三年十月九日付、外務省作成「國際聯盟諸機關トノ協力關係終止ノ實施要綱」……1771

四　994　昭和13年10月15日　三〇三　在ジュネーブ宇佐美国際会議事務局長代理兼総領事より近衛外務大臣宛(電報)　連盟協力終止後の国際会議事務局および在ジュネーブ総領事館の活動方針につき請訓……1772

五　1048　昭和13年10月15日　一三〇〇　在香港中村総領事より近衛外務大臣宛(電報)　英国やソ連の蒋政権との関係に関する諸情報について……1834

三　673　昭和13年10月17日　一五七二　在北京堀内大使館参事官より近衛外務大臣宛(電報)　華北交通会社設立に関する北支那方面軍と中華民国臨時政府との間の覚書案について……1260
　別電　昭和十三年十月十七日発在北京堀内大使館参事官より近衛外務大臣宛第一五七三号　右覚書案……1260

九　1747　昭和13年10月18日　二三七　在ハノイ宗村総領事より近衛外務大臣宛(電報)　仏印経由対中武器輸送問題などにおける仏国側の非友誼的な対日態度是正につき意見具申……2807

一　251　昭和13年10月20日　三一一二　在上海日高総領事より近衛外務大臣宛(電報)　新中央政権の実務を担う人材確保のため中国知識階級懐柔工作への機密費支出方稟請……398

一　252　昭和13年10月21日　一七一七　近衛外務大臣より在上海日高総領事宛(電報)　中国知識階級懐柔工作への機密費送金方回訓……399
五　1049　昭和13年10月24日　三一四九　在上海日高総領事より近衛外務大臣宛(電報)　米国汽船クーリッジ号への現銀積込みの情報を得て税関長をして出港許可の取消し措置実施について……1836
五　1050　昭和13年10月24日　三一五二　在上海日高総領事より近衛外務大臣宛(電報)　米国汽船への出港差止め措置に対し米国総領事が日本軍憲の不法圧迫を抗議について……1836
五　1051　昭和13年10月24日　三一五三　在上海日高総領事より近衛外務大臣宛(電報)　クーリッジ号に積込まれた現銀の出所に関し報告……1837
五　1052　昭和13年10月24日　三一六五　在上海日高総領事より近衛外務大臣宛(電報)　クーリッジ号による現銀輸出は蔣政権を利する行為と思われる旨を指摘し米国総領事へ抗議申入れについて……1838
五　1053　昭和13年10月24日　三三二一　近衛外務大臣より在米国斎藤大使宛(電報)　クーリッジ号による現銀輸出の企図は非友誼的であり本件輸出の中止を米国国務省へ申入れ方訓令……1839
付記　昭和十三年十月二十四日付、外務省より在本邦米国大使館宛口上書　クーリッジ号による現銀輸出の企図は非友誼的であり本件輸出中止方要請……1840
一　253　昭和13年10月25日　亜一機密一五　近衛外務大臣より在上海谷公使宛　香港方面での特別工作のため岩井副領事に携行させる近衛外相より谷公使宛書簡について……400
五　1054　昭和13年10月25日　三一六八　在上海日高総領事より近衛外務大臣宛(電報)　現銀を降ろしてクーリッジ号出港について……1841
五　1238　昭和13年10月27日　一四三〇　在香港中村総領事より近衛外務大臣宛(電報)　珠江開放等に関する香港総督の要請について……2101
一　254　昭和13年10月28日　五相会議決定　「國家總動員强化ニ關スル件」……401
三　674　昭和13年10月28日　陸軍・海軍・外務三大臣決定　「漢口方面政務處理要綱」……1261

三　675　昭和13年10月28日　陸軍・海軍・外務三大臣決定　「南支作戦ニ伴フ政務処理要綱」……1263

五　1239　昭和13年10月28日　一四三六　在香港中村総領事より近衛外務大臣宛(電報)　珠江開放等に関する英国艦隊司令長官の要請について……2102

九　1748　昭和13年10月28日　仏印経由対中武器輸送問題に関する情報部長談話……2809

五　1124　昭和13年10月31日　在本邦クレーギー英国大使より沢田外務次官宛(半公信)　日英懸案事項の迅速解決を英国政府再度要請について……1943

昭和十三年十一月

一　255　昭和13年11月1日　近衛内閣総理大臣／在本邦クレーギー英国大使　会談　英国政府より日中和平調停提議について……402

五　1055　昭和13年11月1日　一七七三　有田外務大臣より在上海日高総領事宛(電報)　クーリッジ号の現銀輸出事件に関して在本邦米国大使がわが方軍憲の措置およびわが方抗議の不当を抗議について……1841

四　995　昭和13年11月2日　連盟諸機関との協力終止に関する情報部長談話……1774

付記　昭和十三年十月二十九日付国際連盟諸機関との協力関係終止の件に関する枢密院審査委員会の審査報告……1775

一　256　昭和13年11月3日　東亜新秩序建設に関する日本政府声明……405

一　257　昭和13年11月3日　東亜新秩序建設に邁進すべしとの近衛総理ラジオ演説……406

三　676　昭和13年11月3日　一四七三　在香港中村総領事より有田外務大臣宛(電報)　華南方面の政務処理に関しては香港にも三省連絡会議の設置を検討方意見具申……1264

四	996	昭和13年11月3日	三二四	在ジュネーブ宇佐美国際会議事務局長代理兼総領事より有田外務大臣宛（電報）	日本の連盟諸機関との協力終止に対する反響報告	1778
五	1056	昭和13年11月4日		在本邦アウリチ伊国大使より沢田外務次官宛	中国での航空事業に関する伊国のわが方への協力要請について	1842
六	1335	昭和13年11月5日	五一四	在米国斎藤大使より有田外務大臣宛（電報）	九国条約を一方的に廃棄することは避け既成事実の積上げにより自然消滅に導くことが得策の旨意見具申	2226
六	1336	昭和13年11月5日	五一五	在米国斎藤大使より有田外務大臣宛（電報）	米国国務長官は九国条約の維持にあまり拘泥していない旨の観測報告	2227
六	1337	昭和13年11月6日	五一七	在米国斎藤大使より有田外務大臣宛（電報）	日本の九国条約廃棄説に関する米国紙報道振り報告	2227
五	1125	昭和13年11月7日		沢田外務次官より在本邦クレーギー英国大使宛（半公信）	英国政府よりの十月三十一日付日英懸案迅速解決要請に対するわが方回答	1945
六	1338	昭和13年11月7日	三三三〇	在上海日高総領事より有田外務大臣宛（電報）	日本が米国の対日通牒を無視して東亜新秩序建設を企図していることを非難した英字紙論調報告	2228
五	1212	昭和13年11月8日			日本軍の作戦地域拡大に際する列国宛申入れに関する情報部長談話	2071
九	1900	昭和13年11月10日	六〇	在ラングーン金子領事より有田外務大臣宛（電報）	ビルマ経由雲南向け軍需品輸送に関する情報報告	3005
三	807	昭和13年11月11日	一〇六五	在天津田代総領事より有田外務大臣宛（電報）	天津市政府による非常時金融弁法撤廃の動きについて	1469
五	1126	昭和13年11月11日	八六〇	在英国重光大使より有田外務大臣宛（電報）	英国は東亜において九国条約に基づく集団機構観念の回復を企図しているので同条約を排撃し集団機構的圧迫を排除すべき旨意見具申	1947

三　808　昭和13年11月13日　一六八五　在北京堀内大使館参事官より有田外務大臣宛(電報)　対中通貨政策の強化に関し意見具申……1470

五　1127　昭和13年11月14日　八七〇　在英国重光大使より有田外務大臣宛(電報)　英国は米国と協力して九国条約の諸原則を堅持するとの英国外務次官の議会答弁報告……1949

五　1240　昭和13年11月14日　揚子江はいまだ開放するの時期にあらずとの列国宛わが方回答に関する情報部長談話……2102

三　809　昭和13年11月15日　一〇七一　在天津田代総領事より有田外務大臣宛(電報)　石炭およびマッチの価格統制実施につき報告……1474

九　1901　昭和13年11月15日　六三　在ラングーン金子領事より有田外務大臣宛(電報)　中国向け軍需品のビルマ領内通過を事実上容認するビルマ政庁の態度について……3006

一　258　昭和13年11月17日　一七〇七　在北京堀内大使館参事官より有田外務大臣宛(電報)　土肥原機関による呉佩孚擁立工作の急速進展と北支那方面軍などの反発について……409

別　電　昭和十三年十一月十七日発在北京堀内大使館参事官より有田外務大臣宛第一七〇八号　中央政府樹立問題に関する北京特務部の意見……411

付記一　昭和十三年十一月十一日、北支那方面軍司令部作成「和平救國工作指導要綱」……412

二　昭和十三年十一月十七日「呉佩孚工作大要案」……414

一　259　昭和13年11月17日　三四四〇　在上海日高総領事より有田外務大臣宛(電報)　中央政権樹立工作をめぐる土肥原機関と現地軍との意見対立につき報告……415

一　260　昭和13年11月18日　三四五一　有田外務大臣より在上海日高総領事宛(電報)　土肥原機関が中央政権樹立工作に当たって臨時・維新両政府の関与を排除した理由について……417

六　1339　昭和13年11月18日　有田外務大臣より在本邦グルー米国大使宛　米国政府の十月六日付対日通牒に対するわが方回答……2229

付記一　右英訳文 ……2233

二　通商局第五課作成、作成日不明「十月六日申入ニ對スル對米回答ノ反應ニ關スル件」 ……2237

五　1213　昭和13年11月19日　合三四〇五　有田外務大臣より在独国大島大使、在上海日高総領事、在北京堀内大使館参事官宛(電報)　独国人被害賠償問題に関する有田外相・オットー独国大使会談の概要について ……2072

一　261　昭和13年11月20日　日華協議記録、同諒解事項および日華秘密協議記録 ……417

付記　昭和十三年十一月二十一日、参謀本部今井中佐作成「渡邊工作ノ現況(第二)」 ……419

一　262　昭和13年11月20日　陸軍省起案の「支那新中央政府樹立工作ニ關スル打合事項」 ……423

付記　昭和十三年十一月二十一日「土肥原中將ニ與フル指示」 ……428

九　1902　昭和13年11月21日　六六　在ラングーン金子領事より有田外務大臣宛(電報)　雲南向け武器輸送に対するビルマ人の反対に鑑みビルマ政庁が発出した声明書について ……3006

一　263　昭和13年11月24日　有田外務大臣　在本邦クレーギー英国大使　会談　英国の和平調停提議に対するわが方拒絶回答について ……428

一　264　昭和13年11月25日　東亜局第一課作成の中国および第三国に対する外交方針骨子 ……430

五　1241　昭和13年11月(29)日　特情上海一四　在上海日高総領事より有田外務大臣宛(電報)　武漢攻略後の揚子江封鎖継続に関する陸海軍当局談について ……2103

九　1903　昭和13年11月29日　九四二　在英国重光大使より有田外務大臣宛(電報)　ビルマ経由対中軍需物資輸送を禁止するよう英国外務省極東部長へ申入れについて ……3007

一 265 昭和13年11月30日 御前会議決定 「日支新關係調整方針」……432
付記 昭和十三年十二月八日 右禁輪に関する有田外務大臣より在本邦クレーギー英国大使宛申入れ要旨……3008
付記 昭和十三年十一月三十日 「日支新關係調整要綱ニ關スル御前會議次第」……435

昭和十三年十二月

一 266 昭和13年12月1日 合三四九七 有田外務大臣より在英国重光大使、在米国斎藤大使他宛(電報) 「日支新關係調整方針」の決定につき通報……439
五 1242 昭和13年12月1日 三五九二 在上海日高総領事より有田外務大臣宛(電報) 揚子江開放が不可である理由につき意見具申……2105
別電一 昭和十三年十二月一日発在上海日高総領事より有田外務大臣宛第三五九三号 揚子江の無制限開放が経済上不可である理由……2106
二 昭和十三年十二月一日発在上海日高総領事より有田外務大臣宛第三五九四号 揚子江航行制限の必要に関する対外説明振り……2108
三 昭和十三年十二月一日発在上海日高総領事より有田外務大臣宛第三五九五号 揚子江開放の場合に付すべき条件……2108
付記 昭和十四年一月二十三日、中支那派遣軍司令部作成 「揚子江開放問題ニ關スル意見」……2109
一 267 昭和13年12月2日 三六〇〇 在上海日高総領事より有田外務大臣宛(電報) 銭永銘の重慶行きに関する情報報告……439
六 1340 昭和13年12月2日 三六〇一 在上海日高総領事より有田外務大臣宛(電報) 重慶政権が米国議会に対し中立法の条文再検討を要請しつつあるとのロイター電報告……2244

五	1057	昭和13年12月3日	七五六	在独国大島大使より 有田外務大臣宛(電報)	独国と蔣政権との関係は疎隔しつつあるので速やかに中国に新中央政府を樹立し独国に承認せしむるよう工作方意見具申	1843
五	1214	昭和13年12月3日	合三五一二	有田外務大臣より 在上海日高総領事、在南京堀総領事宛(電報)	日独関係の重要性に鑑み被害賠償問題の優先的解決のため独国人の被害状況につき調査方訓令	2073
一	268	昭和13年12月6日	三六二三	在上海日高総領事より 有田外務大臣宛(電報)	呉佩孚の擁立は相当困難の模様につき報告	440
六	1341	昭和13年12月7日	三六三五	在上海日高総領事より 有田外務大臣宛(電報)	日本政府の十一月十八日付対米回答を受けて米国政府が経済制裁を念頭に置いた中立法修正を検討中とのロイター電報告	2244
五	1058	昭和13年12月10日	四九七	有田外務大臣より 在独国大島大使宛(電報)	独国政府に対し「日支新關係調整方針」等のわが方方針を説明し蔣政権との関係疎隔促進方訓令	1844
七	1462	昭和13年12月10日	一一三一	在天津田中総領事代理より 有田外務大臣宛(電報)	天津英仏租界内の抗日策動を阻止するため現地日本軍が租界を包囲する鉄条網の構築準備を開始について	2459
				付記　昭和十三年十二月三日付在本邦クレーギー英国大使より沢田外務次官宛半公信 日本軍が天津英仏租界より日本人撤退を命じた理由に関し注意喚起		2459
六	1342	昭和13年12月12日	五六七	在米国斎藤大使より 有田外務大臣宛(電報)	日本の九国条約廃棄論に対して米国政府が経済制裁を考慮中との米国紙報道振り報告	2245
一	269	昭和13年12月13日	機密 三九八二	在上海後藤総領事代理より 有田外務大臣宛	岩井総領事の香港での政治工作に関する報告書転送について	440
七	1463	昭和13年12月13日	一一三七	在天津田中総領事代理より 有田外務大臣宛(電報)	天津租界の境界におけるわが方検問の開始について	2460
五	1270	昭和13年12月15日	四五六	在ニューヨーク若杉総領事より 有田外務大臣宛(電報)	米国政府による対中輸出品へのクレジット設定に関する情報報告	2140

三 677 昭和13年12月16日 閣議決定 「中華航空株式會社設立要綱」……1265
三 751 昭和13年12月16日 近衛内閣総理大臣より有田外務大臣宛 興亜院官制および興亜院連絡部官制に関する附帯閣議了解事項につき通報……1382
付記一 昭和十三年十二月十六日公布勅令第七五八号 興亜院官制……1383
二 昭和十三年十二月十六日公布勅令第七五九号 興亜院連絡部官制……1385
三 810 昭和13年12月16日 閣議決定 「對支海運强化ニ關スル暫定的措置ノ件」……1475
七 1464 昭和13年12月16日 機密一九一五 在天津田代総領事より有田外務大臣宛 天津租界に対するわが方特別警備計画につき報告……2461
七 1465 昭和13年12月16日 一一四二 在天津田代総領事より有田外務大臣宛(電報) 天津租界でのわが方検問に対し領事団が方面軍司令部参謀との懇談希望について……2463
五 1271 昭和13年12月17日 五七八 在米国堀内大使より有田外務大臣宛(電報) 米国の対中クレジット設定に関し国務省は関与を認めていないが同国政府の関与を窺わせる諸情報報告……2140
五 1272 昭和13年12月(18)日 特情紐育二九九 在ニューヨーク若杉総領事より有田外務大臣宛(電報) 米国の対中クレジット供与に関する米国紙論説報告……2141
五 1273 昭和13年12月18日 一〇二二 在英国重光大使より有田外務大臣宛(電報) 英国政府による対中貨物自動車輸出へのクレジット設定がほぼ確実との報道報告……2141
一 270 昭和13年12月19日 東亜新秩序建設の意義を経済面から説いた有田外相の外国人記者会見での談話……445
付記 右英訳文……447

五	1274	昭和13年12月19日	一〇二四	在英国重光大使より有田外務大臣宛(電報)	英国の対中クレジットは対象がビルマルートで使用される貨物自動車であるとの報道報告	2142
五	1275	昭和13年12月19日	一〇二七	在英国重光大使より有田外務大臣宛(電報)	対中クレジット設定は英国政府が米国と同調して対日牽制の姿勢を示したものと観測されるところ冷静対応方意見具申	2142
七	1466	昭和13年12月19日	一八三〇	在北京堀内大使館参事官より有田外務大臣宛(電報)	天津領事団の懇談希望に対する方面軍司令部の対応振りについて	2464
九	1749	昭和13年12月20日	八〇八	在仏国宮崎臨時代理大使より有田外務大臣宛(電報)	仏印経由対中武器輸送問題に関する仏国外務次官内話について	2809
				付記 昭和十六年一月、南洋局第二課作成「佛印經由蔣政權向軍需品輸送禁絶方ニ關スル日佛交渉經緯」より抜粋	広東陥落以後欧州大戦勃発までの交渉経緯	2811
五	1276	昭和13年12月21日	五八一	在米国堀内大使より有田外務大臣宛(電報)	米国政府が対中クレジット設定や米中為替資金供与協定の延長を決定した意図とわが方の対処振りにつき意見具申	2143
七	1467	昭和13年12月21日	一一五四	在天津田代総領事より有田外務大臣宛(電報)	天津租界問題に関連して英仏総領事に対し中国の新事態を認識し対日協力の積極的態度を示すよう要望について	2465
				付記 昭和十三年十二月二十日付在本邦クレーギー英国大使より沢田外務次官宛半公信	天津租界での検問措置緩和方要請	2466
一	271	昭和13年12月22日			日中国交調整の根本方針に関する近衛総理声明	450
二	402	昭和13年12月22日	一六六四	在香港田尻総領事より有田外務大臣宛(電報)	汪兆銘が重慶から離脱したとの報道について	683
五	1243	昭和13年12月22日	一六六七	在香港田尻総領事より有田外務大臣宛(電報)	珠江開放に関する香港総督および英国極東艦隊司令長官の要請について	2114

二	403	昭和13年12月23日	三七八七	在上海後藤総領事代理より有田外務大臣宛(電報)	汪兆銘の重慶離脱に関する土肥原中将内話	683
二	404	昭和13年12月23日	一六七四	在香港田尻総領事より有田外務大臣宛(電報)	汪兆銘のハノイ到着は確実につき新事態に対応するため雲南鉄道爆撃の時期を再検討すべき旨具申	683
五	1059	昭和13年12月23日		五相会議決定	「支那ニ於ケル對外問題處理ニ關スル訓令」	1844
五	1277	昭和13年12月23日	一〇五六	在英国重光大使より有田外務大臣宛(電報)	英国政府による対中クレジット設定の経緯に関するリース・ロス内話報告	2144
五	1278	昭和13年12月23日	五九五	在米国堀内大使より有田外務大臣宛(電報)	米国輸出入銀行の対中クレジット供与に関する米国復興金融会社総裁の発表について	2145
七	1468	昭和13年12月23日	一一六二	在天津田代総領事より有田外務大臣宛(電報)	天津租界での検問の打切り時期に関し桑木師団長らと意見交換について	2466
二	405	昭和13年12月24日	館長符号	有田外務大臣より在香港田尻総領事宛(電報)	重慶離脱後の汪兆銘と蒋介石との関係等につき意見回示方訓令	684
二	406	昭和13年12月25日	三八〇〇	在上海後藤総領事代理より有田外務大臣宛(電報)	汪兆銘の重慶離脱に関する漢字紙報道振りについて	685
二	407	昭和13年12月26日	一六七七	在香港田尻総領事より有田外務大臣宛(電報)	汪兆銘の重慶離脱は汪・蒋離反の第一歩なるも今後の行動は不確定との観測について	685
二	408	昭和13年12月26日	一六八一	在香港田尻総領事より有田外務大臣宛(電報)	汪兆銘の重慶離脱経緯に関する情報	686
七	1469	昭和13年12月26日	一八五九	在北京堀内大使館参事官より有田外務大臣宛(電報)	天津租界の検問解除に向け軍側が設定した目途について	2467
一	272	昭和13年12月27日	三八二四	在上海後藤総領事代理より有田外務大臣宛(電報)	孔祥熙使者樊光との会談に関する土肥原内話につき報告	451
二	409	昭和13年12月27日	三八一三	在上海後藤総領事代理より有田外務大臣宛(電報)	汪兆銘の出国は転地療養目的の個人的行動であるとの蒋介石訓話について	687

二	410	昭和13年12月28日	三八二八	在上海後藤総領事代理より有田外務大臣宛(電報)	汪兆銘の重慶離脱に関する褚民誼見解について	688
五	1279	昭和13年12月28日	四〇〇	有田外務大臣より在米国堀内大使宛(電報)	米国の対中クレジット成立の裏には中国の執拗な対米運動とそれに応じた米国財務長官の中国に対する好意的態度があるとの情報通報	2146
二	411	昭和13年12月29日	三八三七	在上海後藤総領事代理より有田外務大臣宛(電報)	汪兆銘の重慶離脱経緯に関する傅式説内報について	689
二	412	昭和13年12月29日	三二一	在ハノイ鈴木総領事より有田外務大臣宛(電報)	汪兆銘のハノイ来訪に関する諜報について	690
二	413	昭和13年12月29日			日中国交調整の根本方針に関する近衛総理声明に呼応する汪兆銘声明	690
三	811	昭和13年12月29日		興亜院会議決定	「華興商業銀行設立要綱」	1475
五	1060	昭和13年12月30日			新中央政府成立への期待を表明した在上海伊国総領事の日高興亜院経済部長に対する内話概要について	1845
六	1343	昭和13年12月30日			日本政府の十一月十八日付対米回答に対する米国政府復答	2246
七	1470	昭和13年12月30日		沢田外務次官より在本邦クレーギー英国大使宛(半公信)	天津租界英国当局が抗日策動の徹底取締と華北の新事態に即応した対日協力を実行しないかぎり検問緩和の理由なき旨通報	2468
				付記 昭和十四年一月二十三日付在本邦クレーギー英国大使より沢田外務次官宛半公信	天津租界英国当局に対する日本側非難は根拠なき旨反駁	2469
二	414	昭和13年12月31日	一七一三	在香港田尻総領事より有田外務大臣宛(電報)	汪声明に関する漢字紙報道振りについて	693

二	415	昭和13年12月31日	一七一四	在香港田尻総領事より有田外務大臣宛(電報)	当面における汪兆銘と重慶政権との応酬振り静観方具申	693

昭和十四年一月

二	416	昭和14年1月2日	一	在上海後藤総領事代理より有田外務大臣宛(電報)	汪兆銘の党籍永久剥奪および一切の職務罷免を重慶政権決定について	694
二	417	昭和14年1月3日	五	在上海三浦総領事より有田外務大臣宛(電報)	汪兆銘離脱に対する重慶中央および周恩来の反応について	695
一	273	昭和14年1月4日	一二	在香港田尻総領事より有田外務大臣宛(電報)	汪兆銘離脱の背景には対日和平をめぐる蒋介石との確執があるとの情報に鑑み孔祥熙を通じた和平工作には警戒方意見具申	452
				付記	昭和十四年一月十二日発在上海三浦総領事より有田外務大臣宛電報第五三号 孔祥熙を通じた和平交渉を継続すべきとの樊光内話について	453
一	274	昭和14年1月4日		沢田外務次官 在本邦オットー独国大使 会談	ドイツの和平斡旋提案をめぐる沢田・オットー会談	454
二	418	昭和14年1月4日	一一	在香港田尻総領事より有田外務大臣宛(電報)	重慶政権に対する内部切崩しおよび自壊促進のための現地宣伝工作方針について	697
二	419	昭和14年1月4日	一三	在香港田尻総領事より有田外務大臣宛(電報)	汪兆銘の立場を擁護する記事発出の必要性につき意見具申	698
二	420	昭和14年1月5日	一九	在香港田尻総領事より有田外務大臣宛(電報)	汪兆銘の重慶離脱事情に関する沈崧内話	699
六	1344	昭和14年1月5日	一一	在米国堀内大使より有田外務大臣宛(電報)	侵略国を援助するような行動は慎むべきとして中立法の修正に言及した米国大統領年次教書につき報告	2252
二	421	昭和14年1月7日	二	有田外務大臣より在ハノイ鈴木総領事宛(電報)	汪側より申し出ある場合には保護すべき旨訓令	700

五　1244　昭和14年1月7日　一三　在広東岡崎総領事より有田外務大臣宛（電報）　珠江開放に関する陸海軍の意向について　……2115

二　422　昭和14年1月8日　三四　在香港田尻総領事より有田外務大臣宛（電報）　汪兆銘の離脱を契機とする重慶政権の全面崩壊に向けた準備工作の必要性につき意見具申　……700

二　423　昭和14年1月10日　四七　在上海三浦総領事より有田外務大臣宛（電報）　汪兆銘離脱問題に関する梁鴻志ら維新政府要人の見解について　……702

五　1280　昭和14年1月11日　一四　在ニューヨーク若杉総領事より有田外務大臣宛（電報）　米国の対中クレジットは中国から輸入される桐油を担保とし輸入額に応じて信用が供与されるとの情報報告　……2147

二　424　昭和14年1月13日　六三　在上海三浦総領事より有田外務大臣宛（電報）　汪兆銘は近く渡欧予定との情報について　……703

二　425　昭和14年1月14日　六二　在香港田尻総領事より有田外務大臣宛（電報）　高宗武の訪日予定など汪派の今後の動きに関する観察報告　……703

二　426　昭和14年1月14日　四五　在北京秋山大使館一等書記官より有田外務大臣宛（電報）　汪兆銘離脱問題に関する王克敏ら臨時政府要人の見解について　……704

五　1128　昭和14年1月14日　在本邦クレーギー英国大使より有田外務大臣宛　東亜新秩序声明など日本の対中方針に対する英国政府の見解について　……1950

付　記　右和訳文　……1953

五　1129　昭和14年1月15日　七　有田外務大臣より在英国重光大使宛（電報）　英国政府が日本の対中方針に対する見解をクレーギー大使を通じてわが方へ表明した旨通報　……1955

三　740　昭和14年1月16日　四二　在英国重光大使より有田外務大臣宛（電報）　日本の中国関税収入外債担保部分支払い拒絶および重慶政権の内外債支払い停止に関する報道振り報告　……1358

付記一　昭和十四年一月十八日、文化事業部第一課作成「國民政府ニ依ル外債元利支拂停止竝ニ膠濟鐵道國庫證券未拂問題」　……1359

二　昭和十四年一月二十五日、北京関係者会議決定「占領地域内海關收入處分要綱」……1360
三　昭和十四年三月八日付在中国湯本海外駐箚財務官より大野大蔵次官宛公信北支第二四号　華北海関収入預金使用方法要綱等の決定について……1361

一　275　昭和14年1月18日　六一　在北京秋山大使館一等書記官より有田外務大臣宛（電報）　孔祥熙の使者を通じて蔣政権側へ和平案を提示したとの何澄内話について……456

二　427　昭和14年1月18日　一〇五　在上海三浦総領事より有田外務大臣宛（電報）　汪離脱に日本側が関与したとの情報に関する周文彬内話……705

四　997　昭和14年1月18日　八　在ジュネーブ柳井国際会議事務局長代理兼総領事より有田外務大臣宛（電報）　効果的に対日制裁を行うための統制委員会設置を連盟理事会へ中国代表要求について……1779

四　998　昭和14年1月18日　一一　在ジュネーブ柳井国際会議事務局長代理兼総領事より有田外務大臣宛（電報）　統制委員会設立案をめぐる連盟理事会秘密会議の動静に関する情報報告……1780

四　999　昭和14年1月18日　一二　在ジュネーブ柳井国際会議事務局長代理兼総領事より有田外務大臣宛（電報）　統制委員会設立案に小国反対の情報について……1781

一　276　昭和14年1月19日　五相会議決定　「孔工作ニ關スル件」……457

五　1061　昭和14年1月19日　在本邦アンリ仏国大使より有田外務大臣宛　日本政府の極東政策に関する声明は九国条約に抵触するとの仏国政府見解通報……1846

六　1345　昭和14年1月19日　五九　在米国堀内大使より有田外務大臣宛（電報）　米国は日中紛争に関し中立法に背馳した行政措置を採りつつあり経済制裁関連法案の採択など議会推移を注視すべき旨意見具申……2253

二　428　昭和14年1月20日　九四　在香港田尻総領事より有田外務大臣宛（電報）　沈崧提供の汪関係情報にはＰＬの略号を用いる旨報告……706

四	1000	昭和14年1月20日	一三	在ジュネーブ柳井国際会議事務局長代理兼総領事より有田外務大臣宛(電報)	日中紛争に関する決議案の連盟理事会上程の見込みについて	1782
四	1001	昭和14年1月20日	一五	在ジュネーブ柳井国際会議事務局長代理兼総領事より有田外務大臣宛(電報)	日中紛争に関する決議の連盟理事会採択について	1782
				付　記　昭和十四年一月二十日付 右決議		1783
四	1002	昭和14年1月20日	一七	在ジュネーブ柳井国際会議事務局長代理兼総領事より有田外務大臣宛(電報)	日中紛争に関する決議採択に当たっての列国態度について	1784
一	277	昭和14年1月21日			第七十四回帝国議会における有田外相演説	457
三	812	昭和14年1月23日	四二	在ニューヨーク若杉総領事より有田外務大臣宛(電報)	中国連合準備銀行券の発行により華北貿易は日本側の独占となりつつあるとの新聞報道報告	1478
二	429	昭和14年1月24日	合一六〇	有田外務大臣より在上海三浦総領事、在香港田尻総領事、在ハノイ鈴木総領事宛(電報)	汪兆銘が英独仏三国に査証発行を請求中との独国参事官情報について	706
六	1346	昭和14年1月24日	七二	在米国堀内大使より有田外務大臣宛(電報)	有田外相の議会演説に関する報道振り報告	2255
二	430	昭和14年1月27日	一一三	在香港田尻総領事より有田外務大臣宛(電報)	日本側との内通者に対する高宗武の警戒に鑑みＰＬ情報の厳重取扱いにつき注意喚起	707
二	431	昭和14年1月27日			東亜新秩序建設の観点より汪側の希望には同情的考慮を払うべしとの田尻香港総領事の見解	707
				付記一　昭和十四年一月二十八日、東亜局第一課奥村事務官作成 汪兆銘工作に関する参謀本部今井中佐との会談要領		710

二　昭和十四年二月十六日、岩井副領事作成 汪兆銘工作に関する今井中佐との会談要領……711

七　1471　昭和14年1月28日　三六　在天津田代総領事より有田外務大臣宛(電報)　天津租界の検問打切りを現地軍検討中について……2470

一　278　昭和14年1月30日　一〇七　在北京秋山大使館一等書記官より有田外務大臣宛(電報)　孔祥熙を通じた和平工作に対する蔣政権側の反応を何澄内話について……461

昭和十四年二月

三　752　昭和14年2月4日　一二六　在北京堀内大使館参事官より有田外務大臣宛(電報)　興亜院華北連絡部の編制に関する現地協議について……1386

七　1472　昭和14年2月4日　五〇　在天津田代総領事より有田外務大臣宛(電報)　天津租界の日英間諸問題に関する駐華英国大使との意見交換について……2471

七　1473　昭和14年2月5日　一二七　在北京堀内大使館参事官より有田外務大臣宛(電報)　天津租界の検問打切りを軍側決定について……2472

二　432　昭和14年2月7日　三〇　在ハノイ鈴木総領事より有田外務大臣宛(電報)　汪兆銘との極秘会見実施の是非につき請訓……713

一　279　昭和14年2月8日　三〇〇　在上海三浦総領事より有田外務大臣宛(電報)　杜月笙の上海復帰については蔣介石側との関係などを充分検討し慎重対応方意見具申……462

三　753　昭和14年2月8日　九七　在青島加藤総領事より有田外務大臣宛(電報)　青島における興亜院連絡部設置につき具申……1387

三　754　昭和14年2月8日　一四四　在北京堀内大使館参事官より有田外務大臣宛(電報)　華北連絡部と現地軍および現行の顧問制度との関係の明確化は相当困難との状況について……1388

三　813　昭和14年2月9日　興亜院会議決定　「北支ニ於ケル輸出爲替集中要綱」……1478

五　1245　昭和14年2月9日　興亜院会議決定　「揚子江開放ニ關スル件」……2116

二	433	昭和14年2月10日	一三	有田外務大臣より 在ハノイ鈴木総領事宛(電報)	汪兆銘との関係機微につき接触差し控え方回訓	714
三	678	昭和14年2月10日			日本軍の海南島上陸に関する情報部長談話	1268
五	1062	昭和14年2月13日			わが方の海南島占領をめぐる有田・アンリ会談につき外務省発表	1847
一	280	昭和14年2月14日	三六三	在上海三浦総領事より 有田外務大臣宛(電報)	対日和平問題をめぐる重慶方面政治情勢に関する情報報告	465
三	814	昭和14年2月15日	七八	在天津田代総領事より 有田外務大臣宛(電報)	朝鮮米の華北向け禁輸につき一部解禁方請訓	1481
七	1474	昭和14年2月15日	機密二〇六	在天津田代総領事より 有田外務大臣宛	天津租界検問実施の効果と交通制限の解除につき報告	2473
六	1347	昭和14年2月16日	一三〇	在米国堀内大使より 有田外務大臣宛(電報)	日中両国への屑鉄等禁輸法案に関する下院照会に対し米国国務長官が中立政策に関連するとの理由で審議延期を回答について	2255
二	434	昭和14年2月17日			汪兆銘と高宗武との協議結果等に関する田尻香港総領事と参謀本部今井中佐との会談要旨	714
				付　記	昭和十四年二月、参謀本部今井中佐作成 「渡邊工作(第二期計畫)」	715
二	435	昭和14年2月18日	二二〇	在香港黄田総領事代理より 有田外務大臣宛(電報)	高宗武の訪日および汪派の動静等に関するPL情報につき報告	717
五	1130	昭和14年2月18日	二〇〇	在北京堀内大使館参事官より 有田外務大臣宛(電報)	日英関係調整のためには先ず英国側が事変に対する認識と政策を是正することが先決とカー英国大使へ説示について	1956
二	436	昭和14年2月21日	四二七	在上海三浦総領事より 有田外務大臣宛(電報)	汪兆銘問題に関する維新政府の動向につき原田中支那派遣軍特務部長内話について	719

八 1689 昭和14年2月21日 四二五 在上海三浦総領事より有田外務大臣宛（電報） 旧正月における対日テロ多数発生に対して上海共同租界の治安維持方工部局へ要求につき請訓 …… 2735

八 1690 昭和14年2月22日 二七九 有田外務大臣より在上海三浦総領事宛（電報） 上海共同租界治安維持に関する工部局への要求につき回訓 …… 2735

八 1691 昭和14年2月22日 在上海三浦総領事よりフランクリン工部局参事会議長宛 上海共同租界治安維持に関するわが方要求事項について …… 2736

付記一 昭和十四年二月二十五日付右わが方要求への工部局回答 …… 2738

二 昭和十四年二月二十八日付右工部局回答へのわが方返簡および同時に手交した諒解事項案 …… 2739

三 昭和十四年三月三日付右諒解事項案に対する工部局回答 …… 2741

二 437 昭和14年2月28日 訪日した高宗武との協議結果に関する田尻香港総領事と影佐陸軍省軍務課長との会談要旨 …… 720

付記 昭和十四年二月二十八日付、作成者不明「影佐渡邊會談報告」 …… 722

五 1063 昭和14年2月28日 一四八 在青島加藤総領事より有田外務大臣宛（電報） 華北での日独経済提携に関する交渉を再開するためボイドに至急青島に帰還するよう通報方在香港田尻総領事へ依頼について …… 1847

七 1475 昭和14年2月28日 一〇三 在天津田代総領事より有田外務大臣宛（電報） 日本軍による天津英仏租界周囲への高圧線付き鉄条網架設を英仏側抗議について …… 2475

八 1692 昭和14年2月28日 在本邦クレーギー英国大使より沢田外務次官宛 上海共同租界工部局へのわが方要求に対し租界行政権の一方的変更は黙過できないとの英国政府覚書 …… 2742

昭和十四年三月

三　755　昭和14年3月3日　五三二　在上海三浦総領事より有田外務大臣宛(電報)　華中連絡部における外務省の発言権確保の必要に関し意見具申 …… 1389

三　756　昭和14年3月4日　二七五　在北京堀内大使館参事官より有田外務大臣宛(電報)　軍と連絡部との権限関係明確化につき意見具申 …… 1390

五　1281　昭和14年3月6日　二一四　在英国重光大使より有田外務大臣宛(電報)　法幣安定を目的とする対中為替平衡資金設定につき英国政府が議会手続きを進行中との報道報告 …… 2147

一　281　昭和14年3月8日　五一　在ハノイ鈴木総領事より有田外務大臣宛(電報)　龍雲に帰順の意向を非公式打診について …… 466

五　1131　昭和14年3月8日　五一　在ベルギー来栖大使より有田外務大臣宛(電報)　英国をわが方へ引き寄せる工作を実施する必要がある旨意見具申 …… 1957

付記　昭和十四年七月十九日発在ベルギー来栖大使より有田外務大臣宛電報第一四〇号　日英国交調整に関するエドワードへの説明概要について …… 1958

五　1282　昭和14年3月9日　二二七　在英国重光大使より有田外務大臣宛(電報)　英国政府の対中為替平衡資金設定は同国の対日態度を明確に示したものでありわが方も正々堂々と論難すべき旨意見具申 …… 2148

五　1283　昭和14年3月9日　二三〇　在英国重光大使より有田外務大臣宛(電報)　英国の対中為替平衡資金設定に関する新聞論調報告 …… 2148

八　1693　昭和14年3月9日　五九二　在上海三浦総領事より有田外務大臣宛(電報)　上海仏租界当局に対し治安維持協力の即時実行および青天白日旗の掲揚禁止を要求すべき旨現地陸海外三省会議で決定について …… 2743

付記　昭和十四年三月一日付「工部局警察機關ニ對スル日本警察機關協力方法ニ關スル諒解事項覺書」 …… 2744

八	1694	昭和14年3月9日	五九八	在上海三浦総領事より有田外務大臣宛(電報)	上海仏租界における治安維持協力および青天白日旗の掲揚禁止に関する仏国総領事との会談内容報告	2745
五	1284	昭和14年3月10日			英国の中国法幣支援に関する情報部長談話	2149
八	1695	昭和14年3月11日	六〇七	在上海三浦総領事より有田外務大臣宛(電報)	上海共同租界内での青天白日旗の掲揚禁止を工部局へ要請について	2748
八	1696	昭和14年3月13日	六三九	在上海三浦総領事より有田外務大臣宛(電報)	上海特別市長より共同租界および仏租界両当局へ要求事項提出について	2749
三	679	昭和14年3月14日	機密一四一	在広東岡崎総領事より有田外務大臣宛	海南島への邦人の渡航制限につき報告	1269
五	1215	昭和14年3月14日	合四八五	有田外務大臣より在上海三浦総領事、在南京堀総領事宛(電報)	独国人の被害状況等の調査促進方訓令	2073
七	1476	昭和14年3月14日	一六〇	在天津田代総領事より有田外務大臣宛(電報)	四月末までに天津英仏租界当局が抗日活動家の取締に誠意を示さなければ厳重な検問検索を実行するとの軍側意向について	2475
二	438	昭和14年3月15日	三一八	在香港黄田総領事代理より有田外務大臣宛(電報)	救国反共同盟の結成など汪派の工作状況に関するPL情報報告	726
七	1477	昭和14年3月16日	六九三	在上海三浦総領事より有田外務大臣宛(電報)	天津租界問題に関する仏国側対日態度の軟化を窺わせる同国代理大使の内話について	2476
三	815	昭和14年3月18日	一〇八	在済南有野総領事より有田外務大臣宛(電報)	流通禁止通貨の華北より華中方面への逃避を阻止するため済南に税関設置の必要性について	1481
三	816	昭和14年3月19日	三七	在北京堀内総領事より有田外務大臣宛(電報)	物価高騰抑制策として販売物品の価格表示を義務づける総領事館令公布につき請訓	1482
二	439	昭和14年3月21日	六三	在ハノイ鈴木総領事より有田外務大臣宛(電報)	汪兆銘襲撃事件の発生により曾仲鳴重傷について	727

二	440	昭和14年3月22日	六四	在ハノイ鈴木総領事より有田外務大臣宛(電報)	曾仲鳴の死亡および犯人取調べに関する情報について	……727
三	817	昭和14年3月22日	七五七	在上海三浦総領事より有田外務大臣宛(電報)	華北地方における為替統制策を非難する英商業会議所声明について	……1483
二	441	昭和14年3月23日	三六〇	在香港黄田総領事代理より有田外務大臣宛(電報)	宋美齢のハノイ訪問等に関する李思浩内話について	……728
五	1165	昭和14年3月24日	七六八	在上海三浦総領事より有田外務大臣宛(電報)	ソ連と新疆政府との秘密協定に関する諜報報告	……2008
六	1348	昭和14年3月24日	二五二	在米国堀内大使より有田外務大臣宛(電報)	現状では屑鉄および銑鉄の禁輸法案は米国議会で成立の見込みなき旨報告	……2256
八	1697	昭和14年3月24日	七七三	在上海三浦総領事より有田外務大臣宛(電報)	上海共同租界内での青天白日旗掲揚問題に関する工部局の措置振り報告	……2749
三	818	昭和14年3月25日		興亜院会議決定	「華興商業銀行設立ニ伴フ對第三國折衝要領」	……1483
六	1349	昭和14年3月25日	二五六	在米国堀内大使より有田外務大臣宛(電報)	米国の対日感情悪化およびその改善策につき意見具申	……2256
				付　記　昭和十四年二月七日、東亜局作成「對米工作要綱案」		……2259
八	1698	昭和14年3月28日	八二三	在上海三浦総領事より有田外務大臣宛(電報)	上海租界内に青天白日旗は見られない旨報告	……2750
二	442	昭和14年3月29日	三七八	在香港田尻総領事より有田外務大臣宛(電報)	曾仲鳴事件発生により上海への脱出を汪兆銘希望について	……728
五	1246	昭和14年3月29日	一七四	在広東岡崎総領事より有田外務大臣宛(電報)	珠江開放は時期尚早につき当分延期を決定について	……2117
五	1216	昭和14年3月30日		在本邦グルー米国大使より有田外務大臣宛	米国教会等への空爆被害に対する米国政府抗議	……2074

付記　昭和十四年五月十七日付有田外務大臣より在本邦グルー米国大使宛公信米一普通第五一号
右抗議に対するわが方回答 …… 2077

二　443　昭和14年3月31日　三八九　在香港田尻総領事より有田外務大臣宛(電報)　汪兆銘は四月下旬に香港来訪予定との情報について …… 729

五　1064　昭和14年3月31日　八六　有田外務大臣より在仏国宮崎臨時代理大使宛(電報)　新南群島のわが領土への編入を在本邦仏国大使に通告について …… 1848

付記一　昭和十三年十二月九日、五相会議決定
「新南群島ノ所属確定ニ關スル件」 …… 1849

二　昭和十四年三月三十一日
新南群島の行政管轄権決定に関する外務省発表 …… 1849

昭和十四年四月

館長符号

二　444　昭和14年4月1日　有田外務大臣より在香港田尻総領事宛(電報)　汪兆銘救出のため影佐一行ハイフォンに向け出発の予定について …… 730

三　741　昭和14年4月1日　興亜院会議決定　「救國反共同盟會(註、汪工作)ノ所要經費ニ關スル件」 …… 1362

五　1065　昭和14年4月1日　八五八　在上海三浦総領事より有田外務大臣宛(電報)　独国と重慶政権との間に新たなバーター貿易協定が成立したとの報道報告 …… 1850

二　445　昭和14年4月4日　四二〇　在香港田尻総領事より有田外務大臣宛(電報)　宋子文・宋美齢の汪暗殺計画等に関する伊国総領事内話 …… 730

七　1478　昭和14年4月4日　二二三　在天津田代総領事より有田外務大臣宛(電報)　天津租界取締問題で英国側が誠意ある対応をとるようピゴット少将へ要請について …… 2477

七　1479　昭和14年4月5日　二二四　在天津田代総領事より有田外務大臣宛(電報)　天津英租界内での捜査協力に関する本間師団長とピゴット少将との会談内容報告 …… 2478

一　282　昭和14年4月6日　七六　在ハノイ鈴木総領事より有田外務大臣宛(電報)　帰順打診に対する龍雲の反応について …… 467

二	446	昭和14年4月6日	九一五	在上海三浦総領事より有田外務大臣宛(電報)	平沼首相と汪兆銘との間に秘密協定成立との大公報紙報道について	731
				別　電　昭和十四年四月六日発在上海三浦総領事より有田外務大臣宛第九一六号	大公報の右報道内容	732
三	757	昭和14年4月7日		興亜院会議決定	「興亞院連絡部長官會議ニ於ケル内閣總理大臣ノ訓示竝興亞院總務長官ノ指示ニ關スル件」	1391
				付　記　昭和十四年三月十日付閣令第三号	「興亞院連絡部及興亞院連絡部出張所ヲ置ク地竝ニ各連絡部及連絡部出張所ノ名稱及擔任區域ニ關スル件」	1397
五	1066	昭和14年4月7日	九六	有田外務大臣より在仏国宮崎臨時代理大使宛(電報)	新南群島のわが領土への編入を在本邦仏国大使を通じて仏国政府抗議について	1850
八	1699	昭和14年4月7日	九〇六	在上海三浦総領事より有田外務大臣宛(電報)	上海特区法院問題に関する現地三省会議の協議内容報告	2750
				別　電　昭和十四年四月五日発在上海三浦総領事より有田外務大臣宛第九〇八号	上海特別市政府による特区法院接収容認方領事団への勧告案	2752
二	447	昭和14年4月8日	四四二	在香港田尻総領事より有田外務大臣宛(電報)	言論機関における汪兆銘と蒋介石との暴露戦は汪側に不利な状況との観測について	733
二	448	昭和14年4月8日	九二九	在上海三浦総領事より有田外務大臣宛(電報)	平沼・汪秘密協定問題に関する論調報告	734
五	1132	昭和14年4月8日	九三〇	在上海三浦総領事より有田外務大臣宛(電報)	事変に対する英国の態度に関し海軍の野村中将らが上海滞在中のクレーギー大使と意見交換について	1961
五	1067	昭和14年4月9日	二一七	在仏国宮崎臨時代理大使より有田外務大臣宛(電報)	海南島占領および新南群島のわが領土への編入に対する仏国側態度につき報告	1851
三	819	昭和14年4月10日			興亜院が作成した「北中南支ニ於ケル我方ノ通貨政策竝相互間ノ調整保持ニ關スル方針」	1485

七	1480	昭和14年4月10日	二二八	在天津田代総領事より有田外務大臣宛(電報)	天津海関監督に任命された程錫庚が天津英租界内で殺害された旨報告	2479
七	1481	昭和14年4月10日	二三〇	在天津田代総領事より有田外務大臣宛(電報)	天津租界工部局への日本人顧問採用決定など対日協力に関するピゴットの言明について	2479
二	449	昭和14年4月11日	四五三	在香港田尻総領事より有田外務大臣宛(電報)	汪兆銘の脱出先等につき高宗武と会談について	735
五	1068	昭和14年4月11日	四五五	在香港田尻総領事より有田外務大臣宛(電報)	華北での日独経済提携問題や重慶訪問の目的などに関するボイドの内話報告	1852
一	283	昭和14年4月12日	四五八	在香港田尻総領事より有田外務大臣宛(電報)	わが方の和平方針を喬輔三打診について	468
八	1700	昭和14年4月12日	九六四	在上海三浦総領事より有田外務大臣宛(電報)	共同租界内の反日言論取締に関し工部局へ要求について	2753
				別電 昭和十四年四月十二日発在上海三浦総領事より有田外務大臣宛第九六五号 右要求に関するわが方覚書		2754
三	680	昭和14年4月13日	三四	在海口昌谷総領事より有田外務大臣宛(電報)	海口における三省連絡会議において海南島への邦人渡航条件決定について	1269
二	450	昭和14年4月14日	四七五	在香港田尻総領事より有田外務大臣宛(電報)	汪派による対重慶切崩し工作の停滞状況等に鑑みわが方の汪兆銘工作を再検討する必要性につき意見具申	736
				付記 昭和十四年四月十三日、東亜局第一課作成 汪工作の取扱いに関する陸軍側意向		738
三	820	昭和14年4月14日		閣議決定	「交通會社設立基本要綱」	1486
七	1482	昭和14年4月14日	二三七	在天津田代総領事より有田外務大臣宛(電報)	程殺害事件における日英共同捜査を英国側承諾について	2480

二　451　昭和14年4月19日　矢野領事より有田外務大臣宛（電報）　汪兆銘と影佐一行との会談報告……738
七　1483　昭和14年4月19日　二四四　在天津田代総領事より有田外務大臣宛（電報）　天津英租界での日英共同捜査により程殺害事件の容疑者検挙について……2481
八　1701　昭和14年4月20日　一〇三〇　在上海三浦総領事より有田外務大臣宛（電報）　仏租界内の青天白日旗掲揚や政治的示威運動の禁止に関する仏国側当局の措置振りについて……2755
三　681　昭和14年4月21日　陸軍・海軍・外務三大臣決定　「海南島政務暫定処理要綱」……1270
五　1069　昭和14年4月21日　一〇四一　在上海三浦総領事より有田外務大臣宛（電報）　独国と重慶政権とのバーター貿易協定成立の報道に関するボイドの説明振り報告……1852
五　1166　昭和14年4月21日　一七　在包頭遠藤分館主任より有田外務大臣宛（電報）　盛世才が新疆全域を武力制圧し西北貿易が活性化しつつあるとの情報報告……2009
五　1247　昭和14年4月21日　三二四　在米国堀内大使より有田外務大臣宛（電報）　揚子江開放をめぐる日米間の懸案に関する米国国務次官との会談報告……2117
八　1702　昭和14年4月21日　一〇四三　在上海三浦総領事より有田外務大臣宛（電報）　上海市各界の国民精神総動員運動につき共同租界内での取締方工部局へ要求について……2756
一　284　昭和14年4月26日　五四九　在北京堀内大使館参事官より有田外務大臣宛（電報）　重慶でカー英国大使が蒋介石に対し対日和平の可能性を打診したとの情報をめぐる伊国武官との意見交換について……469
七　1484　昭和14年4月26日　二六〇　在天津田代総領事より有田外務大臣宛（電報）　程殺害事件の容疑者に対する日本側取調べを在天津英国総領事が独断で容認について……2481
一　285　昭和14年4月27日　五五一　在香港田尻総領事より有田外務大臣宛（電報）　日本側と接触した張熾章の言動につき報告……470
別電　昭和十四年四月二十七日発在香港田尻総領事より有田外務大臣宛第五五二号　和平問題に関する張の内話要領……471

三　821　昭和14年4月27日　一一〇二　在上海三浦総領事より有田外務大臣宛(電報)　華興商業銀行設立に関し英国側へ説明について……1488

三　822　昭和14年4月27日　一一〇三　在上海三浦総領事より有田外務大臣宛(電報)　華興商業銀行設立に関し米国側および独国側へ説明について……1490

昭和十四年五月

三　823　昭和14年5月1日　一一四七　在上海三浦総領事より有田外務大臣宛(電報)　華興商業銀行券の発行が中国金融界に及ぼすであろう悪影響を英国側指摘について……1490

八　1703　昭和14年5月1日　一一四八　在上海三浦総領事より有田外務大臣宛(電報)　共同租界内における政治的宣伝を目的とする結社および運動禁止に関し工部局参事会議長が告示公布を表明について……2757

別　電　昭和十四年五月一日発在上海三浦総領事より有田外務大臣宛第一一四九号　右工部局告示……2757

八　1704　昭和14年5月1日　一一五一　在上海三浦総領事より有田外務大臣宛(電報)　上海共同租界内の反日言論取締に関するわが方要求に対し工部局回答について……2758

八　1705　昭和14年5月3日　上海共同租界の機構および制度の改訂に関する沢田外務次官の在本邦英米両国大使への申入れ……2758

付　記　昭和十四年五月二十三日付有田外務大臣内奏資料中の「上海共同租界問題」……2763

八　1706　昭和14年5月4日　一一九三　在上海三浦総領事より有田外務大臣宛(電報)　上海共同租界の機構および制度の改訂に関連して英米両国総領事に上海特区法院問題への協力を要望について……2765

七　1485　昭和14年5月5日　二八〇　在天津田代総領事より有田外務大臣宛(電報)　臨時政府警察当局への程殺害事件容疑者の引渡しを英国側拒絶について……2482

三　824　昭和14年5月8日　五九七　在香港田尻総領事より有田外務大臣宛(電報)　華興商業銀行設立に重慶側は脅威を感じ宋子文が対策に苦慮しているとの情報報告……1492

三　825　昭和14年5月8日　五九〇　在北京堀内大使館参事官より有田外務大臣宛（電報）　物価高騰抑制策および中国連合準備銀行券対策につき措置振り具申……1492

七　1486　昭和14年5月8日　二八四　在天津田代総領事より有田外務大臣宛（電報）　容疑者引渡し問題に関し英国の対応次第では検問検索の実施など有効手段を講じることを軍側と協議決定について……2483

一　286　昭和14年5月9日　機密五三一　在北京堀内大使館参事官より有田外務大臣宛　孫潤宇の時局談につき報告……472

八　1707　昭和14年5月11日　一二八二　在上海佐藤総領事代理より有田外務大臣宛（電報）　工部局参事会議長が租界内外国籍漢字紙の関係者を招致し各紙に自重方要請について……2766

八　1708　昭和14年5月13日　一三〇二　在上海佐藤総領事代理より有田外務大臣宛（電報）　仏租界における抗日犯人検挙に際し邦人警察官の立会いを仏国側容認について……2766

二　452　昭和14年5月15日　矢野領事作成の「渡邊工作現地報告（汪）（河内救出ノ巻）」……739

付記一　昭和十四年四月二十五日発大津台湾軍参謀長より中島参謀次長宛電報台電第二五号
テロの危険急迫のためハノイからの急速脱出の必要性について……748

二　昭和十四年四月二十五日発土肥原機関より笠原参謀本部総務部長宛電報原電中支第二〇三号
安全確保の観点から汪兆銘の上海来訪はできるだけ遷延すべき旨具申……748

三　昭和十四年四月二十七日発大津台湾軍参謀長より笠原参謀本部総務部長宛電報河内（門松）電第五八号
汪兆銘乗船の汽船に対する捜索要請……749

四　昭和十四年五月一日、東亜局第一課作成
汪兆銘が影佐一行乗船の北光丸に移乗したとの情報……750

三　826　昭和14年5月15日　三〇〇　在天津田代総領事より有田外務大臣宛（電報）　物価高騰抑制策および中国連合準備銀行券対策に関する北京大使館の措置案につき意見具申……1494

二　453　昭和14年5月16日　矢野領事作成の「竹内工作一件　上海ニ於ケル工作」……750
付記一　昭和十四年五月八日着「渡邊工作關係電報」……757
二　昭和十四年五月九日着「渡邊工作關係電報」……757
三　昭和十四年五月十日、東亜局第一課作成　汪兆銘訪日へのわが方対処振りに関する陸軍側との協議要旨……757

二　454　昭和14年5月16日　汪工作の進め方に関する田尻香港総領事と今井大佐との会談要旨……758
付記一　昭和十四年五月十三日、東亜局作成「「竹内」ニ對スル方針大綱(其ノ一)」……761
二　昭和十四年五月十三日、東亜局第一課作成　汪兆銘中心の事変収拾策に関する興亜院政務部長の見解……762

二　455　昭和14年5月17日　一三四二　在上海佐藤総領事代理より有田外務大臣宛(電報)　上海租界内のテロおよび抗日空気に対する丁黙邨らの粛清運動と汪工作との結合機運につき報告……763

三　742　昭和14年5月18日　興亜院が作成した「支那關稅率暫定改正準備要綱」……1363

六　1350　昭和14年5月18日　有田外務大臣より在本邦グルー米国大使宛　グルー大使の帰国に際し東亜新秩序や防共強化の必要性などを説明した有田外相口上書……2261

八　1709　昭和14年5月19日　一三七六　在上海佐藤総領事代理より有田外務大臣宛(電報)　上海共同租界および仏租界の両当局が共同で夜間通行禁止措置の随時発令を決定について……2767

八	1710	昭和14年5月19日	一三八二	在上海佐藤総領事代理より 有田外務大臣宛(電報)	上海共同租界の機構・制度改訂に関する日本側要求を米国政府が全面拒否したことなど列国の対日強硬姿勢を歓迎する漢字紙論調報告	2768
四	1003	昭和14年5月23日	九六	在ジュネーブ柳井国際会議事務局長代理兼総領事より 有田外務大臣宛(電報)	連盟理事会における中国代表の対日措置要求について	1784
四	1004	昭和14年5月25日	一〇四	在ジュネーブ柳井国際会議事務局長代理兼総領事より 有田外務大臣宛(電報)	連盟理事会における中国問題決議案の作成について	1786
七	1487	昭和14年5月25日	三一九	在天津田代総領事より 有田外務大臣宛(電報)	容疑者引渡し問題の円満解決に向け在本邦英国大使らと折衝方意見具申	2484
九	1904	昭和14年5月25日	二〇九	在ニューヨーク若杉総領事より 有田外務大臣宛(電報)	雲南・ビルマ間鉄道建設および雲南・ハイフォン間鉄道輸送増加に関する報道報告	3009
四	1005	昭和14年5月27日	一〇九	在ジュネーブ柳井国際会議事務局長代理兼総領事より 有田外務大臣宛(電報)	連盟理事会における中国問題決議採択の際の中国代表発言振り報告	1786
七	1488	昭和14年5月27日	一六四	有田外務大臣より 在天津田代総領事宛(電報)	容疑者引渡しにカー駐華英国大使が反対しているとの情報通報	2485
六	1351	昭和14年5月29日	四四九	在米国堀内大使より 有田外務大臣宛(電報)	現行法の武器禁輸条項を廃止すべきなど中立法に対する米国政府の意見を国務長官表明について	2262
二	456	昭和14年5月30日	六八一	在香港田尻総領事より 有田外務大臣宛(電報)	新中央政府の母体となる汪兆銘中心の統一政権を速やかに樹立すべき旨意見具申	764

昭和十四年六月

七	1489	昭和14年6月1日	三二七	在天津田代総領事より 有田外務大臣宛(電報)	容疑者引渡しに関し英国側に六月七日正午までに回答方要求について	2485

六　1352　昭和14年6月5日　四七七　在米国堀内大使より有田外務大臣宛(電報)　米国陸海軍の屑鉄保存策により日本の屑鉄獲得が困難となりつつあるとの情報報告……2263

一　287　昭和14年6月6日　五相会議決定　「新中央政府樹立方針」……473

付記一　昭和十四年六月三日　右方針案提案に関する陸軍省軍務局長説明要旨……475

二　昭和十四年六月三日、東亜局作成　右方針案に関する外務省意見……479

一　288　昭和14年6月6日　陸軍省部で起案した呉佩孚工作の指導腹案……479

三　827　昭和14年6月6日　閣議決定　「支那ニ於ケル日系通貨ノ價値維持對策ニ關スル件」……1495

付記　昭和十四年六月二日、興亜院会議決定　「中支那ニ於ケル日系通貨ノ價値維持ニ關スル緊急對策ノ件」……1496

五　1285　昭和14年6月6日　五九八　在英国重光大使より有田外務大臣宛(電報)　英中貿易促進のための委員会が設置され対中クレジット設定をめざして英中協議が進行中との情報報告……2150

七　1490　昭和14年6月6日　一六八　有田外務大臣より在天津田代総領事宛(電報)　容疑者引渡しの拒絶および将来におけるテロ犯人は在天津英国総領事の判断で引渡しに応じるなどクレーギー英国大使通報について……2486

付記　昭和十四年六月六日付　右通報に際しクレーギー大使が有田外相に手交した覚書要訳……2487

七　1491　昭和14年6月6日　三三二　在天津田代総領事より有田外務大臣宛(電報)　程殺害事件の容疑者引渡しは物的証拠なく不可能との英国側回答について……2487

七　1492　昭和14年6月8日　三三三　在天津田代総領事より有田外務大臣宛(電報)　天津英仏租界封鎖措置の決定に至る軍側との協議経緯について……2488

七	1493	昭和14年6月8日	三三七	在天津田代総領事より有田外務大臣宛(電報)	天津英仏租界封鎖措置の余儀なき旨を米仏独伊各国へ事前説明について	2490
一	289	昭和14年6月10日	七四六	在香港田尻総領事より有田外務大臣宛(電報)	重慶政権の外交政策や内政事情に関する諜報報告	480
二	457	昭和14年6月10日		平沼内閣総理大臣 汪兆銘 会談	平沼首相・汪兆銘会談要旨	767
七	1494	昭和14年6月10日	一七六	有田外務大臣より在天津田代総領事宛(電報)	程錫庚殺害事件の容疑者引渡し実現のため英国側に提出すべき証拠につき軍側と協議方訓令	2490
七	1495	昭和14年6月10日	一七四	有田外務大臣より在天津田代総領事宛(電報)	天津租界への実力行使に関する中央の方針は現地へ派遣される土田東亜局第一課長より詳細聴取方訓令	2491
				別電	昭和十四年六月十日発有田外務大臣より在天津田代総領事宛第一七五号 参考として上海租界対策処理方針回示について	2492
七	1496	昭和14年6月10日	合一二三〇	有田外務大臣より在天津田代総領事、在厦門岡本総領事代理宛(電報)	天津租界問題および鼓浪嶼問題に関するわが方意向を在本邦米国代理大使が照会について	2492
七	1497	昭和14年6月10日	六一八	在英国重光大使より有田外務大臣宛(電報)	天津租界問題に関し英国外務省極東部長が事態緩和方要望について	2493
二	458	昭和14年6月11日		板垣陸軍大臣 汪兆銘 会談	板垣陸相・汪兆銘会談要旨	771
七	1498	昭和14年6月12日	一七七	有田外務大臣より在天津田代総領事宛(電報)	天津租界問題に関する声明発出は慎重措置方訓令	2494
五	1217	昭和14年6月13日	一六二四	在上海三浦総領事より有田外務大臣宛(電報)	外国人被害の調査実施および解決方法に関する現地方針について	2078
七	1499	昭和14年6月13日	三五一	在天津田代総領事より有田外務大臣宛(電報)	天津租界封鎖実施に際して軍側が英国の援蒋態度に猛省を求めるとの談話発表について	2494

付記　昭和十四年六月十四日付
有田外務大臣と在本邦クレーギー英国大使との会談要領……2496

七　1500　昭和14年6月13日　一八〇　有田外務大臣より在天津田代総領事宛(電報)　在本邦米国代理大使が天津租界問題での日英斡旋のため容疑者引渡しを審査する混合委員会の設立案をわが方へ打診について……2496

七　1501　昭和14年6月13日　六二八　在英国重光大使より有田外務大臣宛(電報)　容疑者引渡しに関し再検討を行うので天津租界の封鎖実施を延期方英国政府要請について……2497

七　1502　昭和14年6月13日　六二九　在英国重光大使より有田外務大臣宛(電報)　英国政府による天津租界封鎖延期要請の詳細につき報告……2497

七　1503　昭和14年6月13日　六三一　在英国重光大使より有田外務大臣宛(電報)　英国外務省が天津租界問題の対応に苦慮している模様につき報告……2498

二　459　昭和14年6月14日　有田外務大臣／汪兆銘　会談　有田外相・汪兆銘会談要旨……773

三　828　昭和14年6月14日　興亜院が作成した「北支蒙疆鐵鑛業統制開發基本要綱」……1496

七　1504　昭和14年6月14日　七〇四　在北京堀内大使館参事官より有田外務大臣宛(電報)　天津租界封鎖の目標に軍側が経済的要求を含めた事情について……2498

付記　昭和十四年六月十三日付
北支那方面軍命令方軍作命戌第一一号……2500

七　1505　昭和14年6月14日　六三九　在英国重光大使より有田外務大臣宛(電報)　天津租界問題に関する英国内の論調は相当刺激的であり英国側宣伝振りには注意を要する旨意見具申……2501

七　1506　昭和14年6月14日　五一四　在米国堀内大使より有田外務大臣宛(電報)　天津租界封鎖に対する米国国務省の反応振り報告……2502

二　460　昭和14年6月15日　板垣陸軍大臣／汪兆銘　会談　第二次板垣陸相・汪兆銘会談要旨……777

五 1070 昭和14年6月15日 陸軍が省部決定した「事變處理上第三國ノ活動及權益ニ對スル措置要領」……1853

七 1507 昭和14年6月15日 三五八 在天津田代総領事より有田外務大臣宛(電報) 天津英仏租界における検問検索の実施状況報告……2503

七 1508 昭和14年6月15日 一八三 有田外務大臣より在天津田代総領事宛(電報) 天津租界問題における現地軍の対英仏具体的要求事項につき査報方訓令……2504

付　記　昭和十四年五月二十九日、北支那方面軍司令部作成「天津英佛租界ニ對スル工作要領案」……2504

七 1513 昭和14年6月15日 在本邦クレーギー英国大使より有田外務大臣宛(半公信) 天津租界での検問時における英国人への差別待遇を即時停止方要請……2510

付記一　右和訳文……2511

二　昭和十四年六月十六日付有田外務大臣より在本邦クレーギー英国大使宛半公信 右要請へのわが方回答……2512

二 461 昭和14年6月16日 五相会議諒解 「中國側ノ提出セル時局收拾ニ關スル具體的辨法及日本側意見」……785

七 1509 昭和14年6月16日 三六四 在天津田代総領事より有田外務大臣宛(電報) 天津居留邦人が租界問題の全般的解決を強く要望している旨報告……2505

七 1514 昭和14年6月16日 六四九 在英国重光大使より有田外務大臣宛(電報) 英国政府が天津租界封鎖に対して経済的対抗手段を検討しているとの報道報告……2512

付　記　昭和十四年六月十五日、通商局第一課作成「租界問題ニ對スル英國ノ對日報復策ニ關スル對策ニ就テ」……2513

七 1515 昭和14年6月16日 六五〇 在英国重光大使より有田外務大臣宛(電報) 天津租界問題に対し日英双方が慎重な対応をとるべきとの英国首相側近者よりの伝言について……2514

七 1516 昭和14年6月17日 五三三 在米国堀内大使より有田外務大臣宛(電報) 米国国務省の天津租界問題への対応方針につき観測報告……2515

五 1071 昭和14年6月18日 一六六六 在上海三浦総領事より有田外務大臣宛(電報) 新中央政権樹立問題や天津租界問題に関する駐華仏国大使の重慶での記者談話について……1855

六 1353 昭和14年6月19日 五三八 在米国堀内大使より有田外務大臣宛(電報) 米国政府が屑鉄および鉄鉱輸出割当案の検討を了し近く議会に付議する見込みとの報道について……2265

七 1517 昭和14年6月19日 三八二 在天津田代総領事より有田外務大臣宛(電報) 英国人への検問時の取扱振りなどをめぐる在天津英国総領事との会談内容報告……2516

七 1518 昭和14年6月19日 六五四 在英国重光大使より有田外務大臣宛(電報) 天津租界問題についてのわが方非公式声明に関する英国報道振り報告……2516

七 1519 昭和14年6月19日 五四二 在米国堀内大使より有田外務大臣宛(電報) 天津租界封鎖など中国の事態に関心を有するとの米国国務長官談話について……2517

七 1520 昭和14年6月19日 六五八 在英国重光大使より有田外務大臣宛(電報) 天津租界での英国人への侮辱的検査や食糧搬入制限に対する英国外相の抗議について……2518

七 1510 昭和14年6月20日 七二五 在北京堀内大使館参事官より有田外務大臣宛(電報) 天津租界問題要求事項に関する臨時政府の英仏大使館宛通告案について……2506

付記 昭和十四年六月十五日、興亜院華北連絡部作成「在天津英佛租界當局ニ對スル臨時政府ノ通告ニ關スル件」……2508

七 1521 昭和14年6月20日 六六一 在英国重光大使より有田外務大臣宛(電報) 天津租界問題を地方的に解決せんとの英国外相の提議に対し強く反駁について……2519

七 1522 昭和14年6月20日 一九九 有田外務大臣より在天津田代総領事宛(電報) 天津租界での英国人への侮辱的検査や食糧搬入制限に対するクレーギー大使の抗議について……2521

付記一 昭和十四年六月二十日付在本邦クレーギー大使より有田外務大臣宛覚書要訳 天津で日本軍が発表した談話に対する抗議……2521

二　昭和十四年六月十九日付　右談話 …… 2522

七　1523　昭和14年6月20日　三八四　在天津田代総領事より有田外務大臣宛（電報）　天津英仏租界の食糧事情などにつき報告 …… 2523

七　1524　昭和14年6月20日　一六七六　在上海三浦総領事より有田外務大臣宛（電報）　天津租界問題をカー大使排斥の好機と見る英国民間有力者の内話について …… 2524

六　1354　昭和14年6月21日　五四八　在米国堀内大使より有田外務大臣宛（電報）　米国大統領が中立法修正案の今期議会通過を要望する談話発表について …… 2265

七　1525　昭和14年6月21日　一三〇　在シドニー秋山総領事より有田外務大臣宛（電報）　天津租界問題をめぐるオーストラリア外務次官との意見交換について …… 2526

七　1526　昭和14年6月22日　六七〇　在英国重光大使より有田外務大臣宛（電報）　天津租界問題に関する英国首相の下院答弁について …… 2527

七　1527　昭和14年6月22日　三八九　在天津田代総領事より有田外務大臣宛（電報）　天津租界での侮辱的検査や食糧搬入制限など英国の対日抗議は事実に合致していない旨報告 …… 2527

七　1528　昭和14年6月22日　三九二　在天津田代総領事より有田外務大臣宛（電報）　天津租界での検問検索強化のため鉄条網に通電開始について …… 2528

二　462　昭和14年6月23日　七四二　在北京堀内大使館参事官より有田外務大臣宛（電報）　呉佩孚を中心とする中央政府樹立説台頭の原因について …… 789

付記　昭和十四年六月十八日　呉佩孚と大迫少将との会見記録 …… 790

三　743　昭和14年6月23日　興亜院会議決定　「呉工作所要經費ニ關スル件」 …… 1364

七　1529　昭和14年6月23日　六七六　在英国重光大使より有田外務大臣宛（電報）　天津租界問題の解決に向け英国外務省極東部長がわが方意向打診について …… 2528

七　1530　昭和14年6月23日　六七七　在英国重光大使より有田外務大臣宛（電報）　天津租界問題解決のため東京での日英会談開催方意見具申 …… 2529

三 829 昭和14年6月24日 興亜院会議決定 「北支ニ於ケル輸出爲替集中强化要綱」……1497

五 1248 昭和14年6月24日 興亜院会議決定 「揚子江開放ノ件」……2118

付記 興亜院政務部作成、作成日不明 「揚子江開放ニ關スル件説明」……2118

七 1511 昭和14年6月24日 七四四 在北京堀内大使館参事官より有田外務大臣宛(電報) 天津租界問題要求事項を臨時政府より英仏側へ通告について……2508

七 1531 昭和14年6月24日 六八四 在英国重光大使より有田外務大臣宛(電報) 天津租界における英国人への侮辱的差別待遇を一括中止するよう英国外相要求について……2530

七 1532 昭和14年6月24日 六八五 在英国重光大使より有田外務大臣宛(電報) 天津租界問題に関する英国抗議への回答振り請訓……2531

七 1533 昭和14年6月24日 四〇〇 在天津田代総領事より有田外務大臣宛(電報) 米国人への検問時の取扱い振りに関する在天津米国総領事との会談内容報告……2532

七 1534 昭和14年6月24日 四〇二 在天津田代総領事より有田外務大臣宛(電報) 天津租界検問時における英国人取扱い事情につき報告……2533

七 1545 昭和14年6月24日 合一三九三 有田外務大臣より在英国重光大使、在天津田代総領事宛(電報) 天津租界問題解決に向けた日英交渉の東京開催を有田外相・クレーギー大使間で合意した経緯につき通報……2542

別電一 昭和十四年六月二十四日発有田外務大臣より在英国重光大使、在天津田代総領事宛合第一三九四号 東京での日英交渉開催に関するクレーギー大使提議……2543

二 昭和十四年六月二十四日発有田外務大臣より在英国重光大使、在天津田代総領事宛合第一三九五号 右提議に対する有田外相回答……2544

三　昭和十四年六月二十四日発有田外務大臣より在英国重光大使、在天津田代総領事宛合第一三九六号
右有田外相回答に対するクレーギー大使の返答 …… 2546
付記一　右有田外相回答の和訳文 …… 2546
二　昭和十四年六月二十二日付、陸軍省作成「天津租界問題処理要領」 …… 2547

七　1512　昭和14年6月25日　七四六　在北京堀内大使館参事官より有田外務大臣宛(電報)
天津租界封鎖の実際措置に当たっては仏国側へは手加減を加える旨を通報して同国の協力を誘致するよう田代総領事へ要請について …… 2509

七　1535　昭和14年6月25日　六九二　在英国重光大使より有田外務大臣宛(電報)
天津租界問題に関する英国首相演説および英国新聞論調報告 …… 2533

二　463　昭和14年6月26日　四〇五　在天津田代総領事より有田外務大臣宛(電報)
汪兆銘との会談で新中央政府樹立に対する支持を王克敏表明について …… 792
付記　昭和十四年六月二十五・二十七日
汪兆銘と王克敏との会談内容 …… 792

二　464　昭和14年6月26日　一七四七　在上海三浦総領事より有田外務大臣宛(電報)
新中央政府樹立問題に対する梁鴻志の見解について …… 797

七　1536　昭和14年6月26日　合一四二三　有田外務大臣より在英国重光大使、在天津田代総領事宛(電報)
天津租界での英国人への侮辱的検査に関するクレーギー大使の抗議について …… 2535
別電一　昭和十四年六月二十六日発有田外務大臣より在英国重光大使、在天津田代総領事宛合第一四二五号
右抗議文 …… 2536
二　昭和十四年六月二十六日発有田外務大臣より在英国重光大使、在天津田代総領事宛合第一四二七号
右侮辱的検査に関する英国覚書要旨 …… 2536

七　1546　昭和14年6月26日　合一四二九　有田外務大臣より在英国重光大使、在天津田代総領事宛(電報)　日英東京会談開催に関する六月二十三日付有田外相回答中の日本側提案を受諾する旨クレーギー大使回答について……2549

二　465　昭和14年6月27日　四一一　在天津田代総領事より有田外務大臣宛(電報)　呉佩孚の時局認識がわが方既定の方針に合致しない状況に鑑み積極的な汪・呉合作の斡旋打切りを決定について……798

付記一　昭和十四年七月十九日、陸軍省部決定「呉工作新指導要領」……799

二　昭和十四年八月十八日、須賀大佐作成合作問題に関する汪兆銘と呉派要人との会談要旨……800

三　682　昭和14年6月27日　興亜院会議決定　「厦門特別市ニ關スル日支間協定事項」……1271

三　683　昭和14年6月27日　興亜院会議決定　「厦門特別市ニ關スル日支間覺書(不公表)」……1272

七　1537　昭和14年6月27日　四一〇　在天津田代総領事より有田外務大臣宛(電報)　天津租界に関するロイター通信等の記事は捏造であり取締方英国側へ要求について……2537

七　1547　昭和14年6月27日　合一四四九　有田外務大臣より在英国重光大使、在天津田代総領事宛(電報)　天津租界問題解決に向けた日英東京会談開催に関する発表振りについて……2549

別電　昭和十四年六月二十七日発有田外務大臣より在英国重光大使、在天津田代総領事宛合第一四五〇号　右発表文……2550

七　1548　昭和14年6月27日　七五四　在北京堀内大使館参事官より有田外務大臣宛(電報)　日英東京会談では英国の対中態度是正など一般原則に重点を置き具体的事項は現地で協定すべきとの方面軍司令部の意向について……2550

七　1549　昭和14年6月27日　八七〇　在香港田尻総領事より有田外務大臣宛(電報)　日英東京会談では占領地における英国の態度是正をわが方の目標とすべき旨意見具申……2551

七	1550	昭和14年6月30日	七一六	在英国重光大使より有田外務大臣宛(電報)	天津租界問題の解決に当たって英国側が重視している中立性の尊重に対しわが方反論振り意見具申	2552

昭和十四年七月

二	466	昭和14年7月1日	一八一六	在上海三浦総領事より有田外務大臣宛(電報)	中央政府樹立問題に関する汪兆銘・梁鴻志会談について	804
				付記 昭和十四年七月五日、影佐機関作成「梁鴻志、汪第二次會談要領」		805
七	1551	昭和14年7月1日			外務省の日英東京会談交渉方針	2553
七	1552	昭和14年7月1日	四二三	在天津田代総領事より有田外務大臣宛(電報)	天津租界問題の交渉順序および日英東京会談で要求すべき根本原則と具体的事項に関する天津現地軍の意向について	2554
				別電一 昭和十四年七月一日発在天津田代総領事より有田外務大臣宛第四二四号 右根本原則案		2555
				二 昭和十四年七月一日発在天津田代総領事より有田外務大臣宛第四二五号 右具体的事項案		2555
七	1553	昭和14年7月1日	一八〇七	在上海三浦総領事より有田外務大臣宛(電報)	重慶政権の財政逼迫や対英不満などに鑑み天津租界問題を契機に英国の態度を是正する好機到来との田尻総領事意見具申	2556
二	467	昭和14年7月3日		在上海森島大使館参事官 汪兆銘 } 会談	対英ソ関係および華僑対策等に関する森島参事官と汪兆銘との会談要旨	807
二	468	昭和14年7月4日	一八五五	在上海三浦総領事より有田外務大臣宛(電報)	新中央政府樹立を支持するわが方立場を森島参事官より在中国仏国大使へ説示について	810
七	1538	昭和14年7月4日	二三九	有田外務大臣より在天津田代総領事宛(電報)	天津英租界への牛乳供給が途絶した旨クレーギー大使抗議について	2537

七 1554 昭和14年7月4日 七七六 在北京堀内大使館参事官より有田外務大臣宛(電報) 天津租界問題の交渉順序および要求事項に関する方面軍司令部の方針案について …… 2558
二 469 昭和14年7月5日 一八六六 在上海三浦総領事より有田外務大臣宛(電報) 汪兆銘との会談において現地のわが方陸海軍司令官が汪に対する支持を表明について …… 811
七 1555 昭和14年7月5日 七八九 在北京堀内大使館参事官より有田外務大臣宛(電報) 日英東京会談で折衝すべき事項をまとめた天津租界問題日英折衝要領を方面軍司令部作成について …… 2559
別電 昭和十四年七月五日発在北京堀内大使館参事官より有田外務大臣宛第七九〇号 右折衝要領 …… 2560
七 1556 昭和14年7月6日 七四八 在英国重光大使より有田外務大臣宛(電報) 英国は列国に影響を及ぼさない地方的問題のみを東京会談で論議する方針との報道にも鑑み同国の対日態度改善方策につき意見具申 …… 2562
一 290 昭和14年7月7日 事変二周年に際しての有田外相談話 …… 482
七 1539 昭和14年7月7日 二四五 有田外務大臣より在天津田代総領事宛(電報) 天津英租界への牛乳搬入問題につき軍側へ自制要求方訓令 …… 2538
七 1540 昭和14年7月8日 四五七 在天津田代総領事より有田外務大臣宛(電報) 天津英租界への牛乳搬入を差止めた事実はない旨報告 …… 2538
七 1557 昭和14年7月8日 館長符号 在英国重光大使より有田外務大臣宛(電報) 日英東京会談の実現自体が将来の両国関係好転に資するとのウィルソンの伝言について …… 2563
二 470 昭和14年7月12日 亜一機密合八二四 有田外務大臣より在英国重光大使、在米国堀内大使他宛 汪兆銘工作の経緯概要について …… 812
三 830 昭和14年7月12日 四四四 在青島加藤総領事より有田外務大臣宛(電報) 中国連合準備銀行券の移動取締規則を青島海関布告について …… 1498

六 1355 昭和14年7月12日 六四一 在米国堀内大使より有田外務大臣宛(電報) 中立法修正案の審議を次会期へ延期することを上院外交委員会が議決した旨報告 …… 2266

七 1541 昭和14年7月12日 八二一 在北京堀内大使館参事官より有田外務大臣宛(電報) 天津租界封鎖を海上に延長し英国船舶を臨検せんとの軍側意向に対し自制方要請について …… 2539

六 1356 昭和14年7月13日 六五一 在米国堀内大使より有田外務大臣宛(電報) 中立法修正審議延期の議決を受けて上院外交委員長が軍需物資禁輸法案を上院に提出した背景など米国議会の動静報告 …… 2267

六 1357 昭和14年7月14日 六五六 在米国堀内大使より有田外務大臣宛(電報) 上院外交委員長提出の軍需物資禁輸法案は日米通商航海条約に抵触するとの疑義について上院が国務省へ研究方要請について …… 2268

七 1542 昭和14年7月14日 四八三 在天津田代総領事より有田外務大臣宛(電報) 天津租界封鎖による米国人の不便に関しわが方立場に了解あるよう在天津米国総領事へ説明について …… 2539

七 1558 昭和14年7月14日 合一六〇二 有田外務大臣より在英国重光大使、在北京堀内大使館参事官、在天津田代総領事他宛(電報) 日英東京会談の交渉方針につき通報 …… 2563

付記一 昭和十四年七月九日、陸軍省作成「天津租界問題ニ關スル日英交渉要領大綱」 …… 2564

二 昭和十四年七月十三日、東亜局第一課作成「「天津租界問題ニ關スル日英交渉大綱」ニ關スル閣議等ノ模様」 …… 2568

二 471 昭和14年7月15日 一九七五 在上海三浦総領事より有田外務大臣宛(電報) 新中央政府樹立問題に関する王克敏と梁鴻志との意見交換の模様について …… 813

六 1358 昭和14年7月15日 六五七 在米国堀内大使より有田外務大臣宛(電報) 中立法修正問題に関する米国大統領教書および国務長官声明について …… 2269

七 1559 昭和14年7月15日 合一六一八 有田外務大臣より在英国重光大使、在天津田代総領事他宛(電報) 第一回有田・クレーギー会談において日本側が天津租界問題の背景となる中国の事態に関する一般原則の容認を要求について …… 2569

付記一　英国側が提出した第一回有田・クレーギー会談議事録……2570
二　昭和十四年七月十五日、東亜局第一課作成　右議事録の和文要約……2572

七　1543　昭和14年7月16日　四八九　在天津田代総領事より有田外務大臣宛(電報)　将来における天津の経済活動は租界を度外視して遂行する旨を租界対策経済委員会で軍側が表明について……2540

五　1072　昭和14年7月17日　一九九九　在上海三浦総領事より有田外務大臣宛(電報)　蔣政権内での国共合作深化を英国が歓迎しないため国共間の摩擦が激化しているとの情報報告……1856

七　1560　昭和14年7月17日　八〇三　在英国重光大使より有田外務大臣宛(電報)　日英東京会談に関連した英国下院質疑において英国は他国の要求により外交政策を変更しないと英国首相答弁について……2573

五　1073　昭和14年7月18日　脱　在独国大島大使より有田外務大臣宛(電報)　独国の対中武器輸出に関する情報につき十分注意あるよう在欧各公館へ要請について……1858

五　1133　昭和14年7月18日　一三九　在ベルギー来栖大使より有田外務大臣宛(電報)　対英交渉の目標はまず援蔣行為の停止にあり英国に外交政策の全面的転換を強制するようなことなく条理を尽くして交渉方意見具申……1962

六　1359　昭和14年7月19日　六七五　在米国堀内大使より有田外務大臣宛(電報)　中立法修正問題に関する米国政府首脳と与野党領袖の協議会は妥結せず審議延期が確定について……2271

六　1360　昭和14年7月19日　六七八　在米国堀内大使より有田外務大臣宛(電報)　日米通商航海条約の廃棄を求め共和党バンデンバーグ議員が上院に決議案提出について……2272

三　831　昭和14年7月20日　九七五　在香港田尻総領事より有田外務大臣宛(電報)　法幣の価値維持は英国の支援なくしては困難となったとの中国側銀行筋の観測報告……1499

五　1218　昭和14年7月20日　重慶空爆被害への米国抗議に関する日本政府声明……2079

七 1561 昭和14年7月20日 合一六五九 有田外務大臣より在英国重光大使、在天津田代総領事他宛(電報) 第二回有田・クレーギー会談において英国側が一般原則に関する日本案の修正を提議について……2574

六 1361 昭和14年7月22日 六八三 在米国堀内大使より有田外務大臣宛(電報) 上院外交委員長提出の禁輸法案が日米通商航海条約に違反するかは次会期まで慎重に検討する旨など国務長官が見解公表について……2273

七 1544 昭和14年7月22日 一六二 在シドニー秋山総領事より有田外務大臣宛(電報) 天津における侮辱的取扱いは英国民全部を排日に向かわせるおそれがあるとのオーストラリア外相の内話について……2541

七 1562 昭和14年7月22日 合一六八六 有田外務大臣より在英国重光大使、在天津田代総領事他宛(電報) 第三回有田・クレーギー会談において一般原則に関する字句修正を協議について……2576

別電一 昭和十四年七月二十二日発有田外務大臣より在英国重光大使、在天津田代総領事他宛合第一六八七号 第一センテンスの解釈に関する有田外相口述案……2577

二 昭和十四年七月二十二日発有田外務大臣より在英国重光大使、在天津田代総領事他宛合第一六八八号 合意した第一センテンス……2577

三 昭和十四年七月二十二日発有田外務大臣より在英国重光大使、在天津田代総領事他宛合第一六八九号 第二センテンスの第一案……2578

四 昭和十四年七月二十二日発有田外務大臣より在英国重光大使、在天津田代総領事他宛合第一六九〇号 第二センテンスの第二案……2578

七 1563 昭和14年7月23日 合一六九七 有田外務大臣より在英国重光大使、在天津田代総領事他宛(電報) 第四回有田・クレーギー会談において一般原則に関する案文合意について……2578

別電一　昭和十四年七月二十三日発有田外務大臣より在英国重光大使、在天津田代総領事他宛合第一六九八号　発表案日本文……2579
二　昭和十四年七月二十三日発有田外務大臣より在英国重光大使、在天津田代総領事他宛合第一六九九号　発表案英文……2579

七　1564　昭和14年7月24日　八五一　在英国重光大使より有田外務大臣宛(電報)　日英東京会談において合意した一般原則に関する英国首相の議会説明につき報告……2580

七　1566　昭和14年7月24日　二六五　有田外務大臣より在天津田代総領事宛(電報)　天津租界問題の具体的事項に関する日英会談開始について……2582
別　電　昭和十四年七月二十四日発有田外務大臣より在天津田代総領事宛第二六六号　日本側が提示した十二項目……2582

七　1567　昭和14年7月24日　二六七　有田外務大臣より在天津田代総領事宛(電報)　天津租界問題日英会談における治安問題の協議状況について……2583

二　472　昭和14年7月25日　四四三　在広東岡崎総領事より有田外務大臣宛(電報)　汪兆銘の広東訪問の目的について……814
付記一　矢野領事作成、作成日不明　汪兆銘の広東訪問理由等について……814
二　矢野領事作成、作成日不明　広東来訪後の汪兆銘の行動について……816

五　1134　昭和14年7月25日　八六〇　在英国重光大使より有田外務大臣宛(電報)　スピア中佐の釈放および天津英租界への牛乳供給改善に関し英国外相が重光大使へ解決斡旋方依頼について……1965
付記一　昭和十四年六月十日付　スピア中佐抑留事件に関する英国大使館覚書……1966
二　昭和十四年六月十日付　英国側作成の右事件要領調書……1966

七　1565　昭和14年7月25日　八五八　在英国重光大使より有田外務大臣宛(電報)　日英東京会談開始に際し中国問題に関する列国会議開催を説く論調が英国内に散見されたため英国首相側近者へ注意喚起について……2581

六　1362　昭和14年7月26日　七〇六　在米国堀内大使より有田外務大臣宛(電報)　米国政府が日米通商航海条約の廃棄を通告した旨報告……2274

別　電　昭和十四年七月二十六日発在米国堀内大使より有田外務大臣宛第七〇七号　右廃棄通告……2275

付　記　昭和十四年七月二十六日付　右廃棄通告和訳文……2275

七　1568　昭和14年7月26日　二七三　有田外務大臣より在天津田代総領事宛(電報)　天津租界問題日英会談で英国側が中国における反英運動の取締を申入れについて……2583

付記一　昭和十四年七月二十六日発武藤北支那方面軍参謀副長より北支那方面軍司令部宛電報　反英運動をめぐる対英交渉振り請訓……2584

二　昭和十四年七月二十八日発北支那方面軍司令部より武藤北支那方面軍参謀副長宛電報　右回訓……2585

三　昭和十四年八月三日付在本邦クレーギー英国大使より有田外務大臣宛半公信要訳　中国における反英運動停止方要請……2585

六　1363　昭和14年7月27日　七〇八　在米国堀内大使より有田外務大臣宛(電報)　日米通商航海条約廃棄通告の背景につき観測報告……2276

六　1364　昭和14年7月27日　日米通商航海条約廃棄通告に関する情報部長談話……2277

六　1365　昭和14年7月27日　七一四　在米国堀内大使より有田外務大臣宛(電報)　日米通商航海条約廃棄通告に関する米国紙論調報告……2277

七　1569　昭和14年7月27日　二七六　有田外務大臣より在天津田代総領事宛（電報）　天津租界問題日英会談において英国側が法幣流通禁止の容認は絶対不可能の旨回答について……2586

五　1286　昭和14年7月28日　一〇一二　在香港田尻総領事より有田外務大臣宛（電報）　英国輸出補償法に基づく対中借款説など英国の対中積極援助に関する伊国総領事の内話情報報告……2151

六　1366　昭和14年7月28日　二一一六　在上海三浦総領事より有田外務大臣宛（電報）　日米通商航海条約廃棄通告に対する重慶各界の熱狂歓迎振りについて……2279

六　1367　昭和14年7月28日　七一八　在米国堀内大使より有田外務大臣宛（電報）　日米間の新通商条約締結協議は現行条約失効までの六か月間における事態の成り行き次第によると国務長官言明について……2279

六　1368　昭和14年7月28日　八七九　在英国重光大使より有田外務大臣宛（電報）　日米通商航海条約廃棄通告に関する英国の新聞論調および英国外務省声明につき報告……2280

六　1369　昭和14年7月28日　二八二　在ニューヨーク若杉総領事より有田外務大臣宛（電報）　日米通商航海条約廃棄通告の背景などに関する経済界の観測報告……2281

六　1370　昭和14年7月28日　七二一　在米国堀内大使より有田外務大臣宛（電報）　日米通商航海条約廃棄通告の今後の展開に関する米国紙の観測報道報告……2282

七　1570　昭和14年7月28日　二七八　有田外務大臣より在天津田代総領事宛（電報）　天津租界問題日英会談での現銀引渡し問題に関する協議状況について……2587

六　1371　昭和14年7月29日　二一三〇　在上海三浦総領事より有田外務大臣宛（電報）　日米通商航海条約廃棄通告に関する王寵恵の記者談話について……2284

六　1372　昭和14年7月29日　七二七　在米国堀内大使より有田外務大臣宛（電報）　日米通商航海条約廃棄通告に関するバンデンバーグの談話内容報告……2284

七　1571　昭和14年7月29日　二八一　有田外務大臣より在天津田代総領事宛（電報）　天津英租界における検問検索の停止をクレーギー大使要請について……2587

七　1572　昭和14年7月29日　八八一　在英国重光大使より有田外務大臣宛（電報）　米国の日米通商航海条約廃棄通告が日英東京会談に及ぼす影響につき観測報告……2588

二　473　昭和14年7月31日　四五九　在広東岡崎総領事より有田外務大臣宛(電報)　汪兆銘の軍事・政治工作計画に対する南支派遣軍の支持について……821

付　記　昭和十四年八月十二日、作成者不明「集團ト武内側トノ協議事項」……822

六　1373　昭和14年7月31日　七二五　在米国堀内大使より有田外務大臣宛(電報)　日米通商航海条約廃棄通告に関する国務長官の説明振り報告……2285

六　1374　昭和14年7月31日　七三八　在米国堀内大使より有田外務大臣宛(電報)　日米通商航海条約廃棄通告の背景に関する観測続報……2288

七　1573　昭和14年7月31日　二八四　有田外務大臣より在天津田代総領事宛(電報)　天津租界問題日英会談における治安問題の細目協議について……2588

昭和十四年八月

六　1375　昭和14年8月1日　七四七　在米国堀内大使より有田外務大臣宛(電報)　日米通商航海条約廃棄通告に対する米国新聞および議会の反響報告……2289

七　1574　昭和14年8月1日　五三九　在天津田代総領事より有田外務大臣宛(電報)　天津租界問題に関して現地軍が作成した対仏要求要領案について……2589

別　電　昭和十四年八月一日発在天津田代総領事より有田外務大臣宛第五四〇号　右要領案……2590

付　記　昭和十四年八月五日発町尻陸軍省軍務局長より山下北支那方面軍参謀長宛電報　天津租界問題に関する対仏折衝方針について……2590

七　1575　昭和14年8月1日　二八五　有田外務大臣より在天津田代総領事宛(電報)　天津租界現銀問題および治安問題に関する小委員会の開催について……2591

五　1287　昭和14年8月2日　二二八　有田外務大臣より在英国重光大使宛(電報)　英国輸出補償法に基づく対中借款の実施につき日英東京会談での一般原則合意との関係をクレーギー大使弁明について……2151

六 1376 昭和14年8月2日 二一五八 在上海三浦総領事より有田外務大臣宛（電報） 天津租界封鎖問題をめぐる英国の対日態度豹変が米国による廃棄通告の引き金となったとの米国財界人の見解報告 …… 2290

五 1288 昭和14年8月3日 二三三 有田外務大臣より在英国重光大使宛（電報） 対中新借款の実施は日英東京会談での一般原則合意に反する旨をクレーギー大使に注意喚起について …… 2152

六 1377 昭和14年8月3日 一三二 在サンフランシスコ佐藤総領事より有田外務大臣宛（電報） 日米通商航海条約廃棄通告に関する米国西海岸の反響について …… 2291

七 1576 昭和14年8月3日 二八九 有田外務大臣より在天津田代総領事宛（電報） 天津租界現銀問題および法幣流通禁止問題に関する在本邦仏国大使よりの申し出について …… 2591

七 1577 昭和14年8月3日 二九〇 有田外務大臣より在天津田代総領事宛（電報） 天津租界法幣流通禁止問題に関する在本邦米国代理大使よりの申し出について …… 2592

三 684 昭和14年8月4日 閣議決定 「蒙疆統一政権設立要綱」 …… 1272

付記一 昭和十四年八月（日付不明）、山脇陸軍次官より山下北支那方面軍参謀長、田中駐蒙軍参謀長宛電報 蒙疆統一政権の名称に関する注意点 …… 1274

二 昭和十四年九月二日、駐蒙軍参謀部作成 「新支那中央政権ト蒙古聯合自治政府トノ關係調整要領」 …… 1274

七 1578 昭和14年8月5日 五五八 在天津田代総領事より有田外務大臣宛（電報） 天津租界牛乳供給問題に対する現地軍の対応措置について …… 2593

六 1378 昭和14年8月8日 七八一 在米国堀内大使より有田外務大臣宛（電報） 米国は日本の東亜新秩序構想を承認する意思はなく日本の改心なくば報復措置もありうるとの上院外交委員長談話報道報告 …… 2292

八 1711 昭和14年8月8日 二二〇五 在上海三浦総領事より有田外務大臣宛（電報） 上海租界内の重慶側機関の接収に関する対策要綱を現地三省会議で決定について …… 2768

五　1289　昭和14年8月9日　七九二　在米国堀内大使より有田外務大臣宛(電報)　米国政府の中国現銀購入契約成立に関する新聞報道報告……2153

七　1579　昭和14年8月10日　二九六　有田外務大臣より在天津田代総領事宛(電報)　天津租界問題日英会談の英国側遷延態度に対しこれ以上回答を引き延ばす場合わが方軍代表は現地へ帰任する旨通告について……2593

付記　昭和十四年八月九日加藤公使・クレーギー大使会談要旨……2594

七　1580　昭和14年8月11日　二九七　有田外務大臣より在天津田代総領事宛(電報)　程暗殺事件容疑者の引渡しに応じる旨をロンドンで発表するとクレーギー大使通報について……2600

付記　昭和十四年八月十二日加藤公使・クレーギー大使会談要旨……2601

二　474　昭和14年8月12日　二二五九　在上海三浦総領事より有田外務大臣宛(電報)　汪派による国民党中心主義的主張が和平運動全般におよぼす悪影響につき注意喚起……823

二　475　昭和14年8月14日　四八五　在広東岡崎総領事より有田外務大臣宛(電報)　中国駐在の各国大公使との会見を汪兆銘希望について……824

七　1581　昭和14年8月14日　二九九　有田外務大臣より在天津田代総領事宛(電報)　容疑者を引渡すとの英国側申し出に対し現地軍の意向照会方訓令……2603

七　1582　昭和14年8月14日　合一九一七　有田外務大臣より在北京堀内大使館参事官、在天津田代総領事他宛(電報)　武藤参謀副長ら現地軍代表帰任について……2604

六　1379　昭和14年8月15日　一三六　在サンフランシスコ佐藤総領事より有田外務大臣宛(電報)　日米通商航海条約が失効した場合の経済的影響に関する概括的推測報告……2292

七　1583　昭和14年8月15日　合一九三二　有田外務大臣より在北京堀内大使館参事官、在天津田代総領事宛(電報)　加藤・クレーギー会談において英国側が天津租界問題に関する回答期日を言明について……2604

七　1584　昭和14年8月15日　九二八　在北京堀内大使館参事官より有田外務大臣宛(電報)　武藤参謀副長らの東京引揚げに対し過激な反英運動が起きぬよう指導方各地部隊へ方面軍司令部より命令について……2605

七　1585　昭和14年8月15日　九二九　在北京堀内大使館参事官より有田外務大臣宛(電報)　中国における反英運動への対処方針に関し軍側と意見一致について……2606

二　476　昭和14年8月16日　一〇九八　在香港田尻総領事より有田外務大臣宛(電報)　汪派の活動に対する重慶政権側の反応につき報告……825

七　1586　昭和14年8月16日　九三二　在北京堀内大使館参事官より有田外務大臣宛(電報)　英国側の容疑者引渡しに現地軍異存なき旨報告……2607

七　1587　昭和14年8月17日　二四五　有田外務大臣より在英国重光大使宛(電報)　天津租界問題に関する回答を遅滞なく発するよう英国側関係筋へ申入れ方訓令……2607

七　1588　昭和14年8月18日　合一九四九　有田外務大臣より在北京堀内大使館参事官、在天津田代総領事宛(電報)　クレーギー大使が種々理由を述べて天津租界問題の回答遅延を弁明について……2608

七　1589　昭和14年8月18日　合一九五九　有田外務大臣より在北京堀内大使館参事官、在天津田代総領事宛(電報)　天津租界問題の回答を英国側が更に遷延する場合現地軍は検問検索続行以外いかなる措置を考慮しているか確認方訓令……2609

七　1590　昭和14年8月18日　合一九六一　有田外務大臣より在北京堀内大使館参事官、在天津田代総領事宛(電報)　治安問題での協定締結には応じるが現銀および通貨問題は英国単独での協議不可能との英国側回答をクレーギー大使提出について……2609

付記一　右回答……2610

二　右回答和訳文……2612

三　昭和十四年八月十八日(午後二時開始)加藤公使・クレーギー大使会談要旨……2614

四　昭和十四年八月十八日(午後六時開始)加藤公使・クレーギー大使会談要旨 ……2617

七　1591　昭和14年8月⒅日　特情倫敦八九　在英国重光大使より有田外務大臣宛(電報)　日英東京会談で天津租界現銀問題および通貨問題を協議不可能な理由に関し英国政府声明について ……2619

六　1380　昭和14年8月19日　九六〇　在英国重光大使より有田外務大臣宛(電報)　日米通商航海条約廃棄通告は国際情勢を見据えた米国政府の対日措置であり今後米国の態度は益々硬化するとの予測について ……2295

七　1592　昭和14年8月19日　合一九七〇　有田外務大臣より在北京堀内大使館参事官、在天津田代総領事宛(電報)　天津租界問題に関する対日回答の内容を英本国で公表する旨クレーギー大使通報について ……2620

付記一　右英国側公表案和訳文 ……2620

二　昭和十四年八月十九日　加藤公使・クレーギー大使会談要旨 ……2622

七　1593　昭和14年8月19日　九五九　在英国重光大使より有田外務大臣宛(電報)　日英東京会談における英国側態度硬化の理由につき観測報告 ……2624

二　477　昭和14年8月20日　影佐少将／汪兆銘　会談　新中央政府における維新政府要人の待遇問題等に関する汪兆銘と影佐少将との会談記録 ……826

七　1594　昭和14年8月20日　二四八　有田外務大臣より在英国重光大使宛(電報)　日英東京会談におけるわが方の最後的態度決定のため天津租界問題に関する英国側意向確認方訓令 ……2624

付　記　昭和十四年八月二十日、東亜局第一課作成「天津問題ニ關シ加藤公使「ドッヅ」在京英國大使館參事官會談ノ件」 ……2626

七　1595　昭和14年8月21日　日英東京会談の経緯および日本政府見解に関する外務省発表 ……2627

七　1596　昭和14年8月21日　九六八　在英国重光大使より有田外務大臣宛(電報)　日英東京会談に関するわが方発表を英国各紙掲載について……2628
二　478　昭和14年8月23日　一一三一　在香港田尻総領事より有田外務大臣宛(電報)　沈崧暗殺事件発生について……829
二　479　昭和14年8月23日　一一三五　在香港田尻総領事より有田外務大臣宛(電報)　香港において汪派に対するテロ事件頻発につき対抗措置が必要である旨意見具申……829
七　1597　昭和14年8月23日　合一九九七　有田外務大臣より在英国重光大使、在天津田代総領事他宛(電報)　日英東京会談の善後措置方針について……2628
七　1598　昭和14年8月23日　九七九　在英国重光大使より有田外務大臣宛(電報)　天津租界問題英国側意向に関する同国外務省極東部長代理内話について……2629
二　480　昭和14年8月24日　二三八四　在上海三浦総領事より有田外務大臣宛(電報)　沈崧暗殺後の香港における汪派工作の見通しについて……830
二　481　昭和14年8月24日　二三八五　在上海三浦総領事より有田外務大臣宛(電報)　日本軍の駐兵および関税改正問題等に関する森島参事官と褚民誼との会談報告……831
二　482　昭和14年8月26日　二四一七　在上海三浦総領事より有田外務大臣宛(電報)　汪兆銘による国民党全国代表大会の開催計画について……832
付　記　昭和十四年八月二十四日付、矢野領事作成「竹内工作最近ノ状況」……833
七　1599　昭和14年8月26日　合二〇四二　有田外務大臣より在英国重光大使、在天津田代総領事他宛(電報)　天津租界問題に関する八月十八日付英国回答に対しわが方見解をクレーギー大使へ手交について……2631
付記一　右わが方見解……2631
二　右わが方見解和訳文……2634

七　1600　昭和14年8月26日　三一四　有田外務大臣より在天津田代総領事宛（電報）　程暗殺事件容疑者の引取り方訓令……2636
二　483　昭和14年8月27日　二四二三　在上海三浦総領事より有田外務大臣宛（電報）　国民党全国代表大会の開催時に提出予定の決議案等について……835
付記　右大会の状況に関する梅思平談話……835
三　832　昭和14年8月29日　九六　在北京堀内総領事より有田外務大臣宛（電報）　朝鮮米の輸出制限による米価高騰に対し物価取締規則公布について……1499
六　1381　昭和14年8月29日　八八七　在米国堀内大使より有田外務大臣宛（電報）　新通商条約の締結交渉開始には在華米国権益の尊重を日本側が実際的措置で示す必要があると帰国中のグルー大使内話について……2295
六　1382　昭和14年8月30日　八九〇　在米国堀内大使より阿部外務大臣宛（電報）　日米通商航海条約廃棄通告および対日武器禁輸に関する米国世論調査の結果について……2296
九　1750　昭和14年8月30日　一七七　在ハノイ浦部総領事代理より阿部外務大臣宛（電報）　雲南（滇越）鉄道の輸送力強化に関する情報報告……2815
一　291　昭和14年8月31日　一一七一　在香港田尻総領事より阿部外務大臣宛（電報）　孔祥熙が阿部新内閣の和平促進に期待しているとの喬輔三内話について……483

昭和十四年九月

一　292　昭和14年9月2日　一一七七　在香港田尻総領事より阿部外務大臣宛（電報）　事変処理は従来の経緯にとらわれず白紙に還って再検討の必要ある旨意見具申……483
二　484　昭和14年9月2日　二四七八　在上海三浦総領事より阿部外務大臣宛（電報）　国際情勢の激変後も立場は不変との決意を表明した汪兆銘通電の内容について……837
五　1074　昭和14年9月2日　二四八七　在上海三浦総領事より阿部外務大臣宛（電報）　欧州戦争勃発の場合における交戦国軍隊の撤退・武装解除に関し具体的処理方針を現地三省首脳者会議で決定について……1859

二 485 昭和14年9月4日 二四九六 在上海三浦総領事より阿部外務大臣宛(電報) 臨時・維新両政府および各党派の参加による中央政治委員会の組織を汪兆銘計画について……838

二 486 昭和14年9月5日 二五一一 在上海三浦総領事より阿部外務大臣宛(電報) 中央政治委員会条例案の取扱いにつき汪側と協議について……839

付記 昭和十四年九月五日「汪精衛、梁鴻志會談要領」……839

二 487 昭和14年9月5日 二五二二 在上海三浦総領事より阿部外務大臣宛(電報) 中央党部の人事等に関する中央執監全体会議決定について……842

五 1075 昭和14年9月5日 在中国英国軍隊撤退を勧告するわが方覚書……1860

付記 昭和十四年九月八日 阿部外務大臣・在本邦クレーギー英国大使会談録……1861

五 1076 昭和14年9月5日 一〇〇八 在北京堀内大使館参事官より阿部外務大臣宛(電報) 欧州戦争交戦国への軍隊撤退勧告は慎重に行うべきとの観点で軍側を誘導し北京三省関係者間に対応方針案作成について……1863

別電 昭和十四年九月五日発在北京堀内大使館参事官より阿部外務大臣宛第一〇〇九号 右方針案……1864

五 1077 昭和14年9月5日 二五一九 在上海三浦総領事より阿部外務大臣宛(電報) 欧州戦争交戦国への軍隊撤退勧告は英仏両国の動向にも鑑み迅速かつ効果的に行うべきとの現地三省会議の意見について……1865

七 1602 昭和14年9月5日 合二一三五 阿部外務大臣より在北京堀内大使館参事官、在天津田代総領事宛(電報) 天津租界問題に関する日英交渉の再開をクレーギー大使が沢田外務次官へ打診について……2637

七 1601 昭和14年9月6日 六七〇 在天津田代総領事より阿部外務大臣宛(電報) 程暗殺事件容疑者の引取り完了について……2636

一	293	昭和14年9月7日	二五四九	在上海三浦総領事より 阿部外務大臣宛(電報)	岩井副領事による政治工作の進展に伴い工作費支出方稟請	486
五	1078	昭和14年9月7日	二五四二	在上海三浦総領事より 阿部外務大臣宛(電報)	欧州戦争交戦国軍隊の中国撤退に関し現地における勧告実施および列国の反応振りについて	1865
				付記一　昭和十四年九月七日発電 「交戦國軍隊撤退問題ニ關スル訓令」		1867
				二　昭和十四年九月九日付在本邦英国大使館より外務省宛口上書 中国各地でのわが方撤退勧告に対する注意喚起		1870
七	1603	昭和14年9月8日	三四〇	阿部外務大臣より 在天津田代総領事宛(電報)	天津租界問題に関する日英交渉の再開をクレーギー大使が阿部外相へ要望について	2637
一	294	昭和14年9月9日	一〇三二	在北京堀内大使館参事官より 阿部外務大臣宛(電報)	蒋介石の防共共同戦線参加を企図した興亜院の張群に対する工作には北支那方面軍などに反対がある旨報告	487
				付記一　昭和十四年九月十一日、梅機関作成 「張群問題ニ關スル汪側ノ意向」		488
				二　昭和十四年九月十五日、興亜院華北連絡部政務局調査所作成 スチュワート工作に関する王克敏内話情報		496
				三　昭和十四年九月十六日、興亜院華北連絡部政務局調査所作成 右王克敏内話情報続報		498
二	488	昭和14年9月12日	二六二三	在上海三浦総領事より 阿部外務大臣宛(電報)	中央政治委員会の組織に向けて臨時・維新両政府および各党派の結束を呼びかける汪兆銘声明案について	842
五	1079	昭和14年9月12日	三八五	阿部外務大臣より 在米国堀内大使宛(電報)	欧州戦争交戦国軍隊の中国撤退問題に関しわが方立場を米国政府に十分説明方訓令	1871
五	1080	昭和14年9月12日		在本邦英国大使館より 外務省宛	わが方の在中国英国軍隊撤退勧告に対する英国政府回答	1873

七　1604　昭和14年9月13日　七〇四　在天津田代総領事より阿部外務大臣宛(電報)　天津英租界に拘留中の中国人テロ容疑者を英国側が臨時政府の警察当局へ引渡しについて……2638

五　1135　昭和14年9月14日　一一一六　在英国重光大使より阿部外務大臣宛(電報)　中国問題をめぐる日英関係の改善に関し英国外相と意見交換について……1968

七　1605　昭和14年9月14日　一一〇九　在英国重光大使より阿部外務大臣宛(電報)　天津租界問題の解決を英国外相要望について……2638

七　1606　昭和14年9月14日　一一一〇　在英国重光大使より阿部外務大臣宛(電報)　天津租界問題に関する日英交渉の再開を英国外務次官が要望について……2639

五　1081　昭和14年9月15日　二三〇　在ベルギー来栖大使より阿部外務大臣宛(電報)　欧州戦争の先行きや米国の動向に鑑み交戦国軍隊の中国撤退には拘泥すべきでない旨意見具申……1874

一　295　昭和14年9月18日　陸軍省部が作成し外務省に検討を要請した「歐洲戰爭ニ件フ當面ノ對外施策」について……500

付記　昭和十四年十月二日、陸軍作成「現下情勢ニ應スル英國利用方策」……503

七　1607　昭和14年9月18日　七一六　在天津田代総領事より阿部外務大臣宛(電報)　英国側の応諾により天津英租界内での共同捜査実施ついて……2641

二　489　昭和14年9月19日　閣議諒解　「支那中央政權樹立準備對策ニ關スル事務處理要領」……843

付記　昭和十四年九月五日着津田華中連絡部長官より柳川興亜院総務長官宛上海発電第四七八号　汪兆銘に対するわが方要求を明確化する必要につき意見具申……844

六　1383　昭和14年9月19日　一一二七　在米国堀内大使より阿部外務大臣宛(電報)　日米通商航海条約の廃棄決議案を提出した理由に関するバンデンバーグの内話報告……2297

二　490　昭和14年9月21日　二〇七　在南京堀総領事より阿部外務大臣宛(電報)　汪兆銘・王克敏・梁鴻志による三巨頭会談の概要について……844

付記一　昭和十四年九月二十一日付「三巨頭會議決定事項」……846
二　昭和十四年九月二十四日、太田書記官口述「三巨頭會談ニ關スル備忘録」……847
三　昭和十四年九月二十六日、太田書記官作成　三巨頭会談の空気を踏まえた華北の特殊化問題等に対する意見……862

833　三　昭和14年9月21日　一〇五八　在北京堀内大使館参事官より阿部外務大臣宛(電報)　朝鮮米輸出制限による食糧難への対応策につき意見具申……1500

834　三　昭和14年9月21日　二七三九　在上海三浦総領事より阿部外務大臣宛(電報)　上海を本拠とする中国側銀行にとって重慶政権との関係断絶は当面不可能との周文彬内話について……1501

296　一　昭和14年9月22日　一〇六四　在北京堀内大使館参事官より阿部外務大臣宛(電報)　新中央政府樹立は急ぐ必要がないとの北支那方面軍の軍中央への意見上申について……504

491　二　昭和14年9月25日　一〇七二　在北京堀内大使館参事官より野村外務大臣宛(電報)　汪兆銘との合作に同意するも南京還都には反対との呉佩孚意向について……865

付記　昭和十四年十月七日付在上海三浦総領事より土田東亜局第一課長宛書簡　汪兆銘・陳中孚会談要旨の送付……866

297　一　昭和14年9月27日　二七七七　在上海三浦総領事より野村外務大臣宛(電報)　孔祥熙と汪兆銘の和平に向けた合作を樊光が褚民誼に提議したとの情報報告……505

298　一　昭和14年9月27日　二七七八　在上海三浦総領事より野村外務大臣宛(電報)　蔣介石の四川省主席兼任は下野への布石であるとの諜報報告……505

492　二　昭和14年9月27日　二七七六　在上海三浦総領事より野村外務大臣宛(電報)　新中央政府に対する承認問題等につき汪兆銘と独伊総領事会談について……869

493　二　昭和14年9月27日　二七七九　在上海三浦総領事より野村外務大臣宛(電報)　三巨頭会談後も汪側と臨時・維新両政府との間には懐疑の念ありとの観測報告……870

299　一　昭和14年9月28日　一二七四　在香港田尻総領事より野村外務大臣宛(電報)　萱野工作ひとまず打切りについて……506

三　835　昭和14年9月28日　一〇七九　在北京堀内大使館参事官より野村外務大臣宛（電報）　華北地方に対する最小限度の朝鮮米輸入を実現するため統制策につき意見具申……1502
一　300　昭和14年9月29日　二七九三　在上海三浦総領事より野村外務大臣宛（電報）　蔣介石が短期間の下野を承諾する事変収拾案を独ソが検討中との情報に対しその危険性を指摘した汪兆銘意見について……507
三　744　昭和14年9月29日　興亜院会議決定　「特種工作所要經費追加ニ關スル件」……1365
一　301　昭和14年9月30日　一〇八六　在北京堀内大使館参事官より野村外務大臣宛（電報）　汪兆銘から閻錫山に対し合作を提議した書簡は監視が厳しく未だ手交不能との蘇體仁山西省長内話について……508
別　電　昭和十四年九月三十日発在北京堀内大使館参事官より野村外務大臣宛第一〇八七号　右書簡要領……508
一　302　昭和14年9月30日　二八〇六　在上海三浦総領事より野村外務大臣宛（電報）　スチュワート工作は汪兆銘による新中央政府樹立工作の妨害を目的とする重慶側の策動であるとの観測について……509
七　1608　昭和14年9月30日　一二三九　在英国重光大使より野村外務大臣宛（電報）　天津租界問題の解決方につき意見具申……2641
八　1712　昭和14年9月30日　二八〇三　在上海三浦総領事より野村外務大臣宛（電報）　上海共同租界工部局参事会議長と汪兆銘との意見交換について……2769

昭和十四年十月

一　306　昭和14年10月　小川平吉作成「重慶方面關係經過概要」……514
二　494　昭和14年10月3日　一〇九一　在北京堀内大使館参事官より野村外務大臣宛（電報）　中央政府樹立に際しては華北特殊性の明確化が必要との見解を王克敏が喜多華北連絡部長官に対して表明について……871

		付記一		昭和十四年九月二十八日	「九月二十八日長官、王克敏會談要領」	871
		二		昭和十四年十月三十一日	「中央政府樹立問題ニ關スル喜多長官、王克敏會談要領」	873
一	303	昭和14年10月4日			興亜院作成の「支那事變處理促進ノ爲ノ工作方針(案)」	510
七	1609	昭和14年10月5日	一〇九六	在北京堀内大使館参事官より野村外務大臣宛(電報)	天津租界通貨問題におけるわが方の要求緩和に関し現地軍の意向報告	2642
一	304	昭和14年10月6日	二八五一	在上海三浦総領事より野村外務大臣宛(電報)	カー英国大使が自らの和平腹案を重慶側に提示する心算との諜報報告	512
七	1610	昭和14年10月9日	七五七	在天津武藤総領事より野村外務大臣宛(電報)	天津英租界当局が中国連合準備銀行券で中国人職員への給与支払いについて	2642
一	305	昭和14年10月12日	一三二五	在香港岡崎総領事より野村外務大臣宛(電報)	和平問題に対する重慶側の意向など宋子文の時局談話情報につき報告	513
七	1611	昭和14年10月13日	一三一八	在英国重光大使より野村外務大臣宛(電報)	天津租界現銀問題に関する英国外務次官との意見交換について	2642
		付記		昭和十四年十月十一日付野村外務大臣・在本邦クレーギー英国大使会談要旨		2643
七	1612	昭和14年10月16日	一三三三	在英国重光大使より野村外務大臣宛(電報)	英国外務省首脳部は天津租界問題が解決すれば華北駐屯英国軍隊を撤退する意図があると推測される旨報告	2644
五	1082	昭和14年10月17日	二九三五	在上海三浦総領事より野村外務大臣宛(電報)	日本は汪兆銘による新政府を樹立するか蔣介石との和議を結ぶか二途何れかを選ぶべきなど伊国代理大使の内話要領報告	1875
七	1613	昭和14年10月18日	機密 一一六三	在北京門脇大使館二等書記官より野村外務大臣宛	天津英租界工部局警務処副処長李漢元の天津退去に至る経緯報告	2644

二 495 昭和14年10月22日 在中国総領事会議出席者との会見における汪兆銘の発言概要 …… 879
一 307 昭和14年10月24日 外務省作成の「事變處理ト之ニ對スル外交的措置」 …… 519
五 1083 昭和14年10月24日 一七四 在スペイン矢野公使より野村外務大臣宛(電報) 蔣政権は一地方政権に過ぎず中国に新中央政府樹立の暁には率先して承認すべきとスペイン外相へ説示について …… 1877
七 1614 昭和14年10月24日 一三七一 在英国重光大使より野村外務大臣宛(電報) 天津租界問題の解決に向けた英国外相との意見交換について …… 2646
六 1384 昭和14年10月26日 一八一 在サンフランシスコ佐藤総領事より野村外務大臣宛(電報) 日米通商航海条約廃棄問題などに関する太平洋沿岸領事会議の意見報告 …… 2298
五 1084 昭和14年10月27日 一一三二 在北京門脇大使館二等書記官より野村外務大臣宛(電報) 華北での日独経済提携に関するボイド提案に対し実現性の乏しい点を指摘について …… 1878
六 1385 昭和14年10月27日 一三二一 在米国堀内大使より野村外務大臣宛(電報) 新通商条約締結は日本の出方次第に懸かり在華米国権益の尊重なくば無条約も辞せずとの米国要路の意向について …… 2301
六 1386 昭和14年10月28日 吉沢亜米利加局長作成の「日米關係打開方策案」 …… 2301
付記一 昭和十四年八月八日、外務省対米政策審議委員会幹事会決定「米國ノ日米通商條約廢棄通告ニ對スル對策方針案」 …… 2304
二 昭和十四年十月二十日、海軍省作成「對米外交施策案」 …… 2307

昭和十四年十一月

二 496 昭和14年11月1日 興亜院会議決定 「中央政治會議指導要領」 …… 881

付記一　昭和十四年十一月一日、興亜院会議諒解「「中央政治會議指導要領」ニ關スル諒解事項」……891
二　昭和十四年十一月一日「中央政治會議指導要領（案）ニ關スル諒解」……892
二　497　昭和14年11月1日　興亜院会議決定　「新支那ノ國旗ニ關スル件」……893
二　498　昭和14年11月1日　興亜院会議決定　「中國主權尊重原則實行等ニ關スル中國側希望及之ニ對スル日本側回答要旨」……893
二　499　昭和14年11月1日　内約交渉議事録（第一回）……903
七　1615　昭和14年11月1日　一四一八　在英国重光大使より野村外務大臣宛（電報）　天津租界問題の解決に向けてクレーギー大使との折衝再開方意見具申……2649
二　500　昭和14年11月2日　公使二　在上海三浦大使館参事官より野村外務大臣宛（電報）　内約交渉における日本側提案に対し汪側は占領地域の既成事実を継承するもので近衛声明の原則に背馳すると不満を表明について……912
一　308　昭和14年11月3日　三〇六二　在上海三浦総領事より野村外務大臣宛（電報）　野村外相の就任により日米関係が修復に向かうとの論調を受け重慶側に焦燥の色が見られる旨の観測報告……523
二　501　昭和14年11月4日　内約交渉議事録（第二回）……912
六　1387　昭和14年11月4日　野村外務大臣　在本邦グルー米国大使　会談　日米関係改善のためには日本側が揚子江開放など何らかの実際的措置を示すべき旨グルー大使要望について……2310
二　502　昭和14年11月5日　公使四　在上海三浦大使館参事官より野村外務大臣宛（電報）　日本側提案に汪側相当疑問のため青島巨頭会議等の開催は延期のほかなしとの状況につき報告……923

二 503 昭和14年11月5日 内約交渉議事録(第三回) ……924

二 504 昭和14年11月6日 公使七 在上海三浦大使館参事官より野村外務大臣宛(電報) 日本側提案を原案通り汪側に認めさせることは到底不可能な情勢につき報告 ……938

二 505 昭和14年11月6日 一一五六 在北京門脇大使館二等書記官より野村外務大臣宛(電報) 新中央政府への参加に否定的な臨時政府要人の見解について ……939

二 506 昭和14年11月6日 内約交渉議事録(第四回) ……940

六 1388 昭和14年11月6日 一三五一 在米国堀内大使より野村外務大臣宛(電報) 日米通商航海条約失効までに両国関係改善を見ない場合は対日禁輸法案の成立疑いなしとの上院外交委員長の談話報道報告 ……2314

二 507 昭和14年11月8日 合二六〇一 野村外務大臣より在英国重光大使、在米国堀内大使他宛(電報) 新中央政権樹立工作の現状について ……956

二 508 昭和14年11月8日 一 野村外務大臣より在上海加藤公使宛(電報) 汪側に対する内約事項の閣議での取扱いに関する政府対応振りにつき説明について ……957

二 509 昭和14年11月9日 一一七四 在北京門脇大使館二等書記官より野村外務大臣宛(電報) 新中央政府の樹立に異存はないが政府入りには難色を示す臨時政府要路の見解について ……958

二 510 昭和14年11月9日 内約交渉議事録(第五回) ……959

二 511 昭和14年11月10日 内約交渉議事録(第六回) ……969

七 1616 昭和14年11月11日 合二六二三 野村外務大臣より在英国重光大使、在北京門脇大使館二等書記官、在天津武藤総領事宛(電報) 天津租界問題に関するわが方解決案を谷次官よりクレーギー大使へ提議について ……2650

別電　昭和十四年十一月十一日発野村外務大臣より在英国重光大使、在北京門脇大使館二等書記官、在天津武藤総領事宛合第二六三一号
天津租界問題に関するわが方の対英交渉処置要領 ……2651

二　512　昭和14年11月12日　内約交渉議事録（第七回） ……978

二　513　昭和14年11月12日　一〇　在上海加藤公使より野村外務大臣宛（電報）　内約交渉における日本側提案中汪側と意見不一致の点につき報告 ……984
付記　昭和十四年十一月十三日、東亜局第一課作成
今後の交渉の進め方に関する陸軍側意向 ……986

二　514　昭和14年11月13日　一一八三　在北京門脇大使館二等書記官より野村外務大臣宛（電報）　汪側との協議状況に関する華北連絡部よりの情報について ……987
別電　昭和十四年十一月十三日発在北京門脇大使館二等書記官より野村外務大臣宛第一一八四号
新中央政府樹立に関する中央および現地の申合せ案 ……989

五　1085　昭和14年11月13日　在本邦クレーギー英国大使より野村外務大臣宛　華北駐屯の英国軍隊一部撤退に関する英国政府通告 ……1878

五　1086　昭和14年11月13日　在本邦仏国大使館より外務省宛　華北駐屯の仏国軍隊一部撤退に関する仏国政府通告 ……1879

七　1617　昭和14年11月14日　四三五　野村外務大臣より在英国重光大使宛（電報）　天津租界現銀問題に関しわが方が提示した横浜正金銀行保管案を受諾するよう英国外相らに説示方訓令 ……2652

一　309　昭和14年11月15日　外務省が作成し陸海軍の了解を求めた「對外施策方針要綱」 ……524
付記一　昭和十四年十一月十九日、東亜局作成
「對外施策方針要綱　陸軍當局ニ手交ニ關スル件」 ……531
二　昭和十四年十一月二十三日、東亜局第一課作成
「對外施策方針要綱ニ對スル陸軍側修正意見ニ關スル件」 ……533

三　昭和十四年十二月二十八日「對外施策方針要綱決定ノ件」……534

二　515　昭和14年11月15日　一一八八　在北京門脇大使館二等書記官より野村外務大臣宛(電報)　汪側と協議中の「臨時政府トノ關係調整要領」に対する華北連絡部意見について……990
別　電　昭和十四年十一月十五日発在北京門脇大使館二等書記官より野村外務大臣宛第一一八九号　右意見……991

二　516　昭和14年11月15日　一五　在上海加藤公使より野村外務大臣宛(電報)　「日支新關係調整要項」に関する汪側との協議状況について……992

六　1389　昭和14年11月15日　一三七九　在米国堀内大使より野村外務大臣宛(電報)　日本による在華米国権益侵害の具体例を国務省係官が指摘し差別待遇に不満表明について……2315

七　1618　昭和14年11月15日　八一九　在天津武藤総領事より野村外務大臣宛(電報)　天津租界現銀問題に関し水害救済資金に充当するとの理由ならば搬出を容認できるとの在天津仏国総領事内話について……2653

二　517　昭和14年11月16日　三二四　在張家口望月総領事代理より野村外務大臣宛(電報)　新中央政府樹立問題に関する酒井蒙疆連絡部長官の見解について……993

二　518　昭和14年11月17日　二〇　在上海加藤公使より野村外務大臣宛(電報)　国共関係の現状など重慶情勢に関する汪兆銘の観察について……994

六　1390　昭和14年11月18日　一三九一　在米国堀内大使より野村外務大臣宛(電報)　極東の事態に対する米国政府の立場を国務長官代理言明について……2317

五　1087　昭和14年11月20日　外交情勢に関する野村外務大臣内奏資料中の「鼓浪嶼租界問題」および「在支交戰國軍隊艦艇撤退問題」……1879
付　記　昭和十四年五月二十三日付有田外務大臣内奏資料中の「厦門鼓浪嶼租界問題」……1881

二　519　昭和14年11月21日　二七　在上海加藤公使より野村外務大臣宛(電報)　新中央政府樹立後の第三国との関係等に関する田尻書記官と周仏海との会談報告……995

七　1619　昭和14年11月21日　一五四六　在英国重光大使より野村外務大臣宛(電報)　天津租界現銀問題に関するわが方提案を受諾するよう英国外務次官へ説示について……2653

二　520　昭和14年11月22日　七　野村外務大臣より在上海加藤公使宛(電報)　金融・財政・経済問題に関する汪側との協議支援のため石渡前蔵相を中国へ派遣について……997

付　記　昭和十四年十一月二十二日発野村外務大臣より在上海加藤公使宛電報第八号　新中央政府の通貨問題に関するわが方処理方針を石渡前蔵相へ説明について……997

二　521　昭和14年11月22日　三一　在上海加藤公使より野村外務大臣宛(電報)　華北鉄道問題に関するわが方態度が汪工作全般に及ぼす悪影響に鑑み交渉方針の再検討方田尻書記官より意見具申……998

付記一　昭和十四年十一月二十六日付在上海加藤公使より野村外務大臣宛電報写　事変処理促進の観点より速やかな内約交渉妥結の必要性につき田尻書記官より意見具申……999

二　昭和十四年十一月二十七日起草野村外務大臣より在上海加藤公使宛電報第一〇号　汪側との対立点に対するわが方方針を検討した関係省庁局長級会議の結果について……1002

七　1620　昭和14年11月22日　一五五二　在英国重光大使より野村外務大臣宛(電報)　天津租界問題を要因とする米国の対日態度硬化が英国の対日態度に影響するおそれある旨注意方意見具申……2654

七　1621　昭和14年11月23日　一五八三　在英国重光大使より野村外務大臣宛(電報)　天津現銀問題に関し横浜正金と香港上海の両銀行による共同管理案を英国外務次官との間で検討について……2655

七　1622　昭和14年11月23日　八三三　在天津武藤総領事より野村外務大臣宛(電報)　天津英仏租界への石炭搬入に関するわが方対処振り報告……2655

六　1391　昭和14年11月24日　一四二〇　在米国堀内大使より野村外務大臣宛(電報)　米国上院有力議員が日米通商関係を重視し新通商条約締結に前向きな発言をしたとの報道報告……2318

六	1392	昭和14年11月24日	一九〇	在サンフランシスコ佐藤総領事より野村外務大臣宛(電報)	日米関係に関するフーバー前米国大統領の内話情報報告	2318
六	1393	昭和14年11月25日	一四二八	在米国堀内大使より野村外務大臣宛(電報)	米国国務長官と会談し日米国交調整の必要性を強く説示について	2319
七	1623	昭和14年11月25日	四一九	野村外務大臣より在天津武藤総領事宛(電報)	天津租界問題に関する米国側の諸種苦情に鑑み事実関係査報方訓令	2656
七	1624	昭和14年11月26日	八四五	在天津武藤総領事より野村外務大臣宛(電報)	天津租界における米国人取扱い振りにつき本間師団長と協議について	2657
二	522	昭和14年11月27日	二二七	在南京堀総領事より野村外務大臣宛(電報)	内約交渉における日本側提案は新政府樹立の意義を損なうとして条件緩和を求める汪兆銘の態度について	1003
六	1394	昭和14年11月27日	一四三四	在米国堀内大使より野村外務大臣宛(電報)	日本が在華米国権益侵害に関する改善努力を行わない限りは新通商条約交渉に入るべきではないとの上院外交委員長の談話報告	2322
五	1088	昭和14年11月28日			外務省が作成した「支那問題ニ關スル當面ノ對英米施策要領」	1883
七	1625	昭和14年11月28日	一六一五	在英国重光大使より野村外務大臣宛(電報)	英国の対日態度は米国によって左右されることはなく天津租界問題の解決に最善を尽くすとの英国外相内話について	2657
七	1626	昭和14年11月30日	合二七五一	野村外務大臣より在英国重光大使、在天津武藤総領事他宛(電報)	天津租界現銀問題に関するわが方提案を受諾できないとのクレーギー大使回答について	2658
九	1751	昭和14年11月30日		野村外務大臣 在本邦アンリ仏国大使 } 会談	日仏国交調整や仏印経由援蔣物資輸送の停止などに関するわが方希望をアンリ大使へ提議について	2815

昭和十四年十二月

二　523　昭和14年12月2日　四四　在上海加藤公使より野村外務大臣宛(電報)　英国に対する応酬方針は内約交渉における汪側との諒解内容の確定をまって実施すべき旨意見具申……1004

七　1627　昭和14年12月2日　合二七六七　野村外務大臣より在英国重光大使、在天津武藤総領事他宛(電報)　天津現銀問題に関し横浜正金と香港上海の両銀行による共同管理案を谷・クレーギー間で討議について……2659

五　1136　昭和14年12月4日　一六五九　在英国重光大使より野村外務大臣宛(電報)　英国をわが方に引きつけ中国問題に利用する素地を作り併せて米国が対日禁輸など強硬手段に出ないよう工作すべき旨意見具申……1971

六　1395　昭和14年12月5日　四八二　在ニューヨーク若杉総領事より野村外務大臣宛(電報)　米国国務省要人が九国条約等に対する日本の態度を非難し態度の改善がなければ通商条約改定交渉に入らないと語ったとの情報報告……2322

二　524　昭和14年12月6日　五一　在上海加藤公使より野村外務大臣宛(電報)　時局に関する田尻書記官の観測……1005

二　525　昭和14年12月8日　興亜院会議決定　「中央政権樹立工作ニ關スル申合セ」……1008

付記　昭和十四年十二月十九日発野村外務大臣より在上海加藤公使宛電報第三三号　右決定の文言確定経緯について……1009

五　1249　昭和14年12月8日　興亜院会議決定　「揚子江開放ノ件」……2121

六　1396　昭和14年12月8日　外務・陸軍・海軍三省決定　事変に関連した日米懸案の解決促進に関する外務・陸軍・海軍三省方針……2323

二　526　昭和14年12月9日　三三〇四　在上海三浦総領事より野村外務大臣宛(電報)　呉佩孚死亡に関する報道について……1009

六 1397 昭和14年12月9日 四八七 在ニューヨーク若杉総領事より野村外務大臣宛(電報) 米国の対日感情は悪化しており日本が対中政策を変更しなければ日米国交調整は困難とのフォーブス前駐日大使の内話報告 …… 2324

六 1398 昭和14年12月9日 一四九四 在米国堀内大使より野村外務大臣宛(電報) 東京における日米国交調整交渉の進展振りに関する国務省の感触報告 …… 2326

七 1628 昭和14年12月9日 合二八一三 野村外務大臣より在英国重光大使、在天津武藤総領事他宛(電報) 天津租界現銀問題および通貨問題に関しクレーギー大使が試案提示について …… 2659

別電一 昭和十四年十二月九日発野村外務大臣より在英国重光大使、在天津武藤総領事他宛合第二八一四号 現銀問題に関するクレーギー試案 …… 2660

二 昭和十四年十二月九日発野村外務大臣より在英国重光大使、在天津武藤総領事他宛合第二八一五号 通貨問題に関するクレーギー試案 …… 2661

七 1629 昭和14年12月9日 合二八一六 野村外務大臣より在英国重光大使、在天津武藤総領事他宛(電報) 天津租界問題クレーギー試案をめぐる谷・クレーギー間の討議内容について …… 2661

七 1630 昭和14年12月9日 一二五四 在北京門脇大使館二等書記官より野村外務大臣宛(電報) 天津租界現銀の日英共同管理案に対する軍側意向報告 …… 2662

九 1752 昭和14年12月12日 野村外務大臣 在本邦アンリ仏国大使 会談 仏印経由援蔣物資輸送の事実はないなどわが方提議へのアンリ大使回答について …… 2823

七 1631 昭和14年12月14日 六〇 在上海加藤公使より野村外務大臣宛(電報) 天津租界現銀問題での水害救済資金への充当応諾を契機に英国の対重慶態度を是正しうる可能性が強まった旨意見具申 …… 2663

一 310 昭和14年12月16日 合二八五四 野村外務大臣より在英国重光大使、在米国堀内大使、在上海加藤公使他宛(電報) 事変処理に関する当面の外交施策方針につき通報 …… 535

五 1250 昭和14年12月18日 野村・グルー会談にて示されたわが方の揚子江開放意向に関する情報部発表 …… 2121

五	1251	昭和14年12月18日	合二八七九	野村外務大臣より在米国堀内大使他宛(電報)	揚子江開放の時期について	2122
六	1399	昭和14年12月18日		野村外務大臣 在本邦グルー米国大使 } 会談	野村外相が南京下流地域の揚子江開放を表明し日米通商航海条約が失効した際の暫定協定に関する締結交渉開始を申入れについて	2327
六	1400	昭和14年12月18日			野村・グルー会談に関する情報部長談話	2331
七	1632	昭和14年12月19日	合二八七五	野村外務大臣より在英国重光大使、在天津武藤総領事他宛(電報)	救済事業への現銀充当問題をめぐる谷・クレーギー間の討議内容について	2664
五	1252	昭和14年12月20日	二一二一	在サンフランシスコ佐藤総領事より野村外務大臣宛(電報)	揚子江開放声明に対する米国紙報道振り報告	2122
七	1633	昭和14年12月20日	合二八八七	野村外務大臣より在英国重光大使、在天津武藤総領事他宛(電報)	天津現銀問題に対する重慶政権の了解を得るため駐華カー英国大使が重慶に派遣される旨クレーギー大使通報について	2665
一	311	昭和14年12月21日	三三八二	在上海三浦総領事より野村外務大臣宛(電報)	外交施策方針実施に当たっては軍中央の統制による軍側現地機関への方針徹底が肝要の旨意見具申	537
五	1253	昭和14年12月21日	一七七五	在英国重光大使より野村外務大臣宛(電報)	揚子江開放声明に対する英国紙報道振り報告	2123
九	1753	昭和14年12月21日		野村外務大臣 在本邦アンリ仏国大使 } 会談	日仏国交調整に当たっては雲南鉄道への空爆容認発言の是正など両国間の感情融和が緊切の旨アンリ大使より注意喚起について	2826
二	527	昭和14年12月22日	七〇	在上海加藤公使より野村外務大臣宛(電報)	新中央政府樹立阻止を目的とする重慶側の策動活発化の情報に鑑み内約交渉の協議内容の取扱いにつき注意喚起について	1010
五	1254	昭和14年12月22日	一七八九	在英国重光大使より野村外務大臣宛(電報)	揚子江開放問題に関する英国外務次官との会談報告	2124

六 1401 昭和14年12月22日 野村外務大臣／在本邦グルー米国大使 会談 グルー大使が通商協定の基礎要件として占領地域を含む無差別待遇の遵守を挙げ暫定協定締結交渉には暫く応じない旨を回答について……2331

付記一 右会談においてグルー大使が手交した覚書の和文要約……2339

二 昭和十四年十二月二十七日、外務省対米政策審議委員会幹事会決定「日米國交是正ニ關スル意見書」……2340

三 昭和十五年一月十六日付 藤村亜米利加局第一課長より有田外務大臣宛「對米外交刷新ニ關スル意見書」……2341

七 1634 昭和14年12月22日 五三六 野村外務大臣より在英国重光大使宛（電報） 英国側が現銀問題に関するわが方主張を容認しなければ天津租界問題の解決等は期しがたく英国政府へ適当注意喚起方訓令……2666

五 1290 昭和14年12月27日 二四九 在ハノイ鈴木総領事より野村外務大臣宛（電報） 昆明・叙州間鉄道建設のための中仏借款成立に関する報道報告……2154

付記 昭和十五年四月三十日発在英国重光大使より有田外務大臣宛電報第六八三号 右借款内容に関する対中国四国借款団仏国側よりの通報について……2154

二 528 昭和14年12月28日 興亜院会議決定 「呉工作善後處置要領」……1011

一 312 昭和14年12月29日 郵八〇 在上海加藤公使より野村外務大臣宛（電報） 土橋中将など派遣軍の将官達が南京政府要路に対し事変解決には蒋介石との和議が必要の旨汪兆銘に伝達方依頼したとの情報報告……538

二 529 昭和14年12月30日 「日支新關係調整ニ關スル協議書類」……1011

付記 昭和十四年十二月三十日「日支新關係調整ニ關スル協議書類（別冊）」……1025

昭和十五年一月

九	1754	昭和15年1月5日			雲南鉄道空爆に関する仏国側の対日抗議について	2829
二	530	昭和15年1月6日		興亜院会議決定	「中央政権樹立ニ關聯スル對處要綱」	1028
				付　記　作成年月日、作成者不明	「現地交渉ニ依リ日本側ノ獲得セル重要成果」	1029
二	531	昭和15年1月7日	一二	在北京土田大使館一等書記官より 野村外務大臣宛(電報)	喜多華北連絡部長官の王克敏処遇に関する心境につき報告	1031
二	532	昭和15年1月8日		閣議決定	「支那新中央政府樹立ニ關聯スル處理方針」	1031
				付　記　昭和十五年一月八日 閣議後の内閣書記官長談		1032
九	1755	昭和15年1月8日	一九	在仏国沢田大使より 野村外務大臣宛(電報)	仏印経由援蔣物資の輸送停止などわが方要求の承諾を仏国外務次官へ説示について	2830
九	1756	昭和15年1月12日		野村外務大臣 在本邦アンリ仏国大使 会談	雲南鉄道空爆に関する仏国抗議に対しわが方回答を野村外相通告について	2832
				付　記　外務省作成、作成年月日不明 雲南鉄道空爆に関しわが方に損害賠償の義務なき理由		2836
五	1255	昭和15年1月13日			興亜院連絡委員会幹事会が決定した「南京下流揚子江開放ニ關スル制限又ハ條件」	2125
五	1256	昭和15年1月13日			興亜院連絡委員会幹事会が決定した「珠江開放處理要綱」	2127
七	1635	昭和15年1月13日	一五	在天津武藤総領事より 野村外務大臣宛(電報)	米国人に対する天津租界検問の簡易通行証発行について	2667

七　1636　昭和15年1月14日　一七　在天津武藤総領事より野村外務大臣宛(電報)　天津租界検問の簡易通行を米国人に許与した軍側の意向について……2667

一　313　昭和15年1月16日　八三　在上海三浦総領事より有田外務大臣宛(電報)　米内新内閣に対する重慶方面の論調報告……540

二　533　昭和15年1月17日　九　在上海加藤公使より有田外務大臣宛(電報)　日本側との合意条件に不満を抱く高宗武らの離脱に対し汪兆銘は新中央政府樹立に向けた決意不変の態度を表明について……1032

二　534　昭和15年1月17日　一二　在上海加藤公使より有田外務大臣宛(電報)　新政府樹立後の対重慶工作に関する周仏海の見解について……1036

九　1757　昭和15年1月19日　五五　在仏国沢田大使より有田外務大臣宛(電報)　雲南鉄道空爆に関するわが方回答に対し仏国外務次官が強い不満を表明し軍需品輸送に関する共同調査を要請について……2837

二　535　昭和15年1月20日　一七　在上海加藤公使より有田外務大臣宛(電報)　新中央政府承認問題等に関する褚民誼と在中国米国大使との会談内容について……1036

八　1713　昭和15年1月20日　一二〇　在上海三浦総領事より有田外務大臣宛(電報)　工部局警察の蘇州河以北地域への復帰に関する海軍側試案について……2770

二　536　昭和15年1月22日　四六　在香港黄田総領事代理より有田外務大臣宛(電報)　高宗武および陶希聖が日本と汪側との内約協議文書を大公報紙上に暴露について……1037

二　537　昭和15年1月22日　合一二四　有田外務大臣より在伊国天羽大使、在米国堀内大使他宛(電報)　内約協議文書暴露問題へのわが方対処方針について……1038

六　1402　昭和15年1月22日　七四　在米国堀内大使より有田外務大臣宛(電報)　対日禁輸法案への米国世論の支持は漸次高まっており日本は東亜新秩序構想を放棄すべきとの上院外交委員長の記者談話について……2348

九　1758　昭和15年1月22日　六〇　在仏国沢田大使より有田外務大臣宛(電報)　仏国提案の共同調査を受諾しその間雲南鉄道の空爆中止方ピラ前駐日大使提案について……2838

二 538 昭和15年1月23日 一三五 在上海三浦総領事より有田外務大臣宛(電報) 外国人記者会見における内約協議文書暴露問題に対する現地応酬振りについて……1038
二 539 昭和15年1月23日 一三七 在上海三浦総領事より有田外務大臣宛(電報) 暴露された内約協議文書を売国協定と弾劾する漢字紙報道について……1040
一 314 昭和15年1月24日 五二 在香港黄田総領事代理より有田外務大臣宛(電報) 高宗武と重慶側との関係に関する諜報報告……541
二 540 昭和15年1月24日 五一 在香港黄田総領事代理より有田外務大臣宛(電報) 内約協議文書暴露問題に対する蔣介石声明について……1041
七 1637 昭和15年1月24日 一一二 在英国重光大使より有田外務大臣宛(電報) 天津問題などに関する英国外相との会談について……2668
別電 昭和十五年一月二十四日発在英国重光大使より有田外務大臣宛第一一三号 天津現銀問題に関連した英国外相への注意喚起について……2668
一 315 昭和15年1月25日 五三 在香港黄田総領事代理より有田外務大臣宛(電報) 高宗武背反の国際的反響などに鑑み重慶政権は対日和平には当分応じないとの杜月笙内話情報報告……541
二 541 昭和15年1月26日 四八 在青島石川総領事代理より有田外務大臣宛(電報) 高宗武および陶希聖の背反に対する汪兆銘声明について……1041
二 542 昭和15年1月26日 四九 在青島石川総領事代理より有田外務大臣宛(電報) 青島にて開催の汪兆銘・王克敏・梁鴻志による三巨頭会談の結果について……1042
付記 昭和十五年二月四日、梅機関作成 「青島會談記錄」……1043
三 685 昭和15年1月26日 一三 在張家口渡辺総領事より有田外務大臣宛(電報) 新中央政府と蒙古連合自治政府との関係に関する協定成立について……1275
付記 昭和十五年一月 右協定案……1276

九 1759 昭和15年1月26日 四一 有田外務大臣より在仏国沢田大使宛(電報) 仏印経由援蔣物資輸送停止問題およびタイ航空路の仏印領空通過問題に関する対仏交渉上の留意点について……2839

七 1638 昭和15年1月31日 四八 在天津武藤総領事より有田外務大臣宛(電報) 食料品欠乏に関する英国側抗議に対し人道的見地に基づく搬入の円滑化を英国側と検討中の旨報告……2669

九 1760 昭和15年1月31日 八一 在仏国沢田大使より有田外務大臣宛(電報) 日本側が雲南鉄道空爆を停止せず仏印国境閉鎖を強要する限り他の日仏懸案の解決は困難との仏国外務次官回答について……2840

昭和十五年二月

九 1761 昭和15年2月2日 一八 在ハノイ鈴木総領事より有田外務大臣宛(電報) 日本が仏印経由対中石油輸送の禁止を求めるならば代償として海南島撤兵や新南群島の占拠取消しを求めると仏国武官内話について……2842

九 1762 昭和15年2月3日 二〇 在ハノイ鈴木総領事より有田外務大臣宛(電報) 日本軍の雲南鉄道空爆によって仏国人を含む多数死傷者発生に対し仏印当局が事件重大視について……2842

九 1763 昭和15年2月3日 九〇 在仏国沢田大使より有田外務大臣宛(電報) 雲南鉄道空爆による仏国人被害に対し仏国首相が抗議申入れについて……2844

二 543 昭和15年2月4日 九四 在北京藤井大使館参事官より有田外務大臣宛(電報) 華北政務委員会成立後における王克敏の勇退意思を容認する喜多華北連絡部長官の意向について……1053

九 1764 昭和15年2月5日 谷外務次官 在本邦アンリ仏国大使 会談 雲南鉄道空爆被害に対する抗議文をアンリ大使提出およびわが方応酬振りについて……2845
付記 昭和十五年二月五日付 右抗議文仮訳……2847

九 1765 昭和15年2月5日 九八 在仏国沢田大使より有田外務大臣宛(電報) 雲南鉄道空爆被害に対する仏国側対応の背後事情につき観測報告……2848

六	1403	昭和15年2月(6)日		有田外務大臣より在上海三浦総領事宛(電報)	対日禁輸問題や日中和平問題などに関する米国新聞社主ハワードの意見について	2348
五	1291	昭和15年2月8日	一六七	在米国堀内大使より有田外務大臣宛(電報)	対中新規借款に関する米国政府当局者の発言振りについて	2155
六	1404	昭和15年2月8日	一七〇	在米国堀内大使より有田外務大臣宛(電報)	衆議院での九国条約廃棄論に対する米国政府筋の反響について	2350
二	544	昭和15年2月9日	五一	在上海加藤公使より有田外務大臣宛(電報)	中央政治会議開催に向け汪側と各党派代表との会合の開催決定について	1053
六	1405	昭和15年2月9日	一七八	在米国堀内大使より有田外務大臣宛(電報)	米国陸軍長官が堀内大使との会談において日米国交を調整して通商関係を常態に復すべきとの意見表明について	2350
二	545	昭和15年2月10日	五三	在上海加藤公使より有田外務大臣宛(電報)	新中央政府樹立に際し特命全権大使特派の必要につき意見具申	1054
九	1766	昭和15年2月10日	一一四	在仏国沢田大使より有田外務大臣宛(電報)	雲南鉄道空爆に関するわが方立場を説明し仏印経由援蒋物資輸送の停止を仏国外務次官へ要請について	2849
一	316	昭和15年2月11日	一一二	在北京藤井大使館参事官より有田外務大臣宛(電報)	閻錫山帰順工作の促進を意図した軍側による山西省との物流増大計画の実施について	542
一	317	昭和15年2月14日	一二四	在北京藤井大使館参事官より有田外務大臣宛(電報)	新中央政府が成立しても時局収拾に大して有益とは思われないとの許修直内話について	543
二	546	昭和15年2月14日	五七	在上海加藤公使より有田外務大臣宛(電報)	国家社会党など各党派の中央政治会議への参加決定について	1055
三	836	昭和15年2月15日	一二七	在北京藤井大使館参事官より有田外務大臣宛(電報)	金融攪乱に対する取締強化につき対応措置回示方請訓	1502
九	1767	昭和15年2月17日	七八	有田外務大臣より在仏国沢田大使宛(電報)	日仏国交調整交渉に当たり意見回示方訓令	2851

九 1768 昭和15年2月17日 七九 有田外務大臣より在仏国沢田大使宛(電報) 日仏国交調整に関する具体的交渉方針案につき通報……2851

七 1639 昭和15年2月19日 合三二八 有田外務大臣より在北京藤井大使館参事官、在天津武藤総領事宛(電報) 天津現銀問題に関するわが方最後案について……2670

八 1714 昭和15年2月19日 三二四 在上海三浦総領事より有田外務大臣宛(電報) 工部局警察の蘇州河以北地域への復帰に関連した措置案を租界幹事会で決定について……2771

別電 昭和十五年二月十九日発在上海三浦総領事より有田外務大臣宛第三二五号 右措置案……2772

九 1769 昭和15年2月20日 一二八 在仏国沢田大使より有田外務大臣宛(電報) 現在はわが方から仏国に対し一般的国交調整を求める時期ではない旨意見具申……2852

六 1406 昭和15年2月21日 事変に関連した日米懸案中解決済みの案件に関する情報部発表……2351

七 1640 昭和15年2月21日 八〇 在天津武藤総領事より有田外務大臣宛(電報) 米国人に許与した天津租界検問の簡易通行を独伊西三国の婦女子にも適用について……2671

九 1770 昭和15年2月21日 八四 有田外務大臣より在仏国沢田大使宛(電報) 雲南鉄道空爆被害に関する谷・アンリ会談の内容通報……2854

九 1771 昭和15年2月21日 八五 有田外務大臣より在仏国沢田大使宛(電報) 谷・アンリ会談において日仏国交調整交渉をパリで開始したき旨わが方提議について……2855

九 1880 昭和15年2月23日 一四七 有田外務大臣より在英国重光大使宛(電報) クレーギー英国大使が雲南鉄道空爆は英中間の正当な貿易を阻害し英国人の生命に危険を及ぼすとして注意喚起について……2979

二 547 昭和15年2月24日 一〇四 在香港岡崎総領事より有田外務大臣宛(電報) 対重慶和平工作との整合性を考慮し新政府樹立に際して汪側との内約条件の緩和を考慮すべき旨意見具申……1055

付記 昭和十五年二月九日発在香港岡崎総領事より有田外務大臣宛電報郵第七五号 対重慶和平工作に拘泥せず速やかに汪政権を樹立すべき旨意見具申……1057

五	1089	昭和15年2月24日	一七九	在独国来栖大使より有田外務大臣宛（電報）	現下の国際情勢判断に基づく時局収拾策につき意見具申	1887
二	548	昭和15年2月27日	五二	有田外務大臣より在伊国天羽大使宛（電報）	新政府承認の時期は事変処理の全局的観点から考慮すべきゆえわが方にて目下検討中である旨伊国およびスペイン政府へ伝達方訓令	1058
三	745	昭和15年2月27日	亜一機密六	有田外務大臣より在上海加藤公使宛	上海海関剰余金を充当した新中央政府に対する四千万元貸付けについて	1366
				付記	昭和十五年三月十二日、梅機関作成「中央政府樹立直後ニ於ケル海關剰餘利用ニ關スル件」	1367
三	837	昭和15年2月27日	一六九	在北京藤井大使館参事官より有田外務大臣宛（電報）	華北地方の食糧および物価問題に関し日本側現地関係者の協議会開催について	1503
九	1772	昭和15年2月27日	八九	有田外務大臣より在仏国沢田大使宛（電報）	事変処理における仏国側の対日同調を引出すため日仏国交調整交渉至急開始方訓令	2856
九	1773	昭和15年2月27日	九〇	有田外務大臣より在仏国沢田大使宛（電報）	日仏国交調整のためのパリ交渉開始を仏国側応諾について	2856
九	1774	昭和15年2月29日	一四六	在仏国沢田大使より有田外務大臣宛（電報）	日仏国交調整に関するわが方提議に対し仏国外務次官が援蔣物資輸送停止に難色表明について	2856

昭和十五年三月

二	549	昭和15年3月2日	八九	在上海加藤公使より有田外務大臣宛（電報）	新政府樹立後における日本の即時承認を汪兆銘希望について	1059
九	1775	昭和15年3月2日	一五二	在仏国沢田大使より有田外務大臣宛（電報）	日仏国交調整に関するわが方提議への仏国側意向につき観測報告	2858
三	838	昭和15年3月5日	四一八	在上海三浦総領事より有田外務大臣宛（電報）	上海方面米価暴騰の原因について	1505

九 1776 昭和15年3月6日 四五 在ハノイ鈴木総領事より有田外務大臣宛(電報) 雲南鉄道の修理完了について……2859

九 1881 昭和15年3月6日 九四 有田外務大臣より在米国堀内大使宛(電報) 一九〇三年の中仏協定に鑑み雲南鉄道空爆が米国人の生命・通商に危険を及ぼしても日本に責任は生じない旨米国側へ通報について……2979

別電 昭和十五年三月六日発有田外務大臣より在米国堀内大使宛第九五号 右通報要旨……2980

付記 昭和十五年三月十一日付在本邦米国大使館より外務省宛覚書 右わが方通報に対する米国政府回答……2980

五 1292 昭和15年3月7日 三二九 在米国堀内大使より有田外務大臣宛(電報) 中国などに対する新規借款供与を米国政府発表について……2155

付記 昭和十五年三月十四日付、ロンドン発同盟電報特情倫敦第二七号 対中借款問題に関する英国外務次官の議会答弁……2156

五 1293 昭和15年3月8日 一〇三 有田外務大臣より在米国堀内大使宛(電報) 米国が対中借款を行えば日本政府は非友誼的行為と見なす旨を情報部長が外国人記者会見で発表について……2157

九 1777 昭和15年3月[12]日 一三六 有田外務大臣より在仏国沢田大使宛(電報) 日仏国交調整交渉中は雲南鉄道による援蔣物資輸送を事実上停止するよう仏国側へ申入れ方訓令……2859

五 1090 昭和15年3月13日 一一二 在上海三浦大使館参事官より有田外務大臣宛(電報) 重慶政権支援に関する英米仏三国大使の密談内容につき諜報報告……1888

六 1407 昭和15年3月13日 三五六 在米国堀内大使より有田外務大臣宛(電報) 対日禁輸法案の米国議会通過の見通しなどに関する上院外交委員の内話報告……2353

九 1778 昭和15年3月13日 一七九 在仏国沢田大使より有田外務大臣宛(電報) 日仏交渉中の援蔣物資輸送を事実上停止するよう仏国外務省亜細亜局長へ申入れについて……2859

六	1408	昭和15年3月15日	三七〇	在米国堀内大使より有田外務大臣宛(電報)	日米間に新通商協定の速やかな成立を望み対日禁輸法案は中国の事態が改善すれば問題とならないなどバンデンバーグの内話報告	2354
七	1641	昭和15年3月15日	一九三	有田外務大臣より在英国重光大使宛(電報)	天津現銀問題に関する谷・クレーギー会談の協議内容について	2671
九	1779	昭和15年3月15日	一四四	有田外務大臣より在仏国沢田大使宛(電報)	日仏交渉中は現状以上に雲南鉄道の修理を行わず修理未完成を口実としてわが方の禁輸要求に応じるよう仏国側へ申入れ方訓令	2860
九	1780	昭和15年3月15日	一九一	在仏国沢田大使より有田外務大臣宛(電報)	日仏交渉中の援蔣物資禁輸に関し仏国外務次官が非公式承諾について	2860
九	1781	昭和15年3月16日	一四九	有田外務大臣より在仏国沢田大使宛(電報)	日仏交渉中の援蔣物資禁輸措置への仏国側回答を待って三月十八日まで雲南鉄道空爆を延期するとの軍側意向について	2861
九	1782	昭和15年3月17日	一九四	在仏国沢田大使より有田外務大臣宛(電報)	雲南鉄道対中禁輸措置は仏国の利害に関する諸問題を日仏交渉で取上げなければ検討できないとの覚書を仏国政府提出について	2862
				付記　右覚書仮訳		2863
九	1783	昭和15年3月17日	二〇〇	在仏国沢田大使より有田外務大臣宛(電報)	仏国政府覚書への対処振り請訓	2864
九	1784	昭和15年3月18日	二〇二	在仏国沢田大使より有田外務大臣宛(電報)	仏国外務次官に口約撤回を詰問し援蔣物資の禁輸を至急措置方説得について	2864
九	1785	昭和15年3月18日	二〇五	在仏国沢田大使より有田外務大臣宛(電報)	仏国政府が修正覚書を提出し雲南鉄道対中禁輸措置を三月一杯まで実施するなど新提案提示について	2865
				付記　右修正覚書仮訳		2866

二	550	昭和15年3月19日		興亜院会議決定	「日支新條約ニ關スル件」	1061
九	1786	昭和15年3月20日	一五七	有田外務大臣より在仏国沢田大使宛(電報)	仏国政府の新提案は受諾不可能な旨回答方訓令	2867
九	1787	昭和15年3月20日	二一四	在仏国沢田大使より有田外務大臣宛(電報)	仏国政府の新提案は受諾不可能な旨同国外務当局へ申入れについて	2867
九	1788	昭和15年3月20日	一八〇	在ニューヨーク若杉総領事より有田外務大臣宛(電報)	仏印経由の援蔣物資輸送量が激減しハイフォンに滞貨が山積しているとの新聞報道報告	2868
五	1167	昭和15年3月21日	二八〇	在独国宇佐美臨時代理大使より有田外務大臣宛(電報)	ソ連と重慶政権との関係および新疆方面のソ連動静に関する独国外務省よりの情報報告	2010
二	551	昭和15年3月23日		閣議決定	「正式承認前ノ支那新中央政府ニ對スル協力機構」	1061
一	318	昭和15年3月26日	一五四	在香港岡崎総領事より有田外務大臣宛(電報)	新中央政権樹立への重慶側の反発に関する李思浩内話について	543
二	552	昭和15年3月29日	合五九四	有田外務大臣より在米国堀内大使、在独国来栖大使他宛(電報)	新中央政府成立に際するわが方措置振りにつき通報	1062
二	553	昭和15年3月29日	一四四	在上海加藤公使より有田外務大臣宛(電報)	李士群警政部次長による新中央政府の内部観察につき報告	1065
二	554	昭和15年3月29日	二六六	在北京藤井大使館参事官より有田外務大臣宛(電報)	新政府還都式典に際する臨時政府の対応振り決定について	1066
二	555	昭和15年3月30日			南京国民政府成立に関する日本政府声明	1067
				付記	昭和十五年三月三十日 南京国民政府成立に関する有田外相車中談	1068

二 556 昭和15年3月30日 四四四 在米国堀内大使より有田外務大臣宛(電報) 南京国民政府成立に対し重慶政権を支持する旨ハル米国務長官声明について……1069

付記 昭和十五年四月一日 右声明に対する情報部長談話……1069

七 1642 昭和15年3月31日 一七九 在天津武藤総領事より有田外務大臣宛(電報) 天津租界問題日英交渉の迅速妥結と封鎖解除の必要を本間師団長が力説について……2672

昭和十五年四月

一 319 昭和15年4月4日 一五二 在上海三浦総領事より有田外務大臣宛(電報) 「支那事變處理方策要綱」の重点および留意点について……544

付記一 昭和十五年三月六日 「支那事變處理方策要綱」……549

二 昭和十五年三月六日 「新中央政府外交指導要綱」……552

七 1643 昭和15年4月4日 五一一 在英国重光大使より有田外務大臣宛(電報) 天津租界問題に関し英国側が将来の再封鎖がないよう保障を要望について……2673

二 557 昭和15年4月5日 合六六三 有田外務大臣より在仏国沢田大使、在米国堀内大使他宛(電報) 南京国民政府の成立につき報告……1072

別電 昭和十五年四月五日発有田外務大臣より在仏国沢田大使、在米国堀内大使他宛合第六六四号 南京国民政府発表の十大政綱および財政政策……1074

二 558 昭和15年4月5日 興亜院会議決定 「阿部特命全権大使ニ與フル訓令」……1075

二 559 昭和15年4月5日 三一一 在独国来栖大使より有田外務大臣宛(電報) 南京政府承認問題に対するドイツの態度について……1075

二　560　昭和15年4月5日　五二〇　在英国重光大使より有田外務大臣宛(電報)　南京政府成立に対する日本側態度を英国外務次官へ説示について……1076

三　686　昭和15年4月5日　機密一八九　在張家口渡辺総領事より有田外務大臣宛　徳王が南京国民政府と蒙古連合自治政府との関係は兄弟の間柄であり隷属関係ではないと述べ蒙古復興を力説について……1276

六　1409　昭和15年4月5日　四七九　在米国堀内大使より有田外務大臣宛(電報)　中国新中央政府成立に関する米国上院外交委員らとの意見交換について……2355

七　1644　昭和15年4月6日　一一六　有田外務大臣より在天津武藤総領事宛(電報)　天津租界問題に関し谷・クレーギー間にほぼ意見の合致を見た旨通報……2674

二　561　昭和15年4月8日　興亜院会議決定　「特命全権大使ニ与フル内閣総理大臣及外務大臣合同指示」……1077

付記　昭和十五年四月八日、堀内東亜局長作成　右決定に至る審議の際の諒解……1079

七　1645　昭和15年4月9日　合七〇二　有田外務大臣より在北京藤井大使館参事官、在天津武藤総領事宛(電報)　天津英租界内での法幣取締に関して軍側に不安があり更に谷・クレーギー間に協議続行の見通しについて……2674

八　1715　昭和15年4月10日　六九一　在上海三浦総領事より有田外務大臣宛(電報)　租界回収を強く求める南京国民政府系新聞の論説について……2773

二　562　昭和15年4月11日　一六二　在アルゼンチン内山公使より有田外務大臣宛(電報)　列強諸国による速やかな南京政府承認を慫慂すべき旨意見具申……1080

八　1716　昭和15年4月11日　七〇〇　在上海三浦総領事より有田外務大臣宛(電報)　租界の実力回収も辞せずとの南京国民政府系新聞の論説について……2773

二　563　昭和15年4月13日　七二一　在上海三浦総領事より有田外務大臣宛(電報)　蔣介石の対南京工作および国共関係の現況など重慶政権の最近の動向につき報告……1081

七　1646　昭和15年4月13日　二一三　在天津武藤総領事より有田外務大臣宛(電報)　天津租界問題に関する谷・クレーギー合意に現地軍は概ね異議はないがバリケードについては一部存置を要望について……2675

二　564　昭和15年4月15日　二〇　在南京松本大使館参事官より有田外務大臣宛(電報)　発足直後の南京政府部内の様子について……1083
五　1257　昭和15年4月22日　二〇〇　在広東喜多総領事より有田外務大臣宛(電報)　珠江の開放状況につき報告……2129
七　1647　昭和15年4月23日　二三二　在天津武藤総領事より有田外務大臣宛(電報)　天津租界の封鎖解除に関する現地軍の意向について……2675
二　565　昭和15年4月25日　三六　在南京日高大使館参事官より有田外務大臣宛(電報)　阿部大使着任に際する汪兆銘との会見報告……1084
七　1648　昭和15年4月27日　一四四　有田外務大臣より在天津武藤総領事宛(電報)　天津検問所における米国人取扱いを米国政府抗議について……2676
付　記　昭和十五年五月十日付外務省より在本邦米国大使館宛公信亜一普通第九五号　右抗議への回答……2677
七　1649　昭和15年4月27日　六六七　在英国重光大使より有田外務大臣宛(電報)　将来の日英関係を顧慮し天津租界の迅速なる封鎖解除を英国外務次官要望について……2678
九　1789　昭和15年4月27日　三〇四　在仏国沢田大使より有田外務大臣宛(電報)　雲南鉄道空爆を行わない旨の声明をわが方が発出すれば日仏国交改善に資するとの仏国植民地大臣内話について……2868
九　1790　昭和15年4月30日　三一一　在仏国沢田大使より有田外務大臣宛(電報)　日本軍の雲南鉄道空爆再開に関し仏国外務省亜細亜局長がわが方の説明要求について……2870

昭和十五年五月

七　1650　昭和15年5月2日　一五二　有田外務大臣より在天津武藤総領事宛(電報)　天津仏租界問題に関する対仏交渉の経緯通報……2679
七　1651　昭和15年5月2日　二三〇　有田外務大臣より在仏国沢田大使宛(電報)　天津租界問題に関し日英間に協定が成立すれば仏国は同様の協定締結に異議なき旨在本邦仏国大使言明について……2680

九　1791　昭和15年5月5日　三二六　在仏国沢田大使より有田外務大臣宛(電報)　日仏交渉行詰まりおよび仏国の対日経済圧迫の態度に鑑みわが方も対仏経済圧迫が必要の旨意見具申……2871

五　1137　昭和15年5月6日　事変の急速解決を念頭に置いた東亜局第一課作成の対英外交方針……1972

七　1652　昭和15年5月6日　機密六九六　在天津武藤総領事より有田外務大臣宛　天津英仏租界封鎖解除の経済的影響につき予想報告……2680

三　839　昭和15年5月7日　閣議決定　「渡支邦人暫定處理ニ關スル件」……1506

三　840　昭和15年5月8日　合九三七　有田外務大臣より在中国各公館長宛(電報)　円系通貨の膨張を防止する一手段として邦人による不要不急の中国渡航を制限する暫定処理方針を閣議決定について……1508

別　電　昭和十五年五月八日発有田外務大臣より在中国各公館長宛合第九三九号　右暫定処理方針の許可要領……1509

七　1653　昭和15年5月11日　三三八　有田外務大臣より在英国重光大使宛(電報)　天津租界問題に関する日英交渉がほぼ合意に達し治安・現銀処理・通貨三問題の覚書案作成について……2684

別電一　昭和十五年五月十一日発有田外務大臣より在英国重光大使宛第三三九号　封鎖解除の際のわが方口上書案……2685

二　昭和十五年五月十一日発有田外務大臣より在英国重光大使宛第三四〇号　封鎖解除に当たりわが方が手交する覚書案……2686

七　1654　昭和15年5月12日　二六七　在天津武藤総領事より有田外務大臣宛(電報)　天津租界の封鎖解除後における軍需物資の移動制限措置には妙案なく実施困難な旨報告……2686

八　1717　昭和15年5月13日　八〇　阿部中国派遣大使より有田外務大臣宛(電報)　上海特区法院問題をめぐる南京国民政府周隆庠外交部次長との意見交換について……2774

三　841　昭和15年5月15日　九三〇　在上海三浦総領事より有田外務大臣宛(電報)　外貨資金による華中米の購入につき意見具申……1510

二	566	昭和15年5月17日	三八九	在北京藤井大使館参事官より 有田外務大臣宛(電報)	王克敏の辞職に伴う華北政務委員長の後任に王揖唐が意欲を表明について	1085
三	842	昭和15年5月17日	三八五	在北京藤井大使館参事官より 有田外務大臣宛(電報)	中国渡航暫定処理方針の閣議決定に伴い華北地方での営業許可統制方針決定について	1511
七	1655	昭和15年5月18日	一七四	有田外務大臣より 在天津武藤総領事宛(電報)	天津租界問題に関する対仏交渉では中国の事態に関する一般原則の容認を優先すべきとの陸軍要望について	2687
八	1718	昭和15年5月20日	九六七	在上海三浦総領事より 有田外務大臣宛(電報)	仏租界当局が欧州情勢緊迫に当たり万一の場合は租界の管理を米国に委任するなど対応方針を決定したとの情報について	2775
八	1719	昭和15年5月21日	一〇九	阿部中国派遣大使より 有田外務大臣宛(電報)	上海特区法院接収のための秘密委員会設立を決定した旨周隆庠内話について	2775
八	1720	昭和15年5月22日	一一八	有田外務大臣より 阿部中国派遣大使宛(電報)	上海特区法院問題に関する汪兆銘との意見交換について	2776
二	567	昭和15年5月25日		有田外務大臣 陳公博立法院院長 } 会談	有田外相と陳公博立法院長との会談要旨	1086
				付記　昭和十五年五月二十四日付、清水書記官作成 陳公博と日本側各要路との会談要領		1091
二	568	昭和15年5月27日	一二八	阿部中国派遣大使より 有田外務大臣宛(電報)	南京政府に対する日本側の支援強化を在中国伊国大使要望について	1098
五	1138	昭和15年5月30日	合一一四五	有田外務大臣より 在英国重光大使、在米国堀内大使他宛 (電報)	英国政府はビルマ・香港ルートによる物資供給や対中借款供与など援蒋政策を放棄するようクレーギー大使へ谷外務次官提議について	1977
九	1905	昭和15年5月30日	八七	在ラングーン久我領事より 有田外務大臣宛(電報)	ビルマ経由雲南向けトラック搬入計画に関する情報について	3009

六 1410 昭和15年5月31日 七九七 在米国堀内大使より有田外務大臣宛(電報) 米国国防増強等の必要から軍需資材の輸出禁止ないしは制限が実現する可能性につき報告……2356

昭和十五年六月

五 1219 昭和15年6月1日 合一一六六 有田外務大臣より在上海三浦総領事、在南京花輪総領事宛(電報) 独国および伊国人の被害賠償問題につき現地にて個別的に解決方訓令……2081

六 1411 昭和15年6月1日 七九九 在米国堀内大使より有田外務大臣宛(電報) 米国税関による工作機械や航空部品の輸出差止めに関する日本郵船の報告について……2357

六 1412 昭和15年6月1日 八〇〇 在米国堀内大使より有田外務大臣宛(電報) 工作機械や航空部品の輸出制限に関し米国国務省へ照会について……2358

六 1413 昭和15年6月1日 八〇九 在米国堀内大使より有田外務大臣宛(電報) 工作機械等の輸出制限は国防上の理由に基づき大統領の権限によって行われるものとの国務省回答について……2359

六 1414 昭和15年6月3日 八一〇 在米国堀内大使より有田外務大臣宛(電報) 工作機械等輸出制限の詳細に関し国務省係官へ照会について……2359

七 1656 昭和15年6月4日 合一一八五 有田外務大臣より在北京藤井大使館参事官、在天津武藤総領事宛(電報) 天津租界問題に関する日英交渉妥結について……2687

七 1657 昭和15年6月4日 二九六 有田外務大臣より在仏国沢田大使宛(電報) 天津租界問題に関する日英交渉の妥結に伴い仏国側へも同様の協定締結方提議について……2688

九 1792 昭和15年6月4日 谷外務次官 在本邦アンリ仏国大使 会談 仏印経由援蔣物資輸送の停止を谷次官がアンリ大使へ再度要求について……2871

付記 昭和十五年六月六日 西欧亜局長・在本邦ファン仏国大使館参事官会談録……2873

六	1415	昭和15年6月5日	八二七	在米国堀内大使より有田外務大臣宛（電報）	工作機械等輸出制限の詳細に関する国務省係官の回答振りについて	2360
五	1091	昭和15年6月7日	六五八	在独国来栖大使より有田外務大臣宛（電報）	独国が対中貿易増進の観点から重慶政権への接近を試み日本と同政権との和平仲介に関心を示している旨報告	1889
六	1416	昭和15年6月7日	八四一	在米国堀内大使より有田外務大臣宛（電報）	工作機械等輸出制限の不当を国務長官へ注意喚起について	2361
六	1417	昭和15年6月7日	八四三	在米国堀内大使より有田外務大臣宛（電報）	工作機械を除き輸出制限が解除された旨報告	2363
八	1721	昭和15年6月7日	一一一四	在上海三浦総領事より有田外務大臣宛（電報）	上海仏租界の対米移管に関する報道を仏米双方が事実無根と回答した旨報告	2777
二	569	昭和15年6月8日	四四四	在北京藤井大使館参事官より有田外務大臣宛（電報）	王克敏辞職に伴う華北政務委員長の後任に王揖唐決定について	1098
六	1418	昭和15年6月8日	八四六	在米国堀内大使より有田外務大臣宛（電報）	国防増強に伴う軍需工業の必要上から工作機械の輸出許可制の法案準備中など国務次官説明について	2363
八	1722	昭和15年6月8日	一一三八	在上海三浦総領事より有田外務大臣宛（電報）	蘇州河以北の租界内刑事事件を処理するため臨時警察裁判所の設置を工部局提議について	2778
六	1419	昭和15年6月10日	二七五	有田外務大臣より在米国堀内大使宛（電報）	グルー大使が会談を求め日本が武力を以て国家的目的を達成しようとする限り日米の根本的親善関係は望めないと強調について	2364
				付記一　右会談においてグルー大使が手交した「Oral Statement」		2366
				二　同「Oral Statement Off the Record」		2369
二	570	昭和15年6月12日		興亜院会議決定	「大使ニ對スル訓令案」	1099

付記一　昭和十五年六月十二日　右決定の際の興亜院会議議事要旨……1104
二　昭和十五年六月十三日　大使随員に対する右決定の説明のための会議要旨……1106
三　昭和十五年六月十三日　右説明に際し大使随員に与えられた諒解……1110

七　1658　昭和15年6月12日　合一二四四　有田外務大臣より在英国重光大使、在北京藤井大使館参事官、在天津武藤総領事宛(電報)　天津英租界に関する治安・現銀処理・通貨三問題の覚書ならびに議事録に対し日英間で署名について……2689
付記　昭和十五年六月十二日署名　天津英租界の治安問題に関する日英覚書……2689

六　1420　昭和15年6月13日　二八三　有田外務大臣より在米国堀内大使宛(電報)　六月十日の会談でグルー大使が手交した口上書に対する回答として非公式のわが方口上書を交付について……2371

七　1659　昭和15年6月13日　五一四　在仏国沢田大使より有田外務大臣宛(電報)　天津租界問題に関する協定の締結に応じるよう仏国外務省亜細亜局長を説得について……2697

五　1220　昭和15年6月14日　重慶空爆に際する対列国退避勧告に関する情報部長談話……2081
付記　昭和十五年六月十八日　米国の重慶空爆回避申入れに関する情報部長談話……2082

二　571　昭和15年6月16日　一八八　阿部中国派遣大使より有田外務大臣宛(電報)　対重慶和平工作実施の前提として日本による南京政府の正式承認が先決との周仏海見解について……1111

七　1660　昭和15年6月17日　合一二八七　有田外務大臣より在北京藤井大使館参事官、在天津武藤総領事宛(電報)　天津租界問題に関する協定締結を仏国側が応諾したところ封鎖解除の予定日時につき現地軍へ照会方訓令……2697

二　572　昭和15年6月18日　興亜院会議決定　「新中央政府ノ動向ト之カ指導ニ關スル件」……1112

七　1661　昭和15年6月18日　四七二　在北京藤井大使館参事官より有田外務大臣宛(電報)　天津英仏租界封鎖解除の予定日時や発表に関する要望など現地軍の意向につき報告……2698

七　1662　昭和15年6月18日　四七六　在北京藤井大使館参事官より有田外務大臣宛(電報)　天津租界を経済的に回収する企図を方面軍司令部の有末参謀が力説について……2699

二　573　昭和15年6月19日　合一三一〇　有田外務大臣より在英国重光大使、在独国来栖大使他宛(電報)　南京政府との条約交渉開始に関する情勢説明……1113

七　1663　昭和15年6月19日　合一三〇六　有田外務大臣より在英国重光大使、在北京藤井大使館参事官、在天津武藤総領事宛(電報)　日英間に天津英租界問題に関する公文交換を了し日仏間にも中国の事態に関する一般原則の署名完了について……2700

付記一　昭和十五年六月十九日付有田外務大臣より在本邦クレーギー英国大使宛公信亜一普通第九五号　天津英租界に関する日英交換公文往翰……2700

二　昭和十五年六月十九日付有田外務大臣より在本邦クレーギー英国大使宛公信亜一普通第九六号　天津英租界に関する日英交換公文返翰……2701

三　昭和十五年六月十九日署名　右一般原則に関する日仏覚書……2701

七　1664　昭和15年6月19日　合一三一一　有田外務大臣より在英国重光大使、在独国来栖大使他宛(電報)　天津租界問題の解決に関し独伊両国へ説明について……2702

六　1421　昭和15年6月20日　二九七　有田外務大臣より在米国堀内大使宛(電報)　六月十九日の有田・グルー会談においてグルー大使が米国の一般的立場に関する口上書手交について……2372

別電一　六月二十日発有田外務大臣より在米国堀内大使宛第二九八号　右口上書要旨……2373

二　六月二十日発有田外務大臣より在米国堀内大使宛第二九九号　グルー大使が自分の考えを纏めた覚書の要旨……2374

付記一 右口上書原文 …… 2375
二 右グルー大使覚書原文 …… 2379

七 1665 昭和15年6月20日 合一三一三 有田外務大臣より在仏国沢田大使、在北京藤井大使館参事官、在天津武藤総領事宛(電報) 日仏間に天津仏租界問題に関する公文交換完了について …… 2702
付記一 昭和十五年六月二十日付有田外務大臣より在本邦アンリ仏国大使宛公信亜一普通第二四号 天津仏租界に関する日仏交換公文往翰 …… 2703
二 昭和十五年六月二十日付有田外務大臣より在本邦アンリ仏国大使宛公信亜一普通第二五号 天津仏租界に関する日仏交換公文返翰 …… 2704

七 1666 昭和15年6月20日 天津英租界問題の解決に関する日英共同コミュニケ …… 2705

七 1667 昭和15年6月20日 天津英仏租界問題の解決に関する情報部長談話 …… 2706

七 1668 昭和15年6月20日 三四六 在天津武藤総領事より有田外務大臣宛(電報) 天津英仏租界の封鎖解除につき報告 …… 2707

七 1669 昭和15年6月20日 四二三 有田外務大臣より在北京藤井大使館参事官宛(電報) 興亜院華北連絡部が進めている天津租界内における金融機関の検査および法幣の流通禁止措置に中央は絶対反対の方針について …… 2707

九 1793 昭和15年6月20日 仏印経由援蒋物資の禁絶に関する情報部長談話 …… 2876

七 1670 昭和15年6月21日 三四七 在天津武藤総領事より有田外務大臣宛(電報) 天津英仏租界の封鎖解除に関する英字紙論調報告 …… 2708

八	1723	昭和15年6月22日	一二五五	在上海三浦総領事より有田外務大臣宛（電報）	南京国民政府が上海租界の実力回収を行うならば米国軍は仏国軍と共同で防衛に当たるとの米国総領事代理の内話情報報告	2780
一	320	昭和15年6月24日	四〇〇	有田外務大臣より在独国来栖大使宛（電報）	重慶政権との和平および第三国利用に関するわが方見解について	554
八	1724	昭和15年6月25日	一二七二	在上海三浦総領事より有田外務大臣宛（電報）	工部局提案の臨時警察裁判所設置案を採用すべき旨意見具申	2782
九	1794	昭和15年6月25日			仏印へ援蔣物資輸送監視員派遣に関する情報部長談話	2877
九	1906	昭和15年6月25日	五一一	有田外務大臣より在英国重光大使宛（電報）	ビルマルートによる援蔣物資の輸送禁止を要求する覚書をクレーギー大使へ谷外務次官手交について	3010
				別電一	昭和十五年六月二十五日発有田外務大臣より在英国重光大使宛第五一二号　右覚書	3010
				二	昭和十五年六月二十五日発有田外務大臣より在英国重光大使宛第五一三号　援蔣ルート封鎖に関する谷外務次官申入れ要旨	3011
八	1725	昭和15年6月26日	一二八四	在上海三浦総領事より有田外務大臣宛（電報）	上海仏租界対策に関する方針および実施要領を租界幹事会決定について	2783
九	1795	昭和15年6月26日			欧亜局第三課作成の「佛印經由蔣政權向軍需品輸送禁絶方交渉經緯概要」	2877
九	1796	昭和15年6月26日	五七六	在仏国沢田大使より有田外務大臣宛（電報）	仏印総督更迭は援蔣物資禁輸問題や監視員派遣問題に影響しないとの仏国外務次官内話について	2882
五	1139	昭和15年6月27日	一一一一	在英国重光大使より有田外務大臣宛（電報）	ビルマルートによる援蔣物資輸送禁止や上海からの英国軍隊撤退などわが方が英国に求めるところを同国外務次官へ説明について	1977

付記　昭和十五年七月三日付、作成局課不明
「援蔣根絶ヲ目的トスル對英申入案」……1979

九　1797　昭和15年6月27日　一〇三　在ハノイ鈴木総領事より有田外務大臣宛(電報)　カトルー仏印総督の対日態度につき観測報告……2882

八　1726　昭和15年6月28日　二〇七　阿部中国派遣大使より有田外務大臣宛(電報)　日本軍の軍事上の立場を認め上海においても日本側と協力する旨を在本邦仏国大使表明について……2784

八　1727　昭和15年6月28日　二〇九　阿部中国派遣大使より有田外務大臣宛(電報)　臨時警察裁判所設置案の採用は新政府の指導上問題があり絶対反対の旨意見具申……2785

七　1671　昭和15年6月29日　二一二　阿部中国派遣大使より有田外務大臣宛(電報)　重慶より帰滬したカー大使との天津租界問題などに関する意見交換について……2709

昭和十五年七月

八　1728　昭和15年7月1日　二一四　阿部中国派遣大使より有田外務大臣宛(電報)　臨時警察裁判所設置案の採用を不可とする理由について……2786

六　1422　昭和15年7月2日　三三〇　有田外務大臣より在米国堀内大使宛(電報)　欧州交戦国の太平洋地域内属領等維持に関する公文交換を米国側が提案しわが方より六月十九日付米国口上書への回答手交について……2380

別電一　七月二日発有田外務大臣より在米国堀内大使宛第三二一号
六月二十八日会談での有田外相発言要旨……2381

二　七月二日発有田外務大臣より在米国堀内大使宛第三二二号
右わが方回答口上書……2381

三　七月二日発有田外務大臣より在米国堀内大使宛第三二三号
欧州交戦国の太平洋地域内属領等維持に関する公文交換についての米国政府提案……2383

九　1798　昭和15年7月2日　一〇八　在ハノイ鈴木総領事より有田外務大臣宛(電報)　新仏印総督の就任時期に関するカトルー総督の内話について……2883

六　1423　昭和15年7月3日　一〇一八　在米国堀内大使より有田外務大臣宛（電報）　軍需物資の輸出許可制実施に関する大統領布告について……2385

五　1140　昭和15年7月4日　一一六五　在英国重光大使より有田外務大臣宛（電報）　英国外務次官が日英関係改善を求める姿勢に変化はないと表明しビルマルート封鎖問題や上海撤兵問題に関し意見交換について……1981

八　1729　昭和15年7月4日　一三四九　在上海三浦総領事より有田外務大臣宛（電報）　臨時警察裁判所案が実施不適当ならば特区法院問題の急速解決は不可能であり当分は欧州情勢の推移を静観すべき旨意見具申……2787

九　1907　昭和15年7月4日　五五〇　有田外務大臣より在英国重光大使宛（電報）　援蔣ルート封鎖要求に対する英国政府の回答遅延をクレーギー大使弁明について……3011

九　1799　昭和15年7月5日　一一五　在ハノイ鈴木総領事より有田外務大臣宛（電報）　仏印官民の対日態度につき観測報告……2884

九　1800　昭和15年7月5日　一一八〇　在英国重光大使より有田外務大臣宛（電報）　中国および仏印における仏国権益の処分につき迅速かつ周密なる措置を要すべき旨意見具申……2885

九　1801　昭和15年7月5日　館長符号　在英国重光大使より有田外務大臣宛（電報）　欧州情勢に鑑み英米との対立を避け中国や仏印における仏国権益処理を優先方意見具申……2886

一　321　昭和15年7月7日　事変三周年に際しての有田外相演説……555

九　1802　昭和15年7月9日　一二三　在ハノイ鈴木総領事より有田外務大臣宛（電報）　西原監視団と仏印当局との交渉状況につき報告……2886

九　1908　昭和15年7月9日　五六五　有田外務大臣より在英国重光大使宛（電報）　援蔣ルート封鎖要求に対する英国政府回答をクレーギー大使提出について……3012

付記一　昭和十五年七月八日　右英国政府回答……3013

二　昭和十五年七月九日付有田外務大臣より在本邦クレーギー英国大使宛公信　日中和平に関する英国政府の協力提議を拒絶する旨回答……3015

九 1909 昭和15年7月9日 五六六 有田外務大臣より在英国重光大使宛(電報) 援蔣ルート封鎖要求への英国回答を不満として至急適当の理由を設けてビルマルート一時禁絶方クレーギー大使へ申入れについて……3016

九 1803 昭和15年7月10日 一二四 在ハノイ鈴木総領事より有田外務大臣宛(電報) 防守同盟に関するカトルー総督の意向報告……2888

九 1804 昭和15年7月10日 一二七 在ハノイ鈴木総領事より有田外務大臣宛(電報) 中国向け滞貨処分への協力に関するカトルー総督の好意的発言振りについて……2889

九 1910 昭和15年7月11日 一二一一 在英国重光大使より有田外務大臣宛(電報) 米ソのビルマ経由対中軍需品輸送は阻止困難との英国外務次官弁明を反駁しビルマルート封鎖を実施するよう説得について……3017

付記 昭和十五年七月十三日発在英国重光大使より有田外務大臣宛電報第一二二一号
ビルマルート封鎖を実現するための対英措置振りにつき意見具申……3018

五 1294 昭和15年7月12日 三六一 在香港岡崎総領事より有田外務大臣宛(電報) 中国産品の主要輸送路たる仏印ルートの停止により対中クレジット設定が困難となりつつある旨李思浩内話について……2157

六 1424 昭和15年7月13日 三五〇 有田外務大臣より在米国堀内大使宛(電報) 七月十一日の有田・グルー会談において グルー大使が日米国交調整に関する米国立場を示した非公式覚書を手交について……2386

別電一 七月十三日発有田外務大臣より在米国堀内大使宛第三五一号
右非公式覚書要旨……2387

二 七月十三日発有田外務大臣より在米国堀内大使宛第三五二号
米国政府がグルー大使に示した非公式覚書手交の際の心得概要……2388

付記一 右非公式覚書原文……2389

二 右心得原文……2395

九 1805 昭和15年7月13日 有田外務大臣より在ハノイ鈴木総領事宛（電報） 一二三 防守同盟に関するカトルー総督提議の経緯につき詳細報告方訓令 …… 2889

九 1911 昭和15年7月13日 有田外務大臣より在英国重光大使宛（電報） 五七五 ビルマ経由軍需物資輸送を三か月間停止する旨クレーギー大使回答について …… 3019

付記一 右クレーギー大使口上書 …… 3020

二 右発表案 …… 3022

九 1806 昭和15年7月14日 在ハノイ鈴木総領事より有田外務大臣宛（電報） 一三四 防守同盟に関するカトルー総督提議の経緯につき報告 …… 2889

九 1912 昭和15年7月14日 在上海三浦総領事より有田外務大臣宛（電報） 一四三三 援蔣ルート封鎖に関する日英協定の成立が重慶政権に与えた衝動につき報告 …… 3022

六 1425 昭和15年7月15日 亜米利加局第一課が作成した当面の対米外交に関する意見書 …… 2396

九 1807 昭和15年7月15日 在仏国沢田大使より有田外務大臣宛（電報） 六四〇 日仏間の政治・経済問題に関する大局的協議はヴィシーで行いたいと仏国外相要望について …… 2891

九 1913 昭和15年7月15日 有田外務大臣より在香港岡崎総領事宛（電報） 一七五 鉄道材料のラングーン向け積出しにつき香港政庁に注意喚起方訓令 …… 3023

付記一 昭和十五年七月十三日付有田外務大臣より在本邦クレーギー英国大使宛半公信 香港経由軍需物資禁輸に関する確認 …… 3024

二 右和訳文 …… 3025

九 1914 昭和15年7月15日 有田外務大臣／在本邦クレーギー英国大使 会談 援蔣ルート封鎖に関する発表振りをめぐりクレーギー大使が種々要望について …… 3026

九 1915 昭和15年7月15日 一四六 在ラングーン久我領事より有田外務大臣宛(電報) ラシオに蓄積された軍需物資の雲南向け輸送を中国側が急ぎ実行しているとの情報について……3028

九 1916 昭和15年7月15日 一二三〇 在英国重光大使より有田外務大臣宛(電報) 英国外相が重慶側に対し援蔣ルート封鎖問題を説明し対日和平実現を慫慂したとの情報について……3029

五 1092 昭和15年7月16日 一四五二 在上海三浦総領事より有田外務大臣宛(電報) 欧州戦局がもたらした重慶政権の親独傾向に関する情報報告……1890

九 1917 昭和15年7月16日 一四九 在ラングーン久我領事より有田外務大臣宛(電報) ビルマ政庁が重慶側にラシオの滞貨一掃を要求したとの情報は確実と認められる旨報告……3029

九 1918 昭和15年7月16日 一一〇一 在米国堀内大使より有田外務大臣宛(電報) ビルマルート封鎖問題に関する米国国務長官の記者談話について……3030

九 1919 昭和15年7月17日 協定 援蔣ルート封鎖に関する日英協定……3030

九 1920 昭和15年7月17日 合一五五九 有田外務大臣より在英国重光大使、在米国堀内大使、在独国来栖大使他宛(電報) ビルマ・香港ルート封鎖に関する情報部長談話の発表について……3031

九 1921 昭和15年7月17日 一二四二 在英国重光大使より有田外務大臣宛(電報) 英国政府は援蔣ルート封鎖に関する米国国務長官の談話を意外としながらも対日関係調整を急務と認識しつつある旨観測報告……3032

九 1922 昭和15年7月17日 一二四六 在英国重光大使より有田外務大臣宛(電報) 援蔣ルート封鎖に関する米国国務長官談話への英国政府対応振りについて……3033

一 322 昭和15年7月18日 一四八二 在上海三浦総領事より有田外務大臣宛(電報) 米内内閣総辞職に関する報道振り報告……559

八 1730 昭和15年7月18日 一四九二 在上海三浦総領事より有田外務大臣宛(電報) 上海仏租界当局へ対日協力に関する要求事項申入れについて……2789

九　1923　昭和15年7月18日　欧二普通一一八　有田外務大臣より在本邦クレーギー英国大使宛　ラシオ発雲南向け軍需物資輸送激増の情勢にも鑑みビルマルートの有効的禁圧につき十分の措置を講ずるよう要請について……3034

九　1924　昭和15年7月18日　一二五三　在英国重光大使より有田外務大臣宛(電報)　ビルマルート封鎖に関する英国首相の下院での説明振りは対日非難を一切避け日本の立場了解の姿勢が認められる旨報告……3035

九　1926　昭和15年7月18日　三九　有田外務大臣より在ラングーン久我領事宛(電報)　ビルマルート封鎖を実証する資料の提出をビルマ政庁に要求方訓令……3037

九　1927　昭和15年7月18日　四一　有田外務大臣より在ラングーン久我領事宛(電報)　禁輸の対象外とするガソリンの数量をビルマ政庁と打合せ方訓令……3037

九　1925　昭和15年7月19日　四六九　在ニューヨーク若杉総領事より有田外務大臣宛(電報)　ビルマルート封鎖に関する英国首相の下院での説明振り報告……3035

九　1928　昭和15年7月19日　一六二　在ラングーン久我領事より有田外務大臣宛(電報)　実効あるビルマルート封鎖を実現するため重慶政権のビルマ現地機関たる西南運輸公司の閉鎖を英国側へ厳重交渉方意見具申……3038

九　1929　昭和15年7月20日　三八〇　在香港岡崎総領事より有田外務大臣宛(電報)　香港経由軍需物資禁輸を実証する税関書類の提示と滞貨量の通報を香港政庁民政長官承諾について……3038

九　1930　昭和15年7月20日　一六六　在ラングーン久我領事より有田外務大臣宛(電報)　援蔣物資禁絶に関するビルマ政庁の措置振り報告……3039

別電　昭和十五年七月二十日発在ラングーン久我領事より有田外務大臣宛第一六七号　ビルマ政庁発表の中国向け輸出禁止物品……3039

九　1931　昭和15年7月20日　一六九　在ラングーン久我領事より有田外務大臣宛(電報)　西南運輸公司が業務継続を表明しているところ同公司の急速閉鎖実現方意見具申……3039

九　1808　昭和15年7月23日　西欧亜局長より在ハノイ鈴木総領事宛　仏印をめぐる政治軍事協定および経済協定の交渉に関する訓令案と説明案について……2892

九　1932　昭和15年7月23日　三八七　在香港岡崎総領事より松岡外務大臣宛(電報)　香港経由軍需物資禁輸を実証する具体的方法に関し香港政庁輸出入局長と協議について……3040
九　1809　昭和15年7月24日　一五一　在ハノイ鈴木総領事より松岡外務大臣宛(電報)　新任のドクー仏印総督との初会談につき報告……2898
一　323　昭和15年7月25日　五五八　在北京藤井大使館参事官より松岡外務大臣宛(電報)　重慶政権内の親ソ勢力増大や汪兆銘政権の対重慶工作妨害など和平工作の問題点に関する何澄内話について……560
九　1933　昭和15年7月25日　松岡外務大臣より在本邦クレーギー英国大使宛　香港経由ラングーン向け援蔣軍需物資の輸送禁絶方要請について……3041
一　324　昭和15年7月26日　閣議決定　「基本國策要綱」……561
一　325　昭和15年7月26日　一五七一　在上海三浦総領事より松岡外務大臣宛(電報)　重慶側が政権内での和平問題討議の風聞を全面否定し抗戦継続の決意を示したとのロイター電報報告……563
二　574　昭和15年7月26日　興亜院会議決定　「大使ニ對スル訓令案(甲)」……1114
二　575　昭和15年7月26日　興亜院会議決定　「大使ニ對スル訓令案(乙)」……1119
六　1426　昭和15年7月26日　一八七　在サンフランシスコ佐藤総領事より松岡外務大臣宛(電報)　石油や屑鉄への輸出許可制適用に関する米国紙報道振り報告……2402
六　1427　昭和15年7月26日　一一六〇　在米国堀内大使より松岡外務大臣宛(電報)　石油や屑鉄等への輸出許可制適用問題に関し米国国務長官代理が事情説明について……2403
六　1428　昭和15年7月26日　一一六四　在米国堀内大使より松岡外務大臣宛(電報)　石油製品・屑鉄等の輸出許可制実施に関する米国大統領説明振りについて……2404
九　1934　昭和15年7月26日　四九　松岡外務大臣より在ラングーン久我領事宛(電報)　税関輸出入明細報告書の提出など実効ある禁輸実現のための措置をビルマ政庁へ要求方訓令……3042

一	326	昭和15年7月27日		大本営政府連絡会議決定	「世界情勢ノ推移ニ伴フ時局処理要綱」	564
六	1429	昭和15年7月27日	一一六九	在米国堀内大使より松岡外務大臣宛(電報)	石油製品・屑鉄等の輸出許可制実施の背景に関する観測報告	2405
六	1430	昭和15年7月27日	一一七八	在米国堀内大使より松岡外務大臣宛(電報)	石油製品・屑鉄等の輸出許可制実施は政治的動機に基づくものではないと国務長官代理説明について	2406
六	1431	昭和15年7月27日	一一七九	在米国堀内大使より松岡外務大臣宛(電報)	石油製品・屑鉄等の輸出許可制実施に対する措置振りにつき意見具申	2408
九	1935	昭和15年7月27日	一一八四	在ラングーン久我領事より松岡外務大臣宛(電報)	禁輸措置の励行状況につきビルマ政庁担当官へ照会について	3043
六	1432	昭和15年7月29日	一一八五	在米国堀内大使より松岡外務大臣宛(電報)	石油製品・屑鉄等の輸出許可制に関し軍需統制局長へ詳細照会について	2409
八	1731	昭和15年7月29日	一六〇五	在上海三浦総領事より松岡外務大臣宛(電報)	上海第一特区法院主席判事への襲撃事件発生について	2789
六	1433	昭和15年7月31日	一二〇一	在米国堀内大使より松岡外務大臣宛(電報)	中国との治外法権撤廃交渉は承認している正統政府とのみ行うと国務長官代理説明について	2411
六	1434	昭和15年7月31日	一二〇七	在米国堀内大使より松岡外務大臣宛(電報)	航空機用燃料の輸出許可申請は西半球諸国のみに認めるとの運用方針を米国政府発表について	2411
六	1435	昭和15年7月31日	一二一二	在米国堀内大使より松岡外務大臣宛(電報)	石油製品・屑鉄等の輸出許可制がわが方輸出に及ぼす影響につき観測報告	2412
八	1732	昭和15年7月31日	一六二五	在上海三浦総領事より松岡外務大臣宛(電報)	上海第一特区法院主席判事殺害事件の背景に関する情報報告	2790

昭和十五年八月

九 1810 昭和15年8月1日 一六二 在ハノイ鈴木総領事より 松岡外務大臣宛(電報) ドクー総督はわが方の経済的要求を過小に予測しているため経済交渉は難航が予想される旨報告 …… 2899
九 1936 昭和15年8月1日 一八六 在ラングーン久我領事より 松岡外務大臣宛(電報) 税関資料の提出拒否やわが方領事館員の国境方面視察拒絶など非協力的な態度を示したビルマ政庁の対日回答振りについて …… 3044
別電 昭和十五年八月一日発在ラングーン久我領事より松岡外務大臣宛第一八七号 非禁絶品輸送トラックに許容されるガソリン量に関する回答部分 …… 3045
九 1811 昭和15年8月2日 一五九 松岡外務大臣より 在ハノイ鈴木総領事宛(電報) 仏印に関する経済問題の現地交渉開始方訓令 …… 2900
九 1812 昭和15年8月2日 合一七〇五 松岡外務大臣より 在米国堀内大使、在ジュネーブ藤井総領事代理他宛(電報) 仏印に関する政治軍事上および経済上のわが方要求をアンリ大使へ申入れについて …… 2901
別電 昭和十五年八月二日発松岡外務大臣より在米国堀内大使、在ジュネーブ藤井総領事代理他宛合第一七〇六号 右わが方要求事項 …… 2902
一 327 昭和15年8月3日 一六五六 在上海三浦総領事より 松岡外務大臣宛(電報) 基本国策大綱に関する中国紙報道振り報告 …… 566
六 1436 昭和15年8月3日 一二二七 在米国堀内大使より 松岡外務大臣宛(電報) 西半球諸国以外への航空機用燃料の実質的禁輸措置に関し米国国務次官へ抗議について …… 2413
六 1437 昭和15年8月3日 一二二八 在米国堀内大使より 松岡外務大臣宛(電報) 石油製品の輸出許可制は実際には航空機用に限らず極めて広汎な種目を包含する巧妙な規定が設定されている旨報告 …… 2414
六 1438 昭和15年8月3日 一二二九 在米国堀内大使より 松岡外務大臣宛(電報) 石油製品の輸出制限に対する現地対応方針について …… 2415
九 1813 昭和15年8月3日 六六九 在仏国沢田大使より 松岡外務大臣宛(電報) 仏印に関する交渉では仏国の面子を損ねない形式での解決を仏国外相要望について …… 2902

九 1814 昭和15年8月3日 六七〇 在仏国沢田大使より松岡外務大臣宛(電報) 仏国の面子を損ねなければ仏印に関するわが方要求を仏国側は受諾するとの感触について……2903
九 1815 昭和15年8月4日 一六九 在ハノイ鈴木総領事より松岡外務大臣宛(電報) ドクー総督は前総督の対日譲歩を回復せんとしつつあるところ対処振り請訓……2904
六 1439 昭和15年8月5日 一二四二 在米国堀内大使より松岡外務大臣宛(電報) 輸出許可制の適用範囲に関し国務次官の説明どおり限定的な範囲に止めるよう国務省係官へ注意喚起について……2416
二 576 昭和15年8月(6)日 一八〇 松岡外務大臣より阿部中国派遣大使宛(電報) 日満華共同宣言に関する予備交渉への参加を満州国側希望について……1120
付 記 昭和十五年八月七日着松岡外務大臣より阿部中国派遣大使宛電報第一七九号
右交渉への満州国代表の参加は認められないとのわが方見解について……1121
六 1440 昭和15年8月6日 松岡外相内奏資料付録「最近ノ日米會談録要旨」……2417
九 1816 昭和15年8月6日 合一七三六 松岡外務大臣より在米国堀内大使、在ジュネーブ藤井総領事代理他宛(電報) アンリ大使が仏国政府回答を通告し仏国の体面を損ねないとの条件で仏印の政治軍事問題に関するわが方要求を原則応諾について……2904
付 記 右仏国政府回答仮訳……2905
九 1817 昭和15年8月8日 一七六 在ハノイ鈴木総領事より松岡外務大臣宛(電報) 経済交渉を現地仏印で行うことにドクー総督が難色表明について……2906
九 1818 昭和15年8月8日 六七四 在仏国沢田大使より松岡外務大臣宛(電報) 仏印に関するわが方要求に対し可能な限り広い理解をもって応じるようアンリ大使へ訓令した旨仏国外相内話について……2907
九 1882 昭和15年8月8日 合一七五四 松岡外務大臣より在米国堀内大使、在ジュネーブ藤井総領事代理他宛(電報) 仏印の現状維持に強い関心を有する旨の米国政府覚書をグルー大使が松岡外相へ提出について……2980

別電　昭和十五年八月八日発松岡外務大臣より在米国堀内大使、在ジュネーブ藤井総領事代理他宛合第一七五五号　右米国政府覚書要旨 …… 2981

付記一　昭和十五年八月七日付　右覚書原文 …… 2982

二　欧亜局第三課作成、作成日不明　「佛印問題ニ關スル米申入ニ對スル反駁ノ件」 …… 2984

五　1093　昭和15年8月9日　中国各地駐屯の英国軍隊撤退に関する情報部長談話 …… 1890

六　1441　昭和15年8月9日　一二七七　在米国堀内大使より松岡外務大臣宛(電報)　国務長官代理が航空機用燃料の実質的禁輸措置に関するわが方抗議への回答および中国での米国関係諸事件に関する覚書を手交について …… 2421

別電　昭和十五年八月九日発在米国堀内大使より松岡外務大臣宛第一二七八号　右米国関係諸事件に関する覚書について …… 2423

付記一　昭和十五年八月九日付　中国での米国関係諸事件に関する米国覚書 …… 2424

二　昭和十五年八月二十三日付　右覚書に対するわが方見解回答 …… 2425

九　1937　昭和15年8月9日　一九八　在ラングーン久我領事より松岡外務大臣宛(電報)　ビルマ国境方面へのわが方領事館員の旅行に関しクレーギー大使へ便宜供与取付け方意見具申 …… 3046

一　328　昭和15年8月10日　事変解決への抱負に関する松岡外相談話 …… 566

五　1221　昭和15年8月10日　八八〇　松岡外務大臣より在上海三浦総領事宛(電報)　独国人被害補償問題の一層解決促進方訓令 …… 2082

九　1819　昭和15年8月10日　一七二三　在上海三浦総領事より松岡外務大臣宛(電報)　仏印に関する日仏交渉への重慶政権反応振りにつき報道情報報告 …… 2908

九　1820　昭和15年8月11日　三七二　松岡外務大臣より在仏国沢田大使宛(電報)　わが方提案の仏印に関する交換公文案を受諾するよう仏国政府説得方訓令 …… 2909

付記一　昭和十五年八月九日提案　政治軍事問題に関する交換公文来簡案 …… 2910

二　昭和十五年八月九日提案　経済問題に関する交換公文往簡案 …… 2911

九　1821　昭和15年8月12日　六八〇　在仏国沢田大使より松岡外務大臣宛(電報)　仏印に関する交換公文案の受諾を仏国外相へ要請について …… 2911

九　1883　昭和15年8月12日　合一七八七　松岡外務大臣より在英国重光大使、在米国堀内大使他宛(電報)　仏印の現状維持に関し英国政府がわが方へ注意喚起について …… 2985

九　1822　昭和15年8月13日　通六機密三五　松岡外務大臣より在本邦アンリ仏国大使宛　ドクー仏印総督に手交した経済問題に関するわが方提案につき通報 …… 2912

九　1823　昭和15年8月13日　一八三　在ハノイ鈴木総領事より松岡外務大臣宛(電報)　経済問題に関するわが方提案を受諾するようドクー総督説得について …… 2913

九　1824　昭和15年8月13日　六八五　在仏国沢田大使より松岡外務大臣宛(電報)　仏印に関する交換公文案に対し軍事上白紙委任に等しい内容には応じがたい旨仏国外相回答について …… 2914

九　1938　昭和15年8月13日　二一一　在ラングーン久我領事より松岡外務大臣宛(電報)　実効ある禁輸措置をめぐる奥村書記官とビルマ国防部長官との意見交換について …… 3047

五　1222　昭和15年8月14日　一七五一　在上海三浦総領事より松岡外務大臣宛(電報)　独国人被害補償問題に関する現地の折衝状況について …… 2083

九　1939　昭和15年8月14日　六六　松岡外務大臣より在ラングーン久我領事宛(電報)　非禁絶品輸送トラックに許容されるガソリン量およびわが方領事館員のビルマ領内旅行許可に関し在本邦英国大使館へ申入れについて …… 3049

別　電　昭和十五年八月十四日発松岡外務大臣より在ラングーン久我領事宛第六五号
　右ガソリン量は目的地往復分とは解さない旨のわが方申入れ要旨……3050

七　1672　昭和15年8月15日　松岡外務大臣より在本邦クレーギー英国大使宛（半公信）　華北での反英運動に関する英国側申入れへのわが方回答……2710

九　1940　昭和15年8月16日　二一五　在ラングーン久我領事より松岡外務大臣宛（電報）　禁輸品のビルマ領内移動禁止など禁輸措置徹底に関する奥村書記官とビルマ総督の意見交換について……3050

九　1825　昭和15年8月17日　六九　松岡外務大臣より在ジュネーブ小林総領事宛（電報）　アンリ大使が仏印に関する交換公文は日本側軍事要求を全面承諾ではなく検討する趣旨としたいと提議し松岡外相強く反駁について……2915

九　1826　昭和15年8月17日　六九〇　在仏国沢田大使より松岡外務大臣宛（電報）　仏印問題に関する東京交渉の合意に向けた基礎案を仏国外相提示について……2916

五　1094　昭和15年8月18日　六九一　在仏国沢田大使より松岡外務大臣宛（電報）　仏国が国際情勢の変化に応じ東亜政策を根本的に改め日本と全面的に協調する方針へと転換したとの観測報告……1891

九　1827　昭和15年8月21日　七一　松岡外務大臣より在ジュネーブ小林総領事宛（電報）　仏印問題に関する合意基礎案と右に基づく交換公文案をアンリ大使が提議し松岡外相もわが方交換公文案の修正案提議について……2917

別　電　昭和十五年八月二十一日発松岡外務大臣より在ジュネーブ小林総領事宛第七二号
　右仏国側基礎案の要旨……2918

九　1828　昭和15年8月21日　七三　松岡外務大臣より在ジュネーブ小林総領事宛（電報）　仏印問題に関する交換公文案をめぐる大橋外務次官とアンリ大使の意見交換について……2919

九　1829　昭和15年8月22日　七五　松岡外務大臣より在ジュネーブ小林総領事宛（電報）　仏国側疑念払拭のため西欧亜局長よりアンリ大使に対しわが方軍事要求の具体的概要を極秘内示について……2921

				付記	右軍事要求の具体的概要	2921
九	1941	昭和15年8月22日	二二五	在ラングーン久我領事より松岡外務大臣宛(電報)	西南運輸公司宛禁絶品搭載船のリストをビルマ国防部長官へ提出し実効ある禁輸措置の実行方奥村書記官督促について	3052
九	1942	昭和15年8月22日	二二六	在ラングーン久我領事より松岡外務大臣宛(電報)	奥村書記官の国境方面旅行を時宜に適せずとしてビルマ国防部長官難色表明について	3052
九	1830	昭和15年8月23日	七六	松岡外務大臣より在ジュネーブ小林総領事宛(電報)	経済問題に関するわが方提案を通報した八月十三日付公信に対し回答を得たき旨アンリ大使へ要請について	2922
				付記	わが方よりアンリ大使へ提示した回答案	2923
五	1223	昭和15年8月24日	一八三五	在上海三浦総領事より松岡外務大臣宛(電報)	重慶空爆による被害状況に関する報道振り報告	2084
九	1831	昭和15年8月24日	七八	松岡外務大臣より在ジュネーブ小林総領事宛(電報)	八月十三日付公信に対する回答案をめぐる西欧亜局長とアンリ大使の応酬について	2923
九	1832	昭和15年8月24日	二〇一	在ジュネーブ小林総領事より松岡外務大臣宛(電報)	わが方提案を承諾し仏印問題に関する東京交渉を妥結するよう沢田大使から仏国外相へ要請について	2924
九	1943	昭和15年8月24日	二三二	在ラングーン福井領事より松岡外務大臣宛(電報)	奥村書記官の旅行は承認できない旨ビルマ国防部が奥村宛書簡提出について	3053
				別電	昭和十五年八月二十四日発在ラングーン福井領事より松岡外務大臣宛第二三三号 右書簡	3054
九	1944	昭和15年8月24日	六九〇	松岡外務大臣より在英国重光大使宛(電報)	禁輸措置の確認を認めないビルマ政庁の対日態度や駐屯軍撤退後の上海英租界当局の対日態度につき英国政府へ注意喚起方訓令	3054

九 1945 昭和15年8月24日 二三八 在ラングーン福井領事より松岡外務大臣宛(電報) 奥村書記官の旅行拒絶に関しビルマ国防部へ再考方要求について …… 3055

九 1946 昭和15年8月27日 二四四 在ラングーン福井領事より松岡外務大臣宛(電報) 奥村書記官の旅行拒絶は再考しがたき旨ビルマ国防部回答について …… 3056

付記 昭和十五年九月三日 右旅行実現方大橋外務次官より在本邦ドッヅ英国大使館参事官宛申入れ …… 3056

九 1833 昭和15年8月28日 一九六 松岡外務大臣より在ハノイ鈴木総領事宛(電報) 仏印問題に関する東京交渉妥結について …… 2925

別電一 昭和十五年八月二十九日発松岡外務大臣より在ハノイ鈴木総領事宛第一九七号 仏印問題に関する往復書簡来簡案要領 …… 2926

二 昭和十五年八月二十八日発松岡外務大臣より在ハノイ鈴木総領事宛第一九八号 仏印問題に関する往復書簡往簡案要領 …… 2927

九 1834 昭和15年8月30日 合一九三六 松岡外務大臣より在ハノイ鈴木総領事、在ジュネーブ小林総領事他宛(電報) 仏印問題に関する松岡・アンリ往復書簡の交換完了について …… 2928

付記 昭和十五年八月三十日付松岡外務大臣より在本邦アンリ仏国大使宛公信欧三機密第三八号 仏印問題に関する交換公文わが方往簡 …… 2928

九 1835 昭和15年8月30日 合一九三七 松岡外務大臣より在ハノイ鈴木総領事、在ジュネーブ小林総領事他宛(電報) 仏印問題に関する往復書簡の交換後に行った松岡外相口頭申入れをめぐるアンリ大使との応酬振りについて …… 2930

付記 右松岡外相口頭申入れ …… 2930

九 1836 昭和15年8月31日 七一〇 在仏国沢田大使より松岡外務大臣宛(電報) 仏印における軍事行動実施は現地での軍事協定成立後を希望する旨など仏国政府意向を同国外相表明について …… 2931

昭和十五年九月

九　1837　昭和15年9月1日　在ハノイ鈴木総領事より松岡外務大臣宛(電報)　一九六　仏印軍事協定の交渉開始を西原少将提議に対しドクー総督は未だ本国政府の訓令なしとして交渉開始に難色表明について……2933

九　1838　昭和15年9月2日　松岡外務大臣より在仏国沢田大使宛(電報)　四〇一　仏印現地交渉を至急開始するよう仏国政府へ督促方訓令……2934

九　1839　昭和15年9月2日　在仏国沢田大使より松岡外務大臣宛(電報)　七一四　仏国外相へ仏印現地交渉至急開始方要請したところ既に訓令済みであり協定成立前に軍事行動なきよう回答について……2934

九　1840　昭和15年9月3日　在ハノイ鈴木総領事より松岡外務大臣宛(電報)　一九七　仏印側に交渉遷延の態度が見えたため在留邦人の引揚げと九月五日以降の進駐開始を西原少将よりドクー総督へ通告について……2935

九　1841　昭和15年9月3日　松岡外務大臣より在仏国沢田大使宛(電報)　四〇五　仏印軍事協定案は既に仏国が受諾した内容であり至急現地交渉を妥結するよう仏国政府説得方訓令……2936

九　1842　昭和15年9月3日　松岡外務大臣より在仏国沢田大使宛(電報)　四〇六　仏印現地交渉に関し日本軍の性急な行動を抑制し平和的に解決方アンリ大使要望について……2937

九　1843　昭和15年9月4日　在ハノイ鈴木総領事より松岡外務大臣宛(電報)　一九九　仏印当局が軍事協定に関する対案提示について……2937

九　1844　昭和15年9月4日　在仏国沢田大使より松岡外務大臣宛(電報)　七一五　仏印現地交渉を至急妥結するよう仏国外相説得について……2938

九　1845　昭和15年9月4日　在仏国沢田大使より松岡外務大臣宛(電報)　七一七　仏印軍事協定案は既に仏国が受諾済みのものであり至急現地交渉妥結方仏印当局へ命令あるよう仏国外相説得について……2939

九　1846　昭和15年9月4日　在ハノイ鈴木総領事より松岡外務大臣宛(電報)　二〇一　西原少将とマルタン仏印軍司令官の間に軍事協定成立のための基礎事項調印について……2940

付　記　昭和十五年九月四日調印　右基礎事項……2941

九　1884　昭和15年9月4日　一四一五　在米国堀内大使より　松岡外務大臣宛(電報)　日本が仏印当局に対し最後通牒をもって軍事的要求を行ったとの報道を重視するとのハル米国国務長官声明について……2985

九　1947　昭和15年9月4日　一九一七　在上海三浦総領事より　松岡外務大臣宛(電報)　ビルマルート再開に関し協議するためカー英国大使が重慶を訪問したとの情報について……3057

一　329　昭和15年9月5日　外務省東亜局第一課作成の「日支全面和平處理方策ニ關スル試案」……568

七　1673　昭和15年9月5日　四九五　在天津武藤総領事より　松岡外務大臣宛(電報)　仏印への日本軍の行動開始に呼応して天津においても仏租界回収など何らかの措置を実施すべく現地軍が研究中の旨報告……2710

九　1948　昭和15年9月5日　西欧亜局長　在本邦クレーギー英国大使　会談　奥村書記官の旅行は外国人旅行禁止区域への訪問のため便宜供与はできない旨クレーギー大使回答について……3058

六　1442　昭和15年9月7日　一四三八　在米国堀内大使より　松岡外務大臣宛(電報)　屑鉄禁輸措置を実行すべしとの論調が北部仏印進駐問題と結びつけられ大々的に報道されている旨報告……2433

七　1674　昭和15年9月7日　三〇八　松岡外務大臣より　在天津武藤総領事宛(電報)　仏印問題に関連して天津仏租界回収などの措置は考慮していない旨通報……2711

九　1847　昭和15年9月7日　二〇五　在ハノイ鈴木総領事より　松岡外務大臣宛(電報)　仏印軍事協定に関する基礎事項調印に次いで現地細目協定の交渉を開始したところ日本軍の越境事件発生し交渉中断について……2944

付　記　昭和十五年九月九日付移牒、南支那方面軍発信電報　右越境事件詳報……2945

九　1885　昭和15年9月7日　一四三九　在米国堀内大使より　松岡外務大臣宛(電報)　仏印問題に関するハル国務長官の記者会見談話について……2986

九	1886	昭和15年9月7日	合一九九三	松岡外務大臣より在米国堀内大使、在ジュネーブ藤井総領事代理他宛(電報)	仏印問題に関するわが方の事情説明を米英両大使が要請について	……2986
三	843	昭和15年9月10日		興亜院会議決定	「新中央銀行設立ニ伴フ中支通貨処理ニ關スル件」	……1513
九	1848	昭和15年9月10日	四一七	松岡外務大臣より在仏国沢田大使宛(電報)	日本軍仏印進駐開始の際の発表振りにつきアンリ大使と合意成立について	……2946
				別　電　昭和十五年九月十日発松岡外務大臣より在仏国沢田大使宛第四一八号	右発表案	……2947
九	1849	昭和15年9月11日	合二〇一八	松岡外務大臣より在ハノイ鈴木総領事、在タイ浅田臨時代理公使宛(電報)	仏印に対するタイの失地回復要求を抑制方アンリ大使がわが方へ要請について	……2947
九	1850	昭和15年9月11日	七三六	在仏国沢田大使より松岡外務大臣宛(電報)	仏印現地細目協定の妥結を仏国外相へ要請について	……2948
九	1887	昭和15年9月11日	一四五七	在米国堀内大使より松岡外務大臣宛(電報)	仏印問題に関する米国世論の動向報告	……2987
八	1733	昭和15年9月12日	一九九七	在上海三浦総領事より松岡外務大臣宛(電報)	南京国民政府の外部機関が上海特区法院の判事および職員へ帰順を強要する脅迫状発出について	……2790
九	1851	昭和15年9月12日	一九四	松岡外務大臣より在タイ浅田臨時代理公使宛(電報)	仏印に対するタイの失地回復要求に関し日本軍の関与をアンリ大使指摘につき事実関係査報方訓令	……2949
九	1949	昭和15年9月12日	二六六	在ラングーン福井領事より松岡外務大臣宛(電報)	実効ある禁輸措置の実行方要求に対するビルマ国防部長官の不得要領な回答振りについて	……3060
九	1852	昭和15年9月13日		総理・外務・陸軍・海軍四大臣決定	「佛印問題爾後ノ措置ニ關スル件」	……2949

九 1853 昭和15年9月13日 二一二 在ハノイ鈴木総領事より松岡外務大臣宛(電報) 仏印現地細目協定の交渉に対するドクー総督対応振りにつき報告……2950
六 1443 昭和15年9月14日 四七〇 松岡外務大臣より在米国堀内大使宛(電報) 上海での諸問題や仏印問題などをめぐり米国の対日態度が硬化している原因の究明方訓令……2434
九 1888 昭和15年9月15日 四七一 松岡外務大臣より在米国堀内大使宛(電報) 仏印問題に関するわが方立場を大橋外務次官よりグルー大使へ回答について……2988
一 330 昭和15年9月16日 外務省作成の「支那事變急速處理方針」……573
九 1854 昭和15年9月16日 合二〇五七 松岡外務大臣より在仏国沢田大使、在ハノイ鈴木総領事宛(電報) 仏印現地細目協定を速やかに締結するようアンリ大使へ大橋外務次官要請について……2951
九 1889 昭和15年9月16日 松岡・クレーギー会談においてクレーギー大使が読み上げた仏印問題に関する口上書……2989
付記 昭和十五年九月十六日付「松岡大臣在京英國大使會談要領」より抜粋 仏印問題に関する会談要旨……2990
九 1855 昭和15年9月17日 二一五 在ハノイ鈴木総領事より松岡外務大臣宛(電報) 仏印進駐に関するわが方要求をドクー総督およびマルタン司令官が概ね承諾について……2951
九 1856 昭和15年9月17日 二一六 在ハノイ鈴木総領事より松岡外務大臣宛(電報) 日本軍進駐の際の不測事態に備え仏印在留邦人の海口引揚げ措置につき請訓……2952
九 1857 昭和15年9月18日 二三三 松岡外務大臣より在ハノイ鈴木総領事宛(電報) 仏印在留邦人の海口引揚げ措置につき回訓……2952
九 1858 昭和15年9月19日 二三六 松岡外務大臣より在ハノイ鈴木総領事宛(電報) 仏印進駐を九月二十三日に実施する旨大橋外務次官よりアンリ大使へ通告について……2953
付記 昭和十五年九月十九日発松岡外務大臣より在仏国沢田大使宛電報第四三二号 右通告要旨……2954

九　1859　昭和15年9月19日　二二〇　在ハノイ鈴木総領事より松岡外務大臣宛(電報)　仏印進駐に関するわが方要求を全面承諾しなければ九月二十日にハノイを離れる旨西原少将がマルタン司令官へ通告について……2955
付記　昭和十五年九月二十日発西原機関発信電報　仏印進駐に関するわが方要求条項……2955

九　1890　昭和15年9月19日　一五〇一　在米国堀内大使より松岡外務大臣宛(電報)　仏印問題に関する米国世論に鑑み交渉妥結せず日本軍が一方的に進駐する場合の対外説明振りは前広に統一方意見具申……2991

九　1860　昭和15年9月20日　二〇三四　在上海三浦総領事より松岡外務大臣宛(電報)　重慶政権による仏印国境鉄橋の爆破および昆明・河口間の雲南鉄道接収に関する同政権の発表振り報告……2956

九　1891　昭和15年9月20日　二三八　松岡外務大臣より在ハノイ鈴木総領事宛(電報)　仏印問題への米国などの対応に関する仏国外相の記者談話について……2992

九　1950　昭和15年9月20日　七五七　松岡外務大臣より在英国重光大使宛(電報)　日本の仏印に対する要求は援蒋ルート封鎖に関する日英協定中の和平努力の精神に反するとの認識をクレーギー大使表明について……3061
付記一　昭和十五年九月十六日付「松岡大臣在京英國大使會談要領」より抜粋　援蒋ルート封鎖問題に関する会談要旨……3062
二　昭和十五年九月十八日　大橋外務次官・在本邦クレーギー英国大使会談要旨……3062

二　577　昭和15年9月21日　亜一機密一一八　松岡外務大臣より阿部中国派遣大使宛　現地にてイニシアルされた条約案に対するわが方政府方針が興亜院会議にて決定につき同方針貫徹方訓令……1121
付記　昭和十五年九月二十日　右会議議事概要……1123

九　1861　昭和15年9月21日　二四〇　松岡外務大臣より在ハノイ鈴木総領事宛(電報)　仏印在留邦人の引揚げ実行時期につき訓令……2957

九 1862 昭和15年9月21日 合二一〇九 松岡外務大臣より在南京日高大使館参事官、在北京土田大使館参事官、在上海三浦総領事他宛(電報) 仏印問題は租界その他の在華仏国権益に波及させない方針について……2957

九 1892 昭和15年9月21日 四八二 松岡外務大臣より在米国堀内大使宛(電報) 仏印現地交渉に関する日本政府の立場説明方グルー大使要求に対し松岡外相の回答振り通報……2992

別電一 昭和十五年九月二十一日発松岡外務大臣より在米国堀内大使宛第四八三号 わが方説明を求めるグルー大使口上書……2993

二 昭和十五年九月二十二日発松岡外務大臣より在米国堀内大使宛第四八四号 九月十四日の大橋外務次官口頭説明に対するグルー大使回答……2994

付記一 右グルー大使口上書原文……2994

二 右大橋次官口頭説明に対するグルー大使回答原文……2995

九 1893 昭和15年9月21日 一五一三 在米国堀内大使より松岡外務大臣宛(電報) 仏印に対する日本の軍事的要求は侵略と言うほかなく米国政府は必要措置を考慮するに至るべしとの米国国務次官内話について……2995

九 1951 昭和15年9月21日 五〇二 在香港岡崎総領事より松岡外務大臣宛(電報) 香港政庁は援蔣軍需物資禁輸措置をビルマ同様に期間三か月と認識している旨報告……3063

六 1444 昭和15年9月22日 一五〇七 在米国堀内大使より松岡外務大臣宛(電報) 米国の対日態度硬化の原因につき報告……2434

九 1863 昭和15年9月22日 七三九 在北京土田大使館参事官より松岡外務大臣宛(電報) 仏印現地交渉が不調の場合の対策として総軍が在華仏国軍隊の武装解除や仏租界の占領に関する準備を指示した旨報告……2958

九 1864 昭和15年9月22日 在ハノイ鈴木総領事より松岡外務大臣宛(電報) 西原・マルタン間に現地細目協定調印について……2958

付記一　昭和十五年九月二十一日発西原仏印監視団長発信電報　西原少将のハイフォン引揚げについて……2959

二　昭和十五年九月二十二日発西原機関発信電報　現地細目協定交渉決裂の見込みについて……2959

三　昭和十五年九月二十二日発西原仏印監視団長より沢田参謀次長他宛電報河内電第四四九号　現地細目協定交渉妥結について……2960

九　1865　昭和15年9月22日　四三九　松岡外務大臣より在仏国沢田大使宛(電報)　現地細目協定の調印完了および情報部長談話の発表予定につき通報……2960

付記　昭和十五年九月二十二日調印　現地細目協定……2960

九　1894　昭和15年9月22日　一五一六　在米国堀内大使より松岡外務大臣宛(電報)　仏印問題に対して米国が取り得る措置およびその対策につき意見具申……2997

九　1866　昭和15年9月23日　四四〇　松岡外務大臣より在仏国沢田大使宛(電報)　仏印北部国境で日本軍と仏印軍に軍事衝突発生のため仏印交渉妥結に関する外務省発表をわが方単独で実施した旨通報……2963

付記一　昭和十五年九月二十三日　仏印交渉妥結に関する外務省発表……2963

二　昭和十五年九月二十三日　仏印国境付近における紛争に関する情報部長談話……2964

三　昭和十五年九月二十三日　仏印紛争問題に関する情報部長談話要領……2964

九　1867　昭和15年9月23日　合二一三一　松岡外務大臣より在米国堀内大使、在タイ浅田臨時代理公使他宛(電報)　仏印現地細目協定調印直前における松岡外相とアンリ大使との応酬振りにつき通報……2965

九　1868　昭和15年9月23日　四四二　松岡外務大臣より在仏国沢田大使宛(電報)　仏印での軍事紛争が解決すれば仏印交渉妥結に関し改めて日仏共同コミュニケを発表する旨アンリ大使と合意について……2966

九　1895　昭和15年9月23日　六〇七　在ニューヨーク井口総領事代理より松岡外務大臣宛(電報)　仏印国境での日仏軍事衝突を日本軍の仏印侵略との見出しで米国各紙が大々的報道について……2999

九　1896　昭和15年9月23日　日本軍の仏印進駐に対し米国国務長官が表明した米国政府見解……3000

九　1952　昭和15年9月23日　二八一　在ラングーン福井領事より松岡外務大臣宛(電報)　国境までの往復ガソリン量を許可した非禁絶品輸送トラックに対して昆明までの往復分も追加許可する旨のビルマ政庁通報について……3064

六　1445　昭和15年9月(24)日　特情華府四二　在米国堀内大使より松岡外務大臣宛(電報)　対日石油禁輸問題やビルマルート再開問題に関する米国国務長官の記者談話について……2436

七　1675　昭和15年9月24日　三二四　松岡外務大臣より在天津武藤総領事宛(電報)　天津仏租界内の現銀売却および物資購入につき大至急措置方訓令……2711

九　1869　昭和15年9月24日　大橋外務次官／在本邦アンリ仏国大使　会談　仏印北部国境付近における日本軍と仏印軍との軍事衝突に関し事態拡大防止をアンリ大使要請について……2966

九　1870　昭和15年9月24日　一五六　在海口栗本総領事代理より松岡外務大臣宛(電報)　仏印北部国境方面の軍事紛争継続中との情報および海口引揚げ中の仏印在留邦人への措置につき報告……2967

九　1871　昭和15年9月24日　在ハノイ鈴木総領事より松岡外務大臣宛(電報)　仏印現地細目協定の未決部分につき合意成立し軍事協定の最終取極め成立について……2968

九　1872　昭和15年9月24日　七五七　在仏国沢田大使より松岡外務大臣宛(電報)　仏印現地協定成立に関する仏国報道振りについて……2969

別　電　昭和十五年九月二十四日発在仏国沢田大使より松岡外務大臣宛第七五八号　右協定成立に関する仏国外相の説明……2969

九　1897　昭和15年9月(24)日　特情華府四一　在米国堀内大使より松岡外務大臣宛(電報)　仏印問題での対日譲歩を米国は事前承認していたとの仏国外相声明を米国務省が全面否定について……3001

				付記　欧亜局第三課作成、作成年月日不明	仏印問題での米国援助を求める仏国軍事使節の策動につき対仏抗議申入れ要領	3001
九	1898	昭和15年9月24日	一五三七	在米国堀内大使より松岡外務大臣宛（電報）	仏印問題に対して米国政府は軍需品の日本向け輸出許可制強化や禁輸範囲の拡大を検討していると推測される旨報告	3002
九	1953	昭和15年9月24日	二八二	在ラングーン福井領事より松岡外務大臣宛（電報）	昆明までの往復ガソリン量を追加許可するとのビルマ政庁通報に対し取消し方要求について	3064
九	1873	昭和15年9月25日	七六一	在仏国沢田大使より松岡外務大臣宛（電報）	仏印での軍事衝突および米国への仏印問題説明振りに関する仏国外相内話について	2970
九	1874	昭和15年9月25日	七六二	在仏国沢田大使より松岡外務大臣宛（電報）	仏印進駐が日仏間の友好的合意により実行されたとの仏国政府立場は日米関係に利用し得る観点からわが方も強調すべき旨意見具申	2971
六	1446	昭和15年9月26日	一五五四	在米国堀内大使より松岡外務大臣宛（電報）	米国が屑鉄の西半球および英本国以外への輸出禁止を発表した旨報告	2437
七	1676	昭和15年9月26日	三三〇	松岡外務大臣より在天津武藤総領事宛（電報）	天津仏租界内の現銀処分引受けに関し英国側確約を大至急取付け方訓令	2712
九	1875	昭和15年9月26日	一六六	在海口栗本総領事代理より松岡外務大臣宛（電報）	ハイフォン方面への日本軍の進駐実施について	2972
五	1095	昭和15年9月27日	合三一八六	松岡外務大臣より在英国重光大使、在米国堀内大使他宛（電報）	三国同盟発表に際し中国での対英米関係において特に何らかの措置に出て事を構えることがないよう関係方面に訓令した旨通報	1891
				付記　昭和十五年九月二十七日発柳川興亜院総務長官より森岡華北連絡部長官、津田華中連絡部長官他宛電報第四四七一号	右訓令	1892

五	1141	昭和15年9月27日	一六二〇	在英国重光大使より 松岡外務大臣宛(電報)	仏印問題に関するわが方立場を英国外務次官に説明し中国問題をめぐる日英関係に関し意見交換について	1982
五	1295	昭和15年9月27日	一五五三	在米国堀内大使より 松岡外務大臣宛(電報)	米国輸出入銀行の対中借款決定などに関する新聞報道報告	2158
				付記 昭和十五年十二月一日付、特情電報 対中新規借款に関する米国政府発表		2159
九	1876	昭和15年9月27日		松岡外務大臣より ハイフォン碇泊軍艦子ノ日宛(電報)	日本軍仏印領内進駐に関する日仏両国政府共同コミュニケの発表について	2972
				付記 右共同コミュニケ		2973
九	1954	昭和15年9月27日	二〇七五	在上海堀内総領事より 松岡外務大臣宛(電報)	米中借款の担保品たるタングステン輸出にはビルマルート再開が不可欠であり重慶側が英国に対し再開を要請したとの報道報告	3066
九	1955	昭和15年9月27日	五一八	在香港岡崎総領事より 松岡外務大臣宛(電報)	ビルマルート再開に重慶政権が躍起となっているとの情報等報告	3066
二	578	昭和15年9月28日	三九五	阿部中国派遣大使より 松岡外務大臣宛(電報)	南京政府の最近の実情につき報告	1126
				付記 昭和十五年十月十日、作成者不明 南京政府の実情に関する梅思平および周仏海の内話		1126
九	1877	昭和15年9月28日		大橋外務次官 在本邦アンリ仏国大使 } 会談	日本軍によるハイフォン空爆をアンリ大使抗議について	2973
九	1956	昭和15年9月28日	二五八	松岡外務大臣より 在香港岡崎総領事宛(電報)	香港経由援蔣軍需物資禁輸措置には期限は設定されておらず香港政庁の誤解訂正方訓令	3067
九	1878	昭和15年9月30日	二二一七	在ハノイ鈴木総領事より 松岡外務大臣宛(電報)	不幸にして軍事衝突の発生を見たが今後は友好的に協調したいとの希望をドクー総督が西原少将らに表明について	2974

昭和十五年十月

一　331　昭和15年10月1日　外務、陸軍、海軍三省協議決定　「對重慶和平交渉ノ件」……576
付記一　昭和十五年十月二日、外務省作成「對重慶和平豫備交渉準備要項」……578
二　昭和十五年十月二日「日支和平基礎條件提示項目」……578
一　332　昭和15年10月1日　南京政府と重慶政権の合流による日中和平実現をめざした銭永銘と西義顕との合意事項……579
付記　昭和十五年十月二日　右和平実現に向けた条件として銭側が松岡外相に提出した意見……581
二　579　昭和15年10月1日　四〇四　阿部中国派遣大使より松岡外務大臣宛（電報）　条約交渉妥結について……1128
九　1957　昭和15年10月1日　特情華府五四　在米国堀内大使より松岡外務大臣宛（電報）　米国国務長官の発言振りからビルマルート再開を米国が英国に働きかけていると米国紙が報じている旨報告……3067
付記　昭和十五年十月二日起草、松岡外務大臣より在英国重光大使宛電報案　ビルマルート封鎖継続を英国政府に説示方訓令……3068
九　1958　昭和15年10月1日　五二四　在香港岡崎総領事より松岡外務大臣宛（電報）　香港経由援蔣軍需物資禁輸措置には期限は設定されていない旨を香港政庁へ注意喚起について……3069
一　333　昭和15年10月2日　三国同盟成立が対重慶和平にもたらす影響や日本の中国共産党対策など事変解決策をめぐる汪兆銘の見解について……582
二　580　昭和15年10月2日　四〇五　阿部中国派遣大使より松岡外務大臣宛（電報）　条約交渉妥結に関する阿部大使の報告……1129

六　1447　昭和15年10月2日　一五八七　在米国堀内大使より松岡外務大臣宛(電報)　米国が屑鉄禁輸に続き生糸輸入禁止などを検討中との米国紙報道報告……2438

八　1734　昭和15年10月3日　興亜院会議決定　「上海租界對策」……2791

九　1879　昭和15年10月7日　公機密一八〇　在ハノイ鈴木総領事より松岡外務大臣宛　仏印軍事協定の締結経緯につき気付きの諸点報告……2975

六　1448　昭和15年10月8日　一六一四　在米国堀内大使より松岡外務大臣宛(電報)　米国の屑鉄禁輸措置に対し国務長官へ抗議申入れについて……2438

付記一　昭和十五年十月八日作成、作成局課不明「對米外交ニ關スル試案」……2440

二　昭和十六年二月十日現在「米國ノ對日經濟措置及援蔣借款一覽表」……2441

九　1959　昭和15年10月8日　一六七一　在英国重光大使より松岡外務大臣宛(電報)　英国政府は三国同盟への対応を審議中でありビルマルートの処置を東京で急ぎ折衝すべき旨英国外務次官通報について……3070

九　1960　昭和15年10月8日　八〇一　松岡外務大臣より在英国重光大使宛(電報)　援蔣ルート封鎖に関する日英協定は期間満了後更新しない旨クレーギー大使通告について……3073

別　電　昭和十五年十月八日発松岡外務大臣より在英国重光大使宛第八〇二号右口上書……3073

付　記　右口上書和訳文……3074

七　1677　昭和15年10月9日　五六一　在天津武藤総領事より松岡外務大臣宛(電報)　天津英租界当局が一切の納入金を中国連合準備銀行券のみに限定したため同銀行券の価値高騰について……2712

九　1961　昭和15年10月10日　ビルマルートを再開する旨の英国首相演説に対する松岡外相談話……3075

九　1962　昭和15年10月11日　五五〇　在香港岡崎総領事より松岡外務大臣宛(電報)　香港経由援蔣軍需物資禁輸措置の期限の有無をめぐる香港民政長官との会談について……3076

八　1735　昭和15年10月15日　二一七一　在上海堀内総領事より松岡外務大臣宛(電報)　上海仏租界特区法院の接収をめぐる仏国当局との協議結果について……2792

九　1963　昭和15年10月15日　五五八　在香港岡崎総領事より松岡外務大臣宛(電報)　香港経由援蔣軍需物資禁輸措置を十月十八日以降は続行しない旨香港民政長官通報について……3076

三　844　昭和15年10月16日　二一八四　在上海堀内総領事より松岡外務大臣宛(電報)　華中新米調達に関し総軍と南京政府との間に了解成立について……1516

九　1964　昭和15年10月16日　欧二普通一六三　外務省より在本邦英国大使館宛　援蔣ルート封鎖協定を期間満了後更新しないとの英国通告に対するわが方見解について……3077

九　1965　昭和15年10月16日　五六〇　在香港岡崎総領事より松岡外務大臣宛(電報)　香港経由援蔣軍需物資禁輸措置を継続しないとの香港政庁通報に対し抗議申入れについて……3078

別　電　昭和十五年十月十六日発在香港岡崎総領事より松岡外務大臣宛第五六一号　右抗議……3079

九　1966　昭和15年10月17日　大橋外務次官　在本邦クレーギー英国大使　会談　香港政庁の援蔣軍需物資禁輸措置解除通報に対しわが方見解通告について……3079

九　1967　昭和15年10月18日　五六七　在香港岡崎総領事より松岡外務大臣宛(電報)　援蔣軍需物資禁輸措置の継続を検討中であるとの香港民政長官声明について……3081

九　1968　昭和15年10月18日　五六八　在香港岡崎総領事より松岡外務大臣宛(電報)　援蔣軍需物資禁輸措置の継続検討中との香港民政長官声明の背後事情につき観測報告……3082

九　1969　昭和15年10月18日　三一三　在ラングーン福井領事より松岡外務大臣宛(電報)　ビルマルート再開後最初の中国向けトラック群がラシオを出発したとの諜報について……3082

九　1970　昭和15年10月19日　五六九　在香港岡崎総領事より松岡外務大臣宛(電報)　援蔣軍需物資禁輸措置を継続する旨の覚書を香港民政長官提出について……3082

九 1971 昭和15年10月19日 五七〇 在香港岡崎総領事より松岡外務大臣宛(電報) 援蔣軍需物資禁輸措置を継続することとなった経緯に関する香港民政長官内話について……3083
九 1972 昭和15年10月20日 二一九四 在上海堀内総領事より松岡外務大臣宛(電報) ビルマルート再開に対する重慶側の熱狂振りにつき情報報告……3084
九 1973 昭和15年10月21日 在本邦クレーギー英国大使より大橋外務次官宛 援蔣ルート封鎖協定は満期終了したが香港での援蔣軍需物資禁輸措置は続行される旨通報……3085
九 1974 昭和15年10月21日 三一六 在ラングーン福井領事より松岡外務大臣宛(電報) メコン橋梁などビルマルートに対する日本軍空爆の効果につき情報報告……3086

昭和十五年十一月

九 1975 昭和15年11月4日 三三九 在ラングーン福井領事より松岡外務大臣宛(電報) 日本軍の空爆後もビルマルートによる軍需物資輸送は続行されているとの情報について……3086
付記 昭和十五年十一月七日付在本邦クレーギー英国大使より松岡外務大臣宛半公信 日本軍用機の香港上空飛行およびビルマ領内爆撃に対する抗議……3087
一 334 昭和15年11月[7]日 八〇二 松岡外務大臣より在独国来栖大使宛(電報) わが国の南京政府承認を前に対重慶和平の推進に向け独国政府の尽力方同国大使に申入れについて……584
付記一 昭和十五年十月二十六日、外務省作成「新國民政府ノ承認ト三國同盟條約締結ニ就テ」……585
二 昭和十五年十月九日起草、松岡外務大臣より在独国来栖大使宛電報案 日ソ国交調整および対重慶和平に関する独国政府の意向探査方訓令……586
三 昭和十五年十一月九日起草、松岡外務大臣より在独国来栖大使宛電報案 対重慶和平に関するわが方方針追報……588

八	1736	昭和15年11月7日	二二七一	在上海堀内総領事より松岡外務大臣宛(電報)	上海仏租界特区法院接収を仏国側原則応諾について	2793
三	845	昭和15年11月8日		閣議決定	「對支經濟緊急對策」	1516
八	1737	昭和15年11月8日	二二七九	在上海堀内総領事より松岡外務大臣宛(電報)	上海仏租界特区法院の接収完了について	2794
二	581	昭和15年11月9日		在南京日高大使館参事官より松本条約局長宛	日満華共同宣言案の三国間協議に関する日高参事官報告	1130
八	1738	昭和15年11月11日	四八〇	在南京日高大使館参事官より松岡外務大臣宛(電報)	上海仏租界の特区法院接収実現に関し汪兆銘がわが方へ謝意表明について	2794
一	335	昭和15年11月13日		御前会議決定	「支那事變處理要綱」	590
五	1142	昭和15年11月20日	一八三九	在英国重光大使より松岡外務大臣宛(電報)	ビルマルート再開後における英国の対中態度に関し英国外務次官と意見交換について	1984
五	1096	昭和15年11月23日	一一八三	在伊国天羽大使より松岡外務大臣宛(電報)	事変処理および日ソ国交調整に関するムッソリーニ伊国首相との意見交換について	1892
二	582	昭和15年11月28日	五五三	阿部中国派遣大使より松岡外務大臣宛(電報)	汪兆銘の国民政府主席就任について	1133
一	336	昭和15年11月29日	六七〇	在香港矢野総領事より松岡外務大臣宛(電報)	香港での対重慶和平交渉の結果判明までは日華基本条約調印を延期するよう汪兆銘説得方田尻参事官より影佐少将へ要請について	592
				付記一	昭和十五年十一月(日付不明)、在香港矢野総領事より松岡外務大臣宛電報写 十一月十八日夜の西・銭会談内容	594
				二	昭和十五年十一月二十一日付 十一月二十日夜の西・田尻・銭会談内容に関するメモ	595

二　583　昭和15年11月30日　条約　日華基本条約……1134
二　584　昭和15年11月30日　共同宣言　日満華共同宣言……1143
二　585　昭和15年11月30日　日華基本条約および日満華共同宣言成立に関する日本政府公表……1144
付記一　昭和十五年十一月三十日　日華基本条約および日満華共同宣言成立に関する情報部長談話……1144
二　昭和十五年十二月一日付　日華基本条約成立に対するハル米国務長官の声明……1146
二　587　昭和15年11月30日　五七六　阿部中国派遣大使より松岡外務大臣宛(電報)　日華基本条約の成立を踏まえ速やかな訪日を汪兆銘希望について……1162

昭和十五年十二月

二　586　昭和15年12月　日華基本条約の交渉経緯に関する阿部大使復命報告書の抜粋……1147
一　337　昭和15年12月6日　阿部中国派遣大使より松岡外務大臣宛(電報)　南京政府承認後の事変処理方策につき意見具申……596
二　588　昭和15年12月8日　六〇四　阿部中国派遣大使より松岡外務大臣宛(電報)　汪兆銘の訪日中止理由を褚民誼へ説明について……1162
五　1296　昭和15年12月10日　一九〇九　在英国重光大使より松岡外務大臣宛(電報)　英国政府の対中新規借款に関し英国外務次官より通報について……2160
付記一　昭和十五年十二月十一日付、ロンドン発同盟電報　右借款に関する英国外務次官の議会答弁……2160
二　昭和十六年四月二十六日付、ワシントン発同盟電報　法幣安定資金供与に関する米中協定・英中協定調印に際し発出された各ステートメント……2161

三	846	昭和15年12月11日	六〇九	阿部中国派遣大使より松岡外務大臣宛(電報)	汪兆銘が経済委員会設置案を披瀝し日本人顧問の招聘を熱望について	1518
三	847	昭和15年12月14日	六一九	在南京日高大使館参事官より松岡外務大臣宛(電報)	中央儲備銀行設立に関する準備状況報告	1519
三	848	昭和15年12月17日	六二四	在南京日高大使館参事官より松岡外務大臣宛(電報)	中央儲備銀行設立に際し日中間覚書調印について	1520
三	849	昭和15年12月20日	六五一	在南京日高大使館参事官より松岡外務大臣宛(電報)	中央儲備銀行法および関連法令の発表について	1520
三	850	昭和15年12月21日	二三一	在張家口渡辺総領事より松岡外務大臣宛(電報)	中央儲備銀行が設立されても蒙疆銀行の立場に何ら変化がない旨蒙疆銀行発表について	1521
二	589	昭和15年12月24日	六六七	在南京日高大使館参事官より松岡外務大臣宛(電報)	中国における独国官民の日本および南京政府に対する非友誼的な態度につき汪兆銘内話について	1163
二	590	昭和15年12月28日	六八〇	在中国本多大使より松岡外務大臣宛(電報)	信任状捧呈式の終了報告	1164

昭和十六年一月

三	851	昭和16年1月4日	九	在中国本多大使より松岡外務大臣宛(電報)	全国経済委員会への日本人顧問推薦方汪兆銘要請について	1521
				付記　昭和十六年一月四日、閣議諒解「青木顧問ノ身分地位ニ關スル件」		1522
二	591	昭和16年1月8日	支大秘七	在中国本多大使より松岡外務大臣宛	信任状捧呈式の状況報告	1164
三	852	昭和16年1月8日	二五	在上海堀内総領事より松岡外務大臣宛(電報)	中央儲備銀行開業に関する重慶側報道振り報告	1523

一　338　昭和16年1月21日　第七十六回帝国議会における松岡外相演説……597
付記　昭和十六年一月三十日
松岡外相議会答弁概要「重慶政権ノ合流ハ時期到來セズ」……603
二　592　昭和16年1月23日　四七　在伊国堀切大使より
松岡外務大臣宛(電報)　南京政府承認問題に対する独伊の立場につき伊側説明について……1168
二　593　昭和16年1月25日　五三　在中国日高臨時代理大使より
松岡外務大臣宛(電報)　東亜連盟運動に関する日本政府の閣議決定が中国における運動に与える影響を汪兆銘懸念について……1168
付記　昭和十六年一月十四日
右閣議決定……1169
三　687　昭和16年1月30日　一二　松岡外務大臣より
在南京杉原総領事宛(電報)　蒙古独立に対する日本側意向を確認するため徳王が訪日を希望しているところ興亜院の対応振り通報……1279
別電　昭和十六年一月三十日発松岡外務大臣より在南京杉原総領事宛第一三号
興亜院の右対応方針……1280
付記　昭和十六年二月十二日、東亜局第一課作成
「徳王應待要領ニ關スル件」……1280
三　853　昭和16年1月31日　六八　在中国日高臨時代理大使より
松岡外務大臣宛(電報)　華中新米調達協定の南京政府履行状況について……1524

昭和十六年二月

三　854　昭和16年2月4日　六三　在香港矢野総領事より
松岡外務大臣宛(電報)　中央儲備銀行券の受取りを中止するよう蒋介石が中国・交通両行に命令したとの情報報告……1525
五　1097　昭和16年2月9日　八七　在中国日高臨時代理大使より
松岡外務大臣宛(電報)　重慶訪問から帰還したコスム仏国大使が語った重慶の状況や事変をめぐる仏国の立場に関する内話要領について……1894

一　339　昭和16年2月25日　郵三　在上海堀内総領事より松岡外務大臣宛(電報)　新四軍問題を契機に国民党と共産党の間に内争発生の情報について……605

五　1098　昭和16年2月28日　普通五八九　在上海堀内総領事より松岡外務大臣宛　カリー米国特使の使命や対重慶援助問題などに関するUP通信極東支配人の通信および談話要旨報告……1895

八　1739　昭和16年2月28日　二六九　在上海堀内総領事より松岡外務大臣宛(電報)　上海租界当局より日英米間に戦争勃発の場合の必需品輸送に関し考案方要請について……2795

別　電　昭和十六年二月二十八日発在上海堀内総領事より松岡外務大臣宛第二七〇号
右要請内容……2796

昭和十六年三月

三　855　昭和16年3月5日　一三三　在中国本多大使より松岡外務大臣宛(電報)　汪兆銘が青木経済顧問の就任斡旋に謝意を表し米穀問題へのわが方善処を要望について……1525

三　856　昭和16年3月8日　一三九　在中国本多大使より松岡外務大臣宛(電報)　外米緊急輸入計画に対する日本側の協力を徐良外交部長要請について……1527

別　電　昭和十六年三月八日発在中国本多大使より松岡外務大臣宛第一四〇号
右要請文……1528

九　1976　昭和16年3月8日　合五一〇　松岡外務大臣より在英国重光大使、在ラングーン福井総領事他宛(電報)　重慶側軍隊のビルマ進駐の情報に関し大橋外務次官よりクレーギー大使へ真偽照会について……3088

付記一　昭和十六年三月三日、東亜局作成
「重慶緬甸共同戦線牽制ニ關スル件」……3088

二　昭和十六年三月十日付在本邦クレーギー英国大使より大橋外務次官宛公信
右照会に対する英国政府回答通報……3089

六	1449	昭和16年3月9日	一三四	在米国野村大使より松岡外務大臣宛(電報)	東亜新秩序構想の趣旨が不明確で米国人に理解されない点が日米関係の最難関であるなどハワード内話について	2446
三	688	昭和16年3月10日	二七	松岡外務大臣より在張家口渡辺総領事宛(電報)	徳王訪日時の接遇振りにつき通報	1283
				別　電　昭和十六年三月十日発松岡外務大臣より在張家口渡辺総領事宛第二八号	松岡・徳王会談概要	1284
九	1977	昭和16年3月10日	五三	在ラングーン福井総領事より松岡外務大臣宛(電報)	重慶軍のビルマ進駐に関する諜報報告	3090
九	1978	昭和16年3月13日	三五一	在上海堀内総領事より近衛臨時外務大臣事務管理宛(電報)	上海よりの軍需資材再輸出を防止するためビルマ・仏印等への援蔣物資輸移出禁止措置実施方関係機関で協議決定について	3091
五	1099	昭和16年3月15日	一六五	在北京土田大使館参事官より近衛臨時外務大臣事務管理宛(電報)	対重慶和平工作や南京政府承認問題などに関する独国代理大使の内話について	1898
九	1979	昭和16年3月17日	三六九	在上海堀内総領事より近衛臨時外務大臣事務管理宛(電報)	重慶軍のビルマ進駐に関する中英軍事協定成立の諜報報告	3091
三	857	昭和16年3月18日	三八〇	在上海堀内総領事より近衛臨時外務大臣事務管理宛(電報)	南京政府の外米緊急輸入計画に対するわが方協力の実施案決定について	1528
五	1100	昭和16年3月18日	一五六	在中国本多大使より近衛臨時外務大臣事務管理宛(電報)	対重慶和平工作や日ソ国交調整などに関する伊国大使の内話について	1899
五	1143	昭和16年3月18日	一五七	在中国本多大使より近衛臨時外務大臣事務管理宛(電報)	重慶空爆の被害状況、重慶政権の抗戦意識、中国問題をめぐる英国の対日態度などに関する在中国英国大使の内話について	1986
九	1980	昭和16年3月20日	四〇〇	在上海堀内総領事より近衛臨時外務大臣事務管理宛(電報)	ビルマルートの輸送力増強を主眼とする英米中三国秘密協定成立に関する諜報報告	3092
一	340	昭和16年3月24日	一七七	在中国本多大使より近衛臨時外務大臣事務管理宛(電報)	国共内争問題に関する汪兆銘との意見交換について	606

一 341 昭和16年3月28日 一九四 在中国本多大使より近衛臨時外務大臣事務管理宛(電報) 外政機構整備統合問題に関し意見具申 …… 608

昭和十六年四月

九 1981 昭和16年4月2日 八三 在ラングーン福井総領事より近衛臨時外務大臣事務管理宛(電報) 滇緬鉄道建設計画が進捗しつつあることを窺わせる諸情報報告 …… 3092
別電 昭和十六年四月三日発在ラングーン福井総領事より近衛臨時外務大臣事務管理宛第八三号 右鉄道のラシオ・国境間延長につき財政的全責任を英本国政府が引受けるとのビルマ政庁発表 …… 3093
一 342 昭和16年4月5日 二〇六 在中国本多大使より近衛臨時外務大臣事務管理宛(電報) 事変解決への楽観的期待など日本内地の認識には中国の現地実情と相当の乖離があるとの褚民誼内話について …… 610
九 1982 昭和16年4月7日 五三八 在上海堀内総領事より近衛臨時外務大臣事務管理宛(電報) ビルマ・仏印等への援蔣物資輸移出禁止措置を上海海関実施について …… 3094
別電 昭和十六年四月七日発在上海堀内総領事より近衛臨時外務大臣事務管理宛第五三九号 右禁止品目 …… 3095
一 343 昭和16年4月8日 二一二 在中国本多大使より近衛臨時外務大臣事務管理宛(電報) 重慶政治情勢に関する汪兆銘の観測について …… 611
五 1101 昭和16年4月8日 一九九 在仏国原田臨時代理大使より近衛臨時外務大臣事務管理宛(電報) 仏国が新たに任命した駐華大使が重慶に赴任すれば日本の対仏世論を刺激すべき旨仏国外務当局へ注意喚起について …… 1899
二 594 昭和16年4月11日 二二二 在中国本多大使より近衛臨時外務大臣事務管理宛(電報) 南京政府の立場強化の観点から汪側より訪日の申入れある場合には受諾すべき旨意見具申 …… 1170
一 344 昭和16年4月12日 二五一 在北京土田大使館参事官より近衛臨時外務大臣事務管理宛(電報) 閻錫山が帰順の条件を提示したとの情報報告 …… 612

一　345　昭和16年4月14日　五八九　在上海堀内総領事より近衛臨時外務大臣事務管理宛(電報)　汪兆銘下野を条件とする山崎靖純の和平工作は重慶政権に日本の弱腰を示す結果となっているとの情報について……613

一　346　昭和16年4月14日　二三三　在中国本多大使より近衛臨時外務大臣事務管理宛(電報)　日ソ中立条約に対する南京政府要路の評価につき報告……614

一　347　昭和16年4月15日　二五七　在北京土田大使館参事官より近衛臨時外務大臣事務管理宛(電報)　日ソ中立条約に関する華北方面の反響につき報告……615

一　348　昭和16年4月16日　二三四　在中国本多大使より近衛臨時外務大臣事務管理宛(電報)　日ソ中立条約に関する宣伝要項の作成について……616

別電　昭和十六年四月十六日発在中国本多大使より近衛臨時外務大臣事務管理宛第二三五号　右宣伝要項……616

一　349　昭和16年4月16日　二四二　在中国本多大使より近衛臨時外務大臣事務管理宛(電報)　日ソ中立条約はソ連と重慶政権の関係を薄弱化しないとの汪兆銘観測について……617

一　350　昭和16年4月16日　二五九　在北京土田大使館参事官より近衛臨時外務大臣事務管理宛(電報)　閻錫山帰順工作の進捗状況に関する蘇體仁の内話情報報告……618

二　595　昭和16年4月17日　二四四　在中国本多大使より近衛臨時外務大臣事務管理宛(電報)　汪側より訪日希望申入れについて……1171

三　689　昭和16年4月22日　一四〇　在広東高津総領事より近衛臨時外務大臣事務管理宛(電報)　福建華僑工作に関する現地軍の要望について……1284

九　1983　昭和16年4月23日　六八〇　在上海堀内総領事より松岡外務大臣宛(電報)　上海海関が実施したビルマ・仏印等への援蔣物資輸移出禁止措置の対仏印例外規定につき請訓……3096

一　351　昭和16年4月24日　二六一　在中国本多大使より松岡外務大臣宛(電報)　山崎靖純の活動など無統制な対重慶工作が各方面に及ぼす悪影響につき考慮方具申……619

一　352　昭和16年4月27日　二六三　在中国本多大使より松岡外務大臣宛(電報)　対重慶工作実施に当たっては南京政府に了解を求めるべきとの周仏海質疑につき応答振り請訓……619

別電　昭和十六年四月二十七日発在中国本多大使より松岡外務大臣宛第二六四号
周仏海の談話内容……619

一　353　昭和16年4月28日　二一一　在香港矢野総領事より松岡外務大臣宛(電報)
日ソ中立条約成立をめぐる重慶政権動向に関する情報報告……621

三　690　昭和16年4月28日　二七一　在中国本多大使より松岡外務大臣宛(電報)
蒙疆地域での自治運動進展に関し南京国民政府との関係から影佐少将憂慮表明について……1285

三　691　昭和16年4月28日　二七二　在中国本多大使より松岡外務大臣宛(電報)
蒙疆自治運動や西南政府樹立運動が南京国民政府当局を刺激・困惑させているため同政府の心配を除去するよう尽力方要望について……1285

三　692　昭和16年4月29日　二七〇　在中国本多大使より松岡外務大臣宛(電報)
余漢謀の幕僚による西南政府樹立運動を制止するよう南京国民政府要望について……1285

昭和十六年五月

一　354　昭和16年5月1日　二七九　在中国本多大使より松岡外務大臣宛(電報)
対重慶工作に関する周仏海質疑につき応答振り報告……622

一　355　昭和16年5月5日
「支那事變處理要綱」の実施振りに鑑み外務省が作成した「對支緊急施策要綱(案)」をめぐる関係省間の協議概要……623

二　596　昭和16年5月6日　二九四　在中国本多大使より松岡外務大臣宛(電報)
今次訪日の目的は南京政府強化問題の協議にある旨汪兆銘強調について……1171

一　356　昭和16年5月9日　七六九　在上海堀内総領事より松岡外務大臣宛(電報)
対重慶工作のような南京政府育成上有害な行動は慎むよう井上興亜院連絡部次長に本多大使から注意喚起について……629

二　597　昭和16年5月9日　七六八　在上海堀内総領事より松岡外務大臣宛(電報)
南京政府の強化に関し現地陸海軍と意見一致の試案を作成した旨帰朝予定の本多大使より報告……1172

九 1984 昭和16年5月14日 一二九 在ラングーン磯野総領事より松岡外務大臣宛(電報) ビルマ人の英国および中国に対する反感や独立気運などに関する観測報告 …… 3097

付記 昭和十六年六月十一日、興亜院連絡委員会諒解「本多大使ニ對スル回答案」 …… 1173

三 693 昭和16年5月16日 一七〇 在広東高津総領事より松岡外務大臣宛(電報) 福州経営は軍中央と現地軍との間に意見の不一致があり長期経営は経済的に困難との観測報告 …… 1286

一 357 昭和16年5月19日 三二二 在中国日高臨時代理大使より松岡外務大臣宛(電報) 対重慶工作に関する日本政府の対応方針を汪兆銘に説明について …… 630

三 858 昭和16年5月22日 三三一 在中国日高臨時代理大使より松岡外務大臣宛(電報) 軍票高騰に関しわが方の善処を汪兆銘要請について …… 1529

一 358 昭和16年5月23日 南京政府の育成強化に関する外務省方針案 …… 630

一 359 昭和16年5月24日 三三七 在中国日高臨時代理大使より松岡外務大臣宛(電報) スチュワートを通じた米国の和平斡旋説に関する独国側との意見交換について …… 632

六 1450 昭和16年5月30日 一八二 在漢口田中総領事より松岡外務大臣宛(電報) 在華米国人の財産登記を七月一日までに完了するよう米国国務省が訓令したとの情報報告 …… 2447

昭和十六年六月

一 360 昭和16年6月2日 一九一 在広東高津総領事より松岡外務大臣宛(電報) 余漢謀および李品仙への懐柔工作につき報告 …… 633

一 361 昭和16年6月2日 機密一四七一 在上海堀内総領事より松岡外務大臣宛 重慶方面などを視察した米国人記者スティールの内話情報報告 …… 634

六 1451 昭和16年6月2日 八九四 在上海堀内総領事より松岡外務大臣宛(電報) 米国空軍兵士の重慶軍参加に関するＵＰ通信の報道と重慶側反響につき報告 …… 2448

六	1452	昭和16年6月3日	九〇六	在上海堀内総領事より松岡外務大臣宛（電報）	中国の平和回復後に治外法権を撤廃する用意があるとの米国声明への反響について	2448
二	598	昭和16年6月5日	三六一	在中国日高臨時代理大使より松岡外務大臣宛（電報）	汪訪日に関する現地作成の宣伝指導要綱について	1175
				別　電　昭和十六年六月五日発在中国日高臨時代理大使より松岡外務大臣宛第三六二号	右要綱	1175
五	1102	昭和16年6月5日	九一五	在上海堀内総領事より松岡外務大臣宛（電報）	スタンダード石油に対し灯油の中国奥地搬出許可を条件として高オクタン価ガソリンの入手方工作について	1900
				別　電　昭和十六年六月五日発在上海堀内総領事より松岡外務大臣宛第九一六号	右工作要領	1901
二	599	昭和16年6月11日			興亜院連絡委員会諒解の「汪精衛氏ニ對スル應對要領」	1177
二	600	昭和16年6月13日	合一二五一	松岡外務大臣より在英国重光大使、在米国野村大使他宛（電報）	汪訪日に関するわが方宣伝方針について	1181
				別　電　昭和十六年六月十三日発松岡外務大臣より在英国重光大使、在米国野村大使他宛合第一二四九号	汪訪日に関する発表内容	1182
一	362	昭和16年6月16日	三九九	在中国日高臨時代理大使より松岡外務大臣宛（電報）	汪兆銘を通じて日本軍が李済深に示した帰順条件について	636
二	601	昭和16年6月17日	六九九	在独国大島大使より松岡外務大臣宛（電報）	南京政府の承認につき独国政府に対し正式申入れ方請訓	1182
六	1453	昭和16年6月20日	機密 一六九四	在上海堀内総領事より松岡外務大臣宛	米国の対日世論が急激に硬化しているとの報道報告	2449
二	602	昭和16年6月21日		興亜院会議申合	「國民政府ニ對スル借款供與方ニ關スル件」	1183

一 363 昭和16年6月23日 四一五 在中国中村臨時代理大使より松岡外務大臣宛(電報) 独ソ開戦により重慶政権は援助国の一つを失ったとの見解を南京政府へ披瀝について……637
二 603 昭和16年6月23日 近衛首相と汪兆銘による日華共同声明……1184
二 604 昭和16年6月23日 四一三 在中国中村臨時代理大使より松岡外務大臣宛(電報) 汪訪日に関する報道振り報告……1185
二 605 昭和16年6月23日 四一四 在中国中村臨時代理大使より松岡外務大臣宛(電報) 汪訪日に対する日本側歓待振りに南京政府側満足を表明について……1185
一 364 昭和16年6月24日 一〇七六 在上海堀内総領事より松岡外務大臣宛(電報) 重慶政権が緊急会議を開催し独ソ開戦への対応を協議したとの諜報報告……637
二 606 昭和16年6月26日 四〇七 在伊国堀切大使より松岡外務大臣宛(電報) 伊国政府に対し南京政府承認方申入れについて……1186
二 607 昭和16年6月26日 七八三 在独国大島大使より松岡外務大臣宛(電報) 独国の南京政府承認決定について……1186
二 608 昭和16年6月27日 六〇五 松岡外務大臣より在上海堀内総領事宛(電報) 南京政府に対する三億円借款供与決定について……1187
二 609 昭和16年6月27日 七八九 在独国大島大使より松岡外務大臣宛(電報) 三国同盟加入国による南京政府承認手続き等に関し独国外務次官より説明について……1187
二 610 昭和16年6月27日 四一〇 在伊国堀切大使より松岡外務大臣宛(電報) 伊国の南京政府承認決定について……1188
二 611 昭和16年6月29日 八〇五 在独国大島大使より松岡外務大臣宛(電報) 独国の承認後における南京政府の新駐独大使選定に関し意見具申……1188
一 365 昭和16年6月30日 一一二〇 在上海堀内総領事より松岡外務大臣宛(電報) 独ソ開戦が国共対立の緩和をもたらしたとのUP電報告……638
一 366 昭和16年6月30日 二一六 在漢口田中総領事より松岡外務大臣宛(電報) 独ソ戦の事変に及ぼす影響に関する各方面の観測報告……638

二　612　昭和16年6月30日　四二八　在中国中村臨時代理大使より松岡外務大臣宛(電報)　新駐独大使選定に関する汪兆銘の意向について……1189
三　694　昭和16年6月30日　一一二　在張家口渡辺総領事より松岡外務大臣宛(電報)　蒙古自治邦の名称採用を現地要人のみの会議で決議し興亜院も承認しているとの情報報告……1287

昭和十六年七月

二　613　昭和16年7月1日　四四一　在中国中村臨時代理大使より松岡外務大臣宛(電報)　独伊による南京政府承認の汪宛書簡提出について……1190
別電　昭和十六年七月二日発在中国中村臨時代理大使より松岡外務大臣宛第四四二号　右書簡……1190
二　614　昭和16年7月2日　三三六　在仏国加藤大使より松岡外務大臣宛(電報)　南京政府の承認方仏国政府に対し申入れについて……1191
二　615　昭和16年7月2日　一一三三　在上海堀内総領事より松岡外務大臣宛(電報)　独伊等の南京政府承認に関する報道振り報告……1192
二　616　昭和16年7月4日　四五四　在中国中村臨時代理大使より松岡外務大臣宛(電報)　南京政府の在外使臣の人選は日本側の助言により決定するとの汪兆銘意向について……1193
一　367　昭和16年7月5日　六四　在太原田中総領事より松岡外務大臣宛(電報)　閻錫山が帰順条件の細目提示について……639
二　617　昭和16年7月5日　四三七　在北京土田大使館参事官より松岡外務大臣宛(電報)　南京政府承認後における独国の華北権益増進への要望に関する対策考究方具申……1194
二　618　昭和16年7月5日　八四一　在独国大島大使より松岡外務大臣宛(電報)　南京政府との通商条約締結に関する独国政府の意向について……1194
一　368　昭和16年7月6日　六五　在太原田中総領事より松岡外務大臣宛(電報)　閻錫山の帰順には李済深など各方面で共鳴者が出る見込みとの田中兵務局長内話について……640

九	1985	昭和16年7月7日	二一一	在ラングーン磯野総領事より松岡外務大臣宛(電報)	米国の援蒋軍需物資輸送がビルマルートを通じ近く飛躍的に増加するとの観測報道報告	3099
九	1986	昭和16年7月8日	二一四	在ラングーン磯野総領事より松岡外務大臣宛(電報)	ビルマルートにおける援蒋軍需物資の輸送準備が活況を呈しつつある旨報告	3099
一	369	昭和16年7月9日	六八	在太原田中総領事より松岡外務大臣宛(電報)	閻錫山の帰順条件細目を軍側は全面応諾する見込みについて	641
二	619	昭和16年7月10日	四七〇	在中国中村臨時代理大使より松岡外務大臣宛(電報)	対華僑工作の観点より仏国による南京政府承認を汪兆銘希望について	1195
三	859	昭和16年7月10日	一二二七	在上海堀内総領事より松岡外務大臣宛(電報)	新通貨が法幣に代わることは困難であり日本側は法幣攻撃工作を止めるべきとの米国人通貨専門家の意見について	1530
一	370	昭和16年7月14日	四五五	在北京土田大使館参事官より松岡外務大臣宛(電報)	閻錫山帰順工作の進展振りに関する大林組社員の内話報告	641
一	371	昭和16年7月15日	郵八	在上海堀内総領事より松岡外務大臣宛(電報)	独ソ開戦後における重慶政権の対米態度などに関する情報報告	642
二	620	昭和16年7月16日	四八二	在中国日高臨時代理大使より松岡外務大臣宛(電報)	南京政府が日本側に希望する諸問題を調整するための委員会設置を徐良外交部長提議について	1196
				付記	昭和十六年五月十三日付周仏海行政院副院長より在中国本多大使宛書簡 日本に対する南京政府の希望について	1196
五	1103	昭和16年7月16日	三四三	在香港矢野総領事より松岡外務大臣宛(電報)	英米中ソ四国軍事同盟説に関する情報報告	1902
一	372	昭和16年7月17日	一二七九	在上海堀内総領事より松岡外務大臣宛(電報)	重慶政権は対日和平に応じる意図なしとの郭泰祺の談話報道について	644
一	373	昭和16年7月17日	四八六	在中国日高臨時代理大使より松岡外務大臣宛(電報)	近衛内閣総辞職および内閣改造に関する汪兆銘への説明振り報告	645

六	1454	昭和16年7月17日	一二七八	在上海堀内総領事より松岡外務大臣宛(電報)	米国大統領が派遣した特使ラチモアの香港到着により重慶政権の対英米ソ外交工作が活発化したとの情報報告	2450
一	374	昭和16年7月20日	四九四	在中国日高臨時代理大使より豊田外務大臣宛(電報)	内閣改造を説明した近衛総理の汪兆銘宛メッセージ手交について	645
				別電　昭和十六年七月二十日発在中国日高臨時代理大使より豊田外務大臣宛第四九五号	右メッセージに対する汪返信	646
				付記一　昭和十六年七月二十二日発豊田外務大臣より在中国本多大使宛電報第三〇四号	右メッセージ交換の公表について	646
				二　昭和十六年七月二十二日発豊田外務大臣より在中国本多大使宛電報第三〇五号	右公表用の汪宛近衛メッセージ	646
六	1455	昭和16年7月20日	一三〇一	在上海堀内総領事より豊田外務大臣宛(電報)	ラチモアの重慶到着について	2451
五	1104	昭和16年7月22日	四六五	在北京土田大使館参事官より豊田外務大臣宛(電報)	華北・蒙疆地方におけるわが方特殊地位に重大な影響を及ぼすような通商条約の締結を中独間に認めるべきではない旨意見具申	1904
五	1105	昭和16年7月23日	二二九	豊田外務大臣より在英国上村臨時代理大使宛(電報)	重慶政権が英ソ協定を極東に適用して日英衝突の機会を作らんと策動中との情報通報	1905
二	621	昭和16年7月26日	五一九	在中国日高臨時代理大使より豊田外務大臣宛(電報)	三億円借款の今年度割当分を専ら武器購入にあてたいとの汪兆銘申し出について	1202
三	860	昭和16年7月26日	一三五八	在上海堀内総領事より豊田外務大臣宛(電報)	米国の対日資産凍結令発動に対し中国において執るべき対応策を現地関係機関で検討中について	1531
				付記　昭和十六年七月二十六日発及川興亜院総務長官心得より各連絡部長官宛電報第三五二五号	米国の資産凍結令発動に対し中国において執るべき対処方策について	1532

三 861 昭和16年7月28日 五二三 在中国日高臨時代理大使より豊田外務大臣宛(電報) 対日資産凍結へのわが方対応措置に関し南京政府が協力方応諾について …… 1534

六 1456 昭和16年7月28日 一三七二 在上海堀内総領事より豊田外務大臣宛(電報) 対日資産凍結令に関する各紙論調報告 …… 2451

三 862 昭和16年7月30日 一三八九 在上海堀内総領事より豊田外務大臣宛(電報) 対日資産凍結への対応策として輸出制限措置および輸出許可品目を協議決定について …… 1534

別電一 昭和十六年七月三十日発在上海堀内総領事より豊田外務大臣宛第一三九〇号 輸出制限措置要領 …… 1536

二 昭和十六年七月三十日発在上海堀内総領事より豊田外務大臣宛第一三九一号 輸出許可品目 …… 1537

五 1224 昭和16年7月30日 一三九八 在上海堀内総領事より豊田外務大臣宛(電報) わが方空爆による米艦ツツイラ号等の被害に対し米国側抗議について …… 2085

三 863 昭和16年7月31日 一四三四 在上海堀内総領事より豊田外務大臣宛(電報) 対日資産凍結に対応した輸出制限措置は無用の混乱を招来しないよう制限品目を限定し漸次拡大していく方針について …… 1538

五 1225 昭和16年7月31日 六二四 在米国野村大使より豊田外務大臣宛(電報) ツツイラ号事件に関しわが方の遺憾の意を表明する対米通牒 …… 2085

付記 外務省作成「外交資料 日米交渉經緯ノ部」(昭和二十一年二月)より抜粋 ツツイラ号事件の概略 …… 2086

昭和十六年八月

五 1226 昭和16年8月2日 二九三 在ハノイ林総領事より豊田外務大臣宛(電報) ツツイラ号事件への米国態度に関する論調報告 …… 2087

六 1457 昭和16年8月2日 一四二四 在上海堀内総領事より豊田外務大臣宛(電報) ラチモアが米国政府に対し重慶政権強化策を具申したとの情報報告 …… 2453

三	695	昭和16年8月4日	一四〇	在張家口渡辺総領事より豊田外務大臣宛(電報)	蒙古自治邦の名称採用理由および実施方法につき軍側より通報について	1288
三	864	昭和16年8月4日	一四四七	在上海堀内総領事より豊田外務大臣宛(電報)	対日資産凍結の背景に法幣安定資金を有効に運用せしめんとする英米側の意図があるなど本邦銀行関係者の観測報告	1539
五	1106	昭和16年8月4日	一四四六	在上海堀内総領事より豊田外務大臣宛(電報)	重慶における経済建設は英米人の掌握下にあるとの情報報告	1905
三	865	昭和16年8月5日	五二〇	在北京土田大使館参事官より豊田外務大臣宛(電報)	対日資産凍結への対応措置に関し独仏伊三国へ協力要請について	1540
三	866	昭和16年8月7日	一四七四	在上海堀内総領事より豊田外務大臣宛(電報)	米国の対日資産凍結措置および上海での輸出制限措置に関する米国領事の内話報告	1541
五	1107	昭和16年8月8日	一四七九	在上海堀内総領事より豊田外務大臣宛(電報)	仏国をしてわが方の事変処理に協力せしめるための根本方針設定方意見具申	1906
三	867	昭和16年8月12日	五六〇	在中国日高臨時代理大使より豊田外務大臣宛(電報)	対日資産凍結に関連して芝罘や青島などで執られている措置は中央の方針を逸脱し対外的悪影響が憂慮されるので是正方意見具申	1542
六	1458	昭和16年8月13日	四〇四	在ニューヨーク森島総領事より豊田外務大臣宛(電報)	米国の援蔣軍需物資輸出状況報告	2453
三	868	昭和16年8月16日	二六九	在天津加藤総領事より豊田外務大臣宛(電報)	対日資産凍結への対応措置ないしは中国における一般的経済統制上の取締に関し仏伊英独四国へ協力要請について	1542
三	869	昭和16年8月17日	二七〇	在天津加藤総領事より豊田外務大臣宛(電報)	対日資産凍結への対応措置ないしは中国における一般的経済統制上の取締に関するわが方協力要請への各国回答振りについて	1543
一	375	昭和16年8月19日	五八五	在中国日高臨時代理大使より豊田外務大臣宛(電報)	重慶から脱出した伊国代理大使の重慶近況に関する内話報告	647

五 1108 昭和16年8月20日 三一八 在広東高津総領事より豊田外務大臣宛(電報) 援蔣物資取締等に関するマカオ当局への申入れ案を三省関係者で協議決定について …… 1907
別電 昭和十六年八月二十日発在広東高津総領事より豊田外務大臣宛第三一九号 右申入れ案 …… 1908
三 870 昭和16年8月21日 二七八 在天津加藤総領事より豊田外務大臣宛(電報) 対日資産凍結への対応措置および中国における一般的経済統制上の取締に関する協力を仏国側承諾について …… 1544
付記 昭和十六年十月十六日発在天津加藤総領事より豊田外務大臣宛電報第三四二号 右協力に関する天津仏租界当局への具体的要望事項 …… 1545
五 1168 昭和16年8月26日 一五九四 在上海堀内総領事より豊田外務大臣宛(電報) 中ソ軍事会議がチタで開催され重慶側が西北および内蒙地方での軍事合作を要望したとの諜報報告 …… 2010
一 376 昭和16年8月30日 機密一〇〇 在マカオ福井領事代理より豊田外務大臣宛 孔祥熙や孫科に通じると思われる筋からの和平打診に関する情報報告 …… 648

昭和十六年九月

五 1109 昭和16年9月1日 三三四 在広東高津総領事より豊田外務大臣宛(電報) 援蔣物資取締等に関するわが方申入れをマカオ当局受諾について …… 1908
六 1459 昭和16年9月2日 三七九 在ブラジル石射大使より豊田外務大臣宛(電報) 事変解決は英米をも相手としなければ実現不可能の事態に陥っており日米交渉の結実を切望する旨意見具申 …… 2454
一 377 昭和16年9月3日 六一三 在中国本多大使より豊田外務大臣宛(電報) 近衛総理の対米メッセージをめぐる日米交渉の先行きに関する中国紙報道振り報告 …… 648
一 378 昭和16年9月4日 四四五 在香港矢野総領事より豊田外務大臣宛(電報) 重慶政権が日米交渉の妥結を憂慮し事変解決は米国の実質的援助に依頼するほかないと米国側へ強調したとの情報報告 …… 649

一　379　昭和16年9月5日　六一九　在中国本多大使より豊田外務大臣宛(電報)　日米交渉の先行きに関する南京側および重慶側の観測振り報告……650
二　622　昭和16年9月6日　四九二　在仏国加藤大使より豊田外務大臣宛(電報)　南京政府承認の時期は慎重に決定したいとの仏国政府意向について……1203
五　1169　昭和16年9月6日　六〇三　在満州国梅津大使より豊田外務大臣宛(電報)　チタでの中ソ軍事会議をソ連側は否定しているが諜報によれば大体事実と認められる旨報告……2011
一　380　昭和16年9月12日　一七〇一　在上海堀内総領事より豊田外務大臣宛(電報)　日米交渉の先行きに関する各方面の論調報告……651
三　871　昭和16年9月13日　六四九　在中国本多大使より豊田外務大臣宛(電報)　南京政府への国策会社移譲問題をめぐる児玉中支那振興会社総裁と落合興亜院華中連絡部次長の各談話について……1545
付記　昭和十六年十月十六日、外務省作成「日支全面和平ト所謂國策會社ノ調整ニ關シ(未定稿)」……1546
一　381　昭和16年9月16日　六五七　在中国本多大使より豊田外務大臣宛(電報)　李品仙帰順工作の進捗状況につき報告……652
一　382　昭和16年9月16日　六六六　在中国本多大使より豊田外務大臣宛(電報)　李品仙帰順に関する南京での交渉状況報告……654
一　383　昭和16年9月16日　六一一　在北京土田大使館参事官より豊田外務大臣宛(電報)　日本軍と閻錫山の間に停戦協定調印について……654
一　384　昭和16年9月19日　一七四六　在上海堀内総領事より豊田外務大臣宛(電報)　国共関係調整のため蘭州で会議開催の情報について……655
三　872　昭和16年9月23日　六六七　在中国本多大使より豊田外務大臣宛(電報)　華中新米調達に関し総軍と南京政府との間に新規合意成立について……1550
九　1987　昭和16年9月23日　四六九　在香港木村総領事代理より豊田外務大臣宛(電報)　ビルマルートの輸送力改善など重慶政権援助問題において米国が英中両国に対し主導的立場を強めつつあるとの情報報告……3100

一 385 昭和16年9月26日 脱 在中国本多大使より豊田外務大臣宛(電報) 汪兆銘への説明のため日米交渉経緯につき内示方請訓……656
一 386 昭和16年9月26日 六七七 在中国本多大使より豊田外務大臣宛(電報) 銭永銘を通じた南京政府の対重慶和平工作に関する周仏海内話報告……656
付記 昭和十六年十月二日、東亜局作成 対日和平問題などに関する重慶政権近況……657
二 623 昭和16年9月27日 六八二 在中国本多大使より豊田外務大臣宛(電報) 揚子江下流地帯における物資移動の制限緩和問題への対応振りにつき報告……1204

昭和十六年十月

一 387 昭和16年10月1日 館長符号 在中国本多大使より豊田外務大臣宛(電報) 日米交渉の詳細開示なきにより罷免方要望について……660
一 388 昭和16年10月4日 館長符号 在中国本多大使より豊田外務大臣宛(電報) 近衛総理が影佐少将に託して汪主席に重要書簡を送付したとの情報の真相確認方請訓……660
一 389 昭和16年10月4日 一八二〇 在上海堀内総領事より豊田外務大臣宛(電報) 蘭州での国共調整会議において両派の全面的合作につき意見一致を見たとの情報報告……661
五 1170 昭和16年10月4日 一八二七 在上海堀内総領事より豊田外務大臣宛(電報) 中ソ軍事協力交渉に関する情報報告……2012
二 624 昭和16年10月8日 合二一三〇 豊田外務大臣より在米国野村大使他宛(電報) 南京政府による在外使臣の任命や国共関係の悪化状況など最近の中国情勢について……1204
三 746 昭和16年10月9日 一八六三 在上海堀内総領事より豊田外務大臣宛(電報) 総税務司署の接収や各地海関把握の強化など非常時における中国海関対策の具体案を軍および興亜院関係者と協議について……1368
一 390 昭和16年10月18日 七三五 在中国本多大使より豊田外務大臣宛(電報) 東条新内閣の対南京政府態度に関し南京要路へ説示について……662
三 696 昭和16年10月22日 六八七 在北京土田大使館参事官より東郷外務大臣宛(電報) 軍政施行説の流布に関し北支那方面軍参謀長は軍容に変動なき旨言明について……1288

三	873	昭和16年10月23日	一九四五	在上海堀内総領事より東郷外務大臣宛（電報）	法幣暴落の影響に関する消息筋の観測報道報告	1551
六	1460	昭和16年10月24日	一九五一	在上海堀内総領事より東郷外務大臣宛（電報）	米国の対重慶軍事支援に関する情報報告	2455
五	1171	昭和16年10月25日	一九六三	在上海堀内総領事より東郷外務大臣宛（電報）	中ソ軍事協力交渉が英国の斡旋により順調に進捗しているとの諜報報告	2012
三	874	昭和16年10月28日	一九七六	在上海堀内総領事より東郷外務大臣宛（電報）	資産凍結による貿易減少などに対し海関収入確保のため具体的施策検討方意見具申	1551
一	391	昭和16年10月30日	七六六	在中国本多大使より東郷外務大臣宛（電報）	日米交渉の先行き不透明によって閻・李工作が停頓のやむなきに至っているとの汪兆銘内話について	662
一	392	昭和16年10月30日	一一五	在太原田中総領事より東郷外務大臣宛（電報）	閻錫山との間に停戦の細目協定調印について	663

昭和十六年十一月

一	393	昭和16年11月1日	一一六	在太原田中総領事より東郷外務大臣宛（電報）	軍費および武器支給に関する閻錫山との交渉状況報告	663
一	394	昭和16年11月6日			日米交渉「甲案」の中国撤兵問題中で特に注意すべき諸点について	664
三	875	昭和16年11月9日	七八三	在中国本多大使より東郷外務大臣宛（電報）	法幣下落を念頭に置いた通貨対策委員会の南京政府に対する財政金融指導方針について	1552
八	1740	昭和16年11月10日	二〇六四	在上海堀内総領事より東郷外務大臣宛（電報）	在華米国海兵隊の上海引揚げに関する報道の反響報告	2796
三	876	昭和16年11月11日		興亜院会議決定	「對支通貨政策ノ整備强化ニ關スル當面ノ緊急對策」	1553

三	747	昭和16年11月13日	二〇八五	在上海堀内総領事より東郷外務大臣宛(電報)	非常時における中国海関機構ならびに人事対策具体案の決定について	1368
				別電	昭和十六年十一月十三日発在上海堀内総領事より東郷外務大臣宛第二〇八六号 右具体案要領	1369
二	625	昭和16年11月15日	八〇四	在中国日高臨時代理大使より東郷外務大臣宛(電報)	防共協定への参加に関するわが方打診に対し汪兆銘は欣然参加の意思を表明について	1206
一	395	昭和16年11月17日			第七十七帝国議会における東条首相演説	668
八	1741	昭和16年11月17日	二一〇三	在上海堀内総領事より東郷外務大臣宛(電報)	在華米国海兵隊が上海撤退をわが方へ正式通報について	2797
二	626	昭和16年11月18日	八〇七	在中国日高臨時代理大使より東郷外務大臣宛(電報)	南京政府の防共協定参加に関する宣伝振りにつき請訓	1206
八	1742	昭和16年11月21日	二一二六	在上海堀内総領事より東郷外務大臣宛(電報)	在華米国海兵隊撤退後の対策通告について	2797
二	627	昭和16年11月22日	八二一	在中国日高臨時代理大使より東郷外務大臣宛(電報)	南京政府に対し防共協定参加を希望する旨独伊両国とともに申入れについて	1207
八	1743	昭和16年11月22日	館長符号	在上海堀内総領事より東郷外務大臣宛(電報)	国際情勢急転の場合の上海租界に対するわが方対処方針につき根本原則設定方請訓	2798
				付記	昭和十六年十一月十一日、東亜局第一課作成「國際危機發生ノ際ノ上海租界措置要領(案)」	2799
二	628	昭和16年11月23日	八二二	在中国日高臨時代理大使より東郷外務大臣宛(電報)	南京政府の防共協定参加日時について	1207
三	877	昭和16年11月26日	二一六〇	在上海堀内総領事より東郷外務大臣宛(電報)	華中地方に深刻な金融逼迫傾向をもたらした法幣資金欠乏の理由について	1557
八	1744	昭和16年11月27日	二一六九	在上海堀内総領事より東郷外務大臣宛(電報)	在華米国海兵隊が撤退予定繰上げについて	2802

九	1988	昭和16年11月27日	三〇六	在サンフランシスコ武藤総領事より東郷外務大臣宛(電報)	滇緬鉄道の建設が米国の全面的援助により進められているとの報道報告	3102
一	396	昭和16年11月28日	二一八一	在上海堀内総領事より東郷外務大臣宛(電報)	日米交渉に関して経緯を説明し重慶政権の意向を聴取するため米国が重慶に使者を派遣したとの情報報告	671
一	397	昭和16年11月28日	二一八三	在上海堀内総領事より東郷外務大臣宛(電報)	日米交渉が最終段階に至ったとの感を強める上海の報道振りにつき報告	672
五	1110	昭和16年11月(29)日	特情紐育四三三	在ニューヨーク森島総領事より東郷外務大臣宛(電報)	ドイツの対重慶和平提案に関する報道報告	1909
				付記	昭和十七年一月十四日発在上海堀内総領事より東郷外務大臣宛電報第七九号 ドイツの日中全面和平工作に関する情報	1910

昭和十六年十二月

八	1745	昭和16年12月2日	二一九八	在上海堀内総領事より東郷外務大臣宛(電報)	国際情勢急転の場合に上海共同租界占領の建前を執るや否やにつき方針決定方請訓	2802
一	398	昭和16年12月3日	七六三	在北京土田大使館参事官より東郷外務大臣宛(電報)	国際情勢急転の場合のわが方対処方針につき方面軍および興亜院側と意見交換について	673
三	697	昭和16年12月3日	五一六	在広東高津総領事より東郷外務大臣宛(電報)	国際情勢急転の場合の措置振りにつき軍側との協議内容報告	1289
三	698	昭和16年12月3日	七六七	在北京土田大使館参事官より東郷外務大臣宛(電報)	国際情勢急転の場合の敵性権益接収につき大局的見地に基づいた方針を中央より現地へ指令すべき旨意見具申	1290
				付記	昭和十六年十二月四日、東亜局第一課作成「國際情勢急轉ノ場合在支敵國人及敵國財産處理ニ伴ヒ帝國外務官憲ノ差當リ執ルヘキ措置」	1291

八　1746　昭和16年12月4日　館長符号　在上海堀内総領事より東郷外務大臣宛(電報)　国際情勢急転の場合に仏租界当局がわが方の敵性行動抑圧に協力するならば租界への進駐の必要はなき旨意見具申……2803

付記　昭和十七年二月二日発在上海堀内総領事より東郷外務大臣宛電報第二三八号　上海共同租界特区法院接収に関する経緯報告……2803

六　1461　昭和16年12月5日　二二二六　在上海堀内総領事より東郷外務大臣宛(電報)　日米戦争が近く到来すべしとの観測やシンガポール・香港などの情勢逼迫を伝える上海各紙報道振り報告……2456

一　399　昭和16年12月6日　大本営政府連絡会議諒解　「帝國國策遂行要領ニ關聯スル對支措置」ニ基キ國際情勢急轉ノ場合支那ニ於テ執ルヘキ措置」……674

一　400　昭和16年12月7日　八六一　在中国日高臨時代理大使より東郷外務大臣宛(電報)　開戦の場合に汪兆銘へ説明すべき開戦理由の詳細回示方請訓……676

一　401　昭和16年12月7日　八六二　在中国日高臨時代理大使より東郷外務大臣宛(電報)　開戦の際の南京における敵国人関係具体的対策決定について……677

別電一　昭和十六年十二月七日発在中国日高臨時代理大使より東郷外務大臣宛第八六三号　右具体的対策……677

二　昭和十六年十二月七日発在中国日高臨時代理大使より東郷外務大臣宛第八六四号　敵国領事への事務停止方通告案……679

日本外交文書　日中戦争　第四冊

2011年5月2日　初版発行

編　　者　外務省
発 行 者　八木環一
発 行 所　株式会社 六一書房
〒101-0051　東京都千代田区神田神保町 2-2-22
電話 03-5213-6161　FAX 03-5213-6160　振替 00160-7-35346
http://www.book61.co.jp　E-mail info@book61.co.jp
印刷・製本　株式会社　三陽社

ISBN 978-4-86445-004-1 C3021